INTERNATIONAL SOCIETY FOR EIGHTEENTH-CENTURY STUDIES
SOCIÉTÉ INTERNATIONALE D'ÉTUDE DU DIX-HUITIÈME SIÈCLE

International directory of eighteenth-century studies

2003

Répertoire international des dix-huitiémistes

VOLTAIRE FOUNDATION
UNIVERSITY OF OXFORD

Produced and published by the Voltaire Foundation for ISECS, presented to the Eleventh International Congress on the Enlightenment, Los Angeles, August 2003.

Préparé et édité par la Fondation Voltaire pour la SIEDS, présenté au Onzième Congrès International des Lumières à Los Angeles, août 2003.

CONTENTS / TABLE DES MATIÈRES

99 Banbury Road

Oxford OX2 6JX

ISBN 0 7294 0803 5

http:// www.voltaire.ox.ac.uk

Printed in England

At the Alden Press

Oxford

FOREWORD

From one century to the next, from one millennium to the next, four years have passed since the Tenth International Congress in Dublin, and this tenth edition of the *International Directory of Eighteenth-century Studies* appears on the occasion of the Eleventh International Congress at Los Angeles in August 2003. This working tool, published once again by the Voltaire Foundation, has become part of the standard equipment of eighteenth-century scholars all over the world. The International Society for Eighteenth-Century Studies now has more than thirty constituent national societies, totalling between them many thousand individual members. But this Directory also contains the names, addresses and research interests of many scholars who do not belong to any national society. The Directory is, we believe, a unique resource among international scholarly societies.

As previously announced, this paper edition of the Directory will perhaps be the last, and with a limited print run. Henceforward the Directory will be primarily an electronic tool, readily available on the ISECS website where it can be consulted in a constantly updated version. The electronic Directory will also contain the geographic and general indexes.

This revolution is the result of much hard work and co-ordination not only on the part of the Voltaire Foundation and the ISECS Technical Secretariat, but also on the part of the constituent societies who sent massive amounts of material to Oxford. An enormous amount of effort on all sides has thus gone into the production of this backbone of ISECS, testimony indeed to the vitality of the International Society.

The production of the Directory is not the only thing that happens between one Congress and the next. The Standing Committee always has work to do, and the full Executive Committee has met three times since Dublin on the occasion of ISECS seminars: at Lausanne (2000), Vienna (2001) and Warsaw (2002). Working groups nominated by the Executive Committee have additionally worked on particular topics.

AVANT-PROPOS

D'un siècle à l'autre, d'un millénaire à l'autre, quatre années sont déjà passées depuis le Congrès International des Lumières à Dublin, et c'est justement à l'occasion du XIe Congrès International, qui se tient en août 2003 à Los Angeles, que paraît cette dixième edition du *Répertoire international des dix-huitiémistes*. Un instrument de travaille – édité une fois de plus par la Voltaire Foundation – qui fait partie désormais de l'outillage savant de tous les chercheurs aux quatre coins de notre planète. Plus que trente sont désormais les sociétés constitutives de la Société Internationale d'Etude du XVIIIe siècle, et plusieurs milliers sont leurs membres, qui sont aussi membres de droit de la SIEDS. Mais ce Répertoire regroupe aussi les noms, les institutions, les adresses, les recherches en cours de grand nombre de dix-huitiémistes qui ne sont membres d'aucune société nationale. Il s'agit donc d'un outil à vrai dire unique en son genre, nous croyons, dans le panorama des sociétés savants à caractère international.

Comme on l'avait annoncé auparavant, cette dixième édition du Répertoire apparaît peut-être pour la dernière fois sur papier, sur un tirage réduit. Ceci parce que désormais l'existence du Répertoire est foncièrement sur l'Internet, où il peut être à chaque instant consulté sous sa forme actualisée à la dernière minute, sans attendre la mise à jour à l'échéance de quatre années. Il est toutefois possible que, sur demande de quelques sociétés nationales on puisse continuer à avoir un certain nombre d'exemplaires sur papier. De toutes façons, l'édition électronique fournit en plus un Index géographique et un Index thématique.

Cette petite révolution est le résultat d'un grand effort, de travail et de coordination, de la part de la Voltaire Foundation et du Secrétariat technique de la SIEDS, et aussi des responsables des sociétés constitutives, qui ont sollicité le flux d'informations à Oxford.

Une activité intense a donc permis la préparation de cette sorte d'épine dorsale de la SIEDS, qui témoigne de la vitalité de notre association.

From Dublin to Los Angeles, from the Tenth Enlightenment Congress to the Eleventh. We hope that the International Directory – the visible sign of this new 'global republic of letters' which represents the international community of eighteenth-century scholars – can make its own small contribution to the overthrow of oppression and violence and the restoration of peace.

Alberto Postigliola
President

Mais cette activité n'a pas été la seule d'un Congrès à l'autre. Le Comité permanent est toujours en action, et le Comité exécutif en son entier s'est réuni trois fois, à l'occasion de colloques et de séminaires, après Dublin: à Lausanne (2000), à Vienne (2001), à Varsovie (2002). Des commissions nommées par le Comité exécutif ont en outre travaillé sur des sujets particuliers.

De Dublin à Los Angeles, du Xe au XIe Congrès des Lumières, notre vœu est que ce Répertoire, qui est le signe visible de cette nouvelle 'république des lettres globalisée' – qui est la communauté internationale des dix-huitiémistes – puisse un petit peu contribuer à la défaite de l'oppression et de la violence et au rétablissement de la paix.

Alberto Postigliola
Président

EDITORIAL NOTE

This, the eleventh edition of the *International directory for eighteenth-century studies*, contains up-to-date information on over 10,000 scholars worldwide, working on a wide range of different aspects of the eighteenth century.

The edition is based upon completed registrations submitted on paper or electronically by individual members, on membership lists submitted by the national societies and on the 1999 edition.

On-line registration has proved a successful innovation for this edition, and is the forerunner of a system for allowing members to amend and update their entries themselves when necessary.

The directory is now available on the ISECS web site (http://www.isecs.org). It is also possible to consult the web sites of eighteenth-century societies and research centres through this site.

We hope that we have correctly interpreted the preferences of those with compound names, or whose names carry the prefixes 'de', 'van' or 'von': in case of doubt, these names should be sought under their various elements. The institutional affiliation, where given, is in italic directly after the address.

The preparation of this edition has depended heavily upon the efforts and support of many colleagues at the Voltaire Foundation, notably Robert McNamee. We are most grateful to all those who have been involved.

Sylvain Giraud, Janet Godden

NOTE ÉDITORIALE

Cette dixième édition du *Répertoire international des dix-huitiémistes* contient les coordonnées mises à jour de plus de 10.000 dix-huitiémistes à travers le monde, travaillant sur des aspects très différents du siècle des Lumières.

Les informations recueillies dans cette édition proviennent des formulaires remplis sur papier ou électroniquement par les members, des listes d'adhésion des sociétés nationales et de l'édition 1999.

Le formulaire d'enregistrement en ligne s'est révélé une innovation fructueuse, et annonce l'arrivée d'un système plus complet permettant aux membres de mettre à jour eux-mêmes les informations les concernant à tout moment.

Le Répertoire est désormais disponible sur le site web de la SIEDS (http://www.sieds.org) qui donne également accès aux sites des différentes sociétés et centres de recherché dix-huitiémistes.

Nous espérons avoir bien interprété les préférences des membres portant des noms composés ou à particule ('de', 'van', 'von', etc.). En cas de doute, la recherche de ces noms devrait se faire sous les différents éléments qui les composent. Lorsqu'elle est connue, l'affiliation institutionnelle est indiquée en italiques après l'adresse.

La préparation de cette edition a largement reposé sur les efforts de nombreux collègues à la Voltaire Foundation, et en particulier Robert McNamee. Nous tenons à remercier tous ceux et celles qui y ont prit part.

Sylvain Giraud, Janet Godden

INTERNATIONAL SOCIETY FOR EIGHTEENTH-CENTURY STUDIES

SOCIÉTÉ INTERNATIONALE D'ÉTUDE DU DIX-HUITIÈME SIÈCLE

CONSTITUTION

Article 1. Aims of the Society

The purpose of the International Society for Eighteenth-Century Studies is to promote the growth, development and coordination of studies and research relating to the eighteenth century in all aspects of its cultural heritage (historical, philosophical, ideological, religious, linguistic, literary, scientific, artistic, juridical) in all countries, without exception; the Society is non-profit-making and non-political.

Its function in particular is to promote communication and the circulation of information between national societies for eighteenth-century studies.

Its aim is:

– to foster exchanges, contacts and meetings between eighteenth-century specialists of all countries;

– to give moral support to cultural events (conferences, exhibitions, etc...) related to the eighteenth century, or commemorating its great figures and its accomplishments;

– to promote the creation of national societies in countries where none are in existence.

Its means of action consist essentially of:

– the holding of international congresses and colloquia (art.2) open to all eighteenth-century specialists whether or not belonging to any scholarly society;

– the regular publication of an International Directory of eighteenth-century research;

– the creation of a technical secretariat responsible for implementing the aims of the Society.

– and the setting up, by means of modern techniques, of an efficient communication system between personal members and between national societies.

STATUTS

Article 1. Buts de la Société

La Société Internationale d'Etude du XVIIIe siècle a pour but de favoriser l'extension, l'approfondissement et la coordination des études et recherches ayant trait au XVIIIe siècle envisagé dans tous les domaines de son héritage culturel (historique, philosophique, idéologique, religieux, linguistique, littéraire, scientifique, artistique et juridique) et dans tous les pays, sans exclusive et sans but lucratif ni politique.

Elle se fixe particulièrement pour mission de servir d'organe d'information et de liaison entre les Sociétés nationales des dix-huitiémistes.

Elle a pour vocation:

– de développer les échanges, les contacts et les rencontres entre dix-huitiémistes de tous pays;

– d'apporter son appui moral à des manifestations (colloques, expositions, etc...) ayant pour objet la connaissance du XVIIIe siècle ou la commémoration des grands noms et des grandes œuvres du XVIIIe siècle;

– d'aider à la création de Sociétés nationales dans les pays où il n'en existe pas.

Ses moyens d'action consistent essentiellement dans:

– la tenue de congrès et de colloques internationaux (voir article 2) ouverts à tous les dix-huitiémistes même si ceux-ci n'appartiennent à aucune Société d'étude;

– la publication régulière d'un Annuaire international des recherches sur le XVIIIe siècle;

– la constitution d'un secrétariat technique chargé d'assurer la réalisation des buts de la Société;

– et l'établissement, à l'aide des techniques modernes, d'un système de communication efficace entre les membres individuels et entre les sociétés nationales.

Article 2. Congresses

The Society holds a Congress at intervals of not more than four years.

Article 3. Constituent societies

Multinational and national associations pursuing aims similar to those of the Society may be admitted as Constituent Societies by the General Meeting of the Society provided that the Executive Committee is satisfied that, within the terms of their constitution, scholars in all fields of eighteenth-century studies may be admitted as members. In the intervals between General Meetings such associations may be admitted as Constituent Societies by decision of the Executive Committee, subject to the same condition and subject to the eventual approval of the General Meeting; an association so admitted shall forthwith and in advance of such eventual approval incur the obligations and enjoy the rights of a Constituent Society.

Constituent Societies may draw their membership from any geographical area. They shall pay to the Society a subscription in respect of each of their members. They shall supply yearly to the Secretary-General a list of the names and addresses of their members. They shall circulate to their membership with all reasonable speed and with special regard for the editing and updating of the *International Directory*, all information and instructions sent out by the Secretary-General in the name of the Society.

Article 4. Membership

The Society has the following categories of members:

1. *Personal Members*, who either pay a subscription direct to the Society or are members of a Constituent Society;
2. *Corporate Members*, who either are libraries or are associations or institutes concerned with eighteenth-century studies in general or with some aspect of eighteenth-century studies.

Article 5. Officers

The Society has the following officers: a President; three Vice-Presidents, of whom one shall be known as the First Vice-President; a Secretary-General; an Assistant Secretary-General; a Treasurer-General; an Assistant Treasurer-General; a Congress Secretary.

The officers shall hold office for four years and may serve as officers for no more than eight years in total (with the exception of the President).

Article 2. Congrès

La Société réunit son congrès au moins tous les quatre ans.

Article 3. Sociétés constitutives

Les associations nationales ou plurinationales qui poursuivent des buts analogues à ceux de la Société peuvent être admises à en faire partie par l'Assemblée générale de la Société, à condition que le Comité exécutif ait l'assurance qu'aux termes de leurs statuts les chercheurs de toutes disciplines y soient admis s'ils sont dix-huitiémistes. Entre deux sessions de l'Assemblée générale, ces associations peuvent être admises sur décision du Comité exécutif, aux mêmes conditions et sous réserve d'approbation par l'Assemblée générale dès qu'elle est réunie. En attendant que cette admission soit ratifiée, elle entraîne les devoirs et confère les droits d'une admission définitive.

Les Sociétés constitutives recrutent leurs membres dans quelque partie du monde que ce soit. Elles versent à la Société une cotisation proportionnelle au nombre de leurs adhérents, dont elles fournissent tous les ans les noms et adresses au Secrétaire général. Elles répercutent auprès de leurs adhérents en temps utile, en vue notamment d'établir ou de mettre à jour l'*Annuaire international*, toutes les informations et instructions que le Secrétaire général diffuse au nom de la Société.

Article 4. Membres de la Société

Sont membres de la Société:

1. *Des membres individuels* qui paient leur cotisation à la Société ou sont membres d'une des Sociétés constitutives.
2. *Des personnes morales* telles que des bibliothèques, des associations, des instituts qui étudient le XVIIIe siècle ou certains de ses aspects.

Article 5. Bureau

Il comprend: un Président; trois vice-Présidents dont l'un porte le nom de Premier vice-Président; un Secrétaire général; un Secrétaire général adjoint; un Trésorier; un Trésorier adjoint; un Secrétaire à l'organisation du congrès.

Les membres du Bureau exercent leurs responsabilités pour quatre ans. Ils ne peuvent être membres du bureau que pendant huit ans, à l'exception du Président.

The Technical Secretary is a member *ex officio* and without vote of the body of officers.

Article 6. Executive committee

The Executive Committee shall consist of: the officers of the Society; the most recently retired President; delegate members, elected by the Constituent Societies; eight elected members, elected by the Personal Members; two co-opted members.

The Executive Committee shall hold office from one Congress to the next and its elected members shall be eligible for re-election on one occasion only. Executive Committee meetings can only be valid with at least one third of its members present or represented. The President shall be required to call a meeting of the Executive Committee at the request of one third of its members.

Each Constituent Society having fewer than 750 members shall be entitled to designate one delegate member of the Executive Committee. Each Constituent Society having 750 or more members shall be entitled to designate two delegate members of the Executive Committee. Each Constituent Society having 1,500 and more members shall be entitled to designate three delegate members of the Executive Committee. Each Constituent Society shall make its own rules for the selection of these members but Constituent Societies nominating two or three members shall keep in mind the interdisciplinary character of the Society and the need for the representation of both sexes.

Each Constituent Society shall keep the Secretary-General informed of the names and addresses of its delegate members.

The mandates of delegate members will last for a total of eight years at longest. The mandates of co-opted members will last for four years at most. No one can be a member of the Executive Committee for more than twelve years, except for the outgoing President.

Article 7. By-laws

The Executive Committee shall have the right to make and amend by-laws for the application of the Constitution.

Article 8. Standing committee

The Standing Committee, which acts for the Executive Committee between its meetings, consists of the President, the First Vice-President, the Secretary-General, and the Treasurer-General.

Le Secrétaire technique est membre de droit du Bureau, avec voix consultative.

Article 6. Comité exécutif

Il comprend: les membres du Bureau; le Président sortant; des délégués élus par les Sociétés constitutives; huit membres élus par les membres individuels; des membres cooptés au nombre de deux.

Le mandat du Comité exécutif s'étend d'un congrès au congrès suivant et ses membres élus ne sont rééligibles qu'une fois. Le comité ne peut délibérer valablement que si un tiers au moins de ses membres sont présents ou représentés. Le Président le réunira si un tiers de ses membres en fait la demande.

Chacune des Sociétés affiliées à la Société internationale peut avoir un délégué au Comité exécutif si elle compte moins de 750 membres. Elle en désigne deux si elle compte entre 750 et 1.500 membres, et trois si elle compte 1.500 membres et plus. Chaque société arrête ses propres critères pour désigner un délégué; celles qui ont droit à deux ou trois délégués tiendront compte du caractère interdisciplinaire de la Société internationale et veilleront à respecter une représentation équitable des deux sexes.

Les Sociétés constitutives informeront le Secrétaire général des noms et adresses de leurs délégués.

La durée du mandat de délégué est limitée à huit ans au total, celle des membres cooptés à quatre ans. Aucune personne ne peut être membre du Comité exécutif pendant plus de douze ans, à l'exception du Président sortant.

Article 7. Règlement intérieur

Le Comité exécutif a le pouvoir de faire et de modifier le règlement intérieur nécessaire à l'application des statuts.

Article 8. Comité permanent

Le Comité permanent agit en nom et place du Comité exécutif dans l'intervalle de ses sessions. Il est composé du Président, du Premier vice-Président, du Secrétaire général et du Trésorier.

Article 9. General meeting

An Ordinary General Meeting of the Society is held on the occasion of the Society's Congress. An Extraordinary General Meeting may be summoned at other times, with not less than two months' written notice to all members, by the Executive Committee or by the President at the request of not less than 20% of the Personal Members.

All Personal Members of the Society in good standing shall have the right to vote at the General Meeting. Motions and resolutions other than amendments to the Constitution passed by a majority of qualified members present and voting at the General Meeting shall be binding on the Society. If, however, 25% or more of the members present at the General Meeting so request, a motion or resolution shall be referred to the whole membership of the Society, to be voted on by mailed ballots. Balloting of the whole membership shall be carried out under the supervision of the Secretary-General of the Society or by some other officer appointed by the Executive Committee. Corporate members shall not have voting rights.

Proxy voting shall be authorised, but no member shall act as proxy for more than three other members. Proxy voting shall be limited to matters arising from articles 10 and 12.

Article 9. Assemblée générale

Une Assemblée générale ordinaire de la Société se tient à l'occasion de ses congrès. Une Assemblée générale extraordinaire peut être réunie en d'autres occasions sur convocation écrite envoyée au moins deux mois à l'avance par le Comité exécutif ou par le Président, à la demande d'au moins 20% des membres individuels de la Société.

Tous les membres individuels de la Société à jour de leur cotisation ont le droit de prendre part aux votes de l'Assemblée générale. A l'exception des amendements constitutionnels, les motions et résolutions votées à la majorité des présents habilités à voter et prenant part au vote prennent force de loi pour la Société. Cependant, si 25% au moins des présents à l'Assemblée générale le désirent, une motion ou une résolution peuvent être soumises à un vote par correspondance de tous les membres de la Société. Ce vote sera organisé par le Secrétaire général de la Société ou par un autre membre du Comité exécutif. Les personnes morales membres de la Société n'ont pas le droit de vote.

Le vote par procuration est autorisé – dans la limite de trois mandats par membre présent – pour les seules questions qui font l'objet des articles 10 et 12.

Article 10. Elections

The officers (except the Congress Secretary who is appointed by the Executive Committee on the proposal of the local organising committee) and the elected members of the Executive Committee are elected by ballot by the Personal Members of the Society. The ballot shall be held at a time such that the results can be announced at the Congress.

The responsibility for proposing candidates for such election is vested in the Executive Committee but nomination by petition shall be permitted and shall require the signatures of 25 Personal Members or, in the case of nomination for the office of President or First Vice-President, of 50 Personal Members. In the case of the elective places on the Executive Committee it shall nominate a number of candidates greater than the number of vacancies for elected members. As for the Board, the list will carry more than one candidate for the office of the First Vice-President, as well as those of Assistant Secretary and Assistant Treasurer; it will carry more than two candidates for the other offices of Vice-President. In making its

Article 10. Elections

Les membres du Bureau – à l'exception du Secrétaire à l'organisation du congrès, qui est nommé par le Comité exécutif sur proposition du comité local invitant – et les membres du Comité exécutif sont élus au scrutin secret par les membres individuels de la Société. Le scrutin sera organisé de façon à ce que ses résultats puissent être communiqués au congrès.

Le Comité exécutif à pouvoir de proposer des candidats à ces élections; toutefois des propositions de candidatures sont également recevables si elles réunissent les signatures de 25 membres individuels sur leur nom. Pour les propositions de candidatures aux postes de Président ou Premier vice-Président, le nombre des signatures à réunir est de 50. Pour les candidatures aux postes électifs au Comité exécutif, le Comité dresse une liste comportant plus de noms que les huit postes à pourvoir pour les membres élus. Pour le Bureau, la liste porte plus d'une candidature au poste de Premier vice-Président, à celui de Secrétaire général adjoint et à celui de Trésorier adjoint, et plus nominations the Executive Committee shall take account of the international and interdisciplinary character of the Society and of the need for proportionate representation of the sexes.

The Executive Committee shall make and publish in good time by-laws for the holding of the election in such a way that all Personal Members, whether or not attending the Ordinary General Meeting, shall have the opportunity of voting. These regulations shall prescribe the necessary dates for the election, including the date for the publication of the Executive Committee's nominations and for the receipt of nominations by petition. They shall provide for the addition by the Executive Committee, if not less than two-thirds of its members declare this to be in the interests of the Society, of further nominations after the receipt of nominations by petition.

No person, though a member of more than one Constituent Society, shall vote more than once.

In the event of the vacancy of the office of President by death or resignation, the First Vice-President shall succeed to that office. Other casual vacancies shall be filled by decision of the Executive Committee.

de deux candidatures pour les deux autres postes de vice-Présidents. En proposant ces candidatures, le Comité exécutif tiendra compte du caractère international et interdisciplinaire de la Société ainsi que de la nécessité de respecter une représentation équitable des deux sexes.

Le Comité exécutif établira et publiera en temps utile les règlements organisant les scrutins de telle façon que tous les membres individuels, qu'ils soient ou non présents à l'Assemblée générale, puissent prendre part au vote. Ces règlements arrêteront les dates de l'élection et de la publication des candidatures proposées par des membres individuels dans les conditions ci-dessus définies. Ils prescriront, si deux tiers au moins des membres du Comité exécutif le jugent conforme à l'intérêt de la Société, l'ajout de candidatures supplémentaires après réception de celles qui auront été proposées par des membres individuels.

Nul ne peut voter plus d'une fois, même s'il appartient à plusieurs Sociétés constitutives à la Société internationale.

Au cas où le Président décéderait ou démissionnerait, le Premier vice-Président lui succéderait. Le Comité exécutif suppléera aux autres vacances qui pourraient se produire.

Article 11. Subscriptions

The amount of the annual subscriptions to the Society and the privileges of members of the different categories shall be determined by the Executive Committee.

Article 11. Cotisation

Le montant de la cotisation annuelle et les avantages concédés aux différentes catégories de sociétaires sont fixés par le Comité exécutif.

Article 12. Amendments to the Constitution

The General Meeting of the Society may amend the Constitution by a majority of two-thirds of the members present or represented, and voting, provided that written notice of the amendment proposed has been given to all members not less than three months before the General Meeting. If, however, 25% or more of the members present at the General Meeting so request, a motion or resolution shall be referred to the whole membership of the Society to be voted on by mailed ballots.

Article 12. Modification des statuts

L'Assemblée générale peut modifier les statuts de la Société par un vote à la majorité des deux tiers des membres présents ou représentés prenant part au vote, à condition que tous les membres de la Société aient été informés du project de modification au moins trois mois avant le vote. Cependant, si 25% au moins des présents à l'Assemblée générale le désirent, une motion ou une résolution peuvent être l'objet d'un scrutin par correspondance de tous les membres de la Société.

Article 13. Dissolution

The Society may be dissolved by the agreement of not less than three-quarters of the Personal Members of the Society. Any funds existing at the time of dissolution shall not become the property of any member or

Article 13. Dissolution de la Société

La Société peut être dissoute sur proposition de 75% de ses membres individuels. Dans cette éventualité, les fonds restés disponibles ne deviendront la propriété d'aucun membre, mais seront employés à members but shall be devoted to furthering the aims defined in article 1.

* Constitution adopted by the ISECS General Meeting, Pisa, 27 August 1979. Amended by the ISECS General Meeting: Brussels, 24 July 1983; Dublin, 29 July 1999.

des fins qui répondent aux buts de la Société tels qu'ils sont définis à l'article 1.LR

* Statuts adoptés par l'Assemblée générale de la SIEDS, à Pise, le 27 août 1979. Révisés par l'Assemblée générale de la SIEDS.: Bruxelles, le 24 juillet 1983; Dublin, le 29 juillet 1999.

NATIONAL SOCIETIES / SOCIÉTÉS NATIONALES

ARGENTINA

Sociedad Argentina de Estudios del siglo XVIII

Secretary / Secrétaire: Marcelo Figueroa, U. de Tucumán, Facultad de filosofía y letras, Av. Benjamin Araoz 800, 4000 San Miguel de Tucumán, Argentina

La société encourage la recherche sur le 18e siècle, portant aussi bien sur des travaux régionaux que sur l'Europe.

AUSTRALASIA

Australasian and Pacific Society for Eighteenth-Century Studies

Secretary / Secrétaire: Gillian Russell, Department of English, Australian National University, Canberra, ACT 0200, Australia

Organises the David Nicholl Smith Memorial Conference on eighteenth-century studies and publishes papers.

AUSTRIA

Österreichische Gesellschaft zur Erforschung des 18. Jahrhunderts

President / Président: Wolfgang Schmale, Institut für Geschichte der Universität Wien, Dr. Karl Lueger-Ring 1, 1030 Wien, email wolfgang.schmale@univie.ac.at; *Secretary / Secrétaire*: Christoph Gnant, Universität Wien, Rektorat B, Dr. Karl Lueger-Ring 1, A-1030 Wien, email christoph.gnant@univie.ac.at; *Treasurer / Trésorier*: Renate Zedinger, email renate.zedinger@aon.at

Organises lectures and meetings and aims to stimulate research into eighteenth-century culture in Austria. Publishes a newsletter.

BULGARIA

Bulgarian Society for Eighteenth-Century Studies

Secretary / Secrétaire: Raia Zaimova, Institute for Balkan Studies, Bulgarian Academy of Sciences, Moskovska 45, Sofia 1000, Bulgaria

La Société bulgare d'étude du dix-huitième siécle, créée en 1992, organise des conférences et des colloques à sujets interdisciplinaires sur les Lumières occidentales et orientales. Les activités de la Société sont annoncées en bulgare et en anglais sur son site: www.c18.hit.bg.

CANADA

Canadian Society for Eighteenth-Century Studies / Société canadienne d'étude du dix-huitième siècle

Secretary / Secrétaire: Frans De Bruyn, Department of English, University of Ottawa, P.O. Box 450, STN A, Ottawa, Ontario K1N 6N5, Canada; email fdebruyn@uottawa.ca

Promotes the study of the eighteenth century in both English and French Canada; organises an annual conference, publishes a newsletter and the journal of the Society, *Lumen*, and awards the Madoff Prize for the best conference paper by a graduate student.

CHINA

Société chinoise d'étude du XVIIIe siècle

Secretary / Secrétaire: Cheng Chongde, Institute of Qing History, Renmin University of China, 175 Haidian Road, 100872 Beijing, China; email chengcd@ihw.com.cn

CZECH REPUBLIC

Czech Society for Eighteenth-Century Studies

Secretary / Secrétaire: Martina Grecenkova, Academy of Sciences of the Czech Republic, Prague, Prosecká 76, 190 00 Praha 9, Czech Republic; email grecenkova@hiu.cas.cz

The society, founded in 1999, supports interdisciplinary studies into society and culture from 1650 to 1815. The society holds a biennial conference, organises lectures and publishes a newsletter.

DENMARK

Dansk Selskab for 1700-talsstudier

Secretary / Secrétaire: Søren Peter Hansen, Dansklærerforeningen, Rathsacksvej 7, 1862, Frederiksberg C, Denmark; email sph@dansklf.dk

The society aims to deepen knowledge of Danish life and culture in the eighteenth century, to stimulate research and to facilitate contacts with foreign societies and researchers.

FINLAND

Finnish Society for Eighteenth-Century Studies

Secretary / Secrétaire: Charlotta Wolff, Department of History, University of Helsinki, PB 59, 00014 Helsinki, Finland; email charlotta.wolff@helsinki.fi

The society was founded in 2001 to promote and co-ordinate interdisciplinary eighteenth-century studies in Finland and provide information and contacts between researchers. It holds biannual conferences, lectures and scientific meetings. The languages of the society are Finnish and Swedish.

FRANCE

Société française d'étude du XVIIIe siècle

Secretary / Secrétaire: Lise Andries, 15 rue de Poissy, 75005 Paris, France; courriel lise.andries@wanadoo.fr, site ish-lyon.cnrs.fr/sfeds/

La Société française d'étude du dix-huitième siècle publie la revue annuelle *Dix-huitième siècle*, qui comprend un numéro spécial sur un thème précis, des mélanges et de nombreuses notes de lecture. Elle fournit également à ses adhérents quatre *Bulletins* trimestriels de correspondance et d'information. Elle gère et distribue aux souscripteurs la série *Lire le XVIIIe siècle* (trois fascicules). Elle patronne des colloques, notamment des colloques bilatéraux réguliers, en particulier franco-britanniques, franco-italiens et franco-allemands.

GERMANY

Deutsche Gesellschaft für die Erforschung des 18. Jahrhunderts

Secretary / Secrétaire: Ulrike Zeuch, DGEJ, Herzog August Bibliothek, Postfach 1364, 38299 Wolfenbüttel, Deutschland

Promotes research, conferences and exhibitions, and publishes the biannual *Das achtzehnte Jahrhundert* containing articles, book reviews and bibliographic materials relating to eighteenth-century studies. Further publications: two series of monographs and conference proceedings (*Studien zum 18. Jahrhundert*, Felix Meiner Verlag, Hamburg, and *Das achtzehnte Jahrhundert. Supplementa*, Hitzeroth Verlag, Marburg; vol. 3 ff. Wallstein Verlag, Göttingen); newsletter: *Rundbrief der Deutschen Gesellschaft für die Erforschung des 18. Jahrhunderts* with information on activities, conferences and exhibitions.

GREECE

Association d'étude des Lumières en Grèce

Secretary / Secrétaire: Dimitris Apostolopoulos, 48 avenue Vas. Constantinou, Athens 11635, Greece

The Association d'Etude des Lumières en Grèce, founded in 1962, publishes the annual periodical *Ho Eranistis* and a series of modern Greek editions of texts from the Greek Enlightenment.

HUNGARY

Société hongroise d'étude du XVIIIe siècle

President / Président: Béla Köpeczi, Tulipán u. 5, 022 Budapest, Hongrie; *Secretary / Secrétaire*: Éva Ring, Szentmiklósi út 97, 1213 Budapest, Hongrie, email eringagh@hotmail.com; *Treasurer / Trésorier*: János Kalmár, University Eötvös Lóránd de Budapest, Múzeum krt. 6-8. 1088 Budapest, Hongrie.

Centralise les renseignements concernant les études menées sur le dix-huitième siècle, prend toutes les initiatives susceptibles d'aider la recherche et l'enseignement du dix-huitième siècle; assure la liaison entre les chercheurs et les instituts; représente les études hongroises du dix-huitième siècle et les institutions qui les soutiennent sur le plan international; co-opère avec les comités de rédaction des revues spécialisées hongroises et étrangères; organise, favorise et co-ordonne des congrès, colloques, journées d'études et réunions de débats sur le dix-huitième siècle.

ICELAND

Icelandic Society for Eighteenth-Century Studies

Secretary / Secrétaire: Ragnhildur Bragadóttir, Reykjavíc Municipal Archives, Grófarhús, Tryggvagata 15, IS 101 Reykjavík; email ragnhildur.bragadottir@rhus.rvk.is

The society, founded in 1994, emphasises holding symposia on various aspects of eighteenth-century studies. It organised a Nordic conference, *The Nordic countries and Europe: mutual cultural influence*, held in Reykjavík, Iceland in 2002. It also publishes an electronic journal, *Vefnir: Timarit Felags um atjandu aldar frædi*, a number of times a year, available at www.bok.hi.is/ vefnir.

IRELAND

Eighteenth-Century Ireland Society / Cumann Eire san Ochtú Céad Déag

Secretary / Secrétaire: Conrad Brunström, Department of English, NUI Maynooth, Maynooth, Co. Kildare; email cbrunstrom@may.ie

The society aims to support study of all aspects of life in Ireland in the period 1690-1800. The society holds an annual conference and publishes a journal, *Eighteenth-Century Ireland / Iris an dá chultúr*

ITALY

Società italiana di studi sul secolo XVIII

President / Président: Alberto Postigliola, Via Città di Castello 13, 00191 Roma, Italia

Promotes eighteenth-century studies, organises conferences, and publishes proceedings of conferences in the *Materiali* and newsletters containing information on the Society's activities, details of conferences and publications relating to eighteenth-century studies.

JAPAN

Japanese Society for Eighteenth-Century Studies

Secretary / Secrétaire: Takaho Ando, 2-713 Kaguyama, Nisshin-shi, 470-0134 Aichi, Japan

Publishes an annual *Bulletin*.

KOREA

Korean Society for Eighteenth-Century Studies

Secretary / Secrétaire: Don-Tchane Bak, Department of French, Seoul Women's University, Seoul 139-774, Korea; email dtbak@swift2.swu.ac.ka

Promotes the interdisciplinary study of the eastern and western eighteenth century, organises an annual conference.

NETHERLANDS / BELGIUM

Werkgroep 18e Eeuw (Dutch-Belgian Society)

Secretary / Secrétaire: Anna de Haas, Singel 24 II, 1016 AA Amsterdam, Nederland; email hjschoo@csi.com

The Werkgroep 18e Eeuw is the Dutch/Belgian society for eighteenth-century studies founded in 1968. It is an interdisciplinary society whose interests and activities focus on the contribution of the northern and southern Netherlands to eighteenth-century European culture. The Werkgroep organises annual symposia and publishes a semi-annual *De Achttiende Eeuw* containing articles in various languages, with English or French summaries of all Dutch contributions. The members of the Werkgroep also receive a newsletter two or three times per year.

NORWAY

Norwegian Society for Eighteenth-Century Studies

Secretary / Secrétaire: Helge Jordheim, Department of German Studies, University of Oslo, P.O. Box 1004 Blindern, 0315 Oslo, Norway; email helge.jordheim@erman.uio.no

Founded in 1998. Publishes a bulletin containing bibliographical material related to eighteenth-century studies in Norway and Scandinavia and information on activities and conferences. Organises every second year a conference on eighteenth-century studies. Proceedings are published. The next planned conference will be in 2003.

POLAND

Polish Society for Eighteenth-Century Studies / Polskie Towarzystwo badan nad wiekiem osiemnastym

President / Présidente: Teresa Kostkiewiczowo; *Treasurer / Trésorier*: Alina Zórowska-Witkowska; *Secretary / Secrétaire*: Piotr Ugniewski, Instytut Badan literackich PAN, ul. Nowy Swiat 72, 00-330 Warszawa, Poland; email p.ugniewski@chello.pl

Promotes the study of the 'long' eighteenth century (1700-1815), organises conferences, publishes annual bulletin with bibliography relating to eighteenth-century studies and information on activities and conferences.

PORTUGAL

Sociedade portuguesa de estudos do século XVIII

Secretary / Secrétaire: Maria Cristina Corrêa de Melo, Sociedade Portuguesa de Estudos do Século XVIII, Av. de Ceuta, Quinta do Cabrinha, 1A r/c, 1350 Lisboa; email spes.xviii@ip.pt

Aims to promote and co-ordinate studies and research into eighteenth-century culture (historical, philosophical, religious, literary, scientific, artistic, juridical). Provides information and links between researchers, institutions and centres. Organises conferences and colloquia, and provides documentation on all aspects of eighteenth-century culture.

ROMANIA

Romanian Society for Eighteenth-Century Studies

Secretaries / Secrétaires: Ileana Mihaila, Str. Delinesti 4, bl. TD 45, et. X, ap. 66, 77494 Bucuresti 6, Romania; Mihaela Mudure, Str. Almasului 3, ap5, 3400 Cluj, Romania; email mmihai@licj.sfos.ro

The Society organises meetings and lectures and aims to stimulate research into eighteenth-century culture in Romania.

RUSSIA

Russian Society for Eighteenth-Century Studies

Secretary / Secrétaire: Nadejda Plavinskaya, Institute of General History, Russian Academy of Sciences, Leninski Prospekt 32a, 117334 Moscow, Russia; email igh@glas.apc.org

The society, founded in 1988, aims to support research, meetings and exhibitions. It organises an annual conference and publishes collected articles.

SPAIN

Sociedad española de estudios del siglo XVIII

Vice-présidente: María Luisa Sánchez-Mejía. Calle Marqués de Urquijo, 40, 28008 Madrid, España; email luisamejia@worldonline.es

La Société espagnole publie la revue annuelle *Cuadernos Dieciochistas,* qui comprend plusieurs articles sur un thème précis, des mélanges et des notes de lecture. Elle patronne des congrès et des conférences. Le site web www.siglo18.org fournit des informations sur la recherche et les publications dans tous les domaines du dix-huitième siècle.

SWEDEN

Sällskapet för 1700-talsstudier

Secretary / Secrétaire: Ann Öhrberg, Lillhagsvägen 18, 124 71 Bandhagen, Sweden; email ann.ohrberg@littvet.uu.se

The Swedish Society for Eighteenth-Century Studies was founded in 1987. It organises seminars and conferences and publishes a newsletter, *Avisan.* From 2003 the Society will produce an annual publication, containing articles and book reviews.

SWITZERLAND

Schweizerische Gesellschaft für die Erforschung des 18. Jahrhunderts / Société suisse pour l'étude du XVIIIe siècle / Società svizzera di studi sul secolo XVIII

Secretary / Secrétaire: Alain Cernuschi, Cerisiers 1, 2023 Gorgier, Suisse; email Alain.Cernuschi@frmod.unil.ch

Promotes study of all aspects of cultural life in eighteenth-century Switzerland, organises conferences, publishes the collection *Travaux sur la Suisse des Lumières* and the bi-annual *Bulletin* with information on research work in Switzerland, publications, exhibitions and conferences.

TUNISIA

Société tunisienne d'étude du XVIIIe siècle

President / Président: Abdeljelil Karoui, 1 rue du docteur Mohamed Ammar, El Menzah VI, 1004 Tunis, Tunisie

La Société tunisienne d'étude du XVIIIe siècle, créée en 1983, encourage et favorise les travaux et les recherches sur le dix-huitième siècle portant aussi bien sur la Tunisie et le monde arabo-musulman que sur l'Europe et les autres régions du monde, dans tous les domaines de son héritage culturel: historique, philosophique, religieux, littéraire, scientifique, artistique et juridique. Organise colloques et conférences. Publication d'ouvrages portant sur le 18e siècle.

UKRAINE

Ukrainian Society for Eighteenth-Century Studies

Secretary / Secrétaire: Natalia Shevchenko, Institute of Ukrainian History, National Academy of Sciences of the Ukraine, 4 Grushevsky St, Kyiv 252001, Ukraine

The society, founded in 1994, aims to develop and co-ordinate all aspects of eighteenth-century studies in the Ukraine, and to support co-operation with scholars in other countries.

UNITED KINGDOM

British Society for Eighteenth-Century Studies

Secretary / Secrétaire: Mark Ledbury, Department of Art History and Archaeology, University of Manchester, Oxford Road, Manchester M13 9PL; email Mark.Ledbury@man.ac.uk

Promotes the study of eighteenth-century cultural history, organises conferences, and publishes the bi-annual *British journal for eighteenth-century studies*, containing articles and book reviews, and a newsletter giving information on activities, conferences, research projects and publications. Also runs the web site www.art.man.ac.uk/arthist/bsecs.

UNITED STATES OF AMERICA

American Society for Eighteenth-Century Studies

Executive Director: Byron R. Wells, P.O. Box 7867, Wake Forest University, NC 27109, U.S.A.; email ASECS@wfu.edu

Sponsors annual meeting, publishes *Eighteenth-century studies* and *Studies in eighteenth-century culture*, awards Jenkins, Gottschalk and Clifford Prizes for books and articles, and joint fellowships with American Antiquarian Society, Boston Athenaeum, Folger Institute, Harry Ransom Humanities Research Center, Houghton Library, Lewis Walpole Library, The Library Company of Philadelphia, McMaster University Library, Newberry Library, William Andrews Clark Memorial Library, and Yale Center for British Art.

ASECS REGIONAL SOCIETIES

East Central ASECS

Executive secretary: Linda E. Merians

Department of English, Box 174, 1900 West Olney Aye, La Salle University, Philadelphia, PA 19 141- 1199, U.S.A.; email lemeria@aol.com or merians@lasalle.edu

Midwestern ASECS

Secretary-treasurer: Kathleen Leicht

Department of English, Central Missouri State University, Warrensburg, MO 64093, U.S.A.; email leicht@smsu.edu

Northeast ASECS

Secretary-treasurer: Roger D. Lund

Department of English, LeMoyne College, Syracuse, NY 13124, U.S.A.
NEASECS issues an occasional newsletter and sponsors an annual meeting with sessions dedicated to a broad spectrum of eighteenth-century topics.

Southeastern ASECS

Secretary: John Vance

Department of English, University of Georgia; email jvance@arches.uga.edu

Western ASECS

Secretary: Treadwell Ruml

Department of English, California State University, San Bernardino, 5500 University Pkwy, San Bernardino, CA 92407-2397; email truml@csusb.edu
The Society holds one annual conference in February and awards the Helene W. Koon Memorial Prize to the best paper delivered at that conference by a graduate student or junior faculty member.

OTHER SOCIETIES AND RESEARCH CENTRES
AUTRES SOCIÉTÉS ET CENTRES DE RECHERCHE

BELGIUM

Centrum voor de studie van de Verlichting en van het Vrije Denken

Vrije U. Brussel, Pleinlaan 2, B. 416, 1050 Brussel, België

Groupe d'étude du XVIIIe siècle

U. libre de Bruxelles, C.P. 108, Avenue F. D. Roosevelt 50 17, 1050 Bruxelles, Belgique

Responsables: R. Mortier, H. Hasquin

Groupe interdisciplinaire de recherche. Publie chaque année, sous le titre *Etudes sur le XVIIIe siècle*, un volume de travaux aux Editions de l'Université de Bruxelles, ainsi que des volumes hors série. La dernier numéro paru est le XXXe (2003): Olivier Vanderhaegen, *La Diplomatie belgo-liégeoise à l'épreuve. Etude sur les relations entre les Pays-Bas autrichiens et la principauté de Liège au XVIIIe siècle*.

BRAZIL

Centro de Estudos do Século XVIII Ouro Preto

Palácio dos Governadores, Caixa Postal 66, Praça Tiradentes 20, 35400-000, Ouro Preto MG, Brasil; courriel xviii@ouropreto.feop.com.br

Directeur: Anna Maria N. L Parsons; *Secrétaire*: Eliano Camargo de Sousa

Fondé en 1993, le C.E.S.D. a pour but de promouvoir et de faire la divulgation de la connaissance de la société et de la culture du dix-huitième siècle au Brésil et a Minas Gerais.

CANADA

Atlantic Society for Eighteenth-Century Studies / Société atlantique d'étude du dix-huitième siècle

President: Jane Curran

Department of German, Dalhousie U., Halifax, Nova Scotia B3H 3J5, Canada.

McMaster Association for Eighteenth-Century Studies

Chairman: Jane Rush

Department of French, McMaster U., Hamilton, Ontario L8S 4L9, Canada.

FRANCE

Bibliothèque d'études rousseauistes

4 rue du Mont-Louis, 95160 Montmorency, France; courriel rousseaumuseum.mcy@wanadoo.fr

Responsable Robert Thiery; *Bibliothécaires*: Laurence Robin et Karine Russac

Rassemblement, sous forme originale ou en reproduction, des écrits de J.-J. Rousseau, et des travaux français et étrangers relatif à sa vie et à son œuvre (plus de 40 000 documents). Recherches concernant la réception des ouvrages de J.-J. Rousseau du 18e au 20e siècle. Publication de bibliographies et d'une revue annuelle, les *Etudes Jean-Jacques Rousseau*, sous la direction de Tanguy L'Aminot (C.N.R.S.).

Centre aixois d'études et de recherches sur le XVIIIe siècle (C.A.E.R. XVIII)

U.F.R. Lettres-Art-Communication-Sciences du langage, U. de Provence, Centre d'Aix, 29 avenue Robert Schumann, 13621 Aix-en-Provence, France. Adresser toute correspondance à Huguette Krief, 330 chemin des plaines, 13126 Vauvenargues; courriel huguette.krief@wanadoo.fr

Responsable: Henri Coulet; *Secrétaire général*: Huguette Krief

Tables rondes, colloques et publications pluridisciplinaires; inventaire de la topique romanesque; recherches sur le 18e siècle en général et sur la Provence des Lumières en particulier; représentations théâtrales, concerts.

Centre de recherche sur la littérature des voyages (C.R.L.V.) (U. de Paris-Sorbonne, Paris IV)

96 boulevard Raspail, 75006 Paris, France

Directeur: François Moureau; courriel francois.moureau@paris4.sorbonne.fr; *Secrétaire*

général: Sophie Linon-Chipon; courriel sophie.linon-chipon@paris4.sorbonne.fr; *Bibliothèque*: Annie Cartoux; courriel annie.cartoux@paris4.sorbonne.fr

Thématique des voyages. Collection *Imago mundi* aux P.U.P.S, Site web: www.crlv.org. Répertoire international des chercheurs (travaux, projets et coordonnées). Encyclopédie sonore des colloques et séminaires. Publication semestrielle de la *Lettre du Voyageur*. Base de donnés viatiques (bibliographie primaire). Répertoire d'Images Viatiques (RIVES). Forum d'informations.

Centre de recherches historiques sur les maîtres ébénistes

92 rue La Fayette, 75009 Paris, France

Directeur: Jean Nérée Ronfort

Le Centre de Recherches, fondé en 1981, a pour but l'étude de la civilisation matérielle du 18e siècle. Les œuvres d'art appliqué, le mobilier, les programmes architecturaux et leurs conséquences sur la décoration d'intérieur, tout autant que les circonstances historiques qui en ont permis la réalisation, sont l'objet de ses travaux. Ses membres ont accès à la bibliothèque et aux quelques 700 volumes de documents d'archives et de photographies qu'abritent le Centre.

Centre de recherches révolutionnaires et romantiques

4 rue Ledru, 63 057 Clermont-Ferrand, France

Directeur: Pascale Auraix-Jonchière; *Directeur adjoint*: G. Loubinoux; *Assistant-Ingénieur*: Alexandra Matignier

Fonds de documentation et de correspondances: G. Romme, J.-F. Marmontel, E. Quinet, J. Michelet. Microfilms presse 18e siècle. Collections: *Cahiers romantiques*, *Cahier d'études sur les correspondances des XIXe et XXe siècles*, *Révolutions et Romantismes*. Etude sur les basculements entre Lumières et Romantisme. Prospection sur le révolutionnaire et le romantique.

Centre d'étude de la langue et de la littérature françaises des XVIIe et XVIIIe siècles - CELLF 17e.-18e (U.M.R. 8599 C.N.R.S.).

U. de Paris IV, 1 rue Victor Cousin, 75230 Paris Cedex 05, France

Responsable: Jean Dagen

Les moralistes français de Saint-Evremond à Vauvenargues (Jean Dagen). Recherches sur les Lumières, l'illuminisme et la franc-maçonnerie (Charles Porset). Autour de Jean-Jacques Rousseau (Tanguy L'Aminot). Inventaire des manuscrits philosophiques clandestins des 17e et 18e siècles (Geneviève Artigas-Menant). Louis Sébastien Mercier et la fin du siècle (Jean-Claude Bonnet). Approche sérielle de la littérature du 18e siècle (Sylvain Menant). 1650-1750: La phrase et les genres; styles et esthétiques classiques (Georges Molinié). La trace des jésuites dans la pensée linguistiques aux 17e et 18e siècles (Pierre Cahné). Poétiques et politiques dans l'espace européen (1750-1820) (Philippe Roger). La Fontaine et la poésie française du 18e siècle (Patrick Dandrey). Port-Royal et la vie littéraire (Gerard Ferreyrolles). La République des Lettres (16e-18e siècles) (François Waquet). Les correspondances à l'age classique (Marc Fumaroli). Pratique de l'opéra baroque français et italien du 16e et 18e siècles (Sylvie Mamy). Textes dramatiques du 18e siècle (Georges Forestier). *Œuvres complètes de Diderot* (Michel Delon). *Voltaire en son temps* (René Pomeau). Sade: papiers de famille, correspondances (Maurice Lever). Bibliographie de la littérature française des voyages a l'âge classique (François Moureau).

Centre d'étude des Lumières de l'Université de Strasbourg (CELUS)

U. Marc-Bloch, UFR Lettres, 22 rue René Descartes, 67084 Strasbourg Cedex, France; email celus@umb.u-strasbg.fr

Responsable: Pierre Hartmann; *Responsable-adjoint*: Florence Lotterie

Travaux sur Lesage, Louvet, Sénac de Meilhan et le roman d'émigration. Programme pluriannuel: la figure du philosophe, 1680-1815.

Centre d'étude et de recherche d'histoire des idées et de la sensibilité (C.E.R.H.I.S.)

U. de Rouen, Rue Lavoisier, 76130 Mont-Saint-Aignan, France

Responsables: J.-P. Cléro, A. Niderst

Histoire des idées au 17e et 18e siècles. *Le Diable* — études de J.-P. Cléro, A. Philonenko, J.-M. Bailbé, S. Mazauric, A. Niderst.

Centre d'étude et de recherche éditer / interpréter (CEREDI) Equipe «Age classique»

U. de Rouen, U.F.R. des Lettres et Sciences Humaines, 76821 Mont-Saint-Aignan Cedex, France

Responsable: F. Bessire

Fontenelle: édition critique des œuvres complètes et de la correspondance; culture et philosophie. Voltaire: participation à l'édition des *Œuvres complètes*. Poésie. Vie littéraire à Rouen au XVIIIe. Le tournant des Lumières.

Centre d'étude du XVIIIe siècle (UMR 5050 du C.N.R.S.)

U. Paul Valéry, route de Mende, 34199 Montpellier Cedex 5, France; courriel Hubert.Bost@univ-montp3.fr

Responsable: Hubert Bost

Œuvres complètes de Diderot et études associées. Relations littéraires entre la France et La Russie (*Archives de l'Est*). Œuvres de Potocki. Mémoires de Stanislas-Auguste Poniatowski. L'*Histoire des deux Indes*. Contribution aux *Œuvres complètes* de Voltaire. Correspondance générale de La Beaumelle. Production littéraire, philosophique et théologique des huguenots en France et en Europe. Analyse de la topique romanesque. Rapport texte/image dans le roman. Histoire de la réception du roman français en Europe. Histoire du livre et bibliographie matérielle (base de donnés *Maguelone*). Edition et diffusion des idées

Centre d 'étude du XVIIIe siècle (LIRE, U.M.R. 5611, C.N.R.S. - Lyon II)

I.S.H., 14 avenue Berthelot, 69363 Lyon Cedex 07, France; courriel LIRE@ish-lyon.cnrs.fr

Responsables: Anne-Marie Mercier-Faivre et Chantal Thomas

L'information au 18e siècle: le genre des "vies privées"; catastrophe et information (la peste de Marseille). Reconstitution de La *Gazette d'Amsterdam* de 1691 a 1796 (12 CD-roms). Livres récents: *Gazettes et information politique sour l'Ancien Régime* (1999); *La Suite à l'ordinaire prochain. La représentation du monde dans les gazettes* (1999); *Le Régent, entre fable et histoire* (2003).

Centre d'étude sur le XVIIIe siècle, Nice

Faculté des Lettres et Sciences Humaines, U. de Nice, 98 boulevard Edouard-Herriot, 06036 Nice Cedex, France

Travaux sur J.-J. Rousseau, Voltaire, Challe, Frédéric II. Contributions aux *Œuvres complètes de Voltaire*. Collaboration à *Voltaire en son temps*.

Centre international d'étude du XVIIIe siècle, Ferney-Voltaire

Siège social: 26 Grand'rue, 01210 Ferney-Voltaire, France
Responsable: Andrew Brown.

Comité francais d'histoire de la franc-maçonnerie

President: A. L Guy Tamain

Service Interassociatif Le Donjon, Esplanade de la République, 91940 Les Ulis, France

Promotes the study of freemasonry, mainly in France, but also in Europe and Latin America, with particular emphasis on the 18th and early 19th centuries.

Groupe de recherche sur D'Alembert et son temps

Département des Sciences de la Terre, Le Campus 8, Bât. I, 95031 Cergy-Pontoise Cedex; courriel dalember@paris.u-cergy.fr

Comité animateur: Eric Brian, Michèle Chapront, Anne-Marie Chouillet, François de Gandt, Christian Gilain, Irène Passeron, Jérôme Viard

Le Groupe de recherche encourage les travaux et les rencontres qui peuvent contribuer depuis diverses disciplines à une meilleure connaissance de l'œuvre de D'Alembert et de ses contemporains. Il prépare la publication des *Œuvres complètes de D'Alembert*, comprenant la correspondance générale.

Groupe de travail sur Condorcet

Equipe R.E.H.S.E.I.S., U. de Paris VII, 2 place Jussieu, 75251 Paris Cedex 05, France; email harcour@paris7.jussieu.fr

Responsables: Eric Brian, Anne-Marie Chouillet, Pierre Crépel, Christian Gilain

Lieu de rencontre de chercheurs de disciplines diverses et d'institutions différentes pour l'étude de l'œuvre de Condorcet. Organisation des colloques internationaux de juin 1988 et d'octobre 1994 à Paris, et publication des *Actes*. Edition des textes rares ou inédits. Préparation de l'inventaire analytique des manuscrits de Condorcet et de l'édition critique du *Tableau historique des progrès de l'esprit humain*.

Institut d'études et de recherches maçonniques (I.D.E.R.M.)

16 rue Cadet, 75009 Paris, France

Laboratoire littérature et histoire des pays de langues européennes

U. de Franche-Comté, 30 rue Mégevand, 25030 Besançon Cedex, France

Direction: Gérard Brey

Société d'étude Guillaume-Thomas Raynal

Président Gilles Bancarel

10 rue des Cordeliers, 12100 Millau, France

La société, fondée en 1994, a pour but de promouvoir l'étude et la connaissance de l'œuvre et de la personnalité du philosophe rouergat Guillaume-Thomas Raynal (1713-1796).

Société d'histoire et d'épistémologie des sciences du langage (S.H.E.S.L.)

Président Marc Baratin

E.N.S., Laboratoire H.T.L., Université Paris 7, Case 7034, 2 place Jussieu, 75251 Paris Cedex 05, France

Société Diderot

Président: Pierre Chartier; *Secrétaire*: Michèle Leedham-Vallat

Adresse pour correspondance: B.P. 234-52208 Langres Cedex, France; siteweb www.diderotp.7.jussieu.fr/ diderot

La Société Diderot, fondée en 1985, se propose de donner à la mémoire de Diderot sa dimension langroise et champenoise en même temps que nationale et internationale, de favoriser la connaissance de son œuvre par des rencontres périodiques, de permettre en publication bisannuelle des travaux les plus récents. Elle publie une revue semestrielle, *Recherches sur Diderot et sur l'Encyclopédie* (*Responsable* Anne-Marie Chouillet).

Société Herder

Président: Pierre Pénisson

Etudes germaniques, Paris VIII, 2 rue de la Liberté, 93526 Saint-Denis Cedex 02, France

Fondée en 1994, la Société Herder, en association avec la International Herder Society, se propose de favoriser la connaissance de l'œuvre de Johann Gottfried Herder (1744-1803), de la philosophie et de la littérature allemande de la fin du 18e siècle.

Société Marivaux

Secrétaire: Françoise Rubellin, 19 rue de Jussieu, 44300 Nantes, France

Publie la *Revue Marivaux*. Courriel: rubellin@revuemarivaux.org

Société Montesquieu

29 boulevard Gergovia, 63037 Clermont-Ferrand, France

Secrétaire: Jean-Patrice Courtois,

Publication des *Œuvres complètes de Montesquieu, Cahiers Montesquieu, Revue Montesquieu.*

Société Saint-Simon

Président: Philippe Hourcade

3 rue Saint-Charles, 75015 Paris, France

La société a pour objet de développer les études concernant la personne, l'œuvre et la pensée du duc Louis de Saint-Simon (1675-1755), l'auteur des *Mémoires.*

GERMANY

Ehrenpreis Center for Swift Studies

Englisches Seminar, Johannisstr. 12-20, 48143 Munster, Deutschland

Chairman: Hermann J. Real

Forschungs- und Landes-bibliothek Gotha

Postfach 10 01 30, 99581 Gotha, Deutschland

Western and oriental manuscripts, songbooks, sermons, dissertations, coins and literature. Also regional literature, especially relating to Gotha and West Thuringia.

Forschungszentrum Europäische Aufklärung e.V

Gregor-Mendel-Str. 21-22, 14469 Potsdam, Deutschland; Web site: www.uni-potsdam.de/u/fea

Directeur: Günther Lottes

Centre de recherche sur l'histoire culturelle et intellectuelle au XVIIIe siècle; études en cours sur: transferts culturels, correspondances et périodiques littéraires et savantes, concours académiques, voyages. L'institut abrite une bibliothèque spécialisée dont le catalogue est accessible en ligne.

Gottfried-Wilhelm-Leibniz-Gesellschaft

Niedersächsische Landesbibliothek, Waterloostrasse 8, 30169 Hannover, Deutschland

The Society organises lectures, symposia and congresses, and publishes a journal, *Studia leibnitiana*.

Herzog August Bibliothek

Postfach 1364, 38299 Wolfenbüttel, Deutschland; email direktor@hab.de

International research and study centre for the history of European culture of the early modern period. Web site: http://www.hab.de.

International Herder Society
Internationale Herder Gesellschaft

President: Regine Otto

Stiftung Weimarer Klassik, Burgplatz 4, 99423 Weimar, Deutschland; email otto@weimarklassik.de

The Society was founded in 1985 to promote the interdisciplinary study of all aspects of the work, life, and era of Johann Gottfried Herder (1744-1803). The Society sponsors biannual international conferences the proceedings of which are published. In addition, the Society publishes a semi-annual *Newsletter* and the *Herder yearbook / Herder Jahrbuch* which is distributed free of charge to all members.

Johann-Beckmann-Gesellschaft e.V.

President Nicolau Beckmann (Basel)

Secretariat and Library, P.O.B. 1241,27315 Hoya/Weser, Deutschland.

The international society's objective is to promote the study of the intellectual, scientific and cultural heritage of the political economist Johann Beckmann (1739-1811), particularly in the fields of technology, agronomy, natural science, commodity science and in the sociologically oriented history of technology. The Society publishes a yearbook: *Johann-Beckmann-Journal*.

Kant-Archiv im Institut für Philosophie, Marburg

Wilhelm-Röpke-Str. 6B, 35032 Marburg, Deutschland

Director Reinhard Brandt

Collection and documentation of Kant's writings and lectures. Publishers of *Kant-Forschungen*.

IRELAND

Irish Georgian Society

President: Desmond FitzGerald, Knight of Glin

Contact: Mary Bryan, Conservation Officer
74 Merrion Square, Dublin 2, Ireland

The Irish Georgian Society was founded in 1958, and aims to encourage an interest in and to promote the preservation of distinguished examples of architecture and allied arts in Ireland. It produces the prestigious *Irish Architectural and Decorative Arts Journal of the Irish Georgian Society* annually, as well as other publications. There is a chapter in London (run from Dublin) and the US headquarters, IGS Inc., is at 7 Washington Square North (21A), New York, NY 10003-6647, contact Arthur Prager.

ITALY

Gruppo di studi sull'Illuminismo

Istituto di Filosofia, Facoltà di Lettere e Filosofia, Via Zamboni 38, 40126 Bologna, Italia

NETHERLANDS

Genootschap Belle de Zuylen / Association Isabelle de Charrière

Executive secretary: Charlotte Defesche

Noordveenpolderstraat 3, 2807 ND Gouda, Nederland; email charlotte_defesche@hotmail.com. Web site www.etcl.nl/charriere

Stichting Jacob Campo Weyerman

P.O. Box 16732, 1001 RE Amsterdam
Contact: H. J. Schoo, Singel 24 II, 1016 AA Amsterdam, Nederland

The Foundation (ca. 165 members) was founded in 1977 in order to encourage and inspire research on and publications about the life and times of the ribald and entrepreneurial journalist J. C. Weyerman (1677-1747). Its interests have now widened to encompass any aspect – from all walks of life and literature – of the 'long' eighteenth century. Publications: *Mededelingen van de*

Stichting Jacob Campo Weyerman (3 issues per year) and occasionally reprints of Dutch 18th-century texts.

SPAIN

Grupo de Estudios del Siglo XVIII

U. de Cádiz, Facultad de Filosofía y Letras, Avda. Dr. Gómez Ulla s/n, 11003 Cádiz, España

Responsable Alberto Romero Ferrer, email alberto.romero@uca.es; *Secrétaire*: Fernando Durán López, email fernando.duran@uca.es

Publishes the review *Cuadernos de Ilustración y Romanticismo*; two book series: *Scripta Manent* and *Biblioteca de las Cortes de Cádiz*; Spanish Enlightenment and romanticism; literature of the Cortes of Cadiz; Spanish press in the eighteenth and nineteenth centuries; Andalusian writers; editions of manuscripts, complete works and anthologies; theatre; letters and autobiographical genres; José Vargas Ponce; Juan Ignacio González del Castillo; José Joaquín de Clararrosa; Bartolomé José Gallardo.

SWITZERLAND

Association Benjamin Constant

Secrétaire Catherine Seylaz; email catherine.seylaz@freesurf.ch

Institut Benjamin Constant, U. de Lausanne, Bâtiment central, 1015 Lausanne-Dorigny, Suisse; www.unil.ch/ibc/

Reconstituée en 1979, l'Association Benjamin Constant a pour but de faire connaître la vie, l'œuvre et la pensée de Benjamin Constant; d'organiser toutes manifestations et de susciter toutes publications susceptibles de promouvoir ces objectifs. Elle a pour organe les *Annales Benjamin Constant*, paraissant chaque année, et pour siège l'Institut Benjamin Constant.

Institut Benjamin Constant

U. de Lausanne, Bâtiment central, 1015 Lausanne–Dorigny, Suisse

Directeur: Etienne Hofmann (Etienne.Hofmann@ihes.unil.ch).

Publication des *Annales Benjamin Constant*: Anne.Hofmann@ibc.unil.ch et Marianne.BerlingerKonqui@ibc.unil.ch

Chronologie vie et œuvre de Benjamin Constant. Histoire culturelle et intellectuelle de la Suisse romande au 18e siècle. Autres publications: *Travaux et recherches de l'Institut Benjamin Constant*.

Institut et Musée Voltaire

25 rue des Délices, 1203 Genève, Suisse; email institut.voltaire@bpu.ville-ge.ch

Conservateur: François Jacob

Fondé en 1954, l'Institut et Musée Voltaire regroupe une bibliothèque de 25,000 volumes entièrement ou partiellement consacrés à Voltaire (éditions, ouvrages critiques, manuscrits...) ainsi qu'un musée destiné à abriter une exposition permanente sur Voltaire et des expositions temporaires annuelles (2003: *Voltaire et la Chine*; 2004: *Ecriture et Occitanie au XVIIIe siècle*; 2005: *Rossini et Voltaire*). Il organise également des cycles de conférences en rapport avec les expositions temporaires (les *Nuits des Délices*) et des séances de lecture d'œuvres de Voltaire ou d'autres du XVIIIe siècle (*Greniers à lire*).

Société Jean-Jacques Rousseau

Président: Alain Grosrichard; *Secrétaire*: Charles Wirz

26 rue Voltaire, 1201 Genève, Suisse

La Société Jean-Jacques Rousseau a été fondée en 1904. Elle fait paraître les *Annales de la Société Jean-Jacques Rousseau* (t.1-40 Genève, Jullien; t.41 et suivants Genève, Droz) et patronne l'édition des *Œuvres complètes* de Jean-Jacques Rousseau publiée dans la Bibliothèque de la Pléiade (Paris, Gallimard). Site web: http://www.jjrousseau.org

UNITED KINGDOM

British Centre for Durkheimian Studies

Institute of Social and Cultural Anthropology, 51 Banbury Road, Oxford 0X2 6PE, U.K.; email william.pickering@anthropology.ox.ac.uk

Secretary: W. S. F. Pickering

Founded in 1991 the centre promotes publications, research, conferences on Emile Durkheim and his disciples. Durkheim had particular interests in Montesquieu and Rousseau.

English Short Title Catalogue

Early Printed Collections, British Library, 96 Euston Road, London NWI 2DB, U.K.; email estc@bl.uk; Web site www.bl.uk

Editor M. Goff

A co-operative international project with editorial centres at the British Library, London and the Center for Bibliographic Studies and Research, University of California, Riverside, to produce a machine-readable short-title catalogue of books, pamphlets and many types of ephemera printed in Britain and its dependencies before 1801. The catalogue now contains nearly 400,000 records and represents the holdings of more than 1500 libraries worldwide. The database is available for searching on CD-ROM (published 1998, further information from Publishing Office, British Library, 96 Euston Rd, London NW1 2DB) and via the Research Libraries Information Network (further information from The Research Libraries Group, 1200 Villa Street, Mountain View, CA 94041-1100, U.S.A.).

Voltaire Foundation, University of Oxford

99 Banbury Road, Oxford 0X2 6JX, U.K.; email email@voltaire.ox.ac.uk
Web site www.voltaire.ox.ac.uk

Director: Nicholas Cronk

Centre for research and publishing on the eighteenth century. Editions and series in progress or planned include the *Complete works of Voltaire / Œuvres complètes de Voltaire, Œuvres complètes de Montesquieu, Correspondance de Pierre Bayle, Correspondance de Mme de Graffigny, Correspondance de Jacques-Henri Bernardin de Saint-Pierre, Correspondance de La Beaumelle,* Raynal's *Histoire philosophique et politique des établissements et du commerce des Européens dans les deux Indes, British journal for eighteenth-century studies, SVEC* (*Studies on Voltaire and the eighteenth century*). Electronic publication was launched in 1998 with *Voltaire électronique,* and continues with the *Electronic Enlightenment* project (www.e-enlightenment.info).

UNITED STATES OF AMERICA

L'Association Rousseau
Rousseau Association

President: John T. Scott, Department of Political Science, University of California, Davis, Davis, CA 95616, U.S.A.; *Vice President*: Byron Wells, Department of Romance Languages, Wake Forest University, P.O. Box 7566, Winston Salem, NC 27109, U.S.A.; *Secretary-Treasurer*: Laurence Cooper, Department of Political Science, Carleton College, One North College Street, Northfield, MN 55057; *Director of Publications*: Ourida Mostefai, Department of Romance Languages and Literature, Boston College, Chestnut Hill, MA 02467, U.S.A.

Eighteenth-Century Scottish Studies Society

Executive secretary: Richard B. Sher

New Jersey Institute of Technology, Newark, NJ 07102, U.S.A.; email sher@njit.edu

English Short-Title Catalogue for North America

Center for Bibliographical Studies, U. of California, Riverside, CA 92521-0154, U.S.A.; Web site cbsr26.ucr.edu//estcrnain.html

Director and editor: Henry L. Snyder; *Assistant director and assistant editor*: John Bloomberg-Rissman

Working in conjunction with the British Library to build a database of all titles published in Britain and its dependencies from 1473 to 1801. The file is maintained by the Research Libraries Information Network (R.L.I.N.) operated by the Research Libraries Group (R.L.G.) in Mountain View, CA. Readers may access the database through libraries in North America by means of Internet or other similar facilities and CD-Rom. The files currently consist of approximately 460,000 titles with an additional 2,750,000 locations. Contributions are received from libraries throughout the world.

Goethe Society of North America

Executive secretary: Clark S. Muenzer

Department of Germanic Languages, University of Pittsburg, Pittsburg, PA 15260, U.S.A.

The Goethe Society of North America was founded in 1979 as a non-profit organisation dedicated to the encouragement of research on Johann Wolfgang von Goethe (1749-1832) and his age. The organisation seeks to stimulate a reappraisal of the pertinence of Goethe's thought in modern times; foster scholarly lectures and symposia about Goethe and his age; develop extensive research facilities, for the study of eighteenth-century literature and culture; and re-emphasise Goethe's concept of world literature and its continuing importance throughout the civilised world. The Society publishes the *Goethe Yearbook* and *Goethe news and notes* which gives news of activities, conferences and publications. More detailed information, including current activities, officers, etc., can be obtained from the GSNA web page www.goethesociety.org.

Johnson Society of the Central Region

Secretary-treasurer: Thomas Kaminski

Department of English, Loyola U., 6525 North Sheridan Rd, Chicago, IL 60626, U.S.A.
The Society meets annually and its conferences include a wide range of papers regarding eighteenth-century British literature.

Lessing Society

Executive secretary: Richard E. Schade

Department of Germanic Languages and Literatures (372), U. of Cincinnati, Cincinnati, OH 45221-0372, U.S.A.; email schadere@email.uc.edu or Lessing.Society@uc.edu; Website ucaswww.mcm.uc.edu/german
The Lessing Society was founded in 1966 to encourage research in the life, works and times of Gotthold Ephraim Lessing (1729-1781). The Society regularly sponsors scholarly meetings and international symposia. A semi-annual newsletter, *Notes and notices*, and the *Lessing Yearbook* (editor: Richard E. Schade) are published by the Society. The Society currently has about 450 members (representing 19 countries). Membership is open to any persons interested in Lessing and the Enlightenment.

Lewis Walpole Library

154 Main Street, Farmington, CT 06032, U.S.A.; email walpole@yale.edu or margaret.powell@yale.edu; web site www.library.yale.edu/Walpole

Librarian: Margaret K. Powell

The Lewis Walpole Library, a department of Yale University library, is a leading non-circulating research library for English eighteenth-century studies and the prime source for the study of Horace Walpole and Strawberry Hill. Its collections include significant holdings of eighteenth-century English books, manuscripts, prints, drawings, watercolors, paintings, and artifacts. Library fellowships and travel grants are offered to scholars pursuing research in its collections. Housed in an historic colonial frame house built in 1784, the Library is open to researchers by appointment; also on the grounds is the Day-Lewis Museum of Indian Artifacts.

North American Kant Society

President Nelson Potter, Philosophy, University of Nebraska, Lincoln, NE 68588-0321, U.S.A.; email npotter@unlserve.unl.edu; Web site web.utk.edu/philosop/naks.html

The aim of the Society is to promote the study of the work of Immanuel Kant (1724-1804). It organises three sessions on Kant each year in connection with meetings of the American Philosophical Association, and cooperates with international Kant Congresses that are held approximately every five years. The Society publishes a quarterly newsletter, and a publication series of books/monographs.

North-West Society for Eighteenth-Century Studies

Transactions editors: Kenneth J. Ericksen and Stephen Wolfe

Department of English, Linfield C., McMinnville, Oregon 97128, U.S.A.

Office for History of Science and Technology

543 Stephens Hall, U. of California, Berkeley, CA 94720-2350, U.S.A.; email rhahn@socrates.berkeley.edu

Director: Cathryn Carson

Support of research projects in the fields of history of science and technology. Publication of the monograph series 'Berkeley papers in the history of science' and the journal *Historical studies in the physical and biological sciences*. Current research concerning the eighteenth century includes projects on popular science in the late Enlightenment, on medicine in France, and on the life and work of P. S. de Laplace. Scholars, particularly visitors from abroad, are encouraged to affiliate with the Office and to participate in its colloquia.

Society for Eighteenth-Century French Studies

President: Jeffrey Merrick; email jmerrick@uwm.edu

Vice-President: Julie Hayes

Secretary: Philip Stewart, Department of Romance Studies, Duke U., Durham, NC 27708-0257, U.S.A.; email pstewart@duke.edu

The society is an affiliated society within ASECS, devoted to questions of French history, art and language. It meets in conjunction with annual meetings of ASECS, and disseminates information to its members by email.

Society for the History of Authorship, Readership and Publishing (SHARP)

Membership secretary: Barbara Brannon

Office of Public Relations, Wesleyan College, 4760 Forsyth Road, Macon, GA 31210-4462, U.S.A.; email barbara_brannon@post.wesleyan-college.edu

SHARP is a global network of people from a wide variety of disciplines, both in and outside universities, who interest themselves in the growing new field of 'book history'. You can find out more about SHARP and book history by visiting the SHARP Web page at www.indiana.edu/sharp.

Society of Early Americanists

Executive Coordinator: Dennis Moore

Department of English and American Studies, Florida State University, Tallahassee, FL 32306-1580, U.S.A.; email dmoore@english.fsu.edu

Founded in 1990, the SEA repesents scholars working in all disciplines who are interested in the early Americas. In 1999, SEA merged with the Society for Eighteenth-Century American Studies (SECAS) under SEA's more general title. SEA sponsors biennial conferences and participates in regional, national, and international meetings of related societies, including ASECS and ISECS. SEA publishes the SEA *Newsletter* biannually.

Southern California Eighteenth-Century Group

Contact: Elliott Visconsi, email visconsi@humnet.ucla.edu

Meets approximately once a quarter to discuss a precirculated paper on a topic germane to the eighteenth-century. The group is interdisciplinary and open to any and all interested. The SCECG is sponsored by the UCLA Center for Seventeenth- and Eighteenth-Century Studies and hosted by the UCLA English Department.

ABBREVIATIONS / ABRÉVIATIONS

AB: Alberta
ACT: Australian Capital Territory
AK: Alaska
AL: Alabama
AR: Arkansas
AZ: Arizona
BC: British Columbia
B.P.: Boîte postale
C.: College, college, etc.
CA: California
C.N.R.S.: Centre national de la recherche scientifique, France
CO: Colorado
C.P.: Case postale
CT: Connecticut
C.U.N.Y.: City University of New York
DC: District of Columbia
DE: Delaware
Dept/Dépt: Department/département
E.N.S.: Ecole normale supérieure
FL: Florida
GA: Georgia
HI: Hawaii
IA: Iowa
ID: Idaho
IL: Illinois
IN: Indiana
KS: Kansas
KY: Kentucky
LA: Louisiana
MA: Massachusetts
MD: Maryland
ME: Maine
MI: Michigan
MN: Minnesota
MO: Missouri
MS: Mississippi
MT: Montana
NB: New Brunswick
NE: Nebraska
NC: North Carolina
ND: North Dakota
NF: Newfoundland
NH: New Hampshire
NJ: New Jersey
NM: New Mexico
NS: Nova Scotia
NSW: New South Wales
NV: Nevada
NY: New York
OH: Ohio
OK: Oklahoma
ON: Ontario
OR: Oregon
PA: Pennsylvania
PEI: Prince Edward Island
PQ: Province of Quebec
PR: Puerto Rico
QLD: Queensland
RI: Rhode Island
SA: South Australia
SC: South Carolina
SD: South Dakota
SK: Saskatchewan
S.U.N.Y.: State University of New York
TN: Tennessee
TX: Texas
U.: University, Université, Universität, etc.
UK: United Kingdom
USA: United States of America
UT: Utah
VA: Virginia
VIC: Victoria
VT: Vermont
WA: Washington (USA)
WA: Western Australia (Australia)
WI: Wisconsin
WV: West Virginia
WY: Wyoming

INTERNATIONAL DIRECTORY
RÉPERTOIRE INTERNATIONAL

1. **Aabenhus, Jørgen** Hoptrup Kirkeby 29, Hoptrup, 6100 Haderslev, Denmark.

2. **Aagard, Herbert** Mooren de 17, 20535 Hamburg, Germany. *U. Hamburg* / German manufacturing technology • Industrial disease and the development of factory hygiene.

3. **Aase, Monica C.** NTNU Library, NTNU, 7491 Trondheim, Norway. *NTNU* / Academies • History of science.
✉ monica.aase@ub.ntnu.no

4. **Abad Gomez, Manuel** C/ Solis, 2, 5°A, 11701 Ceuta, Spain. / Littérature comparée.

5. **Abanime, Emeka Patrick** Dept of Foreign Languages and Literatures, University of Nigeria, Nsukka, Nigeria. *U. of Nigeria* / Blacks in the works of Voltaire • Voltaire's correspondence.

6. **Abbattista, Guido** Dip. di Storia e Storia dell'Arte, Università di Trieste, via Economo 4, 34123 Trieste, Italy. *U. di Trieste* / Concepts and realities of empire and colonial domination and their relationship with the problem of political liberty • Raynal's *Histoire des deux Indes*.
✉ guido.abbattista@tin.it

7. **Abdessalem, Ahmed** 9 rue Chadly Zouiten, Mutuelleville, 1000 Tunis, Tunisia. *U. de Tunis I.*

8. **Abe, Ritsuko** A-402, 50-1 Ogata-cho, Sasebo, 858-0926 Nagasaki, Japan. *Nagasaki Prefectural U.* / Philosophie en France • Les femmes en France.

9. **Abel, Marília** Rua João Ortigão Ramos 19-6° C, 1500 Lisboa, Portugal.

10. **Abelove, Henry** Center for the Humanities, Wesleyan University, Middletown, CT 6457, USA. *Wesleyan U.* / History of sexuality • Berkeley, Hume.

11. **Abildgaard, Dorthe** Center for Dansk Billedkunst, Herluf Trollesgade 5, 2, 1052 København K, Denmark. *Center for Dansk Billedkunst.*

12. **Abou El-Seoud, Iman** c/o Sameh Hassan, Exxon Mobil, 1097 Corniche El-Nil, Garden City, Cairo, Egypt. *Ain-Shams U.* / La littérature clandestine (pamphlétaire), 1769-1789.

13. **Abrahams, J. P.** Dept of Philosophy, University of the Western Cape, Private bag X17, 7535 Bellville, South Africa. *U. of the Western Cape* / Epistemology • Ethics • Philosophy of technology.

14. **Abramova, Irina** Oul. Uritskogo, 25, 60, 150000 Yaroslavl, Russia. *U. de Yaroslavl* / Adam Smith.

15. **Abramovici, Jean-Christophe** 84 rue de Buzenval, 75020 Paris, France. *U. de Paris X* / Intellectual life • Libertine literature • Diderot, Sade, Nerciat and Condillac • Relations between ideology and lexicology.
✉ jca@u-paris10.fr

16. **Abrams, Barbara** 26 Sacramento St, Cambridge, MA 02138-1813, USA. *Columbia U.* / French literature, philosophy and fine art.

17. **Abramson, Julia Luisa** Dept of Modern Languages, Literatures, and Linguistics, University of Oklahoma, 780 Van Vleet Oval, Room 202, Norman, OK 73069-2032, USA. *U. of Oklahoma* / Literary mystification • Gastronomic writing.
✉ jabramson@ou.edu

18. **Abranches, José Fernando Mendes** Rua Manuel Ferreira, 18 -4 B - Alto de Sta. Catarina, 2795-133 Linda-A-Velha, Portugal. / Pombalismo • Health.
✉ jose.abranches@abbott.com

19. **Abreu, Laurinda Faria** Dept of History, Universidade de Évora, Palácio do Vimioso, apartado 94, 7000-820 Evora, Portugal. *U. de Évora* / Health and welfare systems.
✉ dhis@uevora.pt

20. **Abreu, Luís Machado** Rua David Lopes, 1-5º E, 1900-176 Lisboa, Portugal. / Utopie et raison • Spinoza • Laicité • Littérature et discours.
✉ lmabreu@dlc.ua.pt

21. **Accorsi, Maria Grazia** Via Ercole Nani 7, 40132 Bologna, Italy. *U. della Calabria* / Theatre: Goldoni, Metastasio, Tasso.

22. **Achenbach, David** 1063 West Glenlake Avenue, apt 1N, Chicago, IL 60660-2965, USA.

23. **Acher, William** 59 rue de Bourgogne, 75007 Paris, France. / J.-J. Rousseau.

24. **Achermann, Eric** Institut für Germanistik, Unitobler, Universität Bern, Länggas-Str. 49, 3000 Bern 9, Switzerland. *U. Bern.*

25. **Ackerman, George F.** 111 Dyer Road, Emerson, NJ 07630-1205, USA.

26. **Acosta, Ana** 2801 Quebec St, NW #624, Washington, DC 20008-6252, USA.

27. **Acvedo-Loubriel, Suzette** P.O. Box 1235, Truillo Alto, PR 00977-1235, USA.

28. **Adachi, Michiyo** 7-11-602 Matsugasakishoda, Sakyo-ku, Kyoto-shi, 606-0966 Kyoto, Japan.

29. **Adam, Wolfgang** Institut für Germanistik, Universität Magdeburg, Postfach 41 20, 39016 Magdeburg, Germany. *U. Magdeburg* / Pastoral • Herder: *Kritische Wälder.*

30. **Adams, David James** Dept of French Studies, University of Manchester, Oxford Road, Manchester, M13 9PL, UK. *U. of Manchester* / The political significance of illustrated books published before 1789 • Diderot.
✉ david.adams@man.ac.uk

31. **Adams, Leonard** Dept of Language and Literature, University of Guelph, Stone Road, Guelph, ON N1G 2W1, Canada. *U. of Guelph* / Clerical dissidence in France • Religious controversy in France • Anglo-French ecumenism • Pierre-François Le Courayer.
✉ ladams@uoguelph.ca

32. **Adams, Matthew** 28 Galton Road, Smethwick, Birmingham, B67 5JU, UK.

33. **Adams, Percy G.** Dept of English, University of Tennessee, Knoxville, TN 37996-0001, USA. *U. of Tennessee (Knoxville)* / Comparative literature • Novel • Travel literature • Poetry.

34. **Adams, Stephen** Dept of English, Westfield State College, Westfield, MA 01086-2501, USA. *Westfield State C.*

35. **Addison, Joan** 27 Broadoak Road, Worsley, Manchester, M28 2TL, UK.

36. **Adelson, Robert** Dept of Music, University of Utah, Gardner Hall, Salt Lake City, UT 84112, USA. *U. of Utah* / Opera • Music • Women composers.

37. **Adjamah, Michel** Bât.A 1er ét. Les Corvées, 5 ter, rue Louis-Jouvet, 78500 Vernouillet, France. / Philippe d'Orléans et sa famille • Les Lumières face aux problèmes raciaux et coloniaux.

38. **Adler, Hans** Dept of German, University of Wisconsin-Madison, 1220 Linden Drive, Madison 53706, WI, USA. *U. of Wisconsin (Madison)* / Aesthetics • History of reason • Herder • Moritz • Goethe.
✉ hadler@facstaff.wisc.edu

39. **Adler, J.** 333 East 68th St, apt 6D, New York, NY 10021-5693, USA.

40. **Adolfsson, Maria** Institutet för folklivsforskning, Etnologiska institutionen, Lusthusporten 10, 106 91 Stockholm, Sweden. *Etnologiska institutionen* / Economic-topographical descriptions of places and districts in Sweden.

41. **af Hällström, Magdalena** Sveaborg B 17, 00190 Helsingfors, Finland.

42. **Agan, Cami** 4414 North Harvey Parkway, Oklahoma City, OK 73118 8229, USA.

43. **Agarwala, S. K.** 23 Woodcock Close, Impington, Cambridge, CB4 9LD, UK. / Thomas Paine • Revolutionary America and France.

44. **Agazzi, Elena** Dept of Foreign Languages and Literatures, University of Bergamo, Piazza Vecchia 8, 24129 Bergamo, Italy. *U. di Bergamo* / The relationship between literature, figurative arts and theatre • Theories of the passions, physiognomy and anthropology • Classical antiquity (Winckelmann, Herder, Moritz, Goethe) and the theory of aesthetics.
✉ elena.agazzi@unibg.it

45. **Ages, Arnold** 281 Hillhurst Boulevard, Toronto, ON M6B 1M9, Canada. / J.-J. Rousseau.

46. **Agethen, Manfred** Am Steinmorgen 14, 53757 Sankt Augustin, Germany. *Konrad-Adenauer-Stiftung* / Freemasonry • Secret societies • Jews.

47. **Agnani, Sunil** 183 Washington Park, Brooklyn, NY 11205-4020, USA.

48. **Agnarsdottir, Anna** Hrolfsskalavor 10, 170 Seltjarnarnesi, Iceland. / Napoleonic wars • Anglo-Icelandic relations • Exploration • European history • Revolution • Trade.

49. **Agnarsson, Hilmar Örn** Skálholti, organistahús, 801 Selfoss, Iceland.

50. **Agnesi, Enrica** Via Serrati 23, 18100 Imperia, Italy. / *Mémoires* de Pietro Verri.

51. **Agnew, Vanessa H.** Dept of German Studies, University of Michigan, 3110 MLB, Ann Arbor, MI, USA. *U. of Michigan* / Travel writing, postcolonial theory, and the links between music, natural history and exploration, missions and colonisation • German opera and writings about music • German racial discourse.
✉ vagnew@umich.edu

52. **Agorni, Mirella** Via Cercolo 4, 37122 Verona, Italy. *U. di Napoli* / La pensée de Vico • La culture philosophique napolitaine.

53. **Aguila Solana, Irene** Universidad de Zaragoza, c/ Pedro Cerbuna 12, 50009 Zaragoza, Spain. *U. de Zaragoza* / Le théâtre de la foire • Littérature libertine • Œuvres burlesques.

54. **Aguilar Piñal, Francisco** Avda. de Bruselas, 59, 5° B, 28028 Madrid, Spain. *Consejo Superior de Investigaciones Científicas* / Littérature, culture et société en Espagne.

55. **Ahearn, Marie** 36 Symphony Road, Boston, MA 02115 4045, USA. / American literature • English-American interrelationships • Sermons.

56. **Ahern, Stephen** Dept of English, Acadia University, BAC 417, Wolfville, NS B0P1X0, Canada. *Acadia U.* / Amatory, sentimental, and gothic fiction.
✉ stephen.ahern@acadiau.ca

57. **Ahern, Susan K.** Dept of English, University of Houston, One Main St, Houston, TX 77002-1001, USA. *U. of Houston.*

58. **Ahlgren Jensen, Lisbeth** Willemoesvej 79, 1. sal, 2100 København, Denmark. / Musicologie.

59. **Ahlund, Mikael** Murarvägen 11, 168 33 Bromma, Sweden.

60. **Ahmad, Siraj** Columbia University, 541 West 113th St, apt 4D, New York, NY 10025-8085, USA. *Columbia U.* / Colonialism and exoticism.

61. **Ahnert, Thomas Jasper** Institute for Advanced Studies in the Humanities, University of Edinburgh, Hope Park Square, Edinburgh, EH8 9NW, UK. *U. of Edinburgh* / The 'science of man' in the Enlightenment, esp. in Scotland • Religion, heterodoxy and the origins of the Enlightenment • History of science and its relation to other disciplines in the Enlightenment.
✉ thomas.ahnert@ed.ac.uk

62. **Ahokas, Minna** Laajavuorenkuja 1 D 62, 01620 Vantaa, Finland.

63. **Ahonen, Harri T.** PB 15 (Unioninkatu 36), 00014 Helsinki, Finland. *Helsinki U.* / Pehr Kalm and the role of the vicar in agrarian society.
✉ harri.ahonen@helsinki.fi

64. **Ahrland, Åsa** Timotejgatan 8, 118 59 Stockholm, Sweden.

65. **Ahtola, Aleksi** Museokatu 23 A 2, 00100 Helsinki, Finland.

66. **Aikins, Janet E.** Dept of English, University of New Hampshire, Hamilton Smith Hall, 95 Main St, Durham, NH 03824-3574, USA. *U. of New Hampshire* / Rise and development of the novel • History of the illustrated book.
✉ janet.aikins@unh.edu

67. **Aillery, Marie-Paule** Keraude, 56270 Ploemeur, France.

68. **Aizawa, Teruaki** 1-16-18 Wakamiya, Saga-shi, 849-0926 Saga, Japan. *Saga U.* / British aesthetics.

69. **Ajello, Raffaele** Via Napoli 63, 80078 Pozzuoli (NA), Italy. *U. di Napoli.*

70. **Ajroud, Habib** 6, Passage 1, Diar Ibn Sina, Av. A. Thaalbi, Menzah 9, 1013 Tunis, Tunisia. *U. of Manouba* / Defoe • Economic values of the middle classes • The narrative and social functions of myth-making.
✉ habib.ajroud@flm.rnu.tn

71. **Akagi, Fumiko** 3-11-1 Uzumoridai, Higashinada-ku, Kobe-shi, 658-0066 Hyogo, Japan. *Osaka U. of Foreign Studies* / Salons en France.

72. **Akagi, Shozo** 3-11-1 Uzumoridai, Higashinada-ku, Kobe-shi, 658-0066 Hyogo, Japan. *Osaka U.* / Manuscrits clandestins • Utopie narrative en France.

73. **Akama, Ryo** 3-2 Kami-Takano Inari-cho, Sakyo-ku, Kyoto-shi 606-0087, Japan.

74. **Akazawa, Motomu** Higashifukai 1110-2-3-13, Nagareyama-shi, Chiba-ken 270-0101, Japan. *Technische Hochschule Chiba* / German Enlightenment (Thomasius to Lichtenberg) • Faust and Don Juan.

75. **Akehurst, Judith** 6800 Park View Lane, Eden Praire, MN 55346 2111, USA.

76. **Åkerman, Susanna** Artillerig. 57, 3 tr., 11450 Stockholm, Sweden. / Amaranth Order • Swedenborg • St Lazarus.

77. **Åkerstedt, Rakel** St Paulsgatan 5, 118 46 Stockholm, Sweden.

78. **Akiba, Tetsuo** 2-2079 Hasunuma-mura, Yamatake, 289-1800 Chiba, Japan.

79. **Akimoto, Minoji** 3-12-35 Azamino, Midori-ku, Yokohama-shi, 226-0000 Kanagawa, Japan. / English idiom.

80. **Akimoushkina, Irina Ivanovna** 4000 Massachusetts Avenue, #721 NW, Washington, DC 20016, USA. *Académie des sciences de Russie* / Russian women's history.

81. **Akiyoshi, Yoshiro** 2941-1-503 Nikura, Wako-shi, 351-0115 Saitama, Japan. *Kogakuin U.* / Sade.

82. **Al-Shayban, Samia** Women's Student Centre, Riyadh, Saudi Arabia. / Drama: dramatic structure.

83. **Alayrangues, Pierre** 33 rue de Balzac, 19100 Brive-la-Gaillarde, France. *U. de Limoges* / La correspondance de Mme Du Deffand et les correspondances connexes.

84. **Alberola Roma, Armando** Complejo Vistahermosa, Torre 5,6° C, 03016 Alicante, Spain. / Histoire agraire • Administration • Institutions.

85. **Albers, L. H.** Annastraat 3-a, 3512 GP Utrecht, Netherlands. / Gardens.

86. **Albert, Claudia** Paul-Lincke-Ufer 33a, 10999 Berlin, Germany. *Freie U. Berlin/U. Leipzig* / German-French literary links • Diderot • German republicans in Paris • Literature and music/dance.

87. **Albert, Pamela** 1140 Porland Pl, apt 308, Boulder, CO 80304-8205, USA.

88. **Albertan, Christian** 40 rue des Quatre Amis, 76230 Bois-Guillaume, France. / Les Jesuites et le *Journal de Trévoux* • La presse et l'opinion en France.

89. **Albertan-Coppola, Sylviane** 40 rue des Amis, 76230 Bois-Guillaume, France. / Les adversaires des Philosophes • Le débat Lumières/Anti-Lumières • Philosophie et christianisme.

90. **Alberti Nieto, Jaime** C/Pozos, 9,2°, 33009 Oviedo, Spain. / Philosophie du droit • Ethique et politique.

91. **Albertone, Manuela** Via Bonzanigo 11, 10144 Torino, Italy. *U. di Torino* / French and American economic thought.

92. **Albes, Claudia** Rohnsweg 49, 37085 Göttingen, Germany.

93. **Albone, Amber** 8 Salters Close, Bracebridge Heath, Lincoln, LN4 2UB, UK.

94. **Alborg, Juan Luis** 2610 Round Hill Lane, Bloomington, IN 47401, USA.

95. **Albrecht, Michael** Dept of Philosophy, Universität Trier, 54286 Trier, Germany. *U. Trier* / Christian Wolff • Moses Mendelssohn • Kant • Eclecticism.

96. **Albrecht, Peter** Inselwall 2, 38114 Braunschweig, Germany. *Technische U. Braunschweig* / Coffee and coffee-houses • Social history of northwest Germany.

97. **Albrecht, Wolfgang** Stiftung Weimarer Klassik, Burgplatz 4, 99423 Weimar, Germany. *Stiftung Weimarer Klassik* / Enlightenment and Counter-Enlightenment • Lessing and his friends • Goethe's diaries.

98. **Albrightson, Gary** Dept of English, Iowa State University, 1416 Carroll Ave, Ames, IA 50010-5653, USA. *Iowa State U.*

99. **Albury, W. R.** Faculty of Arts, University of New England, Armidale, NSW 2351, Australia. *U. of New England* / Condillac and French science • The Ideologues.

100. **Alcaro, Mario** Via Ciro Menotti, 87100 Commenda di Rende, Italy. *U. della Calabria* / Le problème de la guerre dans la philosophie • La Révolution française • Interprétations marxistes de Kant.

101. **Alderson, Simon** Trinity College, Cambridge, CB2 1TQ, UK. *U. of Cambridge* / Literary form • Linguistics • Stylistics • Inter-art parallels.

102. **Aldridge, A. Owen** Foreign Languages Building, 707 South Mathews Building, University of Illinois, Urbana, IL 61801, USA. *U. of Illinois (Urbana)* / Voltaire • Franklin • Paine • East-West relations.

103. **Aldridge, S. D.** Beal House, Stockfield, Northumberland NE43 7AJ, UK. *U. of Newcastle-upon-Tyne.*

104. **Aleksandrowicz, Alina** Ul. Raabego 7 m.4, 20-030 Lublin, Poland. *U. Marii Curie-Sklodowskiej* / Enlightenment and late Enlightenment literature • Cultural and literary centres in Poland • Cultural relations between Poland and Western Europe.

105. **Aleksandrowska, Elzbieta** Ul. Grottgera 5, 51-630 Wroclaw, Poland. / Polish Enlightenment literature: bibliographies and editions • Periodicals • Biographies of 'minorum gentium' poets.

106. **Aleksic, Branko** 35 rue Linné, appt 13, 75005 Paris, France.

107. **Aleksiuk, Natasha** Dept of English, Queens University, Watson Hall, Kingston, ON K7L 3N6, Canada. *Queens U.*

108. **Alemán Illán, Anastasio** c/ Sierra de Peñarrubia, 19, 2°F, 30009 Murcia, Spain. / History of mentalities and attitudes • Books and printing • Anthropology.

109. **Alenius, Marianne** Rådhusvej 19, 2920 Charlottenlund, Denmark.

110. **Alessi, Jennifer** 1195 Wingfield Rd, Memphis, TN 38122-1623, USA.

111. **Alexander, Bryan** Dept of English, Centenary College, 2911 Centenary Blvd, Shreveport, LA 71104-3396, USA. *Centenary C.*

112. **Alexander, Coenraet Otto** Maritiem Museum Rotterdam, Leuvehaven 1, 3011 EA Rotterdam, Netherlands. *Maritiem Museum Rotterdam* / The Dutch nobility at the end of the 18c.

113. **Alexandrescu, Vlad** Dept of French Studies, Universitatea din Bucuresti, Strada Edgar Quinet, nr. 5-7, sector 1, Bucuresti 70106, Romania. *U. Bucuresti* / France • Romania • Augustanism • English thought • Correspondence • Rosicrucianism.
✉ vlalexan@fx.ro

114. **Alexandropoulou, Olga** Research Centre for Medieval and Modern Hellenism, Academy of Athens, 14 Anagnostopoulou str., 10673 Athens, Greece. *Academy of Athens.*

115. **Alexandrovich, Liubavin Mikhail** Steinstr. 33, Saarbrücken 66115, Germany.

116. **Alexéeva, Maria** oul. Chostakovitcha, 1, korp. 5, 646, 194358 St Pétersbourg, Russia. *Musée Russe d'État* / Gravures russes.

117. **Alexéeva, Nadejda** oul. Chostakovitcha, 1, korp. 5, 646, 194358 St Pétersbourg, Russia. *Académie des sciences de Russie* / M. V. Lomonosov • Odes russes.

118. **Alfaro Amieiro, Margarita** C/Cerro del Castañar, 70, 28034 Madrid, Spain. / Littérature française • Enseignement de la langue française en Espagne.

119. **Alfonso Garcia, Ma del Carmen** C/Rafael Gallego Sainz,17,Esaiza,5°D, 33012 Oviedo, Spain.

120. **Alfonzetti, Beatrice** Via Lucullo 11, 00187 Roma, Italy. *U. di Roma* / Tragedy: Voltaire, Conti, Salfi, Alfieri, Gravina, Pansuti • Naples: theatre; revolution.

121. **Alimento, Antonella** Università di Pisa, Piazza Torricelli 3/A, Pisa 56126, Italy. *U. di Pisa* / Seven Years War • Sweden • Conseil du Roi • Jansenism • *Histoire des Deux Indes* • Political economy • Diderot • Domenico Michelessi.
✉ alimento@stm.unipi.it

122. **Alissandratos, G. G.** 36 Kifissias str., 11526 Athens, Greece.

123. **Aliverti, Maria Inès** Dip. di Storia delle arti, Piazza S. Matteo 2, 56127 Pisa, Italy. *Dipart. di Storia delle arti* / Théâtre: iconographie; iconologie; illustration; portraits des acteurs.

124. **Aljenfawi, Khaled** B16 Cardinal Court, Normal, IL 61761, USA.

125. **Alker, Sharon-Ruth** Dept of English, University of British Columbia, 397-1873 East Mall, Vancouver, BC V6T1Z1, Canada. *U. of British Columbia* / Tropes of union relating to Anglo-Scottish relations and historical, political and sociocultural events • The use of tropes of intermarriage or romance to negotiate the concept of empire.
✉ alker@interchange.ubc.ca

126. **Alkon, Paul Kent** 17 Masongate Drive, Rolling Hills Estates, CA 90274, USA. *U. of Southern California* / Samuel Johnson and moral discipline • Defoe and fictional time • Origins of futuristic fiction • Science fiction.
✉ alkon@usc.edu

127. **Allain, Mathé** Box 43331, University of SW Louisiana, Lafayette, LA 70504-0001, USA. *U. of Southwestern Louisiana* / Colonisation in North America • Raynal • Colonial Louisiana.

128. **Allanbrook, Wye J.** Dept of Music, University of California, 104 Morrison Hall, #1200, Berkeley, CA 94720, USA. *U. of California (Berkeley)* / Poetics of musical expression • The comic style • Mozart opera • Late 18th-century instrumental music (Mozart and Haydn).
✉ wyeja@socrates.berkeley.edu

129. **Allard, James** University of Waterloo, 200 University Avenue West, Kitchener, ON N2M 5E7, Canada. *U. of Waterloo.*

130. **Allemand-Gay, Marie-Thérèse Henriette** 11 rue Baron Louis, 54000 Nancy, France. / Assemblées provinciales.

131. **Allen, Brian** Mellon Centre for Studies in British Art, 16 Bedford Square, London, WC1B 3JA, UK. *Paul Mellon Centre* / Painting and sculpture • Paintings and drawings of William Hogarth.

132. **Allentuck, Marcia** 5 West 86th St, apt 12B, New York, NY 10024-3603, USA. *C.U.N.Y.* / The picturesque • Henry Fuseli • Sir Uvedale Price • Inter-relationships between art, architecture and literature.

133. **Allert, Beate I.** Dept of Foreign Languages and Literatures, Purdue University, Stanley Coulter Hall, West Lafayette, IN 47907-1359, USA. *Purdue U.* / Lessing • Jean Paul • Herder • E. T. A. Hoffmann • Goethe • Visual culture.
✉ allert@purdue.edu

134. **Allison, Katherine** 801 Lincoln St, Sitka, AK 99835, USA. / Alexander Pope • Cross-gender communication.

135. **Alliston, April** Dept of Comparative Literature, Princeton University, East Pyne Hall, Princeton, NJ 08544, USA. *Princeton U.* / Novel and history • Narrative • Women writers • Sophia Lee • Probability • Character.
✉ alliston@princeton.edu

136. **Alm, Mikael** Dept of History, Uppsala Universitet, St Larsgatan 2, 75310 Uppsala, Sweden. *Uppsala U.* / The imagery of rule, primarily the image-making of absolute monarchy in Sweden (Gustavian absolutism).
✉ mikael.alm@hist.uu.se

137. **Alma Bush, Shannon** 4151 Melrose St, apt M, Riverside, CA 92504-2535, USA.

138. **Almeida, Teresa** Rua Francisco Baía, 14, 7º D, 1500-273 Lisboa, Portugal. / Laclos • Education • Marquesa de Alorna • Literature.
✉ bichogato@hotmail.com

139. **Almer, Tore** Gleipners väg 15, 281 42 Hässleholm, Sweden.

140. **Alocco, Luciana** Via Lazzaretto Vecchio 8, Trieste, Italy. *U. di Trieste* / Les itinéraires magiques et sexuels dans l'Encyclopédie • Le corps et le cœur • La couleur: sa symbologie et sa fonction.
✉ alocco@univ.trieste.it

141. **Alonso Seoane, María José** Fac. Ciencias de la Información, Universidad Complutense de Madrid, Avda. de la Complutense, Ciudad Universitaria, 28040 Madrid, Spain. *U. Complutense de Madrid* / Spanish literature.

142. **Alperovitch, Moissei** prospekt Vernadskogo, 38-a, 36, 117454 Moscou, Russia. *Académie des sciences de Russie* / Francisco de Miranda.

143. **Alryyes, Ala** Dept of Comparative Literature, Yale University, P.O. Box 208299, New Haven, CT 06520, USA. *Yale U.* / Historicity of literary forms • Connections between cognitive and psychological anatomies and the novel, art and empire • Literature of the European Enlightenment.
✉ ala.alryyes@yale.edu

144. **Alsop, J. D.** Dept of History, McMaster University, Hamilton, ON L8S 4L9, Canada. *McMaster U.* / British espionage, propaganda and politics during the War of Spanish Succession • Health and health care in British overseas expansion.

145. **Altachina, Veronika** Kouptchinskaia 33 ap 241, 192283 St Pétersbourg, Russia. / La formation et la poétique du roman-mémoires français • *Mémoires* de Retz, Mlle de Montpensier, Bussy-Rabutin et Mme de Mottville • Rapports entre l'auteur, le narrateur et le héros.
✉ nikaalt@mail.wplus.net

146. **Altena, P. S. I.** Weezenhof 64-21, 6536 AV Nijmegen, Netherlands. / Jacob Campo Weyerman • Gerrit Paape.

147. **Althaus, Karin** Wettsteinalle 61, 4058 Basel, Switzerland.

148. **Altman, Janet** Dept of French and Italian, University of Iowa, 555 Phillips Hall, Iowa City, IA 52242 0001, USA. *U. Iowa* / Le roman épistolaire • La correspondance comme institution littéraire • Stratégies idéologiques du roman: Mme de Graffigny.

149. **Altshuller, Mark G.** Trevenian St, Pittsburgh, PA 15218-1018, USA. *U. of Pittsburgh* / History, culture and literature of Russia.

150. **Alvarez de Miranda, Pedro** Reina Mercedes 17, 28020 Madrid, Spain. *U. Autónoma de Madrid* / Spain • Spanish Enlightenment • Spanish literature.

151. **Alvarez de Morales, Antonio** C/ Ferraz, 15,4°, 28008 Madrid, Spain. / Les universités et l'Inquisition.

152. **Alvarez Marques, Maria Jesus** C/ Pablo Laloux, 11. (Edificio Espartal, 12 E), 33400 Salinas, Spain.

153. **Alvarez Martinez, Ma Angeles** Apartado de Correos 11002, 38080 Santa Cruz de Tenerife, Spain. / Philologie de l'espagnol.

154. **Alvarez Pantoja, Maria Jose** C/ Jesus del Gran Poder 86, 41002 Sevilla, Spain. / Socio-économie.

155. **Alvarez-Barrientos, Joaquín** C.S.I.C. Madrid, Duque de Medinaceli, 6, 28014 Madrid, Spain. *CSIC Madrid* / Spanish Enlightenment • Men of letters • Coffee houses, salons, theatre • The novel.
✉ jalvarez@filol.csic.es

156. **Alvarez-Faedo, Maria Jose** Dept de Filologia Anglogermanica, Universidad de Oviedo, Teniente Alfonso Martinez, Campus El Milan, 33011 Oviedo, Spain. *U. de Oviedo.*

157. **Alves, Hélio Osvaldo** Rua de Cabo Verde 12 - Urb. Salgueiral, 4810-078 Guimarães, Portugal. *U. do Minho* / Histoire des idées • La révolution française • Les Lumières.
✉ joalves@ilch.uminho.pt

158. **Alves, Vítor** Rua Ermelinda Ferreira 4, 5300-817 Bragança, Portugal. *Escola Superior de Tecnologia e Gestão* / Pouvoir et société • Politique et sociologie • Le paysage et le rural • Histoire économique.
✉ valves@ipb.pt

159. **Alyea, Caroline** 26 Bradford St, #1, Boston, MA 02118-2119, USA. *Harvard U.*

160. **Amado Lopez, Jose Maria** Avenida Coimbra 10-12 (Bajo), 15704 Santiago de Compostela, Spain. / Politique • Histoire de l'Eglise • Idéologies et mentalités.

161. **Amadou, Robert** 12 rue Monge, 75005 Paris, France. *U. de Paris VII* / L.-C. de Saint-Martin • Illuminisme • Franc-maçonnerie.

162. **Amaral, M. Bernardete Vieira** Parque Residencial S. Martinho do Bispo, lote 15, 3000 Coimbra, Portugal.

163. **Amato, Sebastiano** Via Umbria 414, 30130 Chirignago, Italy. / Sade.

164. **Amberg, Anthony** 5728 South Blackstone Avenue, Chicago, IL 60637-1806, USA. *Roosevelt U.* / Edward Moore's *Foundling* and *Gamester* • *The Gamester* on the London stage, 1753-1871.

165. **Amberg, Julie S.** Dept of English, York College of Pennsylvania, 1 Country Club Road, York, PA 17405, USA. *York C. of Pennsylvania* / Women writers • American novel.

166. **Ambourg, Nicole** 6 rue Couchot, 92100 Boulogne Billancourt, France.

167. **Amelin, Olov** Lövbergavägen 33, 132 39 Saltsjö-Boo, Sweden. *Stockholms U.* / Scientific instrument makers in Sweden.

168. **Ameriks, Karl** Dept of Philosophy, University of Notre Dame, 100 Malloy, Notre Dame, IN 46556, USA. *U. of Notre Dame.*

169. **Amerom, H. W. J. van** Jos Habetsstraat 30, 6419 CD Heerlen, Netherlands. / Histoire de la paléontologie en Hollande • L'influence de la littérature française sur la littérature néerlandaise • Livres illustrés et illustrateurs • Dessin • Littérature triviale et anonyme.

170. **Amiel, Charles** 11 rue Ampère, 92160 Antony, France. *Collège de France* / Etudes ibériques.

171. **Ammerer, Gerhard** Institut für Geschichte, Universität Salzburg, Rudolfskai 42, 5020 Salzburg, Austria. *U. Salzburg.*
✉ gerhard.ammerer@sbg.ac.at

172. **Ammerich, Hans** Am Schlössel 11a, 76829 Landau, Germany. *Bischöfliches Ordinariat Speyer* / Prince-episcopate of Speyer • Ecclesiastical history of Pfalz and Alsace • Pfalz-Zweibrücken.

173. **Ammerlahn, Hellmut** Dept of Germanics, Box 353130, University of Washington, Seattle, WA 98195-3130, USA. *U. of Washington (Seattle)* / Goethe • Literary symbolism • Literature and philosophy.

174. **Amoh, Yasuo** 103-16 Minami-kuman, Kochi-shi, Kochi 780-0915, Japan. *Kochi U.* / Scottish Enlightenment.

175. **Amoroso, Giampiero** Vicolo Dossena 7, 20027 Rescaldina (MI), Italy.

176. **Amrein, Ursula** Ceresstr. 25, 8008 Zürich, Switzerland. *U. Zürich* / Gender • Literature • Aesthetics.

177. **Amsler, Christine** 12 rue E. Racine, 1202 Genève, Switzerland.

178. **Amt, Stefan** bhb – Büro für Historische Bauforschung, Borkumer Str. 12, 30163 Hannover, Germany. *bhb – Büro für Historische Bauforschung* / Architecture • Building regulations • Architectural plans • Fortifications.

179. **Ananian, Jores A.** Napolny Proezd 10-31, 111558 Moscow, Russia. *Académie nationale des sciences d'Arménie* / Political, economic and cultural relations between Armenia and Russia.

180. **Anderegg, Johannes** Gatterstr. 1, 9010 St Gallen, Switzerland. *U. St Gallen* / Structures of communication • Letter-writing • Aesthetic theory.

181. **Anderle, Martin** 188-35A 69th Avenue, apt 3C, Fresh Meadows, NY 11365, USA. / Comedy • Satire.

182. **Anderman, Barbara** Dept of Art, Lebanon Valley College, 101 N. College Avenue, Annville, PA 17003-1400, USA. *Lebanon Valley C.*

183. **Andersen, Elin** Vinkel Allé 8, 9000 Aalborg, Denmark.

184. **Andersen, Elisabeth** Hybenhaven 67, 5240 Odense NØ, Denmark.

185. **Andersen, Frits** Litteraturhistorie, Aarhus Universitet, Langelandsgade 139, 8000 Aarhus C, Denmark. *Aarhus U.*

186. **Anderson, Abraham Bruce** St John's College, 1160 Camino Cruz Blanca, Santa Fe, NM 87505, USA. *St John's C.* / Shaftesbury: politics and aesthetics • Kant, scepticism, practical reason, politics of Enlightenment • Bayle.
✉ aand@sjcsf.edu

187. **Anderson, Douglas** Dept of English, University of Georgia, Park Hall 254, Athens, GA 30602, USA. *U. of Georgia.*

188. **Anderson, Elizabeth** 21 Stapeley Avenue, Edinburgh, EH7 6QR, UK. / History of ideas.

189. **Anderson, M. S.** 45 Cholmeley Gardens, London, N6 5EX, UK. / Theories and mechanisms of international relations • Relations of Russia with Western Europe.

190. **Anderson, Marvin** 719 North 74th St, Seattle, WA 98103-5105, USA.

191. **Anderson, Maureen** Dept of English, Illinois State University, Normal, OH 61790-1210, USA. *Illinois State U.*

192. **Anderson, Michael** Rothenburgerstr. 39, 1099 Dresden, Germany.

193. **Anderson, Misty** Dept of English, University of Tennessee, 311 McClung Tower, Knoxville, TN 37996 0430, USA. *U. of Tennessee.*

194. **Anderson, Wilda C.** Dept of French, Johns Hopkins University, Baltimore, MD 21218, USA. *Johns Hopkins U.* / The rhetoric of scientific language in France and England • The *Encyclopédie* • Diderot • The French Revolution.

195. **Anderson-Riedel, Susanne** Dept of Art and Art History, University of New Mexico, Albuquerque, Albuquerque, NM 87131-1401, USA. *U. of New Mexico* / Engraving as an academic discipline • Status of engravers • Collaboration of printers with other artists and writers.
✉ ariedel@unm.edu

196. **Andersson, Greger** Institutionen för musikvetenskap, Lunds Universitet, 22222 Lund, Sweden. *Lunds U.* / Musical life in Sweden's cities.

197. **Andersson, Gudrun** Dept of History, Uppsala Universitet, St Larsg. 2, Uppsala 753 10, Sweden. *Uppsala U.* / Status and power among a local urban élite in Arboga (Sweden).
✉ gudrun.andersson@hist.uu.se

198. **Andersson, Maj-Britt Elisabet** Gammelbansvagen 14, 82440 Hudiksvall, Sweden. *Uppsala U.* / Painters, carpenters and other craftsmen in Hälsingland, Norrland and Sweden.
✉ maj-britt.andersson@konstvet.uu.se

199. **Andioc, René** 251 chemin de Beuze, 31340 Mirepoix-sur-Tarn, France. / Littérature en Espagne • Goya.

200. **Ando, Takaho** 2-713 Kaguyama, Nisshin-shi, 470-0134 Aichi, Japan. *Nagoya U.* / Idées sociales • Science économique.

201. **Andrade, Jorge Domingos Dias** Apartado 10184, 1017 Lisboa Codex, Portugal.

202. **Andrade, Maria Fernanda** Av. Sacadura Cabral 23-4° D, 1000 Lisboa, Portugal.

203. **Andrault, Jean-Michel** 82 rue Frère, Appt II, 33000 Bordeaux, France.

204. **André, Arlette** 5 rue Jean Renaud, Résidence de la Poste, 21000 Dijon, France. *U. de Bourgogne* / Infortune romanesque de Prévost à Sade • Matérialisme • Epicurisme.

205. **Andreatta, Alberto** Via Tomasini 5, 35127 Padova, Italy. *U. di Padova* / Illuminisme italien • Jacobinisme italien.

206. **Andreev, Andrei** Poulkovskaia oul. 19,89, 125493 Moscou, Russia. *U. Lomonossov de Moscou (MGU)* / Université de Moscou • Relations universitaires russo-allemandes.

207. **Andreeva, Ekaterina** Novosibirskaia oul. 2, 10, 197342 St. Pétersbourg, Russia. *Académie des Beaux-Arts de Russie* / Copies et plâtres des antiques.

208. **Andreeva, Galina** Dept of Research and Projects, State Tretyakov Gallery, Laurushinsky, Lane 10, 109017 Moscow, Russia. *State Tretyakov Gallery* / Russian and West European art • Anglo-Russian artistic relations • International artistic links.

209. **Andrés-Gallego, José** Centro de Humanidades, Consejo Superior de Investigaciones Científicas, c/ Duque de Medinaceli 6, 28034 Madrid, Spain. *Consejo Superior de*

Investigaciones Científicas / Hispanic world • Spanish Enlightenment • Social history.
✉ jandres-gallego@ceh.csic.es

210. **Andretta, Stefano** Via del Fontanile Arenato 162, 00163 Roma, Italy.

211. **Andrews, Corey** 3118 B. North Woodbine Rd, St. Joseph, MO 64506, USA. *Ohio U.*

212. **Andrews, Dee E.** Dept of History, California State University, Hayward, CA 94542, USA. *California State U.*

213. **Andrey, Georges** Jubindus 9, 1762 Givisiez, Switzerland.
✉ georgeanddrey@netcourrier.com

214. **Andrianjafitrimo, Erick** Les Verys, 83390 Cuers, France.

215. **Andries, Lise** 15 rue de Poissy, Paris 75005, France. *U. de Lyon II* / Printing and cultural history • Evolution of French popular literature.
✉ lise.andries@wanadoo.fr

216. **Andrivet, Patrick** Mas de Laune, 30570 Valleraugue, France. / Représentations de l'histoire chez les écrivains dans la France classique.

217. **Anelli, Vittorio** Pubblico Passeggio 46/A, 29100 Piacenza, Italy. *Liceo M. Gioia* / Les bibliothèques privées et la diffusion de la culture à Piacenza.

218. **Anes Alvarez, Gonzalo** C/ Recoletos 5, 28001 Madrid, Spain. / Agrarian history and economic thought.

219. **Anes Fernandez, Lidia** C/ Recoletos 5, 2° Izda., 28001 Madrid, Spain. / Histoire économique et sociale • Indigence et institutions d'aide aux pauvres.

220. **Anestidis, Ad.** 11-15b Vrioulon st, 15121 Athens, Greece.

221. **Anfält, Tomas O. M.** Bandyvägen 4, Knivsta, 74130 Sweden. *Uppsala U.* / Correspondence of Carl Linnaeus • Book market, esp. in Scandinavia, the Netherlands and France • Swedish entomologist Charles De Geer and his library at Leufsta Bruk • Charles Bonnet.
✉ tomas.anfalt@ub.uu.se

222. **Angelike, Karin** Am Lieberg 11, 41836 Hückelhoven, Germany.

223. **Angelini, Franca** Via Andrea Cesalpino 10, 00161 Roma, Italy.

224. **Anger, Alfred** Moritzstr. 50, 45131 Essen, Germany.

225. **Anghelescu, Mircea** University of Bucharest, B-dul M. Kogalniceanu 64, 70609 Bucuresti, Romania. *U. Bucuresti* / Lumières et préromantisme: problèmes théoriques • *Les Mille et une nuits* en Europe: traductions, imitations, influences.

226. **Anghelidou, Christine** Centre for Byzantine Research, National Hellenic Research Foundation, 48 Vas. Constantinou Av, 11653 Athens, Greece. *National Hellenic Research Foundation.*

227. **Anghélomatis-Tsoungarakis, Hélène** Research Centre for Medieval and Modern Hellenism, Academy of Athens, 14 Anagnostopoulou st, 10673 Athens, Greece. *Academy of Athens.*

228. **Anghelou, Alkis** 47 Dimoharus St, 11521 Athens, Greece. *U. of Thessaloniki* / Littérature comparée • Grèce et Europe.

229. **Anglani, Bartolo** Via N. Sansone 49, 72017 Ostuni (BR), Italy. *U. di Bari* / Goldoni et les polémiques sur Goldoni • Autobiographie • Rousseau • Alfieri • Pietro et Alessandro Verri • Cesare Beccaria.

230. **Anglani, Fabio** 6 impasse des saules, 44470 Carquefou, France. *U. de Nantes* / Casanova • Libertinage français et italien.

231. **Angremy, Annie** 3 boulevard Arago, 75013 Paris, France. *Bibliothèque nationale.*

232. **Anisova, Irina** Sayanskaia oul. 7-2-629, 111531 Moscou, Russia. *U. Lomonossov* / Social ethics.

233. **Ankarcrona, Anita** Litteraturvetenskapliga institutionen, Stockholms Universitet, Stockholm, Sweden. *Stockholms U.* / Book auctions in Sweden • Book history • Reading.

234. **Annandale, Eric** Dépt de Français, Esp., et Ital., Université de Manitoba, Winnipeg, MB R3T 2N2, Canada. *U. of Manitoba* / Voltaire • Roman libertin • Théâtre de Louis-Sébastien Mercier.

235. **Annarumma, Angela** V. le L. De Laurentis 19/C, 70124 Bari, Italy. *U. di Bari* / Hertfordshire society and economy.

236. **Annoni, Ada** Via M. Melloni 29, 20129 Milano, Italy. *U. di Milano* / The concept of 'Europe' • European problems in the light of 18c ideologies.

237. **Añón, Carmen** C/ Puerto de Santa María 49, 28043 Madrid, Spain. *I.C.O.M.O.S.* / Gardens of El Capricho de la Alameda de Osuna in Madrid • Gardens of the Buen Retiro at Madrid • Courtesan gardens in Spain.

238. **Ansalone, Maria Rosaria** Via Andrea d'Isernia 55, 80122 Napoli, Italy. *U. di Napoli Federico II* / Œuvre narrative de Marivaux • Formes romanesques de la première moitié du 18s • Lexicographie et lexicologie.
✉ ansalome@unina.it

239. **Ansari, Gregory C.** 82 Chkalova Str., apt 13, 327055 Nikolaev, Ukraine. *Nikolaev Pedagogical Institute* / European folklore.

240. **Ansart, Guillaume** Dept of French and Italian, Indiana University (Bloomington), 1020 E. Kirkwood Ave., Bloomington, IN 47405, USA. *Indiana U. (Bloomington)* / Aesthetics and sociology of the novel • Political theory • Anthropology.
✉ gansart@indiana.edu

241. **Ansbacher, Christine** 190 East 72nd St #26A, New York, NY 10021-4370, USA.

242. **Anscomb, Lisa** 61 Bartlemas Road, Oxford, OX1 1XU, UK. *U. of Oxford* / Women writers.

243. **Ansell, Jacqueline Ruth** 58 Duncan Road, Ramsgate, Kent CT11 9QH, UK. / Travelling dress and tourist accounts of the Grand Tour • Fashionable and working dress in Britain and continental Europe • Portraiture • Dress and national identity.

244. **Anson Calvo, Ma del Carmen** Avenida de Galicia 39, B, 8° D., 33005 Oviedo, Spain. / Démographie et société.

245. **Anthony, Susan** Communication Arts & Science, De Pauw University, PAC 105E, Greencastle, IN 46135, USA. *De Pauw U.*

246. **Antolini, Bianca Maria** Lgt. Portuense 150, 00153 Roma, Italy. / Music.

247. **Anton, Manuela** Institute of Literary History and Theory - G. Calinescu, Académie roumaine, Calea 13 Septembrie 13, 76117 Bucuresti, Romania. *Académie roumaine* / Educational reform • Slavic belles-lettres.
✉ manuelaanton@hotmail.com

248. **Anton Sole, Pablo** Paseo Maritimo 2, 2°F., 11010 Cadiz, Spain. *U. de Cádiz* / Histoire de l'église • Histoire de l'art • Protection des arts et collectionisme.

249. **Antonicek, Theophil** Blechturmgasse 33/55, 1050 Wien, Austria. / Austrian music • Italian music.

250. **Antonietti, M. D. M.** Walnootstraat 7, 3552 GS Utrecht, Netherlands. / J. P. Kleyn.

251. **Antor, Heinz** Lerchenberg 8, 97246 Eibelstadt, Germany. *U. Düsseldorf* / Literature • Cultural studies • Philosophy and religion • Science and sociology • History and politics.

252. **Anund-Tråvén, Aslög** Klevbergsvägen 109, 179 60 Stenhamra, Sweden.

253. **Anzai, Kazuo** 3-19-13 Asagaya-kita, Suginami-ku, 166-0001 Tokyo, Japan. *Waseda U.* / Histoire des pensées (liberté, tolérance) • Les Juifs en France • Voltaire.

254. **Anzai, Shin-ichi** 799-2, K-304 Happonmatsu-ida, Higashi-Hiroshima-shi, 739-0146 Hiroshima, Japan. *Hiroshima U.* / Aesthetic theories in England in the late 18c.

255. **Anzi, Anna** Via Quadromo 9, 20122 Milano, Italy.

256. **Ao, Yasuyoshi** 1-8-40-704, Maebaru-higashi, Fukuoka, Japan. *Kyushu U.* / Ouvrages autobiographiques de J.J. Rousseau.
✉ ao@flc.kyushu-u.ac.jp

257. **Aoki, Takashi** 5-5-4-402 Ote, Naka-ku, Hiroshima-shi, 730-0051 Hiroshima, Japan.

258. **Aoun, Mohamed** 6 rue des Plats, 63000 Clermont-Ferrand, France. *U. de Clermont-Ferrand II* / Roman et thème familial.

259. **Aoyama, Fujio** 4-5-3 Kita-Shinjuku, Shinjuku-ku, 169-0074 Tokyo, Japan. *Aoyama Gakuin U.* / Alexander Pope • English poetry and criticism.

260. **Aoyama, Masafumi** 3-23-1907 Sakaecho, Takasaki-shi, 370-0841 Gunma-ken, Japan. *Hoso U. of the Air* / Esthétique et philosophie de Diderot • Philosophie de la nature d'Ando Shoeki • Idée de mimésis dans l'esthétique occidentale.

261. **Apanovych, Olena M.** 11 E. Potje Str., apt 55, Kiev, Ukraine. *Ukrainian Academy of Sciences* / Ukrainian cossacks.

262. **Apelseth, Arne** Malmvegen 90 IV, 9022 Krokelvdalen, Norway.

263. **Apgar, Garry** 40 Bennett St, Bridgeport, CT 06605 2900, USA. / Estampes satiriques sur les philosophes • Jean Huber • Silhouettes • Caricature • Art.

264. **Apostolopoulos, Dimitris** Centre for Neohellenic Research, National Hellenic Research Foundation, 48 Vas. Constantinou Av, 11635 Athens, Greece. *National Hellenic Research Foundation* / La société grecque sous domination ottomane.

265. **Appel, Charlotte** Institut for Historie og Samfundsfag, RUC, Postboks 260, 4000 Roskilde, Denmark. *RUC.*

266. **Appleby, Joyce** 615 Westholme Avenue, Los Angeles, CA 90024-3209, USA.

267. **Aquila, Richard E.** Dept of Philosophy, 801 McClung Tower, University of Tennessee, Knoxville, TN 37996-0480, USA. *U. of Tennessee (Knoxville)* / Kant.

268. **Aradra Sanchez, Rosa Maria** C/ Jose Mouliaa 26, 30800 Lorca, Spain. / Théorie littéraire.

269. **Aragon, Sandrine** 14 rue Sophie Germain, 75014 Paris, France. *U. de Montpellier III* / Représentations féminines • Images de lectrices • Images de femmes fortes, amazones • Lecture.
✉ s_aragon@club-internet.fr

270. **Aragon de la Cruz, Francisco** C/ Galera 5, 8° 2a, 28042 Madrid, Spain. *Consejo Superior de Investigaciones Científicas* / Science in Spain and America.

271. **Aragon Fernandez, Maria Aurora** Arzobispo Guisasola 30, 3° Dcha, 33009 Oviedo, Spain. *U. de Oviedo* / Procédés littéraires dans le roman • Réception de la littérature dans l'Espagne.

272. **Arakawa, Tsuneko** 137 Oguchidori, Kanagawa-ku, Yokohama-shi, 221-0002 Kanagawa, Japan. *Yamanashi U.* / Musicology • Performance practice in the Baroque • German church music.
✉ eterna@nifty.com

273. **Araki, Eiko** 2-9-12-201 Kaiden, Nagaokakyo-shi 617-0826, Japan.

274. **Araki, Yasuhiko** 3-3-22-205 Omido, Higashi, 577-0817 Osaka, Japan. *Kinki U.* / Science: Germany.

275. **Aranda, Edouard** 136 rue Falguière N°179, 75015 Paris, France.

276. **Arato, Franco** via Piaggio 18, 16136 Genova, Italy. *U. di Genova* / Italian comparative literature • Theatre, esp. Carlo Goldoni • Opera libretti • Histories of literature.
✉ francoarato@tiscali.it

277. **Araujo, Anderson** Dept of English, University College, London, ON N6A 3K7, Canada. *University C.* / Modernism • Pound, Ezra • Guide to Kultchur.

278. **Araújo, Fernando** Rua Silva Carvalho 122, 2 dto, 1250 Lisboa, Portugal.

279. **Araújo, Maria Benedita A.** Rua Hermano Neves, Viv. S. Paulo, 2765 São Pedro do Estoril, Portugal. / Histoire du Portugal.

280. **Araújo Santos, Angelo Oswaldo de** Largo Frei Vicente Botelho 31, 35400-000 Ouro Preto-MG, Brazil. *Centro de Estudos do Século XVIII* / Art and architecture in the Minas Gerais captaincy, Brazil.

281. **Aravamudan, Srinivas** Dept of English, Duke University, Box 90015, Durham, NC 27701, USA. *Duke U.* / Colonialism • Orientalism • Empire • Nationalism • Fiction • Novel • Anthropology • Enlightenment • Political philosophy • Race • Gender • Sexuality • Slavery.
✉ srinivas@duke.edu

282. **Arazzi, Graziella** Via Nazionale Piemonte 80/A, 17040 Montemoro Cadibona (SV), Italy.

283. **Arbo, Alessandro** 16 rue Massenet, 67000 Strasbourg, France.

284. **Arce Menendez, Angele** Urbanizacion 109 Villas F-19, 28023 Pozuelo de Alarcon, Spain. / Littérature comparée espagnole et italienne.

285. **Arch, Stephen** Dept of English, Michigan State University, 201 Morrill Hall, East Lansing, MI 48824-1036, USA. *Michigan State U.* / America • New World • North America • British colonies • Enlightenment (concept) • American Enlightenment • English language • American literature.
✉ arch@msu.edu

286. **Archangeli, Melanie** 340 Toftrees Avenue #358, State College, PA 16803, USA.

287. **Archer, Jean** Ballinaclough House, Nenagh, Co. Tipperary, Ireland.

288. **Archer, John** Dept of Cultural Studies, University of Minnesota, 9 Pleasant St South East, 350 Folwell Hall, Minneapolis 55455, MN MN, USA. *U. of Minnesota* / English architecture • Landscape and urbanism.
✉ archer@umn.edu

289. **Arches, Pierre** 8 allée des Bleuets, 79200 Parthenay, France.

290. **Arencibia, Yolanda** C/ Primero de Mayo 20, 5°, 35002 Las Palmas de Gran Canaria, Spain. *U. de Las Palmas de Gran Canaria* / Les Lumières aux îles Canaries.

291. **Arend, Stefanie** Institut für Neuere deutsche Literatur und Medien, Universität Marburg, Wilhelm-Röpke-Str. 6A, 35032 Marburg, Germany. *U. Marburg.*

292. **Arenilla, Louis** 7-9 rue Nicolas Houel, 75005 Paris, France. *Ministère de l'éducation nationale* / Technologie et utopie.

293. **Arens, Katherine** Dept of Germanic Studies, University of Texas (Austin), 1 University Station C3300, Austin, TX 78712-0304, USA. *U. of Texas (Austin)* / German idealism • European romantism • Intersections of culture with science and religion.
✉ k.arens@mail.utexas.edu

294. **Aretin, Karl Ottmar Frhr von** Tizianstr. 7, 80638 München, Germany. *Technische Hochschule Darmstadt* / Enlightened absolutism.

295. **Aretov, Nikolay** Mladost 1, bl. 29A, vh. 2, ap. 21, 1750 Sofia, Bulgaria. *Bulgarian Academy of Sciences* / Bulgarian literature • Comparative literature • Cultural studies • Nationalism and national mythology • Crime literature.
✉ naretov@ilit.bas.bg

296. **Arfaoui, Amina** 16 rue Amilcar (cité WIFAK), 2070 La Marsa, Tunisia. / Représentation de la féminité chez le jeune Goethe.

297. **Arffman, Kaarlo** Halsuantie 10 B 8, 00420 Helsinki, Finland.

298. **Argeseanu, Daniela Marinela** Str. Vulcan 108, 2200 Brasov, Romania. *U. Bucuresti* / Art and religion in Transylvania.

299. **Argyropoulos, Roxane** Evron 10, 11528 Athens, Greece. *National Hellenic Research Foundation* / History of ideas in Greece.
✉ alexlong@internet.gr

300. **Arias de Saavedra, Inmaculada** Peñones de San Francisco 10, Edificio Alcazaba A Piso 26, 18008 Ranada, Spain. *U. de Granada* / Education • Brotherhoods and popular religion • Scholarship-holders in the Spanish administration.

301. **Arie, Daisuke** 3-24-1-802 Saiwai-cho, Saiwai-ku, Kawasaki-shi 210-0912, Japan.

302. **Armanini, Lauroflavio** Via M. Valgimigli 4, 25047 Darfo Boario Terme (BS), Italy. *U. di Verona* / Systèmes monastiques dans le territoire de Brescia.

303. **Armellini, Serenella** Via Giampiero Combi, 85, 00142 Roma, Italy. *U. della Calabria.*

304. **Armenta-Lamant, Ana** 108 Avenue Clemenceau B-2, 69230 Saint Genis Laval, France.

305. **Armillas Vicente, Jose Antonio** Avenida de Goya 19, 8° Dcha, 50006 Zaragoza, Spain. / Relations entre l'Espagne et l'Amérique du Nord.

306. **Armintor, Deborah Needleman** Dept of English, University of North Texas, P.O. Box 311307, Denton, TX 76203-1307, USA. *U. of North Texas.*

307. **Armistead, Jack M.** Tennessee Tech University, TTU Box 5065, Cookeville, TN 38506, USA. *Tennessee Tech U.* / Drama and poetry.
✉ jarmistead@tntech.edu

308. **Armitage, David** Dept of History, Columbia University, Fayerweather Hall, 1180 Amsterdam Avenue, New York, NY 10027-0597, USA. *Columbia U.*

309. **Armogathe, Jean-Robert** 6 rue Guynemer, 75006 Paris, France.

310. **Armstrong, Katherine A.** University College Chester, Cheyney Road, Chester, CH1 4BJ, UK. *University C. Chester* / Fiction: Defoe • Women's writing • Politics.

311. **Armstrong, Nancy** Dept of English, Brown University, Box 1852, Providence, RI 02912 9127, USA. *Brown U.*

312. **Arnason, Kristján** Heimspekideild, Háskóla Íslands, Adhalbygg., 101 Reykjavík, Iceland. *U. of Iceland.*

313. **Arndal, Steffen** Center for Tyske Studier, Odense Universitet, Campusvej 55, 5230 Odense M, Denmark. *Odense U.* / Piétisme allemand et danois (chansons religieuses) • Anthropologie médicale et psychologie dans le piétisme allemand (Stahl, C. F. Richter).

314. **Arndt, Ava** Dept of English & Comparative Literature, University of California-Irvine, 2520 3rd St #10, Santa Monica, CA 90405, USA. *U. of California (Irvine)* / The circulation novel: its role and method.

315. **Arndt, Hans Werner** Berliner Str. 19, 68161 Mannheim, Germany. *U. Mannheim* / Rationalism: Leibniz, Wolff • 'Schulphilosophie' • Aesthetics • Method • Language theory • J. H. Lamberts • Locke and empiricism • Descartes • Pascal.

316. **Arngrímsdóttir, Erna** Eskihlíd 8A, 105 Reykjavík, Iceland.

317. **Arnold, Bruce** Rosney House, Albert Road, Glenageary, Co. Dublin, Ireland. / Jonathan Swift - biographical • Social and political background • Literary life in London.
✉ brucea@gofree.indigo.ie

318. **Arnold, Edward George** Prof. Lorentzlaan 99, 3769 GB Soesterberg, Netherlands.
✉ ed31arnold@hotmail.com

319. **Arnold, Günter** Burgplatz 4, 99423 Weimar, Germany. *Stiftung Weimarer Klassik* / Herder's correspondence; his unpublished manuscripts in the Staatsbibliothek, Berlin • Theory and practice of scholarly editing.
✉ guenter.arnold@weimar-klassik.de

320. **Arnold, Julie Wegner** Foreign Lang, Alma College, 614 W. Superior, Alma, MI 48801 1512, USA. *Alma C.*

321. **Arons, Wendy Kaye** Film, TV and Theatre, University of Notre Dame, Notre Dame, IN 46556, USA. *U. of Notre Dame.*

322. **Arpots, R. P. L.** De Bongerd 11, 6584 DG Molenhoek, Netherlands. / J. le Franq van Berkheij.

323. **Arrigoni, Tiziano** Via M. Fosse Ardeatine 1, 58022 Follonica, Italy. *Museo di storia della scienza* / Tuscany: mines and metallurgy, the study of botany • Travels and travellers in Italy.

324. **Artemieva, Tatiana** P.O. Box 30, 191011 St Petersburg, Russia. *Académie des sciences de Russie* / History of ideas • Russian philosophy • Comparative studies in philosophy • Scottish philosophy.
✉ art@hb.ras.spb.su

325. **Artéus, Gunnar** Försvarshögskolan, Box 27805, 115 93 Stockholm, Sweden. *Försvarshögskolan.*

326. **Artigas-Menant, Geneviève** 139 boulevard Saint-Michel, 75005 Paris, France. *U. de Paris XII* / Manuscrits philosophiques clandestins • Réseaux de correspondances d'antisuperstitieux en Europe • Marie Leprince de Beaumont • Thomas Pichon • Maubert de Gouvest.
✉ menant@univ-paris12.fr

327. **Arzalier, Francis** 23 rue Chemin Vert de Boissy, 95150 Taverny, France. *I.U.F.M. Picardie* / Mentalités coloniales en France • Paysans et vignerons d'Ile de France.

328. **Asal, Sonja** Schmellerstr. 26, 80337 München, Germany.

329. **Asaoka, Nobuhiko** 3-20-6 Satsukidai-Nakayama, Takarazuka-shi, 665-0871 Hyogo, Japan.

330. **Asarnow, Herman** Dept of English, University of Portland, 5000 N Willamette Blvd, Portland, OR 97203 5743, USA. *U. of Portland* / Pope • The rise of literary celebrity • Augustan conceptions of character.

331. **Ascari, Maurizio** Via San Felice 35, 40122 Bologna, Italy.

332. **Asdrachas, Spyros** Centre for Neohellenic Research, National Hellenic Research Foundation, 48 Vas. Constantinou Avenue, 11635 Athens, Greece. *National Hellenic Research Foundation.*

333. **Ashley, Scott** Dept of History, University of Newcastle, Armstrong Building, Newcastle-upon-Tyne, NE1 7RY, UK. *U. of Newcastle.*

334. **Ashworth, Peter** 154 Hayes Lane, Hayes, Bromley, Kent BR2 9EL, UK. / Defoe • Economic development.

335. **Asleson, Robyn** 5216 Rayland Dr, Bethesda, MD 20814-1428, USA.

336. **Aspden, Suzanne E.** Beinecke Library, Yale University, Wall St, New Haven, CT 06510, USA. *Yale U.* / National identity and musical culture, esp. in Britain • Concepts of identity in the theatre.

337. **Asprides, Magda** 15 Evangelistrias St, Universal Gardens, Strovolos, 2057 Nicosia, Cyprus. / Metadialogue and paralanguage in the novels of Marivaux • French novel, esp. Laclos, Marivaux, Prévost, Rousseau • Theory of the novel • Modernity in the French novel • Mythology.

338. **Asshoff, Horst Hermann** Am Herrenweiher 2, 54295 Trier, Germany. *Staatl. Studienseminar für das Lehramt an Gymnasien* / Philosophy from Leibniz to Kant.

339. **Assunção, Paolo** Rua Emboaçava 84 apto 22, 03124-010 São Paulo, Brazil. / Jésuites • Brésil et Portugal.
✉ assuncao@prestonet.com.br

340. **Astbury, Katherine M.** Dept of French, University of Warwick, Coventry, CV4 7AL, UK. *U. of Warwick* / Moral tale in France and Germany • Short fiction (women writers) • Interaction of prose and plays.
✉ katherine.astbury@warwick.ac.uk

341. **Astigarraga Goenaga, Jesús** C/ Javier de Barcaiztegui 17, 20010 San Sebastian, Spain. *U. de Zaragoza* / Economic thought and institutions • Spread of economic ideas • Institutionalisation of the political economy.
✉ astigarr@posta.unizar.es

342. **Aston, Nigel R.** 5 Croft Lane, Ashwell, Oakham, Rutland LE15 7LL, UK. *U. of Luton* / The Counter-Enlightenment • Anti-clericalism in England and France • Clerical élites and politics in France and England • Anglican-Gallican relations.

343. **Ástrádsson, Elvar** Laugavegi 146, 105 Reykjavík, Iceland. / War against the Scottish

Highlands • Scandinavia • Austrian Netherlands • Denmark • Iceland • Ireland • Scotland • Lisbon • Copenhagen • Amsterdam • Dutch East India Company • Scottish immigrants • Architecture.
✉ elvar@vedur.is

344. **Åström, Anna-Maria** Gyldensvägen 1 A 13, 00200 Helsingfors, Finland.

345. **Asztalos, Sandra C.** Flat 3, 7 The Elms West, Sunderland, SR2 7BY, UK.

346. **Atherton, Geoffrey** Dept of German Studies, Connecticut College, 270 Momecan Avenue, Box 5347, New London, CT 6320, USA. *Connecticut C.* / Germany • Reception of antiquity • Aesthetics.

347. **Atkin, Wendy** 15 Castle St, Sleaford, Lincs, NG34 7QE, UK.

348. **Atwater, Vivian Lee** University of Houston-Clear Lake, 2700 Bay Area Blvd, Box 4, Houston, TX 77058 1002, USA. *U. of Houston (Clear Lake)* / French prints, drawings and paintings.
✉ atwater@cl.uh.edu

349. **Aubery, Pierre** 4370 Sequoyah Road, Oakland, CA 94605, USA. / The French in America • Contribution of the Jews to the Enlightenment.

350. **Aubrey, James** 2337 Ash St, Denver, CO 80207 3115, USA. *Metropolitan State C. of Denver* / Satire, esp. Pope, and the history of representations of the body.

351. **Auburn, Mark S.** Dean, College of Fine & Applied Arts, University of Akron, 260 Guzzetta Hall, Akron, OH 44325 1001, USA. *U. of Akron* / English drama and fiction.

352. **Audren-Berton, Catherine** 20 rue des Conflons, 94220 Charenton Le Pont, France.

353. **Auerbach, Inge** In der Görtzbach 37, 35041 Marburg, Germany. *U. Marburg* / Hesse in the American War of Independence • Emigration from Hesse • History of Eastern and middle Eastern Europe.

354. **Auerback, Stephen** 3615 Lakecrest Ct, Lawrence, KS 66049 3317, USA.

355. **Augustyn, Joanna** 600 West 113th St, apt 12A5, New York, NY 10025-7952, USA.

356. **Auricchio, Laura** 2 East 91st St, New York, NY 10128, USA. *National Design Museum* / Art • Decorative arts • Gender • Art criticism.
✉ auricchiol@si.edu

357. **Aurnhammer, Achim** Deutsches seminar 2, Albert-Ludwigs-Universität, Werthmannplatz, 79085 Freiburg, Germany. *Albert-Ludwigs-U.* / German-Italian relations • Johann Georg Jacobi (1740-1814).
✉ achim.aurnhammer@germanistik.uni-freiburg.de

358. **Austin, Frances O.** The Red House, East Stour, Gillingham, Dorset SP8 5JY, UK. / English language • Grammars • Young man's best companions • Letter-writing.

359. **Austin, Sara K.** 5637 South Dorchester Avenue, Chicago, IL 60637-1704, USA.

360. **Averley, Gwendoline** 20 Great North Rd, Newcastle-upon-Tyne, NE2 4PS, UK. / Societies • Biography • Bibliography.

361. **Avetisyan, V. A.** Likhvintzev Str 68A 7, 426034 Izhevsk, Russia. *U. d'Izhevsk* / Goethe and world literature.

362. **Axcelson, John** 472 Knickerbocker Road, Tenafly, NJ 7670, USA. *Columbia U.*

363. **Ayash, Moisés** Praça Pasteur 2-1° D, 1000 Lisboa, Portugal.

364. **Azevedo, Maria Manuel** Rua Padre Ant. Vieira 38-1º, 1000 Lisboa, Portugal. / The French Revolution.

365. **Aznar Soler, Manuel** C/ La Mina 17, 1°A, 08190 Sant Cugat del Valles, Spain. / Littérature espagnole.

366. **Azouvi, François** 5 rue Saint Denis, 92100 Boulogne, France. *C.N.R.S. (Paris)* / Lelarge de Lignac • Magnétisme animal • Philosophie du corps • Edition des œuvres de Maine de Biran.

367. **Baartmans, J. J. M.** Pettelaarseweg 565, 5216 BM Den Bosch, Netherlands. / Patriots in the Netherlands, 1780-1800.
✉ jacques-joep@zonnet.nl

368. **Baasner, Rainer** Institut für Germanistik, Universität Rostock, Rheinallee 70, 53173 Bonn, Germany. *U. Rostock* / Astronomy • Abraham Gotthelf Kästner • Georg Christoph Lichtenberg • Science.

369. **Baba, Akira** c/o M. Kusaka, 3-25-7 Nishigahara, Kita-ku, Tokyo 114-0024, Japan.

370. **Babaeva, Elizaveta** oul. Arbat 20, 70, 121002 Moscou, Russia. *Académie des sciences de Russie* / Antiokh Kantemir • Feodor Polikarpov • Langue russe de l'époque pétrovienne.

371. **Babonaux, Yves** 11 rue de la Fontaine, 37370 Neuvy-Le-Roi, France.

372. **Bach, Reinhard** Universität Greifswald, Haus 9, 17498 Klein-Petershagen, Germany. *U. Greifswald* / Rousseau • Physiocrates • Histoire des idées politiques.
✉ rhbach@uni-greifswald.de

373. **Bachkeeva, Vera Viktorovna** Prospekt Pobedu 11-26, 670017 Ulan-Ude, Buryatia. / Portrait in literature, 1770-1800 • Method of literary anthropology • Visualisation • Late Enlightenment in Russia and Europe • Derzhavin.

374. **Bachmann, Hanns-Martin** 31 Rue de la Madeleine, 1000 Bruxelles, Belgium. *Deutsch-Belgisch-Luxemburgische Handelskammer Brüssel* / Conception de l'Etat chez Wolff.

375. **Bachmann-Medick, Doris** Bühlstr. 8, 37073 Göttingen, Germany. *U. Göttingen* / Popular philosophy • Literary anthropology • Hermeneutics.

376. **Bachta, Abdelkader** B.P. 390, Pupliposte Nasr, 2037 Lariana, Tunisia. *U. de Tunis I* / D'Alembert, Maupertuis, Voltaire et Lambert.

377. **Baciu, Virginia** Aleea Azuga 9 apt 43, 3400 Cluj-Napoca, Romania.

378. **Backscheider, Paula R.** Dept of English, Auburn University, 9030 Haley Center, Auburn, AL 36849, USA. *Auburn U.* / Popular culture • Drama • Novel • Early women writers.
✉ pkrb@eng.auburn.edu

379. **Baczko, Bronislaw** 10 avenue du Lignon, 1219 Genève, Switzerland.

380. **Badelon, Françoise** 22 rue du faubourg du Pin, 46100 Figeac, France. / Shaftesbury's philosophy of 'humour' (temper) • Philosophical and literary origins of satire.
✉ francoise.badelon@wanadoo.fr

381. **Badescu, Irina Mihaela** Str. Dorobanti 232, 71285 Bucuresti 1, Romania. *U. Bucuresti* / Littérature et civilisation française • Jean-Jacques Rousseau et Denis Diderot • Lumières et littérature françaises dans les pays roumains • La Nouvelle-France.
✉ irina.badescu@k.ro

382. **Badini Confalonieri, Luca** 5 boulevard de la Victoire, 67000 Strasbourg, France. *U. de Strasbourg II* / Littérature et civilisation italienne.

383. **Badinter, Elisabeth** 38 rue Guynemer, 75006 Paris, France.

384. **Badir, Magdy Gabriel** 11418-75th Avenue, Edmonton, AB T6G 0H7, Canada. *U. of Alberta* / Voltaire et l'Islam • Genre épistolaire • Prostitution.
✉ mbadir@ualberta.ca

385. **Bae, Woo-Sang** KyuJangKak, Seoul National University, 56-1 Shinlim-dong, Kwanak-gu, 151-742 Seoul, South Korea. *Seoul National U.* / Korean history.

386. **Baer, Joel** Dept of English, Macalester College, St Paul, MN 55105-1880, USA. *Macalester C.* / Satire • Defoe • The Novel • History and literature of piracy.

387. **Baeri, Emma** Via Paolo Bentivoglio 30, 95125 Catania, Italy.

388. **Baertschi, Bernard** 14 chemin du Wellingtonia, 1219 Aïre, Switzerland. *U. de Genève* / Langue française (*Encyclopédie*, Académie de Berlin) • Athéisme, matérialisme, déterminisme.

389. **Baettig von Wittelsbach, Kora Elisabeth** Dept of Romance Languages, Cornell University, 410 Morrill Hall, Ithaca, New York, NY 14853, USA. *Cornell U.*

390. **Baffert, Jean-Marc** 10 rue Moinot, 78510 Triel sur Seine, France. / Orgues, organistes, facteurs d'orgues.

391. **Bagger, Hans** Duevej 12, 2000 København F, Denmark. *Københavns U.* / Russia • International politics.

392. **Bagger, Kristian** Uglestrupgade 3, 4060 Kirke-Saaby, Denmark.

393. **Baggerman, J. A.** Sophiastraat 36, 3314 ZV Dordrecht, Netherlands.

394. **Bagienska, Ewa Borkowska** Ul. Hoza 11, 60-591 Poznan, Poland.

395. **Bahier-Porte, Christelle** Chemin de Dommartin, 69210 Lentilly, France. *U. de Grenoble* / La poétique critique d'Alain-René Lesage (roman et théâtre) • Le conte orientalisant.
✉ bahierporte@aol.com

396. **Bahlcke, Joachim** Geschichtswissenschaft, Universität Erfurt, Nordhäuser Str 63, 99089 Erfurt, Germany. *U. Erfurt.*

397. **Bahner, Werner** Sächsische Akademie der Wissenschaften, Karl-Tauchnitz-Str 1, 04107 Leipzig, Germany. *Sächsische Akademie der Wissenschaften* / Edition critique de l'*Anti-Machiavel* de Frédéric II • Idées pacifiques • Linguistique.

398. **Bähr, Andreas** Wilhelm-Busch-Str 9, 99099 Erfurt, Germany. *U. Erfurt.*

399. **Bahr, Björn von** Surbrunnsgatan 2A, 114 27 Stockholm, Sweden.

400. **Bahr, Ehrhard** U.C.L.A., Box 951539, Los Angeles, CA 90095-1539, USA. *U.C.L.A.* / German literature and social history • Irony • Politics and literature • Oral poetry.
✉ bahr@humnet.ucla.edu

401. **Bahr, Kate von** Surbrunnsgatan 2A, 114 27 Stockholm, Sweden.

402. **Bahr-Evola, Amanda J.** Dept of History, Southern Illinois University, Campus Box 1454, Southern Illinois University Edwardsville, Edwardsville, IL 62026-1454, USA. *Southern Illinois U.* / The Enlightenment in Britain • British nationalism • French Revolution • Robespierre • The Terror • Newspaper press • Women in the French Revolution.
✉ abahr@siue.edu

403. **Bai, Jie** Xuanwuqu zhengfu, Beijing, China.

404. **Bai, Wengang** Institute of Qing History, Renmin University of China, 100872 Beijing, China. *Renmin U. of China* / China: Qing history.

405. **Baik, In-Ho** 501-602 Mido APT, Banpo-4-dong, Seocho-gu, Seoul, South Korea. *Seogang U.* / French history.

406. **Baildam, John** Newbold College, Bracknell, Berks RG42 4AN, UK. *Newbold C.* / Herder • German Enlightenment • Biblical studies.

407. **Bailet, Dietlinde** Dept of French, Acadia University, Wolfville, NS B0P 1X0, Canada. *Acadia U.* / Education des femmes • Tendances pré-révolutionnaires dans la littérature française • Thème de l'exil dans la littérature francophone • Relations entre la peinture et la littérature.

408. **Bailey, Lori** Ohio State University, P.O. Box 3607, Columbus, OH 43201-0607, USA. *Ohio State U.*

409. **Baillat, Christophe** 12 rue du Docteur Kurzenne, 78350 Jouy-en-Josas, France.

410. **Baillon, Jean-François** 44 rue de Sauternes, 338OO Bordeaux, France. *U. de Bordeaux III* / Histoire intellectuelle • Les manuscrits religieux d'Isaac Newton • Théories de la traduction.

411. **Baines, Paul** Dept of English, University of Liverpool, P.O. Box 147, Liverpool, L69 3BX, UK. *U. of Liverpool* / Literature • Crime • The body.

412. **Baird, John D.** Dept of English, University of Toronto, 73 Queen's Park Crescent, Toronto, ON M5S 1K7, Canada. *U. of Toronto* / William Cowper and his relation to English literature and society, 1760-1800 • Richard Watson, chemist, divine, controversialist and bishop.
✉ john.baird@utoronto.ca

413. **Baird, Peggy F.** 4025 Lucerne Dr, Huntsville, AL 35802 1244, USA. / Gainsborough and his musical portraits • Charlotte Albert Papendick and her diaries • Ann Ford Thicknesse.

414. **Bajkó, Mátyás** Egyetem tér 1, 4032 Debrecen, Hungary. *U. Debrecen* / School culture in Hungary and Transylvania.

415. **Bak, Don-Tchane** Dept of French, Seoul Women's University, Nowon-gu Kongrung-dong 126, 139-774 Seoul, South Korea. *Seoul Women's U.* / Sade • Aesthetics.

416. **Baker, Keith** Dept of History, Stanford University, Stanford, CA 94305-2024, USA. *Stanford U.* / Enlightenment ideas and institutions • French political culture.

417. **Baker, Larry** 5051 North Damen Avenue #GW, Chicago, IL 60625, USA.

418. **Baker, Malcolm** Dept of Research, Victoria and Albert Museum, London, SW7 2RJ, UK. *Victoria and Albert Museum* / Portraiture • Sculpture • Biography.

419. **Baker, Samuel E.** Dept of English, University of Texas (Austin), 1 University Station B5000, Austin, TX 78712, USA. *U. of Texas (Austin)* / Britain • British colonies • France • Romanticism • European thought • Scottish Enlightenment • Poetry • Travel literature • Political economy.
✉ sebaker@mail.utexas.edu

420. **Baker, Susan** 2002 North West 26th St, Gainesville, FL 32605, USA.

421. **Baladié, Raoul** 21 rue Ferdinand Janin, 92340 Bourg-La-Reine, France.

422. **Balassa, Gabriele** Lerchenstieg 1, 22767 Hamburg, Germany. *U. Hamburg.*

423. **Balayé, Simone** 44 rue Vaneau, 75007 Paris, France. / Mme de Staël, Benjamin Constant et le Groupe de Coppet • Histoire de la Bibliothèque nationale • Histoire de la presse (Fiévée).

424. **Balázs, Éva H.** Ermelléki u 7, 1026 Budapest, Hungary. *Eötvös Lóránd* / L'Europe et la Hongrie • Franc-maçonnerie dans la monarchie des Habsbourg • Grégoire de

Berzeviczy, maçon, économiste, politicien • Le chancelier d'Etat Kaunitz et la Hongrie.

425. **Balbon, Denise** 13 rue des Côtes d'Auty, 92700 Colombes, France. / Art de la table.

426. **Balcheva, Antoaneta Borislavova** Dept of cultural history of the Balkan Nations, Institute on Balkan Studies, Bulgarian Academy of Sciences, 45, Moskovska str, Sofia, Bulgaria. *Bulgarian Academy of Sciences* / Balkan orthodox spirituality and the Mediterranean • Typology of Romanticism in the Balkans and Mediterranean.
✉ anibalcheva@lycos.com

427. **Balcou, Jean-Pierre** 3 rue Edgar Quinet, 29200 Brest, France. *U. de Brest* / Elie Fréron • Conte populaire et conte philosophique de Perrault à Voltaire • E. Renan et l'héritage des Lumières • Bretagne des Lumières.

428. **Baldi, Marialuisa** Istituto per la storia del pensiero filosofico e scientifico moderno-Sezione di Milano, Consoglio Nazionale delle Ricerche, Via A. De Togni 7, 20123 Milano, Italy. *Consoglio Nazionale delle Ricerche* / French sources of David Hume's scepticism • Influence of Hume's philosophy in France and Italy • Continuity of the Platonic tradition • Renaissance sources of the Enlightenment.
✉ baldi@cspf.mi.cnr.it

429. **Baldini, Ugo** Via G. Togni 38, 00155 Roma, Italy.

430. **Baldwin, Claire** Dept of German, Colgate University, 13 Oak Dr, Hamilton, NY 13346-1386, USA. *Colgate U.*

431. **Ball, Gabriele** Am Heller 9, 38304 Wolfenbüttel, Germany. *Herzog August Bibliothek Wolfenbüttel.*

432. **Ballaster, Rosalind M.** Mansfield College, Oxford, OX1 3TF, UK. *U. of Oxford* / English women's writing • The novel • Oriental fiction.
✉ ros.ballaster@mansfield.ox.ac.uk

433. **Balliot, Frédérique** 139 rue du Faubourg Saint-Denis, 75010 Paris, France. / L'Europe chinoise • Le Rococo • Le conte oriental • Histoire des idées.

434. **Balmer, Heinz** Burgdorfstr. 14, 3510 Konolfingen, Switzerland. / Natural sciences • Medicine.

435. **Balochina, Natalia** Poulkovskoie chaussée 9, 4, 92, 196240 St. Pétersburg, Russia. *Académie des sciences de Russie* / Science et religion en Russie.

436. **Balogh, Piroska V.** Kévekötö 48, 1173 Budapest, Hungary. *Elte. Eötvös Lóránd.*

437. **Baltcheva, Antoaneta** Institute for Balkan Studies, Bulgarian Academy of Sciences, 45 Moskovska Str., Sofia 1000, Bulgaria. *Bulgarian Academy of Sciences* / Enlightenment and Romanticism in South Slavic literatures • Mentality of European Romantics • Universal and national trends in South Slavic literary criticism • French Enlightenment and concept of deism in the Balkans.
✉ anibalceva@hotmail.com

438. **Baltensperger, Marianne** Schulhausstr. 40, 8002 Zürich, Switzerland.

439. **Baltzarek, Franz** Nussberggasse 4, 1190 Wien, Austria. / Economic, financial and social history • Governmental institutions.

440. **Balvay, Arnaud** 8 rue de Presles, 75015 Paris, France. *U. de Paris I* / Interactions between French regulars and Native Americans in North America • Métissage between these two groups (biological, cultural, etc.) • French literature, esp. Crébillon fils.
✉ abalvay@aol.com

441. **Ban, Masaki** Aobadai 2-23-6, Izumi-Shi, Osaka-Fu 5900-02, Japan. *Momoyama-Gakuin-U.* / Philosophy of history and social theory in the German Enlightenment.

442. **Bañas Llanos, Maria Belen** Dept Ha de America (Secc. Filipinas), Centro de Estudios Historicos, Consejo Superior de Investigaciones Científicas, C/ Duque de Medinaceli 6, 28014 Madrid, Spain. *Consejo Superior de Investigaciones Científicas* / Les Philippines • Expéditions scientifiques aux Philippines.

443. **Bancarel, Gilles** 1 rue Jacques et Gabriel Azaïs, 34500 Beziers, France. / Guillaume-Thomas Raynal.
✉ segtr@freesurf.fr

444. **Bandelier, André** 7 rue de Rugin, 2034 Peseux, Switzerland. *U. de Neuchâtel* / Correspondants suisses de Jean Henri Samuel Formey (étude d'un réseau savant et édition critique) • Préceptorat et diffusion du français en Europe • Livres de raison et journaux personnels.
✉ andre.bandelier@unine.ch

445. **Bandle, Catherine** Römerstr. 5, 4147 Aesch, Switzerland. *U. Basel* / Mathematics.

446. **Bandry, Anne V.** 30 rue de Belfort, 68260 Kingersheim, France. *U. de Haute-Alsace* / The reception of Laurence Sterne • Stylometric analysis of 18c fiction.
✉ a.bandry@uha.fr

447. **Bannet, Eve Tavor** Dept of English, University of Oklahoma, Gittinger 113, Norman, OK 73019, USA. *U. of Oklahoma* / British women novelists • Conduct books for women • Transatlantic, British-American letters.
✉ etbannet@ou.edu

448. **Bano, Danilo** Castello 6392, 30122 Venezia, Italy.

449. **Bao, Kemin** Institute of Qing History, Renmin University of China, 100872 Beijing, China. *Renmin U. of China* / China: Qing history.

450. **Bao, Ru** Institute of Qing History, Renmin University of China, 100872 Beijing, China. *Renmin U. of China* / China: Qing history.

451. **Bao, Wenhan** Dept of History, University of Inner Mongolia, Inner Mongolia, China. *U. of Inner Mongolia* / China: Qing history.

452. **Bao, Yin** Institute of Qing History, Renmin University of China, 100872 Beijing, China. *Renmin U. of China* / China: Qing history.

453. **Barba, Gheorghe** Dept of Russian, University of Bucharest, Str. Pitar Mos 7-13, Bucuresti, Romania. *U. Bucuresti* / Siècle des Lumières dans la littérature russe.

454. **Barba, Vincenzo** Via Arce 10/D, 84122 Salerno, Italy. *U. di Salerno* / Ethique et politique dans les matérialistes françaises et Kant • Sur les rapports entre philosophie et poésie dans Diderot et Leopardi.

455. **Barbara, Marie-Victoire** 16 bis boulevard Jeanne d'Arc, 93100 Montreuil, France. *U. de Paris IV.*
✉ belush82@aol.com

456. **Barbarisi, Gennaro** Corso Garibaldi 71, 20121 Milano, Italy. *U. di Milano.*

457. **Barbarito, Luisa** Via 24 Maggio 17, 24100 Bergamo, Italy.

458. **Barbat, Rodica** Str. Islaz nr. 27, 1900 Timisoara, Romania. *U. Timisoara* / Romanian literature.

459. **Barber, Giles G.** Galliards, Hixet Wood, Charlbury, OX7 3SB, UK. *U. of Oxford* / Printing and bookselling in Europe • Bookbinding • English-language guidebooks to Europe.

460. **Barber, William H.** 29 Dale Close, Oxford, OX1 1TU, UK. *Voltaire Foundation* / Voltaire's scientific writings • Longchamp's *Mémoires de Voltaire.*

461. **Barbera, Gioacchino** Via Madonna del Lume 7 pal. Cambria, 98057 Milazzo (ME), Italy. *Museo regionale (Messina)* / Painting in Messina • Messinese painters working in Rome.

462. **Barbieri, Franco** Via Giovanni Miglioranza 16, 36100 Vicenza, Italy. *U. di Milano* / Lumières et néoclassicisme • Antonio Canova et le canovisme • Mouvements artistiques liés au développement de la fabrication en série.

463. **Barbieri, Michele** Via dei Neri 33, 50122 Firenze, Italy. *U. di Siena* / Goethe • Clausewitz • Piétisme • Esthétique et politique.

464. **Barbin, Pierre** 59, rue Michel-Ange, 75016 Paris, France. *Ministère de la culture* / La famille Bochart de Saron.

465. **Barbini, Giuseppe** Everest 3, 31100 Treviso, Italy. / Débat sur le luxe en France, Grande Bretagne et Italie • Pensée économique, politique, sociale et morale.
✉ ruotolom@libero.it

466. **Barbolani di Montauto, Cristina** Avenida Monte Segovia, 9, El Olivar, 28660 Boadilla del Monte, Spain. / Traités • Prose didactique et essais • Littérature comparée.

467. **Barbosa, Maria Augusta** Rua Com. Tavares Melo 14-1° D, Paço d'Arcos, 2780 Oeiras, Portugal. / La musique.

468. **Barbu, Georges** 14 rue des Tapisseries, 75017 Paris, France. *U. de Paris IV* / Voltaire et les pays roumains.

469. **Barcham, William L.** Dept of Social Sciences, Fashion Institute of Technology, 227 West 27th St, New York, NY 10001-5902, USA. *Fashion Institute of Technology* / Venetian painting.

470. **Barchas, Janine** Dept of English, University of Texas (Austin), 1 University Station B5000, Austin, TX 78712, USA. *U. of Texas (Austin)* / Richardson, Samuel.
✉ barchas@mail.utexas.edu

471. **Barchielli, Debora** Via Dante 32, 52025 Montevarchi (AR), Italy.

472. **Barckicke, Odile** 33 allée Albert-Thomas, 93320 Les Pavillons S/ Bois, France. / Biographie de Voltaire.

473. **Bardach, Juliusz** Ul. Karowa 14 m.14, 00-324 Warszawa, Poland.

474. **Barenbaum, Iossif E.** Grajdanski prospekt 23 4 22, 195220 St Pétersbourg, Russia. *Académie de culture* / Histoire du livre • Commerce du livre français en Russie.

475. **Bargellini, Clara** APDO 54, Tepoztlan, 62520 Morelos, Mexico. *U. Nacional Autónoma de México* / Mexican and Latin American art and architecture.

476. **Baridon, Michel** 62 rue Chabot Charny, 21000 Dijon, France. *U. de Bourgogne* / Histoire des jardins et du paysage • Mouvement des idées • Relation entre les idées et les formes • Interface image/langage.
✉ mbarid@u-bourgogne.fr

477. **Baril, Chloé** 6870 rue Drolet, Montréal, PQ H2S 2T2, Canada. *U. de Lyon II* / Presse • Edition • Histoire intellectuelle.

478. **Barker, Hannah** Dept of History, University of Manchester, Manchester, M13 9PL, UK. *U. of Manchester* / Newspapers and opinion • Print culture and popular politics • Gender.

479. **Barland, Yves-Paul** 1 via Lucinda, Stuart, FL 34995, USA. / Isaac Newton and J.-J. Rousseau.

480. **Barnard, Alan J.** School of Social & Political Studies, University of Edinburgh, Adam Ferguson Building, George Square, Edinburgh, EH8 9LL, UK. *U. of Edinburgh* / Anthropological ideas • The definition of 'man', the 'orang outang' and images of 'savage' • Scottish thinkers.
✉ a.barnard@ed.ac.uk

481. **Barnard, Toby Christopher** Hertford College, Catte St, Oxford, OX1 3BW, UK. *U. of Oxford* / Society and culture of Protestant Ireland.

482. **Barner, Wilfried** Seminar für Deutsche Philologie, Georg-August-Universität Göttingen, Käte-Hamburger-Weg 3, 37073 Gottingen, Germany. *Georg-August-U. Göttingen* / German literature of the Enlightenment • Aesthetics • Rhetoric • Lessing.
✉ wbarner@gwdg.de

483. **Barnes, Alan** University of Derby, Keddleston Rd, Derby, UK. *U. of Derby.*

484. **Barnes-Karol, Gwendolyn** 8751 Bentwood Drive, Eden Prairie, MN 55344-4102, USA.

485. **Barnett, Helen Patricia** 10502 Morada Drive, Orange, CA 92869, USA. *University C. Dublin* / Archival evidence during the period when Lord Chesterfield was Viceroy to Ireland (1745-1746).
✉ glftxi@aol.com

486. **Barnett, Louise** 306 Winding Hill Drive, Lancaster, PA 17601, USA.

487. **Barney, Richard A.** Dept of English, University of Oklahoma, 760 Van Vleet Oval, Norman, OK 73019, USA. *U. of Oklahoma* / History of medicine • Enlightenment theories of the sublime • The body and perceptual or aesthetic response to sublime phenomena or artifacts.
✉ rbarney@ou.edu

488. **Barnholdt Hansen, Jette** Bondethinget 4 st. th., 4000 Roskilde, Denmark.

489. **Barnicoat, Andrew** Dept of English, Keele University, Staffs, ST5 5BG, UK. *Keele U.*

490. **Barnouw, Jeffrey** 705 Amphitheatre Drive, Del Mar, CA 92014, USA. *U. of Texas (Austin)* / Influence of Bacon and Hobbes on the Enlightenment • Psychology, epistemology, social and political theory • Handel and Mozart.

491. **Barny, Roger** 17 rue du Trésor, Les Piverts, 91120 Palaiseau, France. *U. de Franche-Comté* / Rousseau dans la Révolution française • Révolution et Lumières • Situation idéologique des grandes œuvres littéraires • Le théâtre à l'époque révolutionnaire.

492. **Baron, Pierre Jules** 224 bis rue Marcadet, 75018 Paris, France. *U. de Paris IV* / Opéra comique • Histoire de l'art dentaire • Lecure.
✉ pbaron@club-internet.fr

493. **Baroni, Giorgio** Italianistica, Università Cattolica del S. Cuore Milano, L. Gemelli 1, 20123 Milano, Italy. *U. Cattolica del S. Cuore Milano* / Ippolito Pindemonte • Vittorio Alfieri • Gaetano Perego • Isabella Teotochi.
✉ gbaroni@mi.unicatt.it

494. **Barras, Vincent** Institut d'histoire de la médecine, 1 chemin des Falaises, 1005 Lausanne, Switzerland. *Institut d'histoire de la médecine* / Medecine, 17-18c • Mind and body.

495. **Barreau, Thierry** 84 rue Pasteur, 50120 Equeurdreville, France. / La Révolution dans la Manche • Implantation maçonnique: vestiges, documents, déçus, biographes.

496. **Barreca, Luigi** Via Gioacchino di Marzo 48, 90144 Palermo, Italy. / Political and social reforms in Italy and Spain, 1750-1800.

497. **Barrell, Rex A.** Dept of Languages and Literatures, University of Guelph, Guelph, ON N1G 2W1, Canada. *U. of Guelph* / Chesterfield • Horace Walpole • Bolingbroke • Third earl of Shaftesbury and 'le refuge français' • Francis Atterbury • George Augustus Selwyn and France • Abel Boyer •

James, 1st earl Waldegrave: French correspondence.

498. **Barrère, Jean Bertrand** Logelbach 9, 75017 Paris, France.

499. **Barrie, Viviane** 19 allée de Trévise, 92330 Sceaux, France. *U. de Reims* / Clergé, pratique religieuse et société dans l'Angleterre moderne • La Grande-Bretagne, 16s-18s.

500. **Barrington, John** Dept of History, Furman University, 3300 Ponsett Highway, Greenville, SC 29613 1734, USA. *Furman U.* / Anti-Catholicism in Britain and British America.

501. **Barrio Gozalo, Maximiliano** C/ Valle Inclan 4 2° C, 47008 Valladolid, Spain. / Histoire moderne, en part. Sociología y economía de Instituciones Eclesiásticas dans le regne de Carlos III.

502. **Barron, Elizabeth** 11935 Abercorn St, Savannah, GA 31419-1909, USA.

503. **Barrovecchio-Genty, Anne-Sophie** 6 rue de Verdun, 94300 Vincennes, Val-de-Marne, France. / Histoire de Bélisaire dans la littérature et dans les arts français et européens • Représentations du héros • Le mythe et le figure historique • Historiographie du siècle de Justinien.
✉ anne-sophie.barrovecchio@wanadoo.fr

504. **Barry, John J.** 187 Havre St, apt 1, East Boston, MA 02128-3026, USA. / Montesquieu • Ideologists • Philosophy of law.

505. **Barry, Kelly L.** German Dept, Columbia University, 319 Hamilton, New York, NY 10027, USA. *Columbia U.*

506. **Barry, Kevin** Dept of English, University College, Galway, Ireland. *U. C. Galway* / Poetry and poetics • Music and music philosophies • Linguistics.

507. **Barsanti, Giulio** Via Vittorio Emanuele II, 50134 Firenze, Italy.

508. **Barstad, Guri** Blårevsvingen 7, 9013 Tromsø, Norway.

509. **Bart, Jean** 8 rue Moreau, 21160 Marsannay-la-Côte, France. / Histoire du droit et des institutions.

510. **Barta, János** Sétakert u. 16, 4027 Debrecen, Hungary. *U. of Debrecen* / Enlightened absolutism • Economic and social conditions in Brandenburg-Prussia and under the Hapsburgs • Agriculture and agricultural literature.

511. **Barth, Gerda** Simmeringer Hauptstr., 68-72/3/21, 1110 Wien, Austria. / Social history.

512. **Barth-Scalmani, Gunda** Dept of History, Universität Innsbruck, Innrain 52, 6020 Innsbruck, Austria. *U. Innsbruck* / Women and gender history • Medical history (hospitals, doctors, midwives).
✉ gunda.bart-scalmani@uibk.ac.at

513. **Barthel, Georges** 18 bis avenue de la Violette, 13100 Aix-en-Provence, France. / Dom Deschamps • La philosophie politique • Kant: droit et politique • L'héritage des Lumières chez B. Constant.

514. **Bartkiewicz, Kazimierz** Ul. Sw. Wojciecha 1 m.14, 30-127 Kraków, Poland.

515. **Bartlet, M. Elizabeth C.** Dept of Music, Duke University, Box 90665, Durham, NC 27708-0665, USA. *Duke U.* / French music, esp. opera, and musical institutions • Music at court • Queens of France as patrons of music • Politics and music.
✉ mecb@acpub.duke.edu

516. **Bartlett, Roger** 22 Parkside, Wollaton, Nottingham, NG8 2NN, UK. *U. C. London* / The Russian Empire • interactions of peasant and elite society in the Baltic provinces of the Russian Empire • Anglo-Russian and German-Russian cultural relations.
✉ r.bartlett@ssees.ac.uk

517. **Bartlett, Thomas** Dept of History, University College Dublin, Belfield, Dublin 4, Ireland. *U. C. Dublin.*

518. **Bartolomeo, Joseph F.** Dept of English, University of Massachusetts (Amherst), Bartlett Hall, Amherst, MA 01003, USA. *U. of Massachusetts (Amherst)* / Intertextual dialogue in pairs of novels written by male and female British writers • Representations of America in British fiction and of England in American fiction.
✉ bartolomeo@english.umass.edu

519. **Bartolommei, Sergio** Via Costituzione 18, 56029 Santa Croce (PI), Italy. *Istituto Carducci (San Miniato).*

520. **Barton, Carol** Dept of English, Blount Library, Averett University, 420 West Main St, Frith 319, Danville, VA 24541-3208, USA. *Averett U.* / Sterne, Smollett, Pope, Defoe • Ideas of kingship, tyranny, personal liberty, and the use/abuse of propaganda • Reader response theory.
✉ cbarton@averett.edu

521. **Barton, Karin** 129 Iroquois place, Waterloo, ON N2L 2S6, Canada. *U. of Alberta*

/ Goethe's *Faust*, esp. the Gretchen-tragedy, its connection to the European witch trials, the Faust-theme and the history of the 'Carolina' • Role of insects in cultural history.
✉ kbarton@ualberta.ca

522. **Barton, Peter** Dresdner str. 48/7/9, 1200 Wien, Austria. *U. Wien.*

523. **Bartsch, Gerhard** Keplerstr. 35, 22763 Hamburg, Germany. *Fachhochschule Hamburg* / Lessing • Aesthetics • Art and Enlightenment.

524. **Bartusek, Václav** Táborská 821, 256 01 Benesov, Czech Republic. *Central State Archives* / Church orders • Medicine • Pedagogics • Music and theatre.

525. **Barup, Kerstin** Arkitektursektionen, Lunds tekniska högskola, Lund, Sweden. *Lunds tekniska högskola* / The architect Gustaf Georgson.

526. **Bas Martin, Nicolas** Avenida Tirso de Molina 3 pta. 5, 46009 Valencia, Spain. / Printing and the book trade in Valencia.
✉ nicolas.bas@cultura.m400.gva.es

527. **Basker, James G.** Dept of English, Barnard College, Columbia University, 601 West 110th St, Apt. 7R, New York, NY 10025, USA. *Columbia U.* / Africa • America • Atlantic Ocean • New World • West Africa • James Boswell • Samuel Johnson • Trans-Atlantic slave trade.

528. **Baskerville, Stephen W.** De Montfort University, The Gateway, Leicester, LE1 9BH., UK. *De Montfort U.* / Elections • Social and geographical mobility.

529. **Bastide, Olivier** Groupe scolaire Daudet, rue Marius Jouveau, 84270 Vedène, France. *U. de Provence* / Romans libertins de Nerciat.
✉ obast@club-internet.fr

530. **Bastl, Ondrej** Janského 2251, 150 00 Praha, Czech Republic. *Archives of the Capital of Prague* / The Habsburg monarchy • Abolition of monasteries by Emperor Joseph II • The Roman Catholic Church.
✉ ondrej.bastl@mag.mepnet.cz

531. **Bataille, Robert R.** Dept of English, 203 Ross Hall, Iowa State University, Ames, IA 50011-0002, USA. *Iowa State U.* / Hugh Kelly • Periodicals, esp. for women • The novel • Johnson and Boswell.

532. **Batalha, Maria Rosario Lopes** Praça da Igreja, 8 3º E, 2700 Amadora, Portugal. / Histoire de l'éducation.

533. **Batchelor, Jennie** Dept of English, University of Southampton, Highfield, Southampton, SO17 1BJ, UK. *U. of Southampton* / Britain • Women writers • English literature • Labour • Fashion in literature.
✉ jeb@soton.ac.uk

534. **Bates, David** Dept of Rhetoric, University of California, 7408 Dwinelle, Berkeley, CA 94760-2670, USA. *U. of California.*

535. **Bates, Richard** C/o Dip. di Angl., Villa Mirafiori, Via C. Fea, 2, 00161 Roma, Italy.

536. **Batlay, Jenny H.** Academic Development Association, 1601 Third Ave, #8FW, New York, NY 10128-0001, USA. *Fordham U.* / Jean-Jacques Rousseau's music and *Les Rêveries* • Diderot's Salons • Rousseau and Gide • Mme de Lespinasse.

537. **Batley, Edward Malcolm** 'Kerving', Mottingham Lane, Mottingham, London, SE9 4RX, UK. *U. of London* / German Enlightenment • Freemasonry and literature 1749-1832 • Lessing • Goethe • Schiller.
✉ kbv23@did.pipex.com

538. **Batson, Rex** 469 Sterling St, Atlanta, GA 30307, USA.

539. **Battaglia, A. Maria** Via della Rocca 33, 10123 Torino, Italy.

540. **Battaglini, Mario** Via Oslavia 62, 00195 Roma, Italy. / Jacobinisme en Italie • République napolitaine.

541. **Battersby, James L.** Dept of English, Ohio State University, 164 west 17th avenue, Columbus, OH 43210, USA. *Ohio State U.* / Intellectual thought (aesthetic issues) • Johnsonian studies.

542. **Battestin, Martin C.** 1832 Westview Rd, Charlottesville, VA 22903-1648, USA. *U. of Virginia* / Literature and the arts • Henry Fielding • Sarah Fielding.

543. **Battigelli, Anna** Dept of English, Plattsburgh State University of New York, Plattsburgh, NY 12901, USA. *S.U.N.Y. (Plattsburgh)* / John Dryden and his circle • Early modern women writers • Margaret Cavendish, Duchess of Newcastle.

544. **Battistini, Robert** Dept of English, Franklin & Marshall College, P.O. Box 3003, Lancaster, PA 17604-3003, USA. *Franklin & Marshall C.*

545. **Bauchet, Emmanuel** 20 rue de Monthome/Biercy, 77750 St-Cyr-sur-Morin, France. / Le sentiment d'ennui dans la littérature française.

546. **Baudach, Frank** Eutiner Landesbibliothek, Schlossplatz 4, D-23701 Eutin, Ger-

many. *Eutiner Landesbibliothek* / Germany • Göttinger, Hain • German Enlightenment • German literature • Literary utopias • Friedrich Léopold Stolberg • Johann Heinrich Voss.
✉ frank.baudach@bibliothek-eutin.de

547. **Baudin, Rodolphe** 56 rue de Sèvres, 75007 Paris, France.

548. **Baudino, Isabelle** Dépt d'Etudes anglaises, E.N.S. Lettres & Sciences Humaines, 15 Parvis René-Descartes, BP 7000, 69342 Lyon, France. *E.N.S. Lettres & Sciences Humaines (Lyon)* / Britain • London • Royal Academy of Arts • Painting • Antiquity • *The Spectator* • Social history • Maria Cosway • Jean-Baptiste Du Bos • Gainsborough • Hogarth • Reynolds.
✉ isabelle.baudino@ens-lsh.fr

549. **Bauer, Justin** 625 League St, Philadelphia, PA 19147-4823, USA.

550. **Bauer, Roger** Aiblingerstr. 8, 80639 München, Germany. *U. München* / Théâtre et drame • Joséphinisme • Littérature autrichienne.

551. **Bauer-Funke, Cerstin** Romanisches Seminar, Universität Münster, Westernfelder Str. 33b, 48231 Warendorf, Germany. *U. Münster.*

552. **Baughan, James** 23 Holly Mount, Hampstead, London, NW3 6SG, UK.

553. **Baulo Domenech, Josefa** Avenida Santa Coloma 89 7° 4a., 08922 Santa Coloma de Gramanet, Spain. / Littérature castilienne (18s-20s) (voyage, narratives et essais).

554. **Baum, Angelica** Schlossstr. 70, 3067 Boll, Switzerland. *U. Zürich* / Philosophy: ethics, aesthetics • Editions des lettres de la 'philosophe' Julie Bondeli (1731-1778) (collaboration).

555. **Baum, David** 4703 Jockey St, Ballston Spa, NY 12020-3217, USA.

556. **Baum, Günther** Himmelgeisterstr. 50, 40225 Düsseldorf, Germany. *Düsseldorfer Kulturinstitut* / Sources for Friedrich Heinrich Jakobi.

557. **Baum, Manfred** FB 2 Philosophie, Bergische Universität Gesamthochschule Wuppertal, Gaussstr. 20, 42119 Wuppertal, Germany. *Bergische U. Gesamthochschule Wuppertal* / Philosophy (Kant, early Hegel, Herder, Hölderlin).

558. **Baum, Rosalie Murphy** Dept of English, University of South Florida, 4202 East Fowler Avenue CPR 107, Tampa, FL, USA. *U. of South Florida* / Travel and exploration literature • Early American and Canadian literature • Caribbean literature • Captivity narratives • Impressment narratives • Slave narratives.
✉ baum@chuma.cas.usf.edu

559. **Baum, Wilhelm** Deutenhofenstr. 26, 9020 Klagenfurt, Austria. *U. Graz* / Austrian and German Enlightenment • International cultural connections (Orient, Far East) • Philosophy.

560. **Bauman, Thomas** 130 North Middleton Ave, Palatine, IL 60067, USA.

561. **Baumgartner, Marcel** Kunstgeschichtliches Seminar, Universität Giessen, Otto-Behaghel-Str. 10, 35394 Gießen, Germany. *U. Giessen* / J. J. Winckelmann • G. B. Piranesi.

562. **Baumol, Robert** 383 Sagamore Avenue, Teaneck, NY 766602627, USA.

563. **Baverel Croissant, Marie-Françoise** 2 allée Champ fleuri, 69400 Limas, France.

564. **Baxter, Denise** OVS Upper Campus, 723 El Paseo Rd, Ojai, CA 93023 2454, USA. *OVS Upper Campus* / French Revolution.

565. **Bayerl, Günter** Universitätsplatz 3-4, 03044 Cottbus, Germany. *Brandenburgische Technische U. Cottbus.*

566. **Bayley, Peter** Gonville and Caius College, Cambridge, CB2 1TA, UK. *U. of Cambridge* / Saint-Simon.

567. **Bayol, Marius** 8 boulevard Camille Pelletan, 13500 Martigues, France.

568. **Bayonas, Auguste C.** University of Patras, P.O. Box 23072, 11210 Athens, Greece. *U. of Patras* / French materialism • Materialist view of ancient philosophy • Theories of education.

569. **Bayreuther, Rainer** Adam-Klein-Str. 13, 90429 Nürnberg, Germany. *U. Halle-Wittenberg.*

570. **Baysted, Stephen J. X** Dept of Music, Rose Bruford College, Burnt Oak Lane, Sidcup, Kent DA15 9DF, UK. *Rose Bruford C.* / Jean-Jacques Rousseau's philosophy of music, aesthetics and reform of opera • Aesthetics, music theory, tuning theory, opera reform, relationship between music and image.
✉ stephen@bruford.ac.uk

571. **Bazzoli, Maurizio** Dip. di Scienze della Storia e della Documentazione Storica, Università di Milano, Via Festa del Perdono 7, 20122 Milano, Italy. *U. di Milano* / Pensée politique et relations internationales • Image

et idéologie de l'ambassadeur • Œuvres manuscrites de Giammaria Ortes.
✉ maurizio.bazzoli@unimi.it

572. **Beach, Adam** Dept of English, Utica College, 1600 Burrstone Rd, Utica, NY 13502, USA. *Utica C.*

573. **Beal, Joan** The National Centre for English Cultural Tradition, University of Sheffield, Sheffield, S10 2TN, UK. *U. of Sheffield.*

574. **Beal, Mary** Government Art Collection, Dept for Culture, Media and Sport, 2 Sheraton St, London, W1V 4BH, UK. *Government Art Collection* / Fine arts and related political/-social history.

575. **Beale, Donald A.** Dept of English, University of Natal, Box 375, 3200 Pietermaritzburg, South Africa. *U. of Natal* / Romantic literature • Political discourse • Earl of Rochester.

576. **Beale, Judith** Flat 3, 44 Highbury Place, London, N5 1QL, UK. *Birkbeck C.* / The French novel, 1700-1762.

577. **Beales, Derek** Sidney Sussex College, Cambridge, Cambridgeshire CB2 3HU, UK. *Sidney Sussex C.* / Joseph II • Religion and politics • Music.

578. **Beard, Margot** Dept of English, Rhodes University, 6140 Grahamstown, South Africa. *Rhodes U.* / Literature and social history • Gothic novel • Romanticism • French Revolution.

579. **Beasley, Jerry** Dept of English, University of Delaware, Newark, DE 19716, USA. *U. of Delaware* / English novel • Politics and literature • Smollett.

580. **Beattie, John M.** Dept of History, University of Toronto, Toronto, ON M5S 1A1, Canada. *U. of Toronto* / Crime • Criminal law.

581. **Beaucamp, Gerta** v.-Kühlmannstr. 15, 82327 Tutzing, Germany. / J. C. P. Erxleben.

582. **Beauchamp, Tom** Kennedy Institute, Georgetown University, 425 Healy, Washington, DC 20057, USA. *Georgetown U.* / Hume.

583. **Beaumarchais, Jean-Pierre de** 58 rue du Cherche Midi, 75006 Paris, France. *U. de Rouen* / Beaumarchais, théâtre et mémoires judiciaires.

584. **Beaumont, Jacques** 90 rue de Maubeuge, 75010 Paris, France.

585. **Beaurepaire, Pierre-Yves** Le Clos du Roy, 14 avenue de l'Europe, La Ferté Saint-Aubin 45240, France. *U. d'Orléans* / Correspondances de francs-maçons • *Journal* de Marie-Daniel Bourrée de Corberon, diplomate français • *Mémoires* de Karl-Heinrich von Heyking.
✉ pierre-yves.beaurepaire@wanadoo.fr

586. **Beauvilliers, Anne** Le Clos des Lys, 20 rue Buirette, 51100 Reims, France. / Casanova.

587. **Becamps, Pierre** 25 rue de la Réole, 33800 Bordeaux, France. / Arnaud Gensonne • Députés de la Gironde à l'Assemblée législative et à la Convention • Les généraux César et Constantin Faucher • Alexandre Deleyre • Les missions à Bordeaux de M.-A. Jullien, agent de Robespierre.

588. **Becher, Beate** 44 Molla Bayiri Sokak, 80040 Ayazpasa-Istanbul, Turkey. / Johann Christoph von Lücke: life and œuvre.

589. **Becher, Ursula A. J.** Jasperallee 41, 38102 Braunschweig, Germany. *Katholische U. Eichstätt* / Mentalities • Historiography.

590. **Becher-Hancock, Anne** Flat 2, 40 Royal York Crescent, Clifton, Bristol, BS8 4JU, UK. / Aesop's fables • Text and illustration • Hogarth.

591. **Beck, Gitte Raaschou** Rudersdalsvej 18 b, 2840 Holte, Denmark.

592. **Beck, Hamilton** Soros Foundation, 32 Bulgara Str., 277001 Kishinev, Moldova. *Soros Foundation* / T. G. von Hippel • Narration in the novel • Institution of marriage in literature • History of Königsberg.

593. **Beck, Herbert** Liebighaus, Museum alter Plastiken, Schaumainkai 71, 60596 Frankfurt am Main 70, Germany. *Museum alter Plastiken Frankfurt* / T. G. von Hippel • Königsberg.

594. **Beck-Friis, Regina** Kanslihuset, P.O. Box 45, 17802 Drottningholm, Sweden. / Dance entertainment • Louis Gallodier.

595. **Becker, Annesofie** Serridslevvej 38, 2100 København Ø, Denmark.

596. **Becker, Jochen** Neereind 27, 3998 WJ Schalkwijk, Netherlands. *Kunsthistorisch Instituut Utrecht* / Art theory • Political iconography • Word-image-relations.
✉ jochen.becker@let.uu.nl

597. **Becker, Sabina** Zweibrücker Str. 4, 66123 Saarbrücken, Germany. *U. des Saarlandes* / Johann Carl Wezel • *Sturm und Drang.*

598. **Becker-Cantarino, Barbara** Dept of German, Ohio State University, Columbus, OH 43210-1229, USA. *Ohio State U.* / Women in German literature and culture • Lessing • Sophie La Roche • The Enlightenment in Germany and Austria • Education in German-speaking countries.
✉ becker-catario@osu.edu

599. **Beckers, D. J.** Dorpsstraat 26-A, 6582 AN Heumen, Netherlands.
✉ dbeckers@sci.kun.nl

600. **Beckman, Margaretha** Grevgatan 16, 4 trappor, 114 53 Stockholm, Sweden.

601. **Beckstrand, Lisa** 715 5th St South, Moorhead, MN 56560-3403, USA.

602. **Beckwith, Alice H. R. H.** Providence College, River Avenue at Eaton St, Providence, RI 02918, USA. *Providence C.* / History of books and printing • Architectural history.
✉ abeckwth@providence.edu

603. **Becq, Annie** 4, square George Lesage, 75012 Paris, France. *U. de Caen* / Genèse de l'esthétique française moderne • Emergence de la notion moderne de littérature • Poétiques de l'âge classique.

604. **Bédard, Jean** C.P. 486, Saint-Fabien, PQ G0L 2Z0, Canada. / Maître Eckhart • Nicolas de Cuse • Boscovich.

605. **Bedford, Emmett G.** Humanities Division, University of Wisconsin-Parkside, Box 2000, Kenosha, WI 53141, USA. *U. of Wisconsin (Kenosha)* / Religious symbolism in Pope's poetry • Computer analysis of Pope's prosody.

606. **Bednarska-Ruszaj, Krystyna Maria** Ul. Majora 7/44, 31-422 Kraków, Poland. *Jagiellonian U.* / Bibliology and library science • Literature.
✉ iruszaj@filon.filg.uj.edu.pl

607. **Beebee, Thomas O.** Dept of Comparative Literature, Pennsylvania State University, 311 Burrowes Building, University Park, PA, USA. *Pennsylvania State U.* / Millennial and apocalyptic cultures and texts of the New World.
✉ tob@psu.edu

608. **Beeldsnijder, R. O.** Dedemsvaartweg 655, 2545 DK Den Haag, Netherlands. *Koninklijke Bibliotheek* / Histoire sociale • Les Pays Bas et Surinam.

609. **Beeley, Philip** Dept of Philosophy, Universität Münster, Rothenburg 32, D-48143 Münster, Germany. *U. Münster* / History of science and philosophy • Leibniz • Newton • Wallis.
✉ beeley@uni-muenster.de

610. **Beernink, Rudy** Scheuterdijk 25A, 7211 ER Eefde, Netherlands.

611. **Beese, Heide** Plauer Weg 7, 24306 Plön, Germany. *Kreisarchiv Plön.*

612. **Beesemyer, Irene Basey** 1934 North Catalina St, Los Angeles, CA 90027 1804, USA.

613. **Beeson, David** 17 quai Zorn, 67000 Strasbourg, France. / Maupertuis • Early 18c science and thought.

614. **Beetz, Manfred** Herweghstr. 96, 06099 Halle, Germany. *U. Halle-Wittenberg* / Manners • Rhetoric and logic • Hermeneutics • German literature • Prejudice • Novels of Wieland, Wezel, Nicolai, J. J. Engel • Works of Goethe and Schiller.

615. **Beguin, Michelle** 135 route de la Reine, 92100 Boulogne-Billancourt, France.

616. **Behm, Britta** Fern Universität Hagen, Universitaetsstr. 11 (Dez. 2.4), 58097 Hagen, Germany. *Fern U. Hagen.*
✉ britta.behm@fernuni-hagen.de

617. **Behnke, Kerstin** Dept of German, 152 Kresge Hall, Northwestern University, 1859 Sheridan Rd, Evanston, IL 60208-2203, USA. *Northwestern U. (Chicago)* / Interrelations of literature and philosophy • German idealism • Theory and history of aesthetics • Theory of representation.

618. **Behre, Göran** Hults g. 54, 43644 Askim, Sweden. *Göteborgs U.* / Scottish immigration to Göteborg.

619. **Behrens, Rudolf** Romanisches Seminar, Universität Bochum, Gebäude GB, 7. Stock, 44780 Bochum, Germany. *U. Bochum.*

620. **Beidas, Polly** 6 Brackley Close, Coundon, Coventry, West Midlands CV6 2BL, UK.

621. **Beidler, Paul** 9 Fairview St, East Stroudsburg, PA 18301, USA. *East Stroudsburg U.* / Sterne • Empiricism • Enlightenment • Visual and verbal arts.

622. **Beilin, Lewis** 74 Spring St, apt 5, Williamstown, MA 01267, USA. *Williams C.* / Condorcet • Science • Religion • Pascal.

623. **Bekassova, Alexandra** Indoustrialny prospekt 17, 3, 216, 195426 St Pétersbourg, Russia. *Académie des sciences de Russie* / Culture de noblesse russe • N. P. Roumiantzov.

624. **Belan, Philippe** 8, rue Villa Benoît, 93250 Villemonble, France. / Histoire financière, 1750-1800.

625. **Belanger, Jacqueline** School of English Communication and Philosophy, Cardiff University, Cardiff, CF10 3XB, UK. *Cardiff U.*

626. **Belcher Jr, William F.** 506 Mimosa Dr, Denton, TX 76201 0857, USA. *North Texas State U.* / Periodicals • The novel • Swift and Pope.

627. **Belfrage, Bertil** Villan, 57162 Bodafors, Sweden. / George Berkeley • British empiricism • Plato.
✉ bertil.belfrage@telia.com

628. **Belgioioso, Giulia** Via Papatotero 27, 73100 Lecce, Italy. *U. di Lecce* / Descartes et la diffusion du cartésianisme en Italie et en France.

629. **Beli-Goncz, Julijana** Seljackih buna 89, 21000 Novi Sad, Serbia. / German Enlightenment and *Sturm und Drang* • Lessing, Burger, Schelling and Goethe; reception in Serbian literature.

630. **Beliën, H. M.** Helsdingse Voorweg 3, 4133 ND Vianen, Netherlands. *U. van Amsterdam* / Historiography.

631. **Belissa, Marc** Dept of History, Université de Paris X, 200 avenue de la République, 92001 Nanterre, France. *U. de Paris X* / Diplomatie, théorie politique et philosophique des relations internationales • Armée, guerre, société.

632. **Bell, David** Johns Hopkins University, 3400 North Charles St, Baltimore, MD 21218-2680, USA. *Johns Hopkins U.* / Book history.

633. **Bell, Ian A.** Dept of English, University of Wales, Swansea, Singleton Park, Swansea, SA2 8PP, UK. *U. of Wales (Swansea)* / Fiction • Literature and crime in Augustan England.

634. **Bell, Matthew** Dept of German, King's College, University of London, Strand, London, WC2R 2LS, UK. *U. of London* / German and European psychological theory • Reception of antiquity • Literary neoclassicism.
✉ matthew.bell@kcl.ac.uk

635. **Belleguic, Thierry** Dépt des littératures, Université de Laval, Pavillon Charles-De-Koninck, Québec, PQ G1K 7P4, Canada. *U. Laval* / Littérature et science • Histoire et fiction • Diderot.

636. **Bellen, Madeleine van** Schafstallweg 4, 29336 Nienhagen, Germany. / Cesare Beccaria.

637. **Bellini, Amedeo** Via Cesare de Sesto 43, 20099 Sesto San Giovanni (MI), Italy. *Politecnico di Milano* / Architecture.

638. **Bellio, Anna** Italianistica, Università Cattolica del S. Cuore Milano, L. Gemelli 1, 20123 Milano, Italy. *U. Cattolica del S. Cuore Milano.*
✉ abellio@mi.unicatt.it

639. **Bellion, Wendy** Dept Art History, Northwestern University, 4108 Beecher St, North West #201, Washington, DC 20007, USA. *Northwestern U.*

640. **Bello Reguera, Eduardo** Isaac Albéniz, Edf. Manú Ii, Esc.4, 4°B., 30009 Murcia, Spain. *U. de Murcia* / Voltaire, Diderot, Rousseau, Kant • Lumières et Révolution française.

641. **Bellot, Leland J.** Dept of History, California State University, Fullerton, CA 92834, USA. *California State U. (Fullerton)* / Britain and the British Empire • The Grenville family, 1750-1815 • Life of Richard Grenville, earl Temple 1711-1779.

642. **Bellot-Antony, Michel** 96 rue Lécuellé, 63100 Clermont-Ferrand, France. *U. de Clermont-Ferrand II* / Marmontel (étude stylistique) • Théories linguistiques.

643. **Bellotti, Gabriele** Via Grigne n. 23, 20034 Giussano (MI), Italy.

644. **Bellucci, Franck** 8 avenue des Vallées, 45380 La Chapelle-Saint-Mesmin, France.

645. **Belokòn, Serghèj Ivanovic** ul. Pan Kovskaja 7 int. 49, 252 033 Kiev, Ukraine.

646. **Belorgey, Jean** 40 rue du Rendez-Vous, 75012 Paris, France.

647. **Belova, Tatiana** Krasnopoutilovskaia oul. 33, 36, 198152 St. Pétersbourg, Russia. *Académie des Beaux-Arts de Russie* / Art du portrait.

648. **Belsey, Hugh Graham** 7 Rae's Yard, Bury St Edmunds, Suffolk IP33 3EY, UK. / Late 18c painting • Gainsborough • Florence.

649. **Beltran, Cristina Borreguero** Dept of Historical Studies, Facultad de Humanidades y Educación, Universidad de Burgos, Carretera de Villadiego s/n, 09001 Burgos, Spain. *U. de Burgos* / War and society.
✉ cbeltran@ubu.es

650. **Ben Messaoud, Samy** 9 rue François Mansard, 69800 Saint-Priest, France. *U. de Lyon II* / Rhétorique française • Histoire de la presse • Voltaire • Montesquieu.

651. **Ben Ouannes, Kamel** Cité Sprols, Imm. A4, appt 213, Carthage-Byrsa, Tunisia. *U. de Tunis I.*

652. **Ben Taleb, Othman** Faculté des lettres et sciences humaines de Sousse, Université du Centre, Sousse, Tunisia. *U. du Centre (Sousse)* / Philosophie du langage et grammaire philosophique • Le projet encyclopédique et les Lumières • Diderot.

653. **Benac-Giroux, Karine** 2 Rue Foch, 97160 Le Moule (Guadeloupe), France.

654. **Benaiteau, Michèle** via Nardones 38, 80132 Napoli, Italy. *Istituto Universitario Orientale* / Histoire sociale, économique et politique de la seigneurie rurale en Italie du sud • Circulation des lettres et des nouvelles en Europe • La presse française et la Révolution napolitaine de 1799.
✉ mbenaiteau@iuo.it

655. **Benakis, Linos** 58 Sina str., 10672 Athens, Greece.

656. **Benavent Montoliu, Jorge Fernando** Dpto. de Historia Moderna, Universidad de Valencia, Avda. Blasco Ibañez 28, 4°, 46010 Valencia, Spain. *U. de Valencia.*

657. **Benda, Wolfram** Nibelungenstr. 14, 95444 Bayreuth, Germany. / Shaftesbury.

658. **Bender, Gretchen** 505 Hill St, Sewickley, PA 15143, USA.

659. **Bender, John** Dept of Comparative Literature, Stanford University, Stanford, CA 94305-2087, USA. *Stanford U.* / Literature and the visual arts • Sociology of literature • Cultural theory • Relationship of science to other aspects of culture including literature and art • Britain and France.
✉ bender@stanford.edu

660. **Bender, Wolfgang F.** Institut für Deutsche Philologie II, Universität Münster, Domplatz 23, 48143 Münster, Germany. *U. Münster* / Rhetoric • Lessing • Aesthetics • Theatre periodicals.

661. **Bending, Stephen D.** Dept of English, University of Southampton, Highfield, Southampton, SO17 1BJ, UK. *U. of Southampton* / Gardens and polite culture • Women gardeners and retirement • Popular aesthetics • Travel and the country house • Antiquarianism • Fiction.
✉ sdb2@soton.ac.uk

662. **Benedict, Barbara M.** Dept of English, Trinity College, 115 Vernon St, Hartford, CT 06106, USA. *Trinity C.* / Popular culture and literature • The novel, anthologies, parodies and poetry • Intellectual issues of curiosity, collecting, advertising, self-representation and cultural representation.
✉ barbara.benedict@mail.trincoll.edu

663. **Benedik, Christian** Graphische Sammlung Albertina, Augustinerstr. 1, 1010 Wien, Austria. *Graphische Sammlung Albertina.*
✉ c.benedik@albertina.at

664. **Benedikt, Michael** Institut für Philosophie, Universität Wien, Universitätstr. 7, 1010 Wien, Austria. *U. Wien.*

665. **Benevelli-Bristow, Anna** 33B Selwyn Gardens, Cambridge, CB3 9AY, UK. / History and linguistics, esp. the application of linguistics methodology to Italian texts • Concepts of reform and of natural law.

666. **Bengtsson, Eva-Lena** Royal Academy of Fine Arts, Fredsgatan 12, Box 16317, 10326 Stockholm, Sweden. *Royal Academy of Fine Arts* / Women artists in a social context 1780-1860 • Crafts as a complement of "high art", in Academy Exhibitions (Sweden) • Landscape painting and national identity.

667. **Benhamou, Paul** 1516 summit drive, West Lafayette 47906, IN, USA. *Purdue U.* / History of the book • Subscription libraries • Philosemitism.

668. **Benhamou, Reed** 1516 Summit DR, West Lafayette, IN 47905, USA. *Indiana U.* / Behaviour and pedagogy and the Académie royale de peinture et de scupture • Architecture of Jacques-Francois Blondel • Women and dress in France and England.
✉ benhamou@indiana.edu

669. **Benharrech, Sarah** Dept of Romance Languages and Literature, University of Chicago, WB 205B, 1050 East 59th St, Chicago, IL 60610, USA. *U. of Chicago* / Notion de 'caractère' au début du 18s • Mots bigarrure et bizarre • Roman français dans la première moitié du 18s.
✉ benharch@alumni.princeton.edu

670. **Beniscelli, Alberto** Via Delfino 44/6, 16100 Genova, Italy. *U. di Genova.*

671. **Benítez, Miguel** Antonio Maura 7, Edificio Carrara - 6, 6°A, 41013 Sevilla, Spain. *U. de Sevilla* / Les manuscrits clandestins • Jean Meslier.
✉ mbenitez@us.es

672. **Bennich-Björkman, Bo** Billvägen 4, 756 48 Uppsala, Sweden. *Uppsala U.* / Book distribution in Sweden.
✉ bo.bennich-bjorkman@littvet.uu.se

673. **Benoit, Claude** Els Tarongers 2, Avenida Ausias March 133, 46111 Rocafort (Valencia), Spain. *U. de Valencia* / Littérature française.

674. **Bénot, Yves** 31, rue Saint Maur, 75011 Paris, France. / Idéologie anti-colonialiste, notamment sous la Révolution et Napoléon • Mably et la guerre civile.

675. **Benrekassa, Georges** 43 rue Bezout, 75014 Paris, France. *U. de Paris VII* / La philosophie des Lumières (Diderot, Montesquieu, Rousseau).

676. **Benson, Charles** Dept of Early Printed Books, Trinity College Library, Dublin 2, Ireland. *Trinity C. Library* / Irish booktrade • Theatre in Ireland • Paper-making in Ireland.

677. **Benzaquén, Adriana S.** Dept of History, Mount St Vincent University, 166 Bedford Highway, Halifax, NS B3M 2J6, Canada. *Mount St Vincent U.* / Emergence of a 'science of childhood' in the philosophical and scientific writings of the European Enlightenment.
✉ adriana.benzaquen@msvu.ca

678. **Benzi, Laura** Dept of Linguistics, Università di Pisa, Via del Collegio Ricci 10, 56126 Pisa, Italy. *U. di Pisa* / Literary and musical rhetoric • German lyric poetry of the Enlightenment.
✉ benzi@sns.it

679. **Beranger, Jean** Le Rohan, 33 rue Taudin, 33200 Bordeaux, France. *U. de Bordeaux III* / Amérique coloniale et révolutionnaire • Histoire des idées • Religion en Amérique du Nord • Littérature et civilisation.

680. **Berard, Marie-Suzanne** 176 rue de Paris, 91120 Palaiseau, France. *U. de Paris X* / Théâtre de la Révolution.
✉ suzanne.berard@wanadoo.fr

681. **Berchet, Jean-Claude** 4 rue de Navarre, 75005 Paris, France. *U. de Paris III* / Récits de voyage dans le Levant • Chateaubriand et la crise des Lumières.

682. **Berchtold, Jacques** 4 rue Richer, 75009 Paris, France. *U. de Paris III* / France • French Enlightenment • Rousseau • Pastoral • Prisons.
✉ jberchto@worldcom.ch

683. **Berder, Janine** Camparado, 48110 Moissac Vallee Francaise, France. / Julien Offray de La Mettrie.

684. **Berdichevsky, Cristina** 8713 Rhode Island Ave, College Park, MD 20740-4111, USA.

685. **Berenguier, Nadine** University of New Hampshire, Murkland Hall, 15 Library Way, Durham, NH 03824-3596, USA. *U. of New Hampshire* / Conduct books for adolescent girls • Education of women • Prose fiction.
✉ nsb@cisunix.unh.edu

686. **Beretta, Marco** Istituto e museo di storia della scienza, Piazza dei Giudici 1, 50122 Firenze, Italy. / Scientific materialism • A. L. Lavoisier.

687. **Beretta Anguissola, Alberto** Via G. Pezzana 110, 00197 Roma, Italy. *U. della Tuscia* / French extraordinary voyages and imaginary literature • Laclos.

688. **Bereza, Inna Yu.** Sevastopolska Str. 19-19, 327017 Nikolaev, Ukraine. *Nikolaev Pedagogical Institute* / Annals of Kiev Rus in Ukrainian historiography.

689. **Berg, Gunhild** Dept of IZEA (Interdisciplinary Centre for European Enlightenment Studies), Martin-Luther-Universitaet Halle-Wittenberg, Franckeplatz 1, Haus 54, 06110 Halle, Germany. *Martin-Luther-U. Halle-Wittenberg* / German Enlightenment • German literature • Adolf Freiherr von Knigge • Sophie von La Roche • Lavater • Johann Gottlob Benjamin Pfeil • Meier, Georg Friedrich • August Heinrich Julius Lafontaine.
✉ berg@izea.uni-halle.de

690. **Berg, Johannes van den** Neuhuyskade 6 (Boschzicht), 2596 XL Den Haag, Netherlands. *Rijksuniv. Leiden* / The Theology faculty at the University of Leiden • Dutch pietism • Influence of Swiss liberal orthodoxy in the Netherlands.

691. **Berg, Maxine** Dept of History, University of Warwick, Coventry, CV4 7AL, UK. *U. of Warwick* / Economic, social, cultural history • Luxury and consumer culture • Cities • China.

692. **Berg, W. van den** Stokweg 2, 3911 TL Rhenen, Netherlands. / Dialogue • Rhétorique • Roman épistolaire.

693. **Bergamini, Maria Grazia** Via S. Isidoro 6, 42020 Reggio Emilia, Italy. *U. di Bologna.*

694. **Berger, Günter** Theodor-Storm-Str. 16, 95447 Bayreuth, Germany. *U. Bayreuth* / Literary market • Popular narrative literature in France.

695. **Berggren, Maria** Hurtigs gata 24, 754 39 Uppsala, Sweden.

696. **Berggren, Ulf** Hurtigs gata 24, 754 39 Uppsala, Sweden.

697. **Berghof, Oliver** Dept of Literature, California State University (San Marcos), 333 South Twin Oaks Valley Road, San Marcos, CA 92096-0001, USA. *California State U. (San Marcos)* / French Revolution • Seven Years War • South Sea Bubble • Central Europe • North America • Pacific Ocean • Germany • Tahiti • British East India Company • Dutch East India Company • Freemasons • Rosicrucians • Travel literature.
✉ oberghof@csusm.edu

698. **Berglund, Lisa** Dept of English, Buffalo State College, 1300 Elmwood Avenue, Buffalo, NY 14222, USA. *Buffalo State C.*

699. **Berglund, Mats** Tomtebogatan 15, 1, 5 trappa, 113 39 Stockholm, Sweden.
✉ mats.berglund@historia.su.se

700. **Berglund-Nilsson, Birgitta** Staregatan 8, 426 69 Västra Frölunda, Sweden. *Åbo Akademi* / La presse française, surtout les correspondances littéraires • L'enseignement et la situation des femmes.
✉ birgbnil@telia.com

701. **Bergmann, Fredrick Louis** 19409 North 98th Avenue, Peoria, AZ 85382-4112, USA. *De Pauw U.* / British drama • Garrick.

702. **Bergon-Vial, Laurence** 44 rue des Vignes, 74240 Gaillard, France.

703. **Bergström, Carin** Museichef, Skoklosters slott, 746 96 Skokloster, Sweden. *Museichef* / The clergy in Swedish agrarian society.

704. **Bergstrom, Carson R.** 151 Braemar Road, Fallowfield, Manchester, M14 6PN, UK. *U. of Manchester* / Poetry and science.

705. **Bergström, Cecilia** Börje Gullboda, 755 92 Uppsala, Sweden.

706. **Berindei, Dan** Str. Deparateanu 8, 78146 Bucuresti, Romania. *Académie roumaine* / Le Sud-Est de l'Europe, les pays roumains et leurs rapports avec la France, l'Italie, et l'Allemagne • Impact des idées françaises et de la Révolution • Les Phanariotes.

707. **Berkvens-Stevelinck, Christiane** Stadionkade 16: 2hoog, 1077 VK Amsterdam, Netherlands. *Nijmegen U.* / Huguenots in the Netherlands and Germany • Jewish and Huguenot diaspora • Anti-Semitism in the Netherlands • History of the book.
✉ c.berkvens@planet.nl

708. **Berland, Kevin J.** Dept of English and Comparative Literature, Pennsylvania State University, 147 Shenango Avenue, Sharon, PA 16146-1597, USA. *Pennsylvania State U.* / Appropriation of classical authority (versions of Socrates) • Anglo-Irish political verse • Representations of Native Americans • Prosody • Physiognomy.
✉ bcj@psu.edu

709. **Berlinger, Marianne** Institut Benjamin Constant, Université de Lausanne, Bâtiment central, 1015 Lausanne, Switzerland. *U. de Lausanne* / Vie et œuvre de Benjamin Constant • Histoire de la Suisse.
✉ marianne.berlingerkonqui@ibc.unil.ch

710. **Berman, David** Dept of Philosophy, Trinity College, Dublin 2, Ireland. *Trinity C.*

711. **Berman, Lorna** 213-139 Fr. David Bauer Dr., Waterloo, ON N2L 6L1, Canada. *Wilfrid Laurier U.* / Marquis de Sade.

712. **Berman, Paul** School of Law, University of Connecticut, 65 Elizabeth St, Hartford, CT 6105, USA. *U. of Connecticut.*

713. **Bermingham, Ann** 1135 Oriole Rd, Motecito, CA 93108 2438, USA.

714. **Bernal Rodriguez, Antonio Miguel** C/ Virgen del Aguila, 4, 6°, 41011 Sevilla, Spain. / Economie.

715. **Bernard, Bruno** Chemin du Congo 25, 4910 Theux, Belgium. *U. Libre de Bruxelles* / Révolution brabançonne • Pays-Bas autrichiens, Saint-Empire • Histoire des étrangers et des minorités • Historiographie des Lumières, Jansénisme, Despotisme éclairé • Immigration • Famille Neny.
✉ buobar@wanadoo.be

716. **Bernard, Marie-Monique** 40 Montée de Saint-Claude, 71500 Louhans, France.

717. **Bernardi, Walter** Via Malaparte 75, 50047 Prato (FI), Italy. *U. di Siena* / Lazzaro Spallanzani et les sciences de la vie.

718. **Bernardini, Paolo** Via A. Rimassa 43/11, 16129 Genova, Italy. / Anglo-Jewish relationships • European Jewry and the Enlightenment • Toleration.

719. **Bernardinis, Anna Maria** via G. Galilei 37, 35121 Padova, Italy. *U. di Padova* / French Revolution • France • European literature • Rousseau, Jean-Jacques • Pedagogy.
✉ annamaria.bernardinis@unipd.it

720. **Bernardo, José Manuel** Dept of History, Universidad de Córdoba, Plaza Cardenal Salazar, 3, Córdoba, Andalucía 14071, Spain. *U. de Córdoba* / Supranational power of Iberian monarchies, 1665-1713.
✉ bernardo@uco.es

721. **Bernasconi, R.** Dept Philosophy, University of Memphis, Memphis, TN 38152 0001, USA. *U. of Memphis* / Racism • Travel literature • Slavery debates • Herder • Political philosophy (Rousseau) • Philosophy of history.

722. **Bernatowicz, Tadeusz** Ul. Belwederska 13 m.30, 00-764 Warszawa, Poland.

723. **Bernez, Marie-Odile** Dépt d'anglais, Université de Bourgogne, 2 boulevard Gabriel, 21000 Dijon, France. *U. de Bourgogne* / Development of medical thought • Reception of the French Revolution in the radical circles surrounding Wollstonecraft and Godwin.
✉ marie-odile.bernez@u-bourgogne.fr

724. **Bernheim, Alain** Avenue Nestlé 16, 1820 Montreux, Switzerland. *Scottish Rite Research Society* / Freemasonry • British Isles, France, Germany and the English colonies in America • Royal Order of Scotland.
✉ alainbernheim@compuserve.com

725. **Berni Canani, Michele** Via Anneo Lucano 19, 00136 Roma, Italy.

726. **Bernier, Jean** 155 Ridge St Est, Québec, PQ J0J 2HO, Canada.

727. **Bernier, Marc André** Dépt de français, Université du Québec à Trois-Rivières, C.P. 500, Trois-Rivieres, PQ G9A 5H7, Canada. *U. du Québec à Trois-Rivières* / Libertinage et figures du savoir • Rhétorique et roman libertin en France • Arts, lettres et l'éloquence au Québec, 1760-1840.
✉ marc-andre_bernier@uqtr.ca

728. **Bernoulli, René** Amselstr. 35, 4059 Bale, Switzerland. *U. Basel* / Médecine et philosophie.

729. **Bernoussi, Mohamed** 27 rue des Tanneurs, 37000 Tours, France. / Le roman noir et le lecteur • Littérature du voyage • L'épouvante comme divertissement et l'imaginaire du martyrologe.

730. **Bernsen, Michael** Eythstr. 35a, 44879 Bochum, France. *Ruhr-U. Bochum* / Rapports entre le 'roman noir' en France et en Angleterre: William Godwin et Sade.

731. **Berquist, Emily** Dept of History, Vassar College, University of Texas (Austin), Mail Code B7000, Austin, TX 78712-1163, USA. *U. of Texas (Austin)* / The collections of Bishop Martinez Companon in Trujillo, Peru, from 1780-1790 • The Ibero-American Enlightenment.

732. **Berrio, Julio Ruiz** Universidad Complutense, Rector Royo Villanova, s/n, 28040 Madrid, Spain. *U. Complutense* / Educational reforms and pedagogical innovations • The Enlightenment • Education in Spain.
✉ jrberri@edu.ucm.es

733. **Berry, Helen** Dept of History, University of Newcastle, Armstrong Building, Newcastle-upon-Tyne, NE1 7RY, UK. *U. of Newcastle.*

734. **Bersani, Cristina** Via Malpertuso 2, 40123 Bologna, Italy. *Biblioteca Communale dell'Archiginnasio* / Littérature artistique • Art (école de Bologne).

735. **Bersier, Gabrielle** 6466 Robinsrock Dr., Indianapolis, IN 46268-4057, USA. *Indiana U.* / Goethe • German classicism and Romanticism • French-German literary relations.

736. **Bertaud, Jean-Paul** 152 boulevard Murat, 75016 Paris, France. *U. de Paris I* / Histoire militaire • La presse.

737. **Berte, André** 34 rue de Marnes, 92410 Ville d'Avray, France. / Mozart et la franc-maçonnerie.

738. **Bertelsen, Lance** 810 East 30th St, Austin, TX 78705-3204, USA. *U. of Texas (Austin)* / English literature • John Wilkes • English painting • Popular culture.

739. **Bertelsen, Mads** Echersbergsgade 38, 2100 København Ø, Denmark.

740. **Berthiaume, Pierre** Lettres françaises, Université d'Ottawa, CP 450, Succ. A, Ottawa, ON K1N 6N5, Canada. *U. d'Ottawa* / Roman français • Relations de voyages.
✉ pberthia@uottawa.ca

741. **Berti, Silvia** Via della Fonte del Fauno 15, 00153 Roma, Italy. *U. di Roma* / Edition of *Traité des trois imposteurs* • Spinozism • Religion and politics • Alberto Radicati di Passerano.

742. **Bertland, Alexander** Dept of Philosophy, Hastings College, 800 North Turner Avenue Building 2, Hastings, NE 68901-7696, USA. *Hastings C.*

743. **Bertolozzi, Mel** Loyola Marymount University, University Hall, Suite 3800, 1 LMU Dr., Los Angeles, CA 90045-2468, USA. *Loyola Marymount U.*

744. **Bertram, Helmut** Sigmund-Freud-Str. 76, 60435 Frankfurt/Main, Germany. *U. Frankfurt* / Œuvres de Giacomo Casanova.

745. **Bertrams, Oliver** Universität Bonn, SFB 534, 53111 Bonn, Germany. *U. Bonn.*

746. **Bertrand, Dominique** 11 rue de Riom, 63000 Clermont-Ferrand, France.

747. **Bertrand, Gilles** 10 rue Jean Bocq, 38000 Grenoble, France. *U. de Grenoble II* / Représentations de Venise • Voyage en Italie et l'évolution du Grand Tour • Identités alpines et expériences de la montagne au tournant des Lumières.
✉ gilles.bertrand@upmf-grenoble.fr

748. **Bertrand, Guy** 10 rue des Tanneries, 75013 Paris, France.

749. **Bertrand, Martine** 1 rue Arthur Legoust, 31500 Toulouse, France.

750. **Bertrand, Michel** 19 impasse A. Marfaing, 31400 Toulouse, France. *U. de Toulouse II* / Elites dans le monde Hispano-Américain.

751. **Bertrand, Pascal** 15 rue de la Fonderie, 31000 Toulouse, France. *U. de Toulouse II* / Décor intérieur et arts décoratifs • Tapisserie.

752. **Bérubé, Georges-L.** York University, 4700 Kaele St, Downsview, ON M3J 2RT, Canada. *York U. (North York)* / Voltaire, Beaumarchais et le théâtre en France • Montesquieu.

753. **Besle, Edwige** 17 rue du Commandant Arago, 45000 Orleans, France.

754. **Besse, Guy** Cadouarn, 18 chemin des Courlis, 56860 Séné, France. / J.-J. Rousseau: réforme et révolution • Héritage européen des Lumières.

755. **Besses, Pierre** 63 Bois Redon, 81400 Carmaux, France. *U. de Toulouse II* / James Cook's travels • Hume, historian of the Stuarts • The Royal Society of London: science and ideology • The rhetoric of counter-revolution • Burke's philosophy of property.

756. **Bessire, François** Dépt de Langue et Littérature françaises, Université de Rouen, Rue Lavoisier, 76821 Mont-Saint-Aignan, France. *U. de Rouen* / Voltaire, épistolaire, la Bible • Le récit de voyage (par lettres) et notamment le récit d'aventures maritimes • Le livre: l'auteur comme producteur de livres.
✉ francois.bessire@univ-rouen.fr

757. **Betchley, Andrew Robert** 69 Ravelston Dykes Road, Edinburgh, EH4 3NU, UK.

758. **Betlej, Andrzej** Ul. Dzielskiego 12 m.29, 31-465 Kraków, Poland. *Jagiellonian U.* / Architecture of former Polish borderlands, and of Central Europe • Art patronage • Jesuit art • Ephemeral art.
✉ jab@interia.pl

759. **Bettoni, Fabio** Via G. Piermarini 39, 06034 Foligno (PG), Italy.

760. **Beutel, Albrecht** Evang.-theol. Fakultät, Seminar für Kirchengeschichte II, Universität Münster, Universitätsstr. 13-17, 48143 Münster, Germany. *U. Münster.*

761. **Bevington, Michael J.** Stowe School, Stowe, Buckingham, MK18 5EH, UK. *Stowe School* / Stowe (England): architecture, landscaping, iconography.
✉ mbevington@stowe.co.uk

762. **Beyer, Nicole** An der Oberhecke 58, 55270 Sörgenloch, Germany. *Landesmuseum Mainz* / Johann Wolfgang Fröhliche and his successors.

763. **Beyney, Jean-Jacques** 91K rue Cuvier, 69006 Lyon, France. / Literature • Art, architecture and painting.
✉ jean-jacques.beyney@wanadoo.fr

764. **Beynon, John** Dept of English, California State Universtiy, 5245 North Backer Avenue, M/S PB 98, Fresno, CA 93740, USA. *California State U.*

765. **Beyrer, Klaus** Kastellstr. 22, 76227 Karlsruhe, Germany. *Museum für Kommunikation Frankfurt* / Postal services • Optical telegraphy.

766. **Bezian, Enriqueta** Pasaje General Acha 1073, 4000 San Miguel de Tucumán, Argentina. *U. de Tucumán* / Le projet des Lumières et son influence dans la presse de Tucumán.
✉ enriquetabezian@arsinectis.com

767. **Bezzola, Guido** Via Plinio il Vecchio 8/10, 22054 Mandello Lario (LC), Italy. *U. di Milano* / Literature and culture in Lombardy.

768. **Bhattacharya, Nandini** Dept of English, Valparaiso University, Valparaiso, IN 46383, USA. *Valparaiso U.*

769. **Bhowmik, Urmi** 5465 S. Everett Avenue #308, Chicago, IL 60615, USA.

770. **Biagi Maino, Donatella** Dept of History and Methods for Conservation of the Cultural heritage, University of Bologna, 1 via degli Ariani, 48100 Ravenna, Italy. *U. of Bologna* / Italy • Art academies • Newtonianism • Benedict XIV, pope • Carracci, Annibale, Creti Donato, Gandolfi Gaetano.
✉ dbiagi@alma.unibo.it

771. **Biagiotti, Leonardo** Via Don Maglioni 2, 50010 Capalle (FI), Italy.

772. **Biancalana de Castelli, Marta** 12 de Octubre 2450, Dpto 11, 8000 Bahía Blanca, Argentina. *U. de Tucumán* / Apports et

conception théorique constitutifs du libéralisme.

773. **Bianchi, Daniela** Via Ormea 79, 10126 Torino, Italy.

774. **Bianchi, Frédérique** 21 rue Marc Laffargue, 31400 Toulouse, France. *U. de Toulouse II* / Adaptations of Don Carlos (from Saint Réal) in theatre and opera • Authors' use of historical theatre.
✉ frederique.bianchi@wanadoo.fr

775. **Bianchi, Lorenzo** via Cesare Da Sesto 18, 20123 Milano, Italy. *Istituto U. Orientale* / Montesquieu • Voltaire • Tradition sceptique et tolérance • Bayle et le *Dictionnaire historique.*
✉ lbianchi@iuo.it

776. **Bianchi, Paola** Via Felice Romani, 29, 10131 Torino, Italy. *U. di Torino* / Piedmont • Italy • Ritterakademien • Army and military careers.

777. **Bianchi, Serge** 26 allée des deux Cèdres, 91210 Draveil, France. *U. de Rennes II* / Histoire rurale • Culture politique • Naissance et diffusion du sentiment républicain dans les campagnes.

778. **Bianchini, Paolo** via S. Francesco d'Assisi 14, 10122 Torino, Italy.

779. **Bianco, Bruno** Via P. Revoltella 3/1, 34138 Trieste, Italy. *U. di Trieste* / Piétisme allemand et les Lumières • Wolff et la diffusion du Wolffisme.

780. **Bianco, Jean-François** 17 rue Jean de La Fontaine, 49000 Angers, France. / Diderot et les sciences de son temps.
✉ jean-francois.bianco@wanadoo.fr

781. **Biard, Michel** 61 rue lord Kitchener, 76600 Le Havre, France. *U. de Paris I* / Période révolutionnaire (les représentants en mission) • Théâtre en France, 1750-1800.
✉ michel.biard@netinfo.fr

782. **Biard-Millérioux, Jacqueline** 4 rue Dom Deschamps, 86280 Saint-Benoît, France. *U. de Poitiers* / Fréron: étude de presse et analyse de l'esthétique • Critique d'art, poésie et peinture.
✉ jbm86@libertysurf.fr

783. **Biart, Guy** Université Notre-Dame de la Paix, Bibliothèque universitaire Moretus Plantin, Rue Grandgagnage, 19, B 5000 Namur, Belgium. *U. Notre-Dame de la Paix* / Organisation and financial structures of printing offices • Publishing and book trade policy.
✉ guy.biart@fundp.ac.be

784. **Biba, Otto** Josefstädter str. 29/17, 1080 Wien, Austria.

785. **Bibó, István** Berkenye u. 4, 1025 Budapest, Hungary. / Architecture, 1750-1850.

786. **Biddinger, Mary Catherine** 2850 N. Sheridan Rd., Apt. 1006, Chicago, IL 60657-6144, USA.

787. **Bideau, Alain** 70 rue Jean Jaurès, 69100 Villeurbanne, France. *U. de Lyon II* / Démographie historique • Génétique des populations.

788. **Bideaux, Michel** Université Paul-Valéry, route de Mende, B.P. 5043, 34032 Montpellier Cédex 1, France. *U. de Montpellier III.*

789. **Bidouze, Frédéric** Coteaux de Guindalos, 64110 Jurançon, France.

790. **Bidwell, John** Graphic Arts Collection, Princeton University Library, Princeton, NJ 08544, USA. *Princeton U.* / Printing, publishing and bookselling.

791. **Biegel, Gerd** Bertramstr. 59, 38102 Braunschweig, Germany. *Braunschweigisches Landesmuseum* / Regional history: Brunswick.

792. **Bienaimé Rigo, Dora** Viale C. Colombo 5, 54036 Marina di Carrara (MS), Italy. *U. di Siena* / Fougeret de Monbron et le roman libertin • Cosmopolitisme et relations de voyages • Voltaire: les contes et les facéties • D'Argens • Matérialisme • Sade.

793. **Bierens de Haan, J. C.** J. Vermeerstraat 19, 6814 JS Arnhem, Netherlands. / Country houses and their contents • Gardens.

794. **Biesterfeld, Wolfgang** Neumühlenerstr. 46, 24148 Kiel, Germany. *U. Kiel* / Mirror of princes • Utopia • Juvenile literature.

795. **Bignami, Maria Luisa** Via Ippolito Nievo 2, 20145 Milano, Italy. *U. di Milano* / Le roman réaliste anglais.

796. **Bigold, Melanie** St Anne's College, Oxford, OX2 6HS, UK. *U. of Oxford.*

797. **Biheng, Louise-Mirabelle** 2 rue Danton, 75006 Paris, France. *U. de Paris VIII* / Reliures et relieurs en France • Conservation et restauration des livres.

798. **Bilger, Audrey** Dept of Literature, Claremont McKenna College, 850 Columbia Ave, Claremont, CA 91711, USA. *Claremont McKenna C.* / British women's literature with an emphasis on comedy, humour, and satire • History of feminism in England.
✉ audrey.bilger@claremontmckenna.edu

799. **Billaud, Isabelle** 4256 Fullum, Montréal, PQ H2H 2J5, Canada. / Représentation du travesti.

800. **Billi, Mirella** Via del Fiordaliso 16/1, 59100 Prato, Italy.

801. **Billias, George A.** Dept of History, Clark University, Worcester, MA 01610, USA. *Clark U.* / American Revolution • Influence of American constitutionalism abroad.

802. **Binbina, Iordanka** Institute for Balkan Studies, Bulgarian Academy of Sciences, 45 Moskovska Str., Sofia 1000, Bulgaria. *Bulgarian Academy of Sciences* / Europeanisation of Ottoman Turkey • Influence of the Enlightenment on Ottoman social and political thought, culture and literature • Voltaire and Turkish literature.

803. **Binder, Dieter A.** Dept of History, Universität Graz, Attemsgasse 8, A 8010 Graz, Austria. *U. Graz* / Freemasons.
✉ dieter.binder@kfunigraz.ac.at

804. **Bindman, Diane** 47e Birdhurst Rise, South Croydon, Surrey CR2 7EJ, UK. / Working-class women writers.

805. **Binhammer, Katherine J.** Dept of English, University of Alberta, 3-5 Humanities, Edmonton, AB T6G 2E5, Canada. *U. of Alberta* / Gender • History of sexuality • Women's writing.
✉ katherine.binhammer@ualberta.ca

806. **Binney, Matthew W.** Dept of English, Auburn University, 9030 Haley Center, Auburn, AL 36949-5203, USA. *Auburn U.* / English Restoration • French Revolution • Central Europe • Britain • France • Germany • Scriblerians • Aristotelianism • Rousseauism • Enlightenment (concept) • Roman • Travel literature.
✉ binnemw@auburn.edu

807. **Binni, Walter** Via A. Torlonia 15, 00161 Roma, Italy. *U. di Roma* / Littérature italienne.

808. **Binoche, Bertrand** Parc de Nevers, 80, Impasse Maria Montessori, 34090 Montpellier, France. *U. de Montpellier* / Philosophie de l'histoire.

809. **Biondi, Carminella** Via Zamboni 78, 40126 Bologna, Italy. *U. di Bologna* / Littérature antiesclavagiste en France • Mythe de Robinson dans la littérature française • Littérature de voyage.

810. **Biou, Jean** 35 rue Augustin Mouillé, 44400 Reze-les-Nantes, France. *U. de Nantes* / Rousseau: théorie politique, préfaces, autobiographie • Les Lumières aujourd'hui • Les Lumières et les radicaux • Commémoration et discours de presse.

811. **Birchak, Beatrice Chrstiana** University of Houston, One Main St, Suite 1045-S, Houston, TX 77002-1001, USA. *U. of Houston* / Henry Fielding.

812. **Birchall, Ian H** 4 Toby Court, Tramway Avenue, London, N9 8PG, UK. / Babeuf and precursors of socialism.

813. **Bircher, Martin.** Fondation M. Bodmer, 19-21 route du Guignard, Case postale 7, 1223 Cologny, Switzerland. *Fondation M. Bodmer* / Swiss literature • Shakespeare in Germany • Salomon Gessner.

814. **Bird, Wendy** Placa de Dalt 25, Santa Pau, 17811 Gerona, Spain.

815. **Birdsall, Dean Stephen** University of North Carolina, 203 South Building, CB3100, Chapel Hill, NC 27599 0001, USA. *U. of North Carolina.*

816. **Birgel, Franz A.** Dept of Language & Literary Culture, Muhlenberg College, 2400 West Chew St, Allentown, PA 18104-5586, USA. *Muhlenberg C.* / Wezel • Wieland • Intellectual history.

817. **Birgfeld, Johannes** Judenstr. 12, 96049 Bamberg, Germany. *U. Bamberg.*

818. **Birkett, Jennifer** School of Modern Languages, University of Birmingham, P.O. Box 363, Birmingham, B15 2TT, UK. *U. of Birmingham* / Prose fiction and politics in the French Revolution.

819. **Birn, Raymond** Dept of History, University of Oregon, 363 Mckenzie Hall, Eugene, OR 97403, USA. *U. of Oregon* / French book trade • French royal book censorship • History of French Polynesia.
✉ rbirn@oregon.uoregon.edu

820. **Birnstiel, Eckart** 9 rue Saint-Antoine-du-T, 31000 Toulouse, France. *U. de Toulouse II* / Protestantisme, refuge huguenot et migrations confessionnelles en Europe moderne.

821. **Bíró, Ferenc** Kende u. 18, 1111 Budapest, Hungary. *Eötvös Lóránd* / Libre pensée dans la littérature hongroise • Mentalité sentimentale • Naissance du sentiment national.

822. **Birolleau, Pascal** Entrée 2, Residence, 28250 Senonches, France.

823. **Birsan, Cristina** Brumul Taberei 48, ap. 5h, Bucuresti, Romania. *Institut d'histoire et*

de théorie littéraire / Demetrius Cantemir (1673-1723).
☞ cristina_barsan@yahoo.com

824. **Birsan, Ileana Cristina** Aurel Ulaicu 140, Bucuresti, Romania. / Mentalités reflected in texts and visual representations.

825. **Birtsch, Günther** Bachwies 16, 54296 Trier, Germany. *U. Trier* / Prussia • Comparative history of rights in Europe.

826. **Biscardi, Domenico** C/o Chlyah Abdel, Via dei Marrucini, 14, 00185 Roma, Italy. *U. di Roma 'La Sapienza'* / Histoire politique et religieuse de la France • Politique intérieure de la Régence • Relation entre la cour de France et l'Europe • Querelle janséniste.
☞ dom.biscardi@mailcity.com

827. **Bishop, Reid** Bay Cottage, 164 The Street, Capel, RH5 5EN, UK. / Mutiny on the Bounty as metaphor • Captain Cook's voyages • Changing perceptions of 18c (its treatment and access in popular media).
☞ reid4@bliewin.ch

828. **Biskup, Thomas** Somerville College, Oxford, OX2 6HD, UK. *U. of Oxford* / Monarchy in Germany • Public sphere • Ritual, ceremonial, festivals • Monuments • Cult of 'great men' • Enlightened Absolutism • National identity.

829. **Bitossi, Carlo** Facolta' di Lettere e Filosofia, Università di Ferrara, via Savonarola 27, 44100 Ferrara, Italy. *U. di Ferrara* / République de Gênes: société, institutions, diplomatie • Lettres de Pascal Paoli.
☞ bsr@unife.it

830. **Bitskey, István** Pf. 52, 4010 Debrecen, Hungary. *U. Debrecen* / Renaissance and baroque culture and literature in Hungary and Central Europe • Religion and literary genres in Hungary.

831. **Bitterli, Urs** Kirchenbündten 10, 5722 Gränichen, Switzerland. *U. Zürich* / Le siècle des Lumières et le monde d'Outre-Mer.

832. **Bitti, Nadia** Strada Palanzana, 11, 01100 Viterbo, Italy.

833. **Bittoun Debruyne, Nathalie** Prat de la Riba 23, 25006 Lleida, Spain. / Comparative literature (Spanish and French) • Marivaux • Reception of French literature in Spain • Sociological and literary comparisons of theatre in France and Spain • Translations and adaptations.
☞ nathalie.bittoun@eresmas.net

834. **Bjarnadóttir, Birna** Ölduslód 21, 220 Hafnarfjird, Iceland.

835. **Bjarnason, Bjarki** Hvirfli, 270 Varmá, Iceland.

836. **Bjarnason, Halldór** Fannafold 189, 112 Reykjavík, Iceland.

837. **Björkholm, Thérèse** Bodalsv. 20, 18136 Lidingö, Sweden. *Uppsala U.* / J.-J. Rousseau: the rule of law.

838. **Björkman, Gun** Rundelsgränd 6 D, 752 21 Uppsala, Sweden. / Maria Gustava Gyllenstierna.

839. **Björkman, Margareta** Källgatan 8, 19332 Sigtuna, Sweden. *Mälardalens högskola* / Circulating libraries • Book history • Women's periodicals • Rousseau in Sweden.
☞ margareta.bjorkman@privat.utfors.se

840. **Björkman, Sven** Romanska institutionen, Uppsala Universitet, Box 513, 751 20 Uppsala, Sweden. *Uppsala U.*

841. **Björn, Eva** Linnémuseet, Svartbäcksgatan 27, Box 1530, 751 45 Uppsala, Sweden. *Linnémuseet.*

842. **Björnsdóttir, Inga Dóra** Frostaskjóli 115, 107 Reykjavík, Iceland.

843. **Björnsdóttir, Ingibjörg** Flydrugranda 18, 107 Reykjavík, Iceland.

844. **Björnsson, Anders** Lötsjövägen 85, 17443 Sundbyberg, Sweden. / Processions and parades, carnivals and riots in European political cultures.

845. **Björnsson, Eiríkur K.** Verzlunarskóli Íslands, 103 Reykjavík, Iceland.

846. **Björnsson, Hólmgeir** Hraunbæ 104, 110 Reykjavík, Iceland.

847. **Björnsson, Margrét G.** Strandgötu 73, 220 Hafnarfjödur, Iceland.

848. **Björnsson, Olafur Grímur** Dept of Physiology, University of Iceland, Vatnsmysarvegur 16, 101 Reykjavík, Iceland. *U. of Iceland.*

849. **Bjørsnøs, Annlaug** Leif Tronstads v. 7, 7017 Trondheim, Norway. *NTNU* / Literature • Philosophy.
☞ annlaug.bjorsnos@hf.ntu.no

850. **Black, Fiona** School of Library & Info. Studies, Dalhousie University, Halifax, NS B3H 3J5, Canada. *Dalhousie U.* / Print culture • Book trade.

851. **Black, Jeff** 9 Union St, Apt Three, Brighton, MA 02135-3414, USA. *Boston C.* / Rousseau • Scientific thought • Political theory.

852. **Black, Jeremy M.** Dept of History and Archaeology, University of Exeter, Queen's Building, The Queen's Drive, Exeter, EX4 4QM, UK. *U. of Exeter* / British history • International relations • Tourism • The Press • Jacobitism • War.

853. **Black, Moishe** 1127 Aird St, Saskatoon, SK S7N 0T2, Canada. *U. of Saskatchewan* / Diderot and Lucretius.

854. **Black, Scott** Dept of English, Villanova University, 800 Lancaster Avenue, Villanova, PA 19085, USA. *Villanova U.* / The novel • The essay • Historical formalism • Early modern prose.
✉ scott.black@villanova.edu

855. **Blackstock, Allan** Institute of Irish Studies, Queen's University, 8 Fitzwilliam St, Belfast, BT9 6AW, UK. *Queen's U.*

856. **Blackwell, Bonnie C.** T.C.U., Texas Christian University, Box 297290, Fort Worth, TX 76129-0001, USA. *Texas Christian U.*

857. **Blackwell, Mark R.** Dept of English, University of Hartford, 200 Bloomfield Avenue, West Hartford, CT 06117, USA. *U. of Hartford* / It-narratives or novels of circulation published in England • Aesthetic theory • History of prose fiction • Satire • Period practices of allusion.
✉ blackwell@hartford.edu

858. **Blaga, Carmen** Bd C.D. Loga 12, 1900 Timisoara, Romania. *U. Timisoara* / Comparative literature • Poetics • Narratology.

859. **Blair, Rhonda L.** Dept of English, Washington State University, Pullman, WA 99164-0002, USA. *Washington State U.* / Classical tradition • Pope • Crabbe.

860. **Blake, Erin C.** Folger Shakespeare Library, 201 East Capitol St South East, Washington, DC 20003-1094, USA. *Folger Shakespeare Library* / England • London • Architecture • Painting • Sculpture • Theatre • Garrick, David • Printmaking, book illustration.
✉ eblake@folger.edu

861. **Blakely, Allison** Boston University, 1 Sunnyside Rd, Silver Spring, MD 20910-5463, USA. *Boston U.* / European dimensions of the African diaspora • Russian social and intellectual history.

862. **Blakemore, Steven** 651 South West 17th St, Boca Raton, FL 33486-7024, USA. / Edmund Burke • French Revolution • James Macpherson and Ossian.

863. **Blamires, Cyprian** The Mount, Burnmill Rd, Market Harborough, LE16 7JG, UK. *U. of Oxford* / Jansenists and Jesuits • Catholic apologists • Genevan history and Anglo-Genevan relations • Jeremy Bentham and Utilitarianism.

864. **Blanc, Gérard** 15 rue Portail d'Avignon, 43000 Le Puy-en-Velay, France.

865. **Blanckaert, Claude** 7 rue Dajot, 77000 Melun, France. *Centre Alexandre Koyré* / Anthropologie et histoire naturelle de l'homme.

866. **Blank, Antje M.** 3 Montague Avenue, London, SE4 1YP, UK.

867. **Blanke-Schweers, Horst Walter** Fakultät für Geschichtswissenschaft und Philosophie, Universität Bielefeld, Universitätsstr. 26, 33615 Bielefeld, Germany. *U. Bielefeld* / History of historiography • Travel and travelogues.

868. **Blanning, T. C. W.** Sidney Sussex College, Cambridge, CB2 3HU, UK. *U. of Cambridge* / Culture and society.

869. **Blansett, Lisa** Babson College, 60 East Transit St, apt 2, Providence, RI 2906, USA. *Babson C.*

870. **Blasco Gómez, Joaquín** Serrería 11, 6°, 46022 Valencia, Spain. / Les Lumières à Valencia.

871. **Blaszke, Marek** Ul. Rozlogi 9 m.29, 01-310 Warszawa, Poland. *Polish Academy of Sciences (P.A.N.) (Warszawa)* / Pensée sociale en France et en Pologne • Analyse de l'égalitarisme, en part. chez Mably et Rousseau • Doctrines des physiocrates en France et en Pologne.

872. **Blathwayt, Janice E.** 26 Grangemill Crescent, Toronto, ON M3B2J2, Canada. *York U.* / Gender analysis of the life and work of Elizabeth Carter.
✉ janblath@yorku.ca

873. **Blay, Michel Jean-Marie** Louis Morard 5, 75014 Paris, France. *C.N.R.S.* / Science classique(développement et mathématisation de la théorie de la lumière et des couleurs, sciences du mouvement).
✉ michel.blay@ens.fr

874. **Blaydes, Sophia B.** Dept of English, West Virginia University, P.O. Box 6296, Morgantown, WV 26506, USA. *West Virginia U.* / Christopher Smart • Mary Cavendish, duchess of Newcastle • Drama.

875. **Bléchet, Françoise** 30 rue Lacépède, 75005 Paris, France. *C.N.R.S.* / Histoire du livre et du manuscrit • La République des

Lettres • Voltaire et le patrimoine voltairien • Histoire des sciences • L'Orient des lumières.
✉ f.blechet@compagnet.fr

876. **Bleskie, Oliver** Magdalen College, University of Oxford, Oxford, OX1 4AU, UK. *U. of Oxford.*

877. **Blewett, David** 16-390 Wellesley St East, Toronto, ON M4X 1H6, Canada. *McMaster U.* / Britain • English literature • Defoe, Daniel • Fielding, Henry • Richardson, Samuel • Smollett, Tobias • Sterne, Laurence • Swift, Jonathan • Austen, Jane • Fiction.
✉ blewett@mcmaster.ca

878. **Bliksrud, Liv** Universitet i Oslo, PB 1013 Blindern, 0315 Oslo, Norway. *U. i Oslo* / Norwegian and Danish literature and language • J. H. Wessel • Ludwig Holberg.
✉ liv.bliksrud@inl.uio.no

879. **Bloch, Jean Helen** Dept of French, Royal Holloway, University of London, Egham, Surrey TW20 0EX, UK. *U. of London* / Educational theory and women in France.
✉ jbloch@rhul.ac.uk

880. **Bloch, Olivier** 23 rue du Chemin Vert, 75011 Paris, France. *U. de Paris I* / La tradition libertine, clandestine et matérialiste de l'âge classique • La relation entre philosophie et littérature dans cette tradition.
✉ o.bloch@libertysurf.fr

881. **Block, Haskell** 537 Riverside Avenue, apt 1205, Yonkers, NY 10705, USA. / The Enlightenment in France and Germany.

882. **Blomkvist, Magnus** Institutionen för teatervetenskap, Stockholms universitet, 106 91 Stockholm, Sweden. *Stockholms U.* / Ballet in Sweden during the reign of Gustav III.

883. **Blomstedt, Jan** Svinhufvudintie 9 A 9, 00570 Helsinki, Finland.

884. **Blondeau, Catherine** 30bis rue d'Elbeuf, 76000 Rouen, France. / Julie de Lespinasse et les épistoliers.

885. **Blondeau, Denise** 38 rue du Surmelin, 75020 Paris, France. *U. de Reims* / Les Lumières • Goethe.
✉ denise.blondeau@wanadoo.fr

886. **Blondel, Madeleine** 120 rue de Pessac, 33000 Bordeaux, France. / La femme dans le roman anglais • Le livre à gravures.

887. **Blondy, Alain** Présidence, Université de Paris-Sorbonne, 1 rue Victor-Cousin, 75230 Paris Cédex 05, France. *U. de Paris IV* / Les pays riverains de la Méditerranée • L'Ordre de Malte et de ses relations diplomatiques • L'information et la communication des groupes de pression.

888. **Blood, Elizabeth A.** 55 Old Colony Way, Apt. 1, Orleans, MA 02653-3234, USA.

889. **Bloom, Melissa** 31-17 34th St, #1C, Astoria, NY 11106, USA.

890. **Bloom, Rori** 815 North-East 3rd Avenue, Gainesville, FL 32601-5557, USA.

891. **Blöss, Cathrin** Sanderstr. 17, 12047 Berlin, Germany. / Johann Karl Wezel (1747-1819).
✉ cathrin.bloess@gmx.de

892. **Blum, Carol** 8 Chicadee Way, Setauket, NY 11733 3013, USA. / Virtue • Rousseau • Diderot • Demographic literature.

893. **Blum, Marie-Odile** Les Etoiles I, 8, rue Santo Estello, 13090 Aix-en-Provence, France. / Littérature allemande.

894. **Bø-Rygg, Arnfinn** Finnestadvn. 49, 4029 Stavanger, Norway. / Beaux-arts • Musique • Esthétique et philosophie.

895. **Boavida, Maria Madalena Cardoso** Rua de Santarem 12-2° Esq., 2750 Cascais, Portugal.

896. **Bobkova, Katerina** Osvoboditelu 1363, 153 00 Praha 5, Czech Republic. *U. Karlova* / Jesuit educational system and theatre • Religious life • Everyday life.

897. **Boccara Postigliola, Nadia** Via Città di Castello 13, 00191 Roma, Italy. *U. della Tuscia* / Le rapport entre la philosophie et la littérature.
✉ nadiesda@libero.it

898. **Boch, Julie** 4 rue du Jura, 75013 Paris, France. / Mythologie et paganisme • Esthétique • Littérature et arts • Bayle.
✉ julie.boch@freesbee.fr

899. **Bochenek-Franczakowa, Regina** Ul. Sliczna 12/9, 31-444 Kraków, Poland. *Jagiellonian U.* / Le roman par lettres à voix multiples • Le récit et le roman de la Révolution • Le roman de femmes.
✉ rfran@vela.filg.uj.edu.pl

900. **Böck, Dorothea** Charlottenburger Str. 18, 13086 Berlin, Germany. *Berlin-Brandenburgische Akademie der Wissenschaften.*

901. **Bockwoldt, Gerd** Haselbusch 1, 23701 Eutin, Germany.

902. **Bocquentin, Françoise** 47 rue de l'Estagnas, 64200 Biarritz, France. / La 'langue des signes' créée et utilisée par J.-J. Rousseau.

903. **Bocquillon, Michèle** Dept of Romance Languages, C.U.N.Y., 695 Park Avenue, New York, NY 10021, USA. *C.U.N.Y.* / Love letters in literature and painting • Masculinity in literature and art • Memoirs and self-portraits.
✉ mbocquil@hunter.cuny.edu

904. **Boda, Miklós** Esztergályos J. u. 14, 7632 Pécs, Hungary. *Bibliothèque départementale* / Réception de l'érudition italienne en Hongrie • Relations de bibliophilie italo-hongroises.

905. **Boddaert, Nadine** 8 rue Fallempin, 75015 Paris, France. / Les Français à Cadix.

906. **Bode, Robert F.** Dept of English, P.O. Box 5053, Tennessee Tech. University, Cookeville, TN 38505, USA. *Tennessee Tech U.* / English drama.

907. **Bödeker, Hans Erich** Max-Planck-Institut für Geschichte, Hermann-Föge-Weg 11, Postfach 28 33, 37018 Göttingen, Germany. *Max-Planck-Institut für Geschichte* / Book history • Natural jurisprudence • Political theory • Social science • Cultural history of the German Enlightenment.

908. **Bódi, Katalin** Venyige u. 36, 4431 Nyiregyhaza-Sosto, Hungary. *U. of Debrecen.*

909. **Bodi, Leslie** Dept of German, Monash University, Clayton, VIC 3168, Australia. *Monash U.* / Austrian Enlightenment: Josephinism • Literature and censorship • Enlightenment traditions in Austria • Georg Forster and travel literature.

910. **Bodineau, Pierre** Université de Bourgogne, 4 Boulevard Gabriel, 21000 Dijon, France. *U. de Bourgogne* / Institutions provinciales et municipales de la France • Histoire des villes • Histoire des institutions sociales depuis 1700.

911. **Boe, Ana de Freitas** Dept of English, St Lawrence University, Richardson Hall, Canton, NY 13617, USA. *St Lawrence U.* / Writing and the concept of beauty as a prescription for a model of social reproduction.

912. **Boedo, Sharon L.** 136 Hawthorne Place, Ithaca, NY 14850 5933, USA.

913. **Boehart, William** Brauerstr. 3, 23909 Ratzeburg, Germany. *U. Hamburg* / Lessing's *Wolfenbüttler Fragmente* • Public opinion in the German Enlightenment.

914. **Boekholt, P. T. F. M.** Hooiweg 125, 9765 EE Paterswolde, Netherlands.

915. **Boels, H.** Stadsweg 47, 9791 KA Ten Boer, Netherlands. / Politics, administration and bureaucracy in the Netherlands.

916. **Boening, John** Dept of English and Comparative Literature, University of Toledo, 2801 West Bancroft St, Toledo, OH 43606, USA. *U. of Toledo* / German influence on British humanitarian thought, esp. G. E Lessing and J.G. Herder • British colonial policy • Rights of aboriginal peoples.
✉ john.boening@uoft02.utoledo.edu

917. **Boerlin-Brodbeck, Yvonne** Pilgerstr. 19, 4055 Basel, Switzerland. / Peinture/dessin/estampes • Histoire de l'art suisse • Paysages (les Alpes) • Relations franco-suisses • Préromantisme • Caspar Wolf • L'art et la littérature d'art à Zurich et Bâle • Antoine Watteau.

918. **Boerner, Nancy** 1213 East First St, Bloomington, IN 47401 5007, USA. *Indiana U. (Bloomington).*
✉ nboerner@indiana.edu

919. **Boës-Anthouard, Anne** 5 rue Sedaine, 75011 Paris, France. *E.N.R.E.A. Clichy* / Théâtre historique • Linguistique historique • Court de Gébelin.

920. **Boeva, Ljudmila** 41 Bd Tcherni vrah, vh.B, app. 62, 1407 Sofia, Bulgaria. *Sofia U.* / Comparative and typological relations between Russian and French literature • Russian and Slavic literatures • Sterne, Rousseau, Radishchev, Karamzin.
✉ studiiromani@geobiz.net

921. **Boggio Quaglio, Elena** Corso Duca degli Abruzzi 19, 10129 Torino, Italy. / Sabatier de Castres.

922. **Bogle, Deborah** 2627 North-West Overlook Drive, #1023, Hillsboro, OR 97124 7628, USA.

923. **Bohadlo, Stanislav** 549 12 Vysokov 136, Czech Republic. *Pedagogical U. (Hradec Králové)* / Josef Myslivecek • B. M. Cernohorsky and the Minorite Order • Guitar music.

924. **Böhler, Michael J.** Dept of German, Universität Zürich, Schönberggasse 9, CH-8001 Zürich, Switzerland. *U. Zürich* / Central Europe • Germany • Switzerland • Coppet, groupe de • Theatre • Rousseauism • Weimar classicism • French Enlightenment • German Enlightenment • Faust theme • German literature • *Wolfenbüttler fragmente* • Economic theory.
✉ mboehler@swissonline.ch

925. **Bohlin, Folke** Galjevångsv. 15, 22465 Lund, Sweden. / Swedish writings on music history.

926. **Bohlin, Peter** Möckelvägen 56, 120 50 Årsta.Dans., Sweden.

927. **Bohls, Elizabeth** English Dept, University of Oregon, 1286 University of Oregon, Eugene, OR 97403-1286, USA. *U. of Oregon* / Travel writing • The Caribbean • Postcolonial criticism • Women writers • Feminist criticism.

928. **Bohm, Arnd** English Dept, Carleton Université, 1125 Colonel By Drive, Ottawa, ON K1S 5B6, Canada. *Carleton U.* / German literature • Anglo-German relations • Comparative discursive traditions.
✉ arnd_bohm@carleton.ca

929. **Böhmel Fichera, Ulrike** Via di San Calisto 4, 00153 Roma, Italy. *U. Neapel Federico II* / Wieland • The novel.
✉ bohmel@unina.it

930. **Bohnen, Klaus** Aalborg Universitet, P.O. Box 159, 9100 Ålborg, Denmark. *Aalborg U.* / Lessing • Comparative studies • Lyrics.
✉ il2kb@sprog.auc.dk

931. **Bohnhorst, Antje** Amalienstr. 4, 38114 Braunschweig, Germany. *Augustinum Braunschweig.*

932. **Böhr, Christoph** Seizstr. 11, 54290 Trier, Germany. / Johann Jakob Engel.

933. **Bohrer, Martha Adams** Dept of English, University of Chicago, 1050 East 59th St, Chicago, IL 60615, USA. *U. of Chicago* / The influence of the field practice of natural history upon the literary representations of rural life in the second half of the century • The influence of natural history upon an aesthetics of natural details.
✉ mlbohrer@midway.uchicago.edu

934. **Bois, Jean-Pierre** 5 place Lafayette, 49100 Angers, France. *U. de Nantes* / Histoire militaire: stratégie, tactique, pensée militaire • Anciens soldats et société militaire • Histoire sociale, en part. la vieillesse.

935. **Bois, Pierre-André** 47 rue de Venise, 51100 Reims, France. *U. de Reims* / L'*Aufklärung* politique • Journaux et périodiques • Sociétés secrètes • Allemagne et la Révolution française.

936. **Boistel, Guy** La Caillère, F-44340 Bouguenais, France. *U. de Nantes* / Scientific education of seafarers, esp. in nautical astronomy • Jesuits and astronomy • Observatory of the Jesuits of Marseille • Correspondence of mathematicians and astronomers.
✉ guyboistel@oceanet.fr

937. **Boixareu Vilaplana, Mercedes** C/ Doctor Borrachero 13, 28023 Pozuelo de Alarcon, Spain. / L'interlocution dans le roman français.

938. **Böker, Uwe** Institut für Anglistik und Amerikanistik, Technische Universität Dresden, Zeunerstr. 1c, 01062 Dresden, Germany. *Technische U. Dresden* / Book selling • Publishing • Concept of the writer/man of letters/poor poet • Utopian drama.

939. **Bokobza-Kahan, Michèle** Dept of French, Tel Aviv University, Haim Levanon, 69978 Tel Aviv, Israel. *Tel Aviv U.* / Roman, écriture et phénomènes psychiques dissonants • Libertinage et folie • Ecriture du témoignage autour du corpus des convulsionnaires de Saint-Médard.
✉ bokobza@inter.net.il

940. **Bolaños Donoso, Piedad** C/ Jose M. Moreno Galvan S/N. Ed. Parque Florida1,4°-2., 41003 Sevilla, Spain. / Théâtre.

941. **Bolenko, Konstantin** Oul. Verzemneka 7, 6, Moscou, Russia. *Musée « Arkhangelskojé »* / Ecoles et établissements navales en Russie • Bibliothèques privées • Bibliothèque du prince N. B. Youssoupov.

942. **Boléo, M. Luiza** Rua São Filipe Nery 26-2° D, 1200 Lisboa, Portugal.

943. **Bolkhovitinov, Nikolai N.** Institute of General History, Leninski prospect 32A, 117334 Moscow, Russia. *Académie des sciences de Russie* / Russian-American relations and Russian America, 1732-1867 • The image of America in Russia.

944. **Bollacher, Martin** Germanistisches Institut, GB 4/60, Universität Bochum, Universitätsstr. 150, 44801 Bochum, Germany. *U. Bochum* / German literature • Enlightenment: Lessing, Herder, Goethe • Relationship between literature and culture • German-Jewish literature.
✉ martin.bollacher@ruhr-uni-bochum.de

945. **Bollason, Gunnar** Thjódminjasafni Ísl. Lyngási 7, Gardabær, Iceland.

946. **Bollino, Fernando** Via Irnerio 6, 40126 Bologna, Italy. *U. di Bologna* / L'esthétique des Lumières (Du Bos, Batteux, Diderot, *Encyclopédie*, Rousseau) • Rhétorique et poétique.

947. **Boloqui Larraya, Belen** C/ Santander 8,3°D, 50010 Zaragoza, Spain. / Beaux-arts.

948. **Bolotina, Natalia** Oul. Stroitelei 11, korp. 1, 66, 117311 Moscou, Russia. *Archives russes d'actes anciens (RGADA)* / Prince G. A. Potiomkin.
✉ bolotina@ur.rags.ru

949. **Bolton, Betsy** Dept of English, Swarthmore College, Swarthmore, PA 19081-1390, USA. *Swarthmore C.*

950. **Bolton, Yvonne A.** 28 School Road, Tettenhall Wood, Wolverhampton, WV6 8ER, UK. *U. of Birmingham* / The *Encyclopédie* • Women's studies.

951. **Bolufer, Mónica** Dept of History, Universidad de Valencia, Avenida Blasco Ibáñez 28, 46020 Valencia, Spain. *U. de Valencia* / Spain and its position in relation to Europe • History of privacy and the family • The construction of gender identities and roles • Women's writing • Theories of civilisation.
✉ monica.bolufer@uv.es

952. **Bomel-Rainelli, Béatrice** 7 avenue Brown Sequard, Hall C, 06000 Nice, France. *IUFM (Nice)* / Histoire des idées • Représentation de la littérature dans les manuels • Analyse diachronique et synchronique de la réception des auteurs • Système de l'anthologie.
✉ rainellb@unice.fr

953. **Bonaccorso, Giovanni** Via F. Faranda 11, 98100 Messina, Italy. *U. di Messina* / Coûtume et langage populaire dans *Le paysan parvenu* • La dignité de l'être humain dans les romans de Marivaux.

954. **Bond, Erik** 207 East 27th St, Apt. #4D, New York, NY 10016, USA.

955. **Bond, Martin L.** 111 Rosewood Avenue, Fairmont, WV 26554 2149, USA. *Fairmont State C.* / Literature and the arts • English novel • The Bible and literature.

956. **Bond, T. Christopher** 205 South Chancellor St, apt 3, Newtown, PA 18940, USA. *Rowan C. of New Jersey* / Literature and science • Royal Society of London • Scientific periodical • Satire.

957. **Bonde-Read, Annelene** 92 St Peter's Avenue, Caversham, Reading, RG4 7DL, UK. / Voltaire and rôle-playing • Voltaire and Denmark • Enlightenment.

958. **Bondeli, Martin** Chatzenstr. 30, 3007 Bern, Switzerland. *U. of Bern* / Origins of German idealism • Hegel • Reception of Kant and Fichte in Switzerland • Reinhold.

959. **Bonds, Margaret E.** Spanish Dept, University of South, 735 University Avenue, Sewanee, TN 37383 1000, USA. *U. of South* / Spanish drama • Ramón de la Cruz • Women in literature • María Hore.

960. **Bonehill, John** 190 Holly Lane, Erdington, Birmingham, B24 9JX, UK. / Late 18c British art.

961. **Bonet Correa, Antonio** C/ Jesus del Valle 6, 2°-B, 28004 Madrid, Spain.

962. **Bonfils, Catherine** 10 avenue Ramolfo Garnier, 91300 Massy, France. *U. de Paris IV* / Marivaux • Romanciers.

963. **Bongie, L. L.** 4651 Simpson Avenue, Vancouver, BC V6R 1C2, Canada. *U. of British Columbia* / Clandestine literature • *Nouvelles à la main* • Condillac.

964. **Bonhote, Nicolas** Rue des Fins 7, 2068 Hauterive, Switzerland. *Gymnase Cantonal* / Ecrits de Rousseau • Collaboration au *Dictionnaire* de Rousseau.

965. **Böni, Thomas** Höhenstr. 13, 8342 Wernetshausen, Switzerland.

966. **Böning, Holger** Deutsche Presseforschung, Universität Bremen, Postfach 33 01 60, 28359 Bremen, Germany. *U. Bremen* / Press and literature • The French Revolution and the German public • Popular Enlightenment • Self-education among the German peasantry • Swiss literature and history.

967. **Bonmati, Mª del Rosario Leal** Dept of Literature, Universidad de Sevilla, Avda. Doña María de Padilla s/n, Sevilla, Spain. *U. de Sevilla* / Theatre in Spain.
✉ cleal@ejv-abogados.com

968. **Bonnel, Roland G.** Dept of French, Dalhousie University, 6135 University Avenue, Halifax, NS B3L 1J9, Canada. *Dalhousie U.* / France • Architecture • French Enlightenment • Le roman • Historiography • Salons • Lezay-Marnésia; Fleury, Abbé Claude.
✉ roland.bonnel@dal.ca

969. **Bonnell, Thomas F.** English Dept, St. Mary's College, Notre Dame, IN 46556 5007, USA. *St. Mary's C.* / Johnson's *Lives of the Poets* • Book trade • Collections of poetry.

970. **Bonnerot, Olivier-Henri** 5 rue des Arènes, 75005 Paris, France. / Les voyageurs européens en Asie Centrale • L'Islam et la pensée des Lumières • L'étude des mythes.

971. **Bonnet, Jean-Claude** 65 rue du Javelot, 75013 Paris, France. *U. de Paris IV* / Les œuvres de L. S. Mercier • Le phénomène de la commémoration et de la panthéonisation • La symbolique de l'aliment • La période de l'Empire.
✉ jean-claude.bonnet@paris4.sorbonne.fr

972. **Bonwick, Colin** Dept of American Studies, University of Keele, Keele, Staffs ST5 5BG, UK. *U. of Keele* / American Revolution.

973. **Boom, E.** Oude Boteringestraat 34, 9700 AS Groningen, Netherlands.

974. **Boon, R.** Prinsengracht 1031a, 1017 KP Amsterdam, Netherlands. *Vrije U. Amsterdam* / Histoire des idées philosophiques et théologiques • Dutch Enlightenment: its Protestant character.

975. **Boon, Sonja** 329-2770 Cooperative Way, Vancouver, BC V5M 4S3, Canada. *Simon Fraser* / Musical ornamentation • Interdisciplinarity.

976. **Booth, Mark** English Dept, University of Wyoming, University Station, Box 3353, Laramie, WY 82070-3041, USA. *U. of Wyoming.*

977. **Booy, J.Th. de** Ludwigstraat 27, 4701 NE Roosendaal, Netherlands. / Ecrits inconnus de jeunesse de Diderot (1746-1749) • Les manuscrits de Diderot passés en vente publique.

978. **Børch, Marianne** Center for Engelsk, Odense Universitet, Campusvej 55, 5230 Odense M, Denmark. *Odense U.*

979. **Borchert, Jörn** Sternenburgstr. 30, 53115 Bonn, Germany. *U. Bonn* / Influence of Enlightenment literature on popular weather forecasting.

980. **Borchi, Nicola** Via Lazzeri 8, 50010 Osteria N. Bagno Ripoli (FI), Italy.

981. **Borck, Jim Springer** 210 Allen Hall, Louisiana State University, Baton Rouge, LA 70803-5001, USA. *Louisiana State U.* / Johnson • Gray • Blake • General editor, *The Eighteenth century: a current bibliography.*

982. **Bordes, Philippe A.** Dépt d'histoire de l'art et d'archéologie, Université Lyon 2, 18 quai Claude-Bernard, 69007 Lyon, France. *U. de Lyon II* / The art of the French Revolution and Empire • Decorative arts • The family portrait.
✉ philippe.bordes@univ-lyon2.fr

983. **Bordini, Carlo** Via Squarcialupo 21, 00162 Roma, Italy. *U. di Roma* / La pensée sociale des philosophes italiens.

984. **Bordini, Silvia** Via Labicana 58, 00184 Roma, Italy.

985. **Borgard, Thomas** Institut für Germanistik, Universität Bern, Unitobler, Länggass-Str. 49, 3000 Bern 9, Switzerland. *U. Bern.*

986. **Borghero, Carlo** Viale Carlo Felice 103, 00185 Roma, Italy. *U. di Roma II* / La Querelle du luxe • Le Cartésianisme • Les Philosophes face à l'Histoire.

987. **Bornscheuer, Lothar** Neckarstr. 16-18, 45219 Essen 18, Germany. *U.-Gesamthochschule Duisburg* / German literature and anthropology • Rhetoric and aesthetics.

988. **Borralho, Luísa Malato** Departamento de Estudos Portugueses e Estudos Românicos, Faculdade de Letras, Universidade do Porto, Via Panorâmica, Apartado 55038, 4150 Porto Codex, Portugal. *U. do Porto* / Comment et pourquoi les auteurs littéraires sont connus et oubliés par l'histoire littéraire • Le complexe historique du 18s: le manque d'identité.
✉ mlmalato@justice.com

989. **Borromeo, Agostino** Piazza del Grillo, N° 5, 00184 Roma, Italy. / L'Inquisition.

990. **Borsay, Peter N.** Dept of History, University of Wales, Lampeter, Ceredigion SA48 7ED, UK. *U. of Wales (Lampeter)* / British and Irish urban, social and cultural history • History of Bath • Leisure • Georgian towns as objects of modern heritage industry • Spas and seaside resorts • Tourism and travel.
✉ peter.borsay@lamp.ac.uk

991. **Borsellino, Nino** Via E. Albornoz 41, 00165 Roma, Italy.

992. **Bos, H. J. M.** Fivelingo 63, 3524 BH Utrecht, Netherlands. / Mathematics • Rational mechanics • Mathematical physics.

993. **Bos, J.** Bureau STCN, Koninklijke Bibliotheek, Prins Willem-Alexanderhof 5, 2509 LK Den Haag, Netherlands. *Koninklijke Bibliotheek* / Bibliography • Songbooks.
✉ jan.bos@kb.nl

994. **Bosch, R. P.** O. Nassaulaan 9, 2051 HH Overveen, Netherlands. / Laurence Sterne • Anglicanism • Popular and polite art in England.
✉ r.p.bosch@tip.nl

995. **Bosch, Roel A.** Aventijnhof 11, 6215 ES Maastricht, Netherlands. *Leiden Institute for the Study of Religion* / Church, theology and culture in the Netherlands, 1760-1810.

996. **Böschenstein, Bernhard** 51 chemin du Grand-Pin, 1802 Corseaux, Switzerland. *U. de Genève* / Goethe et ses voyages en Suisse • Réception de Pindare en Allemagne • Réception de Rousseau en Allemagne.

997. **Boschung, Urs** Institute of the History of Medicine, University of Berne, Buehlstr. 26, 3000 Bern 9, Switzerland. *U. of Berne* / Medicine • Haller, Albrecht von.
✉ urs.boschung@mhi.unibe.ch

998. **Bosley, Vivien** MCLS, Arts 200, Edmonton, AB T6G 2E5, Canada. *MCLS Alberta* / Feminist legacy of Poulain de la Barre.

999. **Bosma, J. J.** Gerard Doustraat 192-I, 1073 XA Amsterdam, Netherlands. *Koninklijke Bibliotheek* / Sermons • Printing • Protestantism • Egodocuments.

1000. **Bosquet, Marie-Françoise** 10 rue Pierre Poivre, 97410 Saint-Pierre (Martinique), France. *U. de la Réunion* / Le statut de la femme dans la littérature utopique.
✉ bosquet@univ-reunion.fr

1001. **Boss, Gilbert** Faculté de philosophie, Université Laval, Québec, PQ G1K 7P4, Canada. *U. Laval.*

1002. **Bossaglia, Rossana** Via Caccialepori 17, 20148 Milano, Italy. *U. di Pavia* / Art, esp. painting, in Lombardy • Architecture.

1003. **Bosse, Heinrich** Peter-Thumb-Str. 1A, 79100 Freiburg, Germany. *U. Freiburg* / Education: Hofmeister; state control • Social history: craftsmen, writers • J. M. R. Lenz.

1004. **Bost, Hubert** 503 avenue du Maréchal Leclerc, 34070 Montpellier, France. / Discours et mentalités des protestants français après la révocation de l'édit de Nantes • La correspondance de La Beaumelle • La correspondance de Pierre Bayle.
✉ hubert.bost@univ-montp3.fr

1005. **Bostic, Heidi** Dept of Humanities, Michigan Technology University, 319 Walker Arts & Humanities Center, 1400 Townsend Drive, Houghton, MI 49931, USA. *Michigan Tech U.* / Representations of women and reason in a variety of discourses • Women's responses to dominant representations.
✉ hlbostic@mtu.edu

1006. **Bothwell-Del Toro, Frances M.** Dept of English, University of Puerto Rico, P.O. Box 22356, San Juan, PR 00931, USA. *U. of Puerto Rico* / Women writers of drama and fiction in Britain • Sexuality, courtship and marriage • Feminism in Britain • The presence of the Caribbean in British literature.
✉ tanchi@coqui.net

1007. **Bots, J. A. H. G. M.** Hijlekamp 12, 6585 XT Mook, Netherlands. *Katholieke U. Nijmegen* / Les journaux français de Hollande • Les correspondances huguenots • Le refuge huguenot.

1008. **Bott, Sebastian** Universität Zürich, Zentralstr. 24, 8003 Zürich, Switzerland. *U. Zürich.*
✉ botts@mng.ch

1009. **Bottacin, Annalisa** Via Roma 111/7, 31030 Carbonera (TV), Italy. / Le Diable amoureux de Jacques Cazotte • Cazotte théoricien du théâtre • Vivant Denon.

1010. **Bottaro Palumbo, Maria Grazia** Dept of European Studies, Università di Genova, Salita San Nicolosio 1/8, 16124 Genova, Italy. *U. di Genova* / French Revolution • France • Italy • Genoa • Club de l'Entresol • Enlightenment (concept) • European thought • French Enlightenment • Condorcet, Jean-Antoine-Nicolas de Caritat, marquis de • Diderot, Denis.
✉ bottaropalumbo@libero.it

1011. **Bötte, Gerd-J.** Leitung der Abt. Sammlung Deutscher Drucke 1701-1800, Kirschweg 22, 37181 Hardegsen, Germany. *Nds. Staats- und Universitätsbibliothek Göttingen.*

1012. **Bottigheimer, Ruth B.** Dept of Comparative Studies, State University of New York, Stony Brook, NY 11794-3355, USA. *S.U.N.Y. (Stony Brook)* / French, German, English and American literature for children.

1013. **Bottinga, F.** Hertogstraat 27, 2405 ZG Alphen aan den Rijn, Netherlands.

1014. **Bouabane, Stéphanie** 4 rue du Petit Bois, 59400 Cambrai, France. / Rhétorique • Poétique romanesque • Procédés métadiscursifs et paratextuels.
✉ sbouabane@hotmail.com

1015. **Boucé, Paul-Gabriel** Institut du Monde Anglophone, 5 rue de L'Ecole de médecine, 75006 Paris, France. *Institut du Monde Anglophone* / The English novel: Fielding, Smollett, Sterne • Minor poetry • History of medicine • Mentalities • Navy • Stylistics.

1016. **Bouchard, J.** 3750 Ridgewood, app. 205, Montréal, PQ H3V 1C2, Canada.

1017. **Boucher, François-Emmanuël** Etudes françaises, Collège Militaire Royal, Kingston, ON K7N 1C5, Canada. *Collège Militaire Royal* / La conception de la justification du fait guerrier au tournant du 18s.

1018. **Bouchilloux, Hélène** 85 rue des Quatre-Eglises, 54000 Nancy, France. *U. de Nancy II* / Locke • Le christianisme raisonnable.

1019. **Bouclon, Denis** 9 rue Louis Rouquier, 92300 Levallois-Perret, France. *U. de Paris IV* / La poétique de Vauvenargues.

1020. **Bouillaguet, Annick** 4 Villa Elise, 92140 Clamart, France. *U. de Reims* / Proust • Intertextualité.

1021. **Boukharkin, Piotr** Oul. Korablestroitelei 29, 2, 43, 199397 St. Pétersbourg, Russia. *U. de St. Pétersbourg* / Littérature russe.

1022. **Boulad-Ayoub, Josiane** Dept of Philosophy, Université du Québec, CP 8888,

Succursale centre-ville, Montréal, PQ H3C3P8, Canada. *U. du Québec* / Théorie des activités symboliques • *La Décade philosophique* • Idéologues • Matérialistes français • D'Holbach, Diderot, Rousseau.
✉ r14410@er.uqam.ca

1023. **Bouler, Steven** 1815 Alta Crest Drive, Altadena, CA 91001-2132, USA.

1024. **Boulerie, Florence** 9 avenue Bellevue, 33650 La Brede, France.

1025. **Boulet-Sautel, Marguerite** 5 rue de Gribeauval, 75007 Paris, France. *U. de Paris II* / Le concept d'administration et service public • Le contentieux administratif: notion, organisation, recours dont disposent les administrés • La cessation du Conseil du Roi • L'administration municipale.

1026. **Boulinier, Georges** 8 Avenue du Général Leclerc, 92100 Boulogne, France. / Les Français aux Iles • Biographies de naturalistes.

1027. **Boulukos, George E.** Dept of English, Southern Illinois University, Faner 2233, Mailcode 4503, Carbondale, IL 62901, USA. *Southern Illinois U.* / Race and slavery in the fiction of the British transatlantic world • Novel • Life and travels of Thomas Hammond • Concepts of class in Johnson's *Life of Savage*.
✉ boulukos@siu.edu

1028. **Bouquet Boyer, Marie-Thérèse** Bachelin le Bas, 73240 Saint-Genix-sur-Guiers, France. / La musique et les musiciens dans les anciens Etats de Savoie.

1029. **Bour, Isabelle** 9 rue Dalou, 75015 Paris, France. *U. de Tours* / British novel, 1760-1830 • Scottish Enlightenment and Scottish fiction • Novel of sensibility • Literature and epistemology.
✉ bour@univ-tours.fr

1030. **Bouranok, Oleg** Oul. Tukhatchevskogo 30, 25, 443082 Samara, Russia. *Institut pédagogique de Samara* / Littérature russe de l'époque pétrovienne • Feofan Prokopovich.

1031. **Bourassa, Yves** 445 Learmouth # 9, Québec, PQ G1S 1P7, Canada. / Casuistique et libertinage dans la fiction des lumières en France.

1032. **Bourde, André** 1 rue Marchetti, 13002 Marseille, France. *U. d'Aix-Marseille I* / Essai d'une anthropologie du baroque • Les disciplines du corps: postures, manières, maintien, ornements, etc.

1033. **Bourdin, Jean-Claude** Dept of Philosophy, Université de Poitiers, 8 rue René Descartes, Poitiers 86022 Cedex, France. *U. de Poitiers* / Le matérialisme d'Holbach comme "fin" de la philosophie • Science de l'homme et pensée de la politique chez Helvétiu • Rapports des discours scientifiques, littéraires et philosophiques dans le matérialisme de Diderot • Confrontation des matérialistes avec Rousseau, Hume, Berkeley • Philosophie politique: souveraineté et citoyenneté chez Rousseau • Hegel • Lumières françaises, Aufklärung et Enlightenment • Marx • Les ouvrages historiques de Marx • Althusser critique de Marx.
✉ jean.claude.bourdin@univ-poitiers.fr

1034. **Bourdin, Philippe** 103 boulevard La Fayette, 63000 Clermont-Ferrand, France. *U. de Clermont-Ferrand II* / Histoire politique et culturelle de la Révolution française • Correspondences particulières: théâtre révolutionnaire.
✉ philippe.bourdin@univ-bpclermont.fr

1035. **Boureau, Julien** 3 rue de la Martinière, 85640 Mouchamps, France. / Couvents des Carmes de la Flocellière (Vendée).

1036. **Bourel, Dominique** Centre de recherche français de Jerusalem, BP 547, 16-91004 Jerusalem, Israel. *Centre de recherche français de Jerusalem* / Mendelssohn • Judaïsme Allemand • Prusse-Berlin.
✉ crfj@netvision.net.il

1037. **Bourez, Marie-Thérèse** 13 rue du Champlars, 38240 Meylan, France.

1038. **Bourgeois, Henri** Chalet Le Chenoua, 38660 Saint-Bernard Du Touvet, France.

1039. **Bourguet, Marie-Noëlle** 96 rue de l'Abbé Groult, 75015 Paris, France. *U. de Paris VII* / Les systèmes de description de la nature et de la société.

1040. **Bourguet, Pierre** 66 rue Jeanne d'Arc, 54000 Nancy, France. *U. de Nancy II* / La pensée de Restif de La Bretonne • Les romans de Diderot.

1041. **Bourguinat, Elisabeth** 15 rue Saint-Denis, 75001 Paris, France. / France • *Tableau de Paris* • *Les Liaisons dangereuses* • Salons.
✉ elisabeth.bourguinat@wanadoo.fr

1042. **Bourke, Angela** Dept of Modern Irish, University College Dublin, Belfield, Dublin 4, Ireland. *University C. Dublin.*

1043. **Bouron, Jérôme** 8 rue Cantagrel, 75013 Paris, France. *U. de Paris III* / Journaux littéraires du début du 18s (les *Spectateurs*).

1044. **Bousquet-Bressolier, Catherine** 45 rue Polonceau, 75018 Paris, France. *Ecole* *pratique des hautes études* / La cartographie • Le métier d'ingénieur; édition des travaux pour ingénieurs • Le libraire Charles-Antoine Jombert.

1045. **Boutier, Jean B.** Dept of Social Sciences, Ecole des hautes études en sciences sociales, 2 rue dela Charité, 13007 Marseille, France. *EHESS* / Politicisation of European societies • The 'Grand Tour' as a shared educational practice among the European nobilities.
✉ boutier@ehess.cnrs-mrs.fr

1046. **Boutin, Pierre** 41 rue Saint Placide, 75006 Paris, France. *U. de Cergy-Pontoise* / Les idées philosophiques en Angleterre, 1600-1800 • J.-T. Desaguliers, huguenot, philosophe et juriste en politique.
✉ plboutin@wanadoo.fr

1047. **Bouton, Cynthia A.** Dept of History, Texas A&M University, College Station, TX 77843 0001, USA. *Texas A&M U.*

1048. **Bovykine, Dmitri U.** 29-280 ul. Menzhinskogo, Moscow 129327, Russia. *U. Lomonossov* / Thermidor • Révolution française, Directoire, Contre-révolution • France • Royalists • Louis XVII, king of France • Louis XVIII.
✉ bovykine@zmail.ru

1049. **Bowden, Betsy** Dept of English, Rugers University, Armitage Hall, 311 North 5th St, Camden, NJ 08102-1405, USA. *Rugers U.*

1050. **Bowden, Martha F.** Dept of English, Kennesaw State University, 1000 Chastain Road #2701, Kennesaw, GA 30144, USA. *Kennesaw State U.* / Practices and beliefs of the Church of England, esp. in parish churches, in the time of Laurence Sterne.
✉ mbowden@kennesaw.edu

1051. **Bowen, Huw V.** Dept of Economic & Social History, University of Leicester, Leicester, LE1 7RH, UK. *U. of Leicester* / Economic, imperial, and political history • East India Company.

1052. **Bowen, Scarlett** Dept of Women's Studies, University of Texas, El Paso, TX 79968, USA. *U. of Texas.*

1053. **Bowerbank, Sylvia L.** Arts & Science Program, McMaster University, Hamilton, ON L8S 4K1, Canada. *McMaster U.* / Early modern women writers • Environmental literature • Greening of literary theory.

1054. **Bowers, Terence N.** Dept of English, College of Charleston, 66 George St, Charleston, SC 29424-0100, USA. *C. of Charleston.*

1055. **Bowers, Toni** English Dept, University of Pennsylvania, 119 Bennet Hall, Philadelphia, PA 19104-6273, USA. *U. of Pennsylvania.*

1056. **Bowling, Dale** 13404 State Route 18, Sherwood, OH 43556-9973, USA. *U. of Pennsylvania.*

1057. **Bowron, Edgar** 1939 Norfolk St, Houston, TX 77098-4423, USA.

1058. **Box, Mark A.** Dept of English, University of Alaska-Fairbanks, P.O. Box 755720, Fairbanks, AK 99775-5720, USA. *U. of Alaska (Fairbanks)* / South Sea Bubble • Oxford • Whigs • *The Rambler* • Political economy • Hume, David.
✉ ffmab@uaf.edu

1059. **Boyadjieva, Pepka** Institute of Sociology, 13a Moskovska St, 1000 Sofia, Bulgaria. *Bulgarian Academy of Sciences* / The university as an institution • Scientific societies • University autonomy and academic freedom.

1060. **Boyce, George D.** Dept of Politics, University of Wales, Swansea, SA2 8PP, UK. *U. of Wales (Swansea)* / Political ideas in Ireland, 1660-1760, particularly Irish Anglicanism and the question of the Church Establishment.

1061. **Boyd, Diane** 2719 2nd St East, Tuscaloosa, AL 35404-2546, USA.

1062. **Boydell, Brian** Derlamogue, Baily, Dublin 13, Ireland. *Trinity C. Dublin* / Music in Ireland, esp. in Dublin.

1063. **Boyle, Frank** Fordham University at Lincoln Center, 113 West 60th St, New York, NY 10023-7404, USA. *Fordham U.* / Swift • Satire • Travel literature.

1064. **Boyle, Jen** 525 Catalina St, Unit D, Laguna Beach, CA 92651, USA.

1065. **Boyle, Nicholas** Magdalene College, University of Cambridge, Magdalene St, Cambridge, CB3 0AG, UK. *U. of Cambridge* / German literary and intellectual history, esp. of the classical period • Goethe • Relation between theology, philosophy, literature, and politics • Globalisation.
✉ nb215@cam.ac.uk

1066. **Boyreau, Corinne** 26 rue du Saint-Alexis, Appt. N° 7 - Rés. Clair, 97434 St Gilles les Bains, France.

1067. **Bozal Fernandez, Valeriano** C/ Castello 9,5°, 28001 Madrid, Spain. *U. Complutense* / Esthétique • Histoire d'art • Goya.

1068. **Bozeman, Andrea Elaine** 2934 Ford St apt 6, Oakland, CA 94601, USA. *Mills C.* /

England • Aristotelianism • British Enlightenment • Italian Enlightenment • Poetry • *Iliad* • *Paradise lost* • Defoe • Pope • Richardson.
✉ abozeman@mills.edu

1069. **Bozzi, Paola** Via A. Sciesa 15, 20081 Abbiategrasso (MI), Italy. *U. degli Studi di Milano.*

1070. **Brack, Mark** 220 Locust St, Apt. 7G, Philadelphia, PA 19106, USA.

1071. **Brack Jr, O. M.** Dept of English, Arizona State University, Tempe, AZ 75287-0302, USA. *Arizona State U.* / Bibliography: textual criticism, history of printing • Johnson • Smollett.

1072. **Bracker, Nicole** University of East Anglia (EAS CPG), Norwich, NR4 7TJ, UK. *U. of East Anglia* / Defoe • Re-writings of *Robinson Crusoe* • Theory.

1073. **Bradbury, Jill** English Dept, Brown University, 47 George St, Providence, RI 02912-9051, USA. *Brown U.*

1074. **Bradley, James E.** 1005 Vanderbilt Avenue, Claremont, CA 91711, USA. *Fuller Seminary* / English nonconformity and the state • Religion in the English Enlightenment.

1075. **Brady, Patrick** Dept of Modern Foreign Languages and Literature, 601 McClung Tower, University of Tennessee, Knoxville, TN 37996-0001, USA. *U. of Tennessee (Knoxville)* / The rococo in art and literature • Evolution of the novel.

1076. **Bragadóttir, Kristín** Landsbókasafni Islands, Arngrímsgötu 3, 107 Reykjavík, Iceland. *National and U. Library.*

1077. **Bragadóttir, Ragnhildur** Skólavördustíg 6b, 101 Reykjavík, Iceland. *Municipal Archives of Reykjavík.*

1078. **Bragason, Gudlaugur** Flókagötu 27, 105 Reykjavík, Iceland.

1079. **Bragason, Gudni** Sendirádi Washington, 150 Reykjavík, Iceland.

1080. **Bragone, Maria Cristina** Dept of Foreign Languages and Literatures, Università di Pavia, Strada Nuova 106/c, 27100 Pavia, Italy. *U. di Pavia* / Russian grammar and primers of the first half of the 18 c.
✉ mariacristina.bragone@unipv.it

1081. **Brahim, Ahmed** Faculté des lettres de La Manouba, Université de Tunis, 2010 La Manouba, Tunisia. *U. de Tunis I.*

1082. **Braichevska, Olena A.** Ostrovsky Str. 9-85, 252035 Kiev, Ukraine. *Ukrainian Academy of Sciences* / Ukrainian culture and historiography.

1083. **Braida, Lodovica** Via Borgonuovo 23, 10077 S. Maurizio Canavese (TO), Italy. *U. di Milano* / Histoire de l'édition • Circulation du livre en Italie • Littérature populaire • Histoire des pratiques de lecture.

1084. **Brakensiek, Stefan** In der Heide 22, 33619 Bielefeld, Germany. *U. Bielefeld* / Central Europe • Bohemia • Germany • Habsburg Empire • Holy Roman Empire • Persia, image of • Westphalia • Hessia • Dutch East India Company • German Enlightenment • Correspondence • Persia, image of.
✉ sbrakens@geschichte.uni-bielefeld.de

1085. **Brambilla, Elena** Universita degli Studi, Via F. del Perdono 7, 20122 Milano, Italy. *U. di Milano* / Histoire des universités et des professions • Eglise et sécularisation.
✉ elena.brambilla@unimi.it

1086. **Bramhall, David** 440 Cerrillos Drive, Farmington, NM 87401-9278, USA.

1087. **Branca-Rosoff, Sonia** 22 avenue du Bel Air, 75012 Paris, France. *U. d'Aix-Marseille I* / Idées linguistiques • Rhétorique • Usages sociaux de la langue.

1088. **Branch, Beverly** 6792 Peck Rd, apt 1, Ravenna, OH 44266-8404, USA. *Kent State U.* / Diderot • Dialogue • The *Encyclopédie* • Satire • Voltaire.

1089. **Branch, Lori A.** Dept of English, University of Iowa, Dept of English, 308 English Philosophy Bldg, Iowa City, IA 52242-1492, USA. *U. of Iowa* / English Restoration • French Revolution • Britain • Church of England • Orthodox Church • Dissenters • Enlightenment (concept) • British Enlightenment • English literature • Christianity • Puritanism • Moral sense philosophy.
✉ lori-branch@uiowa.edu

1090. **Branchi, Andrea** Corso Rinascimento 41, 00186 Roma, Italy.

1091. **Brandão, Maria Adelaide** Rua Damasceno Monteiro 6 r/c, 1100 Lisboa, Portugal.

1092. **Brandes, Helga M.** Foersterweg 4, D-26160 Bad Zwischenahn, Germany. *U. of Oldenburg* / Early Enlightenment (Germany) • J. C. Gottsched/L. A. V. Gottsched • Comedy of Enlightenment • German litera-

ture and the French Revolution • Reading clubs and female writing.
⌘ helga.brandes@uni-oldenburg.de

1093. **Brands, K. J.** Voorstraat 70, 1931 AM Egmond aan Zee, Netherlands.

1094. **Brandt, Reinhard** Augustinergasse 2, 35037 Marburg, Germany. *U. Marburg* / Locke, Hume, Rousseau, Kant • Social philosophy • Aesthetics.

1095. **Brantley, Richard** Dept of English, University of Florida, Gainesville, FL 32611-7310, USA. *U. of Florida (Gainesville)* / Evangelical and empirical background of English Romanticism.

1096. **Brasart, Patrick** 20 avenue Théophile Gautier, 75016 Paris, France. / Eloquence politique de la Révolution française • Rhétorique.

1097. **Bratun, Marek** Ul. Damrota 36 m.8, 50-306 Wroclaw, Poland. *U. Opolski* / Relations polono-suisses • Elie Bertrand et la Pologne.
⌘ jektonet@uni.opole.pl

1098. **Braudy, Leo** Dept of English, University of Southern California, University Park, Los Angeles, CA 90007-3284, USA. *U. of Southern California* / History of masculinity.

1099. **Braun, Theodore E. D.** Dept of Foreign Languages and Literatures, University of Delaware, Newark, DE 19716, USA. *U. of Delaware* / Le Franc de Pompignan, Voltaire, Montesquieu, Diderot, Marivaux, Beaumarchais, Rousseau and Prévost • The novel, the theatre, religious poetry and chaos theory.
⌘ braun@udel.edu

1100. **Braun-Bucher, Barbara** Burgerbibliothek, Münstergasse 63, 3011 Bern, Switzerland. *Burgerbibliothek*.

1101. **Braun-Egidius, Erich** Wiesenweg 33, 22941 Bargteheide, Germany. / Patriotic societies in Europe.

1102. **Brauneder, Wilhelm** Institut für Österreichische und Deutsche Rechtsgeschichte, Universität Wien, Schottenbastei 10-16, 1010 Wien, Austria. *U. Wien* / Constitutional law • Legal history • Matrimonial property law.

1103. **Braungart, Georg** Schillerstr. 20, 93049 Regensburg, Germany. *Institut für Germanistik* / Philosophy • Rhetoric • The body • Aesthetics • Lessing.

1104. **Braunschneider, Theresa** Dept of English, Washington & Lee University, Payne Hall, Lexington, VA 24450, USA. *Washington & Lee U.*

1105. **Braunstein, Jean-François** 80 rue de Grenelle, 75007 Paris, France. / Médecine et matérialisme • Idéologues • Psychiatrie • Positivisme.

1106. **Bravo Liñan, Francisco** C/ Almjrante Fontan 7,3°, 11160 Barbate, Spain. *Instituto de Bachillerato Trafalgar* / Poésie de Cádiz.

1107. **Bravo Lozano, Jesus** C/ Valderrodrigo 32, 3°A, 28035 Madrid, Spain. / Histoire sociale • Transition du 18s au 19s.

1108. **Bray, Bernard** 5 avenue de la Soeur Rosalie, 75013 Paris, France. / La forme épistolaire • La relation amoureuse dans le roman.
⌘ berbray@noos.fr

1109. **Bray, Joe** Dept of English Studies, University of Stirling, Stirling FK9 4LA, UK. *U. of Stirling.*

1110. **Breashears, Caroline** English Dept, St. Lawrence University, 102 Richardson Hall, Canton, NY 13617, USA. *St. Lawrence U.* / Novel • Women writers • Richardson • Fielding.

1111. **Bréda, François** Babes-Bolyai University, 3400 Cluj-Napoca, Romania. *U. Cluj-Napoca.*

1112. **Bredsdorff, Thomas** Institut for Nordisk Filologi, KUA, Njalsgade 80, 2300 København S, Denmark. *Københavns U.* / Poetry • Pietism and Enlightenment • Scandinavia • England • Germany.
⌘ thob@hum.ku.dk

1113. **Bree, F. J. H. de** Koedijklaan 7, 1406 KW Bussum, Netherlands.

1114. **Bree, Linda** Glandore, Cannons Lane, Hatfield Broad Oak, Bishop's Stortford, CM22 7HX, UK. *Cambridge University Press* / Sarah Fielding • Fiction and literary history.

1115. **Bree, R. A. de** Brederostraat 84, 8023 AW Zwolle, Netherlands. / Poètes néerlandais patriotes (R. Feith, C. Loots, H. Bosscha).

1116. **Breen, Timothy** History Dept, Northwestern University, 1819 Sheridan Rd, Evanston, IL 60208-5020, USA. *Northwestern U.*

1117. **Bregnsbo, Michael** Døckerslundsvej 4D, 3, th., 5000 Odense C, Denmark. *Odense U.*

1118. **Breguet, Marie** 31 rue Vineuse, 75116 Paris, France.

1119. **Breitenstein, Urs** Verlag Schwabe & Co. AG, Steinentorstr. 13, 4010 Basel, Switzerland. *Verlag Schwabe & Co. AG.*

1120. **Breithaupt, Fritz** Germanic Studies, Indiana University, 644 Ballantine, Bloomington, IN 47405-6601, USA. *Indiana U.* / Aesthetics • Crime • Money • Goethe.

1121. **Brennan, Monica A.** Dept of History, St. Joseph's College, 155 Roe Boulevard, Patchogue, NY 11772, USA. *St. Joseph's C.*

1122. **Bressan, Eduardo** Dpto de Scienze della storia e della documentazione storica, Università degli studi di Milano, Via festa del perdono 7, 20122 Milano, Italy. *U. degli studi di Milano* / Histoire religieuse de la Lombardie • Institutions politiques et sociales dans l'Italie naopoléonienne.
✉ eduardo.bressan@unimi.it

1123. **Bressan, Thierry** 185 rue d'Herblay, 95150 Taverny, France. / Le régime seigneurial tardif • Les survivances serviles en France, Pays-Bas autrichiens, Allemagne, Savoie.

1124. **Bret-Vitoz, Renaud** Dépt de Littératures, Université de Paris X, 200 avenue de la République, 92001 Nanterre, France. *U. de Paris X* / Dramaturgie et scénographie des tragédies françaises • Espaces scéniques et dramatiques.

1125. **Breuillard, Jean Antoine** Dept of Slavonic Studies, Centre Malesherbes, Université de Paris IV, 108 boulevard Malesherbes, 75017 Paris, France. *U. de Paris IV* / Théories et pratiques de la prose en Russie.
✉ jean.breuillard@mshs.univ-poitiers.fr

1126. **Breuninger, Scott C.** Dept of History, Concordia College, 901 South 8th St, Moorhead, MN 56562, USA. *Concordia C.* / Intellectual history • Social aspects of George Berkeley's writings • The notion of luxury.
✉ breuning@gloria.cord.edu

1127. **Brewer, Daniel** Dept of French and Italian, University of Minnesota, 260 Folwell, 9 Pleasant St South-East, Minneapolis, MN 55455, USA. *U. of Minnesota* / Reception of the Enlightenment in nineteeth- and twentieth-century France.
✉ dbrewer@umn.edu

1128. **Brewer, David A.** Dept of English, Ohio State University, 164 West 17th Avenue, Columbus, OH 43210, USA. *Ohio State U.* / British reading practices • 'Imaginative expansion': reading practices devoted to the invention of further adventures for literary characters including Gulliver, Falstaff, and Pamela.
✉ brewer.126@osu.edu

1129. **Brewer, Gwen W.** 3304 West Sierra Drive, Westlake Village, CA 91362, USA. / Women's studies.

1130. **Brewer, Holly** Dept of History, P.O. Box 8108, North Carolina State University, Raleigh, NC 27695-0001, USA. *North Carolina State U.* / Children • Political theory • Law • Early American history.

1131. **Brewer, John T.** Dept of Languages & Literature, Washington State University, Pullman, WA 99164-2610, USA. *Washington State U.* / German Enlightenment • Drama, esp. Lessing, Goethe and Schiller.

1132. **Breymayer, Reinhard** Starenweg 5, 72131 Ofterdingen, Germany. *U. Tübingen* / F. C. Oetinger • Piétisme et rhétorique • Bibliothèques privées de piétistes allemands (P. J. Spener et G. Arnold) • Henrietta K. von Gersdorf • J. W. Petersen, poèmes latins • F. Hölderlin, poèmes inconnus • J. D. Müller, adversaire de Lessing.

1133. **Brezzi Guerrera, Francesca** Via Euclide Turba 18, 00195 Roma, Italy. *U. di Roma* / Philosophie de la religion • Voltaire et l'exégèse biblique • La pensée philosophique de Fénelon.

1134. **Brian, Eric** Dept of History of Science, Ecole des hautes études en sciences sociales, 10 rue Monsieur le Prince, 75006 Paris, France. *EHESS* / Europe • Academy of sciences • European thought • History of mathematics, economic and social sciences.
✉ brian@ehess.fr

1135. **Bric, Maurice** Dept of History, University College Dublin, Belfield, Dublin 4, Ireland. *University C. Dublin.*

1136. **Brickham, Troy** Dept of History, Southeast Missouri State University, Cape Girardeau, MO 63701, USA. *Southeast Missouri State U.*

1137. **Brigaglia, Aldo** Via G.G. Adria 14, 90145 Palermo, Italy.

1138. **Briggs, Eric R.** 62 rue Velpeau, 92160 Antony, France. / Pierre Bayle • The religious and political reformers in France 1685-1748 • Daniel de Larroque, Jean Tronchin Du Breuil.

1139. **Briggs, Peter M.** Dept of English, Bryn Mawr College, Bryn Mawr, PA 19010 2899, USA. *Bryn Mawr C.* / Sterne • Verse satire.

1140. **Brilhante, Maria-João** Rua Leopoldo de Almeida 3, 4° DTO, 1750 Lisboa, Portugal. *U. de Lisboa* / Pratique théâtrale au Portugal •

Iconographie théâtrale • Littérature dramatique française.
✉ mjbrilhante@mail.telepac.pt

1141. **Brim, Jennifer** 97 Ringley Road, Whitefield, Manchester, M45 7HU, UK.

1142. **Brini Savorelli, Mirella** Via di Vacciano 61, 50015 Grassina, Italy. *U. di Firenze* / La matérialisme en France • Diderot.

1143. **Brinzeu, Pia** Str. 16 Decembrie 21, 1900 Timisoara, Romania. *U. Timisoara* / The novel • Laurence Sterne • William Blake.

1144. **Brislane, Daniel V.** 4151 Chapel Hill Rd, Allegany, NY 14706-9400, USA. / British drama and literary criticism.

1145. **Brito, Manuel Carlos de** Rua Mar. Gomes da Costa 5-1° D, Carcavelos, 2775 Parede, Portugal. *U. Nova de Lisboa* / Opera • Portuguese music history.

1146. **Brix Søndergaard, Peter** Institut for Kunsthistorie, Aarhus Universitet, Langelandsgade 139, Bygn. 580, 8000 Århus C, Denmark. *Aarhus U.*

1147. **Brizard, Alain** 6 rue Copreaux, 75015 Paris, France.

1148. **Brizzi, Gian Paolo** Via Brigate Partigiane 4, 40134 Bologna, Italy. *U. di Bologna* / History of universities • Education and literacy • Educational reforms in Italy.

1149. **Broberg, Gunnar** Lilla Algatan 3, 223 50 Lund, Sweden. *Lunds U.* / Science • Carl von Linné • Mentalities.

1150. **Brocherioux, Chrystèle** 5 Allée de Locronan, 35500 Vitré, France. / Littérature, idéologies, représentations • Vauvenargues.

1151. **Brock, Clare** Dept of English & Comparative Literature Studies, University of Warwick, Coventry, CV4 7AL, UK. *U. of Warwick.*

1152. **Brockliss, Laurence W. B.** Magdalen College, Oxford, OX1 4AU, UK. *U. of Oxford* / Medicine • Science and education in early modern France.

1153. **Brockmeier, Peter** Regensburger Str. 4, 10777 Berlin, Germany. *Humboldt-U.* / Reception of French Enlightenment in Germany, Italy and Spain • Literary criticism and social ideas in French literature • British influence on the Enlightenment.

1154. **Brodey, Inger Sigrun** 716 Grimghoul Rd, Chapel Hill, NC 27514, USA. *U. of North Carolina* / Literature of sensibility • Picturesque • Cross-cultural study of the novel.
✉ brodey@email.unc.edu

1155. **Brodská, Bozena** Branická 33/55, 147 00 Praha 4, Czech Republic. *Academy of Arts (Prague)* / Dance • J.-G. Noverre • Theatre in Prague.

1156. **Brodsky, Michel L.** Rue du Drabe 27, Braine le Chateau 1440, Belgium. / Social and economical aspects of freemasonry.
✉ mlb@pi.be

1157. **Brogden, William Alvis** 20 Castle St, Aberdeen, AB1 1AJ, UK. *Scott Sutherland School of Architecture* / Stephen Switzer and garden design in Britain • The English landscape garden.

1158. **Broggini, Romano** Vicolo Posta Vecchia 5, 6500 Bellinzona, Switzerland. *U. di Pavia* / Organisation locale • Statuts de Centovalli et de Valle Maggia • Organisation des paroisses Tessinoises • Dialectologie • Anarchisme (Bakounine).

1159. **Brohed, Ingmar** Warholms väg 8 A, 224 65 Lund, Sweden.

1160. **Broich, Ulrich** Schellingstr. 3RG, 80799 München, Germany. *U. München* / The novel • Politics and literature • England and the French Revolution • Epic and mock-heroic literature.

1161. **Brondel, Nicole** 18 rue des Charbonniers, 95330 Domont, France. / La presse: étude du *Journal de Paris*.

1162. **Brongers, J. A.** Huygenslaan 27, 3818 WB Amersfoort, Netherlands. / Archaeology.

1163. **Brook, Paloma** Via Aurelia Antica 200, 00165 Roma, Italy.

1164. **Brooks, Colin** Office of the Vice-Chancellor, Sussex House, University of Sussex, Falmer, Brighton, BN1 9RH, UK. *U. of Sussex* / Political and administrative development, 1660-1780 • Anglo-American culture, 1600-1800 • Public finance in England.

1165. **Brooks, Marilyn L.** 721 route de Nîmes, 30700 Uzès, France. *Open U.* / Women's writing • The Jacobin novel • Mary Hays • Dissent and women.
✉ brooks3@wanadoo.fr

1166. **Brooks, Richard A.** 2 Washington Square Village, apt 5A, New York, NY 10012, USA. *C.U.N.Y. (Staten Island)* / European autobiography • Epistolary novel • Fiction.

1167. **Brooks, William G. A.** School of Modern Languages, University of Southampton, Highfield, Southampton, SO9 5NH, UK. *U. of Southampton* / Parody in the French novel • The idea of the Republic • Writing the Revolution • Science.

1168. **Broos, Ton J.** 1405 Harbrooke Avenue, Ann Arbor, MI 48103-3617, USA. *U. of Michigan* / Dutch literature.

1169. **Brophy, James M.** Dept of History, University of Delaware, Newark, DE 94305-2807, USA. *U. of Delaware.*

1170. **Brophy, Sarah** Dept of English, McMaster University, 1280 Main St West, Hamilton, ON L8S 4L9, Canada. *McMaster U.* / Autobiography and gender theory • Cultural significance of life-writing by figures such as Lady Mary Wortley Montagu and Olaudah Equiano.
✉ brophys@mcmaster.ca

1171. **Brorsson, Hedvig** Rörby Gård Pl. 245, 17893 Drottningholm, Sweden. *Stockholms U.* / The influence of East Indian trade on Swedish culture.

1172. **Brosche, Peter** Sternwarte der Universität Bonn, Observatorium Hoher List, D-54550 Daun, Germany. *U. Bonn* / Astronomy and geophysics • Life and works of Franz Xavier von Zach, Georg Christoph Lichtenberg and Johann Gottfried Schnabel.

1173. **Brot, Muriel** 8 rue Gouan, 34000 Montpellier, France. *C.N.R.S.* / Colonial history • Philosophical history • Raynal's correspondence • *Histoire des deux Indes*..
✉ muriel.brot@paris4.sorbonne.fr

1174. **Brouard-Arends, Isabelle Armelle** La Source, 35340 La Bouexière, France. *U. de Rennes II* / Ecriture de femmes • La femme de lettres • La maternité (réalités et représentations) • Lectrices d'Ancien-Régime.
✉ isa.brouard-a@wanadoo.fr

1175. **Brouwer, J.** Wolmaransstraat 2, 2312 ZV Leiden, Netherlands.

1176. **Brown, Andrew** 8 rue de Gex, 1210 Ferney-Voltaire, France. *Centre international d'étude du XVIIIe siècle* / Voltaire: bibliography, manuscripts • Charles Bonnet • Book history.

1177. **Brown, Bruce Alan** Dept of Music History, Thornton School of Music, University of Southern California, Los Angeles, CA 90089-0851, USA. *U. of Southern California* / Opera and ballet of the later 18c, esp. Metastasian and reformist Italian serious opera, opera buffa, pantomime ballet, and opéra-comique • Exportation of theatrical genres and practices to foreign countries.
✉ brucebro@usc.edu

1178. **Brown, Carolina** Murarvägen 11, 168 33 Bromma, Sweden. *Uppsala U.* / Swedish aristocratic portraiture.

1179. **Brown, Christina** English Dept, University of Mississippi, 207 Somerville Hall, University, MS 38677, USA. *U. of Mississippi.*

1180. **Brown, Diane** Dept of French, Macalester College, 1600 Grand Avenue, St Paul, MN 55105, USA. *Macalester C.* / Education, mentorship and the rise of the French novel • Illustrated editions of *Les Aventures de Télémaque.*
✉ brownd@macalester.edu

1181. **Brown, Elaine Dolan** 77 Ketewomoke Drive, Huntington, NY 11743, USA.

1182. **Brown, Gillian** Dept of English, University of Utah, 225 Central Campus Drive, Salt Lake City, UT 84112-1107, USA. *U. of Utah.*

1183. **Brown, Gregory S.** Dept of History, University of Nevada, 4505 Maryland Parkway, #5020, Las Vegas NV 89154-5020, USA. *U. of Nevada* / French history • Theatre • Authorship • Literary property/censorship • Gens de lettres.
✉ gbrown@unlv.edu

1184. **Brown, Hilary J.** Gonville and Caius College, University of Cambridge, Cambridge, CB2 1TA, UK. *U. of Cambridge.*

1185. **Brown, Irene Q.** Family Studies, University of Connecticut, 348 Mansfield Avenue, Storrs, CT 06269 2058, USA. *U. of Connecticut* / Friendship • Devotional literature • John Bunyan, William Law, Elizabeth Singer Rowe • Transatlantic Enlightenment.

1186. **Brown, Jane K.** Dept of Germanics, University of Washington (Seattle), Box 353130, University of Washington, Seattle, WA 98199-3130, USA. *U. of Washington (Seattle)* / European literature and arts • German literature and culture, esp. Goethe • Drama, including musical drama • Literature and music.
✉ jkbrown@u.washington.edu

1187. **Brown, Laura** English Dept, Cornell University, Goldwin Smith Hall, Ithaca, NY 14853 0001, USA. *Cornell U.* / English drama 1660-1760 • Origins of the novel in England, France and Spain.

1188. **Brown, Leslie Ellen** Ripon College, Ripon, WI 54971, USA. *Ripon C.*

1189. **Brown, Marshall** Dept of English, University of Washington, Box 354330, University of Washington, Seattle, WA 98199,

USA. *U. of Washington (Seattle)* / Pre-Romanticism • Music, philosophy, literature, theories of literary history, formalism.
✉ mbrown@u.washington.edu

1190. **Brown, Michael** Dept of Modern Irish History, University College Dublin, Belfield, Dublin 4, Ireland. *University C. Dublin* / The Scottish Enlightenment • Irish intellectual life • Political identity in Britain • Political and moral philosophy in Europe.

1191. **Brown, Murray** English Dept, Georgia State University, University Plaza, Alanta, GA 30303 2216, USA. *Georgia State U.* / Samuel Richardson • Art and literature.

1192. **Brown, Robert** 732 North Pine St, Lancaster, PA 17603-2826, USA.

1193. **Brown, Stephen N.** Dept of English, Rhode Island College, Providence, RI 02908 1993, USA. *Rhode Island C.* / English poetry, esp. Edward Young.

1194. **Brown, Susan** History Dept, University of PEI, 550 University Place, Charlottetown, PEI C1A 4P3, Canada. *U. of Prince Edward Island* / Theatre and commerce • Middle classes • Gender.

1195. **Brown, Sylvia** 140 Rose Drive, Granville, OH 43023-1085, USA.

1196. **Brown, Vivienne** Faculty of Social Sciences, Open University, Walton Hall, Milton Keynes, MK7 6AA, UK. *Open U.* / Economic, political and jurisprudential thought • Literary theory.
✉ v.w.brown@open.ac.uk

1197. **Brownell, Morris R.** Dept of English, University of Nevada, Reno, NV 89557, USA. *U. of Nevada* / Johnson's attitude to the arts • William Gilpin's Thames tour • Horace Walpole.

1198. **Brownley, Martine W.** Dept of English, Emory University, Atlanta, GA 30322-0001, USA. *Emory U.* / Literary historiography, esp. Gibbon.
✉ mbrownl@emory.edu

1199. **Bruce, David S.** 2306 Jacato Drive, Apt. M, Racine, WI 53404-1774, USA.

1200. **Bruce, Michael** 40 Princes Road, Kingston upon Thames, Surrey KT2 6AZ, UK.

1201. **Brucker, Nicolas** 15 rue de Lorraine, 54000 Nancy, France. *U. de Metz* / Littérature et apologétique 1760-1820.
✉ flavie.brucker1@libertysurf.fr

1202. **Bruckmann, Patricia** Trinity College, University of Toronto, Toronto, ON M5S 1H8, Canada. *U. of Toronto* / Pope • Serenus Cressy • Scriblerus Club • Roman Catholic devotional literature.

1203. **Brugere, Fabienne** 38 rue Répond, 33000 Bordeaux, France.

1204. **Brugge, A. ter** Wilhelminastraat 16, 7642 CS Wierden, Netherlands.

1205. **Bruggeman, J.** Rozenwater 2, 2715 BN Zoetermeer, Netherlands.

1206. **Bruggeman, M.** Nicolaistraat 22, 2517 TB Den Haag, Netherlands. / The organisation of the Orangist party in the Dutch republic, 1702-1747.

1207. **Brüggemann, Theodor** Wupperstr. 9, 50859 Köln, Germany. *U. zu Köln* / Children's and young people's literature: illustration, use of myth and fable • Literature and philosophy in the Enlightenment: Christian Wolff.

1208. **Brugmans, E.** Edisonstraat 47, 6533 MC Nijmegen, Netherlands.

1209. **Brühlmeier, Daniel** Parkstr. 19, 5400 Baden, Switzerland. / Political history and theory • Defoe, Bolingbroke, Hume, Smith.
✉ daniel.bruehlmeier@sk.zh.ch

1210. **Bruijn, M. de** Sumatrakade 1161, 1019 RH Amsterdam, Netherlands.

1211. **Bruin, R. E. de** Goedestraat 100bis, 3572 RX Utrecht, Netherlands.

1212. **Bruïne, J. C. de** Nieuwstad 31, 7251 AE Vorden, Netherlands.

1213. **Bruit, Guy** 9 rue Blanchard, 92260 Fontenay-aux-Roses, France.

1214. **Brummer, Wilhelm** Fredsgatan 2 a D 81, 00170 Helsingfors, Finland.

1215. **Brun, Jean-François** 17 avenue Charles Dupuy, 43000 Le Puy-en-Velay, France. *U. de Saint-Etienne* / L'armée et l'économie de guerre du Premier Empire • La province du Velay, 16e-18e s.

1216. **Brundtland, Terje** Dept of Modern History, Linacre College, University of Oxford, Museum of the History of Science, Broad St, Oxford, Oxfordshire OX1 3AZ, UK. *U. of Oxford* / History of science and technology • Scientific instruments • Natural philosophy experiments.
✉ terje.brundtland@linacre.ox.ac.uk

1217. **Brunel, Françoise** 23 chemin des Filmins, 92330 Sceaux, France. *U. de Paris I* /

Les Montagnards et la Montagne, histoire politique et sociale (1794-1795).

1218. **Brunet, Marie-Paule** Beauregard, Corbelin, 38630 Les Avenières, France. / Rousseau conteur.

1219. **Brunet, Serge** Castanh route de Saint-Clar, 32700 Lectoure, France. *U. de Toulouse II* / Religion • Histoire rurale • Pyrénées, Gascogne, Toulouse, 16s-18s.

1220. **Brunetti, Franz** Viale C. Battisti 7, 27100 Pavia, Italy. *U. di Pavia* / Debate on magic and witchcraft in Italy: Tartarotti; Carli; Maffei; Frisi • Erudition and rationality in Italy: Frisi; Cavalcabò; Davanzati • D'Holbach: the ideology of the intellectual.

1221. **Brunori, Livia** Viale Carducci 14, 40125 Bologna, Italy. / Littérature espagnole.

1222. **Brunson, Martha L.** Dept of English, Southwest Texas State University, San Marcos, TX 78666, USA. *Southwest Texas State U.* / Samuel Johnson and his circle • Women writers.

1223. **Brunström, Conrad K.** Dept of English, NUI Maynooth, Maynooth, Co. Kildare, Ireland. *NUI Maynooth* / Poetry • Religious literature • Scottish Enlightenment • Irish and English theatre.
✉ conrad.brunstrom@may.ie

1224. **Bryan, Melissa** P.O. Box 93238, Rochester, NY 14692, USA. / Natural culture and the art market in Rome and Europe.

1225. **Bryan, Wyn** 16 Sullane Crescent, Raheen, Limerick, Ireland.

1226. **Bryant, Marcia L.** 1673 Park Vista Drive, Chico, CA 95928 4161, USA. / Travel writing • Smollett and Sterne • Scottish Enlightenment.

1227. **Bryant, Salita S.** PO 2287, Oxford, MS 38655, USA.

1228. **Buccini, Stefania** 720 East Gorham St 401, Madison, WI 53703, USA.

1229. **Buchanan, David** Nicola Valley Institute of Technology, Box 399, Merritt, BC V1K 1K3, Canada. *Nicola Valley Institute of Technology* / English literature.

1230. **Büchel, Christiane** Brombeerhecke 13, 40789 Monheim, Germany. / Johann Michael von Loen (1694-1776) • European history and literature, 1700-1750.

1231. **Bucher, Gudrun** Löwenstr. 22, 63067 Offenbach, Germany. / Ethnography.

1232. **Buchholz, Stephan** Institut für Rechtsgeschichte und Papyrusforschung, Germanistische Abteilung, Universität Marburg, Universitätsstr. 6, 35037 Marburg, Germany. *U. Marburg* / Natural law • Ecclesiastical law • Marriage law • Protestant theology • Women and the law.

1233. **Bucht, Bergljot Krohn** Rådmansgatan 74, 113 60 Stockholm, Sweden. *Royal Opera* / Theatre bills.

1234. **Buchwald, Dietlind** Hermann-Grafstr. 7A, 67304 Eisenberg, Germany.

1235. **Buchwald-Pelcowa, Paulina** Ul. Baleya 7 m.61, 02-132 Warszawa, Poland.

1236. **Buck, John Dawson Carl** Dept of English, S 228 Burrowes Building, Penn State University, University Park, PA 16802-1014, USA. *Pennsylvania State U. (University Park)* / John Newbery • Printing and bookselling • Alexander Pope.

1237. **Buckingham, Hugh W.** 136B Coates Hall, Louisiana State University, Baton Rouge, LA 70803, USA. *Louisiana State U.* / David Hartley • British associationism.

1238. **Bückling, Maraike** Liebieghaus - Museum alter Plastik, Schaumainkai 71, 60596 Frankfurt/M., Germany. *Liebieghaus-Museum alter Plastik.*

1239. **Bucur, Casandra** Str. Vitan 35B, Bucuresti 3, Romania. *Collège National D. Cantemir* / L'enseignement en langue française dans les principautés roumaines.

1240. **Budakov, Vesselin** Dept of English, Faculty of Modern Languages, Shumen University, 9700 Shumen, Bulgaria. *Shumen U.* / Epistolary novel, esp. pseudo-letter genre • Travel and constructions of otherness • Epistemology and British empiricism.

1241. **Budd, Adam** Dept of English, University of Toronto, 7 King's College Circle, Toronto, ON M5R 1B5, Canada. *U. of Toronto* / Britain • Literary history of medical ideas • Medicine • Hume • Richardson.
✉ adam.budd@utoronto.ca

1242. **Budden, Deborah T.** 106 Tangier Rd, Richmond, Surrey TW10 5DN, UK.

1243. **Buddingh, Willem** A van Saksenstraat 27, 2351 RK Leiderdorp, Netherlands. / Travel • Free masonry • Literary clubs.

1244. **Buddruss, Eckhard** Landschreibereistr. 3, 67433 Neustadt, Germany. *Technische Hochschule Darmstadt* / French relations with Germany, 1756-1789 • Bavaria during the first partition of Poland • French view of

Bavarian politics and the court of Maximilian III.

1245. **Budge, Gavin E.** Dept of English, University of Central England, Perry Barr, Birmingham, B42 2SU, UK. *U. of Central England* / Relationship between the development of Romanticism and British 18c thought, esp. the philosophy of the Scottish common sense school and the utilitarianism of Jeremy Bentham.
✉ gavin.budge@uce.ac.uk

1246. **Buechler, R. W.** Dept of Foreign Languages, University of Nevada, 4504 Maryland Parkway, Las Vegas, NV 89154-9900, USA. *U. of Nevada (Las Vegas).*

1247. **Bueler, Lois** Dept of English, California State University, Chico, CA 95929, USA. *California State U.*

1248. **Buenzod, Janine** 6 rue Pedro-Meylan, 1208 Geneve, Switzerland. / Histoire des idées.

1249. **Buffaria, Pérétte Cécile** Via Marco Aurelio 32, 00184 Roma, Italy.

1250. **Buffat, Marc** 15-29 rue Guilleminot, 75014 Paris, France. *U. de Paris VII* / Diderot • Sade • Esthétique • Correspondances.
✉ mbuffat@ccr.junieu.fr

1251. **Bugalho, Carla M. Campos** Av. Miguel Bombarda 47-2° C, 2745 Queluz, Portugal.

1252. **Bührmann, Mario** Ludwigstr. 22, 33098 Paderborn, Germany. *U.-GH Paderborn.*

1253. **Buickerood, James G.** Dept of Philosophy, University of Missouri, 8001 Natural Bridge Road, Saint Louis, MO 63121, USA. *U. of Missouri (St. Louis)* / Locke • Consciousness • Lady Masham • Medicine.
✉ jgbuickerood@eighteenthcenturythought.org

1254. **Buijnsters, P. J.** Witsenburgselaan 35, 6524 TE Nijmegen, Netherlands. *Katholieke U. Nijmegen* / Justus van Effen • Book collecting and collectors • Book history • Children's books.
✉ p.buijnsters@12move.nl

1255. **Builtjes, L. H.** Poldervaart 25, 6642 CW Beuningen, Netherlands.

1256. **Buisman, Jan W.** Helenahoeve 9, 3451 T M Vleuten, Netherlands. *U. Leiden* / The changing perception of nature.
✉ jwbuisman@cs.com

1257. **Buisson, Georges** 16-18 rue du Brandier, 33170 Gradignan, France. *U. de Bordeaux III* / Les poètes et la poésie personnelle en France après 1750 • André Chénier: ses manuscrits, problèmes d'édition • P.-D. Ecouchard Le Brun • Poésie et Lumières dans les recueils collectifs et les périodiques.

1258. **Bukdahl, Else Marie** Kunstakademiet, Billedskolerne, Charlottenborg, Kongens Nytorv 1, 1050 København K, Denmark. *Kunstakademiet* / Collaboration aux *Œuvres complètes* de Diderot: les 'salons' • La critique d'art • L'esthétique du sublime.

1259. **Bulhof, F.** Gerbrandyweg 131, 2584 CB Den Haag, Netherlands. *U. Oldenburg* / Dutch literary criticism: Perponcher and Hoffham.

1260. **Bullock, Steven C.** Dept of Humanities and Arts, Worcester Polytechnic Institute, Worcester, MA 01609-2280, USA. *WPI.*

1261. **Bullough, Vern L.** 3304 West Sierra Drive, Westlake Village, CA 91362, USA. *U. of Southern California* / Intellectual achievement • Sex and gender issues.

1262. **Bunge, Marcia** Associate Professor, Christ College, Valparaiso University, Valparaiso, IN 46383, USA. *Valparaiso U.* / J. G. Herder • German pietism • Childhood studies.

1263. **Bunge, Wiep van** Prins Bernhardkade 22-A, 3051 AJ Rotterdam, Netherlands. *Erasmus U. Rotterdam* / Early Dutch Enlightenment (Cartesianism, Spinozism, empiricism).

1264. **Bunn, James** 84 Morningside Ln, Williamsville, NY 14221 5033, USA.

1265. **Buonocore Caccialupi, Maurizio** Via Valnerina 58, 00199 Roma, Italy. *Ministerio Beni Culturali* / Jacobite education and culture.

1266. **Bur, Marta** Institute for Balkan Studies, Bulgarian Academy of Sciences, 45 Moskovska Str., Sofia 1000, Bulgaria. *Bulgarian Academy of Sciences* / Central and Eastern Europe: economic and cultural relations.

1267. **Buranok, Oleg** Tukhatchevskogo 30, 25, 443082 Samara, Russia. *Institut pédagogique de Samara* / Littérature russe à l'époque de Pierre le Grand • Feofan Prokopovitch.

1268. **Burbelo, Valentyna** 15/17 Nikolsko-Botanicheskaya Str., apt 5, 252033 Kiev, Ukraine. *U. of Kiev* / La poétique linguistique de la littérature française.

1269. **Burdan, Judith H.** Dept of English and Philosphy, Purdue University, 2200 169th St, Hammond, IN 46323 2094, USA. *Purdue U.*

1270. **Burden, Michael J.** New College, University of Oxford, Oxford, OX1 3BN, UK. *U. of Oxford* / The English masque •

Metastasio • Theatre music in France and England.
✉ michael.burden@new.ox.ac.uk

1271. **Burditt, Paul** St Anne's College, University of Oxford, Oxford, OX2 6HS, UK. *U. of Oxford.*

1272. **Burg, Evelyn** 535 East 72nd St, Apt. 5A, New York, NY 10021-4020, USA.

1273. **Burgard, Peter J.** Dept of German, Harvard University, Cambridge, MA 02138, USA. *Harvard U.* / Goethe • Lessing • The essay • Drama • Aesthetics.

1274. **Burgess, Miranda J.** University of British Columbia, #397-1873 East Mall, Vancouver, BC V6T 1Z1, Canada. *U. of British Columbia.*

1275. **Bürgi, Andreas** Rotwandstr. 48, 8004 Zürich, Switzerland. / Ulrich Bräker • Relief models.
✉ abuergi@ds.unizh.ch

1276. **Burgio, Alberto** Via Colombo 3, 27100 Pavia, Italy. / Political philosophy of Rousseau.

1277. **Burgo Lopez, Maria Concepcion** C/ Ona de Echave, 4, 3°B., 27002 Lugo, Spain. / Histoire sociale • Economie monastique.

1278. **Burkart, Rebecca** 310 East Dogwood St, Monticello, FL 32344-1933, USA.

1279. **Burke, Helen M.** Dept of English, Florida State University, Dept of English, Tallahassee, FL 32306-1580, USA. *Florida State U.* / Culture of Ireland, esp. performance and theatre.
✉ hburke@english.fsu.edu

1280. **Burke, Tim** St Mary's College, Waldegrave Rd, Strawberry Hill, Twickenham, TW1 4SX, UK. *St Mary's C.*

1281. **Burke, Victoria** English Dept, University of Ottawa, 70 Laurier Avenue, P.O. Box 450, Ottawa, ON K1N 6N5, Canada. *U. of Ottawa.*

1282. **Burke, John Joseph Jr** Dept of English, University of Alabama (Tuscaloosa), 2nd St & Ridge, Tuscaloosa, AL 35487-0244, USA. *U. of Alabama (Tuscaloosa)* / The decline of the epic and the rise of Shakespeare.
✉ jburke@english.as.ua.edu

1283. **Burkei, Franz** An der Arndtruhe 2, 53175 Bonn, Germany. / Montesquieu.

1284. **Burkhardt, Johannes** Lehrstuhl für Geschichte der Frühen Neuzeit, Universität Augsburg, Universitätsstr. 10, 86135 Augsburg, Germany. *U. Augsburg* / German history • War and peace • Frederick II • Economic writing.

1285. **Burkhart, Jeffrey** 323 18th Place, Vero Beach, FL 32960-0853, USA.

1286. **Burling, William J** English Dept, South-East Missouri State University, 901 South National, Springfield, MO 65804 0027, USA. *South East Missouri State U.* / British drama and theatre history.

1287. **Burlini Calapaj, Anna** Via T. Folengo 2, 35100 Padova, Italy. *Centro di Studi Muratoriani.*

1288. **Burman, Carina** Dept of Literature, Uppsala Universitet, Slottet, Ing. A0, 75237 Uppsala, Sweden. *Uppsala U.* / Literature • Rhetoric • Rococo • Secret societies • Letters.
✉ carina.burman@littvet.uu.se

1289. **Burman, Lionel A.** 12 Albert Rd, West Kirby, Wirral, Merseyside L48 0RS, UK. *U. of Liverpool* / Josiah Wedgwood and his circle • Ceramics: decorative art.

1290. **Burnette, Patrick** 610 S. Water St, Crawfordsville, IN 47933-3426, USA. / Novel • Ideologies of selfhood.

1291. **Burnette, Rand** Dept of History, MacMurray College, Jacksonville, IL 62650-2590, USA. *MacMurray C.* / Constitutionalism in America, esp. the Articles of Confederation.

1292. **Burnham, Michelle** Dept of English, Santa Clara University, 500 El Camino Real, Santa Clara, CA 95050, USA. *Santa Clara U.* / Cultural and class contact in the Atlantic world; the economics of transnational mercantilism.
✉ mburnham@scu.edu

1293. **Burns, F. D. A.** 51 Ridge Rd, Kings Winford, West Midlands DY6 9RE, UK. / William Shenstone and his friends • Robert Dover's Cotswold Olimpick games.

1294. **Burr, Sandra** 914 Cleveland Avenue, Apt. 12, Marquette, MI 49855-3238, USA.

1295. **Burri, Olivier** Begonienstr. 3, 8057 Zürich, Switzerland.

1296. **Burroughs, Sara** Dept of Language and Communication, Northwestern State University, Natchitoches, LA 71497, USA. *Northwestern State U.* / *Gentleman's magazine* • Journalism • Johnson.

1297. **Burrows, Donald** Dept of Music, Faculty of Arts, The Open University, Walton Hall, Milton Keynes, MK7 6AA, UK. *Open U.* / Music in London • G. F. Handel • Opera and oratorio • Concerts in British provincial cities.

1298. **Burrows, Simon** School of History, University of Leeds, Woodhouse Lane, Leeds, LS2 9JT, UK. *U. of Leeds* / Public sphere • Grub Street • Napoleonic legend.
✉ s.f.burrows@leeds.ac.uk

1299. **Burton, Kathryn M.** Miami University at Hamilton, 1601 Peck Blvd, Hamilton, OH 45011-3316, USA. *Miami U. at Hamilton* / Periodicals • Johnson.

1300. **Burucúa, José Emilio** Rue Combatientes de Malvinas 3745, 1430 Buenos Aires, Argentina. *U. de Buenos Aires* / Athéisme et matérialisme: de Bayle à d'Holbach.
✉ j.burucua@telebrokers.com.ar

1301. **Burwick, Frederick** Dept of English, University of California, Los Angeles, CA 90024-1373, USA. *U. of California* / Anglo-German literary relations • Literature and science • Goethe.

1302. **Burwick, Roswitha** Dept of German, Scripps College, Claremont, CA 91711 3948, USA. *Scripps C.*

1303. **Buscaglia, Marino** 24 chemin de Chambésy, 1292 Chambésy, Switzerland.

1304. **Busch, Gudrun** Roermonder Str. 58, 41068 Mönchengladbach, Germany. *Robert-Schumann-Hochschule Düsseldorf* / C. P. E. Bach • Song • Singspiel • Romance and Romanticism in music • Reception of Handel in Northern Germany.

1305. **Busch-Salmen, Gabriele** Markenhofstr. 14, 79199 Kirchzarten-Burg am Wald, Germany.

1306. **Buschmann, Cornelia** Carl-von-Ossietzky-Str. 2, 14471 Potsdam, Germany. *Forschungszentrum Europäische Aufklärung (Potsdam)* / Philosophy of Enlightenment in Germany, 1650-1760 • Reception of Leibniz • Christian Wolff and wolffianism • Philosophical prize discourses of the Berlin Academy.

1307. **Busi, Anna** Via Lecco 6, 20124 Milano, Italy.

1308. **Busk-Jensen, Lise** Rodosvej 59, 1, 2300 København S, Denmark.
✉ busk@hum.v.u.dk

1309. **Busquets, Loreto** Facoltà di Lingue e Letterature. Straniere, Università del Sacro Cuore, Largo Gemelli 1, 20123 Milano, Italy. *U. del Sacro Cuore* / Littérature espagnole • Théâtre • Histoire des idées.

1310. **Bustos Rodriguez, Manuel** C/ Julio Ruiz de Alda14, 3° D., 11008 Cadiz, Spain. / Pensée et Lumières en Espagne • Histoire maritime.

1311. **Butler, Gerald Joseph** P. O. Box 805, Alpine, CA 91903, USA. *Dept of English and Comparative Literature* / Fielding • Origin and theory of the novel.
✉ butler@mail.sdsu.edu

1312. **Butler, Melissa** Dept of Political Sciences, Wabash College, 301 West Wabash Avenue, Crawfordville, IN 47933, USA. *Wabash C.*

1313. **Butorina, Tatiana Sergeevna** Dept of Pedagogy and Psychology, Arkhangelsk State Technical University, Severnaya Dvina Emb. 17, Arkhangelsk 163002, Russia. *Arkhangelsk State Technical U.* / Pedagogical theory • Education system in Russia • Pedagogy and child-rearing among the poor.
✉ butorina@agtu.ru

1314. **Butscher, Heiderose** 16 Cudham Drive, Toronto, ON M1S 3J6, Canada. *York U.* / Lorenz Oken and 19th-century Romantic sciences.

1315. **Butterwick, Richard John** Dept of Modern History, Queen's University, 18 University Square, Belfast BT7 1NN, Northern Ireland. *Queen's U.* / Catholicism and Enlightenment in Poland and Lithuania • Stanislaw August Poniatonski.
✉ r.butterwick@qub.ac.uk

1316. **Buttimer, Neil** Dept of Modern Irish, University College, Cork, Ireland. *University C. Cork.*

1317. **Buttlar, Adrian von** Kunsthistorisches Institut, Universität zu Kiel, Olshausenstr. 40-60, 24118 Kiel, Germany. *U. zu Kiel* / History and aesthetics of landscape gardening and architecture.

1318. **Büttner, Frank** Institut für Kunstgeschichte, Universität München, Georgenstr. 7, 80799 München, Germany. *U. München* / Frescoes in Germany and Italy • Representations of history, esp. in German art • German illustration.

1319. **Büttner, Manfred** Kiefernweg 40, 44801 Bochum, Germany. *Gesellschaft zur Förderung der Religion* / Science • Theological history • Science and religion.

1320. **Buus, Stephanie** Jungfrudansen 22, b.v., 171 56 Solna, Sweden. *Aarhus U.* / Napoleonic era • Scandinavia • Travellers • Romanticism • Enlightenment (concept) •

Travel literature • Social history • Translation studies.
☞ sbuus@swipnet.se

1321. **Buyens, Koen M.** Populierendreef 57, 2800 Mechelen, Belgium. *Vrije U. Brussel* / Urban musical life: social, economic and political aspects.
☞ kbuyens@vub.ac.be

1322. **Buyssens, Danielle** 9 rue Verte, 1205 Genève, Switzerland. *Bibliothèque publique et universitaire (Genève)* / Histoire des pratiques artistiques à Genève: espace public, insitutions, expositions, musées, enseignement du dessin.
☞ danielle.buyssens@bpu.ville-ge.ch

1323. **Buzási, Enikö** Özgida u. 22, 1025 Budapest, Hungary. *National Gallery.*

1324. **Buzga, Jaroslav** Jihozápadní IV / 1047, 141 00 Praha 4, Czech Republic. / Musicology • Theatre.

1325. **Buzzetti, Dino** Dip. di Filosofia, Università di Bologna, Via Zamboni 38, 40100 Bologna, Italy. *U. Bologna* / Semantic themes in British texts on epistemology, logic and linguistics.

1326. **Bynum, William F.** Wellcome Institute, for the History of Medicine, 183 Euston Road, London, NW1 2BN, UK. *Wellcome Institute for the History of Medicine* / Medicine and psychiatry, esp. in Britain.

1327. **Byrne, Peter** Dept of English and Comparative Literature, University of California, Irvine, CA 92697-2650, USA. *U. of California.*

1328. **Byrne, Tracy** 1052 Topaz Avenue, Victoria, BC V8T 2M6, Canada. *Glasgow U.* / Women's writing.

1329. **Byrnes, Joseph A.** P.O. Box 11, Roselle Park, NJ 07024 0011, USA. *New York U.* / Dramatic literature and theatre history • Minor comedy • The afterpiece.

1330. **Byström, Olof** Köpmang. 7, 11132 Stockholm, Sweden. *Stockholms U.* / History of Stockholm.

1331. **Bystydzienska, Grazyna** Królowej Aldony 9 m.5, 03-928 Warszawa, Poland.

1332. **Cabanat, Anne-Marie** 2 rue Boieldieu, 34500 Beziers, France.

1333. **Cabane, Franck** Résidence Les Pléiades, 17 avenue du Dr Arnold Netter, 75012 Paris, France.

1334. **Cacciatore, Giuseppe** Via Cassese 12, 84100 Salerno, Italy. *U. di Napoli* / Giambattista Vico.

1335. **Cacicedo, Alberto** 1149 Robeston St, Reading, PA 19604-2151, USA.

1336. **Cadete, Teresa Maria Rodrigues** Rua Coronel Santos Pedroso 13-10° C, 1500 Lisboa, Portugal.

1337. **Cafasso, Giuseppina** Trav. Vallone dei Lupi 1, 83100 Avellino, Italy. *Istituto Suor Orsola Benincasa (Napoli)* / Voyageurs français en Italie.

1338. **Caffentzis, C. George** Dept of Philosophy, University of Southern Maine, P.O. Box 9300, Portland, ME 04104-9300, USA. *U. of Southern Maine.*

1339. **Caffiero Trincia, Marina** Via Francesco Durante 35, 00151 Roma, Italy. *U. di Roma* / Politics and religion • Culture and power.

1340. **Cafiero, Rosa** Via XX Settembre 38, 84100 Salerno, Italy.

1341. **Caflisch-Schnetzler, Ursula** Forsterstr. 40, 8044 Zürich, Switzerland. *U. Zürich* / Lavater.
☞ u.caflisch-schnetzler@acess.unizh.ch

1342. **Cagli, Bruno** Via Sabotino 31, 00195 Roma, Italy. *Fondazione Rossini Pesaro* / Opéra italien et français • Sources littéraires et livrets d'opéras.

1343. **Cai, Jiayi** Institute of Ethnics, Chinese Academy of Social Sciences, Beijing, China. *Chinese Academy of Social Sciences* / Ethnic history of northern ancient China.

1344. **Caira, Rossana Maria** Dept of Italian, Università di Roma III, Via Ostiense 234, 00144 Roma, Italy. *U. di Roma III* / Le néoclassicisme en Italie et en Suède • Piranesi et la Suède.
☞ cairalum@uniroma3.it

1345. **Cairns, John W.** Dept of Law, University of Edinburgh, Old College, South Bridge, Edinburgh, EH8 9YL, UK. *U. of Edinburgh* / Legal theory and legal education in the development of the legal profession, esp. in Scotland • Slavery and the law's reaction to it in Scotland • The influence of classics on the law and lawyers • The influence of Dutch intellectual life on the early Scottish Enlightenment • The history of Scots law and legal procedure.
☞ john.cairns@ed.ac.uk

1346. **Cajani, Luigi** Via Pasubio 2, 00195 Roma, Italy. *U. di Roma* / L'assistance aux pauvres en Italie • Criminalité et justice à Rome.

1347. **Cajka, Karen** Dept of English, University of Connecticut, 215 Glenbrook Road, Storrs, CT 06269-4025, USA. *U. of Connecticut* / England • English literature • Grammar • Social history • Women's writing • Publishing • Teaching.
✉ karen.cajka@uconn.edu

1348. **Cal Martinez, Maria Rosa** Facultad de Cc. de la Informacion, Universidad Complutense, Ciudad Universitaria, 28040 Madrid, Spain. *U. Complutense* / Communication sociale (publications périodiques).

1349. **Calabi, Lorenzo** Dip. di Filosofia, Università di Pisa, Piazza Torricelli 3A, 56100 Pisa, Italy. *U. di Pisa* / La philosophie de l'histoire • La tradition de la 'rule of law' et la culture de la société civile.

1350. **Calabrese, Maria Concetta** Via Luigi Rizzo 11, 98030 Giardini Naxos (ME), Italy. / Francesco Strano, a Jacobin in Catania • Works of Francesco Paolo Di Blasi • Testaments and marriage settlements of the Sicilian aristocracy • Books and society.

1351. **Calainho, Daniela Buono** Rua General Glicério, 440 aot. 701 Laranjeiras, 22251-000 Rio de Janeiro, Brazil.

1352. **Calais, Magda-Anny** 15 place Henri Neveu, 92700 Colombes, France.

1353. **Calame, Christophe** 53 avenue de Rumine, 1005 Lausanne, Switzerland. / Littérature et philosophie suisse.
✉ chr_calame@hotmail.com

1354. **Calaresu, Melissa T.** Gonville and Caius College, Trinity St, Cambridge, CB2 1TA, UK. *U. of Cambridge* / The Neapolitan Enlightenment, esp. intellectuals writers such as Francesco Mario Pagano, Giuseppe Maria Galanti, and Gaetano Filangieri, down to the Neapolitan Revolution of 1799.
✉ mtc12@cam.ac.uk

1355. **Calas, Frédéric** Dépt de Langue et Littérature françaises, Université de Paris IV, 1 rue Victor Cousin, 75230 Paris Cedex 05, France. *U. de Paris IV* / Histoire de la grammaire • Stylistique • Marivaux, Laclos, Voltaire.
✉ calasfrederic@wanadoo.fr

1356. **Calatrava Escobar, Juan Antonio** C/ Arabial 70, 2°A, 18003 Granada, Spain. *U. de Granada* / Esthétique et architecture.

1357. **Calder, Martin** Dept of French, University of Bristol, 19 Woodland Road, Bristol, BS8 1TE, UK. *U. of Bristol* / French fiction • Travel writing • Colonialism • Critical theory.

1358. **Calderone, Antonia** Nuova Panoramica dello Stretto -"Linea Verde", Pal.2/L Int. 6, 98168 Messina, Italy. / Théâtre populaire, menor, traductions.

1359. **Caldwell, Michael A.** 2619 Winchester Drive, Valparaiso, IN 46383-2784, USA. / Politics • Literature • Gay • Pope • Fielding.

1360. **Calè, Luisa** University College, University of Oxford, High St, Oxford, Oxfordshire OX1 4BH, UK. *U. of Oxford* / Visual culture as a scene of reading and the multimedial dimension of textual transmission • Literary galleries and exhibition culture in late 18c London.
✉ luisa.cale@univ.oxford.ac.uk

1361. **Calella, Michele** Falkensteinerstr. 4, 4053 Basel, Switzerland. *U. Zürich.*

1362. **Calinger, Ronald S.** 12806 Lacy Drive, Silver Spring, MD 20904-2916, USA. *Catholic U. of America* / Leonhard Euler • Mathematics.

1363. **Caljé, E.** Willemsparkweg 143, 1071 GX Amsterdam, Netherlands.

1364. **Callahan, Anne M.** Dept of Modern Languages & Literatures, Loyola University, 6525 North Sheridan Rd, Chicago, IL 60626-5311, USA. *Loyola U.* / Rousseau • Romanticism and autobiography • Feminism • Women writers • Erotic love.

1365. **Callan, Ron** Dept of English, University College, Belfield, Dublin 4, Ireland. *University C. Dublin.*

1366. **Calzolari, Andrea** Via Stendhal 5, 43100 Parma, Italy. *Liceo Marconi (Parma)* / Diderot.

1367. **Camaiani, Pier Giorgio** Via delle ginestre 19, 50010 Pian di S. Bartolo trespiano-Firenze, Italy. *U. di Firenze* / Family history.

1368. **Câmara, Maria Alexandra Gago da** Rua Artilharia Um 48 -5º E, 1070 Lisboa, Portugal. / Decorative arts.
✉ matgc@univ-ab.pt

1369. **Cambou, Pierre** 47 rue de la République, 31700 Beauzelle, France.

1370. **Camerino, Giuseppe Antonio** Via T. Cartella 45, 00159 Roma, Italy. *U. di Lecce* / Littérature italienne • Théorie poétique de l'Arcadie de Gravina à Metastasio • L'érudition et les antiquités • Goethe, Monti et la traduction • Bertola.
✉ gacamerino@sesia.unile.it

1371. **Cameron, Cathleen** 2102 Grovesnor Place, Bloomington, IN 47401-6744, USA. *Indiana U.*

1372. **Cameron, Joanna M.** 234 River Rd, Edgecomb, ME 4556, USA. / Susanna Centlivre: playwright • Joseph Centlivre: chef • Satirical allusions to events and persons of 1700-1720.

1373. **Cameron, Vivian P.** 19 Edgehill Road, New Haven, CT 06511, USA. / Interconnections between texts and images • Corporeal politics: the body as represented in painting, prints, medical illustrations • Heroines in French painting • Portraiture after 1750.
✉ vpcameron@snet.net

1374. **Camille, Roger** 78 rue Renkin, 1030 Bruxelles, Belgium.

1375. **Camin, Gilles** 24bis rue Dr Roche, Bâtiment B, 58000 Nevers, France.

1376. **Cammagre, Geneviève** 5 rue du Sénéchal, 31000 Toulouse, France. *U. de Toulouse II* / Esthétiques de la subjectivité • La notion de lyrisme • Littérature épistolaire.
✉ genevieve.cammagre@wanadoo.fr

1377. **Campa, Cecilia** Via Euclide Turba 18, 00195 Roma 00195, Italy. *Conservatorio L. D'Annunzio (Pescara)* / Relations between music and language • Influence of passions upon aesthetics • Imitation in the arts.

1378. **Campagne, Fabián Alejandro** Avenida Mosconi 3451, 2o Piso, Dpto 'A', 1419 Buenos Aires, Argentina. *U. de Buenos Aires* / Formes de la marginalité religieuse et persistence de la mentalité magique.
✉ fcampagne@filo.uba.ar

1379. **Campagnoli, Ruggero** Via Cartoleria 5, 40100 Bologna, Italy. *U. di Bologna* / Pigault-Lebrun • Sade.

1380. **Campbell, Ann** 24 Fourth Avenue North-East, Atlanta, GA 30317, USA.

1381. **Campbell, Glen W.** Dept of French, Italian and Spanish, University of Calgary, 2500 University Drive NW, Calgary, AB T2N 1N4, Canada. *U. of Calgary* / France • French literature • French picaresque novel • Lesage, Alain-René • Dorvo, Hyacinthe.
✉ gcampbel@ucalgary.ca

1382. **Campbell, Grant** University of Western Ontario, Faculty of Information and Media Studies, University of Western Ontario, London, ON N6A 5B7, Canada. *U. of Western Ontario* / The relevance of 18 c authors and book publishers to current issues in electronic text design and distributed information systems.
✉ gcampbel@uwo.ca

1383. **Campbell, Jill** Dept of English, Yale University, P.O. Box 208302, New Haven, CT 06520-8320, USA. *Yale U.*

1384. **Campbell, Peter R.** School of European Studies, University of Sussex, Falmer, Brighton, BN1 9QN, UK. *U. of Sussex* / French politics: royal court; Paris parlement; Jansenism • The politics of patriotism, 1745-89.

1385. **Campos, M. do Rosário Castiço Barbosa** Bairro da Lapa 5-2° E, 3150 Condeixa a Nova, Portugal.

1386. **Campos Boralevi, Lea** Via G. Pascoli 4, 50129 Firenze, Italy. *U. di Firenze* / American images in France • Jeremy Bentham • Enlightenment and the Jewish question • Feminism.

1387. **Cañas Murillo, Jesús** C/ Rodriguez de Ledesma 10, Edificio "Principe", 6°A, 10001 Cáceres, Spain. *U. de Extremadura* / Spanish theatre • Theatre controversy • Spanish travel literature • Prose writers • Vicente García de la Huerta • Juan Pablo Forner • Ramón de la Cruz and the sainete.

1388. **Canaveira, Manuel Filipe M.** Rua de S. Tomé 8, 2745 Queluz, Portugal. *Faculdade de Ciências Sociais e Humanas* / Absolutism • Portuguese monarchy.

1389. **Cancila, Orazio** Piazza Europa 18, 90146 Palermo, Italy. *U. di Palermo* / Société et économie en Sicilie, 16s-20s.

1390. **Candaux, Jean-Daniel** Bourg-de-Four 24, 1204 Switzerland. / Les voyageurs en Suisse au 18 s • Les psaumes imprimés en vers français • La correspondance de D'Alembert.

1391. **Candiani, Rosy** Via A. De Guissano 62, 20034 Giussano (MI), Italy. / Librettists: R. de Calzabigi, P. Metastasio, G. De Gamerra.

1392. **Canella, Maria** Viale Monte Nero, 53, 20135 Milano, Italy.

1393. **Canetta, Rosalba** Via Beato Angelico 27, 20133 Milano, Italy. *U. Cattolica del S. Cuore Milano* / Cesare Beccaria.

1394. **Canfield, J. Douglas** Dept of English, University of Arizona, 445 Modern Language Bldg #67, Tucson, AZ 85721, USA. *U. of Arizona* / Cultural history of Restoration drama, esp. Williamite comedy • Dryden's

fables • Early 18th-century English drama, esp. the plays of Rowe • Transatlantic studies.
✉ jdcanfie@u.arizona.edu

1395. **Canizares, Jorge** 243 Stevenson Blvd, Amherst, NY 14226-2959, USA.

1396. **Cannon, Thomas G.** 12232 North Lake Shore Drive, Mequon, WI 53092-3353, USA.

1397. **Cannone, Belinda** 231 rue La Fayette, 75010 Paris, France. *U. de Caen* / Opéra • Ecrits sur la musique • Roman.

1398. **Cantarutti, Giulia** Dept of Language and Literature, Università di Bologna, Via Cartoleria 5, 40124 Bologna, Italy. *U. di Bologna* / Enlightenment (concept) • German Enlightenment • Italian Enlightenment • Correspondance littéraire • Le roman • German literature • European literature • *Encyclopédie d'Yverdon* • *Essai sur les moeurs*.
✉ cantar@lingue.unibo.it

1399. **Canterla Gonzalez, Cinta** C/ Valparaiso, 9-1 Ld, 3°B, 41013 Sevilla, Spain. *U. de Cádiz* / Théories naturalistes, mystiques et du langage proches du néoplatonisme • Auteurs hétérodoxes et textes clandestins.

1400. **Cantos, Marieta** Dept of Spanish, Universidad de Cádiz, Doctor Gómez Ulla s/n, 11002 Cádiz, Spain. *U. de Cádiz* / Hispanic world • Spanish literature • Essay papers • Salons • Mar'a Hore • Pedro Frasquita Gatell Larrea • Gender.
✉ marieta.cantos@uca.es

1401. **Cao, Fengxiang** Institute of Qing History, Renmin University of China, 100872 Beijing, China. *Renmin U. of China* / China: Qing history.

1402. **Cao, Xinyu** Renmin University of China, 100872 Beijing, China. *Renmin U. of China* / China: Qing history.

1403. **Cap, Biruta** 3644 Magnolia Drive, Easton, PA 18045-3021, USA.

1404. **Capel Martínez, Rosa María** C/ Marceliano Santamaría 4, 3°A., 28036 Madrid, Spain. *U. Complutense* / Women's history and education in Spain and Europe.

1405. **Capelas, Carlos** Avenue EUA 79-11° Esq., 1700 Lisboa, Portugal.

1406. **Capellan de Miguel, Gonzalo** San Felices 2-4º A, 26200 Haro, Spain. *U. del Pais Vasco*.
✉ goncapellan@terra.es

1407. **Capitani, Francois de** Schweiz. Landesmuseum, Postfach 6789, 8023 Zürich, Switzerland. *Schweiz. Landesmuseum* / Cultural history.

1408. **Capitani, Pietro** Dipt di Filosofia, Univ. Bologna, Via Zamboni 38, 40100 Bologna, Italy. *U. Bologna*.

1409. **Caplan, Jay L.** Dept of French, Amherst College, Routes 9 and 116, P.O. Box 2255, Amherst, MA 01002, USA. *Amherst C.* / Western European postal institutions • Material conditions of composition, transmission, and reception of letters; relationships between those conditions and epistolary rhetoric.
✉ jlcaplan@amherst.edu

1410. **Capoferro, Riccardo** Via P. Donati, 3, 00162 Roma, Italy.

1411. **Capone, Stefano** Via Barletta 37, 71100 Foggia, Italy. / 'Opera buffa' in Naples • History of the conservatoire • Archives.

1412. **Capozzi, Mirella** Via Acri 17, 00198 Roma, Italy. *U. di Siena* / Kant's philosophy of knowledge and mathematics • Kantian logic • Logic and philosophy of logic in the German Enlightenment.

1413. **Cappelletti, Vincenzo** Via G. Arrivabene 42, 00191 Roma, Italy. / Science: Morgagni, Spallanzani, Cuvier.

1414. **Cappello, Maria Luisa** Via Merine, I a Tr. ADX, 11, 73100 Lecce, Italy. / L'enseignement du français (langue et littérature) en Italie.

1415. **Cappelluti, Cristina** Via Gatti 4, 15026 Bosco Marengo (AL), Italy.

1416. **Cappiello, Ida** Via Giuliani 2, 80067 Sorrento (NA), Italy. *U. di Salerno* / The French Revolution • Views of revolution • Babeuf's communism • British moralists, esp. Joseph Butler • Burke on natural society • Voltaire: facéties • Anthony Collins.

1417. **Capra, Carlo** Corso Garibaldi 71, 20121 Milano, Italy. *U. di Milano* / The Austrian monarchy and Lombardy • European bureaucracies.

1418. **Capraro, Rocco Lawrence** Assistant Dean, Hobart College, Geneva, NY 14456 3382, USA. *Hobart C.* / Print culture in England.

1419. **Capucci, Martino** Via Michelangelo Buonarroti 20/2, 41100 Modena, Italy. *U. di Bologna* / Literary journalism • Edition of the letters of Luigi Lanzi • L. A. Muratori.

1420. **Carabelli, Giancarlo** via Lanzone da Corte 7, 20123 Milano, Italy. *U. degli studi di*

Ferrara / The god Pan and pantheism • Criticism of oracles and enthusiasm • Bibliography of John Toland • William Hamilton, antiquarianism and the cult of Priapus • Hume's *Dialogues*.
✉ giancarlo.carabelli@unife.it

1421. **Caracciolo, Alberto** Via Antonio Musa 6, 00161 Roma, Italy. *U. di Roma* / Science and economy in Europe.

1422. **Caragea, Mioara** Faculté de langues étrangères, Université de Bucarest, Str. Edgar Quinet 5-7, 70106 Bucuresti, Romania. *U. Bucuresti* / Littérature portugaise; baroque et illuminisme • L'Inquisition • L'architecture utopique • Lisbonne pombaline: Os estrangeirados.

1423. **Carantino, Georges** 11 rue du Colonel Fabien, 92160 Antony, France.

1424. **Caras, Iannis** Centre for Neohellenic Research, National Hellenic Research Foundation, 48 Vas. Constantinou Avenue, 11635 Athens, Greece. *National Hellenic Research Foundation.*

1425. **Carbonell, Marilyn** 4928 Troostwood Rd, Kansas City, MO 64110-2377, USA. *U. of Missouri (Kansas City)* / Sir Thomas Lawrence.

1426. **Cardillo, Angelo** Viale Kennedy 32, 81055 S. Maria Capua Vetere (CE), Italy. *U. di Salerno* / European literary criticism.

1427. **Cardinal, Daniel** 9 Wolseley Rd, Crouch End, London, N8 8RR, UK. / Condillac.

1428. **Cardinali, Sandro** Via Saraceno, 10, 44100 Ferrara, Italy. *U. di Ferrara* / Rousseau • Charles Bonnet: correspondance.

1429. **Cardoso, Elísio Nogueira** Av. Madrid 31-4° Esq., 1000 Lisboa, Portugal.

1430. **Cardoso, José Luis** Rua do Arco a S. Mamede, 19-1° Esq., 1250 Lisboa, Portugal. / History of economic thought • Physiocracy and Smithian economics.

1431. **Cardoso, Mário Fernando Geraldes** Av. da República 108-3°, 1600 Lisboa, Portugal.

1432. **Cardy, Michael J.** Dept of French, University of Wales, Singleton Park, Swansea, SA2 8PP, UK. *U. of Wales* / Literary ideas • French discourse about North America, 1530-1800 • Voltaire.

1433. **Carenfelt, Birgitta** Grev Turegatan 35, 114 38 Stockholm, Sweden.

1434. **Carey, Brycchan** Dept of English Literature, Kingston University, Penrhyn Road, Kingston-upon-Thames, Surrey KT1 2EE, UK. *Kingston U.* / Literature and culture associated with the development of the British empire • Metropolitan literature occasioned by the debate over abolition of the slave trade between 1780 and 1800.
✉ b.carey@kingston.ac.uk

1435. **Carey, Daniel** Dept of English, University College Galway, Galway, Ireland. *University C. Galway* / Philosophy • Travel literature • Money • Slavery.
✉ daniel.carey@nuigalway.ie

1436. **Carimentrand, Emmanuelle** 5 rue de Bourgogne, 71100 Chalon-sur-Saône, France. / Le Président de Brosses: vie et œuvres • Histoire des sciences du langage.

1437. **Carl, Horst** Historisches Institut, Universität Giessen, Otto-Behaghel-Str. 10 C, 35394 Gießen, Germany. *U. Giessen* / Prussia and its western provinces • War and religion in Western Europe (France, Belgium, Netherlands, Germany).

1438. **Carlile, Susan** Dept of English, California State University Long Beach, 1250 Bellflower Blvd, Long Beach, CA 90840, USA. *California State U. Long Beach* / Mid-century women artists • Abridgements of novels • Charlotte Lennox.
✉ scarlil@csulb.edu

1439. **Carlyon, Jonathan** Dept of Modern and Classical Languages, University of Connecticut, U-1057, Storrs, CT 06269-1057, USA. *U. of Connecticut* / Hispanic world • Spanish Enlightenment • Gonzalez de Barcia, Andres • Bibliography.
✉ jonathan.carlyon@huskymail.uconn.edu

1440. **Carmassi, Carlo** Via G. Oberdan 14, 56127 Pisa, Italy.

1441. **Carnell, Rachel K.** English Dept, Cleveland State University, Cleveland, OH 44115 2440, USA. *Cleveland State U.*

1442. **Carnero Arbat, Guillermo** C/ Berenguer de Marquina 18, 1°D., 03004 Alicante, Spain. *U. de Alicante* / Esthétique et préceptes • Roman et théâtre • Transition du 18s au 19s • 18c origins of Romanticism • Relations between Spanish and European literature.

1443. **Carnevali, Barbara** via Toselli 6, 56125 Pisa, Italy. *U. di Pisa* / Interprétation globale du problème de l'intersubjectivité chez Rousseau, à travers la question spécifique de la reconnaissance.
✉ balbec@tin.it

1444. **Carocci, Renata** Via Palestro 15/5, 16122 Genova, Italy. *U. di Genova* / Les minores, 1750-1800: Colardeau, Léonard, Gilbert • Christophe Colomb dans la poésie • André Chénier • Le théâtre révolutionnaire.

1445. **Carofiglio, Vito** Via Garruba 6, 70100 Bari, Italy. *U. di Bari* / Voltaire: théâtre (étude critique) • Référence et auto-référence: discours d'auteur sur le théâtre en France.

1446. **Carolyn, Jonathan** 27 Princeton St, Manchester, CT 06040-3609, USA.

1447. **Carpentari-Messina, Simone** Via Monte Rosa 20, 10098 Rivoli, Italy. / Le tournant des Lumières (1760-1820) • Les rapports entre France et Italie • Le roman.
✉ simonemessina@tiscali.it

1448. **Carpenter, Andrew** Dept of English, University College Dublin, Belfield, Dublin 4, Ireland. *University C. Dublin* / Swift and Ireland • The verse of Ireland.
✉ andrew.carpenter@ucd.ie

1449. **Carpenter, Andrew N.** 1290 Laurel Lane, Westminster, MD 21158-2940, USA. *Antioch C.* / Kant's theoretical philosophy, including his early pre-critical work on physics, mind, and embodiment • History and early reception of Kant's critical system of philosophy.
✉ andy@andrewcarpenter.net

1450. **Carr, Eugenie** 106 Sandford Road, Ranelagh, Dublin 6, Ireland.

1451. **Carr, Stephen L.** 577 Brian Cliff Rd, Pittsburg, PA 15221 3418, USA. *U. of Pittsburgh.*

1452. **Carr, Thomas M.** Dept of Modern Languages, University of Nebraska, Lincoln, NE 68588-0315, USA. *U. of Nebraska (Lincoln)* / Rhetoric • Mourning • New France • Jansenism.

1453. **Carrara, Roseanne** 1888 Gerrard St East, Toronto, ON M4L 2C1, Canada. *U. of Toronto* / Thomson and the Scriblerians: the rhetoric of natural phenomena.

1454. **Carraro, Laura Favero** Via Martucci no 10, 35100 Padova, Italy.

1455. **Carraro, Stefano** Via Monti 19, 30172 Mestre, Italy. *U. di Padova* / Freemasonry, cabalism • Casanova de Seingalt • Mesmerism, libertinism, magic and religion.

1456. **Carrasco Martinez, Adolfo** Dpto de Historia Moderna, Facultad de Geografía e Historia, Universidad Complutense, Ciudad Universitaria, 28040 Madrid, Spain. *U. Complutense* / La noblesse et le régime seigneurial.

1457. **Carré, Jacques** 41 rue de l'Horloge, 63200 Riom, France. *U. de Paris IV* / The connection between ideas on poverty and poor relief and hospital and workhouse architecture in Georgian Britain.
✉ jkcarre@aol.com

1458. **Carreira, Adélia Caldas** Rua Cidade de Cádis 29-r/c D, 1500 Lisboa, Portugal.

1459. **Carrell, Susan Lee** 3 rue Lacépède, 75005 Paris, France. / Le chevalier de Boufflers; la comtesse de Sabran: correspondance.

1460. **Carrera, Magali M.** University of Massachusetts-Dartmouth, Old Wesport Road, Dartmouth, MA 02747, USA. *U. of Massachusetts (Dartmouth)* / Art and culture of late-colonial Mexico.
✉ mcarrera@umassd.edu

1461. **Carretta, Vincent A.** 7604 Ingle Place, Springfield, VA 22151, USA. *U. of Maryland (College Park)* / Recovery and evaluation of writings by people of African descent produced in English • Verbal and visual representations of people of African descent • Olaudah Equiano.
✉ vc3@umail.umd.edu

1462. **Carriat, Amédée** Bellevue de Tercillat, 23350 Genouillac, France. / Mouffle d'Angerville • Rochon de Chabannes • Chevalier de Piis.

1463. **Carrithers, David W.** Dept of Political Science, University of Tennessee at Chattanooga, 615 McCallie Avenue, Chattanooga 37403, TN, USA. *U. of Tennessee at Chattanooga* / Political, social, and economic thought in Britain, France, and America during the 18c and in the American, English, and French Revolutions • Montesquieu.
✉ david-carrithers@utc.edu

1464. **Carrive, Lucien** 8 allée Gabrielle d'Estrées, 92340 Bourg-la-Reine, France.

1465. **Carrive, Paulette** 8 allée Gabrielle d'Estrées, 92340 Bourg-la-Reine, France. *U. de Paris I* / Mandeville • Collingwood • Auteurs mineurs.
✉ pcarrive@free.fr

1466. **Carroll, Charles M.** 1701 80th St North, St. Petersburg, FL 33710 3703, USA. *St Petersburg Junior C. Florida* / Comic opera, 1750-1800, esp. Philidor and his contemporaries • Chess and chess-players: the Café de la Régence • Orientalism in music for the theatre.

1467. **Carroll, Stephanie** 2220 20th St North-West, Apt. 34, Washington, DC 20009 5508, USA.

1468. **Carrouhy, Philippe Walter Emile** 4 avenue de Beaulieu, bte 24, 1160 Bruxelles, Belgium. / Le service des postes • Etudes militaire • Histoire religieuse.

1469. **Carson, James Patrick** Dept of English, Kenyon College, 102 College Drive, Gambier, OH 43022, USA. *Kenyon C.* / French Revolution • South Africa • Britain • Ireland • Scotland • West Indies • Jacobinism • Scottish Enlightenment • Travel literature • Africa, image of • English literature • Social history • Brown, Charles Brockden • Godwin, William.
✉ carson@kenyon.edu

1470. **Carson, Jenny** 1326 Longfellow St North-West, Washington, DC 20011 3518, USA.

1471. **Carson, John C.** San Diego Cardiovascular Association, 9834 Genesee Avenue, Ste. 300, La Jolla, CA 92037-1215, USA. *San Diego Cardiovascular Assoc.* / Johnson • Boswell.

1472. **Carter, Philip** New Dictionary of National Biography, Oxford University Press, Great Clarendon St, Oxford, OX2 6DP, UK. *Oxford University Press.*

1473. **Cartron, Laure** 30 boulevard de Strasbourg, 75010 Paris, France. / Evolution épistémologique du terme 'hérédité/héréditaire'.

1474. **Cartwright, Michael T.** 4854 Côte des Neiges, Appt 804, Montréal, PQ H3U 1G7, Canada. *McGill U.* / L'*Encyclopédie* and encyclopaedias • Travel literature: France, England 1750-1850.

1475. **Caruso, Ester** Via Ciro Menotti 16, 20129 Milano, Italy.

1476. **Carvalho, Artur Marques de** Rua Maria Veleda 4-8° E, 1500 Lisboa, Portugal. *U. Nova de Lisboa* / L'art.

1477. **Carvalho, Eduarda** URB São Bento, Lote 66, Casais, Do Campo, 3040 Coimbra, Portugal. / English literature • Defoe • Political and economic writings.

1478. **Carvalho, Margarida Saraiva de** Rua Cidade do Sol, Rua 10, Lote 60-7° C, 2830 Barreiro, Portugal.

1479. **Carvalho, Mário Vieira de** Av. Infante D. Henriques 676-9° C, 2750 Cascais, Portugal. / Music.

1480. **Carvalho dos Santos, Maria-Helena** Rua Vitorino Nemesio, 4-7D, 1750-307 Lisboa, Portugal. *U. Nova de Lisboa* / Les Lumières au Portugal • Pombalisme • L'Inquisition • Idées et formes politiques.
✉ gire@fcsh.unl.pt

1481. **Carver, Larry D.** Dept of English, University of Texas, Parlin Hall 318, Austin, TX 78712, USA. *U. of Texas (Austin)* / Earl of Rochester • Dryden • Sentimentalism.

1482. **Carzolio, María Inés** Rue Maure 3265, C1426CVI Buenos Aires, Argentina. *U. Nacional de Rosario* / Le problème de la société et l'Etat en Espagne.
✉ marines@cvtci.com.ar

1483. **Casali de Babot, Judith** Río Paraná 111, 4107 Yerba Buena, Tucumán, Argentina. *U. de Tucumán* / Mably: morale et politique • L'idée du colonialisme chez Mably et Raynal.
✉ babotcasali@sinetis.com.ar

1484. **Casella, Anna** Largo Tenente Bellini 1, 00197 Roma, Italy.

1485. **Casella, Laura** Via Del Val 36, 33030 Moruzzo (UD), Italy.

1486. **Cases, Cesare** Corso G. Marconi 11, 10125 Torino, Italy. *U. di Torino* / Aufklärung allemande • Goethe.

1487. **Cash, Arthur H.** New Paltz College, State University of New York, New Paltz, NY 12561, USA. *S.U.N.Y. (New Paltz)* / Laurence Sterne • John Wilkes.

1488. **Casid, Jill** 620 Airport Rd, Apt. 201, Chapel Hill, NC 27514, USA.

1489. **Casines, Gisela** Dept of English, Florida International University, Miami, FL 33199-0001, USA. *Florida International U.* / Restoration drama and theory • English plays with foreign sources.

1490. **Casini, Paolo** Via Bolzano 28, 00198 Roma, Italy. *U. di Roma* / Newton and Newtoniasm • Heritage of Pythagoras in Europe.
✉ paolo_casini@uniroma1.it

1491. **Caso Chimenti, Milena** Via della Capponcina 85, 50135 Firenze, Italy. *C.N.R. Firenze* / Bibliographie des éditions juridiques en langue italienne.

1492. **Caso Machicado, Maria Teresa** C/ San Juan 8, 3° Dcha, 33003 Oviedo, Spain. *U. de Oviedo* / Gaspar Melchior de Jovellanos • Littérature espagnole.

1493. **Cassidy, Tanya** Dept of Sociology, University of Reading, Whiteknights, Reading, RG6 6AA, UK. *U. of Reading.*

1494. **Cassina, Gaëtan** Off. monuments d'art et d'histoire, Archives cantonales, 1951 Sion, Switzerland. *Archives cantonales* / Architecture et arts appliqués des régions alpines occidentales ainsi que de l'ancien évêché de Bâle.

1495. **Cassoly, Anne-Marie** 3 rue de Lens, 67000 Strasbourg, France. *U. de Strasbourg III* / Principautés danubiennes (Moldavie-Valachie): problèmes économiques, politiques, culturels • Princes phanariotes • La presse en France.

1496. **Castanheira, Ana Paula Gouveia Gama** Av. João XXI 78-5° D, 1000 Lisboa, Portugal.

1497. **Casteel, Eric** 11130 Rose Avenue, Los Angeles, CA 90034-6062, USA.

1498. **Castellano Castellano, Juan Luis** Avenida Madrid 20, Edificio Eurobecquer, Ap. 805, 18012 Granada, Spain. / Histoire • Institutions.

1499. **Castelo Branco, Luis** Rua Vitorino Nemésio 4-7º D, 1750-307 Lisboa, Portugal. / Decolonisation in regional and international politics • The Portuguese in Africa • Segregation and apartheid.

1500. **Castelvecchi, Stefano** Dept of Music, University of Cambridge, 11 West Road, Cambridge, CB3 9DP, UK. *U. of Cambridge* / Music • Opera • Literature and drama • History of ideas and of science, esp. psychology.
✉ sc253@cam.ac.uk

1501. **Castiglione, Caroline** History Dept, University of Texas at Austin, Garrison Hall 415, Austin, TX 7812 1026, USA. *U. of Texas at Austin.*

1502. **Castle, Terry** Dept of English, Stanford University, Stanford, CA 94305-1901, USA. *Stanford U.*

1503. **Castoldi, Alberto** Via Palma il Vecchio 157, 24100 Bergamo, Italy. *U. di Bergamo* / La poésie scientifique • La magie.

1504. **Castro Alfin, Demetrio** Avda. Cardenal Herrera Oria 173, 28034 Madrid, Spain. / Histoire des idées politiques.

1505. **Castro Monsalve, Concepcion de** C/ San Agustin 9, 28014 Madrid, Spain. / Campomanes et son époque.

1506. **Catalá Sanz, Jorge Antonio** Dept of Modern History, Faculty of geography and history, Universidad de Valencia, Blasco Ibánez 28, 46010 Valencia, Spain. *U. de Valencia* / Histoire sociale • La noblesse.
✉ jorge.catala@uv.es

1507. **Cataudella, Michele** Via Gir. Santacroce 23, 80129 Napoli, Italy. *U. di Salerno* / Anti-illuminism in Italy • Short-story writing • The status of the writer.

1508. **Cathcart, Kevin** 8 Friarsland Road, Clonskeagh, Dublin 14, Ireland. *University C. Dublin.*

1509. **Cattaneo, Maria Teresa** Corso di Porta Romana 6, 20122 Milano, Italy. *U. di Milano.*

1510. **Cattaneo, Mario Alessandro** Ponte del Remedio, 4419 Castello, 30122 Venezia, Italy. *U. di Milano* / Le problème de la peine dans l'Aufklärung allemande • Fondement métaphysique du droit et de la peine dans la philosophie de Kant • Le droit dans la pensée de Goldoni et de Manzoni • La philosophie du droit pénal.

1511. **Cattaneo, Massimo** Via Principe di Napoli 100, 00062 Bracciano (RM), Italy.

1512. **Cattoor, Muriel** Rue du maréchal French, Résidence de l'Abbaye 40a, apt 41, 59140 Dunkerque, France. *Univerité du Littoral Côte d'Opale* / La correspondence de Voltaire • Rhéthorique et formes épistolaires • Voltaire et le corps.
✉ m.cattor@free.fr

1513. **Caulker, Teho Mbaimba** 222 Waverly Place, South Orange, NJ 07079-2102, USA.

1514. **Cavagna, Anna Giulia** Dip. di Storia moderna Facoltà Lettere, Università di Genova, Via Balbi 4, 16124 Genova, Italy. *U. di Genova* / Printing and publishing history in Northern Italy • Printing and publishing practices in Lombardy under the Habsburg domination • University publishing • Bibliography.
✉ cavagna@unige.it

1515. **Cavalcante, Berenice** Pontificia Universidade Católica do Rio de Janeiro, Departamento de História, Rua Marques de S. Vicente 225, Gávea, 22453-900 Rio de Janeiro, Brazil. *Pontificia U. Católica do Rio de Janeiro* / History of ideas • Modern history, 16-18c • French Revolution.

1516. **Cavallar, Georg** Spohrstr. 47/5, 1130 Wien, Austria. / Philosophy of the Enlightenment • Political history of Prussia and Austria.
✉ g.cavallar@g9.asn-wien.ac.at

1517. **Cavallaro, Giovanna** Via C. Caneva 5, 44100 Ferrara, Italy. *U. di Ferrara* / J.-P. Brissot • La philosophie pénale de Voltaire.

1518. **Cavallera, Marina** Via Oglio 8, 21100 Varese, Italy. *U. di Milano* / Migration, esp. in the Alps • Guilds and confraternities • 'Accademie': science, culture and politics.

1519. **Cavallin, Maria** Övre Besvärsgatan 7, 411 29 Göteborg, Sweden.

1520. **Cavanaugh, Alden** Fine Arts 108, Dept of Art, Indiana State University, Terre Haute, IN 47809, USA. *Indiana State U.* / French art • History painting • Family and gender politics in painting • Salon criticism.
✉ aralden@ruby.indstate.edu

1521. **Cavazza, Marta** Dpto di Filosofia, Università di Bologna, Via Zamboni 38, 40126 Bologna, Italy. *U. di Bologna* / L'Institut des Sciences de Bologne • L'enseignement des sciences dans les universités • Présence des femmes dans l'université.
✉ cavazza@philo.unibo.it

1522. **Cave, Christophe** 11 rue Pouteau, 69001 Lyon, France. *U. de Grenoble III* / Voltaire • Presse d'Ancien Régime • *Mémoires secrets* (dits de Bachaumont) • Pidansat de Mairobert.
✉ christophe.cave@free.fr

1523. **Caviglia, María Jorgelina** Pasaje Húsares 476, 8000 Bahía Blanca, Argentina. *U. Nacional del Sur* / Mouvements populaires en Angleterre et en France • Histoire des femmes en Angleterre et en France.

1524. **Cavitch, Max** English Dept, University of Pennsylvania, 3340 Walnut St, Philadelphia, PA 19104-6273, USA. *U. of Pennsylvania.*

1525. **Caywood, Cynthia L.** Dept of English, University of San Diego, 5998 Alcala Park, San Diego, CA 92110, USA. *U. of San Diego* / Women writers.

1526. **Cazzaniga, Gian Mario** Dept of Philosophy, Università di Pisa, 82 Torricelli 3a, 56126 Pisa, Italy. *U. di Pisa* / Lumières et franc-maçonnerie • Métamorphose de la souveraineté.
✉ cazzaniga@fls.unipi.it

1527. **Ceballos Cuerno, Carmen** C/ Autonomia 21, N° 3, 39102 Santander, Spain.

1528. **Ceccarelli, Simonetta** Via Valsavaranche 2, 00141 Roma, Italy. / French Revolution • Italy • Canova, Antonio.
✉ s.ceccarel@tin.it

1529. **Cecchini, Bianca Maria** Via A. Volta 22, 50048 Viareggio, Italy. *U. della Valle d' Aosta* / Italian-Russian and Austro-Russian diplomatic relations.

1530. **Cederlund, Johan** Luthagsesplanaden 6b, 75225 Uppsala, Sweden. *Uppsala U.* / Swedish architecture.
✉ johan.cederlund@uadm.uu.se

1531. **Cederschiöld, Elizabeth** Långa raden 26, 183 52 Täby, Sweden.

1532. **Cegielski, Orof Tadeusz** Dept of History, Warsaw University, Sulkiewicza 7/16, 00-758 Warszawa, Poland. *Warsaw U.*

1533. **Celestine, Laurette** Résidence France Horizon B 215, Route des Religieuses, 97000 Fort-de-France (Martinique), France. *U. des Antilles et de la Guyane* / L'image du noir dans la littérature française • Bernardin de Saint-Pierre.
✉ laurette.celestine@martinique.univ-ag.fr

1534. **Centi, Beatrice** Via Ameglia 2 Int. 8, 16136 Genova, Italy. *U. di Parma* / La philosophie de Kant.

1535. **Cepeda Adan, José** C/ Povedilla 6, 28009 Madrid, Spain. / Histoire de Madrid.

1536. **Cepeda Gomez, Jose** C/ Rector Royo-Villanova 10 Portal 1, 5°A, Residencial Universitas, 28040 Madrid, Spain. *U. Complutense* / Histoire militaire et politique.

1537. **Ceretta, Manuela** Via Busoni 5, 43100 Parma, Italy.

1538. **Ceretti, Marinella** v. dei Liguri 19, 27100 Pavia, Italy. / Alessandro Verri.

1539. **Cermolacce, Alain** 18c avenue Albert 1er, 54150 Briey, France. *Lycée Louis Bertrand (Briey).*

1540. **Cernea, Elena** Faculty of Letters, Babes-Bolyai University, Str. Horea 31, 3400 Cluj-Napoca, Romania. *U. Cluj-Napoca* / German Enlightenment.

1541. **Cernovodeanu, Paul** Nicolae Iorga History Institute, Bd Aviatorilor 1, 71261 Bucuresti, Romania. *Académie roumaine* / South-East Europe: political, diplomatic and cultural history.

1542. **Cernuschi, Alain** Rue des Cerisiers 1, 2023 Gorgier, Switzerland. *U. de Lausanne* / Histoire et enjeux de l'encyclopédisme des Lumières en Europe • Musicographie des Lumières • Poétique des formes de pensée.
✉ alain.cernuschi@frmod.unil.ch

1543. **Cerny, Frantisek** Na poricním právu 4, 128 00 Praha 2, Czech Republic. / Theatre.

1544. **Cerruti, Georgio** Corso San Maurisio 71, 10124 Torino, Italy. *U. di Torino.*

1545. **Cerruti, Marco** Corso Montecucco 127, 10141 Torino, Italy. *U. di Torino* / Le classicisme en Italie • La littérature italienne autour de 1800 • Littérature d'inspiration politique, 1796-1799.

1546. **Cerutti, S. C.** Slingerbeekstraat 9-3, 1078 BH Amsterdam, Netherlands.

1547. **Cervani, Giulio E. Iole** Via Segantini 1/1, 34131 Trieste, Italy. *U. di Trieste* / State and society in Trieste.

1548. **Cervelli, Kenneth** 2010 Ulster Rd, North-West, #1509, Calgary, AB T2N 4C2, USA.

1549. **Cetti Marinoni, Bianca** Via Pellicciai 17, 37131 Verona, Italy. *U. di Verona* / Réception de Wieland en Italie • L'œuvre et la personnalité de J. H. Merck.

1550. **Chaber, Lois Anne** 213 Chase Side, Southgate, London, N14 5LE, UK. *American Intercontinental U. in London* / Samuel Richardson • The novel • Feminist approaches to literature.
✉ loisnel@themutual.net

1551. **Chabert, George** Klostergt. 78D, 7030 Trondheim, Norway. / Pensée politique • Histoire des idées.

1552. **Chabut, Marie-Hélène** Dept of Modern Languages and Literature, Lehigh University, 9 West Packer Avenue, Bethlehem, PA 18105-3162, USA. *Lehigh U.* / France • French Enlightenment • Correspondance littéraire • Le roman • French literature • Diderot • Women writers • Isabelle de Charrière.
✉ mc01@lehigh.edu

1553. **Chachaj, Malgorzata** Ul. Biernata z Lublina 31, 20-465 Lublin, Poland.

1554. **Chachulski, Tomasz** Ul. Nowowiejska 4 m.7, 00-649 Warszawa, Poland.
✉ tchachulski@wp.pl

1555. **Chacon, Vamireh** CP 153011, Dept de Ciência Política, Universidade de Brasília, 70910-900 Brasília/DF, Brazil. *U. de Brasília* / Political thought in colonial Brazil • Enlightenment • Reality and imagination • History of ideas • Political institutions.

1556. **Chacon Jimenez, Francisco** C/ Doctor Marañon 3, 1° C, 30008 Murcia, Spain. *U. de Murcia* / Famille et reproduction • Histoire urbaine.

1557. **Chaden, Caryn** Liberal Arts & Science, DePaul University, 990 West Fullerton Avenue #4200, Chicago, IL 60614 2458, USA. *DePaul U.*

1558. **Chadwick, Ruth** Centre for Professional Ethics, University of Central Lancashire, Preston, PR1 2HE, UK. *U. of Central Lancashire* / Medical ethics.

1559. **Chagniot, Jean** 23 rue de Normandie, 92600 Asnieres, France. *Ecole pratique des hautes études* / Histoire des institutions françaises • Choiseul • La tactique militaire • Les officiers de l'armée française.

1560. **Chaix, Gerald** 6 rue Lakanal, 37000 Tours, France. *U. de Tours* / Histoire de l'Allemagne • Histoire religieuse.

1561. **Chalmers, Alan D.** Dept of English, University of South Carolina, 800 University Way, Spartanburg, SC 29303-4996, USA. *U. of South Carolina* / 18c narrative • Swift • Representations of the 18c.

1562. **Chalmers, Hero A.** Fitzwilliam College, Cambridge, CB1 3AQ, UK. *U. of Cambridge* / 17c writing by women.

1563. **Chamayou, Anne** 17 rue de Dieppe, 59000 Lille, France. *U. d'Artois* / L'écriture épistolaire.

1564. **Chambe, Frédéric** Chemin Chantegrillet, Le Grillon D, 69340 Francheville, France.

1565. **Chamberlain Jr, Robert Allen** 31139 Princeton Avenue, P.O. Box 116, Emory, VA 24327-0116, USA. *CBM Technologies, Inc.* / History of medicine and science; the pedagogical theories used to institutionalise those disciplines.
✉ rob.chamberlain@teds.com

1566. **Chambers, Liam** Dept of History, Mary Immaculate College, University of Limerick, South Circular Road, Limerick, Ireland. *U. of Limerick* / Ireland, 1790-1803 • County Kildare • Irish migration to Europe in the early modern period • Irish in the University of Paris • Aristotelian-Cartesian debates • History of ideas in Ireland and France.
✉ liam.chambers@mic.ul.ie

1567. **Chammas, Jacqueline A.** 6300 Place Northcrest, App. 8G, Montréal, PQ H3S 2W3, Canada. *U. de Montréal* / French Enlightenment • Droit, littérature et société.
✉ jacqueline.chammas@umontreal.ca

1568. **Champarnaud, François** 1 bis rue de la Colonie, Apt 3, 27600 Gaillon, France. *C.E.S.* / Sade et la peinture • Sade adapté au théâtre et à la bande-dessinée • Sade et le Pape.

1569. **Champion, Justin** Dept of History, Royal Holloway College, Egham, Surrey TW20 OEX, UK. *U. of London* / Biblical criticism • English and French radicalism • John Toland and English deism • Print culture and public opinion • Early modern irreligion.

1570. **Chandler, Eric V.** 808 Coleman Avenue, apt 6, Menlo Park, CA 94025-2456, USA. *U. of California (Berkeley)* / Early 18c British literature • British publishing history • History of art exhibitions • Pope • Edmund Curll • Blake • The epistolary novel • Richardson.

1571. **Chandler, Katherine R.** P.O. Box 322, St Mary's College of Maryland, St Mary's City, MD 20686-9999, USA. *St Mary's C. of Maryland* / Late 18c British fiction.

1572. **Chang, Hueikeng** Foreign Languages & Literature, National Taiwan University, 1 Roosevelt Rd, Sec 2, Taipei 106, Taiwan. *National Taiwan U.* / Enlightenment • Genre criticism • Rhetorics • Cultural semiosis.

1573. **Channon, Merlin** 42 Church St, Eye, Suffolk IP23 7BD, UK. / Handel's anti-Jacobite oratorios, and their London performances, 1746-1774.

1574. **Chantell, Claire** University of Virginia, P.O. Box 400121, Charlottesville, VA 22904-4121, USA. *U. of Virginia.*

1575. **Chantler, Abigail** School of Music, Trinity College, 5 Trinity College, Dublin 2, Ireland. *Trinity C.*

1576. **Chao, Longqi** Institute of Qing History, Renmin University of China, 100872 Beijing, China. *Renmin U. of China* / China: Qing history.

1577. **Chapin, Chester F.** 141 Wellesley Crest. Cir #203, Redwood City, CA 94062 1745, USA. / Johnson • History of ideas • Literature and religion in Britain.

1578. **Chapin, Lisbeth A.** 803 East Matson Run Parkway, Wilmington, DE 19802, USA. *U. of Denver* / French Revolution • London • Church of England • Shelley • Grub Street • Swift.
✉ chapinb@earthlink.net

1579. **Chaplin, Sue** 78 Trafford Grove, Stretford, Manchester, M32 8LL, UK.

1580. **Chapman, Elizabeth** Taylor Institution Library, St Giles, Oxford, OX1 3NA, UK. *U. of Oxford.*

1581. **Chapman-Adisho, Annett** 2448 West Catalpa Avenue #3, Chicago, IL 60625-2224, USA.

1582. **Chappell, Michael** English Dept, Western Connecticut State University, 181 White St, Danbury, CT 06810, USA. *Western Connecticut State U.* / Samuel Johnson • Labour poetry.
✉ chappellm@wcsu.ctstateu.edu

1583. **Chapuis, Robert** 11 rue de Gex, 1210 Ferney-Voltaire, France.

1584. **Charara, Youmna** 10 Avenue Alphand, 75016 Paris, France. *U. de Bordeaux III* / L'image de la guerre dans le roman.

1585. **Charbonneau, Frédéric** Dépt de Langue et Littérature françaises, McGill University, 3460, McTavish, Montréal, PQ H2V2N1, Canada. *McGill U.* / France • French literature • Mémoires • Saint-Simon.
✉ frederic.charbonneau@mcgill.ca

1586. **Chard, Chloe** 77 Torriano Avenue, London, NW5 2SG, UK. / The gothic novel, travel and imaginative geography (primarily, Northern European accounts of travel in Italy), and art criticism and aesthetic theory • Laughter and comedy in travel writing.
✉ cchard@topography.u-net.com

1587. **Chard, Leslie F.** English Dept, University of Cincinnati, P.O. Box 210069, Cincinnati, OH 45221-0069, USA. *U. of Cincinnati.*

1588. **Chareyre, Bernadette** Prends Toi Garde Laurac, Buissine, 7110 Laurac-en-Vivarais, France.

1589. **Charitatos, Manos** 5 Agiou Andreou str., 10556 Athens, Greece.

1590. **Charles, Sébastien** Université de Sherbrooke, Faculté de théologie, d'éthique et de philosophie, Université de Sherbrooke, Sherbrooke, PQ J1J 1C3, Canada. *U. de Sherbrooke* / Reception of immaterialism during the Enlightenment, esp. in France, by the mediation of the problematic of scepticism.
✉ sebastien.charles@courrier.usherb.ca

1591. **Charles, Shelly** 42 bis rue Poliveau, 75005 Paris, France. *U. de Grenoble III* / Formation des modèles de la prose narrative en France • Rôle des textes non littéraires • Ecriture journalistique • Traduction.

1592. **Charles, Syliane** Dépt de philosophie, Université de Montréal, C.P. 6128, succ. Centre-ville, Montréal, PQ H3C 3J7, Canada.

U. de Montréal / Esthétique • Leibnitz • Spinoza • Baumgarten • Sentiment.
✉ sy_charles@yahoo.ca

1593. **Charles-Daubert, Françoise** 47 rue Manin, 75019 Paris, France. / Restif de La Bretonne.

1594. **Charleux, Jean** 8 rue Colette, 89000 Auxerre, France. / Restif de la Bretonne.

1595. **Charlton, Anne** 110 The Street, Shalford, Guildford, GU4 8BN, UK. / Utopian fiction • Anglophobic fiction, 1750-1800 • Bernardin de Saint-Pierre.

1596. **Charlton, David** 23 Eckstein Rd, London, SW11 1QE, UK. *U. of London* / The Comédie-Italienne (Paris) • Evolution of opéra-comique • Sedaine and theory of lyric stage.

1597. **Charnley, Joy** Dept of Modern Languages, University of Strathclyde, 26 Richmond St, Glasgow, G1 1XH, UK. *U. of Strathclyde* / Pierre Bayle.

1598. **Charpentier, Michel Georges** 20 rue Jean-Rostand, 94880 Noiseau, France. *Lycée Marcelin-Berthelot (Saint-Maur)* / Contes de Voltaire.

1599. **Charpillat, Claudie** 6 rue du Bois du Tilleul, 70000 Quincey, France. *U. de Paris VII* / Esthétique théâtrale et esthétique romanesque chez Henry Fielding.

1600. **Charrak, André** 17 rue de la Fontaine d'Yvette, 91140 Villebon-sur-Yvette, France. / La résonance du corps sonore.

1601. **Charrier-Vozel, Marianne-Laure** Résidence Haute Rive, bâtiment B, 22300 Lannion, France. *U. de Rennes II* / Les romans épistolaires de Mme Riccoboni • Les secrétaires et les correspondances.
✉ marianne.charrier@iut-lannion.fr

1602. **Chartier, Joël** 56 boulevard Romain Rolland, 77220 Gretz, France.

1603. **Chartier, Pierre** 12 rue Emile Faguet, 75014 Paris, France. *U. de Paris VII* / Diderot: mystification • Problèmes de la fiction • Théorie de la représentation.

1604. **Chartier, Roger** 55 avenue Georges Clémenceau, 92330 Sceaux, France. *Ecole des hautes études en sciences sociales* / Histoire du livre • Socio-histoire des pratiques de lecture et imprimés.

1605. **Chastang, Marie-Laure** 55 rue Paul-Barruel, 75015 Paris, France. *Bibliothèque nationale* / Voltaire • History.

1606. **Chastel-Rousseau, Charlotte** 66 Chesilton Road, London, SW6 5AB, UK. *U. de Paris I* / Royal monuments and public urban space in Georgian Great Britain.
✉ chastel@rousseau.freeserve.co.uk

1607. **Chatalina, Nina** Prospekt Lounatcharskogo 42, 2, 32, 194356 St. Pétersbourg, Russia. *Musée Derjavin* / G. R. Derjavin.

1608. **Châtel, Laurent** 28 rue du Plateau, 75019 Paris, France. *U. de Paris III* / William Beckford • Landscape and garden aesthetics • British literature and culture, 1760-1840.

1609. **Chatelard, Marie-Claire** 8 rue du Moulin, 64000 Pau, France. *U. de Pau* / Ducray-Duminil et les débuts du roman populaire français.

1610. **Châtellier, Louis** Université de Nancy II, 12 rue de la Côte, 54000 Nancy, France. *U. de Nancy II* / Naissance du catholicisme moderne.

1611. **Chautru, Paul** Le Roc, CAC Sarl, 24640 Le Change, France.

1612. **Chavarri de la Mora, Macarena** C/ Jose Abascal 59, 28003 Madrid, Spain.

1613. **Chaves, Joseph** 113 Bedford Avenue, Apt. 2L, Brooklyn, NY 11211-1151, USA. *Rutgers U.*

1614. **Chaves, Vania Pinheiro** Rua Gen. José Celestino da Silva 8-6° Esq., 1500 Lisboa, Portugal.

1615. **Checa Beltrán, José** C/ Juan Duque 29, 2° E., 28005 Madrid, Spain. *Consejo Superior de Investigaciones Científicas* / Théorie de la littérature • Poétique et rhétorique.

1616. **Checketts, Richard** 31a Stanley Road, Oxford, OX4 1QY, UK.

1617. **Cheek, Pamela L.** Dept of Foreign Languages and Literatures, University of New Mexico, 327B Ortega Hall, Albuquerque, NM 87131, USA. *U. of New Mexico* / Atlantic Ocean • Britain • France • Theatre • Enlightenment (concept) • British Enlightenment • French Enlightenment • Travel literature • Image of Orient • English literature • French literature • Political economy.
✉ pcheek@unm.edu

1618. **Chelly, Malika** 6 H.L.M. le Pré-Rond, 63500 Issoire, France. *U.F.R. de Clermont-Ferrand* / Bonheur et religion autour de Diderot, Voltaire, La Mettrie, Helvétius, d'Holbach (1740-1780).

1619. **Cheminade, Christian** 27 rue de Moscou, 75008 Paris, France. / Gabriel-François Coyer • Histoire des idées • Pensée politique • Hôpitaux • Santé publique • La référence à l'histoire des origines nationales dans les débats politiques.

1620. **Chen, Hong** Dept of English, Chinese University of Hong Kong, Shatin, New Territories, Hong Kong. *Chinese U. of Hong Kong.*

1621. **Chen, Hua** Institute of Qing History, Renmin University of China, 100872 Beijing, China. *Renmin U. of China* / China: Qing history.

1622. **Chen, Li-Ching** Broekweg 12, 6586 AT Plasmolen, Netherlands. *Reading U.* / Fanny Burney and madness.

1623. **Chen, Lianyin** Institute of Qing History, Renmin University of China, 100872 Beijing, China. *Renmin U. of China* / China: Qing history.

1624. **Chen, Qiang** Institute of Qing History, Renmin University of China, 100872 Beijing, China. *Renmin U. of China* / China: Qing history.

1625. **Chen, Yaping** Institute of Qing History, Renmin University of China, 100872 Beijing, China. *Renmin U. of China* / China: Qing history.

1626. **Chen, Zuwu** Institute of History, Chinese Academy of Social Sciences, 5 Jian Nei Da Jie, 100732 Beijing, China. *Chinese Academy of Social Sciences* / China: intellectual history.

1627. **Cheneval, Francis** Philosophisches Sem., UNI Zürich, Schmiedeweg 2, 3248 Worblaufen, Switzerland. *U. Zürich* / Social and political philosophy • Rousseau • Cosmopolitanism.

1628. **Cheney, Paul B.** Dept of History - Social Sciences Division, University of Chicago, 205 Gates Blake Hall, 60637 Chicago, IL, USA. *U. of Chicago* / Development of European economic thought, esp. French • Economic thought and contextual history of political philosophy.
✉ cheney@uchicago.edu

1629. **Cheng, Chongde** Institute of Qing History, Renmin University of China, 100872 Beijing, China. *Renmin U. of China* / China: Qing history.

1630. **Chérif, Hamadi** Faculté des sciences humaines et sociales, Boulevard du 9 avril, Tunis, Tunisia. *U. de Tunis I.*

1631. **Cherif, Taoufik** 17 rue Charles de Gaulle, 1000 Tunis, Tunisia. *U. de Tunis I* / Esthétique arabe.

1632. **Chernaik, Warren** 124 Mansfield Road, London, NW3 2JB, UK. *U. of London* / Literature and politics • Restoration literature.

1633. **Cherni, Amor** Université Blaise Pascal, U.F.R. lettres et science humaines, Dépt de philosophie, 29 bd Gergovia, 63037 Clermont-Ferrand, France. *U. de Clermont-Ferrand II* / Sciences biologiques.

1634. **Cherni, Zeïneb Ben Saïd** 5 rue Bader, 2010 Manouba Centre, Tunisia. *U. de Tunis I* / P.-J.-G. Cabanis • Antoine Destutt de Tracy.

1635. **Chernokozhev, Nikolay** Sofia University, 15 Tsar Osvoboditel Blvd., Sofia 1000, Bulgaria. *Sofia U.*
✉ tsch@slav.uni-sofia.bg

1636. **Chernykh, Irina D.** 82 Chkalova Str., apt 13, Nikolaev 327055, Ukraine. *Nikolaev Pedagogical Institute* / Oriental society and culture.

1637. **Chery-Sobolewski, Josette** 5 villa Curial, 75019 Paris, France. / Mme Riccoboni épistolière.

1638. **Chevalier, Noel** Dept of English, Luther College, University of Regina, Regina, SK S4S 0A2, Canada. *U. of Regina* / Drama • Colonialism • Frances Burney (and Burneys) • Music and musical theatre.

1639. **Chevallier, Caroline** Bäverns gränd 18 B, 753 19 Uppsala, Sweden.

1640. **Chevallier, Pierre** 7 avenue de la duchesse du Maine, 92330 Sceaux, France. / Johann Karl Wezel et le roman allemand • La société en Allemagne, en part. les précepteurs et les paysans • Le roman allemand: voyages imaginaires, utopies.

1641. **Chevignard, Bernard** Salmaise, 21690 Verrey S/Salmaise, France. / Relations de voyage en Amérique du Nord (1763-1800) • Saint-John de Crèvecœur.

1642. **Cheymol, Guy** 5, rue Xavier de Fourvières, 84000 Avignon, France. *U. d'Avignon* / La notion de tolérance en Europe, 1670-1734 • De la tolérance à la liberté religieuse, 1734-1789.

1643. **Chi, Yunfei** Dept of History, Capital Normal University, 100037 Beijing, China. *Capital Normal U.* / China: Qing history.

1644. **Chiarini, Paolo** Via T. Salvini 2/A, 00197 Roma, Italy. *U. di Roma.*

1645. **Chibka, Robert L.** 200 Temple St, West Roxbury, MA 02132-3807, USA. *Boston C.* / English novel • Laurence Sterne • Narrative strategies.

1646. **Chico, Tita** Dept of English, Texas Tech University, Box 43091, Lubbock, TX 79409, USA. *Texas Tech U.*

1647. **Chigareva, Evgenia** Bolshoi Gnezdnikorski, 10-704, Moscow, Russia. *State Moscow Conservatory* / Mozart and the opera; cultural and musical background to Mozart's operas • Austrian culture • Enlightenment in Austria • Mozart and Goethe.

1648. **Child, Elizabeth** Trinity College, 125 Michigan Avenue North-East, Washington, DC 20017, USA. *Trinity C.* / Writing by women • The novel.
✉ childe@trinitydc.edu

1649. **Child, Paul William** Dept of English, Sam Houston State University, Box 2146, Huntsville 77341, TX, USA. *Sam Houston State U.* / Britain • Scriblerians • Royal Society • English literature • *Clarissa* • *Gulliver's travels* • *The Spectator* • Medicine • Social history • Quackery • Locke • Swift • Daniel Turner • George Cheyne.
✉ eng_pwc@shsu.edu

1650. **Childs, Nick** 2 Sydenham Way, Dorchester, DT1 1DN, UK. / The abbé Alary.

1651. **Chilton, Leslie A.** DUAS, Arizona State University, Tempe, AZ 85287-3801, USA. *Arizona State U.* / Fénelon • Smollett • Goldsmith • The Jesuits.

1652. **Chimeddorji, Jakhadai** Academy of Mongolian Studies, Inner Mongolia University, 010021 Hohhot, China. *Inner Mongolia U.* / Mongolia in the Qing era • Altaic philology.

1653. **Chinen, Hideyuki** 1795 Tsuchiya, Omiya-shi, 331 Saitama, Japan. *Ryutsu-Keizai U.* / Smith, Kant and Weber.

1654. **Chiosi, Elvira** Via Santa Lucia 133, 80132 Napoli, Italy. *U. di Napoli* / Histoire des institutions culturelles.

1655. **Chiquet, Laurent** 20 rue de l'écrevissière, 41150 Onzain, France. / La médecine • Montesquieu.
✉ laurent.chiquet@wanadoo.fr

1656. **Chisacof-Brad, Lia** Str. Al. Petofi 6, 71304 Bucuresti, Romania. *Institut d'études sud-est européennes* / Impact of Diderot on the literature written in the Romanian principalities • The role of dictionaries • Authorship.

1657. **Chisholm, Duncan** 6 St Gabriel's Road, London, NW2 4RY, UK. / Handel • Baroque music drama.

1658. **Chisick, Harvey** Dept of General History, University of Haïfa, 31905 Haifa, Israel. *U. of Haïfa* / The journalism of the Enlightenment: l'*Année littéraire* et le *Journal encyclopédique* • The poor in France • The notion of moral crisis in the late Enlightenment • The relation of politics to morality in the Revolution.

1659. **Chitnis, Anand Chidamber** 5 Tudor Wood Close, Southampton, SO16 7NQ, UK. *La Sainte Union C. of Higher Education* / The Scottish Enlightenment.

1660. **Chiu, Frances** 535 North Michigan Avenue, Apt. 1608, Chicago, IL 60611-3810, USA.

1661. **Chiu, Frances Anne** St Hilda's College, Oxford, OX4 1DY, UK. *U. of Oxford* / Lord Chesterfield • William Blake.

1662. **Chizuka, Tadami** 5-40-2 Shimouma, Setagaya-ku, 154 Tokyo, Japan. *Ochanomizu U.* / La Révolution française.

1663. **Chmelík, Otto** SOA Litomerice, pobocka Decín, Zbrojnická 14 / 1, 405 02 Decín 4, Czech Republic.

1664. **Cho, Ailee** KIT Apt 11-302, Kajeong-dong, Yuseong-gu, Daejeon, South Korea. *K.A.I.S.T.* / English novel.

1665. **Choi, In-Whan** Dept of English, Taejon University, Yongwoon-dong, Dong-gu, Taejon, South Korea. *Taejon U.* / British novel.

1666. **Choi, Julie** Dept of English Language and Literature, Ewha Women's University, 11-1 Daehyun-dong, Seodaemun-gu, Seoul, South Korea. *Ewha Women's U.* / Relations between moral philosophy and the novel • Political economy, aesthetics and the discourse of taste. Women writers.
✉ julie@ewha.ac.kr

1667. **Choi, Kab-Soo** Kyungnam Apt 6-705, 1028-1 Bangbae-3-dong, Seocho-gu, Seoul, South Korea. *Seoul National U.* / France • French Revolution.

1668. **Choi, Kang-Hoon** 3-14-21-1001 Shimoochiai, Shinjuku-ku, 161-0033 Tokyo, Japan. *Hosei U.* / Architecture.

1669. **Choppin de Janvry, Olivier** 6 bis Grande Rue, 78290 Croissy sur Seine, France.

1670. **Choudhury, Mita** Ivan Allen College, Georgia Institute of Technology, Atlanta, GA 30332-0525, USA. *Georgia Institute of Technology*

/ Postmodern approaches to reading British culture and performance practices • Public culture in relation to theatres and performance arenas • Mass culture and the postmodern human condition.
 mita.choudhury@iac.gatech.edu

1671. **Choudhury, Mita** History Dept, Vassar College, 124 Raymond Avenue, Box 711, Poughkeepsie, NY 30332-0525, USA. *Vassar C.*

1672. **Choudhury Talukdar, Suchitra** 42 Moorside Drive, Carlton Grange, Carlisle, Cumbria CA1 3TF, UK. / Cultural life of Britain in the long 18 c • Portrayal of women in literature • British colonisation of India • The image of India in the occidental mind.
 suchichoudhury@aol.com

1673. **Choudin, Lucien** 761 route Bellevue, 01280 Prévessin-Moëns, France. / Les dents de Voltaire • Histoire ancienne de Fernex • *Journal* du curé Delacroix • *Deo Erexit Voltaire MDCCLXI.*
 lc@c18.org

1674. **Chouillet, Anne-Marie** 7 route de la Reine, 92100 Boulogne, France. / Diderot: l'*Encyclopédie* • D'Alembert: œuvres, manuscrits, correspondance.
 encyc@club-internet.fr

1675. **Chrisman-Campbell, Kimberly** Dept of French, King's College, University of Aberdeen, Taylor Building, Aberdeen, AB24 3UB, UK. *U. of Aberdeen* / Fashion, art and gender.
 k.chrisman@abdn.ac.uk

1676. **Chrissochoidis, Ilias** Braun Music Center, Stanford University, 541 Lasuen Mall, Stanford, CA 94305-3003, USA. *Stanford U.*

1677. **Christensen, Birgit** Wettingerwies 2, 8001 Zürich, Switzerland. / Natural philosophy • Natural sciences and their influence on philosophy • French materialism • La Mettrie.
 bctm@access.ch

1678. **Christensen, Charlotte** Lykkes Holms Alle 10, 1902 Frederiksberg C, Denmark.

1679. **Christensen, Erik M.** Flade Klit 16, 7900 Nykøbing Mors, Denmark. / Literature • History of ideas.

1680. **Christensen, Peter** Institut for Nordisk Sprog og Litteratur, Aarhus Universitet, Trøjborg, Niels Juelsgade 84, 8200 Århus N, Denmark. *Aarhus U.*

1681. **Christensen, Thomas** School of Music, University of Chicago, 1010 East 59th St, Chicago, IL 60637 1512, USA. *U. of Chicago* / Music: opera, theory and aesthetics • Rameau, Diderot.

1682. **Christensson, Jakob** Avd. för idé- och lärdomshistoria, Lunds universitet, Kungshuset, 222 22 Lund, Sweden. *Lunds U.* / Swedish Enlightenment • Scandinavian Enlightenment.

1683. **Christmas, William J.** English Dept, San Francisco State University, 1600 Holloway Ave, San Francisco, CA 94132 1722, USA. *San Francisco State U.*

1684. **Christodoulou, George A.** 10 Chalcocondylis St, 16346 Athens, Greece. *U. of Athens* / Greek palaeography and textual criticism • History of classical scholarship • Sophocles.

1685. **Christof, Dipper** Duerer str. 35, 64291 Darmstadt, Germany.

1686. **Christov, Theodore K.** Dept of Political Science, U.C.L.A., 4289 Bunche Hall, Los Angeles 90034, CA, USA. *U.C.L.A.* / Imperialism • Theological foundations of British imperialism and the role of Protestant thought in the shaping of the concept of the Empire.
 christov@ucla.edu

1687. **Christy, T. Craig** Dean, College of Arts and Sciences, University of North Alabama, Box 5021, Florence, AL 35632-0001, USA. *U. of North Alabama* / Semiotics • Semantics • Grammaticalisation • Etymology • Linguistics • Intellectual history.

1688. **Chung, Chul-Woong** 50-3 Namgajwadong, Seodaemun-gu, Myongji University, 120-728 Seoul, South Korea. *Myongji U.* / Chinese history • Socio-economic history of Ming and Ch'ing period.

1689. **Chung, Chung-Ho** 731-4 Banpo-dong, Seocho-gu, 131-041 Seoul, South Korea. *Chungang U.* / British literature • Literary criticism and theory • Comparative literature.

1690. **Chung, Ewha** Dept of English, Sungshin Women's University, 249-1, 3ka, Dongsun-dong, Sungbukku, Seoul 136 42, South Korea. *Sungshin Women's U.*

1691. **Chung, Hyung-Ji** 305-206 Family APT, Moonjung-dong, Songpa-gu, Seoul, South Korea. *Osan Technical C.* / Modern history of Korea • Socio-economics.

1692. **Chung, Ji-Young** Institute of Humanities, Seoul National University, San 56-1 Shinlim-dong, Kwanak-gu, 151-742 Seoul, South Korea. *Seoul National U.* / French literature • Linguistics • Stylistics.

1693. **Churgin, Bathia** Dept of Music, Bar Ilan University, 52900 Ramat Gan, Israel. *Bar Ilan U.* / Classic symphony • Beethoven • G. B. Sammartini.

1694. **Chvátilová, Lucie** Sládkovicova 1306/11, 142 00 Praha 4, Czech Republic. *U. Karlova* / Musicology • Venetian opera • Opera in the Czech lands.

1695. **Chvidkovski, Dmitry** Bolchaia Dorogomilovskaia oul. 7, 90, 121151 Moscou, Russia. *Académie des Beaux-Arts de Russie* / Urbanisme européen • Charles Cameron.

1696. **Ciancio, Luca** Via Coslop 7, 38068 Rovereto (TN), Italy. *U. di Verona* / Geology and natural history • Scientific correspondences • Science and power.

1697. **Ciappara, Frans** Nahla, Anthony Valletta Str., B'Kara, Malta BKR 13, Malta.

1698. **Ciavirella, Piera** Corso Quintino Sella 92/A, 10131 Torino, Italy.

1699. **Cicalese, Maria Luisa** Via Medardo Rosso 18, 20159 Milano, Italy.

1700. **Cienski, Andrzej** Ul. Mikulskiego 10, 52-420 Wroclaw, Poland.

1701. **Cienski, Marcin** Ul. Czarnieckiego 76/5, 53-627 Wroclaw, Poland. *U. Wroclaw* / Littérarture et paysage • Relations littéraires polono-allemands • Littérature, mimes et mélancholie • Manan Rescaut de Prévost.
✉ skibin@uni.wroc.pl

1702. **Ciliberto, Michele** Via P.A. Mattioli 51, 50139 Firenze, Italy.

1703. **Cillerai, Chiara** Dept of English Literature, Rutgers University, 510 George St, 08901 New Brunswick, NJ, USA. *Rutgers U.* / Early-American literature with a focus on transatlantic relations • Intersection between nationalism and cosmopolitanism • Early-American travel narratives and correspondences.
✉ chiarac@rci.rutgers.edu

1704. **Cillessen, Wolfgang** Marchlewskistr. 25, 10243 Berlin, Germany. *Technische U. Berlin* / Paris • Language of the body • The body.

1705. **Cinnella, Nicola** Via S. Visconti 19, 70122 Bari, Italy.

1706. **Cioccolo, Floriana** Via Fosse Ardeatine 11, 43100 Parma, Italy. *Conservatorio di Musica Arrigo Boito (Parma)* / Garden history.

1707. **Ciofalo, John** Dept of Art History & Art, Case Western Reserve University, 11201 Euclid Avenue, Cleveland, OH 44106-1717, USA. *Case Western Reserve U.*

1708. **Cioffi, Rosanna** Via B. Cavallino 61/C, 80131 Napoli, Italy. / Art et idéologie.

1709. **Cipolloni, Marco** Piaza Ospedale Pastorino 5/2, 16162 Genova, Italy. / Littérature et société • Culture et pensée politique.

1710. **Cipriani, Giovanni Marco** Dept of History, Università di Firenze, Via S. Gallo 10, 50129 Firenze, Italy. *U. di Firenze* / Histoire de la santé et de la médecine • L'influence de l'antiquité sur la vie culturelle italienne.
✉ gcipriani@dada.it

1711. **Cirrincione d'Amelio, Ludovica** Via G. Nicotera 8, 00195 Roma, Italy. / Sabatier de Castres et les anti-philosophes • Contre-révolution et littérature.

1712. **Cisar, Mary Ann** Dept of Romance Languages, St Olaf College, 1520 St Olaf Ave, Northfield, MN 55057-1574, USA. *St Olaf C.* / Mme Roland • Women • Autobiography.

1713. **Cisotti, Virginia** Via Nino Bixio 38, 20145 Milano, Italy. *U. di Milano.*

1714. **Citton, Yves** 101 Boulevard Saint Michel, 75005 Paris, France. *U. of Pittsburgh* / French Revolution • France • Physiocrats • French literature • Spinozism • Political economy • Diderot • Potocki • Quesnay • Rousseau • Spinoza.
✉ citton@pitt.edu

1715. **Claésson, Dick** Kastellgatan 14, SE 413 07 Göteborg Göteborg, Sweden. *Göteborgs U.* / The life and works of William Beckford of Fonthill (1760-1844).
✉ dick.claesson@ordfabriken.com

1716. **Clairmont, Heinrich** Heidestr. 60a, 44581 Castrop-Rauxel, Germany. / History of philosophy • Anthropology • Aesthetics • Epistemology • Hermeneutics.

1717. **Clancey, Richard W.** 12900 Lake Avenue, Apt. #1906, Cleveland, OH 44107-1559, USA. *John Carroll U.* / Samuel Richardson • Education in England.

1718. **Clapp, B. W.** The Rookery, Pitney, Langport, Somerset TA10 9AS, UK. / Environmental history • Proverbs.

1719. **Clark, Andrew H.** Dept of Modern Languages and Literatures, Fordham University, 113 West 60th St, New York, NY 10023-7484, USA. *Fordham U.* / Diderot, physiology and aesthetics in Western Europe.
✉ anclark@fordham.edu

1720. **Clark, Anna K.** History Dept, University of Minnesota, 267 19th Avenue South, Minneapolis, MN 55455-0499, USA. *U. of Minnesota.*

1721. **Clark, Charles** 2 Thompson Lane, Durham, NH 03824-3021, USA.

1722. **Clark, Christopher** Dept of History, University of Warwick, Coventry, CV4 7AL, UK. *U. of Warwick* / Social, economic, and cultural history of North America, esp. New England.
c.clark@warwick.ac.uk

1723. **Clark, Fiona** Dept of Spanish and Portuguese, Queen's University, 8 University Square, Belfast, Down BT7 1NN, UK. *Queen's U.* / The *Gazeta de Literatura de México, 1788–1795*, edited by José Antonio Alzate y Ramírez • The Enlightenment in New Spain.
fio_uk@yahoo.com

1724. **Clark, Jonathan C. D.** Dept of History, University of Kansas, Hall Center for the Humanities, University of Kansas, 1540 Sunflower Drive, Lawrence, KS, USA. *U. of Kansas* / British, Irish and American history, 1660-1832, esp. religious, cultural, ideological and political.
jcdclark@ku.edu

1725. **Clark, Jonathan C. D.** Callaly Castle, Alnwick, Northumberland NE66 4TA, UK.

1726. **Clark, Karen M.** English Dept, University of Alberta, Edmonton, AB T6G 2E5, Canada. *U. of Alberta* / Constructions of whiteness in contact narratives • Government and church documents in Canada.

1727. **Clark, Kim J.** 58 Berwick Road, Custom House, London, E16 3DS, UK. / The works of Benjamin Constant, their social and political significance • Pre-Romanticism • The works of Madame de Stael • The Coppet Group • Post-revolutionary literature, culture, politics and society.

1728. **Clark, Lesley** Calle Satistegui 4, Algorta, Getxo, 48990 Vizcaya, Spain. / Gothic literature.

1729. **Clark, Lorna** 2111 Fairbanks Avenue, Ottawa, ON K1H 5Z2, Canada. / Women writers • History of the novel • Editing • Bibliography.

1730. **Clark, Lorraine** English Dept, Lady Eaton College, Trent University, Pettersborough, ON, Canada. *Trent U.*

1731. **Clark, Rex** Dept of Germanic Languages and Literatures, University of Kansas, 1445 Jayhawk Boulevard, Lawrence, KS 66045, USA. *U. of Kansas* / 1Travel literature and utopian fiction • Definitions of culture in German thought • Representations of colonialism and globalisation in literature • Works of Alexander von Humboldt.
rexclark@ku.edu

1732. **Clark, Robert** 5 Devonia Road, Islington, London, N1 8JQ, UK. *U. of East Anglia* / Literature • Economics • Politics • Philosophy.

1733. **Clark, Stuart** Dept of History, University of Wales, Swansea, SA2 8PP, UK. *U. of Wales (Swansea)* / Intellectual and cultural history, 16-18c • History of vision.

1734. **Clarke, Desmond** Dept of Philosophy, University College, Corcaigh, Ireland. *National U. of Ireland (Cork)* / Locke • Toland • History and philosophy of science • Nations and nationalism • Toleration.

1735. **Clarke, Stephen** Tabards, 6 Church St, Ewell, Surrey KT17 2AS, UK. / Horace Walpole; William Beckford; John Britton • The early Gothic revival • Laurence Sterne • The country house.

1736. **Claveres, Marie-Hélène** 30 avenue Clemenceau, Le Cardinal, 34000 Montpellier, France. *U. de Montpellier III* / L'histoire de l'enseignement du français et de l'anglais.

1737. **Clavilier, Cathérine** 26 rue Henri Menier, 77360 Vaires S/ Marne, France.

1738. **Claydon, Tony** School of History and Welsh History, University of Wales, Bangor, Gwynedd LL57 2DG, UK. *U. of Wales (Bangor)* / Protestantism and national identity, 1650-1750 • William III.

1739. **Cleary, Richard** 709 East 45 1/2 St, Austin, TX 78751 4024, USA. / Architectural history • Urban history • Women and architecture.

1740. **Cleary, Scott** Dept of English, New York University, 19 University Place, New York 10003, NY, USA. *New York U.* / English Restoration • South Sea Bubble • Scriblerians • Homer controversy • English literature • Catholicism • *A tale of a tub* • *Iliad* • Grub Street • Pope • Smart • Swift • Warburton, William.
library_cormorant@hotmail.com

1741. **Cleary, Thomas R.** Dept of English, University of Victoria, P.O. Box 3045, Victoria, BC V8W 3P4, Canada. *U. of Victoria* / Fielding and politics • The Baroque and the Palladian in literature and the other arts.

1742. **Clegg, Jeane** U of Aquila, Piazza Santa Margherita 2, 67100 L'Aquila, Italy. *U. of Aquila* / Literary texts and the developments of modern institutions in Britain • The role of the theatre, the novel, historiography and pamphlet literature in de-constructing the Revolution of 1688-1689.
✉ jfclegg@cc.univaq.it

1743. **Clemens, T. H. J.** Comeniuslaan 17, 3706 XA Zeist, Netherlands. / Piety in the Low Countries, esp. devotional printing • Theology in the Low Countries 1600-1900 • Identity and conflict in Dutch Church history.
✉ tclemens@ktu.nl

1744. **Clément, Alain** 39 rue James Cane, 37000 Tours, France. *U. de Tours* / La question des blés sous la Révolution • Le secours alimentaire • Sciences économiques.

1745. **Clement, Nicolas** 24 rue Crémieux, 75012 Paris, France. / Abbé Alary, académicien et fondateur de l'Entresol • Philibert Varenne de Fenille, agronome • Jacques Varenne, secrétaire des États de Bourgogne • Jean-François-Hippolyte Lecomte.
✉ nclement@lesechos.fr

1746. **Clements, Candace** 3313 Westridge St, Houston, TX 77025, USA. / French art • Book illustration • Artistic education.

1747. **Clemit, Pamela Anne** Dept of English, University of Durham, Elvet Riverside, Durham, DH1 3JT, UK. *U. of Durham* / Literature and history • Rational dissent, esp. polemical writings of the 1790s.

1748. **Clercq, Robert O. de** Kaiserstr. 76/1/16, 1070 Wien, Austria. / Music and poetry, Vienna 1780-1830 • Schubert(iana).

1749. **Clerici, Luca** Via A. Stoppani 10, 20129 Milano, Italy.

1750. **Clero, Jean-Pierre** 135 rue Chasselièvre, 76000 Rouen, France. *Centre de recherche sur le matérialisme* / Les philosophies de Hume, Bentham, Berkeley, Mandeville • La philosophie des passions • Les mathématiques, en part. des probabilités chez T. Bayes.

1751. **Clery, Emma J.** Dept of English, School of Cultural Studies, Sheffield Hallam University, Collegiate Crescent, Sheffield, S10 2BP, UK. *Sheffield Hallam U.* / Women's writing • Novel, esp. gothic • Canadian history.

1752. **Clingham, Greg** Dept of English, Bucknell University, Moore Avenue, Lewisburg, PA 17837, USA. *Bucknell U.* / Memory as the central narrative and historical form of rendering experience during the years 1660-1830 • The postmodernity of Enlightenment thinking about national identity.
✉ clingham@bucknell.edu

1753. **Cloer, Ernst** Institut für Pedagogik, Hochschule Hildesheim, Marienburger Platz 22, 31141 Hildesheim, Germany. *Hochschule Hildesheim* / Childhood and youth.

1754. **Clogg, R.** 46 Collingwood Avenue, London, N15 4LD, UK.

1755. **Clouse, Robert G.** Dept of History, Indiana State University, Terre Haute, IN 47809, USA. *Indiana State U.* / Millennialism in Western Europe.

1756. **Cloutier, Annie** 396 18ème rue, app. 4, Québec, PQ, Canada. *U. Laval* / Louis-Sébastien Mercier.

1757. **Clymer, Lorna** 3020 E California Boulevard, Pasadena, CA 91107-5304, USA.

1758. **Cobelens, M. A.** J. Luykenstraat 45, 1071 CL Amsterdam, Netherlands.

1759. **Coccaro, Janet** 901 Keystone Drive, Cleveland Heights, OH 44121-2035, USA.

1760. **Cock, Randolph** Selwyn College, University of Cambridge, Cambridge, CB3 9DQ, UK. *U. of Cambridge* / Naval and maritime history • Science, technology and exploration.

1761. **Coco, Antonio** Via Androne 27, 95124 Catania, Italy. *U. di Catania* / Histoire de l'Université.

1762. **Codignola, Luca** Corso Carbonara 10 a, 16125 Genova, Italy. *U. di Genova* / Relations between Italy and North America.

1763. **Codr, Dwight D.** Dept of English, Cornell University, 412 South Albany #10, Ithaca, NY 14850, USA. *Cornell U.* / Narrative representations of cultural changes spurred by the English financial revolution (1680-1710).
✉ ddc23@cornell.edu

1764. **Cody, Lisa Forman** Dept of History, Claremont McKenna College, 850 Columbia Avenue, Claremont, CA, USA. *Claremont McKenna C.* / Britain • British colonies • France • Netherlands • Enlightenment (concept) • Political economy • Medicine • Social history • Salons • Satirical cartoons.
✉ lisa.cody@claremontmckenna.edu

1765. **Coelen, B. J.** A.M. de Jonglaan 37, 3221 VA Hellevoetsluis, Netherlands.

1766. **Coelho, António Borges** Av. da República, 1511 -2º A, 2775 Parede, Portugal. / Cultural history • History of ideas •

Inquisition • History of Portugal • Portuguese culture.
☞ socios@spesxviii.pt

1767. **Coelho, António Macieira** Rua Mata de S. Mateus 21, Cruz Quebrada, 1495 Lisboa, Portugal. / Economics • Social history.
☞ socios@spesxviii.pt

1768. **Coenen, Ludwig** Schleiermacherstr. 4, 46325 Borken, Germany. *Gymnasium Remigianum Borken* / F. H. Jacobi • F. A. Mesmer.

1769. **Coeyman, Barbara** 709 East 45 1/2 St, Austin, TX 78751-4024, USA. / Musicology • Dance • Theatre.

1770. **Cohen, Emily Jane** 88 Hoff St #104, San Francisco, CA 94110-1216, USA.

1771. **Cohen, Estelle** Dept of History of Science, Science Centre 235, Harvard University, 1 Oxford St, Cambridge, MA 02138-2901, USA. *Harvard U.* / Gender and gynaecology • Gender, reproduction and the state, 1660-1860.

1772. **Cohen, Huguette S.** 303 Burkwood Court West, Urbana 61801-5934, IL, USA. *U. of Illinois (Urbana)* / France • Diderot, Denis.

1773. **Cohen, Ralph** English Dep.t, University of VA, Bryan Hall 219, Charlottesville, VA 22903, USA. *U. of VA* / Criticism and theory • Novel • Genre.

1774. **Cohen, Sarah Rachel** Art Dept, S.U.N.Y. at Albany, FA216, Albany, NY 12222, USA. *S.U.N.Y. (Albany)* / Watteau • Versailles.

1775. **Coigny, Didier** 14 avenue de Florimont, 1006 Lausanne, Switzerland.

1776. **Cointre, Annie** 37 A rue Daga, 57050 Metz, France. *U. de Metz* / English women writers • Translation.
☞ cointre@zeus.univ-metz.fr

1777. **Coirault, Yves** 103 avenue d'Italie, 75013 Paris, France. *U. de Paris IV* / Edition des œuvres du duc de Saint-Simon • Histoire, mémoires et autobiographie • Le portrait littéraire.

1778. **Colas-Fafian, Jordi** C. Valencia 21, Atic 2°, 8915 Badalona, Spain. / Roman épistolaire français.

1779. **Colburn, Glen** Morehead State University, UPO 663, Morehead, KY 40531, USA. *Morehead State U.*

1780. **Cole, Cathy J.** 315 Grandview Court, Iowa City, IA 52246, USA. / Relationships of opera and society in pre-Revolutionary France • Concept of 'nature' in opera criticism and in works by Rameau, Mondonville, and Gluck.
☞ cjcole@midway.uchicago.edu

1781. **Cole, Malcom S.** 7926 Ramsgate Avenue, Los Angeles, CA 90095, USA. / Viennese opera and sacred music, 1750-1800 • Instrumental music of Haydn, Mozart and Beethoven.

1782. **Coleborne, Bryan** Monash University, Gippsland Campus, Churchill, VIC 3842, Australia. *Monash U.* / Swift, esp. his work in Ireland • Anglo-Irish authors • Dublin Grub Street • Anglo-Irish poetry.

1783. **Coleman, Charly** Fondation des Etats-Unis, 15 Boulevard Jourdan, 75690 Paris, France. *Fondation des Etats-Unis.*

1784. **Coleman, Linda S.** 601 North Willis Avenue, Champaign, IL 61821-2707, USA. *Eastern Illinois U.*

1785. **Coleman, Patrick** Dept of French, U.C.L.A., Box 951550, 212 Royce Hall, Los Angeles, CA 90095, USA. *U.C.L.A.* / Emotions, sociability, and politics • Religion and Enlightenment.
☞ coleman@humnet.ucla.edu

1786. **Coles, Jane** Knowbury House, Nr Ludlow, Shropshire SY8 3LQ, UK.

1787. **Colesanti, Massimo** Via Padre Reginaldo Giuliani 12, 00154 Roma, Italy. *U. di Roma.*

1788. **Coley, Awen Anne M.** 24 Kayemoor Rd, Sutton, Surrey SM2 5HT, UK. / French literature.

1789. **Coley, Noel** 24 Kayemoor Rd, Sutton, Surrey SM2 5HT, UK. / History of science.

1790. **Colgan, Maurice L.** 21 Nab Wood Drive, Shipley, West Yorkshire BD18 4HP, UK. *U. of Bradford* / British aesthetic theory and the development of landscape gardening • Literary and philosophical sources of Irish nationalism.

1791. **Colin, Susi** 70 Mount Pleasant Turnpike, Denville, NJ 7834, USA.

1792. **Colin de Verdière, Gérard** La Picholine, 1636, chemin de la Tourelle, 83110 Sanary-sur-Mer, France. / Histoire • Lorraine • Administration • Armée • Artisans de Lorraine.

1793. **Colley, Linda Jane** European Institute, London School of Economics, Houghton St, London, WC2A 2AE, UK. *London School of*

Economics / Captives and renegades on imperial frontiers.

1794. **Collins, Jeffrey** Dept of Art History, University of Washington, Seattle, WA 98195-0005, USA. *U. of Washington (Seattle)* / Art and architecture, esp. Italian • Artistic patronage • American material culture.

1795. **Collins, Nancy W.** 64 boulevard de Courcelles, Paris 75017, France. *U. of London* / Emergence of dining rooms in Parisian residences.
✉ nancywcollins@yahoo.com

1796. **Collins, S. D.** Dept of Social and Economic Studies, University of Bradford, Bradford, West Yorkshire BD7 1DP, UK. *U. of Bradford* / Family history: esp. marriage, remarriage, children, stepfamilies • Natural affection.

1797. **Colombo, Angelo** Dept of Italian, Université de Rennes II, 6, Avenue Gaston Berger, 35043 Rennes, France. *U. de Rennes II* / Correspondance entre V. Monti et F. Albergati • Correspondance entre V. Monti et G. B. Bodoni • G. Tiraboschi's literary historiography • Dante.
✉ angelo.colombo@uhb.fr

1798. **Colombo, Paolo** Via Giambellino 41/A, 20146 Milano, Italy.

1799. **Colombo, Rosa Maria** Viale Gottardo 43, 00141 Roma, Italy. *U. di Roma* / English and American novels and periodicals.

1800. **Colon, Christine** English Dept, Wheaton College, 501 College Avenue, Wheaton, IL 60187-5593, USA. *Wheaton C.*

1801. **Colton, Judith** Dept of History of Art, Yale University, 56 High St, Box 20872, New Haven, CT 06510 2306, USA. *Yale U.* / Temples of virtue: gardening and politics in England • Family pantheons in baroque Italy • Monuments to genius in France.

1802. **Columbus, Thomas** 3259 Claar Avenue, Kettering, OH 45429 3444, USA.

1803. **Combe, Kirk** Dept of English, Denison University, Granville, OH 42023-1359, USA. *Denison U.* / Satire • Drama • New historicism.

1804. **Combes, André** I.D.E.R.M., 16 rue Cadet, 75009 Paris, France. / Etudes maçonniques.

1805. **Combes de Prades, Jean-François** Le Bois Menu, 3 rue du Louvre, 78220 Viroflay, France. / L'abbé Jean-Martin de Prades.

1806. **Comparato, Vittor Ivo** Dip. di scienze storiche, Università di Perugia, via Pascoli, 06123 Perugia, Italy. *U. di Perugia* / Italian philosophical and scientific culture • Italian historiography and political ideas • Travel literature of the Grand Tour.

1807. **Comparini, Lucie** Le Panoramic, 31 rue des Coteaux fleuris, 73000 Bassens, France. *U. de Savoie* / Théâtre de Carlo Goldoni • Théâtre, romans et traités de Pietro Chiari • Les figures du domestique • L'ascension sociale.
✉ muracciole.comparini@wanadoo.fr

1808. **Compton, Thorne** Theatre Dept, University of South Carolina, Columbia, SC 29208-, USA. *U. of South Carolina.*

1809. **Conaway, Charles** 1203 East Allendale Drive, Bloomington, IN 47401-8710, USA.

1810. **Conger, Syndy M.** 1357 Parkview Drive, Macomb, IL 61455 1254, USA. *Western Illinois U.* / Novel of sensibility (including Gothic novel) • Ann Radcliffe, Mary Shelley • Mary Wollstonecraft • Anglo-German literary relations.

1811. **Conlon, Michael J.** Dept of English, S.U.N.Y., Box 6000, Binghamton, NY 13902, USA. *S.U.N.Y. (Binghamton).*

1812. **Conlon, P. M.** 18 Sanders Boulevard, Hamilton, ON L8S 3J1, Canada. *McMaster U.* / Bibliographie chronologique.

1813. **Connell, Philip** Selwyn College, Grange Road, Cambridge, CB3 9DQ, UK. *U. of Cambridge* / Religion, politics and poetics in Britain during the long 18c • Poetry and politics in London • English literary historiography.
✉ pjc1007@cam.ac.uk

1814. **Conner, Susan P.** Office of the Dean, Florida Southern College, 111 Lake Hollingsworth Drive, Lakeland, FL 33801-5698, USA. *Florida Southern C.* / French Revolution and Napoleon • European women's history • Social history.

1815. **Connery, Brian A.** Dept of English, Oakland University, Rochester, MI 48309-4401, USA. *Oakland U.* / Swift • Gay • Satire.

1816. **Connolly, Claire** Cardiff University, P.O. Box 94, Cardiff, CF10 3XB, UK. *Cardiff U.* / Cultural history of Irish Romanticism.

1817. **Connolly, Sean Joseph** Dept of Modern History, Queen's University, 18 University Square, Belfast, BT7 1NN, UK. *Queen's*

U. / Political ideas • Elite and popular politics • Elite and popular religion.
✉ s.connolly@qub.ac.uk

1818. **Connon, Derek F.** Dept of French, University of Wales, Singleton Park, Swansea, SA2 8PP, UK. *U. of Wales (Swansea)* / French theatre, esp. Diderot and the 'drame' • Italian influences and street theatre.
✉ d.f.connon@swansea.ac.uk

1819. **Connor, Rebecca** 684 Broadway, apt 9W, New York, NY 10012-2301, USA.

1820. **Connors, Richard** Dept of History and Classics, University of Alberta, 2-28 Henry Marshall Tory Building, Edmonton, AB T6G 2H4, Canada. *U. of Alberta* / Britain • Imperial and Commonwealth history.

1821. **Conrad, Anne** Im Weidenbruch 172A, 51061 Köln, Germany. *U. Hamburg* / Religion, church history, sectarianism • Education and training • Aufklärung • Women and gender.

1822. **Conroy, Peter V.** Dept of Spanish and French M/C 315, 601 South Morgan, University of Illinois, Chicago, IL 60607, USA. *U. of Illinois (Chicago)* / Crébillon fils • Theory of the reader • Novel and narrative • Montesquieu.

1823. **Consarelli, Bruna** Dip. di Istituzioni Politiche e Scienze Sociali, Facoltà di Scienze Politche, Università degli Studi di Roma III, Via Corrado Segre, n.2, 00146 Roma, Italy. *U. degli Studi di Roma III* / Free thinking.
✉ consarel@poli.uniroma3.it

1824. **Contreras Gay, Jose** c/ Bilbao, 1, 3° B., 04007 Almeria, Spain. / Histoire sociale.

1825. **Conway, Alison** Dept of English, University of Western Ontario, 73 University College, London, ON N6A 3K7, Canada. *U. of Western Ontario* / Restoration and 18c prose fiction • Religious controversies • Courtesan narrative • Art history and criticism • Feminist theory.
✉ amconway@uwo.ca

1826. **Conway, Megan** Dept of Fine Arts and Foreign Languages, Louisiana State University, One University Place, Shreveport, LA 71115, USA. *Louisiana State U.* / Anticlericalism in the French novel • Writings (esp. plays) of Olympes de Gouges.
✉ mconway@pilot.lsus.edu

1827. **Cook, Alexandra** Dept of Philosophy, University of Hong Kong, Pokfulam Rd, Hong Kong. *U. of Hong Kong* / Jean-Jacques Rousseau's botany • Rousseau's view of China • Scientific correspondence.
✉ cookga@hkucc.hku.hk

1828. **Cook, Andrew S.** India Office Records, British Library, 96 Euston Road, London, NW1 2DB, UK. *British Library.*

1829. **Cook, David** 20 Derwent Grove, Stirchley, Birmingham, UK.

1830. **Cook, E. Heckendorn** Dept of English, University of California, Santa Barbara, CA 93106, USA. *U. of California (Santa Barbara)* / Epistolary narratives • Landscape gardens, theory and practice • Gothic literature.

1831. **Cook, Malcolm C.** University of Exeter, The Queen's Drive, Exeter, Devon EX4 4QH, UK. *U. of Exeter* / French fiction • French literary manuscripts • Manuscripts of Bernardin de Saint-Pierre (1737-1814) • Voltaire's correspondence.
✉ m.c.cook@exeter.ac.uk

1832. **Cook, Peter J.** Faculty of Law, University of Birmingham, Birmingham, B15 2TT, UK. *U. of Birmingham* / English legal history and legal philosophy • Social history of crime and the criminal law, 1700-1850.

1833. **Coolen, Davy** Natterveld 16, 3640 Kinrooi, Limburg, Belgium.

1834. **Cooper, Christine M.** Dept of English, University of Massachusetts, Bartlett Hall, Box 30515, Amherst, MA 01003-0515, USA. *U. of Massachusetts (Amherst)* / French Revolution • America • Britain • France • Romanticism • English literature.
✉ cmcooper@english.umass.edu

1835. **Cooper, Richard A.** Brasenose College, Oxford, OX1 4AJ, UK. *U. of Oxford* / Enlightenment views of the Renaissance.

1836. **Cope, Kevin L.** Dept of English, Louisiana State University, Allen Hall, Baton Rouge, LA 70803, USA. *Louisiana State U.* / American War of Independence • English Restoration • Central Europe • England • Germany • Scotland • South Germany • Berkeley • Dryden • Locke • Mandeville.
✉ encope@lsu.edu

1837. **Copeland, Edward W.** Dept of English Literature, Pomona College, 140 West Sixth St, Claremont, CA 91711, USA. *Pomona C.* / The relationship between cultural institutions and the novel.
✉ ecopeland@pomona.edu

1838. **Copeland, Nancy** Dept of Drama Studies, University of Toronto, 3359 Mississauga Road North, Mississauga, ON L5L 1C6, Canada. *U. of Toronto (Mississauga).*

1839. **Copley, Stephen** Dept of English, University of York, York, YO1 5DD, UK. *U.*

of York / Economics and polite culture in England and Scotland • Literature.

1840. **Coppel, Georges** 96 boulevard du Montparnasse, 75014 Paris, France. / Giacomo Casanova • Francesco Casanova • Les peintres de batailles.

1841. **Coquery, Natacha** 20 passage Richard, 92240 Malakoff, France. *U. de Tours.*
✉ natachacoquery@wanadoo.fr

1842. **Corbalán, María Teresa Pites de** Rue Marcos Paz 110, 5to Piso A, 4000 San Miguel de Tucumán, Argentina. *U. de Tucumán* / Vocabulaire bilingue français-espagnol sur la noblesse, la nature, la société • La correspondance de Voltaire.
✉ mariatpites@hotmail.com

1843. **Cordeiro, José M. Lopes** Apartado 1006, S. Victor, 4711-908 Braga Codex, Portugal. *U. do Minho* / Economic history.

1844. **Cordero Lopez, Antonia** Grünewaldstr. 5, 95448 Bayreuth, Germany. *U.-GH Duisburg.*

1845. **Corfield, Penelope** Dept of History, Royal Holloway College, Egham, Surrey TW20 0EX, UK. *Royal Holloway C.* / Urban history • Social/cultural history • Historiology.

1846. **Corlett, Helen** Elm Tree Cottage, Panters Road, Sutton Mandeville, Salisbury, Wiltshire SP3 5LY, UK. / Music and philanthropy • History of disability and blindness.

1847. **Corley, Christopher** Dept of History, Minnesota State University, 305 Maclean Hall, Moorhead, MN 56563, USA. *Minnesota State U. (Moorhead).*

1848. **Corman, Brian** Dept of English, Trinity College, University of Toronto, 6 Hoskin Avenue, Toronto, ON, Canada. *U. of Toronto* / Reception history and canon formation of the play and the novel • British women novelists • English theatre • Theory and practice of literary history.
✉ bcorman@chass.utoronto.ca

1849. **Cornand, Suzanne** 13 rue de la Station Ponsard, 38100 Grenoble, France. *U. de Grenoble III* / Crébillon • Correspondances • Art et goût.
✉ suzanne.cornand@u-grenoble3.fr

1850. **Cornaz, Henri** Philosophes 17, 1400 Yverdon-les-Bains, Switzerland.

1851. **Cornea, Paul** Faculty of Letters, University of Bucharest, B-dul M. Kogalniceanu 64, 70609 Bucuresti, Romania. *U. Bucuresti* / Sociologie de la lecture • Etudes culturelles.

1852. **Cornett, Judy M.** Dept of Law, University of Tennessee, 1505 W. Cumberland Ave., Knoxville, TN 37996-1810, USA. *U. of Tennessee (Knoxville)* / England • English literature.
✉ cornett@libra.law.utk.edu

1853. **Corni, Gustavo** Via del Lavoro 35, 31029 Vittorio Veneto, Italy. *U. di Venezia* / Origins and formation of the Prussian state • Prussian aristocratic ideology.

1854. **Corona Marzol, Carmen** Avenida Virgen de Lidon, 40, 7°, 12003 Castellon, Spain.

1855. **Coronas Gonzalez, Juan Ramon** C/ Alejandro Casona,11, 3° Dcha., 33013 Oviedo, Spain. / Histoire du droit et de ses institutions.

1856. **Coronas Gonzalez, Santos Manuel** C/ Perez de la Sala, 21, 5° G., 33007 Oviedo, Spain. / Histoire du droit et des institutions, des idées politiques, et de la justice.

1857. **Coronas Tejada, Luis** C/ Dr. Garcia Jimenez, Edificio "Flandes B", 6°A, 23006 Jaen, Spain. / Démographie et société.

1858. **Corradi Martini, Carla** V. le V. Botetgo 1, 43100 Parma, Italy. *U. di Parma* / Rapports culturels entre Parme et la France • Moreau de Saint-Méry: Histoire inédite de Parme sous les derniers Bourbons (1745-1805).

1859. **Corrado, Viola** Dept de Romanistica, Università di Verona, Lungadige Porta Vittoria 41, 37129 Verona, Italy. *U. di Verona* / Muratori • Maffei • L'érudition • La querelle Orsi-Bouhours • Arcadia • Le genre épistolaire.
✉ corrado.viola@univr.it

1860. **Corrêa, Fernando Calapez** Rua Cidade da Praia, Lote 5-1° Esq., 2700 Amadora, Portugal.

1861. **Correa Sutil, Sofia** Rue Toledo 1940, Barrio Providencia, Santiago de Chile, Chile. *U. de Santiago de Chile.*

1862. **Correia, João Rosado** Rua Costa do Castelo, 45 r/c, 1100-177 Lisboa, Portugal. / Architecture • Archaeology • History.
✉ fund.convorada@telepac.pt

1863. **Correnti, Santi** Corso Italia 36, 95129 Catania, Italy. *U. di Catania* / Feminism and anti-feminism in Sicily • Montesquieu, Voltaire and Rousseau in Sicily.

1864. **Corse, Taylor** Dept of English, Arizona State University, Tempe, AZ 85287-0302,

USA. *Arizona State U.* / Dryden • Pope • Classics • Translation.

1865. **Corsini, Silvio** Bibliothèque cantonale et universitaire, Bâtiment central, 1015 Lausanne, Switzerland. *Bibliothèque cantonale et universitaire* / Histoire des imprimeurs et libraires lausannois.
✉ silvio.corsini@bcu.unil.ch

1866. **Cortes Peña, Antonio Luis** C/ Jose Morell 7, 18012 Granada, Spain. / L'Eglise et les mentalités.

1867. **Cortey, Mathilde Anne** 10 rue Frochot, 75009 Paris, France. *U. de Paris III* / L'invention du personnage de la courtisane • Prévost; Marivaux; Sade; Laclos.
✉ mcortey@voifa.fr

1868. **Corti, Claudia** Via della Cernaia 55, Firenze, Italy. *U. di Firenze* / Relationship between poetry, philosophy and the visual arts • Jacobinism and theatrical productions • The gothic novel • Autobiographical works and self-portraits.
✉ corram@unifi.it

1869. **Corvest, Jacqueline** Place du Puits, 56220 Rochefort-en-Terre, France.

1870. **Corvisier, André** 12 rue Emile Faguet, 75014 Paris, France. *U. de Paris IV* / Guerres et sociétés en Europe • Arts et sociétés en Europe.

1871. **Corvol-Dessert, Andrée** 75 rue du Javelot, 75645 Paris Cedex 13, France. *C.N.R.S. (Paris)* / Les forêts en Occident • L'environnement • Le verdissement des villes.

1872. **Cory, Abbie** 3772 Villa Terr., San Diego, CA 92104, USA.

1873. **Cosgrove, Peter W.** Dept of English Literature, Dartmouth College, Sanborn House, Hanover, NH 03768, USA. *Dartmouth C.* / Paradoxes of poetic imagery in British literature • Anxiety about the fictional image in an iconoclastic culture. Anglo-Irish literature • Enlightenment historiography • Edward Gibbon.
✉ peter.w.cosgrove@dartmouth.edu

1874. **Coski, Christopher** Dept of Modern Languages, Ohio University, 283 Gordy Hall, Athens, OH 45701, USA. *Ohio U.* / Littérature française • Philosophie du langage • Condillac.

1875. **Cossa, Frank** Dept of Art History, College of Charleston, Simons Center, SC 29424, USA. *C. of Charleston* / Neoclassical painting • Connections between Britain and the Continent.

1876. **Cossy, Valérie** Avenue Ruchonnet 43, 1003 Lausanne, Switzerland. *U. of Fribourg* / The novel in English and French • Translation • Isabelle de Charrière • Sensibility.

1877. **Costa, António Vasco P. Oliveira E.** Av. Duque de Avila 18-3° D, 1050 Lisboa, Portugal.

1878. **Costa, Gustavo** 605 Colusa Avenue, Berkeley, CA 94707 1517, USA. *U. of California (Berkeley)* / Vico • The sublime in Italian culture • Primitivism • Anglo-Italian cultural links.
✉ zalessowcosta@earthlink.net

1879. **Costa, Ioana** Str. Gh. Missail 37, 78226 Bucuresti, Romania. *U. Bucuresti* / Culture roumaine d'expression latine.

1880. **Costa, João Eduardo Sobral** Rua Ana de Castro Osório 16-2° A, 1500 Lisboa, Portugal.

1881. **Costa, Shelley** 106 Hosea Ave #3, Cincinnati, OH 45220-1820, USA.

1882. **Costa, Véronique** 10 rue Adolphe Péronnet, 38500 Voiron, France. / La lecture.

1883. **Costanza, Calogero** Via Mons. d'Arrigo 20, 98121 Messina, Italy. *U. di Messina* / La peste de 1743 à Messine • Les relations culturelles entre l'Allemagne et l'Italie.

1884. **Costazza, Alessandro** Roenstr. 33, 39100 Bozen, Italy. *U. Statale di Milano* / K. P. H. Moritz • Aesthetics.
✉ alessandro.costazza@unimi.it

1885. **Coste, Brigitte M.** Dept of Foreign Languages, Marquette University, Milwaukee, WI 53201-1881, USA. *Marquette U.* / Mably • Franco-American relationships • Utopias • French Enlightenment.

1886. **Costello, Vivien** 41 Evora Crescent, Howth, Co. Dublin, Ireland.

1887. **Cotoni, Marie-Hélène** 22 rue Edouard Dalmas, 06100 Nice, France. *U. de Nice Sophia Antipolis* / Critique biblique chez les grands philosophes du 18s et dans les manuscrits philosophiques clandestins • Les œuvres de Voltaire, Rousseau, Challe, Marivaux et Frédéric le Grand.
✉ cotoni@unice.fr

1888. **Cotroneo, Girolamo** Via Cavalluccio 24, 98100 Messina, Italy. *U. di Messina.*

1889. **Cots, Montserrat** Rue Enrique Granados 46, 8008 Barcelona, Spain.

1890. **Cotte, Roger J. V.** Rua São Samuel 165, Vila Mariana, 04120-030 São Paulo,

Brazil. *U. Estadual Paulista* / Musique maçonnique et musiciens franc-maçons • Voltaire et la musique • Organologie musicale.

1891. **Cotten, Jean-Pierre** 4 rue Lalo, 75116 Paris, France. *U. de Franche-Comté* / Réception de la philosophie écossaise du sens commun • Sources de la 'nouvelle philosophie française'.
✉ jean-pierre.cotten@univ-fcomte.fr

1892. **Cotterill, Anne** Dept of English, Rutgers University, 510 George St, New Brunswick, NJ 08901-1167, USA. *Rutgers U.*

1893. **Cottignoli, Alfredo** Via G. Marconi 47, 40122 Bologna, Italy. *U. di Bologna* / Muratori: studies and critical editions • Edition of A. Verri, *Le avventure di Saffo poetessa di Mitilene.*

1894. **Couch, Nena** Theatre Research Institute, Ohio State University, 1800 Cannon Drive #104, Columbus, OH 43210-1230, USA. *Ohio State U.*

1895. **Coudart, Laurence** 9 rue des Prêcheurs, 75001 Paris, France. / Presse de langue française • Ancien régime et Révolution française • Structure du média et culture politique • La contre-révolution • Monarchie constitutionnelle.

1896. **Coudreuse, Anne** 64 avenue Ledru-Rollin, 75012 Paris, France. *U. de Toulon et du Var* / Tentation et refus du pathos dans la littérature française: esthétique, éthique, réception.
✉ anne.coudreuse@wanadoo.fr

1897. **Coughlin Jr, Howard J.** 6 Main St, P.O. Box 9, South Windham, CT 06266 0009, USA. *Eastern Connecticut State U.* / Gibbon • La Bléterie.
✉ coughlin@easternct.edu

1898. **Coulaud, Micheline** 15 rue Michel-Ange, 75016 Paris, France. / J.-J. Rousseau et les problèmes du langage • Les recherches sur l'étymologie: le président de Brosses.

1899. **Coulet, Henri** 9A traverse Malakoff, 13100 Aix-en-Provence, France. *U. d'Aix-Marseille I* / Marivaux romancier: le roman; les œuvres anonymes et apocryphes • Le récit court • Le théâtre.

1900. **Coulon, Mireille** 28 rue du Château, 64140 Lons, France. / Théâtre • 'Sainetés' • Ramón de la Cruz.

1901. **Coulter, William A.** 154 Norfolk Avenue, Lynchburg, VA 24503-1516, USA.

1902. **Courbet, André** 2 Haut-Rivage, Rue Jean XXIII, 54130 Saint-Max, France. / Correspondance de Valentin Jamerey-Duval, bibliothécaire des ducs de Lorraine.

1903. **Courtney, Cecil Patrick** Christ's College, Cambridge, CB2 3BU, UK. *U. of Cambridge* / Intellectual history, book history and bibliography, with particular reference to Montesquieu, Raynal, Constant, Charrière and Burke.
✉ cpc1000@cam.ac.uk

1904. **Courtois, Jean-Patrice** 32 rue de Lancry, 75010 Paris, France. / Montesquieu: poétique de l'*Esprit des lois*, littérature d'idées, esthétique.

1905. **Courvoisier, Claude** 7 rue de Fontaine, 21000 Dijon, France. *U. de Bourgogne* / Idées politiques • J.-J. Rousseau • Utopies.

1906. **Coutel, Charles** 6 rue Emile Loubert, 62000 Arras, France.

1907. **Coutelle, Louis** Bastide de Piquet, 13640 La Roque d'Anthéron, France.

1908. **Coutin, Jean** 6286 avenue des Erables, Montréal, PQ H2G 2M8, Canada. / Roman des Lumières, roman libertin, romanesque • Utopie • Nerciat et le contre-Révolution • Corps/âme.

1909. **Couto, José Jorge** Av. Carolina Michaelis 34, r/c Dt, 1795 Linda a Velha, Portugal.

1910. **Coutu, Joan Michèle** Dept of Fine Arts, University of Waterloo, Waterloo, ON N2L 3G1, Canada. *U. of Waterloo* / Political patronage of art in Britain, 1750-1800.

1911. **Couvreur, Manuel** Rue Royale Sainte-Marie, 102, 1030 Bruxelles, Belgium.

1912. **Covino, Luca** Via Manzoni 221, 80046 San Giorgio a Cremano, Italy. / Le gouvernement du fief dans l'Italie du Sud, en part. en Calabre Citra • Géographie et économie féodale.
✉ lukov@libero.it

1913. **Covita, Arminda da Conceição Mateus** Calçada Conde de Tomar 7-2° D, 1495 Cruz Quebrada, Portugal.

1914. **Cowan, Brian** 905 Lawrence Apts, West Drive, Princeton, NJ 08540-7132, USA. *Princeton U.* / Britain • France • India • Social and cultural history • Imperialism • Coffee houses.

1915. **Cowan, Theresa** 10504 114 Avenue North West, Edmonton, AB T5G 0L1, Canada. *U. of Alberta* / Hybrid/liminal gender identity.

1916. **Coward, David** Dept of French, University of Leeds, Leeds, LS2 9JT, UK. *U. of Leeds* / Restif, Sade et le roman libertin.

1917. **Cowart, Georgia** 2470 Kenilworth, Cleveland Heights, OH 44160, USA.

1918. **Cox, Iris** 65 Howard Rd, New Malden, Surrey KT3 4EB, UK. / Montesquieu: L'*Esprit des lois* and *Collectio Juris*.

1919. **Cox, Philip** Dept of Cultural Studies, Sheffield Hallam University, 36 Collegiate Crescent, Sheffield, S10 2BP, UK. *Sheffield Hallam U.* / English literature (esp. poetry), 1750-1800 • William Blake • Relationship between gender and genre in British Romantic poetry.

1920. **Cox, Stephen D.** Dept of Literature, University of California, La Jolla, CA 92093-0306, USA. *U. of California (San Diego)* / Blake • Empiricism • Sensibility movement.

1921. **Coyer, Xavier** 16 rue Victor Massé, 75009 Paris, France. / French Enlightenment • Gabriel-François Coyer • Politics.
✉ xcoyer@infonie.fr

1922. **Coykendall, Abby L.** Dept of English Language and Literature, Eastern Michigan University, 612 Pray-Harrold Hall, Ypsilanti, MI 48197, USA. *Eastern Michigan U.* / British literature • The British novel and women writers • The British/European Enlightenment • Media/popular culture studies • Critical theory.
✉ coykendall@online.emich.edu

1923. **Coyle, Eugene** 1 The Brambles, Townparks, Skerries, Co. Dublin, Ireland. *Trinity C. Dublin* / Irish political history1760-1800 • Political biography: Edward Newenham • History of County Dublin • Poll books • Analysis of electoral returns • American War of Independence: Irish connections.
✉ ihas@eircom.net

1924. **Craddock, Patricia B.** Dept of English, University of Florida, P.O. Box 117310, 4332 Turlington Hall, Gainesville, FL 32611-7310, USA. *U. of Florida (Gainesville)* / Gibbon's narrative art and its effects on his historical thought • The idea of the poet in women's writings.
✉ pcraddoc@english.ufl.edu

1925. **Craft-Fairchild, Catherine Ann** Dept of English, University of St Thomas, 2115 Summit Avenue, St Paul, MN 55105, USA. *U. of St Thomas* / British Jacobin novelists • History of the Catholic Church.
✉ c9craftfairc@stthomas.edu

1926. **Cragg, Olga** Dept of French, University of British Columbia, 797-1873 East Mall, Vancouver, BC V6T 1Z1, Canada. *U. of British Columbia* / Editing novels (Mme Riccoboni, Mme Benoist) • Prefaces to women's novels • Rhetorical strategies.
✉ cragg@interchange.ubc.ca

1927. **Cragoe, Matthew** Dept of History, University of Hertfordshire, Wall Hall Campus, Watford, WD2 8AT, UK. *U. of Hertfordshire* / Wales: politics, culture, aristocracy and religion.

1928. **Craig, Charlotte M.** 2 Fieldstone Ct, Eatontown, NJ 07724, USA. *Rutgers U.* / Wieland and his circle • German rococo.
✉ craigrbcm@aol.com

1929. **Craig, Cynthia** Dept of Romance Languages, Michigan State University, East Lansing, MI 48824, USA. *Michigan State U.* / Casanova studies • Autobiography • Gender studies • Travel narratives • Utopie.

1930. **Craig, Madeline** Dept of French & Italian, University of Minnesota, 9 Pleasant St SE, Minneapolis, MN 55455-0194, USA. *U. of Minnesota.*

1931. **Craig, Raymond** Dept of English, Kent State University, P.O. Box 5190, Kent, OH 44242-0999, USA. *Kent State U.*

1932. **Craig, Robert B.** 2 Fieldstone Ct, Eatontown, NJ 07724, USA. / Science and scientists.
✉ craigrbcm@aol.com

1933. **Crain, Timothy** 10910 South Prospect Avenue, Chicago, IL 60643-3442, USA.

1934. **Cramer, Charles A.** 295 Bartlett St, Portsmouth, NH 3801, USA.

1935. **Cramér, Ivo** Lilla Vatulandsg. 3, 45231 Strömstad, Sweden. / Dance and ballet.

1936. **Crasta, Francesca Maria** Viale Regina Elena 24cc, 09124 Cagliari 09124, Sardinia, Italy. *U. of Cagliari* / Central Europe • Cartesianism • Emanuel Swedenborg.

1937. **Craven, Kenneth** 372 Central Park West, apt 4M, New York, NY 10025-8240, USA. / Sterne • Swift • Intellectual history.
✉ k.craven@worldnet.att.net

1938. **Crawford, Frederic M.** Middle Tennessee State University, P.O. Box 142, Murfreesboro, TN 37132-0142, USA. *Middle Tennessee State U.* / Périodiques • Mirabeau • Olympe de Gouges.
✉ fcrawfor@mtsu.edu

1939. **Crawford, Thomas** 34 Summerhill Terrace, Aberdeen, AB15 6HE, UK. / Scottish poetry in Scots and English • Correspondence of Boswell and W. J. Temple.

1940. **Crea, Enzo** Via Monte Savello 30, 00186 Roma, Italy.

1941. **Creaser, Wanda** 2520 East Dolphin Avenue, Mesa, AZ 85204-3817, USA.

1942. **Creed, James M.** 161 Chestnut St, #9, Pasadena, CA 91103-3806, USA.

1943. **Creed, Wendy E.** University of Greenwich, Old Royal Naval College, Park Row, Greenwich, London, SE10 9LS, UK. *U. of Greenwich* / Reader response theory as applied to the publication processes of the long 18c and specifically to the book as object.
✉ wcreed@bigsilver.co.uk

1944. **Creighton, Douglas G.** 24 Longbow Place, London, ON N6G 1Y3, Canada. *U. of Western Ontario* / Diderot's thought.

1945. **Cremante, Renzo** Via Cipriani 9, 40131 Bologna, Italy. *U. di Bologna* / Italian learned journals • Italian versification.

1946. **Cremaschi, Sergio** Facoltà di Lettere e Filosofia, Palazzo Tartara, Via Galileo Ferraris 109, 13100 Vercelli, Italy. *U. di Piemonte Orientale* / Scottish Enlightenment • Ethics • Adam Smith, Malthus, Bentham.

1947. **Crenn, Maryvonne** 48 ter, avenue Anatole France, 54000 Nancy, France. *U. de Nancy II* / Voltaire.

1948. **Crepel, Pierre** 17 rue Marcel Achard, 69120 Vaulx-en-Velin, France. *U. de Lyon I* / Condorcet, Bossut, d'Alembert, Bicquilley, Trincano, Ch. Romme • Histoire des probabilités, des statistiques, des mathématiques mixtes et appliquées.

1949. **Crespi, Sandra** Via Tre Madonne 12/A, 00197 Roma, Italy.

1950. **Crichton, Mary C.** Dept of German Language & Literature, University of Michigan, 3110 Modern Language, Ann Arbor, MI 48109-1275, USA. *U. of Michigan* / Goethe • Lyric poetry.

1951. **Crifo, Jean-François** 2 avenue Maire, 78170 La-Celle-St-Cloud, France.

1952. **Crimmin, Patricia Kathleen** Dept of History, Royal Holloway College, Egham Hill, Egham, TW20 0EX, UK. *U. of London* / Naval history, esp. health and medicine, prisoners of war • Naval suppliers.

1953. **Crimmins, James E.** Dept of Political Science, Huron University College, 1349 Western Road, London, ON N6G 1H3, Canada. *Huron University C.* / History of ideas, mainly European • Utilitarian theory • Religion and political thought • Writings about the death penalty.
✉ jcrimmin@uwo.ca

1954. **Criscuolo, Vittorio** Via Francesco Arese 16, 20159 Milano, Italy. *U. di Milano* / La Révolution Française • Les démocracies italiennes, 1736-1799 • L'histoire de la culture et de la langue italiennes.
✉ vittorio.criscuolo@unimi.it

1955. **Crispini, Franco** Via T. Arnone 23, 87100 Cosenza, Italy. *U. degli studi della Calabria* / Monstres et monstruosités de Diderot à Geoffroy Saint-Hilaire • La 'vie future': un argument de Fontenelle? • Shaftesbury: l'éthique des modernes.

1956. **Cristani, Giovanni** Via Zampieri 8, 40129 Bologna, Italy. *U. di Bologna* / Geology in France • Earth sciences in the *Encyclopédie* • Political thought of Boulanger and d'Alembert.
✉ cristani@libero.it

1957. **Crivelli, Tatiana** Via della Balduina 271, 00136 Roma, Italy. / Italian novel • Arcadia • Women's writings.
✉ tatcriv@rom.unizh.ch

1958. **Croddy, W. Stephen** 1924 Panama St, Philadelphia, PA 19103-6610, USA.

1959. **Crofts, Marylee Susan** Bentley College, International Cronin Centre, 175 Forest St, Waltham, MA 02452-4705, USA. *Bentley C.* / Histoire africaine–les 'signares' au Sénégal.

1960. **Crogiez, Michèle** Laenggassstr. 49, 3000 Bern, Switzerland. *U. Bern* / Les relations intellectuelles entre l'Amérique et la France, la Suisse et la France, dans les dernières décennies de l'ancien régime • La famille La Rochefoucauld d'Enville.
✉ michele.crogiez@rom.unibe.ch

1961. **Croisille, Christian** 29 rue Boucheyre, 63830 Nohanent, France. *U. de Clermont-Ferrand II* / Lumières et romantisme en France.

1962. **Croll, Gerhard** Alberto-Susat-Str. 2A, 5026 Salzburg, Austria. *U. Salzburg* / Gluck.

1963. **Crombie, E. J.** Dépt des sciences humaines, Université Sainte-Anne, Pointe-de-l'Eglise, NS B0W 1M0, Canada. *U. Sainte-Anne* / Philosophie politique et sociale • Thomas Reid • Perception.

1964. **Cronin, Maura** Dept of History, Mary Immaculate College, University of Limerick, S.C.R., Limerick, Ireland. *U. of Limerick.*

1965. **Cronk, Nicholas** Voltaire Foundation, 99 Banbury Road, Oxford, OX2 6JX, UK. *U. of Oxford* / Voltaire • Diderot • French fiction. ✉ nicholas.cronk@voltaire.ox.ac.uk

1966. **Crook, Keith** 20 de Freville Avenue, Cambridge, CB4 1HS, UK. *Anglia Polytechnic U.* / Samuel Johnson • Jonathan Swift • The English in Italy.

1967. **Crook, Malcolm** University of Keele, Keele, Staffs ST5 5BG, UK. *U. of Keele* / The constitutional church in the French Revolution • Elections and electoral behaviour in France, 1789-1799.

1968. **Croquette, Cornélie** 27 boulevard de l'Europe, 69110 Ste-Foy-les-Lyon, France. *U. de Paris I* / Langage philosophique et la Révolution française • J.-J. Rousseau.

1969. **Croskery, Margaret Case** Dept of English, Ohio Northern University, 525 South Main St, Ada, OH 45810, USA. *Ohio Northern U.* / Britain: architecture, painting, theatre • Aristotelianism • Augustanism • Celticism • English thought • Jacobinism • Jacobitism • Romanticism • Novel • Women's writing. ✉ m-croskery@onu.edu

1970. **Crosland, Maurice** Rutherford College, University of Kent, Canterbury, CT2 7NX, UK. *U. of Kent* / Scientific journals and books • Science, esp. chemistry and physics • The French Revolution and linguistic innovation • Franco-British relations.

1971. **Cross, Anthony G.** Dept of Slavonic Studies, University of Cambridge, Cambridge, CB3 9DA, UK. *U. of Cambridge* / Anglo-Russian cultural links, esp. English language travel accounts of Russia; English imaginative literature on Russian themes • St Petersburg.

1972. **Cross, Ashley** Dept of English, Manhattan College, 4513 Parkway, Bronx, NY 10463 4099, USA. *Manhattan C.*

1973. **Crotti, Ilaria** San Polo 1525, 30125 Venezia, Italy. *U. di Venezia* / The Italian novel • Carlo Goldoni • Saverio Bettinelli • Giuseppe Baretti.

1974. **Crout, Robert Rhodes** Dept of History, P.O. Box 118087, Charleston Southern University, 9200 University Boulevard, Charleston, SC 29423-8087, USA. *Charleston Southern U.* / Age of Atlantic revolution • Language of revolution • Lafayette • France and America.

1975. **Crow, Nora F.** Smith College, Unit G-3, 26 Crescent St, Northampton, MA 01060, USA. *Smith C.* / Swift and his female friends and enemies • Relationships between Swift and Lady Acheson and Swift and Stella • Short gothic prose and poetry • Theory and history of psychoanalysis and literature.

1976. **Crowley, John E.** Dept of History, Dalhousie University, Halifax, NS B3H 3J5, Canada. *Dalhousie U.* ✉ crowley@dal.ca

1977. **Crown, Patricia Dahlman** Dept of Art History, University of Missouri, 109 Pickard Hall, UMC, Columbia, MO 65211, USA. *U. of Missouri (Columbia)* / British, French and German painting • Women as producers, consumers and objects of art • Popular and comic art • The rococo style. ✉ crownp@missouri.edu

1978. **Crucitti Ullrich, Francesca Bianca** Viale Trieste 3, 54100 Massa, Italy. *U. di Cagliari I* / Early Enlightenment • Huguenots • Needham-Bonnet correspondence • Libraries in Germany and Italy • Lexicography of periodicals.

1979. **Cruickshanks, Eveline** Institute of Historical Research, University of London, Senate House, Malet St, London, WC1E 7HU, UK. *U. of London* / Political history.

1980. **Cruise, James** 233 Chris, Natchitoches, LA 71457-6313, USA. / Novel • Concepts of authority • Commercialisation.

1981. **Crumley, Lisa** 2115 Myrtle Lane, apt 1, Decatur, GA 30033-5324, USA.

1982. **Crump, Justine** 3 Widnall Close, Cambridge, CB3 9NN, UK. *U. of Cambridge* / Fiction • Gambling • Frances Burney. ✉ justine_crump@yahoo.co.uk

1983. **Crump, M. J.** The Granary, Newland Green, Egerton, Ashford, TN27 9EP, UK. *British Library.*

1984. **Crusius, Gabriele** Wertherstr. 285, 33619 Bielefeld, Germany. *Universitätsbibliothek Bielefeld* / Libraries, esp. private libraries in northwestern Germany • Cultural and social history of the dukedom of Oldenburg in the later Enlightenment.

1985. **Cruz, Antonio Augusto Ferreira da** Rua Correia de Sá 89, 4100 Porto, Portugal.

1986. **Cryns, Frederik** 106-103 Iwakura Nishi-Kawara-cho, Sakyo-ku, Kyoto-shi 606-0014, Japan.

1987. **Csáky, Eva-Marie** Bräunerstr. 10, 1010 Wien, Austria.

1988. **Csáky, Moritz** Bräunerstr. 10, 1010 Wien, Austria. *U. Graz* / Cultural history and theory • Modernisation • History of Central Europe, esp. Austria and Hungry.
✉ moritz.csaky@oeaw.ac.at

1989. **Csanak, Dóra F.** Vérhalom u. 44, 1025 Budapest, Hungary. *Hungarian Academy of Sciences* / The Hungarian aristocracy and intelligentsia, esp. links with other countries • Hungarian libraries.

1990. **Csató, Katalin** Institute of Economics, Hungarian Academy of Sciences, Budaörsi út 45., 1111 Budapest, Hungary. *Hungarian Academy of Sciences* / Consumption and wealth • Economic thought in Britain and France • Physiocracy and François Quesnay • Monetary history • The beginnings of the quantity theory of money in Europe.
✉ csato@econ.core.hu

1991. **Csengai, Ildiko** 21 Cranmer Road, Cambridge, CB3 9BL, UK.

1992. **Cser, Andreas** Friedrich-Ebert-Str. 10, 69250 Schönau, Germany. *Pädagogische Hochschule Heidelberg* / Heidelberg • Social theory of the Baden Enlightenment.

1993. **Cser, Erika** Aradi Vértanuk 58, 1213 Budapest, Hungary. *Ministère de l'Education nationale.*

1994. **Cuaz, Marco** C.so Montecuco 103, 10141 Torino, Italy. *U. di Torino* / Identités nationales • Histoire du Val-d'Aoste • Images de la montagne et particularisme alpin.

1995. **Cubeddu, Italo** Via Saffi 9, 61029 Urbino (PS), Italy. / European diffusion of Kantianism.

1996. **Cubells, Monique** 4 boulevard Jules-Grévy, 13012 Marseille, France. *U. d'Aix-Marseille I* / Le 18s en Provence y compris la Révolution.

1997. **Cuille, Tili Boon** Dept of Romance Language & Literature, Washington University, Campus Box 1077, One Brookings Drive, St. Louis, MO 63130-4899, USA. *Washington U.*

1998. **Cullen, Fintan** Dept of Art History, University of Nottingham, University Park, Nottingham, NG7 2RD, UK. *U. of Nottingham.*

1999. **Cullen, Louis M.** Dept of Modern History, Trinity College, Dublin 2, Ireland. *Trinity C.* / Choiseul, Thomas Sutton, comte de Clonard, and French banking • The French brandy trade • Late 18c Irish radical politics.

2000. **Cullhed, Anna** Dept of Literature, Uppsala Universitet, Slottet, ing. A0, 752 37 Uppsala, Sweden. *Uppsala U.* / The lyric genre in European poetics • The Swedish poet Bengt Lidner.
✉ anna.cullhed@littvet.uu.se

2001. **Culpin, David J.** Dept of French, University of St Andrews, Buchanan Building, Union St, St Andrews, KY16 9PH, UK. *U. of St Andrews* / French literature, esp. literature of ideas • History of the book.
✉ d.j.culpin@st-andrews.ac.uk

2002. **Cumbra, M. L. Ferreira da** Rua Dr M. Vasconcellos e Sa 28A, 4° Esq., 4000 Porto, Portugal. *U. do Porto* / Néoclassicisme portugais et pré-romantisme.

2003. **Cummings, Johanna** University of New Mexico, 5800 Eubank #1602, Albuquerque, NM 87111, USA. *U. of New Mexico.*

2004. **Cummings, Robert** Dept of English Literature, University of Glasgow, Glasgow, G12 8QQ, UK. *U. of Glasgow.*

2005. **Cunha, Ana Isabel Silva da** Vivenda Sayonara, Rua São João de Brito 12, 2795 Linda-a-Velha, Portugal. / Bibliothéconomie • Architecture.

2006. **Cunha, Armando Santinho da** Al. António Sérgio 4-6° F, 1750 Lisboa, Portugal. / Anthropology • Medicine.

2007. **Cunha, Gualter Mendes Queiroz** 206 Praceta da Estivada, 4415 Carvalhos, Portugal. *U. do Porto* / The novel • Defoe.

2008. **Cunha, Luisa** Rua Dr Mario Vasc SA, 28A 4 Esq., 4050 Porto, Portugal.

2009. **Cunha, Maria Inácia Colaço Santinho** Al. António Sérgio 4-6° F, 1750 Lisboa, Portugal.

2010. **Cunningham, Sarah** 440 Third St, Napa, CA 94559-2705, USA.

2011. **Cunningham Jr, William F.** 14880 Shirley St, Omaha, NE 68144, USA. *Creighton U.* / The poetic satire of Alexander Pope • The graphic satire of William Hogarth • Jonathan Swift, esp. editions of *Gulliver's Travels.*
✉ cunningham@tconl.com

2012. **Curcic, Lazar** Ul. 29. Novembra br. 28, 21240 Titel, Serbia. *National Library (Belgrade)* / Serbian literature and book history.

2013. **Curley, Jonathan** 347 Lorimer St #2B, Brooklyn, NY 11206, USA. *New York U.* / Irish literature and politics.

2014. **Curley, Thomas M.** Dept of English, Bridgewater State College, Bridgewater, MA

02325 0002, USA. *Bridgewater State C.* / Samuel Johnson • British Empire • Ossian and Scottish Enlightenment • Irish studies.
✉ tcurley@bridgew.edu

2015. **Curran, Andrew** Dept of Romance Languages, Wesleyan University, 300 High St, Middleton, CT 6459, USA. *Wesleyan U.* / Diderot • The monster • Race in 18c thought.

2016. **Curran, Jane Veronica** Tacoma RPO, Box 28010, Dartmouth, NS B2W 6E2, Canada. *Dalhousie U.* / Impact of antiquity in Germany • Wieland.

2017. **Currie, James** Columbia University, 121 Seaman Avenue, apt 3C, New York, NY 10034-1925, USA. *Columbia U.*

2018. **Curry, Mary Jane** 905 Boulevard, Macon, GA 31211, USA.

2019. **Curtis, F.** Bishop Otter College, College Lane, Chichester, PO19 4PE, UK. *Chichester University C.*

2020. **Curtis, Judith A.** 38 Bowood Ave, Toronto, ON M4N 1Y4, Canada. / Correspondence of Mme de Graffigny • Jeanne Quinault as actress and salonière.
✉ jam.curtis@sympatico.ca

2021. **Curtui, Aurel** Str. Muncitorilor 1, ap. 27, 3400 Cluj-Napoca, Romania. *U. Cluj-Napoca* / English literature.

2022. **Cusatelli, Giorgio** Piazza Cinque Giornate 6, 20129 Milano, Italy. *U. di Pavia* / Travel literature.

2023. **Cussac, Hélène** Université de Clermont-Ferrand, 17 boulevard Gergovia, 63000 Clermont-Ferrand, France. *U. de Clermont-Ferrand* / Espace urbain • Pascal; Challe; Rousseau; Lesage; Diderot; Marmontel • Littérature et sensorialité.
✉ helenecussac@wanadoo.fr

2024. **Cusset, Catherine** Dept of French, Yale University, P.O. Box 208251, New Haven, CT 06520-82, USA. *Yale U.* / French novel • Libertinage.

2025. **Cuveland, Helga de** Tulpenstieg 4, 22850 Norderstedt, Germany. / North Elbe 'Taufengel' • Problems of space in Protestant churches • Art history • Botanical illustration and garden design.

2026. **Cyborovska-Rymarovich, Irene O.** Artema Str. 59/65, 141, Kiev, Ukraine. *Ukrainian Academy of Sciences* / Libraries of the nobility.

2027. **Cyr, Mary** Dept of Music, University of Guelph, MacKinnon Building, Guelph, ON N1G 2W1, Canada. *U. of Guelph* / The viola da gamba, iconography, chamber music and cantatas, esp. in France.

2028. **Czajkowska, Agnieszka** Ul. Gombrowicza 1/99, 42-200 Czestochowa, Poland.

2029. **Czajkowski, Krzysztof** Ul. Gombrowicza 1/99, 42-200 Czestochowa, Poland.

2030. **Czelinski, Michael** Springstr. 55, 37077 Göttingen, Germany. *U. Hannover* / Theological criticism of Spinoza, 1670-1750 • Reception of Spinoza.

2031. **Czeppe, Maria Barbara** Ul. Kwartowa 3/55, 31-419 Kraków, Poland. *Polish Academy of Science* / Political parties in Poland • Cultural life and knowledge • Biography.
✉ czeppe@im.pan.krakow.pl

2032. **Czerniakowska, Ewa** Ul. Zakopianska 44 m.6, 80-139 Gdansk, Poland.

2033. **Czerniakowska, Malgorzata** Ul. Zakopianska 44 m.6, 80-139 Gdansk, Poland.

2034. **Czubaty, Jaroslaw** Ul. Mickiewicza 26 m.1, 01-551 Warszawa, Poland. *U. Warszawski* / Mentalities, ideas and political history • Treason and limits of compromise in Polish politics.

2035. **Czwórnóg-Jadczak, Barbara** Dept of Polish Studies, Uniwersytet Marii Curie-Sklodowskiej, Pl. M. Curie-Sklodowskiej, 20-031 Lublin, Poland. *U. Marii Curie-Sklodowskiej* / The European and Polish gothic novel • Literature and culture of the nobility • European and Polish poetry • The theme of the lost struggle in European and Polish literature.

2036. **Czyz, Antoni** Ul. Oczapowskiego 10 m.6, 01-843 Warszawa, Poland.

2037. **d'Aboville, Bernard** 92 rue de Lourmel, 75015 Paris, France.

2038. **D'Alconza, Paola** Via Egiziaca a Pizzofalcone 87, 80132 Napoli, Italy.

2039. **D'Alessio, Sylvana** Universita degli Studi di Napoli, Via Pagliano N. 7 Portici, 80055 Napoli, Italy. *U. degli Studi di Napoli.*

2040. **D'Amico, Elvira** V. le delle Magnolie 3, 90144 Palermo, Italy.

2041. **D'Amico Craveri, Benedetta** Via di Ripetta 258, 00186 Roma, Italy. *U. della Tuscia* / Maréchal de Richelieu • French conversation.

2042. **D'Elia, Gaetano** Arc. Vaccaro 2, 70121 Bari, Italy. / Fielding's legal writings.

2043. **D'Hondt, Jacques** 35 rue Lacépède, 75005 Paris, France. / Influence du 18s sur Hegel et sur Marx • Philosophie de Marivaux • Hegel et les philosophes français des Lumières • Dom Deschamps.

2044. **D'Souza, Florence** 45 rue Falguière, 75015 Paris, France. *U. de Lille III* / Relations entre les Euroopéens et les Indiens (1757-1818).
✉ dsouzaflo@aol.com

2045. **da Cunha, Fanny Andrée Font Xavier** Rua Alberto Oliveira, 5-1º D, 3000-016 Coimbra, Portugal. / Carlos França: bibliographie • La science et les musées.

2046. **Da Silva, José Gentil** 10 ave Aristide Briand, 83340 Le Luc, France. *U. de Nice Sophia Antipolis* / Pays et paysans.

2047. **Dabezies, André** rue Saint Eloi 25, 13010 Marseille, France. *U. de Provence* / Les mythes littéraires en part. Faust et Don Juan • Langages symboliques, poésie et religion, mythologies • La théologie (catholique) comme critique des idéologies anciennes et modernes.

2048. **Dabrowski, Roman** Ul. Jakuba Bojki 1 m.2, 30-611 Kraków, Poland. *U. Jagiellonian* / Polish literature of the Enlightenment • Forms and changes of epic poetry • Aesthetic and literary concepts of classicism • Interpretation of literature and philosophy.
✉ rdabrow@uj.edu.pl

2049. **Dacome, Lucia** Wolfson College, Cambridge, CB3 9BB, UK. *U. of Cambridge* / The body • Food • The making of the mind.

2050. **Dadea, Mauro** Str. XIX Pauliara Loc. Poggio dei Pini, 09012 Capoterra (CA), Italy.

2051. **Dadic, Zarko** Turinina 2, 10000 Zagreb, Croatia. *Croatian Academy of Sciences and Arts* / R. Boskovic • Celestial mechanics • Mathematics, physics and astronomy in Croatia.

2052. **Dafgård, Sigun M. E.** Hornsgatan 72, 11821 Stockholm, Sweden. / La *Correspondance littéraire* de Grimm.
✉ dafgard@zeta.telenordia.se

2053. **Dagen, Jean** Université de Paris IV, 25-27, boulevard Arago, 75013 Paris, France. *U. de Paris IV* / Philosophie de l'histoire • Biographie de Voltaire • Moralistes français.

2054. **Dagron, Bernard** 35 rue Curie, 95830 Cormeilles-en-Vexin, France.

2055. **Dahl, Eva-Lena** Hospitalsgatan 16, 440 30 Marstrand, Sweden.

2056. **Dahl, Per** Institut for Litteraturhistorie, Aarhus Universitet, Langelandsgade 139, 8000 Århus C, Denmark. *Aarhus U.*

2057. **Dahl, Per T. H.** City University Press, Box 5234, 102 45 Stockholm, Sweden. *City University Press* / Edmund Burke • Swedish politics.

2058. **Dahlberg, Gunilla** Litteraturvetenskapliga institutionen, Lunds Universitet, Lund, Sweden. *Lunds U.* / Literature • Drama and theatre.
✉ gunilla.dahlberg@litt.lu.se

2059. **Dahlgren, Stellan** Historiska institutionen, Uppsala Universitet, St Larsgatan 2, 753 10 Uppsala, Sweden. *Uppsala U.*
✉ sd01@telia.com

2060. **Dahlmann, Dittmar** Seminar für Osteuropäische Geschichte, Universität Bonn, Rosenweg 42, 53913 Swisttal, Germany. *U. Bonn.*

2061. **Dahmer, Cornelia** Ulmenstr.1, 60325 Frankfurt am Main, Germany.

2062. **Dahnke, Hans-Dietrich** Am Schönblick 4, 99425 Weimar, Germany. *Stiftung Weimarer Klassik* / Late Enlightenment • *Sturm und Drang* • Classicism • Romanticism.

2063. **Dai, Yi** Institute of Qing History, Renmin University of China, 100872 Beijing, China. *Renmin U. of China* / China: Qing history.

2064. **Dainard, James Alan** 73 Bernard Avenue, Toronto, ON M5R 1R6, Canada. *U. of Toronto* / Correspondence of Françoise de Graffigny.
✉ adainard@chass.utoronto.ca

2065. **Dainotto, Roberto M.** Dept of Romance Studies, Duke University, 205 Languages, Durham, NC 27708, USA. *Duke U.* / Cuoco, Muratori, and Vico's critique of Cartesianism and of French Enlightenment • The Coppet circle and the 'poetics' of north and south.
✉ dainotto@duke.edu

2066. **Dale, Scott** Dept of Foreign Languages and Literatures, Lalumiere Language Hall 254, Marquette University, Milwaukee, WI 53201, USA. *Marquette U.* / Travel literature, epistolary novels • Spanish Enlightenment: Cadalso, Férnan Núñez, costumbrismo • 18c Madrid.
✉ scott.dale@marquette.edu

2067. **Dalen, Arnold** Inst. For nordistikk og litt.vitskap, NTNU, 7491 Trondheim, Norway. *NTNU.*

2068. **Daley, Margaret Mary** 2948 Brighton Road, Shaker Heights, OH 44120 1721, USA.

2069. **Dalhede, Christina** Ekonomisk-historiska institutionen, Handelshögskolan, Göteborgs Universitet, Box 720, 405 30 Göteborg, Sweden. *Göteborgs U.*

2070. **Dalporto, Jeannie** 946 Ridgemont Road, Charleston, WV 25314-1136, USA.

2071. **Dalton, Susan E.** Dept of History, Université de Montréal, C.P. 6128, succ. Centre-ville, Montréal, PQ H3C 3J7, Canada. *U. de Montréal* / France • Italy • Republic of • Venice • Correspondence • Conduct books • Travel literature • Salons • Political sociability.
✉ susan.dalton@umontreal.ca

2072. **Daluet, Sylvie** 37 rue Saigne, 93100 Montreuil, France. *Centre d'études et de recherche Pierre Schaeffer* / Histoire et cinéma (Révolution française, Ancien Régime).

2073. **Damianova, Rumjana** Institute for Literature, Bulgarian Academy of Sciences, 52 Shipchenski prohod Str., bl. 17, Sofia 1113, Bulgaria. *Bulgarian Academy of Sciences* / Literature and culture • Letters, motto, document, paratexts.

2074. **Damis, Christine** Dorfstr. 38, 16321 Schonow, Germany.

2075. **Dammann, Günter** Von-Melle-Park 6, 20146 Hamburg, Germany. *U. Hamburg* / Shorter narrative prose • Structure of the novel.

2076. **Dammers, Richard** 3709 Armstrong Drive, Bloomington, IL 61704-2801, USA. *Illinois State U.* / Richard Steele • Nicholas Rowe • Women dramatists.

2077. **Damoff, Sharon L.** 4791 Longbow Drive, Titusville, FL 32796-1402, USA.

2078. **Damsholdt, Tine** Inst. for Arkæologi og Etnologi, Københavns Universitet, Vandkunsten 5, 1467 København K, Denmark. *Københavns U.*

2079. **Danchin, Pierre** Université de Nancy II, 15 rue Aristide Briand, 54000 Nancy, France. *U. de Nancy II* / English theatre • Prologues and epilogues of the eighteenth-century • Anglo-French cultural links.

2080. **Danelon, Fabio** Via F. Sanson 20, 25123 Brescia, Italy.

2081. **Dangeville, Sylvie** 30 rue Dupont des Loges, 54000 Nancy, France. / French literature • Theatre • Novel • Critical editions • Enlightenment critical theory • History of ideas • Marquis de Sade • Rousseau.

2082. **Danh, Michel Barth-Cao** 7898 Beacon St, #B1, Brookline, MA 2445, USA.

2083. **Daniel, Claire** Pines, Leafy Grove, Keston, Kent BR2 6AH, UK. / Enlightenment history.

2084. **Daniele, Daniela** Via Sebino 11, 00199 Roma, Italy.

2085. **Daniels, Rosemary** Dept of English, University of Ottawa, P.O. Box 450, Stn A, Ottawa, ON K1N 6N5, Canada. *U. of Ottawa* / Effects of technology on literature.
✉ sdaniels@sprint.ca

2086. **Danielsen, Camilla Kolstad** Dept of Romance Studies, Universitet i Oslo, Postboks 1007, Blindern, 0315 Oslo, Norway. *U. Oslo* / Le conte philosophique voltairien comme un lieu de rencontre entre des discours differents • Etude sur l'unité / la diversité du style.
✉ camilla.danielsen@kri.uio.no

2087. **Danielsson, Birgitta** Haga kyrkogata 28 A, 411 23 Göteborg, Sweden.

2088. **Danielsson, Ing-Mari** Klockgjutaregatan 5, 853 37 Sundsvall, Sweden. *Stockholms U.* / Art criticism in the Swedish press, 1765-1810.
✉ im.danielsson@swipnet.se

2089. **Danielsson, Mona** Färgargårdstorget 20, 116 43 Stockholm, Sweden.

2090. **Dann, Otto** Historisches Seminar der Universität zu Köln, Albertus-Magnus-Platz, 50931 Köln, Germany. *U. Köln* / Théorie et philosophie de l'histoire • Idéologie politique • Organisation et formation de groupe dans la société bourgeoise.

2091. **Danna, Bianca** Via L. Usseglio 21, 10147 Torino, Italy.

2092. **Danneberg, Lutz** Arbeitsstelle Sozialgeschichte der Literatur, Universität Hamburg, Von-Melle-Park 6, 20146 Hamburg, Germany. *U. Hamburg* / Philosophy • Hermeneutics.

2093. **Dannhauser, Monique** 6 rue Goyrand, 13100 Aix-en-Provence, France. / Influence française en Prusse • Instruction en Allemagne et en France • Pédagogie • Utilisation de deux langues et art equestre.
✉ dannhauser_travarone@hotmail.com

2094. **Danova, Nadia** Institute for Balkan Studies, Bulgarian Academy of Sciences, 45 Moskovska Str., Sofia 1000, Bulgaria. *Bulgarian Academy of Sciences* / Les manifestations des

Lumières dans les Balkans • La transition de l'idéologie des Lumières au Romantisme dans les Balkans • Lumières-Romantisme-Panslavisme.

2095. **Danova, Penka** Institute for Balkan Studies, Bulgarian Academy of Sciences, 45 Moskovska Str., Sofia 1000, Bulgaria. *Bulgarian Academy of Sciences* / Littérature italienne de voyage.

2096. **Danziger, Marlies K.** 50 Popham Rd, Scardale, NY 10583 4253, USA. / James Boswell • Travel, esp. on the Continent • The novel.

2097. **Darlow, Mark** Dept of French, University of Nottingham, University Park, Nottingham, NG7 2RD, UK. *U. of Nottingham* / Comic theatre in France esp. comic opera 1753-1789 • Music in France • Beaumarchais • Rousseau, Bernardin de Saint-Pierre, Nicolas-Etienne Framéry.

2098. **Darnton, Robert C.** Dept of History, Princeton University, Nassau St, Princeton, NJ 08544, USA. *Princeton U.* / Media, publishing and the book trade • The emergence of the concept of public opinion.
✉ darnton@princeton.edu

2099. **Dartevelle, Raymond** 11 avenue Guibert, bât. C2, 78170 La-Celle-Saint-Cloud, France. *EHESS* / Culture et mentalités • Emigration • Correspondances familiales et clandestines • Elite financière et bancaire.

2100. **Dartois-Lapeyre, Françoise** 36 rue Vaugelas, 75015 Paris, France. *I.U.F.M. Paris* / Les représentations de spectacles dansés et chantés • Histoire sociale et culturelle.

2101. **Darzentas, Jennifer S.** Aristomenous 3, Glyfada, 16674 Athens, Greece. / Crébillon fils.

2102. **Dascher, Edward E.** 3484 Tarpon Woods Blvd, Palm Harbor, FL 34685-2128, USA. / German Enlightenment • Lessing.

2103. **Dassas, Frédéric** 221 avenue Jean-Jaurès, 75019 Paris, France. / J. F. Blondel.

2104. **Daszynska, Jolanta Alina** Dept of Modern History, University of Lódz, Kaminskiego 27A, 90-129 Lódz, Poland. *U. Lódz* / American history • American-British political relations.

2105. **Dat, Bernard** 5 Fief Buchet, 17220 Saint-Vivien, France. / La franc-maçonnerie.
✉ datbernard@aol.com

2106. **Date, Naoyuki** 2-11-8 Senzoku, Meguro, 152 Tokyo, Japan.

2107. **Daulny, Jean-Paul** 10 rue Colbert C, 18000 Bourges, France. / Voltaire et Rousseau dans les littératures scolaires de la IIIe République.
✉ jean-paul.daulny@ac-orleans-tours.fr

2108. **Dauphin, Claude** Dépt. de musique, UQAM, C.P. 8888, succ. Centreville, Montréal, PQ H4A 2R2, Canada. *U. du Québec à Montréal* / Poétique des styles.
✉ dauphin.claude@uqam.ca

2109. **Dautresme, Olivier** 47 rue de l'Ancienne Mairie, 92100 Boulogne-Billancourt, France. *U. de Grenoble II* / Consommation et opinion dans le quartier du Palais-Royal à Paris à la fin du 18s.

2110. **David, Armando** Via Ludovico di Monrealem 25, 00152 Roma, Italy.

2111. **David, Jacqueline** 57 boulevard Arago, 75013 Paris, France.

2112. **Davidova, Evguenia Nikolova** 29a Angel Kantchev Str., 1000 Sofia, Bulgaria. *Bulgarian Academy of Sciences* / Economic history • Commercial ethics.

2113. **Davidsen, Maria** Odensevej 44, 5260 Odense V, Denmark. *Odense U.*

2114. **Davidsen, Mogens** Odensevej 44, 5260 Odense V, Denmark. *Odense U.*

2115. **Davidson, Denise Z.** Dept of History, Georgia State University, 38 Peachtree Center Avenue, Atlanta, GA 30303, USA. *Georgia State U.* / Women and cultural life in French cities in the aftermath of the French Revolution • French women's cultural practices, 1750-1850.
✉ hisdzd@langate.gsu.edu

2116. **Davidson, Jenny** Dept of English & Comparative Literature, Columbia University, 435 Riverside Drive, apt 104, New York, NY 10025-7764, USA. *Columbia U.*

2117. **Davidsson, Bolli** Austurbrún 2, 104 Reykjavík, Iceland.

2118. **Davies, Malcolm George** De Sillestraat 160, 2593 VB Den Haag, Netherlands. *Cecilia International School of Music* / Songs, music and musicians in freemasonry.
✉ cecilia.ims@hetnet.nl

2119. **Davies, Martin L.** Dept of History, University of Leicester, University Road, Leicester, LE1 7RH, UK. *U. of Leicester* / Modern and postmodern reception of Enlightenment thought, particularly in relation to liberal and postliberal ideologies.
✉ mld@le.ac.uk

2120. **Davies, Simon F.** Dept of French, Queen's University, University Road, Belfast, BT7 1NN, UK. *Queen's U.* / *Œuvres complètes* de Voltaire • *Œuvres complètes* de Claude Crebillon • Correspondance de Bernardin de Saint-Pierre • Correspondance de Françoise de Graffigny • Ireland and the Enlightenment.
✉ s.davies@qub.ac.uk

2121. **Davis, Bertram H.** 2309 Domingo Drive, Tallahassee, FL 32304 1310, USA. *Florida State U.* / Thomas Percy • Johnson circle.

2122. **Davis, Charles G.** Dept of English, Boise State University, Boise, ID 83725, USA. *Boise State U.* / Relation of the novel to social background • Fielding's narrative method • Popular novels in Britain 1770-1820 • Literature of emotion.

2123. **Davis, Denise Laura** 42 Dexter St, Providence, RI 02909, USA. *Brown U.* / Regency • England • France • Marxist interpretation • British Enlightenment • French Enlightenment • Salons.
✉ denise_davis@brown.edu

2124. **Davis, Evan R.** Hampden-Sydney College, Box 234, Hampden-Sydney, VA 23943, USA. *Hampden-Sydney C.*

2125. **Davis, Jennifer J.** Dept of History, Pennsylvania State University, 108 Weaver Building, 16802 University Park, PA, USA. *Pennsylvania State U.* / Production, consumption, and regulation of prepared food in Paris, Bordeaux and Rouen.
✉ jjd196@psu.edu

2126. **Davis, Leith** Dept of English, Simon Fraser University, Burnaby, BC V5A 1S6, Canada. *Simon Fraser U.*

2127. **Davis, Matthew M.** 501 Savannah Court, Crozet, VA 22932, USA. *Core Knowledge Foundation* / Samuel Johnson: literary criticism, *Dictionary*, *Rasselas*, political views, friends and biographers.
✉ mmd6w@earthlink.net

2128. **Davis, Michael T.** P.O. Box 2016, Chermside Centre, QLD 4032, Australia. *U. of Queensland* / Daniel Isaac Eaton • Thomas Paine • Late transatlantic radicalism • Radical book trade • London corresponding society.

2129. **Davis, Nedda** 1383 Park Lake Drive, Reston, VA 22090 3936, USA. / France.

2130. **Davis, Paul** Dept of English, University College London, Gower St, London, WC1E 7BT, UK. *University C. London.*

2131. **Davis, Peter A.** Theatre Dept, University of Illinois, Urbana, IL 61801, USA. *U. of Illinois.*

2132. **Davison, Rosena** Dept of French, Simon Fraser University, Burnaby, BC V5A 1S6, Canada. *Simon Fraser U.* / French émigrées • Mme d'Epinay • Dierot • Galiani.
✉ rdavison@sfu.ca

2133. **Dawdy, Shannon** University of Michigan, 106 North Adams St #1, Upsilanti, MI 48197, USA. *U. of Michigan.*

2134. **Dawe, Gerald** Dept of English, Trinity College, Dublin 2, Ireland. *Trinity C.*

2135. **Dawson, Deidre Anne** Dept of Romance Languages, Michigan State University, Old Horticulture Building, 258 Circle Drive, East Lansing, MI 48824-1112, USA. *Michigan State U.* / Epistolary writing • La Beaumelle's correspondence • Cross-fertilisation between the French and Scottish Enlightenments • Sophie de Grouchy, marquise de Condorcet.
✉ dawsond2@msu.edu

2136. **Dawson, Robert L.** Dept of French & Italian, University of Texas, Austin, TX 78712-1197, USA. *U. of Texas (Austin)* / Baculard d'Arnaud • Illustrated books (mainly French) • Marmontel bibliography (esp. Bélisaire) • Contrefaçons • Piracies • History of the book and bibliography, esp. false imprints • French novel • Pornography.

2137. **Dawson, Ruth P.** Women's Studies Program, University of Hawaii, Saunders 722, 2424 Maile Way, Honolulu, Hawaii 96821, USA. *U. of Hawaii* / Western European representations of Catherine II of Russia • Newspapers and periodicals.
✉ dawson@hawaii.edu

2138. **Dawson, Virginia P.** 3290 Glencairn Rd, Shaker Heights, Cleveland, OH 44122-3408, USA. / Charles Bonnet; Abraham Trembley • Geneva: natural history.

2139. **Day, Robert Adams** PHD Program in Eng., C.U.N.Y., Graduate Center, 33 West 42nd St, New York, NY 10036 8099, USA. *C.U.N.Y.*

2140. **Day, W. G.** 7 Kingsgate St, Winchester, SO23 9PD, UK. *Winchester C.* / Sterne.

2141. **Day-Hickman, Barbara** 134 Marple Rd, Haverford, PA 19041-1028, USA.

2142. **Day-O'Connell, Sarah** Dept of Music, Cornell University, Lincoln Hall, Ithaca, NY 14853, USA. *Cornell U.*

2143. **de Alba-Koch, Beatriz** Dept of Spanish and Italian, Queen's University, Kingston, ON K7L 3N6, Canada. *Queen's U.*

2144. **De Benedectis, Angela** Viale Filopanti 2, 40126 Bologna, Italy.

2145. **De Bruyn, Frans** Dept of English, University of Ottawa, P.O. Box 450, Station A, Ottawa, ON K1N 6N5, Canada. *U. of Ottawa* / South Sea Bubble • North America • Britain • Canada • France • Netherlands • Agricultural societies • British Enlightenment • Travel literature • English language • English literature • Georgic poetry • Economic theory.
✉ fdebruyn@uottawa.ca

2146. **De Ciampis, Carmen** Vico 1 Roma 4, 82026 Morcone, Italy. *C.N.R. Napoli* / Philosophes méridionaux.

2147. **de Felice, Christian Michel** 1 chemin de l'Alouette, 1110 Morges, Switzerland. / *Encyclopédie d'Yverdon* • Encyclopédisme • Sociétés typographiques • Correspondances dans l'Europe des Lumières • L'Italie et l'Allemagne des Lumières.
✉ chdefelice@vtx.ch

2148. **de Gain, Philippe** 728 East 18th St, Chester, PA 19013-5601, USA. / Etude des femmes dans l'œuvre et la correspondance de Voltaire • Influence de Las Casas dans l'*Essai sur les mœurs*.
✉ degainphilippe@hotmail.com

2149. **De Gandt, François** 63 rue Mirabeau, 94200 Ivry-sur-Seine, France. *U. de Lille III* / Newton • D'Alembert.

2150. **De Gennaro, Rosanna** Via del Boschetto 27, 00184 Roma, Italy. *U. di Messina.*

2151. **De Gregorio, Mario** Via P. Salvani 9, 53019 Castelnuovo Berardenga (SI), Italy. *Biblioteca communale* / Livres • Bibliothèques • Presses • Académies.

2152. **De Gregorio Cirillo, Valeria** Via Monte di Dio 75, 80132 Napoli, Italy. *Istituto Universitario Orientale Napoli* / Mme de Genlis.

2153. **de Hóir, Siobhán** 20 Páirc an Árdghoirt, Dún Droma, Baile Átha Cliath 14, Ireland.

2154. **De la Calle Velasco, Ma Dolores** Dpto de Historia, Facultad de Geografia e Historia, Universidad de Salamanca, C/ Cervantes S/N, 37002 Salamanca, Spain. *U. de Salamanca.*

2155. **De Maio, Romeo** Via Traspontina 18, 00193 Roma, Italy. *U. di Napoli* / Michelangelo • Fine arts as philology.

2156. **De Marco, Domenico** Via G. B. Ruoppolo 69, 80128 Napoli, Italy.

2157. **De Mauro, Tullio** Via Garigliano 74/C, 00198 Roma, Italy.

2158. **de Mello e Souza, Laura** Alameda Joaquin Eugênio de Lima, 1475-41, 01403-003 São Paulo, Brazil. *U. de São Paulo* / Frontier and society in Minas Gerais captaincy; marginal society; witchcraft • Popular religion in colonial Brazil and early modern Portugal.

2159. **De Michelis, Cesare** Dept of Italian, Università di Padova, Beato pellegrino 1, 35100 Padova, Italy. *U. di Padova* / Venice.

2160. **De Michelis, Lidia Anna** Via Mecenate 3/1, 20138 Milano, Italy. *U. di Milano* / Popular fiction • Defoe • Travel literature • Cesare Beccaria and British culture.

2161. **De Nitto, Giuseppe** Viale Lincoln 152, 81100 Caserta, Italy.

2162. **De Ren, Leo** Provinciaal Museum, Sterckshof-Zilvercentrum, Hooftvunderlei 160, 2100 Antwerpen (Deurne), Belgium. *Provinciaal Museum Sterckshof-Zilvercentrum* / The art collections of Charles Alexander of Lorraine (1712-1780) • Art patronage, decorative arts, esp. table silver and porcelain, in the Austrian Netherlands.

2163. **De Rezende Martins, Estevao** Caixa Postal 04363, 70919/970 Brasilia DF, Brazil. *U. de Brasília* / Kant's thought • Social and cultural history • Theory and philosophy of history.
✉ estevao@gns.com.br

2164. **De Romanis, Roberto** Via Giacomo Barzellotti 2, 00136 Roma, Italy. *U. di Perugia* / English literature: prose, popular, autobiography.

2165. **De Rosa, Luigi** Via Marechiaro 107, 80123 Napoli, Italy.

2166. **De Sola, Anne** 11 Kingsdown Close, Earley, Reading, RG6 5PN, UK. *U. of Reading* / Le roman, 1700-1750: ses techniques narratives.

2167. **De Troja, Elisabetta** Via Donizetti 18, 51016 Montecatini T. (PT), Italy.

2168. **de Valera, Ann** 12 Avondale Lawn Extension, Blackrock, Co. Dublin, Ireland.

2169. **de Vet, Jan J. V. M.** Bosweg 10, 6573 E A Beek-Ubbergen, Netherlands. *U. Nijmegen* /

Philosophy of the Enlightenment • Cartesianism • Spinozism • Learned journals • International intellectual relations.
✉ jjvm.devet@inter.nl.net

2170. **de Voogd, Peter** Dept of English, Universiteit Utrecht, Trans 10, 3512 JK Utrecht, Netherlands. *U. Utrecht* / Reception of Sterne at home and abroad.
✉ peter.devoogd@let.uu.nl

2171. **De Wall, Heinrich** Juristische Fakultät, Lehrstuhl für Öffentliches Recht und Kirchenrecht, 06099 Halle, Germany. *U. Halle-Wittenberg* / Political theory.

2172. **de Wallens, Gérard** 52 Elysée II, 78170 La-Celle-Saint-Cloud, France. / Jacques-François Delyen, peintre membre de l'Académie Royale de Peinture et de Sculpture de Paris • La peinture belge • Analyse scientifique de la peinture de chevalet.
✉ gerard.dewallens@dewallens.org

2173. **De Weerd, Claudette Francis** Zoddeland 26, 1394 KR Nederhorst Den Berg, Netherlands. *U. van Amsterdam* / Participation of women in scientific, artistic and other societies in the United Provinces; their social class and education • Comparison with women in England, France and Germany.

2174. **de Weerdt-Pilorge, Marie-Paule** La Granhardière, Saint-Ouen-les-vignes, France. / Mémoires, histoire et le roman.
✉ pilorge.jc.mp@libertysurf.fr

2175. **De Zan, Mauro** Via Picco 10, 26013 Crema, Italy. *Liceo classico 'Racchetti'* / F. M. Zanotti • G. Leopardi.

2176. **De Zuttere, Paul** Avenue de Busleyden 41, 1020 Bruxelles, Belgium. / Art et artistes dans les Pays-Bas autrichiens • Lorrains, Français et étrangers à la cour de Charles-Alexandre de Lorraine.

2177. **Deacon, Philip** Dept of Hispanic Studies, University of Sheffield, Western Bank, Sheffield, S10 2TN, UK. *U. of Sheffield* / Intellectual and social history of Spain, esp. poetry, drama, erotic literature and the essay press • Civil and ecclesiastical censorship and the social context of culture.
✉ p.deacon@sheffield.ac.uk

2178. **Deák, Eszter** Bartók B. u. 9/c, 1225 Budapest, Hungary. *National Library of Hungary.*

2179. **Dean, Ann** 12 Elm St, Topsham, ME 04086-1414, USA.

2180. **Dean, Philippe** 12 rue Désirée, 75020 Paris, France. *U. de Paris VII* / La *Lettre sur les sourds et muets* de Diderot.
✉ aden@libertysurf.fr

2181. **Deane, Séamus** c/o Keough Study Centre, Newman House, 86 St Stephen's Green, Dublin 2, Ireland. *U. of Notre Dame* / Ireland • France • Political philosophy.

2182. **Dear, Jennie** 444 Jack Rabbit, Durango, CO 81301-8034, USA.

2183. **Debard, Jean-Marc** 15B avenue Fontaine Argent, 25000 Besançon, France. *U. de Besançon* / Le pays de Montbéliard luthérien • La Franche Comté.

2184. **Debly, Patricia A.** Dept of Music, Brock University, 500 Glenridge Avenue, St Catharines, ON L2S 3A1, Canada. *Brock U.* / The Italian operas of Joseph Haydn in the context of the mores of contemporary society, and their literary and theatrical influences.
✉ pdebly@brocku.ca

2185. **Debowski, Marek** Ul. Rekawka 11/19, 30-535 Kraków, Poland. *Jagiellonian U.* / Les changements du répertoire des théâtres polonais sous le choc de la Révolution française.

2186. **Debreceni, Attila** Egyetem tér 1, 4010 Debrecen, Hungary. *U. Debrecen* / Literature and culture of the Hungarian age of reason • History of ideas • Hungarian poetry of the Enlightenment.

2187. **Debrunner, Albert Maurice** Mörsbergerstr. 28, 4057 Basel, Switzerland. / Swiss literature • Reception of the middle ages in the 18c • Cultural links between Britain and the German-speaking world • Black writers • The noble savage.
✉ a.m.debrunner@bluewim.ch

2188. **DeCaroli, Steve** 6812 Blenheim Rd #A, Baltimore, MD 21212, USA.

2189. **Deceulaer, H.** Helenalei 51, 2018 Antwerpen, Belgium.

2190. **Déchery, Laurent C.** Dept of Modern Foreign Languages and Literatures, Gustavus Adolphus College, 800 West College Avenue, St Peter, MN 55344, USA. *Gustavus Adolphus C.* / Perception (vision, hearing, touch, smell and taste) in philosophy, literature, the fine arts and the sciences • Literary genres and styles used in philosophy (novel, tale, encyclopaedias, letters).
✉ dechery@gac.edu

2191. **Decker, Klaus Peter** Archiv und Schlossbibliothek, Schloss, Neuer Bau, 63654 Büdingen, Germany. *Fürstlich Ysenburgische*

Schlossbibliothek / Nobility • Jews; Jewish communities, esp. Ysenburg.

2192. **Decker, Sharon** 30 West 90th St, #3A, New York, NY 10024, USA. *Fordham U.* / Feminist studies • Motherhood.
✉ sldecker@mindspring.com

2193. **Decker, Tim** Dept of English, University of Delaware, Newark, DE 19716, USA. *U. of Delaware.*

2194. **Decock, Jacques** 12 rue Grognard, 69001 Lyon, France.

2195. **Deconinck-Brossard, Françoise** 20-22 rue de Berri, 75008 Paris, France. / Sermons • Church history • Hymns • Music • Computing in the humanities • History of ideas.
✉ fadeco@u-paris10.fr

2196. **Decroisette, Françoise** 19 route des Gardes, 92190 Meudon, France. *U. de Paris VIII* / Théâtre, opéra • Italie, France • Femmes, écriture des femmes.

2197. **Decroix, Arnaud** 34 avenue des Ecoles Militaires, 13100 Aix-en-Provence, France.

2198. **Décultot, Elisabeth** 184 rue de Bellevue, 91330 Yerres, France. *C.N.R.S.* / Transferts culturels franco-allemands • Esthétique allemande et sa réception en France • Winckelmann.
✉ elisabeth.decultot@ens.fr

2199. **Dedieu, Jean-Pierre** Rés Le Prado, bât. O, 33400 Talence, France. *U. de Bordeaux III* / Personnel politique et administratif de l'Espagne.

2200. **Dedner, Burghard** Forschungsstelle Georg Büchner, Universität Marburg, Am Grün 1, 35037 Marburg, Germany. *U. Marburg* / Lessing • Drama, esp. theory of comedy • Idylls • French Revolution and German Jacobinism.

2201. **Deeming, David** Flat 4, 75 Larkhall Rise, London, SW4 6HS, UK. / Aesthetics and politics in Swift.

2202. **Deeming, Lucille** 13 Gosport Way, Southbeach Lea, Blyth, Northumberland NE24 3HJ, UK. / Literature and creativity.

2203. **Defontaine, Michel** 18 rue du Beau Regard, 14500 Vire, France.

2204. **Defrance, Anne** UFR de Lettres, Université de Bordeaux III, Domaine universitaire, 33607 Pessac Cédex, France. *U. de Bordeaux III* / Le conte de fées et le conte oriental.
✉ anne.defrance@montaigne.u-bordeaux.fr

2205. **deGategno, Paul J.** Dept of English, North Carolina Wesleyan College, 3400 North Wesleyan Boulevard, Rocky Mount, NC, USA. *North Carolina Wesleyan C.* / Correspondence of James Macpherson • Jonathan Swift.
✉ pdegategno@ncwc.edu

2206. **Degauque, Isabelle** 3 place Viarme, 44000 Nantes, France.

2207. **Degrada, Francesco** Via Gaudenzio Ferrari 3, 20123 Milano, Italy. *U. di Milano* / Music and opera.

2208. **Degtiariova, Maria** Ecole supérieure des sciences sociales et économiques, Prospekt Vernadskogo, 82, korp. 2, administation, 117571 Moscou, Russia. *Ecole supérieure des sciences sociales* / J. de Maistre et ses relations russes • La pensée politique et philosophique de la Révolution française.

2209. **Deguise, Alix S.** 2 Peach Tree Lane, Niantic, CT 06357-1938, USA. / Mmes de Charrière, de Souza, de Genlis, Le prince de Beaumont, Riccoboni • Jefferson and French culture.

2210. **Deguise, Pierre** 2 Peach Tree Lane, Niantic, CT 06357-1938, USA. *Connecticut C.* / Benjamin Constant • Germaine de Staël • Groupe de Coppet.

2211. **Dehrmann, Mark-Georg** Motzstr. 47, 10777 Berlin, Germany. *Freie U. Berlin* / Reception of Shaftesbury's writings in Germany • Literary forms of dialogue • Reception of Platonism and stoicism.
✉ mark-georg.dehrmann@web.de

2212. **Deimling, Katherine** Dept of Romance Language and Literature, Colgate University, 13 Oak Drive, Lawrence Hall, Hamilton, NY 13346, USA. *Colgate U.* / The French libertine novel, esp. issues of gender and philosophy • Education and mentor-student relationships in the French novel • Culture of reading in France.
✉ kdeimling@mail.colgate.edu

2213. **DeJean, Joan E.** Dept of Romance Languages, University of Pennsylvania, Williams Hall, Philadelphia, PA 19104, USA. *U. of Pennsylvania* / French prose • Women's studies • Development of the novel.

2214. **Dejgaard Bernth, Merete** Åhaven 18, 9900 Frederikshavn, Denmark.

2215. **Dejung, Christoph** Acla, 7417 Trans, Switzerland. / Hume • Rousseau • Pestalozzi.

2216. **Dekker, R. M.** Westerhoutstraat 28, 2012 JS Haarlem, Netherlands. / Autobiographical writing • Humour • Childhood.
✉ r.dekker@fhk.eur.nl

2217. **Del Bianco, Lamberto** Via Vespucci 55, 56100 Pisa, Italy. *U. di Pisa* / Enlightenment and the Italian reformation • Bernardo Tanucci.

2218. **Del Buffa Saccaro, Giuseppa** Viale dei Quattro Venti 166, 00152 Roma, Italy.

2219. **Del Curatolo, Elia** Via Raffaele de Cesare 72, 00179 Roma, Italy. / Kingdom of Naples.

2220. **Del Monaco, Gabriella** Via Nicolardi 256, 80131 Napoli, Italy. / A. Valladares de Sotomayor • Journalism and society in Spain • María Rosa Gálvez de Cabrera.

2221. **Del Negro, Piero** Via S. Pio X 5, 35100 Padova, Italy. *U. di Padova* / Histoire militaire • Venise • Education.

2222. **Del Prete, Antonella** Università degli studi di Lecce, Via M. Stampacchia, 73100 Lecce, Italy. *U. degli studi di Lecce* / Clandestine litterature • Cartesianism (low countries) • Cosmology.
✉ a.delprete@sns.it

2223. **Del Torre, Maria Assunta** Via Parenzo 2, 20143 Milano, Italy. *U. di Milano* / Histoire de la philosophie • Œuvres historiques sur le 18s en Italie.

2224. **Del Vento, Christian** Via privata delle rose 10, I-18038 San Remo (IM), Italy. *U. de Caen* / Literature of the revolutionary period • Vittorio Alfieri.
✉ christian.del-vento@laposte.net

2225. **DeLacy, Margaret E.** 7356 South East 30th Avenue, Portland, OR 97202, USA. *National Coalition of Independent Scholars* / Contagionism and the transformation of medical understanding in Britain • The relationship between contagionism and religious nonconformity.
✉ mdelacy@pacifier.com

2226. **Delahaye, Sophie** Dept of French & Italian, University of Kansas, Wescoe Hall, 1445 Jayhawk Blvd., Lawrence, KS 66045-7594, USA. *U. of Kansas.*

2227. **Delange, Jean-Pierre** 139 rue Nationale, 75013 Paris, France. *EHESS* / Philosophie politique • La pensée théologico-politique de Jean-Jacques Rousseau.
✉ delange@imaginet.fr

2228. **Delattre, Gérard** 22 rue Peyras, 31000 Toulouse, France.

2229. **Delbouille, Paul** Thier de la Fouarge 14, 4653 Bolland, Belgium. *U. de Liège* / Les *Œuvres complètes* de Benjamin Constant • Techniques romanesques.
✉ paul.delbouille@ulg.ac.be

2230. **Delclaux Bravo, Ana Luisa** C/ Castillo de Jativa 10, 28691 Villanueva de la Cañada, Spain. / Histoire.

2231. **Deldonna, Anthony** 6018 Westcott Hills Way, Alexandria, VA 22315-4747, USA.

2232. **Delgado, Graça** Rua Jose Dias Coelho, 12-3º E, 1300-328 Lisboa, Portugal. / Arts • Histoire du patrimoine • Patrimoine et culture.

2233. **Deligne, Alain** Universität Münster, Bispinghof 31 A, 48143 Münster, Germany. *U. Münster* / Bayle, Rousseau • Idéalisme allemand.

2234. **Deliniere, Jean** 6 impasse Antoine Bardin, 63360 Gerzat, France. / Aufklärung • Weimarer Klassik • French Revolution.
✉ jean.deliniere@wanadoo.fr

2235. **Dellaloglu, Besim** Mimar Sinan University, Fen-Edebiyat Faculty, Sociology Dept, Istanbul, 80690 Besiktas, Turkey. *Mimar Sinan U.* / German philosophy • Hermeneutics • Frankfurt School.

2236. **Dellsperger, Rudolf** Kramgasse 67, 3011 Bern, Switzerland. / Pietism.

2237. **Delmas, Bernard** 3 rue Saint-Firmin, 59800 Lille, France. *U. de Lille I* / L'économie politique de Quesnay et des physiocrates.

2238. **Delmon, Louis** Le Fraysse, 24290 Valojoulx, France.

2239. **Deloffre, Frédéric** 5 ter rue P. Legouté, 92160 Antony, France. *U. de Paris IV* / Guilleragues • Challe • Marivaux • Prévost • Voltaire.

2240. **Delon, Francis** L'Orée du Parc, 37 rue Clavel, 75019 Paris, France. *Archives de Paris* / Maçonnerie opérative: franc-maçonnerie en France et dans les Iles Britanniques.

2241. **Delon, Michel** 62 rue Doudeauville, 75018 Paris, France. *U. de Paris IV* / Diderot • Sade • Le roman en Europe (1750-1820) • La crise des lumières.

2242. **Delopoulos, K.** 16-18 Messinias str., 11526 Athens, Greece.

2243. **Delorme, Suzanne** 2 rue du 14 Juillet, 77810 Thomery, France. *Centre international de synthèse Paris* / Fontenelle et l'Académie royale des sciences.

2244. **Delpierre, Gilles** 103 rue Daurnémont, 75018 Paris, France. *U. de Paris III* / Peinture et littérature • Antoine Coypel • Charles Coypel • Comte de Caylus.

2245. **Delsaerdt, Pierre** UFSIA-Central University Library, Prinsstraat 9, 2000 Antwerpen, Belgium. *U. Antwerpen* / Book history: private libraries, book trade.

2246. **Delucia, JoEllen** Indiana University, 1022 West 8th St, Bloomington, IN 47404-3616, USA. *Indiana U.*

2247. **Deluna, Deann** Colonnade Condominiums #916, 3801 Canterbury Road, Baltimore, MD 21218 2315, USA. / Defoe • Feminism and the English novel • Transvestite heroines in Restoration drama.

2248. **Delzongle, Jacques** 5 rue des Grandes Bergeries, 21000 Dijon, France.

2249. **Deman, J. Andrew** 256 London Dr., Thunder Bay, ON P7A 7Z6, Canada. *Lakehead U.* / Transitional literature.

2250. **Demarco, Domenico** Via G. B. Ruoppolo 69, 80128 Napoli, Italy. *U. di Napoli* / Doctrines démographiques • Finances publiques • La banque.

2251. **DeMaria, Robert** 14 Vassar Lake Drive, Poughkeepsie, NY 12603-3120, USA. *Vassar C.*

2252. **DeMarte, Isabelle C.** Dept of Foreign Languages and Literatures, Lewis and Clark College, 0615 S.W. Palatine Hill Road, MSC 30, Portland, OR 97219-7899, USA. *Lewis and Clark C.* / Diderot's epistolary writings, plays, and fiction • Relationship between language (esp. metaphors and fiction) and knowledge • Relationship between law and literature through the book trade.
✉ demarte@lclark.edu

2253. **Demay, Andree** 35 Spruce Hill Rd, Hadley, MA 01035 9541, USA. / Marie-Jeanne Riccoboni • Shakespeare and the evolution of French drama • French furniture.

2254. **Demchenko, Vladimir D.** Gogol Str. 2, kv.49, 320044 Dnepropetrovsk, Ukraine. *Dnepropetrovsk State U.* / German novel • Literary criticism.

2255. **Demel, Walter** Fakultät für Sozialwissenschaften, Universität der Bundeswehr München, Werner-Heisenberg-Weg 39, 85577 Neubiberg, Germany. *U. der Bundeswehr München* / Reception of travel accounts • Domestic policy in German territories • Enlightened absolutism.

2256. **Dementiev, Elektron** Pervomaiskaia 35, 37, 162612 Tcherepovetz, Russia. *U. de Tcherepovetz* / Le roman français entre le classicisme et le romantisme (de Diderot à Mme de Staël).

2257. **Demerson, Georges** Lalanne, 47180 Sainte-Bazeille, France. *U. de Lyon II* / Sociétés économiques • Littérature • Les Baléares et Canaries.

2258. **Demerson, Paula** Lalanne, 47180 Sainte-Bazeille, France. / Sociétés économiques • Histoire sociale • Médecine • Néo-jansénisme espagnol • Ibiza.

2259. **Demeter, Júlia** Thököly út 117/A, 1145 Budapest, Hungary. *U. Budapest* / Hungarian drama and theatre • European school drama.

2260. **Demin, Anton** Prospekt Morice Thorez, 37/2, 270, 194223 St Pétersbourg, Russia. *Académie des sciences de Russie* / Culture russe et ses relations internationales • G. R. Derjavine.
✉ idamante@au.ru

2261. **Demko-Belanszky, Marion** Praterstr. 66, 1020 Wien, Austria.

2262. **Demoris, René** 65 rue du Javelot, 75645 Paris Cedex 13, France. *U. de Paris III* / Roman, mémoires, histoire: Marivaux, Rousseau • Peinture et littérature: histoire, théorie et critique d'art de Félibien à Diderot.
✉ demoris.r@wanadoo.fr

2263. **Demoulin, Bruno** 83 Mont Saint-Martin, 4000 Liège, Belgium. *U. de Liège* / Histoire culturelle, institutionelle et économique de la principauté de Liège.

2264. **Den Boer, Pim** 2 Graaf Adolfstraat, 3583 VT Utrecht, Netherlands. / History of ideas.

2265. **Denby, David J.** 7 Gartan Avenue, Dublin 9, Ireland. *Dublin City U.* / Colonisation • Europe's relations with the non-European world • European thought • Enlightenment: Britain, France, Germany, Scotland • Travel literature • Africa, image of • America, image of.
✉ david.denby@dcu.ie

2266. **Deneys, Henry** 6 place de la Fontaine, 94800 Villejuif, France. / Concepts, critiques et interprétations de la Révolution française.
✉ hdys@wanadoo.fr

2267. **Deneys-Tunney, Anne** Dept of French, New York University, 19 University Place, New York, NY 10003, USA. *New York*

U. / Roman et philosophie: Marivaux, Diderot, Mme de Staël • Volney et le voyage.
✉ adl@nyu.edu

2268. **Deng, Wenfeng** Institute of Qing History, Renmin University of China, 100872 Beijing, China. *Renmin U. of China* / China: Qing history.

2269. **Denis, Gilles** Equipe REHSEIS, Université de Paris VII - Denis Diderot, Boîte 7064, 2 Place Jussieu, 75251 Paris Cedex 05, France. *U. de Paris VII* / L'émergence de l'agronomie • Débats savants autour des maladies des plantes • Rapport à la chimie, à la botanique, aux savoirs et pratiques populaires.

2270. **Denkova, Lidia** Cyrillo-Methodian Centre, Bulgarian Academy of Sciences, 13A Moskovska Str., Sofia 1000, Bulgaria. *Bulgarian Academy of Sciences* / Histoire des idées • Philosophie et littérature.

2271. **Denlinger, Elizabeth Campbell** 57 West 105 St, apt 5D, New York, NY 10025, USA. *St John's U.* / Bawdy humour in British theatre and prints.
✉ elcaden@aol.com

2272. **Denoit, Nicole** Moulin de Vezin, 72360 Mayet, France. *U. du Maine* / L'An 2440 dans l'œuvre de Mercier, et dans la tradition de l'utopie • Influence des 'clichés' de la pensée du 18s • Fonctionnement et 'rites' d'un nouvel univers utopique.

2273. **Denvir, Gearóid** Na hAille, Indreabhán, Co. na Gaillimhe, Ireland.

2274. **Depardieu, Isabelle** 1 allée des Groseilles, 21310 Belleneuve, France. *U. de Dijon* / La séduction chez Samuel Richardson.

2275. **DePorte, Michael** University of New Hampshire, Durham, NH 03824-3574, USA. *U. of New Hampshire* / Swift • Psychology • The novel.

2276. **Deprun, Jean** 8 rue des Missionaires, 78000 Versailles, France. *U. de Paris I* / Histoire d'un 'nom divin': l'Etre suprême • La mystique néantiste • Sources scientifiques et philosophiques de Sade • Citations et poètes latins dans les ouvrages philosophiques et théologiques.

2277. **Deregnaucourt, Gilles** 25 les Verts Feuillages, Givenchy-en-Gohelle, 62580 Vimy, France. *U. d'Artois* / L'administration diocésaine dans les Pays-Bas méridionaux.

2278. **Dernovsek, Vera** 13026 Maxwell Rd, Cypress, TX 77429-2357, USA. *Rice U.* / French language • Comparative literature • Jean-Baptiste Greuze.

2279. **DeRochi, Jack** 3511 Mill Stream Court, Charlotte, NC 28209-2033, USA.

2280. **Derstine, Andria L.** Dept of European Paintings, Detroit Institute of Arts, 5200 Woodward Avenue, Detroit 48202, MI, USA. *Detroit Institute of Arts* / The French Academy in Rome, the Accademia di San Luca in Rome, the Académie Royale in Paris • Academies in Europe • French painters in Rome.
✉ aderstine@dia.org

2281. **Deruette, Serge** Institut de Sociologie, Université libre de Bruxelles, 44 avenue Jeanne, 1050 Bruxelles, Belgium. *U. libre de Bruxelles* / Meslier.

2282. **Dervaux, Sylvie** 94 rue Bobillot, 75013 Paris, France.

2283. **Desan, Suzanne** Dept of History, University of Wisconsin, 455 North Park St, Milwaukee, WI 53706-1405, USA. *U. of Wisconsin* / French Revolution • Family law and gender.

2284. **Desbois, Nicolas** 4 bis rue du Bouloi, 75001 Paris, France.

2285. **Descalzo Lorenzo, Amalia** Avda. Plo Xii, 61, Portal 6-2°A., 28016 Madrid, Spain. *Escula de Arte y Antiquedades* / Dress in Spain.

2286. **Desch, Joachim** Bodifyr/Tregarth, Bangor, Gwynedd, LL57 4AW, UK.

2287. **Descombes, Alain** 153 bis avenue Roger Salengro, 94500 Champigny-sur-Marne, France. / La publicité commerciale dans la presse parisienne.

2288. **Desgraves, Louis** 18 rue Roger Ducasse, 33200 Bordeaux, France. / Livres imprimés dans le Sud-Ouest • Montesquieu.

2289. **Desirat, Dominique** 7 place Pumereau, 37000 Tours, France. / Les modèles du discours de la critique d'art • Relations science-peinture.

2290. **Desjonquères, Chantal** Editions Désjonquères, 15-17 rue au maire, 75003 Paris, France. / Littérature.
✉ editions.desjonqueres@wanadoo.fr

2291. **Desmarais, Claude** 18 Sackville Place, Toronto, ON M4X 1A4, Canada. *U. of Toronto* / German language and literature • Elias Canetti.

2292. **Desmeuzes, Jean** 2 rue Saint-Honoré, Rés. Pompadour, 77300 Fontainebleau,

France. / Rétif de La Bretonne: réforme de l'orthographe, éducation, philosophie.

2293. **Desné, Roland** 23 quai de Grenelle, 75015 Paris, France. *U. de Reims* / Meslier, l'homme, l'œuvre et la fortune • Le matérialisme (les manuscrits clandestins, d'Holbach) • Diderot • Helvétius • Voltaire.

2294. **Desnos, Michèle** 21 rue de La Lambinière, 41200 Romorantin, France.

2295. **Desplat, Christian** Avenue de Beaumont, 64320 Idron Ousse Sendets, France. *U. de Pau* / Les cadets de Gascogne • Cérémoniaux de la vie et de la mort.

2296. **Despoix, Philippe** Freie Universität Berlin, Hüttenweg 9, 14195 Berlin, Germany. *Freie U. Berlin* / Voyages scientifiques, 1764-1789 • Découverte du Pacifique.

2297. **Desroches, Dominic** 7911 Salomon Manon, app. 4, Montréal, PQ H1E 4X7, Canada. *U. de Montréal* / Kierkegaard • Philosophie allemande • Ethique • Enlightenment.

2298. **Desruisseaux-Talbot, Amélie** 7807 Henri-Julien, Montréal, PQ H2R 2B6, Canada. *McGill U.* / Autobiographie • Gabrielle Roy • Rousseau.

2299. **Dessert, Daniel** 147 rue d'Alésia, 75014 Paris, France. *Ecole navale* / Les élites et l'argent sous l'Ancien Régime.

2300. **Desserud, Donald A.** Dept of History and Politics, University of New Brunswick, P.O. Box 5050, Saint John, NB E2L 4L5, Canada. *U. of New Brunswick* / Montesquieu • Moderation • Liberal-capitalism in French and English thought.

2301. **Destain, Christian** 2 rue Linet, 1495 Sart-Damas-Avelines, Belgium. / Rousseau.

2302. **Deter, Gerhard** Ginsterring 24, 16321 Schönow, Germany. *Deutscher Bundestag* / German law, esp. economics • Social history, esp. crafts and agriculture • Westphalia.

2303. **Dethloff, Uwe** Fachrichtung 8.2 Romanistik, Universität des Saarlandes, Am Stadtwald, 66123 Saarbrücken, Germany. *U. des Saarlandes* / Diderot • Condorcet.

2304. **Dettmar, Ute** Institut für Jugendbuchforschung, Universität Frankfurt/M., Grüneburgplatz 1, 60323 Frankfurt am Main, Germany. *U. Frankfurt am Main.*

2305. **Deuter, Jörg** Aschhausenstr. 16, 97922 Lauda-Königshofen, Germany. *Landesmuseum Oldenburg* / Neoclassicism • Architecture and theory • Landscape gardening • Literature.

2306. **Deutsch, Helen** Dept of English, U.C.L.A., 2225 Rolfe Hall, Box 951530, Los Angeles, CA 90095-1530, USA. *U.C.L.A.* / Literary authorship and physical difference in British culture • Relationship of Johnson's material body to his literary corpus and authorial canonisation • Culture of sensibility. ✉ hdeutsch@humnet.ucla.edu

2307. **Deveau, Jean-Michel** Dépt d'Histoire, Université de Nice, 06000 Nice, France. *U. de Nice.*

2308. **Devries, Vicki** 1011 Diamond Avenue North East, Grand Rapids, MI 49503-1256, USA.

2309. **Dezoma, William** 8546 33rd Avenue, Kenosha, WI 53142 2579, USA.

2310. **Dharampal-Frick, Gita Joy Savitri** Römerweg 9A, 86199 Augsburg, Germany. *U. Augsburg* / Early European Indology.

2311. **Dharwadker, Aparna** Dept of English, University of Oklahoma, 760 Van Vleet Oval Rm, # 113, Norman, OK 73069-2021, USA. *U. of Oklahoma* / Restoration and 18c drama • Satire • Colonialist narratives.

2312. **Dhifaoui, Arbi** Faculté des lettres et sciences humaines de Kairouan, Université du Centre, Kairouan, Tunisia. *U. Kairouan.*

2313. **Di Bella, Sarali** Via Stazione 34, 95021 Aci Castello (CT), Italy.

2314. **Di Bella, Saverio** Viale P. Umberto 61/C, 98100 Messina, Italy. *U. di Messina* / Mentality, church and civil society • Deindustrialisation processes in southern Italy (Calabria).

2315. **Di Benedetto, Arnaldo** Via Cesana 4, 10026 Santena (TO), Italy. *U. di Torino* / Poetry and history of ideas.

2316. **Di Domenico, Maria Giovanna** Via Vallesana 116, 80016 Marano (NA), Italy. *U. di Napoli* / Philosophy of science: Maupertuis, d'Holbach • Pensée éthique-politique.

2317. **Di Donato, Francesco** Viale Atlantici 14/a, Benevento 82100, Italy. *U. di Napoli* / L'idéologie des robins dans la France des Lumières • Les modèles et les formae mentis des juristes dans l'Europe moderne. ✉ frdido@unisannio.it

2318. **Di Donato, Maria Pia** Via Animuccia 15, 00199 Roma, Italy.

2319. **Di Donna Prencipe, Carmen** Via Marcello II 29, 00165 Roma, Italy. *U. di Ferrara* / Edition critique du Ricciardetto de Niccolò Forteguerri.

2320. **Di Lisa, Mauro** Via Calandrelli 20, 00153 Roma, Italy.

2321. **Di Noi, Giambattista** Via Cesare Battisti 63, 72026 S. Pancrazio Salentino (BR), Italy. *Scuola media A. Manzoni* / Le Spinozisme critique de Léger-Marie Deschamps • Spinoza et le 'vrai système'.

2322. **Di Noto Marrella, Sergio** Viale Italo e Cleofonte Campanini 11, 43100 Parma, Italy. *U. di Parma* / Law • Universities and colleges.
✉ dinotomarrella@unipr.it

2323. **di Palma, Marco** 103 Cavendish Road, London, SW12 0BN, UK. / The ethics and philosophy of J.-J. Rousseau.

2324. **Di Pinto, Mario** Via Massimo Stanzione 18, 80129 Napoli, Italy. *U. di Napoli* / Spanish poetry (Cadalso, Moratín, Salas) • Spanish minor theatre (Comella).

2325. **Di Ricco, Alessandra** Carlo Angeloni 328, 55100 Lucca, Italy. *U. deggli studi di Trento.*
✉ alessandra.diricco@lett.unit.it

2326. **Di Rienzo, Eugenio** Via Monza 22, 00182 Roma, Italy. *U. di Salerno* / Secret et politique dans la France de la Restauration • Joseph Rey et son temps, 1779-1849 • Guerre et droit dans l'Europe de l'ancien régime.
✉ piodiri@tin.it

2327. **Di Salvo, Maria G.** Viale XI Febbraio 2, 27100 Pavia, Italy. *U. di Milano* / Russian-Italian relations and cultural contact.
✉ maria.disalvo@unimi.it

2328. **Di Seclì, Antonio** Via Valnigra 20/13, Fraz. Villazzano, 38050 Trento, Italy. *Istituto Magistrale A. Rosmini (Trento)* / Correspondence between Ch. A. Pilati de Tassullo and F. V. Barbacovi de Taio • Biography of Gian Andrea Cristani de Rallo.

2329. **Di Taranto, Giuseppe** Via A. Falcone 388, 80127 Napoli, Italy.

2330. **Di Trocchio, Federico** Via Rubicone 27, 00198 Roma, Italy. *U. di Roma* / P.-J. Barthez and medical-biological knowledge in Montpellier • Libertinism, pornography and 'iconographie galante' • Giacomo Casanova's philosophical writings.

2331. **Diaconoff, Suellen** Dept of French, Colby College, Waterville, ME 04901-4700, USA. *Colby C.* / Women • Periodical press • Art and literature.

2332. **Diamond, Marie Josephine** Program in Comparative Literature, Rutgers University, 131 George St, New Brunswick, NJ 08901-1414, USA. *Rutgers U.* / Literature • Critical theory.

2333. **Diana, Casey M.** 401 West Vermont Avenue, Urbana, IL 61801-4928, USA.

2334. **Dias, José Pedro Sousa** Fac. Farmácia da Univ. de Lisboa, Av. das Forças Armadas, 1600 Lisboa, Portugal. *U. de Lisboa.*

2335. **Diaz, Furio** Piazza Cappiello 16, 57100 Livorno, Italy. *Scuola normale superiore Pisa* / Les origines de l'historismus • L'idée de représentation après la Révolution française • L'historiographie après Voltaire • De la Révolution française au libéralisme de l'âge de la Restauration.

2336. **Díaz de la Serna, Ignacio** Calle 20 N° 17, Col. Club de Golf México, 14620 Mexico City, México Distrito Federal, Mexico. *U. Morelos* / 18c society • Literature, esp. the novel.
✉ idiazser@avantel.net

2337. **Díaz Larios, Luis Federico** Varema 10 bis, 08032 Barcelona, Spain. / Littérature espagnole, en part. romantisme.

2338. **Díaz Rementería, Carlos** C/La Plata, 27, 3°A., 41500 Alcala de Guadaira, Spain. / Droit et les institutions en Amérique.

2339. **Dibbits, H. C.** De Peerelstraat 11-I, 1097 NE Amsterdam, Netherlands.

2340. **Dibbits, J. E. G. C.** Kerkstraat 191, 1017 GJ Amsterdam, Netherlands.

2341. **Dibiasio, Becky L. M.** Dept of English, Assumption College, 500 Salisbury St, Worcester, MA 1609, USA. *Assumption C.*

2342. **Dick, Miriam** 711 Heitman Drive, Spring Valley, NY 10977 6036, USA. / Women in British literature • Comedy and satire in British literature.

2343. **Dickie, Simon** 502 North 5th Avenue, apt 1, Ann Arbor, MI 48104 1199, USA.

2344. **Dickinson, Harry T.** Dept of History, University of Edinburgh, George Square, Edinburgh, EH8 9JY, UK. *U. of Edinburgh* / British politics 1688-1832, including high politics, popular politics and political ideas.

2345. **Dickinson, John A.** Dépt d'histoire, Université de Montréal, C.P. 6128, Succ. Centre-ville, Montréal, PQ H3C 3J7, Canada. *U. de Montréal* / Sociétés rurales et sociétés urbaines en Normandie et en Nouvelle-France • Les marchands ruraux dans le gouvernement de Montréal.

2346. **Dickinson, Sara** Corso Firenze 32/11, 16136 Genova, Italy. / Black Sea • Eastern Europe • Poland • Russia • Decembrists • Panslavism • Romanticism • Russian Enlightenment • Travel literature • Orient, image of • Russian language and literature • Slavic literature • Social history • Salons.
✉ sara_dickinson@mac.com

2347. **Dickson, David** Dept of Modern History, Trinity College, Dublin 2, Ireland. *Trinity C.*

2348. **Dickson, P. G. M.** St Catherine's College, Oxford, OX1 3UJ, UK. *U. of Oxford* / British economic and social history • Austria.

2349. **Didicher, Nicky** Dept of English, Simon Fraser University, 8888 University Drive, Burnaby, BC V5A 1S6, Canada. *Simon Fraser U.* / Maps and literature • Pedagogy.

2350. **Didier, Béatrice** 45 rue d'Ulm, 75005 Paris, France. / Les conceptions musicales et esthétiques des Lumières • La littérature de la Révolution française • Répresentation du sacré.

2351. **Diele, Heidrun** Institut für Pädagogik, Universität Halle-Wittenberg, Franckeplatz 1, Haus 5, 06110 Halle, Germany. *U. Halle-Wittenberg.*

2352. **Dierick, A. P.** Dept of German, Victoria College, University of Toronto, Toronto, ON M5S 1K7, Canada. *U. of Toronto* / Enlightenment and pre-Romantic literature, and aesthetics in Holland and Germany • The image of Holland in other European countries.

2353. **Dierse, Ulrich** Institut für Philosophie, Universität Bochum, Universitätsstr. 150, 44780 Bochum, Germany. *U. Bochum* / Philosophy in France, esp. political and social philosophy.

2354. **Dietrick, Linda** Dept of French & German Studies, University of Winnipeg, Winnipeg, MB R3B 2E9, Canada. *U. of Winnipeg* / Women, gender, and aesthetics ca. 1800.

2355. **Dietzsch, Steffen** Institut für Philosophie, Humboldt-Universität Berlin, Unter den Linden 6, 10099 Berlin, Germany. *Humboldt-U. Berlin* / Transcendentalism • Concept of history in the European Enlightenment.

2356. **Diezinger-Vogel, Sabine** Rheinstr. 76, 79411 Bad Bellingen, Germany. *U. Mannheim* / French immigrants and refugees in Baden, 1789-1800.

2357. **Diglio, Carolina** Via Piave 32, 80126 Napoli, Italy. / Nerciat à Naples.

2358. **Digue-Haas, Marie-Thérèse** 48 rue du 19 janvier, Résidence de l'Orée du Golfe, 92380 Garches, France. / La carrière de Louvet de Couvray (1760-1797).

2359. **Dill, Charles** University of Wisconsin-Madison, 1450 Jennifer St, Madison, WI 53703 3719, USA. *U. of Wisconsin (Madison).*

2360. **Dill, Stephen H.** 514 Millstone Drive, Lawrence, KS 66049, USA. / First person narrative.

2361. **Dille, Catherine** Obere Zaune 19, 8001 Zurich, Switzerland. / Samuel Johnson.

2362. **Dillingham, Thomas F.** Dept of English, Central Methodist College, Fayette, MO 65201-5910, USA. *Central Methodist C.*

2363. **Dimacopoulos, G. D.** 14 Canari str., 10671 Athens, Greece.

2364. **Dimit, Robert** New York University, 7-13 Washington Sq. N-43A, New York, NY 10003-6658, USA. *New York U.*

2365. **Dimitracopoulos, Od.** 12 Vass. Olgas str., 14121 Athens, Greece.

2366. **Dimova, Vesela** Institute for Balkan Studies, Bulgarian Academy of Sciences, 45 Moskovska Str., Sofia 1000, Bulgaria. *Bulgarian Academy of Sciences* / Enlightenment and Romanticism in Slavic literatures.

2367. **Dines Johansen, Jørgen Dine** Center for Litteraturvidenskab og Semiotik, Odense Universitet, Campusvej 55, 5230 Odense, Denmark. *Odense U.*

2368. **Ding, Rui** Institute of Qing History, Renmin University of China, 100872 Beijing, China. *Renmin U. of China* / China: Qing history.

2369. **Dinges, Martin** Institut für Geschichte der Medizin, Straussweg 17, 70184 Stuttgart 1, Germany. *Institut für Geschichte der Medizin* / Honour • Cultural history • Health and medicine.

2370. **Dini, Vittorio** Via Giustiniano 136, 80126 Napoli, Italy. / Morals • Economy • Philosophy • Adam Smith • Ethics • Politics • Theatre.

2371. **Diniz Silva, Abílio** Estrada Nacional 10-1, nº 676, Estrelinha, 2825-046 Caparica, Portugal. / D. Luis da Cunha • Political, economic and diplomatic history of Portugal and Brazil, in the first half of the 18c • Overseas trading companies • Portuguese merchants.
✉ adinizsilva@mail.telepac.pt

2372. **Diniz Silva, Andrée Mansuy** Estrada Nacional 10-1, nº 676, Estrelinha, 2825-046 Caparica, Portugal. / Elites au Portugal et au Brésil (diplomatie, économie, finances, société, culture) • La vie et l'œuvre du ministre D. Rodrigo de Souza Coutinho, comte de Linhares (1755-1812).
✉ rop42391b@mail.telepac.pt

2373. **Dioguardi, Gianfranco** Piazza Eroi del mare 9, 70121 Bari, Italy.

2374. **Dion, Marie-Pierre** 24 rue de l'enclos St Maur, 59700 Marcq-en-Baroeul, France. *Bibliothèque de Valenciennes* / Emmanuel de Croÿ • Bibliothèques et diffusion du livre dans le nord de la France.

2375. **Dion-Sigoda, Françoise** 43 cours de la Libération, 38100 Grenoble, France. / L'état sauvage • L'état policé dans la *Réfutation d'Helvétius* de Diderot.

2376. **Dionne, Ugo** Dépt d'Etudes françaises, Université de Montréal, C.P. 6128, succursale Centre-Ville, Montréal, PQ H2V 3C9, Canada. *U. de Montréal* / Le roman d'Ancien régime • La disposition romanesque (la division en chapitres, en livres et en parties) • Les modes de publication des œuvres • Le phénomène de la publication périodique.
✉ ugo.dionne@umontreal.ca

2377. **Diop, David** 22 bis rue du Hondaïs, 64320 Idron, France. / L'individu dans les écrits politiques, économiques et littéraires.

2378. **Diot-Duriatti, Marie-Renée** 10 rue Paul Eluard, 80000 Amiens, France. *U. de Picardie* / Littérature et société en Allemagne.

2379. **Dippel, Horst** Fachbereich Anglistik/Romanistik, Universität Kassel, 34109 Kassel, Germany. *U. Kassel* / Modern constitutionalism • American and European constitutional history • Georg Forster.

2380. **Dipper, Christof** Dept of History, Technische Universität Darmstadt, Residenzschloss, 64283 Darmstadt, Germany. *Technische U. Darmstadt* / Agricultural reforms, as connected with demographic evolution and political-administrative change.
✉ dipper@pg.tu-darmstadt.de

2381. **Dircks, Phyllis T.** 5 Edwin Lane, Huntington, NY 11743-2332, USA. *Long Island U.* / Restoration and 18c drama, esp. musical theatre • Garrick.

2382. **Dirscherl, Klaus** Universität Passau, Postfach 2540, 94030 Passau, Germany. *U. Passau* / Le roman • Théorie des genres et des types de discours • Dictionnaires et histoire des mentalités.

2383. **Disselkamp, Martin** Scharnweberstr. 11, 12587 Berlin, Germany. *Technische U. Berlin* / J. J. Winckelmann: correspondence.

2384. **Dittrich, Wolfgang** Knüppelsdorfer Weg 17A, 31275 Lehrte-Arpke, Germany. *Niedersächsische Landesbibliothek Hannover* / C. M. Wieland • Freemasonry and secret societies.

2385. **Dix, Robin C.** Dept of English, University of Durham, Elvet Riverside, Durham, DH1 3JT, UK. *U. of Durham* / Bibliography and textual criticism • Poetry of Mark Akenside • Aesthetics and philosophical poetry • Development of the novel.

2386. **Dixelius, Olof** Hersbyholms gård, 181 42 Lidingö, Sweden. *Stockholms U.* / Carl Gustaf Tessin as writer and educator • Linnaean tradition in Swedish literature.

2387. **Dixon, Sergine** P.O. Box 537, Dorset, VT 05251-0537, USA. / Germaine de Staël.

2388. **Dixon, Susan** P.O. Box 183, Milton, NY 12547-0183, USA.

2389. **Diyen, Hayat** 55 rue Melila, Oujda, Morocco. *U. Mohamed 1er.*

2390. **Diz, Alejandro** Universidad Complutense de Madrid, Facultad de Ciencias Políticas y Sociología. Departamento de Historia. Campus de Somosaguas, 28223 Madrid, Spain. *U. Complutense de Madrid* / Spain • Idea of Europe • Jovellanos.
✉ adizgo@cps.ucm.es

2391. **Dizès, Jean-Marcel** 8 rue Alfred Bruneau, 75016 Paris, France. *C.N.R.S. (Paris)* / J.-J. Rousseau (manuscrits perdus, œuvres mineures, ouvrages apocryphes) • Louise-Marie-Madeleine Dupin (1706-1799; manuscrits, biographie).

2392. **Djubo, Boris** Souzdalski Prospekt 109, kv.164, 195267 Saint Pétersbourg, Russia. *Académie des sciences de Russie* / Universalism in Russian and German grammar tradition.

2393. **Dmitrievich, Zelov Dmitrij** Leskova 23-222, 127543 Moscow, Russia. / Russian state official festivals from Peter the Great to his daughter Elizabeth as a source of political propaganda.
✉ msu@mail.ru

2394. **Dmitruk, Krzysztof** Ul. Zelazna 34/38 m.3, 00-832 Warszawa, Poland.

2395. **Dobie, Madeline Louise** 10 West 74th St, apt 1D, New York, NY 10023-2404, USA. *Tulane U.* / Orientalism and exoticism, esp. representations of 'oriental woman' in French and British literature • Epistemology, esp. language in empiricism and sensualism.

2396. **Dodds, Lara** Dept of English, Brown University, Providence, RI 2912, USA. *Brown U.*

2397. **Doderer, Gerhard Otto** Rua do Borja, 133 - Bloca B, 3A, 1350-046 Lisboa, Portugal. / Music.

2398. **Dodson, Kevin** Dept of Philosophy, Lamar University, P.O. Box 10023, Beaumont, TX 77710-0023, USA. *Lamar U.* / Kant • Social and political philosophy.

2399. **Doerksen, Teri** Dept of English, Mansfield University, Mansfield, PA 16933, USA. *Mansfield U.*

2400. **Dohmen, C. L. M.** Ligusterstraat 35, 6543 SV Nijmegen, Netherlands. *Katholieke U. Nijmegen* / Oriental tales in the 18c.

2401. **Dohrn-Van Rossum, Gerhard** Philosophische Fakultät, TU Chemnitz-Zwickau, Postfach 964, 09107 Chemnitz, Germany. *Technische U. Chemnitz-Zwickau* / Time measurement • Technology.

2402. **Doi, Ryoko** c/o M. Fujita, 4-23-17-201 Nishi-Tsutsujigaoka, Chofu-shi 182-0006, Japan.

2403. **Doig, Andrew** 13 Nile Grove, Edinburgh, EH10 4RE, UK. / Medicine • History.

2404. **Doig, Kathleen Hardesty** Dept of Modern and Classical Languages, Georgia State University, Atlanta, GA 30303-3083, USA. *Georgia State U.* / Encyclopedism, esp. medicine and theology • *Encyclopédie méthodique*: relation to *Encyclopédie*, contributors, cultural history • Andre Morellet, esp. as memorialist.
✉ kdoig@gsu.edu

2405. **Doktor, Roman** Ul. Judyma 38, 20-716 Lublin, Poland.
✉ romdok@kul.lublin.pl

2406. **Dolan, Richard** 3725 Ridgeway Ter, Suwanee, GA 30024-1085, USA.

2407. **Dolan, T. P.** Dept of Old and Middle English, University College Dublin, Belfield, Dublin 4, Ireland. *University C. Dublin.*

2408. **Dölemeyer, Barbara** Max-Planck-Institut für Europäische Rechtsgeschichte, Hausener Weg 120, 60489 Frankfurt am Main, Germany. *Max-Planck-Institut* / Histoire de la legislation (codification) européenne • Conditions légales du refuge huguenot • Prosopografie de juristes • Histoire de la propriété intellectuelle.
✉ doelemeyer@mpier.uni-frankfuert.de

2409. **Dolezal, Daniel** Státní okresní archiv Príbram (Public Record Office of District of Pribram), E. Benese 337, 261 01 Príbram, Czech Republic. *Public Record Office of District of Pribram* / History of administration, esp. of small towns • Effects of the Enlightenment on the functions of offices • Small nobility, esp. magisterial gentry • Pilgrimages.
✉ dolezal@oku-pb.cz

2410. **Dolgova, Svetlana** Oul. Stroitelei 11, korp. 1, 66, 117311 Moscou, Russia. *Archives russes d'actes anciens (RGADA)* / Pierre Ier • Catherine II • La Russie.

2411. **Doll, Daniel** 1054 Brokenbaugh Ct, Metarie, LA 70005, USA. *U. of New Orleans* / Swift • Johnson • Theories of language.

2412. **Dollo, Corrado** Via Carrubbazza 50, 95027 San Gregorio di Catania, Italy. *U. di Catania* / Philosophy and science in Sicily.

2413. **Domenech, Jacques Raymond** Hameau La Platrière, Quartier Pourcel, Sospel 06380, France. *U. de Nice Sophia Antipolis* / Philosophie morale des écrivains-philosophes et des antiphilosophes et romanciers • L'Ethique des Lumières • Le 'paradoxe' de Bayle à Destutt de Tracy.
✉ jrdomenech@wanadoo.fr

2414. **Domergue, Lucienne** 54 chemin de Basso-Cambo, 31100 Toulouse, France. *U. de Toulouse II* / La censure en Espagne • L'inquisition espagnole • La presse.

2415. **Domingo, Darryl P.** 253 Friendship Avenue, Toronto, ON M1C 4E8, Canada. *U. of Toronto* / The poetics of diversion: cultural diversion and linguistic diversion during the long 18c • The poetics of 'Intercalation': typographical parentheses and narrative parentheses.
✉ darryl.domingo@utoronto.ca

2416. **Domingues, Angela Vieira** Urb. Quinta Grande, Rua E, Lote 60, 12° F, 2700 Alfragide, Portugal.

2417. **Domingues, Francisco Contente** Apartado 128, 2670 Loures, Portugal. *U. de Lisboa* / Scientific institutions • Catholic Enlightenment • Teaching, pedagogy and propaganda of new scientific ideas.

2418. **Dominguez Ortiz, Antonio** Paseo de la Cartuja 19, 6°A., 18012 Granada, Spain. / Société.

2419. **Dominique, Lydon** 734 West Glebe Road, Alexandria, VA 22305-1446, USA.

2420. **Dompnier, Bernard** 33 cours Sablon, 63000 Clermont-Ferrand, France. *U. de Clermont-Ferrand II* / Recrutement des ordres religieux • Missions et pastorale catholique • Ordres religieux • Confréries.

2421. **Donakowski, Conrad L.** Dept of Music, Michigan State University, East Lansing, MI 48824 1020, USA. *Michigan State U.* / History of ideas • Music • Religion.

2422. **Donald, Diana** Dept of History of Art and Design, Manchester Metropolitan University, Righton Building, Cavendish St, Manchester, M15 6BG, UK. *Manchester Metropolitan U.* / English satirical prints.

2423. **Donald, Jennifer** Flat 2/3, 46 Allison St, Queens Park, Glasgow, G42 8NL, UK.

2424. **Donati, Claudio** Via Paladini 11, 20133 Milano, Italy. *U. di Milano* / Noblesses et patriciaux des Etats italiens • Institutions ecclésiastiques et société en Italie.

2425. **Donato, Clorinda** Dept of Languages and Literatures, California State University, 1250 Bellflower Blvd, Long Beach, CA 90840-2406, USA. *California State U. (Long Beach)* / French Enlightenment thought in encyclopaedic works • The *Encyclopédie d'Yverdon* • Science, religion and Enlightenment in Switzerland • The Italian Enlightenment and the evolving image of Italy.
✉ donato@csulb.edu

2426. **Dong, Jianzhong** Institute of Qing History, Renmin University of China, 100872 Beijing, China. *Renmin U. of China* / China: Qing history.

2427. **Dong, Liyan** Beijing chubanshe, Beijing, China. *Beijing chubanshe* / China: Qing history.

2428. **Dong, Rui** Institute of Qing History, Renmin University of China, 100872 Beijing, China. *Renmin U. of China* / China: Qing history.

2429. **Donoghue, Frank** Dept of English, Ohio State University, 164 West 17th Avenue, Columbus, OH 43210-1326, USA. *Ohio State U.*

2430. **Donohoe Jr, Joseph I.** 232 Old Horticulture Building, Michigan State University, East Lansing, MI 48824-1112, USA. *Michigan State U.* / Comedy • French comic theatre • French Enlightement.

2431. **Donovan, Kevin J.** Dept of English, Middle Tennessee State University, P.O. Box 401, Murfreesboro, TN 37132, USA. *Middle Tennessee State U.* / Irish studies • British drama.

2432. **Donovan, Siobhán** 37 Sandford Road, Ranelagh, Belfield, Dublin 6, Ireland. *University C. Dublin* / Matthias Claudius • F. H. Jacobi • Drama • Philosophy and religion.

2433. **Doody, Margaret Anne** Dept of English, University of Notre Dame, 356 O'Shaughnessy Hall, Notre Dame, IN 46556, USA. *U. of Notre Dame* / Venice • The Enlightenment • Frances Burney; Richardson; Swift.

2434. **Dooley, Brendan** Via Tevere 58/2, 30173 Venezia-Mestre, Italy. / Press • Science.

2435. **Dooley, Dolores** Dept of Philosophy, National University of Ireland, Cork, Ireland. *National U. of Ireland* / William Thompson (1775-1833), utilitarian of early co-operative movement • Charles Fourier (1772-1837), French socialist.

2436. **Dörflinger, Johannes** Wittgensteinstr. 65/2/1, 1230 Wien, Austria. *U. Wien* / Geography, geographical discovery, exploration, cartography.

2437. **Dorignon, Anita** 13 place du Noyer, 95300 Ennery, France.

2438. **Dorigny, Marcel** 15 rue du Bon Puits, 91080 Courcouronnes, France. *U. de Paris VIII* / Idées économiques et sociales des Girondins • Abolition de l'esclavage • Société des Amis des Noirs • Révolution française et libéralisme.

2439. **Döring, Detlef** Johannisallee 9, 04317 Leipzig, Germany. *Sächsische Akademie der Wissenschaften* / Universities and science in Leipzig • Samuel Pufendorf, Christian Thomasius • Sources for the early Enlightenment.

2440. **Dorn, Judith A.** Dept of English, St Cloud State University, R 106, 720 Fourth Avenue, South, St Cloud, MN 56301-4498, USA. *St Cloud State U.* / Secret histories of England and France as a means of understanding the emergence of conventions of modern print culture.

2441. **Dornier, Carole** 12 rue Doyen Barbeau, 14000 Caen, France. / Writing and the exercise of thought • Discontinuous writing • Relationships between history and literature • Narrative techniques and testimony.
✉ dorv7@club-internet.fr

2442. **Douailler, Stéphane** 16 rue Paul Déroulède, 94100 Saint-Maur-des-Fossés,

France. *U. de Paris VIII* / Concept philosophique du peuple.

2443. **Douay, Françoise** 26 boulevard de la Libération, 84240 La Tour d'Aigues, France. *U. d'Aix-Marseille I* / Dumarsais • Grammaire et rhétorique dans l'*Encyclopédie* • L'enseignement de la grammaire et de la rhétorique en Europe et en Amérique.

2444. **Dougal, Theresa A.** Dept of English, Moravian College, 1200 Main St, Bethlehem, PA 18018 6614, USA. *Moravian C.*

2445. **Douglas, Aileen** Dept of English, Trinity College, Dublin 2, Ireland. *Trinity C.* / The novel • Gender studies • Smollett.

2446. **Dougnac, Françoise** 17 rue Henri Martin, 92700 Colombes, France. / La créativité lexicale • Histoire de la néologie • La néologie lexicale à la fin du 18s: L.-S. Mercier, F.-U. Domergue.

2447. **Doussot, Joëlle Elmyre** 52 rue d'Arsonval, 21100 Dijon, France. / Musiciens français en Europe centrale • Peinture religieux en Europe Centrale, en part. les fresquistes et peintres d'autel.
✉ elmyre@aol.com

2448. **Douthwaite, Julia V.** Dept of Romance Languages and Literature, University of Notre Dame, 343 O'Shaughnessy Hall, Notre Dame, IN 46556, USA. *U. of Notre Dame* / Relations between literature and science through the theme of human perfectibility and its mirror image, degeneration • The 'French gothic' works by Sade, Réveroni St-Cyr, Genlis, and émigré authors.
✉ julia.v.douthwaite.1@nd.edu

2449. **Douville, Olivier Christophe** 22 rue de la Tour d'Auvergne, 75009 Paris, France. *U. de Paris X* / Origins of anthropological research.
✉ douvilleolivier@noos.fr

2450. **Dovgha, Laryssa M.** 7 Mikhailovsky Row, apt 23, 252001 Kiev, Ukraine. *Ukrainian Academy of Sciences.*

2451. **Dowdell, Coby** RR #1, Rockwood, ON N0B 2K0, Canada. *U. of Western Ontario* / Nation and nature • Ascetic practice and civic identity.

2452. **Dowley, Francis H.** Dept of Art, University of Chicago, 5540 Greenwood Avenue, Chicago, IL 60637, USA. *U. of Chicago* / Art history in France and Italy • The hierarchy of genres • History painting • Félibien.

2453. **Downes, Melissa K.** 1206 13th Avenue South East, St Cloud, MN 56304, USA.

2454. **Downes, Paul B.** Dept of English, University of Toronto, Larkin 322, Trinity College, 6 Hoskin Avenue, Toronto, ON M5S2K9, Canada. *U. of Toronto* / American War of Independence • America • American literature • Political economy.
✉ paul.downes@utoronto.ca

2455. **Downie, J. Alan** Dept of English, Goldsmiths College, University of London, New Cross, London, SE14 6NW, UK. *Goldsmiths C.* / Novel • Literature and politics • History of the press • Scriblerians.
✉ a.downie@gold.ac.uk

2456. **Doyle, William** Dept of Historical Studies, University of Bristol, 13 Woodland Rd, Bristol, BS8 1TB, UK. *U. of Bristol* / The sale of offices in France.

2457. **Drabek, Anna-Maria** Starkfriedgasse 16/1, 1190 Wien, Austria. *U. Wien* / Bohemia and Moravia and their relationship to royal central authority • Ideas and mentalities in Bohemia and Moravia.

2458. **Drago, Antonino** Università degli Studi, Dip. di Scienze Fisiche, 80125 Napoli, Italy. *U. di Napoli* / Mathematics, physics and chemistry • Philosophy of science • Lazare Carnot.

2459. **Drake, George A.** 1440 Quail Run Lane, Ellensburg, WA 98926-7950, USA. *Central Washington U.*

2460. **Drascek, Daniel** Dept of Folklore, Universität Regensburg, Universitätstr. 31, 95035 Regensburg, Germany. *U. Regensburg* / The critics of the Enlightenment • Popular culture.
✉ daniel.drascek@sprachlit.uni-regensburg.de

2461. **Drei, Henri** 9 villa d'Este, appt 2225, 75013 Paris, France. / Machiavel • Montesquieu, Rousseau, Voltaire • Restif de La Bretonne, Maurice de Saxe • Vertot, Guibert.

2462. **Dreijer, Stig Göran** Institution of language and history, University of Åbo Akademi, Skarpansvägen 24, AX -22100 Mariehamn, Finland. *U. of Åbo Akademi* / The Åland People • The Åland Islands during the Great Nordic War • The importance of the Åland Islands to the food supply of Stockholm.
✉ stig.dreijer@aland.net

2463. **Dreitzel, Horst** Fakultät für Geschichtswissenschaft und Philosophie, Universität Bielefeld, Universitätsstr. 26, 33615

Bielefeld, Germany. *U. Bielefeld* / Political and social theory • Historiography.

2464. **Drescher, Horst W.** Dept of British Studies, Universität Mainz, An der Hochschule, 76711 Germersheim, Germany. *U. Mainz* / Scottish studies.

2465. **Dresser, Madge** University of West of England, St Matthias Campus, Oldbury Court Road, Bristol, BS6 5 TS, UK. *U. of West of England* / Religious life in England and its social and cultural influence • Atlantic slave trade, esp. with reference to Bristol.

2466. **Dressler, Stephan** Durlacher Str. 23, 10715 Berlin, Germany. / Dictionaries and encyclopaedias • Sexology • Julien Offray de La Mettrie.

2467. **Dreyer, Wilhelm** Krieterstr. 42, 21109 Hamburg, Germany.

2468. **Driscoll, Matthew James** Det Arnamagnæanske Institut, Njalsgade 76, 2300 København S, Denmark. *Københavns U.* / Popular literature • Icelandic literature.

2469. **Droixhe, Daniel** rue d'Erquy 38, 4680 Oupeye, Belgium. *U. libre de Bruxelles* / Historical and comparative linguistics • Cultural history of the Walloon region, esp. the Liege prince-bishopdom • Counterfeiting, clandestine editions.
✉ daniel.droixhe@ulg.ac.be

2470. **Drouet, Martine** Bibliothèque d'études rousseauistes, 4 rue du Montlouis, 95160 Montmorency, France. *Bibliothèque d'études rousseauistes.*

2471. **Drougge, Helga** Lundagatan 48, 117 27 Stockholm, Sweden.

2472. **Drouin-Hans, Anne-Marie** 5 rue Garibaldi, 94190 Villeneuve-Saint-Georges, France.

2473. **Droulia, Loukia** Centre for Neohellenic Research, National Hellenic Research Foundation, 48 Vas. Constantinou Av., 11635 Athens, Greece. *National Hellenic Research Foundation* / Hellenism and Philhellenism: the turn of western European interest towards modern Greece • Greek culture during the Ottoman rule • Travel literature in the Eastern Mediterranean.

2474. **Droz, Laurent** Ch. de Villard 7, 1007 Lausanne, Switzerland. / Economic history: development of manufactures, esp. porcelain • Development of economic thought in Switzerland • Benjamin Constant.

2475. **Drunen, D. van** Tuinkade 19, 1544 PC Zaandijk, Netherlands.

2476. **Dryden, Robert** 20C Sedgwick Rd, West Hartford, CT 06107-3035, USA.

2477. **Du, Jiang** Chengde Cultural Relics and Gardens Bureau, Chengde, 67000 Hebei, China. *Chengde Gardens Bureau* / Chinese gardens and relics.

2478. **Du Sorbier, Françoise** 90 rue Anatole France, 92290 Chatenay-Malabry, France. *U. de Paris VIII* / Récits de gueuserie et biographies criminelles • Littérature populaire • Femmes: représentation dans le roman.

2479. **Duan, Zhicheng** Institute of Qing History, Renmin University of China, 100872 Beijing, China. *Renmin U. of China* / China: Qing history.

2480. **Dubois, Maud** Rte de la Foulaz 25, 2025 Chez-le-Bart, Switzerland.

2481. **Dubois, Michel** Lycée Saint-Exupéry, 82 rue Hénon, 69316 Lyon Cedex 04, France. *Lycée Saint-Exupéry* / La pensée religieuse au siècle des Lumières • Voltaire: le *Dictionnaire philosophique.*

2482. **Dubois, Pierre** Rue de la Couronne, 03210 Souvigny, France. *U. de Paris IV* / Musique et théories musicales en Angleterre.
✉ dublor@aol.com

2483. **Dubois, Simone** Thorbeckelaan 551, 2564 CD Den Haag, Netherlands. / *Œuvres complètes* d'Isabelle de Charrière.

2484. **Dubost, Jean-Pierre** Universität Stuttgart, Keplerstr. 17, 70147 Stuttgart 1, Germany. *U. Stuttgart* / Erotiques et libertins • Economie politique.

2485. **Dubská, Alice** Celetná 17, 110 00 Praha 1, Czech Republic. *Theatre Institute (Prague)* / Puppet theatre.

2486. **Dubuis, Michel** 466 avenue Jean Monnet, 69300 Caluire-et-Cuire, France. / L'érudition bénédictine espagnole • Vocabulaire espagnol des Lumières.

2487. **Ducher, Geneviève** 4 square St-Irénée, 75011 Paris, France.

2488. **Duchesneau, François** Dépt de Philosophie, Université de Montréal, C.P. 6128, Succursale 'A', Montreal, PQ H3C 3J7, Canada. *U. de Montréal* / Leibniz et leibnizianisme • L'empirisme • La biologie • L'histoire des sciences.

2489. **Duchhardt, Heinz** Abt. Universalgeschichte, Institut für Europäische Geschichte, Alte Universitätsstr. 19, 55116 Mainz, Germany. *U. Mainz* / International

relations in Europe • The origins of the debate on a united Europe.
⁂ duch@inst-euro-history.uni-mainz.de

2490. **Duchkowitsch, Wolfgang** Pramergasse 8/2/7, 1090 Wien, Austria. *Nationalbibliothek* / Mass communication • Book trade • Librarianship.

2491. **Duchovnay, Gerald C.** Dept of Literature and Languages, Texas A&M University-Commerce, Commerce, TX 75429, USA. *Texas A&M U.* / Fiction.

2492. **Duck, Roger J.** Fairhaven, Station Road, Pluckley, Ashford, TN27 0QZ, UK. / Local administration: France.

2493. **Duckworth, Colin R.** P.O. Box 93, Parkville, Melbourne, VIC 3052, Australia. *U. of Melbourne* / Comparative studies across periods (Voltaire and Beckett) • Translation/staging of rarely performed plays.
⁂ colinrd@ozemail.com.au

2494. **Duckworth, Mark** Faculty of Law, University of Sydney, 173-175 Phillip St, Sydney, NSW 2000, Australia. *U. of Sydney* / Scottish Enlightenment • William Robertson • Jurisprudence • Statute law and codification.

2495. **Ducreux, Marie-Elizabeth** Ecole des hautes études en sciences sociales, Centre de Recherches Historiques, 54 boulevard Raspail, 75006 Paris, France. *EHESS* / Le rôle de l'histoire universelle et de la philologie de la fin du 18s dans la construction des nations particulières en Hongrie et en Bohême.
⁂ ducreux@msh-paris.fr

2496. **Ducrocq, Jean** 16 rue du Mont Fleury, 21121 Fontaine-les-Dijon, France. *U. de Bourgogne* / Théâtre et roman en Angleterre • Henry Fielding.

2497. **Duddy, Tom** Dept of Philosophy, University College Galway, Galway, Ireland. *University C. Galway.*

2498. **Dudzinski, Jaroslaw** Ul. Przyjaciol Zolnierza 9/49, 41-200 Sosnowiec, Poland.

2499. **Duffy, Christopher** Dept of War Studies, R.M.A. Sandhurst, Camberley, Surrey GU15 4PQ, UK. *Royal Military Academy* / Military history, esp. fortification • Austrian aspects of the Seven Years War.

2500. **Duffy, Michael H.** Dept of Art, East Carolina University, 2000 Jenkins Fine Art Center, 27858 Greenville, NC, USA. *East Carolina U.* / Social art history of persons and institutions in the last third of the 18c • Painting and art theory in Britain, France and Italy • Neoclassicism, ideal beauty, Enlightenment, Romanticism, the sublime.
⁂ duffym@mail.ecu.edu

2501. **Duflo, Colas** Dept of Philosophy, Université de Picardie, Chemin du Thil, 80000 Amiens, France. *U. de Picardie* / Philosophies de la nature et anthropologie philosophique • Conflit du matérialisme et du finalisme • Conséquences morales et politiques de ces conceptions de la nature et de l'homme.
⁂ colas.duflo@freesbee.fr

2502. **Dufour, Alfred** 5 chemin de Coudrée, 1223 Cologny/Genève, Switzerland. *U. de Genève* / Histoire du droit et des institutions • Doctrines politiques • Ecole romande du droit naturel • Histoire des idées.

2503. **Dufour, Gérard** 12 bis Grande Rue, 13680 Lançon-de-Provence, France. *U. d'Aix-Marseille I* / Juan Antonio Llorente • Pablo de Olavide • L'inquisition espagnole • Anticléricalisme en Espagne.

2504. **Dugaw, Dianne M.** Dept of English, University of Oregon, Eugene, OR 97403-1286, USA. *U. of Oregon* / Cultural forms, esp. music and theatre, at the 'high' and 'popular' levels in Britain, Ireland, and Anglo-America.
⁂ dugaw@darkwing.uoregon.edu

2505. **Duggan, Margaret M.** 602 Bailey Avenue, Greenport, NY 11944-1256, USA. / English literature • Dryden • Myth in literature.

2506. **Duhamel, Thierry** 20 chemin de Ventenac, 31320 Vieille-Toulouse, France.

2507. **Duichin, Marco** Via U. Novaro 16, 00195 Roma, Italy. *Liceo classico Tacito* / War and peace in Kant's philosophy • The reception of Gall's phrenology in the early writings of Schelling and Hegel.

2508. **Duits, H.** Elzenlaan 39, 1214 KK Hilversum, Netherlands.

2509. **Dujour-Pelletier, Florence** 13 rue Lamarck, 75018 Paris, France.

2510. **Dukes, Paul** Dept of History, University of Aberdeen, King's College, Old Aberdeen, AB24 3FX, UK. *U. of Aberdeen* / Russo-Scottish contacts and comparisons • Comparative Russian-American history.

2511. **Dukwicz, Dorota** Ul. Cicha 7, 05-825 Grodzisk Mazowiecki, Poland. *Polish Academy of Sciences* / The partitions of Poland • Russian-Polish relations during the reign of Stanistow August Poniatowski and Catherine II.
⁂ dorotadukwicz@poczta.onet.pl

2512. **Dulac, Georges** 68 avenue de la Justice, Terrasses d'Occitanie C, 34090 Montpellier, France. *C.N.R.S. (Montpellier)* / Politique de Diderot • Relations culturelles entre La France et la Russie: R. Sanches, D. A Golitsy • Glossaire de l'*Histoire des deux Indes* de Raynal.
✉ georges.dulac@univ-montp3.fr

2513. **DuLan, Jo** Dept of English, Salem College, P.O. Box 10548, Winston-Salem, NC 27108-0548, USA. *Salem C.*

2514. **Dulgarian, R.** 65 Marlborough St No. 1, Boston, MA 2116, USA. / Poetry • Philosophy • Classical culture.

2515. **Dull, J. R.** Benjamin Franklin Papers, P.O. Box 208240, New Haven, CT 06520-8240, USA. / Seven Years War • War of American Independence.

2516. **Düll, Siegrid** Universität für Angewandte Kunst, Berliner Str. 4a, 83301 Traunreut, Germany. *U. für Angewandte Kunst (Wien).*

2517. **Dülmen, Richard van** Historisches Institut, Universität des Saarlandes, 66123 Saarbrücken, Germany. *U. des Saarlandes* / Cultural and social history.

2518. **Duma, Jean** 40 rue de Rochechouart, 75009 Paris, France. *U. de Paris X* / La noblesse et la société de cour • Politique.
✉ jduma@u-paris10.fr

2519. **Dumanowski, Jaroslaw** Ul. Chrobrego 27/40, 87-100 Torun, Poland.

2520. **Dumas, C.** Baliestraat 91, 2584 CV Den Haag, Netherlands. *Netherlands Institute for Art History* / Dutch drawings and paintings, esp. by the La Fargue family.
✉ dumas@rkd.nl

2521. **Dumas, Lawrence B.** College of Arts & Sciences, Northwestern University, 1918 North Sheridan Rd, Evanston, IL 60208 5522, USA. *Northwestern U.*

2522. **Dumont, Franz** Am Marienpfad 32, 55128 Mainz, Germany. *Akademie der Wissenschaften und Literatur Mainz* / Science (S. Th. v. Soemmerring) • The German Jacobins • Georg Forster • Republic of Mainz, 1792-1793.

2523. **Dumouchel, Daniel** Dépt de philosophie, Université de Montréal, C.P. 6128, Succ. Centre-ville, Montréal, PQ H3C 3J7, Canada. *U. de Montréal* / Philosophie • Esthétique anglaise et allemande.

2524. **Dunareanu, Lucian** Babes-Bolyai University, Str. Horea 31, 3400 Cluj-Napoca, Romania. *U. Cluj-Napoca* / English literature.

2525. **Duncan, Kathryn** Dept of English, Saint Leo University, MC 2127, P.O. Box 6665, Saint Leo, FL 33574-6665, USA. *Saint Leo U.*

2526. **Dunér, David Immanuel** Dept of History of Science and Ideas, Lunds Universitet, Biskopsgatan 7, 22363 Lund, Sweden. *Lunds U.* / Emanuel Swedenborg, Swedish scientist and mystic • Relations between science and religion, metaphysics and physics, cosmology and creation.
✉ david.duner@kult.lu.se

2527. **Dunkley, John** Dept of Modern Languages, King's College, University of Aberdeen, Regent Walk, Aberdeen, AB24 3UB, UK. *U. of Aberdeen* / French theatre (e.g. Destouches) • Aesthetics and iconography in relation to drama • Voltaire • The writings of Arnaud Berquin and their diffusion.
✉ j.dunkley@abdn.ac.uk

2528. **Dunlap, Susanne** 88 Crescent St, Northampton, MA 01060-2115, USA.

2529. **Dunn, Susan** 71 Baxter Rd, Williamstown, MA 01267 2110, USA.

2530. **Dunne, Thomas** Dept of History, University College, Cork, Ireland. *University C. Cork.*

2531. **Dunne, W. Peter** 22 Grandborough Drive, Whitefields, Solihull, West Midlands B91 3YF, UK. / Anglo-Irish history, literature and culture.

2532. **Dunthorne, Hugh** Dept of History, University of Wales, Singleton Park, Swansea, SA2 8PP, UK. *U. of Wales (Swansea)* / History of the Netherlands • Scottish Enlightenment • Travel and migration.
✉ h.l.a.dunthorne@swansea.ac.uk

2533. **Dunyach, Jean-François** 105 rue La Fayette, 75010 Paris, France.
✉ jean-francois.dunyach2@libertysurf.fr

2534. **Duprat, Annie** 3 rue de la Grande Chaumière, 75006 Paris, France. *U. de Versailles Saint-Quentin* / The creation of public opinion in France, with particular reference to engravings, press and pamphlets.
✉ annie.duprat@wanadoo.fr

2535. **Duprat, Jean-Pierre** Rue Lamartine, Le Grand Chêne A, 33400 Talence, France. *U. de Bordeaux IV* / Parlement de Bordeaux • Révolution française et constitutionnalisme.

2536. **Duprilot, Jacques** 63 rue de Trion, 69005 Lyon, France. / Commerce des livres érotiques • *Thérèse philosophe*: chronologie d'éditions.

2537. **Dupuy, Pascal** 10 rue de Fontenelle, 76000 Rouen, France.

2538. **Duquaire, Alexandre** 14 rue d'Entraigues, 37000 Tours, France. *U. de Tours.*

2539. **Duquesnoy, L. J. G.** Havikstraat 27-bis, 3514 TL Utrecht, Netherlands.

2540. **Duran, Alain** 2 rue de Gergovie, 45430 Chécy, France. / Noblesse et notabilités à Orléans au tournant des Lumières.

2541. **Durán López, Fernando** Universidad de Cádiz, Facultad de Filosofía y Letras, Avda. Dr. Gómez Ulla s/n, 11003 Cádiz, Spain. *U. de Cádiz* / Cortes de Cádiz • Hispanic world • Spain • Cádiz • Spanish Enlightenment • Spanish literature • Autobiography • José Vargas Ponce.
✉ fernando.duran@uca.es

2542. **Durand, Yves** 13 rue Dorian, 75012 Paris, France. *U. de Paris IV* / Les financiers en France • Jean-Joseph de Labide, banquier de la Cour et fermier général.

2543. **Durand-Sendrail, Beatrice** Babelsbergerstr.11, 10715 Berlin, Germany. *U. Halle-Wittenberg* / Utopies linguistiques chez les grammairiens et les philosophes • Motif de l'expérience de Psammétique.

2544. **Durante, Sergio** Via delle Palme 36, 35137 Padova, Italy. / Music: musical theatre; editorial problems; Mozart.

2545. **Duranton, Henri** 90 bis rue de la Pagère, 69500 Lyon, France. *U. de Saint-Etienne* / Littérature • Le *Chansonnier historique* de Raunié • L'histoire française.
✉ henri.duranton@wanadoo.fr

2546. **Dürbeck, Gabriele** Hospitalstr. 63, 22767 Hamburg, Germany. / Imagination • Anthropology.

2547. **Durbin, Nancy Elizabeth** Dept of Foreign Languages, Lindenwood University, 209 South Kingshighway, Saint Charles, MO 63301, USA. *Lindenwood U.* / Female subjectivity as depicted in French novels, esp. epistolary novels.
✉ ndurbin@lindenwood.edu

2548. **Durham, Linda E.** 2382 Howard Road South West, Roanoke, VA 24015 3962, USA.

2549. **Duris, Pascal** Résidence Le Clos d'Arlac, 5 rue des Oeillets, 33700 Mérignac, France. *U. de Bordeaux I* / Zoological and botanical classifications (France, Europe) • Scientific correspondences.
✉ pascal.duris@wanadoo.fr

2550. **Durosoir, Georgie** 55 ave Jean Moulin, 75014 Paris, France. *U. de Paris IV* / Baroque français • Rapports musique-texte.

2551. **Dürr, Armin** Benzinoring 18, 67657 Kaiserslautern, Germany. *Gemeindearchiv Markt Wilhermsdorf* / Enlightenment discourse • Enlightenment in Franconia.

2552. **Dussek, Hugh** 5201 Greenbrook Drive, Charlotte, NC 28205-6519, USA.

2553. **Dussinger, John A.** 1122 West Charles St, Champaign, IL 61821, USA. *U. of Illinois (Urbana)* / Samuel Richardson's correspondence and his career as a journalist and a printer.
✉ dussinge@uiuc.edu

2554. **Dutu, Alexandru** Strada Ariesului 6, 78144 Bucaresti 12, Romania. *Académie roumaine* / Livre, oralité, peinture dans le sud-est européen • Pensée politique dans le sud-est européen.

2555. **Duval, Gilles** 129 rue Camille Pelletan, 33400 Talence, France. / History of the book • Engraving • The press.
✉ gilles.duval@montaigne.u-bordeaux.fr

2556. **Dvergsdal, Alvhild** Nordisk Institutt, Universitet i Bergen, Sydnespl. 7, 5007 Bergen, Norway. *U. Bergen.*
✉ alvhild.dvergsdal@nor.uib.no

2557. **Dwyer, John** Centre for the Support of Teaching, 834 Ross (South), York University, North York, ON M3J 1P3, Canada. *York U.* / Cultural and social history of Scotland • Scottish Enlightenment • Adam Smith.

2558. **Dybikowski, James** Dept of Philosophy, University of British Columbia, 1866 Main Mall, E-370, Vancouver, BC V6T 1Z1, Canada. *U. of British Columbia* / Free thought and free thinkers.

2559. **Dyck, Joachim** FB11 Arbeitsstell Rhetorik, Universität Oldenburg, Postfach 2503, 26111 Oldenburg, Germany. *U. Oldenburg* / Rhetoric.

2560. **Dyck, Martin** E38-277, Massachusetts Institute of Technology, Cambridge, MA 02139, USA. *M.I.T.* / Goethe, Novalis, Schiller • Poetry and comedy • Mathematics.

2561. **Dyer, Gary R.** Dept of English, Cleveland State University, 22nd & Euclid, Cleveland, OH 44115, USA. *Cleveland State U.*

2562. **Dygdala, Jerzy** Ul. Grudziadzka 57 m.31, 87-100 Torun, Poland.

2563. **Dykes, D. W.** Fairings, Chapel St, Shipton Gorge, Bridport, DT6 4LX, UK. / Numismatics • Education • Urban history.

2564. **Dykstal, Timothy O.** Dept of English, 9030 Haley Center, Auburn University, AL 36849-5203, USA. *Auburn U.*
✉ dykstti@auburn.edu

2565. **Dyonet, Nicole** 32 bis rue Gustave Rolland, 45400 Fleury-les-Aubrais, France. / L'ordre public en France.

2566. **Dyrborn, Thomas** Chalmersgatan 13, 411 35 Göteborg, Sweden.

2567. **Dziembowski, Edmond** 49 Grande Rue, 70100 Gray, France. *U. de Besançon* / Histoire politique et culturelle (France, Grande-Bretagne) • Littérature de propagande (France, Grande-Bretagne).

2568. **Dziuba, Olena M.** 67 Vernadsky Str., apt 115, 252142 Kiev, Ukraine. *Ukrainian Academy of Sciences* / Ukrainian education • Ukrainian-German cultural links.

2569. **Eady, Arthur R.** 208 North 'B' St, Indianola, IA 50125-2429, USA. *Simpson C.* / Mysticism, esp. Quaker origins and development.

2570. **Earl, Amy** 3625 Duval Rd., apt 322, Austin, TX 78759-3447, USA.

2571. **Easson, Kay P.** Dept of English, University of Memphis, Memphis, TN 38152-4900, USA. *U. of Memphis* / William Blake • People and art • Women in literature.

2572. **East, Joyce E.** Marshall University, 100 Angus E. Peyton Drive, South Charleston, WV 25303-1600, USA. *Marshall U.* / Women dramatists and travel literature • Hannah Cowley.
✉ jeast@marshall.edu

2573. **Eastman, Gloria Schultz** Dept of English, Buffalo State College, S.U.N.Y., 1300 Elmwood Avenue, Buffalo, NY 14222, USA. *S.U.N.Y. (Buffalo)* / The early Romantic period in Britain: women poets, gothic literature, writing from Godwin and the radical circle and confessional literature in both its religious and Rousseauvian forms.
✉ eastmags@buffalostate.edu

2574. **Easton, Celia A.** Dept of English, S.U.N.Y. College at Geneseo, Welles 228b, 1 College Circle, Geneseo, NY 14454, USA. *S.U.N.Y. (Geneseo)* / Reactions by the clergy to calls for Enclosure and land reform.
✉ easton@geneseo.edu

2575. **Easton, Fraser** Dept of English, University of Waterloo, ON N2L 3G1, Canada. *U. of Waterloo* / Cosmopolitical economy • Defoe • Burney • Smart.

2576. **Eastwood, David S.** Dept of History, University of Wales, Singleton Park, Swansea, SA2 8PP, UK. *U. of Wales* / British social, intellectual and political history.

2577. **Ebel, Miriam D.** 1214 Glen Avenue, Mount Pleasant, MI 48858-3707, USA. / Crébillon fils, amateur of engravings and bibliophile • Henrietta Maria Stafford-Howard • Women and children in the *Tableau de Paris* by L.-S. Mercier.

2578. **Ebelová, Ivana** Stochovská 12, 161 00 Praha 6, Czech Republic.

2579. **Ebenstein, Bernard** 8 rue Armand-Dutreix, 87100 Limoges, France. *U. de Limoges* / Etudes stylistiques sur les petits philosophes et orateurs français, 1750-1800 • La rhétorique classique en France.

2580. **Ebisaka, Takashi** 46-1-201 Mitakedai, Aoba-ku, Yokohama-shi, 227-0047 Kanagawa, Japan. *Teikyo U.* / Philosophie • Théosophie • Littérature allemande.

2581. **Ebisawa, Bin** 4-2-17 Minami-cho, Tanashi-shi, 188 Tokyo, Japan. *Kunitachi C. of Music* / Mozart • J.-J. Rousseau • History and aesthetics of western music.

2582. **Eby, John D.** Dept of Music, Bishop's University, Lennoxville, PQ J1M 1Z7, Canada. *Bishop's U.* / François Giroust • Music in the chapel of Louis XVI at Versailles • The grand motet and French Mass and oratorio • Revolutionary ceremonies and music, particularly in Versailles • Concerts spirituels in the second half of the 18c • Music in Orléans.
✉ jeby@ubishops.ca

2583. **Eccleshall, R. R.** Dept of Politics, Queen's University, Belfast, BT7 1NN, UK. *Queen's U.*

2584. **Echeverria, Durand** East Main St, Wellfleet, MA 02667, USA. *Brown U.* / Bibliography of French works related to British colonies and the U.S., 1585-1815 • Massachusette colonial history, 17-18c.

2585. **Eckersley-Ray, L. L.** 112 East Clinton Avenue, Oaklyn, NJ 08107, USA. / Restoration and 18c literature • Gender studies.

2586. **Eckert, Jean-Philippe** 6 rue Pierre Perrat, 57000 Metz, France.

2587. **Eckert, Stefan** Dept of Music, University of Iowa, 1019 Voxman Music Building,

Iowa City, IA 52242, USA. *U. of Iowa* / Music • European thought • History of music theory.
✉ stefan-eckert@uiowa.edu

2588. **Eckhardt, Nils** Friesenstr. 14, 27751 Delmenhorst, Germany. *Krankenhaus St.-Josef-Stift* / Physicians, medicine and death in the journal *Gespräche in dem Reiche derer Todten* (1718-1739), published by David Fassman • Medicine (esp. gynaecology), architecture and music.

2589. **Eckle, Jutta** Zur Friedrichshöhe 24i, 78464 Konstanz, Germany.

2590. **Ecsedy, Judit V.** Váci u. 56-58, 1056 Budapest, Hungary. *Bibliothèque nationale de Hongrie.*

2591. **Eddy, Matthew** Dept of Philosophy, University of Durham, 50, Old Elvet, Durham, DH1 3HN., UK. *U. of Durham.*

2592. **Edelstein, Melvin Allen** 444 East 82nd St, New York, NY 10028, USA. *William Paterson U.* / The French revolutionary press, esp. for the villagers • French Revolution and the origins of modern political culture • French revolutionary elections.

2593. **Edgcumbe, J. O. P.** 10 Cyprus Road, Exmouth, Devon EX8 2DZ, UK. / Correspondence of Joshua Reynolds and of his relations.

2594. **Edinger, William Carter** Dept of English, University of Maryland Baltimore County, 1000 Hilltop Circle, Baltimore, MD 21250, USA. *U. of Maryland Baltimore County* / British literary theory, literary criticism, and literary taste • Samuel Johnson • British 'Neoclassicism'and relations between British and French critical activity.
✉ edinger@umbc.edu

2595. **Edis-Barzman, Karen** Art History, Cornell University, 35 Goldwin Smith, Ithaca, NY 14853-0001, USA. *Cornell U.*

2596. **Edizel, Gerar** Dept of Art and Design, NYSCC, 2 Pine St, Alfred, NY 14802-1214, USA. *Alfred U.* / French painting • Jean-Siméon Chardin.

2597. **Edmiston, William F.** Dept of Languages, Literatures, and Cultures, University of South Carolina, Welsh Humanities 917, Columbia, SC 29208, USA. *U. of South Carolina* / Representations of incest and homosexuality in the fictional works of Sade.
✉ edmistonw@sc.edu

2598. **Edmunds, Martha Mel** 130 North Roberts Rd, Bryn Mawr, PA 19010 2816, USA.

2599. **Edström, Mats** Skansgatan 20, 272 31 Simrishamn, Sweden.

2600. **Edvardsson, Mats** Marklandsg. 51, 41477 Göteborg, Sweden. / Prose narrative.

2601. **Edwards, Gavin** School of Humanities and Social Sciences, University of Glamorgan, Pontypridd, CF37 1DL, UK. *U. of Glamorgan.*

2602. **Edwards, JoLynn** P.O. Box 286, Medina, WA 98039, USA. *U. of Washington* / Cultural ecology of Paris • Painting and drawing, rise of the art market • Commodification of culture • Rousseau and Hume.
✉ jolynn@u.washington.edu

2603. **Edwards, Mary Jane** English Dept, Carleton University, 125 Colonel By Drive, Ottawa, ON K1S 5B6, Canada. *Carleton U.* / Frances Brooke • Bibliographical and textual studies • Scholary editing.
✉ mary.jane.edwards@carleton.ca

2604. **Eerikäinen, Liisa** Vipusentie 14 A, 00610 Helsinki, Finland.

2605. **Eeuwen, M. J. van** Melkweg 13, 4501 GJ Oostburg, Netherlands.

2606. **Egan, Maureen** Education Dept, University College Galway, Galway, Ireland. *University C. Galway* / Women's history • Local history.

2607. **Eger, Elizabeth** Warwick Eighteenth-Century Centre, University of Warwick, Coventry, CV4 7AL, UK. *U. of Warwick* / Women writers • Luxury • Civilisation debates • Art history.

2608. **Eggenberger, Dorothee** Langwattstr. 21, 8125 Zollikerberg, Switzerland.

2609. **Egger, Irmgard** Krummgasse 5/12, 1030 Wien, Austria. *U. Wien* / Asceticism and dietetics in German literature, philosophy and medicine: Pietism, Moritz, enlightened medicine, Goethe, Romanticism.

2610. **Eggertsdóttir, Elínbjörg H.** Skólavördustíg 18, 101 Reykjavík, Iceland.

2611. **Eggertsdóttir, Margrét** Tjarnarmyri 37, 170 Seltjarnarnes, Iceland.

2612. **Eggington, Tim** Royal College of Music, Prince Consort Road, London, SW7 2BS, UK. *Royal College of Music.*

2613. **Eggleston, Robert** English Dept, Okanagan University College, 3333 College

Way, Kelowna, BC V1V 1V7, Canada. *Okanagan U. C.* / Stage comedy, 1660-1800.

2614. **Egido Lopez, Teofanes** C/ San Benito 3, 47003 Valladolid, Spain. / Opposition au pouvoir en Espagne.

2615. **Egilsdóttir, Hulda** Móatúni 18, 460 Tálknafjördur, Iceland.

2616. **Egilsson, Sveinn Yngvi** Lágholtsvegi 3, 107 Reykjavík, Iceland.

2617. **Eglin, John** Dept of History, University of Montana, Missoula, MT 59812-0002, USA. *U. of Montana.*

2618. **Egloffstein, Albrecht** Altes Schloss, 91788 Pappenheim, Germany. *Regierung von Oberfranken* / Hunting castles • Aristocratic architecture and interior decoration • Gothicism.

2619. **Egyed, Emese** Dept of Philology, Babes-Bolyai University, Str. Horea 31, 3400 Cluj-Napoca, Romania. *U. Cluj-Napoca* / Hungarian Enlightenment.

2620. **Ehrard, Jean** 4 rue Lafayette, 63200 Riom, France. / Les *Œuvres complètes* de Montesquieu.
✉ jean.ehrard2@wanadoo.fr

2621. **Ehrenfreund, Yaël-Catherine** Reh'ov Mordechai 8/14, 47441 Ramat Hasharon, Israel. *Bar Ilan U.* / Modalités de représentation de l'altérité qui se développent autour des usages de "l'étranger" • Le théâtre français, étudié dans une perspective comparatiste, au regard du théâtre européen.
✉ erenf@mail.biu.ac.il

2622. **Ehrensvärd, Ulla M.** Banérgatan 10, 11523 Stockholm, Sweden. / History of cartography.

2623. **Ehrich-Haefeli, Verena** 6 chemin des Croizonniers, Chappelle-sur-Carouge, 1212 Grand-Lancy, Switzerland. *U. de Genève* / Le changement linguistique vers 1770 • Typologie des personnages féminins dans le drame bourgeois.

2624. **Eibach, Joachim** Forschungszentrum Europäische Aufklärung, Gregor-Mendel-Str. 21-22, 14469 Potsdam, Germany. *Forschungszentrum Europäische Aufklärung.*

2625. **Eibl, Karl** Von-Branca-Str. 62, 82194 Gröbenzell, Germany. *U. München.*

2626. **Eick, David** 511 Rutledge Avenue, Charleston, SC 29403 4746, USA.

2627. **Eicke, Leigh A.** Dept of English, Grand Valley State University, 237 Lake Huron Hall, Allendale, MI 49401, USA. *Grand Valley State U.* / English and Scottish literature, esp. Jacobite literature • Women's writing • Textual studies and book history • Utopian and science fiction.
✉ laeicke@yahoo.com

2628. **Eigeldinger, Frederic S.** 8 rue Dardel, 2072 Saint-Blaise, Switzerland. / Les minora de Rousseau • Les pamphlets sur Rousseau au 18s • F.-L. d'Escherny (1733-1815).
✉ frederic.eigeldinger@lettres.unine.ch

2629. **Eigen, Sara** Dept of Germanic and Slavic Languages, Vanderbilt University, Station B, Box 1567, Nashville, TN 37215, USA. *Vanderbilt U.* / Britain • France • Germany • Holy Roman Empire • Prussia • Enlightenment (concept) • European literature • Natural history • Life sciences • Legal history.
✉ sara.eigen@vanderbilt.edu

2630. **Eijnatten, Joris van** Dept of History, Vrije Universiteit Amsterdam, De Boelelaan 1105, 1081 HV Amsterdam, Netherlands. *Vrije U. Amsterdam* / England • France • Germany • Netherlands • Huguenots • Clergy and jurists • Dutch Enlightenment • Counter-Enlightenment • European thought • European literature • Christianity • Social history • Communication history.
✉ j.van.eijnatten@let.vu.nl

2631. **Eilert, Heide** Schleissheimer Str. 276/V., 80809 München, Germany. *U. Leipzig* / T. G. Hippel • Letter-writing • Epistolary novels • Aesthetic theory • Literature and art.

2632. **Eiríksson, Kristján** Drafnarstíg 2, 101 Reykjavík, Iceland.

2633. **Eisen, Cliff** 4 Ganna Lane, Huntington Station, NY 11746-2709, USA.

2634. **Eisenstein, Elizabeth L.** 82 Kalorama Circle North-West, Washington, DC 20008 1616, USA. *U. of Michigan* / Book history • European Intellectual history • Revolutions and revolutionries in France.
✉ eisenst@mindspring.com

2635. **Eive, Gloria** Dept of Liberal Studies, St Mary's College, 1928 St Mary's Road, Moraga, CA 94577, USA. *St Mary's C.* / Music, culture and social and political history of Italy.
✉ geive@stmarys-ca.edu

2636. **Ekblad, Magnus** Historiska institutionen, Uppsala universitet, S:t Larsgatan 2, 753 10 Uppsala, Sweden. *Uppsala U.*

2637. **Ekedahl, Nils** Tunnlandsvägen 89, 168 36 Bromma, Sweden.
✉ nils.ekedahl@sh.se

2638. **Ekhtiar, Shelly** Dept of English, S.U.N.Y. College, Swetman Hall, Oswego, NY 13126, USA. *S.U.N.Y. (Oswego).*

2639. **Ekirch, A. Roger** 1901 Pelham Drive, Roanoke, VA 24019-2721, USA.

2640. **Eklund, Lena** Utsiktsvägen 10, 191 47 Sollentuna, Sweden.

2641. **Ekman, Stefan** Söderlingsgatan 10c, 414 66 Göteborg, Sweden. *Göteborgs U.* / Sweden • Poetry • Swedish literature • Occasional poetry; Funeral elegies, Rhetoric • Bellman, Carl Michael • Gustav III, king of Sweden • Thorild, Thomas; Kellgren, Johan Henric.
✉ s.ekman@lit.gu.se

2642. **Ekstrand, Gudrun Åkesdotter** Erik Dahlsbergsgatan 56, 11557 Stockholm, Sweden. *Royal Armoury* / Textiles • Dress • Ceremony.

2643. **El Ghoul, Fayçal Ben Sadok** Cité El Amel, Résidence A. Ibn Fourat, Appt A 12, 2011 Den Den, Tunisia. *U. du Centre (Kairouan)* / Political and intellectual history in Europe, esp. England, Germany and Italy.

2644. **Elbaz, Robert** Dept of French, University of Haifa, 31905 Haifa, Israel. *U. of Haifa.*

2645. **Elbel, Martin** Dept of History, Palacky University, Krizkovskeho 10, 771 80 Olomouc, Czech Republic. *Palacky U.* / Franciscans in the Czech Lands • The interaction between convents and cities • Via crucis devotions, pilgrimages, cult of saints, begging and the ideal of poverty.
✉ elbel@ffnw.upol.cz

2646. **Eldøen, Gøril** Helgesensgt. 78B, 0563 Oslo, Norway.

2647. **Eldridge, Richard T.** Dept of Philosophy, Swarthmore College, 500 College Avenue, Swarthmore, PA 19081-1390, USA. *Swarthmore C.* / German and English Romanticism • Kant • Music.

2648. **Elenga, Sigrid E** 431 5th Avenue, West, Kirkland, WA 98033-5323, USA.

2649. **Eleutério, Victor Luis** Urb. Bela Vista. Rua de Dentro, 33 -5º B, 2825-007 Monte da Caparica - ALMADA, Portugal. / Economie et institutions • Histoire du théâtre.

2650. **Elfenbein, Andrew** Dept of English Language and Literature, University of Minnesota, 207 Lind Hall, University of Minnesota, Minneapolis 55409, USA. *U. of Minnesota* / Reading comprehension in relation to contemporary psychological theories.

2651. **Elias, Archibald** 318 West Highland Avenue, Philadelphia, PA 19118-3731, USA. / Swift • Ireland.

2652. **Elíasdóttir, Katrín** Háaleitisbraut 45, 108 Reykjavík, Iceland.

2653. **Eliassen, Knut Ove** Dept of Comparative Literature, Universitet i Trondheim, Dragvoll, N-7491 Trondheim, Norway. *U. i Trondheim* / The development of the French novel • Comparative studies of the French and the English novel • The Enlightenment and the novel • The concepts of liberty and modernity within the Enlightenment.
✉ knut.eliassen@hf.ntnu.no

2654. **Eliassen, Meredith** San Francisco State University, 350 Arballo Drive, Apt. 6A, San Francisco, CA 94132-2124, USA. *San Francisco State U.*

2655. **Elicio Babbo, Domenica** Via B. Ravenna 4, 13100 Lecce, Italy. *U. di Lecce.*

2656. **Elisabeth, Léo** N 16 route de Didies, Lotissement les Tropiques, 97200 Fort-de-France, France.

2657. **Elit, Stefan L.** Berlin-Brandenburgische Akademie der Wissenschaften, Goethe-Woerterbuch, Jaegerstr 22-23, D-10117 Berlin, Germany. *Berlin-Brandenburgische Akademie der Wissenschaften* / German translations of ancient Greek and Latin literature • Literary reception of Antiquity, esp. in poetry, elegies, epigrams and odes • Language and literary style of Goethe and Kleist.
✉ elit@bbaw.de

2658. **Elizalde, Marianne Valeria** Rue Independencia 91, 6300 Santa Rosa, Argentina. *U. de La Pampa* / American history.
✉ melizalde@inforia.com.ar

2659. **Ellens, M. E.** Joke Smitlaan 80, 7207 GJ Zutphen, Netherlands.

2660. **Ellenzweig, Sarah** 2407 Park St, Houston, TX 77019, USA.

2661. **Ellerström, Jonas** Karl XI-gatan 10, 220 20 Lund, Sweden.

2662. **Ellington, Elisabeth** 106 Canaan Back Rd, Barrington, NH 3825, USA.

2663. **Elliott, Marianne** The Institute of Irish Studies, University of Liverpool, 1 Abercromby Square, Liverpool, L69 3BX, UK. *U. of Liverpool.*

2664. **Ellis, Frank Hale** Smith College, Elm St, Northampton, MA 01063, USA. *Smith C.* / Literary criticism.

2665. **Ellis, Madeleine B.** 2115 Lambert Close, apt 3, Montreal, PQ H3H 1Z7, Canada. *U. de Montréal* / Rousseau: use of Graeco-Roman and Judaeo-Christian traditions • Myths, parables, images • Links of *Contrat social* and *Emile* • Art and truth in *Confessions*.

2666. **Ellis, Markman** Dept of English, University of London, Queen Mary & Westfield College, London, E1 4NS, UK. *Queen Mary and Westfield C.*

2667. **Ellison, Julie** 2051 Chaucer Drive, Ann Arbor, MI 48103-6105, USA.

2668. **Elmarsafy, Ziad** Dept of French, New York University, 19 University Place #629, New York, NY 10003, USA. *New York U.* / Middle East • Barbary • Britain • France • Indology • European thought • Drama • Opéra français • Image of Orient • Political economy • Social history • Gibbon • Montesquieu.
✉ ziad.elmarsafy@nyu.edu

2669. **Elmore, Jenifer** 12324 Gingerwood Lane, Wellington, FL 33414, USA.

2670. **Elmquist, Claire Yvonne** Chapmans torg 10, 41454 Göteborg, Sweden.

2671. **Elosegui Itxaso, Maria** C/ Alar del Rey 20, 50006 Zaragoza, Spain. *U. de Zaragoza* / Noted jurists of Aragon (Pedro María Ric) and the influence of British Enlightenment on Spain • Scottish Enlightenment: Hume, Smith • Civic humanism and its influence • Liberalism • Hume, Adam Smith and their influence in Spain.

2672. **Eluerd, Roland** 26 Grand'Rue, 16190 Montmoreau, France. / Langue des sciences, des technologies, des industries • Linguistique • Sémiotique • Histoire des idées.

2673. **Emch-Deriaz, Antoinette Suzanne** Dept of History, University of Florida, P.O. Box 117320, Gainesville, FL 32611-7320, USA. *U. of Florida (Gainesville)* / Shifting concepts of health • Public health • Clinical teaching • Medical studies and institutions.
✉ aedz@history.ufl.edu

2674. **Emde, Ruth B.** Friedelstr. 22, 12047 Berlin, Germany. *Freie U. Berlin* / Writings of and on actresses in Europe (image and social standing, autobiographies).
✉ rb.emd@surfeu.de

2675. **Emerson, Isabelle** Music Dept, University of Nevada, 4505 Maryland Parkway, Las Vegas, NV 89154 5025, USA. *U. of Nevada* / Mozart • French opera, 1770-1800 • Keyboard practice, 1700-1900.

2676. **Emerson, Roger L.** Dept of History, SSC, University of Western Ontario, London, ON N6A 5C2, Canada. *U. of Western Ontario* / Scottish Enlightenment • English deism.
✉ emersonj@uwo.ca

2677. **Emery, Ted** Italian Dept, Dickinson College, Carlisle, PA 17013, USA. *Dickinson C.*

2678. **Emieux, Annick** 56-58 rue de Fecamp, 75012 Paris, France. *U. de Paris IV* / L'Espagne: la vie intellectuelle de l'Aragon • Littérature utopique • Joaquín Traggia.

2679. **Empel, W. H. van** Burg. Meslaan 27, 4002 AB Tiel, Netherlands.

2680. **Emsley, Sarah** One Emerson Place apt 10F, Boston, MA 2114, USA.

2681. **Enache, Tania** Boulevard Dacia 86, et. 2, apt 4, Bucuresti 2, Romania. *Académie roumaine* / Littérature hispano-américaine et littérature française.

2682. **Enciso Recio, Luis Miguel** O'Donnell 7, 2° izq, 28009 Madrid, Spain. *Soc. Estatal de Conmemoraciones Culturales* / Sociétés économiques • Les Jésuites • Napoléon et l'Espagne • La Corte.
✉ presidente@secc.es

2683. **Endo, Ken'ichi** 3-17-24 Shimouma, Tagajo-shi, 985-0835 Miyagi, Japan. *Tohoku Gakuin U.* / Theory of art in the British Enlightenment.

2684. **Endo, Masahito** 3-29-2 Kunimigaoka, Aoba-ku, Sendai-shi, 989-3201 Miyagi, Japan. *Tohoku U.* / Le roman.

2685. **Endo, Teruaki** 4-8-6 Imaizumi-dai, Kamakura-shi, 247-0053 Kanagawa, Japan. *Kanagawa U.* / Histoire économique de la France • La Révolution française • Régionalisme et dirigisme.

2686. **Endress, Gerhard** Seminar für Orientalistik, Ruhr-Universität Bochum, RUB-GB 2, D-44780 Bochum, Germany. *Ruhr-U. Bochum* / Middle East • Aristotelianism • Hellenism • Enlightenment (concept) • Image of Orient • Arabic language • Greek antiquity • Renaissance • Islam • Koran • History of Arabic studies.
✉ gerhard.endress@ruhr-uni-bochum.de

2687. **Engar, Ann Willardson** 1806 East Glenbrook Circle, Salt Lake City, UT 84121 1213, USA. / Samuel Johnson • Women writers • Voltaire.

2688. **Engdahl, Horace** Trädgårdsgatan 5, 111 31 Stockholm, Sweden.

2689. **Engel, Laura** Dept of English, Macalester College, 216 Vernon St, Saint Paul, MO 55105-1922, USA. *Macalester C.*

2690. **Engel, Manfred** Dept of Germanic Language and Literature, Universität des Saarlandes, Fachrichtung 4.1 - Germanistik, Postfach 151150, D-66041 Saarbrucken, Germany. *U. des Saarlandes* / Cultural and literary history • Aesthetics, poetics, the novel • Cultural history of the dream • Defoe, Richardson, Fielding, Sterne, Voltaire, Diderot, Rousseau, Schnabel, Gellert, Wezel, Wieland, Goethe, Schiller.
✉ manfred.engel@mx.uni-saarland.de

2691. **Engel Holland, Eva Johanna** Herzog August Bibliothek, Lessingplatz 1, 38304 Wolfenbüttel, Germany. *Herzog August Bibliothek* / Moses Mendelssohn • History of ideas • Philosophy of Enlightenment.
✉ engel-holland@hab.de

2692. **Engelberts, Derk** Chemin des Abbesses 2 g, 2012 Auvernier, Switzerland. *U. de Neuchâtel* / 1798 en Suisse: l'occupation française en Suisse et l'avènement de la République helvétique.

2693. **Engellau-Gullander, Cecilia** Riksantikvarieämbetet, Tekniska avdelningen, Box 5405, 114 84 Stockholm, Sweden. *Tekniska avdelningen.*

2694. **Engelstein, Stefani B.** Dept of German and Russian, University of Missouri, 454 GCB, Columbia, MO 65201, USA. *U. of Missouri (Columbia)* / Intersections of literature and history of life science.
✉ engelsteins@missouri.edu

2695. **Engetsu, Yuko** 698-408 Higashikumicho, Fushimi-ku, Kyoto-shi, 612-8063 Kyoto, Japan. *Doshisha U.* / English novel and drama.

2696. **Enggass, Robert** 3704 North Charles St, apt 1304, Baltimore, MD 21218, USA. / Stylistic concepts in art • Art theory.

2697. **Englert, Hilary** 33 48th St, Weehawken, NJ 07087 7201, USA.

2698. **English, John C.** P.O. Box 537, Baldwin, KS 66006 0537, USA. *Baker U.* / John Wesley's politics • English debates regarding primitive Christianity • Science and religion.

2699. **English, Sarah** English Dept, Meredith College, Raleigh, NC 27607, USA. *Meredith C.*

2700. **Engwall, Gunnel** Stockholms Universitet, Institutionen för franska och italienska, 10691 Stockholm, Sweden. *Stockholms U.* / Literature.

2701. **Enklaar, Jattie** Muurhuizen 11-13, 3811 EC Amersfoort, Netherlands. *U. Utrecht* / Travel literature • Nature and landscape in literature • Private libraries in the Netherlands.

2702. **Ennis, Daniel J.** Dept of English, Coastal Carolina University, P.O. Box 261954, Conway, SC 29528, USA. *Coastal Carolina U.*

2703. **Ennis, Mary L.** 31 Independence Way, Middlefield, CT 6455, USA.

2704. **Enomoto, Futoshi** 1-63 Satsuma-cho, Mizuho-ku, Nagoya-shi, 467 Aichi, Japan. *Kansai Gaidai U.* / Henry Fielding.

2705. **Enomoto, Ryokichi** 3-52-5 Hayamiya Nerima-Ku, Toyko 179, Japan. / The novel: Fielding, Richardson, Sterne.

2706. **Enright, Timothy** 605 South Shore Drive, Madison, WI 53715 1705, USA.

2707. **Epstein, Julia L.** 536 The Alameda, Berkeley, CA 94707-1616, USA. / The novel • Feminist criticism and theory • Medicine and literature.

2708. **Epstein, William H.** Dept of English, University of Arizona, Tucson, AZ 85721-9900, USA. *U. of Arizona* / Biography • Professional practice • Novel.

2709. **Erhart, Walter** Universität Greifswald, Institut für Deutsche Philologie, Bahnhofstr. 46/47, 17487 Greifswald, Germany. *Institut für Deutsche Philologie* / Wieland • European novel • Philosophy.

2710. **Erickson, Kenneth J.** English Dept, Linfield College, 900 South East Baker St, Mcminnville, OR 97128 6894, USA. *Linfield C.* / The novel • Frances Burney.

2711. **Erickson, Lars** 1290 Broad Rock Rd, Wakefield, RI 02879-1851, USA.

2712. **Erickson, Robert** Dept of English, University of California, Santa Barbara, CA 93106, USA. *U. of California (Santa Barbara)* / The representation of the heart in narrative, 1600-1750 • The 'theatre of the body' in the Restoration • Representation of the soul in early modern culture.

2713. **Ericsson, Birgitta** Västmannagatan 9, 5 trappor, 111 24 Stockholm, Sweden. / Swedish history • Mining administration.

2714. **Eriksson, Andrew** Villagatan 27 A, 00150 Helsingfors, Finland.

2715. **Erlendsson, Gudmundur E.** Langagerdi 20, 108 Reykjavík, Iceland.

2716. **Erlin, Matt** Dept of German, Washington University, Campus Box 1104, On Brookings Drive, St Louis, MO 63112, USA. *Washington U.* / Conceptions of the city and urban experience in the German Enlightenment, esp. with regard to Berlin • Theories of modernity and modernisation.
✉ merlin@artsci.wustl.edu

2717. **Ermassov, Evgueni** obl., Engels, Volgogradski per., 1, 57, 413100 Saratovskaia, Russia. *U. de Saratov* / Pierre Ier vu par les allemands.

2718. **Ermolenko, Galina** oul. Tvardovskogo, 16, 21, 214014 Smolensk, Russia. *U. pedagogique de Smolensk* / Poèmes comiques française • Relations littéraires franco-russes et italo-russes • Voltaire • La Fontaine.

2719. **Erne, Emil** Archives Ville de Berne, Waldmeisterstr. 19 B, 3018 Bern, Switzerland. *Archives Ville de Berne* / Reforming societies in Switzerland • History of Bern.

2720. **Ernesti, Jörg** Husener Str. 20, 33098 Paderborn, Germany. *U. Mainz.*

2721. **Ernst, Gary** 80 Harbor Rd, Staten Island, NY 10303-2206, USA.

2722. **Ernstrom, Adele M.** 70A rue Downs, Lennoxville, PQ J1M 1Z7, Canada. *Bishop's U.* / Historiography of art • Art history outside the universites • Germaine de Staël and the interpretation of art by women.
✉ aernstro@ubishops.ca

2723. **Ernstsson, Inger** Aschebergsgatan 34, 411 33 Göteborg, Sweden.

2724. **Erp, A. van** St Caeciliapad 15, 6815 GM Arnhem, Netherlands.

2725. **Erwin, Daniel Timothy** Dept of English, University of Nevada, 4505 Maryland Parkway, Las Vegas, NV 89154-5011, USA. *U. of Nevada* / Pictura-poesis theory • Enlightenment aesthetics, and the sociology of texts.
✉ tierwin@ccmail.nevada.edu

2726. **Escal, Françoise** 25 rue Frémicourt, 75015 Paris, France. *Ecole des hautes études en sciences sociales* / Esthétique de la musique • La philosophie des Lumières et la musique • Musique et littérature • Histoire sociale et culturelle de la musique.

2727. **Escobar, Jose** Glendon College, York University, 2275 Bayview Avenue, Toronto, ON M4N 3M6, Canada. *York U.* / Littérature et culture.

2728. **Escott, Angela** 35 Cranbrook Road, London, W4 2LH, UK. *Birkbeck C.* / Hannah Cowley • Drama.

2729. **Esleben, Joerg** Dept of Germanic, Slavic & East Asian Studies, University of Calgary, 2500 University Drive North West, Calgary, AB T2N 1N4, Canada. *U. of Calgary* / North America • Pacific Ocean • Austria • Germany • India • Indology • Drama • Faust theme • Travel literature • European literature • Forster • Goethe • Intercultural encounters.
✉ esleben@ucalgary.ca

2730. **Esmann Knudsen, Karin** Vissingvej 33, 8370 Hadsten, Denmark.

2731. **Espagne, Michel** 12 rue de la Tombe-Issoire, 75014 Paris, France.

2732. **Espelund, Arne** IME, NTNU, 7491 Trondheim, Norway. *NTNU.*

2733. **Espín Templado, María Pilar** C/ Padilla 35, 3°E, 28006 Madrid, Spain.

2734. **Esselborn, Hans** An der Ronne 84, 50859 Köln, Germany. *U. zu Köln* / Jean-Paul • Literature and natural history • Novel • Autobiography.

2735. **Esser dos Reis, Hélène** Rua Tres de Maio 591/301, 96010-620 Pelotas RS, Brazil.

2736. **Estes, Leland** Dept of History, Chapman University, 1 University Drive, Orange, CA 92866-1005, USA. *Chapman U.*

2737. **Etiemble, René** 4 rue de la Paletière, à Vigny, 28500 Vernouillet, France. / L'Europe chinoise.

2738. **Etienvre, Françoise** 56 boulevard de Port Royal, 75005 Paris, France. *U. de Paris III* / L'histoire culturelle de l'Espagne • Analyses stylistiques: presse, lettres, autobiographies.

2739. **Eto, Hideichi** 4-14-3 Ikuta, Tama-ku, Kawasaki-shi, 214-0038 Kanagawa, Japan. *Musashino Art U.* / Samuel Johnson and his essays • Caricatures and social history.

2740. **Etter, Brian** 2426 Whitmore Lake Rd, Ann Arbor, MI 48105-1157, USA.

2741. **Evanghélou, Boti Youli** Centre for Neohellenic Research, National Hellenic Research Foundation, 48, Vas. Constantinou Avenue, 11635 Athens, Greece. *National Hellenic Research Foundation.*
✉ evabo@eie.gr

2742. **Evans, Dorinda** Dept of Art History, Emory University, Atlanta, GA 30322, USA. *Emory U.* / Anglo-American artists: Gilbert Stuart and other students of Benjamin West.

2743. **Evans, G. F.** Dept of French, University of Wales, Singleton Park, Swansea, SA2 8PP,

UK. *U. of Wales (Swansea)* / Fiction and drama • Lesage • Marivaux • Voltaire.

2744. **Evans, James E.** English Dept, University of North Carolina, Greensboro, NC 27402-1670, USA. *U. of North Carolina* / Early periodicals • Gambling and culture • Comic drama.

2745. **Evans, R. J. W.** Oriel College, Oxford, OX1 4EW, UK. *U. of Oxford* / History of the Habsburg lands, esp. Hungary.

2746. **Evans, Scott D.** Dept of Languages and Literatures, Arizona State University, Tempe, AZ 85287-0202, USA. *Arizona State U.* / Swift • Johnson • Berkeley • Hume.

2747. **Evans, Yvonne A.** The Flat, Trinity Congregational Church, St Matthew's Road, London, SW2 1NF, UK. *University C.* / Language of the novel (Samuel Richardson) • Religious language (Isaac Watts and Philip Doddridge).

2748. **Eveno, Philippe** Lycée Rodin, 19 rue Corvisart, 75013 Paris, France. *Lycée Corvisart* / Le Marais poitevin • Histoire des familles.
philippe.eveno@wanadoo.fr

2749. **Everard, M. H. M.** Plantage 6, 2311 JC Leiden, Netherlands.

2750. **Everdell, William** 9 Garden Place, Brooklyn, NY 11201 4501, USA. / Republicanism • Evangelicalism • Atomism.
everdell@aol.com

2751. **Everett, Percival** English Dept, University of Southern California, Chair THH 420, 3501 Trousdale Pkwy, Los Angeles, CA 90080-0091, USA. *U. of Southern California.*

2752. **Eversole, Richard** Dept of English, University of Kansas, Lawrence, KS 66045 3155, USA. *U. of Kansas* / Johnson • Maps and literature • Poetic theory.

2753. **Ewalt, Margaret Russell** Dept of Romance Languages, Wake Forest University, P.O. Box 7566, Winston-Salem, NC 27109, USA. *Wake Forest U.* / The Transatlantic Enlightenment • The Hispanic Enlightenment and Romanticism • Jesuit historiography • Curiosity • Rhetoric in literature.
ewaltmr@wfu.edu

2754. **Ewers, Hans-Heino** Institut für Jugendbuchforschung, Grüneburgplatz 1, 60323 Frankfurt/M., Germany. *Institut für Jugendbuchforschung* / Children's literature • Philosophy of childhood.

2755. **Ewert, Michael** Vokartstr. 66, 80636 München, Germany. *U. München* / Georg Forster • Intercultural studies • Travel literature • Essays • Biography.
ewertmuen@web.de

2756. **Ewington, Amanda** Dept of German and Russian, Davidson College, P.O. Box 6936, Davidson, NC 28035-6396, USA. *Davidson C.*

2757. **Eybl, Franz** Reisnerstr. 26/8, 1030 Wien, Austria.

2758. **Eyck, John** 1673 Columbia Rd North West, Apt. NO, Washington, DC 20009-3641, USA.

2759. **Eyres, Patrick** 13 Graham Grove, Leeds, LS4 2NF, UK. / Cultural politics of designed landscapes.

2760. **Eythórsdóttir, Hildur Gudrún** Landsbókasafn Íslands, 107 Reykjavík, Iceland. *Landsbókasafn Íslands.*

2761. **Ezell, Margaret** Dept of English, Texas A&M University, Blocker Bldg, TAMU 4227, College Station, TX 77843 0001, USA. *Texas A&M U.*

2762. **Fabbri, Béatrice** 28 via G. B. Lulli, 50144 Firenze, Italy. / Olympe de Gouges.
beafab@tiscalinet.it

2763. **Fabbri, Maurizio** Via F. Enriquez 21, 40139 Bologna, Italy. *U. di Bologna* / Spanish novel, epic poetry and theatre • Utopian novel • Cadalso.

2764. **Faber, Eva Stefanie** University Graz, Heinrichstr. 26 8010, 8010 Graz, Austria. *U. Graz* / Diaries • Cultural transfer • Austrian-Italian relations.
eva.faber@kfunigraz.ac.at

2765. **Fabian, Bernhard** Zur Windmühle 60, 48163 Münster, Germany. *U. Münster* / Relations littéraires entre l'Angleterre et l'Allemagne.

2766. **Fabiani, Angela Maria** Viale Gramsci 112, 47100 Forli', Italy.

2767. **Fabianski, Marcin** Ul. Grodzka 53, 31-001 Kraków, Poland. *Jagiellonian U.* / French painting 1700-1765.

2768. **Fabre, Madeleine** 62 rue Velpeau, 92160 Antony, France. / La presse • Le journalisme huguenot • L'Angleterre dans la presse francophone • Le refuge huguenot en Angleterre et en Hollande • Protestantisme.

2769. **Fabricant, Carole** Dept of English, University of California, Riverside, CA 92521-0323, USA. *U. of California (Riverside)* / Swift • Ireland • Colonial and post-colonial studies.

2770. **Faessel, Sonia** B.P. 4225, Nouméa, New Caledonia. *U. française du Pacifique* / Le mythe de Tahiti au 18s.

2771. **Fagan, Patrick Joseph** 77 Ballytore Road, Dublin 14, Ireland. / Historical and literary aspects of the 18th-century in Ireland.

2772. **Faggionato, Raffaella** Via Mandolari 4, 35042 Este (PD), Italy.

2773. **Fagundes, João Gilherme M.** Rua Senhora da Glória 81-1° B, 1100 Lisboa, Portugal.

2774. **Fainshtein, Mikhail** Universitetskaya nab. 1, 199034 St Pétersbourg, Russia. *Académie des sciences de Russie* / Russian books and dictionaries • Russian-European cultural links.

2775. **Fairbairn, Andrew W.** 34 Keyes Gardens, Newcastle-upon-Tyne, NE2 3QX, UK. *U. of Newcastle-upon-Tyne* / Edition of Voltaire's *Le Philosophe* • Nicolas Boindin • Marivaux.

2776. **Fairer, David** Dept of English, University of Leeds, Woodhouse Lane, Leeds, LS2 9JT, UK. *U. of Leeds* / English poetry • Development of literary history and scholarship • Women poets • Pastoral and georgic • Topographical poetry • Wordsworth, Coleridge, and Blake in the 1790s.
✉ d.fairer@leeds.ac.uk

2777. **Fajardo, Olegario Negrín** Departamento de Historia de la Educación, Universidad Nacional de Educación a Distancia, C/ Senda del Rey 7, 28040 Madrid, Spain. *U. Nacional de Educación a Distancia* / Royal Economic Society of Friends of the Country of Madrid • José Viera y Clavijo and Jose Clavijo • The Castilian of Condorcet's report in the 1780s • TEducation.
✉ onegrin@edu.uned.es

2778. **Fajon, Robert** Les Brésillières, 830 chemin du Boullidou, 13510 Éguilles, France. *U. de Toulouse II* / Musicologie, France et Italie.

2779. **Falcon, Francisco C.** Rua Princesa Isabel 218, Fátima, 24070-030 Niterói-RJ, Brazil. *Pontificia U. Católica do Rio de Janeiro* / Pombaline period in Brazil and Portugal • Economic policy and Enlightenment • Post-Pombaline Enlightenment and the roots of liberalism, 1777-1820/23.

2780. **Falk, Berthold** Rosenbergstr. 22, 54550 Daun, Germany. / Montesquieu.

2781. **Falk, Heinrich Richard** 2726 Cuesta Road, Santa Barbara, CA 93105-3708, USA. *California State U. (Northridge)* / Spanish popular theatre • Bibliograpy of Spanish 'teatro menor' • Ramon de la Cruz • Luis Moncin.
✉ heinrich.falk@csun.edu

2782. **Falk, Joyce Duncan** 2726 Cucsta Rd, Santa Barbara, CA 93105-3708, USA. *U. of California (Santa Barbara)* / French and Spanish women • Bibliography • Information retrieval.
✉ jfalk@uoeap.edu

2783. **Faller, Lincoln B.** 1613 South University, Ann Arbor, MI 48104-2620, USA. *U. of Michigan.*

2784. **Fallows, Noel** Dept of Romance Languages, University of Georgia, Athens, GA 30602, USA. *U. of Georgia* / Spain • Satire.

2785. **Falvy, Zoltán** Táncsics M.-u.7, 1014 Budapest, Hungary. *Hungarian Academy of Sciences (M.T.A.)* / Music.

2786. **Fan, Jizhong** Hebei Normal University, Hebei, China. *Hebei Normal U.* / China: Qing history.

2787. **Fan, Zhibing** Institute of Qing History, Renmin University of China, 100872 Beijing, China. *Renmin U. of China* / China: Qing history.

2788. **Fanfani, Tommaso** Dept of Economics, Università di Pisa, Via C. Ridolfi 10, 56100 Pisa, Italy. *U. di Pisa* / Joseph von Sonnenfels.
✉ tfanfani@ec.unipi.it

2789. **Fang, Min** Dept of History, Capital Normal University, 100037 Beijing, China. *Capital Normal U.* / China: Qing history.

2790. **Fang, Yuping** Institute of Qing History, Renmin University of China, Haidian, 100872 Beijing, China. *Renmin U. of China* / China: Qing history.

2791. **Fankhauser, Andreas** Florastr. 15, Solothurn, Switzerland. *Staatsarchiv Solothurn* / Political structures of the Helvetic Republic, 1798-1803 • Switzerland and the French Revolution • Swiss political elites.
✉ staatsarchiv@sk.so.ch

2792. **Fanning, Christopher J.** Dept of English, Queen's University, Watson Hall, Kingston, ON K7L 3N6, Canada. *Queen's U.* / Laurence Sterne and print culture, in relation to Encyclopedic writing, Menippean satire, and the sublime • The novel.
✉ cjf1@qsilver.queensu.ca

2793. **Fanta, Andrew** English Dept, University of Utah, 255 S Central Campus Drive, Rm

3500, Salt Lake City, UT 84112, USA. *U. of Utah.*

2794. **Fantappiè, Carlo** Facoltà di Scienze Politiche, Via Laurea 48, 50121 Firenze, Italy. *U. di Firenze* / Jansénisme • Institutions ecclésiastiques • Ordres religieux.

2795. **Fara, Patricia** Darwin College, Cambridge, CB3 9EU, UK. *U. of Cambridge* / Natural philosophy in literature and art • Animal magnetism • Enlightenment England.

2796. **Faragó, Tamás** Egyetemváros, 3515 Miskolc, Hungary. *U. Miskolc* / Social history • Artisans • Budapest agglomeration.

2797. **Farber, Paul Lawrence** Dept of History, Oregon State University, Milam 306, 97331 Corvallis, 97331 OR, USA. *Oregon State U.* / Natural history and its intellectual, social, and cultural meaning.
✉ pfarber@orst.edu

2798. **Fardin, Liliane** 5,5 Kms Rte de Balata, 97234 Fort-de-France (Martinique), France.

2799. **Faria, Rebecca** 548 Bellevue Avenue, Newport, RI 02840-4118, USA.

2800. **Farina, Paolo** Salita Chiattone 18, 6900 Lugano, Switzerland. / Réflexion sur la langue italienne • Examen des phénomènes économiques et naissance de la science économique • Giammaria Ortes.
✉ pfarina@freesurf.ch

2801. **Fariña González, Manuel Adolfo** Molinos de Agua 50, M-3, 38207 La Laguna, Spain. / Histoire de l'Amérique • Les îles Canaries.

2802. **Farina Sorgesa, Gabriella** Via L. Manara 32, 00153 Roma, Italy.

2803. **Farinella, Calogero** Via C. Giusso 4/6, 16126 Genova, Italy. *Biblioteca Universitaria (Genova)* / Italy • Academies, military colleges, universities • Italian Enlightenment • Encyclopedism in Italy • Salons • Godwin, William • Lorgna, Anton Mario • Cagnoli, Antonio.
✉ acquisiz-bug@libero.it

2804. **Farkas, Géza** Université de Gödöllõ, Chaire de l'Histoire de la Philosophie et Culture, 2103 Gödöllõ, Hungary. *Gödöllõ U.* / Austro-Hungarian politics.

2805. **Farkas, Reinhard** Institut für Geschichte, Universität Graz, Heinrichstr. 26/II, 8010 Graz, Austria. *U. Graz.*

2806. **Farrell, John** Dept of Literature, Claremont McKenna College, 850 Columbia Avenue, Claremont, CA 91711, USA. *Claremont McKenna C.*
✉ jfarrell@mckenna.edu

2807. **Farren, Donald** 4009 Bradley Lane, Chevy Chase, MD 20815-5230, USA.

2808. **Farrokh, Faridoun** English Dept, Texas A&M University, 5201 University Boulevard, Laredo, TX 78041-1920, USA. *Texas A&M U.*

2809. **Fassiotto, Marie-José** Dept of European Languages, University of Hawaii, Manoa, Honolulu, HI 96822, USA. *U. of Hawaii* / Memoirs.

2810. **Fassoulakis, Stérios** University of Athens, 47 R. Fereou str., 16122 Athens, Greece. *U. of Athens* / European Enlightenment • History of ideas.

2811. **Fastrup, Anne** Institut for Litteraturvidenskab, K.U.A., Njalsgade 80, 2300 København S, Denmark. *Københavns U.*

2812. **Fata, Márta** Gertrud-Bäumer-Str. 8, 72074 Tübingen, Germany. *Institut für donauschwäbische Geschichte und Landeskunde* / Migration • Social history • Culture • German-Hungarian relations.

2813. **Fatica, Michele** Via S. Giovanna Elisabetta 24, 00189 Roma, Italy. *Istituto Universitario Orientale Napoli* / Edition critique du *Journal* de Matteo Ripa • La culture du 'renfermement' dans l'Europe à l'âge moderne.

2814. **Fatih, Zakaria** 11107 Cavalier Ct, apt #8L, Fairfax, VA 22030-4917, USA.

2815. **Fattinger, Elisabeth** H. Brandstetterg. 37, 8010 Graz, Austria. *U. Graz* / Karl Graf Zinzendorf (1739-1813): journal, editing • Anglo-Austrian relations • Autobiographical sources • Critical editing • Travels.

2816. **Fattori, Marta** Piazza Lecce 4, 00161 Roma, Italy. *U. di Roma* / Language and philosophy • F. Bacon.

2817. **Fauconnier, Gilbert** 415 route de Cagnes, 06480 La-Colle-sur-Loup, France. *U. de Nice Sophia Antipolis* / Linguistique statistique appliquée à l'étude des textes de Rousseau.

2818. **Faulkner, John E.** 232 West Kenworth Rd, Columbus, OH 43214-4010, USA. *Ohio U.* / Edmund Burke • Samuel Johnson • The 1790s.

2819. **Faulkner, Thomas C.** Dept of English, Washington State University, Pullman, WA 99164-0002, USA. *Washington State U.* / Letters and journals of George Crabbe • Pope: the classical and renaissance tradition.

2820. **Faure, Michel** 28 rue de Bourgogne, 68100 Mulhouse, France. *U. de Haute-Alsace* / John Millar (1735-1801) • Scottish Enlightenment • History of ideas • Literature • Translation • Intellectual links between Britain and France.

2821. **Fauser, Markus** Fachbereich 7, Universität Osnabrück, Neuer Graben 40, 49069 Osnabrück, Germany. *U. Osnabrück* / Rhetoric • Cultural history of sociability • Cultural studies • Popular philosophy.

2822. **Fauske, Christopher** 93 High St, Ipswich, MA 01938-1235, USA. *Newbury C.* / Church of Ireland • Swift.
✉ c-fauske@hotmail.com

2823. **Fauskevag, Svein-Eirik** Dept of Romance Languages and Literature, NTNU, 7491 Trondheim, Norway. *NTNU* / La rhétorique de l'amitié chez Madame de Lambert et le Rousseau de *La Nouvelle Héloïse* • Le roman • Histoire des idees.
✉ svein.eirik.fauskevaag@hf.ntnu.no

2824. **Favero, Alessandra** C/o Curreri Via Spina 9, 40100 Bologna, Italy.

2825. **Favier, René** 5bis chemin de Gordes, 38100 Grenoble, France. *U. de Grenoble II* / L'espace urbain.

2826. **Favre, Robert-Jean** 19 rue des Aqueducs, 69005 Lyon, France. / La mort dans la littérature et la pensée françaises • Bibliographie des préparations à la mort • Le comique, l'esprit • Préromantisme en question.

2827. **Favret, Mary** 812 Souh Fess Avenue, Bloomington, IN 47401 4946, USA.

2828. **Fawcett, Trevor** 25 Northampton St, Bath, BA1 2SW, UK. / Cultural, social and economic history in Britain • Retail selling.

2829. **Fazekas, Csaba** Dept of History, University of Miskolc, Egyetemváros, 3515 Miskolc, Hungary. *U. Miskolc* / Religious ideas, movements, Protestantism and tolerance, esp. in Europe and Hungary • Social and urban history.

2830. **Feather, John P.** Dept of Library and Information Studies, Loughborough University, Loughborough, Leics, LE11 3TU, UK. *Loughborough U.* / History of publishing.

2831. **Fechner, Jörg-Ulrich** Germanistisches Institut, Universität Bochum, 44780 Bochum, Germany. *Ruhr-U. Bochum* / German and comparative literature • Sturz • Hamann • Claudius • Goethe.

2832. **Fechner, Roger J.** History Dept, Adrian College, Adrian, MI 49221 2567, USA. *Adrian C.* / American Enlightenment • Scottish Enlightnement • Early American moral philosophy • Scottish philosophy in America • John Witherspoon.
✉ rfechner@adrian.edu

2833. **Fechternová, Anna** Limuzská 350, 100 00 Praha 10, Czech Republic. / Jesuits.

2834. **Fechtnerová, Anna** Limuzská 350, 101 00 Praha 10, Czech Republic.

2835. **Fedele, Clemente** Cas. Post. 109, 48100 Ravenna, Italy. / History of communications: esp. postal history.

2836. **Fedeli de Cecco, Marinella** Via Nemorenze 77, 00199 Roma, Italy. *U. di Napoli* / Rousseau • Babeuf • Montesquieu: la fonction des modèles historiques dans l'évolution politique.

2837. **Feder-Lewis, Sonia** 1335 Lincoln Avenue, St Paul, MN 55105-2714, USA. *St Mary's U.*

2838. **Federhofer, Marie-Theres** Germanistisk institutt, Det humanistiske fakultet, Universitetet i Tromsø, 9037 Tromsø, Norway. *U. i Tromsø.*

2839. **Federlin, H. Wilhelm-Ludwig** Im Homerich 34, 64757 Rothenberg, Germany. *U. Frankfurt* / Herder • Religious national education • Scientific history of theological practices.

2840. **Fehn, Ernst-Otto** Brüder Grimm Allee 57, 37075 Göttingen, Germany. *U. Göttingen* / Knigge • Freemasonry and secret societies, esp. the Illuminati.

2841. **Feifel, Winfried** Tobias-Mayer-Str. 3, 71672 Marbach, Germany. *Deutsches Literaturarchiv (Marbach)* / Jean-Paul (J. P. F. von Richter) and his circle.

2842. **Feijoo Caballero, Pilar** Umbe-Mendi 117, 48111 Laukiniz (Vizcaya), Spain. / Pays basque.

2843. **Fein, Patrick Louis-Marie** 57 Bizueni Avenue, Schapehisberg Estate, 7130 Somerset West, Western Cape, South Africa. *Rhodes U.* / Crebillon fils • French libertine novel.
✉ p.fein@ru.ac.za

2844. **Felbabov, Vladislava** Faculty of Philosophy, University of Novi Sad, Stevana Musica 24, 21000 Novi Sad, Serbia. / English literature • American literature • English Romanticism.

2845. **Feldbaek, Ole** Institut for Historie, K.U.A., Njalsgade 102, 2300 København S, Denmark. *Københavns U.*

2846. **Feldman, Martha** 1010 East 59th St, Chicago, IL 60637-1512, USA.

2847. **Feldt, Heinrich** Werderstr. 21, 50672 Köln, Germany. / History of medicine and psychology • Mesmerism.

2848. **Felice, Domenico** Dept of Philosophy, Università di Bologna, Zamboni 38, 40126 Bologna, Italy. *U. di Bologna* / La pensée politique et constitutionnelle de Montesquieu • Histoire des concepts de despotisme et de gouvernement mixte • Montesquieu et ses interprètes.

2849. **Felici, Lucia** Via Guinicelli 7, 50133 Firenze, Italy.

2850. **Felici, Lucio** Via A. Volta 7, 20121 Milano, Italy. *U. di Roma.*
✉ felici.lucio@tiscali.it

2851. **Felkner, Jolene** 130 West Whiting Avenue #A, Fullerton, CA 92832-1418, USA.

2852. **Fell, Christa** German Dept, Queen's University, University Avenue 99, Kingston, ON K7L 3N6, Canada. *Queen's U.* / Goethe • Lessing • Justus Möser • Eomen writers (eg. Karsch, Ehrmann) • Social and cultural history.
✉ fellc@post.queensu.co

2853. **Fellmann, Emil Alfred** Euler-Archiv, Arnold Böcklinstr. 37, 4051 Basel, Switzerland. *Euler-Edition* / Mathematics • Sciences, esp. optics and astronomy • Philosophy of science.

2854. **Felsenstein, Frank** 8 Manor Drive, Morristown, NJ 07960-2611, USA. *Ball State U.* / Racial discourse • Representation of Jews • Smollett • Locke • Book history • Literary patronage • Gardening history.
✉ felsenstein@bsu.edu

2855. **Felten, Hans** Institut für Romanische Philologie, Rheinisch-Westfälische Tech. Hochschule, Kármánstr. 17/19, 52062 Aachen, Germany. *Rheinisch-Westfälische Technische Hochschule Aachen* / Italian literature • Decadence and Enlightenment in the Italian states.

2856. **Feltrinelli, Giangiacomo** Biblioteca della Fondazione, Via Romagnosi 3, 20121 Milano, Italy. *Biblioteca della Fondazione.*

2857. **Fendler, Ute** Am Butterberg 24, 66583 Spiesen, Germany. *U. des Saarlandes* / Travel literature: Spanish, French • Latin America.

2858. **Fendri, Mounir** 18 rue des Perses, 2000 Le Bardo, Tunisia. *U. de Tunis I* / Voyageurs allemands en Tunisie • Traductions allemandes du Coran.

2859. **Fenner, Wolfgang** Emilienstr. 46, 42287 Wuppertal, Germany. *U. Köln* / Knigge • Regional history.

2860. **Fenning, Hugh** St Mary's Priory, Tallaght, Dublin 24, Ireland.

2861. **Fenning, James** 12 Glenview, Rochestown Avenue, Dun Laoghaire, Co. Dublin, Ireland.

2862. **Fenves, Peter** Dept of German, Northwestern University, 152 Kresge Hall, Evanston, IL 60208 0001, USA. *Northwestern U.*

2863. **Ferdinand, Christine Y.** Magdalen College, Oxford, OX1 4AU, UK. *U. of Oxford* / Provincial English newspaper trade • Libraries.

2864. **Ferencová, Elena** Novomestskéhe 44, 90201 Pezinok, Slovakia. *Comenius U.*

2865. **Ferenczi, Caspar** Eichendorffstr. 12, 69168 Wiesloch, Germany. *U. Heidelberg* / Enlightenment in Eastern Europe • Secret societies in Russia.

2866. **Fergus, Jan** English Dept, LeHigh University, 35 Sayre Drive, Drown 35, Bethlehem, PA 18015 3316, USA. *LeHigh U.* / The reading public in England • Women writers.

2867. **Ferguson, K. P.** 57 Belgrave Square, Terenure, Dublin 6, Ireland. / The army in Ireland • Irishmen in the armies of the Continent.

2868. **Ferguson, Oliver W.** Dept of English, Duke University, Box 90015, Durham, NC 27708-0014, USA. *Duke U.* / British prose and poetry • Swift • Goldsmith.

2869. **Ferguson, Rebecca H.** Dept of English, University of Wales, Lampeter, SA48 7ED, UK. *U. of Wales (Lampeter)* / Poetry and satire.

2870. **Fernandes, Ana** Povoa de Sobrinhas, Eiras, 3500-780 Viseu, Portugal.
✉ anapedroso@net.sapo.pt

2871. **Fernandez, Rosa Isabel** Rue Brown 1357, 3500 Resistencia-Chaco, Argentina. *U. Nacional del Nordeste* / L'Inquisition.

2872. **Fernández Albaladejo, Pablo** General Arrando 1, 5°, 28010 Madrid, Spain.

2873. **Fernández Alvarez, Manuel** Sánchez Llevot 1, 4°, 5°A, 37005 Salamanca, Spain. / Société et culture.

2874. **Fernández Cabezón, Rosalía** Incas 8, 47008 Valladolid, Spain. / Philologie et littérature espagnoles.

2875. **Fernández Clemente, Eloy** Dr Aznar Molina 15, 50002 Zaragoza, Spain. *U. de Zaragoza* / Histoire économique.

2876. **Fernandez Duran, Reyes** Paseo de la Habana 44, 5°D, 28036 Madrid, Spain.

2877. **Fernandez Fernandez, Jose Luis** Facultad de Filologia, Universidad Pontificia de Comilla, Cantoblanco, C/ Universidad de Comillas 3, 28049 Madrid, Spain. *U. Pontificia de Comilla* / G. M. de Jovellanos (1744-1811) • Political and economic aspects of the Spanish Enlightenment.

2878. **Fernández Gómez, Juan** Comandante Vallespín 21-2°A, 33013 Oviedo, Spain. *U. de Oviedo* / Théâtre espagnole, en part. 'sainetes'.

2879. **Fernández Insuela, Antonio** Víctor Chávarri 6, 7°B, 33001 Oviedo, Spain. / Littérature espagnole.

2880. **Fernández Savater, Fernando** General Pardiñas 71, 28006 Madrid, Spain. / Philosophie.

2881. **Fernie-Clarke, Jill** 64 Fernleigh, Moss Side, Leyland, Lancs PR26 7AL, UK.

2882. **Ferran, Florence** 40 rue Pascal, 75013 Paris, France.
✉ fferan@club-internet.fr

2883. **Ferrand, Nathalie** Centre d'étude du XVIIIe siècle, UMR 5050 du CNRS, Université de Montpellier III, Route de Mende, 34000 Montpellier, France. *U. de Montpellier III* / Croisement méthodologique de la morphologie littéraire et de l'histoire du livre et de la lecture • Les mises en fiction du livre et de la lecture dans les romans de langue française.
✉ ferrand@ens.fr

2884. **Ferrand, Pascale** Institut des Sciences de l'Homme, U.M.R. 5611, C.N.R.S.-Université Lyon 2, Centre d'étude du XVIIIe siècle, 14 avenue Berthelot, 69363 Lyon, France. *Centre d'étude du XVIIIe siècle (Lyon)*.

2885. **Ferrandes, Carmela** Viale Salandra 5/H, 70124 Bari, Italy. *U. di Bari* / Les idéologues • Littérature et médecine • Littérature et musique.

2886. **Ferraresi, Alessandra** Via P. Azzario 6, 27100 Pavia, Italy. / Scientific institutions • Physics.

2887. **Ferrari, Jean** Faculté des Lettres, Université de Dijon, 2 boulevard Gabriel, 21000 Dijon, France. *U. de Dijon* / La pensée française et la philosophie allemande • Lumières et anti-Lumières • Le politique.

2888. **Ferrari, Marco** Via Montebianco 39, 20095 Cusano, Italy.

2889. **Ferrari, Saverio** Via Col di Lana 16, 40131 Bologna, Italy.

2890. **Ferrari, Sonia** Rua Simao Alvares, 92 Apto 112, Pinheiros Sao Paolo SP-05417-020, Brazil.

2891. **Ferrari, Stefano** Accademia Roveretana degli Agiati, Piazza Romsini 5, 38068 Rovereto, Italy. *Accademia Roveretana degli Agiati* / Les transferts culturels entre l'Allemagne et l'Italie dans la seconde moitié du 18s • La réception de Winckelmann dans la culture italienne de la seconde moitié du 18s.
✉ secreteria@agiati.org

2892. **Ferrari, Umberto** Salita Piazza Roma 9, 88100 Catanzaro, Italy. *U. di Salerno* / Calabria.

2893. **Ferreira, Amadeu José Frade** Av. Dr Ant. Carvalho de Figueiredo 5-2° E, 2670 Loures, Portugal.

2894. **Ferreira, Laila** Dept of English, Simon Fraser University, Burnaby, BC V5A 156, Canada. *Simon Fraser U.*

2895. **Ferreira, Luis Nazaré** Biblioteca Municipal, 2000 Santarem, Portugal. *Biblioteca Municipal (Santarem)*.

2896. **Ferrer, Alberto Romero** Facultad de Filosofía y Letras, Universidad de Cádiz, Avenida Doctor Gómez Ulla, s/n, 11003 Cádiz, Spain. *U. de Cádiz* / Theatre.
✉ alberto.romero@uca.es

2897. **Ferrer, Francisco Adegildo** Rua Nossa Sra. Remédios 238, 60020-120 "Fortaleza, CE", Brazil. / Pombalismo • Portugal-Brasil.

2898. **Ferrer-Benimeli, José Antonio** calle Cardenal Gomá 13, 50009 Zaragoza, Spain. *U. de Zaragoza* / La franc-maçonnerie, en part. espagnole et hispano-américaine, et l'Eglise catholique.

2899. **Ferrero, Bonnie** 2 Dogwood Ln, Bloomfield, CT 06002 1526, USA.

2900. **Ferret, Olivier** 13 rue Imbert-Colomès, 69001 Lyon, France. *Centre d'étude du XVIIIe siècle (Lyon)* / Les échanges pamphlétaires dans les querelles littéraires opposant philosophes et antiphilosophes.
✉ olivier.ferret@univ-lyon2.fr

2901. **Ferri Piccaluga, Gabriella** Viale Marche 40, 20159 Milano, Italy. *U. di Milano* / Sculpture en bois et en marbre, en part. dans les provinces de Bergamo et de Brescia • Iconographie religieuse populaire • Pauvreté à Milan.

2902. **Ferriani, Maurizio** Via Malaguti 15/2, 40126 Bologna, Italy. *U. di Bologna* / Probability concept.

2903. **Ferrier, Béatrice** 11 rue Gabrielle, 75018 Paris, France.

2904. **Ferrocino, Bruno** 128 rue Roger Salengro, 59260 Hellemmes, France. *U. de Lille III* / Structures conceptuelles et structures de l'imaginaire dans la fiction narrative.

2905. **Ferrone, Vincenzo** Lungo Dora Firenze 151, 10153 Torino, Italy. *U. di Venezia* / Cultural history.

2906. **Ferté, Patrick** UFR Histoire, Université de Toulouse II, 5 allées Antonio-Machado, 31058 Toulouse Cedex, France. *U. de Toulouse II* / Le monde universitaire du midi languedocien et provençal sous l'Ancien Régime • Histoire sociale des étudiants • Bio-bibliographie des universitaires du Midi de la France • Histoire de l'imprimerie en Languedoc et Haute-Guyenne.

2907. **Festa, Georges** 82 rue Doudeauville, 75018 Paris, France. *I.N.R.P.* / Littérature de voyage en Europe • Sade • Prince de Ligne.
✉ gfesta@club-internet.fr

2908. **Festa, Lynn M.** Dept of English Language and Literature, Harvard University, 12 Quincy St, BarkerCenter, Cambridge, MA 02138, USA. *Harvard U.* / Relationship between the English and French sentimental novel and European global expansion • The affective life of people and definitions of the human.
✉ lfesta@fas.harvard.edu

2909. **Feyel, Gilles** 15 rue Faidherbe, 75011 Paris, France. *U. de Paris II* / Histoire de la presse • *Gazette de France* et gazettes européennes francophones • Affiches, annonces • Presse française pendant la Révolution.

2910. **Ffoulds, Peter Barrington** 38 Branksome Hill Rd, Bournemouth, BH4 9LE, UK. *Ffoulds Foundation* / Cultural anthropology in the German Enlightenment • Origins of popular culture.

2911. **Fiala, Pierre** 4 rue Léo-Lagrange, 91240 Saint-Michel-sur-Oye, France. *C.N.R.S. (Paris)* / Les composantes phraséologiques du discours politique.

2912. **Fiaschi, Annick** 10 rue des Citronniers, 34970 Lattes, France. *U. de Montpellier III* / La messe • La rhétorique • • Les rapports entre la France et l'Italie • La musique religieuse.

2913. **Fick, Monika** Germanistisches Institut, RWTH Aachen, Templergraben 55, 52056 Aachen, Germany. *RWTH Aachen* / Lessing in the context of the 18c.

2914. **Fico, Lorenzo** Via G. Pietroforte, 45/E, Acquaviva delle Fonti (BA) 70021, Italy. *Istituto Paisiello (Taranto)* / Neapolitan school • Music • Paisiello, Giovanni • de Majo, Gianfrancesco.
✉ ficolorenzo@libero.it

2915. **Fidler, Peter** Institut für Kunstgeschichte, Universität Innsbruck, Innrain 52, 6020 Innsbruck, Austria. *U. Innsbruck* / Art • Architecture • Austria, Bohemia, Moravia, Italy.

2916. **Fido, Franco** 3 Clinton St #4, Cambridge, MA 2139, USA.

2917. **Fieguth, Rolf** Dept of Slavic Languages, Université de Fribourg, Portes de Fribourg, 1763 Granges-paccot, Switzerland. *U. de Fribourg* / Polish poetry • Russian and Polish drama.

2918. **Fields, Darin E.** Dept of English, P.O. Box 111, Wilkes University, Wilkes-Barre, PA 18766-1113, USA. *Wilkes U.*

2919. **Fields, Polly S.** English Dept, Lake Superior University, Box 1676, Sault Ste. Marie, MI 49783, USA. *Lake Superior U.* / Anglican commemorative sermons • Native Americans.
✉ pfields@gw.lessu.edu

2920. **Fierobe, Claude** 13 boulevard du Chemin de Fer, 51420 Witry-les-Reims, France. *U. de Reims* / Roman gothique • Réel et irréel dans le roman anglais • Irlande.

2921. **Fife, Ernelle** 5 Millrock Rd, New Paltz, NY 12561-1223, USA. *Georgia State U.* / Gender studies • Medicine and literature • Autobiography.

2922. **Fifer, Charles N.** 947 Latrop Place, Stanford, CA 94305, USA. *Stanford U.*

2923. **Figueroa, Marcelo Fabián** Frias Silva, 4107 Yerba Buena, Argentina. *U. de Tucumán* / Le discours sur la différence et la formation de la société politique moderne.
✉ marcelofigueroa@yahoo.com

2924. **Filgueira Valverde, José** Arzobispo Malvar, n° 49, 36002 Pontevedra, Spain.

2925. **Filieri, Emilio** Via Moretto-Oasi 15, 73018 Squinzano (LE), Italy. *U. di Lecce* / Unpublished literature from Naples and Lecce • Literature and citizenship in the southern Enlightenment.

2926. **Filippaki, Eleni** 1 Diadochou Pavlou St, 15452 P. Psychiko, Greece.

2927. **Fillon, Anne** 3 rue Pasteur, 72330 Cerans-Foulletourte, France. *U. de Maine* / Le village • Société et famille (formation du couple) • Les mémoires et journaux privés • Les chansons de la littérature de colportage.

2928. **Filloux, Georges** 4 rue de l'Université, 75007 Paris, France. / Diderot.

2929. **Finberg, Melinda** 27 Amaryllis Lane, Newtown, PA 18940-1248, USA.

2930. **Fink, Beatrice Camille** 629 Constitution Avenue, North-East, apt 305, Washington, DC 20002-6086, USA. *U. of Maryland (College Park)* / Food • Culinary texts and developments • Benjamin Constant.
✉ bf5@umail.umd.edu

2931. **Fink, Gonthier-Louis** 15 rue d'Offendorf, 67000 Strasbourg, France. *U. de Strasbourg II* / Idées politiques en Allemagne à l'époque de la Révolution française • L'image de la France dans les lettres allemandes, 1648-1815 • Lettres allemandes de 1730-1830 • L'image de l'Allemand dans les lettres françaises • L'image de l'étranger.

2932. **Fink, Karl J.** 715 Orchard Place, Northfield, MN 55057 1516, USA. *St Olaf C.* / Herder • Goethe • Romantic historiography of science • Storm and stress anthropology.

2933. **Fink, Urban** Klosterplatz 15, 4501 Solothurn, Switzerland. / Relations between the Swiss and the Vatican • The Church and the Enlightenment.

2934. **Finlay, Christopher J.** 66 Beechwood Avenue Lr, Ranelagh, Dublin 6, Ireland. / Scottish Enlightenment.

2935. **Finsen, Hans Carl** Dept of German, Aarhus Universitet, Jens Chr. Skous Vej 3, 8000 Aarhus, Denmark. *Aarhus U.* / Rhetoric and literature • Conventions of speech • The 'verba' of the nation • Rhetorical versus romantic modes of speech.
✉ gerhcf@hum.au.dk

2936. **Finzi, Roberto** Via Filopanti 4, 40126 Bologna, Italy. *U. di Trieste* / Turgot • Theory of history in Turgot and Smith.

2937. **Firla, Monika** Gaisburgstr. 12b, 70182 Stuttgart, Germany. *Linden-Museum* / African diaspora in Germany and Austria • Kant's ethnography and racism.

2938. **Fischer, Barbara** Manteuffelstr. 20 A, 10997 Berlin, Germany.

2939. **Fischer, Carolin** Regensburger Str. 5a, 10777 Berlin, Germany. *U. Potsdam* / Reception of Aretino in France.

2940. **Fischer, Christine** Neuensteiner Str. 26, 4053 Basel, Switzerland. *U. Bern.*

2941. **Fischer, Ernst** Institut für Buchwissenschaft, Johannes Gutenberg-Universität, 55099 Mainz, Germany. *U. Mainz* / Book history.

2942. **Fischer, John Irwin** 294 Mt. Lucas Road, Princeton, NJ 8540, USA. *Louisiana State U.* / Jonathan Swift poetry.
✉ enfisc@lsu.edu

2943. **Fischer, Wladimir** Hornbostelgasse 5/14, 1060 Wien, Austria.

2944. **Fisher, Carl** Dept of Comp Lit, CSU Long Beach, 1250 North Bellflower Boulevard, Long Beach, CA 90840 0006, USA. *California State U. (Long Beach).*

2945. **Fisher, Stephen C.** Dept of Music, University of Pennsylvania, 201 South 34th St, Philadelphia, PA 19104-6313, USA. *U. of Pennsylvania* / Joseph Haydn • Symphony • Musical source studies • Overture • Opera.

2946. **Fitzer, Anna Mary** Flat 2, 19 Holbeck Road, South Cliff, Scarborough, North Yorkshire YO11 2XF, UK. *U. of Hull.*

2947. **Fitzgerald, Dennis C.** 10 Lassa Road, Eltham, London, SE9 6PU, UK.

2948. **FitzGerald, Knight of Glin, Desmond** Glin Castle, Glin, Co. Limerick, Ireland. *The Irish Georgian Society* / Irish architecture, art, landscape gardening, furniture and material culture, 1600-1840 • Irish social history of the Ascendancy class • Novels, correspondence, diaries, illustrating life and times in Ireland.

2949. **Fitzmaurice, Susan** English Dept, Northern Arizona University, Box 6032, Flagstaff, AZ 86011 6032, USA. *Northern Arizona U.*

2950. **Fitzpatrick, Barbara Laning** 207 North Wacker Lane, Mobile, AL 36608, USA. *U. of New Orleans* / Book history • London and Dublin book trades • Periodicals • Textual editing.
✉ bfitzpat@uno.edu

2951. **Fitzpatrick, Martin H.** Dept of History, University of Wales, Aberystwyth,

SY23 3DY, UK. *U. of Wales (Aberystwyth)* / Tolerance in England • Joseph Priestley and the rational Dissenters • Comparative aspects of the Scottish and English Enlightenments.

2952. **FitzPatrick, P. J.** Dept of Philosophy, University of Durham, 50 Old Elvet, Durham, DH1 3HN, UK. *U. of Durham* / Theories of transubstantiation as a guide to accounts of substance.

2953. **Fiumara, Francesco** Johns Hopkins University, 3400 North Charles St, Baltimore, MD 21218, USA. *Johns Hopkins U.*

2954. **Fix, Andrew C.** History Dept, Lafayette College, 17 Cattell St, Easton, PA 18042-1768, USA. *Lafayette C.*

2955. **Fix, Stephen E.** Dept of English, Williams College, Williamstown, MA 01267-2684, USA. *Williams C.* / Johnson • Milton and Shakespeare in 18c England • Didactic strategies in novels and poems.

2956. **Fizer, Irene** Dept of English, Hofstra University, Hempstead, NY 11550, USA. *Hofstra U.*
✉ njmac@aol.com

2957. **Fjeldbu, Øyvind Gjems** Båhusgate 25 A, 7014 Trondheim, Norway. *U. i Trondheim* / Friendship in Rousseau's novel *Julie ou la Nouvelle Héloïse* • Friendship in the works of Aristotle, Cicero, Michel de Montaigne and Madame de Lambert.
✉ oyvindfj@stud.ntnu.no

2958. **Flamarion, Edith** 1 route de Seine-Port, Morsang-sur-Seine, 91250 Saint Germain les Corbeil, France. *U. de Paris III* / L'Antiquité • Les collèges des jésuites • Théâtre et histoire.

2959. **Flandreau, Annie** 42 rue de l'Est, 92100 Boulogne-Billancourt, France. / Les Jansénistes, surtout à travers les *Nouvelles ecclésiastiques*.

2960. **Flaten, David D.** 131 Highland St, Plymouth, NH 03264, USA. *Plymouth State C.* / Practice and interpretation of family monarchy in Britain, 1714-1760.
✉ dflaten@mail.plymouth.edu

2961. **Flaux, Mireille** 3 rue des Quinconces, 91230 Montgeron, France.

2962. **Flecha Andrés, Francisco** Avenida Ramón y Cajal 15, 2°B, 24002 León, Spain. / Economie.

2963. **Fleig, Anne** Seminar für deutsche Literatur und Sprache, Universität Hannover, Königsworther Platz 1, 30167 Hannover, Germany. *U. Hannover.*

2964. **Fleischer, Gundula-Ulrike** Babes-Bolyai University, Str. Horea 31, 3400 Cluj-Napoca, Romania. *U. Cluj-Napoca* / German classicism, Romanticism • Translation studies.

2965. **Fleischmann, Fritz** Division of Arts & Humanities, Babson College, Babson Park, MA 2547, USA. *Babson C.* / American literature • Gender • Charles Brockden Brown.
✉ fleischmann@babson.edu

2966. **Fleming, David** Furrow, Mitchelstown, Co. Cork, Ireland.

2967. **Flint, Christopher** 3294 Chalfant Rd, Shaker Heights, OH 44120-3432, USA. / English literature and culture.

2968. **Fliri Piccioni, Alida** Via G. Di Vittorio 4, 20082 Noviglio (MI), Italy.

2969. **Flonta, Mircea** Faculty of Philosophy, University of Bucharest, B-dul M. Kogalniceanu 64, 70609 Bucuresti, Romania. *U. Bucuresti* / Epistemology, philosophy of language, philosophy of science • Translations of Hume and Kant into Romanian.

2970. **Flores, Carol** 301 North Talamore Avenue, Yorktown, PA 47396-9101, USA.

2971. **Flores d'Arcais, Giuseppe** Via S. Speroni 43, 35100 Padova, Italy. *U. di Padova* / Pédagogie de Rousseau et Fröbel • La pensée de Vico.

2972. **Floyd, Emma** Mellon Centre for Studies in British Art, 16 Bedford Square, London, WC1B 3JA, UK. *Mellon Centre for Studies in British Art.*

2973. **Fludernik, Monika** Englisches Seminar, Albert-Ludwigs-Universität Freiburg, Rempartstr. 15, 79085 Freiburg, Germany. *Albert-Ludwigs-U. Freiburg* / The sublime and literary aesthetics, including satire • The novel • Prisons, prison metaphors and the law.
✉ monika.fludernik@anglistik.uni-freiburg.de

2974. **Flueckiger, Peter** 5309 Hillcrest Drive, Oxford, OH 45056, USA.

2975. **Flynn, Carol Houlihan** Dept of English, Tufts University, Medford, MA 02155-1529, USA. *Tufts U.* / English literary biographies • English readership • English publishing.

2976. **Flynn, Christopher Bayton** Dept of English, University of Nebraska, Arts & Sciences Hall 192, Omaha, NE 68132, USA. *U. of Nebraska (Omaha)* / British images of North America • Popular print and visual

culture • Irish literature, Anglo-Irish literature, and depictions of race.
⚭ cflynn@mail.unomaha.edu

2977. **Fodor, Michael** French and Italian, Dartmouth College, Hanover, NH 3755, USA. *Dartmouth C.* / Literature and economy in France.

2978. **Foerster, Hubert** Staatsarchiv, Archivweg 4, 1700 Fribourg, Switzerland. *Staatsarchiv.*

2979. **Fogelmarck, Stig** Vendevägen 5E, 18261 Djursholm, Sweden. / Architecture • Applied arts • Interior decoration.

2980. **Fojtíková, Jana** Konstantinova 1471, 149 00 Praha 4, Czech Republic. *National Museum (Praha)* / Musicology • Early reception of Beethoven's work in the Czech lands • Lobkowicz music collection.

2981. **Foley, Tadhg** Dept of English, National University of Ireland, Galway, Ireland. *National U. of Ireland (Galway)* / Concept of taste in Great Britain • Ideas of property • Economic and aesthetic ideas in Ireland.

2982. **Folkenflik, Robert** Dept of English, University of California, Irvine, CA 92697, USA. *U. of California (Irvine)* / Narrative (novel, biography, autobiography) • Representations of the artist-hero • History of critical theory • Samuel Johnson.

2983. **Fontannaz, Monique** Grand-Rue 9, 1510 Moudon, Switzerland. *Archives cantonales vaudoises* / Architecture.

2984. **Fontius, Martin** Köpenickerstr. 266, 12683 Berlin, Germany. *Forschungszentrum Europäische Aufklärung* / Les Français à Berlin • La correspondence de Formey • L'esthétique.

2985. **Forbes, Alexander M.** Dept of English and Modern Languages, University College of the Cariboo, P.O. Box 3010, Kamloops, BC V2C 5N3, Canada. *U. C. of the Cariboo* / Johnson • Bunyan • Bible and literature.

2986. **Forbes, E. D. M.** 69 Ware Road, Hertford, SG13 7ED, UK. *Society for Theatre Research* / Theatre history • Literature, music and social history in Britain, and in British society in India under the Raj.

2987. **Force, James E.** Dept of Philosophy, University of Kentucky, Lexington, KY 40504, USA. *U. of Kentucky* / William Whiston, Newton's successor at Cambridge in the Chair of Mathematics • Hume studies • Newtonian thought in the early 18c.

2988. **Ford, Alan** Dept of Theology, Nottingham University, Nottingham, NG7 2RD, UK. *Nottingham U.* / Catholic-Protestant relations in Ireland • Protestant theology • Higher education.

2989. **Ford, Alvin E.** Dept of Modern and Classical Languages and Literature., California State University, 18111 Nordhoff St, Northridge, CA 91330-8247, USA. *California State U. (Northridge)* / French literature • Voltaire • Diderot.

2990. **Ford, Rebecca** Ground Floor Flat, 10 Victoria Rd, St James, Exeter, EX4 6JB, UK.

2991. **Fordham, Douglas** 54 Chestnut St, Middletown, CT 06457, USA. *Yale U.* / Imperial London and the creation of a British School of Art, 1745-1776 • Impact of the Seven Years' War on visual art production and reception in London.
⚭ douglas.fordham@yale.edu

2992. **Forest, Alain** 2 rue des Entrepreneurs, 93400 Saint-Ouen, France. *C.N.R.S. (Paris)* / Missionaires français en Asie du Sud-Est • Formation des Etats de la Péninsule indochinoise • L'Asie du Sud-Est continentale.

2993. **Forman, Edward** Dept of French, University of Bristol, 19 Woodland Road, Bristol, BS8 1TE, UK. *U. of Bristol* / Rapports entre musique et lettres • Théâtre.

2994. **Formanek, Ruth** Laubestr. 4, 60594 Frankfurt, Germany. *Technische U. Darmstadt.*

2995. **Formica, Marina** Via Tuscolana 739, 00174 Roma, Italy. *U. di Roma II* / Le jacobinisme en Italie • Histoire sociale de Rome • L'édition.

2996. **Formigari, Lia** Via Clitunno 15, 00198 Roma, Italy. *U. di Roma* / Linguistic historiography • Philosophy of language.

2997. **Foropoulos, N.** 7 G. Maridaki str., 11143 Athens, Greece.

2998. **Foroughi, Hassan** Dépt de Français, Faculté de Lettres, Université Shahid Chamran, Amanieh, Ahvaz, Iran. *U. Shahid Chamran (Ahvaz)* / Roman par lettres • Littérature: Diderot, Montesquieu, Rousseau, Voltaire.
⚭ foroughi_h@hotmail.com

2999. **Forrest, G. A.** 7 Waldron Road, Harrow-on-the-hill, Middlesex HA2 OHU, UK. *Harrow School* / French Protestants and Ireland, 1660-1800.

3000. **Fors, Hjalmar E.** Dept of History of Science, Uppsala Universitet, Dept of, History of Science and Ideas, Slottet, entrance A0, S-752 37 Uppsala, Sweden. *Uppsala U.* /

Chemical Revolution • Atlantic Ocean • Scandinavia • Sweden • Stockholm • Scientific academies • Correspondence • Mining • Bergman • Boerhaave • Guyton de Morveau.
✉ hjalmar.fors@idehist.uu.se

3001. **Forselius, Tilda Maria** Aprikosgatan 96, 165 60 Hörby, Sweden.

3002. **Forssell, Bo C. O.** Norra stationsg. 95B, 6 trappor, 11364 Stockholm, Sweden. / Songs and ballads, esp. Swedish songwriters and the continental influence.
✉ ma.boll@alfa.telenordia.se

3003. **Forssell, Pia** Svenska litteratursällskapet, Riddaregatan 5, 00170 Helsingfors, Finland. *Svenska litteratursällskapet.*

3004. **Forsström, Riikka Johanna** hakapellonkatu 8 G 83, Turku, Finland. / Utopian and future-oriented visions just before the French Revolution • Louis-Sébastien Mercier • Marginal figures of the "Low Enlightenment" • The idea of happiness in the French Enlightenment.
✉ riikkafo@saunalahti.fi

3005. **Forster, Antonia** Dept of English, University of Akron, Akron, OH 44325-1906, USA. *U. of Akron* / Book reviewing.

3006. **Forster, Jean-Paul** 57 avenue du Temple, Case Postale 93, 1010 Lausanne, Switzerland. / Swift's use of fiction • Fiction and religion • Travelling in fiction and the process leading to the emergence of the "promeneur" in English literature.
✉ jpforster@yahoo.fr

3007. **Fort, Bernadette L.** Dept of French and Italian, Northwestern University, 1859 North Sheridan Road, Kresge Hall 151, 60208-2204 Evanston, IL, USA. *Northwestern U.* / France • French literature • Art criticism • Salons • Diderot, Denis • Greuze, Jean-Baptiste • Print culture; visual arts.
✉ b-fort@northwestern.edu

3008. **Fortune, Brandon B.** National Portrait Gallery, Smithsonian Institution, 750 9th St North-West, Suite 8300, MRC 973, P. O. Box 37012, Washington, DC 20013-7012, USA. *National Portrait Gallery, Smithsonian Institution* / American and British portraiture.
✉ fortuneb@npg.si.edu

3009. **Fortuny, Claudette** Centre d'étude du XVIIIe siècle, Université Paul-Valéry, route de Mende, B.P. 5043, 34199 Montpellier Cedex 5, France. *Centre d'étude du XVIIIe siècle (Montpellier)* / Histoire du livre • Bibliographie matérielle.

3010. **Fosl, Peter** P.O. Box 9513, Hollins, VA 24020-1513, USA. *Hollins C.* / Hume • Scepticism • Ethics • Social-political philosophy.

3011. **Foss, Gunnar** Dept of Comparative Literature and Scandinavian Studies, Tidemandsgt. 3B, 7016 Trondheim, Norway. *U. i Trondheim* / Edvard Storm • The historical novel.

3012. **Fossland, Jørgen** Filosofisk institutt, Universitetet i Tromsø, Synnavinden 30, 9015 Tromsø, Norway. *U. i Tromsø.*

3013. **Foster, Donald** 393 Amazon Avenue, Cincinnati, OH 45220, USA. *U. of Cincinnati* / French secular solo cantata • L.-N. Clérambault • Oratorio in Paris • Music in Bordeaux • Franz Beck • The symphonie concertante • J.-B. Davaux.

3014. **Foster, Gretchen** 4990 Country Drive, Okemos, MI 48864-1308, USA. / *The Gentleman's magazine* • English literary criticism.

3015. **Foster, James O.** English Dept, Baylor University, Waco, TX 76798, USA. *Baylor U.*

3016. **Foster, Paul** Chichester Institute of Higher Education, Bishop Otter Campus, Chichester, Sussex PO19 4PE, UK. *Chichester Institute of Higher Education* / Writings on natural history: Gilbert White, Benjamin Stillingfleet • The natural calendar.

3017. **Foster, Stephen R. J.** Dept of French, School of Modern Languages, Queen's University, Belfast, BT7 1NN, UK. *Queen's U. (Belfast)* / The image of monarchy in French literature.

3018. **Foubert, René** 37 rue de Velaine, 5060 Tamines (Sambreville), Belgium. *U. libre de Bruxelles* / Jurisprudence dans l'*Encyclopédie.*

3019. **Fougère, Eric** 79 bis rue Toufaire, 17300 Rochefort-sur-Mer, France. / Poétique insulaire/insularité politique, autour de la Révolution.
✉ eric.fougere@wanadoo.fr

3020. **Fourny, Diane R.** Dept of French & Italian, University of Kansas, 308 Bailey Hall, 1440 Mjayhawk Bdg, Lawrence, KS 66045 7574, USA. *U. of Kansas* / J.-J. Rousseau • Novel • Popular theatre.

3021. **Fowler, James E.** Dept of French, University of Kent, Canterbury, CT2 7NF, UK. *U. of Kent* / Diderot's narrative.

3022. **Fowler, Patsy S.** Dept of English, Gonzaga University, 502 East Boone, AD Box 34, Spokane, WA 99258, USA. *Gonzaga U.* /

Representations of women and sexuality in the British novel.
⊸ fowlerp2@gonzaga.edu

3023. **Fox, Christopher** Dept of Arts & Letters, University of Notre Dame, 16030 Baywood Lane, Granger, IN 46530-9179, USA. *U. of Notre Dame.*

3024. **Fraenkel, Georg P.** Dalagatan 22, 27235 Simrishamn, Sweden. / The life of General Gustaf Mauritz Armfelt (1757-1814) with particular reference to his efforts to promote cordial relations between Finland and Russia.

3025. **Frail, Robert John** Dept of English and Modern Languages, Centenary College, 400 Jefferson St, Hackettstown, NJ, USA. *Centenary C.* / Anglomania in France • Reception of Shakespeare in France • Rousseau's *Julie, ou la Nouvelle Héloïse* • Influence of Samuel Richardson in France • Montesquieu's *Lettres persanes.*
⊸ frail@centenarycollege.edu

3026. **Fraller, Josef** Birkenweg 1, 7331 Weppersdorf, Austria.

3027. **França, José-Augusto** Rua Escola Politécnica 49-4º, 1250 Lisboa, Portugal. / L'urbanisme et l'architecture de Lisbonne, 1750-1850.

3028. **Francalanza, Eric** 30 allé des tourterelles, 33480 Sainte-Hélène, France. *U. de Bordeaux III* / Robert Challe et le roman du 18s • Vie culturelle et esthétique en France • Réception des Lumières en France.

3029. **France, Peter** Dept of French, University of Edinburgh, 60 George Square, Edinburgh, EH8 9JU, UK. *U. of Edinburgh* / Rhetoric and eloquence • Primitivism • Franco-Scottish relations • Diderot • Translation • Rousseau.

3030. **Franch Benavent, Ricardo** Avenida Primado Reig 44, 23A, 46009 Valencia, Spain. / Economie.

3031. **Francini, Giacomo** Via S. Botticelli 15, 50132 Firenze, Italy.

3032. **Francioni, Federico** Corso Pascoli 79, 07100 Sassari, Italy.

3033. **Francioni, Gianni** Via S. Felice 2, 27100 Pavia, Italy. *U. di Pavia* / Editions critiques de Beccaria et de Verri • Direction de la revue Studi settecenteschi.

3034. **Francis, Richard A.** Dept of French, University of Nottingham, Nottingham, NG7 2RD, UK. *U. of Nottingham* / Narrative techniques in fiction • The abbé Prévost • Voltaire's contes • Beaumarchais.

3035. **Francisco, Maria de Fatima Simoes** Dept of Philosophy of Education, Faculty of Education, Universidade de Sao Paulo, Avenida da universidade, 308, 05008-900 Sao Paulo, Brazil. *U. de Sao Paulo* / Political and educational philosophy of Rousseau • History of philosophy.
⊸ simoes@usp.br

3036. **Franco Rubio, Gloria Angeles** Agata 5, 28224 Pozuelo de Alarcón, Spain. / Société espagnole.

3037. **François, L.** Chrysantenstraat 19, 8400 Oostende, Belgium. / Bibliography and study of the 'Peasants' War' (1798) • Image and myth of the 'Peasants' War' (19 and 20c).

3038. **Francus, Marilyn** Dept of English Language and Literature, West Virginia University, 230 Stansbury Hall, P.O. Box 6296, Morgantown, WV 26506, USA. *West Virginia U.* / Ideologies of gender • Images of maternity, monstrosity, and domesticity • Representations of the 18c on film.
⊸ mfrancus@wvu.edu

3039. **Franghiskos, Emm.** Centre for Neohellenic Research, National Hellenic Research Foundation, 48 Vas. Constantinou Av., 11635 Athens, Greece. *National Hellenic Research Foundation.*

3040. **Frängsmyr, Carl** Öfre Slottsgatan 9C, 753 12 Uppsala, Sweden. *Uppsala U.* / Montesquieu.
⊸ carl.frangsmyr@idehist.uu.se

3041. **Frängsmyr, Tore** Avdelningen för vetenskapshistoria, Uppsala universitet, Box 256, 751 05 Uppsala, Sweden. *Uppsala U.* / Swedish Enlightenment • Swedish Academy of Sciences.

3042. **Frank, Christoph** MPI für Kunstgeschichte, Bibliotheca Hertziana, Palazzo Zuccari, Via Gregoriana 28, 00187 Roma, Italy. *Bibliotheca Hertziana* / Cultural relations in Europe • European journeys of the German nobility, 1763-1789 • Johann Friedrich Reiffenstein (1719-1793).

3043. **Frank, Judith** Dept of English, Amherst College, Amherst, MA 01002 5003, USA. *Amherst C.*

3044. **Frank, Peter R.** Friedensstr. 48, Heidelberg, Germany. *Stanford U. Libraries* / History of the book in in Central and Eastern Europe • Cultural and intellectual history, esp. in Austria.
⊸ prfrank@gmx.de

3045. **Franklin, Colleen M.** Dept of English, University of Ottawa, 70 Laurier Avenue, Ottawa, ON K1R 5L5, Canada. *U. of Ottawa* / Exploration narratives.
☞ cmfrank@uottawa.ca

3046. **Franks, Jeremy** Torp 330, SE-44293 Kareby, Sweden. *British Library* / Mid-century Cantonese marine paintings • Christopher Henrik Braad (1728-1781) and his 'Indian' papers.
☞ jeremy.franks@mailbox.swipnet.se

3047. **Franta, Andrew** Dept of English, University of Utah, 255 South Central Campus Drive, Rm. 3500, Salt Lake City, UT 84112, USA. *U. of Utah* / French Revolution • Regency • Britain • Assemblée Nationale • Whigs • Jacobinism • Romanticism • Enlightenment (concept) • Poetry • English literature • Burke • Godwin • Johnson • Wollstonecraft.
☞ a.franta@english.utah.edu

3048. **Frantz, Pierre** 50 rue du Disque, 75013 Paris, France. *U. de Paris IV* / Le théâtre de 1750 à 1815: Diderot, Sedaine, Mercier, Beaumarchais, Marivaux • L'esthétique dramatique.
☞ pierre.frantz@paris4.sorbonne.fr

3049. **Frantz, Sarah S. G.** 2326 Fernwood St, Ann Arbor, MI 48104-5257, USA. *U. of Michigan.*

3050. **Franzoni, Oliviero** Via San Fermo 2, 25050 Ossimo Inferiore, Italy. *Fondazione 'Camunitas'* / Les jansénistes G. B. Guadagnini et G. B. Rodella • Instruction et culture, Eglise et société, à Brescia et dans la Valle Camonica.

3051. **Frappier-Mazur, Lucienne** Dept of Romance Languages, University of Pennsylvania, 521 Williams Hall, Philadelphia, PA 19104, USA. / Novel • Culture and society • Novelistic representation.

3052. **Fratzke, Dieter** Lessing-Museum, Lessingplatz 3, 01917 Kamenz, Germany. *Lessing-Museum* / Lessing in Kamenz (childhood and family) • Documentation of life histories • Theatralia.

3053. **Frautschi, Richard L.** S 404 Burrowes, University Park, PA 16802, USA. *Pennsylvania State U. (University Park)* / French prose fiction: bibliography, quantitative stylistics, narrative voice.

3054. **Fraysse, Raymond** 30 avenue des Sapins, 94100 Saint-Maur, France. / Abbé Raynal.

3055. **Frederiks, J. A. M.** Coornhertlaan 15, 5615 EJ Eindhoven, Netherlands. / Neurology, psychiatry, psychology • History • Culture.

3056. **Freedman, Jeffrey** History Dept, Yeshiva University, 245 Lexington Avenue, New York, NY 10016, USA. *Yeshiva U.* / Book history • Cultural transfer between France and Germany • French literary market in Germany.

3057. **Freedman, Margaret** 13 Margaret Road, Stoke Newington, London, N16 6UX, UK. / Pleasure gardens.
☞ margaretfreedman@activemail.co.uk

3058. **Freeke, Jan** Michelangelostr. 112, 1077 C H Amsterdam, Netherlands. / German theatre • Karl Friedrich and Schoeder in Holland 1772-1775 and the years before and after in Germany.
☞ jrfreeke@hetnet.nl

3059. **Freeman, Edward** Dept of French, University of Bristol, 19 Woodland Road, Bristol, BS8 1TE, UK. *U. of Bristol* / The *Encyclopédie* • Diderot • Theatre • Nautical matters • Cartography.

3060. **Freeman, Lisa A.** Dept of English, University of Illinois, m/c 162, 601 South Morgan St, Chicago, IL 60607-7120, USA. *U. of Illinois (Chicago)* / Anti-theatricality • History of the novel and novel theory.
☞ lfreeman@uic.edu

3061. **Freemanová, Michaela** Kamenny Privoz 274, 252 82 Kamenny Privoz, Czech Republic. *Czech Academy of Sciences* / Music collections • Italian opera and oratorio performance in the Bohemian lands • Bohemian musicians abroad, esp. in England • Handel, Haydn • Noble patronage of music.
☞ dfreeman@volny.cz

3062. **Freer, Alan** Via S. Martino 59, 27100 Pavia, Italy. *U. di Pisa* / L'*Encyclopédie* • Diderot • Le roman français.

3063. **Freiberg, Pearlee** 55 Wade St, Providence, RI 02903-4420, USA. / British art • History painting • John Hamilton Mortimer • Francis Hayman.

3064. **Freire López, Ana María** Dpto de literatura española y teoría de la literatura, Facultad de Filología - UNED, Ciudad Universitaria, 28040 Madrid, Spain. *U. Complutense* / Littérature espagnole.

3065. **Freivogel, Thomas** Kunsthistorisches Institut Zürich, Rämistr. 73, 8006 Zürich, Switzerland. *Kunsthistorisches Institut Zürich.*

3066. **Freminville, Bernard de** 60 rue des Baconnets, 92160 Antony, France.

3067. **Fresco, M. F.** Plantijnstraat 28, 2321 JC Leiden, Netherlands.

3068. **Frester, Helga E.** Lange Str. 98, 27318 Hoya, Germany. *Johann-Beckmann-Gesellschaft e.V.* / Johann Beckmann: works, letters, bibliography and biography • Beckmann and his friend August Ludwig von Schlözer: promoters of German-Russian relations.

3069. **Freund, Amy** 8800 Trafalgar Ct, Springfield, VA 22151-1144, USA.

3070. **Frey, Katia** Konradstr. 66, 8005 Zürich, Switzerland. *Swiss Federal Institute of Technology Zurich* / Domestic architecture in France and Europe.
✉ frey@gta.arch.ethz.ch

3071. **Frey, Linda S.** Dept of History, University of Montana, Missoula, MT 59812, USA. *U. of Montana* / Frederick I • French Revolution.

3072. **Frey, Manuel** Tieckstr. 2, 10115 Berlin, Germany.

3073. **Frey, R. G.** Dept of Philosophy, Bowling Green State University, Bowling Green, OH 43403, USA. *Bowling Green State U.* / British ethics and epistemology, esp. Butler, Shaftesbury, Hume.
✉ rfrey@bgnet.bgsu.edu

3074. **Freyne, Michael J.** Dept of French, University of New South Wales, Sydney, NSW 2052, Australia. *U. of New South Wales* / Correspondance de Fontenelle • Théâtre de Voltaire • Explorations (et explorateurs) du Pacifique.

3075. **Frick, Werner** Seminar für Deutsche Philologie, Universität Göttingen, Käte-Hamburger-Weg 3, 37073 Göttingen, Germany. *U. Göttingen.*

3076. **Fridfinnsson, Kristín Ágúst** Bankavegi 8, 800 Selfoss, Iceland.

3077. **Fridrich, Raimund** Chemin de Bonne-Espérance 27, 1006 Lausanne, Switzerland.

3078. **Fridriksson, Sturla** Skildingatanga 2, 101 Reykjavík, Iceland.

3079. **Fried, István** Akácfa u. 30, 1072 Budapest VII, Hungary. / Central and Eastern European literature and periodicals • Comparative literature.

3080. **Friedland, Paul A.** Dept of History, Bowdoin College, 9900 College Station, Brunswick, ME 04011, USA. *Bowdoin C.* / Punishment, executions and executioners.
✉ pfriedla@bowdoin.edu

3081. **Friedrich, Hans-Edwin** Schrandolphstr. 18, 80799 München, Germany. *U. München.*

3082. **Friedrich, Karin** School of Slavonic and Eastern European Studies, University of London, Senate House, Malet St, London, N19 3AE, UK. *U. of London* / East Central European history • Poland-Lithuania and Prussia • History of political ideas • Cities.
✉ karin.friedrich@ssees.ac.uk

3083. **Friedrich, Margret** Institut für Geschichte, Universität Innsbruck, Innrain 52, 6020 Innsbruck, Austria. *U. Innsbruck.*

3084. **Friedrich, Rainer** Hesselnberg 62, 42285 Wuppertal, Germany. *U.-GHS Wuppertal.*

3085. **Friend, Maria Losada** Avenida Eduardo Dato 23, 8, 5D, 41003 Sevilla, Spain.

3086. **Fries, Asis P.** Hofgarten 2, 75323 Bad Wildbad, Germany. *Royal Anthropological Institute (London).*

3087. **Fries, Peter** Rankhof 14, 79274 St Märgen, Germany. / Philosophy of history • Theory of historiography • Adam Ferguson, H. T. Buckle.

3088. **Frijhoff, Willem Th.M.** Dept of History, Vrije Universiteit Amsterdam, De Boelelaan 1105, 1081 HV Amsterdam, Netherlands. *Vrije U. Amsterdam* / Cultural history • History of education • Religious history.
✉ wtm.frijhoff@let.vu.nl

3089. **Frimmel, Johannes** Lerchengasse 21/20, 1080 Wien, Austria.

3090. **Fritsch, Matthias** Lehrstuhl für Phil.-theol. Propädeutik, Universität Regensburg, 93040 Regensburg, Germany. *U. Regensburg.*

3091. **Froeschlé-Chopard, Marie-Hélène** La Bastide Dennery, 696 chemin du Migranié, 06530 Cabris, France. *C.N.R.S. (Paris)* / Histoire religieuse (cultes, images, confréries, bibliothèques).

3092. **Fröhner, Annette** Sauterstr. 66, 67433 Neustadt an der Weinstrasse, Germany. *U. Mannheim* / J. G. Krünitz: Die ökonomisch-technologische Enzyklopädie.

3093. **Frohnert, Pär** Historiska institutionen, Lunds Universitet, Box 2074, 220 02 Lund, Sweden. *Lunds U.* / Swedish local administration • State and peasantry • The concept of police and police-legislation.

3094. **Frohock, Richard** English Dept, Oklahoma State University, 205 Morrill Hall, Stillwater, OK 74075 0002, USA. *Oklahoma State U.* / The transatlantic 18c • Colonial American literature.
✉ frohock@okstate.edu

3095. **Froldi, Rinaldo** Via Faenza 21, 40139 Bologna, Italy. *U. di Bologna* / Culture et littérature espagnoles.

3096. **Fronius, Helen** Jesus College, Oxford OX1 30W, UK. *Jesus C.*

3097. **Fröschl, Thomas** Institut für Geschichte, Universität Wien, Dr. Karl Lueger-Ring 1, 1010 Wien, Austria. *U. Wien* / Transatlantic culture and civilisation.

3098. **Frost, Robert I.** Dept of History, King's College London, Strand, London, WC2R 2LS, UK. *King's C. London* / The Great Northern War • Augustus II of Saxony-Poland.

3099. **Fruchtman, Jack** 1807 Kenway Rd, Baltimore, MD 21209-3523, USA. *Towson U.* / Progressive thought • Franklin • Brissot.

3100. **Frühsorge, Gotthardt** Universität Braunschweig/Universität Hildesheim, Harzstr. 27, 38300 Wolfenbüttel, Germany. *U. Braunschweig* / Economics of the early modern period • Literature and education.

3101. **Frushell, Richard C.** Comparative Literature Emeritus, Pennsylvania State University, 4042 Brownsville Rd, Pittsburgh, PA 15227 3420, USA. *Pennsylvania State U.* / Edition of plays of Susanna Centlivre • Spenser in 18c • Swift.

3102. **Fry, Harold P.** Modern and Classical Language Studies, Kent State University, P.O. Box 5190, Kent, OH 44242-0001, USA. *Kent State U.*

3103. **Fry, Michael** 15 Rothesay Place, Edinburgh, EH3 7SQ, UK.

3104. **Fry, Paul** 9 Tower Parkway, New Haven, CT 06511 3622, USA.

3105. **Frydenlund, Bård** Nordbergveien 91 b, 0875 Oslo, Norway. *U. of Oslo* / Political and social history of Denmark-Norway, 1750-1814 • Network analyses of merchants, state bureaucracy and peasants in Christiania (Oslo), Copenhagen and London • The Balkan states.
✉ bard.frydenlund@admin.uio.no

3106. **Fubini, Enrico** Strada San Vito 64, 10133 Torino, Italy. *U. di Torino* / History of music aesthetics in the 18c.
✉ sanvito@inrete.it

3107. **Fuce, Pablo** O Cho de Octubre, 3643 Apto 3 Esq. Comercio, 1200 Montevideo, Uruguay.

3108. **Fuchs, Jacob** Dept of English, California State University, Hayward, CA 94542, USA. *California State U. (Hayward)* / Pope's satires • Classical allusions in poetry.

3109. **Fuchs, Michel** Lou Mazet, 66 chemin du Collet Rafféo, 06670 Colomars, France. / Colonisateurs et colonisés, Burke et l'Irlande.
✉ fuchs@unice.fr

3110. **Fuentes, Yvonne** 256 West Ardenwood Drive, Baton Rouge, LA 70806, USA.

3111. **Fues, Wolfram Malte** Brunaustr. 161, 8951 Basel, Switzerland. *U. Basel* / The German novel • German pietism • Schiller's philosophy of aesthetics.

3112. **Fujie, Kohko** 1-16-11 Daizawa, Setagaya-ku, 155-0032 Tokyo-to, Japan. *Toho Gakuen C. of Music* / Music and sociology of music.

3113. **Fujii, Mari** 164-1-501 Meinohama-cho, Nishi-ku, Fukuoka-shi 819-0004, Japan.

3114. **Fujii, Sadayoshi** 4-23-2-212 Esakacho, Suita-shi, 564-0063 Osaka, Japan. *Matsuzaka U.* / Japanese economic thought.

3115. **Fujii, Tetsu** 3-23-2 Kashiwabara, Minami-ku, Fukuoka-shi, 815-1353 Fukuoka, Japan. *Fukuoka U.* / Samuel Johnson.

3116. **Fujimura, Takayoshi** 5-38-1 Sakuragaoka, Setagaya-ku, 156-0054 Tokyo, Japan.

3117. **Fujita, Miyoko** 5-8-403 Hiratacho, Ashiya-shi, 659-0074 Hyogo, Japan. *Osaka U.* / Schiller: drama and novels • Schiller and Shakespeare.

3118. **Fujita, Tomonao** Faculty of Economics, Kansai Gakuin University, 1-155 Uegahara Ichibancho, Nishinomiya-shi 662-8501, Japan. *Kansai Gakuin U.*

3119. **Fujiwara, Koichi** 8-19-302 Futamicho, Nishinomiya 663-8111, Japan. / English novel.

3120. **Fujiwara, Mami** 1-7-4 Naka-cho, Meguro-ku, 153-0065 Tokyo, Japan. *Tokyo Metropolitan U.* / Le roman • La notion de l'auteur.

3121. **Fukishima, Akira** 62-33 Kozutsumi, Kawagoe-shi, 350-0811 Saitama, Japan. *Josai U.* / Consumption • Luxury • Thomas Hobbes.

3122. **Fukuda, Kiichiro** 3-8-5 Imaizumidai, Kamakura-shi, 247-0053 Kanagawa, Japan.

Kamakura Women's U. / Kant • Aufklärung • The concept of science.

3123. **Fukuda, Natsuko** 75-1-3003 Myoken-cho, Showa-ku, Nagoya-shi 466-0814, Japan.

3124. **Fukuma, Yasuko** 3-11-65 Jiyugaoka, Munakata-shi, 811-4163 Fukuoka, Japan. / Diderot: *Le Neveu de Rameau.*

3125. **Fukuzumi, Makoto** 350-3 Kuwahara, Odawara-shi, 250-0861 Kanagawa, Japan. *Soyo High School* / Relations franco-russes.

3126. **Fulk, Mark** English Dept, Buffalo State College, 1300 Elmwood Avenue, Buffalo, NY 14222-1095, USA. *Buffalo State C.*

3127. **Fullard, Joyce** 1600 South 6th St, apt B802, Minneapolis, MN 55454-1171, USA. / British women poets • Intellectual history • Science and literature • Biography.

3128. **Fulsås, Narve** Institutt for historie, Universitetet i Tromsø, 9037 Tromsø, Norway. *U. i Tromsø.*

3129. **Fulton, Gordon** Dept of English, University of Victoria, P.O. Box 3070, Victoria, BC V8W 3W1, Canada. *U. of Victoria* / Correspondence of Samuel Richardson • Roman Jakobson • James Fenimore Cooper.

3130. **Fulton, Henry L.** Dept of English, Central Michigan University, Mount Pleasant, MI 48859, USA. *Central Michigan U.* / Biography of Dr John Moore • Scottish church history • Biographical material on Smollett.

3131. **Funahashi, Yoshie** 1-1-7 Kagamiyama, 739-0046 Hiroshima, Japan. *Hiroshima U.* / Social and political thought of the Scottish Enlightenment, esp. Hume.

3132. **Funakoshi, Katsumi** 2207-4 Kanaoka-machi, Sakai-shi, 591-8022 Osaka, Japan. *Osaka Furitsu U.*

3133. **Funayama, Nobuko** 1-22-3-1305 Nishi-Waseda, Shinjuku-ku, 169-0041 Tokyo, Japan. *Ueno Gakuen U.* / French music.

3134. **Fundaminski, M. I.** Fritz-Ulrich-Weg 11, 70567 Stuttgart, Germany. *U. Trier* / Russian books and newspapers • German-Russian cultural relations.

3135. **Funke, Hans-Günter** Charlottenburger Str. 5C, 37085 Göttingen, Germany. *U. Göttingen* / Edition critique de Fontenelle, *Histoire des Ajaoïens.*

3136. **Furbank, P. N.** 12 Leverton St, London, NW5 2PJ, UK. *Open U.* / The canon of Daniel Defoe's works • Diderot.

3137. **Furlani, Silvio** Via del Casaletto 415, 00151 Roma, Italy. / Voltaire and Stanislaw II Poniatowski (1676-1762).

3138. **Furmuzachi, Gabriel** Aleea Rozelor 8, sc.B, et.2, ap.9, 6600 Iasi, Romania. *U. Iasi* / Montesquieu.

3139. **Füssel, Marian** Einenerstr. 8, 48291 Telgte, Germany. *U. Münster* / Universities and academic culture • Secret societies • Communication • Theory of history.
✉ fussel@uni-muenster.de

3140. **Fuwa, Yuri** 5-73-23 Hiyoshi-honcho, Kohoku-ku, 223-0062 Yokohama, Japan. *Keio U.* / Arthurian literature • Welsh revival • Medievalism.

3141. **Gabbard, Dwight Christopher** Dept of English, University of North Florida, EFL at UNF, 4567 St. Johns Bluff Rd. South, Jacksonville, FL 32224, USA. *U. of North Florida* / Anti-Dutch stereotyping in English poetry and drama • Enlightenment attempts to create a normative standard with regard to the human body.
✉ cgabbard@unf.edu

3142. **Gabler, Hans-Jürgen** Aggertalstr. 13, 51645 Gummersbach, Germany. / Moralism, aesthetics, rhetoric in the early Enlightenment • Conduct literature • Thomasius • N. H. Gundling.

3143. **Gabor, Csilla** Babes-Bolyai University, 1500 Cluj-Napoca, Romania. *U. Cluj-Napoca.*

3144. **Gabor, Gabriela** Str. arh. Gr. Ionescu 61, Bl.T75, sc.2, et.3, apt 41, Bucuresti 2, Romania. *U. Bucuresti* / Le monde de Brâncoveanu • L'essai dans l'histoire de la civilisation roumaine.

3145. **Gabriele, Giovanna** Consell de Cent 280, 08007 Barcelona, Spain.

3146. **Gabrielová, Jarmila** Mazurská 522/24, 181 00 Praha 8, Czech Republic. *U. Karlova* / Music • Musical aesthetics.
✉ jarmila.gabrielova@ff.cuni.cz

3147. **Gadd, Carl-Johan** Dept of Economic and Social History, Göteborgs Universitet, Box 720, 40530 Göteborg, Sweden. *Göteborgs U.* / Rural and agricultural history, esp. in Scandinavia • Agricultural revolution in Sweden: rural crafts and craftsmen.
✉ carl-johan.gadd@econhist.gu.se

3148. **Gaehtgens, Thomas Wolfgang** Kunsthistorisches Institut, Morgensternstr. 2-3, 12207 Berlin, Germany. *Freie U. Berlin* / Peinture et critique d'art après 1750 •

L'œuvre de Vien • Retour à l'antiquité dans la peinture néo-classique.

3149. **Gaemers, C. C.** Weidezoom 62, 2841 SP Moordrecht, Netherlands.

3150. **Gagan, Rebecca** Dept of English, University of Western Ontario, University College, London, ON N6A 3K7, Canada. *U. of Western Ontario* / English literature.

3151. **Gage, Kelly** University of St. Thomas, 19625 Sweetwater Ct, Shorewood, MN 55331, USA. *U. of St. Thomas (St Paul).*

3152. **Gaha, Mohammed Kameleddin** Bat Ibn Rachid, apt 66, Cite M. Khaznadar, 2017 Le Bardo, Tunisia. *U. de Tunis I* / Le discours des Lumières: poétique, style et forme.

3153. **Gai, Letizia** Loc. Poggio della Rota 4, 01030 Bassano Romano (VT), Italy. *U. della Tuscia* / Bernard de Mandeville and his influence on the French Enlightenment writers.
✉ letiziagai@freemail.it

3154. **Gailite, Zane** Hospitalu 7-17, Riga LV-1013, Latvia. *Akademie der Wissenschaften.*

3155. **Gaillard, Aurélia** 22 rue Fernand Braudel, 33160 Saint-Medard en Jalles, France. *U. de Bordeaux III* / L'imaginaire de l'âge classique • L'idéologie royale.
✉ aurelia.gaillard@wanadoo.fr

3156. **Gainot, Bernard** 69 avenue Danièle Casanova, 94200 Ivry-sur-Seine, France.

3157. **Galán García, Agustín** N.R. San Diego, bq. 47, 2°B, 41008 Sevilla, Spain. / Histoire de l'Eglise • Les Jésuites • Histoire économique.

3158. **Galand, Michéle** 106 Rue de Rosiéres, 1332 Genval, Belgium.

3159. **Galantini, Enrico Maria** Via G. Pallavicino 10, 00149 Roma, Italy.

3160. **Galasso, Giuseppe** Via Napoli 47, 80078 Pozzuoli (NA), Italy.

3161. **Galavics, Géza** Institut für Kunstgeschichte, Uri Utca 49, 1014 Budapest, Hungary. *Hungarian Academy of Sciences (M.T.A.).*

3162. **Galbiati, Leone** Via Melzi D'Eril 26, 20154 Milano, Italy.

3163. **Galen, H. van** Bloemendaalseweg 164, 2051 GK Overveen, Netherlands.

3164. **Galhardo, Anabela** Rua Luciano Cordeiro, 29-4º C, 1100-000 Lisboa, Portugal. / Philosophie et lettres • Barroco • Littérature épistolaire.
✉ ajt@esoterica.pt

3165. **Galigani, Giuseppe** Via Paolo Toscanelli 4, 50129 Firenze, Italy. *U. di Firenze* / A semiotic study of the rococo in English literature and the visual arts (Pope).

3166. **Galinier-Pallerola, Jean-François** 6 Place de l'église, 31140 Saint Loup-Cammas, France. / Histoire religieuse (France et péninsule ibérique).

3167. **Gallagher, Noelle** Dept of English, University of British Columbia, Vancouver, BC, Canada. *U. of British Columbia* / Literature and historiography • Conceptions of heroism, masculinity, and affect.

3168. **Gallay, Alan** Dept of History, Western Washington University, Bellingham, WA 98226, USA. *Western Washington U.*

3169. **Galleron Marasescu, Loana** 78 rue du Faubourg Saint Denis, 75010 Paris, France. *U. Catholique de l'Ouest* / La frivolité dans la première moitié du 18s • Productions collectives des groupes mondains, notamment les Divertissements de Sceaux • Les comédies des dramaturges 'mineurs'.
✉ galleron@noos.fr

3170. **Gallet, Jean** 4 rue de la Monnaie, 54000 Nancy, France. *U. de Picardie* / La seigneurie des Temps Modernes • La servitude • Le domaine congéable.

3171. **Galli Mastrodonato, Paola I.** Via Roma 7, 01010 Veiano (VT), Italy. *U. della Basilicata* / Black studies • Slavery • Revolutionary period • Novel.

3172. **Galliani, Renato** Dept of French, Carleton University, Ottawa, ON K1S 5B6, Canada. *Carleton U.* / Nobility.

3173. **Galliano, Gabriella** Via Baisi 17/3, 16035 Rapallo, Italy.

3174. **Gallingani, Daniela** Dépt de langues et littérature étrangères, Università di Bologna, Cartoleria 5, 10124 Bologna, Italy. *U. di Bologna* / Le roman sous la révolution, science et fiction.
✉ dgalling@linpue.unibo.it

3175. **Gallo, Valentina** Via Giuseppe Manno 12, 00172 Roma, Italy.

3176. **Gallouet-Schutter, Catherine** Modern Language & Literature, Hobart & William Smith Colleges, Box 121, Geneva, NY 14456-3388, USA. *Hobart and William Smith C.* / Marivaux.

3177. **Galluzzi, Paolo** Borgo Pinti 55, 50121 Firenze, Italy. *U. di Firenze* / Italian science and technology • Historiography of science • Scientific institutions • Art and science.

3178. **Galtayries-Capdetrey, Flore** 52 rue Millière, Apt. 89, 33000 Bordeaux, France. *U. de Bordeaux III* / Prévost.
✉ flore.capdetrey@wanadoo.fr

3179. **Galván González, Victoria** Munguía 11, torre I, 7°C, 35002 Las Palmas de Gran Canaria, Spain. *U. de Las Palmas de Gran Canaria* / Spanish literature: novel, travel, poetry.

3180. **Gambacorta, Lucio** Via due Porte alla Salute 20, 80128 Napoli, Italy.

3181. **Gambert, Didier** Les Boutandières, 17600 Balanzac, France. / Marmontel • Dulaurens • Bricaire de La Dixmerie.
✉ gambert.didier@wanadoo.fr

3182. **Gambi, Lucio** Via Bartolomeo Scala 17, 50126 Firenze, Italy. *U. di Bologna.*

3183. **Gambino, Renata** Vico Belvedere 4, 95100 Catania, Italy.

3184. **Gamble, Donald R.** Dept of French and Spanish, Memorial University of Newfoundland, St John's, NF A1B 3X9, Canada. *Memorial U. of Newfoundland* / Drama • Poetry • André Chénier.

3185. **Gamero Rojas, Mercedes** Pl. San Juan de Zaldívar 2, 41007 Sevilla, Spain. / Histoire socio-économique.

3186. **Gamez, Luis Rene** 5153 Angling Rd, Kalamazoo, MI 49008-3446, USA. / Addison • Drama • Bibliography.

3187. **Gammanpila, Sameeka** 133 Henry Doulton Drive, London, SW17 6DF, UK.

3188. **Gammon, Julie D.** Dept of History, University of Essex, Wivenhoe Park, Colchester, CO4 3SQ, UK. *U. of Essex* / The construction of stories of rape in England, 1650-1820.

3189. **Gamper, Michael** Affolternstr. 140, 8050 Zürich, Switzerland. *U. Zürich.*

3190. **Ganne-Schiermeier, Marie-Cecile** 37 Waldron Avenue, Summit, NJ 07901-2805, USA.

3191. **Gannon, Susan R.** 16 High St, Bedford Hills, NY 10507-2313, USA. *Pace U.* / Goldsmith • Johnson • Satire • Children's literature • Novel.

3192. **Ganochaud, Colette** 65 rue Ducau, 33000 Bordeaux, France. / Rousseau.

3193. **Ganter, Granville** 10-70 Jackson Avenue, 3rd Floor, Long Island City, NY 11101-5720, USA.

3194. **Gantner-Schlee, Hildgard** Im Brüggli 3, 4132 Muttenz, Switzerland.

3195. **Ganz, Melissa** 100 York St #8B, New Haven, CT 06511-5643, USA.

3196. **Gao, Hong** Liaohai chubanshe, Shenyang, Liaoning, China. *Liaohai chubanshe* / China: Qing history.

3197. **Gao, Qiang** Institute of Foreign Languages, Nanjing University, 22 Hankou Rd, Nanjing, 210093 Jiangsu, China. *Nanjing U.* / Théâtre, en part. de Diderot.

3198. **Gao, Wangling** Institute of Qing History, Renmin University of China, Haidian, 100872 Beijing, China. *Renmin U. of China* / China: Qing history.

3199. **Gao, Xiang** Institute of History, Chinese Academy of Social Sciences, 5 Jian Nei Da Jie, 100732 Beijing, China. *Chinese Academy of Social Sciences* / China: political history.

3200. **Gao, Yi** History Dept, Peking University, 100871 Beijing, China. *Peking U.* / Modern history • 18c French history.

3201. **Garagnon, Jean** Route de la Boussière, 34380 Argelliers, France. *U. de Montpellier III* / *Voyage de Robertson aux Terres Australes* • *Relation du Royaume des Féliciens* • Littérature de voyage et utopias.
✉ jean.garagnon@univ-montp3.fr

3202. **Garai, Koldo** University of the Basque Country, Sabino Arana 90, 11, 48940 Leioa-Biscay, Spain. *U. of the Basque Country.*

3203. **Garbellotti, Marina** Via Borino 59, 38050 Pono (TN), Italy.

3204. **Garber, Jörn** Interdisziplinäres Zentrum für die Erforschung der Europäischen Aufklärung, Universität Halle-Wittenberg, Franckeplatz 1, Haus 33, 06110 Halle, Germany. *U. Halle-Wittenberg* / Le 'Spätkameralismus' allemand • Théories de noblesse en Allemagne • Réception en Allemagne de la révolution libérale et démocratique • Conservatisme contre-révolutionnaire.

3205. **Garber, Klaus** FB 7/Interdisziplinäres Institut für Kulturgeschichte der Frühen Neuzeit, Universität Osnabrück, Neuer Graben 40, 49074 Osnabrück, Germany. *U. Osnabrück* / Poetry: bucolic, Georgic, idyllic • Libraries • Bibliography • Regional cultural history.

3206. **Garber, Margaret** 3728 Texas St, San Diego, CA 92104, USA.

3207. **Garberson, Eric** Dept of Art History, Virginia Commonwealth University, Box 843046, 922 West Franklin, Richmond, VA 23284-3046, USA. *Virginia Commonwealth U.*

3208. **Garboosian, Adrina** 60 Harbord St, # 312B, Toronto, ON M5S 3L1, Canada. *U. of Toronto* / Pensée matérialste dans l'oeuvre de Beaumarchais • Voltaire • Diderot.

3209. **Garcia, José Luis Campos de Lima** Bairro do Torrão, Lote 76, 6300-767 Guarda, Portugal. / Portuguese colonialism.
✉ limagarcia@ipj.pt

3210. **Garcia, Maria Antonieta B.** Travessa das Oliveiras 5-3° D, 6230 Fundão, Portugal. / Histoire des Juifs.

3211. **García Armendáriz, José Ignacio** Dept de Filologia latina, Universidad de Barcelona, Gran Vía C.C. 585, 08071 Barcelona, Spain. *U. de Barcelona* / Classical tradition, esp. Latin authors, as a part of cultural history.
✉ g-armend@lingua.fil.ub.es

3212. **Garcia Fernandez, Jose** C/ Martinez de Vega, 2, 3°B, 33600 Mieres, Spain. / Asturias • Mentalités • Iconographie.

3213. **García Fernández, Máximo** Dept of Philosophy and Letters, Universidad de Valladolid, Plaza del Campus s/n, 47011 Valladolid, Spain. *U. de Valladolid* / Popular devotion during the Enlightenment: change and permanence • Evolution of popular religion and attitudes towards death • Patrimonial consequences of death in Castile • Successory transmission of property.
✉ mgarcia@fyl.uva.es

3214. **García Garrosa, María Jesús** Facultad de filosofia y letras, Université de Valladolid, Plaza del Campus s/n, 47011 Valladolid, Spain. *U. de Valladolid* / Late 18c theatre • Novel • Reception of French culture in Spain • Translation of French literary works into Spanish • Women's literature.
✉ mjesus@fyl.uva.es

3215. **Garcia Hourcade, José Jésus** Avenida Floridablanca 64, 6° Izq., 30002 Murcia, Spain. / Histoire des hôpitaux • Pauvreté et bienfaisance • Professionels de la santé.

3216. **García Lara, Fernando** Avenida Cabo de Gata 1, Edif. Andarax, Pal.II, 8°B, 04007 Almería, Spain. / Eléments nouvellistes dans la littérature du 18s.

3217. **García Menéndez, Javier** Depto de Filología Española, Universidad de Oviedo, Campus del Milán, Oviedo 33071, Spain. *U. de Oviedo* / Spanish literature • Theatre • Neoclassical tragedy • Critical texts • Bibliography.
✉ javiergm@correo.uniovi.es

3218. **Garcia Regueiro, Ovidio** C/ Rafaela Bonilla 19, Portal 9,2 Izda, 28028 Madrid, Spain.

3219. **García-Doncel Hernandez, M. del Rosario** Dpto de Filología Francesa e Inglesa, Universidad de Cádiz, Avenida Gomez Ulla, 11003 Cádiz, Spain. *U. de Cádiz* / The portrayal of women in English writing.

3220. **Gardarsdóttir, Olöf** Kleppsvegi 36, 105 Reykjavík, Iceland. *U. of Iceland.*

3221. **Garden, Rebecca** Dept of English and Comparative Literature, Columbia University, 602 Philosophy, New York, NY 10027, USA. *Columbia U.* / American War of Independance • French Revolution • Seven Years War • America • Britain • British colonies • Theatre • Correspondence • Conduct books • American literature • English literature • Medicine, medical texts.
✉ reg8@columbia.edu

3222. **Gardiner, Anne Barbeau** 5 Ferndale Road, Brewster, NY 10509-5621, USA. *C.U.N.Y.* / Religious controversies of the late 17th and early 18th centuries, esp. the debate on beliefs in the Greek Church • The debate in England over the Real Presence in the Eucharist • The biblical criticism that emerged after Spinoza's *Tractatus*.
✉ abgardiner@msn.com

3223. **Gardiner, Ellen** Dept of English, University of Mississippi, University, MS 38677-9999, USA. *U. of Mississippi* / Gender and the novel • Literary criticism.

3224. **Gardner, Jared** Dept of English, 164 West 17th Avenue, Columbus, OH, USA.

3225. **Gardner, Jennifer L.** 161 Colton Road, Glastonbury, CT 06033-3959, USA. / The French novel • Epistolarity • Paradox • Women's studies • Claudine-Alexandrine de Tencin.

3226. **Gardner, Kevin J.** Dept of English, Baylor University, Waco, TX 76798-9989, USA. *Baylor U.* / Restoration comedy • Pope • Religion and poetry.

3227. **Garelli, Patrizia** Via G. Mazzini 150, 3o, 40138 Bologna, Italy. *U. di Bologna* / Spanish theatre • Literary relations between Spain and Italy: melodrama.

3228. **Gargallo, Gioacchino** Via di Villa Zingone 7, 00151 Roma, Italy. *U. di Roma* / Historiography.

3229. **Gargantini Rabbi, Stella** Via Cartoleria 6, 40100 Bologna, Italy. *U. di Bologna.*

3230. **Gargett, Graham** School of Languages and Literature, University of Ulster (Coleraine), Cromore Road, Coleraine, BT52 1SA, UK. *U. of Ulster (Coleraine)* / Voltaire • Gilbert de Voisins and Protestant civil rights • Oliver Goldsmith and Voltaire • Influence of the French Enlightenment in Ireland • Figures of the Counter-Enlightenment.
✉ g.gargett@ulster.ac.uk

3231. **Gargiulo, Giuseppe** Via S. Francesco 22, 80067 Sorrento, Italy. *U. di Salerno* / Récit de vie et érotisme chez Casanova • Livres interdits et presse en France, Allemagne et Italie • Savoir-vivre et savoir-être chez Casanova et Sade.

3232. **Garin, Eugenio** Via Francesco Crispi 6, 50129 Firenze, Italy. *Scuola normale superiore Pisa* / Vico's philosophy and influence.

3233. **Garini Musto, Angela** Via Nizza 4A, 16100 Genova, Italy.

3234. **Garlen, Jennifer C.** 406 Marsheutz Avenue South West, Huntsville, AL 35801-4531, USA. *Auburn U.* / Relationships between novels of the British courtship genre, nationalism, and the articulation of national identity in the second half of the 18c.
✉ garlenj@email.uah.edu

3235. **Garmoe, Kimberly A.** 1137 11th St, #203, Santa Monica, CA 90403, USA. *U.C.L.A.* / Germany • Enlightenment (concept) • German Enlightenment • European literature • Print history • Literary history.
✉ kgarmoe@ucla.edu

3236. **Garms-Cornides, Elisabeth** Neulinggasse 26/3, 1030 Wien, Austria. *U. Graz* / Austro-Italian relations • Papacy • Travel to Italy, esp. princely travelling.
✉ j-und-egarms@hotmail.com

3237. **Garnai, Amy B.** Dept of English, Tel Aviv University, Ramat Aviv, Tel Aviv 69978, Israel. *Tel Aviv U.* / British women writers, esp. the writing of the 1790s, and the response to the French Revolution • Charlotte Smith, Elizabeth Inchbald and Mary Robinson.
✉ garnai@netvision.net.il

3238. **Garnham, Neal** 28 Corbally Road, Coleraine, Co. Londonderry BT52 2LZ, UK. *Queen's U. (Belfast)* / Local government • Crime • Law enforcement • Militia in Ireland • Popular recreation in Ireland.
✉ n.garnham@ulster.ac.uk

3239. **Garnica Silva, Antonio** Arroyo 72-3, 4°B, 41008 Sevilla, Spain. / José Blanco-White.
✉ agarnica@us.es

3240. **Garnier, Camille** 820 South Park, Bloomington, IN 47401, USA. *Indiana U. Southeast* / Women's issues • Translation.

3241. **Garnier-Butel, Michelle** 19 rue La Hire, 75013 Paris, France. *U. de Rennes II* / Musicologie.

3242. **Garnot, Benoît** 21 rue Vauban, 21000 Dijon, France. *U. de Bourgogne* / La criminalité et de la justice en France.
✉ benoit.garnot@u-bourgogne.fr

3243. **Garofalo, Piero** French & Italian, University of New Hampshire, 15 Library Way, Durham, NH 3824, USA. *U. of New Hampshire.*

3244. **Garoux, Alain** 26 boulevard Diderot, 75012 Paris, France. *U. de Reims* / Simon-Nicolas-Henri Linguet.

3245. **Garral, Michael** Dept of Philosophy, 347 Gilman Hall, Johns Hopkins University, 3400 North Charles St, Baltimore, MD 21218-2680, USA. *Johns Hopkins U.* / Hume.

3246. **Garraway, Doris Lorraine** Dept of French and Italian, Northwestern University, 1880 Campus Drive, Kresge 152, Evanston 60208-2204, IL, USA. *Northwestern U.* / Narrative representations of social/cultural transformations in the French Caribbean • Discourses of race, métissage, sexuality, creolisation, demonology, culture, savagery and civility.
✉ d-garraway@northwestern.edu

3247. **Garréta, Anne F.** 5 rue Léon Delhomme, 75015 Paris, France. *U. de Rennes II* / J.-J. Rousseau.

3248. **Garrido Palazón, Manuel** Avenida Cabo de Gata 23, portal 2, 1°2, 04007 Almería, Spain. *U. de Almería* / Littérature et pensée espagnoles sous le perspectif comparatif.

3249. **Garrioch, David** Monash University, Box 11A, Clayton, VIC 3800, Australia. *Monash U.* / Social history of European cities • Family history.

3250. **Gaskill, Howard** Dept of German, University of Edinburgh, George Square, Edinburgh, EH8 9JX, UK. *U. of Edinburgh* / Ossianism • Scottish-German literary relations • Hölderlin.

3251. **Gaskin, Matt N.** Dept of Architecture, Oxford Brookes University, Gipsy Lane Campus, Oxford, OX3 0BP, UK. *Oxford Brookes U.* / Robert Morris and English Palladian architecture • Architecture and music.

3252. **Gason, Pierre M.** Rue de l'Industrie 92, 4100 Seraing, Belgium. *Centre d'études bibliologiques et iconologiques de Wallonie.*

3253. **Gason-Coumont, Pauline** Avenue des Fleurs, 56/1, 1950 Krainem, Belgium.

3254. **Gaspard, Claire** 17 rue Lambert, 75018 Paris, France. *U. de Caen* / La littérature pendant la Révolution française.

3255. **Gaspari, Gianmarco** Dept of Communications, Università dell'Insubria, Via Mazzini 5, 21100 Varese, Italy. *U. dell'Insubria* / Le néoclassicisme en Italie entre Révolution et Restauration • Les écrits économiques de Cesare Beccaria • Le débat sur le sensisme en Italie.
✉ manzoni@energy.it

3256. **Gatti, Gerardo** Via di Fontana Vecchia 23, 44 Frascati, Italy.

3257. **Gaudron, Alfred W.** 14 Oak St, Narrabeen North, NSW 2101, Australia. / The grotesque in the novels of Tobias Smollett • Smollett's novels and Voltairian proto-psychiatry • Works of Dr William Perfect: in relation to Smollett.

3258. **Gaulin, Michel** 183 avenue Riverdale, Ottawa, ON K1S 1R3, Canada. *Carleton U.* / Littérature et mouvement des idées.

3259. **Gaulmier, Jean** 74 place Desnouettes, bâtiment D, 75015 Paris, France. / Les idéologues: Volney, Cabanis.

3260. **Gauthier, Florence** 6 rue de Lancry, 75010 Paris, France. *U. de Paris VII* / Révolution française • Colonies françaises d'Amérique • Révolutions antiesclavagistes 1789-1804 • La philosophie du droit naturel.
✉ gauthier@ccr.jussieu.fr

3261. **Gautier, Gary** Dept of English, University of Colorado, Campus Box 226, Boulder, CO 80309-7077, USA. *U. of Colorado* / Henry Fielding and the English novel • The gothic • Aesthetics and sensibility • Class, gender and imperialism in Britain.

3262. **Gavrilovic, Slavko** Filozofski Fakultet, Stevana Musica b.b., 21000 Novi Sad, Serbia. *U. Novi Sad* / History.

3263. **Gawlick, Günter** Dept of Philosophy, Ruhr-Universität Bochum, 44801 Bochum, Germany. *Ruhr-U. Bochum* / The debate on deism • Theodicy • Scepticism.

3264. **Gawronska, Izabela** Ul. Pomorska 90a/36, 80-333 Gdansk, Poland.

3265. **Gay, Darline** 110 Bleecker St, apt. 28D, New York, NY 10012-2107, USA. *New York U.* / Simon-Nicolas-Henri Linguet • Gender and Enlightenment political culture.

3266. **Gay, Jean Lucien** 11 rue Baron Louis, 54000 Nancy, France. / Institutions de la ville de Paris: aspects administratifs et financiers sous le règne de Louis XVI • L'organisation des égouts à Paris.

3267. **Gay, Penny D.** Dept of English, University of Sydney, Sydney, NSW 2006, Australia. *U. of Sydney.*

3268. **Gay, Peter** Dept of History, Yale University, P.O. Box 1504A, New Haven, CT 06520, USA. *Yale U.* / Cultural history • Psychoanalytically oriented history.

3269. **Gay-White, Pamela** 404-B Eastdale Road South, Montgomery, AL 36117, USA. *Alabama State U.* / Nature and autobiography in the opera and libretti of Jean-Jacques Rousseau • Rousseau's influence as composer and librettist on musical performance • Development of theatrical dance.
✉ pgay@asunet.alasu.edu

3270. **Gayot, Gérard** 176 avenue de la République, 59110 La Madeleine, France. *U. de Lille III* / Industrie, entrepreneurs et ouvriers dans l'Europe du nord-ouest • La franc-maçonnerie.

3271. **Gee, Sophia** 21 Brown St, Cambridge, MA 02138-4820, USA.

3272. **Geerts, A. M.** Hoofdweg 377-hs, 1056 CR Amsterdam, Netherlands. / Dutch art and theory • Willem Bilderdijk • Book illustration.

3273. **Geffarth, Renko** Institut fuer Geschichte, Martin-Luther-Universitaet Halle-Wittenberg, Kroellwitzer Str. 44, 06099 Halle, Germany. *Martin-Luther-Universitaet Halle-Wittenberg* / History of religions in early modernity • Secret societies in Germany • Rosicrucianism.
✉ geffarth@geschichte.uni-halle.de

3274. **Geffriaud-Rosso, Jeannette** Via di Frino 18, 40136 Bologna, Italy. *U. di Bologna* / Diderot: Correspondance; l'*Encyclopédie* • Montesquieu.

3275. **Geffroy, Annie** Hent Clandeyer 2, Port-Blanc, 22710 Penvenan, France. / Femmes auteurs après 1750.
✉ annie.geffroy@wanadoo.fr

3276. **Geiger, Marianne** 35 East 38 St, #4J, New York, NY 10016-2522, USA.

3277. **Geissler, Rolf** Elsa-Brändström 15, 13189 Berlin, Germany. / La contribtion des Français (philosophes et réfugiés huguenots) au développment de Berlin comme un centre intellectuel et culturel • La correspondance inédite de Formey.
✉ rgeiss@rz.uni-potsdam.de

3278. **Geist, Edward V.** 69-47 Nansen St, Forest Hills, NY 11375-5854, USA. *U. of Bridgeport* / Sir William Temple • John Dryden • Sir Charles Sedley • Smollett's poetry • Colley Cibber • Sheridan's poetry.

3279. **Geitner, Ursula E.** Inst für Deutsche Sprache und Literatur, Universität zu Köln, Albertus-Magnus-Platz, 50931 Köln, Germany. *U. Köln* / Rhetoric, physiognomy, hermeneutics • Gender • Theory of literature and history.

3280. **Gelbart, Nina Rattner** Dept of History, Occidental College, 1600 Campus Road, Los Angeles, CA 90041, USA. *Occidental C.* / French Revolution • Girondins • French Enlightenment • Social history • Corday • Midwifery • Journalism • Women • Marat.
✉ gelbart@oxy.edu

3281. **Gelber, Michael** Dept of English, St John's University, Jamaica, NY 11439-0001, USA. *St John's U.* / Dryden • History of criticism.

3282. **Gelder, R. van** Weesperzijde 133-II, 1091 ES Amsterdam, Netherlands. / Journals of sailors and soldiers of the Dutch East India Company • Travellers in the Dutch republic.

3283. **Gelis, Jacques** 5 grande rue, 91150 Morigny-Champigny, France. *U. de Paris VIII* / Anthropologie du corps • Anthropologie de la naissance.

3284. **Geller, Jacqueline** New York University, 111 Hicks St, #14N, Brooklyn, NY 11201, USA. *New York U.*

3285. **Gelz, Andreas** Weberstr. 14, 40215 Düsseldorf, Germany. *U. Potsdam.*

3286. **Gelzer, Florian** Weberstr. 9, 3007 Bern, Switzerland. *U. Bern.*

3287. **Gembicki, Dieter** 5 avenue du Lignon, 1219 Le Lignon, Switzerland. / Voltaire (*Annales de l'Empire*, *Essai sur les mœurs*) • Edition d'une relation de voyage en France.

3288. **Gemert, E. M. P.** A. van Schendelstraat 178, 3511 MG Utrecht, Netherlands.

3289. **Gemert, Guillaume van** Faculteit der Letteren, Katholieke Universiteit, Postbus 9103, 6500 HD Nijmegen, Netherlands. *Katholieke U.* / Learned and literary journals • German poetics • Translations into German and the theory of translation • Exorcism and superstition in Germany.

3290. **Gendzier, Stephen J.** 36 Hayes Avenue, Lexington, MA 02173-2013, USA. *Brandeis U.* / Concept of human nature in English and French novels • Counter-Enlightenment: the Frankfurt school • Deconstructionists • Feminists.

3291. **Generali, Dario** Via Bergamo 11, 20135 Milano, Italy. *U. di Milano* / Antonio Vallisneri: biography, correspondence • Pier Caterino Zeno: correspondence • Magazines in early 18c Venice • Biblioteca Braidense: the Jesuitic fund • Bartolomeo Corte: biography, correspondence, library.
✉ dario.generali@tiscalinet.it

3292. **Geng, Li-Ping** 317 Cranbrooke Avenue, Toronto, ON M5M 1M9, Canada. *Memorial U.* / Sensibility.

3293. **Geng, Sheng** Institute of History, Chinese Academy of Social Sciences, 5 Jian Nei Da Jie, 100732 Beijing, China. *Chinese Academy of Social Sciences* / China / Sino-Western cultural relation.

3294. **Gengoux, Nicole** 122 rue Mouffetard, 75005 Paris, France.

3295. **Genier, Marie-Thérèse** 5 rue du Vert-Coteau, 93250 Villemomble, France.

3296. **Gensini, Stefano** Università degli Studi di Napoli 'L'Orientale', Piazza San Giovanni Maggiore 30, 80134 Napoli, Italy. *U. degli Studi di Napoli 'L'Orientale'* / Theory of language in Italy, Germany and France during the Enlightenment • Linguistic policies • Theory of metaphor • Debate on the origins of language • Universal languages.
✉ stef_gens@libero.it

3297. **Gentile, Francesco** Piazza Capitaniato, 35100 Padova, Italy. *U. di Napoli* / Rousseau • Desmoulins • C.-H. de Saint-Simon.

3298. **Genton, François** 330 route de St Jean, 38430 Moirans, France. *U. de Grenoble III* / Cultural relationships between Germany and France (1750-1789).
✉ francois.genton@u-grenoble3.fr

3299. **Genty, Maurice Lucien** 66 rue du Moulin de la Pointe, 75013 Paris, France. / Vie politique à Paris et dans le département de Paris sous la Révolution 1789-1799 • La Garde Nationale parisienne.

3300. **George, Laura** Dept of English, 53 Eastern Michigan University, Ypsilanti, MI 48197-2207, USA. *Eastern Michigan U.*

3301. **George, Sam** 30 Kingsway, Worsley, Manchester, M28 7FD, UK. *York U.* / Women and botany • Science • Educational and scientific tracts (such as floras) • Works of female botanists • 18c periodicals.
✉ smg105@york.ac.uk

3302. **Georgiev, Lubomir** National Library, 88 Vasil Levski Boulevard, Sofia 1504, Bulgaria. *National Library.*

3303. **Gepner, Corinna** 8 rue Lacépède, 75005 Paris, France. *E.N.S. (Paris)* / Le clavecin oculaire du père Castel • Le clavecin dans la littérature • Ecrits sur la peinture • Marivaux.

3304. **Gerard, Kent** 484 Lake Park Drive, #38, Oakland, CA 94610-2730, USA. / Social and theatrical dance, esp. dance in Germany.

3305. **Gerard, William B.** Dept of English and Philosophy, Auburn University Montgomery, P.O. Box 244023, Montgomery, AL 36124, USA. *Auburn U. Montgomery* / Britain • Painting • Blake • Sterne • Book illustration.
✉ wbgerard@knology.net

3306. **Gerbes, Angelika R.** Dept of Dance, 018 Sullivant Hall, Ohio State University, 1813 North High St, Columbus, OH 43210-4307, USA. *Ohio State U. (Columbus)* / Influence of Greek and Latin lyric poetry in the Netherlands.

3307. **Gerbrandy, P. S.** Prins Hendrikstr. 3, 7101 CK Winterswijk, Netherlands. / Aesthetics of music, instrumental music in England, child prodigies, Italian and French opera.

3308. **Gerhard, Anselm** Route de la Daille 12, 1740 Neyruz, Switzerland.

3309. **Geriguis, Lora Edmister** 17673 Streamside Lane, Riverside, CA 92503-6567, USA. / Social history of Brandenburg-Prussia, Kursachsen and Austria, esp. masonic lodges • Enlightenment in Berlin.

3310. **Gerlauch-Nielsen, Merete** 19 rue Saint-Saëns, 75015 Paris, France.

3311. **Germana, Nicholas** 13 Rockaway Lane, Arlington, MA 02474-2612, USA.

3312. **Germann, Jennifer** Huntington Library, 1151 Oxford Road, San Marino, CA 91108, USA. *Huntington Library.*
✉ jgermann@huntington.org

3313. **Geronimo, Anna** 388 Summer St, Cottage 2, Buffalo, NY 14213-2665, USA. / English and French literature and politics.

3314. **Gerrard, Christine Herta** Lady Margaret Hall, University of Oxford, Norham Gardens, Oxford, 0X2 6QA, UK. *U. of Oxford* / Politics and poetry in the long 18c • Cultural politics, theatre and journalism • Women's writing, esp. poetry • Whig writing and representations of the Hanoverian monarchy, 1714-1760.
✉ christine.gerrard@lmh.ox.ac.uk

3315. **Gerson, R.** 3 Regal Lane, Regent's Park Road, London, NW1 7TH, UK. / Enlightenment.

3316. **Gerteis, Klaus** Auf der Wiese 5, 54298 Aach/Trier, Germany. *U. Trier* / Herder • Johann Peter Süssmilch • Science and medical science.

3317. **Gesche, Astrid H.** School of Humanities, Queensland University of Technology, P.O. Box 284, Zillmere, QLD 4034, Australia. *Queensland U. of Technology* / Image of the father in *Sturm und Drang* dramas.

3318. **Gesecus, Ronald** Südring 6, 38162 Cremlingen, Germany. *Stadtbibliothek* / Development of the public sphere • Family history • Historical anthropology.

3319. **Gessinger, Joachim** Institut für Germanistik, Universität Potsdam, Postfach 60 15 53, 14415 Potsdam, Germany. *U. Potsdam.*

3320. **Gestrich, Andreas** FB III Neuere Geschichte, Universität Trier, 54286 Trier, Germany. *U. Trier* / Adam Ferguson • Moral philosophy and political thought in the Scottish Enlightenment.

3321. **Geuna, Marco** Strada San Gillio 61, 10040 Druento, Italy. *U. di Milano* / Voltaire and other 'philosophes' • Book production • Social science.

3322. **Gevers, Jan Karel M.** Nieuwe Spiegelstraat 6B, 1017 DE Amsterdam, Netherlands. *U. van Amsterdam* / Formes du roman en France, 1675-1789 • Houdart de La Motte.

3323. **Gevrey, Françoise** 7 rue Nicolas Houël, 75005 Paris, France. *U. de Reims* / Le roman et la nouvelle • Le conte • Esthétique.

3324. **Gharbi, Salah** Cité Avicenne, Bloc 5, appt no.9, 2000 Le Bardo, Tunisia. *U. du Centre (Sousse).*

3325. **Ghilardi, Fabrizio** Via dei Carraresi 2, 00164 Roma, Italy.

3326. **Ghinassi, Ghino** Piazza d'Azeglio 20, 50121 Firenze, Italy. / Music and the nobility.

3327. **Ghorenko, Laryssa I.** Nalyvaika Str. 22, Lubny, Poltavska Oblast, Ukraine. *Ukrainian National Academy of Music.*

3328. **Giarrizzo, Giuseppe** Via S. Agnese 8, 95125 Catania, Italy. *U. di Catania* / Crébillon père • Tragédie • Lexicographie.

3329. **Giaufret, Hélène** Via Vecchio Ospedale 15, 19100 La Spezia, Italy. *U. di Genova* / Abel Boyer.

3330. **Gibbons, Luke** School of Communications, Dublin City University, Glasnevin, Dublin 9, Ireland. *Dublin City U.*

3331. **Gibbs, Graham C.** 6 Cleaveland Rise, Ogwell, Newton Abbot, South Devon TQ12 6FF, UK.

3332. **Gibon, Alain** 91 rue Guislain, 62136 Vieille Chapelle, France.

3333. **Gibson, Beverly F.** 408 West Orange St, Troy, AL 36081-2317, USA. / Art theory and criticism • Jonathan Richardson.

3334. **Gibson-Wood, Carol** History in Art, University of Victoria, P.O. Box 1700, Victoria, BC V8W 2Y2, Canada. *U. of Victoria* / Art theory in 17th and 18th-century Britain.

3335. **Gidal, Eric** Dept of English, University of Iowa, 366 EPB, University of Iowa, Iowa City, IA 52242, USA. *U. of Iowa* / British Romanticism as a mode of artistic expression • Relationship between literature and the visual arts • The affective dimension of national ideologies.
✉ eric-gidal@uiowa.edu

3336. **Giddey, Ernest** 19B avenue de Rumine, 1005 Lausanne, Switzerland.

3337. **Gieger, Jason C.** English Dept, California State University, 6000 J St, Sacramento, CA 95819, USA. *California State U. (Sacramento)* / Union of Poland and Saxony • Judaism in Poland.

3338. **Gierowski, Józef Andrzej** Ul. Lokietka 1 m.4, 30-010 Kraków, Poland. *Polish Academy of Sciences (P.A.N.) (Kraków)* / Spanish literature (theatre, poetry, prose).

3339. **Gies, David T.** Dept of Spanish and Portuguese, University of Virginia, 115 Wilson Hall, P.O. Box 400777, VA 22904-4777, USA. *U. of Virginia* / The Enlightenment in the Hispanic World, esp. literary culture.
✉ dtg@virginia.edu

3340. **Giffin, Mary** 13700 Fairhill Rd #312, Shaker Heights, OH 44120, USA. / Scottish architecture.

3341. **Gigante, Denise** English Dept, Stanford University, 450 Serra Mall, Stanford, CA 94305-2002, USA. *Stanford U.*

3342. **Giglio, Donata** Via del Don 6, 20123 Milano, Italy. / Histoire militaire • Sociologie • Culture • Mentalités.

3343. **Gil Muñoz, Margarita** Gaztambide 53, 8°A, 28015 Madrid, Spain. / Les Lumières et son influence au 19s.

3344. **Gil Novales, Alberto** San Agustín 15, 4°D, 28014 Madrid, Spain. *U. Complutense* / Condorcet • Histoire des mathématiques • D'Alembert.

3345. **Gilain, Christian** Dept of Mathematics, Université de Paris VI, 4, place Jussieu, 75005 Paris, France. *U. de Paris VI* / Histoire des sciences mathématiques au 18s • Sciences et Lumières.
✉ gilain@math.jussieu.fr

3346. **Gilardino, Sergio Maria** Dept of Italian, McGill University, 1001 Sherbrooke St West, Montreal, PQ H3A 165, Canada. *McGill U.*

3347. **Gilbert, Andrea** The Wallace Collection, Hertford House, Manchester Square, London, W1U 3BN, UK.

3348. **Gilbert, Deidre** 95 North Hancock Avenue, Colorado Springs, CO 80903-2755, USA.

3349. **Gilbert, Jacques** 62 boulevard Pierre Curie, 85002 La Roche-sur-Yon, France. / Atlantic empires • American Revolution.

3350. **Gilbert, Kristin King** 2321 Sycamore Avenue, Louisville, KY 40206-2420, USA.

3351. **Gildrie, Richard** History Dept, Austin Peay St University, Clarksville, TN 37044 0002, USA. *Austin Peay State U.* / English satire • Swift • Restoration drama.

3352. **Gilham-Weitzen, Robin** 54 Woodford Drive, Moraga, CA 94556-2429, USA.

3353. **Gill, Patricia** Dept of English, Western Michigan University, Kalamazoo, MI 49008-3805, USA. *Western Michigan U.* / The age of Goethe.

3354. **Gille, Klaus** Koppel 80, 20099 Hamburg, Germany.

3355. **Gille, Klaus F.** Kastanjelaan 39, 2061 ES Bloemendaal, Netherlands. *U. of Amsterdam* / German literature 1750-1850.
✉ k.f.gille@hum.uva.nl

3356. **Gille-Pirchio, Mireille** Via Miglioli 17, 56100 Pisa, Italy. *U. di Pisa* / Literature, esp. women's and travel literature • Anthropology, esp. women.

3357. **Gilleir, Anke** Dept Literatuurwetenschappen, Blijde Inkomststraat 21, 3000 Leuven, Belgium. *Katholieke U. Leuven* / Varieties of the European novel • Cosmology, anthropology and psychology in literature • Anti-rational currents • Concepts of education and development.

3358. **Gillen, Ultán** Exeter College, Oxford, OX1 3DP, UK. *Exeter C.*

3359. **Gillespie, Gerald E. P.** Division of Literatures, Cultures, Languages, Stanford University, Stanford, CA 94305-2030, USA. *Stanford U.* / Georg Forster, 1754-1794 • Le jacobinisme allemand à la fin du siècle • Les Lumières en Allemagne et dans la monarchie des Habsburg.

3360. **Gillespie, Stuart** Dept of English Literature, University of Glasgow, Glasgow, G12 8QQ, UK. *U. of Glasgow.*

3361. **Gilli, Marita Georgette** 25 rue frères Chaffanjon, 25000 Besançon, France. / L'incidence de la Révolution française en Allemagne.

3362. **Gilman, Priscilla** 6132 Town Walk Drive, Hamden, CT 06518-3711, USA. / Theatre and drama • Opera and music • English literature • John Gay • Thomas Arne • G. F. Handel • Marin Marais.

3363. **Gilman, Todd** 76 Elm St, apt 310, Boston, MA 02130-2800, USA. / Le théâtre sous la Régence.

3364. **Gilmartin, Kevin** Dept of Humanities, California Institute of Technology, 101-40, Pasadena, CA 91125, USA. *California Institute of Technology.*

3365. **Gilon, Arie** 110 Bleecker St #17C, New York, NY 10012-2105, USA. *New York U.* / Mme de Staal-Delaunay: femme de théâtre.

3366. **Gilon, Lea** 31 Crawford Rd, Chester, NH 03036-8101, USA. *New York U.* / Abbé Prévost: mentor theme, feminism, love and friendship • Pre-Romanticism • Feminism • French women novelists • French Revolution in literature • Opera and literature • Nature in literature.

3367. **Gimenez, Raphael A.** 6409 St Roch Avenue, New Orleans, LA 70122-5627, USA. / Administration et institutions.

3368. **Giménez López, Enrique** Hermanos López Osaba 1, 4°C, 03013 Alicante, Spain.

3369. **Gioia, Vitantonio** Via del Lavoro 30/B, 72100 Brindisi, Italy. *U. di Lecce* / Aesthetics • Moral philosophy • Immanuel Kant.

3370. **Giordano, Emilio** Piazza Trieste e Trento, 84034 Padula, Italy. *U. di Salerno* / Œuvres de A. Calogerà et de A. M. Querini • Vie, religion et politique en Valle Camonica.

3371. **Giorgi, Angelo** Via A. Taglierini 19, 25043 Breno (BS), Italy. *B. M. Archivio 'R. Putelli' (Breno)* / Les intrusions d'auteur dans les romans de Diderot • La fortune de Fénelon au 18s.

3372. **Giorgi, Giorgetto** Dept of Modern Foreign Languages and Literature, Università di Pavia, Strada Nuova 106/c, 27100 Pavia, Italy. *U. di Pavia* / Poétiques sur le genre narratif, le roman en particulier.

3373. **Girão, Glória Giovana Mont'Alverne** Avenida D. José, 1575 - centro, 62050-250 'Sobral, CE', Brazil. / History • Arts.
✉ museu@uvanet.br

3374. **Girard, Didier** 5 rue Saint Mathieu, 66000 Perpignan, France. *U. de Perpignan* / Late 18th-century impure literatures • William Beckford's complete works • Relations between words and images/representation • T. Smollett, W. Blake, Diderot, Sade.
✉ drgeere@club-internet.fr

3375. **Giraud, Nadine** 5 allée des Troenes, 63122 Ceyrat, France.

3376. **Giraud, Yves** 1782 Lossy, Switzerland. *U. de Fribourg* / André Chénier • Récits de voyage • Roman épistolaire.
✉ yves.giraud@unifr.ch

3377. **Girdham, Jane** Dept of Music, Saginaw Valley State University, 7400 Bay Road, University Center, MI 48710, USA. *Saginaw Valley State U.* / Amateur music-making in Britain • The transformation of music from professional venues to publications for amateurs.
✉ jgirdham@svsu.edu

3378. **Girgenti, Anna** Via de' Pandolfini 22, 50122 Firenze, Italy.

3379. **Girivenko, Andrei** Ul. Kargopolskaya 6, kv.290, 127562 Moscou, Russia. *U. Lomo-*

nossov / Comparative studies • Reception of 18c French and English poetry in Russia.

3380. **Girod, Suzanne** 11 rue du Dr Finlay, 75015 Paris, France.

3381. **Girou Swiderski, Marie-Laure** Dept of French, University of Ottawa, C.P. 450 succ. A, 60, University, Ottawa, ON K1N 6N5, Canada. *U. of Ottawa* / Robert Challe • Women in France • Correspondence of Mme Durey de Meinières with François-Antoine Devaux and Mme de Lénoncourt • Social status and literary influence of women writers.
✉ margirou@aix1.uottawa.ca

3382. **Girten, Kristin** Dept of English, Rutgers University, Murray Hall, 510 George St, New Brunswick, NJ 08901, USA. *Rutgers U.* / Aesthetics, religion, revolution, democracy, liberalism, visual culture, science, gender, poetry (esp. meditation), non-fiction prose (esp. the essay), the gothic, augustanism and digression.
✉ girten@rci.rutgers.edu

3383. **Gisler, Monika** Swiss Federal Institute of Technology Zurich, University of Basel (Switzerland), Swiss Seismological Service ETH Hönggerberg, 8093 Zürich, Switzerland. *Swiss Federal Institute of Technology Zurich* / Perception and interpretation of earthquakes in Switzerland during the Enlightenment • Human perception of nature • Secularisation • Theology in the so-called rational age.
✉ gisler@seismo.ifg.ethz.ch

3384. **Gisondi, Antonio** Via Stazione 30, 82030 Dugenta, Italy.

3385. **Giudicelli-Darras, Marie-Anne** 24 boulevard Colbert, 92330 Sceaux, France. *Institut d'histoire de la Révolution française* / La Prusse sous la Révolution française.

3386. **Giuffrida, Romualdo** Via V.D. Marlo 47, 90100 Palermo, Italy. *U. di Palermo* / History of banking in Sicily.

3387. **Giuli, Paola** 123 Kenliworth St, Philadelphia, PA 19147, USA.

3388. **Giulietti, Margherita** Via S. Vittore 35, 20123 Milano, Italy.

3389. **Giuntella, Vittorio Emanuele** Via Monte Zebio 30, 00195 Roma, Italy. *U. di Roma* / Rome dans l'âge des Lumières • La pensée contre-révolutionnaire italienne • Les catholiques-démocrates dans les années 1796-1799 • Les 'philosophes' et la ville dans le siècle des grandes transformations urbaines.

3390. **Giuntini, Chiara** Dip. di scienze filosofiche e storico-sociali, Università di Udine, Via T. Petracco, 8, 33100 Udine, Italy. *U. di Udine* / History of British thought • Relations between science, philosophy and religion • The development of freethinking • The history of associationist psychology from Locke to Stuart Mill.
✉ chiara.giuntini@dsfss.uniud.it

3391. **Giuntini, Sandra** Institute Matematico U. Dinin, Viale Morgagni 67/A, 50134 Firenze, Italy. *U. di Firenze.*

3392. **Giustini, Pietro** Via Rosa Raimondi Garibaldi 119, 00145 Roma, Italy. *U. di Perugia.*

3393. **Gizurarson, Bergsteinn** Kleppsvegi 92, 104 Reykjavík, Iceland.

3394. **Gladfelder, Hal** Dept of English, University of Rochester, River Campus, Rochester, NY 14627, USA. *U. of Rochester* / Problems of authorship in Britain and France • The role of biography in literary criticism • Popular narrative genres • The novel • Criminality and other forms of social, cultural, and sexual deviance.
✉ gfld@mail.rochester.edu

3395. **Glaser, Brigitte** Englische Literaturwissenschaft, Kath. Universität Eichstätt, Universitätsallee 1, 85071 Eichstätt, Germany. *Katholische U. Eichstätt* / Fiction • Book illustrations.

3396. **Glaser, Horst Albert** Via della Bufalina 1, 55048 Torre del Lago, Italy. / European drama • Libertine literature • Adventurers and voyagers.

3397. **Glass, Erlis** 770 Holly Rd, Strafford, PA 19087-2749, USA.

3398. **Glassey, Lionel Keith James** Dept of Modern History, University of Glasgow, Glasgow, G12 8QQ, UK. *U. of Glasgow* / British politics • Edition of Gilbert Burnet, *History of my own time.*

3399. **Gleckner, Robert F.** Dept of English, Box 90015, Duke University, Durham, NC 27708, USA. *Duke U.* / William Blake and his 18c predecessors • Thomas Gray and Milton.

3400. **Glen, Robert** History Dept, University of New Haven, 300 Orange Avenue, New Haven, CT 06516 1916, USA. *U. of New Haven* / Methodism in Britain • History of Antigua, British West Indies • The industrial revolution in Britain.
✉ rglen@newhaven.edu

3401. **Gliserman, Dana** Dept of English, Carnegie Mellon University, Pittsburgh, PA 15213, USA. *Carnegie Mellon U.* / Madness.
✉ dhg@andrew.cmu.edu

3402. **Glore, Barbara** University of North Dakota, 148 Eagle St North-East, Fargo, ND 58102-1212, USA. *U. of North Dakota.*

3403. **Glorieux, Guillaume** Dept of Art History, Université de Clermont-Ferrand II, boulevard Gergovia, 63000 Clermont-Ferrand, France. *U. de Clermont-Ferrand II* / Painting • Marketing of art • Watteau, Antoine.
✉ g.glorieux@libertysurf.fr

3404. **Glover, Brian** University of Virginia, 122A Harmon St, Charlottesville, VA 22903, USA. *U. of Virginia.*

3405. **Glover, Susan Paterson** Dept of English, University of Toronto, 7 King's College Circle, Toronto, ON M5S3K1, Canada. *U. of Toronto* / British fiction in the latter half of the 18c and the grounding of legitimacy in British political thought.
✉ s.glover@utoronto.ca

3406. **Glushko, Elena** Per. Dobrovoltzev 6, 166, 320106 Dnepropetrovsk 3, Ukraine. *Dnepropetrovsk State U.* / Rococo novel • Literary criticism • Arts.

3407. **Glycofrydi-Leontsini, Athanassia** 6-8 Valaniou St, 18536 Piraeus, Greece. *U. of Athens* / European and neo–hellenic Enlightenment • Aesthetics, ethics, political philosophy • Philosophy, history of ideas.

3408. **Gnant, Christoph** Märzstr. 68/11, 1150 Wien, Austria.
✉ christoph.gnant@uwivie.ac.at

3409. **Göbel, Helmut** #2, Stegmühlenweg 18, 37083 Göttingen, Germany. *U. Göttingen* / Lessing and related studies • Drama and theatre.

3410. **Göbel, Walter** Semmelweisstr.1, 66386 St. Ingbert, Germany. *U. Stuttgart* / Novel • Masculinities.
✉ walter-goebel@gmx.net

3411. **Gobin, Charles E.** Dept of English, Asbury College, 1 MacKlem Drive, Wilmore, KY 40390-1198, USA. *Asbury C.*

3412. **Gockel, Bettina** Stauffenbergstr. 45, 72074 Tübingen, Germany. *U. Tübingen* / Portraiture • Aesthetics • Science.

3413. **Godden, Janet** University of Oxford, 99 Banbury Road, Oxford, OX2 6JX, UK. *U. of Oxford* / French Enlightenment.
✉ janet.godden@voltaire.ox.ac.uk

3414. **Godel, Rainer** Dept of Interdisciplinary Centre for European Enlightenment Studies, Martin-Luther-Universität Halle-Wittenberg, Franckeplatz 1, Haus 54, 06110 Halle, Germany. *Martin-Luther-U. Halle-Wittenberg* / Germany • German Enlightenment • German literature • Prejudice and anthropology • Forster • Georg Friedrich Meier • Moses Mendelssohn • Joseph von Sonnenfels • Christoph Martin Wieland.
✉ godel@izea.uni-halle.de

3415. **Godman, Maureen** Dept of English, University of Kansas, Lawrence, KS 66045-3155, USA. *U. of Kansas* / Swift's language games • Dialect and colloquial speech.

3416. **Godwin, James R.** P.O. Box 400, Reedville, VA 22539-0400, USA.

3417. **Godwin II, James C.** 1029 Dover Avenue, Elsmere, DE 19805 2507, USA.

3418. **Goetschel, Willi** Dept of German, 420 Hamilton Hall, Columbia University, New York, NY 10027-0597, USA. *Columbia U.* / Kant • Theory of Enlightenment • German-Jewish relations.

3419. **Goetz, Rose** 14 rue du Pont des Morts, 57000 Metz, France. *U. de Nancy II* / La philosophie du langage de Destutt de Tracy • Les idéologues et la philosophie révolutionnaire et post-révolutionnaire.

3420. **Goff, M. A.** 138 Chiltern Park Avenue, Berkhamsted, Herts HP4 1EZ, UK. *British Library* / Dance.

3421. **Goggans, Thomas** 2401 Lakeview Rd, Apt. H-8, North Little Rock, AR 72116-9404, USA.

3422. **Goggi, Gianluigi** Via Pungilupo 31, 56124 Pisa, Italy. *U. di Pisa* / Diderot • Raynal, *Histoire des deux Indes.*
✉ g.goggi@rom.unipi.it

3423. **Gohau, Gabriel** 2 avenue Bernard Palissy, 92210 Saint-Cloud, France. / Conceptions sur la formation des montagnes: Bourguet, Maillet, Buffon, Guettard, Desmarest, Dolomieu.

3424. **Gohei, Hisae** 128 Oshima, Momoyama-cho, Fushimi-ku, 612-8006 Kyoto, Japan. *Tsuruga Junior C.*

3425. **Goinga van Driel, H.** Jura 13, 7607 RE Almelo, Netherlands. *U. van Amsterdam* / Book history • Book trade: distribution.
✉ goinga@introweb.nl

3426. **Goitein-Galperin, Denise** 33 rue Croulebarbe, 75013 Paris, France. *Tel Aviv U.* / Autobiography and fiction, esp. women as central to the development of the Enlightenment, studied in Mme de Graffigny (*Lettres d'une Péruvienne*) and Mme d'Epinay (*Mme de Montbrillant*).

3427. **Gojosso, Eric** Dépt de droit-sciences sociales, Université de Poitiers, 93 Avenue du recteur Pineau, BP 623 Poitiers, France. *U. de Poitiers* / Concepte de république en France • Pensée contre-révolutionnaire • Genèse du contrôle de constitutionnalité en France • Réforme administrative en France.

3428. **Golawski-Braungart, Jutta** Waldquellenweg 50, 33649 Bielefeld, Germany.

3429. **Golburt, Lyubov Y.** Dept of Comparative Literature, Stanford University, Bldg 260 (Pigott Hall, Dept of Comparative Literature), Stanford, CA 94305, USA. *Stanford U.* / Interactions of Russian and West European Enlightenment.
✉ lgolburt@stanford.edu

3430. **Goldbererger, Avriel** 1661 Crescent Place NW, Washington, DC 20009-4074, USA.

3431. **Goldberg, Jakub** Pinhas Rosen St 7, apt 49, P.O. Box 9355, 91090 Israel.

3432. **Golden, Herbert H.** 29 Thorndike St, Brookline, MA 02146, USA. *Boston U.* / Festschrift bibliography • Image of Voltaire in the contemporary press.

3433. **Goldenbaum, Ursula** Krausnickstr. 12, 10115 Berlin, Germany. *Forschungszentrum Europäische Aufklärung (Potsdam)* / Philosophy and theology • The Mittwochsgesellschaft in Berlin • Reception of Spinoza.

3434. **Golder, John** School of Theatre, Film and Dance, University of New South Wales, Sydney, NSW 2052, Australia. *U. of New South Wales* / Performance conventions in France • French theatre architecture • Theatre audiences • Shakespeare on the French stage.

3435. **Goldgar, Anne** Dept of History, King's College London, Strand, London, WC2R 2LS, UK. *U. of London* / Museums and public culture; collecting, in France and the Netherlands • Science; tulipmania.

3436. **Goldgar, Bertrand A.** Dept of English, Lawrence University, 110 South Drew St, Appleton, WI 54912-0599, USA. *Lawrence U.* / Politics and literature • Swift's English political writings • Journals and newspapers • Satire.
✉ bertrand.a.goldgar@lawrence.edu

3437. **Goldmann, Stefan** Alt-Moabit 104a, 10559 Berlin, Germany. *Technische Hochschule Darmstadt* / Travel writing • Autobiography • Psychology • Health and medicine.

3438. **Goldsmith, Elizabeth C.** Dept of Modern Foreign Languages, Boston University, 718 Commonwealth Avenue, Boston, MA 02215-2423, USA. *Boston U.* / Epistolary writing • Memoirs • Women's literary history • Print culture.
✉ ecg@bu.edu

3439. **Goldsmith, Netta Murray** 1 Cumberland Gardens, Tunbridge Wells, Kent TN1 1UQ, UK. / Alexander Pope • Homosexual and lesbian studies.
✉ netta.goldsmith@btinternet.com

3440. **Goldwyn, Henriette** Dept of French, New York University, 19 University Place, New York, NY 10003-4566, USA. *New York U.*

3441. **Goldzink, Jean** 18 rue de Crimée, 75019 Paris, France. *E.N.S. (Paris)* / Montesquieu • Marivaux • Voltaire.

3442. **Golfier, Michel** 24 rue Campo-Formio, 75013 Paris, France. *U. de Paris XI* / La Révolution dans le département de la Dordogne: les comités révolutionnaires • Problèmes religieux (revenus du clergé en 1790, les prêtres abdicataires).

3443. **Golightly, Jennifer** 10835 West Dartmouth Avenue, Lakewood, CO 80227-5611, USA.

3444. **Golinski, Jan** Dept of History, Horton Social Sciences Centre, University of New Hampshire, Durham, NH 03824, USA. *U. of New Hampshire.*

3445. **Golinski, Janusz K.** Ul. Lysakowskiego 1a/61, 87-100 Torun, Poland.

3446. **Golinski, Zbigniew** Ul. Wielunska 2 m.26, 01-240 Warszawa, Poland.

3447. **Gollrad, Gareth** Humanities Collegiate Division, University of Chicago, 4850 South Lake Park Avenue, apt. 2409, Chicago, IL 60615-2075, USA. *U. of Chicago.*

3448. **Golt, Jean** 37 Rowan Road, London, W6 7DT, UK.

3449. **Gómez Gómez, Margarita** Dept Ciencias y Técnicas Historiográficas, Universidad de Sevilla, Dª María de Padilla s/n, Sevilla 41004, Spain. *U. de Sevilla* / Books and reading.
✉ mggomez@us.es

3450. **Gomez-Centurion, Carlos** Marques de Urquijo, 40, 28008 Madrid, Spain. *U. Complutense* / Modern monarchies and the

organisation and function of the royal household.
☞ ccenturion@jazzfree.com

3451. **Gompf, Michelle** Mountain State University, 5 Cherrywood Terrace, Beaver, WV 25813-9708, USA. *Mountain State U.*

3452. **Gon, Yasushi** 2-2090 Nishi-Sayamagaoka, Tokorozawa-shi, 359 Saitama, Japan. *Rikkyo U.* / French literature.

3453. **Gonçalves, Dionísio Afonso** Quinta de Sta. Apolónia, Apartado 38, 5300 Bragança, Portugal.

3454. **Gonçalves, Maria Cristina Macedo** DRAC, Rua da Sé 158, 9701 Angra do Heroísmo Codex, Portugal. / Histoire régional • Quotidien • Mentalité • Art • Archéologie subaquatique • Mémoires • Littérature de voyages.

3455. **Gonda, Caroline** Dept of English, St Catherine's College, Cambridge, CB2 1RL, UK. *U. of Cambridge* / Fiction • Women's reading • Family • Sexuality • Crime • Scottish women writers.

3456. **González, Francisco José** Cecilio Pujazon s/r, San Fernando, 11100 Cadiz, Spain. *Real Instituto y Observatorio de la Armada* / History of science.
☞ biblio@roa.es

3457. **González Adánez, Noelia** C/ María Martínez Oviol 20, 28021 Madrid, Spain. / Fiction • Women's reading • Family • Sexuality • Crime • Scottish women writers.

3458. **González de Chávez, Jesús** Departamento de Ciencias Históricas, Universidad de Las Palmas de Gran Canaria, Pérez del Toro 1, 35003 Las Palmas de Gran Canaria, Spain. *U. de Las Palmas de Gran Canaria* / The Inquisition and the Catholic Church • Deforestation.
☞ pjglez@terra.es

3459. **Gonzalez del Valle, Martin** C/ Jose Abascal 59, 7° Izq., 28003 Madrid, Spain.

3460. **González García, Carmen** Calle Costa Brava 21-4°C, 28034 Madrid, Spain. / L'encyclopédisme.

3461. **González González, Manuel Jesús** Visitación Bascuñana 4, Chalet 7, 28023 Pozuelo de Alarcón, Spain. / Pensée économique des Lumières.

3462. **González Lopo, Domingo Luis** Avenida de Salamanca 11, 4°A, 15704 Santiago de Compostela, Spain. *U. de Santiago de Compostela* / Attitudes et comportements religieux • Migrations intérieures et transatlantiques.

3463. **González Martín, Vicente** Avenida Villamayor 40-48, ático C, 37001 Salamanca, Spain. *U. de Salamanca* / Rapports linguistique-littéraires italo-espagnols • Littérature de voyages.

3464. **González Santos, Javier** C. Fernández de Oviedo 22, 1°D, 33012 Oviedo, Spain. *U. de Oviedo* / L'art espagnol • Goya • M. G. de Jovellanos.

3465. **González Troyano, Alberto** Núcleo de Las Dueñas 6, 4°izda, Plaza de San Quintin, 41003 Sevilla, Spain. / Littérature.

3466. **González-García, Emilio José** Universität Duisburg, Fakultät 2, SG 063, Geibelstr. 41, 47057 Duisburg, Germany. *U. Duisburg.*

3467. **Goodden, Angelica R.** St Hilda's College, Oxford, OX4 1DY, UK. *U. of Oxford* / Literature and the visual arts in France • Memory in Literature • Diderot • Mme Vigée Le Brun.

3468. **Goodlett, Sean** 160 Pearl St, Fitchburg, MA 01429-2631, USA.

3469. **Goodman, Dena** Dept of History, University of Michigan, Women's Studies Program, 1122 Lane Hall, 204 South State St, Ann Arbor, MI 48109, USA. *U. of Michigan* / Cultural practices and women's lives in France • Women and the Enlightenment • Letter writing and the material culture of everyday life.
☞ goodmand@umich.edu

3470. **Goodman, Elise** Raymond Waters College, 9555 Plainfield Rd, Cincinnati, OH 45236-1007, USA. *Raymond Waters C.* / Portraits of savantes in French art, esp. Mme de Pompadour • French art and literature.

3471. **Goodman, Kevis** Dept of English, 322 Wheeler #1030, University of California, Berkeley, CA 94720-1030, USA. *U. of California (Berkeley).*

3472. **Goot, A. S. van der** Nassaulaan 52, 9717 CL Groningen, Netherlands. *Rijksuniv. Groningen* / Administration and bureaucracy in the Dutch republic • Aufklärung in Germany.

3473. **Göpfert, Herbert G.** Südstr. 17, 82131 Stockdorf/Gauting, Germany. *U. München* / Lessing • Histoire du livre et de communications de la vie littéraire.

3474. **Gopnik, Irwin** Dept of English, McGill University, 853 Sherbrooke West, Montreal, PQ H3A 2T6, Canada. *McGill U.* / Relationship between theories of language and literature • Richardson's *Clarissa.*

3475. **Gorak, Jan** 2880 South Franklin St, Denver, CO 80210-6311, USA. / Travel writing • Literary criticism • Canon formation.

3476. **Göransson, Anita** Geijersg. 11A, 75334 Uppsala, Sweden. *Uppsala U.* / Gender, property rights and power • Kinship and economic networks in Sweden.

3477. **Gordon, Alden R.** Dept of Fine Arts, Hallden Hall, Trinity College, 300 Summit St, Hartford, CT 06106-3186, USA. *Trinity C. (Hartford)* / Mme de Pompadour: biography and collection • The marquis de Marigny and French royal patronage of the arts (1751-1773) • History of painting and sculpture • Urbanism, architecture and garden design • Art collecting and patronage • Grand tours of artists.

3478. **Gordon, Alexandre V.** Profsojuznaya oul. d.98 k.6 kv.70, 117485 Moscou, Russia. *Académie des sciences de Russie* / Les Lumières de la Révolution française et la culture russe • La paysannerie et la modernité.
✉ usekr@inion.ru

3479. **Gordon, Ian** 1 Latham Close, Cambridge, CB2 2EL, UK. *Anglia Polytechnic U.* / Alexander Pope • English poetry • Satire.
✉ ian@igordon33.fnet.co.uk

3480. **Gordon, S. E.** 4 Elton Road, Clifton, Bristol, BS8 1SJ, UK. / English landscape and gardens.

3481. **Gordon, Scott** Dept of English, Lehigh University, 35 Sayre Drive, Bethlehem, PA 18015-3076, USA. *Lehigh U.*

3482. **Gore, Sarah** 453 Burg St, apt B, Granville, OH 42023-1126, USA. *Denison U.* / Literature • French, Spanish and English comparative literature • Music and literature.

3483. **Gores, Steven J.** Dept of Literature and Language, Northern Kentucky University, 500 Landrum Academic Center, Highland Heights, KY 41099, USA. *Northern Kentucky U.* / Regency • Britain • Ireland • Wales • Bath • Painting • Theatre • Anglo-Irish literature • English literature • Frances Burney • David Garrick • William Hogarth • Hester Lynch Thrale.
✉ gores@nku.edu

3484. **Gori, Giambattista** Università di Milano, Festa Del Perdono, 20122 Milano, Italy. *U. di Milano* / Malebranche et le malebranchisme au 18s, en part. dans la pensée britannique • Newtonisme et malebranchisme.

3485. **Gorian, Rudj** Via Levada 47, 34170 Gorizia, Italy.

3486. **Goring, Paul** Dept of English, NTNU Trondheim, 7491 Trondheim, Norway. *NTNU Trondheim* / British cultural History • British literature • Oratory, acting, eloquence • Irish dramatists.
✉ paul.goring@hf.ntnu.no

3487. **Gorman, Marianne** 39 Park Avenue, Sandymount, Dublin 4, Ireland.

3488. **Gorp, Hendrik van** Maleizenstraat 76, 3020 Herent, Belgium. *Katholieke U. Leuven* / Prose fiction, esp. picaresque narrative and gothic novel • Popular genres.

3489. **Górska, Magdalena** Ul. Pulawska 234/60, 02-670 Warszawa, Poland. *Polish Academy of Sciences (P.A.N.) (Warszawa)* / Emblematic forms in Polish art • Political iconography.

3490. **Gospodinov, Dancho** Dept of Literary Studies, National Library of Bulgaria, Shipchenski prohod 52 bl. 17 et.8, 1113 Sofia, Bulgaria. *National Library of Bulgaria* / Literary theory • History of Bulgarian early modern literature • Popular culture • Les mentalités • National identity.
✉ pradipa@abv.bg

3491. **Gossens, Peter** von-Sandt-Str. 25, 53225 Bonn, Germany. *U. Münster.*

3492. **Goto, Hiroko** 401-306 Midori-cho, Hachioji-shi 193-0932, Japan.

3493. **Gotoh, Nahoko** 54 Pilgrims Lane, Hampstead, London, NW3 1SN, UK.

3494. **Götselius, Thomas** Heleneborgsgatan 46, 117 32 Stockholm, Sweden.

3495. **Gottlieb, Evan** Dept of English, Kenyon College, P.O. Box 66, Gambier, OH 43022-0066, USA. *Kenyon C.*

3496. **Göttsch, Silke** Manhagen 8, 24254 Rumohr, Germany. *U. Freiburg* / Resistance culture • Women • Biography • Popular culture.

3497. **Gottsmann, Andreas** An der Niederhaid 35, 1140 Wien, Austria.

3498. **Götz, Carmen** Heinrich Heine Universität, Inst. f. Gesch. der Medizin, Postfach 101007, 40001 Düsseldorf, Germany. *U. Düsseldorf.*

3499. **Goubert, Jean-Pierre** 47 rue d'Estienne d'Orves, 92140 Clamart, France. *Ecole des hautes études en sciences sociales* / Histoire comparée de la santé publique (France/Canada/Algérie/Brésil).

3500. **Goubier-Robert, Geneviève** Dept of Modern Languages and Literatures, Université d'Aix en Provence, 29 Avenue R.Schuman, 13621 Aix-en-Provence, France. *U. d'Aix en Provence* / The French novel • The ideas and morals of Rousseau and Diderot.
✉ ggoubier@aol.com

3501. **Goubman, Boris L.** Simeonovskaya 54, apt 6, 170000 Tver, Tver region, Russia. *Tver State U.* / Relations between the Enlightenment and contemporary patterns of philosophical thought • The modernity–postmodernity debate.
✉ boris.gubman@tversu.ru

3502. **Gouesse, Jean-Marie** 43 rue du Nord, 76000 Rouen, France. *U. de Caen* / Le mariage • Formation du couple en Normandie • L'inceste.

3503. **Gougeaud-Arnaudeau, Simone** 173 rue de Tolbiac, 75013 Paris, France. / Bernard de Bonnard.
✉ sim.arnaude@wanadoo.fr

3504. **Goujon, Sylvain** 2 route de Chêne, 1207 Genève, Switzerland. / Pierre Dolivier • Les martyrs de prairial an III • Philippe Buonarroti.

3505. **Goulbourne, Russell J.** Dept of French, University of Leeds, Woodhouse Lane, Leeds, LS2 9JT, UK. *U. of Leeds* / French drama, esp. Voltaire's comic theatre • Reception of classical writers, esp. Horace, and 17c dramatists, esp. Molière and Racine, in the 18th c.
✉ r.j.goulbourne@leeds.ac.uk

3506. **Gould, Philip** Dept of English, Brown University, Providence, RI 02912, USA. *Brown U.*

3507. **Goulding, Christine** Dept of Foreign Languages, California State University, Chico, CA 95929-0825, USA. *California State U.*

3508. **Goulding, Susan** Dept of Foreign Languages, California State University, Chico, CA 95929-0825, USA. *California State U.*

3509. **Goulemot, Jean-Marie** 46 rue La Bruyère, 75009 Paris, France. *U. de Tours* / Absolutisme éclairé • Ecrivains et gens de lettres • Littérature libertine • Construction des Lumières.
✉ goulemer@free.fr

3510. **Gounaridou, Kiki** Theatre Dept, Smith College, Northampton, MA 1063, USA. *Smith C.*

3511. **Gourdin, Jean-Luc** 37 rue Achille Garnon, 92330 Sceaux, France.

3512. **Gourdon, Gisele** 26 Greystones Hall Rd, Sheffield, S11 7BA, UK. *U. of Sheffield* / The novel.

3513. **Gourlay, Alexander S.** Rhode Island School of Design, 2 College St, Providence, RI 02903, USA. *Rhode Island School of Design* / Intersection of literature and the visual arts, esp. in England, with emphasis on William Blake and William Hogarth.
✉ agourlay@risd.edu

3514. **Goutal-Arnal, Valérie** 10 rue de Fontenay, 92340 Bourg La Reine, France. *U. de Paris XI* / Travaux d'éditions critiques notamment le *Journal* du libraire parisien Siméon-Prosper Hardy (1729-1806) • Naissance et développement de la vie nocturne à Paris.

3515. **Goutnov, Dimitrij A.** Baikalskaia Str. 113, 23, 107207 Moscow, Russia. *U. Lomonossov* / Russian science and university education.

3516. **Goutte, Pierre-Henri** 26 rue des aqueducs, 69005 Lyon, France. *U. de Lyon II* / Evidence et ordre naturel dans la Physiocratie • Les journaux économiques français.
✉ goutte@univ-lyon2.fr

3517. **Gouveia, Antónío Camões** Estr. Tires/Matos Cheirinhos, Casa Branca 2° A, 2775 S. Domingos de Rana, Portugal. / Histoire des idées.

3518. **Gouws, John** Dept of English, Rhodes University, Box 94, 6140 Grahamstown, South Africa. *Rhodes U.* / Pope and Johnson.

3519. **Govier, Louise** National Gallery of London, Trafalgar Square, London, WC2N 5DN, UK. *National Gallery of London.*

3520. **Goy, Joseph** 19 boulevard Jourdan, 75014 Paris, France. *Ecole des hautes études en sciences sociales* / Histoire sociale et anthropologie historique de l'Europe • Reproduction familiale et sociale des exploitations agricoles.

3521. **Goyard-Fabre, Simone** 25 rue de Maltot, 14000 Caen, France. *U. de Caen* / Locke, Montesquieu, Rousseau, Kant • Les jurisconsultes modernes • Philosophie du droît, philosophie politique.

3522. **Graber, Rolf** Höhenstr. 1a, 8280 Kreuzlingen, Switzerland.

3523. **Graça, Luis M. dos Santos** Rua Aldeia Velha 68, 2780 Montijo, Portugal.

3524. **Graciano, Andrew S.** Dept of Art, McMaster College, University of South Carolina (Columbia), Columbia, SC 29201, USA. *U. of South Carolina (Columbia)* / American War of Independance • French Revolution • America • Britain • France • Germany • Lunar Society, Derby Philosophical Society, Royal Society • Painting • Enlightenment (concept) • British Enlightenment • European thought.
✉ graciano@gwm.sc.edu

3525. **Graczyk, Annette** Giesebrechtstr. 6, 10629 Berlin, Germany. *U. Marburg* / French revolutionary theatre • Narrative and the masses • Literary representation of cities.

3526. **Gradeva, Rossitsa** Institute for Balkan Studies, Bulgarian Academy of Sciences, 45 Moskovska Str., Sofia 1000, Bulgaria. *Bulgarian Academy of Sciences* / Ottoman administration • Islamic law • Balkan societies at the end of the 18c and their interaction • Ottoman secession in the Balkans, 1790-1810.
✉ rsg6@bas.bg

3527. **Gradova, Bronislava** Oul. Dybenko 36, 1, 73, 193231 St Petersburg, Russia. *Bibliothèque nationale de Russie* / Russian literature and manuscript traditions • Life and works of Kantemir and his iconography.
✉ gradova@mail.ru

3528. **Graef, Holger Th.** Hessisches Landesamt fuer geschichtliche Landeskunde, Wilhelm-Roepkestr. 6 C, D-35032 Marburg, Germany. *Hessisches Landesamt fuer geschichtliche Landeskunde* / Central Europe • Western Europe • Travel literature.
✉ graef@mailer.uni-marburg.de

3529. **Graevenitz, Gerhart von** Lindauer Str. 12, 78464 Konstanz, Germany. *U. Tübingen* / Sensibility: pietism; social history of bourgeoisie and bourgeois inwardness; the concept of loneliness • Travel literature.

3530. **Gräf, Holger Th.** Rittergasse 9, 35305 Grünberg, Germany. *Hessisches Landesamt für geschichtliche Landeskunde* / Urban history • Historiography.
✉ graef@mailer.uni-marburg.de

3531. **Graf, Roman** 3 Benedict Lane, Middlebury, VT 05753-1310, USA. / *Sturm und Drang* • Gender studies • Sexuality • J. M. R. Lenz • Fairy tales • Drama and dramatic theory • Literary theory.

3532. **Graf, Rudolf** Im langen Loh 46, 4123 Allschwil, Switzerland. / The Enlightenment as instrument of intellectual and moral reform • Genesis of the idea of the nation state.

3533. **Graham, Kenneth W.** #173-295 Water St, Guelph, ON N1G 2X5, Canada. *U. of Guelph* / William Beckford's *Vathek avec les Épisodes de Vathek* • British and European Orientalism.
✉ kwgraham@uoguelph.ca

3534. **Graham, Lisa Jane** Dept of History, Haverford College, 370 Lancaster Avenue, Haverford, PA 19041, USA. *Haverford C.* / Gender and sexuality • Visual culture • Libertinage • Policing and criminality • Monarchy and Enlightenment • Morality and political culture.
✉ lgraham@haverford.edu

3535. **Grahn, Lance R.** Dept of History, Marquette University, Coughlin Hall, 303, P.O. Box 1881, Milwaukee, WI 53201-1881, USA. *Marquette U.* / Seven Years War • Latin America • Spain • Catholicism • Baroque • Political economy • Charles III, king of Spain • Philip V, king of Spain.
✉ lance.grahn@marquette.edu

3536. **Graille, Patrick** 47 rue de la Lionne, 45000 Orléans, France. / Monstres (médecine et littérature) • Imaginaire romanesque du tournant des Lumières • Afrique.

3537. **Gram Holmström, Kirsten** Katarina Bang. 24, 11639 Stockholm, Sweden. / Theatre • Ballet • Opera.

3538. **Gramatikova, Nevena Yosifova** 45 Moskovska Str., 1000 Sofia, Bulgaria. *Bulgarian Academy of Sciences* / Islamic sects and dervish orders in the Balkans.

3539. **Granberg, Gunnar** Norrlandsgatan 36 D, 752 29 Uppsala, Sweden. *Uppsala U.*

3540. **Granderoute, Robert** Résidence Aspin 2, 12 avenue du Stade Nautique, 64000 Pau, France. *U. de Pau* / La réflexion pédagogique • Le roman d'éducation • Mémoires et correspondances • Voltaire.

3541. **Grandière, Marcel** 6 rue du Stade, 49290 Chaudefonds-sur-Layon, France. *I.U.F.M. Pays de la Loire* / L'éducation • Culture et société.

3542. **Granese, Alberto** Via N. Conforti 1, 84100 Salerno, Italy. *U. di Salerno* / La culture italienne • La liberté de la presse dans l'Europe.

3543. **Grant, John E.** 407 Magowan Avenue, Iowa City, IA 52246-3726, USA.

3544. **Grant, Kerry S.** Dean's Office, College of Arts and Sciences, State University of New

York, Buffalo, NY 14260, USA. *S.U.N.Y. (Buffalo)* / The correspondence of Charles Burney.

3545. **Grapotte, Sophie** 76 rue de Gernsheim, 10200 Bar-sur-Aube, France. *U. de Bourgogne* / Kant.

3546. **Grasemann, Friederike** Kirchenstr. 22, 2344 MA Enzersdorf, Austria. / Musicology.

3547. **Grassi, Marie-Claire** Les Quatre Vents, 196 chemin de Terron, 06000 Nice, France. *U. de Nice Sophia Antipolis* / Ecriture intime (correspondance et journaux) • Manuels épistolaires • Epistolarité.

3548. **Grassi, Silvia** Passegiata di Ripetta 17A, 00186 Roma, Italy. *U. di Perugia* / Historiography, esp. of the Roman era • Rome and the Jewish community.

3549. **Grate, Pontus** Ljusterögatan 14, 3 trappor, 116 42 Stockholm, Sweden. / Catalogue raisonné des collections de peinture française dans les musées nationaux suédois • L'art suédoise.

3550. **Grathwol, Kathleen** Dept of English, Suffolk University, Beacon Hill, 41 Temple St, Boston, MA 02114-4280, USA. *Suffolk U.* / Lady Mary Wortley Montagu • Women's writing • Theory of the novel • Feminist theory.

3551. **Grau, Conrad** Schulze-Boysen-Str. 37, 10365 Berlin, Germany. *Akademie der Wissenschaften* / Prussian Academy of Sciences at Berlin • European scientific relations, esp. German-Russian.

3552. **Graubner, Hans** In der Bleiche 58, 37083 Göttingen, Germany. *U. Göttingen* / Physico-theology • Aesthetics • Brockes, Klopstock, Hamann, Herder, Kant.

3553. **Gravener, John M.** 969-G Edgewater Blvd., Foster City, CA 94404, USA.

3554. **Gravier, Marie-Thérèse** 33 rue Brézin, Bât. B, 75014 Paris, France. *Institut d'études et de recherches maçonniques* / Activité des loges maçonniques sous la Révolution.

3555. **Gravlee, G. Jack** 1650 Juniper Drive, Estes Park, CO 80517-7514, USA. *Colorado State U.* / British-American colonial war pamphlets • Rhetorical studies • Jonathan Shipley and Isaac Watts • Catharine Macaulay (Graham) • Fast Day sermons in Great Britain.

3556. **Gray, James** Ward Mountain, 3856 Prospect Road, Kentville, NS B4N 3V8, Canada. *Dalhousie U.* / English literature, history and biography in relation to Johnson and his circle • Literary connections between England and France, 1750-1800, esp. the theatre.

3557. **Gray, Richard T.** Dept of Germanics, University of Washington, Box 353130, Seattle, WA 98195-3130, USA. *U. of Washington (Seattle)* / Germany • Literature and philosophy • Economic theory.
✉ woyzeck@u.washington.edu

3558. **Gray, Walter D.** Dept of History, Loyola University, 6525 North Sheridan Rd, Chicago, IL 60626-5311, USA. *Loyola U.* / Louis XVI • Nobility in France.

3559. **Graybill, Lela** Dept of Art & Art History, Stanford University, Stanford, CA 94305, USA. *Stanford U.*

3560. **Grayson, Susan B.** Occidental College, 527 - 20th St, Santa Monica, CA 90402-3027, USA. *Occidental C.* / Poststructuralist and psychoanalytic criticism applied to French Enlightenment fiction.
✉ sgrayson@oxy.edu

3561. **Grayson Kocay, Vera** 69 MacKinnon St, Antigonish, NS B2G 1M3, Canada. *St Francis Xavier U.* / Mme de Graffigny • Reception of 18c texts.

3562. **Graziani, Antoine-Marie** 1 rue Cyrnos, 20000 Ajaccio, France. *I.U.F.M. Ajaccio* / La Corse • L'illuminisme italien, Pascal Paoli.

3563. **Graziano, Alba** Via Beata Vergine del Carmelo 97/d, 00144 Roma, Italy. *U. della Tuscia* / English literature • Novel; satire • Jonathan Swift.

3564. **Graziosi, Elisabetta** Via S. Stefano 67, 40123 Bologna, Italy. *U. di Bologna* / Arcadie • Ecriture féminine • Polémiques • Bologne.

3565. **Grdinic, Nikola** Kralja Aleksandra 14, 21000 Novi Sad, Serbia. *U. Novi Sad* / Methodology of 18c studies • History of ideas • Emblematics.

3566. **Grecenková, Martina** Dept of History, Czech Academy of Sciences, Prosecká 76, 190 00 Praha 9, Czech Republic. *Czech Academy of Sciences* / Correspondance et communication scientifique • Absolutisme éclaire • Le regard sur l'autre • Les récits de voyages et les voyageurs.
✉ grecenkova@hiu.cas.cz

3567. **Green, Barclay E.** 7 Hillside Drive, East Hanover, NJ 07936 3406, USA.

3568. **Green, James N.** Library Company of Philadelphia, 1314 Locust St, Philadelphia,

PA 19107-5679, USA. *Library Company of Philadelphia* / Book publishing in early America.

3569. **Green, Peter** Friar Park Vicarage, Freeman Road, Wednesbury, WS10 0HJ, UK.

3570. **Green, Tina** 117 Kelly Rd, Red Hook, NY 12571 1145, USA.

3571. **Greenberg, John L.** 55 bd Joseph Bara, 91120 Palaiseau, France. / Science: physics • Mathematics • Paris Academy of Sciences.

3572. **Greene, Jody** Dept of Literature, University of California, Kresge Academic Services, 1156 High St, Santa Cruz, CA 95064, USA. *U. of California (Santa Cruz)* / History of copyright, esp. the relationship between copyright and liability • Gender studies • Gay and lesbian studies.
✉ jgreene@ucsc.edu

3573. **Greene, John** Dept of Modern Languages, University of Louisville, Louisville, KY 40292 1802, USA. *U. of Louisville* / French prose fiction • Material culture • Travel narratives.
✉ jpgree01@gwise.louisville.edu

3574. **Greene, John C.** University of Southwestern Louisiana, P.O. Box 44691, Lafayette, LA 70504 0001, USA. *U. of Southwestern Louisiana* / Irish theatre history • Irish newspapers.

3575. **Greenfield, Sayre** 90 South Wade Avenue, Washington, PA 15301-3656, USA.

3576. **Greenfield, Susan C.** Dept of English, Fordham University, 215 West 98th St, #5B, NY, NY 10025-3665, USA. *Fordham U.*

3577. **Greenleaf, Joan** 23 Cotelands, Chichester Road, Croydon, Surrey CRO 5UD, UK. *U. of Westminster* / French literature • Art history.

3578. **Greenleaf, Monika** 188 Rockrimmon Rd, Stamford, CT 06903-2815, USA.

3579. **Gregg, Stephen H.** Dept of English, Edge Hill College, St Helen's Road, Ormskirk, Lancashire L39 4QP, UK. *Edge Hill C.* / Manliness and masculinity in early 18c literature • The fiction of Daniel Defoe • The literature of the British empire • Colonialism.
✉ greggs@edgehill.ac.uk

3580. **Gregori, Flavio** Dip. di Studi Linguistici e Letterari Europei e Postcoloniali, Università Ca' Foscari di Venezia, Palazzo Cosulich, Zattere - Dorsoduro 1405, 30123 Venezia, Italy. *U. Ca' Foscari di Venezia* / South Sea Bubble • England • Scriblerians • English literature • Antiquity • John Gay • Alexander Pope • Laurence Sterne • Jonathan Swift.
✉ flagre@unive.it

3581. **Gregoriou, Gregory** 2155 Stevens St, Ville Saint Laurent, PQ H4M 1G6, Canada. *McGill U.* / Rousseau et la musique: *Le devin du village* • La tradition humaniste depuis l'antiquité • Le rôle des personnalités pathologiques dans l'histoire • La littérature pour les jeunes et leur santé psychique.

3582. **Gregory, Tullio** Piazza Cavour 19, 00193 Roma, Italy. *U. di Roma* / Histoire du libertinage érudit • Littérature française clandestine • Critique des religions.

3583. **Greif, Stefan** Dept of Cultural Studies, University of Paderborn, 33098 Paderborn, Germany. *U. of Paderborn* / Théories de l'image • Esthétique • Herder • Diderot • Schelling • Goethe.
✉ cgreif@hoz.uni-paderborn.de

3584. **Greig, Hannah** Upper Flat, 2 Gower St, London, WC1E 6DP, UK.

3585. **Greilich, Susanne** Universität des Saarlandes, Geb 11, 66123 Saarbrücken, Germany. *U. des Saarlandes* / French and German popular literature, esp. almanacs and calendars • Cultural transfer and intercultural communication • Perception of the colonial world and the orient in France.

3586. **Greineder, Daniel** Magdalen College, Oxford, OX1 4AU, UK. *Magdalen C.*

3587. **Greisheimer, James** Dept of Music, Luther College, 700 College Drive, Decorah, IA 52101, USA. *Luther C.*

3588. **Grell, Chantal** 95 bd Beaumarchais, 75003 Paris, France. *U. de Versailles Saint-Quentin* / L'image de l'antiquité en France • L'histoire en France • Les cours.

3589. **Gremigni, Elena** Via A. Baroni 28, 57124 Livorno, Italy. / Newspapers, gazettes, journals • Writings on the theatre, esp. Diderot.

3590. **Grenby, Matthew O.** Top Flat, 24 Cornwall Road, London, N4 4PH, UK. / Literary history.

3591. **Grenet, Sylvie** 34 rue du Plateau, 75019 Paris, France. / Watercolours • Painting.

3592. **Grenier, Chantal** 4351 Wellington, Verdun, PQ H4G 1W5, Canada. *U. de Montréal* / Littérature française • Musique • Voltaire, le travestisme et l'ambiguité sexuelle.

3593. **Grenon, Anne-France** 2 boulevard Henri-IV, 75004 Paris, France.

3594. **Gresset, Maurice** 16B rue de Vesoul, 25000 Besançon, France. *U. de Franche-Comté* / Institutions et société • Histoire de Franche-Comté.

3595. **Gretchanaia, Elena** nab. Chevtchenko, 1/2, 18, 121059 Moscou, Russia. *Académie des sciences de Russie* / Julie Krüdener.

3596. **Grevet, René** 63 bd Clémenceau, 62500 Saint-Omer, France. *U. de Lille III* / Histoire politique et culturelle • Enseignement et éducation • Enfance assistée • Histoire et pouvoir.

3597. **Grevlund, Merete** Romansk Institute, K.U.A., Njalsgade 80, 2300 København S, Denmark. *Københavns U.* / Le roman de Cl. Crébillon • Les récits de voyage: documents et fictions, de Robert Challe à Chateaubriand • Rhétorique révolutionnaire.

3598. **Grewe, Andrea** Romanisches Seminar, Bispinghof 3a, 48143 Münster, Germany. *U. Münster* / Théâtre • Théâtre de la foire.

3599. **Greyerz, Kaspar von** Hauensteinstr. 134, 4059 Basel, Switzerland.

3600. **Grieder, Josephine** 2 King St, apt 5D, New York, NY 10012-2917, USA. *Rutgers U. (New Brunswick)* / England and France: mutual views, 1740-1789 • Louis XVI • Architecture and urbanisation in Paris.

3601. **Grieger, Astrid** Erhardstr. 1, 73525 Schwäbisch-Gmund, Germany. *U. Tübingen* / Johann Heinrich Merck • *Sturm und Drang* aesthetics and concept of art.

3602. **Griep, Wolfgang** Eutiner Landesbibliothek, Schlossplatz 4, 23701 Eutin, Germany. *Eutiner Landesbibliothek* / Travel literature • Novel in Germany • French Revolution in Germany.

3603. **Grieve, Ann** 13 rue Brea, 75006 Paris, France. *U. de Paris VII* / Eccentric architecture: follies, garden pavilions.

3604. **Griffin, Dustin H.** 89 Dwight Place, Englewood, NJ 07631-3626, USA. *New York U.* / Satire • Patronage • Poetry and patriotism.

3605. **Griffin, Michael** 12 Dún An óir, Shannon, Co. Clare, Ireland. *U. of Notre Dame* / Irish writing • Travel writing and literary geographies • Celticism • Oliver Goldsmith.
✉ griffin.61@nd.edu

3606. **Griffin, Robert J.** Dept of English, Tel Aviv University, 69978 Tel Aviv, Israel. *Tel Aviv U.* / Samuel Johnson • Augustan-Romantic axis • The sublime.

3607. **Griffin, William** Dept of History, St John's University, Jamaica, NY 11439, USA. *St John's U.*

3608. **Griffith, Alexandra** 392 Henry St, Brooklyn, NY 11201, USA. / Architecture • Social history • Decorative arts, design, material culture.
✉ alexagriffith@mindspring.com

3609. **Griffith, Gerald C.** Wellbrook Manor, Stockley Hill, Peterchurch, Hereford HR2 OSS, UK.

3610. **Griffith, Philip Mahone** 400 Washington St, Monroe, NC 28112-5565, USA. *U. of Tulsa* / Samuel Johnson and his circle • Early periodical literature • Early English novel.

3611. **Griffiths, Branwen** 18 Greville Rd, Southville, Bristol, BS3 1LL, UK. / Pietro Verri • Enlightenment in Italy.

3612. **Griffiths, Susan M.** King's College, Cambridge, CB2 1ST, UK. *U. of Cambridge* / Representation of the body in the French novel of the early Enlightenment, esp. the works of Crébillon fils.
✉ smg23@cam.ac.uk

3613. **Griftzova, Irina** 7-9 Begovaia oul., apt 139, 125284 Moscou, Russia. *U. pédagogique de Moscou* / Logique et théorie d'argument • Kant, Christian Wolff.

3614. **Grigorieva, Inna** Oul. Joukovskogo, 43/45, 4, 191014 St Pétersbourg, Russia. *U. de Novgorod* / Culture néo-latine en Russie • Enseignement et livre à Novgorod.

3615. **Grigoropoulou, Vasiliki** 38 Dafnomili, 11471 Athens, Greece.

3616. **Grijzenhout, Frans** De Wittenkade 86, 1051 AK Amsterdam, Netherlands. *Institaut Collectie Nederland* / Art and politics in the Netherlands and France • Museology.
✉ frans.grijzenhout@icn.nl

3617. **Grillenzoni, Paolo** Via Papa Giovanni XXIII 1, 42045 Luzzara (RE), Italy.

3618. **Grillo, Maria** Piazza Cavour 32, 95100 Catania, Italy. *U. di Catania* / Acicastello: demography and society.

3619. **Grimberg, Gérard** 126 rua Gustavo Sampaio, apt. 402, LEMC, Rio de Janeiro 22010-010, Brazil.

3620. **Grimberg, Michel** 6 rue de l'Est, 75020 Paris, France. *U. de Picardie* / Theatre allemand • Reception de la littérature francaise en Allemagne.
✉ mgrimberg@noos.fr

3621. **Grimm, Gunter E.** Universität Duisburg, Lotharstr. 65LE, 47057 Duisburg, Germany. *U. Duisburg* / Science • Herder • Lessing.

3622. **Grimm, Sieglinde** Institut für deutsche Sprache, Universität zu Köln, Albertus-Magnus-Platz, 50923 Köln, Germany. *U. Köln.*

3623. **Grímsdóttir, Gudrun Ása** Stofnun Árna Magnússonar, Háskóla Íslands, Reykjavík, Iceland. *Háskóla Íslands.*

3624. **Grisard, Pierre** 4 rue du Mont Fleury, 21121 Fontaine-les-Dijon, France. *U. de Bourgogne* / Analyse du discours 'ilustrado' • Théâtre néo-classique espagnol • Despotisme éclairé en Espagne.
✉ grisard.dijon@wanadoo.fr

3625. **Grisham, Gertrude** 1022 Hinman Ave, Evanston, IL 60202-1319, USA. *Lake Forest C.* / Literature and the other arts • Drama and opera • Intellectual and cultural history.

3626. **Grober, Max** Dept of History, Austin College, 900 North Grand Avenue, Sherman, TX 75090-4400, USA. *Austin C.* / Charles Bonnet • Geneva.

3627. **Grochulska, Barbara** Aleja Wojska Polskiego 13 m.1, 01-524 Warszawa, Poland.

3628. **Groffier, Ethel** 1509 Sherbrooke Ouest # 76, Montréal, PQ H3G 1M1, Canada. *McGill U.* / Biographie de Guibert • Lettres de la comtesse de Boufflers.
✉ groffier@aol.com

3629. **Grogan, Claire** Dept of English, University of British Columbia, Vancouver, BC V6R 1H9, Canada. *U. of British Columbia* / Elizabeth Hamilton • Politics of genre.

3630. **Gröndahl, Anna-Stina** Konstvetenskapliga institutionen, Stockholms universitet., Kungl. Husgerådskammaren, Stockholm, Sweden. *Stockholms U.* / Swedish art.

3631. **Gronemeyer, Horst** Johannes-Schult-Weg 15, 22359 Hamburg, Germany. *Staats- und U.-Bibliothek Hamburg* / Friedrich Gottlieb Klopstock • Friedrich von Hagedorn.
✉ gronemeyer-horst@t-online.de

3632. **Grønli, Anne** 38 Teglbrennerveien, 7013 Trondheim, Norway. *Trondheim U.* / French literature • Art • Archaeology.
✉ anne.gronli@ub.ntnu.no

3633. **Groom, Nick** Dept of English, University of Bristol, BSD ITB Bristol, UK. *U. of Bristol* / Poetry • Percy's*Reliques* • Ballads • The canon • Chatterton • Literary forgery • Subcultures.

3634. **Groot, J. P. M.** Postbus 20061, 2500 EB Den Haag, Netherlands. *Erasmus Huis* / History of learned societies in Asia.

3635. **Groppi, Angela** c/o Fondazione Basso, Via della Dogana Vecchia 5, 00100 Roma, Italy. *Fondazione Basso Roma* / Organisation du travail et luttes des travailleurs à Paris pendant l'époque révolutionnaire • Féminisme.

3636. **Grosperrin, Bernard** Les Coquelicots, 26 avenue de Ceres, 38320 Poisat, France. *U. de Savoie* / Historiographie • Enseignement et éducation • Histoire de la Savoie.

3637. **Grosrichard, Alain** 36 rue des Pâquis, Genève 1201, Switzerland. *U. de Genève* / Orient, image of • Jean-Jacques Rousseau.
✉ alain.grosrichard@lettres.unige.ch

3638. **Gross, Hanns** 2053 West Morse Avenue, Chicago, IL 60645-4975, USA. *Loyola U.* / Intellectual and cultural background of the Halle form of pietism and the earlier half of the German Enlightenment.
✉ stockerau11@msn.com

3639. **Gross, Martina** Breitlacherstr.113, 60489 Frankfurt am Main, Germany. / Theatrical conceptions of Voltaire.

3640. **Gross, Steffen** Wolfson College, Linton Road, Oxford, OX2 6UD, UK. *U. of Oxford.*

3641. **Grosser, Thomas** Römergartenstr. 4, 68519 Viernheim, Germany. *U. Mannheim* / Travel literature and travel • Aesthetic theory in the late 18c • German reception of the French Revolution • Perception.

3642. **Grossi, Paolo** Istituto Italiano di Cultura (Paris), 50 rue de Varenne, 75007 Paris, France. *Istituto Italiano di Cultura (Paris)* / Histoire littéraire, France et Italie • Emigration italienne en France après la Révolution française.
✉ paololuigi.grossi@esteri.it

3643. **Grossman, Robert** 3887 Fairfax Sq., Fairfax, VA 22031-4200, USA.

3644. **Grötsch, Ulrich** 1244 Sleepy Hollow Lane, Scotch Plains, NJ 7076, USA. *Rutgers U.*

3645. **Groult, Martine** 6 rue Morere, 75014 Paris, France. *E.N.S. Lettres & Sciences Humaines (Lyon)* / L'*Encyclopédie* dans la philosophie des Lumières: classification et métaphysique.
✉ groult@noos.fr

3646. **Grove, Allen W.** 16 High St, Alfred, NY 14802-1303, USA.

3647. **Groza, Liviu** p.A. Trintu Maran, Mittelgasse 19/17, 1060 Wien, Austria.

3648. **Gruber, Gernot** Institut für Musikwissenschaft, Campus AAKH, Spitalgasse 2-4, 1090 Wien, Austria. *Campus AAKH* / Music • Aesthetics.

3649. **Gruder, Vivian R.** 890 West End Avenue, New York, NY 10025, USA. / Growth of political consciousness and political opposition in the late Bourbon monarchy • Political ideas and political action leading to the French Revolution.
✉ vrgruder@att.net

3650. **Grugel-Pannier, Dorit** Von-der-Tinnen-Str. 26, 48145 Münster, Germany. / Luxury: a history of meanings and ideas from the Old Testament to Bernard Mandeville • English literature, philosophy and economics.

3651. **Gründer, Karlfried** Schuppenhörnlestr. 44, 79868 Feldberg/Falkau, Germany. *Freie U. Berlin* / Edition du *Dictionnaire historique de philosophie* • Johann David Michaelis • J. G. Hamann.

3652. **Grundy, Isobel** Dept of English, University of Alberta, 3-5 Humanities Centre, Edmonton, AB T6G 2E5, Canada. *U. of Alberta* / Women's literary history • Humanities computing • British women writers.

3653. **Grunert, Frank** Institut für Neuere deutsche Literatur, Universität Giessen, Otto-Behaghel-Str. 10, 35394 Giessen, Germany. *U. Giessen* / Natural law; philosophy of law • Political theory • Christian Thomasius.

3654. **Grüning, Hans-Georg** Via Fratelli Cervi 32, 62100 Macerata, Italy. *U. di Macerata* / Translation and translation theory • Cultural and literary links between Germany and Italy.

3655. **Grybanova, Irene V.** Chkalova Str. 85-44, 327055 Nikolaev, Ukraine. *Nikolaev Pedagogical Institute* / Lexical change in printed books • Depictions of sound • Toponyms.

3656. **Grzeskowiak-Krwawicz, Anna** Ul. Portofino 2/18, 02-764 Warszawa, Poland. *Polish Academy of Science* / Political literature • Political thinking and theory in Poland • The idea of freedom.
✉ krwawicz@wp.pl

3657. **Gsteiger, Manfred** Pertuis-du-Sault 10, 2000 Neuchâtel, Switzerland.

3658. **Gu, Hang** Institute of International Studies, Beijing Foreign Studies University, 2 North Xisanhuan Avenue, 100089 Beijing, China. *Beijing Foreign Studies U.* / Modern French History.

3659. **Guagnini, Elvio** Via Carducci 2, 34133 Trieste, Italy. *U. di Trieste* / Italian travel literature • The novel in Italy.

3660. **Guderzo, Giulio** Via Calchi 13bis, 27100 Pavia, Italy. *U. di Pavia* / Economic and social history of Italy • Land and cultivation in the Po valley.

3661. **Gudmundsdóttir, Ingveldur** Tjarnargötu 43, 101 Reykjavík, Iceland.

3662. **Gudmundsdóttir, Margrét** Holtagerdi 43, 200 Kópavogur, Iceland.

3663. **Gudmundsdóttir, Thórunn** Breiduvik 87, 112 Reykjavík, Iceland.

3664. **Gudmundsson, Einar H.** Blómvallagötu 13, 101 Reykjavík, Iceland.

3665. **Gudmundsson, Eiríkur** Hjardharhaga 64, 107 Reykjavík, Iceland.

3666. **Gudmundsson, Gudlaugur** Hamraborg 14, 200 Kópavogur, Iceland.

3667. **Gudmundsson, Óskar** Flókagötu 67, 105 Reykjavík, Iceland.

3668. **Gudmundsson, Óttar** Hagamel 10, 107 Reykjavík, Iceland.

3669. **Gudmundsson, Skúli** Laugarnesvegi 88, 105 Reykjavík, Iceland.

3670. **Guedes, Max** Rua Sambaíba 166/104, 22450-140 Rio de Janeiro, Brazil. *Diretoria do Patrimônio histórico e Cultural da Marinha* / Naval history • Cartography • Navigation • Brazil.

3671. **Guédron, Martial** Dépt d'Histoire de l'art, Université Marc Bloch, Place de l'Université, 67084 Strasbourg, France. *U. de Strasbourg* / L'interférence des théories scientifiques et para-scientifiques avec les théories de l'art • L'enseignement théorique et pratique du dessin à l'Académie royale de peinture et de sculpture.
✉ guedron@umb.u-strasbg.fr

3672. **Guelzo, Allen C.** Templeton Honors College, Heritage House, Eastern College, 1300 Eagle Road, St David's, PA 19087,

USA. *Eastern C.* / Jonathan Edwards • Free will and determinism • Colonial American religion • The Great Awakening • American intellectual history.

3673. **Gueniffey, Patrice** Centre de recherches politiques Raymond-Aron, E.H.E.S.S., 105 bd Raspail, 75006 Paris, France. *EHESS* / Histoire politique de la période révolutionnaire.

3674. **Guerci, Luciano** Via Madama Cristina 20, 10100 Torino, Italy.

3675. **Guerra, Cidalisa Maria Ludovino** Rua Fernando Namora, 318-2º B, 2785-679 Rana - S.Domingos de Rana, Portugal. / Portuguese culture.
✉ cidalisa.guerra@rtp.pt

3676. **Guerra, Lia Simonetta** Via G. Frank 11, 27100 Pavia, Italy.

3677. **Guerrero Latorre, Ana Clara** Avda de los Toreros 24, 28028 Madrid, Spain. / Histoire des idées et la crise de l'Ancien Régime • Relations internationales et la crise de l'Ancien Régime.

3678. **Guerretta, Patrick-André** Avenue Eugène Pittard 11, 1206 Genève, Switzerland. / Histoire de l'art genevois (Lumières/néoclassicisme/romantisme) • Ecole genevoise de peinture • Pierre-Louis de La Rive (1753-1817) • Néoclassicisme artistique et littéraire.

3679. **Guerrini, Anita** Dept of History, University of California, Santa Barbara, CA 93106, USA. *U. of California (Santa Barbara)* / Science • Medicine, religion and the body • Animal experimentation.

3680. **Guest, Harriet** Centre for Eighteenth-Century Studies, University of York, Kings Manor, York, YO1 7EP, UK. *U. of York.*

3681. **Guetata, Jouda** 16 résidence Notre-Dame, 93150 Blanc-Mesnil, France. *U. de Paris VII* / La redécouverte de l'Orient méditerranéen par les Français.

3682. **Guffey, Elizabeth E.** Dept of Humanities, S.U.N.Y. at Purchase, Purchase, NY 10577-1400, USA. *S.U.N.Y. (Purchase).*

3683. **Guglielminetti, Marziano** Corso Duca degli Abruzzi 35, 10124 Torino, Italy. *U. di Torino* / Autobiographical writing during the reign of Maria Theresa.

3684. **Guicciardi, Jean-Pierre** 4 square Ampère, 78330 Fontenay-le-Fleury, France. *Lycée Mansart* / Epistémologie de l'histoire en France 1750-1800 • Les histoires universelles • La pensée politique, sociale, économique de Vauban, Quesnay, Turgot • L'opéra-comique en France: dramaturgie, idéologie, musique • Edition critique de Mémoires sur le 18s.

3685. **Guilbert, Philippe** 36 rue Cécile, 94700 Maisons-Alfort, France. / Karl Philipp Moritz.

3686. **Guildi, Joanna** 2813 Fulton St, Berkeley, CA 94715, USA.

3687. **Guilhamet, Leon M.** 555 North Avenue, apt 14D, Fort Lee, NJ 07024-2415, USA. / Satire • Sensibility • Fiction.

3688. **Guilhaumou, Jacques** 29 bd Rodocanachi, 13100 Marseille, France. / French Revolution • Marseille • Cordelier movement • Jacobinism • Marxism • History of concepts • Sieyès, Robespierre, Marx.
✉ guilhaum@newsup.univ-mrs.fr

3689. **Guilhembet, Jacques** Dépt de littérature française, Université de Paris IV, 1 rue Victor Cousin, 75230 Paris, France. *U. de Paris IV* / Etude des procédés de l'illusion dans les romans, en part. ceux de Marivaux • Les moralistes.
✉ jacques.guilhembet@paris4.sorbonne.fr

3690. **Guillamón Alvarez, Francisco Javier** c/ Enrique Villar 7, 6°B, 30008 Murcia, Spain. *U. de Murcia* / 'L'Honneur' • Spanish Bourbon local administration • Campomanes • Charles III of Spain.

3691. **Guillaume, Pierre Eugène-Jean** Rue du Limousin 4, B.P. 218, 51207 Epernay Cedex, France. / La franc-maçonnerie à Reims.

3692. **Guillerand-Champenier, Marie-Claude** 23 avenue des Grolles, 44100 Nantes, France.

3693. **Guillevin, Nicole** 9 rue du Château d'eau, Limoges-Fourches, 77550 Moissy-Cramayel, France.

3694. **Guillot-Kohn, Isabelle** 4 square Lagarde, 75005 Paris, France. *U. de Paris VII* / Restif de La Bretonne • Ekphrasis • Domaine franco-allemand fin du 18s • Traduction des *Flegeljahre* de Jean-Paul Richter.
✉ isabelguillot@wanadoo.fr

3695. **Guinness, Desmond** Leixlip Castle, Leixlip, Co. Kildare, Ireland. / Irish art, architecture and artifacts.

3696. **Guinote, Paulo Jorge Alves** Rua Vasco da Gama 49-1° Esq., Alhos Vedros, 2860 Moita, Portugal. / Mentalités.

3697. **Guiragossian-Carr, Diana** Dept of French, Indiana University, Bloomington, IN 47405-1000, USA. *Indiana U. (Bloomington)* /

Diderot in England • Complete works of Voltaire • The novel.
✉ carr@indiana.edu

3698. **Guirao de Vierna, Angel** c/ Marques del Duero 6 - 3° Izq., 28001 Madrid, Spain. *Consejo Superior de Investigaciones Científicas* / Expéditions espagnoles • Science et les Lumières.

3699. **Guitton, Edouard** 2 villa du Bourg l'Evêque, 35000 Rennes, France. *U. de Rennes II* / Poésie et Lumières: Voltaire, Louis Racine, Lemierre, Roucher, Delille, Fontanes, Chêdollé • André Chénier • Bernardin de Saint-Pierre • La Bretagne des Lumières • Ginguené.
✉ edougui@infonie.fr

3700. **Guldberg, Jørn** Center for Kulturstudier, Syddansk Universitet, Campusvej 55, 5230 Odense M, Denmark. *Syddansk U.*

3701. **Guldseth, Vigdis** Vådanvn. 25, 7024 Trondheim, Norway. *U. i Trondheim* / Laurence Sterne.

3702. **Gulya, János** Finnisch-ugrisches Seminar, Universität Göttingen, Theaterstr. 14, 37073 Göttingen, Germany. *U. Göttingen* / Psychology, esp. in Göttingen: Leibniz, Schlözer • German-Russian scientific relations • Languages and peoples of Siberia.

3703. **Gundersen, Joan R.** 126 Woodland Rd., Pittsburgh, PA 15232, USA. *Elon C.*

3704. **Gunn, J. A. W.** Dept of Political Studies, Queen's University, Kingston, ON K7L 3N6, Canada. *Queen's U.* / Political thought in Britain and France, esp. 'public opinion' as then understood • Edition of Hume's essays in politics and economics.

3705. **Gunnarsdóttir, Helga Kristín** Eskihlídh 6 b, 105 Reykjavík, Iceland. *U. of Iceland* / Literature • History.
✉ hkg@bok.hi.is

3706. **Gunnarsson, Gísli** Fellsmúla 20, 108 Reykjavík, Iceland.

3707. **Gunnarsson, Pétur** Blönduhlíd 7, 105 Reykjavík, Iceland.

3708. **Gunnarsson, Ragnar** Einigrund 7, 300 Akranes, Iceland.

3709. **Gunnlaugsson, Gudvardur Már** Stofnun Árna Magnússonar, Háskóla Íslands, 101 Reykjavík, Iceland. *U. of Iceland.*

3710. **Gunnlaugsson, Gylfi** Seilugranda 8, 107 Reykjavík, Iceland.

3711. **Gunny, Ahmad** 10 Burgess Mead, Oxford, OX2 6XP, UK. *U. of Oxford* / French and English writers perceptions of Islam • Voltaire's complete works.
✉ ahmad@agunny.freeserve.co.uk

3712. **Günther, Horst** Koburger Str. 6, 10825 Berlin, Germany. / Historical semantics • Theory of history • Aesthetics and language theory.

3713. **Gunzenhauser, Bonnie** 580 South Church St, apt. 2S, Decatur, IL 62522, USA. *U. of Chicago.*

3714. **Guo, Chengkang** 175 Haidian Road, Haidian District, 100872 Beijing, China. *Renmin U. of China* / China: Qing history.

3715. **Guo, Runtao** Dept of History, Beijing University, 100871 Beijing, China. *Beijing U.* / Social and economic history.

3716. **Guo, Songyi** Institute of History, Chinese Academy of Social Sciences, 5 Jian Nei Da Jie, 100732 Beijing, China. *Chinese Academy of Social Sciences* / China: Qing history.

3717. **Gurses, Derya** 14 George St, Rishton, Blackburn, Lancashire BB1 4JF, UK.

3718. **Gürtler, Gernot** Institut für Geschichte, Universität Innsbruck, Christoph-Probst-Platz, 6020 Innsbruck, Austria. *U. Innsbruck.*

3719. **Gury, Jacques** 3 rue Yves Mayenc, 35000 Rennes, France. / Les influences britanniques en France • La littérature de voyage.

3720. **Guskin, Phyllis J.** 1725 East Hunter Avenue, Bloomington, IN 47401-5232, USA. / Swift and his contemporaries • Publishing history • Women's portraits. Women writers.

3721. **Gustafson, Susan** Dept of Modern Languages & Cultures, University of Rochester, Laltimore Hall 402, Rochester, NY 14627, USA. *U. of Rochester.*
✉ sgfn@mail.rochester.edu

3722. **Gustafsson, Lars** Geijersgatan 42B, 752 26 Uppsala, Sweden.
✉ stefan.haechler@mhi.unibe.ch

3723. **Guthrie, John** New Hall, Cambridge, CB3 0DF, UK. *U. of Cambridge.*

3724. **Guthrie, Neil** 1102-575 Avenue Road, Toronto, ON M4V 2K2, Canada. / Frances Vane, Viscountess Vane • The English libertine • Legal and literary history.
✉ neil@nguthrie.com

3725. **Gutiérrez Carou, Javier** Dept of Italian, Universidad de Santiago de Compos-

tela, Facultade de Filoloxía // Avda. de Castelao, s/n, 15782 Santiago de Compostela, Spain. *U. de Santiago de Compostela* / Carlo Gozzi • Italian theatre.
✉ fixaguca@usc.es

3726. **Gutierrez Sanchez, Maria Mercedes** Pasaje de Los Ancianos 18, 28034 Madrid, Spain.

3727. **Guttenberg, Ines Freifrau von und zu** Max-Reger-Str. 11, 97075 Würzburg, Germany.

3728. **Guttormsson, Loftur** Hvassaleiti 83, 103 Reykjavík, Iceland.

3729. **Gutwirth, Madelyn** 640 Valley View Road, Ardmore, PA 19003-1029, USA. *West Chester U.* / Gender in proto-Romantic aesthetics.

3730. **Guy, Basil** 2816 Claremont Ave, Berkeley, CA 94705-1427, USA. *U. of California (Berkeley)* / Correspondance du prince de Ligne.

3731. **Guzek, Andrzej** Ul. Godebskiego 83, 05-090 Raszyn, Poland.

3732. **Guzman, Gloria Nelly** Rue Suipacha 801, 4000 San Miguel de Tucuman, Tucuman, Argentina. *U. de Tucumán* / Diderot • Le fatalisme romanesque.
✉ gguzman@filo.edu.ar

3733. **Gwilliam, Tassie** Dept of English, P.O. Box 248145, University of Miami, Coral Gables, FL 33124-4632, USA. *U. of Miami.*

3734. **Gyllenhaal, Olle** Vänortsgatan 6B, 2 trappor, 431 60 Mölndal, Sweden.

3735. **Ha, Woo-Bong** Hangyang apt 104-1302, Songcheon-dong, Chonju City, South Korea. / Korean history.

3736. **Haac, Oscar A.** 138 East 36th St, apt 9C, New York, NY 10016-3507, USA. *S.U.N.Y. (Stony Brook)* / Marivaux • The legacy of the 18c in the 19c.

3737. **Haack, Peter R.** Barberry Hill Books, 102 Main St, West Newbury, MA 01985, USA. / Americana.

3738. **Haag, Mark Edward** 446 West 49th St, apt 2A, New York, NY 10019, USA. / Development of Baroque culture as a literary and political phenomenon in Russia, esp. with regard to the growth of historicist thought • Poetic and dramaturgical works of Gavrila Derzhavin.
✉ mhaag@morganlewis.com

3739. **Haakonssen, Knud** Dept of Philosophy, Boston University, 745 Commonwealth Avenue, Boston, MA 02215-1401, USA. *Boston U.* / European Enlightenment thought • David Hume • Francis Hutcheson • Samuel Pufendorf • Thomas Reid • Adam Smith • Natural law theory.
✉ haakon@bu.edu

3740. **Haakonssen, Lisbeth M.** Dept of Philosophy, Boston University, 745 Commonwealth Ave, Boston, MA 02215-1401, USA. *Boston U.* / Morals and medicine.

3741. **Haanen, E. P. H. P. T.** Pelmersheideweg 4, 6005 PK Weert, Netherlands.

3742. **Haas, Anna S. de** Singel 24-2, 1015 AA Amsterdam, Netherlands. / Drama theory • Dutch drama, theatre.

3743. **Haas, Walter** Stalden 12, 1700 Fribourg, Switzerland. *U. de Fribourg* / History of language, esp. German and its dialects.

3744. **Haase, Wolfgang** 69 Monmouth St, Brookline, MA 02146-5603, USA. *Boston U.* / Philosophy • Political thought.

3745. **Haasis, Hellmut G.** Tannenstr. 17, 72770 Reutlingen-Betzingen, Germany. / German Jacobins • Jews in Middle Europe: Josef Süss, Oppenheimer • Illegal pamphlet-literature.

3746. **Habenbacher, Michael** Flotostr. 28, 38302 Wolfenbüttel, Germany. *Theodor-Heuss-Gymnasium* / Goethe • Discourse analysis.

3747. **Hackl, Bernhard** Goethegasse 36, 2514 Traiskirchen, Austria.
✉ bernhardhackl@mycity.at

3748. **Hackmann, Wm. Kent** 751 Piedmont Avenue NE, #2, Atlanta, GA 30308-1472, USA. / The opposition of the 'West India Interest' in the British House of Commons, 1788-1833, to the abolition of slavery in the West Indies.
✉ hackmann@uidaho.edu

3749. **Haddad, Dolly** 27 avenue du Loup, apt 12, 06270 Villeneuve-Loubet, France. *U. de Nice Sophia Antipolis* / La verve polémique dans les lettres de Voltaire, de 1758 à 1770.

3750. **Haechler, Jean** Mâs du Chanoine, 831 chemin de la Bastide Rouge, 06570 Saint-Paul-de-Vence, France. / L'*Encyclopédie* • Louis chevalier de Jaucourt • François chevalier de Vivens • Femmes des Lumières dominantes.
✉ haechler@wanadoo.fr

3751. **Haechler, Stefan** Medizinhistorisches Institut, Universität Bern, Buehlstr. 26, 3000

Bern 9, Switzerland. *U. Bern* / Correspondence • Medicine • Haller, Albrecht von • History of sciences.
⚭ stefan.haechler@mhi.unibe.ch

3752. **Haefs, Wilhelm** Theresienstr. 136, 80333 München, Germany. *U. Halle-Wittenberg* / Aufklärung in Catholic Germany and Austria; Spätaufklärung • Literature and anthropology • Historiography • Censorship.

3753. **Haenicke, Diether H.** 3019 Waldo Library, Western Michigan University, Kalamazoo, MI 49008, USA. *Western Michigan U.* / German Classicism • European Romanticism • Contemporary poetry.

3754. **Haeringer, Etienne** 248 rue de Centrayrgues, 34070 Montpellier, France.

3755. **Haettner Aurelius, Eva** Dept of Comparative Literature, Lund Universitet, Helgonabacken 12, 22362 Lund, Sweden. *Lund U.*
⚭ eva.haettner-aurelius@litt.lu.se

3756. **Hafen, Thomas Peter** Niggelerstr. 9, 3007 Bern, Switzerland. / Révolution française • Histoire des idées politiques • Etat, société et citoyen dans la pensée d'Emmanuel-Joseph Sieyès (1748-1836) • Helvétique (Suisse, 1798-1803).

3757. **Hafid-Martin, Nicole** 1 ter rue d'Ingré, 45380 La Chapelle-Saint-Mesmin, France. / Volney • Jean Potocki • Littérature de voyages.

3758. **Hafner, Jochen** Institut für Romanische Philologie, LMU München, Ludwigstr. 25, 80539 München, Germany. *LMU München* / Idéologues • Grammaire générale • Les Lumières en France.

3759. **Häfner, Ralph** Urselweg 28, 14163 Berlin, Germany. *Freie U. Berlin* / La réception de la littérature patristique à l'aube des Lumières • L'art poétique et les arts libéraux.

3760. **Hafter, Daryl M.** 1325 Brooklyn Avenue, Ann Arbor, MI 48104, USA. *Eastern Michigan U.* / French history • Women • Technology.

3761. **Hafter, Monroe Z.** 1325 Brooklyn Ave, Ann Arbor, MI 48104, USA. *U. of Michigan* / Spanish literature • Satire.

3762. **Haga, Tôru** 1-17-16 Hon-Komagome, Bunkyo-ku, 113-0021 Tokyo, Japan. *Taisho U.* / Comparative literature • Japanese culture • Modernisation of East Asia.

3763. **Hagelin, Ove** Tegnérgatan 14, 11358 Stockholm, Sweden. *Kardlinska Institutet* / Old and rare medical books • Linnaeus • Natural history books.

3764. **Hageman, Jeanne** Dept of Modern Languages, North Dakota State University, 320 Minard Hall, Fargo, ND 58105, USA. *North Dakota State U.* / France • Comédie-Italienne • French Enlightenment • Correspondence • Commedia dell'Arte • Le roman • French literature: Mme d'Epinay • Mme Riccoboni.
⚭ jeanne.hageman@ndsu.nodak.edu

3765. **Hagen, E.** Van Kinsbergenstraat 10-uj, 1057 PP Amsterdam, Netherlands.
⚭ hagen@chello.nl

3766. **Hagen, Rune Blix** University of Tromsø, University Library (hsj), Breivika, N-9037 Tromsø, 9037 Tromso, Norway. *U. of Tromsø* / Representations of the Norwegian in the modern period • Witchcraft and magic among the older generations in the modern period • The last phase of European witchcraft trials.
⚭ rune.hagen@ub.uit.no

3767. **Hagen, Tanya** 1475 King St West, apt. A4, Toronto, ON M6K 1J4, Canada.

3768. **Hager, Helmut** Via Sant'Agata dei Goti 2, 00184 Roma, Italy. / The architectural legacy of Gian Lorenzo Bernini: Carlo Fontana, G. B. Contini, Mattia de Rossi • Interrelationships between temporary and permanent architecture.

3769. **Hägerstrand, Olof** Fasanvägen 4, 775 95 Krylbo, Sweden.

3770. **Haggerty, George E.** Dept of English, University of California, 900 University Avenue, Riverside, CA 90027, USA. *U. of California (Riverside)* / Gothic fiction and form • Women and fiction in the later 18c • Masculinity and sexuality • Lesbian and gay studies in literature • Horace Walpole.
⚭ george.haggerty@ucr.edu

3771. **Hagland, Jan Ragnar** INL, NTNU, 7491 Trondheim, Norway. *NTNU* / Language • Education.
⚭ jan.ragnar.hagland@hf.ntnu.no

3772. **Hague, Kristen** Dept of English, Mesa State College, 1100 North Avenue, Grand Junction, CO 81501-3122, USA. *Mesa State C.*

3773. **Hahn, Barbara** Dept of Germanic Languages, Princeton University, 230 East Pine, Princeton, NJ 08544-5264, USA. *Princeton U.*

3774. **Hahn, Roger** Dept of History, 3229 Dwinelle Hall, University of California, Ber-

keley, CA 94720-2550, USA. *U. of California (Berkeley)* / Biography of Pierre-Simon Laplace • Public lectures.
✉ rhahn@socrates.berkeley.edu

3775. **Hahner, Péter** Baranyai U. 20.V.4, 1117 Budapest, Hungary. *U. of Pécs* / Historiographical problems of the French Revolution • Jefferson and the French Revolution.

3776. **Haider, Hilde** Weitlofgasse 3, 1180 Wien, Austria. *U. Wien* / Theory and history of theatre in the German-speaking countries, Italy and France.
✉ hilde.haider@univie.ac.at

3777. **Haidt, Rebecca** Dept of Spanish and Portuguese, Ohio State University, 266 Cunz Hall, 1841 Millikin Road, Columbus, OH 43210, USA. *Ohio State U.* / Modernity and its institutions before industrialisation • Fashion • Travel literature and memory • Material cultural studies • Visuality and relations among visual and verbal texts.
✉ haidt.1@osu.edu

3778. **Haikala, Sisko** Rasti 1A9, 40340 Jyväskylä, Finland. *U. Jyväskylä.*

3779. **Haitsma Mulier, Eco O. G.** Beysterveld 103, 1083 KB Amsterdam, Netherlands. *U. Amsterdam* / Political ideas of the Dutch Enlightenment.

3780. **Hajós, Géza** Dannebergplatz 8/9, 1030 Wien, Austria. *Bundesdenkmalamt (Wien)* / Jardins anglo-chinois en Autriche • Le jardin et la franc-maçonnerie.

3781. **Hákonardóttir, Inga Huld** Grundarstíg 12, 101 Reykjavík, Iceland. *U. of Iceland.*

3782. **Hale, Christopher** 13 Riverview Court, Apt. 103, Laurel, MD 20707-4135, USA.

3783. **Haley, Amy R.** Dept of History, Princeton University, Dickinson Hall, Princeton, NJ 08540, USA. *Princeton U.* / Commonplace book culture and reading patterns in the Devonshire House Circle.
✉ haleyamy@hotmail.com

3784. **Haley, David B.** 324 Prospect Avenue South, Minneapolis, MN 55419, USA. *U. of Minnesota* / Drama • Political history • Philosophy.
✉ dbhaley@umn.edu

3785. **Hall, Brian** 850 N. Randolph St, apt. 926, Arlington, VA 22203-4036, USA.

3786. **Hall, Carol** Dept of Modern Languages & Literatures, Howard University, 8512 Aragon Lane, Chevy Chase, MD 20815-3875, USA. *Howard U.* / British-German literary relations • European intellectual history.

3787. **Hall, Daniel** 71 Gainsborough Rd, Tilgate, Crawley, West Sussex RH10 5LJ, UK. / Gothic fiction in France and Germany.

3788. **Hall, Mirko** University of Minnesota, 404 West 47th St, Minneapolis, MA 55409-2408, USA. *U. of Minnesota.*

3789. **Hallberg, Peter** Statsvetenskapliga institutionen, Stockholms universitet, 106 91 Stockholm, Sweden. *Stockholms U.*
✉ peter.hallberg@statsvet.su.se

3790. **Halldórsson, Bárdur** Medalholti 17, 105 Reykjavík, Iceland.

3791. **Halldórsson, Páll** Lönguhlíd 15, 105 Reykjavík, Iceland.

3792. **Hallgren, Agneta** Ängsullsvägen 19, 18344 Täby, Sweden. / La *Correspondance littéraire* de Grimm.

3793. **Hallgrímsdóttir, Gudny** Stallaseli 8, 109 Reykjavík, Iceland.

3794. **Hally, René** 3 rue Mozart, 57330 Hettange-Grande, France. / Th. H. Tschoudy (1727-1769).

3795. **Halmi, Nicholas** Dept of English, University of Washington, Box 354330, Seattle, WA 98195-4330, USA. *U. of Washington (Seattle)* / English and German literature • Enlightenment philosophy, aesthetics, and science • Semiotics • Architectural history.
✉ nha@u.washington.edu

3796. **Halpern, Jean-Claude** 45 rue de la Gare de Reuilly, 75012 Paris, France. / Représentations populaires des peuples exotiques en France.

3797. **Hama, Tadao** 19-17 Motomachi, Ebetsu-shi, 067-0031 Hokkaido, Japan. *Hokkaido U. of Education* / French Revolution and Haiti • French colonialism.

3798. **Hamabayashi, Masao** 3-23-6 Midori-cho, Tokorozawa-shi, 359-1111 Saitama, Japan. / British history.

3799. **Hamada, Makoto** 4-914-104 Namiki, Tsukuba, 305-0044 Ibaragi, Japan. *Tsukuba U.* / Herder.

3800. **Hämäläinen, Kati** Johanneksentie 8 C 32, 00120 Helsinki, Finland.

3801. **Hamana, Masami** 1-1215-11 Iwasakidai, Nisshin-cho, Aichi-gun, 470-0135 Aichi, Japan. *Nanzan U.* / J.-J. Rousseau • Women's studies.

3802. **Hamanowa, Monika** Ul. Boya-Zeleńskiego 4 m.72, 00-621 Warszawa, Poland.

3803. **Hamard, Jean** 17 rue Mirabeau, 25000 Besançon, France. *U. de Franche-Comté* / G. Farquhar • G. Lillo, *Le Marchand de Londres* • Histoire du théâtre anglais, 1660-1800 • Diderot • Théâtre italien.

3804. **Hamashita, Masahiro** 2-2-1-301 Ohgi, Higashinada-ku, Kobe-shi, 658-0027 Hyogo, Japan. *Kobe C.* / Shaftesbury • British aesthetics • Emergence of modern aesthetics.

3805. **Hamerton, Katherine** 1031 East Gatalpa St, Springfield, MO 65807-1523, USA.

3806. **Hamilton, Jane E. H.** Courtauld Institute of art, University of London, Somerset House, The Strand, London, WC2R 0RN, UK. *U. of London* / Italy • Paris • Rome • Accademia degli Arcadi • Architecture • Painting • Theatre • Roman antiquity • Piranesi, Giambattista • Gian Paolo Panini.
✉ janehamilton@courtauld.ac.uk

3807. **Hamilton, Patricia L.** Dept of English, Union University, 1050 Union University Drive, Jackson, TN 38305, USA. *Union U.* / Women novelists and education • Daniel Defoe and management theory.
✉ phamilto@uu.edu

3808. **Hamilton, Robin** 69 Rydal Ave, Loughborough, Leicestershire LE11 3RU, UK.

3809. **Hamilton, Shems Rubaii** 2416 Shalley Drive, Tallahassee, FL 32308-3019, USA. / Culture • Politics • Women • • Art.

3810. **Hamilton-Phillips, Martha** 304 Barlow Rd, Williamsburg, VA 23188, USA. *City of Williamsburg* / Graphic arts, painting and portraiture • Patronage and art collecting • Art criticism • Art exhibitions in England • Scottish art.

3811. **Hamm, Robert** 213 1/2 N. Alisos St, Santa Barbara, CA 93103-2711, USA.

3812. **Hammacher, Klaus** Schillerstr. 63, 52064 Aachen, Germany. *Rheinisch-Westfälische Technische Hochschule* / Jacobi et son entourage • Réception de Spinoza • Cartésiens néerlandais.

3813. **Hammar, Elisabet** Inst. för språk och litteratur, Linköpings universitet, 581 83 Linköping, Sweden. *Linköpings U.* / History of language teaching in Sweden.
✉ eliha@isk.liu.se

3814. **Hammarberg, Gitta** Dept of German and Russian, Macalester College, 1600 Grand Avenue, St Paul, MN 55105, USA. *Macalester C.* / The first Russian women's journals • The feminisation of Russian culture • Russian spas as a cultural phenomenon • Literature as fashion, fashion as literature • The culture and fashion of lapdogs.
✉ hammarberg@macalester.edu

3815. **Hammarlund, Bo** Regeringskansliet, 103 33 Stockholm, Sweden. *Regeringskansliet* / Power and politics • Carl Guttenberg during the early age of liberty in Sweden.
✉ bo.hammarlund@brevet.nu

3816. **Hammarskiöld, Britt-Marie** Odengatan 2, 39233 Kalmar, Sweden. / Historic gardens and 'fermes ornées' in south-eastern Sweden 1750-1850.
✉ bm.hammarskiold@telia.com

3817. **Hammerl, Christa** Engerthstr. 230/13/3, 1020 Wien, Austria.

3818. **Hammersley, Rachel** Flat 1, 243 New Church Road, Hove, East Sussex BN3 4EE, UK.

3819. **Hammerstein, Notker** Kaiser-Friedrich-Promenade 109, 61348 Bad Homburg, Germany. *U. Frankfurt/Main* / Histoire des universités et de l'érudition • Structures politiques et constitutionnelles de l'empire romain-germanique.

3820. **Hammett, I. Maxwell** 5-16-19 103 Kashiwa Cho, Shiki-shi, Saitama-ken, 353-0007, Japan. *U. of Daito Bunka (Tokyo)* / Lord Monboddo and the history of linguistics in Britain, esp. Scotland.

3821. **Hammond, Brean S.** Dept of English Studies, University of Nottingham, University Park, Nottingham, NG7 2RD, UK. *U. of Nottingham* / Vanbrugh, Jonathan Swift • Early history of the novel • Scriblerians • Lewis Theobald.
✉ brean.hammond@nottingham.ac.uk

3822. **Hampson, Norman** 305 Hull Rd, York, YO10 3LU, UK. *U. of York* / The Enlightenment • The French Revolution.

3823. **Hamraoui, Eric** 14 Résidence du Parc, 91300 Massy, France. / L'œuvre de Lanois (1654-1720).
✉ eric_ham@club-internet.fr

3824. **Han, Jia-Ming** Dept of English, University of Beijing, Haidian, 100871 Beijing, China. *Beijing U.*

3825. **Han, Lian** Institute of Qing History, Renmin University of China, 100872 Beijing, China. *Renmin U. of China* / China: Qing history.

3826. **Han, Qi** Institute for the History of Natural Sciences, Chinese Academy of Sciences, 100010 Beijing, China. *Chinese Academy of Sciences* / History of science.

3827. **Hanazaki, Tomoko** 13 Foxhill Rd, Reading, RG1 5QS, UK. *Gyosei International C.* / Fable • Law and literature.

3828. **Hancock, David** Dept of History, 1029 Tisch Hall, University of Michigan, Ann Arbor, MI 48109, USA. *U. of Michigan.*

3829. **Hanczewski, Pawel** Ul. Kwiatowa 8a/6, 87-100 Torun, Poland.

3830. **Hand, Sally N.** 1335 Main Road, Westport, MA 02790-4409, USA. *William Paterson U.* / Biographical material relative to the life of Adrienne de Noailles, marquise de Lafayette (1759-1807).

3831. **Handke, Uwe** Adlerweg 4, 34128 Kassel, Germany. / Reading societies • Political thought in Germany during the French Revolution • Jewish emancipation, Jacobinism, mining, freemasons, esp. in Hesse • Armies and society, 1750-1800.

3832. **Hanley, Wayne M.** Dept of History, West Chester University, 522 Main Hall, West Chester, PA 19383, USA. *West Chester U.* / Strategies and techniques employed by Napoleon Bonaparte to create his public image in his rise to power in 1799.
✉ whanley@wcupa.edu

3833. **Hanley, William** Dept of French, McMaster University, Hamilton, ON L8S 4M2, Canada. *McMaster U.* / Royal censors in France • Censorship law • Voltaire.

3834. **Hanman, L. M.** 38 Lawrie Park Road, London, SE26 6DN, UK. / Enlightenment.

3835. **Hanna, Blake T.** 21 rue Echenay, Lorraine, PQ J6Z 2T9, Canada. *U. de Montréal* / Denis Diderot.
✉ hannbt@videotron.ca

3836. **Hanna, Helen Budd** 21 rue Echenay, Lorraine, PQ J6Z 2T9, Canada. *Dawson C.* / English literature after 1750 • Samuel Johnson and his circle • James Boswell • Journalism in England, Canada and America.

3837. **Hannaway, Caroline C.** 316 Suffolk Road, Baltimore, MD 21218, USA. / Medicine and society in France and England.
✉ channaway@aol.com

3838. **Hannesdóttir, Anna** Wadmansgatan 8, 412 53 Göteborg, Sweden.

3839. **Hannesson, Haukur** Háaleitisbraut 48, 108 Reykjavík, Iceland.

3840. **Hanni, Margaret A.** Dept of Art and Music, Simmons College, 300 The Fenway, Boston, MA 02115, USA. *Simmons C.* / Marriage and family portraits in England • History of collections and collecting.
✉ margaret.hanni@simmons.edu

3841. **Hanot, Michel Jules** Martelaarslaan 385, 9000 Gent, Belgium. *U. Notre-Dame de la Paix* / Literary history.

3842. **Hanou, André J. A. M.** Annahoeve 7, 6578 JJ Leuth, Netherlands. *U. van Amsterdam* / Johannes Kinker • Satire • Dutch freemasonry.
✉ post@a-hanou.demon.nl

3843. **Hanschmidt, Alwin** FB Sozial- und Kulturwissenschaften, Hochschule Vechta, Postfach 1553, 49364 Vechta, Germany. *Hochschule Vechta* / Westphalia, esp. education.

3844. **Hansén, Iah** Institutionen för romanska språk, Avdelningen för franska och italienska, Göteborgs universitet, 412 98 Göteborg, Sweden. *Göteborgs U.* / Le journal français de Georg Carl von Döbeln.

3845. **Hansen, Richard Erling** Dept of English, Mary Washington College, Fredericksburg, VA 22401-4666, USA. *Mary Washington C.* / Defoe • Swift • The novel.

3846. **Hansen, Søren Peter** Solsortevej 117, 2000 Frederiksberg, Denmark.

3847. **Hansen, Volkmar** Dept of Germanic Language and Literature, Goethe-Museum, Düsseldorf, Universität Düsseldorf, Schloss Jägerhof, Jacobistr. 2, 40211 Düsseldorf, Germany. *U. Düsseldorf* / Goethe • *Sturm und Drang.*

3848. **Hanson, Craig Ashley** 1210 W. Montrose Ave, #1, Chicago, IL 60613, USA. *U. of Chicago* / Art, medicine, and antiquarianism in Britain, esp. issues of empiricism.
✉ cahanson@midway.uchicago.edu

3849. **Hansson, Stina** Litteraturvetenskapliga institutionen, Göteborgs Universitet, 412 98 Göteborg, Sweden. *Göteborgs U.* / Rhetoric, orality and writing, 1600-1800 • Teaching of progymnasmata, 1600-1800.
✉ stina.hansson@lit.gu.se

3850. **Hansson, Sven G.** Kubbegatan 39, 12867 Stockholm, Sweden.

3851. **Häntzschel, Günter** Von-Erckert-Str. 40, 81827 München, Germany. *U. München* / Language • Social history of literature • Women readers and authors • Gottfried August Bürger.

3852. **Hanzal, Josef** Jílovská 57, 142 00 Praha 4, Czech Republic. *Czech Academy of Sciences* / Cultural history • Historiography.

3853. **Hao, Bingjian** Institute of Qing History, Renmin University of China, 175 Haidian Rd, 100872 Beijing, China. *Renmin U. of China* / China: Qing history.

3854. **Hao, Zhicheng** Dept of History, University of Inner Mongolia, Inner Mongolia, China. *U. of Inner Mongolia* / China: Qing history.

3855. **Hara, Hiroshi** 4-4-10 Kichijoji-Higashi-cho, Musashino-shi, 180-0002 Tokyo, Japan. *Keio U.* / L.-S. Mercier et ses contemporains.

3856. **Hara, Jacqueline** 726 South Grove Avenue, Barrington, IL 60010-4409, USA.

3857. **Hara, Yoshio** 2-1-15 Moto-amanuma, Suginami-ku, 167-0031 Tokyo, Japan. *Rikkyo U.* / J.-J. Rousseau.

3858. **Harada, Noriyuki** Flat 26, Causewayside, Fen Causeway, Cambridge, CB3 9HD, UK. *Kyorin U.* / Samuel Johnson and English literature • Comparative English and Japanese literature • Books and journalism.

3859. **Haraldsdóttir, Steinunn** Flókagötu 62, 105 Reykjavík, Iceland.

3860. **Haraldsson, Hannes** Dalseli 35, 109 Reykjavík, Iceland.

3861. **Harari, Josue** Dept of French & Italian, Emory University, Atlanta, GA 30322-0001, USA. *Emory U.*

3862. **Harbova, Marguarita** Ethnographic institute and museum, Bulgarian Academy of Sciences, 6A Moskovska Str., Sofia 1000, Bulgaria. *Bulgarian Academy of Sciences* / Balkan architecture • Ottoman architecture in Bulgaria.

3863. **Harbsmeier, Michael** Holsteinsgade 55, 4. th., 2100 København Ø, Denmark.

3864. **Harbsmeier, Richard** Historisk Institut, Odense Universitet, Campusvej 55, 5230 Odense M, Denmark. *Odense U.*

3865. **Hardardóttir, Gudrún** Bárugötu 35, 101 Reykjavík, Iceland.

3866. **Hardarson, Bjarni** Austurvegi 27, 800 Selfoss, Iceland.

3867. **Hardin, Amelia** 13952 Bora Bora Way, #F326, Marina Del Rey, CA 90292-6888, USA.

3868. **Harding, Anthony John** Dept of English, University of Saskatchewan, Saskatoon, SK S7N 5A5, Canada. *U. of Saskatchewan* / Life-writing by British authors • Notebooks of Coleridge.

3869. **Harford, Judith** Dept of Education, University College Dublin, Belfield, Dublin 4, Ireland. *University C. Dublin.*

3870. **Harkin, Maureen** Dept of English, Stanford University, Margaret Jacks Hall, Stanford, CA 94305-2087, USA. *Stanford U.* / Sentimental fiction • Writings on landscape and domestic space • Literary and cultural theory • Adam Smith.

3871. **Harkins, Patrick** 2325 Franklin St, Terre Haute, IN 47803-2939, USA. / Alexander Pope • Verse • Satire • Translations from Latin and Greek • Imitations.

3872. **Harms, Viktoria** 6053 30th Avenue, North East, Seattle, WA 98115-7205, USA.

3873. **Harnesk, Helena** Norrlandsgatan 34 B, 752 29 Uppsala, Sweden.

3874. **Haroche-Bouzinac, Geneviève** 3 square Clément Marot, 78150 Le Chesnay, France. *U. d'Orléans* / Le goût épistolaire • Formation de Voltaire épistolier • Lady Mary Wortley Montagu • François Paradis de Moncrif • Correspondances • Moralistes.

3875. **Harol, Corrinne** Dept of English, University of Utah, 255 South Central Campus Drive, Room 3500, Salt Lake City 84103, UT, USA. *U. of Utah.*
✉ c.harol@english.utah.edu

3876. **Harouel, Jean-Louis** 2 rue Thimonnier, 75009 Paris, France. *U. de Paris II* / Institutions de l'Etat • Administration • Ville et urbanisme • Questions économiques et sociales.

3877. **Harpaz, Ephraim** 4 rue Elie Cohen, B.P. 4457, 91043 Jerusalem, Israel. *Hebrew U. of Jerusalem* / Histoire des idées en France.

3878. **Harper, Heather** Dept of English, University of Alberta, Edmonton, AB T6G 2E5, Canada. *U. of Alberta* / Elizabeth Boyd.

3879. **Harper, Lila** Dept of English, Central Washington University, 400 East 8th Avenue, Ellensburg, WA 98926-7558, USA. *Central Washington U.*

3880. **Harri, Andrew** 1034 East Saint Germain St, apt. 48, Saint Cloud, MN 56304-4529, USA.

3881. **Harries, Elizabeth W.** 9 North Main St, P.O. Box 932, Williamsburg, MA 01096-

0932, USA. *Smith C.* / Diderot • Sterne and the novel • Theories of the novel and painting, 1750-1800 • Late 18c fragments: French, English, German.

3882. **Harries, Karsten** 16 Morris St, Hamden, CT 06517-3423, USA. / Aesthetics • South German art and architecture.

3883. **Harris, Bob** Dept of History, University of Dundee, Dundee, DD1 4HN, UK. *U. of Dundee.*

3884. **Harris, Diane M.** Box 244, 321 Bloor St West, Toronto, ON M5S 1S5, Canada. *U. of Toronto* / Spoken and written language in the novel (English and French).

3885. **Harris, Edward P.** 3309 Morrison Ave., Cincinnati, OH 45220, USA. *U. of Cincinnati* / Lessing • *Sturm und Drang* • History of drama, theatre • Author-audience-actor • Morphology of the drama.

3886. **Harris, Ellen T.** Massachusetts Institute of Technology, 77 Mass. Avenue, Bldg 14N-112, Cambridge, MA 02139, USA. *M.I.T.* / Handel.

3887. **Harris, Frances** British Library, Manuscript Collections, Great Russell St, London, WC1B 3DG, UK. *British Library* / Political and cultural history 1660-1760, esp. role of women.

3888. **Harris, Jocelyn M.** Dept of English, University of Otago, Box 56, Dunedin, New Zealand. *U. of Otago* / Samuel Richardson • Mary Astell • Women poets.

3889. **Harris, Marc** Pennsylvania State University, Altoona Campus, 3000 Ivyside Pk, Altoona, PA 16601-3760, USA. *Pennsylvania State U. (Altoona)* / Colonial and early national America • Freemasons in England and America.

3890. **Harris, Marla** 30 Thornberry Road, Winchester, MA 01890-3216, USA.

3891. **Harris, Martin** Dept of English, Belmont Abbey College, 100 Belmont, Mt. Holly Rd, Belmont, NC 28012-1082, USA. *Belmont Abbey C.*

3892. **Harris, William** 3005 Old Alice Rd #600F, Brownsville, TX 78521-1503, USA.

3893. **Harrison, Alan** Dept of Irish, University College Dublin, Belfield, Dublin 4, Ireland. *University C. Dublin* / Literature in Irish • Cultures in contact in Ireland • Jonathan Swift • John Toland • Linguistics in the age of the Enlightenment.
✉ alan.harrison@ucd.ie

3894. **Harrison, Patrick** 4601 Needles Eye Terrace, Glen Allen, VA 23060-3350, USA.

3895. **Harrison-Rimmer, Joan** 3 Gore Mews, Canterbury, Kent CT1 1JB, UK.

3896. **Harriss, Clarinda** Dept of English, Towson University, 8000 York Rd, Towson, MD 21252-0002, USA. *Towson U.*

3897. **Harriss, Ernest** 205 University St, Martin, TN 38237, USA. *U. of Tennessee (Martin)* / Music of Johann Adolf Hasse: editions, catalogue • Aesthetic shift in music.

3898. **Harrold, Frances** 2965 Pharr Ct, South, NW, apt. 212, Atlanta, GA 30305, USA. *Georgia State U.* / Law and reform theories and movements.

3899. **Harrow, Sharon** Dept of English, Shippenburg University of Pennsylvania, 415 South Pitt St, Carlisle, PA 17013-3819, USA. *Shippenburg U. of Pennsylvania* / British novel • Women's travel narratives, esp. Africa.

3900. **Harsin, S. Jill** Dept of History, Colgate University, 13 Oak Dr., Hamilton, NY 13346-1338, USA. *Colgate U.*

3901. **Hart, Gail K.** Dept of German, University of California, Irvine, CA 92697-3150, USA. *U. of California (Irvine)* / German drama • Punishment.

3902. **Hartery-Barker, Virginia** Petergate House, 11 High Petergate, York, YO1 2EN, UK. / Visual and literary representations of English Catholics in the late 18c.

3903. **Harth, Erica** Dept of Romance and Comparative Literature, Brandeis University, ROCL MS 024, Waltham, MA 02154-2700, USA. *Brandeis U.* / Prose fiction • Women's writing • Philosophic thought.

3904. **Harth, Phillip** Res. in Humanities, University of Wisconsin, 1401 Observatory Drive, Madison, WI 53706-1209, USA. *U. of Wisconsin (Madison)* / Dryden and the exclusion crisis • Swift • Mandeville.

3905. **Hartigan, David Sean** 803 – 10883 Saskatchewan Drive, Edmonton, AB, Canada. *U. of Alberta* / Blake • Orality • Print culture • Primitivism • Romanticism.

3906. **Hartkopf, Winfried** Lichtstr. 31, 40235 Düsseldorf 1, Germany. *U. Düsseldorf* / Gardening and horticultural architecture • Novel.

3907. **Hartlieb, Justus von** Kinderhauser Str. 10, 48149 Münster, Germany.

3908. **Hartling, Shannon** 101 Alexandra Ave., Waterloo, ON N2L 1M1, Canada. / Polite taste and depictions of death in the novel.

3909. **Hartmann, Peter C.** Historisches Seminar 1, Universität Mainz, Saarstr. 21, 55122 Mainz, Germany. *U. Mainz* / Histoire financière • Histoire constitutionnelle • Histoire de la civilisation.

3910. **Hartmann, Pierre** Dépt UFR Lettres, Université Marc Bloch, 14 rue Descartes, 67084 Strasbourg, France. *U. Marc Bloch* / Littérature • Littérature et théorie esthétique dans les Lumières et l'Aufklärung.

3911. **Hartmann, Van C.** P.O. Box 729, Manhattanville College, Purchase, NY 10577-2132, USA. *Manhattanville C.* / Pope • The Scriblerians • Theories of aesthetics in relation to science, medicine and religion.

3912. **Hartvig, Gabriella** Athinay u. 4/c, 7623 Pecs, Hungary.

3913. **Hartwieg, Ursula** Liselotte-Herrmann-Str. 34, 10407 Berlin, Germany. / Book history, trade, libraries.

3914. **Harvey, Karen L.** Dept of History, University of Sheffield, 387 Glossop Road, Sheffield, S10 2TN, UK. *U. of Sheffield* / Representations of sexual difference in erotic culture • Cultural history of men and the home • Construction and negotiation of men's patriarchal authority in the workings of the household economy.

3915. **Harvey, Richard G.** Dept of English, University of Regina, Regina, SK S4S 0A2, Canada. *U. of Regina* / Sister arts and genre • Swift.

3916. **Hascher, Karin** Schönbuchstr. 23, 70565 Stuttgart, Germany. *U. Stuttgart* / Wieland, esp. late works • Reception of antiquity • Mazes.

3917. **Hasegawa, Teruo** 4-15-5-E303, Sekimachi-Minami, Nerima-ku, 177 Tokyo, Japan. *Tokyo Keizai U.* / Livres et société en France.

3918. **Hasekura, Hisako** 2710-5 Naruse, Machida-shi, 194-0044 Tokyo, Japan.

3919. **Häseler, Jens** Kissingenplatz 4, D-13189 Berlin, Germany. *Forschungszentrum Europäische Aufklärung (Potsdam)* / Huguenots • *Encyclopédie d'Yverdon* • Frederick II, king of Prussia.
✉ haeseler@rz.uni-potsdam.de

3920. **Haselsteiner, Horst** Dapontegasse 13/12, 1030 Wien, Austria. *U. Graz* / Eastern Europe • Law.

3921. **Hashimoto, Itaru** 7-20-7 Oizumigakuen-cho, Nerima-ku, 178-0061 Tokyo, Japan. *Aoyama Gakuin U.* / Le marquis de Sade • Romans.

3922. **Hasler, Elisabeth** Fellenbergstr. 219 c, 8047 Zurich, Switzerland. / Enlightenment philosophy and German idealism, esp. aesthetics (Kant) and German popular philosophy.

3923. **Haslett, Moyra** Dept of English, Queen's University, Belfast, BT7 1NN, UK. *Queen's U. (Belfast)* / Literature, literary groups and ideas of intertextuality • Relationship between female writers and coterie culture • Ireland.
✉ m.haslett@qub.ac.uk

3924. **Hasquin, Hervé** 145 avenue du Prince Héritier, 1200 Bruxelles, Belgium. *U. libre de Bruxelles* / La pensée économique et démographique en Belgique sous l'ancien régime • Edition des textes d'économie politique • Déchristianisation et laïcisation.

3925. **Hassall, Anthony J.** Dept of Humanities, James Cook University, Townsville, QLD 4811, Australia. *James Cook U.*

3926. **Hassler, Donald M.** 1226 Woodhill Drive, Kent 44240, OH, USA. *Kent State U.* / Origins of modern science fiction in the thinking of the Enlightenment.
✉ extrap@kent.edu

3927. **Hassler, Gerda** Leiterstr. 10, 14473 Potsdam, Germany. *U. Potsdam* / Linguistic theories in France, Spain, Italy, Portugal and Germany • Development of notions in language description • Semantics of Enlightenment texts.
✉ hassler@rz.uni-potsdam.de

3928. **Hata, Setsuo** Minamitanabe 1-5-8, Higashi-sumiyoshi-ku, 546-0033 Osaka, Japan. / The baroque and its continuation.

3929. **Hatch, Ronald B.** Dept of English, University of British Columbia, Vancouver, BC V6T 1Z5, Canada. *U. of British Columbia* / The novel and the self • Irrationalism • George Crabbe.
✉ rbhatch@interchange.ubc.ca

3930. **Hatfield, Gary** Dept of Philosophy, University of Pennsylvania, 3440 Market St, Suite 460, Philadelphia, PA 19104-3337, USA. *U. of Pennsylvania* / Early natural-scientific psychology • Theories of vision.

3931. **Hatherly, Ana** Rua Patrocinio, 65 -5º B, 1350-229 Lisboa, Portugal. / Bibliography: poetry and essays • Popularisation of Portuguese literature.
✉ socios@spesxviii.pt

3932. **Hattendorf, John Brewster** Dept of Advanced Research, Naval War College, 686 Cushing Road (Code 35), Newport, RI 02841-1207, USA. *Naval War C.* / Maritime history • British naval history • International history • Military history • Explorations and voyages • War of the Spanish Succession 1700 • Anglo-French naval wars.
✉ hattendj@nwc.navy.mil

3933. **Hatter, Lawrence** 1133 Ashland Rd., apt. 312, Columbia, MO 65201-8513, USA.

3934. **Hattori, Haruhiko** 2-1-185 Nanryocho, Uji-shi, 611-0028 Kyoto, Japan. *Kyoto Tachibana Women's U.* / Economie de la France • Révolution française.

3935. **Hattum, M. van** Fokkerlaan 36, 1185 JC Amstelveen, Netherlands. / Late 18c-early 19c Dutch poetry • Bilderdijk.

3936. **Haubelt, Josef** Svojsovická 10-2834, Sporilov II, 141 00 Praha, Czech Republic. *U. Karlova* / Les Lumières en Europe centrale et orientale • Géosciences.

3937. **Hauberg Mortensen, Finn** Dansk Institut for Gymnasiepædagogik, Munkebjergvænget 42, 5230 Odense M, Denmark. *Dansk Institut for Gymnasiepædagogik.*

3938. **Haug, Christine** Kurfürstenstr. 6, 55118 Mainz, Germany.

3939. **Haug-Moritz, Gabriele** Historisches Seminar, Universität Tübingen, Wilhelmstr. 36, 72074 Tübingen, Germany. *U. Tübingen* / Imperial and constitutional history • Social history.

3940. **Haugen, Kristine** Warburg Institute, Woburn Square, London, WC1H 0AB, UK. *Warburg Institute.*

3941. **Haugen, Trond** Institutt for nordistikk og litteraturvitenskap, University of Oslo, 1007 Blindern, 0315 Oslo, Norway. *U. Oslo* / Swedish poetry: Carl Michael Bellman • The enovel.
✉ trond.haugen@inl.uio.no

3942. **Haughey, Roger** 2241 Av. Clifton, Montréal, PQ H4A 2N5, Canada. / Musical culture and class formation • Cultural history.

3943. **Hauke, Marie-Kristin** Johann-Miller-Str. 33, 89081 Ulm, Germany.

3944. **Hauksson, Thorleifur** Leifsgötu 24, 101 Reykjavík, Iceland.

3945. **Haupt, Isabel** Schraudolphstr. 30, 80799 München, Germany.

3946. **Hauser, Christian** Seefeldstr. 285, 8008 Zürich, Switzerland. / Self-awareness and personal identity before Kant • Johann Nicolas Tetens • Locke, Leibniz and Hume • German empirical psychology.

3947. **Havard de la Montagne, Philippe** 16 avenue de La Motte-Picquet, 75007 Paris, France. / Mercier, Nerciat, Restif de La Bretonne, Saint-Cyr.

3948. **Havu, Sirkka** Dagmarinkatu 13 B 9, 00100 Helsinki, Finland.

3949. **Hawcroft, Michael** Keble College, Oxford, OX1 3PG, UK. *U. of Oxford* / Voltaire's tragedies • French theatre.

3950. **Hawes, Clement C.** Dept of English, Pennsylvania State University, 116 Burrowes Bldg., University Park 16802, PA, USA. *Pennsylvania State U.* / Writing of history in the context of nation- and empire-building • Concepts of the Enlightenment • Religious enthusiasm • Madness as a psychiatric category.
✉ cch10@psu.edu

3951. **Hawkins, Ann R.** Dept of English, Texas Tech University, English and Philosophy Bldg, Lubbock, TX 79409, USA. *Texas Tech U.* / Britain • Painting • Theatre • Romanticism • English literature • *Mysteries of Udolfo* • Frances Burney • Mary Wollstonecraft • Visual culture.
✉ ann.hawkins@ttu.edu

3952. **Hawley, Judith V.** Dept of English, Royal Holloway, University of London, Egham Hill, Egham, Surrey TW20 0EX, UK. *U. of London* / Relations between literature and science, esp. the concept of encyclopedism • Women writers, esp. the Bluestocking circle.
✉ j.hawley@rhul.ac.uk

3953. **Hawryluk, Vladimir** 13 rue des Côtes d'Auty, Colombes 92700, France. / L'Ukraine vus à travers la presse française.

3954. **Haxby, Blair** 64 Warren St, Westborough, MA 1581, USA.

3955. **Hay, Carla H.** Dept of History, Marquette University, 607 North 13th St, Milwaukee, WI 53233, USA. *Marquette U.* / Catharine Macaulay and Mary Wollstonecraft • British radicals.
✉ carla.hay@marquette.edu

3956. **Háy, Diána** Németvölgyi ùt 78/c, 1124 Budapest, Hungary. *Archives de l'Académie hongroise des Sciences.*

3957. **Hay, Robert P.** Dept of History, Marquette University, Milwaukee, WI 53233-2376, USA. *Marquette U.* / Early development of American nationalism • Images of George Washington in the American popular mind • Thomas Jefferson • Patriotic celebrations and rhetoric.

3958. **Hayashi, Mikio** 6-57-23 Jindaijikitamachi, Chofu-shi, 182-0011 Tokyo, Japan. *Kyoritsu Women's U.* / Philosophie de l'éducation.

3959. **Hayashi, Yoshiyuki** Sapporo Gakuin University, 11 Bunkyodai, Ebetsu-shi, 069-0833 Hokkaido, Japan. *Sapporo Gakuin U.* / Public health: waste disposal.

3960. **Hayden, Lucy K.** Dept of English, Eastern Michigan University, Ypsilanti, MI 48197-2201, USA. *Eastern Michigan U.* / Mary Wollstonecraft • Blacks in British literature • Education of women in Britain.

3961. **Hayes, Julie Candler** Dept of Modern Languages and Literatures, University of Richmond, 28 Westhampton Way, Richmond, VA 23173-0001, USA. *U. of Richmond* / Theory and practice of translation in France and England, 1630-1790 • Contemporary representations of Enlightenment • French theatre • European representations of China and the Chinese writing system.
✉ jhayes@richmond.edu

3962. **Haynes, Clare** Dept of World Art and Museology, University of East Anglia, Norwich, Norfolk NR4 7TJ, UK. *U. of East Anglia.*

3963. **Hayton, David W.** Dept of Modern History, Queen's University, Belfast, BT7 1NN, UK. *Queen's U.* .

3964. **Hazen, James** 6631 Vigo Road, Las Vegas, NV 89146-6591, USA.

3965. **Hazucha, Andrew** Carson-Newman College, P.O. Box 71882, Jefferson City, TN 37760, USA. *Carson-Newman C.*

3966. **He, Ping** Financial Dept, Renmin University of China, 175 Haidian Rd, 100872 Beijing, China. *Renmin U. of China* / China: Qing history.

3967. **He, Shuhong** Zhongyang jiwei, Beijing, China. / China: Qing history.

3968. **He, Xiaolin** Beijing Academy of Social Sciences, 100101 Beijing, China. *Beijing Academy of Social Sciences* / China: Qing history.

3969. **He, Yu** Institute of Qing History, Renmin University of China, Haidian, 100872 Beijing, China. *Renmin U. of China* / China: Qing history.

3970. **Heaney, Peter F.** Dept of English Literature, Staffordshire University, College Rd, Stoke-on-Trent, Staffs ST4 2XWUK. *Staffordshire U.* / Grub St and early 18c satire • Self-educated poets.
✉ artpfh@staffs.ac.uk

3971. **Heard, Elizabeth** Pennsylvania State University, 305 McKee Hall, University Park, PA 16802-1793, USA. *Pennsylvania State U.*

3972. **Heartz, Daniel** 1098 Keith Avenue, Berkeley, CA 94708-1634, USA. *U. of California (Berkeley)* / Italian opera • Gluck • Mozart and Haydn.

3973. **Hebeisen, Erika** Hohlstr. 86B, 8004 Zürich, Switzerland.

3974. **Hebel, Jürgen** Frühlingstr. 1, 58313 Herdecke, Germany. *Ernst-Barlach-Gymnasium (Castrop-Rauxel).*

3975. **Hecht, Jacqueline** 25 rue Desbordes Valmore, 75116 Paris, France. *Institut national d'études démographiques* / Histoire de la pensée et des faits économiques et démographiques • Politique de population.

3976. **Heck, Paul van** Rijnsburgerweg 32, 2333 AB Leiden, Netherlands. *U. Leiden* / Italy • Roman antiquity • Giannone, Pietro • Historiography.
✉ p.a.w.van.heck@let.leidenuniv.nl

3977. **Heckmann, Hermann** Wegzoll 31, 22393 Hamburg, Germany. / Architecture in Central and North Germany.

3978. **Hedin, Svante** Stenstugu, Anga, 62023 Romakloster, Sweden. / Charles XII, king of Sweden • Jakob Johan Anckarström (assassin of Gustaf III) • Swedish East India Company.
✉ svante.hedin@swipnet.se

3979. **Hedrick, Elizabeth Ann** Dept of English, University of Texas, 1 University Station B5000, Austin, 78712-0195 TX, USA. *U. of Texas (Austin)* / English Enlightenment and the rise of disciplinary knowledge in the 18c • The romance mode and the rise of sentimentalism in England.
✉ eahedrick@mail.utexas.edu

3980. **Hedwall, Lennart** Mårdvägen 37, 16756 Bromma, Sweden. *Stockholms U.* / Music • Theatre • Literature.

3981. **Heeg, Günther** Habsburger Allee 29, 60385 Frankfurt am Main, Germany.

3982. **Heel, J. J. van** Fr. Maelsonstraat 51, 2582 KB Den Haag, Netherlands. *Museum van het Boek* / History of collections and collecting • Library history.
✉ vanheel@meermanno.nl

3983. **Heesen, Anke te** Czeminskistr. 1, 10829 Berlin, Germany. *Forschungsschwerpunkt Europäische Aufklärung (Potsdam)* / Educational methods • Collecting • Image of learned persons.

3984. **Hegardt, Helena** Informationsförlaget, Sveavägen 61, Box 6884, 113 86 Stockholm, Sweden. *Informationsförlaget.*

3985. **Heidner, Jan** Ludvigsbergsgatan 33, S-118 23 Stockholm, Sweden. *Stockholms U.* / Le français hors de France, tel qu'il apparaît dans les relations épistolaires, en part. en Suède et au Danemark.
✉ jan.heidner@ebox.tninet.se

3986. **Heijting, W.** Plantsoen 17, 2435 XR Zevenhoven, Netherlands. *Vrije U. Amsterdam* / History of the book.
✉ w.heijting@ubvu.vu.nl

3987. **Heiland, Donna M.** American Council of Learned Societies, 633 Third Avenue, New York, NY 10017-6795, USA. *American Council of Learned Societies* / English gothic novels, esp. transformations of the gothic.
✉ donna@acls.org

3988. **Heilingsetzer, Georg** c/o OberÖster. Landesarchiv, Anzengruberstr. 19, 4020 Linz, Austria. *U. Wien* / Anglo-Austrian relations • Austrian history, esp. aristocracy, monasteries, government.
✉ georg.heilingsetzer@ode.gv.at

3989. **Heindl, Waltraud** Wiedner Hauptstr. 39/11/12a, 1040 Wien, Austria. / Bureaucracy • Administration • Education • Gender studies.
✉ waltraud.heindl@univic.ac.at

3990. **Heinrich, Gerda** Blumberger Damm 99, 12685 Berlin, Germany. *Forschungsschwerpunkt Europäische Aufklärung (Potsdam)* / Judaism.

3991. **Heins, John Paul** Dept of German & Slavic studies, George Washington University, 801 22nd St North West, #509, Washington, DC 20052, USA. *George Washington U.*

3992. **Heinz, Jutta** Lauweisenweg 13, 73266 Bissingen/Teck, Germany. *U. Jena* / Literature and anthropology • Concepts of culture • C. M. Wieland • J. K. Wezel.
✉ jutta.heinz@t-online.de

3993. **Heinzelman, Susan Sage** Dept of English, University of Texas, Austin, TX 78712-1104, USA. *U. of Texas.*

3994. **Heipcke, Corinna** 18 Tunsgate Square, Guildford, GU1 4QY, UK. *U. of Surrey* / Femalc authoroship • Aesthetics • Models of feminity amd mausculinity • Genderisation of genres.
✉ c.heipckc@surrey.ac.uk

3995. **Helander, Hans** Gluntens gränd 4 B, 753 13 Uppsala, Sweden.

3996. **Held, Jutta** Klauprechtstr. 19, 76137 Karlsruhe, Germany. *U. Osnabrück* / French and Spanish painting • Landscape and people in French painting and illustration • Representation of love.

3997. **Helenius-Öberg, Eva** Statens musiksamlingar, Box 16326, 103 26 Stockholm, Sweden. *Statens musiksamlingar* / Amateur music-making in the 18c • Musical instrument-making • Musical aesthetics • Johan Helmich Roman.
✉ eva.helenius@spray.se

3998. **Helgason, Jan** Grynmalaregatan 5, 223 53 Lund, Sweden.

3999. **Helin, Etienne** 141 rue Henri Maus, 4000 Liège, Belgium. *U. de Liège* / Culture et pouvoirs publics • Mobilité et stratification en histoire sociale • Patriotes et révolutionnaires à Liège.

4000. **Hellegouarc'h, Jacqueline** 12 rue Jean Charcot, 78220 Viroflay, France. *U. de Paris IV* / Voltaire: *Mémoires*, *Zulime*, *Dictionnaire philosophique*; correspondance • Vocabulaire de la mode pendant la Révolution de 1789 • *Nouvelles françaises.*

4001. **Hellemans, Jacques** 149 avenue Dailly, 1030 Bruxelles, Belgium. *U. libre de Bruxelles* / Presse • Histoire du livre.

4002. **Heller, Deborah C.** Humanities Division, Western New Mexico University, Box 680, Silver City, NM 88062, USA. *Western New Mexico U.*

4003. **Heller, Helen Grace** Dept of Modern Languages, Brescia College, University of Western Ontario, 1285 Western Road, London, ON M6G 1H2, Canada. *U. of Western Ontario* / Voltaire's contes, esp. *La Princesse de Babylone* • Louis-Sébastian Mercier's *Homme sauvage* (1767).

4004. **Heller, Leonid** Section des langues slaves, Faculté des Lettres-BFSH2, Université de Lausanne, 1015 Lausanne, Switzerland. *U. de Lausanne.*

4005. **Heller-Greenman, Bernadine** 31 A Antrim St, Cambridge, MA 02139-1103, USA.

4006. **Hellman, Mimi** 16 Fifth Ave, Northampton, MA 01060-2006, USA.

4007. **Hellmuth, Eckhart** Abt. Frühe Neuzeit, Historisches Seminar, Universität München, Geschwister-Scholl-Platz 1, 80539 München, Germany. *U. München* / Political ideas in Britain and Germany • Architecture.

4008. **Hellquist, Magdalena** Dirigentv. 131, 75654 Uppsala, Sweden. *Uppsala U.* / Swedish dialects • Swedish folklore.

4009. **Hellström, Pär** Litteraturvetenskapliga institutionen, Uppsala universitet, Slottet, ingång A0, 752 37 Uppsala, Sweden. *Uppsala U.*

4010. **Helm, Bert** Dept of Philosophy, Southwest Missouri State University, 901 South National Avenue, Springfield, MO 65804, USA. *Southwest Missouri State U.* / Hume; Kant.

4011. **Helmers, Dini M.** Wamelstraat 137, 1106 DN Amsterdam, Netherlands. / Irreparable marriages: children of such families, women and the law.
✉ dini.helmers@xsyall.nl

4012. **Helmius, Agneta** Institutionen för idé- och lärdomshistoria, Uppsala universitet, Slottet, ingång A0, 752 37 Uppsala, Sweden. *Uppsala U.*

4013. **Helmreich, Christian** 184 rue de Bellevue, 91330 Yerres, France. *U. de Paris VIII* / Transfers culturels Allemagne-France 1750-1850 • Poétique et pratique du roman • Jean Paul (1763-1825) • Anthropologie: Alexander von Humbolt (1769-1859).
✉ christian.helmreich@ens.fr

4014. **Helmreich, Gernot** Laubaner Str. 36, 90475 Nürnberg, Germany. *U. Erlangen-Nürnberg* / Freemasonry • Secret societies.

4015. **Hemlow, Joyce** 1521 Le Marchant St, apt 3-G, Halifax, NS B3H 3R2, Canada. / Fanny Burney: The Burney papers.

4016. **Hemmerle, O. B.** Postfach 120840, 68059 Mannheim, Germany. / Baden • France • French Revolution.

4017. **Hemmi, Tatsuo** 2-8050 Ikarashi, 950-2181 Niigata, Japan. *Niigata U.* / Diderot • Littérature clandestine.
✉ hemmi@human.niigata-u.ac.jp

4018. **Hempel, Dirk** Grosse Brunnenstr. 7, 22763 Hamburg, Germany. / Friedrich Leopold Graf zu Stolberg: correspondence of German aristocracy in Denmark at the end of the 18c.
✉ d.hempel@t-online.de

4019. **Hendel, William** Dept of Comp. Literature, U.C.L.A., 212 Royce Hall, Box 951536, Los Angeles, CA 90095-1536, USA. *U.C.L.A.*

4020. **Henderson, John S.** 555 Main Road, P.O. Box 44, Pippsburg, ME 04562-0044, USA. *Dickinson C.* / Voltaire bibliography.

4021. **Hengst, Karl** Kamp 6, 33098 Paderborn, Germany. *Theologische Fakultät Paderborn* / The influence of Jesuits in German universities • Spiritual life in monasteries • Suffragan bishops in the German language regions.

4022. **Henke, Burkhard** Dept of German & Russian, Davidson College, P.O. Box 1719, Davidson, NC 28036-9774, USA. *Davidson C.*

4023. **Henkel, Arthur H. F.** Kastellweg 35, 69120 Heidelberg, Germany. *U. Heidelberg* / Age of Goethe, esp. Hamann, Herder, Jacobi • Philosophy • Literature.

4024. **Henkel, Thomas** Chemin des roches 3, 1700 Freiburg, Switzerland. *U. Freiburg* / Historiography • Education • Political ideas • Journalism • August Ludwig von Schlözer.
✉ thomas.henkel@unifr.ch

4025. **Henn, Marianne** University of Alberta, MLCS, 200 Arts Building, Edmonton, AB T6G 2E6, Canada. *U. of Alberta* / German literature, esp. women's literature • Age of Goethe • German folk and fairy tales.
✉ marianne.henn@ualbert.ca

4026. **Henne, Helmut** Seminar für Deutsche Sprache, Universität Braunschweig, Mühlenpfordtstr. 22-23, 38106 Braunschweig, Germany. *Technische U. Braunschweig* / Lexicology and lexicography • Reconstruction of spoken language • Everyday and literary speech.

4027. **Henneguier, Christine** 18 rue Fabre d'Eglantine, 75012 Paris, France.

4028. **Hennessey, Leslie** 450 West Second St, Lexington, KY 40508, USA. / Venetian art • Visual and performing artists in Europe.

4029. **Henning, Aloys** Osteuropa-Institut der Freien Universität Berlin, Abt. Geschichte, Garystr. 55, 14195 Berlin, Germany. *Freie U. Berlin* / History of medicine, esp. ophthalmology, in Prussia and Russia • Origins of Russian medical terminology.

4030. **Henning, Hans H. F.** Helmholtzstr. 23, 99425 Weimar, Germany. *U. Jena* / German literature: Lessing, Wieland, Herder, Goethe, Schiller, Wezel, Heinse • Faust.

4031. **Henninger, Wolfgang** Tom-Brook-Str. 21, 26603 Aurich, Germany. *Niedersächsisches Staatsarchiv* / Relations commerciales entre la France et l'Allemagne du Nord • Négociants allemands à Bordeaux • Minorités religieuses et économie • Melchior Grimm et Francfort.

4032. **Henriette, Colette** 804 Bennett Rd, Mount Airy, MD 21771-3916, USA. *McDaniel C.* / Mme de Charrière • Le genre épistolaire • Les femmes de lettres.

4033. **Henriksson, Linda** Ringgatan 12B, 752 17 Uppsala, Sweden.

4034. **Henry, John** Science Studies Unit, 21 Buccleuch Place, Edinburgh, Midlothian EH8 9LN, UK. *U. of Edinburgh* / History of science • Interactions between science and religion • Newton and Newtonianism.
✉ john.henry@ed.ac.uk

4035. **Henry, Philippe** Signal 31, 2067 Chaumont (NE), Switzerland. *U. de Neuchâtel* / Société, mentalité et économie suisses et neuchâteloises.

4036. **Hensley, David C.** Dept of English, McGill University, 853 Sherbrooke St West, Montréal, PQ H3A 2T6, Canada. *McGill U.* / Richardson's *Clarissa* • Anglo-German literary relations.

4037. **Hentschel, Uwe** Dahmestr. 115, 16341 Zepernick, Germany. *TU Chemnitz* / Late 18c literature, esp. travel writing.

4038. **Heppner, Harald** Dept of History, Universität Graz, Mozartgasse 3, 8043 Graz, Austria. *U. Graz* / Adaptation processes of the 'Neoacquistica' in the Habsburg Monarchy and the influences of the Habsburg Monarchy on the Balkans • The problems of immigrating peoples.
✉ harald.heppner@uni-graz.at

4039. **Herasimova-Persydska, Nina O.** Ukrainian National Academy of Music, 1-3 Gorodetska Str., 252001 Kiev, Ukraine. *Ukrainian National Academy of Music* / Musical culture in Ukraine • Musical manuscripts.

4040. **Herding, Klaus** Hausener Weg 120, 60489 Frankfurt am Main, Germany. *U. Frankfurt.*

4041. **Herdt, Anne de** 14 route de Covéry, 1252 Meinier, Switzerland. / Catalogue raisonné de l'œuvre du peintre néoclassique genevois J.-P. Stours (1752-1809).

4042. **Herdt, Jennifer A.** Dept of Theology, University of Notre Dame, Notre Dame, IN 46530, USA. *U. of Notre Dame* / Emergence of secular moral thought and its relation to Christian ethics.
✉ herdt.1@nd.edu

4043. **Herlitz, Lars** Mattssonsliden 2, 41318 Göteborg, Sweden. *Göteborgs U.* / Pre-classic economic ideas • Pre-industrial service society.

4044. **Herman, Jan** Stuivenberglaan 23, 2800 Mechelen, Belgium. *Katholieke U. Leuven* / Roman épistolière français • Discours préfaciel.
✉ jan.herman@arts.kuleuven.ac.be

4045. **Herman, Luciana** Dept of English, 319 Wheeler Hall, University of California, Berkeley, CA 94720-0001, USA. *U. of California (Berkeley)* / American gothic novel, esp. Charles Brockden Brown • American and French revolutionary rhetoric • American and French political theory • North American responses to French Revolution.

4046. **Herman, Neil** Dept of Economic and Social History, Queen's University, Belfast, BT7 1NN, UK. *Queen's U.* / Politics, society and religion in Ireland, esp. 1770-1800.

4047. **Herman, Ruth** 1 Franklin Close, Colney Heath, Hertfordshire AL4 0QL, UK. / Journalism • Mary de La Riviere Manley.

4048. **Hermanin, Camilla** Via di Ruffignano 3, 50141 Firenze, Italy.

4049. **Hermanson, Anne** 19 Whitehall Road, Norwich, NR2 3EN, UK.
✉ a.hermanson@virgin.net

4050. **Hermelin, Carola** Själagärdsg. 2 D, 3 ö.g., 11131 Stockholm, Sweden.

4051. **Hermesdorf, Marcella** Dept of English, Dominican University, 7900 West Division St, River Forest, IL 60405-1066, USA. *Dominican U.*

4052. **Hernlund, Patricia** 2335 Pinecrest Rd, Ferndale, MI 48220-2742, USA. / The novel • Printing and publishing.

4053. **Hérou, Josette** 8 rue Abbé Bellée, 14440 Douvres-la-Délivrande, France. *U. de Paris XIII* / Imitation des classes sociales supérieures dans le théâtre anglais: Foote, Farquhar, Dodsley, Fielding, Sheridan, Goldsmith • Histoire des idées • Philosophie • Esthétique.

4054. **Herr, Richard** Dept of History, University of California, Berkeley, CA 94720-2550, USA. *U. of California (Berkeley)* / Spain: political history, 1750-1814 • Modern nationalism, collectivism and individualism.

4055. **Herrera Navarro, Jerónimo** Arquitecto Juan J. Belmonte, nº 1, esc. 1ª, 2º izda., 30007 Murcia, Spain. *Fundacion Universitaria Española* / The professionalisation of the dramatic author in Spain.
✉ herreraj@sarenet.es

4056. **Herrero García, Isabel** Avda de Europa 15, 1er bl., 1°C, 28224 Pozuelo de Alarcón, Spain. / Littérature comparée français-espagnol.

4057. **Herrmann, Ulrich** Engelfriedshalde 101, 72076 Tübingen, Germany. *U. Tübingen* / Education • Science.

4058. **Herry, Ginette** 1 rue de Bénaville, 67420 Saulxures, France. *U. de Strasbourg II* / Goldoni • Théâtre italien classique et contemporain • La traduction théâtrale • Traductions en français du théâtre italien.

4059. **Hersche, Peter** Leimgrubenstr. 51, Ursellen, 3510 Konolfingen, Switzerland. / Baroque Catholicism in Europe • The Enlightenment as historical counter movement to the Baroque • Travel literature on Catholics (mainly in Italy and Switzerland).

4060. **Herthelius-Ramsay, Antoinette** Apotekshuset, 178 02 Drottningholm, Sweden.

4061. **Hertling, G. H.** Dept of Germanics, University of Washington, Box 353130, Seattle, WA 98195-3130, USA. *U. of Washington (Seattle)* / *Sturm und Drang* • German and European Enlightenment • Classicism • Poetic realism.

4062. **Herve, Benoît** 20 rue de Clairville, 35510 Cesson-Sevigne, France.

4063. **Herzfeld, Erika** Lichtenberger Str. 25, 10179 Berlin, Germany. / Judaism in Outer Pomerania until 1750 • Jews in the Neumark and Kurmark.

4064. **Herzig, Arno** Historisches Seminar, Universität Hamburg, Von-Melle-Park 6, 20146 Hamburg, Germany. *U. Hamburg* / Social protest in Germany • Jews in Germany • Confessionalism.

4065. **Herzing, Thomas W.** 3725 Pau Ko Tuk Lane, Oshkosh, WI 54901-7331, USA. *U. of Wisconsin (Milwaukee)* / Blake and the rationalists • Political philosophy • Rhetoric and religion.

4066. **Hess, Jonathan M.** Dept of Germanic Languages, University of North Carolina, 438 Dey Hall, CB 3160, Chapel Hill 27516, NC 27516, USA. *University of North Carolina (Chapel Hill)* / German-Jewish cultural studies • Intellectual history • Aesthetics.
✉ jmhess@email.unc.edu

4067. **Hesselmann, Peter** Propsteistr. 48, 48145 Münster, Germany. *U. Münster* / Dramaturgy and theatre • Reception of baroque literature.

4068. **Heuermann, Holger** Landgraben 5, 60388 Frankfurt am Main, Germany. / European political theory.

4069. **Heuser, Magdalene** Alsenstr. 31, 14109 Berlin, Germany. *U. Osnabrück* / Women in German literature: correspondence, autobiography, novel • Louise Adelgunde Victorie Gottsched • Therese Huber's letters.

4070. **Heuston, Edward** 21 Bristol Rd, Plattsburgh, NY 12901 6907, USA. *S.U.N.Y. (Plattsburgh)* / John Gay's satiric poetry • Pope • The Scriblerians • Fable in theory and practice.

4071. **Heuvel, Gerd van den** Niedersächsische Landesbibliothek Hannover, Leibniz-Archiv, Waterloostr. 8, 30169 Hannover, Germany. *Niedersächsische Landesbibliothek* / The ancien régime and the French Revolution • North Germany • Leibniz and his times • History of ideas, esp. in France.

4072. **Hewitt, Regina** Dept of English, University of South Florida, P.O. Box 273720, Tampa, FL 33613, USA. *U. of South Florida* / Comparative Romanticism • Johnson.

4073. **Heydemann, Klaus** Sieveringerstr. 203/11/1, 1190 Wien, Austria.

4074. **Heydt-Stevenson, Jill** Dept of English, University of Colorado, Hellems Hall 101, Boulder, CO 80309, USA. *U. of Colorado*.

4075. **Heyl, Christoph** Beethovenstr. 27, 60325 Frankfurt am Main, Germany. *U. Frankfurt* / Cultural history • History of everyday life • Private and public spheres in England • Hogarth • Magazines.

4076. **Hibberd, John L.** Dept of German, University of Bristol, 21 Woodland Rd, Bristol, BS8 1TE, UK. *U. of Bristol* / German literature.

4077. **Hicks, Philip S.** Humanistic Studies Program, Saint Mary's College, U.S. 933 North, Notre Dame, IN 46617, USA. *Saint Mary's C.* / Catherine Macaulay • The survival of humanist historiography in Britain • The reception or David Hume's *History of England*
✉ phicks@saintmarys.edu

4078. **Hidemark, Elisabet** Canton 1, 17893 Drottningholm, Sweden. *Nordiska museet* / Textile manufacture in Sweden.

4079. **Higbee, Dale** 412 South Ellis St, Salisbury, NC 28144 4820, USA.

4080. **Higgins, Ian** Dept of English, Australian National University, Canberra, ACT 0200, Australia. *Australian National U.* / Jonathan Swift • Charles Leslie • Literature and political thought, 1688-1745.

4081. **Highfill, Philip H.** 5105 Westpath Ct, Bethesda, MD 20816-2319, USA. / Theatrical biography • Drama • Poetry.

4082. **Higuchi, Kinzo** 910-31 Katsuragi-cho, Kishiwada-shi, 596-0824 Osaka, Japan. *Kansai U.* / The English novel.

4083. **Hijikata, Naobumi** 937-107 Katakura-machi, Hachioji-shi, 192-0914 Tokyo, Japan.

4084. **Hildebrandt, Karl** Ribbeckstr. 44, 14469 Potsdam, Germany. *U. Potsdam* / Scientific academies and learned and economic societies, esp. public prize contests • Environment, economy and statistics • Organisation of sciences.
✉ hildebra@rz.uni-potsdam.de

4085. **Hilger, Stephanie** Dept of Foreign Languages, University of Illinois at Urbana, 3080 Foreign Lang Bldg., 707 S. Mathews Ave, Urbana, IL 61801, USA. *U. of Illinois (Urbana)*.

4086. **Hill, David** Dept of German, University of Birmingham, P.O. Box 363, Birmingham, B15 2TT, UK. *U. of Birmingham* / *Sturm und Drang* • The German novel • Lessing.

4087. **Hill, Emita** Indiana University, 2300 South Washington St, Kokomo, IN 46902-3557, USA. *Indiana U. (Kokomo)* / The Diderot and Falconet correspondence • The epistolary novel.

4088. **Hill, George R.** 84 Highgate Terrace, Bergenfield, NJ 07621-3922, USA. *C.U.N.Y. (Baruch)* / Music bibliography • Classic symphony • Vienna.

4089. **Hill, Jacqueline R.** Dept of Modern History, NUI Maynooth, Maynooth, Co. Kildare, Ireland. *NUI Maynooth* / History of Dublin • Irish political thought.

4090. **Hill, Kate** Honeyball's Lodge, Ickworth, Horringer, Bury St Edmunds, Suffolk IP29 5QE, UK.

4091. **Hill, Mike** Dept of English, S.U.N.Y. Albany, Humanities Bldg., 1400 Washington Ave., Albany, NY 12210, USA. *S.U.N.Y. (Albany)* / Republic • England • Print culture • Marxism • Enlightenment • *The Spectator* • Political economy • Grub Street • Economic theory • Adam Smith • Daniel Defoe • Aphra Behn.
✉ mikehill@csc.albany.edu

4092. **Hill, Ruth** 115 Mimosa Drive, apt 108, Charlottesville, VA 22903-2903, USA.

4093. **Hillbom, Gunnar** Äppelvägen 6, 270 57 Kivik, Sweden.

4094. **Hillenaar, H. G.** Keizersgracht 173, 1016 DP Amsterdam, Netherlands. *Rijksuniv. Groningen* / Fénelon • Littérature spirituelle • Approches psychanalytiques.

4095. **Hillerin, Alexis de** 4 square Spontini, 78150 Le Chesnay, France. *U. de Paris IV* / L'image du roi et du père dans le théâtre.

4096. **Hilliard, Kevin** St Peter's College, Oxford, OX1 2DL, UK. *U. of Oxford* / Germany: Weimar classicism, Enlightenment, German literature • Rhetoric • Goethe • Herder • Klopstock.
✉ kevin.hilliard@spc.ox.ac.uk

4097. **Hilliard, Raymond F.** Dept of English, University of Richmond, Richmond, VA 23173-0002, USA. *U. of Richmond* / English novel.

4098. **Hilscher, Elisabeth** Lange Gasse 2/10, 1080 Wien, Austria.

4099. **Hilton, Ronald** 766 Santa Ynez, Stanford, CA 94305-8441, USA. *Stanford U.* / Spain • Americas.

4100. **Hilzinger, Sonja** Michael Müller Ring 33, 55128 Mainz, Germany. *U. Mainz* / Anecdotes • Anecdotal literature.

4101. **Himelfarb, Hélène** Le Bourg, 12310 Palmas, France. *Musée national du château de Versailles* / Versailles, 1682-1750 • Saint-Simon: bibliothèque, collections • Livrets d'opéras et arts de cour sous Louis XIV et la Régence.

4102. **Hinchman, Mark** Dept of Architecture, University of Nebraska, 230 Architecture Hall West, Lincoln, NE 68588-0107, USA. *U. of Nebraska (Lincoln)* / Art and architecture • Portraiture • Domestic architecture in West Africa • Travel.
✉ mhinchman2@unl.edu

4103. **Hincker, François** 128 rue de la Croix Nivert, 75015 Paris, France. *U. de Paris I* / Finances publiques françaises de la fin de l'ancien régime à la Révolution • Condorcet.

4104. **Hinds, Ross** Nieuwlaan 3, 1560 Hoeilaart, Belgium.

4105. **Hine, Ellen McNiven** York University, 4700 Keele St, Toronto, ON M3J 1P3, Canada. *York U.* / Language in scientific discourse • The popularising of scientific ideas • Women's roles in the cultivation of a vibrant artistic and scientific community.
✉ ehine@yorku.ca

4106. **Hines Jr, Philip** Dept of English, Old Dominion University, Norfolk, VA 23508, USA. *Old Dominion U.* / English translations of the plays of Aristophanes and Sophocles • Representation of 18c drama • Milton • English manuscripts • Newdigate newsletters.

4107. **Hinks, John** 52 Fairefield Crescent, Glenfield, Leicester, LE3 8EH, UK.

4108. **Hinnant, Charles H.** University of Missouri, 230 Tate Hall, Columbia, MO 65211, USA. *U. of Missouri* / Hobbes: annotated bibliography of editions and criticism • Restoration and early 18c English literature • Samuel Johnson • *Gulliver's Travels* • Anne Finch, countess of Winchilsea.

4109. **Hinrichs, Ernst** Moltkestr. 17, 26122 Oldenburg, Germany. *U. Oldenburg* / Social history • Mentalities.

4110. **Hinske, Norbert** Im Wiesengrund 25, 54296 Trier-Tarforst, Germany. *U. Trier* / Philosophy of the German Enlightenment • Kant • Moses Mendelssohn • Berliner Mittwochsgesellschaft • *Berlinische Monatsschrift*.

4111. **Hintzsche, Wieland** Fischer-von-Erlach-Str. 90, 06114 Halle, Germany. *Franckesche Stiftungen* / Georg Wilhelm Steller (1709-1746) • Siberian studies • Russian and Siberian cartography.

4112. **Hirano, Akira** 3-2-3 Kasumigaseki-Higashi, Kawagoe-shi, 350-1103 Saitama, Japan. *Toyo U.* / British philosophy (Locke to Hume) • History of ideas in Japan • Comparative religion.

4113. **Hirasawa, Katsuyuki** 3-Mizutani-so Baba-shita, Shinjuku-ku, 162-0045 Tokyo, Japan.

4114. **Hirayama, Reiji** 3-6-11-305 Hisamoto, Takatsu-ku, Kawasaki-shi, 213-0011 Kanagawa, Japan. *Chuo U.* / Lessing.

4115. **Hirn, Olof** Första Tvärg. 19B, 80284 Gävle, Sweden. *Statens institut för byggnadsforskning* / Building research.

4116. **Hirsch, Jean-François** 20 rue Compaigno, 31300 Toulouse, France. / Médecine et société en France • De la médecine à l'économie: François Quesnay • Mécène célèbre, cocu réputé: M. de La Poupelinière.

4117. **Hirukawa, Akira** 3326 Fukaya, Ayase-shi, 252-1103 Kanagawa, Japan. *Keio U.* / Le château dans la littérature des Lumières.

4118. **Hiruma, Hisashi** 209 Namiki-cho, Sakura-shi, 285-0015 Chiba, Japan. *Tokyo Seitoku U.* / Cultural history of the Edo era.

4119. **Hirzel, Martin Ernst** Lavater Edition, UNI Zurich, Kirchgasse 9, 8001 Zürich, Switzerland. *U. Zurich*.
✉ mhirzel@access.unizh.ch

4120. **Hisatomi, Ken** 1-15-3 Zenpukuji, Suginami-ku, 167-0041 Tokyo, Japan. *Musashino Women's U.* / J.-J. Rousseau.

4121. **Hitchin, Neil** Magdalene College, Cambridge, CB3 OAG, UK. *U. of Cambridge* / William Paley • Divinity and political theory • Political history • Bible and biblical criticism.

4122. **Hitzel, Frédéric** 27 rue de Lausanne, 67000 Strasbourg, France. *C.N.R.S. (Strasbourg)* / Création des écoles orientales européennes • Séjour des envoyés du Grand Seigneur en France.

4123. **Hivet, Christine** Dépt d'anglais, Université de Caen, 14000 Caen, France. *U. de Caen* / Women's studies.

4124. **Hjern, Olle** Hornsg. 62, 11821 Stockholm, Sweden. *Stockholms U.* / Swedenborg and Swedenborgianism • Western esoteric tradition.

4125. **Hjort, Karen** Rigsarkivet, Rigsdagsgården 9, 1218 København K, Denmark. *Rigsarkivet*.

4126. **Hjortberg, Monica** Ova Hultet, 53392 Lundsbrunn, Sweden. *Karlstad U.* / France • Sweden • Correspondance littéraire • French literature • F. M. Grimm • Grimod de La Reynière • Madeleine d'Arsant de Pusieux.
✉ monica.hjortberg@kau.se

4127. **Hlavácková, Ludmila** Ústav dejin lékarství a cizích jazyku, Katerinská 32, 120 00 Praha 2, Czech Republic. *Ústav dejin lékarství a cizích jazyku*.

4128. **Hlobil, Tomás** Palackého 28, 750 00 Prerov, Czech Republic. *U. Karlova* / Aesthetics • Literary criticism • Philosophy of language.
✉ tomas.hlobil@ff.cuni.cz

4129. **Hobbs, Catherine L.** Dept of English, University of Oklahoma, 760 Van Vleet Oval, #113, Norman, OK 73019, USA. *U. of*

Oklahoma / Relations between modernity, rhetoric and language study • Vico, Condillac, and Monboddo.
☞ chobbs@ou.edu

4130. **Hobby, Elaine** 10 Coventry Road, Beeston, Nottingham, NG9 2EG, UK.

4131. **Hobgood, Jessifer** 2812 Jim Lee Rd, Tallahassee, FL 32310-7055, USA.

4132. **Hobson, Christopher Z.** 36 Sickles St, apt. 1A, New York, NY 10040-1847, USA.

4133. **Hobson, Marian Elizabeth** Dept of French, Queen Mary and Westfield College, University of London, Mile End Road, London, E3 4NS, UK. *U. of London* / Newtonianism in England and France • Species in the later 18c • Physiognomy • Diderot's *Le Neveu de Rameau.*
☞ hobson@mjeanneret.com

4134. **Hochadel, Oliver** Czerningasse 6/2/36, 1020 Wien, Austria. *U. de Fribourg* / Natural Philosophy • Electricity; lighning rod • Georg Forster.
☞ oliver.hochadel@univie.ac.at

4135. **Hochholdinger-Reiterer, Beate** Dept of Theatre Arts, Universität Wien, Hofburg,-Batthyanystiege, 1010 Wien, Austria. *U. Wien* / Gender studies and performing arts (theory) in German speaking countries.
☞ beate.hochholdinger-reiterer@univie.ac.at

4136. **Hochstrasser, Timothy J.** Dept of International History, London School of Economics, Houghton St, London, WC2A 2AE, UK. *London School of Economics* / Natural law theory • Physiocracy • Enlightened absolutism; Frederick the Great • Music.

4137. **Hockenhull Smith, Marie** Dept of English, University of Wales, Penglais Hill, Aberystwyth, Aberystwyth, SY23 3DY, UK. *U. of Wales (Aberystwyth)* / Legal and literary discourse; generic differences • Fiction representing legal problems as compared to trials, legal commentaries.

4138. **Hodgkins, John Ralph** 34 Hamlet Court Road, Westcliff-on-Sea, Essex SS0 7LX, UK. *Clifton Books* / Johnson.

4139. **Hodgson, Emily** 1936 41st Avenue, Vero Beach, FL 21960-2545, USA.

4140. **Høeck, Klaus** Hedebovej 84, 5474 Veflinge, Denmark. *Royal Danish Academy of Science and Letters* / Schelling • J.-J. Rousseau • Robespierre.

4141. **Hoesel-Uhlig, Stefan** King's College, Cambridge, CB2 1ST, UK. *U. of Cambridge* / History and theory of aesthetics and literary studies.
☞ stefan.hoesel-uhlig@kings.cam.ac.uk

4142. **Hof, Andrée** 91 avenue Gustave Dolory, 59100 Roubaix, France.

4143. **Hofer, Hermann** Mariborer Str. 20, 35037 Marburg, Germany. *U. Marburg* / Les écrivains de la Révolution française, 1789-1794) • L. S. Mercier.
☞ hofer@mailler.uni.marburg.de

4144. **Hoffman, Arthur W.** Dept of English, Syracuse University, Syracuse, NY 13210, USA. *Syracuse U.* / Congreve • Poetry of Pope and Dryden • Fielding's comic epic.

4145. **Hoffman, Ronald** Dept of History, College of William and Mary, P.O. Box 8781, Williamsburg, VA 23187-8781, USA. *C. of William and Mary* / American War of Independence • North America • Social history • Charles Carroll.
☞ ieahc1@wm.edu

4146. **Hoffmann, Christhard** Dept of History, University of Bergen, Sydnesplassen 7, 5007 Bergen, Norway. *U. Bergen* / Images of Jews and Judaism • Images of antiquity in the European Enlightenment.

4147. **Hoffmann, Pat** 97 Prospect, Plattsburgh, NY 12901-1321, USA. / Women writers • Poetry.

4148. **Hoffmann, Peter** Drosselweg 3, 16515 Nassenheide, Germany.

4149. **Hoffmann, Volker** Trainsjochstr. 5A, 81825 München, Germany. *U. München* / Anthropologie des Lumières • Johann Georg Hamann.
☞ volker.hoffmann@lrz.uni-muenchen.de

4150. **Hofmann, Aedamar** Memlingdreef 57, 3090 Overijse, Belgium. / Irish students at the University of Louvain, Austrian Netherlands, c.1760-1797.

4151. **Hofmann, Anne** Institut Benjamin Constant, Université de Lausanne, Bâtiment central, 1015 Lausanne, Switzerland. *U. de Lausanne* / Benjamin Constant • The Coppet circle • Historiography.
☞ anne.hofmann@ibc.unil.ch

4152. **Hofmann, Etienne** Institut Benjamin Constant, Université de Lausanne, Bâtiment central, Lausanne 1015, Switzerland. *U. de Lausanne* / Histoire des idées • Editions critiques de textes et de correspondance • Historiographie et épistémologie de l'histoire.
☞ etienne.hofmann@ihes.unil.ch

4153. **Hofmann, Hans-Georg** Birkenweg 16, 3014 Bern, Switzerland. *U. Bern* / Music in encyclopaedias.

4154. **Hofmeister, Andrea** Am Rischen 5C, 37083 Göttingen, Germany. *U. Oldenburg* / Enlightened bureaucracy and absolutism • Literacy and schooling.

4155. **Hoftijzer, Paul G.** Nassaulaan 28, 2341 ED Oegstgeest, Netherlands. *Rijksuniv. Leiden* / Book history • Anglo-Dutch relations.
✉ p.g.hoftijzer@let.leidenuniv.nl

4156. **Hogan, Robert** 40 Seacrest, Vevay Road, Bray, Co. Wicklow, Ireland.

4157. **Höglund, Mats** Näktergalsvägen 29, 35242 Växjö, Sweden.
✉ mats.hoglund@hum.vxu.se

4158. **Hohrath, Daniel** Berkheimer str. 50, 73734 Esslingen am Neckar, Germany. *U. Trier* / History: general and military • Scientific education.

4159. **Hoisington, Rena** Institute of Fine Arts, New York University, Brooklyn, NY 11215-5607, USA. *New York U.*

4160. **Hojda, Zdenek** Ovenecká 42, 170 00 Praha 7, Czech Republic.

4161. **Holcomb, Kathleen** Angelo State University, Box 10929 ASU Station, San Angelo, TX 76909, USA. *Angelo State U.* / Scotland • Scottish Enlightenment.
✉ kathleen.holcomb@angelo.edu

4162. **Holert, Tom** Hahnenstr. 20, 50667 Köln, Germany. *U. Köln* / French/German art theory • Sociology of the artist • Salon criticism • Girodet.

4163. **Holland, Mark V.** 50 Milford Rd, Reading, RG1 8LJ, UK.

4164. **Hollerich, Jean-Claude** Sophia University Kioicho 7-1 Chiyoda-ku, 102 Tokyo, Japan.

4165. **Holliday, Stephen G.** 14 Sunny Acres Rd, Bethel, CT 060801-3028, USA. / Smollett • Johnson and his circle • The crowd.

4166. **Hollmer, Heide** Oberländerstr. 5A, 81371 München, Germany. / Enlightenment tragedy: Gottsched • Travel writing: art, dilettantism, women, esp. Anna Amelia von Sachsen-Weimar.

4167. **Holm, Jon** Dept of Classics and Romance Languages, National and University Library, Universitet i Oslo, KRI, Box 1007 Blindern, 0315 Oslo, Norway. *U. Oslo* / New World • Scandinavia • France • Travel literature • America • French literature • Christianity • Chateaubriand • Rousseau • Romanticism.

4168. **Holm, Lars** Sunnanvaeg 2 K, SE-222 26 Lund, Sweden. / Central Europe • Travel literature • Lexicography • J. J. Bjoernstaohl • Grand Tour in Europe • Swedish dictionaries.
✉ lars.holm@mbox305.swipnet.se

4169. **Holmes, Theresa** 21 Woodhall Rd, Nottingham, NG8 1JX, UK. / William Pitt the younger.

4170. **Holmesland, Oddvar** Isbjørnv. 8, 9020 Tromsdalen, Norway.

4171. **Holstein, Lis** Irisvej 4, 6760 Ribe, Denmark.

4172. **Holthusen, Andrea** Wilhelmshavener Str. 18, 10551 Berlin, Germany. *Freie U. Berlin.*

4173. **Holubová, Markéta** Etnologicky ústav AV CR, Na Florenci 3, 110 00 Praha 1, Czech Republic. *Etnologicky ústav AV CR.*

4174. **Holzhey, Helmut** Zollikerstr. 195, 8008 Zürich, Switzerland. *U. Zürich* / Kant • Philosophy of religion.
✉ holzhey@philos.unizh.ch

4175. **Holzschuh Sator, Monika** Dept of German, Queen's University, Kingston, ON K7L 3N6, Canada. *Queen's U.* / Aesthetic writings.

4176. **Hombek, Danuta Anna** Ul. Polowniaka 4 m.26, 25-634 Kielce, Poland.
✉ ehombek@filon.filg.uj.edu.pl

4177. **Homering, Liselotte** Neue Heimat 21, 68305 Mannheim, Germany. *Städtisches Reiss-Museum Mannheim* / Theatre in the Kurpfalz, esp. Mannheim.

4178. **Honegger, Claudia** Institut für Soziologie, Universität Bern, Lerchenweg 36, 3012 Bern, Switzerland. *U. Bern* / Sociology • Medicine • Human sciences.

4179. **Honjo, Yasuhisa** 2-15-11-1001, Takanawa, Minato-ku, 108-0074 Tokyo, Japan.

4180. **Hont, Istvan** King's College, Cambridge, CB2 1ST, UK. *U. of Cambridge* / Political economists • Enlightenment concept • European thought • French Enlightenment • Scottish Enlightenment • Luxury • Hume • Hutcheson • Kant.
✉ ih17@cam.ac.uk

4181. **Hontanilla, Ana M.** Dept of Romance Languages and Literature, University of North Carolina, 321 McIver, Greensboro,

NC 27402, USA. *U. of North Carolina (Greensboro)* / Spanish journalists, 1760-1790, in Madrid writing on fashion and education of the middle classes • Governmental legislation destined to regulate social behaviour and appropriate dress for women and the lower classes.
✉ amhontan@uncg.edu

4182. **Hoock, Holger** Selwyn College, Cambridge, CB3 9DQ, UK. *U. of Cambridge* / Britain • Art academies and museums • Music • Painting • Sculpture • Social history • Politics of culture.
✉ hh267@cam.ac.uk

4183. **Höög, Victoria** Institutionen för idé- och lärdomshistoria, Lunds Universitet, Lund, Sweden. *Lunds U.*

4184. **Hoogendijk-van Trotsenburg, N.** Meentweg 4A, 1411 GS Naarden, Netherlands.

4185. **Hoogma, M. C.** KNSM-laan 412, 1019 LN Amsterdam, Netherlands. / Jacob Campo Weyerman (1677-1747) • The heritage of Greece and Rome in the 18c.

4186. **Hooper-Hamersly, Rosamond** 127 Saint Paul St, Westfield, NJ 07090-2144, USA.

4187. **Hoorn, M. van** Kwikstaartlaan 22, 1826 GB Alkmaar, Netherlands. *Teylers Museum* / Jan Hendrik van Swinden (1746-1823) • Martinus van Marum (1750-1837) • Physics and biology.

4188. **Hope Mason, John** 7 Leybourne Park, Kew, Richmond, Surrey TW9 3AB, UK. *U. of Middlesex* / Rousseau • Ideas of the self.

4189. **Hopkins, Robert H.** Dept of English, University of California, Davis, CA 95616, USA. *U. of California (Davis)* / Human nature and literature • Poetic epistemology • Goldsmith • Pope.

4190. **Hopper, Karine** Dept of English, University of Alberta, Edmonton, AB T6G 2E5, Canada. *U. of Alberta* / Irish publishing history • Pirated texts.

4191. **Horbec, Ivana** Kroatisches Institut für Geschichte, Opati_ka 10, 10000 Zagreb, Croatia. *Kroatisches Institut für Geschichte.*

4192. **Horejsi, Nicole** Dept of English, U.C.L.A., P.O. Box 951530, Los Angeles, CA 90095-1530, USA. *U.C.L.A.*

4193. **Horkai, Ferenc Hörcher** Egyetem u.1, 2081 Piliscsaba, Hungary. *U. Catholique de Piliscsaba* / Scottish Enlightenment • Material law • Political philosophy • Aesthetics.
✉ horcher.ferenc@chollu.hu

4194. **Horn, Sonia** Apostelgasse 2-14/5/69, 1030 Wien, Austria. *U. Wien* / Social history of medicine • Medical faculty of Vienna • Public health in Austria; Catholic Church and health-care systems • Midwifery and obstetrics.

4195. **Horne, Colin James** Woodstock, 12 Bracken Road, Stirling, SA 5152, Australia. *U. of Adelaide* / Swift • Pope • Johnson • Dyer.

4196. **Horne, Jacqueline** 8 Harris St, Cambridge, MA 02140-2206, USA.

4197. **Horne, William C.** 408 West College Avenue, Salisbury, MD 21801, USA. *Salisbury State C.* / Butler's *Hudibras* • Satire on marriage (popular and polite).

4198. **Hornig, Gottfried** Karrenweg 4, 79872 Bernau, Germany. *Ruhr-U. Bochum* / Protestant neologism and theology • Philosophy • Religion and politics.

4199. **Hornstein, Gabriel** AMS Press, Inc., 11 Little Fox Lane, Westport, CT 6880, USA. *AMS Press, Inc.*

4200. **Horská, Pavla** Hrusická 18/2519, 141 00 Praha 4, Czech Republic. *Czech Academy of Sciences* / Demography • Sociology • Church registers.

4201. **Horton, Shannyn** Dept of French, Rutgers University, New Brunswick, NJ 8901, USA. *Rutgers U.*

4202. **Hortschansky, Klaus** Meinertzstr. 83, 48159 Münster, Germany. *U. Münster* / Italian and French opera • C. W. Gluck • Instrumental music in Mannheim (J. Stamnitz) and Vienna (Mozart) • Reception of music in the time of Goethe.

4203. **Horváth, Károly** Lehrstuhl für Ästhetik, Geisteswissenschaftliche Fakultät, Janus Pannonius Universität, Majorossy Ste. 4, 7621 Pécs, Hungary. *Janus Pannonius U.*

4204. **Hosford, Desmond** 57 Grove St, New York, NY 10014, USA.
✉ armide1777@aol.com

4205. **Hoshino, Akio** 2-18-15 Yokodai, Isogo-ku, Yokohama-shi, 235-0045 Kanagawa, Japan. *Kanto Gakuin U.* / Adam Smith • Scottish Enlightenment • Economic thought.

4206. **Hoshino, Koichiro** 2-17-27 Musashidai, Fuchu-shi, 183-0042 Tokyo, Japan. / French Enlightenment thinkers through Japanese eyes.

4207. **Hoshino, Sumiko** 56-2 Tsukidamachi, Ichijoji, Sakyo-ku, Kyoto-shi, 606-8175 Kyoto, Japan. *Osaka Furitsu U.* / Goethe.

4208. **Höslinger, Clemens** Jägerstr. 25, 1200 Wien, Austria.

4209. **Hosokawa, Takami** 278-24 Hanamizu, Hakushu-cho, Yamanashi-ken 408-0311, Japan.

4210. **Hosokawa, Tetsushi** 2 Nishi-Asakawa-cho, Hachioji-shi, 193-0842 Tokyo, Japan.

4211. **Hosokawa, Yuko** 38-298 Oshima, Momoyama-cho, Fushimi-ku, 612-8006 Kyoto, Japan.

4212. **Hosoya, Shinji** 3-24-2 Koyama, Shinagawa-ku, 142-0062 Tokyo, Japan. *Association for Documentation in Economics* / Universities in Japan • Statistics.

4213. **Hothem, Thomas** Dept of English, Gannon University, University Square, Erie, PA 16541, USA. *Gannon U.*

4214. **Hotho, Herman H.** Peter van Anrooylaan 50, 6952 CW Dieren, Netherlands. *Katholieke U. Nijmegen* / Dutch almanacs for children.

4215. **Hotta, Seizo** 3-84 Sakuragaoka, Owariasahi, 488-0859 Aichi, Japan. *Nagoya Economics U.* / Italian Enlightenment • C. Beccaria • British economic thought in Italy.

4216. **Hougaard, Jens** Institut for Nordisk Sprog og Litteratur, Aarhus Universitet, Trøjborgkompleks, Niels Juelsgade 84, 8200 Århus N, Denmark. *Aarhus U.*

4217. **Hourcade, Philippe** 3 rue Saint Charles, 75015 Paris, France. *U. de Limoges* / Roman • Historiographie • Spectacles de cour et de ville • Saint-Simon.

4218. **Hours, Bernard** Chemin de la Combe, 01500 Douvres, France. *U. de Lyon III* / Carmes et carmélites • Cours et sociétés de cour • La famille royale en France.

4219. **Houston, Robert Allan** Dept of Modern History, University of St Andrews, St Andrews Fife, KY16 9AL, UK. *U. of St Andrews* / Literacy in Europe • Mental health in Britain • Scottish society • Legal history.
✉ rah@st-and.ac.uk

4220. **Houswitschka, Christoph** Lehrstuhl für Englische Literaturwissenschaft, Universität Bamberg, An der Universität 9, 96045 Bamberg, Germany. *U. Bamberg* / Crime literature • Development of the novel • Literature and politics.

4221. **Houthakker, Lodewijk** Herengracht 417, 1017 BP Amsterdam, Netherlands. / Architectural drawings, ornament and design.

4222. **Houtzager, Hendrik Leonard** Van der Dussenweg 14, 2614 XE Delft, Netherlands. / History of medicine in the Netherlands, esp. obstetrics and gynaecology.

4223. **How, James S.** Flat 9, 2 Elm Row, Edinburgh, EH7 4AA, UK. *U. of Edinburgh* / British letters and letter fictions.

4224. **Howard, Carol L.** Dept of English, Warren Wilson College, P. O. Box 9000, Asheville, NC 28815, USA. *Warren Wilson C.* / British women's writings on freedom, slavery, and empire.
✉ choward@warren-wilson.edu

4225. **Howard, Heather** Dept of French, U.C.L.A., 1154 Spazier Avenue, Glendale, CA 91201-1320, USA. *U.C.L.A.*

4226. **Howard, Seymour** Dept of Art and Art History, University of California, Davis, CA 95616, USA. *U. of California (Davis)* / Restoration of ancient sculpture • Classicism and neo-classicism • Art, theory and psychology.

4227. **Howard, Susan K.** Dept of English, 333 College Hall, Duquesne University, Pittsburgh, PA 15282-3002, USA. *Duquesne U.* / The novel • Women's writings • America in English literature.

4228. **Howarth, William D.** 12 Wanscow Walk, Henleaze, Bristol, BS9 4LE, UK. / French drama and theatre history, esp. Beaumarchais.

4229. **Howe, Tonya** Dept of English, University of Michigan, 3187 Angell Hall, 435 S. State St., Ann Arbor, MI 48109-1003, USA. *U. of Michigan.*

4230. **Howells, Robin** Dept of French, Birkbeck College, University of London, 43 Gordon Square, London, WC1 H 0PD, UK. *U. of London* / Enlightenment literature, culture and ideas (France, England) • Religious history • Literary genres and rewriting • Approaches derived from Freud and Bakhtin.
✉ r.howells@bbk.ac.uk

4231. **Howlett, Kathy** 152 Upland Rd, Sharon, MA 02067-1749, USA. *Northeastern U.*

4232. **Hoxby, Blair** 33 Neck Rd, Old Lyme, CT 06371-1488, USA.

4233. **Høydalsnes, Eli** Huitfeldtsgt. 8B, 0253 Oslo, Norway.

4234. **Höyng, Peter** Dept of Foreign Languages and Literatures, University of Tennessee, 701 McClung Tower, Knoxville 37996-0470, TN, USA. *U. of Tennessee (Knoxville)* / Theatre history, censorship, literature, and

discourse theory • Lessing, Schiller, Goethe and Beethoven.
✉ hoeyng@utk.edu

4235. **Hoyt, Nelly S.** 11 Jewett St, Northampton, MA 01060, USA. *Smith C.* / Basel • Travels, real and imaginary.

4236. **Hrafnkelsson, Örn** Lbs Ísl.-Hbs., 107 Reykjavík, Iceland.

4237. **Hroch, Miroslav** Na Hroude 2120, 100 00 Praha 10, Czech Republic.

4238. **Hsia, Adrian R. C.** Dept of German Studies, McGill University, 680 Sherbrooke St West, Suite 486, Montreal, PQ H3A 2M7, Canada. *McGill U.* / Intercultural studies.

4239. **Hu, Wensheng** Institute of Qing History, Renmin University of China, 100872 Beijing, China. *Renmin U. of China* / China: Qing history.

4240. **Hua, Li** Institute of Qing History, Renmin University of China, 100872 Beijing, China. *Renmin U. of China* / China: Qing history.

4241. **Huang, Aiping** Institute of Qing History, Renmin University of China, 175 Haidian Rd, Haidian District, 100872 Beijing, China. *Renmin U. of China* / China: intellectual history.

4242. **Huang, Pei** 4153 Nottingham Avenue, Youngstown, OH 44511-1017, USA. *Youngstown State U.* / The early Ch'ing empire.

4243. **Huang, Shijian** Dept of History, Zhejiang University, 310028 Hangzhou, Zhejiang, China. *Zhejiang U.* / Sino-Western cultural relations.

4244. **Huang, Xingtao** Institute of Qing History, Renmin University of China, Haidian, 100872 Beijing, China. *Renmin U. of China* / China: Qing history.

4245. **Huang, Yuqin** Institute of Qing History, Renmin University of China, Haidian, 100872 Beijing, China. *Renmin U. of China* / China: Qing history.

4246. **Huber, Alexander** Thomas Gray Archive, 6 Winchester Road, Oxford, OX2 6NA, UK. *Thomas Gray Archive* / English literature • The age and poetry of sensibility • Thomas Gray as poet and letter-writer • Gray's contemporaries • Electronic texts, markup languages, and digitisation of primary sources.
✉ huber@thomasgray.org

4247. **Huber, Christine Jones** 1212 Hill St, Durham, NC 27707, USA. / American artist Charles Willson Peale and his paintings of women.
✉ chuber@mindspring.com

4248. **Huber, Martin** Inst. für deutsche Philologie, Schellingstr. 3, 80799 München, Germany. *U. München.*

4249. **Huchette, Jocelyn** 49 bd de Picpus, 75012 Paris, France. / La théorie des caractères nationaux et leur représentation à l'âge des Lumières • L'anthropologie littéraire, les modèles théophrastiens de la caractérologie et la philosophie politique.
✉ jocelyn.huchette@wanadoo.fr

4250. **Hucín, Ondrej** Celetná 17, 110 00 Praha 1, Czech Republic. *Theatre Institute (Prague)* / Theatre in the Czech lands • Jesuit theatre • Opera.

4251. **Hudde, Hinrich** Amselfeld 39, 91056 Erlangen, Germany. *U. Erlangen-Nürnberg* / L'utopie littéraire • La fable • Contes de fées • Littérature française sous la Révolution • 'Marseillaise'.

4252. **Hudson, Jane** Dept of English Literature, University of Sheffield, Weston Bank, Sheffield, S10 2TN, UK. *U. of Sheffield.*

4253. **Hudson, Nicholas** Dept of English, University of British Columbia, #397 - 1873 East Mall, Vancouver, BC V6T 1Z1, Canada. *U. of British Columbia* / British social/economic history and the development of literary genres • Social hierarchy in Britain • The supposed 'rise of the novel' during the Restoration and 18c.
✉ nhudson@interchange.ubc.ca

4254. **Huerta Viñas, Fernando** Turó de Sant Pau 24, 08193 Bellaterra, Spain. / Théâtre.

4255. **Huessy, Annelies** Burgerbibliothek, Muenstergasse 63, 3000 Bern 7, Switzerland. *Burgerbibliothek.*

4256. **Huet, Marie-Helene** Dept of French and Italian, Princeton University, East Pyne, Princeton, NJ 08544, USA. *Princeton U.* / French Revolution • Europe • Romanticism • Social history • J.-J. Rousseau • Aesthetics and political history • Medical history.

4257. **Hugason, Hjalti** Laugarnesvegi 94, 105 Reykjavík, Iceland.

4258. **Hughes, Bill** Flat 1, Limehurst, St Margaret's Road, Altrincham, WA14 2BG, UK.

4259. **Hughes, Derek** Dept of English and Comparative Literature, University of Warwick, Coventry, CV4 7AL, UK. *U. of Warwick*

/ Restoration drama • Representations of human sacrifice in literature and opera.
✉ d.w.hughes@warwick.ac.uk

4260. **Hughes, Lindsey** Dept of Slavonic and East European Studies, University of London, Senate House, Malet St, London, WC1E 7HU, UK. *U. of London* / Russia in the reign of Peter I • Russian art and architecture.

4261. **Hugues, Sylvie** 14 rue Gustance, 75018 Paris, France.

4262. **Huh, Nam-Jin** Dept of Philosophy, Seoul National University, 56-1 Shinlim-dong, Kwanak-gu, 151-742 Seoul, South Korea. *Seoul National U.* / Korean philosophy.

4263. **Huhn, Tom** Wesleyan University, 350 High St, Middletown, CT 6459, USA. *Wesleyan U.*

4264. **Huibrechts, M. M. A.** Koning Albertlei 106, 2950 Kapellen, Belgium.

4265. **Huisman, F. G.** Wilgenlaan 55, 6212 HA Maastricht, Netherlands. *U. Maastricht* / Medicine.

4266. **Huitfeldt, Johanne** Kunstindustrimuset i Oslo, St. Olavs gate 1, 0165 Oslo, Norway. *Kunstindustrimuseet Oslo* / Norway.

4267. **Huizing, Klaas** Sonnenweg 24, 82335 Berg-Starnberger See, Germany. *U. München* / Lavater, Herder, Jacobi, Hamann.

4268. **Huldén, Lars** Nylandsgatan 2 C 18, 00120 Helsingfors, Finland.

4269. **Hulek, Julius** Klementinum 190, 110 01 Praha 1, Czech Republic. *National Library (Praha)* / Musicology • Cataloguing and documentation of musical sources • Music and word.

4270. **Hultén, Martin** Litteraturvitenkapelig institution, Universitet i København, Njalsgade 80, 2300 København, Denmark. *U. København.*
✉ hulten@hum.ku.dk

4271. **Humbert, Brigitte** Dept of French, Middlebury College, Middlebury, VT 05753 6200, USA. *Middlebury C.* / Epistolary novels.
✉ humbert@middlebury.edu

4272. **Humbertclaude, Eric** 6 Square Delambre, 75014 Paris, France. / Johann August Starck (1741-1816) et son œuvre manuscrite *das Klerikat.*
✉ humbertc@club-internet.fr

4273. **Hume, Robert D.** Dept of English, Pennsylvania State University, 116 Burrowes Building, University Park, PA, USA. *Pennsylvania State U.* / English drama and theatre • Italian opera in London, esp. Handel • English literature and the history of criticism.
✉ rob-hume@psu.edu

4274. **Hummel, Pascale** 6 rue de la Félicité, 75017 Paris, France. / Humboldt • Philosophy.

4275. **Hundert, Edward J.** 36-1101 Nicola St, Vancouver, BC V6G 2E3, Canada. *The U. of British Columbia* / Social and political thought and moral psychology surrounding the market society of the European Enlightenment.
✉ hundert@shaw.ca

4276. **Huneke, Friedrich** Melanchthonstr. 45, 33615 Bielefeld, Germany. *U. Bielefeld* / Le genre '*Intelligenzblatt*' (Affiches et annonces/*Intellegencer*): production et lecture en Allemagne.

4277. **Hunt, Lynn A.** Dept of History, U.C.L.A., 6265 Bunche Hall, Los Angeles 90095-1473, CA, USA. *U.C.L.A.* / French Revolution • France.
✉ lhunt@history.ucla.edu

4278. **Hunt, Margaret R.** Dept of History, Amherst College, Amherst, MA 01002, USA. *Amherst C.* / Gender and the Royal Navy in England • Women and litigation, esp. with respect to British equity courts.
✉ mrhunt@amherst.edu

4279. **Hunt, Russell A.** Dept of English, St Thomas University, Fredericton, NB E3B 5G3, Canada. *St Thomas U.* / Literature, thought, art, music, and general culture between 1660 and the French Revolution • Canon formation and modification.
✉ hunt@stu.ca

4280. **Hunt, Sylvia E.** 13 rue Gosford, Shannon, PQ G0A 4N0, Canada. / The novel.
✉ mike.syl@sympatico.ca

4281. **Hunter, Donna** D 210 Porter College, University of California, Santa Cruz, CA 95064, USA. *U. of California (Santa Cruz)* / French Revolution • Portraiture • Development of art market.

4282. **Hunter, J. Paul** 404 Wieboldt, University of Chicago, 1050 East 59th St, Chicago, IL 60637-1593, USA. *U. of Chicago* / History of narrative • The ideology of the couplet • Literary history.

4283. **Hunter, Kathryn Montgomery** 1218 East Madison Park, Chicago, IL 60615-2963, USA. *Northwestern U. (Chicago)* / Satire in English literature and graphic art • Mary and Matthew Darly.

4284. **Hunter, Mary** 907 North Wood St #2-N, Chicago, IL 60622-5005, USA. *Bates C.*

4285. **Hunter, Phyllis** Dept of History, University of North Carolina, 224 C McIver St Bldg., Greensboro, NC 27402-6170, USA. *U. of North Carolina.*

4286. **Huntley, E. D.** Dept of English, 320 Sanford, Appalachian State University, Boone, NC 28608-0001, USA. *Appalachian State U.* / Women and the theatre • Women as readers, as spectators • English popular culture.

4287. **Hunwick, Andrew** 35 Stirlin Highway, Crawley, WA 6907, Australia. *U. of Western Australia* / D'Holbach • Manuscrits clandestins • Richard Simon • Voltaire.
✉ ahunwick@cyllene.uwa.edu.au

4288. **Hunzinger, Silke** Vogelberg 30, 24306 Plön, Germany.

4289. **Hurault, Alain** Les Reignaults, 45220 Triguères, France. / Pensée politique • Pratiques symboliques (arts, fêtes, religions) • Pensée juridique • Normes et déviances.

4290. **Hurley, Alison** 5501 Manila Avenue #4, Oakland, CA 94618, USA.

4291. **Husain, David** Pembroke College, Trumpington St, Cambridge, CB2 1RF, UK. *U. of Cambridge* / History, politics, biography and European culture.

4292. **Huse, Ann A.** John Jay College of Criminal Justice, C.U.N.Y., 445 West 59th St, NY, NY 10019, USA. *C.U.N.Y.*

4293. **Huta, Carole** 408 Rochester Rd, Burham, Rochester, Kent ME1 3RH, UK. / Experimental method in Geneva • Science, esp. the work of Jean Senebier (1742-1809).

4294. **Hutchings, Jessica** Dept of French, Pennsylvania State University, 401 Burrowes Building, State College, PA 16802, USA. *Pennsylvania State U.* / French Revolution • France • Académie des Sciences • French Enlightenment • Medicine • Diderot • Lavoisier • Montesquieu • Rousseau • Science.

4295. **Hutchings, William B.** Dept of English, University of Manchester, Manchester, M13 9PL, UK. *U. of Manchester* / Poetry: Pope, Gray, Cowper • Johnson.

4296. **Hüther, Michael** Deka Bank, 60040 Frankfurt am Main, Germany. *Deka Bank* / Origins of economic theory • Intellectual life in Germany and the development of economics of nations in Britain.

4297. **Hutner, Heidi** 10 Bay Drive West, Huntington, NY 11743-1320, USA.

4298. **Hutt, Maurice George** The Manse, 105 Surrenden Road, Brighton, BN1 6WB, UK. / Chouannerie in Brittany in the 1790s.

4299. **Hutton, Richard W.** 2105 'N' St NW, Washington, DC 20037-3017, USA. *National Gallery of Art* / Pictorial representations of historical events • Print publishing • Exhibitions of art works.
✉ r-hutton@nga.gov

4300. **Hutton, Sarah** 34 Church Vale, London, N2 9PA, UK. / Women of the Enlightenment • Intellectual history.

4301. **Huussen, Arend H.** Oosterweg 30, 9751 PH Haren, Netherlands. *Rijksuniv. Groningen* / Law, esp. penal law and criminality • Family history • Minorities.

4302. **Huysseune, Michel J.** Biarritzsquare 7, 1050 Bruxelles, Belgium. *Vrije U. Brussel* / The representation of other societies in travel literature and in scientific treatises (e.g. Volney) • Representations of Italy and analyses of Italian society • The visual arts in travel literature.
✉ mjhuysse@vub.ac.be

4303. **Hvass, Lone** Helsingør Kommunes Museer, Hestemøllestræde 1, 3000 Helsingør, Denmark. *Helsingør Kommunes Museer.*

4304. **Hwang, Shelia Minn** 778 Twin Oaks Drive #3, Decatur, GA 30030, USA. *U. of California (Santa Barbara).*

4305. **Hyacinthe, René** 2 avenue de Brunet, 83100 Toulon, France.

4306. **Hyde, Melissa** Dept of Art and Art History, University of Florida, 302 FAC P.O. Box 115801, Gainesville 32611, FL, USA. *U. of Florida (Gainesville)* / Gendering of aesthetic culture • Critical reactions against the rococo • Cosmetics, colour and painting • Portraiture, mythological painting • Society theatre.
✉ mhyde@ufl.edu

4307. **Hyland, C. P.** Rosscarbery, Co. Cork, Ireland.

4308. **Hyland, Paul** Dept of History, Bath Spa University College, Newton St Loe, Bath, BA2 9BN, UK. *Bath Spa University C.* / The life and diaries of Claver Morris, physician • Historians' conceptions of teaching and learning in higher education • Early Enlightenment: Addison and Steele.
✉ p.hyland@bathspa.ac.uk

4309. **Hysing, Dorthea** Halvdan Svartesgate 14, 0268 Oslo, Norway. / Culture of Norway

and Denmark • Culture of India • Colonial history • Peter Anker (1744-1832).
✉ dhysing@online.no

4310. **Hytier, Adrienne D.** Dept of French, Box 372, Vassar College, Poughkeepsie, NY 12604-0372, USA. *Vassar C.* / Political and military problems in French literature • Bibliography.

4311. **Hyttsten, Hans** Hotellv. 31, 79341 Insjön, Sweden.

4312. **Iacobelli, Alessandra** Via G. Amendola 106/0, 70126 Bari, Italy.

4313. **Iacono, Alfonso** Via S. Donnino 8, 56100 Pisa, Italy. *U. di Pisa* / Charles de Brosses et la théorie du fétichisme • La comparaison: anthropologie, philosophie, histoire chez J.-F. Lafitau et Fontenelle.

4314. **Ibata-Pharabod, Hélène** Dépt d'études anglaises, Université de Strasbourg, 22 rue Réné Descartes, 67000 Strasbourg, France. *U. de Strasbourg II* / William Blake.

4315. **Ibrahim, Annie** 31 rue Nollet, 75017 Paris, France. *Lycée Chaptal (Paris)* / La notion d'anomalie dans la philosophie française • Relations entre science du vivant et métaphysique de la Vie.
✉ ibrahimannie@hotmail.com

4316. **Ichida, Setsuko** 1-4-24 Minami-Otsuka, Toshima-ku, Tokyo 170-0005, Japan.

4317. **Ichikawa, Shin-ichi** 5-8-15-601 Kitashinagawa, Shinagawa, 141-0001 Tokyo, Japan. *Waseda U.* / Relations interculturelles.

4318. **Ichinotani, Kiyomi** Meijo University, Junior College Division, Tenpaku, 468 Nagoya, Japan. *Meijo U.* / Henry Fielding.

4319. **Ida, Hisashi** 2-3-10-806 Motobuto, Saitama-shi 336-0004, Japan. *U. Hosei* / La philosophie morale, notamment celle de Diderot • Le rôle hypothétique de l''histoire naturelle' chez Buffon et Diderot.
✉ bonsai@i.hosei.ac.jp

4320. **Ida, Kiyoko** 2612-174 Kanai-cho, Machida-shi, 195-0071 Tokyo, Japan. *Tamagawa U.* / Relations culturelles entre le Japon et les Pays-Bas.

4321. **Iglesias Cano, Ma del Carmen** Plaza de la Paja 2-5°C, 28005 Madrid, Spain. *U. Complutense* / Montesquieu • Rousseau • American utopia.

4322. **Iglesias Rodríguez, Juan José** Dpto de historia moderna, Facultad de Geografía e Historia Moderna, Universidad de Sevilla, 41004 Sevilla, Spain. *U. de Sevilla* / Histoire sociale et économique.

4323. **Ihalainen, Pasi Taneli** Dept of History, University of Jyvaskyla, P.O. Box 35 (H), Jyvaskyla 40014, Finland. *U. of Jyvaskyla* / Official conceptualisations of national identity and political order as propagated by the national churches of England in the Netherlands and Sweden.
✉ ptihalai@campus.jyu.fi

4324. **Ihnatova, Olga I.** Heroyev Dniepra Str. 30-54, 254214 Kiev, Ukraine. *U. of Kiev* / Ukrainian church • Ukrainian intellectual élite.

4325. **Iishi, Tetsuya** 5-3 Sankeidai-cho, Nagasaki-shi 850-0824, Japan.

4326. **Iizuka, Katsuhisa** 32-2 Hon-cho, Hachioji-shi, 192-0066 Tokyo, Japan. *Nihon U.* / Le jansénisme • La philosophie de l'histoire.

4327. **Ikari, Akemi** 1-8-5-2309 Harumi, Chuo-ku, Tokyo 104-0053, Japan.

4328. **Ikeda, Seiichi** 1-3-10 Higashi-kuroishino, Morioka, 020-0108 Iwate, Japan.

4329. **Ikegami, Robin** Dept of English, Xavier University, Cincinnati, OH 45207-1092, USA. *Xavier U.* / Women writers • The novel • British reactions to the French Revolution.

4330. **Ikonen, Teemu** Kapteeninkatu 7 C 56, 00140 Helsinki, Finland.

4331. **Ikuta, Michiko** Aomadani 8-1-1, Mino, 618-0011 Osaka, Japan. *Osaka U. of Foreign Studies* / Mutual Russo-Japanese Images.
✉ ikuta@osaka-gaidai.ac.jp

4332. **Ilie, Paul** 106 Via Sevilla, Redondo Beach, CA 90027, USA. *U. of Southern California* / History of ideas • Art • Literary relations between Spain and France.

4333. **Iliou, Philippe** 9 Alfiou St, 11522 Athens, Greece.

4334. **Illuminati, Augusto** Via Appennini 53, 00198 Roma, Italy. *U. di Urbino* / J.-J. Rousseau: pouvoir charismatique et démocratie dans la fondation de 'nouvelles associations' • Solitude et fusion morale.

4335. **Ilmakunnas, Johanna** Santakatu 1 C 56, Helsinki 00180, Finland. / High nobility in Sweden: lifestyle, consumption.
✉ johanna.ilmakunnas@helsinki.fi

4336. **Ilsøe, Anna** 4. Maj Kollegiet, Vær. 411, 2000 Frederiksberg C, Denmark.

4337. **Ilsøe, Lars** Tangevej 49, 6760 Ribe, Denmark.

4338. **Iltcheva, Radoslava** Institute for Literature, Bulgarian Academy of Sciences, 52 Shipchenski prohod Str., bl. 17, Sofia 1113, Bulgaria. *Bulgarian Academy of Sciences* / Mythes littéraires • Relations franco-russes.

4339. **Im, Kaye-Soon** 12-101 Hyundae Mansion, 601-4 Sinsa-dong, Kangnam-gu, Seoul, South Korea. *Hanyang U.* / Chinese history • Ch'ing dynasty.

4340. **Im Hof, Ulrich** Feldeggstr. 33, 3098 Köniz, Switzerland. / Cultural and social history • Mentalities • Schools in Switzerland.

4341. **Imai, Hiroshi** 7-2-12 Roppongi, Minato-ku, 106 Tokyo, Japan. *Tokyo Women's C.* / British history.

4342. **Imai, Tamiko** 21-1-702 Yamamichicho, Hirosaki-shi, 036-8181 Aomori, Japan. *Hirosaki U.* / Music.

4343. **Imamura, Takeshi** 2-1-16 Higashikaigan-kita, Chigasaki-shi, 253 Kanagawa, Japan. *Japanese Society for the Promotion of Science* / German literature, drama and philosophy.

4344. **Imbarrato, Susan C** Minnesota State Univ., 1104 7th Avenue South, Moorhead, MN 56563-0002, USA. *Minnesota State U.*

4345. **Imbart, Christian** Chambenois 3, Résidence Flore Fontaine, 31400 Toulouse, France. / Métaphore et discours politique.
✉ cidosa@wanadoo.fr

4346. **Imbault-Huart, Marie-José** 75 bis rue Michel-Ange, 75016 Paris, France. *U. de Paris V* / Histoire de la médecine.

4347. **Imbroscio, Carmelina** Via Nievo 5, 40069 Zola Predosa (Bologna), Italy. *U. di Bologna* / rapport litérature/sciences médicales • Utopie littéraire.
✉ imbrosci@lingue.unibo.it

4348. **Imbruglia, Girolamo** Corso Vittorio Emanuele 115, 80121 Napoli, Italy. *Istituto Universitario Orientale Napoli* / Materialism in France • Enlightenment in Italy.

4349. **Imhof, Kurt** Soziologisches Institut, Universität Zürich, Rämistr. 69, 8001 Zürich, Switzerland. *U. Zürich* / Social change • Nationalism.

4350. **Imhof, Viola** 8703 Erlenbach, Switzerland. / Adolf Traugott von Gersdorf (1744-1807), Görlitz, Germany • Charles-François Exchaquet (1746-1792), Canton de Vaud, et Servoz près de Chamonix.

4351. **Immediata, Mary Grace** 701 Sanddown Place, Raleigh, NC 27615-1918, USA.

4352. **Immel, Andrea L.** Princeton University, 1 Washington Road, Princeton 08544, NJ, USA. *Princeton U.* / English and European imprints, 1600-1899, of Cotsen Children's Library • The Newbery family imprints, 1740-1799.
✉ aimmel@princeton.edu

4353. **Imura, Junichi** 3-15-7 Kichijôji Higashi-chô, Musashino-shi, 180-0002 Tokyo, Japan. *Dokkyo U.* / Langue française • Théâtre français.

4354. **Inamoto, Megumu** 181-40 Kanatake, Nishi-ku, Fukuoka-shi, 819-0035 Fukuoka, Japan. *Fukuoka U.* / German novel • Frühaufklärung • Comparative literature.

4355. **Inamura, Isao** 1-2-5-907 Fukuzumi, Toyohira-ku, Sapporo-shi, 062-0041 Hokkaido, Japan. *Sapporo Gakuin U.* / Economic thought: William Petty to Adam Smith.

4356. **Indridadóttir, Kristín** Grænutungu 7, 200 Kópavogi, Iceland.

4357. **Infante, Eterio Pajares** Dept of English Language and Literature, Facultad de Filología, Universidad del País Vasco, Paseo de la Universidad, 5, 01006 Vitoria, Spain. *U. del País Vasco* / English novels and their translation into Spanish • Censorship.
✉ fippaine@vc.ehu.es

4358. **Infelise, Mario** Dept of History, Università di Venezia, San Marco 2546, 30121 Venezia, Italy. *U. di Venezia* / Southern Europe • Printers.
✉ infelise@unive.it

4359. **Ingimundardóttir, Björk** Thjódskjalasafni, Laugavegi 162, 105 Reykjavík, Iceland. *National Archives of Iceland.*

4360. **Inglehearn, M.** 41 Talma Gardens, Twickenham, Middlesex TW2 7RB, UK. *Guildhall School of Music and Drama* / European social and theatrical dance • Dance in the English theatre • Dance notations.

4361. **Ingólfsdóttir, Gudrún** Smyrilsvegi 28, 107 Reykjavík, Iceland.

4362. **Ingólfsson, Kristján Valur** Snorrabraut 71, 105 Reykjavík, Iceland.

4363. **Ingram, Allan** Dept of Arts and Social Sciences, University of Northumbria, Lipman Building, Sandyford Road, Newcastle-upon-Tyne, NE1 8ST, UK. *U. of Northumbria* /

Psychiatric writing in Britain • The representation of melancholy and mania in British writing • Autobiographical narratives of insanity.
✉ allan.ingram@unn.ac.uk

4364. **Ingram, Robert G.** Center on Religion and Democracy, University of Virginia, P.O. Box 400178, Charlottesville, VA 22904, USA. *U. of Virginia* / Britain • Religion, politics and empire • England, Church of • Anglicanism • Secker, Thomas.
✉ rgi2k@virginia.edu

4365. **Ingrassia, Catherine** Dept of English, Virginia Commonwealth University, 900 Park Avenue, Hibbs Building, Box 842005, Richmond, VA 23284-2005, USA. *Virginia Commonwealth U.* / Prose fiction by women writers, esp. Eliza Haywood • Speculative investment and the commercialisation of literature and the print trade • South Sea Bubble.
✉ cingrass@vcu.edu

4366. **Ingrosso, Lorella** Via E. Trevisi 21, 73012 Campi Salentina, Italy.

4367. **Inguenaud, Marie-Thérèse** 35 rue Savier, Malakoff, 92240 Paris, France. *U. de Paris VII* / Correspondance d'Helvétius • Politique d'Helvétius.

4368. **Ingvarsson, Unnar** Héradsskjalasafni Skagfirdinga, Safnahúsinu, 550 Saudárkrókur, Iceland. *Skagafjord District Archives.*

4369. **Innes, Joanna** Somerville College, Oxford, OX2 6HD, UK. *Somerville C.*

4370. **Inoh, Hisashi** 8-8-2, 8-701 Mamedo-cho, Kohoku-ku, Yokohama-shi, 222-0032 Kanagawa, Japan. *Rikkyo U.* / Les sociétés secrètes et l'ésotérisme en Europe.

4371. **Inoue, Atsuo** 3-5 Yakuen-machi, Kumamoto-shi, 860-0852 Kumamoto, Japan. *Kumamoto U.* / Voltaire.

4372. **Inoue, Hiroko** 10-48 Mitsusawa-shimomachi, Kanagawa-ku, Yokohama-shi, 221 Kanagawa, Japan. *Kanto Gakuin Women's Junior C.*

4373. **Inoue, Kimimasa** 3-7-7 Gakuen-Minami, Nara-shi, 631-0034 Nara, Japan. *Nara U.* / Tolerance • Social thought • Philosophy.

4374. **Inoue, Nozomi** c/o Mr Hideyuki Orikata, 297-3-215 Arusu Azamino, Eda-cho, Aoba-ku, Yokohama-shi, 225-0013 Kanagawa, Japan. *Tokyo U.* / La pensée de J.-J. Rousseau.

4375. **Inoue, Sakurako** 3-16 Kawanishi-cho, Ashiya-shi 659-0072, Japan.

4376. **Inoue, Satsuki** 4-34-10-301 Hon-Komagome, Bunkyo-ku, 113 Tokyo, Japan. *Aichi Prefectural U. of Fine Arts* / La musique française.

4377. **Ionescu, Andrei** Dept of Romance Languages, University of Bucharest, B-dul M. Kogalniceanu 64, 70609 Bucuresti, Romania. *U. Bucuresti* / Permanences du baroque pendant le 18s espagnol • Tradition sous la forme de la couleur locale (le costumbrisme).

4378. **Ionescu, Christina** Dept of French, University of Toronto, Odette Hall, Clover Hill, 50 St. Joseph St, Toronto, ON M5S 1J4, Canada. *U. of Toronto* / Françoise de Graffigny.
✉ cionescu@chass.utoronto.ca

4379. **Iotti, Gianni** 36 Via S. Maria, 56100 Pisa, Italy. *U. di Pisa* / Théâtre et contes de Voltaire • Fiction et propagande dans l'œuvre de Voltaire • Rapports entre écriture romanesque et écriture de l'histoire.
✉ iotti@rom.unipi.it

4380. **Irimia, Michaela Lidia** Dept of English, University of Bucharest, Str. Pitar Mos 7-13, 70106 Bucuresti, Romania. *U. Bucuresti* / English literature.

4381. **Irlam, Shaun** Dept of Comparative Literature, 638 Clemens, University of Buffalo, Buffalo, NY 14261-0001, USA. *U. of Buffalo.*

4382. **Irmscher, Hans Dietrich** Institut für deutsche Sprache und Literatur, Universität zu Köln, Albertus-Magnus-Platz, 50931 Köln, Germany. *U. Köln* / Herder • L'idée d'humanité • Conception des sciences de la nature et la littérature allemande.

4383. **Irwin, David** Balmichel Bridge Cottage, Shiskine, Isle of Arran KA27 8DT, UK. *U. of Aberdeen* / Neoclassical art, esp. British • Garden design • Decorative arts • Scottish painting.

4384. **Isaac-Dupouy, Jeanne** 4 rue d'Albret, 47000 Agen, France. / Le roman, en part. Pedro Montengón.

4385. **Isaksson, Anders** Färgargårdstorget 20, 11643 Stockholm, Sweden.

4386. **Isaksson, Sigurjón Páll** Stóragerdi 4, 108 Reykjavík, Iceland.

4387. **Ísberg, Jón Ólafur** Grandavegi 7, 107 Reykjavík, Iceland.

4388. **Ise, Toshihiko** 7-2 Kitashirakawa Nishi Iori-cho, Sakyo-ku, Sakyo-ku, Kyoto-shi, 606-8257 Kyoto, Japan. *Ritsumeikan U.* / David Hume and the British moralists • Scepticism and the theory of knowledge • Philosophy of language.

4389. **Iseki, Tetsuya** 5-3 Sankeidai-Machi, Nagasaki-shi, 850 Nagasaki, Japan.

4390. **Ishibe, Masasuke** Faculty of Law, Osaka City University, Sumiyoshiku, Sugimoto 3-cho, 3-1, 558 Osaka, Japan. *Osaka City U.*

4391. **Ishida, Akifumi** 3-11 Hanayama, Nagaokakyo, 617-0842 Kyoto, Japan.

4392. **Ishida, Chihiro** 5-9 Shirahama-cho, Chigasaki-shi, 253 Kanagawa, Japan. / Japanese foreign relations in the Edo era.

4393. **Ishido, Tsuneyo** 7-21-10-404 Nishiurata, Ota-ku, 144-0051 Tokyo, Japan.

4394. **Ishii, Mitsuki** 7-7-204 Moto-machi, Hadano-shi, 257-0036 Kanagawa, Japan. *Tokai U.* / La réforme pénale • La Révolution et le droit.

4395. **Ishii, Shigemitsu** 4-4-34 Kita-Sakurazuka, Toyonaka-shi, 560 Osaka, Japan. *Osaka U.* / Ideas and literature.

4396. **Ishikawa, Hiroyuki** 38-9 Minami-cho, Itabashi-ku, 173 Tokyo, Japan. *Nihon U.*

4397. **Ishikawa, Koichi** 3-6-13-201 Toyotama-kita, Nerima-ku, 176-0012 Tokyo, Japan. *Nihon U.* / Jean Meslier • Philosophie clandestine • Le matérialisme.

4398. **Ishikawa, Minoru** 4-6-13 Kofudai, Toyono-cho, Toyono-gun, 563-0104 Osaka, Japan. *Osaka Sangyo U.* / Secret societies • Hermeticism.

4399. **Ishimura, Takashi** 18-10 Akane-cho, Kashiwa, 277-0027, Japan. *Reitaku U.* / K. P. Moritz.

4400. **Iskul, Serguei** Oul. Grota 1/3, 1, 197022 St Pétersbourg, Russia. *Institut d'histoire russe* / Relations diplomatiques et dynastiques russo-allemandes • F.-M. Grimm et Catherine II • Mably.

4401. **Isoleri, Giuseppe** Via dei Sansone 11/18, Genova, Italy.

4402. **Isozaki, Fumiyo** 2-47-8, 206 Sasazuka, Shibuya-ku, 151-0073 Tokyo, Japan. / Diderot: romans.

4403. **Issler, Roland** Belfort Str. 42, 45884 Gelsenkirchen, Germany.

4404. **Itabashi, Shigeo** 3-12-12 Gakuen Higashi-cho, Kodaira-shi, 187 Tokyo, Japan. *Aichi Prefectural U.* / Moral and religious thought in Britain.

4405. **Itami, Reiko** 4-4-14 Minami-Azabu, Minato-ku, 106 Tokyo, Japan. *Keio U.* / Boswell and Johnson.

4406. **Ito, Chikai** 3-4-17 Kasumigaseki-Higashi, Kawagoe-shi, 350-1103 Saitama, Japan. *Tokyo Metropolitan U.* / English novel.

4407. **Ito, Hideko** 5-3-12-405 Yashio, Shinagawa-ku, 140-0003 Tokyo, Japan. *Ministry of Welfare* / Public health.

4408. **Ito, Rina** 1-21-5-106 Maeno-cho, Itabashi-ku, 174-0063 Tokyo, Japan. *Japanese Society for the Promotion of Science* / Histoire du costume en France.

4409. **Ito, Shigeo** 1-21-5-106 Maeno-cho, Itabashi-ku, 174-0063 Tokyo, Japan. *Tokyo U.* / Histoire financière de France • Le Languedoc.

4410. **Ito, Takayuki** 6-13-2 Haneda, Ohtaku, 144-0043 Tokyo, Japan. *Musashi U.* / Philosophie politique du confucianisme.

4411. **Ito, Tatsuo** 3-13-14 Higashi-Nogawa, Komae-shi, 201-0002 Tokyo, Japan. *Wako U.* / Adam Smith's economic thought • Scottish Enlightenment.
✉ tito@wako.ac.jp

4412. **Itoh, Hiroyuki** 22-201 Motomiya, Adachi, 969-1149 Fukushima, Japan. *Fukushima U.* / The political thought of John Locke.

4413. **Iturriaga Madariaga, Juan Antonio** c/ Amézqueta 21, 10°C, 20010 San Sebastián, Spain.

4414. **Ivanic, Dusan** Ul. Majora B. Vukosavljevica 22/4, 11070 Novi Beograd, Serbia. / Literature.

4415. **Ivanov, Volodymir F.** Lenin prospect 189-21, 327008 Nikolaev, Ukraine. *Nikolaev Pedagogical Institute* / Ukrainian choir schools • Choral works of D. Bortnyansky.

4416. **Ivarsdotter, Anna** Inst. för musikvetenskap, Uppsala Universitet, Öfre Slottsgatan 6, 753 10 Uppsala, Sweden. *Uppsala U.* / Ideology and expression in drama of the era of Gustav III of Sweden.
✉ anna.ivarsdotter@musile.uu.se

4417. **Iverson, John R.** Dept of Romance Languages and Literature, University of Missouri-Columbia, 143 Arts and Science Building, Columbia 65211, MO, USA. *U. of Missouri (Columbia)* / Concepts of glory and heroism in France • Literary commemorations • National sentiment.
✉ iversonj@missouri.edu

4418. **Ivo-Cruz, Manuel** Pr. Bombeiros Voluntários 137, 5° Esq., 2775 Carcavelos, Portugal. / Mimic • Music, opera.

4419. **Iwanisziw, Susan B.** 729 North 3rd St, Philadelphia, PA 19123, USA. / Slavery in the circum-Atlantic region. Diplomatic interactions among Irish, Iberian, North and West African and English states and its effects on the public sphere.

4420. **Iwao, Ryutaro** Sawara 7-36-5, Sawara-ku, Fukuoka-shi, 811-1122 Fukuoka, Japan. *Seinan Gakuin U.* / *Robinson Crusoe* and *Robinsonades* • Literary theory.

4421. **Iwasa, Ai** 6-37-12 Jindaiji Kitamachi, Chofu-shi 182-0011, Japan.

4422. **Iwasa, Megumi** 6-37-12, Jindaiji-kitamachi, Chofu, Tokyo 182-0011, Japan. / Cultural connection between the pastoral and the picturesque in the aesthetics and ideologies of mid 18c Britain • Relation of literature to art (practice and aesthetics).

4423. **Iwashita, Tetsunori** 10-112 Takasu, Urayasu-shi 279-0023, Japan.

4424. **Izubuchi, Keiko** 3-17-11 Nukuikita-machi, Koganei-shi, 184 Tokyo, Japan. *Japan Women's C.* / English literature.

4425. **Izumitani, Yutaka** 1-3-2 Zentsuji-cho, Zentsuji-shi, 765-0003 Kagawa-ken, Japan. *Hiroshima-Denki Institute of Technology* / Samuel Johnson and James Boswell • English literature • Reception of Samuel Johnson in Japan.

4426. **Izzi, Giuseppe** Archivio G. Izzi, Via O. Lazzarini 19, 00136 Roma, Italy. *Archivio G. Izzi.*

4427. **Jacek, Eva** 5246 Connaught Ave., Montréal, PQ H4V 1X6, Canada. / Satire • 18th-century allusion in Nabokov's *Lolita.*

4428. **Jack, Malcolm R.** 31 Whitehall Park, London, N19 3TS, UK. / William Beckford • Bernard Mandeville • Portugal • The Scottish Enlightenment.

4429. **Jackson, Barbara Garvey** 235 Baxter Lane, Fayetteville, AR 72701, USA. *U. of Arkansas (Fayetteville)* / Women in music.

4430. **Jackson, Dianah** Dept of French & Italian Studies, University of Washington, C-254 Padelford Hall, Box 354361, Seattle, WA 98195-4361, USA. *U. of Washington (Seattle)* / Enlightenment • Medical history • Art criticism • The body.

4431. **Jackson, Gregory S.** English Dept, University of Arizona, P.O. Box 210067, Tucson, AZ 85745-0067, USA. *U. of Arizona.*

4432. **Jackson, Ian** 8 Lancaster Road, St Albans, Hertfordshire AL1 4ET, UK. *U. of Oxford* / The book and printing trades, esp. in the English provinces • The impact of printing on the cultural relationship between metropolis and provinces, including the role of newspapers.
✉ ian.jackson@balliol.ox.ac.uk

4433. **Jackson, M. W.** Dept of English, St Bonaventure University, St Bonaventure, NY 14778, USA. *St Bonaventure U.* / Shift from the late 17c English manuscript tradition to the emerging print culture of the 18c • Profession of authorship • Creation of public opinion • Information theory.
✉ mjackson@sbu.edu

4434. **Jackson, Peter** Christ Church, Oxford, OX1 1DP, UK. / Thomas Percy (edition of Percy letters) • James Grainger.

4435. **Jackson, Susan Klem** Dept of Modern Foreign Languages, Boston University, 718 Commonwealth Ave, Rm 106, Boston, MA 02215-1401, USA. *Boston U.* / Rousseau • Isabelle de Charrière • Autobiographical and fictional narration.

4436. **Jackson-Bass, Alison** 2 Bagshaw Lane, Sparrowpit, Buxton, SK17 8EU, UK.
✉ privy@imageco.demon.co.uk

4437. **Jacob, François** Institut et Musée Voltaire, 25 rue des Délices, 1203 Genève, Switzerland. *Institut et Musée Voltaire* / J.-J. Rousseau • Marie-Joseph Chénier • Poésie • Littérature de la Révolution.

4438. **Jacob, James** John Jay College, City University of New York, 445 West 59th St, New York, NY 10019, USA. *C.U.N.Y.* / Natural religion in England.

4439. **Jacob, Margaret C.** Dept of History, U.C.L.A., 6265 Bunche Hall, Box 951473, Los Angeles, CA 90095-1473, USA. *U.C.L.A.* / Science and society • Literary, philosophical societies • Impact of English political and scientific thought on the Continent • Freemasonry • Industrialisation in Belgium, Britain, the Netherlands and France.
✉ mjacob@history.ucla.edu

4440. **Jacob, Paul** Dept of Modern Languages, King's College, 266 Epworth Avenue, University of Western Ontario, London, ON N6A 2M3, Canada. *U. of Western Ontario* / English poetry • Primitivism.

4441. **Jacob-Friesen, Holger** Burgunderstr. 31, 4051 Basel, Switzerland. *U. Basel* / Politics: pictorial / textual representations • Swiss-Dutch relations.

4442. **Jacobs, Edward** Dept of English, Old Dominion University, Norfolk, VA 23529-0001, USA. *Old Dominion U.*

4443. **Jacobs, Helmut C.** Mohnstr. 11, 47269 Duisburg, Germany. *U.-Gesamthochschule Duisburg* / Aesthetics and theories of art in France and Spain • French and Spanish utopian texts • Italian and Spanish novels.

4444. **Jacobs, Jürgen Carl** Fachbereich 4, Universität Bergische Wuppertal, Gauss str. 20, 42097 Wuppertal, Germany. *U. Bergische Wuppertal* / Wieland • Lessing • Goethe • Literature and drama of the Enlightenment.

4445. **Jacobsen, Susan L.** Dept of English, California State University, Fullerton, CA 92834, USA. *California State U. (Fullerton).*

4446. **Jacobsen, Yngve Sandhei** Institutt for nordistikk og litteratuvienskap, NTNU, University of Trondheim, 7034 Trondheim, Norway. *U. Trondheim* / Comparative literature • German literature, esp. Heinrich von Kleist.

4447. **Jacobsson, Marie** Konsistoriegatan 10 C, 582 34 Linköping, Sweden.

4448. **Jacot-Grapa, Caroline** 41 chemin des Nourrées, 78510 Triel-sur-Seine, France. *U. de Cergy-Pontoise* / Histoire de l'individuel • Dissonances.
✉ caroline@grapa.net

4449. **Jacoviello, Michele** Via S. Giacomo dei Capri 41, Parco Pica, Via Palazzo, 80128 Vomero, Italy. *Istituto Universitario Orientale Napoli* / La polémique sur la Scienza della legislazione dans les documents des archives du musée civique Gaetano Filangieri de Naples • Francesco Mario Pagano et le Républic neopolitan.

4450. **Jacqueau, Thomas** 7 rue Geiler, 67000 Strasbourg, France. *U. de Paris III* / Techniques du spectacle, machinerie et scénographie en France.

4451. **Jacques, Martine** Le Bourg, 69840 Jullié, France. / L.-A. Caraccioli (1721-1803), écrivain et voyageur.
✉ mjacques2606@aol.com

4452. **Jacques-Lefevre, Nicole** 146 boulevard Magenta, 75010 Paris, France. / Louis-Claude de Saint-Martin • Sorcellerie • Littérature et discours du savoir.

4453. **Jacquin, Philippe** 1 rue Phély Peaux, 69100 Villeurbanne, France. *U. de Lyon II* / Le Français dans les communautés indiennes en Amérique du Nord.

4454. **Jaëcklé-Plunian, Claude** 45 boulevard du Lycée, 92 170 Vanves, France. / Le théâtre dans l'œuvre de Rétif de La Bretonne: théorie avec *La Mimographe* et ses pièces • L'historiographie du théâtre • Les histoires du théâtre jusqu'à la Révolution.
✉ cplunian@aol.com

4455. **Jaffe, Catherine M.** Dept of Modern Languages, Southwest Texas State University, 601 University Drive, San Marcos, TX 78666, USA. *Southwest Texas State U.* / Spanish Enlightenment • Spanish women's history and literature • History of reading.
✉ cj10@swt.edu

4456. **Jaffro, Laurent** Dept of Philosophy, Université de Paris I, 17 rue de la Sorbonne, 75231 Paris cedex 5, France. *U. de Paris I* / Britain • British Enlightenment • French Enlightenment • Scottish Enlightenment • Antiquity • Berkeley • Diderot • Hume • Hutcheson • Locke • Reid • Shaftesbury.
✉ jaffro@univ-paris1.fr

4457. **Jager, Colin** Dept of English, Rutgers University, Murray Hall, New Brunswick, NJ 8901, USA. *Rutgers U.*

4458. **Jäger, Georg** Institut für Deutsche Philologie, Universität München, Schellingstr. 3, 80799 München, Germany. *U. München* / Sensibilité • Enseignement linguistique et littéraire dans les lycées (latin, allemand, rhétorique) • Bibliothèques commerciales et cercles de lecture.

4459. **Jäger, Hans-Wolf** FB 10: Kommunikation/Ästhetik, Universität Bremen, Postfach 330440, 28334 Bremen, Germany. *U. Bremen* / German theatre • Travel writing • German press and the French Revolution.

4460. **Jagtenberg, Frederik Johannes Arie** Voorthuizerstraat 49, 3881 SB Putten, Netherlands. / William IV, hereditary stadholder of the United Provinces, esp. his relations with other powers • Reception of Swift in the Netherlands.

4461. **Jahnke, Jürgen** Institut für Psychologie, Pedagogical Universität, Kunzenweg 21, 79117 Freiburg, Germany. *Pedagogical U.* / History of psychology and anthropology.
✉ jahnke@ph-freiburg.de

4462. **Jahns, Sigrid** Bommersheimer Weg 20, 61348 Bad Homburg, Germany. *U. Giessen* / Social structure of the Reichskammergericht • Jurisprudence in the Holy Roman Empire • Constitutional and social history of the Holy Roman Empire.

4463. **Jakobsson, Armann** Álfheimum 62, 104 Reykjavík, Iceland.

4464. **Jakobsson, Sverrir** Rekagranda 5, 107 Reykjavík, Iceland.

4465. **Jakobsson, Thór** Espigerdi 2, 108 Reykjavík, Iceland.

4466. **Jakubcová, Alena** Theatre Institute, Prague, Celetna 17, 110 00 Praha 1, Czech Republic. *Theatre Institute (Prague)* / Music and theatre, esp. in Prague.
✉ alena.jakubcova@diradlo.cz

4467. **Jakubec, Ivan** Dept of Arts and Philosophy, Institute of Economic and Social History, Charles University, Námestí J. Palacma 2, 11638 Praha 1, Czech Republic. *Charles U.* / Economic history: mercantilism, trade • Science and technology: the Industrial Revolution • Travel and transport in Europe.
✉ ivan.jakubec@ff.cuni.cz

4468. **Jakubenas, Regina** Ul. Talkos 29-31, 2000 Vilnius, Lithuania.

4469. **Jam, Jean-Louis** 9 rue de Tremonteix, 63100 Clermont-Ferrand, France. *U. de Clermont-Ferrand II* / Hymnes et cantiques • La symphonie • Arts, propagande et pastorale • Musique et société.
✉ jljam@voila.fr

4470. **Jamain, Claude** Gourmois, 37340 Hommes, France. *U. de Tours* / Littérature et musique • Grâce • Poésie.
✉ claudejamain@aol.com

4471. **James, April** 111 Holt St, Watertown, MA 02472-1019, USA.

4472. **James, Edward Donald** St John's College, Cambridge, CB2 1TP, UK. *U. of Cambridge* / History of ideas.
✉ edj1000@cam.ac.uk

4473. **James, Robert H.** 49 Croham Road, South Croydon, Surrey CR2 7HD, UK.

4474. **Jané Carbó, Jordi** Bertrán 41, 08023 Barcelona, Spain. *U. Rovira i Virgili* / Les Lumières • Littérature jacobine en allemand • Romantisme.

4475. **Janeczek, Stanislaw** Ul. Bernardynska 7c/9, 20-109 Lublin, Poland. *Catholic U. of Lublin* / Philosophy • Education • Religion.

4476. **Janes, Regina Mary** Dept of English, Skidmore College, Saratoga Springs, NY 12866, USA. *Skidmore C.* / Burke and India • Johnson • Latin America.

4477. **Janine-Ribeiro, Renato** C.E.P. 05513-970, Caixa Postal 26 097, Sao Paulo, SP, Brazil. *U. de São Paulo* / Political philosophy • Montesquieu and Rousseau • Republic and democracy.

4478. **Jannetta, Mervyn** British Collections 1501-1800, British Library, 96 Euston Rd, London, NW1 2DB, UK. *British Library* / Bibliography of Alexander Pope • The book trade in the early 18c.

4479. **Jannidis, Fotis** Institut für deutsche Philologie, Schellingstr. 3/RG, 80799 München, Germany. *U. München.*

4480. **Jansen, Leslie** University of Maryland, 9744 Wichita Avenue, College Park, MD 20740-1514, USA. *U. of Maryland.*

4481. **Jansen, Michael** Laufenstr. 13, 52156 Monschau, Germany. *Institut d'études politiques Paris* / Nature, gardens and forests in Europe • Rhinelands, regional studies.

4482. **Janssens, Paul** Lindenlei 34, 2640 Mortsel, Belgium. *Katholieke U. Brussel* / History of the nobility • Taxation history.
✉ prof.janssens@pandora.be

4483. **Janssens, Uta E. M.** 1 Moses & Aaronlane, 6564 BG Nijmegen, Netherlands. *Katholieke U. Nijmegen* / Les réseaux de correspondance à l'âge classique • Life and works of Marie LePrince de Beaumont.
✉ u.janssens@let.kun.nl

4484. **Jaquier, Claire** Avenue Tissot 12, 1006 Lausanne, Switzerland. *U. de Neuchâtel* / Production littéraire en Suisse • Concept de sensibilité (Suisse, France, Allemagne, Angleterre) • Roman francophone • Jardins et paysages.
✉ claire.jaquier@unine.ch

4485. **Jarde, Magali** 13 rue Garibaldi, 93400 Saint-Ouen, France.

4486. **Jarrells, Anthony** Dept of English Literature, University of Glasgow, Glasgow, G12 8QQ, UK. *U. of Glasgow.*

4487. **Jarrick, Arne** Ekonomisk-historiska institutionen, Stockholms Universitet, 106 91 Stockholm, Sweden. *Stockholms U.* / Stockholm craftsmen: a psychological and sociological study.

4488. **Jarvis, Simon** Robinson College, Cambridge, CB3 9AN, UK. *U. of Cambridge* / Wordsworth • Editing and scholarship • Pope.

4489. **Jaton-Cecchinelli, Anne-Marie** Via Bertoloni 76, 54036 Marina di Carrara, Italy. *U. di Pisa* / Laclos • Louis-Claude de Saint-Martin • Novels • Women.

4490. **Jaubert, Jean-Pierre** 23 avenue Longueil, Villa C, 78600 Maisons-Laffitte, France.

4491. **Jauch, Ursula Pia** Hofstr. 116, 8044 Zürich, Switzerland. *U. Zürich* / La Mettrie • Philosophie et littérature clandestine • 'Damenphilosophie'.

4492. **Jaumann, Herbert** Institut für Deutsche Philologie, Universität Greifswald, Rübenowstr. 3, 17487 Greifswald, Germany. *U. Greifswald* / Wieland • Scholarly culture • Idea and reality of the Republic of Letters • Herder.

4493. **Jaume, Lucien** C.E.V.I.P.O.F., 10 rue de la chaise, 75007 Paris, France. *C.E.V.I.-P.O.F.* / The notion of 'Society' • Liberalism • Jacobinism.
✉ lucien.jaume@cevipof.sciences-po.fr

4494. **Jávor, Anna** Budavári Palota, Pf. 31, 1250 Budapest, Hungary. *Galerie nationale hongroise* / Histoire d'art (peinture, sculpture, iconographie) en Hongrie et en Europe Centrale • Le peintre Johann Lucas Kracker (1719-1779).

4495. **Jay, Emma M.** St Hugh's College, St Margaret's Road, Oxford, OX2 6LE, UK. *U. of Oxford* / Caroline of Ansbach and British literary culture.
✉ emma.jay@st-hughs.ox.ac.uk

4496. **Jeckel, Sam** 11602 Mount Baldwin Court, Alta Lana, CA 91737, USA.

4497. **Jefcoate, Graham Philip** British Library, 96 Euston Road, London, NW1 2DB, UK. *British Library* / Anglo-German book trade • Library history.

4498. **Jeffares, Neil** 25 Chepstow Crescent, London, W11 3EA, UK.

4499. **Jehle, Oliver Christian** Schwimmbadstr. 13, 79100 Freiburg, Germany. / Sensibility and the early Romantics • Aesthetics: Winckelmann, Heinse, comte de Caylus • 'Idealismus': Fichte, Schelling • Hölderlin and the French Revolution • 'Naturästhetik' • Joseph Wright of Derby.

4500. **Jelmini, Jean-Pierre** Rue de la Rosière 6, 2000 Neuchâtel, Switzerland.

4501. **Jembrih, Alojz** Heigerleinstr. 15-17/II/4, 1160 Wien, Austria.

4502. **Jemielity, Thomas** Dept of English, University of Notre Dame, Notre Dame, IN 46556, USA. *U. of Notre Dame* / The Bible in 18th-century satire, esp. Alexander Pope.

4503. **Jenkins, Annibel** 940 Landmark Drive, Atlanta, GA 30342, USA. *Georgia Institute of Technology* / English theatre • History • Nicholas Rowe, Elizabeth Inchbald, John Philip Kemble and Sarah Kemble Siddons • Covent Garden.
✉ ajenk@mindspring.com

4504. **Jensen, H. James** Dept of English, Indiana University, 442 Ballantine Hall, Bloomington, IN 47405-1000, USA. *Indiana U. (Bloomington)* / Literature, painting, music and history of ideas.

4505. **Jensen, Katharine Ann** 1604 Letitia St, Bâton Rouge, LA 70808, USA. *Louisiana State U.* / French literature • Epistolarity • Mother-daughter relations • First-person narration • Psychoanalytic theory • Feminist theory • Women writers.
✉ kjensen@lsu.edu

4506. **Jensen, Kristin H.** Dept of English Language and Literature, University of Virginia, 219 Bryan Hall, P.O. Box 400121, Charlottesville, VA 22904-4121, USA. *U. of Virginia* / Character sketches, portraits, Theophrastan character and literary/novelistic character.
✉ jensen@virginia.edu

4507. **Jensen, Lotte E.** Terschelling 19, 3524 AV Utrecht, Netherlands. *James Boswell Instituut* / Periodicals • Enlightenment thought • Female authorship.
✉ lotte.jensen@wxs.nl

4508. **Jensen, Michelle** 4745 North Ravenswood Avenue, #112, Chicago, IL 60640-4453, USA. *U. of Chicago* / Women's literature • Feminist and queer theory • Marxism.

4509. **Jensen, Torbjørn** Center for Nordisk, Odense Universitet, Campusvej 55, 5230 Odense M, Denmark. *Odense U.*

4510. **Jenson, Deborah** 323 C Ortega Hall, University of New Mexico, Albuquerque, NM 87131-0001, USA. *U. of New Mexico.*

4511. **Jensson, Gottskálk Thór** Freyjugötu 35, 101 Reykjavík, Iceland.

4512. **Jerkov, Alexandar** Filoloski fakultet, Studentski trg 1, 11000 Beograd, Serbia. *U. Beograd* / Philosophy.

4513. **Jerkov, Jovan** Voje Brkica 32, 21000 Novi Sad, Serbia. / Ethnomusicology.

4514. **Jerome, Wilbert Davis** 5 The Knoll, Lansdowne, PA 19050-2319, USA. *Rutgers U. (New Brunswick)* / Instrumental music • Mozart • Aesthetics of music.

4515. **Jeschonnek, Bernd** Johannes-Falk-Str. 3, 99817 Eisenach, Germany. *Akademie* *der Wissenschaften* / France, 1794-1799 • Societies under the Directoire.

4516. **Jespersen, Knud** Center for History, Odense Universitet, Campusvej 55, 5230 Odense M, Denmark. *Odense U.*

4517. **Jesperson, Maths** Östen Undéns gata 24, 22762 Lund, Sweden.

4518. **Jesse, Jennifer G.** Dept of Religion and Philosophy, Truman State University, McClain Hall 214, 100 East Normal St, Kirksville, MO 63501-4221, USA. *Truman State U.* / London • Blake, William.
✉ jgjesse@truman.edu

4519. **Jestädt, Franz-Ulrich** Hauptstr. 1, 99880 Waltershausen, Germany.

4520. **Jestin, Loftus Townshend** 103 Main St, Farmington, CT 06032-2237, USA. *Central Connecticut State U.* / Richard Bentley, Thomas Gray, Horace Walpole • Jonathan Swift, Jane Austen.

4521. **Jeu, A. de** Koppestokstraat 37 bis, 3554 BB Utrecht, Netherlands.

4522. **Ji, Manhong** Dept of History, Shanxi University, Shanxi, China. *Shanxi U.* / China: Qing history.

4523. **Jia, Yunhe** Xinhua News Agency (Xinhuashe), Beijing, China. *Xinhua News Agency (Xinhuashe)* / China: Qing history.

4524. **Jiang, Tao** Institute of Modern History, Chinese Academy of Social Sciences, 1 Dongchang hutong, Wangfujing Dajie, 100006 Beijing, China. *Chinese Academy of Social Sciences* / China: Qing history.

4525. **Jimack, Peter** 6 Banavie Rd, Glasgow, G11 5AN, UK. *U. of Glasgow* / Raynal's *Histoire des deux Indes.*

4526. **Jimenez, Dolores** Dept of French and Italian, Universidad de Valencia, Avda Blasco Ibañez, 32, Valencia Valencia 46010, Spain. *U. de Valencia* / Les espaces géographiques de l'amour dans le cadre européen • Espaces extérieures et intérieures.
✉ dolores.jimenez@uv.es

4527. **Jimenez-Salcedo, Juan** 154 rue Jolivet, #F23, 37000 Tours, France.

4528. **Jing, Junjian** Institute of Economy, Chinese Academy of Social Sciences, 5 Jian Nei Da Jie, 100732 Beijing, China. *Chinese Academy of Social Sciences.*

4529. **Jirku, Brigitte E.** Avda Blasco Ibañez 28, 46010 Valencia, Spain. *U. de Valencia* / German women writers • Tradition and development of narrative genre, esp. women writers.

4530. **Jo, Han-Kyoung** 8-103 Mujikae APT, Songcheon-dong, Chunju City, Chungbuk, South Korea. *Chunbuk National U.* / French literature • Diderot.

4531. **Joelson, Marc** 110 avenue Félix Faure, 75015 Paris, France.

4532. **Joerger, Thilo** Dept of Modern Languages and Literatures, Mount Allison University, 49A York St, Sackville, NB E4L 1C7, Canada. *Mount Allison U.* / Dramatic works of Johann Karl Wezel.
✉ tjoerger@mta.ca

4533. **Joha, J. T.** Flevo 88, 9204 JR Drachten, Netherlands.

4534. **Johannes, G. J.** De Lairessestraat 70-1, 1071 PG Amsterdam, Netherlands.

4535. **Johannesson, Lena** Konstvetenskapliga institutionen, Göteborgs universitet, Box 200, 405 30 Göteborg, Sweden. *Göteborgs U.* / Iconography of the French Revolution • Swedish visual art in the revolutionary years.

4536. **Johannisson, Karin** Institutionen för idé- och lärdomshistoria, Uppsala universitet, Slottet, ingång A0, 752 37 Uppsala, Sweden. *Uppsala U.* / Social history of medicine • Enlightenment culture.
✉ karin.johannisson@idehist.uu.se

4537. **Johannsen, Jochen** Südstr. 21, 52372 Kreuzau, Germany. *Kulturwissenschaftliches Institut im Wissenschaftszentrum NRW, Essen.*

4538. **Johansen, Ib** Engelsk Institut, Aarhus Universitet, Ndr. Ringgade 1, 8000 Århus, Denmark. *Aarhus U.*

4539. **John, David G.** Dept of Germanic & Slavonic Studies, University of Waterloo, Waterloo, ON N2L 3G1, Canada. *U. of Waterloo* / Theatre • Goethe • Schiller.

4540. **Johns, Alessa** Dept of English, University of California, One Shields Avenue, Davis, CA 95616, USA. *U. of California (Davis)* / British literature • European women writers • Utopianism • Disaster • Cosmopolitanism.
✉ amjohns@ucdavis.edu

4541. **Johns, Christopher M. S.** Dept of Art, Fayerweather Hall, University of Virginia, Charlottesville, VA 22903, USA. *U. of Virginia* / Visual arts and art theory • Papal patronage and politics.

4542. **Johns, Richard** 24 West St, Harwich, Essex CO12 3DB, UK.

4543. **Johns-Putra, Adeline** 2 The Courtyard, David Penhaligon Way, Truro, Cornwall TR1 2EN, UK.

4544. **Johnson, Caleen Norrod** 4384 Garland Court, Las Vegas, NV 89121 - 5311, USA.

4545. **Johnson, Claudia L.** Dept of English, Princeton University, Princeton, NJ 08544-1099, USA. *Princeton U.*

4546. **Johnson, Cynthia** 12 Brandon St, Lexington, MA 02420, USA. *Cary Memorial Library* / Social life and customs in Regency England and British possessions.
✉ cjohnson@mln.lib.ma.us

4547. **Johnson, Dorothy L.** 7 Highview Knoll, Iowa City, IA 52240, USA. *U. of Iowa* / French art • European art and aesthetics.

4548. **Johnson, Edward** 1337 South East 8th St, Ocala, FL 34471-4040, USA. *U. of Florida (Ocala)* / The novel and prose fiction • Men's studies • Queer and gay studies • Translation.

4549. **Johnson, Edward Joe** Dept of English, Georgia Southwestern State University, 800 Wheatley St, Americus, GA 31709-4693, USA. *Georgia Southwestern State U.* / Depictions of male friendship • Gay studies in the Enlightenment.
✉ jjohnson@canes.gsw.edu

4550. **Johnson, Eric** 6826 East Monlaco Road, Long Beach, CA 90808-3037, USA.

4551. **Johnson, Jack** 7 Highview Knoll, Iowa City, IA 62240-9149, USA.

4552. **Johnson, James** Dept of History, Boston University, 226 Bay St Road, Boston, MA 2215, USA. *Boston U.*

4553. **Johnson, Lloyd** Dept of History, Campbell University, D. Rich Building Box 356, 211 Judge Taylor Road, Buies Creek, NC 27506, . *Campbell U.*

4554. **Johnson, Mary Lynn** 407 Magowan Avenue, Iowa City, IA 52246 3726, USA.

4555. **Johnson, Nancy E.** Dept of English, S.U.N.Y., New Paltz, NY 12561-2499, USA. *S.U.N.Y. (New Paltz)* / Law and literature • Novels of the 1790s.

4556. **Johnson, Rachel** 44 Elmthorpe Road, Wolvercote, Oxford, OX2 8PA, UK.

4557. **Johnson-Cousin, Danielle** 9805 South West 115th Court, Miami, FL 33176-2582, USA. *Florida International U.* / Mme de Staël • Le Groupe de Coppet • L'*Encyclopédie de Paris* • L'*Encyclopédie d'Yverdon* • Orientalism and western thought in the Enlightenment • Bernardin de St Pierre.

4558. **Johnston, Freya R.** Christ's College, Cambridge, CB2 3BU, UK. *U. of Cambridge.*
✉ frj20@cam.ac.uk

4559. **Johnston, Guillemette** 1105 Asbury Avenue, Evanston, IL 60202-1136, USA. *De Paul U.* / Rousseau • French Enlightenment • Analytical psychology.

4560. **Johnston, Shirley White** 4222 Quince Court, Boulder, CO 80301-1635, USA. *U. of Colorado* / Samuel Johnson.

4561. **Johnstone, Harry D.** St Anne's College, Oxford, OX2 6HS, UK. *U. of Oxford* / Music in Britain.

4562. **Joita, Monica Manuela** Str. Colentina 83, Bl.85B, et.2, ap.56, Bucuresti 2, Romania. *Ministère des affaires étrangères* / Littérature et civilisation roumaines • Dimitrie Cantemir.

4563. **Jolink, F. W.** Eindsestraat 18, 6612 AK Nederasselt, Netherlands. / Education and schools.

4564. **Jollet, Anne** 5 place d'Italie, 75013 Paris, France. *U. de Poitiers* / Le lien social à travers le marché immobilier en Touraine • La politisation en Touraine pendant la période de la Révolution.

4565. **Jollet, Etienne** 23 rue le Verrier, 75006 Paris, France. *U. de Tours* / Art et science • Peinture de genre • La statuaire publique et le territoire national.

4566. **Joly, Raymond** 1245 rue Saint-Marc, appt 20, Montréal, PQ H3H 2E6, Canada. *U. Laval* / France • Diderot • Marivaux • Rousseau • Psychoanalysis.
✉ raymond.joly@sympatico.ca

4567. **Jomand-Baudry, Régine** 1 chemin du Badel, 69280 Sainte-Consorce, France. *U. de Lyon III* / Les manuscrits et contes de Crébillon fils • Les écritures de la marge (minores, œuvres déclassées) et les figures d'auteurs paratopiques.
✉ reginejomandbaudry@yahoo.fr

4568. **Jonard, Norbert** 2 allée Sicardet, 21121 Fontaine-les-Dijon, France. *U. de Bourgogne* / L'illumismo: théâtre et société, idéologie et mentalités.

4569. **Jonásová, Milada** Famfulíkova 19/1140, 182 00 Praha 8, Czech Republic. *U. Karlova* / Italian opera in the Czech lands • Mozart • Paisiell • Relationship between opera and the church.
✉ milada-jonasova@hotmail.com

4570. **Jones, Catherine A.** Dept of English, King's College, University of Aberdeen, Aberdeen, UK. *U. of Aberdeen.*

4571. **Jones, Chris** Dept of English, University of Wales, Bangor, Gwynedd, LL57 2DG, UK. *U. of Wales.*

4572. **Jones, Christine** 414 North Quince St, Salt Lake City, UT 84103, USA.

4573. **Jones, David Wyn** Dept of Music, University of Cardiff, Cardiff, CF1 3EB, UK. *U. of Cardiff* / Joseph Haydn • Austrian music • English music.

4574. **Jones, Dylan** 703 Hakuryu Mansion 1-21-4, Nishinouchi, Koriyam City, Fukushima-Ken 963-8022, Japan.

4575. **Jones, Felecia** 1440D 6th St, Tuscalossa, AL 35401-1949, USA.

4576. **Jones, Jennifer M.** Dept of History, P.O. Box 5059, Rutgers University, New Brunswick, NJ 08903-1264, USA. *Rutgers U. (New Brunswick).*

4577. **Jones, Johnathan** 14 Salisbury Road, Moseley, Birmingham, B13 8JS, UK.

4578. **Jones, Katy** 53 Woking Road, Cheadle Hulme, Cheshire SK8 6NZ, UK.

4579. **Jones, Peter M.** Dept of Modern History, University of Birmingham, Edgbaston, Birmingham, B15 2TT, UK. *U. of Birmingham* / The French Revolution • Rural history of France • The scientific Enlightenment.

4580. **Jones, Richard** 9 Anne Greenwood Close, Iffley, Oxford, OX4 4DN, UK. *U. of Oxford* / Tobias Smollett • Literature and its intellectual contexts.

4581. **Jones, Robert William** Dept of English, University of Wales, Hugh Owen Building, Penglais, Aberystwyth, Ceredigion SY23 3DY, UK. *U. of Wales (Aberystwyth)* / Aesthetics and taste • • Representations of the military • Thomas Chatterton • Portraiture.

4582. **Jones, Tom** 28 Shore St, Cellardyke, Anstruther, Fife, KY16 8BD, UK.

4583. **Jones, Vivien** School of English, University of Leeds, Leeds, LS2 9JT, UK. *U. of Leeds* / Gender and writing • Narratives of sexuality and representations of the figure of the prostitute in fictional and non-fictional texts • Cultural significance of conduct writing • Frances Burney's *Evelina* • Mary Wollstonecraft.
✉ v.m.jones@leeds.ac.uk

4584. **Jones, Wendy** 435 North Aurora St, Ithaca, NY 14850-4214, USA.

4585. **Jones-Barrow, Carie** 10610 Inwood Avenue, Silver Spring, MD 20902-3732, USA.

4586. **Jones-O'Neill, Jennifer R.** Dept of Theory of Art and Design, Monash University, 900 Dandenong Road, Caulfield East, VIC 3084, Australia. *Monash U.* / British visual culture • Australian art.
✉ jennifer.jones-o'neill@artdes.monash.edu.au

4587. **Jong, J. J. de** Beatrixstraat 40, 6267 BH Cadier en Keer, Netherlands. *U. van Limburg-Maastricht* / Urban élites • Knowledge of and attitudes towards nature.

4588. **Jonge, Alle Diderik de** Hugo de Grootlaan 32, 3818 TB Amersfoort, Netherlands. / Mennonite history in the Netherlands • Cultural history, esp. learned and other societies in the Netherlands.

4589. **Jongste, J. A. F. de** Pr. Marijkelaan 17, 2341 VK Oegstgeest, Netherlands.
✉ jaf.jongste@planet.nl

4590. **Jono, Setsuko** 5-9-1 Takamiya, Minami-ku, Fukuoka-shi, 815 Fukuoka, Japan. *Fukuoka Junior C.* / Mme de Staël.

4591. **Jonsell, Bengt** Konsumvägen 20 B, 75645 Uppsala, Sweden.

4592. **Jönsson, Anne-Mari** Kungsgatan 25, 753 32 Uppsala, Sweden.

4593. **Jónsson, Bjarni Br.** Thorragötu 7, 101 Reykjavík, Iceland.

4594. **Jonsson, Gunilla** Persbergsbacken 70, 12343 Farsta, Sweden. / The transition from Fraktur and Schwabach types to roman type in Swedish printing.

4595. **Jonsson, Inge** Tärnvägen 4, 13150 Saltsjö-Duvnäs, Sweden. *Stockholms U.* / Emanuel Swedenborg and his influence on western literature.

4596. **Jónsson, Jón** Kirkjubóli 1, 510 Hólmavík, Iceland.

4597. **Jónsson, Jón Adalsteinn** Geitastekk 9, 109 Reykjavík, Iceland.

4598. **Jónsson, Jónas** Kópavagsbraut 103A, 200 Kópavogi, Iceland.

4599. **Jónsson, Loftur H.** Midtúni 22, 105 Reykjavík, Iceland.

4600. **Jónsson, Már** Hringbraut 98, 107 Reykjavík, Iceland. *U. of Iceland* / Scholarship • Libraries and manuscript collections •

Textual studies • Electronic editions of documents • Computerised tools to teach manuscript reading.

4601. **Jónsson, Pétur** Reykjaskóla, 500 Brú, Iceland.

4602. **Jónsson, Sæmundur R.** Gullsmára 9, 201 Kópavogi, Iceland.

4603. **Jónsson, Thorleifur** Reykási 10, 110 Reykjavík, Iceland.

4604. **Jonville, Michel** 8 ter rue Boucry, appt 18-17, 75018 Paris, France. / Chaillon de Jonville.

4605. **Jooma, Minaz** 11 George St, apt 3, Summit, NJ 07901-4419, USA. / Incest and eating in English literature • Gender studies • Narrative.

4606. **Jordan, David P.** Dept of History (M/C 198), University of Illinois, 851 South Morgan St, Chicago, IL 60607-7044, USA. *U. of Illinois (Chicago)* / French Revolution • Napoleon • Paris.

4607. **Jordan, John Bryce** Dept of Theatre Arts, California State University, 5201 North Maple Avenue M/S SA46, Fresno, CA 93704, USA. *California State U. (Fresno)* / Intersections of social and theatrical dance with sexuality, esp. the stereotype of effeminacy associated with the male dancer in England.
✉ jjordan@csufresno.edu

4608. **Jordan, Lothar** Kleist-Museum Frankfurt, Faberstr. 7, 15230 Frankfurt an der Oder, Germany. *Kleist-Museum Frankfurt* / Heinrich von Kleist • Ewald von Kleist • Shaftesbury's reception in Germany • International relations of poetry, esp. German and Dutch.
✉ kleist-museum@t-online.de

4609. **Jordan, Marc-Henri** Wyttenbachstr. 6, 3013 Bern, Switzerland.
✉ jordanmh@fr.ch

4610. **Jordan, Nicolle** Dept of English, Southern Methodist University, P.O. Box 750435, Dallas, TX 75275-0435, USA. *Southern Methodist U.*

4611. **Jordan, Sarah E.** 510 Haven Road, Albion, MI 49224-9737, USA. *Brandeis U.*

4612. **Jordanova, Ludmilla J.** School of World Art Studies, University of East Anglia, Norwich, NR4 7TJ, UK. *U. of East Anglia* / Cultural history of science and medicine • Portraiture • Visual culture.

4613. **Jordheim, Helge** Dept of German, Universitet i Oslo, Books 1004 Blindern, 0315 Oslo, Norway. *U. i Oslo* / The German political novel • Secret societies • Wieland • Jean Paul • Goethe.
✉ helge.jordheim@german.uio.no

4614. **Jørgensen, Bo Hakon** Center for Nordiske Studier, Syddansk Universitet, Campusvej 55, 5230 Odense M, Denmark. *Syddansk U.*

4615. **Jørgensen, John** Institut for Nordisk Filologi, K.U.A., Njalsgade 80, 2300 København S, Denmark. *Københavns U.*

4616. **Jørgensen, Sven-Aage** Institut for Germansk Filologi, Københavns Universitet, Njalsgade 80, Tr. 16, 2300 København S, Denmark. *Københavns U.* / Esthétique de J. G. Hamann • Edition de l'*Histoire littéraire* de N. de Boor • Relations germano-danoises • Wieland.
✉ sven.aage@get2net.dk

4617. **Jörundsdóttir, Sigrídur H.** Dalseli 7, 109 Reykjavík, Iceland.

4618. **Joseph, Betty** 1420 Sul Ross, apt 1, Houston, TX 77006-4849, USA.

4619. **Josephs, Herbert** 1413 Cedarhill Drive, East Lansing, MI 48823-2810, USA. *Michigan State U.* / Diderot • Opera and literature • Narrative fiction.

4620. **Jou, Myongcheol** Dept of History, Korea National University of Education, San 7, Darakri, Gangnaemyon, Cheongwongun, 363-791 Chungbuk, South Korea. *Korea National U. of Education* / Censorship and public opinion in France.
✉ mcjou9@cc.knue.ac.kr

4621. **Jourdain, Gabriel** 23 avenue Charles de Gaulle, 78590 Noisy-le-Roi, France.

4622. **Jourdan, Annie** Lijnbaansgracht 348 III, 1017 XB Amsterdam, Netherlands. *U. van Amsterdam* / Représentation visuelle du politique: de J.-J. Rousseau au Premier Empire (arts et pouvoirs) • Imagerie culturelle: France versus Pays-Bas.
✉ a.jourdan@hum.uva.nl

4623. **Jozic, Daniel** Quai Saint-Léonard 46A, Boîte 021, 4000 Liège, Belgium. *U. de Liège* / La principauté de Liège, en part. sous Jean-Théodore de Bavière, 1744-1763 • La révolution liégeoise de 1789 • Récits de voyage relatifs à l'ancien pays de Liège • Histoire de la presse liégeoise.

4624. **Juang, Richard** 184 Woodland St, #2, Oberlin, OH 44074, USA.

4625. **Jubinville, Yves** 5498 rue Saint Denis, Montreal, PQ H2J 2M5, Canada. *U. de Paris*

III / Le prologue dramatique en France (1700-1770).

4626. **Judge, Elizabeth** 532 Montreal Road, Suite 214, Ottawa, ON K1K 4R4, Canada.

4627. **Judkowiak, Barbara Maria** Ul. Gniewska 30A, 60-454 Poznan, Poland. *U. Adam Mickiewicz* / La littérature et le théâtre polonais en contexte européen • Le baroque tardif et la naissance de Lumières • L'opéra, oratorio et mélodrame dans l'œuvre de Józef A. Zaluski.

4628. **Julia, Dominique** 84 rue de Charonne, 75011 Paris, France. *C.N.R.S. (Paris)* / Les collèges en France • Les Oratoriens • Les pèlerinages dans l'Europe moderne.

4629. **Jung, Frank** Am Brühl 1, 35633 Lahnau, Germany.

4630. **Jung, Iwha** Dept of English, Dongsun-dong, Seongbook-gu, 136-742 Seoul, South Korea. / English literature.

4631. **Jung, Min** Dept of Korean, Hanyang University, 17 Haengdang-dong, Seongdong-gu, 133 Seoul, South Korea. *Hanyang U.* / Korean literature written in classical Chinese.

4632. **Jung, Norbert** Hauptstr. 61, 96250 Ebensfeld, Germany. *Erzdiözese Bamberg.*

4633. **Junod, Philippe** La Grange, Ch. Praz-Berthoud 29, 1010 Lausanne, Switzerland. *U. de Lausanne* / Iconographie • Théorie et critique d'art • Poétique des ruines.

4634. **Jurgens, H. J.** Van Welderenstraat 119, 6511 MH Nijmegen, Netherlands.

4635. **Jurich, Marilyn** 140 Bonad Road, Chestnut Hill, MA 02167, USA. *Suffolk U.* / English novel • Satire • Fable and folklore.

4636. **Jürjo, Indrek** Välja Str. 8-136, 200101 Tallin, Estonia.

4637. **Justice, George L.** Dept of English, University of Missouri-Columbia, 107 Tate Hall, Columbia, MO 65211, USA. *U. of Missouri (Columbia)* / Correspondence of Samuel Richardson until 1747 • Relationship between print culture and education in England.
✉ justiceg@missouri.edu

4638. **Jutikkala, Eino** Merikatu 3 B, 00140 Helsinki, Finland.

4639. **Jutrin, Monique** B.P. 526, 44104 Kfar Saba, Israel. *Tel Aviv U.* / L'idéal humaniste • Le mythe de Robinson • Le théâtre de Marivaux.

4640. **Jütte, Robert** Institut für Geschichte der Medizin, Robert-Bosch-Stiftung, Strauss-weg 17, 70184 Stuttgart, Germany. *Institut für Geschichte der Medizin* / Social history of medicine • Jewish studies • History of homeopathy.
✉ robert.juette@igm-bosch.de

4641. **Jüttner, Siegfried** Am Ostbahnhof 16, 40878 Ratingen, Germany. *U.-Gesamthochschule Duisburg* / Transferts culturels dans l'Europe des Lumières • Strategies d'ecriture • *L'Encyclopédie.*
✉ s.juettner@uni-duisburg.de

4642. **Juzon, Ewa** Ul. Wilenska 29 m.4, 05-200 Wolomin, Poland.

4643. **Kabdebó, Lóránd** Egyetemváros, 3515 Miskolc, Hungary. *U. Miskolc* / Hungarian literature: poetry.

4644. **Kabelková, Markéta** Na vysluní 22/2308, 100 00 Praha 10, Czech Republic. *National Museum (Praha)* / Church music • Musical life in monasteries • Musical sources.

4645. **Kaczynski, Pawel** Bulwar Ikara 12/42, 54-130 Wroclaw, Poland. *U. Wroclaw* / Travel diaries • Letters • Literary rococo • Myth in literature • Cultural stereotypes • Family life portrayed in literature • Cultural relations between Poland and France.

4646. **Kadowaki, Yukiko** 9 Yarai-cho, Shin-juku-ku, 162-0805 Tokyo, Japan. *Wayo Women's U.* / English mysticism.

4647. **Kadulska, Irena** Ul. Pomorska 13c/5, 80-333 Gdansk, Poland. *U. Gdanski* / Drama and theatre of the Enlightenment • Jesuit theatre • Jesuit academy of Polock in White Russia.

4648. **Kafker, Frank A.** 31 Brimmer St, apt 4, Boston, MA 02108, USA. *U. of Cincinnati* / The encyclopaedists • History of encyclopedias.

4649. **Kagel, Martin H.** Dept of Germanic and Slavic Languages, University of Georgia, 207 Joseph Brown Hall, Athens, GA 30605, USA. *U. of Georgia* / European travel literature • German responses to the French Revolution • Politics and aesthetics during the French Revolution • Concept of friendship in 18c Germany.
✉ mkagel@arches.uga.edu

4650. **Kagesato, Tetsuro** 438-6 Maioka, Totsuka-ku, Yokohama-shi, 244-0813 Kanagawa, Japan. / Fine arts.

4651. **Kahamlyk, Svitlana R.** 8 Volynska Str., apt 74, 252186 Kiev, Ukraine. *Central*

State Historical Archive / Kiev Mohyla Academy in 18c.

4652. **Kahn, Didier** C.N.R.S., CELLF 17e-18e, Université de Paris IV, 1 rue Victor Cousin, Paris cedex 05 Paris 75230, France. *C.N.R.S.* / Les *Œuvres complètes* et la correspondance de Diderot • L'*Histoire des deux Indes* de Raynal • L'histoire de l'alchimie.
✉ dkahn@msh-paris.fr

4653. **Kahn, Gérard** 3-33 St Andrews Place, East Melbourne, VIC 3002, Australia. / Beaumarchais • French drama • Pirated editions.

4654. **Kahn, Madeleine** Dept of English, Mills College, 5000 Macarthur Blvd., Oakland, CA 94613-1000, USA. *Mills C.*

4655. **Kaiho, Masao** 4-19-12, Sakurajosui, Setagaya-ku, 156-0045 Tokyo, Japan. *Keio U.* / Jonathan Swift • John Gay.

4656. **Kairoff, Claudia Thomas** Dept of English, Wake Forest University, Winston-Salem, NC 27109, USA. *Wake Forest U.* / Alexander Pope • Women writers: Elizabeth Tollet and Elizabeth Carter.
✉ kairofct@wfu.edu

4657. **Kairoff, Peter D.** Dept of Music, Wake Forest University, P.O. Box 7345, Reynolda Station, Winston-Salem 27109, NC, USA. *Wake Forest U.* / Music in Venice; opera; keyboard performances.
✉ kairoff@wfu.edu

4658. **Kaiser, Christopher B.** Western Theological Seminary, 101 East 13th St, Holland, MI 49423, USA. *Western Theological Seminary* / Secularisation in Britain and America • Trinitarian controversies in England.

4659. **Kaiser, Herbert** Universität-Gesamthochschule Duisburg, FB 3: Sprach- u. Literaturwissenschaften, Lotharstr. 65, 47057 Duisburg, Germany. *U.-Gesamthochschule Duisburg* / Jean-Paul • Anthropology of literature.

4660. **Kaiser, Philipp** Herrnstr. 7, 97070 Würzburg, Germany. / Philosophy and theology at Eichstätt.

4661. **Kaiser, Thomas** Dept of History, University of Arkansas, Little Rock, AR 72204, USA. *U. of Arkansas (Little Rock)* / French social and political theory • Royalist propaganda • Royal mistresses and their public image.

4662. **Kaiserfeld, Thomas** Koksg. 28 ö.g., 11624 Stockholm, Sweden.

4663. **Kaitaro, Timo Tapani** Kasarmikatu 20 A 15, 00130 Helsinki, Finland. *Academy of Finland* / French materialism and its medical background • Neurophysiology and its relation to the philosophy of the mind.
✉ timo.kaitaro@helsinki.fi

4664. **Kaldis, Byron** Speusippou 27, 106 76 Athens, Greece. *U. of Athens* / Philosophy, aesthetics, history of art.
✉ bkald@aueb.gr

4665. **Kaliszewski, Wojciech Jerzy** Ul. Krechowiecka 5 m.8, 01-635 Warszawa, Poland. *U. Warszawski* / Politics • Fugitives • Literature; poetry.

4666. **Kalka, Joachim** Johannesstr. 98, 70176 Stuttgart, Germany. / Illuminati, Rosicrucians and other secret societies • Cagliostro • Utopias • Johann Georg Schrepfer (1730-1774).

4667. **Kallel, Raoudha** Dept of French, Dalhousie University, 6135 University Avenue, # 1114, Halifax, NS B3H 4P9, Canada. *Dalhousie U.* / Critique féminine • Roman épistolaire • Mélancolie et amour.
✉ rkallel@dal.ca

4668. **Kallerud, Mauritz Royce** Truman State University, Division of Language and Literature, McClain Hall 310, Kirksville, MO 63501, USA. *Truman State U.* / English literature.

4669. **Kallich, Martin** Dept of English, Northern Illinois University, De Kalb, IL 60115-2825, USA. *Northern Illinois U.* / British poetry and the American Revolution.

4670. **Kalmár, János** Cházár A. u. 7, 1146 Budapest, Hungary. *U. of Budapest* / Les systèmes absolutistes en Europe • L'absolutisme des Habsbourg.

4671. **Kalmey, Robert P.** 201 North Penn St, Shippensburg, PA 17257, USA. *Shippensburg U.* / Pope's Eloisa to Abelard • Theological and scriptural history and literary structures • Shakespeare: The working of the heart.

4672. **Kaltenbrunner, Regina** Sb. Barockmuseum, Mirabellplatz 3, 5020 Salzburg, Austria. *Sb. Barockmuseum.*

4673. **Kaltz, Barbara** Dépt d'études germaniques, Université de Provence Aix-Marseille I, 29 avenue Robert Schuman, 13621 Aix-en-Provence Cedex 1, France. *U. d'Aix-Marseille I* / Jeanne-Marie Le Prince de Beaumont.

4674. **Kamenetzkaia, Svetlana** Kavkazskaia 39, 88, 305021 Koursk, Russia. *Institut* *pédagogique de Koursk* / Littérature russe • Karamzine.

4675. **Kamenski, Alexandre** 25-3-65 Tepliy Stan, 117133 Moscou, Russia. *U. russe des sciences humaines* / Catherine II • Reformes en Russie.

4676. **Kaminski, Thomas** Dept of English, Loyola University, 6525 North Sheridan Road, Chicago, IL 60626, USA. *Loyola U.* / Augustanism • English literature • Roman Antiquity • *The Gentleman's magazine* • Neoclassicism • Samuel Johnson.
✉ tkamins@luc.edu

4677. **Kamio, Mitsuo** 14-15, 3-2-2 Kita-Chikusa-cho, Chikusa-ku, Nagoya-shi, 464 Aichi, Japan. *Nagoya U.* / Romanticism • English literature • The idea of Nature.

4678. **Kampmann, Walther Bo** Institut for Litteratur, Kultur og Medier, Syddansk Universitet, Campusvej 55, 5230 Odense M, Denmark. *Syddansk U.*

4679. **Kamrath, Mark L.** Dept of English, University of Central Florida, P.O. Box 161346, Orlando, FL 32816-1346, USA. *U. of Central Florida.*

4680. **Kan, Hongliu** Institute of Qing History, Renmin University of China, 100872 Beijing, China. *Renmin U. of China* / China: Qing history.

4681. **Kanasugi, Mitsuhiro** 3-8-25 Himonya, Meguro-ku, 152-0003 Tokyo, Japan. *Keio U.* / Rousseau.

4682. **Kane, Sarah Kim** 3313 Garden Drive, Knoxville, TN 37918-3321, USA.

4683. **Kang, Peizhu** Beijing University, 1000871 Beijing, China. *Beijing U.* / China: Qing history.

4684. **Kang, Seok-Hwa** Seoul National University, 56-1 Shinlim-dong, Kwanak-gu, 151-742 Seoul, South Korea. *Seoul National U.* / Korean history.

4685. **Kanz, Kai Torsten** Institut für Medizin- und Wissenschaftsgeschichte, Medizinische Universität zu Lübeck, Königstr. 42, 23552 Lübeck, Germany. *Medizinische U. zu Lübeck* / Natural history • Communication in science • Network of correspondence • Georg Christoph Lichtenberg.
✉ kanz@imwg.mu-luebeck.de

4686. **Kanz, Roland** Niebuhrstr. 33, 53113 Bonn, Germany. *Technische U. Berlin.*

4687. **Kaplan, Catherine** Arizona State University, 1926 East Citation Lane, Tempe, AZ 85284 4709, USA. *Arizona State U.*

4688. **Kaplan, Deborah** 511 North Jackson St, Arlington, VA 22201-1721, USA. *George Mason U.*

4689. **Kaplan, James M.** Dept of Languages, Moorhead State University, Moorhead, MN 56560, USA. *Moorhead State U.* / Marmontel's narrative poetry and correspondence • French-Swedish cultural contacts.

4690. **Kaplan, Mike** P.O. Box 9028, Marina del Rey, CA 90295-1428, USA. / The import of cannibalism on religion.

4691. **Kaplan, Steven** Dept of History, 344 McGraw Hall, Cornell University, Ithaca, NY 14853-4601, USA. *Cornell U.*

4692. **Kapossy, Bela** 8, Benians Court, Cambridge, CB3 ODN, UK. *U. of Cambridge* / Political theory • Political economy • Swiss political thought.

4693. **Kapp, Silke** Faculdade de Filosofia e Cíencias Humanas, U.F.M.G., Rua do Oura 1311, Apto 203, Belo Horizonte, CEP 30220, Brazil. *U. Federal de Minas Gerais* / Aesthetics and architecture.

4694. **Kapralova, NedkaNedeltcheva** Dept of Literature, Academie des Sciences de Bulgarie, 52 rue Chiptechnski prohod Cl.17, 1113 Sofia, Bulgaria. *Academie des Sciences de Bulgarie* / Book subscribing • Culture and literature • Intercultural exchanges and influences • Anthroplogy.
✉ nedkakaprolava@hotmail.com

4695. **Kapsa, Václav** Sternberkova 4, 170 00 Praha 7, Czech Republic.

4696. **Karamihova, Margarita Nikolova** Institute of Ethnology, 6A Moskovska Str., 1000 Sofia, Bulgaria. *Bulgarian Academy of Sciences* / Marriage and family • Pilgrimage.

4697. **Karas, Yannis** Centre for Neohellenic Research, 48 Vas. Constantinou Avenue, 11635 Athens, Greece. *National Hellenic Research Foundation* / Histoire des sciences • Science et philosophie dans le monde néohellénique.
✉ ykaras@eie.gr

4698. **Karbowski, Kazimierz** Waldriedstr. 54, 3074 Muri b. Bern, Switzerland. / La vie et les œuvres de Samuel-Auguste Tissot (1728-1797).

4699. **Karian, Stephen** 2601 Old Camden Square, apt 310, Madison, WI 53718, USA.

Marquette U. / Britain • Swift, Jonathan • Print culture.
✉ sekarian@fastmail.fm

4700. **Karjalainen, Helena** 66 rue de la Tourelle, Bruxelles, Belgium. / Mme Roland.

4701. **Karlsson, Áki G.** Reykjavíkur Akademían, 107 Reykjavík, Iceland. *Reykjavíkur Akademían.*

4702. **Karlsson, Åsa** Historiska institutionen, Uppsala Universitet, St Larsgatan 2, 753 10 Uppsala, Sweden. *Uppsala U.* / Charles XII's property taxation.
✉ asa.karlsson@hist.uu.se

4703. **Karlsson, Eva-Lena** Botvidsg. 4A, 2 tr., 75329 Uppsala, Sweden. *Nationalmuseum* / Female artists, esp. Ulrica Fredrica Pasch • Portraiture.
✉ elk@nationalmuseum.se

4704. **Karmarkar, Medha Nirody** Dept of French, Rutgers University, Ruth Adams Building, 131 George St, New Brunswick, NJ 08901-1414, USA. *Rutgers U.* / Women writers • Female friendship in the novel • Mother-daughter relationships in literature and painting.
✉ medha@rci.rutgers.edu

4705. **Karner, Herbert** Kommission für Kunstgeschichte, Dr. Ignaz Seipel-Platz 2, 1010 Wien, Austria. *Österreichische Akademie der Wissenschaften.*
✉ herbert.karner@oeqw.ac.at

4706. **Karonen, Petri** Historian laitos, H-rak., Jyväskylän yliopisto, PL 35, 40351 Jyväskylä, Finland. *Jyväskylän yliopisto.*

4707. **Karoui, Abdeljelil** 1 rue du docteur Mohamed Ammar, El Menzah VI, 1004 Tunis, Tunisia. *U. de Tunis I* / Littérature de voyages • Théâtre • Voltaire • Montesquieu.

4708. **Karp, Sergueï** Serpoukhovski val 28, 51, 115419 Moscow, Russia. *Académie des sciences de Russie* / France • Europe • French Enlightenment • Echanges culturels • Salons • Diderot • Grimm, Voltaire • La Russie et la culture occidentale.
✉ igh@online.ru

4709. **Karpova, Elena** oul. Korablestroitelei, 46, 1, 163, 199397 St. Pétersbourg, Russia. *Musée Russe d'État* / G. R. Derjavine et les arts figuratifs.

4710. **Karpowicz, Mariusz** Ul. Kilinskiego 3 m.15, 00-257 Warszawa, Poland. *U. Warszawski* / Late baroque and rococo art.

4711. **Karro, Françoise** 8 rue Changarnier, 75012 Paris, France.

4712. **Karttunen, Assi** Toinen linja 29 A 27, 00530 Helsinki, Finland.

4713. **Kasa, Eivind** Osloveien 3, 7018 Trondheim, Norway. *U. Trondheim* / Architecture and aesthetics • Enlightenment • Industrial design.

4714. **Kasahara, Kensuke** 13-1-6-503 Goryo-cho, Higashi-Matsuyama-shi, 355-0031 Saitama, Japan. *Hosei U.* / History of ideas: Germany.

4715. **Kaser, Karl** Institut für Geschichte, Abt. Süd-Ost Europäische Geschichte, Universität Graz, Mozartgasse 3, 8010 Graz, Austria. *U. Graz* / Balkans: family structures, social patterns, historical anthropology.

4716. **Kasmer, Lisa** College of the Holy Cross, One College Avenue, Worcester, MA 01610, USA. *C. of the Holy Cross* / British literature • Romanticism • Women's writing.
✉ lkasmer@holycross.edu

4717. **Kasperl, Claudio** Drausnickstr. 3, 91052 Erlangen, Germany. *U. Erlangen-Nürnberg.*

4718. **Kasraie, Mary Rose** P.O. Box 467156, Atlanta, GA 31146-7156, USA.

4719. **Kass, Thomas G.** St Anselm College of English, 100 St Anselm Drive, Manchester, NH 03102-1323, USA. *St Anselm C.* / Samuel Johnson • The novel • Swift and Pope • Classical and neo-classical satire.
✉ tkass@anselm.edu

4720. **Katagiri, Kazuo** 7-13-20 Higashi-Funabashi, Funabashi-shi, 273-0002 Chiba-ken, Japan. *Aoyama Gakuin U.* / Tokugawa era • Dutch learning in Japan.

4721. **Katajisto, Kati** Pengerkatu 6 B 29, 00530 Helsinki, Finland.

4722. **Kates, Gary** Dept of History, Pomona College, 550 North College Ave, Claremont, CA 91711, USA. *Pomona C.* / French Revolution • France • French Enlightenment • Chevalier D'Eon.
✉ gkates@pomona.edu

4723. **Katicic, Radoslav** Reisnerstr. 22, 1030 Wien, Austria.

4724. **Kato, Yoshiko** 3-7-3-1 Nishioka, Toyohira-ku, Sapporo-shi 062-8520, Japan.

4725. **Katoh, Kiyoshi** A3-44, 1-3-8 Heiwamachi, Kanazawa-shi, 921-8105 Ishikawa, Japan. *Kanazawa U.* / Hobbes et la France • Hobbes et la révolution anglaise • Utilitarianisme.

4726. **Katritzky, Linde** 1221 South West 21st Avenue, Gainesville, FL 32611, USA. *U. of Florida (Gainesville)* / G. Ch. Lichtenberg • Nachtwachen • Von Bonaventura.

4727. **Katsiardi-Hering, Olga** University of Athens, 2 Ag. Sofias str., 17123 Athens, Greece. *U. of Athens* / Education in the Greek diaspora • Family studies • Greek diaspora • Urbanism.

4728. **Katsiavrias, Nicholas** Hatziargiri 88, 38333 Volos, Greece. / Byzantine tradition, theology, Enlightenment and physical sciences in Balkans • Nicephor Theotokis • Kallinikos III, patriarch of Constantinople • John Pringos of Zagora.

4729. **Kattenstedt, Heyno** Schweidnitzerstr. 21, 45891 Gelsenkirchen, Germany. / Music.

4730. **Kauer, Ute** Philipps University, Wilhelm-Roepke Str 6D, 35032 Marburg, Germany. *Philipps U.*

4731. **Kaul, Suvir** 507 Haines Boulevard, Champaign, IL, USA. / British poetry • Nationalism • Colonialism.

4732. **Kaulen, Heinrich** Jupiterstr. 3, 46487 Wesel, Germany. *U. Hannover* / The erotic poem • Literary criticism • Enlightenment novel.

4733. **Käuser, Andreas** Dr Ernst Str. 14, 57074 Siegen, Germany. *U. Siegen* / Anthropology and literary theory • Music and literature.

4734. **Kavanagh, R. J.** 29 Parkers Rd, Sheffield, S10 1BN, UK. / Klopstock • Lessing • Kleist • Gutzkow and the Vormärz.

4735. **Kavanagh, Thomas M.** Dept of French, Yale University, New Haven, CT 06520-8251, USA. *Yale U.* / Rousseau • Chance and gambling • The novel.
✉ kavanagh@socrates.berkley.edu

4736. **Kavanaugh, Ann Claire** 21 South 6th St, apt 302, Fargo, ND 58103, USA. / Life and works of Henrietta Battier.
✉ kavanaug@cord.edu

4737. **Kavenik, Frances M.** 6411 5th Avenue, Kenosha, WI 53143, USA.

4738. **Kawabata, Kaori** 1-12-5 Hase, Kamakura-shi, 248-0016 Kanagawa, Japan. *Chubu U.* / Relations franco-russes • Littérature utopique • Littérature comparée.

4739. **Kawabata, Mayumi** 5-1-28 Nishi-Tsuga, Wakabu-ku, Chiba-shi, 264 Chiba, Japan. *Kunitachi C. of Music* / Italian opera.

4740. **Kawaguchi, Masumi** 1-8-27 Maebara-cho, Koganei-shi, 184-0013 Tokyo, Japan. *Ochanomizu U.* / La musique de J.-J. Rousseau.

4741. **Kawai, Kiyotaka** 17-8-202, Nishihira-cho, Nishinomiya-shi, 662-0093 Hyogo-ken, Japan. *Konan U.* / Rousseau's thought • Rousseau and modernism.
✉ kawai@konan-u.ac.jp

4742. **Kawai, Yukari** 3-5-16 Sakae-cho, Sôka-shi, 340-0011 Saitama, Japan. *Ochanomizu U.* / La musique au siècle des Lumières.

4743. **Kawakami, Toshihiro** 2-8-35 Uenogaoka, Oita-shi, 870-0835 Oita-ken, Japan. *Oita U.* / English novel.

4744. **Kawakubo, Kouji** 4-13-3-16 Nishioka, Toyohira-ku, Sapporo-shi, 062 Hokkaido, Japan. *Sapporo U.* / Social thought in England, esp. Adam Smith.

4745. **Kawamura, Fumie** 1-1-31-603 Chuo, Joto-ku, Osaka-shi 536-0005, Japan.

4746. **Kawanago, Yoshikatsu** 3-53-6-104 Takinogawa, Kita-ku, 114 Tokyo, Japan. *Tokyo U.* / J. G. Hamann.

4747. **Kawasaki, Ryoji** 3-6-23 Kami-Kotoen, Nishinomiya-shi, 662-0813 Hyogo, Japan. *Tezukayama Gakuin U.* / The English novel • Spiritual autobiography.

4748. **Kawashima, Keiko** Dept of Humanities, Nagoya Institute of Technology, Gokiso-cho, Showa-ku, Nagoya-shi, 466-8555 Aichi, Japan. *Nagoya Institute of Technology* / Le rôle des femmes de la haute societe dans la culture scientifique: Mme Du Châtelet, Mme Lavoisier.
✉ kaeru@ks.kyy.nitech.ac.jp

4749. **Kawatsu, Masae** Dept of Law, Nagoya Economics University, 61-1, Uchikubo, 484-0047 Inuyama, Japan. *Nagoya Economics U.* / British women writers in the 1790s, esp. Mary Wollstonecraft and Mary Robinson • The reception of Sappho in England.
✉ mkawatsu@nagoya-ku.ac.jp

4750. **Kayman, Martin** Instituto de Estudos Ingleses, Faculdade de Letras, Universidade de Coimbra, 3049 Coimbra Codex, Portugal. *U. de Coimbra* / Law • Literature.

4751. **Kayser, Edouard Marc** 65 rue Charlemagne, 1328 Luxembourg, Luxembourg. *Centre universitaire de Luxembourg* / Social history of the Austrian Netherlands, esp. Duchy of Luxembourg • Disease, medicine and society • Poverty, deliquency, vagrancy • Law and order • Cultural life.

4752. **Kazakov, Roman** Poslednii per. d.15, kv.16, 103045 Moscou, Russia. *U. russe des sciences humaines* / Russian history and historiography • Sources of history • N. Karamzin as European and Russian historian.

4753. **Kazanjian, Michael** 848 Sycamore Drive, Decatur, GA 30030-1639, USA.

4754. **Kazárová, Helena** Tehovská 70, 100 00 Praha 10, Czech Republic. *Academy of Arts (Prague)* / Social and theatrical dance • Ballet • Opera • Theatre • Beauchamp-feuillet notation.
✉ helena.kazarova@seznam.cz

4755. **Kechagioglou, Georges** Faculty of Letters, University of Thessaloniki, 54006 Thessaloniki, Greece. *U. of Thessaloniki* / Fortune néo-grecque des contes orientaux • Cervantes et Voltaire dans le monde hellénique • La prose néo-grecque de la Régence jusqu'à la Révolution grecque.

4756. **Keck, Rudolf Wilhelm** Binderstr. 22, 31141 Hildesheim, Germany. *U. Hildesheim* / Concept of school • Educators, teachers and children • Education in changing society.

4757. **Keckemet, Dusko** 21404 Lozisca, Croatia. / Les relations de l'art néoclassique européen avec la ville de Split • Robert Adam • Charles-Louis Clérisseau • Louis-François Cassas.

4758. **Keczan-Ebos, Mary** 1901 Four Seasons Drive, Burlington, ON L7P 3B1, Canada. *York U.* / Women's studies • Gender and space • Glass houses.
✉ ebosm@yorku.ca

4759. **Keegan, Bridget** Dept of English, Creighton University, Omaha, NE 68178-0001, USA. *Creighton U.*

4760. **Keen, Paul F.** Dept of English, Carleton University, Ottawa, ON K1S 5B6, Canada. *Carleton U.* / Literature, commerce, and conceptions of virtue.
✉ paul_keen@caleton.ca

4761. **Keener, Frederick M.** 380 Yale Rd, Garden City, NY 11530-5225, USA. *Hofstra U.* / History of the understanding of literature • Alexander Pope • The philosophical tale • Fiction and psychology.

4762. **Keep, Rene Marie Murphy** Dept of Comparative Literature, University of Washington, Box 354338, Seattle, WA 98195, USA. *U. of Washington (Seattle)*.

4763. **Keersmaekers, A. A.** Wouwendonkstraat 78, 2570 Duffel, Belgium.

4764. **Keevak, Michael** Dept of Foreign Languages, National Taiwan University, Dept of Foreign Languages, National Taiwan University, Taipei, Taiwan. *National Taiwan U.*
✉ keevak@ccms.ntu.edu.tw

4765. **Keghel, Baudouin de** 15 rue de la République, 63720 Ennezat, France.

4766. **Kehn, Wolfgang** Kopenhagener Allee 28, 24109 Kiel, Germany. *U. Kiel* / Intellectual and social aspects of gardens • Enlightenment theodicy and tragedy • Matthias Claudius.

4767. **Kehoe, Imelda** Aisling, Gowran, Co. Kilkenny, Ireland.

4768. **Kehres, Jean-Marc** Dept of Romance Language and Literature, Princeton University, 201 East Pyne, Princeton, NJ 08544-0001, USA. *Princeton U.* / Sade et la rhétorique de l'exemplarité • Marivaux et le roman • Le Bildungsroman.

4769. **Keipert, Helmut** Slavistisches Seminar, Universität Bonn, Lennéstr. 1, 53113 Bonn, Germany. *U. Bonn* / Evolution of written Slavic languages • German-Slavic relations: language and literature • Pope and Young in Russia.

4770. **Keith, Jennifer M.** 404 Hillsdie Drive, Greensboro, NC 27401, USA.

4771. **Keithley, Walter** 701 West 11th St, Tempe, AZ 85281, USA.

4772. **Kekäläinen, Markku** Mechelininkatu 16 A 35, 00100 Helsinki, Finland.

4773. **Keller, Alexis** Avenue Gaspard-Vallette 5, 1206 Genève, Switzerland.

4774. **Keller, Susanne B.** Lange Reihe 92/1, 20099 Hamburg, Germany. / Central Europe • Painting • British Enlightenment • French Enlightenment • Travel literature • Periodicals: *Journal encyclopédique*; L'*Encyclopédie*; *Monthly review*; *Gentleman's magazine* • James Cook.
✉ susanne.b.keller@hamburg.de

4775. **Kelley, Anne** Holmefield House, Langley Village, Hitchin, Herts SG4 7PN, UK.

4776. **Kelley, Diane Duffrin** Dept of Modern Languages and Literature, University of Puget Sound, Box 1073, 1500 North Warner, Tacoma 98416, WA, USA. *U. of Puget Sound* / France • Theatre • French Enlightenment • French language • French literature • Women authors: Claudine-Alexandrine Guérin de Tencin; Catherine Bernard; Marie-

Madeleine Pioche de la Vergne comtesse de Lafayette.
⟴ dkelley@ups.edu

4777. **Kelley, Robert E.** Dept of English, University of Iowa, Iowa City, IA 52242-0001, USA. *U. of Iowa* / Smollett's *Travels* • Anderson's *Life of Johnson* • Biography, autobiography, letters, diaries • Johnson.

4778. **Kelley, Theresa M.** Dept of English, University of Wisconsin, Madison, WI 53706, USA. *U. of Wisconsin (Madison)*.

4779. **Kelly, Ann Cline** 2210 North Nelson St, Arlington, VA 22207-3841, USA. *Howard U.* / Print culture, popular culture • Swift • Representations of Africa and Africans.

4780. **Kelly, Charles A.** Charles Kelly Foundation, P.O. Box 7050, Ann Arbor, MI 48107-7050, USA. *Charles Kelly Foundation* / Evolution of language, esp. English • Boswell, Johnson, Goldsmith, Burke, Reynolds, and their circle.
⟴ ckelly@howlandresearch.com

4781. **Kelly, Gary** Dept of English, Humanities Centre, University of Alberta, Edmonton, AB T6G 2E5, Canada. *U. of Alberta* / Literature, language, and society • Prose fiction, women's writing, plebeian reading and writing, popular print, impact of the French Revolution, modernisation and cultural change.
⟴ gary.kelly@ualberta.ca

4782. **Kelly, James** Dept of History, St Patrick's College, Drumcondra, Dublin 9, Ireland. *St Patrick's C. Dublin* / Irish political and social history, esp. the making of law, crowd behaviour, gender relations and print culture.
⟴ james.kelly@spd.dcu.ie

4783. **Kelly, James** Worcester College, Oxford, OX1 2HB, UK. *U. of Oxford* / Defoe and maritime themes in his novels, esp. piracy • Defoe and Scotland.

4784. **Kelly, Jason M.** Dept of History, University of California, Santa Barbara, CA 93106, USA. *U. of California (Santa Barbara)* / The Society of Dilettanti, esp. the relationship between sociable practices within the public sphere and the scientific project of archaeology in the Levant.
⟴ jmk4@umail.ucsb.edu

4785. **Kelly, Patrick H.** 23 Charleville Road, Rathmines, Dublin 6, Ireland. *Trinity C.*

4786. **Kemmerer, Kathleen Nulton** Dept of English, Pennsylvania State University, 17 University Drive, Hazleton, PA, USA. *Pennsylvania State U.* / Samuel Johnson, James Boswell, John Dunton • Women writers • Women's issues, including prostitution, education, child bearing and rearing • Querelle des femmes • Gender.
⟴ kxk30@psu.edu

4787. **Kempe, Michael** UNI Konstanz Fachgruppe Gesch., Postfach 5560, D 11, 78434 Konstanz, Germany. *U. Konstanz* / Science, esp. cultural history • Diluvianism • Communication and the scientific network.
⟴ michael.kempe@uni-konstanz.de

4788. **Kemper, Dirk** Feldstr. 50A, 31141 Hildesheim, Germany. *Lomonosov State U. of Moscow* / Goethe • Late Enlightenment in Germany.
⟴ kemper@rz.uni-hildesheim.de

4789. **Kemper, Hans-Georg** Heinrich-Emerich Str. 43, 88662 Überlingen, Germany. *U. Tübingen* / The Enlightenment and lyricism • *Sturm und Drang*.

4790. **Kempf, Franz R.** Dept of German Studies, Bard College, 30 Campus Road, Annandale-on-Hudson, NY 12504, USA. *Bard C.* / Enlightenment thought • Orientalism • Singspiel • Travel literature • Poetry@Staatsroman.
⟴ kempf@bard.edu

4791. **Kempf, Roger** 20 rue de Varenne, 75007 Paris, France. *Ecole polytechnique Zürich* / Le 'romanesque' dans la littérature française.

4792. **Kenkel, Konrad** 1 Emily Lane, Hanover, NH 03755-4908, USA.

4793. **Kennedy, Deborah** Dept of English, St Mary's University, Halifax, NS B3H 3C3, Canada. *St Mary's U.* / Poetry • Helen Maria Williams.
⟴ deborah.kennedy@stmarys.ca

4794. **Kennedy, James** Flat 3, 61 Westwood Hill, Sydenham, London, SE26 6NS, UK.

4795. **Kennedy, Maire E.** Centre for Dublin and Irish Studies, 138-144 Pearse St, Dublin Dublin 2, Ireland. *Dublin City Libraries* / Book production, marketing and distribution in Ireland, esp. in Munster • Reception of books, history of reading • Physical evidence of ownership and reading • French, Spanish and Italian culture in Ireland.
⟴ dublinstudies@dublincity.ie

4796. **Kennedy Jr, Robert Emmet** Dept of History, George Washington University, Washington, DC 20052, USA. *George Washington U.* / Cultural history of the French Revolution: theatre, education, idéologues, secularism.

4797. **Kennelly, Laura B.** P.O. Box 626, Berea, OH 44017-0626, USA. / American literature and culture • Rhetoric • British literature and history.
✉ lkennell@bw.edu

4798. **Kenny, Shirley Strum** S.U.N.Y., Stony Brook, NY 11794 0002, USA. *S.U.N.Y. (Stony Brook).*

4799. **Kenshur, Oscar** Dept of Comparative Literature, Indiana University, Ballantine Hall 914, 1020 East Kirkwood, Bloomington, IN 47405, USA. *Indiana U. (Bloomington)* / Ideological and cultural contexts of ideas, esp. aesthetics, ethics, and epistemology.
✉ okenshur@indiana.edu

4800. **Kent, John P.** Dept of English, West Chester University, West Chester, PA 19383-0001, USA. *West Chester U.* / English and French novel • Translations of the French novel into English.

4801. **Keogh, Daire Kilian** Dept of History, St Patrick's College, Dublin City University, Drumcondra, Dublin, Ireland. *Dublin City U.* / French Revolution • Orange Order • Catholicism • John Thomas Troy, Edmund Rice • History of religion, popular politics and gender.
✉ daire.keogh@spd.ie

4802. **Keohane, Catherine** 39 Harriet Ave, Bergenfield, NJ 07621-4007, USA.

4803. **Kerautret, Michel** 119 rue Notre Dame des Champs, 75006 Paris, France. / Prusse.
✉ mkerautret@assemblee-nationale.fr

4804. **Kercsmar, Rhonda Ray** 1825 Center St, B203, Bethlehem, PA 18017, USA.

4805. **Kerényi, Ferenc** Arpád u.12, 1215 Budapest, Hungary. *Hungarian Academy of Sciences* / Hungarian literature and theatre.

4806. **Kerhervé, Alain J.** 14 quai Carnot, 29150 Châteaulin, France. *U. de Bretagne Occidentale* / Britain • Lettres familières • Mary Delany • Correspondence.
✉ alain.kerherve@univ-brest.fr

4807. **Kerkham, Caroline R.** Llwyn Deiniol, Llanddeiniol, Llanrhystud, Aberystwyth, Ceredigion SY23 5DT, UK. / Life and works of Thomas Johnes, esp. his landscaping of Hafod, Cardiganshire • Intellectual backgrounds and attitudes of intellectual tourists in Wales and Britain.

4808. **Kern, Candace Jean** 315 Wesley Drive, Chapel Hill, NC 27516-1520, USA. / French academic painting • Art theory, poetics and aesthetics • Anacreon and Sappho • Quarrel of the Ancients and Moderns • Grace as an aesthetic concept • Lyric and philosophy • Queer theory.
✉ cjkern@nc.rr.com

4809. **Kernbauer, Alois** Universitätsarchiv, Institut für Geschichte, Karl-Franzens-Universität, Universitätsplatz 3, 8010 Graz, Austria. *U. Graz.*
✉ alois.kernbauer@kfunigraz.ac.at

4810. **Kerns, Mechelle** 12213 Castlewall Court, Bowie, MD 20720, USA.

4811. **Kershner, Sybille** FB Wirtschaftswissenschaften, Hochschule für Technik und Wirtschaft Zwickau, Postfach 20 10 37, 08012 Zwickau, Germany. *Hochschule für Technik und Wirtschaft Zwickau* / Kleist, Goethe, Moritz • Mythologie • Histoire de la psychologie.

4812. **Kerslake, Lawrence** Dept of French, Trinity College, University of Toronto, Toronto, ON M5S 1H8, Canada. *U. of Toronto* / Edition de la correspondance de Mme de Graffigny • L'*Encyclopédie* • Critique littéraire • Le sublime.

4813. **Kersting, Christa** Bozener Str. 9, 10825 Berlin, Germany. *Humboldt-U. Berlin* / Educational theory in Germany since 1750 • Philanthropy • Childhood • Women's history.

4814. **Kertscher, Hans-Joachim** Spitze 4A, 06184 Dieskau, Germany. *U. Halle-Wittenberg* / German literature and aesthetics: Baumgarten, Meier • History of universities: Halle, Jena, Leipzig.
✉ kertscher@izea.uni-halle.de

4815. **Kessler, Martin** Semmelweisstr. 2, 07743 Jena, Germany.

4816. **Kessler, Wolfgang** Martin-Opitz-Bibliothek, Berliner Platz 5, 44623 Herne, Germany. *Martin-Opitz-Bibliothek* / History of Croatia and Transylvania • Intercultural communication.

4817. **Keszeg, Vilmos** Ec. Teodoroiustr. 33A, 3350 Turda, Romania. *U. Cluj-Napoca* / Histoire orale • L'écrit dans la culture populaire • Mentalités populaires; mythologie populaire; superstitions.

4818. **Ketelsen, Uwe-K.** Germanistisches Institut, Universität Bochum, Universitätsstr. 150, 44801 Bochum, Germany. *U. Bochum* / Les débuts de l'Aufklärung • Poesie de l'Aufklärung • Histoire sociale de la production culturelle • Theorie de la literature.
✉ uwe.k.ketelsen@ruhr-uni-bochum.de

4819. **Kewes, Paulina** Dept of English, Owen Bldg, University of Wales, Aberystwyth, SY23 3DY, UK. *U. of Wales (Aberystwyth)* / Drama and criticism • John Dryden • Literature and politics.

4820. **Key, Curtis H.** 315 New St, apt 623, Philadelphia, PA 19106, USA. *Rutgers U.* / France • Theatre • French Enlightenment • French language • French literature • Social history • Denis Diderot.
✉ chkey@flash.net

4821. **Keymer, Thomas** St Anne's College, Oxford, OX2 6HS, UK. *U. of Oxford* / Works and correspondence of Samuel Richardson.
✉ thomas.keymer@english.ox.ac.uk

4822. **Kezvikch, Peter** Orlikov per. 8, kv.27, 107078 Moscou, Russia. / German philosophy.

4823. **Khadhar, Hédia** 2 rue Sidi Dhrif, 2026 Sidi-Bou-Saïd, Tunisia. *U. de Tunis I* / Diderot et l'actualité politique sous les régnes de Louis XV et de Louis XVI • Les voyageurs • Mémoires, autobiographies.

4824. **Khizhnyak, Zoya I.** 51 Demiyivska Str., apt 12, 252109 Kiev, Ukraine. *U. of Kiev* / Higher education in Ukraine • Kiev Mohyla Academy.

4825. **Khoroshilova, Liubov** Nalitchnaia 5, 124, 110020 Moscou, Russia. *U. Lomonossov* / Histoire de l'Université de Moscou.

4826. **Khotinskaia-Kallies, Galina** Fackenburger Allee 46B, 23454 Lübeck, Germany. / Enlightenment in Russia.

4827. **Khulpateea, Veda** 31 Jane Lacey Drive, apt G, Endicott, NY 13760-3737, USA.

4828. **Kidd, Colin** Dept of History, University of Glasgow, 9 University Gardens, Glasgow, GL2 8QH, UK. *U. of Glasgow.*

4829. **Kidd, Patricia C.** 1025 Moss St, Victoria. British Columbia, Victoria, BC V8V 4P2, Canada. *U. of Victoria* / Trade cards.
✉ pckidd@shaw.ca

4830. **Kidd, Ronald R.** 235 Dehart St, West Lafayette, IN 47907-2727, USA. *Purdue U.*

4831. **Kidd, Thomas** Dept of History, Baylor University, P.O. Box 97306, Waco, TX 76798-7306, USA. *Baylor U.*

4832. **Kieffer, Charles** 2 rue de Steinbach, Villa Abt, 68700 Cernay, France.

4833. **Kiernan, V. G.** 'Woodcroft', Lauder Rd, Stow, Galashiels, TD1 2QW, UK. *U. of Edinburgh* / Comparative history of religions.

4834. **Kiiskinen, Osmo** Koulukatu 39 B 14, 80100 Joensuu 10, Finland.

4835. **Kiley, Patrick** Dept of Language, Marian College, Indianapolis, IN 46222, USA. *Marian C.* / Anthropologie/histoire de la douleur.

4836. **Kilfeather, Siobhán** 15 Hope Common, Bent Lawn, Minsterley, Shropshire SY5 OHF, UK.

4837. **Kilfoyle, James** Dept of English, P.O. Box 325, Southwestern University, Georgetown, TX 78627-6144, USA. *Southwestern U.*

4838. **Kilgour, Joan** Dept of French, Wilfrid Laurier University, Waterloo, ON N2L 3C5, Canada. *Wilfrid Laurier U.* / Enlightenment culture.

4839. **Kilián, István** Bajza u. 55, 1062 Budapest, Hungary.

4840. **Kim, Bok-Rae** Shindong-A, apt 1-1003, Myungil-2-dong, Kangdong-gu, Seoul, South Korea. / France.

4841. **Kim, Hyo-Myung** Seoul National University, Dept of Philosophy, 56-1 Shinlim-dong, Kwanak-gu, 151-742 Seoul, South Korea. *Seoul National U.* / Modern western philosophy • British empiricism and Continental rationalism.

4842. **Kim, In-Geol** Dept of Korean History, Seoul National University, 56-1 Shinlim-dong, Kwanak-gu, 151-742 Seoul, South Korea. *Seoul National U.* / Socio-economic history of the later Chosun dynasty.

4843. **Kim, James Young** Dept of English Language and Literature, University of Virginia, 219 Bryan Hall, P.O. Box 400121, Charlottesville, VA 22904-4121, USA. *U. of Virginia.*
✉ jyk4j@virginia.edu

4844. **Kim, Jin-Goo** Dept of Clothing Science, Hanyang University, Haengdang-dong, Seongdong-gu, Seoul, South Korea. *Hanyang U.* / Korean traditional clothing.

4845. **Kim, Jong-Cheol** 303 Sejong Officetel, Bongcheon-4-dong, Kwanak-gu, Seoul, South Korea. *Myongji U.* / Enlightenment philosophy • Montesquieu; La Mettrie.

4846. **Kim, Jong-Cheol** Chongku APT 101-601, Chungkae-dong, Nowon-gu, Seoul, South Korea. *Ajou U.* / Korean novel • Korean oral narrative song, 'Pansory' • Myth.

4847. **Kim, Joon-Suk** Dept of History, 134 Shinchon-dong, Seodaemun-gu, 137-072

Seoul, South Korea. *Yonsei U.* / Confucianism • Chosun (Li) dynasty • Korean history.

4848. **Kim, Julie Chun** Program in Literature, Duke University, Box 90670, Durham, NC 27708, USA. *Duke U.* / Literate and non-literate cultures • Portrayals of Native Americans • New World food • Intertextuality as related to issues of race, gender and class. ✉ jck9@duke.edu

4849. **Kim, Kyun-Tae** 2-1205 Woosung APT, Seocho-dong, Seocho-gu, 137-072 Seoul, South Korea. *Hannam U.* / Korean biography; oral literature.

4850. **Kim, Marilyn Martin** 409 East Sunset Drive North, Redlands, CA 92373-6462, USA.

4851. **Kim, Monica** 18 Quincy Road, Chestnut Hill, MA 2467, USA.

4852. **Kim, Moonsoo** 103-606 Kukdong APT, Sadang-dong, Dongjak-ku, 156-090 Seoul, South Korea. *Korea National Open U.* / British poetry • Dryden • Pope.

4853. **Kim, Sungkyoon** Dept of English, College of Liberal Arts, Yonsei University, 120-749 Seoul, South Korea. *Yonsei U.*

4854. **Kim, Yae-Hyung** 215-8 Jangmyung-dong, Jeongeub City, 580-030 Jeonbuk, South Korea. *Chonbuk National U.* / Roman romanesque • Technique romanesque.

4855. **Kim, Young-Moo** Dept of English, Seoul National University, 56-1 Shinlim-dong, Kwanak-gu, 151-742 Seoul, South Korea. *Seoul National U.* / English literature.

4856. **Kimpel, Dieter** Institut für Deutsche Sprache u. Literatur, Universität Frankfurt, Gräfstr. 76, 60486 Frankfurt am Main, Germany. *U. Frankfurt* / The novel and theory of the novel in Germany • Connection between experience of history and aesthetics • Literary and linguistic criticism.

4857. **Kimura, Jun-ichiro** c/o Maruzen, 2-3-10 Nihonbashi, Chuo-ku, 103 Tokyo, Japan.

4858. **Kimura, Naoji** 1-37-76 Irima-cho, Chofu-shi, 182 Tokyo, Japan. *Sophia U.* / German language and literature • Goethe and German classicism.

4859. **Kimura, Saburo** 4-14-13 Kotesashi-machi, Tokorozawa-shi, 359-1141 Saitama, Japan. *Nihon U.* / Poussin.

4860. **Kinane, Vincent** Trinity College Library, College St, Dublin 2, Ireland. *Trinity C.* / Academic printing and publishing • Irish book trade.

4861. **Kincade, Kathleen** Dept of English and Philosophy, Stephen F. Austin State University, Box 13007, Nacogdoches, TX 75962, USA. *Stephen F. Austin State U.* / Defoe • Early modern women • Bibliography.

4862. **King, Ami** 8620 North Central Avenue, Phoenix, AZ 85020-3118, USA.

4863. **King, Heather** Dept of English, University of Redlands, 1200 East Colton Avenue, Redlands, CA 92374-3720, USA. *U. of Redlands* / Women's writings • The novel.

4864. **King, Kathryn** Dept of English, University of Montevallo, Montevallo, AL 35115, USA. *U. of Montevallo.*

4865. **King, Kevin** 555 Parrswood Road, East Didsbury, Manchester, M20 5GQ, UK.

4866. **King, Michael D.** 1426 Cansler Drive, Enid, OK, USA. / French Revolution • America • Convention • Rousseauism • Social history • Voltaire. ✉ mdking@enidk12.org

4867. **King, Peter J.** Dept of History, Carleton University, 1125 Colonel By Drive, Ottawa, ON K1S 5B6, Canada. *Carleton U.* / American intellectual history • American Revolution • Religion and the American Revolution • Thomas Jefferson.

4868. **King, Ross W. A.** 13 Quadrangle House, St Peter's Rd, Oxford, OX2 8BN, UK. *U. of Oxford* / Philosophy • Literature • Godwin • Speech act theory.

4869. **King, Shelley** Dept of English, Queen's University, Kingston, ON K7L 3N6, Canada. *Queen's U.* / Amelia Opie • Correspondence of Samuel Richardson • Children's literature.

4870. **King, Thomas A.** Dept of English and American Studies, Brandeis University, MS 023, P.O. Box 9110, Waltham, MA 02454-9110, USA. *Brandeis U.* / England • Theatre • Drama • English literature • *The Spectator* • Boswell • Colley Cibber • Farinelli (Carlo Broschi), Thomas Betterton, Edward Kynaston • Performance, sexuality and gender. ✉ tking@brandeis.edu

4871. **Kingdon-Ward, Martha** 3 Shenstone Rd, Reading, RG2 0DT, UK. *U. of Reading* / Rediscovering, editing and performing music by little-known composers for clarinets, horns and bassoons.

4872. **Kingsley, Margery A.** Dept of English, Cameron University, Lawton, OK 73505-6377, USA. *Cameron U.*

4873. **Kingston, Rebecca** Dept of Political Science, University of Toronto, 100 St George

St, Toronto, ON M55 3G3, Canada. *U. of Toronto.*

4874. **Kinnear, Deborah** 25 Northcote Road, St George, Bristol, B55 8EP, UK.

4875. **Kinservik, Matthew** 53 West 4th St, New Castle, DE 19720-5092, USA.

4876. **Kinsley, William** Études anglaises, Univ. de Montréal, CP 6128, succ. Centre-ville, Montréal, PQ H3C 3J7, Canada. *U. de Montréal* / Georgic • Allusion • Impact of printing.
✉ wb.kinsley@umontreal.ca

4877. **Kinsley, Zoe** Flat 2, 144/146 Barlow Moor Road, West Didsbury, Manchester, M20 2UT, UK.

4878. **Kintz, Jean-Pierre** 5 place de Bordeaux, 67000 Strasbourg, France. *U. de Strasbourg II* / Démographie historique • Economie des subsistances • Presse et opinion publique.

4879. **Kintzler, Catherine** 55 blvd de la Villette, 75010 Paris, France. *U. de Lille III* / Poétique (théâtre et opéra français) • Musique (Rameau, Rousseau) • Esthétique et morale • Philosophie politique • Condorcet • Instruction publique.

4880. **Kirby, F. E.** 2000 Greenbriar Lane, Riverwoods, IL 60015-3855, USA. / Music • German literature • Interrelations among the arts.

4881. **Kirillina, Larissa** Veliaminovskaia 6,1,12, 105318 Moscou, Russia. *Institut d'étude des Beaux-Arts* / Les 'Classiques' viennois • Musique du classicisme.

4882. **Kirillova, Ekaterina** Maly prospekt P. S., 26/28, 36, 197198 St Pétersbourg, Russia. *Institut d'histoire des Beaux-Arts* / Peinture décorative • Ecole de St. Pétersbourg.

4883. **Kirk, Ella** 360 North Walnut St, Ravenna, OH 44266-2326, USA. *Hiram C.* / Epistolary novel • Women's writing • Reading and gender.

4884. **Kirk, Linda** Dept of History, University of Sheffield, Sheffield, S10 2TN, UK. *U. of Sheffield* / Geneva, esp. political thought.

4885. **Kirova, Lilia** Institute for Balkan Studies, Bulgarian Academy of Sciences, 45 Moskovska Str., Sofia 1000, Bulgaria. *Bulgarian Academy of Sciences* / Universalism and national identity in Balkan cultures.

4886. **Kirscher, Roger** Rue Victor Guiraud, 34800 Clermont-L'Herault, France. *Institut protestant de théologie.*

4887. **Kirschke, James J.** Dept of English, Villanova University, Villanova, PA 19085-1597, USA. *Villanova U.* / Lives and writings of American founders (c.1700-1840): their British and Continental European contemporaries.

4888. **Kirsop, Wallace** Dept of French Studies, Monash University, Clayton, VIC 3168, Australia. *Monash U.* / Bibliographie de la *Lettre sur les sourds et muets* de Diderot • Les souscriptions de librairie en France.

4889. **Kirwan, James** 102 River Termine, 2-3-21 Tokura-nishi, Toyonaka-shi, Osaka 561-0844, Japan. *Kobe City U. of Foreign Studies* / Aesthetics • Kant • Exotic.
✉ james-kirwan@hotmail.com

4890. **Kisaki, Kiyoji** 18 Fuchinonishi-cho, Nishinosho, Kisshoin, Minami-ku, Kyoto-shi, 601-8302 Kyoto, Japan. *Kyoto U.* / Protestantisme français.

4891. **Kish, Kathleen** Dept of Spanish and Portuguese, San Diego State University, 5500 Campanile Drive, San Diego, CA 92182-7703, USA. *San Diego State U.* / Spanish ballads • Celestina.

4892. **Kishi, Fumikazu** 3-2-5 Suzaku, Nara-shi, 631-0806 Nara, Japan. *Kinki U.* / Visual arts.

4893. **Kishimoto, Hiroshi** 1-9-1-42 Midorigaoka, Kofu-shi, 400-0008 Yamanashi-ken, Japan. *Yamanashi U.* / Political history and thought.

4894. **Kitamura, Tokuya** 3-18-4 Ogawa-Nishi-machi, Kodaira-shi, 187 Tokyo, Japan. *Showa U.* / Goethe and the Bible.

4895. **Kitayama, Seiichi** 1-11-2-401 Komone, Itabashi, 173-0037 Tokyo, Japan. *Rikkyo U.* / Restif • Mercier • Grimod.

4896. **Kitchin, Joanna** 39 Lauderdale St, Edinburgh, EH9 1DE, UK. *U. of Edinburgh* / Mme de Staël • Constant • Dr Andrew Duncan, Sr.

4897. **Kitromilides, Paschalis M.** Kydathineon 11, Plaka, 10558 Athens, Greece. *U. of Athens* / Enlightenment in southeastern Europe in a comparative context • Political and social thought • Historiography and the construction of collective identity.

4898. **Kitty, Millett** C/WL Hum 377, 1600 Holloway Avenue, San Francisco, CA 94704, USA.

4899. **Kjældgaard, Lasse Horne** Guldborgvej 2, 2. th., 2000 Frederiksberg, Denmark.

4900. **Kjærgaard, Thorkild** Egebjergvej 2A, Svenstrup, 6430 Nordborg, Denmark. / La presse • Art • Histoire écologique.

4901. **Kjartansdóttir, Bergrós** Jötnaborgum 11, 112 Reykjavík, Iceland.

4902. **Kjørup, Frank** Dronningensgade 57, 4.th., 1420 København K, Denmark.

4903. **Klappenbach, Käthe** Baumhaselring 132A, 14469 Potsdam, Germany. *Stiftung Preussische Schlösser und Gärten Berlin-Brandenburg* / Lighting • Grottoes • Mineralogical collections.
✉ k.klappenbach@spsg.de

4904. **Klásterská, Alice** Vlesícku 8, 150 00 Praha 5, Czech Republic. *U. Karlova* / Social and demographic aspects of population • Family • Law.

4905. **Klausen, Jimmy Cases** 210 Barrows Hall, #1950, Berkeley, CA 94720-1950, USA.

4906. **Klein, Alfons** Bungertstr. 46, 66606 St Wendel, Germany. *U. des Saarlandes* / Reception of antiquity in lyrics, esp. Friedrich von Hagedorn.

4907. **Klein, Bernhard** Schubertstr. 1, 99423 Weimar, Germany. / Towns • Urban planning • Social history • Mentalities.
✉ bernhard.klein@archit.uni-weimar.de

4908. **Klein, Claude** 15 rue Charles Grad, 67000 Strasbourg, France. *U. Marc Bloch* / La rhétorique dans le roman: Diderot • Le personnage de roman.
✉ klein@umb.u-strasbg.fr

4909. **Klein, Lawrence** Emmanuel College, Cambridge, CB2 3AP, UK. *U. of Cambridge.*

4910. **Klein, Lawrence E.** Dept of History, P.O. Box 5020, University of Nevada, 4505 Maryland Pkwy, Las Vegas, NV 89154, USA. *U. of Nevada* / Third earl of Shaftesbury • British cultural history: manners.

4911. **Klein, Stephan R. E.** Looierstraat 6, 3582 AR Utrecht, Netherlands. *U. Utrecht* / Republicanism • Political culture (Netherlands).
✉ sreklein@zeelandnet.nl

4912. **Kleine, Sabine** Via della Bufalina 1, 55048 Torre del Lago, Italy. *U.-Gesamthochschule Essen.*

4913. **Kleinert, Andreas** FB Physik, Martin-Luther-Universität, Kröllwitzer Str. 44, 06099 Halle, Germany. *U. Halle-Wittenberg* / History of physics • Leonhard Euler.
✉ kleinert@physik.uni-halle.de

4914. **Kleingeld, Pauline** Dept of Philosophy, Washington University, Campus Box 1073, St Louis 63130, MO, USA. *Washington U.* / German Enlightenment • Kant, Immanuel • Cosmopolitanism • Patriotism.

4915. **Klekar, Cynthia** 409B Arch St, Morgantown, WV 26501-6151, USA.

4916. **Klemenzson, Sigurdur** Gardastræti 4, 101 Reykjavík, Iceland.

4917. **Klemme, Heiner F.** Institut für Philosophie, Universität Magdeburg, Postfach 4120, 39016 Germany. *U. Magdeburg* / Kant • Scottish Enlightenment.
✉ heiner.klemme@gse-w.uni-magdeburg.de

4918. **Klemun, Marianne** Institut für Geschichte, Universität Wien, Dr. Karl-Lueger-Ring 1, 1010 Wien, Austria. *U. Wien.*

4919. **Klick, Mary Jo** 5907 Chris Mar Avenue, Clinton, MD 20735-2314, USA.

4920. **Kliman, Bernice W.** 70 Glen Cove Drive, Glen Head, NY 11545-1713, USA. *Nassau Community C.* / Commentary on Shakespeare, esp. *Hamlet*; all languages.

4921. **Klimowicz, Mieczyslaw** Ul. Zielinskiego 63 m.5, 53-533 Wroclaw, Poland. *U. Wroclaw* / German-Polish literary relations • German minorities in Poland.

4922. **Klinge, Matti** Ulrikag. 3, 00140 Helsinki, Finland. *Helsingfors U.* / Clergy.

4923. **Klingenberg, Anneliese** Cranachstr. 8, 99423 Weimar, Germany. *Forschungszentrum Europäische Aufklärung* / Spätaufklärung • K. P. Moritz.

4924. **Klingenstein, Grete** Schmiedgasse 31, A 8010 Graz, Styria, Austria. *Academy of Sciences* / Changes of image and acceptance of Habsburg rulers from Leopold I to Leopold II as perceived in ceremonies of allegiance in Vienna • Travel diaries of Karl von Zinzendorf.
✉ histcom@oeaw.ac.at

4925. **Klippel, Diethelm** Dept of Law, Universität Bayreuth, Universitaetsstr., 95440 Bayreuth, Germany. *U. Bayreuth* / Central Europe • Germany • German Enlightenment • Political theory • Legal and constitutional history • Legal philosophy • Natural law.
✉ diethelm.klippel@uni-bayreuth.de

4926. **Klitgaard Povlsen, Karen** Center for Europastudier og Kønsforskning, Århus Universitet, Jens Chr. Skovsvej 5, 8000 Århus C, Denmark. *Aarhus U.* / The years 1750-1820:

travel writings, salons, tableaux vivants, diaries, letters (published), pedagogics.
✉ kvinkkp@hum.aau.dk

4927. **Kloek, Joost J.** Dept Literatuurwetenschappen, Universiteit Utrecht, Muntstraat 4, 3512 ev Utrecht, Netherlands. *U. Utrecht* / Social history of literature.
✉ joost.kloek@let.uu.nl

4928. **Kloocke, Kurt** Rammertstr. 23, 72072 Tübingen, Germany. *U. Tübingen* / Rousseau • Benjamin Constant • Mme de Staël et le groupe de Coppet • Jocab Manvillon.
✉ kurt@kloocke.de

4929. **Klosová, Markéta** Prácská 91, 106 00 Praha 10, Czech Republic.

4930. **Kloss, Benjamin Robin** Ahrweilerstr. 25C, 14197 Berlin, Germany. *Freie U. Berlin* / Cultural links between France and Spain.
✉ bennykloss@compuserve.de

4931. **Kloss, Michelle** 11750 Lone Tree Court, Columbia, MD 21044, USA.

4932. **Klotz, Gérard** 101 avenue de Saxe, 69003 Lyon, France. *U. de Lyon II* / Economie politique.

4933. **Klucinskas, Jean** 4366 rue Clark, Montréal, PQ H2W 1X4, Canada. *U. de Montréal* / Esthétique et théories de la création artistique • Les modèles de l'imitation.

4934. **Klueting, Harm** Linckensstr. 64, 48165 Münster, Germany. *U. Cologne* / Early modern European history • Ecclesiastical history • Catholic Enlightenment and secularisation • Austrian Josephinism.
✉ harm.klueting@t-online.de

4935. **Knapas, Rainer** Skarpskyttegatan 11 D 30, FIN-00120 Helsinki, Finland. *Helsinki U.* / Images, representation and meaning in neoclassical architecture, garden art, travel literature (Finland, Scandinavia, Russia).

4936. **Knapp, Carolyn Smith** 5170 Golden Gate Avenue, Oakland, CA 94618, USA. *U. of California (Berkeley)* / The British response to the idea of American independence • Pirates and the idea of nationhood.
✉ csknapp1@socrates.berkeley.edu

4937. **Knapp, Elise Ford** 123 Mountain Rd, West Redding, CT 06896-2712, USA. / Literary collaboration • Relationships between art and literature • Editing texts.

4938. **Knapp, Éva** Téglavetö köz 6., 1105 Budapest, Hungary. *U. d'Elte* / Littérature religieuse.

4939. **Knapp, John** 2012 Misson St, South Pasadena, CA 91030-3430, USA.

4940. **Knauff, Barbara** 31 Mount Tabor Road, Norwich, VT 05055-9302, USA. *St Mary's C. of Maryland* / Travel literature • Gender studies.

4941. **Knee, Philip** Dept of Philosophy, Université Laval, Cité universitaire, Québec, PQ G1K 7P4, Canada. *U. Laval* / France • Montaigne • Rousseau.
✉ philip.knee@fp.ulaval.ca

4942. **Knell, Rebecca** 1215 Hillcrest Avenue, Pasadena, CA 91106, USA.

4943. **Knellwolf, Christa** Humanities Research Centre, Australian National University, Old Canberra House, Lennox Crossing, Acton Campus, Canberra, ACT 0200, Australia. *Australian National U.* / Discovery and exploration • Popular culture • Alexander Pope • History of literary criticism • Print culture.
✉ christa.knellwolf@anu.edu.au

4944. **Knepper, Wendy** Wend Communications, Bleibtreustr. 10-11, 10623 Berlin, Germany.

4945. **Knetsch, F. R. J.** Boerhaaveweg 2, 9761 HB Eelde, Netherlands.

4946. **Knif, Henrik** Styrmansgatan 4 B 26, 00150 Helsingfors, Finland.

4947. **Knight, Charles A.** 177 Cypress St, Newton, MA, USA. / Satire in English, French, German, and classical literature • English nationalism and its literary reflections, 1688-1714.
✉ charles.knight@umb.edu

4948. **Knights, Elspeth** 43 Vale Road, St Leonards, East Sussex TN37 6PT, UK.

4949. **Knights, Mark** Dept of History, University of East Anglia, Norwich, NR4 7TJ, UK. *U. of East Anglia.*

4950. **Knoche, Susanne** Werner Hellweg 630A, 44894 Bochum, Germany. *Ruhr-U. Bochum* / The journalistic work of Karl Philipp Moritz, esp. *Kossische Zeitung* and *Denkwuerdigkeiten* • Education and empirical psychology.
✉ susanne.knoche@ruhr-uni-bochum.de

4951. **Knoll, Gerhard** Kurfürstenallee 120, 28211 Bremen, Germany. *U. Bremen* / Frederick II as man of letters: bibliography; reception.

4952. **Knoll, Renate** Im Eichengrund 5, 48329 Havixbeck, Germany. *U. Münster* / Goethe • J. G. Hamann • F. H. Jacobi and

Jean-Paul • F. L. Stolberg • Hermeneutics • Königsberg • Kreis von Münster • Hemsterhuis • Herder.

4953. **Knoll, Samson B.** Carmel Highlands, 200 Upper Walden Rd, Carmel, CA 93923-9743, USA. *Monterey Institute of International Studies* / Herder • French Revolution • Utopias.

4954. **Knolle, P.** Venderinklanden 13, 7542 MK Enschede, Netherlands. / Dutch academic art education and art theory.

4955. **Knopper, Françoise** 49 chemin des Thuyas, 34170 Castelnau-Le-Lez, France. *U. de Toulouse Le Mirail* / L'image de l'Allemagne dans les récits de voyage • Ludwig Tieck, œuvres de jeunesse.

4956. **Knott, Kevin** Indiana University, 1315 South Washington St, apt 3, Bloomington, IN 47401 5877, USA. *Indiana U.*

4957. **Knudsen, Bodil Møller** Sundbakken 1, 8700 Horsens, Denmark. *Byarkivet* / Food history • Courts • Widowhood • Town planning.
✉ byarkivet@horsens.dk

4958. **Knuth, Deborah Jane** Colgate University, 13 Oak Drive, Hamilton, NY 13346, USA. *Colgate U.* / Juxtaposition of low and high in literature (as well as music and art) • The courtship novel as a dissatisfying genre for its practitioners.
✉ dknuth@mail.colgate.edu

4959. **Koana, Akiko** 1-26-1-1002 Aobadai, Meguro-ku, 153-0042 Tokyo, Japan. *Tama U. of Fine Arts* / L'esthétique musicale • La musique française.

4960. **Kobau, Pietro** Aurisina Stazione 69/A, 34011 Aurisina (TS), Italy.

4961. **Kobayashi, Ako** 7-18-15-501 Betsusho, Urawa-shi, 336-0021, Japan. *Saitama U.* / France • Cultural history • Education.

4962. **Kobayashi, Hiroshi** 9-6-15 Konandai, Konan-ku, Yokohama-shi, 233 Kanagawa, Japan. *Tokyo U.* / La pensée de J.-J. Rousseau.

4963. **Kobayashi, Jun** 15-5 Hanazono-cho, Otsu-shi, 520-02 Shiga, Japan. *Notre-Dame Women's C.* / Defoe: the relationship between his novels and his journalism.

4964. **Kobayashi, Noboru** 1-17-19 Oizumi-gakuen-machi, Nerima-ku, 178-0061 Tokyo, Japan. *Rikkyo U.* / Economic thought • Adam Smith and his contemporaries • Sir James Steuart.

4965. **Kobayashi, Takuya** 312-21 Futoo-cho, Kohoku-ku, Yokohama-shi, 222-0031 Kanagawa, Japan. *Keio U.* / Rousseau • Religion.

4966. **Kobayashi, Yoshihiko** Suginami, 3-8-6 Hamadayama, Tokyo 168-0065, Japan. *Tokyo U.* / Rousseau • Voltaire.
✉ kobazen@jcom.home.ne.jp

4967. **Kobayashi, Yoshitake** 3-5-42 Chado-cho, Otsu-shi, 520-0066 Shiga, Japan. *Doshisha Women's C.* / J. S. Bach.

4968. **Kocevar, Erik** 34 rue de la Maladière, 21000 Dijon, France. / Orgues et organistes français • Vie quotidienne des musiciens dans les Eglises françaises.

4969. **Koch, Hans-Albrecht** Paschkebergstr. 16, 27299 Langwedel, Germany. *U. Bremen* / Théâtre • Théâtre lyrique • Goethe • Herder • Claudius • Réception de la littérature grecque et romaine • Science du livre • Bibliographie.

4970. **Koch, Mark** 764 Basswood, Rochester Hills, MI 48309-1713, USA.

4971. **Koch, Paule** 5 rue Marcelin Berthelot, 93100 Montreuil, France. *U. de Paris IV* / Une méthode d'édition de *L'Astrée* appliquée aux *Mémoires de la vie du comte de Grammont* • Circulation des textes manuscrits.

4972. **Koch, Philip** 6 Pond Shore Drive, Cumberland, ME 04021 9410, USA. / Dancourt • Dufresny • The 'topos' of the island play.

4973. **Koch, Robert A.** 743 East Jackson Road, St. Louis, MO 63119, USA.

4974. **Kocher, Gernot** Universitätsstr. 15A 1, 8010 Graz, Austria. *U. Graz* / Legislation • Administration of justice • Civil law.

4975. **Kocziszky, Eva** Zsindely u. 27, 1025 Budapest, Hungary. *Eötvös-U. Budapest.*

4976. **Koehler, Martha** 318 South Pennsylvania Avenue, #3, Greensburgh, PA 15601, USA.

4977. **Koenig, Laura J.** University of Alaska-Anchorage, 3211 Providence Drive, Anchorage, AK 99508-8128, USA. *U. of Alaska (Anchorage).*
✉ afljk@uaa.alaska.edu

4978. **Koenina, Alexander** Institut für Deutsche Philologie, Freie Universität Berlin, Habelschwerdter Allee 45, 14195 Berlin, Germany. *Freie U. Berlin.*

4979. **Koeninger, Frieda** Dept of Foreign Languages, Sam Houston State University, 1900 University Avenue, Huntsville, TX 77341-2147, USA. *Sam Houston State U.* / Persecution of intellectuals by the Mexican Inquisition during the aftermath of the French Revolution, 1790-1799.
✉ fol_fck@shsu.edu

4980. **Koepke, Wulf** 50 Winton St, Roslindale, MA 2131, USA. *Texas A & M U.* / Herder • Jean-Paul • Novel • Letters and life writing.

4981. **Koepp, Cynthia Joan** Dept of History, Wells College, 105 Macmillan, Aurora, NY 13026, USA. *Wells C.* / The abbé Pluche's *Le Spectacle de la nature*, a best-selling small encyclopedia • Work, artisans, and technology • The organisation of knowledge in enyclopedias and dictionaries.
✉ cjkoepp@wells.edu

4982. **Koeppel, Philippe** 37 bd Henri IV, 75004 Paris, France. *U. d'Orléans* / Stendhal et le 18s • Stendhal et Rousseau • Stendhal et Voltaire.
✉ philippekoeppel@aol.com

4983. **Kofler, Peter** Dip. di Germanistica e Slavistica, Università degli studi di Verona, Via dell'Artigliere 8, 37129 Verona, Italy. *U. degli studi di Verona.*

4984. **Kogel, Jörg-Dieter** c/o Radio Bremen Kulturredaktion, Bürgermeister-Spitta-Allee 45, 28329 Bremen, Germany. / Literary Jacobinism • A. Knigge • Georg Forster.

4985. **Kögler, Gabriele** Mainzer-Tor-Anlage 9, 61169 Friedberg, Germany. / Architectural theory, esp. books about rural architecture.

4986. **Kohl, Bernard-Henri** 72 avenue de Savoie, 6000 Nice, France.

4987. **Kohlschein, Franz** Kaipershof 12, 96047 Bamberg, Germany. *U. Bamberg* / German Catholic Enlightenment.

4988. **Kohnen, Joseph** 55 rue Louis XIV, 1948 Luxemburg, Luxembourg. *Centre Universitaire de Luxembourg* / Theodor Gottlieb von Hippel (1741-1796) • The death motif in the German novel • The Enlightenment in Königsberg • Königsberg society of Kant and Hamann.

4989. **Koido, Mitsuhiko** 957-3 Watari-cho, Mito-shi, 310-0902 Ibaragi, Japan. *Ibaragi U.* / Les œuvres romanesques de Diderot • Bernardin de Saint-Pierre et son *Voyage à l'île de France* • 'L'Europe française'.

4990. **Koike, Takeo** 2-2-20 Miwa-Midoriyama, Machida-shi, 195-0055 Tokyo, Japan. *Ōtsuma Women's U.* / J.-J. Rousseau • Le bon sauvage.

4991. **Koizumi, Susumu** 12-2 Mitsuzawa-Naka-cho, Kanagawa-ku, Yokohama-shi, 221-0851 Kanagawa, Japan. *Sophia U.* / Lessing et le *Prinzip der Kritik* • Goethe.

4992. **Kok, M. J.** M. Luther Kinglaan 290, 1111 LP Diemen, Netherlands. *Europa C.*

4993. **Kókay, György** Menyecske u. 3, 1112 Budapest, Hungary. *Hungarian Academy of Sciences (M.T.A.)* / Histoire de la littérature et de la presse hongroises.

4994. **Kolb, Gwin J.** Dept of English, University of Chicago, 1050 East 59th St, Chicago, IL 60637 1512, USA. *U. of Chicago* / Johnson and his circle.

4995. **Kolb, Jocelyne** 1 Emily Lane, Hanover, NH 03755-4908, USA. *Smith C.* / Diderot • Goethe • Heine • Genre and literary decorum.

4996. **Kolderup, Trude** Ostre Mohulttun 22, 7048 Trondheim, Norway. *U. Trondheim* / Rousseau • Marivaux.
✉ trude.kolderup@hf.ntnu.no

4997. **Kolff, F. W. van der** Postbus 41950, 1009 DD Amsterdam, Netherlands.

4998. **Koll, Johannes** Rigaweg 2E, 48159 Münster, Germany. *Zentrum für Niederlande-Studien (Münster)* / Les Pays-Bas méridionaux • Idéologie politique • Assemblées d'Etat.
✉ johannes.koll@uni-muenster.de

4999. **Kollia, Ioanna** Research Centre for Medieval and Modern Hellenism, Academy of Athens, 14 Anagnostopoulou str., 10673 Athens, Greece. *Academy of Athens.*

5000. **Kölsch, Gerhard** Kaiserstr. 43, 55116 Mainz, Germany. *Frankfurter Goethe-Museum* / Johann Georg Trautmann • German art in the age of Goethe.

5001. **Kölving, Ulla** 8 rue de Gex, 1210 Ferney-Voltaire, France. *Centre international d'étude du XVIIIe siècle* / La *Correspondance littéraire* de Grimm et Meister • Voltaire • Histoire du livre • Les correspondances.

5002. **Komander, Gerhild H. M.** Togostr. 79, 13351 Berlin, Germany. *Fachhochschule für Technik und Wirtschaft (Berlin).*

5003. **Komatsu, Yoshihiko** 2-23-11 Hazawa, Nerima-ku, 176-0003 Tokyo, Japan. *Tamagawa U.* / Science, medicine and bio-ethics.

5004. **Komissarenko, Arkadij** Oul. Bakouleva 8, 85, 117513 Moscou, Russia. *U. russe des sciences humaines* / Social and political history of Russia • Orthodox Church.

5005. **Komiya, Masahiro** 4-27-16 Nukui-Minami-cho, Koganei-shi, 184-0014 Tokyo, Japan. *Shizuoka Sangyo U.* / La Révolution française • Premières années dc Napoléon.

5006. **Kommer, Björn Rainer** Stadt Augsburg, Kunstsammlungen, Maximillianstr. 46, 86150 Augsburg, Germany. *Städtische Kunstsammlungen Augsburg* / Craftworkers, esp. silver and furniture • Urban culture.

5007. **Komoda, Hiroshi** 1-19-1-412 Kamiôoka-Higashi, Kônan-ku, Yokohama-shi, 233-0001 Kanagawa, Japan. *Hitotsubashi U.* / Rousseau, Condillac • Problème de l'autrui • Relativisme moral.

5008. **Komorowski, Manfred** Universitätsbibliothek Duisburg, Lotharstr. 65, 47057 Duisburg, Germany. *Universitätsbibliothek Duisburg* / History of universities: Duisburg, Königsberg • Academic dissertations.

5009. **Komorowski, Pawel Wojciech** Ul. Odynca 37 m.3, 02-606 Warszawa, Poland. / Social science • Historiography.
✉ ehn@ihupam.waw.pl

5010. **Kondo, Hiroko** 1-26-5-301 Chuo, Nakano-ku, Tokyo, 164-0011 Japan. *Tokyo U.* / Alexander Pope and his contemporaries • The Grand Tour • The idea of Nature.

5011. **Kondo, Hisao** 9-23 Seihu-cho, Otsu-shi 520-0225, Japan.

5012. **Kondo, Katsushi** 33-2 Nagakute-cho, Aichi-gun, 480-1101 Aichi, Japan.

5013. **Kondo, Masami** 1-19-5 Misugi-dai, Hannou-shi, 357-0041 Saitama, Japan.

5014. **Konert, Jürgen** Bahnhofstr. 12, 76669 Bad Schönborn, Germany. *U. Halle-Wittenberg* / Medicine • Influence of pietism on medicine and pharmacology • Surgery.

5015. **Kong, Xiangwen** Institute of Qing History, Renmin University of China, Haidian, 100872 Beijing, China. *Renmin U. of China* / Politics of the Qing dynasty • China.

5016. **Koninckx, Christian** Britse Lei 46, 2000 Antwerpen, Belgium. *Vrije U. Brussel* / Compagnies des Indes orientales.

5017. **Koningsbrugge, J. S. A. M. van** Moddermanlaan 32, 9721 GP Groningen, Netherlands.

5018. **Konishi, Yoshiyuki** 1-8-5 Shirasagi-cho, Sakai-shi, 599-8107 Osaka, Japan. *Osaka City U.* / Rousseau et Montesquieu.

5019. **Konno, Kayoko** Kôpo-Koma A-1, 1-28-11 Komaba, Meguro-ku, 153-0041 Tokyo, Japan. *Tokyo Institute of Technology* / Histoire naturelle et la société.

5020. **Konno, Kiwahito** Dept of Humanities and Social Science, Shizuoka University, Oya 836, 422-8529 Shizuoka, Shizuoka, Japan. *Shizuoka U.* / French Revolution • France • Romanticism • Enlightenment (concept) • Counter-Enlightenment • Illuminisme • Cazotte, Jacques • Mesmer, Franz Anton • Saint-Martin, Louis-Claude de.
✉ jjkkonn@ipc.shizuoka.ac.jp

5021. **Konovets, Olexander F.** 1 Shevchenko Blvd, 252017 Kiev, Ukraine. *U. of Kiev* / Natural sciences in Ukraine.

5022. **Konti, Voula** Centre for Byzantine Research, National Hellenic Research Foundation, 48 Vas. Constantinou Avenue, 11635 Athens, Greece. *National Hellenic Research Foundation.*

5023. **Kontler, László** Hajnalka u. 15, 1112 Budapest, Hungary. *U. of Central Europe* / Intellectual history: Scottish Enlightenment • Edmund Burke • Reception of Scottish Enlightenment and Burke in Germany and Central Europe.

5024. **Koolhaas-Grosfeld, Eveline A.** Velhorst 5, Lochem 7241 TB, Netherlands. / Publishers, popular prints and the construction of a national cultural identity in the Netherlands.
✉ ekool@xs4all.nl

5025. **Koopman-Thurlings, M.** Mozartlaan 19, 5343 EK Oss, Netherlands.

5026. **Kopanev, Nikolai** Dépt de livres rares, Bibliothèque nationale russe, Oul. Sadovaia 18, 191011 St Pétersbourg, Russia. *Bibliothèque nationale russe (Bibliothèque Publique)* / Livres français en Russie • Bibliothèque de Voltaire.

5027. **Köpeczi, Béla** Tulipán u. 5, 1022 Budapest, Hungary. *Bibliothèque nationale Széchényi* / Les relations entre la France et la Hongrie.

5028. **Kopitzsch, Franklin** Rathenaustr. 51, 22297 Hamburg, Germany. *U. Hamburg* / Social history of the Enlightenment: societies, communication, reform • History of Hamburg, Bremen, Lübeck • Gotthold Ephraim Lessing.
✉ ahage@sozialwiss.uni-hamburg.de

5029. **Köppe, Walter** Dept of German, University of Stellenbosch, Private Bag XI, 7602 Stellenbosch, South Africa. *U. of Stellenbosch* / Philosophy • Travel literature • Khoisan studies.

5030. **Korán, Ivo** Mimonská 637, 190 00 Praha 4, Czech Republic. *Czech Academy of Sciences* / Fine arts • Heresy.

5031. **Kord, Susanne** Dept of German, Georgetown University, Washington, DC 20057, USA. *Georgetown U.* / Women's drama • Women's literature • Issues of canonisation • Peasant and lower-class literature • Conceptualisations of art.

5032. **Kordic, Radoman** Ul. Osijecka br. 4A, 11030 Beograd, Serbia. / Textual strategies in autobiographies.

5033. **Kording, Inka** Finkenweg 2, 74223 Flein, Germany.

5034. **Korkman, Petter** University Research Collegium, Helsinki University Library, 00014 Helsinki, Finland. *Helsinki U.* / The modern tradition of natural law theory • The French-born Huguenot Jean Barbeyrac (1694-1744) and his French translations of Pufendorf's treatises • Barbeyrac on human rights, toleration, and moral obligation.
✉ petter.korkman@helsinki.fi

5035. **Kormann, Eva. M.** Institut für Literaturwissenschaft, Universität Karlsruhe (TH), 76128 Karlsruhe, Germany. *U. Karlsruhe (TH)* / Theory and history of autobiography • Gender studies • Artificial human beings in literature.

5036. **Korniy, Lidia P.** 12 Krasnova St, apt 33, Kiev, Ukraine. *Ukrainian National Academy of Music* / Ukrainian scholarly drama.

5037. **Korotkov, Sergei** Afanasievskaia oul. 6, 1, 343, 197349 St Pétersbourg, Russia. *U. de St. Pétersburg* / Politique financière de la Révolution française • Presse de St Pétersbourg.

5038. **Korpel, Luc G.** Nassaulaan 67, 3116 ET Schiedam, Netherlands. *Huizinga Instituut* / Translation.

5039. **Kors, Alan Charles** Dept of History, University of Pennsylvania, 208 College Call, Philadelphia, PA 19104-6379, USA. *U. of Pennsylvania* / The emergence of disbelief, categorical naturalism, and atheism in orthodox France from the death of Descartes to the early Enlightenment.

5040. **Korshak, Yvonne** 1025 5th Avenue, 12C S., New York, NY 10028-0134, USA. *Adelphi U.* / Jacques-Louis David • Iconography • The classical tradition.

5041. **Korshin, Paul J.** 1005 Greenwood Avenue, Wyncotte, PA 19095-1626, USA. / Samuel Johnson: studies of the *Rambler* and literary relationship • Figuralism and literature: typology • History and theory of evidence • Codes.
✉ pkorshin@english.upenn.edu

5042. **Korzus, Bernard** Gallenkamp 19, 48145 Münster, Germany. / Landscape gardening • Life and work of Georges-Louis Le Rouge • Neogothic in the Holy Roman Empire.

5043. **Kosàry, Domokos** Fátra Tér 5, 1112 Budapest, Hungary. *Académie hongroise des Sciences* / Cultural history: Hungary and East Central Europe.

5044. **Koseki, Takeshi** 21 Uji-Yamamoto, Uji-shi, 611-0021 Kyoto, Japan. / La Chine et le Japon dans l'*Encyclopédie*.

5045. **Koselleck, Reinhart** Luisenstr. 36, 33602 Bielefeld, Germany. *U. Bielefeld* / Histoire et sémantique des concepts politiques et sociaux.

5046. **Kosenina, Alexander** FB Germanistik, Freie Universität Berlin, Habelschwerdter Allee 45, 14195 Berlin, Germany. *Freie U. Berlin* / Anthropology and literature • Art of gesture and acting • Popular philosophy • Academic satire • Friedrich Nicolai.

5047. **Kosinska, Urszula** Ul. Slupska 3, 05-510 Konstancin, Poland.

5048. **Koskinen, Pekka Antero** Päivölänkatu 11, 38100 Karkku, Vammala Vammala, Finland. *U. of Tampere* / Fortification plans for the castle of Hämeen Linna in Finland • The position of Hämeen linna in the Swedish defence system during the Gustavian period (1772-1808).
✉ pekka.koskinen@vammala.fi

5049. **Kosmolinskaia, Galina** Dmitrovskoe chaussée 31, 5, 127550 Moscou, Russia. *Bibliothèque scientifique de MGU* / Karamzin • Book history • Russian-Italian cultural relations • Filangieri in Russia • Italian 'popular' novel about Bertoldo in Russia.
✉ kosmos2@mail.ru

5050. **Koss, David H.** Dept of Religion and Philosophy, Illinois College, Jacksonville, IL 62650 2299, USA. *Illinois C.*

5051. **Kössling, Sabine** Wissmannstr. 44, 12049 Berlin, Germany. *Freie U. Berlin* / Jewish-German relations • Jewish Haskala.

5052. **Kostikova, Ilona** Mironositskaya 88, kv.61, 310023 Kharkov, Ukraine. *Kharkov Pedagogical U.* / Slavic studies.

5053. **Kostkiewiczowa, Teresa** Ul. Senatorska 20 m.11, 00-095 Warszawa, Poland. *Polish Academy of Sciences* / La poésie polonaise des Lumières dans la perspective européenne • L'esthétique et la critique littéraire • Le mouvement des idées et formes littéraires.

5054. **Kostychin, Dmitri** Planernaia oul. 3, korp. 4, 32, 123480 Moscou, Russia. *U. of Moscow* / I. I. Chouvalov.

5055. **Kosuge, Keishin** 3-4-18 Nerima, Nerima-ku, 176 Tokyo, Japan. *Chuo U.* / David Hume: philosophy and criticism of religion.

5056. **Kotchetkova, Natalia Dmitrievna** Prospekt Engelsa 135, 63, 194356 St Pétersbourg, Russia. *Institut de la littérature russe* / Littérature du sentimentalism Russe • Contacts culturels entre Russie et l'Europe • Dédications littéraires dans les livres russes • Biographies des écrivains russes.

5057. **Koudal, Jens Henrik** Tølløsevej 103, 2700 Brønshøj, Denmark. *Dansk Folkemindesamling* / Municipal musicians • Music • Culture • Social history.

5058. **Kouidis, Apostolos P.** 738 Cary Drive, Auburn, AL 36830, USA. / J.-P. Marat • Lettres polonaises.

5059. **Koukouchkina, Elena** Obl., oul. Leningradskaia, 5, 68, 188710 Vsevoljsk Leningradskoi, Russia. *Académie des sciences de Russie* / Dramaturgie et poésie russe.

5060. **Koulakova, Irina** oul. Kibaltchitcha, 2, 1, 260, 129164 Moscou, Russia. *U. Lomonossov de Moscou (MGU)* / Culture russe • Université de Moscou.

5061. **Koumarianou, Catherine** 14 Anapiron Polemou, 11521 Athens, Greece.

5062. **Kovachev, Ognyan** Sofia University, 15 Tsar Osvoboditel Boulevard, Sofia 1000, Bulgaria. *Sofia U.*

5063. **Kovács, Agnes** Institute of History, Kossuth Lajos University, Debrecen Egyetem ter 1, P.O.B. 48, 4010 Debrecen, Hungary. *U. Debrecen.*

5064. **Kovács, Elisabeth** Richthausenstr. 5-9/II/7-8, 1170 Wien, Austria. / State and Church, theology and politics • Austria and Belgium • Austria and the Holy See • Austria and Hungary • Josephinism.

5065. **Kovács, Ilona** Gyulai Pál u. 6, 1085 Budapest, Hungary. *U. de Szeged* / Libertinage dans les littératures française et hongroise • Casanova et son œuvre littéraire, autobiographie et mémoires • Les textes français de Fr II Rakoczi.
✉ kovacs.ilona@drotposta.hu

5066. **Kovács, Katalin** Dept of French, University of Szeged, Egyetem u.2., 6725 Szeged, Hungary. *U. de Szeged* / Réflexion esthétique (sur Diderot et les salons) • Crtitique d'art.
✉ felibieme@freemail.hu

5067. **Kovács, Zoltán** Kodály Z u. 14, 4028 Debrecen, Hungary. *U. of Debrecen* / Habsburg monarchy • Britain • British foreign policy towards the Continent • Theory of international relations.

5068. **Kovala, Urpo** Research Centre for Contemporary Culture, University of Jyväskylä, P.O. Box 35, 40351 Jyväskylä, Finland. *U. of Jyväskylä* / Scandinavia • England • Finland • Scriblerians • English thought • British Enlightenment • English literature • Sterne, *Tristram Shandy* • Hirn, Yrjo.
✉ kovala@cc.jyu.fi

5069. **Kövér, Lajos** Egressy B. u. 25, 6726 Szeged, Hungary. *U. of Szeged.*

5070. **Kovrigina, Vera** Obl., prospekt Patzaeva 18, 105, 141700 Dolgoprudny Moskovskoi, Russia. *U. Lomonossov de Moscou (MGU)* / Les Allemands en Russie sous Pierre le Grand.

5071. **Kowaleski Wallace, Elizabeth** Dept of English, Boston College, Commonwealth Avenue, 455 Carney Hall, Chestnut Hill, MA 02467, USA. *Boston C.* / Representations of poverty • Women writers.
✉ kowalesk@bc.edu

5072. **Kowalewska, Danuta Anna** Ul. Willowa 9/6, 87-100 Torun, Poland.
✉ jurans@cc.uni.torun.pl

5073. **Kowalik, Jill Anne** Dept of Germanic Languages, University of California, Los Angeles, CA 90095, USA. *U.C.L.A.* / Cultural history, esp. psychoanalytic interpretations of historical data • Mourning and melancholy in Germany.

5074. **Kowalkowski, Jacek** Os. Boleslawa Chrobrego 47 m.157, 60-681 Poznan, Poland.

5075. **Kowalska, Eva** Historicky ústav SAV, Klemensova 19, 81364 Bratislava, Slovakia. *Historicky ústav SAV* / Confessiomal history in early modern time • Habsburg monarchy and Protestants.
✉ histkowa@savba.sk

5076. **Kowecki, Jerzy** Ul. Swietojerska 12 m.8, 00-236 Warszawa, Poland. *Polish Academy of Sciences* / Histoire politique, sociale et culturale.

5077. **Koyanagi, Kimiyo** 11-6 Higashi-Suimeidai, Kanie-cho, 497 Aichi, Japan. *Aichi Prefectural U.*

5078. **Kozakewich, Tobi** Dept of English, University of Ottawa, Ottawa, ON K1N 6N5, Canada. *U. of Ottawa.*

5079. **Kozlov, Sergey Alexandrovich** Uchitelskaja 9, Korp 1, KV 65, 195269 St Petersburg, Russia. *St Petersburg U. of Technology* / Russian and Europe in the Enlightenment as perceived by Russian travellers.
✉ svet1ana@sl8242.spb.edu

5080. **Kozlova, Natalia** Université Lomonossov de Moscou, Vomoliov Hills, 119899 Moscou, Russia. *U. Lomonossov de Moscou (MGU)* / Merchants in Russia.

5081. **Kozul, Mladen** 4 boulevard Jules Ferry, 75011 Paris, France. *Katholieke U. Leuven* / Légtimation du roman • Réception du roman dans la première moitié du 18s • Critique du roman • Roman érotique et libertin.
✉ mladen.kozul@arts.kuleuven.ac.be

5082. **Kra, Pauline** 109-14 Ascan Avenue, Forest Hills, NY 11375, USA. *Yeshiva U.* / Montesquieu's *Esprit des lois* • Sociology and political theory • The *Lettres persanes*.
✉ krapaul@dmi.columbia.edu

5083. **Kraan, J.** Burg. Cortenstraat 112 h, 6226 GZ Maastricht, Netherlands.

5084. **Kraft, Elizabeth** Dept of English, University of Georgia, Athens, GA 30609 2217, USA. *U. of Georgia* / British novel • Women writers • Anna Letitia Barbauld • Laurence Sterne.

5085. **Krake, Astrid** Graefelfinger Str. 124A, 81375 Munich, Germany.

5086. **Kramnick, Isaac** Dept of Government, Cornell University, McGraw Hall, Ithaca, NY 14853-0001, USA. *Cornell U.* / English and American political and social thought • Children's literature • Ideology and social movements.

5087. **Kramnick, Jonathan Brody** Dept of English Literature, Rutgers University, George St, New Brunswick, NJ, USA. *Rutgers U.* / English literature.
✉ kramnick@rci.rutgers.edu

5088. **Krampl, Ulrike** 131 rue du Chemin Vert, 75011 Paris, France.
✉ ulrike.krampl@univie.ac.at

5089. **Krantz, Magnus** Box 39, 178 02 Drottningholm, Sweden.

5090. **Krasnov, Andrei** Oul. Podvodnika Kouzmona 48, 19, 198215 St. Pétersbourg, Russia. *Académie des Beaux-Arts de Russie* / Russian themes in European fine arts • Paintings of St Petersburg by Russian and European artists.

5091. **Krász, Lilla** Victor Hugo u. 36, 1132 Budapest, Hungary. / Midwifery.

5092. **Kratschmer, Alexandra** Institut für Romanistik, Universitätscampus AAKH, Garnisongasse 13, Hof 8, 1090 Wien, Austria. *U. Wien.*

5093. **Kraus, Andreas** Landsberger Str. 74, 86938 Schondorf, Germany. / Histoire des sciences, surtout en Allemagne du Sud et en Bavière • L'Aufklärung en Bavière.

5094. **Krause, Horst M. P.** Elisabethstr. 2, 49326 Melle, Germany. *U. Osnabrück* / L'éducation • J. B. Basedow: l'œuvre élémentaire comme expression de la vision d'une époque.

5095. **Krauss, Dalton** Dept of French, Scripps College, Claremont, CA 91711, USA. *Scripps C.* / Diderot • Rousseau • Critical theory.

5096. **Krauth, Wolf-Hagen** Elsenpfuhlstr. 14, 13437 Berlin, Germany. *Berlin-Brandenburgische Akademie der Wissenschaften* / Cameralism • Science • Social thought • Social differentiation.

5097. **Krebs, Roland** 59 rue Lesage, 51100 Reims, France. *U. de Paris IV* / Relations culturelles entre la France et l'Allemagne • Périodiques • Théâtre • *Sturm und Drang* • Romans de la Spätaufklärung.

5098. **Krefting, Ellen M.** Dept of cultural studies, University of Oslo, Box 1010, Blindern, 0315 Oslo, Norway. *U. of Oslo* / Concepts and discourses of self-consciousness in French philosophy, science and literature, from Malebranche to Rousseau.
✉ e.m.krefting@iks.uio.no

5099. **Kreibom de Schiavone, Patricia** Rue San Martín 2817, 1 Piso B, 4000 San Miguel de Tucumán, Argentina. *U. de Tucumán* / Guerre et révolution en France dans la période jacobine 1793-1794 • La guerre, la révolution et les manières de sociabilité politique.
✉ patkrei@hotmail.com

5100. **Kreimendahl, Lothar** Hohenfuhrstr. 3, 42477 Radevormwald, Germany. *U. Mannheim* / Kant before the *Kritik der reinen Vernunft* • Religious philosophy in the age of the Enlightenment • Epistemology • Metaphysics.

5101. **Kreins, Jean-Marie** 35 Ditzebierg, 8545 Niederpallen, Luxembourg. *U. de Louvain* / Le Grand-Duché de Luxembourg • Les jésuites Belges.

5102. **Krellig, Heiner** Wittstocker Str. 21, 10553 Berlin, Germany. / Civic life in Venetian vedutism • Venetian vedutism and landscape painting • Iconological studies in Venetian painting • Canaletto and Poussin.
✉ heiner.krellig@berlin.de

5103. **Kremers, Hildegard** Schmiedgasse 21, 8010 Graz, Austria. / Formation d'une langue politique en Autriche, 1750-1817 • J. v. Sonnenfels (1734-1817).

5104. **Kremmydas, Vassilis** University of Athens, 14-16 Agiou Issidorou str., 11471 Athens, Greece. *U. of Athens.*

5105. **Kress, Helga** Ásvallagötu 62, 101 Reykjavík, Iceland.

5106. **Kreuger, Rita** European University Institute, Via Del Roccetini 9, 50016 San Domenico, Italy. *European University Institute.*

5107. **Kreutz, Jörg** Bahnhofstr. 34, 67547 Worms, Germany. *Kreisarchiv Rhein-Neckar-Kreis (Ladenburg)* / Cosimo Alessandro Collini • Périodiques français en Allemagne.

5108. **Kreutz, Wilhelm** Mollstr. 4, 68165 Mannheim, Germany. *U. Mannheim* / Political, social and intellectual change in south-west Germany • Institutions and philosophers of south-west German Enlightenment • French Revolution.

5109. **Kreutzer, Hans Joachim** Institut für Germanistik, Universität Regensburg, Postfach 101042, 93010 Regensburg, Germany. *U. Regensburg* / Philology • Music and literature • Klopstock.

5110. **Kreutziger, Bernd** Proeskamp 2, 48527 Nordhorn, Germany. *Justizvollzugsschule Thüringen (Suhl)* / Cesare Beccaria • Crime • Criminal law and crime policy.

5111. **Krief, Huguette** 330 chemin des Plaines, 13126 Vauvenargues, France. / Le genre romanesque sous la Révolution française • Rousseau et le rousseauisme • Littérature des voyages et utopies • Les romancières au siècle des Lumières et dans l'entre-deux siècles.
✉ huguette.krief@wanadoo.fr

5112. **Krieger, Martin** Karl-König-Weg 14, 65929 Frankfurt am Main, Germany. *U. Frankfurt* / Theories of cognition; rational psychology • Philosophy of religion in the German Enlightenment: Thomasius, Wolff, Crusius, and their followers.

5113. **Kriegleder, Wynfrid** Dept of German, Universität Wien, Dr. Karl-Lueger-Ring 1, A-1110 Wien, Austria. *U. Wien* / Central Europe • Austria • Germany • Habsburg Empire • Vienna • North America, image of • German literature • Goethe.
✉ wynfrid.kriegleder@univie.ac.at

5114. **Kriegseisen, Wojciech** Ul. Segedynska 1/43, 01-957 Warszawa, Poland. *Polish Academy of Sciences* / Protestantism in Poland • Polish-Russian relations • German and Dutch journals.
✉ wkriegseisen@ihpan.edu.pl

5115. **Krise, Thomas Warren** Dept of English, U.S. Air Force Academy, Colorado Springs, CO 80840, USA. *U.S. Air Force Academy* / The West Indies • Representations of the English-speaking Caribbean • Trans-Atlantic studies • Early North American literature • Literary history • Travel writing.
✉ thomas.krise@usafa.edu

5116. **Krishnan, R. S.** Dept of English, North Dakota State University, 322J Minard, Fargo, ND 58105, USA. *North Dakota State U.* / Burke and empire • The novel • Smollett • Johnson.
✉ rs.krishnan@dsu.nodak.edu

5117. **Kristiansen, Gunnar Schrøder** Fjellsetveien 93, 2019 Skedsmokorset, Norway.
✉ gunkris@online.fr

5118. **Kristiansen, Tom** Institutt for forsvarsstudier, Oslo. Sjøkrigsskolen, PB 83 Haakonsvern, 5856 Bergen, Norway. *Oslo. Sjøkrigsskolen.*

5119. **Kristjánsdóttir, Bergljót S.** Vörðustíg 7, 101 Reykjavík, Iceland.

5120. **Kristjánsdóttir, Karítas** Langholtsvegi 146, 104 Reykjavík, Iceland.

5121. **Kristjánsdóttir, Thóra** Tjarnargötu 26, 101 Reykjavík, Iceland.

5122. **Kristjónsson, Páll Bragi** Miklubraut 20, 105 Reykjavík, Iceland.

5123. **Kristmannsson, Gauti** Langholtsvegi 87, 104 Reykjavík, Iceland.

5124. **Kriz, Kay** Dept of Art History and Archeology, Brown University, Box 1855, Providence, RI 02912, USA. *Brown U.*

5125. **Kriza, Ildikó** Országház u. 30, Pf.29, 1250 Budapest, Hungary. *Hungarian Academy of Sciences* / Sources of Hungarian folklore and folk literature; proverbs, drama, almanacs • Mythical heroes in East-Central European folklore.

5126. **Krobb, Florian** Dept of German, National University of Ireland, Maynooth, County Kildare, Ireland. *National U. of Ireland (Maynooth)* / German-Jewish literary and cultural history • *Sturm und Drang* • Colonial discourse in German literature.

5127. **Kroener, Bernhard R.** Historisches Institut, Lehrstuhl für Militärgeschichte, Universität Potsdam, Postfach 60 15 53, 14415 Potsdam, Germany. *U. Potsdam* / Armées et sociétés en Europe • Relations franco-allemandes.

5128. **Krol, E. J.** Zoeterwoudsesingel 58, 2313 EK Leiden, Netherlands.

5129. **Kroll, Richard W. F.** Dept of English & Comp. Lit, University of California, Irvine, CA 92697-2650, USA. *U. of California* / Rhetoric of philosophy • Dryden • Milton and the 18c • Locke • Smollett.

5130. **Kromm, Jane** Humanities Division, S.U.N.Y., Purchase, NY 10577, USA. *S.U.N.Y. (Purchase)* / Art • Madness in visual arts • Representations of criminals.
✉ jane.kromm@purchase.edu

5131. **Kronauer, Ulrich** Beethovenstr. 53, 69121 Heidelberg, Germany. *U. Heidelberg* / Philosophie de Lessing • Diderot • Rousseau et l'Allemagne.

5132. **Kroon, Andréa A.** Thomsonlaan 94, 2565 JE Den Haag, Netherlands. / The influence of Dutch freemasons on trade with Asia • The material culture of freemasonry (art, architecture, ritual and decorative objects).
✉ andreakroon@yahoo.com

5133. **Kross, Jessica** Dept of History, University of South Carolina, Columbia, SC 29208-0002, USA. *U. of South Carolina* / Colonial New York social and political interdisciplinary history • Quakers/religion • Drinking • Recreation and leisure.

5134. **Krotov, Pavel Alexandrovitch** Priajka naberejnaia 34, 7, 190121 St Pétersbourg, Russia. *U. de Saint Pétersbourg* / Russia under Peter I.

5135. **Kroupa, Jirí** Antonína Macka 7, 612 00 Brno, Czech Republic. *Masaryk U.* / Architecture • Enlightenment culture in Central Europe • Art and culture in Moravia.

5136. **Kruckeberg, Robert** 1902 McIntyre St, Ann Arbor, MI 48105-2421, USA.

5137. **Krückel, Herbert** Am Mühlweg 10/2, 3371 Neumarkt a.d.Ybbs, Austria.

5138. **Krug, Michaela** Institut für Germanistik II, Universität Hamburg, Von Melle Park 6, 20146 Hamburg, Germany. *U. Hamburg* / Space and gender • German women writers around 1800 • Caroline Auguste Fischer (1764-1842).

5139. **Kruif, J. de** Gaffelveld 36, 3993 RC Houten, Netherlands.

5140. **Krumenacker, Yves** 16 rue Roger Radisson, 69005 Lyon, France. / Protestantism and Enlightenment • French Protestantism.
✉ yves.krumenacker@fnac.net

5141. **Krumnow, Kristi** 455 Harleston Road, Irmo, SC 29063, USA. *U. of South Carolina* / Epistolary novel • English novel • French novel • Women's writing.
✉ kkrumnow@aol.com

5142. **Krupp, Anthony** Dept of Foreign Languages and Literatures, University of Miami, P.O. Box 248093, Coral Gables, FL, USA. *U. of Miami* / Representation of childhood in various European texts • Texts of psychology and pedagogy (Leibniz, Wolff, Gottsched, Baumgarten, Rousseau, Basedow, Herder, Campe, Moritz, Goethe).
✉ krupp@miami.edu

5143. **Kruse, Hans-Bernd** Wannkopfstr. 12, 35037 Marburg, Germany. *U. Marburg* / Revolutionary and pre-revolutionary movements and German literature • Origins of picaresque • H. J. C. von Grimmelshausen: Simplicissimus.

5144. **Kruszynska, Sabina** Ul. Modrzewskiego 7/5, 80-405 Gdansk, Poland.

5145. **Krysmanski, Bernd** Theodor Heuss Gymnasium, Voerderstr. 30, 46535 Dinslaken, Germany. / Hogarth.

5146. **Kuang, Yanpeng** Zhonghua dushubao, Beijing, China. / China: Qing history.

5147. **Kucharová, Hedvika** Strahovská Knihovna, Strahovské Nádvori 1/132, 118 00 Praha 1, Czech Republic. *Strahovská Knihovna* / Church history in Middle Europe.
✉ strahovprem@mbox.vol.cz

5148. **Kuczynski, Ingrid** Marktplatz 6, 47139 Duisburg, Germany. *U. Duisburg* / British travel literature • Female travelling • John Flaxman.
✉ kuczy@t-online.de

5149. **Kudarauskas, Mary Nash** 22 Farrar St, Cambridge, MA 2138, USA.

5150. **Kudo, Norimitsu** 512-6 (204) Higashimachi, Kurume, 830-0032 Fukuoka, Japan.

5151. **Kuechler Williams, Christiane** 6386 Holly Court, Lisle, Evanston, IL 60532, USA. *Northwestern U.*

5152. **Kuehn, Manfred** Dept of Philosophy, Purdue University, West Lafayette, IN 47907, USA. *Purdue U.* / Kant, Hume, Reid • Epistemology and metaphysics • Moral philosophy.

5153. **Kufeke, Kay** Neue Kantstr. 37, 14057 Berlin, Germany. / Bourgeois self-image and awareness of lower classes in travel writing on Germany and Italy.

5154. **Kufel, Slawomir** Ul. Kozuchowska 21b/2, 65-364 Zielona Góra, Poland. *Higher School of Pedagogics (Zielona Góra)* / Prince Adam Jerzy Czartoryski • L'état des lieux des genres littéraires à la fin du 18s.
✉ kufel@kki.net.pl

5155. **Kühlmann, Wilhelm** Germanistisches Seminar, Universität Heidelberg, Hauptstr. 207-209, 69117 Heidelberg, Germany. *U. Heidelberg* / Early Enlightenment • Enlightenment in Oberrhein and south-west Germany • Rationalism and Christianity.

5156. **Kuhn, Bernhard** 12 North Ferry St, Schenectady, NY 12305-1609, USA.

5157. **Kuijlen, J. A. M.** Barbarossastraat 22 (Galerie Z), 6522 DL Nijmegen, Netherlands. *Katholieke U. Nijmegen* / Botanical history • Horticulture • Influence of Holland on Linnaeus • Precursors of Darwin • Bibliography.

5158. **Kuijper, G.** Leeuwerikstraat 78B, 1021 GP Amsterdam, Netherlands.

5159. **Kuijvenhoven-Groeneweg, L. M. A. J.** Dorpsweg Ransdorp 39, 1028 BK Amsterdam, Netherlands.

5160. **Kuipers, Elizabeth Russell** 116 Country Club Drive, apt G, Americus, GA 31709-4522, USA.

5161. **Kuisma, Markku** Tunturikatu 13 A 11, 00100 Helsinki, Finland.

5162. **Kujirai, Yuji** 7-4-12 Higashiomiya, Omiya-shi, 330-0021 Saitama, Japan. *Utsunomiya U.* / André Chénier.

5163. **Kulcsàr, Krisztina** Luppa u. 22, 2013 Pomáz, Hungary. *MOL* / Early travels of Joseph II in Hungary (1768-1773) • German travellers in Hungary • Biography of Albert, duke of Saxe-Teschen (1738-1822).

5164. **Kulenkampff, Caspar** Elsässer Str. 28, 23564 Lübeck, Germany. / Friederike Brun and her circle: v. Bonstetten, Matthisson, Sismondi, Duchess Luise von Anhalt-Dessau.

5165. **Kulenkampff, Jens** Dept of Philosophy, Friedrich-Alexander Universität, Bismarckstr. 1, 91054 Erlangen, Germany. *Friedrich-Alexander U.* / Rationalism: Descartes, Spinoza • British philosophy: Locke, Berkeley, Hume, A. Smith, Burke • German Enlightenment: esp. Kant • Aesthetics • Epistemology.
✉ jskulenk@phil.uni-erlangen.de

5166. **Kulinich, Ivan M.** Semashko Str. 17-41, 252142 Kiev, Ukraine. *Ukrainian Academy of Sciences* / German colonies in Ukraine • German authors on Ukraine.

5167. **Kullman, Colby H.** 604-10 Tyler Place, Oxford, MS 38655 3857, USA. *U. of Mississippi* / Johnson and Boswell • Biography and autobiography • Hogarth • Satire.

5168. **Kumamoto, Tetsuya** Dept of Social Welfare, Iwate Prefectural University, Takizawa-mura, Sugo-aza, 152-52, Takizawa 0193, Iwate 020, Japan. *Iwate Prefectural U.* / Jean-Jacques Rousseau.
✉ kumamoto@iwate-pu.ac.jp

5169. **Kumazawa, Kazue** A-1101 Parkcity Mizuno, 93 Kitayama-cho, Seto-shi, 489-0984 Aichi, Japan. *Nagoya U.* / La religion de Voltaire.

5170. **Kunicki, Marcin** 1999 Commonwealth Avenue, apt 12, Brighton, MA 02135-5128, USA.

5171. **Kunisch, Johannes** Irlenpütz 26, 53332 Bornheim, Germany. *U. zu Köln* / Bellona apprivoisée: à propos de formes de pensée et d'action • Politique du pouvoir à l'époque de l'absolutisme monarchique • Typologie des conflits militaires.

5172. **Kunnert, Jean-Pierre** 7 rue de Tuntange, 8363 Greisch, Luxembourg. / The press in Luxembourg.

5173. **Kuno, Yoichi** Dept of Foreign Languages, Aichi University of Education, 1 Hirosawa, Igaya-cho, Kariya-shi, Aichi 448-8542, Japan. *Aichi U. of Education* / Britain • English literature: Richardson; Sterne • Sentimentalism.
✉ ykuno@auecc.aichi-edu.ac.jp

5174. **Kunst, J. C. W.** Troepiaalsingel 17, 1102 SG Amsterdam Z.O., Netherlands.

5175. **Küpper, Peter** Scharnhorststr. 5, 10115 Berlin, Germany. / Ernst Wilhelm Wolf, Münster • Musical life.

5176. **Küpper, Peter** Mauritsstr. 115, 3583 HM Utrecht, Netherlands. *Ryksuniversiteit Utrecht.*

5177. **Kuradate, Kenichi** 2-23-17, Shirayuri, Izumi-ku, 245-0005 Yokohama, Japan. / Les premiers œuvres de Chateaubriand • Enseignement du français.

5178. **Kurashima, Takashi** 1-5-17 Shibamata, Katsushika-ku, 125-0052 Tokyo, Japan. *Nihon U.* / British republicanism • Political thought.

5179. **Kurbacher, Frauke Annegret** Arbeitsstelle für Aufklärungsforschung, Philosophisches Seminar, Universität Münster, Domplatz 23, 48143 Münster, Germany. *U. Münster* / Epistemology, aesthetics and practical philosophy, esp. German • Kant.

5180. **Kurdi, Krisztina** Szt. István krt. 25, 1055 Budapest, Hungary.

5181. **Kurdiumova, Diana Y.** 16 Dreiser Str., apt 51, 253222 Kiev, Ukraine. *Ukrainian Academy of Sciences* / Ukrainian baroque.

5182. **Kurihara, Yoshiro** 1920-5 Amagi, Amagi-shi, 838-0068 Fukuoka, Japan. *Kurume U.* / Le paradis et l'utopie chez J.-J. Rousseau • Littérature comparée • Critique cinématographique.

5183. **Kurkowski, Jaroslaw** Ul. Sikorskiego 20, 05-075 Wesola, Poland.

5184. **Kurohane, Takayuki** 2-17-17 Kami-Takaido, Suginami-ku 168-0074, Japan.

5185. **Kurth, Lieselotte E.** 800 Southerly Road, Apt 914, Towson, MD 21286-8409, USA. *Johns Hopkins U.* / Littérature du récit • Goethe • Wieland.

5186. **Kurumisawa, Masako** 602, 4-1-36 Higashi-Kaigan Kita, Chigasaki-Shi, 253-0053, Japan. *Japan Women's U* / Epistolary fiction • Mary Wortley Montagu.

5187. **Kurz, Gerhard** Philosophikum I, Haus B, Institut für Neuere Deutsche Literatur, Universität Giessen, Otto-Behaghel-Str. 10, 35394 Giessen, Germany. *U. Giessen* / Popularité comme catégorie littéraire • Poétique • Anthropologie et philosophie de l'histoire • Centres littéraires en Allemagne • Le jeune Goethe.

5188. **Kurzhals, Frank G.** Gustav-Adolf-Str. 22, 63452 Hanau, Germany. / Theory of art • Idyll in art • Book illustration.

5189. **Kusáková, Lenka** Dedinova 1985/10, 14800 Praha 4, Czech Republic. *Czech Academy of Sciences* / Linguistics and literature • Sentimentalism • Czech literature.

5190. **Kusch, Manfred** Dept of French, University of California, Davis, CA 95616, USA. *U. of California (Davis)* / Garden theory • Voltaire, Pangloss.

5191. **Kuttenkeuler, Wolfgang** Laubenweg 7, 53757 Sankt Augustin, Germany.

5192. **Kutter, Markus** Peter Ochs Gesellschaft, Alphaville AG, Augustinergasse 21, 4051 Basel, Switzerland. *Peter Ochs Gesellschaft* / Peter Ochs and the origins of modern Switzerland • Peter Ochs Brief (annual publication) • Swiss-German relations 1779-1848.

5193. **Kutter, Uli** Reinh. Landstr. 81, 37083 Göttingen, Germany. *U. Göttingen* / Travel literature and apodemic literature, esp. in Germany • Travel and the origin of the social sciences in Germany.
✉ ukutter@gwdg.de

5194. **Kuurne, Jouni** Käenkuja 3 b B 53, 00500 Helsinki, Finland.

5195. **Kuvaja, Christer** Korsnäbbsgränden 6, 20610 Åbo, Finland.

5196. **Kuwajima, Hideki** 3-2-24-403 Sakurai, Minoo-shi, 562-0043 Osaka, Japan. *Osaka U.* / Edmund Burke's aesthetics • Theory of the sublime, grace and the tactile • Japanese poetry.

5197. **Kvande, Marta** Dept of English, Susquehanna University, 514 University Avenue, Selinsgrove, PA 17870, USA. *Susquehanna U.* / Britain • English literature • The novel • Women writers.
✉ kvande@susqu.edu

5198. **Kvaran, Gudrún** Ordabók Háskóla Íslands, 101 Reykjavík, Iceland. *U. of Iceland.*

5199. **Kwon, Du Hwan** 820-23 Bangbae-4-dong, Seocho-gu, Seoul, South Korea. *Seoul National U.* / Korean classical literature (poetry).

5200. **Kwon, O. Ryong** 7 Darak-ri, Kangnaemyon, Chungwon-gun, Dept of French, 363-791 Chungbuk, South Korea. *Korea National U. of Education* / Theory of the novel • Diderot • Literary criticism.

5201. **L'Aminot, Tanguy** 88 rue de Montmoreau, 16000 Angoulême, France. *U. de Paris IV* / La réception de la pensé de J.-J. Rousseau aux 19 et 20s.

5202. **La Fuente, Maria José** Rua S. Bernardo 9-2° D, 1200 Lisboa, Portugal.

5203. **La Manna, Federica** Via Filippo Cossa 5, 27100 Pavia, Italy.

5204. **La Rue, Ann** 3553 Brookside Rd, Toledo, OH 43606, USA. *U. of Toledo* / The novel • Sarah Fielding • Women novelists.

5205. **Laak, Lothar van** Am Pfarracker 59, 33611 Bielefeld, Germany. *U. Bielefeld* / Anthropology, theory of perception, literary vividness • Klopstock, Herder, Wieland.

5206. **Laan, C. A.** Westlandseweg 254, 3131 HX Vlaardingen, Netherlands.

5207. **Labbé, François** Rathausplatz 4, 79599 Wittlingen, Germany. / Journalistes français en Allemagne • Le marquis d'Argens • Les femmes philosophes • Romans sous la Révolution • Anacharsis Cloots.

5208. **Labbe, Jacqueline** Dept of English and Comparative Literary Studies, University of Warwick, Coventry, CV4 7AL, UK. *U. of Warwick*.

5209. **Labib, Abdelaziz** B.P. 347, 1049 Tunis Hached, Tunisia. *U. de Tunis I* / Utopie sociale: Mably-Morelly • Philosophie de l'égalité • L'idée d'inégalité harmonique • J.-J. Rousseau.
✉ ablabib@altavista.fr

5210. **Labiner, Suzanne** 711 North Faring Road, Los Angeles, CA 90077, USA.

5211. **Labio, Catherine** Dept of Comparative Literature, Yale University, French Dept, P.O. Box 208251, New Haven, CT 06520, USA. *Yale U.* / Economic thought • Aesthetics • Literature and philosophy; literature and economics; literature and the visual arts • History of the novel • History of ideas.
✉ catherine.labio@yale.edu

5212. **Laborde, Alice M.** University of California, Irvine, CA 92717, USA. *U. of California (Irvine)* / Correspondance du marquis de Sade • Biographie du marquis de Sade.

5213. **Laboulais-Lesage, Isabelle** Dépt d'Histoire, Université Marc Bloch, 9 place de l'Université, 67000 Strasbourg, France. *U. de Strasbourg* / Pratiques et représentations de l'espace • Les formes savantes du voyage • La géographie • Modalités de construction des savoirs géographiques.
✉ isabelle.lesage@wanadoo.fr

5214. **Labrador Herraiz, Carmen** C/ Clara del Rey, 4., 28002 Madrid, Spain. / Education • Culture.

5215. **Labrosse, Claude** 27 rue du Parc, 69500 Bron, France. *U. de Lyon II* / La fiction romanesque comme contribution aux sciences de l'homme • Les *Mémoires secrets*.
✉ labrosse.claude@wanadoo.fr

5216. **Labrousse, Pierre** 16 rue Vandrezanne, Tour Jade 29C, 75013 Paris, France.

5217. **Labussiere, Jean-Louis** 20 rue du Puits, 34830 Jacou, France.

5218. **Labutina, Tatiana Leonidorna** Ferganskaya 15-2-112, 109444 Moscow, Russia. *Russian Academy of Sciences* / English political ideas • Gender studies • Anglo-Russian cultural relations during the reigns of Peter the Great and Catherine the Great.
✉ igh.ac@g23.relcom.ru

5219. **Lächele, Rainer** Aalener Str. 26, 73457 Essingen, Germany. *U. Giessen* / Pietism • Periodicals.

5220. **Lachenicht, Susanne Ilona** Eichenweg 14, 69509 Mörlenbach, Germany. *U. Heidelberg* / Newspaper press • Early German republicans • Early concepts of a European republic • Huguenots in Europe.
✉ susanne.lachenicht@nuigalway.ie

5221. **Lacour, Claudia Brodsky** Dept of Comparative Literature, Princeton University, 326 E. Pyne, Princeton, NJ 08544-0001, USA. *Princeton U.* / Literary and aesthetic theory • Philosophy • Literature.

5222. **Lacy, Jeannine** 701 136th Pl NE, apt B6, Bellevue, WA 98805-4727, USA.

5223. **Lacy, Margriet Bruyn** 8720 Yardley Court, apt 300, Indianapolis, IN 46208-3443, USA. *Butler U.* / French and Dutch novel • Mme de Charrière.
✉ mlacy@butler.edu

5224. **Laden, Marie-Paule** 574 Vistamont Avenue, Berkeley, CA 94708 1225, USA. *San Francisco State U.* / Narrative: fiction and non-fiction • Marivaux • Isabelle de Charrière.
✉ mpladen@sfsu.edu

5225. **LaFace, Betty C.** 1488 Lee Avenue, Tallahassee, FL 32303, USA. / Jacobitism • Political economy • Defoe, Daniel.
✉ blaface@mailer.fsu.edu

5226. **Lafarga, Francisco** Dept of Romance Languages and Literature, Universidad de Barcelona, Gran Via 585, 08007 Barcelona, Spain. *U. de Barcelona* / Translation and translators • Reception of French literature in Spain • History of the theatre in France and Spain.
✉ lafarga@fil.ub.es

5227. **Lafarge, Catherine** Bryn Mawr College, 101 North Merion Avenue, Bryn Mawr, PA 19010-2899, USA. *Bryn Mawr C.* / La vision de Paris: Rousseau, Fougeret de Monbron, Restif de La Bretonne, Mercier.

5228. **Lafon, Henri** 7 rue de Montreuil, 94300 Vincennes, France. *U. de Paris III* / Formes romanesques • Représentation de l'espace • Roman et révolution.
✉ lafon.galili@wanadoo.fr

5229. **Laforge, François** 62 rue de Gaulle, 95620 Parmain, France. / Le matérialisme de Diderot.

5230. **Lafuente, Gilles** La Pereyre, Chirols, 07380 Lalevade d'Ardèche, France. / Monde arabe.

5231. **Lafuente García, Antonio** Villa de Marín 35, 28029 Madrid, Spain. / Histoire des sciences en Espagne et en Amérique Latine.

5232. **Lagerstam, Liisa** Kulttuurihistoria, Turun yliopisto, 20014 Turun yliopisto, Finland. *Turun yliopisto.*

5233. **Lagny, Anne** 70 avenue Henri Barbusse, 92600 Asnieres / Seine, France.
✉ alagny@worldnet.fr

5234. **Lagoutina, Irina** Novy Arbar 25, 50, 121099 Moscou, Russia. *Académie des sciences de Russie* / Typologie du roman allemand • Romantisme et préromantisme • Gœthe, Tieck, Novalis.

5235. **Lagrand, Virginia** Trinity Christian College, 6601 West College Drive, Palos Heights, IL 60463 1768, USA. *Trinity Christian C.*

5236. **Lagrave, Jean-Paul de** 2661 rue Bourdon, apt 5, Longueuil, PQ J4M IT8, Canada. *U. du Québec* / Les penseurs des Lumières et l'antiquité égyptienne • Poursuite des anciens cultes du paganisme (le culte solaire d'Isis) • Le rôle des égéries • Les initiations.
✉ ddl@ntic.qc.ca

5237. **Lagueunière, Pierre** Les Percedes Sud 6, 63670 Orcet, France. / Théâtre de la Révolution française: dramaturgie et mise en scène • Ecrits sur la Révolution.

5238. **Laguzzi, Alessandro** Corso Italia 43-0, 15076 Ovada (AL), Italy. *Accademia Urbense (Ovada)* / Electricity, chemistry • Carlo Barletti (1735-1800), physicist.

5239. **Lahouati, Gérard** 4 place de l'Evêché, Lescar 64230, France. *U. de Pau* / L'écriture de l'aventure • Mémoires et autobiographies (Casanova, Ligne, Rétif, Rousseau) • L'écriture du libertinage • L'imaginaire du pacifique • La Chine.
✉ gerard.lahouati@univ-pau.fr

5240. **Lahtinen, Mikko** Stormintie 68, 38220 Stormi, Finland.

5241. **Laine, Esko M.** Kirkkohistorian laitos, Helsingin yliopisto, 00014 Helsingin yliopisto, Finland. *Helsingin yliopisto.*

5242. **Laine, Merit** Parmmätargatan 13, 112 24 Stockholm, Sweden. *Nationalmuseum* / Queen Louisa Ulrica of Sweden (1720-1784) and the arts • The portrait painter Gustaf Lundberg, 1695-1786 • Nicodemus Tessin the younger's collection of architectural drawings.

5243. **Laine, Tuija** Kämnerinkuja 1 E 60, 00750 Helsinki, Finland.

5244. **Lajer-Burcharth, Ewa** Sackler Museum, Harvard University, 485 Broadway, Cambridge, MA 02138-3802, USA. *Harvard U.*
✉ burchart@fas.harvard.edu

5245. **Lake, Richard D.** 2912 Cameron Mills Road, Alexandria, VA 22302-2517, USA.

5246. **Lama, Miguel Angel** Apartado de Correos 396, 10080 Cáceres, Spain. *U. de Extremadura* / Spanish poetry.
✉ malama@unex.es

5247. **Lamarca Langa, Genaro** C/ Maestro Estremiana 46, 3°B., 50006 Zaragoza, Spain. / Histoire du livre • Bibliographie • Histoire des idées.

5248. **Lamarra, Antonio** Via Como 6, 00161 Roma, Italy. *C.N.R. Roma.*

5249. **Lamarre, Christine** 43 rue Chabot-Charny, 21000 Dijon, France. *U. de Bourgogne* / Histoire urbaine (hiérarchies, représentation, institutions et sociétés, aménagement) • Histoire politique: élections.

5250. **Lamb, Jonathan** Dept of English, Vanderbilt University, Nashville, TN 37235, USA. *Vanderbilt U.*

5251. **Lamb, Susan** 251 Borden St, Toronto, ON M5S 2N5, Canada.

5252. **Lambert, Elizabeth R.** 10916 Howland Drive, Reston, VA 20191, USA. *Gettysburg C.* / American War of Independence • England • Correspondence • North America, image of • English literature • Catholicism • Edmund Burke • Jane Nugent Burke.
✉ elambert@gettysburg.edu

5253. **Lambert, L. Gary** Dept of French and Italian, Brigham Young University, 4012 Jesse Knight Humanities Bldg, Provo, UT 84602,

USA. *Brigham Young U.* / Representations of Voltaire and Rousseau in the *Journal de Trévoux* and in the writings of Claude Moultou and Jacob Meister.
✉ gary_lambert@byu.edu

5254. **Lammel, Hans-Uwe** Güldenauer Weg 25, 12555 Berlin, Germany. *U. Rostock* / Medical historiography • Plague.
✉ hans-uwe.lammel@med.uni-rostock.de

5255. **Lamoen, F. van** Orthenstraat 168, 5211 SZ Den Bosch, Netherlands.

5256. **Lamoine, Georges** 14 rue des Magnolias, Fonsorbes, 31470 Saint-Lys, France. / History of Bristol • Criminal justice • English constitution • J. Swift.

5257. **Lamont, Claire** Dept of English, University of Newcastle, Newcastle-upon-Tyne, NE1 7RU, UK. *U. of Newcastle-upon-Tyne* / English and Scottish literature • Jacobitism.

5258. **Lamparska-Syska, Rena Anna** Dept of Romance Languages and Literature, Boston College, 140 Commonwealth Avenue, Lyons 307C, Chestnut Hill 02467, MA, USA. *Boston C.* / Italy.
✉ lamparsk@bc.edu

5259. **Lampe, Thérèse von.** Barkassvägen 9, 181 35 Lidingö, Sweden.

5260. **Lamse, James** Dept of German, Calvin College, Grand Rapids, MI 49546-4388, USA. *Calvin C.* / Significance of constellations of the family • The problematic artist • The young female protagonist.

5261. **Lana, Renata Isabelle** 181 Prince George St, Annapolis, MD 21401, USA. *U. of Maryland (College Park)* / Women's roles in British debates on political representation.
✉ rlana@verizon.net

5262. **Lanau, Christiane** Le Libournet Trelissac, Les Pervenches, 24000 Perigueux, France. *Lycée Laure Gatet (Périgueux)* / L'humour de J.-J. Rousseau • Rousseau et l'Orient.

5263. **Landau, A. M.** 14 Dovecot Park, Linlithgow, West Lothian EH49 7LH, UK.

5264. **Landau, John C.** 5 Lincoln Place, New Paltz, NY 12561-2008, USA.

5265. **Landau, Leya** 73 Highfield Gardens, London, NW11 9HA, UK. *University C. London.*

5266. **Landaver, Michelle** 388 Napier St, Fitzroy, VIC 3065, Australia.

5267. **Landell, Nils-Erik** Pokalvägen 5, 5 tr, 11740 Stockholm, Sweden. *Psykiatriska kliniken* / Carl von Linné.
✉ landell@algonet.se

5268. **Landen, Leif** Hagavägen 1, 237 35 Bjärred, Sweden.
✉ landen.leif@telia.com

5269. **Landes, Joan B.** Dept of History, Pennsylvania State University, 108 Weaver Building, University Park, PA 16802-5500, USA. *Pennsylvania State U.* / European intellectual, cultural, and gender history, with a focus on 18c France, and feminist theory.
✉ jbl5@psu.edu

5270. **Landgraf, Edgar** Dept of German and Russian, Bowling Green State University, 1001 East Wooster St, Bowling Green, OH 43403, USA. *Bowling Green State U.* / German literature, aesthetics, and philosophy • Anthropological and sociological approaches to literature • Theories of modernity.

5271. **Landi, Lando** Dept of Philosophy, Università di Pavia, piazza Botta 6, 27100 Pavia, Italy. *U. di Pavia* / Histoire de la pensée politique et sociale • La pensée révolutionnaire • Montesquieu (pouvoir politique et liberté) • Benjamin Constant (morale, religion, politique)
✉ emdip14@unipv.it

5272. **Landi, Sandro** Via Facciani 96, 50023 Impruneta (FI), Italy. / English literature and politics • Working-class women poets • Feminist theory.

5273. **Landolfi, Petrone Giuseppe** Dip. di Filosofia e Politica, Univ. Orien., L.go S. Giovanni Maggiore 30, 80100 Napoli, Italy. *Istituto Universitario Orientale.*

5274. **Landry, Donna** Dept of English, Wayne State University, 51 W Warren, Detroit, MI 48202, USA. *Wayne State U.* / English literature and politics • Working-class women poets • Feminist theory.

5275. **Landucci, Dorothée** Le Balzac A, Allée Callelongue, 13008 Marseille, France. / Aspects classiques et baroques du roman sentimental et galant, 1680-1715.

5276. **Landy, Rémy** 42 rue de la Rivière, 72000 Le Mans, France. / Rapports entre littérature et musique dans la cantate et l'opéra baroques.

5277. **Lane, Joan** 47 Newbold Terrace, Leamington Spa, Warwicks CV32 4EZ, UK. *U. of Warwick* / Social history of medicine in England.

5278. **Lane, Richard** 17 Aubrey Rd, London, E17 4SL, UK.

5279. **Lang-Peralta, Linda** 9004 Fox Hollow Highway, #201, Las Vegas, NV 89117 0316, USA. / Women writers in late 18c England, France and Germany, esp. Frances Burney and Germaine de Staël.

5280. **Langdalen, Jørgen** Enoks veg 25, 1181 Oslo, Norway. *U. i Oslo* / L'opéra, en part. Gluck • Les pensées de Rousseau sur la musique.

5281. **Lange, Bernd-Peter** Uhlhornsweg 36A, 26129 Oldenburg, Germany. *U. Magdeburg* / Théorie anglaise des genres dans le classicisme • Dialectique du privilège: attitude aristocratique et société bourgeoise en Angleterre.

5282. **Lange, H. B. M. de** Botanicuslaan 41, 9751 AB Haren, Netherlands. *Rijksuniv. Groningen* / Political press and society in the Dutch Republic after 1750 • International politics, esp. problems of war and peace.

5283. **Lange, Horst J.** Dept of Foreign Languages, University of Nevada, MS 100, Reno, NV 89557, USA. *U. of Nevada.*

5284. **Lange, Sven** Institutionen för nordiska språk, Stockholms universitet, 106 91 Stockholm, Sweden. *Stockholms U.*

5285. **Langewiesche, Dieter** Fakultät Neuere Geschichte, Universität Tübingen, Wilhelmstr. 36, 72074 Tübingen, Germany. *U. Tübingen* / Bourgeoisie.

5286. **Langille, Edward** Dept of Modern Languages, St Francis Xavier University, Antigonish, NS B2G 1C0, Canada. *St Francis Xavier U.* / *Candide.*

5287. **Langle, Catherine** 13 rue des Tisserands, 38240 Meylan, France.

5288. **Langlois, Monique** 4332 Earnscliffe, Montréal, PQ H4A 3E8, Canada. *U. du Québec* / Peinture française • Théorie de l'image.

5289. **Langschmidt, Carl F. A.** Linde 57, 2925 CE Krimpen aan den Yssel, Netherlands. *Scholengemeenschap De Krimpenerwaard.*

5290. **Lanier, Jacques-François** 3 rue Bonjour, 26100 Romans-sur-Isère, France. *U. de Grenoble II* / L'Avocat Général M.-J.-A. Servan • La pré-révolution et les Etats du Dauphiné • Le ministre de la Justice J.-J.-V. Génissieu, le président à la cour de cassation A.-Th. Bérenger dit 'Bérenger de la Drôme'.

5291. **Lankhorst, O. S.** Driehuizerweg 306, 6525 PN Nijmegen, Netherlands. *Katholieke U. Nijmegen* / Les relations internationales des libraires hollandais • Les gazettes hollandaises.
✉ o.lankhorst@ubn.kun.nl

5292. **Lanni, Dominique** 2 rue du Puits Guérin, Résidence Vaulabelle, 89000 Auxerre, France. *C.R.L.V.* / Eloquence révolutionnaire • L'Age classique.
✉ domlanni@yahoo.fr

5293. **Lanser, Susan** Dept of English, Brandeis University, 70 Kirkland St, Cambridge, MA 02138-2039, USA. *Brandeis U.*

5294. **Lanzillo, Maria Laura** Dip. di Politica, Istituzioni, Università di Bologna, Strada Maggiore 45, Bologna 40125, Italy. *U. di Bologna* / European Enlightenment and Voltaire, specifically Voltaire's concept of tolerance.
✉ lanzillo@spbo.unibo.it

5295. **Lapied, Martine** Quartier Roussier, Les Roches Fleuries, 13090 Aix-en-Provence, France. *U. d'Aix-Marseille I* / Mentalités et pratiques politiques • Histoire des femmes • La Révolution dans le Comtat Venaissin.

5296. **Laplace, Roselyne** 13 rue des Petits-Champs, 75001 Paris, France. *C.N.R.S. (Paris)* / Monvel, J. M. Boutet dit, 1745-1812; auteur et comédien français, lecteur à la cour de Suède.

5297. **Lappalainen, Mirkka** Graniittitie 7 A 15, 00710 Helsinki, Finland.

5298. **Lappas, Costas** Research Centre for Medieval and Modern Hellenism, Academy of Athens, 14 Anagnostopoulou str., 10673 Athens, Greece. *Academy of Athens.*

5299. **Lappo-Danilevski, Konstantin** Prospekt Elizarova 33, 9, 193148 St. Pétersbourg, Russia. *Académie des sciences de Russie* / Relations culturelles et littéraires russo-allemandes et russo-italiennes • N. A. Lvov.
✉ konstantinlapp@hotmail.com

5300. **Laprevotte, Guy** 11 résidence du Clos Baron, 78112 Fourqueux, France. / Science and poetry in English literature • Social change • Pope's satires.

5301. **Laquerre, Marie Lise** 2790 rue Marie-Leneuf, Trois-Rivieres, PQ G8Z 3T8, Canada. *U. du Québec à Trois-Rivières* / Littérature et histoire des idées en France • L'esthétique, la philosophie et la rhétorique.
✉ marie_lise_laquerre@uqtr.uquebec.ca

5302. **Larbi Roukoz-Diab, Fathia** 33 rue Etienne Dolet, 93160 Noisy-Le-Grand,

France. *C.E.R.H.A.C.* / Les jeunes héros et héroines dans le roman français.
☞ fcdiab@club-internet.fr

5303. **Large, Duncan** Dept of German, University of Wales, Swansea, Singleton Park, Swansea, SA2 8PP, UK. *U. of Wales (Swansea)* / Lichtenberg • Sterne.

5304. **Larkin, Edward** Dept of English, University of Ricmond, Richmond, VA 23173, USA. *U. of Richmond* / Colonial American literature • American Revolution • History of the book.
☞ elarkin@richmond.edu

5305. **Larkin, Edward T.** German Program, University of New Hampshire, Murkland Hall, Durham, NH 3824, USA. *U. of New Hampshire.*

5306. **Larkin, John E.** P.O. Box 1544, Castleton, VT 05735-1544, USA. / Samuel Johnson • Boswell and 18c biography • Henry Fielding.

5307. **Larkin, Todd L.** Dept of Art, Montana State University, 213 Hayes Hall, Bozeman, MT 59717, USA. *Montana State U.*

5308. **Laroch, Philippe François** Iscles de Roquehautière, 84360 Lauris-sur-Durance, France. *U. d'Aix-Marseille III* / Libertinage dans le roman français • Stanislas de Boufflers.

5309. **Larrere, Catherine** 2 bis boulevard Morland, 75004 Paris, France. *U. de Bordeaux III* / Théories du pouvoir populaire • Vision universitaire • Montesquieu, Rousseau • Théories du commerce et économie politique.

5310. **Larschan, Richard** Ashley House, Flat 8, Park Drive, The Park, Nottingham, NG7 1DB, UK. / Swift • Satire • Political writing.

5311. **Larsen, Katherine** 4209 Longfellow St, Hyattsville, MD 20781-1651, USA. *George Washington U.* / Early modern print culture • Novel • Early modern women writers.

5312. **Larsen, Stian Bones** Seljev. 8, 8004 Bodoe, Norway. *Bodoe C.* / Works of historians, particularly Scandinavian historians • Gothicism and the representation of Scandinavia throughout Europe.
☞ stian.larsen@luftfart.museum.no

5313. **Larsen, Tord** Institutt for sosialantropologi, NTNU, 7055 Dragvoll, Norway. *U. i Trondheim* / Anthropology • Understanding of signs and language of the 18c.

5314. **Larsson, Bengt** Gyllenstiernsgatan 17, 115 26 Stockholm, Sweden.

5315. **Larsson, Jan** Gråsparvsvägen 88, 227 31 Lund, Sweden.

5316. **Larthomas, Jean-Paul** 26 avenue Sainte-Marguerite (C), Le parc florentin, 06200 Nice, France. *U. de Nice Sophia Antipolis* / Shaftesbury • Kant • Vico: reception • Kant's philosophy of history and Voltaire.

5317. **Lárusson, Hrafnkell** Gilsa, 760 Breiddalsvik, Iceland. / Icelandic and Scandinavian Enlightenment in relation to the Enlightenment on the European continent and Great Britain.
☞ hrafnkel@hi.is

5318. **Lasconjarias, Guillaume** 3 rue Henri Rabourdin, 78140 Velizy-Villacoublay, France.

5319. **Latham, Thomas** 286 Russell Court, Woburn Place, London, WC1H 0NF, UK.

5320. **Latraverse, Claire** 9190 place de Montgolfier, Montreal, PQ H2M 2A1, Canada. / Le style épistolier et Voltaire • Voltaire et l'action sociale • Voltaire et la langue.

5321. **Latshaw, Elizabeth A.** P.O. Box 3136, Auburn, AL 36831-3136, USA.

5322. **Latta, Kimberly** Dept of English, University of Pittsburgh, 4200 5th St, Pittsburgh, PA 15260-0001, USA. *U. of Pittsburgh* / Gender • Materialist theory • Milton.

5323. **Laudin, Gérard** 4 rue Michel-Peter, 75013 Paris, France. *U. de Paris X* / *Sturm und Drang*, esp. J. A. Leisewitz • Philosophy and theory of history, France and Germany • Intellectual links between France and Germany, 1750-1815.

5324. **Lauer, Gerhard** Dept of German, Universität Göttingen, Käte-Hamburger-Weg 3, 37073 Göttingen, Germany. *U. Göttingen* / History of the Haskala (the German-Jewish Enlightenment), classicism and the rise of the novel.
☞ glauer@gwdg.de

5325. **Lauer, Reinhard** Seminar für Slavische Philologie, Universität Göttingen, Humboldtallee 19, 37073 Göttingen, Germany. *U. Göttingen* / Formes poétiques dans la littérature russe • Relations russo-européennes littéraires • Style dans les littératures russes et slaves du sud: classicisme, rococo, sentimentalisme • Relation de l'université de Göttingen avec les slaves.

5326. **Lauer, Simon** V. Eugène Rambert 20, 1815 Clarens, Switzerland. / Moses Mendelssohn • Jewish and Christian thought.

5327. **Lauersdorf, Josee** Luther College, 700 College Drive, Decorah, IA 52101, USA. *Luther C.*

5328. **Laugaa, Françoise** 67 rue des Saints Pères, 75006 Paris, France. *U. de Lille III* / Le récit sadien • Sade et la critique • Problèmes du sujet dans les récits de Diderot.

5329. **Laugesen, Peter** Hans Brogesvej 9C, 8220 Brabrand, Denmark.

5330. **Launay, Michel** 157 bd Magenta, 75009 Paris, France. *U. de Nice Sophia Antipolis* / Le vocabulaire, l'idéologie et l'art d'écrire de J.-J. Rousseau • Diderot: *Le Neveu de Rameau* • Le prophétisme.

5331. **Laureano Santos, Maria do Rosário Calisto** Praça Gonçalo Trancoso, 3 -2º D, 1700-220 Lisboa, Portugal. / Classical studies • Literary studies.
✉ mrcls@netcabo.pt

5332. **Laurenti, Jean-Noël** 10 rue Meslée, 45170 Villereau, France.

5333. **Laurentius, Th.** Vlasmarkt 51, 4331 PD Middelburg, Netherlands. / Prints and printmaking, esp. innovatory techniques.

5334. **Lauriol, Claude** 318 chemin du Bout de Gail, 34980 Montferrier, France. *U. de Montpellier III* / Biographie de La Beaumelle • Voltaire • Rapports entre les philosophes et les Eglises du Désert.
✉ claude.lauriol@univ-montp3.fr

5335. **Laursen, John Christian** 407 Spruce St, Riverside, CA 92507, USA. *U. of California (Riverside)* / Political, philosophical, and religious thought, with special reference to toleration, persecution, heresy, freedom of the press, cosmopolitanism.
✉ johnl@citrus.ucr.edu

5336. **Lausch, Hans** Dept of Mathematical Sciences, Monash University, VIC 3800, Australia. *Monash U.* / Moses Mendelssohn • Leonhard Euler • Jewish mathematicians.
✉ h.lauscg@sci.monash.edu.au

5337. **Lauterbach, Iris** Zentralinstitut für Kunstgeschichte, Meiserstr. 10, 8033 München, Germany. *Zentralinstitut für Kunstgeschichte* / Garden history.

5338. **Laval, Emilie** 49 Wychwood Park, London, ON N6G 1R4, Canada. *Western U.* / Evolution des positions de lectures.

5339. **Lavandier, Jean-Pierre** 48 rue François Marceau, 33200 Bordeaux, France. / Censorship in Austria.

5340. **Laveau-Harvie, J. V.** 4 Euroka Road, Westleigh, NSW 2120, Australia. *Macquarie U.* / Voltaire.

5341. **Lavergne, Jean-Maurice** 7 rue Mesnil, 75116 Paris, France.

5342. **Lavezzi, Elisabeth** 9 rue Dupuis, 75003 Paris, France. *U. de Paris III* / Dictionnaires des beaux-arts.

5343. **Lavoie, Chantel** 40 Gerrard St East, # 2804, Toronto, ON M5B 2E8, Canada. *U. of Toronto* / Anthologies • Women poets • Encyclopaedias.

5344. **Lavoie, Joseph Guy Laurent** C.P. 5300, Sydney, NS B1P 6L2, Canada. *C. U. du Cap Breton* / Correspondance de J.-J. Rousseau • Activités littéraires à Louisbourg.

5345. **Lavrov, Alexandre** oul. Vesselnaia 10, 68, 199106 St. Pétersbourg, Russia. / Livres français consacrés à la Russie.

5346. **Lawlor, Clark Anthony** Dept of English Literature, University of Northumbria, 410 Lipman Building, Newcastle-upon-Tyne, NE1 8ST UK. *U. of Northumbria* / Representations of disease in literature and the arts • The grotesque in literature and the arts • British-American literary relations • The long 18c • Medical history.
✉ clark.lawlor@unn.ac.uk

5347. **Lawrence, Catherine A.** 1044 Chapel St, #403, New Haven, CT 06510-2436, USA. *Yale U.* / Britain • Print culture • Popular politics • Colonialism and imperialism.

5348. **Lawson, Karol A.** 1939 Dimon St, apt B, Columbus, GA 31906-1928, USA. / Art of the U.S.A.

5349. **Lawson-Peebles, Robert** School of English, University of Exeter, Queen's Building, Exeter, Devon EX4 4QH, UK. *U. of Exeter* / Transatlantic cultural relations • Environmental history.

5350. **Laycock, Deborah** Dept of English, Kenyon College, Sunset Cottage, Gambier, OH 43022-9623, USA. *Kenyon C.* / Restoration drama • Literature and politics of the pastoral mode in the early 18c.

5351. **Lazaga Fiol, Barbara** C/ Fuencarral 58, 4° C., 28004 Madrid, Spain.

5352. **Lazartchouk, Rimma** Oul. Krasnodontsev 78, 45, 162616 Tcherepovets Volgogradskoi obl., Russia. *U. de Tcherepovets* / Culture de la province russe • Littérature russe.

5353. **Le Bar, Ann** Dept of History, Eastern Washington University, 200 Patterson Hall, Cheney 99004, USA. *Eastern Washington U.* / Communication of Enlightenment notions via musical media • Enlightenment reforms in the domestic sphere • The political, aesthetic, and religious values of the German Aufklaerer.
✉ alebar@mail.ewu.edu

5354. **Le Borgne, Françoise** 16 rue des Cordelières, 75013 Paris, France. *U. de Franche-Comté* / La crise des genres littéraires dans l'œuvre de Restif de la Bretonne.

5355. **Le Bouédec, Gérard** 9 rue de Tiviec, 56170 Quiberon, France. *U. de Bretagne Sud* / Sociétés littorales, aménagement des sites portuaires • Commerce maritime • Cabotage • Arsenal.

5356. **Le Brun, Jacques** 57 rue de Paradis, 75010 Paris, France. / Œuvres et correspondance de Fénelon • La mystique et la spiritualité et sur critique biblique.

5357. **Le Grandic, Eric** 4 rue Lecuirot, 75014 Paris, France. / Œuvres et correspondance de Fénelon • La mystique et la spiritualité et sur critique biblique.

5358. **Le Lay, Marion** 13 Boulevard Jean Moulin, 29200 Brest, France. / L'Alcibiade crébillonnien • *Les Lettres athéniennes* de Crébillon fils • La technique et l'esthétique romanesques de Louvet de Couvray dans *Emilie de Varmont* et *Faublas*.
✉ marion.le-lay@wanadoo.fr

5359. **Le Ménahèze-Lefay, Sophie** 4 rue Lécluse, 75017 Paris, France. *U. de Limoges* / French literature • Jardins.
✉ s.lemenaheze@libertysurf.fr

5360. **Le Menn, Paulette** 6 allée de la Boisserie, 37540 Saint-Cyr-sur-Loire, France.

5361. **Le Moel, Sylvie** 247 rue de Vaugirard, 75015 Paris, France.

5362. **Le More, Henri** 11 rue de Navarre, 75005 Paris, France. / La littérature.
✉ hmbook@aol.com

5363. **Le Roy Ladurie, Emmanuel** Collège de France, 11 place Marcelin Berthelot, 75231 Paris Cedex 05, France. *Collège de France* / Histoire rurale française.

5364. **Le Tréguilly, Philippe** Université de La Réunion, Faculté des Lettres et des Sciences Humaines (boîte 106), 15 avenue René Cassin, 97715 Saint-Denis Cedex, France. *U. de Paris IV* / Les Français en Inde.

5365. **Le Vot, Valérie** 3 rue Jean-Pierre Timbaud, 94110 Arcueil, France. *U. de Paris IV* / German literature • Reading and books • Cultural history.
✉ valerie.le-vot@paris4.sorbonne.fr

5366. **Le Yaouanc, Moïse** Saint-Charles, Villa G, 21 bd Matignon, 83400 Hyères, France. *U. de Rennes II* / Théories sur les rapports du physique et du moral après 1750 • Romanciers de la fin du siècle.

5367. **Leach, Jonathan** 198 Oldham Road, Royton, Oldham, OL2 5AA, UK. / Johnson in the 1740s • Adam Smith.

5368. **Leal, Eugenia** R. de Santo Amaro 17-2°D, 1200-801 Lisboa, Portugal. *U. Nova de Lisboa* / Rousseau: *Les Rêveries du promeneur solitaire*, une écriture intime • Mme de Graffigny: sentiment et goût de la nature dans *Lettres d'une Péruvienne* • Prévost: *Cleveland*, les discontinuités d'une voix singulière.

5369. **Leass, Samantha** 2512 Wild Wind Place, The Woodlands, TX 77380-1339, USA.

5370. **Leavens, Janet** Dept of French & Italian, University of Iowa, 555 Phillips Hall, Iowa City, IA 52242-1323, USA. *U. of Iowa.*

5371. **Lebeau, Christine** 29/31 rue Popiveau, 75005 Paris, France. *U. de Strasbourg II* / Politique • Culture et politique de l'administrateur (France, Saint Empire).

5372. **Lebedeva, Elena** Novo-Pestchanaia Oul. 20, 5, 125252 Moscou, Russia. *Académie des sciences de Russie* / Correspondances littéraires • Blin de Sainmore.

5373. **Leben, Ulrich** 99 High St, Waddesdon, Aylesbury, Bucks HP18 OJH, UK. *Waddesdon Manor* / Decorative arts • Social history • Education • Living conditions of craftsmen.

5374. **Leborgne, Erik** 15 rue des Maraîchers, 44300 Nantes, France. *U. de Paris III* / Littérature française, fiction romanesque, œuvres de Rousseau.
✉ erikleborgne@aol.com

5375. **Lebrun, Richard** Dept of History, University of Manitoba, St Paul's College, Winnipeg, MB R3T 2M6, Canada. *U. of Manitoba* / Joseph de Maistre.

5376. **Leca-Tsiomis, Marie** 17 place d'Aligre, 75012 Paris, France. *U. de Paris X* / L'œuvre de Diderot • L'*Encyclopédie* • Lexicographe • Les dictionnaires.
✉ marie-leca@wanadoo.fr

5377. **Lecaldano, Eugenio** Via Acherusio 42, 00199 Roma, Italy. *U. di Roma* / Hume and the British moralists.

5378. **Lecercle, Jean-Louis** 84 avenue Raymond-Croland, 92350 Le-Plessis-Robinson, France. *U. de Paris X* / Politique de Rousseau • Mably.

5379. **Lechner, Elmar** Institut für Unterrichtswissenschaft, Universität Klagenfurt, Universitätsstr. 65-67, 9020 Klagenfurt, Austria. *U. Klagenfurt* / Historiography of education • The *Realschule* in Germany and Austria • The *Schulchronik* as an educational and historical source.

5380. **LeClerc, Paul O.** New York Public Library, Fifth Avenue & 42nd St, New York, NY 10018-2788, USA. *New York Public Library* / Voltaire • Morellet • Utopian fiction.

5381. **LeCoat, Nanette C.** 136 Barilla Pl, San Antonio, TX 78209 5824, USA. *Trinity U.* / Idéologues and the emergence of social sciences in late 18c France • Germaine de Staël and the Groupe de Coppet • Travel literature • Historiography and late 18c aesthetics.
nlecoat@trinity.edu

5382. **Lecoq, Jean-François** 2 rue de la Girafe, 80610 Saint-Ouen, France.

5383. **Lecuru, Jacques** 9 bis rue des Fossés, 60200 Compiègne, France. / Rousseau, polémiste.

5384. **Ledbury, Helen** Old Moor Cottage, Hill Head, Bradwell, Derbyshire S33 9HY, UK.

5385. **Ledbury, Mark** Dept of History of Art, University of Manchester, School of Art History and Archaeology, Oxford Road, Manchester, M13 9PL, UK. *U. of Manchester* / Relationships between theatre and painting in France • Sedaine, Beaumarchais, Boucher, Greuze and David • Social, cultural and other networks which linked writers and visual artists.
mark.ledbury@man.ac.uk

5386. **Ledesma, Manuela** Avda de Granada, 37-5° A, 23001 Jaen, France.
mledesma@ujaen.es

5387. **Leduc, Guyonne** UFR Angellier (Dépt d'anglais), Université Charles de Gaulle - Lille III, BP 149, 59653 Villeneuve d'Ascq, France. *U. de Lille III* / Fielding • Pre-feminism • Women's education • Literature and the history of ideas.
guyonne.leduc@wanadoo.fr

5388. **Lee, Brian S.** Dept of English, University of Cape Town, Private Bag, 7700 Rondebosch, South Africa. *U. of Cape Town* / British literature • Swift.

5389. **Lee, David** 4519 Owana Drive, Knoxville, TN 37914, USA. *U. of Tennessee (Knoxville)* / German literature and society during the middle decades of the 18c, esp. as related to Johann Wilhelm Ludwig Gleim and Carl Wilhelm Ramler.
dlee@utk.edu

5390. **Lee, Dong-Yul** Dept of French, Seoul National University, 56-1 Shinlim-dong, Kwanak-gu, 151-742 Seoul, South Korea. *Seoul National U.* / French literature.

5391. **Lee, Hye-Ryung** 125-11 Nonhyun-dong, Kangnam-gu, Seoul, South Korea. *Korea National Open U.* / French history • Rousseau.

5392. **Lee, Hye-Soo** 243 West 63rd St, Apt. BC, New York, NY 10023-6810, USA.

5393. **Lee, Hyo-Gee** Na-201 Hyundae Villa, 1558-2 Seocho-1-dong, Seodaemun-gu, Seoul, South Korea. *Hanyang U.* / Court banquet foods.

5394. **Lee, Hyo-Sook** Kwanyang-dong 1376-21, Anyang-si, Kyungki-Do, South Korea. *U. de Paris IV* / Récits pédagogiques chez Mme de Genlis.

5395. **Lee, Hyun-Koo** B-202 Kwangil villa, 350-3 Hongje-dong, Seodaemun-gu, Seoul, South Korea. *Ewha Women's U.* / French literature • Diderot.

5396. **Lee, J. Patrick** Dept of French, Barry University, 11300 North East Second Avenue, Miami Shores, FL 33161, USA. *Barry U.* / Writings of Voltaire • Clandestine manuscripts • Huguenot literature in England • Voltaire in America.
jplee@mail.barry.edu

5397. **Lee, Jong-Jou** Yuwon APT 2-1203, Hosung-dong, Dukjin-gu, Chonju, South Korea. *Chonbuk National U.* / Classical Korean literature • Literature of 'Shilhak'.

5398. **Lee, Meredith Ann** Dept of German, University of California, 256 Administration, Division of Undergraduate Education, Irvine, CA 92697-5675, USA. *U. of California (Irvine)* / Music • Poetry • Travel literature • German literature • Goethe • Friedrich Gottlieb Klopstock.
malee@uci.edu

5399. **Lee, Siyeon** Jeil Officetel 804, Karak-dong 99-3, Songpa-ku, Seoul, South Korea. *Seoul National U.* / English novel, esp. Fielding.

5400. **Lee, Yong-Cheol** Hyundai 2 APT 114-403, 578 Chungkae-dong, Nowon-gu, Seoul,

South Korea. *Korea National Open U.* / Rousseau • Enlightenment philosophy.

5401. **Lee-Riffe, Nancy M.** 406 Jackson St, Berea, KY 40403-1746, USA.

5402. **Leeb, I. L.** 670 West End Avenue 12D, New York, NY 10025-7328, USA. *Polytechnic Institute of New York* / The Netherlands • Political thought.

5403. **Leemans, I.** Kromme Nieuwegracht 29, 3512 HD Utrecht, Netherlands.

5404. **Leerssen, J. T.** Spuistraat 134, 1012 VB Amsterdam, Netherlands. *U. van Amsterdam* / History of ideas • Cultural history • National stereotypes • National thought • Patriotism.

5405. **Leeuwe, H. H. J. de** Arnhemse Bovenweg 33-303, 3708 AA Zeist, Netherlands. *U. Utrecht* / Dutch and German drama and theatre at the turn of the 18/19c • Amsterdam Schouwburg in 1795.

5406. **Lefebvre, Louis** 9 rue des Oeillets, 91600 Savigny, France.

5407. **Lefevre, Christophe** 4 rue de Lorraine, 21200 Beaune, France.

5408. **Léger, Benoit** Etudes françaises, Univ. Concordia, Montréal, PQ H3G 1M8, Canada. *Concordia U.*

5409. **Legg, Marie-Louise** 93 Rivermead Court, Ranelagh Gardens, London, SW6 3SA, UK. *Birkbeck C.* / Toleration in Ireland.

5410. **Legger, A. L.** Van Hallstraat 37-2, 1051 GX Amsterdam, Netherlands.

5411. **Legnér, Mattias J. E.** Jungmansgatan 21, 1 tr., 62151 Visby, S Sweden. *Stockholms U.* / Sweden • Stockholm • Priests, civil servants, topographers, local historians, collectors, geographers • Enlightenment (concept) • Correspondence • Travel literature • Swedish literature • Antiquity • Political economy • Engineering.
✉ mattias.legner@historia.su.se

5412. **Legrand, Raphaëlle** 15 rue Eugène Jumin, 75019 Paris, France. / L'opéra et l'opéra-comique en France des origines au début du 18s, en part. Rameau (*Dardanus*).

5413. **Lehleiter, Christine** 303 East 10th St, Apt. 4, Bloomington, IN 47408-3476, USA.

5414. **Lehmann, Gilly** 25620 Bonnevaux-le-Prieuré, France. *U. de Franche-Comté* / Livres de cuisine anglais et français • Le rôle de la femme dans l'espace domestique • L'art des jardins.

5415. **Lehmann, Hannelore** Clara-Zetkin-Str. 20, 14471 Potsdam, Germany. *U. Halle-Wittenberg* / Ideas of the state, war and peace, esp. cameralists and German physiocrats • History of Potsdam, esp. related to pietism and Franckesche Stiftungen.

5416. **Lehmann-Carli, Gabriela** Wartiner Str. 59, 13057 Berlin, Germany. *Interdisziplinäres Zentrum für die Erforschung der Europäischen Aufklärung (Halle)* / N. M. Karamzin • Relations culturelles russo-allemandes.

5417. **Lehners, Jean-Paul** 162a avenue de la Faïencerie, 1511 Luxemburg, Luxembourg. *Centre Universitaire de Luxembourg* / The duchy of Luxembourg: demographic, economic and social history.

5418. **Lehr, J. P. W.** Roebroekweg 2, 6413 CN Heerlen, Netherlands. / Jewish criminality in the Netherlands • Criminal jurisprudence.

5419. **Lei, Chunfang** Institute of Qing History, Renmin University of China, 100872 Beijing, China. *Renmin U. of China* / China: Qing history.

5420. **Leibacher-Ouvrard, Lisa** Dept of French and Italian, University of Arizona, Tucson, AZ 85721-9900, USA. *U. of Arizona* / Libertinage • Utopies • Discours sur la sexualité.

5421. **Leicht, Kathleen** Dept of English & Philosophy, Central Missouri State University, Warrensburg, MO 64093-8888, USA. *Central Missouri State U.*

5422. **Leifsson, Gudmundur I.** Selbrekku 40, 200 Kópavogur, Iceland.

5423. **Leigh, John Duncan** Fitzwilliam College, University of Cambridge, Huntingdon Road, Cambridge, CB3 ODG, UK. *U. of Cambridge* / Voltaire • Beaumarchais.
✉ jdl1001@hermes.cam.ac.uk

5424. **Leiman, Jessica** Dept of English, Yale University, 102 Avon St, #3, New Haven, CT 6511, USA. *Yale U.*

5425. **Leiner, Wolfgang** Wilhelmstr. 50, 72074 Tübingen, Germany. *U. Tübingen* / Théâtre: évolution des différents genres • Relations auteur-public, en part. le mécénat • Réception critique de littérature.

5426. **Leite, Raimundo Helio** Rua Eretides Martins,1667, 60350-320 "Fortaleza, CE", Brazil. / History.
✉ helio@ufc.br

5427. **Leith, James A.** Dept of History, Queen's University, Kingston, ON K7L 3N6, Canada. *Queen's U. (Kingston)* / Intellectual history • Architecture and urban planning in France, 1789-1799 • Allegory and symbol in the French Revolution.

5428. **Leitner, Lynda Lee** 1120 Mariemont Avenue, Sacramento, CA 95864-5373, USA.

5429. **Lelievre, Gilbert** 24 rue Bosquet, 75007 Paris, France. *U. de Paris IV.*

5430. **Lemarchand, Guy** 4,parc du Cailly, 76000 Mont-Saint-Aignan, France. / Campagnes du pays de Caux • Débuts de la révolution industrielle en France et en Angleterre • Problèmes de la transition du féodalisme au capitalisme • Histoire anglaise.

5431. **Lemay, Edna Hindie** 12 rue des Hospitalières Saint Gervais, 75004 Paris, France. / Révolution française • Continuité des hommes • Députés à l'Assemblée législative, 1791-1792.

5432. **Lempa, Heikki** 386 Fort Washington Avenue, 6B, New York, NY 10033, USA. *U. of Chicago* / Manners: philanthropy.

5433. **Lenderová, Milena** Chelcického 967, 500 02 Hradec Králové 2, Czech Republic. *U. Pardubice* / Gender history • Franco-Czech cultural links.
✉ milena.lenderova@upce.cz

5434. **Lengefeldt, Cecilia** Frederiksberg Alle 100, 1820 Frb. C, Denmark. *Odense U.* / Swedish absolutism (Gustav III) and European Enlightenment.

5435. **Lenman, Bruce P** Dept of Modern History, University of St Andrews, St Andrews Fife, KY16 9AL, UK. *U. of St. Andrews* / Colonial British North America • India • International gem trade.

5436. **Lennersand, Marie.** Karlaplan 10, 5 trappor, 115 20 Stockholm, Sweden.
✉ marie.lennersand@dfr.se

5437. **Lenoir, Claude Jean** 23b rue de Meyrin, Résidence "Fontaines Châtelard", 1210 Ferney-Voltaire, France. / Théologie protestante et franc-maçonnerie à Genève.

5438. **Lensing, Dennis** 4511 Avenue D, Austin, TX 78751-3005, USA.

5439. **Lentisco, Fiorisa** Piazza Sturzo 2, 04011 Aprilia (LT), Italy. / Condorcet et la théorie des passions.

5440. **Leon, Mechele** Dept of Theatre Arts, University of Kansas, Murphy Hall, 1530 Naismith Drive, 66045 Lawrence, KS 66045, USA. *U. of Kansas* / Images of Molière • Cultural memory and theatre • Drama of the French Revolution.
✉ mleon@ku.edu

5441. **León Sanz, María Virginia** Fernando El Católico 77, 28015 Madrid, Spain.

5442. **Leonard, Daniel** Dept of French, Columbia University, Philosophy Hall, New York, NY 10027, USA. *Columbia U.*

5443. **Leonard, John** 10 St Nessan's Park, Dooradoyle, Limerick, Ireland.

5444. **Leonard, Melissa** 15 Berkeley Pl. 2A, Brooklyn, NY 11217-3563, USA. / Gothic novels.

5445. **Leonard, Paul** 1190 Westmount Rd, Sydney, NS B1R 2J6, Canada. *Western U.* / Working-class poetry.

5446. **Leone, Maria** 2 rue Terme, 69001 Lyon, France. / Poétique de l'écriture et problématique de la représentation/imitation • Le rapport entre texte et illustrations.
✉ mtlb@club-internet.fr

5447. **Leone, Salvatore** Via Carnazza 3a trav. 4, 95125 Catania, Italy. *U. di Catania* / Culture and society in Sicily.

5448. **Léoni, Sylviane** 49 rue Olivier de Serres, 75015 Paris, France. *U. de Bourgogne* / Rhétorique épidictique • Topique et art d'inventer • Relations interculturelles entre la France et l'Italie • Récits de voyage.
✉ seclphi@u-bourgogne.fr

5449. **Lepan, Géraldine** 78 rue Croix-Verte, 81000 Albi, France. / Rousseau.

5450. **Lepape, Pierre** 10 rue Saint Antoine, 75004 Paris, France.

5451. **Lepekhin, Mikhail** Gavanskaia oul. 16, 10, 199106 St. Pétersbourg, Russia. *Académie des sciences de St. Pétersbourg* / Histoire du livre russe.

5452. **Lepenies, Wolf** Wissenschaftskolleg zu Berlin, Wallotstr. 19, 14193 Berlin, Germany. *Wissenschaftskolleg zu Berlin* / Social thought • Relationship between the moral and the life sciences • Linnaeus • Buffon • Georg Forster.

5453. **Lepez-Vandergucht, Brigitte** 69 avenue de la Marne, 59700 Marcq-en-Baroeul, France. / La littérature utopique.
✉ blepez@fr.packardbell.org

5454. **Lépine, Pierre** 58 avenue de Clermont, 63830 Durtol, France.

5455. **Lepinette, Brigitte** (Avda. J. Alfonso, n°19), Urb. Alfinach n° 166, 46530 Pucol (Valencia), Spain. / Histoire de la traduction.

5456. **Lepori de Pithod, María Estela** Rue Gutierrez 434, dpto 701, 5500 Mendoza, Argentina. *U. Nacional de Cuyo* / La perception de la société espagnole chez des auteurs du 18s.

5457. **Lequin, Frank** Witte Rozenstraat 45 B, 2311 XT Leiden, Netherlands. *Titsingh Institute* / Socio-historical and cultural historical links between Europe and Asia • The life and works of Isaac Titsingh (1745-1812).

5458. **Leri, Clara** Via S. Tommaso 5, 10122 Torino, Italy. *U. di Torino* / La Bible et la littérature • Alfieri, Tramelogedia; tragédies • Néoclassicisme (la 'grâce') • Metastasio.

5459. **Leribault, Christophe** Musée Carnavalet, 29 rue de Sévigné, 75003 Paris, France. *Musée Carnavalet* / Jean-François de Troy.

5460. **Lerner, Randy** 42 Hedges Avenue, East Hampton, NY 11937-3800, USA.

5461. **Leroy, Marc** 31 rue de Villancy, 78640 Neauphle-Le-Chateau, France. *Lycée Saint-Jean de Béthune* / Le Grand Tour en France • La France vue par les Anglais et les rapports entre les deux nations • Louis XVI • Le facteur d'orgues John Abbey • L'ouest de l'Ile-de-France • Les Yvelines • L'orgue français classique.

5462. **Lesaffre, Michel** 47 avenue Verdier, 92120 Mont Rouge, France.

5463. **Lescat, Philippe Jean Robert** 160 rue Saint-Denis, 75002 Paris, France. / Education musicale en France • L'édition musicale française • Edition de partitions en fac-similé.
p.lescat@free.fr

5464. **Leschilivskaia, Inna** oul. Kravchenko 10, 21, 117331 Moscou, Russia. *Académie des sciences de Russie* / Lumières serbes.

5465. **Leso, Erasmo** Via Zambon De' Dauli 4, 35137 Padova, Italy.

5466. **Lester, Roger** Emory University, 910 Landmark Drive North East, Atlanta, GA 30342-2406, USA. *Emory U.*

5467. **Lestienne, Philippe** 26 rue Saint-Sernin, 86000 Poitiers, France.

5468. **Lestition, Steven** 318 South Stanworth Drive, Princeton, NJ 08540 -3142, USA. *Princeton U.* / The German Enlightenment • Social and political history of Prussia • Social and human sciences.

5469. **Lethbridge, Stefanie** English Seminar, University of Tubingen, Wilhelmstr. 50, 72074 Tubingen, Germany. *U. of Tubingen.*

5470. **Lethuillier, Jean-Pierre** 24 rue des Fossés, 35000 Rennes, France. *U. de Rennes II* / Cultures, mentalités, idéologie • Individu: représentations, individualisme, prénoms, portraits en France.

5471. **Létoublon, Françoise** Université Stendhal, UFR de Lettres, BP 25, 38040 Grenoble Cedex 09, France. *U. de Grenoble III.*

5472. **Lettevall, Rebecka.** Avd. för idé- och lärdomshistoria. Institutionen för kulturvetenskaper, Lunds universitet, Biskopsgatan 7, 223 62 Lund, Sweden. *Lunds U.* / Kant's *Zum ewigen Frieden* (1795).
rebecka.lettevall@kult.lu.se

5473. **Letzring, Monica** 433 West Upsal St, Philadelphia, PA 19119-3648, USA. *Temple U.* / Intellectual history • Catharine Macaulay.

5474. **Letzter, Jacqueline** 6806 Wells Parkway, University Park, MD 20782, USA. *U. of Maryland (College Park)* / French Revolution • Belgium • France • Music • Theatre • Isabelle de Charrière • Women.
jl266@umail.umd.edu

5475. **Leung, Cecile** Dept of Modern Language, Wintrop University, 701 Oakland Avenue, Rock Hill, SC 29733-3525, USA. *Wintrop U.* / Encounter between the Far East and Europe.

5476. **Leuschner, Hans** Mauerstr. 11, 64289 Darmstadt, Germany. / Authors.

5477. **Leuser, Claudia** Tetzelgasse 19, 90403 Nürnberg, Germany. *Neues Gymnasium Nürnberg* / Theological anthropology, esp. J. G. Herder.

5478. **Lévai, Csaba** University of Debrecen, Egyetem tér 10, DTE Btk, 4010 Debrecen, Hungary. *U. of Debrecen.*

5479. **Levayer, Paul-Edouard** 41 rue Labat, 75018 Paris, France. *U. de Tours* / Laclos • Mercier • Rétif • Le théâtre de la période révolutionnaire, 1789-1799.

5480. **Levchine, Olga** 3 rue de l'Estrapade, 75005 Paris, France. / La Pré-Révolution française.

5481. **Lever, Maurice** 26 rue d'Aumale, 75009 Paris, France. *C.N.R.S. (Paris)* / Sade: correspondance, papiers de famille • Beaumarchais: biographie.
maurice.lever@wanadoo.fr

5482. **Levin, Adam** St Cross College, Oxford, OX1 3LZ, UK. *St Cross C.* / Sterne • Novel • Philosophy and religion in Britain • Sermons.

5483. **Levin, Leonid** Mezenskaia oul. 1, 2, 320040 Orel, Russia. *U. technique d'Orel* / Relations dynastiques et politiques russo-allemandes • Histoire de la 'famille de Braunschweig' en Russie.

5484. **Levin, Yuri Davidovitch** Prospekt Engelsa 135, 63, 194356 St Petersburg, Russia. / English literature in Russia • Russian translated literature • Cultural influence.

5485. **Levine, George R.** Dept of English, Clemens Hall, S.U.N.Y., Buffalo, NY 14260-4610, USA. *S.U.N.Y. (Buffalo)* / The novel • Relationship of literature to the other arts • Lyric poetry.

5486. **Levine, Joseph** 307 Clarendon St, Syracuse, NY 13210-2912, USA. *Syracuse U.* / Ancients and Moderns • Historiography: R. G. Collingwood.

5487. **Levine, William S.** Dept of English, Middle Tennessee State University, P.O. Box 70, Murfreesboro, TN 37132, USA. *Middle Tennessee State U.* / Convergences of poetry and the political • Redefinitions of public and private modes of literature and authorship • Literary-based historical paintings • Absorption of literary modes into political discourse.
✉ wlevine@mtsu.edu

5488. **Levinger, Matthew** Dept of History, Lewis and Clark College, 0615 South West Palatine Hill Rd, Portland, OR 97219, USA. *Lewis and Clark C.* / Nationalism and modern constitutional thought in France and Germany • Ideological origins of the French Revolution • Impact of Kant and other Enlightenment philosophers on Prussian constitutional theory.

5489. **Levitsky, Alexandre** Dept of Slavic Languages, Brown University, Box E, Providence, RI 02912, USA. *Brown U.* / Littérature baroque • G. R. Derjavine • Poésie maçonnique.

5490. **Levitt, Marcus C.** University of Southern California, University Park, Los Angeles, CA 90089-4353, USA. *U. of Southern California* / Modern Russian literature • Status of the visual in 18c Russia • The rapprochement between secular and religious culture • The works of Sumarokov, Lomonosov, Radishchev, Daskova and Catherine the Great.
✉ levitt@usc.edu

5491. **Levy, David M.** 9335 Lee Highway, #102, Fairfax, VA 22031-1813, USA. *George Mason U.* / Economics • Adam Smith's 'Lost Problems'.

5492. **Lévy, Maurice** 14 rue Auguste Dide, 31500 Toulouse, France. *U. de Toulouse II* / Roman noir (ou 'gothique') en France et en Angleterre • Roman anglais • Boswell.

5493. **Levy-Mongelli, Danielle** Via Cardinal Misrangelo 39/F, 00167 Roma, Italy. / Discourse analysis on French Revolution • Languages and cultures: comparative analysis applied to French and Italian languages.

5494. **Lewallen, Nina** 25 Grandview Avenue, San Francisco, CA 94114, USA.

5495. **Lewan, Bengt** Kavallerigr. 4, 226 39 Lund, Sweden. / Italian renaissance in Swedish literature • Swedish pastoral poetry.
✉ litt-ble@pop.lu.se

5496. **Lewenhaupt, Tonie** P.B. 40, 25730 Rydebäck, Sweden. / Dress.

5497. **Lewis, Andrew D. E.** Faculty of Laws, University College, Bentham House, Endsleigh Gardens, London, WC1H 0EG, UK. *University C.* / European legal history • Montesquieu and Roman law • Bentham.

5498. **Lewis, Elizabeth Franklin** 26 Cardinal Drive, Fredericksburg, VA 22406-5013, USA.

5499. **Lewis, Gwynne** 26 Marley Avenue, New Milton, Hants BH25 5LJ, UK. *U. of Southampton* / Social and cultural history • Economic history: protoindustrialisation • The French Revolution.

5500. **Lezuik Hansen, Kasper** Bellmansgade 36, 3.th., 2100 København Ø, Denmark.

5501. **Lezza, Antonia** Via D. Fontana 27/8, 80128 Napoli, Italy. *U. di Salerno* / F. S. Saverio Salfi • G. Casanova.

5502. **Lhvis, Sylvia F.** 2309 West 18th St, Wilmington, DE 19806, USA.

5503. **Li, Changli** Institute of Modern History, Chinese Academy of Social Sciences, 1 Dongchang hutong, Wangfujing Dajie, 100006 Beijing, China. *Chinese Academy of Social Sciences* / China: Qing history.

5504. **Li, Dalong** Borderland History Research Centre, Chinese Academy of Social Sciences, 1 Dongchang hutong, Wangfujing Dajie, 100006 Beijing, China. *Chinese Academy of Social Sciences* / History of Chinese borderlands.

5505. **Li, Haihong** Chinese Academy of Social Sciences, 5 Jian Nei Da Jie, 100732 Beijing, China. *Chinese Academy of Social Sciences.*

5506. **Li, Lan** Institute of Qing History, Renmin University of China, 100872 Beijing,

China. *Renmin U. of China* / China: Qing history.

5507. **Li, Mao-tong** Institute of Qing History, People's University of China, 175 Haidian Rd, 100872 Beijing, China. *Renmin U. of China* / Qing dynasty • China.

5508. **Li, Mengchao** Renmin University of China (Renmin daxue xiaobao), 100872 Beijing, China. *Renmin U. of China (Renmin daxue xiaobao)* / China: Qing history.

5509. **Li, Mingwei** Beijing shiwei dangxiao, Beijing, China. *Beijing shiwei dangxiao* / China: Qing history.

5510. **Li, Ningning** Institute of Qing History, Renmin University of China, 100872 Beijing, China. *Renmin U. of China* / China: Qing history.

5511. **Li, Qiang** Institute of Qing History, Renmin University of China, 100872 Beijing, China. *Renmin U. of China* / China: Qing history.

5512. **Li, Qiao** Beijing Daily (Beijing Ribao, Lilunbu), Beijing, China. *Beijing Daily (Beijing Ribao, Lilunbu)* / China: Qing history.

5513. **Li, Sheng** Borderland History Research Centre, Chinese Academy of Social Sciences, 1 Dongchang hutong, Wangfujing Dajie, 100006 Beijing, China. *Chinese Academy of Social Sciences* / History of Chinese borderlands.

5514. **Li, Wenhai** Institute of Qing History, Renmin University of China, 100872 Beijing, China. *Renmin U. of China* / China: Qing history.

5515. **Li, Xiaocong** Dept of History, Beijing University, 100871 Beijing, China. *Beijing U.* / Geography • Urban history planning • East and West • Cartography • Cultural exchange between China and the West.

5516. **Li, Xiu-Qin** Dept of Western Languages & Literature, University of Beijing, 100871 Beijing, China. *Beijing U.* / Evolution de l'écriture chinoise • L'écriture chinoise comparée à une écriture alphabétique ou phonetique • Précis de lexicologie française.

5517. **Li, Xizhu** Institute of Modern History, Chinese Academy of Social Sciences, 1 Dongchang hutong, Wangfujing Dajie, 100006 Beijing, China. *Chinese Academy of Social Sciences* / China: Qing history.

5518. **Li, Zhiting** Jilin Academy of Social Sciences, Changchun, Jilin, China. *Jilin Academy of Social Sciences* / China: history of politics.

5519. **Li Donni, Anna** Via Palmerino 42, 90129 Palermo, Italy. *U. di Palermo* / Italian economists • Interpretations of economic development • Salaries, productivity and luxury in economic writings.

5520. **Liamina, Ekaterina** Oul. Verzemneka 7, 6, Moscou, Russia. *Bolchaia Rossijskaia encyclopedia* / Relations culturelles franco-russes • A. S. Chichkov.

5521. **Liang, Jinghe** Dept of History, Capital Normal University, 100037 Beijing, China. *Capital Normal U.* / China: Qing history.

5522. **Liang, Yong** Beijing Middle School No. 62, Beijing, China. *Beijing Middle School No.62.*

5523. **Libby, Susan** Art Dept, Rollins College, Box 2686, 1000 Holt Avenue, Winter Park, FL 32789-4499, USA. *Rollins C.* / Art theory and criticism, 18-19c • Science.

5524. **Libin, Kathryn** 126 Darlington Avenue, Ramsey, NJ 7446, USA.

5525. **Licher, Lucia Maria** Von-Müller-str. 33, 26123 Oldenburg, Germany. *U. Osnabrück* / Romantik, Klassik • Sociology of literature • Cultural history • Education.

5526. **Lidstone, Anna** 35 Charles St West #510, Toronto, ON M4Y 1R6, Canada. *U. of Toronto.*

5527. **Lie, Sissel** Romansk institutt, NTNU, 7491 Trondheim, Norway. *NTNU.*

5528. **Lieb, Laurie Yager** 65 Devoe Avenue, Yonkers, NY 10705-4718, USA. *Syracuse U.* / 'Old Maids' and spinsters • Richardson's novels • Women's studies.

5529. **Liebenow, Franklin E.** 14437 Clark St, Riverdale, IL 60827, USA. *Chicago State U.* / Poetry and criticism, 1740-1800 • Concept of history, 1660-1800, esp. Mandeville, Law, Pope, Hume.

5530. **Lieber, Maria** Institut für Romanistik, Technische Universität Dresden, 01062 Dresden, Germany. *Technische U. Dresden* / Enlightenment.

5531. **Lieberman, David** School of Law (Boalt Hall), University of California, Berkeley, CA 94720-7200, USA. *U. of California (Berkeley)* / The impact of law and legal theory on political thought and social sciences.
✉ dlieb@law.berkeley.edu

5532. **Lieberman, Ronald** RR 1, Box 42, Glen Rock, PA 17327, USA. *The Family Album* / German-American imprints • American book trade.

5533. **Liebman, Elisabeth** Dept of Art History, University of Chicago, 5540 Greenwood Avenue, Chicago, IL 60637, USA. *U. of Chicago.*

5534. **Liebman Parrinello, Giuli** Via Sabrata 30, 00198 Roma, Italy. *U. di Roma / Sturm und Drang* • 'Menschenliebe' in German literature.

5535. **Lieburg, M. J. van** Hoofdstr. 34, 9915 PD 't Zandt, Netherlands. *Vrije U. Amsterdam /* History of medicine • Scientific societies.

5536. **Liechtenhan, Francine-Dominique** 1 avenue de Ségur, 75007 Paris, France. *U. de Caen /* Relations entre la Russie et l'Europe occidentale • Perception de la Russie par les étrangers • Guerre de succession d'Autriche.

5537. **Liepert, Susan** Dept of English, University of Alberta, Edmonton, AB T6G 2E5, Canada. *U. of Alberta.*

5538. **Lieske, Pam** English Dept, Kent State University, 4314 Mahoning Avenue North West, Kent, OH 44483 1998, USA. *Kent State U.*

5539. **Lietzmann, Hilda** Bauerstr. 12, 80796 München, Germany. / Art and culture in the early modern period.

5540. **Liggenstorfer, Roger** Pünt 12, 8598 Bottighofen, Switzerland. / La Nonciature de Domenico Passionei à Lucerne 1721-1730.

5541. **Ligou, Daniel** 38 avenue des Champs Perdrix, 21000 Dijon, France. *U. de Dijon /* Les francs-maçons en France; réédition du *Dictionnaire universel de la franc-maçonnerie* • Histoire de la Bourgogne • Institutions de l'époque moderne.

5542. **Lilius, Pirkko** Estnäsg. 9 A 43, 00170 Helsinki, Finland. *Helsinki U. /* Style in fiction in Finland.

5543. **Lillesøe, Bo** Det Danske Klopstockselskab, Skovvang 15, 3460 Birkerød, Denmark. *Det Danske Klopstockselskab /* Klopstock.
✉ bolille@hotmail.com

5544. **Lilley, Ed** Dept of History of Art, University of Bristol, 43 Woodland Rd, Bristol, BS81UU, UK. *U. of Bristol /* French Revolution • France • Académie royale de peinture et de sculpture • Painting • French Enlightenment • L'*Encyclopédie* • *Tableau de Paris* • Boucher • David • Diderot.
✉ ed.lilley@bristol.ac.uk

5545. **Lillo, Jacqueline** Via Spagna 33, 90146 Palerme, Italy. *U. de Palerme /* Enseignement du français en Italie • Les dictionnaires bilingues français-italien/italien-français • Les manuels pour l'enseignement.
✉ jlillo@unipo.it

5546. **Lilti, Antoine** Dept of History, E.N.S., 45 rue d'Ulm, 75005 Paris, France. *E.N.S. (Paris) /* Intellectual and non-intellectual society in Paris.
✉ antoine.lilti@ens.fr

5547. **Lin, Chih-Yun** Dept of French, National Central University, Chung-Li, 32054, Tao Yuan, Taiwan. *National Central U. /* French Enlightenment • Marivaux • Novels.
✉ joelle@cc.ncu.edu.tw

5548. **Lin, Qian** Institute for the History of Laws, Zhongguo Zhengfa Daxue, Beijing, China. *Institute for the History of Laws.*

5549. **Lin, Rongjie** Institute of Qing History, Renmin University of China, 100872 Beijing, China. *Renmin U. of China /* China: Qing history.

5550. **Lincir, Ivan** 112 Harvard Avenue #24, Claremont, CA 91711-4716, USA.

5551. **Lincoln, Margarette** 19 Albury St, Deptford, London, S68 3PT, UK. *National Maritime Museum /* British Navy, 1750-1830.

5552. **Lind, Vera** German Historical Institute, 1607 New Hampshire Avenue North-West, Washington, DC 20009, USA. *German Historical Institute.*

5553. **Lindberg, Anna Lena** Dept of Art History, Lunds Universitet, Biskopsgatan 5, 22362 Lund, Sweden. *Lunds U. /* Visual arts, gender and modernity, esp. in Scandinavia and North-West Europe.
✉ anna_lena.lindberg@arthist.lu.se

5554. **Lindberg, Bo S.** Berggrensgatan 11, 41273 Göteborg, Sweden. *Stockholms U. /* Learning and universities.
✉ bo.lindberg@idehist.su.se

5555. **Lindberg, Erik** Ekonomisk-historiska institutionen, Uppsala Universitet, Box 513, 751 20 Uppsala, Sweden. *Uppsala U.*

5556. **Lindeberg, Silvana** Tulegatan 34, 6 tr., 11353 Stockholm, Sweden. *Uppsala U. /* Les idées littéraires de Rivarol.

5557. **Lindeman, Christina** 1411 North Highland Avenue, Tucson, AZ 85719-7141, USA.

5558. **Lindemann, Mary** Dept of History, Carnegie Mellon University, 5000 Forbes Avenue, Pittsburgh, PA 15213-3890, USA. *Carnegie Mellon U. /* Crime and political culture

in Amsterdam, Antwerp and Hamburg • Means by which authorities determined responsibility under the law and in civic relationships.
lindeman@andrew.cmu.edu

5559. **Lindemann-Stark, Anke** Am Bornrain 6, 35091 Cölbe, Germany.

5560. **Lindesay, Andrew** 8 Gladstone St, London, SE1 6EY, UK.

5561. **Lindgärde, Valborg** Teologiska Högskolan, Kottlavägen 116, 18141 Lidingö, Sweden. *Teologiska Högskolan* / Devotional literature in Sweden, 17-18c • Sophia Elisabet Brenner.
valborg.lindgarde@ths.se

5562. **Lindijer, A. E. C.** Uit den Bosstraat 9, 2012 KL Haarlem, Netherlands.

5563. **Lindley, Arthur D.** Dept of English Language and Literature, National University of Singapore, Kent Ridge, Singapore 0511, Singapore. *National U. of Singapore.*

5564. **Lindner, Burkhardt** Seminar für Didaktik der Deutschen Sprache und Literatur, FB 10, Universität Frankfurt/M., Senckenberganlage 31, 60325 Frankfurt/M., Germany. *U. Frankfurt/Main* / Littérature en tant qu'art à la fin de l'Aufklärung • Utopie à la fin du siècle • Tendances matérialistes et idéalistes dans les théories esthétiques.

5565. **Lindstrom, David H.** Dept of English, Colorado State University, Fort Collins, CO 80523-0001, USA. *Colorado State U.* / Swift • Satire • Art and music.

5566. **Ling, Sofia** Storgatan 8, 3 trappor, 753 31 Uppsala, Sweden.

5567. **Link, Anne-Marie L.** Augustana University College, 4901 46 Avenue, Camrose, AB TV4 2R3, Canada. *Augustana University C.* / Print culture • Book illustration • Art history.
linka@augustana.ca

5568. **Link, Viktor** Institut für Anglistik und Amerikanistik, Universität Braunschweig, Mühlenpfordtstr. 22/23, 38106 Braunschweig, Germany. *Technische U. Braunschweig* / Nonhuman perspective in narrative literature • Frederick the Great in English literature.

5569. **Linney, Verna** P.O. Box 100, 12 Church St, Palgrave, ON L0N 1P0, Canada. *York U. (North York)* / Botanical art • Mary Delany.

5570. **Linon-Chipon, Sophie** 467 allée des Mimosas, 06210 Mandelieu, France. *U. de Paris IV* / La route maritime des épices sur les pas des Portuguais en direction des Indes orientales.
sophie.linon-chipon@paris4.sorbonne.fr

5571. **Lioubavin, Mikhail** Steinstr. 33, 66115 Saarbrücken, Germany. / Histoire du livre en Russie • Editeurs, libraires, censeurs.

5572. **Lipina-Berezkina, Victoria Ivanovna** Dnepropetrovsk National University, Nauchnaya st 13, Dnepropetrovsk 49005, Ukraine. *Dnepropetrovsk National U.* / Genesis and development of the essay genre in English and American literature.
vlipina@hotmail.com

5573. **Lipking, Joanna** Dept of English, Northwestern University, UH 215, Evanston, IL 60208, USA. *Northwestern U.* / Aphra Behn and other women authors, 1660-1740.
j-lipking@northwestern.edu

5574. **Lipking, Lawrence** Dept of English, Northwestern University, Evanston, IL 60208-5020, USA. *Northwestern U.* / Poet-critics • Biography • Literature and the other arts • Heroic or Ovidian epistles • Samuel Johnson • Abandoned women • Literary pictorialism.

5575. **Lipsedge, Karen** 36 St James Terrace, Boundaries Road, Balham, SW12 8HJ, UK.

5576. **Liris, Elisabeth** 129 bis avenue de Choisy, 75013 Paris, France.

5577. **Lisboa, João Luís Vieira** Avenue EUA 68-10° D, 1700 Lisboa, Portugal. *U. Nova de Lisboa* / Lecture et communication.

5578. **Lister, Andrew** 17 Hampden Avenue, Beckenham, Kent BR3 4HA, UK. *Kent County Council Arts & Libraries* / British Enlightenment • French Enlightenment • *Tristram Shandy* • Grub Street • Social history • Salons • Bach • Mozart • Sterne • Swift.
andrew.lister@kent.gov.uk

5579. **Litavrina, Marina** Profsoyouznaya 8, 2, apt. 460, 117292 Moscou, Russia. *Académie de théâtre de Russie* / Theatre and power in Russia • History of theatre censorship in Russia • Gallomania, France and the French in Russian drama.

5580. **Litynski, Adam** Ul. Uniwersytecka 21 m.120, 40-007 Katowice, Poland.

5581. **Liu, Deng** Institute of Qing History, Renmin University of China, 100872 Beijing, China. *Renmin U. of China* / China: Qing history.

5582. **Liu, Fengyun** Institute of Qing History, Renmin University of China, 100872 Beijing, China. *Renmin U. of China* / China: Qing history.

5583. **Liu, Huanxing** Institute of Qing History, Renmin University of China, 100872 Beijing, China. *Renmin U. of China* / China: Qing history.

5584. **Liu, Jing** Institute of Qing History, Renmin University of China, 100872 Beijing, China. *Renmin U. of China* / China: Qing history.

5585. **Liu, Nicolae** Casuta Poztala 24-64, 73500 Bucuresti 2, Romania. *Académie roumaine* / Voltaire et les Lumières dans le contexte sud-est européen • Napoléon et les Roumains • Influence internationale de la Révolution française.

5586. **Liu, Runtang** Beijing shehui zhuyi xueyuan, Beijing, China. *Beijing shehui zhuyi xueyuan.*

5587. **Liu, Wenpeng** Institute of Qing History, Renmin University of China, 100872 Beijing, China. *Renmin U. of China* / China: Qing history.

5588. **Liu, Xiangyu** Institute of Qing History, Renmin University of China, 100872 Beijing, China. *Renmin U. of China* / China: Qing history.

5589. **Liu, Yangdong** Zhongguo Zhengxiebao, Beijing, China. *Zhongguo Zhengxiebao.*

5590. **Liu, Yigao** Dept of History, Beijing University, 100871 Beijing, China. *Beijing U.* / China: Qing history.

5591. **Liu, Yu** 1335 Millersport Hwy, Apt 8, Williamsville, NY 14221 2925, USA.

5592. **Liu, Zhonghua** Beijing Academy of Social Sciences, Beijing, China. *Beijing Academy of Social Sciences* / China: Qing history.

5593. **Liu, Zongzhi** Institute of Qing History, Renmin University of China, 100872 Beijing, China. *Renmin U. of China* / China: Qing history.

5594. **Liubavin, Mikhail** Karpinskogo 8, 25, 195256 St Pétersbourg, Russia. / Histoire du livre en Russie: éditeurs, libraires, censeurs.

5595. **Liversidge, Michael J. H.** History of Art Dept, University of Bristol, 43 Woodland Road, Bristol, BS8 1UU, UK. *U. of Bristol* / English landscape art: painting, garden history, related architecture • Classical receptions in English art and architecture.
✉ m.j.h.liversidge@bristol.ac.uk

5596. **Livet, Georges** 3 rue Schiller, 67000 Strasbourg, France. *U. de Strasbourg II* / Problèmes intérieurs • Relations internationales.

5597. **Livingston, Herbert S.** 725 Beautyview Ct, Columbus, OH 43214-2901, USA. *Ohio State U. (Columbus)* / Concerts and keyboard music • Early string quartet • Music in colonial America.

5598. **Ljungberg, Carl Johan** Birger Jarlsg. 106 A, 2 tr., 11420 Stockholm, Sweden. / Edmund Burke: his classical-modern synthesis and idea of the constitution.

5599. **LLoyd, Josephine** Whitewings, 4 Quaker Close, Fenny Drayton, Nuneaton, CU13 6BS, UK.

5600. **Lloyd, Sarah** 146 Howard St, Oxford, 3BG, UK. / Poverty and charity in Britain.

5601. **Lloyd, Stephen Howard** Scottish National Portrait Gallery, 1 Queen St, Edinburgh, EH2 1JD, UK. *Scottish National Portrait Gallery* / The artists Richard Cosway R.A. (1742-1821) and Maria Cosway (1759-1838) • British portrait miniatures.

5602. **Lluch Martín, Ernest** Avda de Chile 38, 9° 3ª, 08028 Barcelona, Spain. / Pensée économique.

5603. **Lo Schiavo, Aldo** Via Livio Tempesta 40, 00151 Roma, Italy.

5604. **Lo Tufo, Iliaria** Via La Farcua 40, 50132 Firenze, Italy.

5605. **Loar, Chris F.** Dept of English, U.C.L.A., 2225 Rolfe Hall, 405 Hilgard Avenue, Los Angeles, CA 90095, USA. *U.C.L.A.* / New World • England • Ireland • Scotland • Poetry • Travel literature@-Image of North America • Anglo-Irish literature • American literature • English literature.
✉ cloar@ucla.edu

5606. **Loba, Miroslaw** Ul. Norwida 4, 62-040 Puszczykowo, Poland. *U. Adam Mickiewicz* / Le drame bourgeois • History of ideas • The self and subjectivity.

5607. **Lobban-Viravong, Heather** Grinnell College, Box 805, Grinnell, IA 50112, USA. *Grinnell College* / Epistolary novel.
✉ lobbanvh@grinnell.edu

5608. **Lobont, Florin** Str. Labirint 8, sc.B, ap.18, 1900 Timisoara, Romania. *U. Timisoara* / Philosophy, esp. of history • History of ideas • Jewish studies.

5609. **Lochard, Eric** Centre d'étude du XVIIIe siècle, Université Paul-Valéry, Route de Mende, B.P. 5043, 34000 Montpellier Cedex 1, France. *U. de Montpellier III.*

5610. **Loche, Annamaria** via Scano 13, 09129, Cagliari, Italy. *U. di Cagliari* / Political philosophy • Rousseau • Democracy.
⊛ loche@unica.it

5611. **Lock, Frederick Peter** Dept of English, Queen's University, Kingston, ON K7L 3N6, Canada. *Queen's U.* / Writing and rhetoric of politics • Biography of Edmund Burke.
⊛ lockfp@qsilver.queensu.ca

5612. **Lockwood, Thomas** Dept of English, University of Washington, Box 354330, Seattle, WA 98195-0005, USA. *U. of Washington* / Editing drama.

5613. **Loeber, Rolf** 6122 Alder St, Apt. E1, Pittsburgh, PA 15206, USA.

5614. **Løfaldli, Eli** Dept of English, Norwegian University of Science and Technology, Dragvoll, 7491 Trondheim, Norway. *Norwegian U. of Science and Technology* / Literary translation, adaptation and imitation • Quixotism, masculinity, gender theory, women's writing.
⊛ eli.lofaldli@hf.ntnu.no

5615. **Loft, Leonore** Modern Langueage & Literature, State University College, 2109 Fenton, Central Avenue, Fredonia, NY 14063, USA. *State University C.* / Brissot de Warville • The French Revolution • Rousseau.

5616. **Loftis, John E.** Dept of English, University of Northern Colorado, Greeley, CO 80631 5579, USA. *U. of Northern Colorado* / The novel • Fielding • Law.

5617. **Logan, John** Dept of Government and Society, University of Limerick, Limerick, Ireland. *U. of Limerick* / Education • Reading, literacy • Charity in the city.

5618. **Logan, Lisa** Dept of English, University of Central Florida, P.O. Box 161346, Orlando, FL 32816-1346, USA. *U. of Central Florida.*

5619. **Logchem, D. van** Diependaalselaan 321, 1215 KG Hilversum, Netherlands.

5620. **Løgstrup, Birgit** Rigsarkivet, Rigsdagsgården 9, 1218 København K, Denmark. *Rigsarkivet.*

5621. **Lohne, Jardar** Romansk institutt, NTNU, 7491 Trondheim, Norway. *NTNU* / Sade • Concept de l'homme • Dialogue philosophique.

5622. **Loir, Christophe** 51 avenue Mozart, 1190 Bruxelles, Belgium. *U. libre de Bruxelles* / Art institutions (academies, salons, societies, museums) • The status of artists • The birth of artistic heritage • The reception of Antiquity, esp. in Belgium.
⊛ christophe.loir@ulb.ac.be

5623. **Loiselle, Kenneth** History Dept, Yale Univ., P.O. Box 206202, New Haven, CT O6520, USA. *Yale U.* / Friendship in France.

5624. **Lojkine, Stéphane** 5 bis impasse Enclos de l'Herbette, 34000 Montpellier, France. *U. de Montpellier III* / Esthétique et politique des Lumières • Salons de Diderot • *Essai sur les mœurs* de Voltaire.

5625. **Lókös, István** Vízimolnár u. 12, 3300 Eger, Hungary. *U. Debrecen* / Central and eastern European literature • Croatian-Serb-Slovenian-Hungarian cultural links • Comparative literature.

5626. **Lole, F. Peter** 5 Clayton Avenue, Didsbury, Manchester, M20 6BL, UK. / Jacobitism • Glass.

5627. **Lombardi, Carmela** via Orazio 102, 80122 Napoli, Italy. *U. di Siena* / Academies, Encyclopaedias and systems of knowledge • Literary theory • Theory and history of dance • Vico.
⊛ lombardic@unisi.it

5628. **Lombardo, Agostino** Via Lorenzo il Magnifico 15, 00162 Roma, Italy.

5629. **Lomné, Georges** 8 rue du Stade Buffalo, 92120 Montrouge, France.

5630. **Lomonaco, Fabrizio** Via P. Giannone 33/A, 80141 Napoli, Italy. *U. di Napoli* / Tolerance and freedom of conscience • Vico'sScienza Nuova (1730).
⊛ flomona@unina.it

5631. **London, April** Dept of English, P.O. Box 450, Stn. A, Ottawa, ON K1N 6N5, Canada. *U. of Ottawa* / Literary histories (late 18th and early 19th centuries) • The novel.
⊛ aklondon@uottawa.ca

5632. **Long, Ada** Honors Program, University of Alabama, Birmingham, AL 3294-0001, USA. *U. of Alabama* / Cowper • Stylistics • Rhetorical theory.

5633. **Longhitano, Gino** Corso delle Provincie 12, 95100 Catania, Italy.

5634. **Longo, Mario** Via G. Verga 8, 37047 S. Bonifacio (VR), Italy.

5635. **Longué, Jean-Louis** 8 chemin de la Tour, 5100 Briançon, France. / Helvétius.

5636. **Lönnroth, Erik** Terrassg. 13, 41133 Göteborg, Sweden. *Svenska Akademien* / The

'Dead Fall' catastrophe in Northern Sweden, 1796 • M. C. Bruhn, a female inventor of artillery • Foreign policy of the Swedish Regency, 1792-1794.

5637. **Lonsdale, Roger** Balliol College, Oxford, OX1 3BJ, UK. *Balliol C.* / Poetry • Women writers • Johnson.

5638. **Looser, Devoney K.** Dept of English, University of Missouri, 107 Tate Hall, Columbia, MO 65211, USA. *U. of Missouri (Columbia)* / Women's writings and old age in Britain, 1750-1850 • Correspondence of Samuel Richardson.
✉ looserd@missouri.edu

5639. **Lope, Hans Joachim** Weidenhäuserstr. 35, 35037 Marburg, Germany. *U. Marburg* / Spanish literature and civilisation • Cultural relations between Spain and Germany.
✉ lope@mailer.uni-marburg.de

5640. **Lopes, João Pedro Carvalho** Rua Vitorino Nemésio, 4-7º D, 1750-307 Lisboa, Portugal. / Law.

5641. **Lopes, José Ernesto Carvalho** Rua Vitorino Nemésio, 4-7º E, 1750-357 Lisboa, Portugal. / Pombalismo • French Revolution • Arts • Architecture.

5642. **Lopes, Maria Teresa Sena Sales** Estrada de Benfica 743-5° Esq., 1500 Lisboa, Portugal. / Marquis de Pombal.

5643. **Lopez, François** 9 rue du Docteur Roux, 33200 Bordeaux, France. / Histoire des idées • L'édition • La lecture.

5644. **López Céspedes, José Jesús** Avenida Monserrat 31, 9°B., 04006 Almeria, Spain.

5645. **López de Albornoz, Cristina del C.** A. Sabin 2500, 4107 Yerba Buena, Argentina. *U. de Tucumán* / Société et économie à Tucumán.

5646. **Lopez Lopez, Roberto J.** C/ Aldea Ledin 8, 15886 Ameneiro-Calo-Teo (La Coruña), Spain.

5647. **Lopez Munoz, Miguel Luis** C/ Sancho Panza 5, Bloque 1, Pta. 2, 1°A, 18008 Granada, Spain. / L'Eglise • Religion populaire.

5648. **Lopez-Cordon, Maria Victoria** C/ Toledo, 144-E., 28005 Madrid, Spain. *U. Complutense* / Histoire des idées • Histoire sociale et études de prosopographie administrative • Editions de textes de femmes et littérature pédagogique et morale • Voyages.

5649. **López-Vidriero Abelló, Maria Luisa** Real Biblioteca Madrid, Palacio Real. Bailén s/n, Madrid, Spain. *Real Biblioteca Madrid* / History of the book.
✉ lvidirero@patrimonionacional.es

5650. **Loprete, Rebecca B.** 23 Garden Rd, Concord, MA 01742-3409, USA.

5651. **Loptson, Peter** Dept of Philosophy, University of Guelph, 50 Stone Rd East, Guelph, ON N1G 2W1, Canada. *U. of Guelph* / Leibniz and Hume • Philosophical writings.

5652. **Lorenz, Hellmut** Aslangasse 75, 1190 Wien, Austria. *U. Wien* / Architecture • Art theory • Sacred and profane decoration.

5653. **Lorenz, Stefan** Kaiserin-Augusta-Allee 86b, 10589 Berlin, Germany. *Forschungszentrum Europäische Aufklärung (Potsdam)* / Metaphysics and philosophy of religion • Reception of Leibniz and Bayle • Philosophy prizes: Berlin Academy of Sciences • Radical pietism.

5654. **Lorenzini, Lucrezia** Via Minzoni Is. 199/A, 98100 Messina, Italy.

5655. **Lorenzo Álvarez, Elena** Instituto Feijoo de Estudios del Siglo XVIII, Universidad de Oviedo, Campus del Milán Universidad de Oviedo, Oviedo 33011, Asturias, Spain. *U. de Oviedo* / Literature • Intertextuality.
✉ xeldelor@correo.uniovi.es

5656. **Loretelli, Rosamaria** Via G. Pezzana 108, 00197 Roma, Italy. *U. di Napoli* / New reading practices and the rise of the novel • Popular literature.
✉ loretell@unina.it

5657. **Los, W. F.** Zebradreef 195, 3564 PR Utrecht, Netherlands. / Education, esp. in the Netherlands • Relationship between educational theory and cultural criticism.

5658. **Losa Serrano, Pedro** C/ Rocinante 28, 02006 Albacete, Spain. / Les seigneuries.

5659. **Loscocco, Paula** Dept of English, Barnard College, 3009 Broadway, New York, NY 10027 6501, USA. *Barnard C.*

5660. **Losev, Serguei** Prospekt Marxa 458, 10, 443106 Samara, Russia. *U. de Samara* / Historical anthropology • Mentalities • Demography of France.

5661. **Losman, Arne** Rindögatan 12, 115 36 Stockholm, Sweden.

5662. **Lossowska, Irena** Ul. Prosta 2/14 m.177, 00-850 Warszawa, Poland.

5663. **Loster-Schneider, Gudrun** Spinozastr. 7, 68165 Mannheim, Germany. *U. Mannheim* / Aesthetics • Women's literature • Image of women • Gender studies • Sophie von La Roche • Genre.

5664. **Lotterie, Florence** Dépt de littérature française, Université Marc Bloch, 14 rue René Descartes, 67084 Strasbourg Cedex, France. *U. Marc Bloch* / Histoire des idées 1750-1815 • Discours historiques des Lumières • Littérature et Révolution • La contre révolution doctrinale.
✉ lotterie@umb.u-strasbg.fr

5665. **Lottes, Günther** Muthesiusstr. 4, 12163 Berlin, Germany. *Forschungszentrum Europäische Aufklärung* / Political processes • Opposition to the Enlightenment • Thought in comparative perspective.

5666. **Loty, Laurent** 6 rue Edouard Quenu, 75005 Paris, France. *U. de Rennes II* / Les articulations entre textes théologiques, philosophiques, littéraires, politiques et scientifiques • L'histoire de l'idée d'optimisme, du genre utopique, et de l'idée d'eugénisme.
✉ laurent.loty@uhb.fr

5667. **Loubere, Stéphanie** 4 passage Charles Dalléry, 75011 Paris, France.

5668. **Loude, Michel** Résidence Le Grillon E, 69340 Francheville, France. *U. de Lyon II* / Littérature clandestine, libertine, érotique • Recherche sur les clérico-galants, 17s-18s • Facéties • Gravures à la B.M. de Lyon.

5669. **Lough, John** 1 St Hild's Lane, Durham, DH1 1QL, UK. *U. of Durham* / British travellers in France • The *Encyclopédie*.

5670. **Loukianetz, Irina** Nakhimova 6, 30, 199151 St Pétersbourg, Russia. *Académie des sciences de Russie* / Roman français • Crébillon-fils.

5671. **Lounatvuori, Irma** Villa Ida, Hylkysaari, 00570 Helsinki, Finland.

5672. **Lounsbury, Richard C.** Dept of Humanities, Brigham Young University, Provo, UT 84602-0002, USA. *Brigham Young U.* / Enlightenment historiography • Rhetorical theory and practice • James Thomson.

5673. **Loussouarn, Sophie** 8 Villa de Segur, 75007 Paris, France. / Social history • Painting • History of ideas.

5674. **Louth, Charlie** Dept of German, University of Bristol, Bristol, BS8 1TE, UK. *U. of Bristol* / Hölderlin • Goethe • Coleridge • Translation.

5675. **Loveland, Jeff** Dept of Romance Languages and Literature, University of Cincinnati, ML 0377, Cincinnati, OH 45221-0377, USA. *U. of Cincinnati* / Geroges-Louis Leclerc de Buffon, Louis-Jean-Marie Daubenton, William Smellie • Histoire naturelle • Encyclopédies • Literary aspects of scientific/-philosophical texts.
✉ jeff.loveland@uc.edu

5676. **Lovell, Margaretta M.** 1160 Amador Avenue, Berkeley, CA 94707-2602, USA. *U. of California (Berkeley)* / American artists and painting • American artisans and decorative arts • British painting.

5677. **Loveman, Katherine** 24 Brincliffe Crescent, Sheffield, S22 9AW, UK.

5678. **Loveridge, Mark E.** Dept of English, University of Wales, Singleton Park, Swansea, SA2 8PP, UK. *U. of Wales (Swansea)* / History of the Aesopic fable • Bernard de Mandeville • Fanny Burney.

5679. **Loverso, Marco** 11520 72nd Avenue, Edmonton, AB TGG 038, Canada. / Sterne • Fiction.

5680. **Lowe, Noel Frederick** 8 Somerset St, Ballsbridge, Dublin 4, Ireland. *Trinity C. (Dublin)* / Anglican writers • Swift • Dr Johnson • Jacobean writers.

5681. **Löwendahl, Torbjörn** Tegelbruksgatan 12 A, 582 53 Linköping, Sweden.

5682. **Lowenthal, Cynthia** Dept of English, Tulane University, New Orleans, LA 70118-5698, USA. *Tulane U.* / Women writers, esp. Lady Mary Wortley Montagu • Restoration and 18c drama, comedy and satire.

5683. **Lowerre, Kathryn** 212 North St, Chagrin Falls, OH 44022, USA.

5684. **Lu, Bin** Institute of Qing History, Renmin University of China, 100872 Beijing, China. *Renmin U. of China* / China: Qing history.

5685. **Lu, Jin** 1320 Oriole Drive, Munster, IN 46321, USA. *Purdue U.* / La vie culturelle & idées littéraires des Jésuites en Chine • Théorie et critique littéraires.
✉ lu@nwi.calumet.purdue.edu

5686. **Lu, Pengjun** Renmin University of China, 100872 Beijing, China. *Renmin U. of China* / China: Qing history.

5687. **Lu, Quanqing** Institute of Qing History, Renmin University of China, 100872 Beijing, China. *Renmin U. of China* / China: Qing history.

5688. **Lu, Wenjiang** History Dept, Tsing Hua University, Beijing, China. *Tsing Hua U.* / China: Qing history.

5689. **Lubbers, R.** Coopsstr. 51, 7009 KH Doetinchem, Netherlands. / Literature • Political satire in Holland • Nature • History of books and the press.

5690. **Lubey, Kathleen** 124 Johnson St, Apt. 3B, Highland Park, NJ 08904-2246, USA.

5691. **Lucas, Colin** Balliol College, Oxford, OX1 3BJ, UK. *U. of Oxford* / French Revolution.

5692. **Lucchi, Piero** Biblioteca Malatestiana, 47023 Cesena (FO), Italy. *Biblioteca Malatestiana.*

5693. **Luccichenti, Furio** Via Vittorio Veneto 146, 187 Roma, Italy. / Giacomo Casanova • Voyageurs italiens en Europe • Aventuriers.

5694. **Luciani, Gérard** 8 rue Beyle-Stendhal, 38000 Grenoble, France. *U. de Grenoble III* / Le théâtre en Italie: Commedia dell'arte, Goldoni, Gozzi • Voyageurs en France et en Italie.
✉ gerard.luciani@wanadoo.fr

5695. **Luciani, Paola** Via dei Neri 33, 50121 Firenze, Italy. *U. di Firenze* / Théâtre: Goldoni, Alfieri, Metastasio • Problèmes d'édition de textes de théâtre • Questions de poétique théâtrale: genres dramatiques.
✉ dipita@usit1.unifi.it

5696. **Ludassy, Mária** Dept of Philosophy, University of Budapest, Museum 4/i, VIIIe Budapest 1088, Hungary. *U. Budapest* / Burke, *Reflections on the Revolution in France* • Diderot, la *Réfutation d'Helvétius* • Rousseau, préface et notes de l'édition hongroise • La philosophie morale et politique de Hume • Condorcet, Benjamin Constant, Voltaire.

5697. **Ludlow, Gregory** Dept of Romance Languages, George Washington University, Washington, DC 20052-0002, USA. *George Washington U.*

5698. **Ludwig, Bernd** Universität Göttingen, Humboldtallee 19, 37073 Göttingen Niedersachsen, Germany. *U. Göttingen* / Moral philosophy • Philosophy of law • Philosophy of sicence.
✉ bernd-ludwig@phil.uni-goettingen.de

5699. **Luesebrink, Hans-Jurgen** Univ of Saarbrucken, Romanistik, FR 8.2, IM Stadtwald, D 66123 Saarbrucken, Germany. *U. Saarbrucken.*

5700. **Luft, Sandra Rudnick** Dept of Humanities, San Francisco State University, 1600 Holloway Avenue, San Francisco 94132, CA, USA. *San Francisco State U.* / History of ideas • Philosophy of history and the history of philosophy • Methodological and theoretical approaches to the study of ideas and of temporal process.
✉ srluft@sfsu.edu

5701. **Luginbühl-Weber, Gisela** Avenue Eugène-Rambert 20, 1815 Clarens, Switzerland. / Literature and philosophy, esp. Lavater, Moses Mendelssohn, Charles Bonnet, Etienne Thourneyser.

5702. **Lühe, Astrid von der** Philosophisches Seminar, Universität Kiel, Leibnizstr. 6, 24098 Kiel, Germany. *U. Kiel* / Hume • Sensibility and aesthetics.

5703. **Luig, Klaus** Wien-Backhausstr. 9, 50931 Köln, Germany. *U. Köln* / Private law • Natural law • National law.
✉ klaus.luig@uni-koelm.de

5704. **Luise, Flavia** Via P. Castellino 141/D, 80131 Napoli, Italy.

5705. **Lukas, Wolfgang** Silvrettaweg 22, 8048 Zürich, Switzerland. / German theatre (1730-1780) • Reception of French theatre in Germany • Moral philosophy • Literary anthropology.
✉ wolf.lukas@tiscalinet.ch

5706. **Lukaszewicz, Justyna** Dept of Romance Languages and Literature, Wroclaw University, pl. Nankiera 4, 50-140 Wroclaw, Poland. *U. Wroclaw* / Franciszek Zabocki, comedy writer of the Polish Enlightenment • Polish translation of James Rutledge's novel *La Quinzaine anglaise à Paris ou l'Art de se ruiner en peu de temps* (1776) • Translation and culture.
✉ justyna@uni.wroc.pl

5707. **Lukowski, Jerzy Tadeusz** 33 Wychall Park Grove, King's Norton, Birmingham B38 8AG, UK. *U. of Birmingham* / Poland: esp. Polish nobility, Polish Enlightenment.

5708. **Luna, Marie-Françoise** 12 rue Henri-Fracy, 38700 La Tronche, France. *U. de Grenoble III* / Casanova historien de sa vie • Romans libertins • Le récit de voyage • L'autobiographie.

5709. **Lund, Louise Fabian** Tornhøjvej 83, 8260 Viby J, Denmark. *U. of London.*

5710. **Lund, Roger D.** Dept of English, Lemoyne College, 1419 Salt Springs Rd, Syracuse, NY 13214, USA. *Lemoyne C.* / Scriblerians • English deism.

5711. **Lundberg, Marianne** Tumba gymnasium, 147 85 Tumba, Sweden. *Tumba gymnasium.*
✉ mariannelundberg@hotmail.com

5712. **Lundestad, Erik** Anna Eidesv. 12, 9012 Tromsø, Norway.

5713. **Lundgren, Anders** Institutionen för idé- och lärdomshistoria, Uppsala Universitet, Slottet, ingång A0, 752 37 Uppsala, Sweden. *Uppsala U.* / Swedish science and technology, with special reference to chemistry.
✉ anders.lundgren@idehist.uu.se

5714. **Lundquist, Neita** Molngatan 8 NB, 754 31 Uppsala, Sweden.

5715. **Luniaczková, Petra** Prubezná 26, 100 00 Praha 10, Czech Republic.

5716. **Lunney, Rosalind I.** Royal Irish Academy, 19 Dawson St, Dublin 2, Ireland. *Royal Irish Academy* / Genealogical networks evident in the emigration of Ulster Presbyterians to America • Social history of Ulster • Biographies.
✉ dib@ucd.ie

5717. **Lunsford, Karen** P.O. Box 252, Urbana, IL 61803-0252, USA.

5718. **Luo, Bu** Xizhang zizhiqu danganguan, Xizhang (Tibet), China. *Xizhang zizhiqu danganguan* / China: Qing history.

5719. **Lupi, Regina** Via Alberti, 4, 06122 Perugia, Italy.

5720. **Lupiañez, Gabriella Paula** General José Maria Paz 1071, 4ºC, San Miguel de Tucumán 4000, Argentina. *U. Nacional de Tucumán.*
✉ gplupia@topmail.com.ar

5721. **Lupinetti, Mario Quinto** Via di Vittorio 5, 65124 Pescara, Italy. / La philosophie juridique en vers • Introduction à Stefano Ferrante: droit naturel.

5722. **Luporini, Luigi** Via degli Alfani 40, 50121 Firenze, Italy. *U. di Firenze* / French Enlightenment ethical and political thought, 1750-1770 • Diderot • Rousseau.

5723. **Lupton, Christina** 222B King St, Princeton, NJ 8540, USA.

5724. **Lupu, Andreea** Str. Berceni 9, Bl.3, et.1, ap.11, Bucuresti, Romania. *U. Galati* / Réception de l'œuvre de Voltaire en Roumanie • Influence du théâtre de Voltaire en Roumanie, 1816-1830.

5725. **Lupu, Coman** Dept of Romance Languages, Faculty of Foreign Languages, University of Bucharest, B-dul M. Kogalniceanu 64, 70609 Bucuresti, Romania. *U. Bucuresti* / Traductions du français • Textes roumains.

5726. **Luraghi, Raimondo** Corso Regina Margherita 155, 10122 Torino, Italy. *U. di Genova* / The defence of Canada under Louis XIV and Louis XV • The Carignano regiment from Hungary to Canada • Raimondo Montecuccoli as military thinker.

5727. **Lurbe, Pierre** Hameau de Damigny, 14400 Saint-Martin-des-Entrées, France. *U. de Provence* / Histoire des idées politiques et religieuses en Grande-Bretagne.
✉ pierre.lurbe@wanadoo.fr

5728. **Lüsebrink, Hans-Jürgen** Sprebenwäldchen 3, 66123 Saarbrücken, Germany. *U. des Saarlandes* / Popular European literature: almanacs, Bibliothèque bleue, complaints • *Histoire des deux Indes* by Diderot & Raynal: critical edition and reception • The reception of *Brutus* by Voltaire in 18c France • Conceptual history of the Enlightenment (France, Germany): the Enlightenment and the colonial world (Africa, Latin America).
✉ luesebrink@mx.uni-saarland.de

5729. **Luserke-Jaqui, Matthias** Institut für Sprach- und Literaturwissenschaft, Technische Universität Darmstadt, Hochschulstr. 1, 64289 Darmstadt, Germany. *Technische U. Darmstadt* / Social history.

5730. **Luska, Jirí** Riegrova 22, 79601 Prostejov, Czech Republic. *Palacky U.* / Historiography of music education • Market-place songs • L. L. Mozart • C. Ph. E. Bach • J. J. Quantz.
✉ luska@risc.upol.cz

5731. **Lussu, Marialuisa** Università di Cagliari, via is Mirrionis 1, 09123 Cagliari, Italy. *U. di Cagliari* / La philosophie de la nature de J. Toland • La philosophie de la religion de Spinoza • Bibliographie critique de Holbach.
✉ lussu@unica.it

5732. **Lustig, Irma S.** 1002 Hopkinson House, 604 South Washington Sq., Philadelphia, PA 19106-4118, USA. *U. of Pennsylvania* / Boswell, Johnson, and their circle • Biography and autobiography • Women.

5733. **Lustig, Michel** B.P. 56, 68400 Riedsheim, France. / France • French Enlightenment • Freemasonry.
✉ michel.lustig@wanadoo.fr

5734. **Lustiger, Rachel** 8320 North 50th St, Paradise Valley, AZ 85253-2005, USA.

5735. **Lütteken, Laurenz** Musikwissenschaftliches Institut, Universität Zürich, Florhofgasse 11, 8001 Zürich, Switzerland. *U. Zürich* / Monologue in music, 1760-1780 • Musical aesthetics, 1760-1780: Formey, André, Mendelssohn.

5736. **Lutz, Alfred** 1606 North Tennessee Boulevard, Apt. F87, Murfreesboro, TN 37130-1628, USA.

5737. **Luxenberg, Alisa** Dept of Art History, Visual Arts Building, University of Georgia, Athens, GA 30602, USA. *U. of Georgia.*

5738. **Luyendijk-Elshout, Antonie M.** Prins Bernhardlaan 60, 2341 KL Oegstgeest, Netherlands. *Rijksuniv. Leiden* / La faculté de médecine à Leyden, en part. la physiologie et l'anatomie dans l'école de Boerhaave, Albinus et Gaubius.

5739. **Luzzatto, Sergio** 3 chemin des Vergers, 1210 Ferney-Voltaire, France.

5740. **Luzzitelli, Eros Maria** Via G. Bravo 2B, 37138 Verona, Italy. / Le fragment autographe de Seguier et Maffei du Conseil politique à la République de Venise • Noblesse et illuminisme à Vérone de Scipione Maffei à Ippolito Pindemonte • Journal inédit et correspondance d'Ippolito Pindemonte.

5741. **Lyashko, Svitlana M.** Mate Zalky Str. 2/12, 182, 252211 Kiev, Ukraine. *Ukrainian Academy of Sciences* / Ukrainian history and culture.

5742. **Lyden, Anne** 9 East Avenue, Dunedin, New Zealand.

5743. **Lyle, C. D.** 32A Shinfield Rd, Reading, Berk RG2 7BW, UK.

5744. **Lyle, Helen A.** 32A Shinfield Rd, Reading, Berk RG2 7BW, UK.

5745. **Lyles, Albert M.** 5041 Wedgewood Drive, Charlotte, NC 28210-2912, USA. / Boswell and the visual arts.

5746. **Lynall, Gregory** 11 Willow Mews, Selly Oak, Birmingham, B29 5JF, UK.

5747. **Lynch, Deidre Shauna** Indiana University, 442 Ballantine Hall, Bloomington, IN 47405, USA. *Indiana U. (Bloomington)* / History of the novel • Historicisms • Aesthetics • Feminism • The emergence of literature'.
✉ delynch@indiana.edu

5748. **Lynch, Jack** Dept of English, Rutgers University, 360 M. L. King Blvd, Newark, NJ 07102, USA. *Rutgers U.* / British conceptions of the Renaissance • Forgery and fakery • Samuel Johnson • English lexicography • Literary history • Historicism.
✉ jlynch@andromeda.rutgers.edu

5749. **Lynn, Michael R.** Dept of History, Agnes Scott College, 141 East College Avenue, Decatur, GA 30030, USA. *Agnes Scott C.* / Science • Social and cultural Enlightenment in France.

5750. **Lynn, Steven W.** English Dept, University of South Carolina, Columbia, SC 29206, USA. *U. of South Carolina (Columbia)* / Samuel Johnson • The history of rhetoric • Locke.

5751. **Lyon, John B.** Dept of Germanic Languages and Literatures, University of Pittsburgh, 1409 Cathedral of Learning, Pittsburgh, PA 15260, USA. *U. of Pittsburgh* / Germany • Romanticism • Weimar classicism • German Enlightenment • German literature • Goethe • Kant • Kleist • Jacob Michel Reinhold Lenz • Lessing.
✉ jblyon@pitt.edu

5752. **Lyons, Barry** Grand Lodge of Masons of Ireland, Freemasons' Hall, 17 Molesworth St, Dublin 2, Ireland. *Grand Lodge of Masons of Ireland.*

5753. **Lyons, Tony** Education Dept, Mary Immaculate College, University of Limerick, South Circular Road, Limerick, Ireland. *U. of Limerick.*

5754. **Lyubarskaya, Olga** Chigrina Str. 22/106, Nikolaev, Ukraine. *Nikolaev Pedagogical Institute* / Pedagogical theory in the Ukraine • Value and point of view of women in the Enlightenment • Female education • Feminist writing.

5755. **Ma, Dazheng** Borderland History Research Centre, Chinese Academy of Social Sciences, 1 Dongchang hutong, Wangfujing Dajie, 100006 Beijing, China. *Chinese Academy of Social Sciences* / Sino-Foreign relation.

5756. **Ma, Jinhua** Institute of Qing History, Renmin University of China, 100872 Beijing, China. *Renmin U. of China* / China: Qing history.

5757. **Ma, Zhao** Panjiayuan 1-808, Jinsong 7, 100021 Beijing, China. *Renmin U. of China* / Catholic Church, and links with China.

5758. **Maass, M. J. L.** Welle 23b, 7411 CC Deventer, Netherlands.

5759. **Mac Craith, Micheál** áras na Gaeilge, Scoil na Gaeilge, Ollscoil na h-Éireann, Gaillimh, Gaillimh, Ireland. *Ollscoil na h-Éireann* / James Macpherson and the poems of Ossian • Jacobitism and Gaelic Jacobite literature.

5760. **Mac Giolla Léith, Caoimhín** Roinn na Nua-Ghaeilge, Coláiste na h-Ollscoile, Belfield, Baile Atha Cliath 4, Ireland. *Coláiste na h-Ollscoile.*

5761. **MacAmhlaigh, Gus** 178 Roebuck Castle, Dublin 14, Ireland.

5762. **Macarthur, Elizabeth J.** Dept of French and Italian, University of California, Santa Barbara, CA 93106, USA. *U. of California (Santa Barbara)* / French epistolary works • Narrative theory • Rousseau.

5763. **Macary, Jean** Dept of Modern Languages, Fordham University, Bronx, NY 10458, USA. *Fordham U.* / Le comique chez Voltaire et Diderot • L'imprimerie de Trévoux.

5764. **Macchi, Fernanda** 108 Dwight St, Apt. 34, New Haven, CT 06511-4534, USA.

5765. **Maccubbin, Robert P.** Dept of English and Cultural Studies, College of William and Mary, Williamsburg, VA 23187-8795, USA. *C. of William and Mary* / History of mores, esp. sexual • Literature and the visual arts • Scottish culture.
✉ rpmacc@wm.edu

5766. **MacDonald, Joyce** 14102 Beckley Trace, Louisville, KY 40245-4608, USA.

5767. **MacDonald, Phyllis Black** 1413 Clayton Rd, Lancaster, PA 17603-2403, USA.

5768. **MacDonald, Russell** 1413 Clayton Rd, Lancaster, PA 17603-2403, USA.

5769. **Mace, John Roger** Downderry, Halton Rd, Nether Kellet, Carnforth, Lancs LA6 1EU, UK. / British financial and fiscal history.

5770. **Mace, Nancy A.** United States Naval Academy, Dept of English, 107 Maryland Avenue, Annapolis, MD 21402, USA. *United States Naval Academy* / British music selling in England.
✉ mace@usna.edu

5771. **Macé - Del Vento, Laurence** 60 rue Chardon Lagache, 75016 Paris, France. *U. de Paris IV* / Réception de Voltaire en Italie • Relations franco-italiennes • Histoire littéraire • Histoire du livre et de la lecture • Censures laïques et écclésiastiques.
✉ l.mace@mageos.com

5772. **Macey Jr, J. David** Dept of English, University of Puget Sound, 1500 North Warner St, CMB 1045, Tacoma, WA 98416-1045, USA. *U. of Puget Sound* / British novel • Women's writing • Landscape and gardening.
✉ dmacey@ups.edu

5773. **MacFarlane, Elliott** 2607 Ivy Place, Toledo, OH 43613, USA.

5774. **Macgregor-Morris, Ian** Lower Shilstone, Throwleigh, Okehampton, Devon EX20 2HX, UK.

5775. **Machet, Anne** 14 rue Nérard, 69009 Lyon, France. *U. de Lyon II* / Censure à Venise • Roman par lettres • Art de mémoire.

5776. **Machkin, Mikhail** Institut d'histoire universelle, Académie des sciences de Russie, Leninski prospekt, 32a, 117334 Moscou, Russia. *Académie des sciences de Russie* / Lumières allemandes.

5777. **Maciejewska, Iwona** Ul. Jana Pawla II 16/48, 14-100 Ostróda, Poland.

5778. **Maciejewski, Janusz** Ul. Hoza 38 m.37, 00-516 Warszawa, Poland.

5779. **MacIntyre, Bruce C.** Dept of Music, Brooklyn College, C.U.N.Y., 2900 Bedford Avenue, Brooklyn, NY 11210-2889, USA. *C.U.N.Y.* / The musical-cultural milieu of Vienna in which Haydn, Mozart, Beethoven, and Schubert worked.
✉ brucem@brooklyn.cuny.edu

5780. **Mack, Maynard** 1314 Yale Station, New Haven, CT 06520, USA. *Yale U.* / Biography of Pope • Candide among the critics.

5781. **Mack, Phyllis** Dept of History, Rutgers University, Van Dyck CAC, New Brunswick, NJ 8903, USA. *Rutgers U. (New Brunswick)* / History of religion • Women's history • Europe and America.

5782. **Mack, Ruth** Dept of English, Johns Hopkins University, 3400 North Charles St, Baltimore, MD 21218, USA. *Johns Hopkins U.*

5783. **Mackensen, Karsten** Musikwissenschaftliches Seminar, Humboldt-Universität Berlin, Unter den Linden 6, 10099 Berlin, Germany. *Humboldt-U. Berlin* / Music aesthetics, social history • History of ideas.

5784. **Mackey, Barbara** 1510 Westfield, Ann Arbor, MI 48103, USA. *U. of Toledo* / English theatre, its playwrights and performers.
✉ bmackey@provide.net

5785. **Mackie, Erin** 7 Broadpark Rd, North Brighton, Christchurch, New Zealand.

5786. **Mackowiak, Krzysztof** Ul. Górna 1 m.16, 63-800 Gostyn, Poland.

5787. **Maclean, Gerald M.** Dept of English, Wayne State University, Detroit, MI 48202, USA. *Wayne State U.* / Restoration literature and culture • Women and writing • English representations of Ottoman culture.

5788. **MacLean, Stephen Michael** 28 Lakeview Drive, Sydney, NS B1L 1C4, Canada. / Philosophy • Political theory • British conservatism • Burke and Paine • Anglo-American, and later French, Revolutionary history.

5789. **MacLeay, Daniel A.** Dept of Foreign Languages, Southeast Missouri State University, MS 4150, 1 University Plaza, Cape Girardeau, MO 63701, USA. *Southeast Missouri State U.* / The Coppet circle and the role of translation in Revolutionary and First Empire Europe.
✉ dmacleay@semo.edu

5790. **MacLeod, Catriona** Dept of Germanic Languages and Literatures, University of Pennsylvania, 745 Williams Hall, Philadelphia, PA 19118-6305, USA. *U. of Pennsylvania* / Germany • Sculpture • Romantic • Weimar classicism • Antiquity • Goethe • Lessing • Schlegel • Word/image studies.
✉ cmacleod@mail.sas.upenn.edu

5791. **Macleod, Emma Vincent** Dept of History, University of Stirling, Stirling, FK9 4LA, UK. *U. of Stirling* / Political and religious ideas in Britain in the late 18c • British attitudes to the wars against Revolutionary France • British attitudes to America, c.1783-c.1823.

5792. **Macleod, Jennifer** The Manse, Cleish, Kinross, KY13 0LR, UK. *U. of Edinburgh* / Edinburgh musical society • Social and philosophical trends in Enlightenment Scotland.

5793. **Macmorran, E.** 14 Eynsham Rd, Oxford, OX2 9BP, UK. *U. of Oxford* / Translation and the 18c.

5794. **Macpherson, Jay** 17 Berryman St, Toronto, ON M5R 1M7, Canada. *Victoria U. of Toronto* / *The Magic Flute* • Masonic symbolism.

5795. **Macpherson, Sandra** English Dept, University of Chicago, 1050 East 59th St, Chicago, IL 60637-1593, USA. *U. of Chicago* / Law: history and theory • Feminism • Political theory.

5796. **Madail, Eugénia M. Vila Sequeira** Largo República da Turquia 5-9° D, 1700 Lisboa, Portugal.

5797. **Madariaga, Isabel de** 25 Southwood Lawn Rd, Highgate, London, N6 5SD, UK. *U. of London* / Russian administrative, political and social history • The Enlightenment in Russia.

5798. **Maddalena, Claudio** Via S. Gerolamo 15, 35141 Padova, Italy.

5799. **Madera Seoane, Maria Jesus** San Xoan 4,1°D., 15705 Santiago de Compostela, Spain. / Roman et idéologie • Roman historique • Pedro Montengón.

5800. **Madonia, Francesco Paolo A.** Corso Calatafimi 1019, 90129 Palermo, Italy. *U. di Palermo* / Polémique Orsi-Bouhours • Esthétique de la laideur: Diderot • Romanciers libertins: Godard de Beauchamps, Crébillon fils, Boyer d'Argens, Sade, Révéroni Saint-Cyr • Esthétique de l'inachèvement.
✉ alessandro_madonia@yahoo.it

5801. **Madrid, Anthony** 5418 South Ridgewood Ct, Apt. 2W, Chicago, IL 60615, USA.

5802. **Maeda, Fujio** 2-17-6 Shinohara-Kita, Kohoku-ku, Yokohama-shi, 222-0021 Kanagawa, Japan. *Keio U.* / Goethe.

5803. **Maeda, Masaharu** #105, Kego 3-13-10, Chuo-ku, 810 Fukuoka, Japan.

5804. **Maeder, Edward** Georgetown U, German, Intercultural Ctr. 4, 37 & O St, North-West, Washington, DC 20057-0001, USA. *Georgetown U.*

5805. **Maertz, Gregory** English Dept, Saint John's University, 8000 Utopia Parkway, New York, NY 11439, USA. / Cultural studies • Art and propaganda.
✉ maertzg@stjohns.edu

5806. **Maffey, Aldo** Via Monte Madonna 8, 00060 Formello (RM), Italy. / Utopie en France: Morelly, Deschamps, Mercier de La Rivière • Physiocrates.

5807. **Mafrici, Mirella Vera** Teoria e storia Instituzioni Giuridiche, Università di Salerno, via Ponte Don Melillo, 84084 Fisciano, Italy. *U. di Salerno* / Histoire sociale et politique de l'Europe méditerranéenne • Guerre de course • Piraterie • Histoire des femmes.

5808. **Magalhães, Edmundo Bessa Ferreira** Rua Fernandes Tomás 648-5° Esq., 4000 Porto, Portugal.

5809. **Magarotto,** Via dei Marrucini 38, c/o Libreria Kappa, 185 Roma, Italy.

5810. **Magdelaine, Michelle** 5 rue Huysmans, 75006 Paris, France. *C.N.R.S. (Paris)* / Refuge huguenot • Protestantisme • Migrations.

5811. **Magennis, Eoin** 37 Seaview, Warrenpoint, BT34 3NJ, UK. / Irish politics, 1740-1770 • Irish topographical writings • Politics of Ulster Presbyterians.

5812. **Mager, Wolfgang** Hengstenbergerstr. 13, 32139 Spenge, Germany. *U. Bielefeld* / German and European history • Economic and social history • French parlements.

5813. **Maggs, Barbara Widenor** 2011 Silver Ct, East, Urbana, IL 61801-6330, USA. *U. of Illinois (Urbana)* / Enlightenment in Russia • South Slavic Enlightenment • Russian and South Slavic literature • European missionaries in China and Vietnam.

5814. **Magi Rampino, Loredana** Via Sindaco Guariglia 26, 73100 Lecce, Italy. *U. di Lecce* / Mme de Staël, *De l'influence des passions*.

5815. **Magleby, Mark Allen** Dept of Art and Art History, Brigham Young University, C-502 HFAC, Provo, UT 84602-6402, USA. *Brigham Young U.* / Emblematic or circuit gardens in England, esp. the social and familial rituals that evolved from the construction and display of temples, chapels, dairies and other ornamental/functional structures.

5816. **Magnan, André** La Noë du Bois, 1 côte de l'Hôpital, 27120 Le Plessis-Hebert, France. *U. de Paris X* / La correspondance de Voltaire • Voltaire et la comtesse de Bentinck • Collaboration aux *Œuvres complètes* • Rhétorique et formes épistolaires • Fiction, facéties, mélanges.
✉ a.magnan.sv@wanadoo.fr

5817. **Magnani Andreoli, Franca** Via L. Terenziani 6, 43100 Parma, Italy.

5818. **Magnani Campanacci, Ilaria** Via T. Levi Civita 2, 40135 Bologna, Italy. / Le rococo dans la littérature italienne • La vie culturelle à Bologne • E. Manfredi • P. J. Martello • L. Savioli • G. Parini.

5819. **Magnot, Florence** 19 avenue Wissel, 69250 Neuville-sur-Saône, France. / Romans-mémoires.

5820. **Magnúsdóttir, Gudrídur** Túngötu 36, 101 Reykjavík, Iceland.

5821. **Magnúsdóttir, Pálína** Asparfelli 12, 111 Reykjavík, Iceland.

5822. **Magnúsdóttir, Sigrún** Háteigsveigi 48, 105 Reykjavík, Iceland.

5823. **Magnusson, Lars** Öfre Slottsg. 26 G, 75312 Uppsala, Sweden. *Uppsala U.* / The rise of economic discourse in central Europe and Scandinavia, esp. the influence of theories of natural rights.
✉ lars.magnusson@ekhist.uu.se

5824. **Magnússon, Magnús** Skeggjagötu 12, 105 Reykjavík, Iceland.

5825. **Magnusson, Marianne** Sälgtunet 6, 181 48 Lidingö, Sweden.

5826. **Magnússon, Sigurdur Gylfi** Birkimel 10, 107 Reykjavík, Iceland.

5827. **Magrath, Jane Louise** Dept of English, University of Prince Edward Island, 550 University Avene, Charlottetown, PEI C1A 4P3, Canada. *U. of Prince Edward Island* / British Enlightenment • Correspondence • English language • English literature • Medicine • Social history • Salons • Bluestockings; Elizabeth Montagu.
✉ jmagrath@upei.ca

5828. **Magri, Tito** Via del Falco 31, 00193 Roma, Italy.

5829. **Magrys, Roman** Ul. Podwislocze 40/47, 35-309 Rzeszów, Poland.

5830. **Maharg Williams, Mary** Midland C, Fine Arts Center, 3600 North Garfield St, Midland, TX 79705-6397, USA. *Fine Arts & Comm.*

5831. **Mahlke, Regina** Freiertweg 36, 12305 Berlin, Germany. *Staatsbibliothek zu Berlin* / Johann Reinhold Forster • Book and library history.
✉ regina.mahlke@sbb.spk-berlin.de

5832. **Mahon, M. Wade** 1748 Church St, Stevens Point, WI 54481, USA.

5833. **Mahoney, Dennis F.** Dept of German and Russian, University of Vermont, Waterman Building 422a, 85 South Prospect, Burlington, VT 05405, USA. *U. of Vermont* / The German classic and Romantic novel, esp. the works of Novalis • Gothic • Interaction between literature and music, and between literature and philosophy.
✉ dmahoney@zoo.uvm.edu

5834. **Mahoney, John** 8 Sutherland Rd, Lexington, MA 02421, USA. *Boston C.* / Literary criticism and theory • Samuel Johnson • Literature and religion.
✉ mahoneyj@bc.edu

5835. **Mahony, Robert** Dept of English, Catholic University, 620 Michigan Avenue, Washington, DC 20064-0001, USA. *Catholic U.* / Swift and Irish colonial and nationalist cultures.

5836. **Mai, Anne-Marie** Danskstudiet, Syddansk Universitet Odense, Engstien 1, 6000 Kolding, Denmark. *Odense U.* / Scandinavian literature • Women's literature.
✉ ammai@litcul.sdu.dk

5837. **Maiboroda, Raissa V.** Zabolotnoho Str. 38-12, 252187 Kiev, Ukraine. *Ukrainian Academy of Sciences* / Carpathian countryside • Agricultural purification rituals.

5838. **Maidana, Susanna Haydée** Rue 25 de Mayo 950, Bloc A, 10 Piso B, 4000 San Miguel de Tucumán, Argentina. *U. de Tucumán* / Hume et sa position devant la religion et le suicide.
✉ sgoneme@tucbbs.com.ar

5839. **Maierhofer, Waltraud** Dept of German, University of Iowa, Philips Hall, Iowa City, 52242 IA, USA. *U. of Iowa* / Weimar classicism • Correspondence • Goethe • Angelica Kauffman.
✉ waltraud-maierhofer@uiowa.edu

5840. **Maillard, Jacques** 19 rue Hippolyte-Maindron, 49000 Angers, France. *U. d'Angers* / Anjou, 1660-1789: institutions, économie, société, vie religieuse.
✉ jacques.maillard@univ-angus.fr

5841. **Mainberger, Gonsalv K.** Reinacherstr. 14, 8032 Zürich, Switzerland. / French philosophy: rhétorique • Port-Royal.
✉ mainberger@compuserve.com

5842. **Mainil, Jean** Dept of French and Italian, Northwestern University, 152 Kresge, Evanston, IL 60208-2204, USA. *Northwestern U.* / Fairy tales • Gender politics • Narrative subversion.

5843. **Maione, Paologiovanni** Via S. D'Acquisto 13, 80136 Napoli, Italy. *Conservatorio D. Cimarosa* / Théâtre et musique à Naples.

5844. **Maiso Gonzalez, Jesus** C/ Torres Quevedo 22 B, 10°C., 39011 Santander, Spain. / Histoire sociale.

5845. **Maissen, Thomas** Milchbuckstr. 50, 8057 Zürich, Switzerland.
✉ tmaissen@nzz.che

5846. **Maiwa, Keiko** 2002-16-105 Futoo-cho, Kohoku-ku, Yokohama-shi, 222-0031 Kanagawa, Japan.

5847. **Majer, Michele** 298 A 14th St, Brooklyn, NY 11215-4912, USA. / French and American costume, 1700-1815 • Women's history/studies.

5848. **Majima, Masaki** 1-8-302 Furue Higashi-cho, Nishi-ku, Hiroshima-shi 733-0872, Japan.

5849. **Mak, Kingsang** Dept of History, Hong Kong Baptist University, Kowloon Tong, Kowloon, Hong Kong. *Hong Kong Baptist U.* / China • Sino-Western relations.

5850. **Mak, M. D.** Mastmeen 53, 3844 KE Harderwijk, Netherlands.

5851. **Makarova, Elena** Dept of Modern and Contemporary History, Moscow State University-Lomonossov University, Leninskie Gory, GCP-2, 1st Humanitarian block, 119992 Moscou, Russia. *Moscow State U.* / British political thought • Enlightenment • Romanticism • William Godwin • Mary Wolltonscraft • Gender studies.
✉ elena@tchernov.msk.ru

5852. **Mäkeläinen, Eva-Christina** Riihitie 3, 00330 Helsinki, Finland.

5853. **Mäkikalli, Aino** Maariankatu 8 D 116, 20100 Turku, Finland.

5854. **Makrides, Vasilios** Erfurt Universität, 14 A. Gazi str, 41222 Larissa, Greece. *Erfurt U.* / Science and religion • History of ideas and mentalities • Cultural and religious contacts between Eastern and Western Europe.

5855. **Maksimova, Alexandra** prospekt Metallistov 50, 125, 195176 St Pétersbourg, Russia. *Musée Russe d'État* / Art du dessin en Russie.

5856. **Maksimowicz, Krystyna** Ul. Powstanców Warszawskich 68/43, 80-158 Gdansk, Poland. *U. Gdansk* / Political poetry, 1788-1792 • Biographies of Seweryn Rzewuski, Rajmund Korsak, Wojciech Turski, Franciszek Jaxa Makulski.

5857. **Maksym, Edwina** 5115 Van Ness St North-West, Washington, DC 20016-1919, USA. / Drama • Theatre history.

5858. **Malaguti, Giulio** Via San Vitale 50, 40125 Bologna, Italy.

5859. **Malamani, Anita** Viale Libertà 17, 27100 Pavia, Italy.

5860. **Malan, Violette** RR 2, Elgin, ON K0G 1E0, Canada. / Pastoral • Gender studies • John Gay.

5861. **Malandain, Pierre** 125 rue Notre-Dame-des-Champs, 75006 Paris, France. / Delisle de Sales • Transmission et transformation idéologiques et littéraires au début et à la fin du 18s.

5862. **Malaquias, Isabel** Rua Dr Artur A. Moreira B-9-3° D, Esgueira, 3800 Aveiro, Portugal.

5863. **Malcolm, Elizabeth** Dept of History, University of Melbourne, Parkville, VIC 3010, Australia. *U. of Melbourne* / Mental illness in Ireland • Women, health and hospitals in Ireland.

5864. **Malécot, Louise** 37 rue des Bourdonnais, 78000 Versailles, France. / La société britannique aux Indes, à travers les mémoires de William Hickey et de ses contemporains.

5865. **Malenas, Ellen** University of Virginia, 943 St Charles Avenue, Charlottesville, VA 22901-4035, USA. *U. of Virginia.*

5866. **Maler, Anselm** An der Turnhalle 27, 34134 Kassel, Germany. *U.-Gesamthochschule Kassel* / Frühaufklärung • Courtly classicism • Verse epic.

5867. **Malet-Dagreou, Cécile** 33 Unicorn Building, 2 Jardine Rd, London, E1 9WF, UK. *Goldsmiths C.* / British gothic fiction, 1764-1820 • Evil in gothic fiction.

5868. **Malettke, Klaus** FB Geschichtswissenschaften, FG Neuere Geschichte, Universität Marburg, Wilhem-Röpke-Str. 6 C, 35039 Marburg, Germany. *U. Marburg* / Europe • Relations between France and Germany, 17c-18c • International relations.

5869. **Malhappe, Emmanuelle** 15 rue de l'Espérance, 75013 Paris, France. *U. de Paris III* / L'occulte.

5870. **Malherbe, Michel** 8 avenue Comtesse de Noailles, 44800 Saint-Herblain, France. *U. de Nantes* / L'empirisme britannique • L'*Encyclopédie* • Les philosophes de la Révolution française.

5871. **Maligne, Thierry** Allée Jean Lamothe, Carbon Blanc, 33 560 France. *Collège Eléonore de Provence* / Le théâtre de Jean-François de La Harpe • Evolution de la tragédie classique dans la seconde moitié du 18s • Littérature et politique autour de la Révolution française.
✉ t.maligne@ac.bx

5872. **Malinovski, Constantin** Oul. D. Bednogo 6/1, kv.110, 195274 St. Pétersbourg, Russia. *Archives historiques de l'Etat* / Relations artistiques entre la Russie et l'Occident.

5873. **Malkin, Mary Ann O'Brian** Hotel Olcott, apt. 1415, 27 West 72nd St., New York, NY 10023-3498, USA. / Dance.

5874. **Mall, Laurence** Dept of French, University of Illinois, FLB 2090, 707 South Mathews Avenue, Urbana, IL 61801, USA. *U. of Illinois (Urbana)* / The novel • History of ideas • Genres • Autobiographical writing • Rousseau • Diderot.
✉ lmall@uiuc.edu

5875. **Malla, Sandra Mabel** Las Piedras 2382, 4000 San Miguel de Tucumán, Argentina. *U. de Tucumán* / L'influence de la pensée classique au 18e siècle.

5876. **Mallinson, Jonathan** Trinity College, Broad St, Oxford, OX1 3BH, UK. *U. of Oxford* / Theatre and prose fiction, theory and practice • Reception of 17c writers and works in the French Enlightenment.
✉ jonathan.mallinson@trinity.oxford.ac.uk

5877. **Mallory, Anne** Dept of English, University of Georgia, 254 Park Hall, Athens, GA 30602, USA. *U. of Georgia.*

5878. **Malloy, Joseph T.** Dept of German, Hamilton College, Clinton, NY 13323, USA. *Hamilton C.* / Poetry and music, 1750-1800 • Mozart, Goethe.

5879. **Malm, Mats** Litteraturvetenskapliga institutionen, Göteborgs Universitet, 412 98 Göteborg, Sweden. *Göteborgs U.*

5880. **Malmros, Bernt** Pl 232 B, 178 54 Ekerö, Sweden.

5881. **Malmros, Eva** Pl 232 B, 178 54 Ekerö, Sweden.

5882. **Maltezou, Chryssa** Istituto Ellenico, Castello 3412, Ponte dei Greci, 10122 Venezia, Italy. *Istituto Ellenico.*

5883. **Maluschke, Gunther** Rua Tibúrcio Cavalcante 411, apt. 1501, 60125-100 Fortaleza CE, Brazil. / Democratic theory • Hegel • Philosophy • Anarchy • State and utopia • Social history.
✉ logos@fortalnet.com.br

5884. **Mamiani, Maurizio** Via Sebastiano Vinci 8, 43100 Parma, Italy. *U. di Udine* / Scientific journals and academies.

5885. **Mamone Capria, Marco** Dept of Mathematics, Università di Perugia, via Vanvitelli 1, 06123 Perugia, Italy. *U. di Perugia* / The influence of scientific discoveries and historical criticism in forming the Enlightenment philosophy of the world.
✉ mamone@dipmat.unipg.it

5886. **Man, J. J. M.** Grindweg 70, 3055 VC Rotterdam, Netherlands. / Poetics • Humour.

5887. **Manabe, Masanori** Tokiwa Gakusha, 1-18-17, Chuo-cho, Higashi-Kurume-shi 203-0054, Japan.

5888. **Manachino de Pérez Roldan, Isabel** Rue Figuerosa y Mendoza 1107, Barrio Urca, 5009 Córdoba, Argentina. *U. de Córdoba* / Le problème financier entre la Hollande et l'Espagne pendant le règne de Ferdinand VII • Les étrangers à Córdoba del Tucumán. ✉ imanach@eci.unc.edu.ar

5889. **Mandell, Laura C.** Dept of English, Miami University, 370 Bachelor Hall, Oxford, OH 45056, USA. *Miami U.* / Prose and poetry of the long 18c, esp. by women writers • Changes in literary form. ✉ mandellc@muohio.edu

5890. **Mander, Jenny** Newnham College, Cambridge, CB3 9DF, UK. *U. of Cambridge* / Narratology, reading and the French novel • Colonialism.

5891. **Mandich, Anna Maria** Via Cipriani 7, 40100 Bologna, Italy. *U. di Parma* / Voyageurs français en Italie • La culture française à Parme et dans le nord de l'Italie • L'enseignement du français en Italie. ✉ mandich@lingue.unibo.it

5892. **Mandroux-França, Marie-Thérèse** Rua Escola Politécnica 49-4°, 1250 Lisboa, Portugal. / La politique artistique européenne du roi Jean V de Portugal entre Rome et Paris, 1710-1750 • Pierre-Jean Mariette (1694-1774).

5893. **Mandry, Michel** 7 rue Henri Matisse, 77700 Magny Le Hongre, France.

5894. **Manea, Mihai** 112 Str. Calarasilor, ap.1, Oficiul PTTR 20, 74101 Bucuresti Sectorul 3, Romania. *Romanian Society of Historical Sciences* / Histoire, diplomatie, politique et relations internationales.

5895. **Maner, Martin W.** Dept of English Language and Literature, Wright State University, 3460 Colonel Glenn Highway, Dayton, OH 45435, USA. *Wright State U.* / England • Scriblerians • Romanticism • Poetry • English literature • Grub Street • Social history • Boswell • Johnson • Swift • Pope • Satire. ✉ martin.maner@wright.edu

5896. **Mangan, Michael** Dept of Theatre, Film and Television, University of Wales, Parry Williams Building, Aberystwyth, Ceredigion, SY23 3AT, UK. *U. of Wales.*

5897. **Manganaro, Paolo** Via Androne 55, 95100 Catania, Italy. *U. di Catania* / Kant.

5898. **Manger, Klaus** Institut für Germanistische Literaturwissenschaft, Universität Jena, 07740 Jena, Germany. *U. Jena* / Aufklärung and classicism • Genre • Literary aesthetics.

5899. **Mangiapane, Marina** Viale Thovez 57/8, 10100 Torino, Italy.

5900. **Mangio, Carlo** Via Redi 13, 57100 Livorno, Italy. / Imprimeurs de Livourne.

5901. **Mango, Alfredo** Via Provvidenza 30, 12042 Bra (CN), Italy. / Diderot.

5902. **Mankin, Robert** 24bis rue des Rabassons, 13420 Gemenos, France.

5903. **Manley, Cynthia** Dept of Classics, Modern Languages and Literature, Austin College, 900 North Grand Avenue, Sherman, TX 75090, USA. *Austin C.* / Mme Dupin's *Ouvrage sur les femmes* • Mme Dupin and Rousseau. ✉ cmanley@austincollege.edu

5904. **Mann, David D.** Dept of English, Bachelor Hall, Miami University, Oxford, OH 45056-1618, USA. *Miami U.* / Restoration drama • Women playwrights.

5905. **Mann, Maria** Dept of Foreign Languages, S.U.N.Y. Nassau Community college, 1 Education Drive, Garden City, NY 11530, USA. *S.U.N.Y. (Nassau)* / Italy • Italian Enlightenment.

5906. **Manna, Eveline** 22 bis rue St Fargeau, 75020 Paris, France. *U. de Paris X* / Esthétique et histoire des idées en France • Philosophie européenne et esthétique • Imaginaire de la langue, rhétorique, statut de l'image • Théâtre • Formes fragmentées. ✉ evelinemanna@wanadoo.fr

5907. **Mannerheim, Ylva** Wivalliusgatan 19 4 tr., 112 60 Stockholm, Sweden. ✉ ylva.mannerheim@telia.com

5908. **Manninen, Juha** Historian laitos, Oulun yliopisto, PL 1000, 90014 Oulun yliopisto, Finland. *Oulun yliopisto.*

5909. **Manning, Susan Lindsay** Dept of English Literature, University of Edinburgh, David Hume Tower, George Square, Edinburgh, EH8 9JX, UK. *U. of Edinburgh* / Scottish and American Enlightenments, and literary relations between the two countries, 1707-1850 • Literature and philosophy • Scottish poetry and novels. ✉ susan.manning@ed.ac.uk

5910. **Mannings, David** Dept of History of Art, King's College, University of Aberdeen, Old Aberdeen, Aberdeen, AB24 3UG, UK. *U. of Aberdeen* / Art in Britain in the long 18 c. ✉ d.mannings@abdn.ac.uk

5911. **Mannucci, Erica Joy** Corso Genova 12, 20123 Milano, Italy. *U. di Milano* / Théâtre, public et pouvoir dans le Paris révolutionnaire • Sylvain Maréchal et la communication des idées; l'évolution de son image • Révolutionnaires anglo-américains critiques de la religion.

5912. **Manolakev, Christo** Institute for Literature, Bulgarian Academy of Sciences, 52 Shipchenski prohod Str., bl. 17, Sofia 1113, Bulgaria. *Bulgarian Academy of Sciences* / N. M. Karamzin • Russo-Bulgarian relations.

5913. **Manoussacas, M. I.** Academy of Athens, 65 Asklipiou str., 10680 Athens, Greece. *Academy of Athens.*

5914. **Mansel, Philip Robert Rhys** 13 Prince of Wales Terrace, The Flat, London, W8 5PG, UK. / Charles-Joseph, prince de Ligne (1735-1814) • French royalist émigrés, 1789-1814.

5915. **Mansén, Elisabeth** Idé- och lärdomshistoria, Lunds Universitet, Kungshuset, Lundagård, 222 22 Lund, Sweden. *Lunds U.*

5916. **Mantion, Jean-Rémy** 47 rue Chauffour, 33000 Bordeaux, France. *U. de Bordeaux III* / Edition of Charles Batteux's Beaux-arts réduits à un même principe • Landscape aesthetics in France 1746-1820: gardening, painting, architecture • Tradition of 'mimesis' in aesthetic theories.

5917. **Mantovi, Romano** Borgo S. Caterina 12, 43100 Parma, Italy.

5918. **Mao, Haijian** Dept of History, Beijing University, 100871 Beijing, China. *Beijing U.* / China: Qing history.

5919. **Mao, Liping** Institute of Qing History, Renmin University of China, 100872 Beijing, China. *Renmin U. of China* / China: Qing history.

5920. **Mar, Sigurdur** Háaleitisbraut 101, 108 Reykjavík, Iceland.

5921. **Maradan, Evelyne** Planche-Supérieure 8, 1700 Fribourg, Switzerland. / Les relations entre l'Autriche et la Suisse (diplomatiques, commerciales, service étranger) • Les sources de la vie culturelle dans la Suisse romande.

5922. **Maran, Trintu** Mittelgasse 19/17, 1060 Wien, Austria. / The Austrian military border.

5923. **Marangio, Marilena** Viale Japigia 18, 73100 Lecce, Italy. *U. di Lecce* / P. M. Doria's Neapolitan manuscripts.

5924. **Maranha das Neves, Júlia** Rua Prof. Queiroz Veloso, 38, 1600 Lisboa, Portugal. / Mathematics • Philosophy.

5925. **Marassinova, Elena** Institut d'histoire russe, Académie des sciences de Russie, oul. Dmitri Oulianov 19, IRI RAN, 117036 Moscou, Russia. *Académie des sciences de Russie* / Mentalité de la noblesse russe.

5926. **Marbais, Peter C.** 216 North Oak St, Mcpherson, KS 67460-4330, USA.

5927. **Marchand, Philippe** 4 rue Boissy d'Anglas, 59000 Lille, France. *U. de Lille III* / L'éducation au collège, dans les pensions, au sein de la famille • Publication de la correspondance de Jean-Baptiste Carpentier, 1768-1787, agent général de l'Ordre de Malte.

5928. **Marchesini, Daniele** Via D'Azeglio 85, 43100 Parma, Italy. *U. di Parma* / Schools and cultural institutions • Literacy and society.

5929. **Marchi, Armando** Strada XXII Luglio 42, 43100 Parma, Italy. / Roman libertin et littérature obscène • Roman italien • Théorie du roman.

5930. **Marchi, Gian Paolo** Lungadige Sammicheli 9, 37129 Verona, Italy. *U. di Verona* / Correspondance de Scipione Maffei.
✉ gianpaolomarchi@libero.it

5931. **Marcialis, Maria Teresa** Via Monti 19, 09100 Cagliari, Italy. *U. di Cagliari* / Antonio Genovesi and Italian Enlightenment • The diffusion of Cartesianism in the Italian Enlightenment.

5932. **Marciari, John** 72 Charlton Hill Rd, Hamden, CT 06518-2550, USA.

5933. **Marciari-Alexander, Julia** 72 Charlton Hill Rd, Hamden, CT 06518-2550, USA. *Yale U.* / French and British portraiture, 17-18c • Art in Britain, France and Italy, 16-18c.

5934. **Marcil, Yasmine** 32 rue Pasquier, 75008 Paris, France. *U. de Paris III* / Récits de voyage et presse périodique littéraire et scientifique de la seconde moitié du 18 s.
✉ yasminemarcil@yahoo.fr

5935. **Marcílio, Maria Luiza** Rua Pe. João Manuel 774/142, 01411-000 São Paulo, Brazil. *U. de São Paulo* / Ecclesiastical history • Social history • Demography.

5936. **Marco Revilla, Joaquin** C/ Arc de Sant Marti 51, 8032 Barcelona, Spain. / Littérature espagnole et hispano-américain.

5937. **Marconot, Jean-Marie** 9 rue Alain Fournier, 30900 Nimes, France. *C.N.R.S. (Nîmes)* / La prédication.

5938. **Marcos, Maximiliano Hernández** Universidad de Salamanca, Facultad de Filo-

sofia Campus Unamuno, 37007 Salamanca, Spain. *U. de Salamanca* / Kant's philosophy of political thought • "Prussian natural law" • The controversy surrounding the Enlightenment and freedom of the press in the "Berliner Mittwochsgesellschaft" (1783-1798).
✉ marcos@usal.es

5939. **Marcq, Edith** 4 rue du Blason, 2ème étage, Bât. 62, Appt 157, 59650 Villeneuve d'Ascq, France. *U. de Lille III* / Analyse littéraire • Histoire de la langue.

5940. **Marcus, David** 1301 Dixie Lee Lane, Sarasota, FL 34231, USA. *U. of Tampa* / English literature • Boswell and Johnson.

5941. **Marcus, Eddie** 87 Wrenis Park House, Warwick Grove, Clapton, London, E5 9LW, UK.

5942. **Margaritis, Alk.** 20 Patr. Ioakim str., 10675 Athens, Greece.

5943. **Margiotta Broglio, Francesco** Borgo Pinti 87, 50121 Firenze, Italy. *U. di Firenze* / Institutions religieuses • Droit civil ecclésiastique et droit canonique • Jansénisme italien • Doctrines sur les relations Eglise/Etat.

5944. **Mari, Michele** Via Lusardi 10, 20122 Milano, Italy. / Literary erudition • Translation, esp. Homer, Plutarch, Ossian and Pope.

5945. **Mariani, Giorgio** Dipt di Anglistica Facoltà di Lettere, Università di Roma "La Sapienza", 00185 Roma, Italy. *U. di Roma "La Sapienza"*.

5946. **Maricourt, Denis** 37 avenue Marcel Martinie, 92170 Vanves, France. / Diderot's article "éclectisme" in the *Encylopédie* • Encyclopaedic works of Diderot, d'Alembert, Jaucourt, Raynal • Adventure stories (Fougeret de Monbron, Casanova).
✉ dmaricourt@infonie.fr

5947. **Mariluz Urquijo, Jose Maria** C/ Santa Fe 2982., 1425 Buenos Aires, Argentina. *Instituto de Investigaciones de Historia del Derecho* / Histoire du droit • Histoire des idées.

5948. **Marin, Brigitte** 3 rue du Four du Chapitre, 13002 Marseille, France. *U. d'Aix-Marseille I* / Histoire urbaine (Naples, Madrid) • La médicine (Naples).

5949. **Marin, Jenel** Str. Stefan cel mare 6, Bl.15A, ap.33, Bucuresti 1, Romania. *Bibliothèque Municipale (Bucuresti)* / Aspects culturels de la Romanité, en part. Ibéro-Amérique et Caraïbes • Relations avec la culture roumaine et Balkanique • Bucarest.

5950. **Marina Barba, Jesus** C/ Ribera del Vialon 12, 4°E., 18006 Granada, Spain. / Institutions et administration locales.

5951. **Marinescu, Florin** Centre for Neohellenic Research, National Hellenic Research Foundation, 48 Vas. Constantinou Av., 11635 Athens, Greece. *National Hellenic Research Foundation.*

5952. **Marinescu, Lucia** Aleea Scolarilor, Bucuresti, Romania. *U. Bucuresti* / La littérature • L'histoire et l'art • Les romans de Crébillon-fils et le problème du libertinage.
✉ luciamarinescu@hotmail.com

5953. **Marinescu, Mihaela** 41 Ximeno Avenue, Long Beach, CA 90803-3056, USA.

5954. **Marinho, Cristina Alexandra M. de** Rua de Aguas Ferreas 7, 4° Esq. B, 4050 Porto, Portugal. *U. do Porto* / Théâtre français • Théâtre français au Portugal, 1700-1820 • Littérature comparée.

5955. **Marini, Lino** Via Emilia Ponente 26, 40133 Bologna, Italy. *U. di Bologna* / Etats et communautés dans l'Italie du nord.

5956. **Marinkov, Olivera** Grckoskolska 6, 21000 Novi Sad, Serbia. / Law.

5957. **Marino, Adrian** Str. Rakoczi 72, 3400 Cluj-Napoca, Romania. *Union des écrivains* / L'idée de 'littérature' (histoire et herméneutique) • L'idée de 'moderne' • Les Lumières chez les Roumains (aspects idéologiques).

5958. **Marion, Michel** 22 rue de la République, 60880 Le Meux, France. / Bibliothèques privées en France • Collections et collectionneurs de livres.
✉ michel.marion9@libertysurf.fr

5959. **Marion, Rene S.** History Dept, Ball State University, Muncie, IN 4706-1099, USA. *Ball State U.* / Histoire sociale et culturelle de la France • Histoire des femmes.
✉ rmarion@bsu.edu

5960. **Marisina, Irina M.** Academie des Beaux-arts, Prechistenka str. 21, 119034 Moscow, Russia. *Academie des Beaux-arts* / Relations artistiques entre Russie et Occident • Relations artistiques internationales de l'Académie russe des Beaux-arts.
✉ ivan.marisin@cliffordchance.com

5961. **Mariti, Luciano** Via Cavalieri di Vittorio Veneto 1, 01037 Ronciglione (VT), Italy.

5962. **Markina, Ludmila** Levyi bereg, oul. Bibliotetchnaia 27, 43, 141400 Khimki, Russia. *Galerie Tretiakov (Moscou)* / Relations artistiques russo-allemandes.

5963. **Markley, Robert** Dept of English, West Virginia University, P.O. Box 6296, Morgantown, WV 26506-6296, USA. *West Virginia U.* / British literature, 1660-1800 • Literature and science • Economics and cultural theory.

5964. **Markovits-Pessel, Francine** 99 avenue Ledru Rollin, 75011 Paris, France. *U. de Paris X* / 'L'ordre des échanges' • Economie politique et théories de langage: physiocrates et grammairiens • Condillac, Beauzée • Diderot, Rousseau, Montesquieu • Formes modernes du scepticisme: Bayle, Fontenelle.
✉ markovit@noos.fr

5965. **Markowitz, Irene** Benrather Schlossallee 102-104, 40597 Düsseldorf, Germany. / Architecture and garden history • Art and culture at the court of Carl Theodor, esp. in Düsseldorf.

5966. **Marks, S.** Hoeksterpaed 7, 9254 EH Hardegarijp, Netherlands. / Classical influences on 18c literature.

5967. **Marks, Sylvia Kasey** 112- 20 72nd Drive, B-31, Forest Hills, NY 11375-5643, USA. *Polytechnic U.* / British juvenile fiction.
✉ smarks@duke.poly.edu

5968. **Markussen, Ingrid** Institutt for kulturstudier, Universitetet i Oslo, PB 1010 Blindern, 0315 Oslo, Norway. *U. i Oslo.*

5969. **Marouby, Christian** 1814 Parker St, Berkeley, CA 94703-1920, USA. *Mills C.* / French literature • Early anthropology • History of ideas.
✉ maro@mills.edu

5970. **Marquard, Odo A.** Zentrum für Philosophie, Universität Giessen, Otto-Behaghel-Str. 10, 35394 Giessen, Germany. *U. Giessen* / Philosophy.

5971. **Marque, Aurélie** 3 rue Pegoud, 64000 Pau, France.

5972. **Marramao, Giacomo** Fondazione Basso, Via della Dogana Vecchia, 00186 Roma, Italy. *Fondazione Basso.*

5973. **Marrero, Carmen Maria** Departamento de Filologia Moderna, Universidad de la Laguna, 38210 La Laguna-Tenerife, Spain. *U. de la Laguna.*

5974. **Marrese, Michelle L.** 721 Foster St, Unit 3E, Evanston, IL 60201, USA.

5975. **Marri, Fabio** Via Moncalieri 46, 41100 Modena, Italy. *U. di Bologna* / Correspondance de Lodovico Antonio Muratori • Les contactes culturels en Italie et en Europe • Bibliographie muratorienne.
✉ marri@alma.unibo.it

5976. **Marrinan, Michael** Dept of Art and Art History, Stanford University, Dept of Art & Art History, 101 Cummings Art Building, Stanford, CA 94305-2018, USA. *Stanford U.* / France • Architecture • Painting.
✉ mmsfo@stanford.edu

5977. **Marschall, Wolfgang** Institut für Ethnologie, Uni. Bern, Länggasse 49a, 3000 Bern 9, Switzerland. *U. Bern.*

5978. **Marsden, Jean I.** Dept of English, P.O. Box U-25, University of Connecticut, 337 Mansfield Rd, Storrs, CT 06269-0001, USA. *U. of Connecticut* / Shakespeare adaptations • Literary criticism • Restoration and 18c drama • Women and drama.

5979. **Marsh, Carol G.** School of Music, University of North Carolina, Greensboro 27402-6167, NC, USA. *U. of North Carolina (Greensboro)* / Dance and dance notation in the long 18c • Court and theatrical dance, country dance.
✉ c_marsh@uncg.edu

5980. **Marshall, David** 2503 State St, Santa Barbara, CA 93105-3563, USA. *U. of California (Santa Barbara)* / Fiction, aesthetics and moral philosophy in Britain, France and Germany.

5981. **Marshall, Geoffrey** 58A Essex Rd, Cranbury, NJ 08512-4003, USA. / English drama, 1660-1800 • Dryden • Tragedy.

5982. **Marshall, Louise** University of Wales, Pen y Bryn, Aberystwyth, Ceredigion, SY23 3AT, UK. *U. of Wales.*

5983. **Marshall, Rowland C.** Dept of Philosophy, St Mary's University, Halifax, NS B3H 3C3, Canada. *St Mary's U.* / Philosophers and Johnson circle of dissenters • Radicals and reformers, esp. Blake, Paine, Wollstonecraft and Godwin.

5984. **Marshall, Terence Edward** 20 rue du Transval, 75020 Paris, France. *U. de Paris X* / Rousseau: nature et liberté; l'esthétique et la raison • Les origines constitutionnelles des Etats-Unis • La querelle des Anciens et des Modernes • Philosophie constitutionnelle.

5985. **Martelli, Sebastiano** Viale delle Acacie 7, 84100 Salerno, Italy. *U. di Salerno* / La circulation des idées dans l'Italie du sud, 1700-1900.

5986. **Martellone, Anna Maria** Via Vasco de Gama 15, 50127 Firenze, Italy. *U. di Firenze*

/ English and American constitutional thought.

5987. **Martelo, David Manuel de Matos** Travessa do Rochio, 70 Granja, 4405-403 S. Félix da Marinha, Portugal. / Portuguese colonalism.
✉ davidmartelo@mail.telepac.pt

5988. **Martens, Wolfgang** Nockstr. 15, 82418 Murnau, Germany. *U. München* / Périodiques allemands • Le lecteur • Situation économique et sociale de l'écrivain • Piétisme et littérature.

5989. **Martensen, Robert** Medical School, University of Kansas, 3901 Rainbow Blvd, Kansas City, KS 66160-7311, USA. *U. of Kansas* / Scientific revolution • Medicine and religion • The body.

5990. **Marti, Hanspeter** Alte Post, 8765 Engi, Switzerland. *Arbeitsstelle für kulturwissenschaftliche Forschungen* / Dissertations philosophiques allemandes • Périodiques suisses • Piétisme suisse et allemand, en part. Gottfried Arnold • Christian Thomasius.

5991. **Martikainen, Lauri** Koillisväylä 2 A 10, 00200 Helsinki, Finland.

5992. **Martin, Alison** Christs College, St Andrews St, Cambridge, CB2 3BU, UK. *Christs C.*

5993. **Martin, Angus** 1/464 Pacific Highway, Lindfield, Sydney, NSW 2070, Australia. *U. of Sydney* / Prose fiction in France and Europe • History of communications • Development of French national identity.
✉ angus.martin@french.usyd.edu.au

5994. **Martin, Carole** Dept of Modern Language, South-West Texas State, 601 University Drive, San Marcos, TX 78666, USA. *South West Texas State U.*
✉ cmartin@modlang.swt.edu

5995. **Martin, Christophe** 47 rue de Paradis, 75010 Paris, France. *U. de Bordeaux III* / Représentations des espaces féminins dans le roman • Illustration du roman en France • Enfants de la nature et fictions d'"éducation négative" (expériences d'isolement: psammétique, Pygmalion, etc.).
✉ cwmartin@noos.fr

5996. **Martin, Daniel** 13 avenue Maréchal Leclerc, 63110 Beaumont, France. *U. de Clermont-Ferrand II* / Histoire sociale: criminalité, délinquance, répression • Révolution française.

5997. **Martin, Dieter** Dept of German, Universität Freiburg, Werthmannplatz, 79085 Freiburg, Germany. *U. Freiburg* / Sensibility in the Enlightenment • The theme of love and friendship • Reception of German literature.
✉ dieter.martin@germanistik.uni-freiburg.de

5998. **Martin, Henri-Jean** 8 rue du Delta, 75009 Paris, France. *Ecole nationale des chartes* / History of the book.

5999. **Martin, Isabelle** Lasalle F. 16, 63409 Tel Aviv, Israel. *U. of Haifa* / Théâtre de la foire • Influence du théâtre classique sur la rhétorique.
✉ imartin@research.haifa.ac.il

6000. **Martin, Laurence** 93 rue Compans, 78019 Paris, France. *U. de Paris IV* / Le plaisir esthétique dans la pensée et la littérature françaises (1694-1734).

6001. **Martin, Leslie A.** Sevilla 72, 11330 Jimena de la Frontera, Spain. / Giuseppe Baretti • Italian language teaching in Britain.

6002. **Martin, Lowry** 2137 Emerson St, Apt. 5, Berkeley, CA 94705-1867, USA.

6003. **Martin, Morag** Dept of History, S.U.N.Y., 350 New Campus Drive, Brockport, NY 14420, USA. *S.U.N.Y.* / Commercial and technological innovation, esp. in the realm of medicine and cosmetics • Taste and aesthetics • Advertising • Masculinity.
✉ mmartin@brockport.edu

6004. **Martin, Peter** Dept of English, Principia College, Elsah, IL 62028-9703, USA. *Principia C.* / Boswell and Johnson's iconography • Edmond Malone • Pope • Garden history.

6005. **Martin, Rebecca** 41 Prospect Avenue, Ossining, NY 10562, USA. *Pace U.* / Gothic novel • 18c readers • Gothic and film.

6006. **Martín Abad, Julián** Navarro y Ledesma s/n, Edificio San Fernando I, 4°A, Alcalá de Henares, 28807 Madrid, Spain. *Biblioteca Nacional* / Spanish books and libraries.

6007. **Martin-Haag, Eliane** 9 boulevard Kennedy, 31000 Toulouse, France. *U. de Toulouse II* / Age classique • Cartésianisme et Lumières.
✉ martin.haag@wanadoo.fr

6008. **Martine, Jean-Luc** 3 rue du Bailliage, 14000 Caen, France. *U. de Caen* / Histoire des idées et des représentations • Dictionnaires anciens • Les métaphores de la machine à l'âge classique • Littérature et philosophie.
✉ jean-luc.martine@wanadoo.fr

6009. **Martinec, Thomas** Lincoln College, Oxford, OX1 3DR, UK. *Lincoln C.*

6010. **Martinelli, Luciana** Via Guido d'Arezzo 14, 00198 Roma, Italy. *U. di L'Aquila.*

6011. **Martinelli, Valentino** Via del Banco di Santo Spirito 3, 00186 Roma, Italy. *U. di Roma* / Peinture et sculpture.

6012. **Martinet, Marie-Madeleine** 104 boulevard Arago, 75014 Paris, France. *U. de Paris IV* / Histoire des idées • Informatique pour sciences humaines.

6013. **Martínez Araoz, Silvia del Valle** Rue Lamadrid 560, 4000 San Miguel de Tucuman, Tucuman, Argentina. *U. de Tucumán* / La discrimination, l'exclusion, l'intolérance et le racisme • Textes portant sur l'esclavage et le dépeuplement de l'Afrique vers les îles caraïbes.
✉ iih@filo.unt.edu.ar

6014. **Martinez de la Escalera, Jose** C/ Universidad de Comillas 7, 28049 Madrid, Spain. *U. Pontificia Comillas* / Les Jésuites.

6015. **Martínez Gómez, Carmen** C/ Calera 13-3, 09002 Burgos, Spain. *U. de Burgos* / Irish history • Spanish emigration.

6016. **Martínez Mata, Emilio** Depto de Filología Española, Universidad de Oviedo, C/ Teniente Alonso Martínez, s/n, 33011 Oviedo, Spain. *U. de Oviedo* / Textual criticism • Spanish literature.
✉ emmata@correo.uniovi.es

6017. **Martinez Rodriguez, Enrique** Avenida Salamanca 12,1° A., 15704 Santiago de Compostela, Spain. / Démographie et société.

6018. **Martinez Rodriguez, Miguel Angel** C/ Llibertat 61, 08800 Vilanova I la Geltru, Spain. *U. de Barcelona* / Histoire sociale et tendances démographiques.

6019. **Martinez Ruiz, Enrique** C/ Cierzo 9, 28220 Majadahonda, Spain.

6020. **Martino, Alberto** Institut für Vergleichende Literaturwissenschaft, Universität Wien, Berggasse 11/5, 1090 Wien, Austria. *U. Wien* / Histoire de la lecture et du livre • Théories littéraires • Littérature comparée.

6021. **Martinon, Jean-Pierre** 2 rue Danton, 75006 Paris, France. *U. de Paris VIII* / La profession d'architecte • Enseignement de l'architecture en France • Images, dessins, relevés: les voyages d'architectes.

6022. **Martinoni, Renato** Universität St. Gallen, Kulturwissenschattliche Abteilung, Gatterstr. 1, 9010 St. Gallen, Switzerland. *U. St. Gallen* / Italian literature: travel writing; dialect • Erudition • Poetry.
✉ renato.martinoni@unisg.ch

6023. **Martins, José Luis Mamede** Rua da Misericórdia 14, 7800 Beja, Portugal.

6024. **Martins, Maria Odete Soares** Rua Hernani Cidade 5-5° J, 1600 Lisboa, Portugal.

6025. **Martinson, Leroy O.** 2603 Club Court, Valparaiso, IN 46383, USA.

6026. **Martone, Arturo** Via E. Pessina 56, 80135 Napoli, Italy. *Istituto Universitario Orientale Napoli* / La querelle entre F. Galiani et L. Serio sur la 'langue' napolitaine • L'origine des langues: Condillac et Rousseau • Le signe de l'écriture d'après la *Lettre apologétique* de R. de Sangro, prince de S. Severo.

6027. **Martucci, Roberto** Via Sicilia 6, 73016 S. Cesario di Lecce (LE), Italy. *U. di Macerata* / La Révolution française: la Constituante et le problème pénal; le modèle inquisitoire; le système constitutionnel; le système électoral.

6028. **Marty, Michel** 8 avenue du Maréchal Ney, 91800 Brunoy, France. *U. de Paris IV-Sorbonne* / Récits de voyage en Pologne • Abbé Coyer • Echanges littéraires et philosophiques en Europe, traductions, cosmopolitisme.
✉ michelmarty@aol.com

6029. **Martynenko, Oksana** 20 Harmatna Str., apt 10, 290012 Lviv, Ukraine. *Ukrainian National Academy of Music.*

6030. **Maruca, Lisa** 1126 Hickory Hill, Rochester, MI 48309-1705, USA. *Case Western Reserve U.*

6031. **Maruoka, Koji** 8-87 Gakuden-cho, Ogaki-shi 503-0008, Japan.

6032. **Maruri, Ramon** Universidad de Cantabria, Avda. de los Castros, s/n, 39005 Santander, Spain. *U. de Cantabria* / Mentalities.
✉ marurir@unican.es

6033. **Marx, Reiner** FR 8.1 Germanistik, Universität des Saarlandes, Postfach 151150, 66041 Saarbrücken, Germany. *U. des Saarlandes* / German bibliography • Lyric • Social history and mentalities, esp. sexuality in Enlightenment discourse.

6034. **Mârza, Iacob** Str. Gladiolelor 7 C (44), 2500 Alba Iulia, Romania. *U. Alba Iulia* / Bibliothèques illuministes roumaines en Transylvanie • La culture roumaine (l'enseignment, historiographie, etc.).

6035. **Mas, Raymond** Le Mayol, Le Commodore - Rue Henri Pertus, 83000 Toulon, France.

6036. **Masa-Barrieses, Azalea** 105 Cumberland Avenue South, # 901, Saskatoon, SK S7N 1L7, Canada. *U. of Saskatchewan* / Women's writing • Asian-North American fiction.
✉ barrieses@excite.com

6037. **Masaki, Mitsue** 1-13-9 Minamidaira, Hino-shi, 191-0041 Tokyo, Japan. *Showa Academia Musicae* / Western music.

6038. **Masbou, Céline** 12 rue Juliette Dodu, 75010 Paris, France.

6039. **Mascagni, Roberto** Via Carlo d'Angiò 58, 50100 Firenze, Italy.

6040. **Masci, Maria Emilia** Via Torricella 22/A, 50029 Tavarnuzze (FI), Italy.

6041. **Mascilli Migliorini, Luigi** Via Belvedere 101, 80100 Napoli, Italy. *U. di Napoli* / Institutions of art and trade in Europe.

6042. **Masciola, Amy** 218 Brewster Avenue, Silver Spring, MD 20901-3155, USA.

6043. **Mascoli, Laura** Parco Margherita 24, 80100 Napoli, Italy. / Le voyage des Français en Italie, en part. en Italie méridionale • Contacts entre académies savantes de France et d'Italie.

6044. **Maslan, Susan A.** Dept of French, University of California, 4125 Dwinelle Hall, Berkeley 94720, CA, USA. *U. of California (Berkeley)* / French Revolution • France • Assemblée Nationale • Comédie-Française • Cordelier movement • Montagnards • Theatre • English thought • Jacobinism • Marxism • Rousseauism • French Enlightenment.
✉ samaslan@socrates.berkeley.edu

6045. **Mason, Adam** 4 Clare St, Redfield, Bristol, UK.

6046. **Mason, Adrienne** 11 Goldney Avenue, Bristol, BS8 4RA, UK. *U. of the West of England* / Machines and mechanism.

6047. **Mason, Alexandra** 2720 Stratford Rd, Lawrence, KS 66049-2846, USA. *U. of Kansas* / Libraries • Bibliography.

6048. **Mason, Haydn T.** Dept of French, University of Bristol, Bristol, BS8 1TS, UK. *U. of Bristol* / Voltaire.
✉ haydn.mason@ukgateway.net

6049. **Mason, Laura** Dept of History, LeConte Hall, University of Georgia, Athens, GA 30609-2217, USA. *U. of Georgia* / French Revolution • Cultural history.

6050. **Mason, Sheila M.** University of Birmingham, Edgbaston, Birmingham, B15 2TT, UK. *U. of Birmingham* / Pensée politique et historique de Montesquieu et de Voltaire • Œuvres mineures de Montesquieu • Pensée de Bayle • La description topographique dans les journaux intimes.
✉ s.m.mason@bham.ac.uk

6051. **Masri, Heather** 68 Cabrinia Boulevard, #2, New York, NY 10033-5441, USA. / Law and literature • Biography • Non-fiction prose.

6052. **Mass, Edgar** Hebbelstr. 60, 50968 Cologne, Germany. *U. Leipzig* / Montesquieu's correspondence • French periodical press in Germany • Book history as a factor of social history.
✉ edgarmass@aol.com

6053. **Massafra, Angelo** Via Elia del Re 4, 70100 Bari, Italy.

6054. **Massara, Giuseppe** Via Monte delle Gioie 28, 00199 Roma, Italy. *U. di Salerno* / Piranesi • Walpole • Beckford • British travellers in Italy.

6055. **Massat, Jean-Pierre** 175 avenue de Montardon, 64000 Pau, France.

6056. **Masse, Stephanie** 2111 Montée des Laurentides, Saint Barthélemy, PQ J0K 1X0, Canada. *U. du Québec à Trois-Rivières* / Dramatic parody in France • Private theatres in France • Erotic theatre • Rhetoric.
✉ stephanie_masse@uqtr.ca

6057. **Masseau, Didier** 26 rue de Lancry, 60020 Compiegne, France. *U. de Tours* / Le roman français dans la deuxième moitié du 18 s • Réseaux intellectuels en Europe.

6058. **Massengale, James** Dept of Germanic Languages, 332 Royce Hall, University of California, 405 Hilgard Avenue, Los Angeles, CA 90024-1537, USA. *U.C.L.A.* / Swedish literature and music • Carl Michael Bellman.

6059. **Massil, Stephen** Huguenot Library, University College, Gower St, London, WC1E 6BT, UK. *University C.*

6060. **Masson, Nicole** 4 rue de Rocroy, 75010 Paris, France. *U. de Poitiers* / Poésie, surtout poésie fugitive • Catalogues de vente de bibliothèques (1750-1789) • Histoire du livre.
✉ nicole.masson@univ-poitiers.fr

6061. **Mastrodimitris, P. D.** University of Athens, 5 Venizelou str., 15121 Athens, Greece. *U. of Athens.*

6062. **Masubuchi, Masafumi** 4-21-6 Kaigamori, Aoba-ku, Sendai-shi, 981-0942 Miyagi, Japan. *Miyagi U. of Education* / Fielding.

6063. **Masuda, Makoto** Dépt de Langue et Littérature françaises, Kyoto University, Yoshida Honmachi, Sakyo-ku, 606-8501 Kyoto, Japan. *Kyoto U.* / Langage et politique chez Rousseau • Le moi et l'autre dans la pensée française • Diderot.
✉ mmasuda@bun.kyoto-u.ac.jp

6064. **Masuya, Kenji** Dept of Economics, Tohoku Gakuin University, 1-3-1 Tsuchitoi, Aoba-ku, Sendai, 980-8511, Japan. *Tohoku Gakuin U.* / South Sea Bubble • Britain • Church of England • English thought • Political economy • Adam Smith • Moral philosophy.
✉ masuya@tjcc.tohoku-gakuin.ac.jp

6065. **Maťa, Petr** Podolské nábrezí 32, 147 00 Praha 4, Czech Republic. *U. Karlova* / Political system of the Habsburg monarchy • Aristocracy • Piety and religious ideas.

6066. **Matalene, H. W.** 326 Harden St, Columbia, SC 29205-3148, USA. *U. of South Carolina (Columbia)* / Restoration comedy • Rhetoric and social class • Interrelations of the arts • Toward a history of deference: thoughts on why people listen.

6067. **Matarazzo, Pasquale** via Carducci 3, Contursi Terme Salerno 84024, Italy. / Italy • Italian Enlightenment • Pagano Filangieri • Cultural institutions.
✉ pasmat@tiscali.it

6068. **Mateo Rodriguez, Miguel** C/ Divino Vallés 3, 4°C, 28045 Madrid, Spain. / Espace publique et la ville dans la pensée de Rousseau • Vie urbaine et les Lumières.

6069. **Mateos Dorado, Maria Dolores** C/ Trascorrales, 18, 3°A., 33009 Oviedo, Spain. *U. de Oviedo* / Institutions • Politique • Histoire sociale.

6070. **Mathew, Nicholas** Mehringdahm 49, 10691 Berlin, Germany.

6071. **Mathieu, Marie** 81 rue du Haut Banc, 62600 Breck-sur-Mer, France. *U. de Lille III* / Le phénomène des suites romanesques en France.
✉ marie.mathieu@free.fr

6072. **Mathison, Hamish** Dept of English Literature, School of English, Sheffield University, Sheffield, S10 2TD, UK. *Sheffield U.* / Newspapers and periodicals • Epistolarity • Robert Burns • Scottish-Irish relationship.

6073. **Matkovskaia, Irina** Oul. Frunze 139, 4, 270005 Odessa, Ukraine. *U. d'Odessa* / Pensée sociale en Russie à la fin du 18s.

6074. **Matlock, Jann** 36 rue Folie Regnault, 75011 Paris, France. / Narrative • Gender studies • Visual representation and cultural history.

6075. **Matoba, Akihiro** 3-6-1-115 Nishi-Tsuruma, Yamato-shi, 242-0005 Kanagawa, Japan. *Kanagawa U.*

6076. **Matos, José António Sarmento de** Rua Barbosa du Bocage 2, 2710 Sintra, Portugal.

6077. **Matos, José F. Teles de** Rua Pedro Matos Filipe 17 r/c, Cova da Piedade, 2800 Almada, Portugal.

6078. **Matos, M. Dulce Coelho de** Rua de Campolide 92-1° D, 1000 Lisboa, Portugal.

6079. **Matos, Manuel Emilio Gomes Alves de** Av. das Túlipas 37-6° D, Miraflores, 1495 Lisboa, Portugal.

6080. **Matos, Maria Teresa do Vale de** Rua Cândido de Figueiredo 89 -5º L, 1500 Lisboa, Portugal. / Literature • Social History • Pombalismo.

6081. **Matsom, Stacie** English Dept, Marquette University, P.O. Box 1881, Milwaukee, WI 53201-1881, USA. *Marquette U.*

6082. **Matsubara, Keiko** 2862-54 Hirabari-Kuroishi, Tenpaku-cho, Tenpaku-ku, Nagoya-shi, 468-0021 Aichi, Japan. *Meijo U.* / Samuel Johnson • British non-fiction.

6083. **Matsuda, Hiroshi** 5-35-9 Minami-Karasuyama, Setagaya-ku, 157-0062 Tokyo, Japan. *Waseda U.* / Bibliography of economics • History of economics • Utopias.

6084. **Matsuda, Kiyoshi** 2-39-5 Myojo-cho, Uji-shi 611-0014, Japan.

6085. **Matsuda, Yuka** 3-21-4-301 Takamatsu-cho, Tachikawa-shi, 190-0011 Tokyo, Japan. *Kwansei Gakuin U.* / J.-Ph. Rameau.

6086. **Matsumoto, Tsutomu** 4-3-34 Tenjin, Nagaokakyo-shi, 617-0824 Kyoto, Japan. *Doshisha U.* / Rousseau and romanticism.

6087. **Matsuoka, Atsuhiko** 1-4-23 Higashi, Shibuya-ku, 150-0011 Tokyo, Japan. / Behaviour principles of the encyclopaedists.

6088. **Matsushita, Kazuo** 1-18-8 Honan, Suginami-ku, 168 Tokyo, Japan. *Tokai U.* / Urologie • La médecine française • Les maladies de Rousseau.

6089. **Matsuzaki, Hiroshi** HA-8-505, Tamagawa-Jutaku, 3-1-78 Somechi, Chofu-shi, 182-0023 Tokyo, Japan. / Rousseau.

6090. **Matsuzono, Shin** 301-5-14-4 Higashi-Rinkan, 228-0811 Kanagawa, Japan.

6091. **Mattauch, Hans** Celler Str. 106A, 38114 Braunschweig, Germany. *Technische U. Braunschweig* / Periodical literature • Dramatic parody • Word studies.

6092. **Matteson, Robert S.** 33 Judson St, Canton, NY 13617-1145, USA. *St Lawrence U.* / Library of Archbishop William King.

6093. **Matteucci, Anna Maria** Via P. Aldrovandi 5, 40125 Bologna, Italy. *U. di Bologna* / Architecture et décoration, 17s-18s.

6094. **Matthes, Lothar** Romanisches Seminar III, Universität Düsseldorf, Universitätsstr. 1, 40225 Düsseldorf, Germany. *U. Düsseldorf* / Public reception of Diderot's work in German-speaking area • System of French theatrical genres.

6095. **Matthey, François** Musée J.-J. Rousseau, Rue J.-J. Rousseau, 2112 Môtiers, Switzerland. *Musée J.-J. Rousseau* / Iconographie rousseauiste.

6096. **Mattick, Paul** 317 West 93 St, apt 4A, NY 10025-7257, USA. / Art theory • Political economy.

6097. **Mattila, Anssi** Soukankaari 1 B 33, 02360 Espoo, Finland.

6098. **Mattioda, Enrico** Baraccone 19, 10090 Castellamonte (TO), Italy. *U. di Torino* / Theories of tragedy • Ossian in Italy.
✉ mattioda@cisi.unito.it

6099. **Mattmüller, Markus** Peter Rotstr. 49, 4058 Basel, Switzerland. / Agricultural and folk history of Switzerland.

6100. **Mattmüller, Martin** Blumenrain 23, 4051 Basel, Switzerland.

6101. **Mattone, Antonello** Via P. Paoli 2, 07100 Sassari, Italy.

6102. **Matucci, Mario** Via P. Thouar 18, 50122 Firenze, Italy. *U. di Pisa* / L'œuvre romanesque de Marivaux • Marivaux conteur et moraliste.

6103. **Matuszewska, Przemyslawa** Ul. Niedzwiedzia 24/18, 54-233 Wroclaw, Poland. / Formes épistolaires dans la littérature des Lumières • Voltaire et les Lumières polonaises.

6104. **Matveyeva, Elena** Weliaminovskaïa 6-1-12, 105318 Moscou, Russia. *Conservatoire de Moscou* / Haydn.

6105. **Matyakh, Valentina M.** 34 Povitroflotsky Prospect, Apt 17, 252186 Kiev, Ukraine. *Ukrainian Academy of Sciences* / Historiography of Ukraine.

6106. **Matyaszewski, Pawel Adam** Ul. Rymwida 4/56, 20-607 Lublin, Poland. *Catholic U. of Lublin* / French counter-revolution (Antoine de Rivard, Joseph de Maistre) • History of French politics and ideas (Montesquieu, Voltaire, Rousseau) • The religion of Joseph Maistre.
✉ pawelm@kul.lublin.pl

6107. **Maunu, Leanne** 1774 Lawndale Rd, El Cajon, CA 92019-3898, USA.

6108. **Maur, Eduard** Ústav ceskych dejin FF UK, nám. Jana Palacha 2, 116 38 Praha 1, Czech Republic. *Ústav ceskych dejin FF UK.*

6109. **Maurer, Karl-Heinz** Dept of Modern Languages and Literatures, Knox College, 2 East South St, Campus Box K-121, Galesburg, IL 61401, USA. *Knox C.* / Dramatic theory and practice in Lessing and Lenz • Interdependence of economic and semiotic thought • Anthropological and dramaturgical theories of pity.
✉ kmaurer@knox.edu

6110. **Maurer, Michael** Institut für Volkskunde/Kulturgeschichte, Universität Jena, Fürstengraben 18, 07743 Jena, Germany. *U. Jena* / Anglo-German relations • Idea of history • Justus Möser.

6111. **Maurer, Shawn Lisa** 9 Bishop St, Jamaica Plain, MA 02130-2808, USA.

6112. **Maurice, Florian** Belfortstr. 5, 81667 München, Germany. *Bayerisches Fernsehen* / Freemasonry • Consumption • Culture.

6113. **Maurici, Ferdinando** Via Trinacria 19, 90144 Palermo, Italy.

6114. **Mauro, Frédéric** 6 avenue du général de Gaulle, 94160 Saint-Mande, France. *U. de Paris X* / Histoire économique du monde ibérique • Histoire comparée des faits économiques et de la pensée économique.

6115. **Mauro, Rose** 15 Momrow Terr., Albany, NY 12204-1210, USA.

6116. **Maurseth, Anne Beate** Dept of English and Comparative Literature, Universitet i Trondheim, INL, NTNU, University of Trondheim, N7491 Trondheim, Norway. *U. i Trondheim* / L'analogie et l'expérience littéraire • Littérature comparée • Les romans de Diderot.
✉ anne.beate.maurseth@wanadoo.fr

6117. **Mauser, Wolfram** Columbastr. 3, 79292 Pfaffenweiler, Germany. *U. Freiburg* /

German literature • Idea of nature • Early Enlightenment • Lessing • K. P. Moritz.

6118. **Mautner, Thomas** School of Humanities, Faculty of Arts, Australian National University, Bldg 14, Canberra, ACT 0200, Australia. *Australian National University* / Moral philosophy and natural law theory.
✉ thomas.mautner@anu.edu.au

6119. **Mauviel, Maurice** 4 rue de la Baronnie, 14440 Douvres la Delivrande, France. / Les Idéologues: Volney, Pierre-Louis Ginguené, Dominique-Joseh Garat • Immigration.
✉ mauviel-fr-ca@mail.cpod.fr

6120. **Maximova, Alexandra Vladimirovna** Prospekt Metallistov 50, app.125, 195176 St Pétersbourg, Russia. *State Russian Museum* / Drawing and watercolour • Academic art education • Foreign artists in Russia; Russian artists abroad • 'Rossica' in drawing.
✉ elena@em4291.spb.edu

6121. **Maxwell, Judith** 2411 Broadway St, San Francisco, CA 94115-1111, USA.

6122. **May, Gita** Dept of French, Columbia University, 516 Philosophy Hall, Columbia University, New York, NY 10027, USA. *Columbia U.* / Diderot, Rousseau, Voltaire • Enlightenment and Romanticism • Aesthetics and the relation between literature and the visual arts • The novel and autobiography.
✉ gm9@columbia.edu

6123. **May, James E.** Dept of English, Penn State University, College Place, Dubois, PA 15801, USA. *Pennsylvania State U.* / Edward Young • Editing and bibliography • The book trade.

6124. **Maycock, Alison** 47 Mordaunt St, London, SW9 9RO, UK.

6125. **Mayer, Heike** Wiesenweg 7, 83329 Waging am See, Germany. / Rhetoric • Literature and poetics • Popular philosophy.

6126. **Mayer, Jacques** 25 rue Guénégaud, 75006 Paris, France.

6127. **Mayer, Jonathan** 1011 rue Worthington, Sherbrooke, PQ J1H 3V1, Canada. *Sherbrooke U.* / Spinoza.

6128. **Mayer, Paola** Appt G 201, Patrician Village, 1919 University Avenue NW, Calgary, AB T2N 4K9, Canada. *U. of Calgary* / Romantic theory and Neoplatonism • The uncanny.

6129. **Mayer, Robert** Dept of English, Oklahoma State University, Stillwater, OK 74078-0002, USA. *Oklahoma State U.* / Novel • History • Reading • Authorship • Publishing.
✉ mayer@okstate.edu

6130. **Maymone Siniscalchi, Marina** Via Tagliamento 31, 00198 Roma, Italy. / Theatre, mainly opera • Orientalism • Gothic revival.

6131. **Mayo, Christopher** 110 Cole Avenue, Providence, RI 2906, USA.

6132. **Mays, J. C. C.** Ballycullen Ashford, Co. Wicklow, Ireland. *University C. Dublin.*

6133. **Maza, Sarah** Dept of History, Northwestern University, Evanston, IL 60208-5020, USA. *Northwestern U.* / Cultural history of France.

6134. **Mazauric-Martin, Claude** 7 cours Léopold, 54000 Nancy, France. / Social and political history of the French Revolution: Jacobinism, popular movements, communisme historique • Rouen, 1789-1799 • Babeuf and babouvism.
✉ claude-simone.mazauric@wanadoo.fr

6135. **Mazilu, Dan Horia** Faculty of Letters, University of Bucharest, Str. Edgar Quinet, nr.7, 70106 Bucuresti, Romania. *U. Bucuresti* / Relations littéraires entre les Roumains et les Slaves • Littérature roumaine ancienne • Mentalités.

6136. **Mazohl-Wallnig, Brigitte** Institut für Geschichte, Universität Innsbruck, Innrain 52, 6020 Innsbruck, Austria. *U. Innsbruck.*

6137. **Mazouer, Charles** 8 rue de la Chênaie, 33170 Gradignan, France. *U. de Bordeaux III* / Histoire du théâtre français • L'opéra.

6138. **Mazour, Natalia** Ossenniaia oul. 2, 139, 121609 Moscou, Russia. *U. Lomonossov de Moscou (MGU)* / Idée nationale en Russie • Slavophiles • Nicolas I • Projets scolaires et pédagogiques.

6139. **Mazurkowa, Bozena** Ul. Lwowska 6 m.33, 41-205 Sosnowiec, Poland. *U. Slaski* / La poésie de circonstance en Pologne, 1750-1800 • Le cadre éditorial et littéraire du livre polonais: les préfaces, les notes, les dédicaces, 1750-1800.

6140. **Mazzanti Pepe, Fernanda** Via Spallarosa 21, 16133 Genova, Italy. *U. di Genova* / Political institutions, esp. the theme of constitutionalism: French and American models, their original features and their circulation.
✉ fernanda.pepe@csb-scpo.unige.it

6141. **Mazzarella, Merete** Villagatan 21, 00150 Helsingfors, Finland.

6142. **Mazzolini, Renato** Via dei Cuori 1, 38050 Madrano, Italy. / Albrecht von Haller • Physical anthropology • Physiology.

6143. **Mazzone, Marc** 2106 15th Avenue South, Nashville, TN 37212, USA.

6144. **Mazzone, Silvia** Dip. di Matematica, Università di Roma-La Sapienza, Piazzale A. Moro 2, 00185 Roma, Italy. *U. di Roma* / Histoire des mathématiques.
✉ silvia.mazzone@uniroma1.it

6145. **Mazzucco-Than, Cecile** 48 School St, Hopkinton, MA 01748-2009, USA.

6146. **McAllister, Marie E.** Dept of English, Mary Washington College, 1301 College Avenue, Fredericksburg, 22401 VA, USA. *Mary Washington C.* / Britain • Travel literature • English literature • History of medicine • The novel.

6147. **McAlpin, Mary K.** Dept of Modern Foreign Languages and Literature, University of Tennessee, 701 McClung, Knoxville, TN 37996, USA. *U. of Tennessee (Knoxville)* / French Revolution • France • Rousseauism • Enlightenment (concept) • French Enlightenment • Correspondence • North America, image of • French language • French literature • Christianity • God • Diderot • Julien Offroy de La Mettrie.
✉ mmcalpin@utk.edu

6148. **McArthur, William Duncan** Dept of English, Furman University, 3300 Poinsett Highway, Greenville, SC 29613, USA. *Furman U.* / Britain • Satire • Johnson • Sterne • Newspapers and periodicals.
✉ duncan.mcarthur@furman.edu

6149. **McAuley, Louis Kirk** Dept of English, S.U.N.Y. - Buffalo, 517 Lafayette Avenue, Apt. 4, Buffalo, NY 14222-1340, USA. *S.U.N.Y. (Buffalo)*.

6150. **McCallam, David** Dept of French, University of Sheffield, Arts Tower, Western Bank, Sheffield, S10 2TN, UK. *U. of Sheffield* / Relationship of writers and key texts with the events of the French Revolution • Links between literary form, esp. short forms such as maxims and anecdotes, and political ideology.
✉ d.mccallam@sheffield.ac.uk

6151. **McCallum, Paul** 1284 South 220th St, Pittsburg, KS 66762, USA.

6152. **McCandless, Harry** Dept of English, University of Notre Dame, 356 O'Shaughnessy Hall, Notre Dame, IN 46556-5639, USA. *U. of Notre Dame* / Aesthetics and moral philosophy as reflected in the prose fiction of Britain and Ireland • Sterne, Charlotte Lennox, Hume, Burke, Frances Burney, English Jacobins.
✉ mccandless.2@nd.edu

6153. **McCants, Anne E. C.** History Dept, M.I.T, E51-285, 77 Massachusetts Avenue, Cambridge, MA 02139-4307, USA. *MIT*.

6154. **McCarthy, Erik** T314 Windsor Place, Lawrence, KS 66049, USA.

6155. **McCarthy, John A.** Dept of Germanic and Slavic Studies, Vanderbilt University, Box 1567 Sta B, 129 Furman Hall, Nashville, TN 37235, USA. *Vanderbilt U.* / European Enlightenment: its legacy for modernity and postmodernity • History of printing and the role of women • *Der teutsche Merkur* • The interrelationship of philosophy / literature and science / literature.
✉ john.a.mccarthy@vanderbilt.edu

6156. **McCarthy, Michael** Dept of History of Art, National University of Ireland, Belfield, Dublin 4, Ireland. *University C. Dublin* / Architecture • Piranesi • Grand Tour.

6157. **McCarthy, Muriel** Marsh's Library, St Patrick's Close, Dublin 8, Ireland. *Marsh's Library Dublin* / Ecclesiastical history • Huguenots • Irish history.

6158. **McCarthy, William** 1124 Prospect St, Westfield, NJ 07090, USA. *Iowa State U.* / Anna Letitia Barbauld • Correspondence of Samuel Richardson.
✉ wpmccarthy@aol.com

6159. **McClain, Molly A.** Dept of History, University of San Diego, 5998 Alcala Park, San Diego, CA 92110, USA. *U. of San Diego* / British and colonial America • Material culture • Science.
✉ mmcclain@sandiego.edu

6160. **McCleave, Sarah** School of Music, Queen's University, Belfast, BT7 1NN, UK. *Queen's U. (Belfast)* / Dance • Theatre music.

6161. **McClellan, Andrew** History of Art Dept, Tufts University, 11 Talbot Avenue, Medford, MA 02155-5812, USA. *Tufts U.* / Art, aesthetics, museums and collecting.

6162. **McClellan, Michael** Music Dept, Chinese University of Hong Kong, Shing Bldg, Shatin, New Territories, Hong Kong. *Chinese U. of Hong Kong*.

6163. **McClellan III, James E.** Dept of Humanities, Stevens Institute of Technology, Castle Point on the Hudson, Hoboken, NJ 07030, USA. *Stevens Institute of Technology*.
✉ jmcclell@stevens-tech.edu

6164. **McCloskey, Karen** Dept of French, University of Toronto, 50 St Joseph St, Toronto, ON M5S 1J4, Canada. *U. of Toronto* / French Revolution • France • French literature • Crébillon, Claude-Prosper Jolyot. ✉ ck_mccloskey@hotmail.com

6165. **McClymonds, Marita P.** Music Dept, University of Virginia, 701 Locust Avenue #a, Charlottesville, VA 22902-4912, USA. *U. of Virginia* / Music history and literature • Theatre • Opera.
✉ mpm3c@virginia.edu

6166. **McConathy, Terry M.** Louisiana Tech University, 1642 Wyly, Ruston, LA 71272-0029, USA. *Louisiana Tech U.*

6167. **McCormack, Matthew** Flat 13, 12 Wilbraham Road, Fallowfield, Greater Manchester, M14 6JZ, UK.

6168. **McCormack, Seamus** Three Jolly Pigeons, Glasson, Athlone, Co. Westmeath, Ireland.

6169. **McCormick, Frank** English Dept, Eastern Illinois University, 5759 Lincoln Highway Rd, Charleston, IL 61920, USA. *Eastern Illinois U.* / *Hamlet* on the 18c stage • John Vanbrugh: plays and architecture • Horace Walpole: Castle of Otranto and Strawberry Hill.

6170. **McCormick, Ian** Dept of English, Nene University College, Northampton, NN2 7AL, UK. *Nene University C.* / The grotesque • Sexuality • Aesthetics • The Gothic.

6171. **McCormick, Margaret D.** 18 Still St, Brookline, MA 02146-3444, USA.

6172. **McCormick, Richard** University of North Carolina, 104 South Bldg, CB3000, Chapel Hill, NC 27599-0001, USA. *U. of North Carolina.*

6173. **McCormick, Thomas J.** 18 Still St, Brookline, MA 02146 3444, USA. / Grand Tour • Art and architecture.

6174. **McCoy, Kathleen** Dept of English, Seton Hall University, 400 South Orange Avenue, South Orange, NJ 07079-2646, USA. *Seton Hall U.* / Women novelists, esp. Sarah Fielding • Defoe.

6175. **McCreery, Cindy** 113/125 Oxford St, Bondi Junction, NSW 2022, Australia. / Graphic satire (cartoons).

6176. **McCurdy, Melinda** Dept of Art History, University of California, Santa Barbara, CA 93104, USA. *U. of California (Santa Barbara)* / British art and culture.

6177. **McCusker, John J.** Dept of History, Trinity University, 715 Stadium Drive, San Antonio, TX 78212, USA. *Trinity U.* / The economy of the Atlantic world • Production, trade, and consumption of sugar, molasses, and rum.
✉ jmccuske@mac.com

6178. **McDermott, Anne** Dept of English, University of Birmingham, Birmingham, B15 2TT, UK. *U. of Birmingham* / Samuel Johnson • Literature • Women's writing • Epistemology and philosophical issues • History of language and lexicography.

6179. **McDonald, Christie** Harvard University, 431 Boylston Hall, Cambridge, MA 02138, USA. *Harvard U.* / Questions of change, the family and the state • 20c readings of 18c texts • Rousseau • Diderot.
✉ cmcdonal@fas.harvard.edu

6180. **McDonald, Lee Christine** 94 Woods St, Newport, VIC 3015, Australia.

6181. **McDougall, Warren** 53 Ladysmith Rd, Edinburgh, EH9 3EY, UK. / Scottish book trade.

6182. **McDowell, Paula** Dept of English Literature, Rutgers University, Murray Hall, 510 George St, New Brunswick, NJ 08901, USA. *Rutgers U.*
✉ pmcdow@rci.rutgers.edu

6183. **McEachern, Jo-Ann E.** Dept of French and Spanish, University of British Columbia, 797-1873 East Mall, Vancouver, BC V6T 1Z1, Canada. *U. of British Columbia* / Rousseau • Continental printing practices • Correspondence of Françoise de Graffigny.
✉ mceacher@interchange.ubc.ca

6184. **McElroy, George C.** 1411 East 54th Place, Chicago, IL 60615, USA. / Francis Burke, and India.
✉ gcmcelroy@amhitech.net

6185. **McErlean, J. M. P.** Dept of History, York University, Downsview, North York, ON M3J 1P3, Canada. *York U. (North York)* / Russia • Corsica, esp. Anglo-Corsican relations.

6186. **McEvoy, Emma** Dept of English, Goldsmiths College, New Cross, London, SE14 6NW, UK. *Goldsmiths C.* / Wollstonecraft • The Gothic • The picturesque • Literature of sensibility.

6187. **McFarlane, Cameron** English Dept, University of Western Ontario, London, ON N6A 3K7, Canada. *U. of Western Ontario* / Masculinity • Sexuality • Friendship.

6188. **McGeary, Thomas N.** P.O. Box 2306, Station A, Champaign, IL 61825, USA. / Opera, satire, and politics in the age of Handel, Pope, and Walpole • Cultural and intellectual contexts of opera in Britain, 1700-50 • Music and patronage.
✉ thomas_mcgeary@hotmail.com

6189. **McGill, Kathy** George Mason University, 2834 Young Drive, Oakton, VA 22124, USA. *George Mason U.* / Travel literature and travel • National identities • Britain, America.
✉ mcgills1@juno.com

6190. **McGinnis, Reginald** Dept of Modern Languages, University of Arizona, P.O. Box 210067, Tucson, AZ 85712-7349, USA. *U. of Arizona.*

6191. **McGirr, Elaine** Dept of English, Washington University, Camps Box 1122, St. Louis, MO 63130, USA. *Washington U.*

6192. **McGonagle, Jen** 18 Lincoln Parkway, Apt 2, Somerville, MA 02143-3935, USA.

6193. **McGonegal, Julie** English Dept, McMaster University, Hamilton, ON L8S 4L9, Canada. *McMaster U.* / Cosmpolitanism in Johnson, Goldsmith, Elizabeth Hamilton, and Paine.

6194. **McGovern, Barbara** Ohio State University, 1680 University Drive, Mansfield, OH 44906-1547, USA. *Ohio State U. (Mansfield)* / Anne Finch, countess of Winchilsea • British women poets • Satire • Religion and the roots of early English feminism.

6195. **McGrath, Charles Ivar** Dept of Modern Irish History, University college Dublin, Belfield, Dublin, Ireland. *University C. Dublin* / Irish politics of supply • Irish parliament, government, legislation, constitution, religion, identity • Anglo-Irish relations.
✉ ivar.mcgrath@oceanfree.net

6196. **McGrath, Nathalie L.** 17 Sussex St, Winchester, SO23 8TG, UK. / Women's studies • Women writers • Gender studies.

6197. **McGuffie, Helen L.** P.O. Box A, Bethany, WV 26032-1401, USA. *Bethany C.* / Samuel Johnson • Johnson in the press • Periodicals.

6198. **McGuinness, Rosamond** 23 Alma St, London, NW5 3DJ, UK. *U. of London* / Royal Holloway Computer Register of Musical Data in London Newspapers, 1660-1750 • Means by which an urban society's musical taste is cultivated and transformed with time.
✉ r.mcguinness@rhul.ac.uk

6199. **McGuire, James** Combined Depts of History, University College, Belfield, Dublin 4, Ireland. *University C. Dublin* / Anglo-Irish ecclesiastical policy 1660-1719 • Anglo-Irish constitutional relations 1688-1719.
✉ james.mcguire@ucd.ie

6200. **McGuire, Kelly** 315-693 Talbot St, London, ON, Canada. *Western U.* / Concepts of epistolarity.

6201. **McGuirk, Carol** 51 South West 10th Terrace, Boca Raton, FL 33486-4561, USA.

6202. **McHenry, Robert W.** English Dept, University of Hawaii, 1733 Donaghho Rd, Honolulu, HI 96822-2315, USA. *U. of Hawaii* / Dryden • Roger North • Baroque art and literature.

6203. **McIlvanney, Liam** Dept of English, University of Aberdeen, Aberdeen, AB24 2UB, UK. *U. of Aberdeen.*

6204. **McKay, Derek** 38 Norfolk Rd, Brighton, BN1 3AB, UK. / European diplomacy, 1618-1750.

6205. **McKee, Jane** School of Languages and Literature, University of Ulster at Magee College, Northland Road, Derry, BT48 7JL, UK. *U. of Ulster at Magee C.*

6206. **McKenna, Antony Nicholas** 8 rue des Aubépines, Montbrison, 42600 France. *U. de Saint-Etienne* / Port-Royal and Jansenism • Reception of Pascal • Pierre Bayle and intellectual activity in the Protestant Refuge • Clandestine philosophy.
✉ mckenna@univ-st-etienne.fr

6207. **McKenney, Jenny** University of Calgary, 3035 4th St, South-West, Calgary, AB T2S 1X9, Canada. *U. of Calgary.*

6208. **McKenzie, Alan T.** Dept of English, Purdue University, Heavilon Hall, West Lafayette, IN 47906, USA. *Purdue U.* / The theme of ageing in correspondence • Satire and parody • Johnsonian prose;.
✉ amck@purdue.edu

6209. **McKeon, A.** 343 Prospect Avenue, Princeton, NJ 8540, USA.

6210. **McKeon, Michael** Dept of English, Rutgers University, Murray Hall, P.O. Box 5054, New Brunswick, NJ 08903-1264, USA. *Rutgers U.*

6211. **McKnight, H. Ray** 147 West Scott Avenue, Fresno, CA 93704, USA. / The novel • Scottish intelligentsia.

6212. **McKusick, James C.** University of Maryland, 1000 Hilltop Circle, Baltimore,

MD 21250, USA. *U. of Maryland* / Environmental studies • Linguistics.

6213. **McLamore, Alyson** 708 Avenida de Diamante, Arroyo Grande, CA 93420-1938, USA. / Concert life in England • Symphonies.
✉ amclamor@calpoly.edu

6214. **McLaverty, J.** Dept of English, University of Keele, Keele, Staffs, ST5 5BG, UK. *U. of Keele* / Pope • Book trade.

6215. **McLoughlin, Timothy O.** Dept of English, Université Paul Valéry, Route de Mende, 34199 Montpellier, France. *U. de Montpellier* / Burke • Irish writing.

6216. **McMahon, Derek** 50 The Cloisters, Terenure, Dublin 6W, Ireland. / Travel literature.

6217. **McMahon, Dermot** 50 The Cloisters, Terenure, Dublin 6W, Ireland.

6218. **McMahon, Susan** Max Planck Institute for the History of Science, Wilhelmstr. 44, 10117 Berlin, Germany. *Max Planck Institute for the History of Science.*

6219. **McMann, Lori** Dept of Romance Language, University of Michigan, 812 East Washington St, Ann Arbor, MI 48109-1275, USA. *U. of Michigan.*

6220. **McManus, Robert L.** 47 Back Bay Rd, Bowling Green, OH 43402-6620, USA.

6221. **McMaster, Juliet** English Dept, University of Alberta, Edmonton, AB T6G 2E5, Canada. *U. of Alberta* / Childhood writings • The novel.

6222. **McMinn, Joseph** English Dept, University of Ulster, Jordanstown, Co. Antrim BT37 OQB, UK. *U. of Ulster* / Swift • Ireland • Travel.

6223. **McMorran, Will** School of Modern languages, Queen Mary and Westfield College, Mile End, London, E1 4NS, UK. *Queen Mary.*

6224. **McMullen, Lorraine** Dept of English, University of Ottawa, Ottawa, ON K1N 6N5, Canada. *U. of Ottawa* / Fanny Burney • Frances Brooke.

6225. **McMurran, Mary Helen** 23013 Hwy 36, Cheshire, OR 97419, USA. *U. of Chicago* / North America • Western Europe • The novel and translation.
✉ mmcmurra@uchicago.edu

6226. **McNally, Patrick** History Dept, University College, Herwick Grove, Worcester, WR2 6AJ, UK. *University C. Worcester* / Irish history.

6227. **McNamara, Leo F.** 6824 Cowell Rd, Brighton, MI 48116, USA. *U. of Michigan.*

6228. **McNeil, David P.** Dept of English, Dalhousie University, 6135 University Avenue, Halifax, NS B3H 4P9, Canada. *Dalhousie U.* / America in the English novel • The South Sea Bubble • Rufus Chetwood • Decorative art • Depictions of war and the military • Spectacle and the Restoration Theatre.
✉ dmcneil@is.dal.ca

6229. **McNerney Rendell, Shirley** 46 Eliot St, South Natick, MA 01760-6042, USA.

6230. **McNutt, Donald** University of Arizona, 2080 West Speedway #2219, Tucson, AZ 85745, USA. *U. of Arizona.*

6231. **McParland, Edward** Dept of History of Art, Trinity College, Dublin 2, Ireland. *Trinity C.*

6232. **McPherson, Heather** 1438 Milner Crescent, Birmingham, AL 35205 2916, USA. *U. of Alabama at Birmingham* / Portraiture • Caricature and cultural politics.
✉ hmcphers@uab.edu

6233. **McQuillan, Donal** 309 East Court St, #A, Ithaca, NY 14850-4203, USA. *Cornell U.*

6234. **McVeigh, Simon** Dept of Music, Goldsmiths College, University of London, New Cross, London, SE14 6NW, UK. *Goldsmiths C.* / British music • Concert life in London.

6235. **Mea, Elvira Azevedo** Rua de Fez 45-1°, 4150 Porto, Portugal. / The Inquisition.

6236. **Meader, June** 6 Squirrels Close, Woodside Avenue, London, N12 8AY, UK. / Ideas of evidence and proof • Law and probabilities.

6237. **Mealy, Fonsie** Georgian Mews, The Square, Castlecomer, Co. Kilkenny, Ireland.

6238. **Mecandless, Harry** Dept of English, University of Notre Dame, Notre Dame, IN 46556-5639, USA. *U. of Notre Dame.*

6239. **Medakovic, Dejan** Proletarskih brigada 15/11, 11000 Beograd, Serbia. *Serbian Academy of Sciences* / Serbian baroque art • Iconography of baroque art.

6240. **Medeiros, Guilherme** Rua Maria Judite Lins, 381/03, Olinda, 53130-080 Brazil. / History • Archaeology • Maps and maps and shipping routes.
✉ guilherme.medeiros@bol.com.br

6241. **Medick, Hans** Institut für Geschichte, Hermann-Föge-Weg 11, 37018 Göttingen, Germany. *Max-Planck-Institut Göttingen* / Industrialisation des campagnes • Maison, famille et culture populaire • Histoire et anthropologie • Piétisme.

6242. **Medina, Encarnación** C/ Cardenal M. Spinola, Res. Las Adelfas, 1-8A, 23009 Jaén, Spain. *U. de Cádiz* / L'enseignement du français à Cádiz.

6243. **Medlin, Dorothy** 1551 Herlong Court, Rock Hill, SC 29732, USA. *Winthrop U.* / Morellet.
✉ medlind@cetlink.net

6244. **Medokovich, Molly** 319 East Court St, Atp 45, Iowa City, IA 52240-4927, USA.

6245. **Medri, Sante** Via Caduti di Cefalonia 27, 48014 Castelbolognese (RA), Italy.

6246. **Medwedyk, Jurij** 2 Barsky Str., Drohobych, Lviv Oblast, Ukraine. *Drohobych Pedagogical Institute* / Ukrainian and Eastern European sacred music • Ukrainian musical publications (Pochaiv Bohohlasnyk, 1790-1791).

6247. **Meeker, Natania** Dept of French and Italian, University of Southern California, 126 Taper Hall, MC0359, Los Angeles, CA 90089, USA. *U. of Southern California* / Relationship between the rhetorics of Enlightenment and literary materialism(s) in France • Influence of neo-Epicureanism on libertine thought and literature.
✉ nmeeker@usc.edu

6248. **Meeker, Robert G.** 128 Yeager Avenue, Forty Fort, PA 18704 4032, USA. / Samuel Johnson (*Rambler* essays and prose style).

6249. **Meer, G. van der** Isabellaland 1604, 2591 EK Den Haag, Netherlands. / Coins and medals.

6250. **Meerkerk, E. van** Hazenkampseweg 156, 6531 NP Nijmegen, Netherlands.

6251. **Mehlow, Michael** An der Dolzke 12, 03222 Lübbenau-Lehde, Germany. *U. Halle-Wittenberg* / History of the University of Halle and Franckesche Stiftungen.

6252. **Mehtonen, Lauri Ilmari** Dept of Philosophy, University of Tampere, Tampere 33014, Finland. *U. Tampere* / Cultural and social theories in Scotland and Germany.

6253. **Mehtonen, Päivi** Yliopistonkatu 45 G 78, 33500 Tampere, Finland.

6254. **Meier, Hans Jakob** Pippinstr. 4, 82131 Gauting, Germany. / French and German prints and book-illustration.

6255. **Meier, Monika** Berlin-Brandenburgische Akademie der Wissenschaften, Jean Paul-Edition, Am Neuen Markt 8, 14467 Potsdam, Germany. *Berlin-Brandenburgische Akademie der Wissenschaften* / German literature at the end of the 18c • Correspondence of Jean Paul (Johann Paul Friedrich Richter, 1765-1825).
✉ meier@bbaw.de

6256. **Meihuizen, Nicholas** Dept of English, University of Zululand, Umlazi Campus, Private Bag X10, 4110 Isipingo, South Africa. *U. of Zululand* / Thomas Taylor the Platonist • Shelley, Keats and Byron: the poet as poetic subject • Foucault's classical episteme • Edmund Burke and the aesthetics of counter-revolution • Neo-platonic influences in Blake, Coleridge and Shelley.

6257. **Meijer, Agneta** Bredmansgatan 4 D, 752 24 Uppsala, Sweden.

6258. **Meijer, Miriam Claude** Montgomery College, 7600 Takoma Avenue, Takoma Park, MD 20912-4197, USA. *Montgomery C.* / Western assumptions about non-Europeans: Petrus Camper, Hemsterhuis, Georges de Buffon, Daubenton, Haller, and Johann Gottfried Herder • Science of Man.
✉ mmeijer@mc.cc.md.us

6259. **Meijer Drees, M. E.** De Wuurde 65, 6662 NB Elst GLD, Netherlands.

6260. **Meijide Pardo, Antonio** Plaza de Portugal 7-3, 15011 La Coruña, Spain. / Economie, société, mentalités.

6261. **Meijide Pardo, Antonio** Plaza de Portugal, 7, 3°, 15011 La Coruña, Spain.

6262. **Meijide Pardo, María Luisa** Plaza de Portugal 7-3, 15011 La Coruña, Spain. / Emigration française pendant la Révolution • Mendicité et prostitution • Libéralisme, 1820-1823 • Vicente do Seixo (de la réforme agricole à l'émancipation de la femme).

6263. **Meinander, Henrik** Kyösti Kallios väg 8 B 18, 00570 Helsingfors, Finland.

6264. **Meirose, Astrid** Dorotheenstr. 34, 45130 Essen, Germany. *U. Essen.*

6265. **Meise, Helga** Grosse Seestr. 7, 60486 Frankfurt/M., Germany. / Women's literature • Autobiographie • Encyclopaedias, calendars and almanacs.

6266. **Meisling, Peter** Launavej 28. th., 2500 Valby, Denmark.

6267. **Mekki-Berrada, Tawfik** Box 47, 43063 Hindås, Sweden. *Högskolan i Halmstad* / *Mémoires secrets* de Bachaumont.

6268. **Melamed, Galina Nissim** Traiko Stanoev 1/4/87, 1756 Sofia, Bulgaria. *Sofia U.* / France • Slavic literature • Rousseau • Petar Beron • Semiotics.
✉ galina_melamed@hotmail.com

6269. **Melançon, Benoît** Dépt d'Etudes françaises, Université de Montréal, C.P. 6128, Succ. Centre-ville, Montréal, PQ H3C 3J7, Canada. *U. de Montréal* / L'épistolarité (correspondance de Diderot) • Les formes et lieux de la sociabilité intellectuelle (salons, académies) • L'utilisation de l'informatique dans les études littéraires.
✉ benoit.melancon@umontreal.ca

6270. **Meldolesi, Claudio** Strada Maggiore 62, 40100 Bologna, Italy. / Actors in Europe • Sicilian theatre • Origins of contemporary theatre.

6271. **Mele, Flora** 156 Rue du Faubourg S. Antoine, 75012 Paris, France. *U. de Paris IV* / Opera manuscripts (Charles-Simon Favart).

6272. **Melén, Margareta E. U.** Skolgatan 16, 451 31 Uddevalla, Sweden. / Central Europe • French Enlightenment • Salons • Julie de Lespinasse • Translation of the correspondence between Julie de Lespinasse and le Comte de Guibert from French to Swedish.
✉ margareta.melén@htu.se

6273. **Meleshko, Vasili I.** Institute of the History of Belarus, Academy of Sciences of Belarus, Franzisk Skorina str. 1, 220072 Minsk, Belarus. *Academy of Sciences of Belarus* / Economic development and public political life of a town • Agrarian history, social and class struggle in feudal Belarus • Demography of Belarus.

6274. **Melish, Jacob D.** 30-83 29th St, apt A5, Astoria, NY 11102-2740, USA. *U. of Michigan* / Microhistory • Social control • Paris • Sexuality and gender • Violence • Neighbourhood • Faubourg Saint-Antoine.

6275. **Melkersson, Martin** Ugglevägen 32B, 131 44 Nacka, Sweden.

6276. **Mell Jr, Donald C.** Dept of English, University of Delaware, Newark, DE 19716, USA. *U. of Delaware* / Jonathan Swift • Satire.
✉ dmell@udel.edu

6277. **Mellemgaard, Signe** Ruthsvej 8, 1.tv., 2900 Hellerup, Denmark.

6278. **Mellmann, Katja** Institut für Deutsche Philologie, Universität München, Schellingstr. 3., 80799 München, Germany. *U. München.*

6279. **Melo, Maria Cristina Corrêa de** Praceta Júlio Dantas, 7 r/c D, 2855 Corroios, Portugal. / History • The Inquisition.

6280. **Melo, Paola Elisabetta** Via Sanson 20, 25123 Brescia, Italy. / Correspondence of Giovanni Fantoni (Labindo) (1760-1807).

6281. **Melón Jiménez, Miguel Angel** Avenida de Londres, 2A, Portal 1, 4°B, 10004 Caceres, Spain. / Economie et société en Extremadura.

6282. **Menagh, Diane** Dept of English, Fairfield University, DMH-107, North Benson Road, Fairfield, CT 6430, USA. *Fairfield U.*

6283. **Menant, Sylvain** Université de Paris IV, 1 rue Victor Cousin, Paris 75230 cedex 05, France. *U. de Paris IV* / Poésie • Historiographie • Esthétique de Voltaire • Approche sérielle de la littérature française.
✉ sylvain.menant@paris4.sorbonne.fr

6284. **Mendez, Maria Agueda** CELL/El Colegio de Mexico, Camino al Ajusco 20, 10740 Mexico DF, Mexico. *El Colegio de Mexico* / The Inquisition in New Spain (Mexico), 16-18c.

6285. **Meneguello, Cristina** Avenue Monte Castelo 255, Jd. Proença, 13026-241 Campinas-SP, Brazil. / History of ideas • Historiography.

6286. **Meneses, Roger S.** Calle Tumbes 396, Lima 36, 460 Peru. / Social sciences.
✉ skey@rock.com

6287. **Meng, Chao** Renmin University of China Press, 100872 Beijing, China. *Renmin U. of China Press* / China: Qing history.

6288. **Meng, Hua** Institute of Comparative Literature, University of Beijing, 100871 Beijing, China. *U. of Beijing* / Voltaire • L'image de la Chine chez les écrivains des Lumières • La Chine.

6289. **Meng, Shufang** Institute of Qing History, Renmin University of China, 100872 Beijing, China. *Renmin U. of China* / China: Qing history.

6290. **Menichelli, Gian Carlo** Via A. De Gasperi 13, 80046 S. Giorgio a Cremano (NA), Italy. *Istituto Universitario Orientale Napoli* / Spiritualité et esprit religieux en France • Découverte de l'Italie par les voyageurs français.

6291. **Ménil, Alain** 67 boulevard Ornano, 75018 Paris, France.

6292. **Menissier, Patricia** Horizon 2000 N° 256, 15 rue Jacquinot, 54000 Nancy, France.

6293. **Menna, Massimo** Via Umberto Saba 12, 00100 Roma, Italy.

6294. **Menninger, Roy** 85 Peppertree Ln, Topeka, KS 66611 2072, USA. *Menninger Foundation* / Johnson (psychology; female associates).

6295. **Menolfi, Ernest** Petersgraben 15, 4051 Basel, Switzerland. / Demography • Agricultural history • Industrialisation • Economic history.

6296. **Menozzi, Daniele** Ist. per le Ricerche Religiose, Via S. Vitale 114, 40125 Bologna, Italy. *Ist. per le Ricerche Religiose* / Church and society at the time of the French Revolution.

6297. **Mensching, Guenther Hans** Dept of Philosophy, Universität Hannover, Welfengarten 1, 30167 Hanover, Germany. *U. Hannover* / History of the Enlightment • Metaphysics of the 18c • Philosophy and politics of the18c.
✉ mensching@philosem.uni-hannover.de

6298. **Mentzel, Friedrich-Franz** Parchwitzer Str. 94, 12526 Berlin, Germany. *Humboldt-U.* / Berlin school system • Pedagogical consequences of pietism.

6299. **Menze, Ernest** 6 Ann Drive, Rhinebeck, NY 12572, USA. / Herder.

6300. **Mercier-Faivre, Anne-Marie** 65 cours de la Liberté, 69003 Lyon, France. *I.U.F.M. (Lyon)* / Court de Gébelin: symbolism, images and mythology • Images of the Other in travel literature: languages, religions, music • The French and European press.
✉ mercier-faivre@lyon.iufm.fr

6301. **Meredith, Jane** 17 Glen Lawn Drive, The Park, Cabinteely, Dublin 18, Ireland.

6302. **Merians, Linda E.** 75-49 113th St, apt. 2, Forest Hills, NY 11375, USA. *Stony Brook U.* / Africa • South Africa • England • British East India Company • English literature • Social history • Matthew Prior • Venereal disease.
✉ lmerians@notes.cc.sunysb.edu

6303. **Meriggi, Marco** Piazza E. Bottoni 4, 20133 Milano, Italy.

6304. **Merigonde, Arlette** 336 rue des Aigumonts, 60940 Cinqueux, France.

6305. **Merker, Nicolao** Via Clitunno 15, 00198 Roma, Italy. *U. di Roma* / Germany and the French Revolution.

6306. **Merle d'Aubigné, Aurélia** 26 rue de Montpensier, 75001 Paris, France. / Voyageurs à Genève.

6307. **Merlin, Pierpaolo** Corso Traiano 24/4, 10135 Torino, Italy.

6308. **Merlotti, Andrea** Via Felice Romani 29, 10131 Torino, Italy. *U. di Torino* / Sardinia • Piedmont-Savoy • Italian nobilities • Salons • Giannone, Pietro.
✉ tibm930j@cisi.unito.it

6309. **Merrett, Robert James** Dept of English, University of Alberta, 3-33 Humanities centre, Edmonton, AB T6G 2E5, Canada. *U. of Alberta* / Comparative literary history • Daniel Defoe • The cultural history of the wine trade.
✉ robert.merrett@ualberta.ca

6310. **Merrick, Jeffrey W.** Dept of History, University of Wisconsin-Milwaukee, P.O. Box 413, Milwaukee, WI 53201, USA. *U. of Wisconsin (Milwaukee)* / Family, gender, and sexuality in France • Suicide and homosexuality in France.
✉ jmerrick@uwm.edu

6311. **Merrill, Bruce** 31 Wright Rd, Cambridge, NY 12816, USA. / Liberalism from Locke to Kant • Re-unified theory of the Enlightenment.
✉ merrillb@crisny.org

6312. **Mervaud, Christiane** 139 rue Pierre Corneille, 76520 Franqueville-St-Pierre, France. *U. de Rouen* / Voltaire: collaboration aux *Œuvres complètes*; correspondance; œuvres alphabétiques • Biographie de Voltaire.

6313. **Mervaud, Michel** 139 rue Pierre Corneille, 76520 Franqueville-St-Pierre, France. *U. de Rouen* / Voltaire • Edition critique du *Voyage en Sibérie*de l'abbé Jean Chappe d'Auteroche.

6314. **Mesa-Pelly, Judith Broome** Dept of English and Comparative Literature, Florida Atlantic University, P.O. Box 3091, 777 Glades Rd, Boca Raton, FL 33481, USA. *Florida Atlantic U.* / Hispanic world • Latin America • British colonies • England • Ireland • Scotland • Wales • West Indies • Medicine • Social history • Bernardin de Saint-Pierre • Boswell • The picaresque novel.
✉ jmesapelly@fau.edu

6315. **Mésavage, Ruth Matilde** 1620 Temple Drive, Winter Park, FL 32789, USA.

Rollins C. / Diderot and Rousseau • French fiction.

6316. **Messbarger, Rebecca** Dept of Romance Languages and Literature, Washington University, One Brookings Drive, Box 1077, St Louis, MO 63130, USA. *Washington U.* / The representation and influence of women in Italy • The life-work of anatomist and anatomical wax modeler Anna Morandi Manzolini (1714-1774).
✉ rmessbar@artsci.wustl.edu

6317. **Messerli, Alfred** Grimselstr. 25, 8048 Zürich, Switzerland. *Schweizerischer Nationalfond (Bern)* / Ulrich Bräker (1735-1798) • Literacy • Popular culture.

6318. **Messina-Carpentari, Simone** B.P. 2014, 69227 Lyon Cedex 02, France.

6319. **Mestre Sanchís, Antonio** G. V. Ramon y Cajal, 31, 19a, 46007 Valencia, Spain. / Histoire des idées • Elites intellectuelles • Les Lumières à Valencia.

6320. **Mestry, Philip** 34 rue Rosenwald, 75015 Paris, France. / *Manon Lescaut* • Le nouveau roman.
✉ emestry@hotmail.com

6321. **Méthais, Pierre** 30 place Dupleix, 86100 Chatellerault, France. *U. de Poitiers* / Dom Deschamps • Rousseau.

6322. **Mettam, Roger** Dept of History, Queen Mary & Westfield College, University of London, Mile End Road, London, E1 4NS, UK. *Queen Mary and Westfield C.* / Louis XIV • Social history of art/architecture • Fénelon.

6323. **Metzeltin, Michael** Dept of Romance Language and Literature, Österreichische Akademie der Wissenschaften, Universität Wien, Institut für Romanistik, Universitätscampus/Garnisongasse 13, 1090 Wien, Austria. *U. Wien* / French Revolution • Pombaline period • Risorgimento • Hispanic world • Aristotelianism • Campomanes, Pedro Rodriguez • Gaspar Melchior de Jovellanos.
✉ michael.metzeltin@univie.ac.at

6324. **Meumann, Markus** Institut für Geschichte, Martin Luther Universität, Kröllwitzerstr. 44, 06114 Halle, Germany. *Martin Luther U.* / Time and future • Theosophy, and the formation of the Enlightenment • Johann Salomo Semler's concept of a 'private religion'.
✉ meumann@geschichte.uni-halle.de

6325. **Meure, Chantale** 98 route des Jamrosats, 97417 La Montagne, France. *U. de la Réunion* / Robert Challe • Récits de voyage • Intertextualité • Histoire des idées, 17s-18s.
✉ chantale.meure@univ-reunion.fr

6326. **Meurisse, Marc** 310 rue Lefebvre d'Orval, 59500 Douai, France. / Simon Linguet.

6327. **Mewes, Wendy** c/o Avalon, Laburnum Walk, Stonehouse, Gloucestershire GL10 2NR, UK.

6328. **Meyer, Annette** Elsassstr. 15, 50677 Köln, Germany. *U. of Cologne* / Historiography • Anthropology • Intellectual links between Britain and Germany.
✉ annettemeyer@web.de

6329. **Meyer, Arline J.** Dept of Art History, Ohio State University, 108 North Oval Mall, 100 Hayes Hall, Columbus, OH 43210, USA. *Ohio State U.* / Britain • Antiquity • Rowlandson, Thomas • Satire • Natural history.
✉ meyer.113@osu.edu

6330. **Meyer, Horst** Mühlenstr. 47, 49186 Bad Iburg, Germany. / German printing • Descriptive bibliography of Shaftesbury.

6331. **Meyer, Paul H.** 78 Birchwood Heights, Storrs, CT 06268-2526, USA. / French *philosophes* • English, French, and German cross-currents • The Enlightenment and the Jewish question.

6332. **Meyer, Regina** Interdisziplinäres Zentrum für die Erforschung der Europäischen Aufklärung, Universität Halle-Wittenberg, Franckeplatz 1, Haus 33, 06110 Halle, Germany. *U. Halle-Wittenberg* / German philosophy • Philosophical concept of God • Universities in Germany (Halle).

6333. **Meyer, Reinhart** Eibenweg 6, 93164 Waldetzenberg, Germany. *U. Bremen* / Drame et théâtre • Histoire et bibliographie • Methodologie historique • Esthetique.

6334. **Meyer, Susanne Adina** Via Principe di Napoli 100, 00062 Bracciano (RM), Italy.

6335. **Meyer, Torsten** Friedrich-Ebert-Str. 46, 03044 Cottbus, Germany. *Brandenburgische Technische U. Cottbus* / Economic history • History of technology • Environmental history.
✉ meyert@tu-cottbus.de

6336. **Meyer-Sickendiek, Burkhard** Promotionsstudiengang 'Literaturwissenschaft', Schellingstr. 3/RG, 80799 München, Germany.

6337. **Mezine, Sergei Alexeeritch** Politekhnitcheskaia oul. 51/53, 19, 410008 Saratov, Russia. *U. de Saratov* / Le comportement de la société russe envers Pierre le Grand et ses

réformes • Image de Pierre le Grand dans la littérature française • 'Rossica' française.
☞ mezinsa@info.sgu.zu

6338. **Mezzanotte, Gianni** Via G. Sapeto 5, 20123 Milano, Italy.

6339. **Micha, Philippe** 34-42 boulevard de Grenelle, 75015 Paris, France. *Université de Paris IV – Sorbonne.*

6340. **Michael, Jennifer D.** Dept of English, University of the South, 735 University Avenue, Sewanee, TN 37383 0001, USA. *U. of the South.*

6341. **Michaelson, Patricia Howell** University of Texas at Dallas, Arts & Humanities; JO 31, Richardson, TX 75083-0688, USA. *U. of Texas at Dallas* / Art and geographical representation.
☞ pmichael@utdallas.edu

6342. **Michaelson, Sean** University of San Francisco, Jesuit Residence, 2600 Turk Boulevard., San Francisco, CA 94118 4347, USA. *U. of San Francisco* / Church history; Church of England, Ireland • Jonathan Swift.

6343. **Michaïlaris, Panayotis** Centre for Neohellenic Research, National Hellenic Research Foundation, 48, Vas. Constantinou Avenue, 11635 Athens, Greece. *National Hellenic Research Foundation, Athens.*
☞ alarisai@eie.gr

6344. **Michalowski, Roman** 16 rue de la Sorbonne, 75005 Paris, France. *U. de Paris IV* / Civilisation polonaise.

6345. **Michalski, Jerzy** Ul. Mokotowska 51/53, 00-542 Warszawa, Poland.

6346. **Michasiw, Kim Ian** Dept of English, York University, 4700 Keele St, North York, ON M3J 1P3, Canada. *York U. (North York)* / Representations of authority in literature.

6347. **Michaud, Claude Charles** 8 rue Saint-Etienne, 45000 Orleans, France. *U. de Paris I* / Les receveurs généraux du clergé de France sous l'ancien régime • Les Habsbourg.

6348. **Michaud, Stéphane** 14 rue Serpente, 75006 Paris, France. *U. de Paris III* / Condition féminine et mythes de la femme dans la littérature en France et en Allemagne.

6349. **Michaux, Gérard** 27 rue des Frières, 57050 Metz, France. *U. de Metz* / Histoire monastique • Sociologie religieuse • Vie intellectuelle et spirituelle.
☞ michaux@zeus.univ-metz.fr

6350. **Michel, Olivier** 33 boulevard Murat, 75016 Paris, France. *C.N.R.S. (Paris)* / Artistes français à Rome.

6351. **Micheli, Giuseppe** Dept of Philosophy, Università di Padova, Piazza Capitaniato 3, Padova 35139, Italy. *U. di Padova* / The philosophy of Kant • The European reception of Kant's thought • The history of philosophical historiography in the Modern Age.
☞ giuseppe.micheli@unipd.it

6352. **Michie, Allen** Dept of English, Iowa State University, 203 Ross Hall, Ames, IA 50011-1201, USA. *Iowa State U.* / Issues of chaos and complexityt.
☞ amichie@iastate.edu

6353. **Michina, Elena** Grajdanski prospekt 117, 4, 55, 195299 St Pétersbourg, Russia. *Musée Russe d'État, St Pétersbourg* / Gravures russes.

6354. **Micinska, Magdalena** Ul. Zielna 45/66, 00-108 Warszawa, Poland. *Polish Academy of Sciences (P.A.N.) (Warszawa)* / Myths in history • History of ideas • Intellectuals and intelligentsia.

6355. **Middell, Matthias** Emil-Fuchs Str. 1, 04105 Leipzig, Germany. *U. Leipzig* / French Revolution • Franco-German cultural exchanges • Global history.
☞ middell@rz-uni-leipzig.de

6356. **Middendorf, John H.** 404 Riverside Drive, New York, NY 10025 1861, USA. *Columbia U.* / Samuel Johnson • Textual editing.

6357. **Middleton, Michael** P.O. Box 9067, Berkeley, CA 94709 0067, USA. / Restoration comedy • Stock character in comedy • Swift.

6358. **Miegon, Anna** 121 North Fell Avenue, Burnaby, BC V5B 1L3, Canada. *Simon Fraser U.* / Periodicals in Canada.

6359. **Mieke, Gerhard** Bahnhofstr. 4, 29313 Hambühren, Germany. *Kaiserin-Auguste-Viktoria-Gymnasium Celle* / August von Kotzebue and his circle.

6360. **Miettinen, Tiina** Nahkatehtaankatu 7 B 41, 33279 Tampere, Finland.

6361. **Miglio, Bruno** Via Maria Vittoria 35, 10123 Torino, Italy. *U. di Torino* / L'idée de l'ordre naturel dans la pensée philosophique et politique après 1750 • Le développement de l'idée d'inégalité dans les sciences sociales.

6362. **Migneco, Francesca** Viale Andrea Dorita 69, 95100 Catania, Italy. / Sicilian painting.

6363. **Migon, Anna** Ul. Damrota 28 m.6, 50-306 Wroclaw, Poland.

6364. **Miguel Alonso, Aurora** C/ Federico C. Sainz de Robles 11, 28035 Madrid, Spain. *U. Complutense* / Histoire des bibliothèques • Bibliothèques jésuites • Classifications bibliographiques.

6365. **Mihaila, Ileana** Str. Delinesti nr. 4, bloc TD 45, appt 66, 77494 Bucarest 6, Romania. *Académie roumaine, Bucarest* / La culture roumaine et européenne.
✉ imihaila@pcnet.pcnet.ro

6366. **Mihova, Lidia** Institute for Literature, Bulgarian Academy of Sciences, 52 Shipchenski prohod str., bl. 17, Sofia 1113, Bulgaria. *Bulgarian Academy of Sciences* / Littérature et culture populaire • Relations bulgaro-grecques • Histoire de la littérature au 18-19e s.

6367. **Mijers, E.** Beethovenlaan 211, 6865 DN Doorwerth, Netherlands.

6368. **Mijers, Esther** Dept of Scottish History, University of St Andrews, St Katharine's Lodge, The Scores, St Andrews, Fife KY16 9NS, UK. *U. of St Andrews* / English Restoration • Anglo-Scottish Union • Atlantic Ocean • Britain • British colonies • Netherlands • Scotland • University professors, booksellers, merchants • Scottish Enlightenment • Calvinism • Puritanism • Universities.
✉ em9@st-andrews.ac.uk

6369. **Mijnhardt, Wijnand W.** Slotstraat 12, 4101 BH Culemborg, Netherlands. *U. Utrecht* / Europe • Enlightenment (concept) • Social history • Intellectual history.
✉ wijnand.mijnhardt@let.uu.nl

6370. **Mijnlieff, E. M.** Pijpenpad 10, 2802 BG Gouda, Netherlands. / Venetian art • Art patronage and collecting • The *Journal de Trévoux* and the Dutch Republic.

6371. **Mikalkova, Tatiana Kirillovna** Tverskaya 3, apt 11, Box 103, 193015 St Petersburg, Russia. *Academy of Theatre Arts, St Petersburg* / Bertel Thorvaldsen • Neo-classical style in sculpture • Danish, Russian and Italian sculpture • International artistic relations.
✉ koltushi@kolt.infran.ru

6372. **Mikami, Junko** Kanazawa University, Kakumamachi, Kanazawa 920-1192, Japan. *Kanazawa U.* / France • Rousseau.
✉ junkom@sgkit.ge.kanazawa-u.ac.jp

6373. **Mikechinh, Mikhail** P.O. Box 30, 191011 St Petersburg, Russia. *Académie des sciences de Russie, St Petersburg* / History of ideas • Scottish philosophy • Comparative studies in philosophy • Vorontsov family.
✉ mic@mm1734.spd.edu

6374. **Mikhalkova, Tatiana** Tverskaia oul., 3, 11, 193015 St Pétersbourg, Russia. *Académie d'art théâtral de St Pétersbourg* / Relations artistiques russo-danoises • Art danois et art des pays scandinaves.

6375. **Mikkelsen, Jørgen** Rigsarkivet, Rigsdagsgården 9, 1218 København K, Denmark.

6376. **Mikoletzky, Lorenz** Austrian State Archive, Nottendorfer Gasse 2, 1030 Wien, Austria. *Austrian State Archive* / Joseph II • Maria Theresia • Leopold I • Joseph I • Karl VI.

6377. **Mikulás, Jirí** K zatácce 516/6, 143 00 Praha 4, Czech Republic. *National Museum (Prague)* / Music and musical life in the Czech lands • V. Maschek (1755-1831) • Music in the monastery of Osek.

6378. **Mikulec, Jirí** Historicky ústav AV CR, Prosecká 76, 190 00 Praha 9, Czech Republic. *Czech Academy of Sciences* / The Church and cultural history • Political history of the Habsburg monarchy.
✉ mikulec@hiu.cas.cz

6379. **Milam, Jennifer Dawn** Dept of Art History, University of Sydney, A26, Mills Building, Sydney, NSW 2006, Australia. *U. of Sydney* / France • Painting • Enlightenment (concept) • Visual culture • Social history • Jean-Honoré Fragonard.
✉ jennifer.milam@arthist.usyd.edu.au

6380. **Milanesi, Alberto** Via Aselli 45, 27100 Pavia, Italy.

6381. **Milanesi, Claudio** Dépt d'Italien, Université d'Aix en Provence 2, 9 avenue R. Schuman, 13621 Aix-en-Provence Cedex 1, France. *U. d'Aix en Provence 2* / Conceptualisation de la maladie • Travels • Goldoni.
✉ milanesi@up.univ-aix.fr

6382. **Mildenberger, Hermann** Kunstsammlungen zu Weimar, Burgplatz 4, 99423 Weimar, Germany. *Kunstsammlungen zu Weimar* / Portraiture: Jean Laurent Mosnier, Heinrich Friedrich Füger, J. H. W. Tischbein and other artists of the Tischbein family • Friedrich II, prince of Salm-Kyrburg.

6383. **Milenkova, Valentina** Institut de Sociologie, 13A rue Moskovska, 1000 Sofia, Bulgaria. *Institut de Sociologie, Sofia* / Culture, éducation et enseignement • Ecoles et idées philosophiques.

6384. **Miles, Ellen G.** 5305 Glenwood Rd, Bethesda, MD 20814 1405, USA. *National Portrait Gallery* / Portraiture • American/English art.

6385. **Miles, Peter Richard** Dept of English, University of Wales, Lampeter, Ceredigion SA48 7ED, UK. *U. of Wales (Lampeter)* / The novel in relation to social and political history • Literature and the visual arts (including book illustration) • Editing of texts and the history of publishing • Smollett.

6386. **Miles, Robert** School of Cultural Studies, Sheffield Hallam University, 36 Collegiate Crescent, Sheffield, S10 2BP, UK. *Sheffield Hallam U.* / Ann Radcliffe • The Gothic • Dissenters.

6387. **Miller, Cecilia** Dept of History, Wesleyan University, Middletown, CT 06459-0260, USA. *Wesleyan U.* / Vico and philosophy of history • Adam Smith and economic thought • Montesquieu, Rousseau, and political thought • Political novels.

6388. **Miller, Cynthia** 1215 Lawrence Rd, apt A, Lawrenceville, NJ 8648, USA.

6389. **Miller, Daisy** 305 West 98th St, apt 5FS, New York, NY 10025-5580, USA.

6390. **Miller, Judith A.** Dept of History, Emory University, 219 Bowden Hall, Atlanta, GA 30322, USA. *Emory U.* / France: culture and economy.

6391. **Miller, Mark** 2427 Hilgard Avenue, apt 11, Berkeley, CA 94709-1231, USA.

6392. **Miller, Stephen** 1465 Greenmont Ct, Reston, VA 22090 4049, USA.

6393. **Millet, Pierre** 18 rue du Prof. Garnier, 21560 Arc-sur-Tille, France.

6394. **Milling, Jane** Dept of Drama, University of Exeter, Thornlea, New North Road, Exeter, EX4 4LA, UK. *U. of Exeter*.

6395. **Milliot, Sylvette** 6 Villa de la Réunion, 75016 Paris, France. / Musicologie: les instruments à cordes et à archets • Le violoncelle et la viole de gambe en France • Les luthiers français et italiens • Collaboration au centre d'iconographie musicale du C.N.R.S • Histoire de la lutherie parisienne.

6396. **Milliot, Vincent** 23 rue des Moines, 75017 Paris, France. / La police parisienne • J. C. P. Lenoir, lieutenant général de la police (1775-1785) • Le contrôle de l'espace urbain.
✉ vincent.milliot@ens.lsh.fr

6397. **Millozzi, Simonetta** Via Nostra Signora di Lourdes 69, 00167 Roma, Italy.

6398. **Mills, Rebecca** Christ Church, Oxford, OX1 1DP, UK. *U. of Oxford* / Restoration and early 18c polemical prose and poetry by women.

6399. **Mills, Robert J.** Human & Social Sciences, Red Deer College, 56th Avenue & 32nd St, Red Deer, AB 74N 5H5, Canada. *Red Deer C.*

6400. **Mills, Stephen** 657 Briarleigh Way, Woodstock, GA 30189, USA.

6401. **Milne, Anne** Dept of English, McMaster University, CNH 321, 1280 Main St West, Hamilton, ON L8S 4L9, Canada. *McMaster U.* / Britain • Labouring-class poets • Ecocriticism • Social history.
✉ milneae@mcmaster.ca

6402. **Milne, Kenneth** 3 Stratford Haven, Orwell Road, Rathgar, Dublin 6, Ireland. / Christ Church Cathedral, Dublin • Hugh Boulter (1672-1742), archbishop of Armagh, 1724-1742.

6403. **Milner, Maximilien** 13 rue de Washington, 75008 Paris, France. *U. de Paris III.*

6404. **Milotay, Nóra** Fö utca 33, 1011 Budapest, Hungary. *U. of Cambridge* / Women's social history.

6405. **Miltchina, Vera** Bolchaya, Pereyaslavskaia oul., 13, 96, 129041 Moscou, Russia. *Union des écrivains de Moscou* / Relations littéraires franco-russes • Récits de voyages, mémoires.

6406. **Min, Eun Kyung** Dept of English Language and Literature, Seoul National University, Seoul 151-742, South Korea. *Seoul National U.* / Sensibility • Novel • Philosophy.
✉ eunmin@snu.ac.kr

6407. **Minabe, Hiroyuki** 2-13-6 Minami-Ikuta, Tama-ku, Kawasaki-shi, 214-0036 Kanagawa, Japan. / Montesquieu.

6408. **Minai, Masahiro** 2-12-14 Saganakadai, Kizu-cho, Soraku-gun, 619-0223 Kyoto, Japan. *Doshisha U.* / Henry Fielding • Transport • Picaresque.

6409. **Minamioji, Shin-ichi** 21 Minamioji-cho, Kita-ku, Kamigamo, Kyoto-shi, 603-8074 Kyoto, Japan. / Lessing et son âge.

6410. **Minard, Philippe** Cersates-CNRS, Université Lille III, B.P. 149, 59653 Villeneuve d'Ascq, France. *U. de Lille III* / Etat et industrie; corporations; économie politique • Les inspecteurs des manufactures.

6411. **Minary, Daniel** 8 rue des Hurlevents, 25660 Saône, France. *U. de Franche-Comté* / Idées philosophiques et religieuses en Allemagne (le rationalisme au 18s).

6412. **Miner, Earl** Dept of English, Princeton University, Princeton, NJ 08544 1099, USA. *Princeton U.* / Restoration literature • Comparative poetics • Japanese literature.

6413. **Minerbi, Marco** Via delle Caldaie 23, 50125 Firenze, Italy.

6414. **Minerva, Nadia** Dépt de Littérature et Langages, Università di Bologna, via Cartoleria 5, 40137 Bologna, Italy. *U. di Bologna* / Demonology and witchcraft in France: influences on literature • French literary utopia • Travel literature • The teaching of French in Italy.
✉ minerva@lingue.unibo.it

6415. **Minevich, Pauline** Dept of Music, University of Regina, Regina, SK S4S 0A2, Canada. *U. of Regina* / English opera and theatre music.
✉ pauline.minevich@uregina.ca

6416. **Minier, Sigyn** Foreign Languages and Literatures, University of Montana, Missoula, MT 59812, USA. *U. of Montana* / Le roman • Mme de Charrière • Les femmes écrivains • La Vendée.

6417. **Minma, Shinobu** 1-53-2-101 Suwa, Tama-shi, 206-0024 Tokyo, Japan. *Tamagawa U.* / Austen.

6418. **Minski, Jérôme Alexandre** Flat 2, 39 Nevern Square, London, SW5 9PE, UK. / Révolution: rapports politiques et religieux • Poésie prophétique • La période pré-romantique.
✉ mcarmichael@onetel.net.uk

6419. **Minuti, Rolando** Via G. D. Romagnosi 10, 56017 S. Giuliano Terme (PI), Italy. *U. di Firenze* / Orientalism and historiography • Montesquieu.

6420. **Mirala, Petri** Helsinki University, Renvall Institute, P.O. Box 59, 00014, Finland. *Helsinki U.* / Irish freemasonry • Irish societies (Orange Order, United Irishmen and Defenders).

6421. **Miranda, José da Costa** Torre 1-8° D, 2780 Oeiras, Portugal.

6422. **Miraval, Georges** 26 rue du Commandant Mouchotte, apt J 215, 75014 Paris, France. / La marine militaire française sous la Révolution et l'Empire.

6423. **Mircheva, Keti** Institute for history, Bulgarian Academy of Sciences, 52 Shipchenski prohod str., bl. 17, Sofia 1113, Bulgaria. *Bulgarian Academy of Sciences* / History of ideas in the Balkans.

6424. **Mirochkina, Vera** Elaguinski pr. 42, 19, 194000 St Pétersbourg, Russia. *Conservatoire de St Pétersbourg* / Traductions de Pope en Russie.

6425. **Mirri, Mario** Via Baracca 24, 56123 Pisa, Italy. *U. di Pisa* / Réformes en Toscane.

6426. **Mîrtu, Mihaela** Str. M. Kogalniceanu 16, 6600 Iasi, Romania. *U. Iasi* / Théâtre.

6427. **Misan Montefiore, Jacques** Dept of Comparative Literature, Bar Ilan University, 52900 Ramat Gan, Israel. *Bar Ilan U.* / Commedia dell'arte en Europe • Relations littéraires franco-italiennes • Presse littéraire à Venise.

6428. **Mischler, Gerd** Helmpertstr. 13A, 80687 München, Germany. *U. München* / Political ideas (opposition to Sir Robert Walpole, 1714-1742) • Germany (Bavaria and Prussia).

6429. **Mishkova, Diana Mihaylova** Dept of Balkan History, Faculty of History, Sofia University, 15 Tsar Osvoboditel, 1000 Sofia, Bulgaria. *Sofia U.* / The Ottoman Empire.

6430. **Miskolczy, Ambrus** Emese u. 13, 1029 Budapest, Hungary. *U. Eötvös Lóránd.*

6431. **Mistacco, Vicki** Dept of French, Wellesley College, Wellesley, MA 02181, USA. *Wellesley C.* / *Manon Lescaut* and the problematics of reading • Women novelists • Fairy tales by women writers • Epistolary genre.

6432. **Mitchell, Harvey** Dept of History, University of British Columbia, Vancouver, BC V6T 1Z1, Canada. *U. of British Columbia* / La culture politique et morale à travers les vues de Rousseau, Burke, et Adam Smith • Histoire sociale de la médecine.

6433. **Mitchell, J. H. S.** School of Continuing Education, University of Birmingham, Birmingham, B29 6LL, UK. *U. of Birmingham.*

6434. **Mitchell, Jerrine E.** 245 Country Club Drive, San Gabriel, CA 91775 2312, USA.

6435. **Mitchell, Sebastian** School of Continuing Education, University of Birmingham, Birmingham, BI5 2TT, UK. *U. of Birmingham* / Anglo-Scottish writing: Hume, Thomson, Smollett, Macpherson, Boswell • History of ideas • Aesthetics.

6436. **Mitchell-Cook, Amy** 113 South Spring St, apt 5, Bellefonte, PA 16823 1348, USA.

6437. **Miteran, Nicolas** 1 rue Barbançon, 63000 Clermont-Ferrand, France. *U. de Clermont-Ferrand II* / La crise des valeurs classiques de 1675 à 1750 (le roman libertin).

6438. **Mitev, Plamen** Sofia University, 15 Tsar Osvoboditel Boulevard., Sofia 1000, Bulgaria. *Sofia U.* / Histoire économique et sociale de l'Empire ottoman.
✉ mitev@clio.uni-sofia.bg

6439. **Mitol, Michal** P.O. Box 1934, Valparaiso, IN 46384-1934, USA.

6440. **Mitsui, Yoshitoshi** 2-71-2-404 Chiyosaki-cho, Naka-ku, Yokohama-shi 231-0864, Japan. / Jean Meslier • Bayle.

6441. **Mitsushima, Naoko** 6 rue du Cloître-Notre-Dame, 75004 Paris, France. / Diderot.

6442. **Mitu, Adriana** Str. Barbu Lautaru 2, 78194 Bucuresti, Romania. *Académie roumaine* / La littérature roumaine • Les livres de sagesse dans la culture roumaine.
✉ bucmitu@yahoo.com

6443. **Mitu, Mihail** Str. Barbu Lautaru 2, 78194 Bucuresti, Romania. *U. Bucuresti* / Les relations linguistiques et littéraires slavo-roumaines.
✉ bucmitu@yahoo.com

6444. **Miura, Yoshiaki** A-707, 2-1-1 Imaikecho, Anjo-shi, 446-0071 Aichi, Japan. *Nagoya City U.* / Laurence Sterne.

6445. **Mix, York-Gothart** Institut für neuere deutsche Literatur und Medien, Universität Marburg, Postfach, 35032 Marburg, Germany. *U. Marburg* / German and French almanacs • History of the book, reading habits and journalism • Idea of nature • Schiller • Jean Paul • Arcadism.

6446. **Miyagaya, Tokuzo** Nada-ku, 13-17, Shinohara-dai, Kobe 657-0016, Japan. / Rousseau.

6447. **Miyaji, Hiroyuki** 6-5-20 Asagaya-Kita, Suginami-ku, 166-0001 Tokyo, Japan. *Tokyo U.* / J.-J. Rousseau • Restif • L.-S. Mercier.

6448. **Miyamoto, Ayako** 1-23-6-604 Sekiguchi, Bunkyo-ku, 112-0014 Tokyo, Japan. *Japan Women's U.* / Liselotte von der Pfalz.

6449. **Miyamoto, Yoko** Funabashi-shi, 5-13-8 Narashinodaï, Chiba-Ken 274, Japan. *Hiroshima Jogakuin C.* / Les œuvres romanesques de Sade.
✉ myoko@gaines.hju.ac.jp

6450. **Miyanaga, Yoshio** E-202, 1559-1 Narushima, Tamaho-cho, Nakakoma-gun, 409-3815 Yamanashi, Japan. *Yamanashi Medical U.* / German drama.

6451. **Miyazaki, Akihiro** 8-4-17 Nishi-Tsuruma, Yamato-shi, 242-0005 Kanagawa, Japan. *Keio U.* / Sur la dérogeance de France.

6452. **Miyazaki, Toshiaki** Faculty of Education, Kagoshima University, Kohrimoto 1-20, Kagoshima 8900065, Japan. *Kagoshima U.* / The culture of reading and its influence on J. H. Pestalozzi.

6453. **Mizubayashi, Akira** 1-10-2 Matsugaoka, Rosenheim 205, Nakano-Ku, Tokyo 165-0024, Japan. / French literature.

6454. **Mizuta, Hiroshi** 3-1105 Kifune, Meito-ku, Nagoya-shi, 465-0058 Aichi, Japan. *The Japan Academy* / The Scottish Enlightenment.

6455. **Mizuta, Tamae** 3-1105 Kifune, Meito-ku, Nagoya-shi, 465-0058 Aichi, Japan. *Nagoya Economics U.* / Political thought.

6456. **Mocher, Eric** 3 rue de l'Abbé Rousseaux, 78000 Versailles, France. / La vie intellectuelle en France • Pierre Jean-Baptiste Chaussard (1766-1823), polygraphe • Les Idéologues et leurs publications • La poésie lyrique.
✉ e.mocher@laposte.net

6457. **Mochizuki, Taro** 1-1-9-302 Shonai Sakae-cho, Toyonaka-shi 561-0834, Japan.

6458. **Mode, Robert L.** Dept of Art and Art History, Vanderbilt University, Box 351801-Station B, Vanderbilt University, Nashville, TN 37235, USA. *Vanderbilt U.* / Britain • Art and culture • Social history • Hogarth.
✉ robert.mode@vanderbilt.edu

6459. **Modica, Massimo** Università di L'Aquila, via Roma 33, 67100 L'Aquila, Italy. *U. di L'Aquila* / La critique d'art et la naissance de l'esthétique (France et Europe) • Philosophie et art • Philosophie et critique • Diderot • Batteux • Du Bos.
✉ massimo.modica@tiscali.it

6460. **Moedersheim, Sabine** University of Wisconsin, 818 Van Hise Hall, Madison, WI 53706-1525, USA. *U. of Wisconsin.*

6461. **Moeller-Sahling, Folke-Christine** 3 Plum St, Newburgh, IN 47630, USA.

6462. **Moerman, Ellen Ruth** Flat 4, 67 Cornwall Gardens, London, SW7 4BA, UK. / L'abbé Prévost traducteur • La pratique de la traduction.
✉ moerman@cwcom.net

6463. **Moes, Jean** 5 rue de Carcassonne, 57050 Lorry-les-Metz, France. *U. de Metz* / Justus Möser • Réception des lettres et de la pensée française en Allemagne • Presse périodique allemande.

6464. **Mogi, Yasuyo** 3-9-35-701 Okamoto, Higashinada-ku, Kobe, 658-0027 Hyogo, Japan. *Osaka U.* / Jean Paul • German Romantic.

6465. **Mohamed, Feisal** Dept of English, University of Toronto, 7 King's College Cir., Toronto, ON M5S 3K1, Canada. *U. of Toronto.*

6466. **Mohnhaupt, Heinz** Max-Planck-Institut für europäische Rechtsgeschichte, Hausener Weg 120, 60489 Frankfurt/M., Germany. *Max-Planck-Institut für europäische Rechtsgeschichte* / Theory and practice of the sources of law • Constitutional law • Comparative law • Enlightenment in state and society • Contemporary history of law.
✉ mohnhaupt@mpier.uni-frankfurt.de

6467. **Mohr, Hans-Ulrich** Eng-Am Lit-Lang, Tech University, Mommsenstr. 13, 1062 Dresden, Germany. *Dresden Tech U.* / Britain and United States: social history, literature, aesthetics • Romanticism.

6468. **Moisseeva, Svetlana** oul. Krylenko, 29, korp. 4, 61, 193232 St Pétersbourg, Russia. *Musée Russe d'Etat, St Pétersbourg* / Peinture historique russe.

6469. **Molander, Maud** Historiska institutionen, Stockholms Universitet, 106 91 Stockholm, Sweden. *Stockholms U.* / Vermland in the age of freedom • Law of forestry.

6470. **Molander Beyer, Marianne** Långåsliden 42, 41270 Göteborg, Sweden. *Göteborgs U.* / Correspondence of Gustav Philip Creutz, Swedish ambassador at the French court 1766-1783.

6471. **Molas Ribalta, Pere** C/ Floridablanca, 84, Ático, 2a., 08015 Barcelona, Spain. / Institutions et société.

6472. **Molesworth, Jesse M.** 5308 rue Jeanne Mance 2, Montréal, PQ H2V 4K4, Canada. *Stanford U.* / Literary studies • Mathematical history, gaming, contemporary decision theory • The concept of chance.
✉ jmmoles@stanford.edu

6473. **Molina de Muñoz Moraleda, Stella Maris** Avenida Sarmiento 450, 1 Piso B, 4000 San Miguel de Tucumán, Argentina. *U. de Tucumán* / Tucumán; l'expulsion des Jésuites.

6474. **Møller, Anders Monrad** Institut for Historie, KUA, Njalsgade 102, 2300 København S, Denmark. *Københavns U.*

6475. **Möller, Dagmar** Grosse Fischerstr. 12, 60311 Frankfurt/M., Germany. *Fresenius Pro-Serve* / Physiocratie • Journalisme • Le Conseil d'Etat en France • Histoire des institutions politiques et histoire 'constitutionnelle' sous l'ancien régime • Développement du droit administratif en France et en Allemagne.

6476. **Möller, Horst** Leonrodstr. 46b, 80636 München, Germany. *U. München* / Germany after 1750 • French Revolution.

6477. **Møller, Lis** Institut for Litteraturhistorie, Aarhus Universitet, Trøjborgkomplekset, Langelandsgade 139, 8000 Århus C, Denmark. *Aarhus U.* / Aesthetics • Language theory • Theory of consciousness.

6478. **Mollet, Thierry** 3 rue des Capucins, 90000 Belfort, France. *U. de Franche-Comté* / Théâtralité de Louvet de Couvray.

6479. **Möllmann, Christopher** Steinstr. 21, 78467 Konstanz, Germany. *U. Konstanz.*

6480. **Möllney, Ulrike** Tunnelstr. 5, 42283 Wuppertal, Germany. *Fern U. Hagen* / Late 18c German public • Anglophilia in the German-language area • Images of women in periodicals.

6481. **Mollon, J. D.** Dept of Experimental Psychology, Downing St, Cambridge, CB2 3EB, UK. *U. of Cambridge* / Science • Psychology • Glass • Vision and hearing.

6482. **Moloney, Rosalie** Sonas, Farranlea Park, Cork, Ireland.

6483. **Monaco, Matteo** Via Enna 39, 00182 Roma, Italy.

6484. **Monchovet, Emilie** Résidence du Champ de Course, 3 rue J.-F. Kennedy, 95600 Eaubonne, France.

6485. **Mondot, Jean** 48 allée du Moulin de Desclau, 33170 Gradignan, France. *U. de Bordeaux III* / Development of radical Enlightenment in Germany and Austria • Anticlericalism • Criticism of absolutism • Freemasonry • Development of public opinion and of the press.
✉ mondot@montaigne.u-bordeaux.fr

6486. **Monel, Brigitte** 22 rue Marceau, 92170 Vanves, France. *Lycée Michelet (Vanves)* / Les idées philosophiques et morales dans la comédie gaie de 1715 à 1750.

6487. **Monet, Stéphanie** 41 rue de la Fontaine Grelot, 92340 Bourg-la-Reine, France.

6488. **Moneti, Maria** Via del Campuccio 53, Firenze, Italy. / Philosophie de l'histoire: état de nature, naturel/artificiel • Histoire, progrès et uchronie.

6489. **Monette, Pierre** 4244 rue Fullum, Montréal, PQ H2H 2J5, Canada. *U. du Québec à Montréal* / St John de Crèvecoeur, écrits de la révolution americaine.
✉ monette@videotron.ca

6490. **Money, David** 41 Linden Close, Cambridge, CB4 3JU, UK. *U. of Cambridge* / Neo-Latin literature and British culture • Jacobitism • Translation.

6491. **Money, John** Dept of History, University of Victoria, P.O. Box 3045, Victoria, BC V8W 3P4, Canada. *U. of Victoria* / Commerce, state and political culture in Britain • Public science and popular religion • Freemasonry.

6492. **Monfort, Gérard** 68 rue Saint-Antoine, 75004 Paris, France.

6493. **Monks, Jacinta** 70 Howth Road, Clontarf, Dublin 3, Ireland. *Saint Patrick's C.* / Le curé Meslier.

6494. **Monnerie, Gaëlle** 21 rue Léon Jouhaux, 33140 Villeneuve d'Ornon, France.

6495. **Monnier, Raymonde** 49 Chemin de la Vallée aux Loups, 92290 Chatenay Malabry, France. *E.N.S. Lettres & Sciences Humaines (Lyon)* / Histoire politique et culturelle • Histoire de Paris.
✉ ray.monnier@wanadoo.fr

6496. **Monok, István** Budavári Palota F. ép., 1014 Budapest, Hungary.

6497. **Montag, Warren** Dept of English, Occidental College, 1600 Campus Road, Los Angeles, CA 90041-3384, USA. *Occidental C.*

6498. **Montandon, Alain** Maison de la recherche, C.R.L.M.C., 4 rue Ledru, 63057 Clermont-Ferrand Cedex 1, France. *C.R.L.M.C.* / Le roman en Europe • Interactions sociales (politesse, hospitalité, conversation) • Figures de la vieillesse.
✉ alain.montandon@lettres.univ-bpclermont.fr

6499. **Monteagudo, Ricardo** Dept de Filosofia, Faculdade de Filosofia e Ciências/Campus de Marília/SP, Universidade do Estado de São Paulo Júlio de Mesquita Filho, Av. Hygino Muzzi Filho, 737, Marília, 17525-900 São Paulo, Brazil. *U. do Estado de São Paulo Júlio de Mesquita Filho* / Rhetorical thought and its influence on politics, mainly natural right theories • The concept of language of Rousseau.
✉ rmonteag@marilia.unesp.br

6500. **Monteiro, Carolino José Nunes** Faculdade de Farmácia, Universidade de Lisboa, Avenida Prof. Gama Pinto, 1649-003 Lisboa, Portugal. *U. de Lisboa* / Genetic make-up of the Portuguese population (exploration, the slave trade) • Genetics.
✉ cm@ihmt.unl.pt

6501. **Monteiro, Isabel Maria Cardoso** Rua Alexandre Braga, 21-3º F, 1150-002 Lisboa, Portugal. / Histoire du Portugal • Histoire des Juifs • Histoire régional.
✉ icm@iol.pt

6502. **Monteiro, Nuno Gonçalo P. Freitas** Rua de Campolide 258-D-4° D, 1000 Lisboa, Portugal.

6503. **Montgomery, Kathryn** 907 North Wood St, 2N, Chicago, IL 60622, USA.

6504. **Monti, Maria Teresa** Istituto per lo studio del pensiero filosofico e scientifico moderno, CNR, via De Togni 7, 20123 Milano, Italy. *CNR* / History of life sciences • Theories of generation • Theories of vision • Anatomia subtilis • Haller • Needham • Spallanzani.
✉ mt.monti@cspf.mi.cnr.it

6505. **Montini, Donatella** Via A. Gabelli 27 Via Cavour 119, 05100 Terni, Italy.

6506. **Montjoye, Irene** Landstr. Hauptstr. 148/3/12, 1030 Wien, Austria. / Austro-French cultural relations in Ireland and Austria • Austrian history.

6507. **Montoya, Alicia Celina** Stationsstraat 25, 1391 GL Abcoude, Netherlands. *Leiden U.* / Marie-Anne Barbier (1664-1745).
✉ a.c.montoya@let.leidenuniv.nl

6508. **Moody, Ellen** 308 Cloverway Drive, Alexandria, VA 22314 4841, USA. / Literary women.

6509. **Moody, Jane** Dept of English, University of York, 3 Upper Price St, York, Y23 1BJ, UK. *U. of York.*

6510. **Moog-Grünewald, Maria** Östergstr. 7, 72074 Tübingen, Germany. *U. Tübingen* / Esthétique des Lumières • Problème de l'intermédialité.
✉ maria.moog-gruenewald@uni-tuebingen.de

6511. **Mooney, Michael** 1414 South West Third Avenue, Suite 2103, Portland, OR

97201 6621, USA. *Lewis and Clark C.* / Giambattista Vico • Religion and law • Theories of culture.

6512. **Moore, Benjamin** 2034 Sidney St, St Louis, MO 63104-2829, USA. *U. of Iowa.*

6513. **Moore, Dafydd** School of Humanities & Cultural Interpretation, Faculty of Arts and Humanities, University of Plymouth, Douglas Avenue, Exmouth, EX8 2AT, UK. *U. of Plymouth.*

6514. **Moore, Dennis D.** Dept of English, Florida State University, 413 Williams Building, Tallahassee, FL 32306-1580, USA. *Florida State U.* / The circumatlantic character of late 18c America • J. Hector St John de Crèvecoeur, French-born contemporary of Jefferson, Franklin and the Adamses • American Revolution.
✉ dmoore@english.fsu.edu

6515. **Moore, Diana** 45 West 67th St, Apt. 31A, New York, NY 10023-6267, USA.

6516. **Moore, Fabienne** Dept of Romance Languages, University of Oregon, Eugene, OR 97403-1205, USA. *U. of Oregon.*

6517. **Moore, James** Dept of Political Science, Concordia University, 7141 Sherbrooke St West, Montreal, PQ H4B 1R6, Canada. *Concordia U.* / Natural jurisprudence and political philosophy (Scotland, Netherlands and England) • David Hume.

6518. **Moore, Jane** 32 Woodside Road, Sevenoaks, Kent TN13 3HF, UK.

6519. **Moore, John E.** Dept of Art, Smith College, Elm St and Bedford Terrace, Northampton, MA 01063, USA. *Smith C.* / Festivals • The Old Pretender • Books and luxury publications • Prints • The relationship of art and cultural production to diplomacy • Travel and travel literature • Collection and display of works of art.
✉ jmoore@smith.edu

6520. **Moore, Judith** English Dept, University of Alaska, 3211 Providence Drive, Anchorage, AK 99508 4614, USA. *U. of Alaska* / English novel • Non-fiction narrative • Frances Burney.

6521. **Moore, Lisa** English Dept, University of Texas, Parlin 108, Austin, TX 78712-1164, USA. *U. of Texas.*

6522. **Moore, Russell** 4201 Wilson Boulevard #110-591, Arlington, VA 22203, USA. / Montesquieu • Diderot • Rivarol • The Counter-Revolution and the problems of aesthetic forms, philosophy and history.

6523. **Moore, Sean D.** 314 East Capitol St North-East, #107, Washington, DC 20003, USA. *Duke U.* / New economic criticism: a branch of New Historicism • Jonathan Swift's economic writings • Paper credit and the British empire.
✉ sdm4@duke.edu

6524. **Moore, Terrence** Dept of History, University of Edinburgh, 50 George Square, Robertson Building, Edinburgh, EH16 5BD, UK. *U. of Edinburgh* / Scottish Enlightenment • Education • Political thought.

6525. **Moore-Colyer, R. J.** Wesh Institute of Rural Studies, University of Wales, Llanbadarn Campus, Aberystwyth, SY23 3AL, UK. *U. of Wales (Aberystwyth)* / The social and agrarian history of Britain • Equine history.

6526. **Moos, Carlo** Spitalgasse 5, 8001 Zürich, Switzerland. / History of Switzerland.

6527. **Mor, Lucia** Via Pietro Boifava 17, 25123 Brescia, Italy. *U. Cattolica del Sacro Cuore.*

6528. **Mora Rodriguez, Gloria** C/ Castillo,17, 5°Derecha, 28010 Madrid, Spain. / Histoire de l'archéologie en Espagne et en Europe • Histoire ancienne et archéologie.

6529. **Moracci, Giovanna** Università di Urbino, Piazza Rinascimento, 7, 61029 Urbino, Italy. *U. di Urbino* / Naples • Russia • Theatre • Russian Enlightenment • Drama • Russian language • Russian literature • Catherine II • Diderot • Fonvizin • Ferdinando Galiani.
✉ moracci@uniurb.it

6530. **Moral Roncal, Antonio Manuel del** La Cañada 44, 2° izda, 28030 Madrid, Spain. / Organisation des corps de métier.

6531. **Morales Moya, Antonio** C/ Covarrubias, 9, 4°Izq., 28004 Madrid, Spain. / Politique et société.

6532. **Moran, John** Tulane University, 941 Dumaine, New Orleans, LA 70116-3022, USA. *Tulane U.*

6533. **Moraru, Mihai** Faculty of Letters, University of Bucharest, B-dul M. Kogalniceanu 64, 70609 Bucuresti, Romania. *U. Bucuresti* / La littérature populaire; romans chevaleresques.

6534. **Morato, Erica** Via L. Gambaro 42, 25121 Brescia, Italy.

6535. **Moravia, Sergio** Via dei Cappuccini 4, 50100 Firenze, Italy.

6536. **Morcavallo, Bruno** Via Mercati 42, 00197 Roma, Italy. / Hume's philosophy of religion • Bioethics • Personal identity.

6537. **Morden, Barbara C.** The Garden House, Crathorne, N. Yorks TS15 0BA, UK. / The landscape arts • The novel • Gothick taste.

6538. **Moré, Henri** La Roque Fauconnière 7, 13750 Plan d'Orgon, France. / Une famille représentative au temps des Lumières: Les Girard de Lourmarin • Archives révolutionnaires de Cucuron, Vaucluse.

6539. **Moreau, Guy** 14 rue Anatole France, 42120 Le Coteau, France.

6540. **Moreau, Pierre-François** 11 Place Adolphe Cherioux, 75015 Paris, France. / Le spinozisme • L'utopie • La réception des philosophies antiques • Controverses sur la Bible • Théories des passions.
✉ moreau@ens-fcl.fr

6541. **Morel, Jean-Paul** 85 rue de Reuilly, 75012 Paris, France.

6542. **Morel-Deckers, Y.** Plaatsnijdersstraat 2, 2000 Antwerpen, Belgium.

6543. **Morere, Pierre** 93 cours de la Libération, 38100 Grenoble, France. / L'œuvre de James Beattie: tradition et perspectives nouvelles • Philosophie écossaise: philosophie morale et esthétique.

6544. **Morgan, Dawn** 857 rue Roy Est, apt. 2, Montreal, PQ H2L 1E5, Canada.

6545. **Morgan, Diane L.** Dept of Cultural Studies, University College Northampton, Park Campus, Northampton, NN2 7AL, UK. *University C. Northampton* / Kant • Herder • Humanism.
✉ diane.morgan@northampton.ac.uk

6546. **Mori, Gianluca** Via S. Zanobi 17, 50129 Firenze, Italy. *U. di Piemonte Orientale* / Pierre Bayle • Clandestine manuscripts.

6547. **Mori, Jennifer C.** Dept of History, University of Toronto, Sidney Smith Building, 100 Saint George St, Toronto, ON M5S 3G3, Canada. *U. of Toronto* / Social, cultural and intellectual features of British diplomacy in Europe (the roles played by gender, sociability, ethnicity, the Enlightenment and court culture).
✉ jennifer.mori@utoronto.ca

6548. **Mori, Massimo** Via Massena 65, 10128 Torino, Italy. *U. di Torino* / Kant • Political and moral philosophy.

6549. **Mori, Renato** Via D. Filippini 14, 00136 Roma, Italy.

6550. **Mori, Ritsuko** 3-8-5 Hibarigaoka Kita, Nishi-Tokyo-shi 202-0002, Japan.

6551. **Mori, Ryoko** 5-20-12-303 Mama, Ichikawa-shi, 272-0826 Chiba, Japan. *Ochanomizu U.* / Le piétisme en Allemagne.

6552. **Mori, Simona** Via Europa 2, 20097 San Donato, Italy. *U. di Milano* / State institutions and finance in the age of enlightened reform • Habsburg territories (the duchy of Mantua) • Jewish communities and their relations with the State.

6553. **Mori, Yasuhiko** 3-32-19 Namiki-cho, Kokubunji-shi, 185-0005, Japan. *Sakuyo C. of Music* / Mozart.

6554. **Mori, Yoko** 3-16-3-501 Kaminoge, Setagaya-ku, 158-0093 Tokyo, Japan. *Meiji U.* / William Hogarth.

6555. **Moriakov, Vladimir** Urlovski proezd, 9, 176, 127490 Moscou, Russia. *U. Lomonossov de Moscou (MGU)* / Les Lumières françaises et la pensée russe.

6556. **Morimoto, Tetsuo** 1-6-12 Chuo, Kamifukuoka-shi, 356-0031 Saitama, Japan. *Asia U.* / Political theory • Liberalism • Theories of liberty.

6557. **Morimura, Toshimi** 3-3-70 Nishi, Kunitachi, Tokyo 186-0005, Japan. *Hitotsubashi U.* / Le changement intellectuel et culturel en France • Le débat sur la noblesse commerçante et le problème du luxe.
✉ toshimi.morimura@srv.cc.hit-u.ac.jp

6558. **Moritzen, Gottfried** Hustadtring 53 III, 44801 Bochum 1, Germany. *Ruhr-U. Bochum* / History of biology, geography and geology • Protestant Lutheran Church and theology (Schleswig-Holstein and north-western Europe).

6559. **Morley, Vincent** 17 Clonmore Court, Ballymun Road, Dublin 9, Ireland. *National U. of Ireland (Galway)* / Evolution of Irish political thought (among the Catholic population) • The Jacobite poet Aodh Buí Mac Cruitín (1680-1755) • Irish opinion and the American Revolution, 1760-1783.
✉ morley@connect.ie

6560. **Morlo, Josef** Blumenstr. 40, 66111 Saarbrücken, Germany. *U. des Saarlandes* / Romanticism: knights and robbers.

6561. **Mormile, Mario** Viale dei Quattro Venti 10, 00152 Roma, Italy. *U. di Roma* / Idées et mouvements linguistiques en France (le purisme de l'abbé Desfontaines) • La néologie de Sébastien Mercier • Voltaire et la linguistique et la question des 'commentaires' d'auteurs classiques • Les grammaires italiennes en français et les grammaires françaises en italien.

6562. **Mormino, Gianfranco** Via Ripamonti 156, 20141 Milano, Italy.

6563. **Moroianu, Cristian** Faculty of Letters, University of Bucharest, B-dul M. Kogalniceanu 64, 70609 Bucuresti, Romania. *U. Bucuresti* / Langue et littérature roumaines.

6564. **Moroni, Ornella** Via P. Falconieri 82, 00153 Roma, Italy.

6565. **Morozova, Nina** 12 ligne de V. O., 33, 65, 199178 St Pétersbourg, Russia. / Bibliothèques privées en Russie.

6566. **Morris, Marilyn** History Dept, University of North Texas, 234 Wooten Hall, Box 301650, Denton, TX 76203 0650, USA. *U. of North Texas*.

6567. **Morris, Polly** 3345 North Homboldt Boulevard, Milwaukee, WI 53212 1737, USA. / Sex in Somerset, England • Church courts in England • Language and culture.

6568. **Morrison, Jeffrey** Dept of German, National University of Ireland, Maynooth, Co. Kildare, Ireland. *National U. of Ireland (Maynooth)* / German and Swiss aesthetic theory • Ecphrasis • Travel literature.

6569. **Morrison, John** Dept of History of Art, King's College, University of Aberdeen, Aberdeen, AB24 3UG, UK. *U. of Aberdeen* / Scottish/British painting.

6570. **Morrison, Lucy** English Dept, Pennsylvania State University, 76 University Drive, Hazleton, PA 18201-5544, USA. *Pennsylvania State U. (Hazelton)*.

6571. **Morrison, Sarah R.** Morehead State University, UPO 616, Morehead, KY 40351, USA. *Morehead State U.*

6572. **Morrissey, Lee** Dept of English, Clemson University, 801 Strode Tower, Mailcode 340523, Clemson, SC 29634-0523, USA. *Clemson U.* / History of literary criticism.
✉ lmorris@clemson.edu

6573. **Morrow, Mary Sue** University of Cincinnati, P.O. Box 210003, Cincinnati, OH 45221-0003, USA. *U. of Cincinnati* / Aesthetics • Music in society • Vienna.

6574. **Morsberger, Katharine** 1530 Berea Ct, Claremont, CA 91711 3505, USA.

6575. **Morsberger, Robert E.** 1530 Berea Ct, Claremont, CA 91711 3505, USA.

6576. **Mortensen, Bent** Sct. Laurentiigade 11, 6760 Ribe, Denmark.

6577. **Mortensen, Birgit** Søvej 10, 5390 Martofte, Denmark.

6578. **Mortensen, Klaus P.** Frederiksberg Alle 80, 4, 1820 Frederiksberg C, Denmark. *Københavns U.*

6579. **Mortera Levi, Emanuele** Via della Tenuta di S. Agata, 27, 00135 Roma, Italy.

6580. **Mortier, Bianca M. du** Museum, Postbus 74888, 1070 DN Amsterdam, Netherlands. *Amsterdam Museum* / Fashion (second-hand clothing trade) • Influences of the Industrial Revolution, protectionism and the ideas of the Enlightenment on fashion.
✉ b.du.mortier@rijksmuseum.nl

6581. **Mortier, Roland** Avenue de Longueville, 10/12, 1150 Bruxelles, Belgium. *U. libre de Bruxelles* / Théories et pratiques esthétiques • Diderot • Mémoires et journaux • La Révolution française et les écrivains.

6582. **Mörtinger-Grohmann, Pia** Siolyg. 7, 1190 Wien, Austria.

6583. **Mosby, Dewey F.** 1738 Preston Hill Rd, Hamilton, NY 13346 2316, USA.

6584. **Moscovici, Claudia** 1137 Freesia Ct, Ann Arbor, MI 48105, USA. *U. of Michigan* / Development of republican theory in the writings of the French philosophers (Montesquieu, Rousseau, Condorcet) • Models of human emotion in the French epistolary novel (Crébillon, Rousseau, Laclos).
✉ kmoscovici@aol.com

6585. **Moser, Walter** Dépt de littérature comparée, Université de Montréal, C.P. 6128, Succursale A, Montréal, PQ H3C 3J7, Canada. *U. de Montréal* / Interaction des discours • Relations science-littérature • Premier romantisme allemand (Novalis) • Procédés de réutilisation culturelle.

6586. **Moser-Verrey, Monique** Dépt des Littératures, Université Laval, Cité Universitaire, Québec, PQ G1K 7P4, Canada. *U. Laval* / L'image et le langage du corps dans le conte et la nouvelle • L'écriture d'Isabelle de Charrière et sa collaboration avec les émigrés allemands Ludwig Ferdinand Huber et Therese Forster Huber.
✉ monique.moser-verrey@lit.ulaval.ca

6587. **Mosser, Monique** 282 rue Saint-Jacques, 75005 Paris, France. *C.N.R.S. (Paris)* / Architecture et urbanisme • Carrière des architectes J. D. Antoine et Ch. de Wailly • Symbolisme et architecture maçonnique • Art et théorie des jardins • Théorie de l'art.

6588. **Mostefai, Ourida** 3 rue Charles V, 75004 Paris, France. *Boston C.* / Africa • Middle East • France • Switzerland • Theatre • Rousseauism • French Enlightenment • French literature • *Lettre à d'Alembert* • Immigration • d'Alembert • Montesquieu • Rousseau.
✉ mostefai@bc.edu

6589. **Mothu, Alain** CELLF 17-18, Université de Paris IV, 1 rue Victor Cousin, 75005 Paris, France. *U. de Paris IV* / Histoire des idées philosophiques et scientifiques • Histoire des dissidences religieuses et philosophiques • Manuscrits clandestins.
✉ alain.mothu@paris4sorbonne.fr

6590. **Motsch, Andreas** Dépt d'études françaises, Clover Hill-50 St Joseph St, 2nd Floor, University of Toronto, ON M5S 1J4, Canada. *U. of Toronto* / Rousseau.

6591. **Motta, Giovanna** Via Guglielmo Calderini 68, 00196 Roma, Italy.

6592. **Mottaz, Olivier** Chemin des Croix-Rouges 3, 1007 Lausanne, Switzerland.
✉ olivier.mottaz@histart.unil.ch

6593. **Mottu-Weber, Liliane** 29 Chemin des Pinsons, 1226 Thonex, Switzerland. *U. de Genève* / Economic and social history • Textile industry • Huguenot refugees • Gender history.
✉ liliane.mottu@lettres.unige.ch

6594. **Moulinas, René** 282 rue des Provençales, 84000 Avignon, France. *U. d'Avignon* / Imprimerie • Librairie • Presse • Juifs d'Avignon et du Comtat • Révolution française.

6595. **Moullas, Panayotis** University of Thessaloniki, 11 Kiouptsidou str., 54006 Thessaloniki, Greece. *U. of Thessaloniki.*

6596. **Mouniama, Mai** Borgo Vittorio 41, 00194 Roma, Italy.

6597. **Mounsey, Chris** Dept of English, King Alfred's College, Sparkford Road, Winchester, Hampshire SO22 4NR, UK. *King Alfred's C.* / Biography.
✉ c.mounsey@wkac.ac.uk

6598. **Mount, Harry T.** School of Arts and Humanities, Oxford Brookes University, Gipsy Lane, Oxford, OX3 0BP, UK. *Oxford Brookes U.* / Attitudes to minuteness in painting in England • The relationships between art theory, empiricism, practical connoisseurship and patronage • English art theory.
✉ htmount@brookes.ac.uk

6599. **Mourão, Ronaldo Rogerio de Freitas** Avenida do Exercito, 105, 22251-000 Rio de Janeiro, Brazil. / Astronomy • History of science.
✉ mourao@ronaldomourao.com

6600. **Moureau, François H.** 14 bis rue de Milan, 75009 Paris, France. *U. de Paris IV* / Théâtre • Littérature des voyages • Manuscrits • Charles Dufresny • Robert Challe • Voltaire.
✉ francois.moureau@paris4.sorbonne.fr

6601. **Moureaux, José-Michel** 19 Jardins Boieldieu, 92800 Puteaux, France. *U. de Caen* / Edition critique des *Questions sur les miracles* de Voltaire • Voltaire éditeur.

6602. **Moureaux, Philippe** Boîte 1, 11 rue des Dauphins, 1080 Bruxelles, Belgium.

6603. **Mouret, François** 20 rue Croix-des-Petits-Champs, 75001 Paris, France. *U. de Rennes II* / Pétrarque: les traducteurs anglais, 1754-1798; la fortune française • Idées théoriques sur la prose poétique.

6604. **Moussa, Sarga** 166 boulevard de Magenta, 75010 Paris, France. *C.N.R.S. (Lyon)* / Voyage en Orient • Nomadisme dans la littérature française • Voyage en Suisse • Rousseauisme.

6605. **Moutafov, Emmanuel Stephanov** 6 Balkan St, 1303 Sofia, Bulgaria. *Bulgarian Academy of Sciences* / Europeanisation • Balkan art history.
✉ emoutafov@yahoo.gr

6606. **Moutsopoulos, Evanghélos A.** 40 Hypsilantou, 11521 Athens, Greece. *U. of Athens* / Philosophie (France et Grèce, 16s-19s) • Histoire des idées • Ontologie, esthétique, axiologie, philosophie de l'histoire • Œuvres de Pétros Braïlas-Arménis.

6607. **Mowry, Melissa** 45 Smith Terrace, Staten Island, NY 10304-2103, USA.

6608. **Moyssén Lechuga, Xavier** Universidad de Monterrey, Campus de Educacion Superior, Av. I. Morones Prieto, 5400 Pte. San Pedro Garza Garcia, NL 66238, Mexico. *U. de Monterrey, Mexico* / Beaux-arts.

6609. **Mozgovaya, Elena B.** Dept of Theory and History of Arts, Repin Institute, Academy of Arts, 17 Universitetskaya nab., 199034 St Petersburg, Russia. *Academy of Arts (St Petersburg)* / Russian sculpture • Foundation of the Academy of Arts in St Petersburg, its contacts

with European academies and Russian artists in Italy and France • Foreign sculptors in Russia.
✉ elena@em4291.spb.edu

6610. **Mozzarelli, Cesare** Via del Gonfalone 1, 20123 Milano, Italy. *U. Cattolica del S. Cuore Milano* / Evolution des formes de pouvoir et leur rapport avec les systèmes sociaux (dans l'empire autrichien et les Etats italiens).

6611. **Mozzillo, Atanasio** Parco Comola Ricci 62, 80122 Napoli, Italy. *U. di Salerno* / Image of southern Italy in European culture and opinion • Foreign travellers in southern Italy.

6612. **Mraz, Gerda** Marktplatz 5, 2454 Trautmannsdorf, Austria. *Institut für Österreichische Kulturgeschichte* / Documentation iconographique sur l'histoire autrichienne • Haydn et son temps • Edition du fonds Haydn.

6613. **Mrowka, Hans-Jürgen** Hans-Sachs-Weg 5, 31303 Burgdorf, Germany.

6614. **Muchembled, Robert** 3 rue Dupont de l'Eure, 75020 Paris, France. *U. de Paris XIII* / Culture and society • Witchcraft • Crime • Cultural exchange.
✉ r.muchembled@wanadoo.fr

6615. **Mudroch, Vilem** Müntzbergstr. 14, 5400 Baden, Switzerland. *U. Zürich* / Hume • Kant • Science • Priestley • Development of economics.
✉ vilem@philos.unizh.ch

6616. **Mudry, Philippe** Montolivet 28, 1006 Lausanne, Switzerland. *U. de Lausanne.*

6617. **Mudure, Michaela** Pavlov 18 B, apt 5, 3400 Cluj-Napoca, Romania. *Babes-Bolyai U.* / Women's literature • Swift • Sterne.
✉ mmudure@lett.ubbcluj.ro

6618. **Mueller, Judith C.** Dept of English Literature, Franklin and Marshall College, P.O. Box 3003, Lancaster, PA 17603, USA. *Franklin and Marshall C.* / Britain • Millenarianism, antinomianism • English literature • Blake, William • Religious radicalism.
✉ jmueller@fandm.edu

6619. **Mueller, Thomas** Milloeckerweg 2, 63454 Handu, Germany. / Anthropology • Medicine and psychology (insanity and melancholia).

6620. **Mueller, Volker** Rudolf-Breitscheid-Str. 15, 14612 Falkensee, Germany. / The Encyclopédie • French and German Enlightenment philosophy and ethics • Mechanical arts.
✉ familie_dr.mueller@t-online.de

6621. **Muenzer, Clark** 617 South Linden Avenue, Pittsburgh, PA 15208-2812, USA.

6622. **Mugnai, Paolo F.** Via Michelangelo Tilli, 82, 00156 Roma, Italy.

6623. **Mühl, Hans** Am Sportplatz 7, 59069 Hamm, Germany. *Universitätsbibliothek Münster* / K. P. Moritz • Sale catalogues and ledgers from the library of August and Werner von Haxthausen.

6624. **Mühlemann, Suzanne** Museumstr. 19, 5200 Brugg, Switzerland. / Littérature française • Littérature suisse d'expression française • Histoire des idées • Roman: Marivaux, Mme de Staël, Mme de Charrière.

6625. **Mühlpfordt, Günter** Gütchenstr. 20a, 06108 Halle, Germany. *U. Halle-Wittenberg* / Middle German Enlightenment (Halle, Leipzig, Jena) • Radical Enlightenment in Central and Eastern Europe • Enlightenment historiography • Secret societies and freemasonry.

6626. **Mukai, Minae** 1532-236 Uchikoshicho, Hachioji-shi, 192-0911 Tokyo, Japan. *Kokugakuin U.* / Les romans en Allemagne.

6627. **Mülder-Bach, Inka** Institut für Deutsche Philologie, LMU München, Schellingstr. 3, 80799 München, Germany. *LMU München.*

6628. **Mulford, Carla J.** Dept of English, Pennsylvania State University, 119 Burrowes Building, University Park, PA 16802-6200, USA. *Pennsylvania State U.* / American War of Independance • English Restoration • French Revolution • Republic • Seven Years' War • Atlantic Ocean • English thought • Jacobinism • Marxist interpretation of • Newtonianism • Enlightenment (concept).
✉ cjm5@psu.edu

6629. **Mulhall, Anne** Dept of English, National University of Ireland, Galway, Ireland. *National U. of Ireland.*

6630. **Mulhallen, Karen** 245 Markham St, Toronto, ON M6J 2G7, Canada. *Ryerson U.* / Political satirical prints • Biblical iconography • William Blake, art and text • Edward Youngs's thoughts • Science and medecine in the 1790s.
✉ lkmulhall@ryerson.ca

6631. **Mulholland, James** 1400 Kent Rd, Raleigh, NC 27606-2743, USA.

6632. **Mulinen, Pascale de** Jolimont, 1806 St Légier, Switzerland.

6633. **Mulle, Peter** Talackerhalde 24, 6010 Kriens, Switzerland.

6634. **Mullen, John** Dept of English, University College of London, Gower St, London, WC1E 6BT, UK. *University C. London* / English novels • Satire • Medicine • Philosophy.

6635. **Müllenbrock, Heinz-Joachim** Dept of English, Universität Göttingen, Käte-Hamburger-Weg 3, 37073 Göttingen, Germany. *U. Göttingen* / English literature and politics • Political rhetoric in Britain • The English landscape garden and its literary context • Antecedents of the historical novel.
✉ hmuelle8@gwdg.de

6636. **Müller, Andreas** 73 Broomfield Road, Huddersfield, HD1 4QF, UK. / English and German literature with emphasis on religion and casuistry.

6637. **Müller, Anja** Gladbacher Str. 9, 40219 Düsseldorf, Germany. *U. Düsseldorf.*

6638. **Müller, Gerd** Christian Albrechts Universität, Leibnizstr. 8, Kiel, Germany. *Christian Albrechts U.* / Travel literature • Knigge • Education.
✉ muller@cwf.uni.kiel.de

6639. **Müller, Gerhard H.** Joseph-Haydn-Str. 13, 66125 Saarbrücken, Germany. *U. des Saarlandes* / Biology, geography • Goethe (science) • Microscopy.

6640. **Muller, Kevin** 370 Berry Avenue, Hayward, CA 94544, USA.

6641. **Müller, Laurent** 5 bis avenue Kléber, 78110 Le Vesinet, France. *U. de Paris IV* / Les objets de Rousseau • Les barques et bateaux.

6642. **Müller, Leos** Köpenhamnsgatan 5, 752 64 Uppsala, Sweden.
✉ leos.muller@sh.se

6643. **Müller, Michael** Hauptstr. 19a, 36396 Steinau-Ulmbach, Germany. *U. Mainz* / Roman Catholic Church and its religious orders in the age of Enlightenment • Jesuits in France and Germany (in French educational system) • Jesuits and Voltaire.

6644. **Müller, Michael G.** Blachfeld 25, 14532 Kleinmachnow, Germany.

6645. **Müller, Winfried** Lehrstuhl für Sächsische Landesgeschichte, Technische Universität Dresden, Mommsenstr. 13, 01062 Dresden, Germany. *Technische U. Dresden* / Universities • Catholic Enlightenment • Counter-Enlightenment • Religious orders and criticism of them • Anti-Jesuitism.

6646. **Müller, Wolfgang Erich** Quellenweg 55A, 26129 Oldenburg, Germany. *U. Hamburg* / Johann Friedrich Wilhelm Jerusalem • Natural law • Theology • Rationalism.

6647. **Müller-Muth, Anja** Dept of English Literature, Universität Bamberg, An der Universität 9, 96045 Bamberg, Germany. *U. Bamberg* / Discursive frames and representations of childhood • Children's literature • Periodicals.
✉ anja.mueller-muth@split.uni-bamberg.de

6648. **Müller-Polley, Lothar G.** Winterfeldstr. 97, 10777 Berlin, Germany. *Freie U. Berlin* / K. P. Moritz • Medical anthropology • Mysticism and enthusiasm • Hypochondria and melancholy.

6649. **Mulsow, Martin** Burkheimer Str. 5, 81245 München, Germany. *U. München* / Philosophy and clandestine literature in Germany • Leibniz • J. L. Mosheim • N. H. Gundling • Reception of the Renaissance.

6650. **Mulvad, Søren** Varming Vesterby, 6760 Ribe, Denmark.

6651. **Mulvey-Roberts, Marie** Dept of Literary Studies, University of the West of England, Oldbury Court Road, Fishponds, Bristol, BS16 2JP, UK. *U. of the West of England* / Mary Shelley • Literature and medicine • Clubs and freemasonry • Women's writing • Gender.

6652. **Mulvihill, Maureen E.** One Plaza St, West apt. 5D, Brooklyn, NY 11217-3742, USA. *Princeton U.* / Irish and English women writers.
✉ mulvihill@nyc.rr.com

6653. **Munding, Senta-Maria** Herzog August Bibliothek, Postfach 13 64, 38299 Wolfenbüttel, Germany. *Herzog August Bibliothek Wolfenbüttel* / Anton Ulrich von Braunschweig-Lüneburg • History and literature 1600-1750.

6654. **Munns, Jessica** English Dept, Denver University, 2000 East Ashbury Avenue, Denver, CO 80208-4323, USA. *Denver U.* / Restoration and 18c drama.
✉ jmunns@du.edu

6655. **Muñoz Dueñas, Ma Dolores** Avenida Gran Capitan, 36, 5°A., 14001 Córdoba, Spain. *U. de Córdoba* / Histoire rurale • Histoire d'élites • Fiscalité ecclésiastique • Histoire sociale des mines.
✉ mdolores.munoz@uco.es

6656. **Muñoz Moraleda, Ernesto** Avenida Sarmiento 450, 1 Piso B, 4000 San Miguel de Tucumán, Argentina. *U. de Tucumán* / La société, l'Eglise et l'Etat à Tucumán, et son rapport avec l'expulsion des Jésuites.

6657. **Munteanu, Romul** Faculty of Letters, University of Bucharest, B-dul M. Kogalniceanu 64, 70609 Bucuresti, Romania. *U. Bucuresti.*

6658. **Munzel, G. Felicitas** University of Notre Dame, Box 1068, 358 Decio, Notre Dame, IN 46556, USA. *U. of Notre Dame* / Kant • Moral philosophy • Philosophy of education • Philosophical anthropology.
✉ munzel.f@nd.edu

6659. **Muramatsu, Shigemi** 2-12-79 Obiyama, 862-0924, Japan.

6660. **Murata, Haruo** 2-18-2 Oto, 338-0012 Saitama, Japan.

6661. **Murata, Kazuho** 150 Higashihagio-Machi, Omuta, Fukuoka 836, Japan.

6662. **Murata, Tamotsu** 7-13-6 Shakujiï-chô, Nerima-ku, 177-0041 Tokyo, Japan. / Histoire et philosophie des mathématiques (Spinoza) • Une idée de l'infini chez Takabe, mathématicien japonais du 18s.

6663. **Muratori-Philip, Anne** 52 rue de l'Université, 75007 Paris, France.

6664. **Murdoch, Alex** Dept of Scottish History, University of Edinburgh, 17 Baedeuch Place, Edinburgh, EH8 9LN, UK. *U. of Edinburgh.*

6665. **Muri, Allison** 319 29th St West, Saskatoon, SK S7L 0M2, Canada. *McMaster U.* / History of the cyborg • The man-machine in medicine, philosophy and literature.
✉ allison.muri@shaw.ca

6666. **Murr, Sylvia** 51 rue de Caudéran, 33000 Bordeaux, France. / Indologie et philosophie en France • Rapports entre les Anciens et les Modernes sur les philosophes de l'Inde • La philosophie des indiens malabars et des 'pendets gentils'.

6667. **Murray, Christopher** Dept of English, University College, Belfield, Dublin 4, Ireland. *University C. Dublin.*

6668. **Murray, Douglas** Dept of Languages & Lit., Belmont College, Nashville, TN 37212, USA. *Belmont C.* / Enlightenment portraiture and visual culture.

6669. **Murray, Julie** English Dept, York University, Toronto, ON M3J 1P3, Canada. *York U.* / Late 18c understandings of the civic • Edmund Burke • Joanna Baillie.
✉ jmurray@yorku.ca

6670. **Murray, Malcolm H.** 4427 4th Rd, #2, Arlington, VA 22203 2333, USA.

6671. **Murray, W. J.** Dept of History, La Trobe University, Bundoora, VIC 3083, Australia. *La Trobe U.* / The press in the French Revolution.

6672. **Musca, Vasile** Str. Fântânele 5, Bl.R, sc.8, et.1, apt 109, 3400 Cluj-Napoca, Romania. *U. Cluj-Napoca* / Philosophy of the Enlightenment • French and German Enlightenment (Montesquieu, Leibniz, Herder, Lessing, M. Mendelssohn, Kant).

6673. **Mushakoji, Nobukazu** 5-17-8-2-D Inokashira, Mitaka-shi 181-0001, Japan.

6674. **Musiari, Antonio** Via Fosse Ardeatine 11, 43100 Parma, Italy. *Accademia Albertina di Belle Arti* / Academic and neo-classical arts • Prints and print-making • Fashion.

6675. **Musser, Joseph F.** Dept of English, Ohio Wesleyan University, Sturges Hall, 61 South Sandusky St, Delaware, OH 43015, USA. *Ohio Wesleyan U.* / Conceptual metaphors for science and philosophy • Miltonic images in texts regarding marriage.
✉ jfmusser@owu.edu

6676. **Mustain, John E.** 991 Cotton St, Menlo Park, CA 94025, USA.

6677. **Muto, Michio** 4-1814-1 Makuhari-cho, Hanamigawa-ku, Chiba-shi, 262-0032 Chiba, Japan. *Tokyo National U. of Fine Arts and Music* / L'esthétique.

6678. **Myers, Ann V.** P.O. Box 17234, Reading, PA 19612-5234, USA. *Albright C.* / Marivaux • Feminism.

6679. **Myers, Mitzi** 2206 Bedford Drive, Fullerton, CA 92831-1504, USA. *U.C.L.A.* / Georgian women writers of children's literature • Late 18c women writers (fiction) • Gender, politics and literature of the 1790s.

6680. **Myers, Perry W.** Dept of German Studies, University of Texas, 1 University Station C3300, Austin, TX 78712-0304, USA. *U. of Texas (Austin)* / French Revolution • Indology • Social history • Kant.
✉ pwm@mail.utexas.edu

6681. **Myers, Victoria** 838 11th St, #106, Santa Monica, CA 90403 1644, USA.

6682. **Myl'nikov, Aleksandr Sergeevich** Prospekt Toreza 40-4-9, 194223 St Petersburg, Russia. *Musée de Pierre le Grand, St Petersburg* / Humanism • Cultural contacts in Europe • Early absolutism in Russia • Freemasonry • Secularisation • Biography.

6683. **Mynhardt, W. W.** Slotstraat 12, 4101 BH Culemburg, Netherlands.

6684. **Mytaloulis, Constantin** 8 rue Gioldassi, 11744 Athens, Greece. / La justice avant la Révolution.

6685. **Na, Heya** Institute of Qing History, Renmin University of China, 100872 Beijing, China. *Renmin U. of China* / China: Qing history.

6686. **Na, Ren** Institute of Qing History, Renmin University of China, 100872 Beijing, China. *Renmin U. of China* / China: Qing history.

6687. **Nabarra, Alain** Dept of Languages, Lakehead University, Thunder Bay, ON P7B 5E1, Canada. *Lakehead U.* / La presse et l'imprimé • Les colonies françaises • Voyages et explorations • H. Dulaurens • Mme Dunoyer.

6688. **Nabbe, Hildegard** Dept of Germanic and Slavic Studies, University of Waterloo, Waterloo, ON N3L 3G1, Canada. *U. of Waterloo* / German literature and aesthetics.

6689. **Nabben, C. H.** Debijestraat 15, 6164 BE Gelen, Netherlands. *U. Utrecht* / Epic poems • Frans van Steenwijk.

6690. **Nablow, Ralph A.** Massey College, 4 Devonshire Place, Toronto, ON M5S 2E1, Canada. *Massey C.* / Voltaire • Anglo-French literary relations.

6691. **Nace, Nicholas** 201 Ridgeway Avenue, apt #3, Oakland, CA 94611-5101, USA.

6692. **Nachumi, Nora G.** Dept of English, Stern College, Yeshiva University, 245 Lexington Avenue, New York, NY 10016, USA. *Yeshiva U.* / The influence of the theatre on British women novelists • Theatre theory (acting, language of gesture, theatrical spectatorship).
nnachumi@aol.com

6693. **Nacsády, Peter** Tábor út. 5, I/4, 6722 Szeged, Hungary. / La franc-maçonnerie.

6694. **Nadeau, Marc-André** 112 Tour-du-lac, Lac-Beauport, PQ G0A 2C0, Canada. *U. Laval* / Montaigne.

6695. **Nadeau, Martin** 5534, 8th avenue, Montréal, PQ H1Y2L4, Canada. *EHESS* / Les pratiques du discours pendant la Révolution française, le théâtre et la question du public • La presse périodique (*La Décade*) • Les Girondins et le concept d'esprit public.
martin.nadeau@ehess.fr

6696. **Nagai, Yoshio** 3-27-1 Uezono-cho, Meito-ku, Nagoya-shi, 465-0077 Aichi, Japan. *Kanto Gakuin U.* / Utilitarianism.

6697. **Nagami, Fumio** 2-12-8, Hirayama, Hino, Tokyo 191, Japan. *Chuo U.* / Histoire des idées • Rousseau.

6698. **Naganuma, Muneaki** 2-24-52 Higashi, Kunitachi-shi, 186-0002 Tokyo, Japan. *Nihon U.* / Germany • The 'Jewish question' in Germany.

6699. **Nagao, Shinichi** 804 Diamond Forum, 24-6, Sukezane, Saijo-cho, Higashi-Hiroshima-shi, 739 Hiroshima, Japan. *Nagoya U.* / Newtonianism • Scottish Enlightenment.

6700. **Nagaoka, Kaoru** 91-8 Nishi-Teranomae-cho, Shishigatani, Sakyo-ku, Kyoto-shi, 606-8425 Kyoto, Japan. *Seigakuin U.* / English philosophy and puritanism.

6701. **Nagashima, Akiko** 324 Momoyama-Higashi-Godoshukusha, Momoyamacho, Fushimi-ku, Kyoto-shi 612-8034, Japan.

6702. **Nagashima, Daisuke** 18-6 Nishi 3-chome, Daiwa, Kawanishi, 666-01 Hyogo, Japan. / Samuel Johnson.

6703. **Nagata, Haruki** 650-9 Endo, Fujisawa-shi, 252-0816 Kanagawa, Japan. *National Institute of Japanese Literature.*

6704. **Nagata, Miho** 1-31-11 Higashi-Nakano, Nakano-ku, 164-0003 Tokyo, Japan. / Mozart • Conception and history of music.

6705. **Nagaya, Hideo** 1101-7-101 Yahata-yama, Tenpaku-ku, Nagoya-shi, 468-0074 Aichi, Japan. *Aichi U. of Education* / Helvétius et les encyclopédistes.

6706. **Nagel, Fritz** Bernoulli-Edition, Universitätsbibliothek Basel, Schönbeinstr. 18/20, 4056 Basel, Switzerland. *Universitätsbibliothek Basel* / Development of mathematics and science • History of calculus (Newton-Leibniz controversy) • Scientific contributions of the Bernoulli circle • The Bernoulli correspondence.
fritz.nagel@unibas.ch

6707. **Nagle, Christopher C.** Dept of English, Western Michigan University, Sprau Tower, Kalamazoo, MI 49008, USA. *Western Michigan U.* / England • Romanticism • English literature • Sensibility, sentimentalism • Sterne • Austen • Women writers.
cnagle@hotmail.com

6708. **Naito, Katsuhiko** 12-4 Gokenya-cho, Showa-ku, Nagoya-shi, 466-0838 Aichi, Japan. *Nanzan U.* / German literature (Goethe).

6709. **Naka, Naoichi** 2-13-1-801 Higashi-Toyonaka-cho, Toyonaka-shi, 560-0003

Osaka, Japan. *Osaka U.* / German studies in Japan.

6710. **Nakagawa, Eiji** Hiroshima University of Economics, 5-37-1 Gion, Asaminami-ku, 731-0192 Hiroshima, Japan. *Hiroshima U. of Economics* / Adam Smith • Classical economics. ✉ ej-naka@hue.ac.jp

6711. **Nakagawa, Hisayasu** 12-14 Taniguchi-Sonomachi, Ukyo-ku, 616-8015 Kyoto, Japan. *Institut Kawai* / L'interaction entre la pensée des philosophes et celle des apologétiques catholiques.

6712. **Nakahara, Akio** 25-1 Murasakino Imamiya-cho, Kita-ku, Kyoto-shi, 603 Kyoto, Japan.

6713. **Nakajima, Yoichi** 4-12-1 Sugano, Ichikawa-shi, 272 Chiba, Japan. *Toyo U.* / Rousseau • French and German philosophy • Philosophy of sympathy.

6714. **Nakamura, Hiromi** 1-12-22 Kami-Tsuruma, Sagamihara-shi, 228-0802 Kanagawa, Japan. *Nihon U.* / Convulsionnaires.

6715. **Nakamura, Hiroo** 2-16-4 Uematsu, Nagano-shi, 380-0802 Nagano, Japan. *Nagano National C. of Technology* / Kant.

6716. **Nakamura, Kohki** 56-11 Ohyama-nishi-machi, Itabashi-ku, 173-0033 Tokyo, Japan. *Hosei U.* / Social thought (Britain).

6717. **Nakamura, Masaki** 4-6-1 Komaba, Meguro, 153-8904 Tokyo, Japan. *Tokyo U.* / Engineering education in France. ✉ nakamura.masaki@nifty.ne.jp

6718. **Nakamura, Motoyasu** 4-6-21-701 Kami-Shinden, Toyonaka-shi, 565-0085 Osaka, Japan. *Osaka U.* / German bourgeois theatre.

6719. **Nakamura, Ruri** 1-14-6 Nishi, Kunitachi-shi, 186-0005 Tokyo, Japan. *Hitotsubashi U.* / Relations franco-japonaises.

6720. **Nakamura, Sumio** 657-6 Shirakuwa, Urawa-shi, 338-0811 Saitama, Japan. *Kanagawa U.* / English novels.

6721. **Nakamura, Susumu** 31-8 Ryugaoka, Otsu-shi, 520-0803 Shiga, Japan. *Kinki U.* / The English industrial revolution.

6722. **Nakamura, Tetsuko** Dept of English, Nippon Medical School, 2-297-2 Kosugi-cho, Nakahara-ku, Kawasaki-shi, 211-0063 Kanagawa, Japan. *Nippon Medical School* / English literature.

6723. **Nakano, Yoshiyuki** 1-11-12 Koshigoe, Kamakura-shi, 248-0033 Kanagawa, Japan. *Chiba U.* / Gibbon • Burke.

6724. **Nakao, Yuichiro** 4-1-14 (A101) Mejiro, Toshima, 171-0031 Tokyo, Japan.

6725. **Nakashima, Hikaru** 5-3-2 Hino-Honmachi, Hino-shi, 191-0011 Tokyo, Japan. *Tokyo Medical and Dental U.* / Rousseau et le problème de l'écriture • Le roman.

6726. **Nakata, Ryoichi** 119 Minamienmachi Nishinokyo Nakagyoku, Kyoto 604-8464, Japan. *Kinran Junior C.* / Mechanics in the first half of the 18c (Daniel Bernoulli, Clairaut, d'Alembert and Euler). ✉ r-nakata@kinran.ac.jp

6727. **Nakatani, Takeo** 221-2-9-35, Otsubo-jutaku, Hachiman-cho, Tokushima-shi, 770 Tokushima, Japan. *Tokushima U.* / Adam Smith's theory of the state • Thomas Paine • Fiscal reform.

6728. **Nakaya, Toshihiro** 17-6 Haruyama-cho, Mizuho-ku, Nagoya-shi, 467-0024 Aichi, Japan. *Nanzan U.* / Economic theory • Adam Smith • Malthus.

6729. **Nakayama, Shokichi** 2-6 Goryo-Hirabayashi-cho, Yamashina-ku, Kyoto-shi, 607-8406 Kyoto, Japan.

6730. **Nakayama, Tadayuki** 127 Kami-Kitajima, Takaoka-shi, 933 Toyama, Japan. *Toyama Women's C.* / Adam Smith.

6731. **Nakayama, Tomoko** 4-5-15 Jigozen, Hatsukaichi-shi, 438-0042 Hiroshima, Japan. *Hiroshima U.* / Le théâtre français (Marivaux).

6732. **Nakazawa, Nobuhiko** c/o Mr Kurokawa, 43 Yoshidaizumidono-cho, Sakyo-ku, 606-8301 Kyoto, Japan. *Kansai U.* / Edmund Burke • Malthus • Poor Law.

6733. **Nalepa, Marek** Ul. Podwislocze 26 m.92, 35-310 Rzeszów, Poland. / Polish poetry, 1785-1830.

6734. **Nalyvaiko, Dmitro S.** Dept of Foreign Literature, Kiev Schevchenko University, 60 Volodymirska Str., 252017 Kiev, Ukraine. *U. of Kiev* / Ukrainian-Western European literary links.

6735. **Namowicz, Tadeusz** Ul. Kochanowskiego 42 m.6, 01-864 Warszawa, Poland. *U. of Warsaw* / German literature • German and Polish culture. ✉ tadnam@pan.pl

6736. **Nanba, Toshihiro** 1-24-13 Nagamori-Honmachi, Gifu-shi, 500-8228 Gifu, Japan. *Chukyo U.* / Jonathan Swift.

6737. **Nang, Mbol** Dépt de Langues, Section Philologie Hispanique, Université de Yaounde I, BP 47, Yaounde, Cameroun. *U. de Yaounde I* / Poésie espagnole.

6738. **Napoli, Maria Consiglia** Via Pirro Ligorio 20, 80129 Napoli, Italy.

6739. **Napolitano, Teresa** Viale Pastore 23, 84091 Battipaglia (SA), Italy. / Zibaldone de Leopardi • Musique.

6740. **Naragon, Steve** Dept of Religion and Philosophy, Manchester College, 604 East College Avenue, North Manchester, IN 46962, USA. *Manchester C.* / Professional life of Immanuel Kant • Nature and history of the university (Prussia) • Production and transmission of student lecture notes.
✉ ssnaragon@manchester.edu

6741. **Narain, Mona** Dept of English, Classics and Philosophy, University of Texas, 6900 North Loop 1604 West, HSS 4.03.16, San Antonio, TX 78249, USA. *U. of Texas (San Antonio).*
✉ mnarain@utsa.edu

6742. **Narrett, David** Dept of History, University of Texas, Box 19529, Arlington, TX 76019, USA. *U. of Texas (Arlington).*

6743. **Naruko, Hiroko** 3-3-16-203 Nishishiba, Kanazawa-ku, Yokohama-shi, 236-0017 Kanagawa, Japan. *Chuo U.* / Social and political theories • Rousseau.

6744. **Naschert, Guido** Orthstr. 4, 60385 Frankfurt/M., Germany. *U. Giessen.*

6745. **Nascimento, Maria** Rua Dr Ernani da Gama Correa 713, 05539-040 São Paulo, Brazil.

6746. **Nash, Richard** English Dept, Indiana University, Ballantine Hall, Bloomington, IN 47405-1000, USA. *Indiana U.*

6747. **Nason, Paola** Corso Trieste 55, 10024 Moncalieri (TO), Italy.

6748. **Nassiet, Michel** 21 avenue J.-M. de Heredia, 44300 Nantes, France. *U. de Nantes* / Anthropologie et démographie historiques de la noblesse (15s-18s) • La culture matérielle • Comportements et mentalités d'apres les sources criminelles.

6749. **Nastasi, Pietro Giovanni** Istituto di Geodesia, Via Archirafi 34, 90127 Palermo, Italy. *Istituto di Geodesia* / Introduction of Newtonian physics to southern Italy • Mathematics.

6750. **Natolevic, Constanze** Universität Münster, c/o Schulz, Berliner Str. 28, 33442 Herzebrock, Germany. *U. Münster* / Mozart • Opera • French Revolution • Freemasonry.

6751. **Natoli, Elvira S.** Viale S. Martino 273, 98100 Messina, Italy. *U. di Messina* / L'art à Messine • Les peintres siciliens.

6752. **Naudin, Pierre** 33 boulevard Rocheplatte, 45000 Orléans, France. / La pensée religieuse, morale et politique • Littérature et histoire des idées des mentalités • La solitude de l'aube des Lumières à la Révolution.

6753. **Naundorf, Gert** Leutfresserweg 32, 97082 Würzburg, Germany. *U. Würzburg.*

6754. **Nava Rodríguez, Teresa** Dept of History, Universidad Complutense, Ciudad Universitaria, 28040 Madrid, Spain. *U. Complutense* / Royal administration of finances (Spain and the rest of Europe) • Education of women (Spain).
✉ terenava@ghis.ucm.es

6755. **Navarro, Vicente León** Escultor Alfonso Gabino 3-6°, 46022 Valencia, Spain. / L'Eglise et la société.

6756. **Nebiolo, Elisabetta** Via Verdi 116, 15067 Novi Ligure (AL), Italy.

6757. **Necheles-Jansyn, Ruth** 70 Valentine St, Highland Park, NJ 08904, USA. / French religious history • L'abbé Grégoire • History of crime and law in France.

6758. **Nédélec, Claudine** 22 rue Linné, 75005 Paris, France. *U. de Rennes II* / Littérature burlesque et argotique.

6759. **Négrel, Eric** 2 rue Donnée, 69001 Lyon, France. / Marivaux et les modèles comiques contemporains, 1697-1762 • Histoire du théâtre, rhétorique et dramaturgie • Théâtre et politique (utopies théâtrales, théâtres de la Foire).
✉ enegrel@yahoo.fr

6760. **Negroni, Barbara de** 83 avenue Paul-Doumer, 75116 Paris, France. / Rousseau • Malesherbes • La censure • La tolérance.

6761. **Negruzzo, Simona** Via L. Da Vinci 4, 27035 Mede (PV), Italy.

6762. **Nehren, Birgit** Auf'm Hürter 8, 56299 Ochtendung, Germany. *U. Trier* / Reception of Kant in Berlin • Moses Mendelssohn.

6763. **Neklyudova, Maria** 6-1-108 Podolskikh kursantov, 113545 Moscow, Russia. *U. des sciences humaines* / Image of Russia from European perspective.

6764. **Nell, Sharon Diane** Dept of Classics, Modern Languages and Literature, Texas

Tech University, Box 2071, Lubbock, TX 79409-2071, USA. *Texas Tech U.* / France • Comédie-Française • Comédie-Italienne • Poetry • Le roman • Anglo-Irish literature • French literature • Sade • Rococo style.
☞ sharon.nell@ttu.edu

6765. **Nelson, Claire** First Floor Flat, 71 Perham Road, West Kensington, London, W14 9SP, UK. / British music • Social history • Aesthetics.

6766. **Nelson, Elizabeth** Dept of English, St Peter's College, Jersey City, NJ 07306, USA. *St Peter's C.* / Women novelists • Detective historical fiction.

6767. **Nelson, Herbert J.** Dept of Philosophy, Canisius College, Buffalo, NY 14208, USA. *Canisius C.* / Hume (philosophy of religion, sentiment and reason) • Kant on God.

6768. **Nelson, Ivan** 151 Annadale Flats, Belfast, BT7 3AY, UK.

6769. **Nelson, John Walter** 2057 Greentree Drive, Richmond, KY 40475-9625, USA. *Eastern Kentucky U.* / Johnson and his club • English poetry • History of ideas.

6770. **Nelson, Nathan H.** Humanities Dept, Evangel University, 111 N. Glenstone, Springfield, MO 65802 2191, USA. *Evangel U.* / Travel literature (maritime) • Literary illustration • English novel.

6771. **Nelson, Nicolas H.** 915 Lois Lane, Glenview, IL 60025, USA. / Butler's *Hudibras* • French literature in English • Matthew Prior.

6772. **Nelson, Philip Keith** Naverbacken 10, 61634 Aaby, Sweden. *Bradford U.*

6773. **Nelson, Phillip** Dept of French & Italian, Ohio State University, 1841 Millikin Rd, Columbus, OH 43210, USA. *Ohio State U.*

6774. **Nelson, Susan** 313 Norris Ct., Madison, WI 53703-1627, USA.

6775. **Nelson, T. G. A.** Dept of English, University of New England, Armidale, NSW 2351, Australia. *U. of New England* / The English novel and dramatic comedy.

6776. **Neman, Beth S.** Dept of English, Wilmington College, Wilmington, OH 45177, USA. *Wilmington C.* / Origin of the English novel • Defoe.

6777. **Nemanov, Ilya Natanovich** Dokutchaeva 8,3, 214000 Smolensk, Russia. *State Pedagogical U.* / Transition from the pre-industrial to the industrial epoch.
☞ rectorat@sci.smolensk.ru

6778. **Nenci, Chiara** Via A. Fratti 22, 56125 Pisa, Italy. *U. di Pisa* / Goethe and his circle in Rome: Angelica Kauffman; W. Tischbein • Painting and interior decoration in Italy from 1780 • Italian artists in Rome, 1780-1800 • Foreign buyers of Italian art.

6779. **Nenon, Monika** Foreign Languages & Literature, University of Memphis, Memphis, TN 38152 0001, USA. *U. of Memphis* / Sophie von La Roche • Wieland.

6780. **Nerlich, Michael** Innsbruckerstr., 10825 Berlin, Germany.

6781. **Nerozzi Bellman, Patrizia** Via Desiderio 12, 20131 Milano, Italy. *U. di Milano* / Gothic novel • Theory of the novel • Richardson.

6782. **Nery, Julia** Viv. Pedra Bonita, Murches, 2750 Cascais, Portugal.

6783. **Nessheim, Ellen** Ridderkleiva 91, 1386 Asker, Norway. *U. i Oslo* / J. N. Bruns.
☞ ellen.nessheim@ibsen.uio.no

6784. **Nestor, Deborah** 1217 Woodland Crecent, Fairmont, WV 26554-1419, USA. *U.C.L.A.*

6785. **Nestorescu, Andrei** Institut d'histoire et de théorie littéraire, Str. 13 Septembrie 13, 76117 Bucuresti, Romania. *Institut d'histoire et de théorie littéraire* / Traductions roumaines de la littérature française des Lumières (influence sur la dramaturgie roumaine).

6786. **Nesvet, Rebecca** Dept of English, University of Wales, Hugh Owen Building, Aberystwyth, Ceredigion SY23 3BY, UK. *U. of Wales.*

6787. **Nethersole, Reingard** Dept of Comparative Literature, University of Witwatersrand, 2050 Wits, South Africa. *U. of Witwatersrand* / Rousseau • Enlightenment images of African 'others' • Enlightenment and bourgeois constructions of self.

6788. **Netillard, Claire** 77 rue de la Fosse aux Moines, 95230 Soisy-sous-Montmorency, France.

6789. **Nettum, Rolf N.** Hans Øverlandsv. 12c, 1363 Høvik, Norway.

6790. **Netzle, Simon** Gerhaldenstr. 45, 9008 St Gallen, Switzerland. / American War of Independance • Switzerland • Enlightenment (concept) • Political history • Republicanism • Relations between Switzerland and the United States.
☞ simon.netzle@bluewin.ch

6791. **Neubauer, Barbara** Bundesdenkmalamt, Hofburg/Säulenstiege, 1010 Wien, Austria.

6792. **Neubauer, John** Institute for General Literary Studies, Universiteit van Amsterdam, Spuistraat 210, 1012 VT Amsterdam, Netherlands. *U. van Amsterdam* / Relations between the arts • Narrative perspectives • Literature and science.

6793. **Neubauer, Jürgen** Schweidnitzstr. 14, 38124 Braunschweig, Germany. / Lower Saxony.

6794. **Neuenschwander, Marc A.** Boulevard des Philosophes 13, 1205 Genève, Switzerland.

6795. **Neugebauer, Wolfgang** Prinzregentenstr. 53, 10715 Berlin, Germany.

6796. **Neugebauer-Wölk, Monika** Institut für Geschichte, Fachbereich Geschichte, Philosophie und Sozialwissenschaften, Martin-Luther-Universität Halle-Wittenberg, Kröllwitzer Str. 44, D-06099 Halle, Germany. *Martin-Luther-U. Halle-Wittenberg* / Early modern esotericism.
✉ lattke@geschichte.uni-halle.de

6797. **Neuman, Robert** Art History Dept, Florida State University, Tallahassee, FL 32306 1151, USA. *Florida State U.* / French architecture • The 'fête galante' in painting and literature • European textiles • French rococo painters and etchers • Italian ceiling painting.

6798. **Neumann, Victor** Str. Stadion 6, apt 9, 1900 Timisoara, Romania. *U. Timisoara* / Relations culturelles en Europe centrale-sud-orientale • 'Homo Europaeus' (Renaissance-Lumières) • Histoire des Juifs du centre et du sud-est européen.

6799. **Neuss, Raimund** Boisseréestr. 4, 50674 Köln, Germany. *Kölnische Rundschau* / Lessing • J. M. R. Lenz • Drama and dramatic theory.

6800. **Neves, Guilherme Pereira das** Rua Pinheiro Guimarães, 149 / 149, 22281-080 Rio de Janeiro, Brazil. / Pouvoir et culture • Brésil et Portugal • L'indépendence du Brésil • Colonisation • Religiosité populaire.
✉ guilherme@historia.uff.br

6801. **Neves, Lúcia Maria Bastos Pereira** Rua Pinheiro Guimarães, 149 casa, 22281-080 Rio de Janeiro, Brazil. / Histoire du Brésil • Histoire de la culture politique • Le Portugal et le Brésil • Le Brésil et la France.
✉ lbbrastos@uerj.br

6802. **Neves, Rogélia** Rua Conde Redondo, 80, 3ª E, 1150 Lisboa, Portugal. / Franco-Portuguese cultural relations.

6803. **Neveu, Bruno** 30 rue Jacob, 75006 Paris, France. *Ecole pratique des hautes études* / Mythes historiographiques et savoir ecclésiastique, 1676-1725.

6804. **New, Melvyn** Dept of English, University of Florida, Dept of English Box 117310, Gainesville, FL 32611, USA. *U. of Florida (Gainesville)* / Neoplatonic thought and the novel • Sterne's letters, miscellanies • Richardson (*Sir Charles Grandison*).
✉ mnew@english.ufl.edu

6805. **Ní Dhonnchadha, Máirín** Scoil na Gaeilge, Coláiste na hOllscoile, Gaillimh, Ireland. *C. na h-Ollscoile* / Gaelic poetry (Ireland and Scotland).
✉ mairin.nidhonnchadha@nuigalway.ie

6806. **Nibelius, Folke** Fleminggatan 27 V, 5 tr, 11226 Stockholm, Sweden. / Lord Bolingbroke's historical culture.

6807. **Niblett, Matthew I.** Dept of Modern History, Keble College, Parks Road, Oxford, OX1 3PG, UK. *U. of Oxford* / American War of Independance • French Revolution • Seven Years' War • Britain • British colonies (East India Company) • Religion in Britain (Anglicanism, Unitarianism, Baptists, Christian schools) • Romanticism.
✉ matthew.niblett@keble.ox.ac.uk

6808. **Nic Einri, Úna** Roinn na Gaeilge, Coláiste Mhuire gan Smál, Ollscoil Luimnigh, Luimneach, Ireland. *C. Mhuire gan Smál.*

6809. **Nic Eoin, Máirín** Coláiste Phádraig, Droim Conrach, Baile Atha Cliath 9, Ireland. *C. Phádraig.*

6810. **Nicastro, Guido** Via Escuriales 34, 95041 Caltagirone (CT), Italy. *U. di Catania* / Goldoni and European theatre.

6811. **Nichol, Donald W.** Dept of English, Memorial University of Newfoundland, Elizabeth Avenue, St John's, NF A1C 5S7, Canada. *Memorial U. of Newfoundland* / Book trade (Arthur Murphy, copyright) • English and Scottish writers, editors and booksellers • Pope, Warburton and the Knaptons • Wilkes.
✉ dnichol@mun.ca

6812. **Nicholls, G.** Samuel Johnson Birthplace Museum, Breadmarket St, Lichfield, Staffs, WS13 6LG, UK. *Samuel Johnson Birthplace Museum* / Samuel Johnson.

6813. **Nicholson, Anita** Villanova University, 45 Prospect Avenue, apt 2B, Bryn Mawr, PA 19010, USA. *Villanova U.*

6814. **Nicholson, Colin** Dept of English, University of Edinburgh, George Square, Edinburgh, EH8 9JX, UK. *U. of Edinburgh* / Politics and literature.

6815. **Nicholson, Eirwen E. C.** Beech Cottage, Main St, Ormiston, East Lothian EH35 5HT, UK. *St Paul's School* / England, 1660-1830 • The Church of England • Political images in the media • Jacobitism.

6816. **Nicholson, Kathleen** Research & Education Dept, Getty Research Institute, 1200 Getty Center Drive, Suite 700, Los Angeles, CA 90049-1684, USA. *Getty Research Institute.*

6817. **Nicholson, Robin** Beech Cottage, Main St, Ormiston, East Lothian EH35 5HT, UK. *Drambuie Collection* / Jacobite art and portraiture • Scottish art.

6818. **Nichyk, Valeria M.** 41 I. Kudri Str., apt 3, 252042 Kiev, Ukraine. *Ukrainian Academy of Sciences* / Philosophical thinking in Ukraine.

6819. **Niciu, Monica** Str. Pavlov 41 A, 3400 Cluj-Napoca, Romania. *U. Cluj-Napoca* / La rhétorique (théâtrale, juridique) • Voltaire: *Traité sur la tolérance.*

6820. **Nickel, Karl-Heinz** Grüner Waldweg 64, 34121 Kassel, Germany. *U. Kassel* / Literary societies (Germany) • Rhetoric.

6821. **Nickel, Terri L.** 949 High St, Bath, ME 04530, USA. / Relation between material culture and the novel.
✉ tnickel@bowdoin.edu

6822. **Nicklas, Pascal** Winsstr. 31, 10405 Berlin, Germany. *U. Leipzig* / British prose • Comparative literature.

6823. **Nicolas, Jean Lucien** 2 Cité du Couvent, 75011 Paris, France. / Le conflit • L'énergétique prérévolutionnaire.

6824. **Nicolas-Lelievre, Claire** 37 rue Vaneau, 75007 Paris, France. / Marat et les arts • Livrets d'opéra • De Lodoïska de Cherubini et Kreutzer à Fidelio de Beethoven.

6825. **Nicoletti, Giuseppe** Via Masaccio 181, 50132 Firenze, Italy. *U. di Firenze* / Tuscan papers of F. Galiani • Italy.

6826. **Niderst, Alain** 40 boulevard de la Bastille, 75012 Paris, France. *U. de Rouen* / Fontelle and the history of ideas.

6827. **Niedda, Daniele** Viale Beata Verg. Carmelo 97/D, 00144 Roma, Italy. *U. della Tuscia* / Addison, Burke, Smith • Aesthetics • Philosophy of language and linguistics • Beckford • Travel literature.

6828. **Niederhoff, Burkhard** Englisches Seminar, Universität Bonn, Regina-Pacis-Weg, 53113 Bonn, Germany. *U. Bonn.*

6829. **Nielsen, Erik A.** Institut for Nordisk Filologi, KUA, Njalsgade 80, 2300 København S, Denmark. *KUA.*

6830. **Nieman, Raquel** Mendoza 4705, 4000 San Miguel de Tucumán, Argentina. *U. Tucumán* / L'idée de tolérance chez Locke et Voltaire.
✉ rnieman@tucbbs.com.ar

6831. **Niemann, Carsten** Liselotte-Herrmann-Str. 10, 10407 Berlin, Germany. *Freie U. Berlin* / Music in the duchy of Brunswick-Luneburg • Opera acting.

6832. **Niemeijer, J. W.** De Erven 26, 1151 AT Broek in Waterland, Netherlands. / Visual arts.

6833. **Niemeyer, Joachim** Goethestr. 18, 76532 Baden-Baden, Germany. *Wehrgeschichtliches Museum (Rastatt)* / Standing armies (Waldeck, Britain) • Absolutism, coalitions and political-military leadership.

6834. **Niestroj, Brigitte H. E.** Fuggerstr. 4, 10777 Berlin, Germany. *Freie U. Berlin* / Childhood • Developmental psychology: beginnings.

6835. **Niet, M. C. de** Langeland 30, 2548 WE Den Haag, Netherlands. *Koninklijke Bibliotheek* / Dutch almanacs • Dutch learned societies • Arend Fokke Simonsz • Jacob Campo Weyerman.

6836. **Niethammer, Ortrun** FB Sprach- und Literaturwissenschaft, Universität Osnabrück, Neuer Graben 40, 49069 Osnabrück, Germany. *U. Osnabrück.*

6837. **Nieto Fernández, Natividad** Marcelino Suárez 14, 4°B, 33012 Oviedo, Spain. / Littérature 'costumbriste'.

6838. **Nieuweboer, E. C. J.** Pr. Mariannelaan 37, 2275 BA Voorburg, Netherlands. / Dutch translations of popular fiction: theory and practice • Dutch occasional poetry.

6839. **Nieuwenhuis, Th. H. F. M.** Roerstraat 88-hs, 1078 LT Amsterdam, Netherlands. *U. van Amsterdam* / Medical history (surgeons, midwives and male midwives in Amsterdam) • Patriot movement and Batavian Revolution in Holland.

6840. **Niggl, Günter** Universität Eichstätt, Universitätsallee 1, 85072 Eichstätt, Germany. *U. Eichstätt* / L'autobiographie en Allemagne • Littérature classique d'Allemagne.

6841. **Niikura, Takuo** 1-17-21-502 Imaizumi, Chuo-ku, Fukuoka-shi, 810-0021 Fukuoka, Japan. / Financial policies of the feudal lords of the late Edo era in Japan.

6842. **Niimi, Hatsuko** 2-23-3 Kasuga-cho, Nerima-ku, 179-0074 Tokyo, Japan. *Japan Women's U.* / English Romanticism • British art • Women poets.

6843. **Nijenhuis, Ida J. A.** Instituut voor Nederlandse Geschiedenis/Institute of Netherlands History, P.O. Box 90755, 2509 LT Den Haag, Netherlands. *Instituut voor Nederlandse Geschiedenis* / Dutch political economy • Reception of physiocracy in the Netherlands.
✉ ida.nijenhuis@inghist.nl

6844. **Nikitina, Alla** Ul. Prajskaia, 3, 21, 192238 St Petersburg, Russia. / N. A. Lvov et son cercle.

6845. **Niklaus, Robert** 17 Elm Grove Road, Topsham, Exeter, EX3 0EQ, UK. *U. of Exeter* / Diderot's philosophical ideas • Voltaire (*Eriphyle*, *Sémiramis*, *Les Scythes*) • Voltaire and English thought • Condorcet • Beaumarchais.

6846. **Nikolaisen, Nina Sonne** Norgaardsvej 6a st.th., 2800 Lyngby, Denmark. *Københavns U.*
✉ ninasonne@hotmail.com

6847. **Nikolova, Julia** University of Plovdiv, 24 Tsar Assen St, Plovdiv 4000, Bulgaria. *U. of Plovdiv.*

6848. **Nilova, Olga** Bobrouiskaia ul., 18, 3, 146, 121359 Moscow, Russia. *Académie des sciences de Russie* / Marchands russes.

6849. **Nilsson, Ann-Marie** Döbelnsgatan 1 B, 75237 Uppsala, Sweden. *Uppsala U.* / Wind music ensembles: repertory, instruments, social status.

6850. **Nilsson, Bengt** Linköpings universitetsbibliotek, Linköpings Universitet, 581 83 Linköping, Sweden. *Linköpings U.*

6851. **Nilsson, Sten Åke** Box 117, 22100 Lund, Sweden. *Lunds U.* / Art and architecture in Sweden, Europe and India.

6852. **Nilzén, Göran** Svenskt biografiskt lexikon, Box 125 36, 102 29 Stockholm, Sweden. *Svenskt biografiskt lexikon* / Parties, parliamentary practice and parliamentary ideas during Sweden's age of liberty.

6853. **Nisbet, Hugh Barr** Dept of German, Sidney Sussex College, Cambridge, CB5 0HT, UK. *U. of Cambridge* / The Classical Tradition: history of ideas • Lessing • Herder • Goethe.

6854. **Nishida, Hiroko** 4-15-10 Takanawa, Minato-ku, 108 Tokyo, Japan. *Nezu Institute of Fine Arts* / Chinese export porcelain.

6855. **Nishijima, Hoyu** 346-28 Nimori, Ogori-shi, 838-0126 Fukuoka, Japan.

6856. **Nishijima, Kosuke** 7-23-12 Nanakuma, Jonan-ku, Fukuoka-shi, 814-0133 Fukuoka, Japan. *Seinan Gakuin U.* / Rousseau (influence sur la Révolution française).

6857. **Nishijima, Noritomo** 346-28 Futamori, Ogori-shi, 838-0126 Fukuoka, Japan. *Kurume U.* / Rousseau (théorie du droit naturel, de la souveraineté et de la liberté).

6858. **Nishikawa, Nagao** 75 Jodoji-Shimo-Banba-cho, Sakyo-ku, Kyoto-shi, 606-8413 Kyoto, Japan. *Ritsumeikan U.* / Vision du monde chez les écrivains français.

6859. **Nishikawa, Sugiko** 4-18-9 Kirigaoka, Midori-ku, Yokohama-shi, 226-0016 Kanagawa, Japan. *University C.* / British history.

6860. **Nishimura, Atsuo** 3-5 Arashiyama-Yamada-cho, Nishikyo-ku, Kyoto-shi, 616 Kyoto, Japan. / La cuisine française.

6861. **Nishiyama, Toru** 4-20-34-303, Haraojima, Okayama 703-8325, Japan.

6862. **Nisser-Dalman, Margareta** Ringgatan 3, 752 17 Uppsala, Sweden.

6863. **Nitschke, Peter** Driverstr. 22, 49377 Vechta, Germany. *U. of Vechta* / Political ideas and political theory • Leibniz • Rousseau • Kant.
✉ peter.nitschke@uni-vechta.de

6864. **Niu, Guanjie** Institute of Qing History, Renmin University of China, 100872 Beijing, China. *Renmin U. of China* / China: Qing history.

6865. **Niu, Xinzhe** Institute of Qing History, Renmin University of China, 100872 Beijing, China. *Renmin U. of China* / China: Qing history.

6866. **Niubó, Marc** Sárecká 57, 160 00 Praha 6, Czech Republic. *National Library of Czech Republic* / Central Europe • Italy • Spain • Music • Opera.
✉ czech.music@centrum.cz

6867. **Nivelle, Armand** Puy de Corn, 46100 Figeac, France. / Poétique • Argumentation littéraire.

6868. **Nixon, Cheryl L.** Dept of English, University of Massachusetts, 100 Morrissey Boulevard, Boston, MA 02125, USA. *U. of Massachusetts (Boston)* / The surrogate family (orphans, wards, guardians) • Relation between the novel's 'fictional' representation of surrogacy and the law's 'factual' regulation of surrogacy.
✉ cheryl.nixon@umb.edu

6869. **Nizynska, Joanna** 667 South June St, Los Angeles, CA 90005, USA. *U.C.L.A.* / Polish novelists • Loyalty and political ideology.

6870. **Noble, Yvonne** 53 New Dover Road, Canterbury, CT1 3DP, UK. / John Gay • Images of women and plants/gardens • The gendering and imagery of honeybees • Anne Finch, countess of Winchelsea.
✉ yn@noblesse.demon.co.uk

6871. **Noel, Charles C.** 14 Old Devonshire Rd, Balham, London, SW12 9RB, UK. / Spanish Enlightenment • Court and culture in Spain, 1750-1800.

6872. **Noel, Jacques-Paul** 24 rue de l'Oasis, 92800 Puteaux, France.

6873. **Noflatscher, Heinz** Rettenbergstr. 4, 6111 Volders, Austria.

6874. **Noguchi, Eiko** 32-211 Higashi-Tenno-cho, Okazaki, Sakyo-ku, Kyoto-shi, 606 Kyoto, Japan. *Kwansei Gakuin U.* / Fine arts and aesthetics in France.

6875. **Noguchi, Kaoru** 3-36-1-301 Nishi-Tsutsujigaoka, Chofu-shi, 182-0006 Tokyo, Japan. *Chuo U.* / Ecrits esthétiques de K. P. Moritz.

6876. **Noguchi, Takehiko** 3-12-3 Oosumi-gaoka, Tanabe-cho, Tsuzuki-gun, 610-0351 Kyoto, Japan. *Doshisha U.* / The English novel • Great Britain.

6877. **Noirfontaine, Françoise de** 25 boulevard Garibaldi, 75015 Paris, France. *C.N.R.S. (Paris)* / La querelle janséniste à Paris.

6878. **Nøjgaard, Morten** Center for Fransk-Italiensk, Odense Universitet, Campusvej 55, 5230 Odense, Denmark. *Odense U.*

6879. **Nokes, David** King's College, University of London, Strand, London, WC2R 2LS, UK. *U. of London* / The Scriblerus Club • Satire, 1660-1745.

6880. **Nolan, Emer** Dept of English, St Patrick's College, Maynooth, County Kildare, Ireland. *St Patrick's C.* / Swift • Irish literature.

6881. **Nolin, Catharina** Stopvägen 58, 168 35 Bromma, Sweden. *Stockholms U.* / Gardens, designed landscapes and public parks • Design, and function of public parks in Sweden.
✉ nolin.catharina@telia.com

6882. **Nölke, Stefan** Gartenstr. 11, 36179 Bebra-Weiterode, Germany. *U. Mainz* / 18c discussion of 'Les lois fondamentales'.

6883. **Nollert, Hans Rudolf** Dept of Modern Languages and Literature, University of Central Oklahoma, 100 North University Drive, Edmond 73034, OK, USA. *U. of Central Oklahoma* / Contests of authority and influence.
✉ hnollert@ucok.edu

6884. **Nollet, Raymonde** 11D allée d'honneur, 92330 Sceaux, France.

6885. **Noly, Michel** 1 rue Turbil, 69003 Lyon, France. / Europe orientale: Pologne, Lituanie, Russie, Hongrie, Transylvanie.

6886. **Nomi, Tatsuo** 3-10-22 Hitsugaoka, Matsue-shi, 690-0862 Shimane, Japan. *Shimane U.* / Laurence Sterne.

6887. **Nonaka, Kuniko** 3-11-25-303 Takanawa, Minato-ku, 108 Tokyo, Japan. / Shaker furniture in America.

6888. **Noordegraaf, J.** Juweelstraat 81, 2403 BK Alphen aan den Rijn, Netherlands.

6889. **Norci Cagiano de Azevedo, Letizia** Via della Vetrina 5, 00186 Roma, Italy. *U. di Roma III* / Voyageurs français en Italie • Influence de l'antiquité sur la culture française • Voltaire et l'exotisme • Winckelmann en France.
✉ norci@uniroma.it

6890. **Nordal, Gudrún** Smáragötu 7, 101 Reykjavík, Iceland.

6891. **Nordal, Jóhannes** Laugarásvegi 11, 104 Reykjavík, Iceland.

6892. **Nordin, Jonas** Dept of History, Stockholms Universitet, Universitetsvägen 10 D, 106 91 Stockholm, Sweden. *Stockholms U.* / Monarchy (symbolic function, meaning and representation) • Identity and national consciousness before nationalism.
✉ jonas.nordin@historia.su.se

6893. **Nordin Hennel, Ingeborg** Rehnsgatan 19, 113 57 Stockholm, Sweden.

6894. **Nordius, Janina** Dept of English, Göteborgs Universitet, Renströmsgatan 6, Box 200, SE 405 30 Göteborg, Sweden.

Göteborgs U. / English and American colonial literature • The gothic novel.
✉ janina.nordius@eng.gu.se

6895. **Nordøy, Lisbeth Stina** Petersborggata 65, 9009 Tromsø, Norway.

6896. **Norkowska, Aleksandra** Ul. Slowianska 23 m.136, 85-163 Bydgoszcz, Poland. *Higher School of Pedagogics (Bydgoszcz)* / Stanislaw Poniatowski dans la poésie de circonstance.
✉ dorotarybicka@wp.pl

6897. **Norlander, Sabrina Eva Maria** Maria Prästgardsgatan, 11852 Stockholm, Sweden. *Uppsala U.* / Construction of social and gender identities from ancient mythology.

6898. **Norman, Brian** Shreives Oak, 16 Medway Rd, Gillingham, Kent ME7 1NH, UK. / Edward Gibbon.

6899. **Norman, David** 110 Prospect Park West No. 4, Brooklyn, NY 11215-3710, USA.

6900. **Norman, Hans** Historiska institutionen, St Larsgatan 2, 753 10 Uppsala, Sweden. *Historiska institutionen.*
✉ hans.norman@hist.uu.se

6901. **Norrback, Märtha** Mechelingatan 2 A 5, 00100 Helsinki, Finland. *Helsinki U.* / Le lectorat féminin (livres pour femmes, traités d'éducation) • Salons.
✉ martha.norrback@helsinki.fi

6902. **Norris, Elaine** 8 Elm Avenue, Homer, NY 13077-1108, USA.

6903. **Nort, Antoinette** 14 rue des Carrouges, 93130 Noisy-le-Sec, France. / Les architectes utopistes au tournant des Lumières.

6904. **Nörtemann, Regina** Maybachufer 26, 12047 Berlin, Germany. / Correspondence between A. L. Karsch and J. W. L. Gleim • Reception of European Rococo in 20c German literature.

6905. **Northeast, Catherine M.** Fenagh, Clay Lane, Beenham Village, Reading, RG7 5PD, UK. / French Enlightenment • History of religion.

6906. **Norton, Brian** 23 North Ferry St, Schenectady, NY 12305-1608, USA.

6907. **Norwood, Lisa West** 425 46th St, Des Moines, IA 82541, USA.

6908. **Nosbaum, Nathalie** 15 rue Raspail, 92270 Bois-Colombes, France. *U. de Lille III* / Le roman français entre Challe et Sade.

6909. **Novak, Matthew Stephen** Dept of English, California Polytechnic State University, 1 Grand Avenue, San Luis Obispo, CA 93407, USA. *California Polytechnic State U.* / English Restoration • French Revolution • Seven Years' War • America • Jesuits • Painting • Theatre • Aristotelianism • English thought • British Enlightenment • Travel literature • English language • Anglo-Irish literature.
✉ mnovak@calpoly.edu

6910. **Novak, Maximillian E.** Dept of English, University of California, 2225 Rolfe Hall, Box 951530, Los Angeles, CA 90095-1530, USA. *U.C.L.A.* / The novel and drama • Dryden, Congreve, Defoe.
✉ novak@humnet.ucla.edu

6911. **Nováková, Sona** Jablonecká 415, 190 00 Praha 9, Czech Republic. *U. Karlova* / Literature (fiction, novel) • Women's writing, 1660-1800 • Cultural history.
✉ sona.novakova@ff.cuni.cz

6912. **November, Nancy** Cornell University, 222 University Avenue #3, Ithaca, NY 14850, USA. *Cornell U.*

6913. **Novinsky, Anita Waingort** Escocia 217, 8th fl., 01450000 São Paulo, Brazil. *U. of São Paulo* / Toleration (Brazil) • Portuguese 'New Christians'.
✉ anitano@terra.com.br

6914. **Novotny, Miroslav** Dept of History, University of Ceské Budejovice, Jeronymova 10, 371 15 Ceské Budejovice, Czech Republic. *U. Ceské Budejovice* / Education • Church history (Roman Catholic orders in South Bohemia) • Regional history (Bohemia).
✉ mnovotny@pf.jcu.cz

6915. **Nowicki, Wojciech** Ul. Kawaleryjska 8/4, 20-522 Lublin, Poland. *U. Marie Curie-Sklodowskiej* / English and European novel • Narrative and literary theory • Cervantes • Quixotic fictions • William Hogarth.

6916. **Noyes, C. E.** 130 Leighton Rd, Oxford, MS 3865502919, USA. *U. of Mississippi.*

6917. **Nübel, Birgit** Annastr. 40, 45130 Essen, Germany. *U.-Gesamthochschule Kassel* / Aesthetic theory: Gottsched to Schiller • K. P. Moritz; Knigge • Genre theory: diaries, autobiography, Bildungsroman • Robert Musil: essays.

6918. **Nuel, Martine** 44 allée du Châtaignier, 42350 La Talaudiere, France.

6919. **Nuez Caballero, Sebastian de la** Avenida de la Universidad 30, 38208 La Laguna, Spain. / Périodiques.

6920. **Nugel, Bernfried** Englisches Seminar, Universität Münster, Johannisstr. 12-20, 48143 Münster, Germany. *U. Münster* / Théorie de littérature • Littérature et théorie de l'art • La notion de structure • Le roman anglais • Satire anglaise • Réception anglaise d'Horace.

6921. **Nunes, Clare H.** 97 Brattle St, Cambridge, MA 02138 3402, USA.

6922. **Nuovo, Angela** Corso di Porta Nuova 34, 20121 Milano, Italy. / Histoire des bibliothèques italiennes.

6923. **Nuovo, Victor L.** P.O. Box 1113, Middlebury, VT 05753 5113, USA. / Early modern philosophy and theology • John Locke.
✉ nuovo@middleburg.edu

6924. **Nurmiainen, Jouko** Dept of History, P.O. Box 59, University of Helsinki 00014, Finland. *Helsinki U.* / Swedish economic policy (bourgeois estate).
✉ jouko.nurmiainen@helsinki.fi

6925. **Nussbaum, Felicity** English Dept, University of California, Box 951530, Los Angeles, CA 90095, USA. *U.C.L.A.* / Autobiography • Women's writing • Empire and race • Johnson and Boswell.

6926. **Nuzzo, Enrico** Piazza Portarotese 18, 84125 Salerno, Italy. *U. di Salerno* / Vico and the cultural and philosophical Neapolitan tradition • The origins of historicism in the modern age • Saint-Evremond and French and English libertins and moralists.
✉ enrico.nuzzo@libero.it

6927. **Nybakken, Elizabeth** 7607 Nancy Drive, Norfolk 23518, VA, USA. *Mississippi State U.* / American women and family • British Enlightenment, education and religion.
✉ ean1@ra.msstate.edu

6928. **Nyberg, Folke** Alexandersgatan 9 A 3, 06100 Borgå, Finland.

6929. **Nyberg, Kenneth** Riksdalersgatan 1 A, 414 81 Göteborg, Sweden.

6930. **Nye, Edward M. J.** Lincoln College, Turl St, Oxford, OX1 3DR, UK. *U. of Oxford* / Aesthetics, language theories, literary theories and dance.
✉ edward.nye@lincoln.ox.ac.uk

6931. **Nygaard, Erik** Arkitektskolen i Århus, Nørreport 20, 8000 Århus C, Denmark. *Arkitektskolen i Aarhus.*

6932. **Nygaard, Loisa** Crown College, University of California, Santa Cruz, CA 95064, USA. *U. of California.*

6933. **Nyrnes, Aslaug** Avd. for lærerutd., Høgskolen i Bergen, Postboks 7030, Nygårdsgt 112, 5020 Bergen, Norway. *Høgskolen i Bergen.*

6934. **Nyström, Eva** Bäverns gränd 18 B, 753 19 Uppsala, Sweden. *Uppsala U.* / Linnaean correspondence • Boerhaave and Sweden.
✉ eva.nystrom@idehist.uu.se

6935. **Ó Buachalla, Breandán** 33 Cnoc na Sí, An Charraig Dhubh, Co. Átha Cliath, Ireland. *University C. Dublin* / Ideology and cultural history • Messianism and millenialism • The rhetoric of Jacobitism.

6936. **Ó Catháin, Diarmaid** 27-29 Washington St, Cork, Ireland.

6937. **O Ciosáin, Éamon** Dept of French, National University of Ireland, Maynooth, Ireland. *National U. of Ireland (Maynooth)* / Irish migration to France and Europe (representation in French and Breton texts).
✉ eamon.ociosain@may.ie

6938. **Ó Conaill, Colm** Centre for Irish-Scottish Studies, Dept of Modern History, Trinity College, Dublin 2, Ireland. *Trinity C. Dublin* / Divorce in Revolutionary France (1789-1802) • Irish regiments in French service • Military migration and the experience of the Irish in France.
✉ oconailc@tcd.ie

6939. **Ó Concheanainn, Tomás** 2 Valley View, Deilgne, Co. Chill Mhaintain, Ireland.

6940. **Ó Conluain, Proinsias** 75 Páirc an Fhraoich, Cluain Tarbh, Baile Átha Cliath 3, Ireland. / Ireland: history, language and literature • Local history (Ulster Blackwater basin).

6941. **Ó Corráin, Donncha** Dept of History, University College, Cork, Ireland. *University C. Cork* / Irish-language literature (poetry) • Ireland.

6942. **Ó Gráda, Diarmuid** 16 Louvain, Roebuck Road, Dublin 14, Ireland.

6943. **Ó hIfearnáin, Tadhg** Dept of Languages and Cultural Studies, University of Limerick, Limerick, Ireland. *U. of Limerick* / Republic • Canada • Ireland • Scotland • Celticism • Jacobitism • Romanticism • Gaelic language • Catholicism • Emigration • Immigration.
✉ tadhg.ohifearnain@ul.ie

6944. **Ó Labhraí, Joe** Dept of Irish, St Mary's University College, 191 Falls Road, Belfast, BT12 6FE, UK. *St Mary's U. C.* / Gaelic language • Irish literature • Catholicism •

Irish sermon literature • Irish devotional texts • Irish dialectal texts.
✉ j.olabhrai@stmarys-belfast.ac.uk

6945. **Ó Labhraí, Seosamh** 36 Brookhill, Derry, BT48 8PJ, UK. *St Mary's C. (Belfast)* / Historical linguistics • Irish dialects • Sermon literature • Textual analysis.

6946. **Ó Muirithe, Diarmuid** Dept of Modern Irish, University College Dublin, Belfield, Dublin 4, Ireland. *University C. Dublin.*

6947. **Ó Murchú, Giollamuire** 40 Céide Bréanainn, An Chúlóg, Baile Atha Cliath 5, Ireland. / Architectural history • Urban cultural geography • Art history (sculpture) • Genealogy, social history.

6948. **O'Brien, Conor** Annacurr, Aughrim, Arklow, Co. Wicklow, Ireland.

6949. **O'Brien, David Joseph** Dept of Art and Design, University of Illinois, 143 Art and Design Building, Champaign, IL 61820, USA. *U. of Illinois (Urbana)* / French Revolution • France • Painting • Jacques-Louis David.
✉ obrien1@uiuc.edu

6950. **O'Brien, John** Dept of English, University of Virginia, 219 Bryan Hall, Charlottesville, VA 22903, USA. *U. of Virginia.*

6951. **O'Brien, Karen E.** Dept of English Literature, University of Warwick, Coventry, CV4 7AL, UK. *U. of Warwick* / Historical writing.

6952. **O'Brien, Sheila M.** Williamstown House, Carbury, Co. Kildare, Ireland.

6953. **O'Byrne, Alison Frances** 111 Park St 2, Ridley Park, PA 19078, USA. *U. of York* / London • Politeness • Print culture.
✉ afob100@york.ac.uk

6954. **O'Connor, John T.** Dept of History, University of New Orleans, New Orleans, LA 70148 0001, USA. *U. of New Orleans.*

6955. **O'Connor, Thomas G.** Dept of History, National University of Ireland, Maynooth, C. Kildare, Ireland. *National U. of Ireland (Maynooth)* / French intellectual life in the early 18c (religion and politics) • Gallican Church • Irish migrants.

6956. **O'Dea, Michael** Université Lyon II, Dépt des Lettres Modernes, 18 quai Claude Bernard, 69365 Lyon, France. *U. de Lyon II* / Music • L'*Encyclopédie* • Diderot • Rousseau.
✉ michael.odea@univ-lyon2.fr

6957. **O'Donnell, John** Rathmore, Ballymahon, Co. Longford, Ireland.

6958. **O'Donnell, Katherine** WERRC, Arts Annexe, University College, Dublin, Ireland. *University C. Dublin* / The Gaelic background of Edmund Burke • History of sexuality • Anglo-Irish and Gaelic literature and culture • Feminist and postcolonial theory.
✉ katherine.odonnell@ucd.ie

6959. **O'Donnell, Mary Ann** Manhattan College, Manhattan College Parkway, Bronx, NY 10471, USA. *Manhattan C.* / England • English literature • Aphra Behn • Bibliography; 17c verse.
✉ maryann.odonnell@manhattan.edu

6960. **O'Driscoll, Sally** Dept of English, Fairfield University, North Benson Road, Fairfield, CT 06430, USA. *Fairfield U.* / History of the novel • feminist thought • cultural studies • sexuality studies.
✉ sodriscoll@fair1.fairfield.edu

6961. **O'Ferrall, Fergus** 14 Glen Avenue, The Park, Cabinteely, Dublin 18, Ireland.

6962. **O'Flaherty, Eamon** Dept of Modern History, University College, Belfield, Dublin 4, Ireland. *University C. Dublin.*

6963. **O'Gorman, F.** Dept of History, University of Manchester, Manchester, M13 9PL, UK. *U. of Manchester* / Britain, 1688-1832 (popular politics, ritual, loyalism).

6964. **O'Háinle, Cathal** Dept of Irish, Trinity College, Dublin 2, Ireland. *Trinity C. Dublin* / Seán O Neachtain, Scríbhneoir.

6965. **O'Halloran, Clare** Dept of History, National University of Ireland, Tyrconnell, Perrott Avenue, Cork, Ireland. *National U. of Ireland (Cork)* / Irish and Scottish versions of the remote past, and the impact on them of Enlightenment and cultural trends such as primitivism and orientalism.
✉ c.ohalloran@ucc.ie

6966. **O'Hara, James G.** Leibniz-Archiv, Niedersächsische Landesbibliothek Hannover, Waterloostr. 8, 30169 Hannover, Germany. *Niedersächsische Landesbibliothek Hannover* / Leibniz's mathematical, scientific and engineering manuscripts • Technology in pre-industrial Europe • Irish history • William Molyneux • Robert Molesworth.
✉ james.ohara@mail.nlb-hannover.de

6967. **O'Higgins, Paul** Christ's College, Cambridge, CB2 3BU, UK. *U. of Cambridge* / Legal publishing in Ireland • Irish lawyers (Arthur Browne, John Philpot Curran).

6968. **O'Kane Crimmins, Finola** 11 Holles Row, Dublin 2, Ireland.

6969. **O'Malley, Andrew** 515 Portage Avenue, Winnepeg, MB R3B 2E9, Canada.

6970. **O'Neal, John C.** Dept of French, Hamilton College, 198 College Hill Road, Clinton, NY 13323, USA. *Hamilton C.* / Enlightenment epistemology (Locke) in France.
joneal@hamilton.edu

6971. **O'Neill, John Higbee** Dept of English, Hamilton College, 198 College Hill Road, Clinton, NY 13323, USA. *Hamilton C.* / English Restoration court poetry and drama.
joneill@hamilton.edu

6972. **O'Rafferty, Siobhán** Royal Irish Academy, 19 Dawson St, Dublin 2, Ireland. *Royal Irish Academy* / Bibliography (historical, analytical).

6973. **O'Reilly, William** Dept of History, National University of Ireland, University Road, Galway, Ireland. *National U. of Ireland (Galway).*

6974. **O'Rourke, Michael** Dept of English, University College, Room G001, Belfield, Dublin 4, Ireland. *University C. Dublin.*

6975. **O'Shaughnessy, David** 16, Carragh Hill, Salthill, Galway, Ireland.

6976. **O'Snodaigh, Pádraig** Tig Bhríde, 91 Br. Bhinn Éadair, Páirc na bhFianna, Binn Éadair, Ireland. *National Museum of Ireland* / Irish volunteers, yeomanry and militia • The Orange Order • Irish language distribution.

6977. **O'Sullivan, William** Harbourne, Torquay Road, Foxrock, Dublin 18, Ireland. / Provenance of MSS.

6978. **Oakleaf, David** Dept of English, University of Calgary, 2500 University Drive N.W., Calgary, AB T2N 1N4, Canada. *U. of Calgary* / British fiction (Eliza Haywood, Penelope Aubin, Jonathan Swift).
oakleaf@ucalgary.ca

6979. **Oberholtzer, Heidi** University of Notre Dame, 54354 Terrace Lane, South Bend, IN, USA. *U. of Notre Dame.*

6980. **Oberlin, Urs** Wildsbergstr. 48, 8606 Greifensee, Switzerland.

6981. **Oberreuter, Gabriele** Georg-Grosser-Str. 20, 50321 Brühl, Germany. *Akademie der Bildenden Künste (Nürnberg)* / French painting • J. L. David • Rome.

6982. **Objartel, Georg** Wulmstorfer Moor 6, 21629 Neu-Wulmstorf, Germany. / Student jargon and linguistic diversity • Historical lexicography • Goethe's language.

6983. **Oboukhova, Larissa** Ul. Podvoiskogo, 32, 66, 191131 St Petersburg, Russia. *Russian State Museum* / Art décoratif monumental de St Pétersbourg.

6984. **Öbrink, Patrik** Långbackavägen 148, 804 28 Gävle, Sweden.

6985. **Och, Gunnar** Institut für Deutsche Sprach- und Literaturwissenschaft, Universität Erlangen, Bismarckstr. 1, 91054 Erlangen, Germany. *U. Erlangen* / Judaism in literature • Literary life in Berlin (late Enlightenment, early Romantic).

6986. **Oda, Minoru** 2-18-8 Fujishirodai, Suita-shi, 565 Osaka, Japan. *Kansai U.*

6987. **Odagiri, Mitsutaka** 1-9-23-204 Tamagawadai, Setagaya-ku, 158-0096 Tokyo, Japan. *Sophia U.* / Rousseau.

6988. **Odell, D. W.** 2568 Western Avenue, R.D. #, Building 10, apt. 3, Altamont, NY 12009 9487, USA.

6989. **Odney, Paul** 824 Mahrenholz Drive, Evansville, IN 47712-3505, USA.

6990. **Odru, Louis** 58 avenue Paul-Signac, 93100 Montreuil, France. / Révolution française • Esclavage et luttes des esclaves (la Réunion, Martinique, Guadeloupe).

6991. **Oechslin, Werner** Stiftung Bibliothek Werner Oechslin, Luegeten 11, 8840 Einsiedeln, Switzerland. *Stiftung Bibliothek Werner Oechslin* / Rome • Architectural theory • Antiquarianism • Francesco Bianchini • Piranesi.

6992. **Oehler, Hans Albrecht** Desiderius-Lenz-Str. 23, 72401 Haigerloch, Germany. / European travel literature (Greece and Portugal) • South-west German fresco painting: iconography • South-west German literature (Sebastian Sailer).

6993. **Oelkers, Jürgen** Pädagogisches Institut, Universität Zürich, Gloriastr. 18a, 8006 Zürich, Switzerland. *U. Zürich.*

6994. **Oesch, Erna** Siirtolapuutarhankatu 18 B 33, 22900 Tampere, Finland.

6995. **Oesterheld, Helen C.** Dept of English and Comparative Literature, University of California, 435 Humanities Instructional Building, Irvine, CA 92697-2650, USA. *U. of California (Irvine)* / Representations of sensibility • Utopian, gothic, and domestic fiction • Female separatism • Proto-feminism • Misogynist satire.
hcroach@uci.edu

6996. **Oestmann, Peter** Am Schellberg 12, 65812 Bad Soden am Taunus, Germany. *U. Frankfurt/Main.*

6997. **Oevering, G. J.** Abeelstraat 9, 3329 AA Dordrecht, Netherlands.
✉ gerardoevering@hetnet.nl

6998. **Ogden, James** Tegfan, Llandre, Ceredigion SY24 5BZ, UK. / Restoration and later drama • Reception of Milton in the 18c • Goldsmith.

6999. **Ogée, Frédéric** Collège Franco-Britannique, CIUP, Dept of English and American Studies, 9b boulevard Jourdan, 75014 Paris, France. *U. de Paris VII* / English novel • History of ideas • English art • Landscape garden • Fielding • Hogarth.
✉ ogee@paris7.jussieu.fr

7000. **Ogilvie, Brian W.** Dept of History, University of Massachusetts, Herter Hall, 161 Presidents Drive, Amherst, MA 01003-9312, USA. *U. of Massachusetts (Amherst)* / Antiquarianism in Europe • Natural theology.
✉ ogilvie@history.umass.edu

7001. **Ogima, Torao** 1-7-13 Matsuba-cho, Kashiwa-shi, 277 Chiba, Japan. *Toyo Women's C.* / British empiricism.

7002. **Ogino, Masahiro** 630-43 Ogori, Ogori-shi, 838-01 Fukuoka, Japan. *Fukuoka U.* / Voltaire.

7003. **Oh, Soo-Kyung** Dept of Chinese, Hanyang University, Seongdong-gu, 133-791 Seoul, South Korea. *Hanyang U.* / Chinese theatre, opera • Local theatre, including ritual drama.

7004. **Ohkubo, Hajime** 1-28-12 Naito, Kokubunji-shi, 185 Tokyo, Japan. *Kunitachi C. of Music* / Instrumental music.

7005. **Ohlin, Barbro** Föreningsgatan 4 A, 5 trappor, 411 27 Göteborg, Sweden. / Correspondance littéraire secrète • Grimm, La *Correspondance littéraire* • Relations culturelles franco-suédoises.

7006. **Ohlmeyer, Jane** School of History and History of Art, Kings College, University of Aberdeen, Aberdeen, AB24 3FX, UK. *U. of Aberdeen.*

7007. **Ohm, Reinhard** Heidter Str. 20, 42369 Wuppertal, Germany. / Wieland • Periodicals.

7008. **Ohno, Makoto** Aichi Kenritsu Daigaku, Nagakute, 480-1198 Aichi, Japan. *Aichi Prefectural U.* / Great Britain • Science and technology • Industrial revolution.

7009. **Ohno, Yoshiki** 4-5-28 Akitu-machi, Higashi-murayama-shi, Tokyo 189-0001, Japan. *Tokyo U.* / La peinture française.

7010. **Öhrberg, Ann Henrietta** Dept of Literature, Uppsala Universitet, Slottet ing AO, 75237 Uppsala, Sweden. *Uppsala U.* / Moravian movements • Female authors in Sweden • Gender studies.
✉ aurell.ohrberg@ebox.tninet.se

7011. **Ohtsu, Shinsaku** 2-5-14 Jonan, Ikeda-shi, 563 Osaka, Japan. *Konan U.* / The reception of the Reformation under the Enlightenment.

7012. **Oittinen, Vesa** Dept of Philosophy, Helsinki University, P.O. Box 9 (Siltavuorenpenger 20 A), 00014 Helsinki, Finland. *Helsinki U.* / Philosophy of the Enlightenment in Germany, Scandinavia and Russia • Wolffianism • Kantianism and German transcendental philosophy.
✉ vesa.oittinen@helsinki.fi

7013. **Oja, Linda** Dalarnas forskningsråd, Box 743, 791 29 Falun, Sweden. *Dalarnas forskningsråd.*
✉ linda.oja@dfr.se

7014. **Okamoto, Akira** 13-8-1, 1-chome, Kurumegi, Hesaka, Higashi-ku, Hiroshima-shi, 732-0008 Hiroshima, Japan. *Hiroshima U.* / Napoléon et l'Allemagne • L'administration de l'Empire française sur l'Italie • Le Directoire, l'Empire et les Cent-Jours.

7015. **Okazaki, Katsuyo** 5-15-11-408 Nishi-Ikebukuro, Toshima-ku, 171-0021 Tokyo, Japan. *Saitama U.* / Enlightenment • Historical studies • Germany.

7016. **Oki, Sayaka** 1-18-76-105 Chofu-gaoka, Chofu-shi, 182-0021 Tokyo, Japan. *Tokyo U.* / La mathématique sociale de Condorcet • La théorie des probabilités • Relation entre la société et les sciences.

7017. **Okubo, Keiko** 4-15-29-327 Mita, Minato-ku, Tokyo 108-0073, Japan.

7018. **Okuda, Takashi** 2-3-20 Morigo-cho, Nada-ku, Kobe, 657-0028 Hyogo, Japan. *Konan U.* / Les Lumières à Naples.

7019. **Okuno, Yoshichi** c/o Ishi, 299-2 Miyashiro-cho, Kawabata, Minami-Saitama, 345-0804 Saitama, Japan.

7020. **Ólafsdóttir, Katla** Hátún 8, íbúd 903, 105 Reykjavík, Iceland.

7021. **Olafsdóttir, Kristrún Audur** Smáragötu 8A, 101 Reykjavík, Iceland.

7022. **Ólason, Atli Thór** Baughúsum 37, 112 Reykjavík, Iceland.

7023. **Olason, Vésteinn** Árnastofnun, 101 Reykjavík, Iceland. *U. of Iceland.*

7024. **Olausson, Magnus** Nationalmuseum, Box 16176, 103 24 Stockholm, Sweden. *Nationalmuseum* / English garden in Sweden.

7025. **Oldham, James** 600 New Jersey Avenue NW, Washington, DC 20001, USA. *Georgetown U.* / English legal history.

7026. **Oldrini, Guido** Via S. Eusebio 24, 20144 Milano, Italy. *U. di Bologna* / Circulation of modern ideas in Europe.

7027. **Olejniczak, William J.** Dept of History, College of Charleston, Charleston, SC 29424, USA. *C. of Charleston* / Crime • Poverty and poor relief.

7028. **Olin, Martin** Kadettgatan 5, 113 33 Stockholm, Sweden.

7029. **Oliva Melgar, José María** Rioja 18, 3° izda, 41001 Sevilla, Spain. / Commerce colonial.

7030. **Olival, Fernanda** Rua do Montepio Geral 8-5° A, 1500 Lisboa, Portugal. *U. de Evora* / Military orders • The Inquisition • Social mobility.

7031. **Olivares Vaquero, María Dolores** Dept Filologia Francesa e Italiana, Facultad de Filologia, Universidad de Santiago Compostela, Avenida Castelao S/N, 15771 Santiago de Compostela, Spain. *U. de Santiago Compostela* / Théâtre français • Influences Espagne-France/France-Espagne.

7032. **Olivari, Tiziana** Via P. Paoli 2, 07100 Sassari, Italy.

7033. **Oliveira, Fernando Matos** Literatura Portuguesa, Universidade de Coimbra, Quinta Da Madalena, 3040-716 Coimbra, Portugal. *U. de Coimbra.*

7034. **Oliveira, Myriam A. R. de** Avenue Na. Sa. de Copacabana, 866/1002, 22060-000 Rio de Janeiro, Brazil. *U. Federal do Rio de Janeiro* / Rococo art in Brazil • Baroque religious sculpture • Religious rococo.

7035. **Oliver, Bette W.** University of Texas, 4404 Travis Country Circle, B-1, Austin, TX 78735, USA. *U. of Texas (Austin)* / French Revolutionary period (cultural institutions, museums and libraries).
✉ boliver@ischool.utexas.edu

7036. **Oliver, Kathleen M.** P. O. Box 8823, Tampa, FL 33674-8823, USA. *U. of South Florida* / Social life and material culture of the adolescent female in Georgian England • Novels by and about women • Consciousness technique • The domestic feminine ideal • Samuel Richardson.
✉ oliver@chuma.cas.usf.edu

7037. **Oliver, Sarah** 33 New Bridge St, Exeter, Devon EX4 3AH, UK.

7038. **Olivetti, Marco Maria** Via Zara 13, 00198 Roma, Italy. *U. di Roma* / Réception de Bayle dans le piétisme allemand • La théodicée • F. H. Jacobi.

7039. **Olleson, Philip** 538 Derby Road, Nottingham, NG7 2GY, UK.

7040. **Olsen, Michel** Lysmosevej 2, 4420 Regnstrup, Denmark. / Théâtre • Goldoni • Drame bourgeois.

7041. **Olsen, Per** H. C. Andersens Gade 45, 5000 Odense C, Denmark. *Odense U.*

7042. **Olson, Lester C.** 17 Cambridge Rd, Pittsburgh, PA 15202 1324, USA. *U. of Pittsburgh* / Pictorial representations and rhetoric in America, Britain and France, 1754-1784.

7043. **Olson, Robert C.** 806 Avenue C, Fredericksburg, TX 78624-2678, USA. *Lamar U.* / Johnson • Age of Johnson • Swift.

7044. **Olsson, Bernt** Litteraturvetenskapliga institutionen, Lunds Universitet, Helgonabacken 12, 223 62 Lund, Sweden. *Lunds U.* / Swedish literary style, 1600-1760.

7045. **Olsson, Lena** Dept of English, Lunds Universitet, Helgonabacken 14, S-22362 Lund, Sweden. *Lunds U.* / Popular, esp. licentious, literature in English (John Cleland, *Memoirs of a woman of pleasure*).
✉ lena.olsson@englund.lu.se

7046. **Olszewski, Henryk** Ul. Bonin 6 m.24, 60-658 Poznan, Poland.

7047. **Omori, Yutaro** 3-1-14-402, Yatsu, Narashino-shi, 275-0026 Chiba, Japan.

7048. **Onaindia Nachiondo, Mario** C/ Pintor C. Arraiz 12, 6°B., 01008 Vitoria, Spain.

7049. **Oncina Coves, Faustino** Apt 12.032, Masquefa 2-2°, 46020 Valencia, Spain. *U. de Valencia* / The concept of the secret ('arcanum') and the Enlightenment, idealism and Romanticism • Political philosophy • Hermeneutics.

7050. **Onishi, Yoichi** 1-10-8 Sotoaahikawa Hachimanden, Akita City 010-0804, Japan.

7051. **Ono, Ryosuke** 9-14-202 Hama-Ashiya-cho, Ashiya-shi 659-0054, Japan.

7052. **Onuma, Soichi** 142-5 Koriyama Heisei, Shiroishi-shi, 989-0203 Miyagi, Japan. *Tohoku Gakuin U.* / Adam Smith • Economic thought.

7053. **Oosterholt, Jan** Auf dem Hock 11, 26125 Oldenburg, Germany.

7054. **Oostrum, Wilhelmina R. D. van** Aziëlaan 458, 3526 SN Utrecht, Netherlands. / Women's writing.

7055. **Opitz, Alfred** Dept de Estudos Alemães, Faculdade de Ciencias Sociais e Humanas, Universidade Nova de Lisbõa, Avenida de Berna, 26-C, 1069-061 Lisbõa, Portugal. *U. Nova de Lisbõa* / Littératures de voyages • Culture allemande • Relations culturelles dans l'Europe des Lumières.

7056. **Opitz, Claudia** Historisches Seminar, Uni Basel, Hirschgässlein 21, 4051 Basel, Switzerland. *U. Basel* / Gender relations • Gender and Enlightenment • Women and power in absolutism and old régime • Political and social theory of the Enlightenment • Autobiography and history • Montesquieu.
✉ opitz-belakhal@t-online.de

7057. **Opperman, Hal N.** P.O. Box 286, Medina, WA 98039, USA. *U. of Washington* / French painting (Louis XV) • French sculpture (Louis XIV-XV) • French tapestry.
✉ halop@u.washington.edu

7058. **Oppici, Patrizia** Strada Mulattiera 5-15, 43044 Collecchio-Parma, Italy. *U. degli studi di Macerata* / French literature • Bienfaisance.
✉ oppici@unimc.it

7059. **Orchard, Joseph T.** 1980 Morrison Avenue, Union, NJ 07083, USA. *RILM Abstracts of Music Literature* / Music • Mozart • Rhetoric.
✉ jorchard@gc.cuny.edu

7060. **Ordaz, Jorge** Dept de Geología, Instituto Feijoo del Siglo XVIII, Universidad de Oviedo, Arias de Velasco s/n, 33005 Oviedo, Spain. *U. de Oviedo* / Earth sciences in Spain and ancient colonies (the Philippines) • Geological ideas in Europe • Catastrophic events • Scientific roots;ideas of Benito Jerónimo Feijoo.
✉ jordaz@geol.uniovi.es

7061. **Oresko, Robert** 53 Bedford Gardens, London, W8 7EF, UK. *U. of London* / Italian courts • The house of Savoy and the house of Gonzaga • Elisabeth Farnese • *Histoires métalliques* of Louis XIV and Louis XV • The McSwinney allegorical tomb paintings.

7062. **Orlandi, Giuseppe** Collegio S. Alfonso, Via Merulana 31, Cas. Post. 2458, 00185 Roma, Italy. *C. S. Alfonso* / La franc-maçonnerie • L'inquisition • L'occultisme • Le quiétisme • La spiritualité.

7063. **Orlowski, Hubert** 26 Jawornicka, 13a, 60-161 Poznan, Poland. / Polish economic history.

7064. **Ormaechea Hernaiz, Angel Maria** C/ Artasamina, 9, Esc.2a, 7°Izda, 48007 Bilbao, Spain. / La Biscaye à la fin du 18s • La guerre entre la première Convention et la République Française.

7065. **Ormsby-Lennon, Hugh** Dept of English, Villanova University, Villanova, PA 19085-1597, USA. *Villanova U.* / *A Tale of a tub* • Language of the birds • *Lingua adamica.*

7066. **Orsini, Dominique** Avenue du 14 juillet 1789, 13980 Alleins, France. / La narration dans le roman français (1700-1750) • Etude pragmatique de la conversation et du récit.

7067. **Ortas Durand, Esther** C/ Bolivia n° 67-71, 2°C., 50010 Zaragoza, Spain. *U. de Zaragoza* / Littérature de voyages: voyageurs en Espagne • Théorie esthétique • Description des paysages.

7068. **Osaki, Sayano** 3-6-8-401 Hisamoto, Takatsu-ku, Kawasaki-shi 213-0011, Japan.

7069. **Osborne, J.** Dept of German, University of Warwick, Coventry, CV4 7AL, UK. *U. of Warwick* / German literature • Drama and dramatic thoery • Neo-classicism.

7070. **Oscarsson, Ingemar** Dept of Comparative Literature, Lunds Universitet, Helgonabacken 12, S-223 62 Lund, Sweden. *Lunds U.* / Newspaper press in Scandinavia, Germany and France • Production and distribution of news and propaganda in an ideological, social and technological context • News distribution.
✉ ingemar.oscarsson@litt.lu.se

7071. **Osell, Tedra Suzanne** Dept of English, Washington University, Box 354330, Seattle, WA 98195-4330, USA. *Washington U.* / The essay periodical (readers' correspondence and submissions, women periodical essayists and female authorial personae, and early imitators of the *Tatler*).
✉ tosell@u.washington.edu

7072. **Oses Gorraiz, Jesus Maria** C/ Pedro 1, 7, 7° C., 31007 Pamplona, Spain. / Pensée réactionnaire française: De Maistre, De Bonald • Pensée politique d'Ortega y Gasset.

7073. **Oshima, Koji** 2-6-13-402 Hamiki, Kanazawa-ku, Yokohama, 236-0005 Kanagawa, Japan. *Jissen Women's Junior C.* / Scottish Enlightenment • Philosophy of language in Britain.

7074. **Osinski, Jutta** Hauptstr. 118, 53229 Bonn, Germany. *U. Marburg* / Catholicism and German literature • Religion and literature • Psychiatry • Psychology and aesthetics.

7075. **Oskarsson, Olafur H.** Logalandi 16, 108 Reykjavík, Iceland.

7076. **Óskarsson, Thórir** Kjalarlandi 2, 108 Reykjavík, Iceland.

7077. **Oskarsson, Veturlidi** Blodstensvägen 14, 75258 Uppsala, Sweden. *Uppsala U.* / Old and Middle Icelandic (foreign influence) • Icelandic linguistics in the 18c • Modern Icelandic language planning and policy.

7078. **Osland, D. M.** Dept of English, University of Newcastle, Newcastle, NSW 2308, Australia. *U. of Newcastle* / The novel • Narrative history and theory.

7079. **Ospovat, Alexandre** Ul. Usievicha, 23, 246, 125315 Moscow, Russia. *U. Lomonosov de Moscou (MGU)* / Relations littéraires franco-russes • Mémoires et récits de voyage.

7080. **Østberg, Kai Peter Vincent** Gravdalsveien 2, 0756 Oslo, Norway. *U. i Oslo* / French Revolution • France • Provence • Assemblée Nationale • Convention • Jacobinism • French Enlightenment • Correspondence • Mirabeau • History of manners • Rhetoric.
✉ kai.ostberg@hi.uio.no

7081. **Østergaard, Claus Bratt** Institut for Litteraturvidenskab, Københavns Universitet, Njalsgade 80A, 2300 København, Denmark. *Københavns U.*

7082. **Osterkamp, Ernst** Heimat 35, 14165 Berlin, Germany. *Humboldt-U. Berlin* / Johann Christian Günther • Winckelmann • Aesthetics • Goethe.

7083. **Østerud, Erik** Nonnegata 29, 7014 Trondheim, Norway. *U. i Trondheim* / Diderot and drama.

7084. **Östholm, Hanna** Kålsängsgränd 4 A, 753 19 Uppsala, Sweden. *Institutionen för idé-och lärdomshistoria* / History of universities • History of libraries, books, reading, the press • History and historiography of feminism.
✉ hanna.ostholm@idehist.uu.se

7085. **Östlund, Krister** Apelgatan 7 A, 754 35 Uppsala, Sweden. *Uppsala U.* / Latin as the language of learning • The culture of the 'res publica litteraria' • Antiquities.
✉ krister.ostlund@klassiska.vv.se

7086. **Ota, Kazuhiro** 3-16-18 Sakyo, Nara-shi, 631-0801 Nara, Japan. *Hannan U.* / Histoire de la pensée socio-économique en France.
✉ ota@hannan-u.ac.jp

7087. **Otabe, Tanehisa** Faculty of Letters, University of Tokyo, Bunkyo Hongo 7-3-1, Tokyo, 113-0033, Japan. *Tokyo U.* / Aesthetics in Germany in the second half of the 18c.
✉ otabe@l.u-tokyo.ac.jp

7088. **Otonashi, Michihiro** 432-30-102 Terada-cho, Hachioji-shi, 193-0943 Tokyo, Japan. *Chuo U.* / Economic theory • British Utilitarianism • Hume; Bentham.

7089. **Ottarsdóttir, Steinun Inga** Stóragerdi 24, 108 Reykjavík, Iceland.

7090. **Ottaway, Susannah** History, Carleton College, 1 North Carleton St, Northfield, MN 55057-4041, USA. *Carleton C.*

7091. **Otte, Hans** Landeskirchliches Archiv Hannover, Goethestr. 27, 30169 Hannover, Germany. *Landeskirchliches Archiv Hannover* / Seven Years War • Germany • Holy Roman Empire • Lower Saxony • Lutheranism • German Enlightenment • Bible • Calvinism • Protestantism • Ecclesiastical law.
✉ hans.otte@evlka.de

7092. **Ottenbacher, Viia** Wieland-Museum, Postfach 1757, 88396 Biberach, Germany. *Wieland-Museum* / Christoph Martin Wieland • Sophie von La Roche.

7093. **Ottenjann, Helmut** Museumstr. 13, 49661 Cloppenburg, Germany. *Niedersächsisches Freilichtmuseum* / Culture populaire.

7094. **Ottewell, Karen** Dept of English, Universität Bonn, Regina-Pacis-Weg 5, 53113 Bonn, Germany. *U. Bonn* / Reception of Lessing by German authors from Herder to Schiller • Drama and dramatic theory.
✉ k.ottewell@uni-bonn.de

7095. **Otto, Rüdiger** Tischbeinstr. 1, 04229 Leipzig, Germany. *Sächsische Akademie der Wissenschaften zu Leipzig.*

7096. **Oudart, Jean** 1 place Saint-André, 38000 Grenoble, France. *U. de Grenoble III* / Les images de la création littéraire chez Lesage • Prévost, *Les Campagnes philosophiques* • Rousseau • Crébillon fils.

7097. **Ouellet, Réal** Dépt de Littératures, Université Laval, 327, av. W-Laurier, Québec, PQ G1K 7P4, Canada. *U. Laval* / Relatioms de voyage en Amérique (Nouvelle-France et Antilles) • *Nouvelles françaises*.
✉ real.ouellet@arul.ulaval.ca

7098. **Ouyang, Enliang** Institute of Qing History, Renmin University of China, 100872 Beijing, China. *Renmin U. of China* / China: Qing history.

7099. **Overhoff, Jürgen** Institut für Pädagogik, Universität Potsdam, Postfach 60 15 53, 14415 Potsdam, Germany. *U. Potsdam*.

7100. **Overstolz, Christian** Verlag Schwabe & Co., Steinentorstr. 13, 4010 Basel, Switzerland. / Music • Bach.

7101. **Overton, William John** Dept of English and Drama, Loughborough University, Ashby Road, Loughborough, Leicestershire LE11 3TU, UK. *Loughborough U.* / English verse written by women, 1690-1750 • Narrative theory relating to fictional prose texts, 1690-1750.
✉ w.j.overton@lboro.ac.uk

7102. **Owen, Susan Jane** Dept of English Literature, University of Sheffield, Shearwood Road, Sheffield, S10 2TN, UK. *U. of Sheffield* / English Catholic culture in the Restoration and 18c • John Dryden's conversion • Aphra Behn • Jane Barker • Catholic women writers • Restoration drama • Restoration politics and religion.
✉ s.j.owen@sheffield.ac.uk

7103. **Oz-Salzberger, Fania** Dept of History, University of Haifa, Mount Carmel, 31905 Haifa, Israel. *U. of Haifa* / Political thought • German Enlightenment • Scottish Enlightenment • Adam Ferguson.
✉ salzberg@research.haifa.ac.il

7104. **Paaskoski, Jyrki** Mäntyniementie 64, 58450 Punkaharju, Finland.

7105. **Paasman, A. N.** Burg. R. Nepveulaan 34, 3881 HB Putten, Netherlands. *U. van Amsterdam* / Littérature coloniale néerlandaise des Indes orientales et occidentales.

7106. **Pabst, Ilona** Egenolffstr. 16, 60316 Frankfurt/M., Germany. *U. Tübingen* / Reception of Idéologues in Germany and France • 'Sprachjakobinismus': the influence of the French Revolution on German vocabulary.

7107. **Paci, Francesca Romana** Via Beato Angelico 5, 20133 Milano, Italy.

7108. **Pacini, Giulia** 257 South 16th, apt 15B, Philadelphia, PA 19102, USA. / French literature • Epistolarity • Women's rights.
✉ gxpaci@wm.edu

7109. **Packham, Catherine** 30 Allington Avenue, Lenton, Nottingham, NG7 1PX, UK.

7110. **Paesano, Paola** Biblioetca Angelica, P.zza S. Agostino 8, 00186 Roma, Italy. *Biblioetca Angelica* / Journaux européens.

7111. **Paganini, Gianni** Via Turbigo 7, 21052 Busto Arsizio, Italy. *U. del Piemonte Orientale* / Pierre Bayle and the history of scepticism • English Enlightenment and David Hume • French empiricism (Condillac).
✉ paganini@apollo.lett.unipmn.it

7112. **Pagden, Anthony** Dept of Political Science, University of California (Los Angeles), 4289 Bunche Hall, Box 951472, Los Angeles, CA 90024, USA. *U.C.L.A.*

7113. **Pagel Meiners, Karin** 2906 Stratford Court, Lawrence, KS 66045, USA. *U. of Kansas*.

7114. **Pagliaro, Harold E.** Dept of English Literature, Swarthmore College, Swarthmore, PA 19081 1390, USA. *Swarthmore C.* / Blake • Fielding.
✉ hpaglia1@swarthmore.edu

7115. **Pago, Thomas** Gaupel 30, 48653 Coesfeld, Germany.

7116. **Pailer, Gaby** Dept of Germanic Studies, Russian & Slavonic Studies, University of British Columbia, 1873 East Mall, Vancouver, BC V6T 1Z1, Canada. *U. of British Columbia* / Drama, gender and genre • Laughter and media.

7117. **Paillard, Christophe** 26 chemin de Vessy, 01210 Ferney-Voltaire, France. / Le problème du fatalisme dans la philosophie • La Mettrie, Holbach, Voltaire et *Jacques le Fataliste* de Diderot • Le problème du fatalisme.
✉ c.paillard@wanadoo.fr

7118. **Païzi, Apostolopoulou Machi** Centre for Neohellenic Research, National Hellenic Research Foundation, 48 Vas. Constantinou Avenue, 11635 Athens, Greece. *National Hellenic Research Foundation* / Idées et institutions en Grèce au temps des Lumières.

7119. **Pak, Eun-Soon** 505-303 Sinsigaji APT, 912 Mok-dong, Yangcheon-gu, Seoul, South Korea. *Seoul National U.* / Korean painting.

7120. **Pakhsarian, Nathalia Tigranovna** Novaia Basmannaia, 117078 Moscow, Russia.

U. Lomonossov / Histoire littéraire de la France • La culture et littérature rococo et sentimentaliste • Les romans et les pièces de Marivaux, Lesage et Voltaire • Liens entre la littérature et la philisophie des Lumières.
✉ zarubezh@philo.msu.ru

7121. **Paknadel, Félix** Le Chambord D, Val Saint-André, 13100 Aix-en-Provence, France. *U. d'Aix-Marseille I* / Beaux-arts en Angleterre.

7122. **Pál, József** Université de Szeged, Egyetem u. 1-3, 6722 Szeged, Hungary. *U. de Szeged* / Art et littérature • Bases théoriques du courant néo-classique.

7123. **Palacios Bernal, Concepcion** Senda de Garres, 25, Urbanizacion 'El Brazal', 30012 Murcia, Spain. / Littérature française.

7124. **Palacios Fernández, Emilio** Ribadavia, 14 5º E, 28029 Madrid, Spain. *U. Complutense* / Theatre • Romanticism • Spanish Enlightenment • Comedias sueltas • Drama • Spanish literature.
✉ epafer@terra.es

7125. **Palayret, Guy** 14 rue Cernuschi, 75017 Paris, France.

7126. **Palazzolo, M. Jolanda** Via dei Serpenti 126, 00184 Roma, Italy.

7127. **Palfi, Agnes** Dept of Foreign Language & Literature, VPI & SU, 310 Major Williams (0255), Blacksburg, VA 24061-0001, USA. *VPI & SU.*

7128. **Palkij, Henryk** Ul. Cienista 57 m.2, 31-831 Kraków, Poland. *Jagiellonian U.* / History of administration • European politics • Polish parliamentary history.
✉ palkij@argo.hist.uj.edu.pl

7129. **Pallante, Martha I.** 1407 Clinton St, Niles, OH 44446-3853, USA.

7130. **Pallarés Moreno, José** C/ Bolsa, 46, 2°H, 11540 Sanlucar de Barrameda, Spain. *U. Nacional de Educación a Distancia* / Littérature et histoire des idées • Arrojal • Tomás de Iriarte.

7131. **Pallière, Johannès Claude** 71 boulevard des Anglais, 73100 Aix-les-Bains, France. *Lycée Vaugelas* / Histoire militaire, diplomatique et cartographique.

7132. **Pallini, Nicoletta** Via Archimede 41, 20129 Milano, Italy.

7133. **Palm, Lodewijk C.** Dept of History and Philosophy of Science, Universiteit Utrecht, P.O. Box 80.000, 3508 TA Utrecht, Netherlands. *U. Utrecht* / Science, biology and microscopy • Dutch Enlightenment • Scientific correspondence.
✉ l.c.palm@phys.uu.nl

7134. **Palmer, Eric** Dept of Philosophy, Allegheny College, Meadville, PA, USA. *Allegheny C.* / Teleological explanation, Leibniz to Kant • Voltaire: identity of views and figures caricatured in Pangloss.
✉ epalmer@allegheny.edu

7135. **Palmer, Lucia M.** Dept of Philosophy, University of Delaware, 24 Kent Way, Newark, DE 19716-2567, USA. *U. of Delaware.*

7136. **Palmeri, Frank** 820 Anastasia Avenue, Coral Gables, FL 33134 6408, USA. *U. of Miami* / Swift • Narrative satire • Historiography • The novel.

7137. **Palop Ramos, Jose Miguel** Avenida Blasco Ibañez 2, 46010 Valencia, Spain. / Histoire sociale.

7138. **Pálsdóttir, Alfhildur** Medalholti 17, 105 Reykjavík, Iceland.

7139. **Pálsson, Heimir** Sævarlandi 6, 108 Reykjavík, Iceland.

7140. **Pálsson, Jónas** Grettisgötu 38, 101 Reykjavík, Iceland.

7141. **Pálsson, Steingrímur** Ásvallagötu 5, 101 Reykjavík, Iceland.

7142. **Palumbo, David** 270 Highland Avenue, apt #11, Somerville, MA 02143, USA. *Tufts U.*
✉ dpalum01@tufts.edu

7143. **Pan, Xiangming** Institute of Qing History, Renmin University of China, 100872 Beijing, China. *Renmin U. of China* / China: Qing history.

7144. **Pan, Zhenping** Sanlian shudian, Beijing, China. *Sanlian shudian* / China: Qing history.

7145. **Panarella, Rodolfo** Via Simeto 27, 00198 Roma, Italy.

7146. **Panaro, Cleonice** Via S. Luigi 7, 70012 Carbonara (BA), Italy. *U. di Lecce* / Poetry • Poetics • Influence of 18c on 19c and 20c thought.

7147. **Panashenko, Vira V.** Gluschnikov Str. 57-4, 252187 Kiev, Ukraine. *Ukrainian Academy of Sciences* / State administration.

7148. **Panayotopoulos, V. P.** Centre for Neohellenic Research, National Hellenic Research Foundation, 48 Vas. Constantinou Avenue, 11635 Athens, Greece. *National Hellenic Research Foundation.*

7149. **Pancaldi, Giuliano** Via Cuppio 1, 40043 Marzabotto (BO), Italy. *U. di Bologna* / Life sciences • Scientific institutions • Alessandro Volta and electricity.

7150. **Pancera, Carlo** Via Toscanini 27, 44049 Vigarano Mainarda (FE), Italy. *U. di Ferrara* / Education • History of ideas.

7151. **Pandolfi, Jean Edmond** L'Hermitage, 72360 Verneil-le-chetif, France. / Beccaria et la pensée philosophique française • L'Italie des Lumières.

7152. **Pane, Giulio** Via S. Lucia 123, 80132 Napoli, Italy. *U. di Napoli* / Neapolitan rococo architecture, arts and crafts • Cartography and etching • Luigi and Carlo Vanvitelli.

7153. **Pánek, Jaroslav** Historicky ústav AV CR, Prosecká 76, 190 00 Praha 9, Czech Republic. *Czech Academy of Sciences.*

7154. **Pang, Guanqun** History Dept, Beijing University, Dormitory 25, Room 202, 100871 Beijing, China. *Beijing U.* / Political culture in France.

7155. **Panizza, Giulio** via Luparia 5, 15033 Casale Monferrato, Italy. / French materialism (body-mind connection and notion of imagination in La Mettrie).

7156. **Panoff, Mathilde** 132 boulevard de la Villette, 75019 Paris, France.

7157. **Panova, Snejka** Varna Free University, Chaika Resort, Varna 9007, Bulgaria. *Varna Free U.*

7158. **Pansini, Giuseppe** Piazza Indipendenza 14, 50129 Firenze, Italy. *Archivio di Stato (Firenze).*

7159. **Paoletti, Ciro** Viale Capitan Casella 55, 00122 Roma, Italy. *Società Italiana di Storia Militare* / Succession wars and related conflicts • Military institutions in Europe (Italy) • Italy and Italian life • House of Savoy.
✉ segretario@storia-militare.it

7160. **Papadopoullos, Theodore** P.O. Box 22031, 1516 Nicosia, Cyprus. *Archbishop Makarios III Foundation* / Influences intellectuelles du siècle des Lumières sur l'hellénisme et sur la Grèce moderne • Influences historiques des Lumières sur les fortunes de l'île de Chypre.

7161. **Pape, Walter** Kornblumenweg 15, 50354 Hürth, Germany. *U. Köln* / Drama (comedy) • Fable • Aesthetic illusion, questions of perception • Money and literature/-language • Children's literature.

7162. **Papenheim, Martin** Rather Broich 28, 40472 Düsseldorf, Germany. *U. Augsburg* / The cult of 'great men' in France • Religious ideas • Catholic Church.

7163. **Papoff, Giulia** Via Camaldolilli 59 Parco Vomero Sole Pal. D, 80128 Napoli, Italy. / Epistemology • Philosophy • Mind-body problems.

7164. **Papp, Imre** Borbiró Tér 8. IX/72, 4032 Debrecen, Hungary. *U. of Debrecen.*

7165. **Papp, Klàra** Bethlen u. 39, I/11, 4026 Debrecen, Hungary. *U. of Debrecen.*

7166. **Pappas, John** 2 rue Rébéval, apt 346, 75019 Paris, France. *Fordham U.* / D'Alembert • Boscovich.

7167. **Papuli, Giovanni** Via Vecchia Manifattura Tabacchi 34, Lecce 73100, Italy. *U. di Lecce* / Italian Enlightenment and libertinism • Diffusion of the *Encylopédie* through Italian editions (Lucca).
✉ gvn.papuli@sesia.unile.it

7168. **Paradis, Swann** 174 Des Franciscains, Québec, PQ G1R 1J2, Canada. *U. Laval* / Rhétorique scientifique • Buffon • Descriptions animales • Histoire et philosophie des sciences.
✉ swannpa@sympatico.ca

7169. **Paray-Clarke, Geeta** Dept of French, St Michael's College, University of Toronto, 81 St Mary's St, Toronto, ON M5S 1J4, Canada. *U. of Toronto* / French women's writing.
✉ geeta@chass.utoronto.ca

7170. **Paredes, Rogelio Claudio** Medrano 656, Ramon Mejia, 1704 Buenos Aires, Argentina. *U. de Buenos Aires* / Literatary and political essay in England (Hobbes, Defoe and Swift, and the French 'philosophes').
✉ rcparedes@injovia.com.ar

7171. **Parisaki, Theopi** 60 Tsimiski St, 54622 Thessaloniki, Greece. *U. of Thessaloniki* / History of philosophy • Aesthetics • Hume.

7172. **Pariset, Jeanne** 124 rue de Javel, 75015 Paris, France.

7173. **Parish, Richard J.** St Catherine's College, Oxford, OX1 3UJ, UK. *U. of Oxford* / Saint-Simon, *Mémoires.*

7174. **Parisi, Susan** University of Ilinois, 2134 Music Boulevard, 1114 West Nevada St, Urbana, IL 61801, USA. *U. of Illinois.*

7175. **Park, Julie** Dept of English, Princeton University, McCosh 22, Princeton, NJ 08544 1016, USA. *Princeton U.*

7176. **Park, Ki Suk** 15-105 Dongsung APT, 620 Sinnae-Dong, Chungrang-Ku, 131-130 Seoul, South Korea. *Seoul Women's U.* / Korean narrative literature (novel).

7177. **Park, Pamela** Dept of Foreign Languages, Idaho State University, P.O. Box 8350, Pocatello, ID 83209-0001, USA. *Idaho State U.* / Philosophes • History of ideas • Religion in France • French Revolution.
✉ parkpame@isu.edu

7178. **Park, William** Dept of Literature, Sarah Lawrence College, Bronxville, NY 10708-5999, USA. *Sarah Lawrence C.* / The rococo • The novel.

7179. **Park, Young-Hai** Dept of French, Soukmyung Women's University, Cheongpa-dong, Yongsang-ku, 140-742 Seoul, South Korea. *Soukmyung Women's U.* / Voltaire • French literature.

7180. **Parke, Catherine N.** Dept of English, University of Missouri, 107 Tate Hall, Columbia, MO 62514, USA. *U. of Missouri* / Johnson and drama • Edward Thompson.

7181. **Parker, Blanford** 470 Arlene St, Staten Island, NY 10314, USA.

7182. **Parker, Jo Alyson** Dept of English, St Joseph's University, 5600 City Avenue, Philadelphia, 19131-1395 PA, USA. *St Joseph's U.* / Connections between male and female writers.
✉ jparker@sju.edu

7183. **Parker, Mara E.** Humanities Dept, Widener University, 1 University Place, Chester, PA 19013-5792, USA. *Widener U.*

7184. **Parker, Noel** Dept of Linguistic & International Studies, University of Surrey, Guildford, GU2 5XH, UK. *U. of Surrey* / The French Revolution • Social change • Origins of European culture.

7185. **Parker, Reeve** Clare Hall, Cambridge, CB3 9AL, UK. *U. of Cambridge.*

7186. **Parkitny, Maciej** Ul. Murawa 33B/28, 61-655 Poznan, Poland.

7187. **Parland-von Essen, Jessica** Henriksberg, 02580 Siuntio, Finland. *Helsinki U.* / Education of the daughters of the nobility (Sweden, Russia).
✉ jessica.parland-vonessen@helsinki.fi

7188. **Parnell, J. Timothy** Dept of English, Goldsmiths College, University of London, New Cross, London, SE14 6NW, UK. *U. of London* / Sterne • Swift • Prose fiction and satire • Anglicanism.

7189. **Parnes, Ohad** Zentrum für Literaturforschung, Jaeger Str. 10/11, 10117 Berlin, Germany. *Zentrum fur Literaturforschung.*

7190. **Parr, Walter L.** P.O. Box 323, Newellton, LA 71357, USA. / John Wesley • British moralists.

7191. **Parra, Anton-Ranieri** Via G. B. Vico 28, 50136 Firenze, Italy. *U. di Firenze* / Giovanni Salvatore de Coureil • Influence de John Dryden et d'Alexander Pope sur la littérature italienne.
✉ dipita@cesit1.unifi.it

7192. **Parra Lopez, Emilio la** El Salt 23, Urb. 'El Roser', 03550 San Juan, Spain. / Histoire politique et culturelle.

7193. **Parrish, Ann** 43 Winsor Road, Lancaster, MA 01523-2944, USA.

7194. **Parry, Graham** University of York, York, YO1 5DD, UK. *U. of York* / Collecting and collections • The Society of Antiquaries • William Stukeley • John Talman.

7195. **Parsons, Anna Maria** C.E.S.D., Palácio dos Governadores, Escola de Minas/U-FOP, Praça Tiradentes, Ouro Preto 35400-000-MG, Brazil. *Centro de Estudos do Século XVIII* / Music and society in colonial Minas Gerais, Brazil.

7196. **Partridge, John** 815 West 33rd St, Baltimore, MD 21211-2708, USA. *Johns Hopkins U.* / Philosophy (Hume).

7197. **Parvev, Ivan** Faculty of History, Sofia University, 15 Tsar Osvoboditel Boulevard, Sofia 1000, Bulgaria. *Sofia U.* / European-Ottoman relations • Theory of international relations • The 'Eastern Question'.

7198. **Parveva, Stefka** Institute for History, Bulgarian Academy of Sciences, 52 Shipchenski prohod str., bl. 17, Sofia 1113, Bulgaria. *Bulgarian Academy of Sciences.*

7199. **Pasanek, Bradley M.** Dept of English Language and Literature, Stanford University, Margaret Jacks Hall, Building 460, 2nd floor, 450 Serra Mall, Stanford, CA 94305-2087, USA. *Stanford U.* / American War of Independance • French Revolution • Regency • South Sea Bubble • British East India Company • Anglicanism • Scriblerians.
✉ bpasanek@stanford.edu

7200. **Pascal, Jean-Noël** 11 Place Didier Daurat, 31270 Cugnaux, France. *U. de Toulouse-le Mirail* / Correspondances (Diderot et Julie de Lespinasse) • Théâtre tragique après Racine • Poésie.

7201. **Paschoud, Adrieu** 29 avenue de Belmont, 1009 Pully, Switzerland.

7202. **Pasco, Allan H.** University of Kansas, Hall Center, Lawrence, KS 66045, USA. *U. of Kansas* / France.
✉ apasco@ku.edu

7203. **Pasini, Mirella** Passo X Dicembre 2A/9, 16135 Genova, Italy.

7204. **Passeron, Irène** 49 boulevard St Marcel, 75013 Paris, France. *C.N.R.S. (Paris)* / Physico-mathématique • D'Alembert • Académie des sciences • Correspondances.
✉ passeron@freesurf.fr

7205. **Passini, Jean** 31 rue de Poissy, 75005 Paris, France. *C.N.R.S. (Paris)* / Histoire urbaine mudéjar et islamique.

7206. **Passon, Richard Henry** P.O. Box 586, Waverly, PA, USA. *U. of Scranton* / Scriblerians (John Arbuthnot) • Satire.
✉ passonr1@scranton.edu

7207. **Pasta, Renato** Università di Firenze, via San Gallo 10, Florence, Italy. *U. di Firenze* / Pietro Verri's *Storia di Milano* • Giuseppe Pelli's diary (1759-1808) • Print culture in the Enlightenment.
✉ pasta@unifi.it

7208. **Pastore, Chaela** 3935 Alicia Drive, San Diego, CA 92107-2624, USA.

7209. **Pastura Ruggiero, Maria Grazia** Via Pietro Aretino 101, 00137 Roma, Italy.

7210. **Pat-El-Ringer, P. E.** Gijsbrecht Bokellaan 8, 2273 GV Voorburg, Netherlands.

7211. **Pate, James P.** Dept of History, Northeastern State University, 601 North Grand Avenue, Tahlequah, OK 74464, USA. *Northeastern State U.* / American War of Independance • Five Civilized Tribes • Cherokee Indians • Emigration • Appalachian and Old Southwest Frontier.
✉ patejp@nsuok.edu

7212. **Pater, C. de** Bodelolaan 25, 2411 VR Bodegraven, Netherlands. / Histoire des sciences (P. van Musschenbroek et W. J. 's Gravesande) • Science et religion.

7213. **Paterno', Maria Pia** Via Stresa 133, 00135 Roma, Italy.

7214. **Paterson, Margot** Ridge End, 36 Cotman Road, Norwich, NR1 4AF, UK.

7215. **Patey, Douglas Lane** 1527 30th St, NW #B12, Washington, DC 20007 3088, USA. *Smith C.*
✉ dpatey@smith.edu

7216. **Patient, Aida** Dept of English, University of Alberta, Edmonton, AB T6G 2E5, Canada. *U. of Alberta* / Women in the new science.

7217. **Patova, Nikoleta Vasileva** Jolio Kiuri Nr. 10, apt 25, 1111 Sofia 1111, Bulgaria. *Bulgarian Academy of Science* / National identity in Bulgaria (separation of the Bulgarian Orthodox Church) • Bulgarian historical memory.
✉ nikoleta_patova@hotmail.com

7218. **Patrick, Alison** 10 Gwenda Avenue, Canterbury, VIC 3126, Australia. *U. of Melbourne* / French Revolution • Revolutionary institutions.

7219. **Patrinélis, Chr.** University of Thessaloniki, 14 Vatopediou St, 11523 Athens, Greece. *U. of Thessaloniki.*

7220. **Patsiou, Vassiliki** University of Athens, 16 Skra St, 15562 Athens, Greece. *U. of Athens* / Diffusion of the Enlightenment in Greece • Translation into modern Greek and national cultural identity.

7221. **Patuleanu, Ioana** Indiana University, 1212 Southdowns Drive, Bloomington, IN 47401-5034, USA. *Indiana U. (Bloomington).*

7222. **Paul, Carole** 206 Ravenscroft Drive, Goleta, CA 93117 2025, USA. / Italian art • American, English and French art • English literature.

7223. **Paul, Charles B.** 1030 Fitzgerald Avenue, Gilroy, CA 95020 9312, USA. / European history and history of science • Eloges of the Paris Academy of Sciences • French music (Rameau) • Exoticism.

7224. **Paul, Ina Ulrike** Prausestr. 42, 12203 Berlin, Germany. *Freie U. Berlin* / The impact of Napoleon on Germany (reform politics) • Encyclopaedias.

7225. **Pauley, Benjamin F.** 6335 North Greenview, 2D, Chicago, IL 60660, USA. *Northwestern U. (Evanston).*

7226. **Pauley, Cassandra C.** Dept of English, University of South Florida, 4202 East Fowler Avenue, CPR 107, Tampa, FL 33620, USA. *U. of South Florida.*

7227. **Paulhart, Herbert** Kaiserallee 23a/34, 2102 Bisamberg, Austria. / History of libraries.

7228. **Paulos, M. Emilia Madeira Almeida** Rua do Guadiana 34, Bebelva, 2775 Carcavelos, Portugal.

7229. **Paulson, Ronald** Dept of English, Johns Hopkins University, 3400 North Charles St, Baltimore, MD 21218-2689, USA. *Johns Hopkins U.* / Literature and art • Monumental sculpture • Hogarth.

7230. **Paunier, Jean-Pierre** 20 quai Gustave Ador, 1200 Geneva, Switzerland. / Geneva • Medicine.
✉ jean-pierre.paunier@medecine.ch

7231. **Paunovski, Vladimir** Institute for Balkan Studies, Bulgarian Academy of Sciences, 45 Moskovska str., Sofia 1000, Bulgaria. *Bulgarian Academy of Sciences* / Jewry in the Balkans.
✉ vlapan@usa.net

7232. **Pauvros, Céline** 19 rue de Beaulieu, 16000 Angoulême, France. *Ecole pratique des hautes études* / Charles Dupuis.

7233. **Pavercsik, Ilona** Damjanich u. 36, 1078 Budapest, Hungary. *National Library Széchényi.*

7234. **Pavlov, Ivan** Sofia University, 15 Tsar Osvoboditel Boulevard, Sofia 1000, Bulgaria. *Sofia U.*

7235. **Pawl, Amy** Dept of English, Washington University, 1 Brookings Drive, Camp Box 1122, St Louis, MO 63130-4862, USA. *Washington U.*

7236. **Pawlak, Marian** Ul. Duracza 1 m.3, 85-791 Bydgoszcz, Poland. *Higher School of Pedagogics (Bydgoszcz)* / Education, 16-20c.

7237. **Pawlowicz, Peter H.** Dept of Art, East Tennessee State University, Box 70708, Johnson City, TN 37614, USA. *East Tennessee State U.* / Visuality • Iconography of reading • Fragonard.

7238. **Pawlowski, Bernard** 9 rue Jean-Julien Barré, 57000 Metz, France.

7239. **Paxman, David B.** Dept of English, Brigham Young University, 2054C JKHB, Provo, UT 84602, USA. *Brigham Young U.* / British fiction, poetry, and drama • Intellectual history (concepts of language) • Regional literary culture (northern England).
✉ david_paxman@byu.edu

7240. **Payne, Harry** 936 Main St, Williamstown, MA 01267-2640, USA. *Williams C.* / Rousseau • French art • French Revolution.

7241. **Payne, Lynda** Dept of History, University of Kansas, 5121 Rockhill Road, Kansas City, MO 64110 2445, USA. *U. of Kansas.*

7242. **Payne, Olive** 1 Marton Close, Gargrave, Skipton, BD23 3PG, UK. / The novel (Richardson, *Pamela*).

7243. **Payne Fisk, Deborah** Dept of Literature & Dept of Performing Arts, American University, 4400 Massachusetts Avenue North West, Battelle 213, Washington, D.C. 20016-8047, USA. *American U.* / English theatre • Material culture of the theatre (staging, playhouse design, actor's life, dramatist's role).
✉ dfisk@american.edu

7244. **Peace, Mary V.** Dept of English Studies, Sheffield Hallam University, Collegiate Crescent Campus, Sheffield, S10 2BP, UK. *Sheffield Hallam U.* / The prostitute and female desires and virtue in sentimental literature (London Magdalen Hospital).
✉ m.v.peace@shu.ac.uk

7245. **Peacock, Virginia J.** 940 Landmark Drive, Atlanta, GA 30342 2454, USA.

7246. **Peakman, Julie** 2 King's Garth, 29 London Road, London, SE23 3TT, UK. / Female sexuality • Pornography.

7247. **Pearce, Chris** 11640 Parkfield Drive, Austin, TX 78758-3749, USA.

7248. **Pearson, Roger** Queen's College, Oxford, OX1 4AW, UK. *U. of Oxford.*

7249. **Peck, James** 321 Wyandotte St, Bethlehem, PA 18015-1527, USA.

7250. **Pecman, Rudolf** Loosova 12, 638 00 Brno, Czech Republic.

7251. **Pedersen, John** Romansk Institut, K.U.A., Njalsgade 80, 2300 København S, Denmark. *Københavns U.* / Diderot • L'*Encyclopédie* • Montesquieu • Les comédies de Marivaux et de Beaumarchais.

7252. **Pedley, Mary Sponberg** University of Michigan, William L. Clements Library, 909 South University Avenue, Ann Arbor, MI 48109, USA. *U. of Michigan* / French and English geographers, cartographers, engravers • Map and print trade • Maps as cultural and social texts.
✉ mpedley@umich.edu

7253. **Pedlowski, Alina** Institut für Slavistik, Universität Leipzig, Brühl 37-50, 04109 Leipzig, Germany. *U. Leipzig* / Definitions of feminity and self-presentation of women • Autobiographical writing • Catherine the

Great • Princess Ekaterina Romanovna Dashkova.
✉ pedlowsk@rz.uni-leipzig.de

7254. **Pedreira, Mark** Dept of English, University of Puerto Rico (Rio Piedras), P.O. Box 23356, San Juan, PR 931, USA. *U. of Puerto Rico (Rio Piedras).*

7255. **Peer, Larry H.** Dept of Comparative Literature, Brigham Young University, 3010 JKHB, P.O. Box 26047, Provo, UT 84602, USA. *Brigham Young U.* / Sensibility • The rococo • The Enlightenment and pre-Romanticism.
✉ lhp@email.byu.edu

7256. **Peeters, Kris** Eikestraat 16, 3020 Herent, Belgium. *U. d'Antwerp* / France • Société du Bout-du-Banc • Le roman (Diderot) • Bibliothèque bleue • Representation of lower classes • Caylus.
✉ kris.peeters@ua.ac.be

7257. **Peeters, Natasja Anna** Avenue Monte Carlo 33, 1190 Bruxelles, Belgium. *Rijksu. Groningen* / National museums and state academies • Appreciation of 16c art (Reynolds, Descamps).
✉ n.peeters@let.wg.nl

7258. **Peiffer, Jeanne** 6 rue des Deux Gares, 75010 Paris, France. *C.N.R.S. (Paris)* / Histoire des mathématiques • L'analyse leibnizienne en France • Correspondances scientifiques • Femmes et sciences.

7259. **Peitsch, Helmut** School of European Studies, University of Wales, P.O. Box 908, Cardiff, CF1 3YQ, UK. *U. of Wales* / Lessing • Georg Forster • The novel of the 1790s.

7260. **Pejrone, Giulietta** Strada S. Vincenzo 40/14, 10131 Torino, Italy.

7261. **Pekacz, Jolanta T.** Dept of History, University of Saskatchewan, 9 Campus Drive, Saskatoon, SK S7N 5A5, Canada. *U. of Saskatchewan* / French salons • Women • Music and gender.
✉ pekacz@duke.usask.ca

7262. **Pelaquier, Elie** Avenue de Font Mosson, 34570 Montarnaud, France. *U. de Montpellier III* / Famille et communauté dans le monde rural • Languedoc.

7263. **Pelc, Janusz** Ul. Baleya 7 m.61, 02-132 Warszawa, Poland.

7264. **Pelizzari, Maria Rosaria** Via Manganario 89, 84126 Salerno, Italy. *U. di Salerno* / Literacy and education • Naples and the Grand Tour • G. M. Galanti • Women • Mentalities.

7265. **Pelkey, Stan** Dept of Music, Gordon College, 255 Grapevine Road, Wenham, MA 01984-1899, USA. *Gordon C.*

7266. **Pellandra, Carla** Via Cartoleria 18, 40124 Bologna, Italy. *U. di Bologna* / The teaching of French • Female education.
✉ pellandra@lingue.unibo.it

7267. **Pelle, Marie-Laure** 27 rue de Vauboyen, 91750 Bievres, France.

7268. **Pellegrin, Nicole et Pierre** 14 rue Descartes, 86000 Poitiers, France. *U. de Poitiers* / L'Autre et ses costumes dans la France d'Ancien Régime • Les dictionnaires de femmes illustres.

7269. **Pellegrino, Rosario** Coso Umberto I 94, 84019 Vietri Sulmare, Italy. *U. di Salerno* / Les voyageurs français dans l'Italie du 18s (De Brosses, Cochin).
✉ caritas.cava@tiscalinet.it

7270. **Pellegrino, Valérie** 870 route de la Colle l'Abadie, 6730 Nice, France.

7271. **Pellerin, Pascale** 11 rue Schoch, 67000 Strasbourg, France. / Réception de Diderot sous la Révolution.

7272. **Pellicer, Juan Christian** Slettelokka 4a, 597 Oslo, Norway. *U. i Oslo* / Georgic poetry • Robert Dodsley, John Armstrong, Christopher Smart, David Mallet.

7273. **Pellicer, Laure** 81 rue des Eiders, 34000 Montpellier, France. *U. de Montpellier III* / Vie artistique en Languedoc et en Italie à l'époque néo-classique • Relations artistiques France-Toscane.

7274. **Pelster, Theodor** Forstwaldstr. 41, 47804 Krefeld, Germany. *Bezirksseminar* / Enlightenment and Counter-Enlightenment • Literature.

7275. **Pelt, W.** Lange Dreef 57, 2285 KA Rijswijk, Netherlands.

7276. **Peltz, Lucy** National Portrait Gallery, St Martin's Lane, London, WC2H 0HE, UK. *National Portrait Gallery* / Production, dissemination and reception of books and prints.
✉ lpeltz@npg.org.uk

7277. **Pelzer, Erich** Historisches Seminar, Universität Freiburg, Werthmannplatz - KG IV -, 79085 Freiburg i.Br., Germany. *U. Freiburg* / French revolutionary propaganda in Germany • French Revolution: political culture, pamphlet literature, national stereotypes (Perfidious Albion) • Napoleon.

7278. **Peñafiel Ramon, Antonio** C/ Doctor Marañon, 2, 4° A., 30008 Murcia, Spain. / Histoire des mentalités.

7279. **Penalver, Mariono** 18 avenida de los Conquistadors, 41007 Sevilla, Spain. *U. de Cádiz* / Histoire des idées • Diderot • Voltaire • Le moi et l'autre • La tolérance • Les voyages et la philosophie • Le temps.

7280. **Pénisson, Pierre** 4 rue Huyghens, 75014 Paris, France. *U. de Paris VIII* / Herder • Langage • Académie de Berlin.
✉ penisson@noos.fr

7281. **Penke, Olga** Csuka u. 24, 6723 Szeged, Hungary. *U. Szeged* / Histoires philosophiques (Raynal, Diderot, Voltaire, Montesquieu) • Relations entre genre historique et genre romanesque.
✉ polga@sol.ccu-szeged.hu

7282. **Penteado, Pedro Manuel** Rua Raul Brandão, Lote B, 4° C, Agualva, 2735 Cacém, Portugal.

7283. **Pepe, Luigi** Via Saraceno 35, 44100 Ferrara, Italy. *U. di Ferrara* / Manuscrits de J.-L. Lagrange • Mathématiques en Italie • Instituts des républiques cisalpine, romaine, ligure, napolitaine.

7284. **Peracca, Gabriel de la Orden de** Rue República 81, 4700 San Fernando del Valle de Catamarca, Argentina. *U. de Catamarca* / La dot dans la société espagnole.

7285. **Perchellet, Jean-Pierre** 2 rue Creuse, 77120 Saints, France. / Théâtre (tragédie) • Benjamin Constant • Mme de Stäel et le groupe de Coppet • Prosper de Barante.

7286. **Percival, Melissa H.** Dept of French, University of Exeter, Queen's Building, The Queen's Drive, Exeter, EX4 4QH, UK. *U. of Exeter* / Physiognomy and facial expression • Theories of portraiture • Fragonard's 'figures de fantaisie' • Art criticism • History of ideas.
✉ m.h.percival@exeter.ac.uk

7287. **Percy, Carol E.** Dept of English, University of Toronto, New College, 300 Huron St, Toronto, ON M5S 3J6, Canada. *U. of Toronto* / Linguistic standardisation in Britain • Women's writings on language.
✉ cpercy@chass.utoronto.ca

7288. **Peredriyenko, Vitaly A.** 28 Saperne Pole Str., apt 35, 252042 Kiev, Ukraine. *Ukrainian Academy of Sciences* / Ukrainian literary language.

7289. **Pereira, Bernardo J. Martins** Rua Afonso Domingues 12-3°, 1100 Lisbõa, Portugal.

7290. **Pereira, Joaquim Tomaz S. Miguel** Rua Visconde de Monte-São 9, 3016 Coimbra, Portugal. / Bibliographie • Archivistique.

7291. **Pereira, José Esteves** Rua Manuel Pinheiro Chagas 3-3° D, 2780 Oeiras, Portugal. / Histoire des idées.

7292. **Perels, Christoph** Freies Deutsches Hochstift / Frankfurter Goethe-Museum, Grosser Hirschgraben 23-25, 60311 Frankfurt am Main, Germany. *Freies Deutsches Hochstift* / Prose narrative • Maler Müller • Lyricisme • *Sturm und Drang*.

7293. **Perez, Alejandro** Avenue Tercoigne 32, B-1170 Bruxelles, Belgium.

7294. **Perez Canto, María Pilar** C/ Cerro Castañar 70, 28034 Madrid, Spain. / Les Amériques.

7295. **Perez de Colosia Rodríguez, María Isabel** C/ Compositor Leiinberg 2, 12 C, 29007 Malaga, Spain. / Société et économie à Málaga • Santo Oficio de Granada.

7296. **Pérez Rodríguez, Eva María** C/ Dr Bellmunt 23-6° E, 33205 Gijón, Spain. / William Godwin and his contemporaries in England, Spain and France • Historical writing.
✉ perrodev@hotmail.com

7297. **Perez Samper, María de Los Angeles** Travesera de Dalt 81, 2°, 1a, 08024 Barcelona, Spain. / Politique et société en Espagne.

7298. **Perez-Vidal, Alejandro** Avenue Tercoigne 32, 1170 Bruxelles, Belgium. / Littérature espagnole • Satire des Lumières, satire romantique.

7299. **Pericay, Alcoberro Ramon** C/ Rossello 79, 2-B, 08029 Barcelona, Catalonia, Spain. *U. de Girona* / Regency • Central Europe • Jesuits • Ethics • Diderot.
✉ ramon.alcoberro@udg.es

7300. **Perin, Simone** 68 rue Blatin, 63000 Clermont-Ferrand, France.

7301. **Perkins, Jean A.** 44 Crosslands Drive, Kennett Square, PA 19348, USA. *Swarthmore C.* / Diderot • Rousseau • Voltaire • French social history.
✉ jean.perkins@verizon.net

7302. **Perkins, Merle L.** Dept of French, University of Wisconsin-Madison, Madison, WI 53706, USA. *U. of Wisconsin (Madison)* / Diderot's epistemology • 18c antecedents of the American and French Revolutions.

7303. **Perkins, Pam** Dept of English, University of Manitoba, 446 University College, Winnipeg, MB R3C 2N2, Canada. *U. of Manitoba* / British India • Canada • Jacobinism • Romanticism • Scottish Enlightenment • North America, image of • Orient, image of • Robert Bage • Women writers (Maria Edgeworth, Anne Grant, Elizabeth Hamilton, Jean Marishall).
✉ pperkin@cc.umanitoba.ca

7304. **Perna, Maria Luisa** Via Verdi, 33, 10124 Torino, Italy.

7305. **Pernot, Jean-François** 4 rue Lehot, 92600 Asnières-sur-Seine, France. *C. de France* / La chambre des comptes de Paris • Stratégie et défense (fortifications) • Représentatons du pouvoir (art et urbanisme).

7306. **Perocco, Daria** S. Polo, 1421/a, 30125 Venezia, Italy. *U. di Venezia* / P. Giannone • P. Giannone et Venise.

7307. **Perol, Lucette** 10 rue Saint Simon, 63000 Clermont-Ferrand, France. *U. de Clermont-Ferrand II* / Diderot.

7308. **Peronnet, Michel** 10 rue Bouschet de Bernard, 34000 Montpellier, France. *U. de Montpellier III* / L'épiscopat français • La lutte contre les Philosophes • L'idée du progrès.

7309. **Perreten, Peter F.** Dept of English, Ursinus College, 19426-1000 Collegeville, PA, USA. *Ursinus C.* / Relationship between autobiography and landscape aesthetics.
✉ pperreten@ursinus.edu

7310. **Perrichet, Marc** 135 rue Blomet, 75015 Paris, France. *U. de Caen* / Histoire administrative et sociale de la France d'ancien régime • Histoire maritime.

7311. **Perrin, Jean-François** 40 avenue Albert Ier de Belgique, 38100 Grenoble, France. *U. de Grenoble III* / La mémoire affective • Rousseau • Crébillon et le conte merveilleux.
✉ jean-francois.perrin@u-grenoble3.fr

7312. **Perrot, Jean-Claude** 62 rue Madame, 75006 Paris, France. *U. de Paris I* / Histoire de l'économie politique.

7313. **Perrotta, Cosimo** Via Cosenza 3, 73100 Lecce, Italy. *U. di Lecce* / Economic thought (development, labour, consumption, waste, division of labour, trade).
✉ perrottac@sesia.unile.it

7314. **Perry, James** 922 Main St, apt 3, Evanston, IL 60202-4954, USA.

7315. **Perry, Ruth** Dept of English, M.I.T., 77 Massachusetts Avenue, Cambridge, MA 02139, USA. *M.I.T.* / Kin relations in England • Ballads • Rise of the novel • Women's authorship.
✉ rperry@mit.edu

7316. **Perry-Camp, Jane** 2304 Don Andres Avenue, Tallahassee, FL 32304-1313, USA. *Florida State U.* / Mozart (musical autographs).
✉ jperrycp@mailer.fsu.edu

7317. **Persson, Mathias** Dept of History of Science, Uppsala Universitet, Box 256, 751 05 Uppsala, Sweden. *Uppsala U.* / German-Swedish academic relations and exchanges of ideas.
✉ mathias.persson@idehist.uu.se

7318. **Pertue, Michel** 65 boulevard Alexandre-Martin, 45000 Orleans, France.

7319. **Peskova, Jitrenka** Mimonská 640, 190 00 Praha 9, Czech Republic. *Prague Conservatory* / Musicology • Documentation of musical sources.

7320. **Pessina, Anna** Via E. Pessina 66, 80100 Napoli, Italy.

7321. **Pestalozzi, Karl** Strengigässli 17, 4123 Allschwil, Switzerland. / Bräker • Lavater.

7322. **Peterfreund, Stuart S.** Dept of English, Northeastern University, 406 Holmes Hall, 360 Huntington Avenue, Boston, MA 02115-5096, USA. *Northeastern U.* / Social history of science • Natural theology (Bacon, John Ray, William Derham, Darwin).
✉ speterfr@lynx.neu.edu

7323. **Petermann, Renate** Fennstr. 12 A, 12439 Berlin, Germany. / Correspondance de Formey • Travaux scientifiques de Werner Krauss • Le drame français.

7324. **Petermann, Thomas** Belforter Str. 20, 10405 Berlin, Germany. / Technology and society • Travel literature.

7325. **Peters, Bruno** Selerweg 42, 12169 Berlin, Germany. *Forschungsloge Quatuor Coronati, Berlin* / Théâtre et activités intellectuelles à Berlin sous Frédéric II • Histoire d'idées et franc-maçonnerie.

7326. **Peters, Martin** Kaiserstr. 69, 53113 Bonn, Germany. / German historiography.

7327. **Petersen, Anne Marie** Gelstedvej 58, 5591 Gelsted, Denmark.

7328. **Petersen, Erik Jakob** Gelstedvej 58, 5591 Gelsted, Denmark.

7329. **Peterson, Carl** 394 Edgemeer Place, Oberlin, OH 44074, USA. *Oberlin C.* / William

Kent • Nature and the landscape garden • Literature and the visual arts • English novel.

7330. **Peterson, Kjell** Bokförlaget Atlantis, Sturegatan 24, 114 36 Stockholm, Sweden. *Bokförlaget Atlantis.*
✉ kjell.peterson@atlantis-publishers.se

7331. **Peterson, Leland D.** 1051 Manchester Avenue, Norfolk, VA 22508 1261, USA. *Old Dominion U.* / Swift's poems.

7332. **Peterson, Richard** 1158 Fifth Avenue 9A, New York, NY 10029-6917, USA. / Understandings of the classical past.
✉ petersor@att.net

7333. **Petit, Jean-Jacques** 20 rue Larrey, 75005 Paris, France. *Conservatoire du portrait dix-huitième siècle* / Portraitistes français de Allais à Wyrsch • Iconographie de la famille royale française.

7334. **Petitfrère, Claude Yves** 14 rue du Lude, 37300 Joue-les-Tours, France. *U. de Tours* / Histoire des villes françaises • Gestion municipale et élites urbaines.

7335. **Petraroia, Pietro** Via P. Gasparri 40/0/9, 00168 Roma, Italy.

7336. **Petrásková, Zuzana** Národní knihovna CR, hudební, Klementinum 190, 110 01 Praha 1, Czech Republic. *National Library (Praha)* / Musicology • Documentation of musical sources.

7337. **Petrbok, Václav** Mánesova 42, 120 00 Praha 2, Czech Republic.

7338. **Petrenko, Olga N.** 7 Prodolnaya Str., apt 18, 327024 Nikolaev, Ukraine. *Kiev Institute of Culture and Arts* / Ukrainian spiritual music.

7339. **Petrisor, Mariana** Str. Fabrica de Gheata nr. 8, Bloc 90, sc. C, apt 125, Sector 2, 72449 Bucuresti, Romania. *U. Bucuresti* / Romanciers libertins et libertinage • Théâtre.
✉ marianap@itenet.ro

7340. **Petrobelli, Pierluigi** Via di S. Anselmo 34, 00153 Roma, Italy. *U. di Roma* / G. Tartini • Mozart • Rapports entre musique instrumentale et musique vocale en Italie.

7341. **Petroni, Liano** Via G. Massarenti 50, 40138 Bologna, Italy. / Les idées littéraires de Mme de Staël.

7342. **Petronio, Giuseppe** Via Tripoli 2, 00199 Roma, Italy. *U. di Trieste* / Naissance du théâtre des Lumières en Italie • G. Parini, C. Goldoni, C. Gozzi.

7343. **Petronio, Ugo** Dept of Law, Università di Roma, R. Fauro 43, 00197 Roma, Italy. *U. di Roma* / La codification du droit en Europe.
✉ upetron@tin.it

7344. **Petrovic, Bosko** Ive Lole Ribara 6, 21000 Novi Sad, Serbia.

7345. **Petrovic, Danica** Koste Jovanovica 13, 11000 Beograd, Serbia. *Serbian Academy of Sciences* / Orthodox chant (Greek, Serbian, Russian).

7346. **Petrucciani, Alberto** Via A. Carrara 77/6, 16147 Genova, Italy. *U. di Bari* / Bookselling and book collecting in Europe (catalogues) • Printing and publishing in Genoa.

7347. **Petrus, Klaus** Institut für Philosophie Unitobler, Längass-str. 49a, 3000 Bern 9, Switzerland. *Institut für Philosophie Unitobler* / Epistemology • Hermeneutics • Forms of representation in natural science and the arts.

7348. **Petschauer, Peter W.** Dept of History, Appalachian State University, Whitener Hall, Boone 28608, NC, USA. *Appalachian State U.* / Ethnic issues.
✉ petschauerpw@appstate.edu

7349. **Petsios, Costas** University of Ioannina, Archimadreiou 23, 45333 Ioannina, Greece. *U. of Ioannina.*

7350. **Pettersson, Hillevi** Sandelsg. 37, 4 tr, 11533 Stockholm, Sweden. *Stockholms U.* / Per Krafft (1724-1793).

7351. **Pétursdóttir, Sólveig** Skólabraut 16, 170 Seltjarnarnes, Iceland.

7352. **Pétursson, Einar G.** Kaplaskjólsvegi 61, 107 Reykjavík, Iceland.

7353. **Pétursson, Eysteinn** Lágabergi 9, 111 Reykjavík, Iceland.

7354. **Pétursson, Pétur** Hjálmholti 12, 105 Reykjavík, Iceland.

7355. **Pétursson, Sigurdur** Hagamel 17, 107 Reykjavík, Iceland.

7356. **Petyx, Enza** Via della Consolata 12, 10122 Torino, Italy. *U. di Torino* / Philosophie de la Restauration en France • Révolution française • L'idée de 'nature' chez J. de Maistre et L. de Bonald.

7357. **Peucker, Brigitte** 19 Tower Parkway, New Haven, CT 06511 3622, USA.

7358. **Peupion, Jacques** 8, rue Laetitia, 92500 Rueil-Malmaison, France.

7359. **Peyfuss, Max D.** Postfach 20, 2344 Maria Enzersdorf, Austria.

7360. **Peyronnet, Pierre** 50 rue Bayen, 75017 Paris, France. / Le théâtre (mise en scène) • Le thème de la jalousie dans la comédie • J.-J. Rutledge • Barthélémi Imbert • Rochon de Chabannes.

7361. **Peyrot, Jean** 18 rue du Mont Cindre, 69450 Saint-Cyr-au-Mont-d'Or, France. *U. de Lyon II* / Commerce international et industrie de la soie.

7362. **Pezzillo, Lelia** Viale XXI Aprile 61, 00162 Roma, Italy. *L.N.I.S.S.* / Morale et politique chez Rousseau • La philosophie ethico-politique de Spinoza • Les Lumières.

7363. **Pfanner, Dario** Via Santo Stefano 39, 56123 Pisa, Italy. / Religion in Britain (early deism, Catholicism) • Jacobitism in Italy and England • Hanoverians.
✉ dariopf@tin.it

7364. **Pfister, Michael** Im Horn 1, 8700 Küsnacht, Switzerland. / Sade • La Mettrie.

7365. **Pfister, Pascal** 119 rue du Chemin Vert, 75011 Paris, France.

7366. **Pfotenhauer, Helmut** Lehrstuhl für Neuere deutsche Literaturgeschichte I, Institut für deutsche Philologie, Universität Würzburg, Am Hubland, 97074 Würzburg, Germany. *U. Würzburg* / Autobiography • Literary anthropology • Intermediality • Classicism.

7367. **Phemister, Pauline J.** Dept of Philosophy, University of Liverpool, P.O. Box 147, Liverpool, L69 3BX, UK. *U. of Liverpool* / Leibniz's metaphysics.

7368. **Philipps, Sally** 85 Amblecote Road, Grove Park, London, SE12, UK. / Law.

7369. **Phillips, Elaine Anderson** 416 Belle Valley Drive, Nashville, TN 37209-5129, USA. *Vanderbilt U.*

7370. **Phillips, Michael C.** Center for Eighteenth Century Studies, University of York, Kings Manor, York, YO1 7EP, UK. *U. of York* / William Blake (anti-Jacobin Terror in Britain, printmaking methods and materials).
✉ mcp4@york.ac.uk

7371. **Phillips, Natalie** 442 Dorseyville Road, Pittsburgh, PA 15215-1140, USA.

7372. **Phillips, Pamela** Dept of Hispanic Studies, Faculty of Humanities, University of Puerto Rico, P.O. Box 23351, San Juan, PR, USA. *U. of Puerto Rico* / Spain • Spanish literature.
✉ pphillip@rrpac.upr.clu.edu

7373. **Phillipson, N. T.** Dept of History, University of Edinburgh, George Square, Edinburgh, EH8 9JY, UK. *U. of Edinburgh* / Social and intellectual history of the Scottish Enlightenment • Political thought in Britain.

7374. **Philp, Mark F. E.** Dept of Politics, Oriel College, Oriel Square, Oxford, OX1 4EW, UK. *U. of Oxford* / Political theory • Social and political movements in the United Kingdom.
✉ mark.philp@politics.ox.ac.uk

7375. **Pi Corrales, Magdalena de Pazzis** Camino de la Huerta 32, 28109 La Moraleja (Madrid), Spain. / La police à l'époque de Carlos III.

7376. **Piaia, Gregorio** Dept of Philosophy, Università di Padova, Piazza Capitaniato 3, 35139 Padova, Italy. *U. di Padova* / Historiographie de la philosophie en France et en Italie.
✉ gregorio.piaia@unipd.it

7377. **Picard, Richard J.** 1 rue des Graviers, 92500 Rueil-Malmaison, France. / Dilettantism.

7378. **Picardi, Mariassunta** Viale Leone 6, 80055 Portici (NA), Italy.

7379. **Piccioni, Laura** Via Bernini 3, 61029 Urbino (PS), Italy. *U. di Urbino* / Moral principles and political economy (Adam Smith, Bernard de Mandeville).

7380. **Piccolo, Helga** Rua Prof. Ildefonso Gomes 53, 91900-130 Porto Alegre, Brazil. *U. Federal do Rio Grande do Sul* / Political history of the Rio Grande do Sul captaincy, Brazil • Struggles between Portugal and Spain for the Plata region.

7381. **Pichois, Claude** 3 rue Pierre-Demours, 75017 Paris, France. *Vanderbilt U.* / Le premier Romantisme (Rousseau-Chateaubriand • Traductions de Shakespeare en français.

7382. **Pichorner, Franz** Franz Josefs-Kai 21/35, 1010 Wien, Austria.

7383. **Pickard, Amanda** 72 Dickens Drive, Old Stratford, Milton Keynes, Northants MK12 6NN, UK.

7384. **Pierce, Gillian** 71 Vernon Avenue, Ashland, OH 44805-4040, USA.

7385. **Pierce, John Patrick** English Dept, Queen's University, Kingston, ON K7L 3N6, Canada. *Queen's U.* / William Blake • Correspondence of Samuel Richardson • Amelia Opie.

7386. **Pierce, Ken** 284 Harvard St, #71, Cambridge, MA 02139 2365, USA. / La danse.

7387. **Pieretti, Marie-Pascale** 19 Fairview Avenue, Madison, NJ 07940-1615, USA.

7388. **Pieroni Francini, Marta** Piazza dell'Unità 24, 00192 Roma, Italy. *U. di Roma III* / Jansenism • Cultural links between Rome and France • Relations between Rome and Portugal in the Pombal era.

7389. **Pierse, Siofra** Dept of French, University College Dublin, NUI, Belfield, Dublin 4, Ireland. *University C. Dublin* / Voltaire and historiography • Problems of truth and fact in history and in works of cultural memory • Images of city life (Restif de la Bretonne).
✉ siofra.pierse@ucd.ie

7390. **Piesche, Peggy** Faculteit der Letteren, Expertisecentrum Duits, Universiteit Utrecht, Domplein 24, 3512 JE Utrecht, Netherlands. *U. Utrecht.*

7391. **Pieters, Florence F. J. M.** c/o Artis Bibliotheek, Plantage Middenlaan 45, 1018 DC Amsterdam, Netherlands. *U. van Amsterdam* / Zoology and zoological gardens.

7392. **Pietri, Françoise** 112 bis avenue Roger Salengro, 94500 Champigny-sur-Marne, France.

7393. **Pigeard de Gurbert, Guillaume** Port-Royal, 665 avenue W. A. Mozart, 13100 Aix-en-Provence, France. *U. de Paris I* / La philosophie du marquis d'Argens • La littérature érotique • Hume.

7394. **Pigeron, Catherine** 11 rue de la Prévôté, 21000 Dijon, France. / Le gout pour l'Antiquité à Dijon.

7395. **Pighetti, Clelia** Via Settempedana 4, 62022 Castelraimondo (MC), Italy. *U. di Ferrara* / Science (Spain, Italy, Great Britain, Canada).

7396. **Pignier, Nicole** Les Betoulles, 87520 Javerdat, France.

7397. **Piguet, Georgette** 94 boulevard Port-Royal, 75005 Paris, France. / Receveurs de rentes • Vie sociale et quotidienne (Paris, Dauphiné).

7398. **Piguet, Marie-France** 20 boulevard Lyautey, 54600 Villers les Nancy, France. *C.N.R.S. (Paris)* / Vocabulaire des sciences sociales et politiques • Le mot et le concept de classe • Discours et vocabulaire des economistes.

7399. **Pihlaja, Päivi** Mannerheimintie 31 B 19, 00250 Helsinki, Finland.

7400. **Pii, Eluggero** Piazza M. d'Azeglio 29, 50121 Firenze, Italy. *U. di Firenze* / Diffusion of English political ideas in Italy.

7401. **Pimenova, Ludmila** Ul. Ostrovitianova 36, 27, 117647 Moscow, Russia. *U. Lomonosov, Moscow (MGU)* / Absolutisme en France • Noblesse française de l'Ancien Régime.
✉ pimenova@hist.msu.ru

7402. **Pimentel, António M. Filipe Rocha** Prc. Falcão de Resende 8-3° Esq., 3000 Coimbra, Portugal. *U. de Coimbra* / Art • Architecture • Représentation du pouvoir.

7403. **Pimentel, Maria do Rosário Pericão da Costa** Rua Eça de Queirós, 2 -1º E, 2685-199 Lisbõa, Portugal. / Cultural history • Mentalities • Abolition of slavery.
✉ rosariopimentel@mail.telepac.pt

7404. **Pimpinella, Pietro** Piazza le Montesquieu, 28 D 12, 00100 Roma, Italy. *C.N.R. Roma.*

7405. **Pinault Sørensen, Madeleine** 43 rue du Faubourg-Saint-Antoine, 75011 Paris, France. *Musée du Louvre* / Les planches de l'*Encyclopédie* et de la *Description des arts et métiers* • Dessins français et scientifiques • Voyages et voyageurs.
✉ pinault@louvre.fr

7406. **Pinches, S. M.** 46 Rugby Rd, Milverton, Leamington Spa, Warwickshire CV32 6DG, UK. *U. of Leicester* / Charities • Roman Catholics in England.

7407. **Pinedo Sanchez, Carmen** C/ Cayetano del Toro 46, 11 K, 11010 Cadiz, Spain. / Littérature française.

7408. **Pinette, Susan** University of Maine, 5732 Hannibal Hamlin, Rm 401, Orono, ME 04469-0001, USA. *U. of Maine.*

7409. **Pink, Andrew** 37 Mount Pleasant Crescent, Crouch Hill, London, N4 4HP, UK.

7410. **Pino, Francesca** Via Caracciolo 95, 20155 Milano, Italy.

7411. **Pino Diaz, Fermin del** C/ Alfonso XII, 66, 1° Exterior, 28014 Madrid, Spain. *Consejo Superior de Investigaciones Científicas* / Histoire de sciences (anthropologie, ethnographie) • Histoire politique de la culture (mécénat, apologétique).

7412. **Pinto, Joaquim Dias da Silva** Avenida das Túlipas, Lote 10-6° Esq., 1495 Lisbõa, Portugal.

7413. **Piotrowski, Wojciech** Wola Bykowska 11 m. 3, 97-300 Piotrków Trybunalski 1, skr. pocz. 1, Poland. *Higher School of Pedagogics (Kielce)* / Vision du monde de Jean Potocki • Légende médiévale du juif errant dans la littérature polonaise • Illuminisme et mouvements religieux non orthodoxes.

7414. **Piper, Andrew** 390 Riverside Drive, apt 9C, New York, NY 10025-1829, USA.

7415. **Piper, Mike** 401 Bent Tree Road, Noble, OK 73068, USA.

7416. **Pippipidi, Andrei** Faculty of History, University of Bucharest, B-dul M. Kogalniceanu 64, 70609 Bucuresti, Romania. *U. Bucuresti.*

7417. **Pique, Barbara** Via della Farnesina 363, 00194 Roma, Italy.

7418. **Piroux, Lorraine** 504 Magnolia St, apt D, Highland Park, NJ 8904, USA. *U. of New Mexico.*

7419. **Pisani, Rachele** Via N. Lubrano di Vavaria 11, 80079 Procida (NA), Italy. / L'imprimerie à Naples.

7420. **Pisanti, Tommaso** Via Volturno 20, 81100 Caserta, Italy.

7421. **Pisapia, Roger** Chemin des Ramades, 84150 Jonquieres, France. *C.E.S. Giono* / Le conte moral (Marmontel-Mme de Genlis).

7422. **Pissarra, Maria Constança** Rua Ernesto Nazareth 137, 05462-001 São Paulo, Brazil. / Philosophy.
✉ mcpp@pucsp.br

7423. **Pistone, Paolo** Via Roma 107, 00012 Guidonia (RM), Italy. / Bayle.

7424. **Pita, João Rui Couto da Rocha** Rua das Flores, 14, 3000-442 Coimbra, Portugal. / Medicine (pharmacy, public health) • Chemistry • Pombalism.
✉ jrpita@ci.uc.pt

7425. **Pitassi, Maria-Cristina** 20 rue du Vidollet, 1202 Genève, Switzerland. *U. de Genève* / Correspondance de Jean-Alphonse Turrettini • John Locke (théologie, exégèse et philosophie) • La théologie à Genève • Marie Huber.
✉ maria-cristina.pitassi@ihr.unige.ch

7426. **Pitou, Frédérique** 85 rue d'Avesnières, 53000 Laval, France.

7427. **Pitsakis, C. G.** University of Thrakis, 128 Alkiviadou str., Piraeus, Greece. *U. of Thrakis.*

7428. **Pittock, Murray G. H.** Dept of English, University of Strathclyde, Richmond St, Glasgow, UK. *U. of Strathclyde* / Scottish nationality • Celtic identity and the British image • Jacobitism (poetry, politics) • The political correspondence of James Boswell.
✉ m.pittock@strath.ac.uk

7429. **Pittock, Sarah Peterson** English Dept, University of Colorado, Campus Box 226, Boulder, CO 80309 0226, USA. *U. of Colorado.*

7430. **Pittock Wesson, Joan Hornby** Thomas Reid Institute for Research, University of Aberdeen, Aberdeen, AB9 2UG, UK. *U. of Aberdeen* / Scottish Enlightenment • The Oxford Chair of Poetry • Literature of childhood • Thomas Hearne.

7431. **Pittrof, Thomas** Deutsches Seminar 2, Universität Freiburg, 79085 Freiburg, Germany. *U. Freiburg* / Vernacular literature • Syncretism.

7432. **Piva, Franco** Via Plinio 7, 37131 Verona, Italy. *U. di Verona* / Roman français • Brutus dans la littérature française • Réception de *Pamela*.
✉ franco.piva@univr.it

7433. **Pizzamiglio, Gilberto** Dorsoduro 2346, 30123 Venezia, Italy. *U. di Venezia* / Romance en Italie • Le théâtre à Venise • La presse littéraire vénitienne.

7434. **Pizzorusso, Arnaldo** Via Venezia 8, 50121 Firenze, Italy. *U. di Firenze* / Autobiographie et roman.

7435. **Placanica, Augusto** Via Filanda 3, 84080 Capezzano (SA), Italy. / Ordre naturel et ordre social • Valeurs et comportements • Œuvres de G. M. Galanti.

7436. **Plachta, Bodo** Alter Milchhof 5, 48145 Münster, Netherlands. *Vrije U. Amsterdam* / Censorship and opera texts • Lessing.

7437. **Plagnol-Diéval, Marie-Emmanuelle** 4 rue Marcelin Berthelot, 92130 Issy-les-Moulineaux, France. *IUFM Créteil* / Littérature d'éducation • Théâtres privés.
✉ plagnol@univ-paris12.fr

7438. **Plak, A. P. J.** Mijehof 192, 1106 HS Amsterdam Z.O., Netherlands.

7439. **Plante, Manon** 222 rue St-Michel, Beauport, PQ G1C 1G2, Canada. *U. Laval* / La figure du promeneur urbain dans la littérature française.

7440. **Plasseraud-Joncieres, Monique** 11 rue Lasson, 75012 Paris, France. *U. de Paris X* / Peinture.

7441. **Plastina, Ida** Via Massimo Stanzione 18, 80129 Napoli, Italy. / Samuel Richardson.

7442. **Platen, Magnus von** Hedinsgatan 5, 115 33 Stockholm, Sweden. / Swedish rococo poetry.

7443. **Platoff, John** Dept of Music, Trinity College, Hartford, CT 06106 3186, USA. *Trinity C.*

7444. **Plavinskaia, Nadejda** Serpukhovskii val 28, 51, 115419 Moscow, Russia. *Académie des sciences de Russie* / Russie • Nakaz • French and Russian Enlightenment • Montesquieu • Catherine II.
✉ nplav@mail.ru

7445. **Plax, Julie** Dept of Art, University of Arizona, Art Building, Park & Olive Boulevard, Tucson, AZ 85721 9900, USA. *U. of Arizona* / French painting.
✉ jplax@email.arizona.edu

7446. **Plaza Santiago, Francisco Javier de la** C/ Antonio Royo Villanueva, 5., 47014 Valladolid, Spain. *U. de Valladolid* / Architecture • Palais royaux.

7447. **Plebuch, Tobias** Dept of Music, Stanford University, Braun Music Center, 541 Lausen Mall, Stanford, CA 94305-3076, USA. *Stanford U.* / Central Europe • Germany • Music • Theatre • Romanticism • European thought • Social history • Bach family • Music printing and publishing.
✉ plebuch@stanford.edu

7448. **Plohmann, Michael** Berliner Str. 4, 58339 Breckerfeld, Germany. / L. J. F. Höpfner • Philosophy and law.

7449. **Plongeron, Bernard** 36 rue Saint-Placide, 75006 Paris, France. / Discours et pratiques culturelles dans l'Europe.

7450. **Ploumidis, G.** University of Ioannina, Dompoli 30, 45110 Ioannina, Greece. *U. of Ioannina.*

7451. **Plumb, John H.** Christ's College, Cambridge, CB2 3BU, UK. *U. of Cambridge* / Cultural institutions • Commercial exploitation of leisure activities, France and Britain.

7452. **Plummer, Duane L.** P.O. Box 1604, Brookings, OR 97415-0052, USA. / Social history.

7453. **Plungyan, Vera** H. Abdullaev St 90, 3, 700077 Tashkent, Uzbekistan. *Tashkent State Conservatoire* / Musical culture • Methods of study of music.

7454. **Ply, Mary Sue** Dept of English, Southeastern Louisiana University, Hammond, LA 70402-0001, USA. *Southeastern Louisiana U.*

7455. **Pnevmonidou, Elena** 2338 Melrose, Montréal, PQ H4A 2R8, Canada. *Bishop's U.* / Early German romanticism (Novalis, Hölderin, Schlegel).

7456. **Pocock, J. G. A.** Dept of History, Johns Hopkins University, 3400 North Charles St, Baltimore, MD 21218 2680, USA. *Johns Hopkins U.* / Historiography (Gibbon) • British political thought.

7457. **Poe, George** Dept of French, University of the South, 735 University Avenue, Sewanee, TN 37383-1000, USA. *U. of the South* / Marivaux • Rousseau • French art and literature • Gender issues and the novel in France.
✉ gpoe@sewanee.edu

7458. **Poetzsch-Seban, Ute** Rödelstr. 4, 39108 Magdeburg, Germany. *Zentrum für Telemann-Pflege und -Forschung (Magdeburg)* / Telemann • Protestant church music in mid-Germany.

7459. **Pohl, Nicole Barbara** University College Northampton, School of Cultural Studies, Boughton Green Road, Northampton, NN2 7AL, UK. *University C. Northampton* / Utopianism (women's utopianism, architecture) • Correspondence between members of literary salons in France, Germany and England.
✉ nicole.pohl@northampton.ac.uk

7460. **Pointon, Marcia** 21 Clifton Hill, Brighton, East Sussex BN1 3HQ, UK. / Visual culture, 1680-1850 (display, jewellery, painting, landscape) • Gender • Historiography.

7461. **Poirier, Jean-Pierre** 26 rue de Varenne, 75007 Paris, France. / La pensée économique et scientifique en France.
✉ poirierj@noos.fr

7462. **Poirier, Roger** 4100 North Charles St, apt 707, Baltimore, MD 21218, USA. *Towson U.* / Biography of Saint-Lambert.

7463. **Poisson, Jean-Paul** 3 avenue Vavin, 75006 Paris, France. *Institut international d'histoire du notariat* / Recherches sur la société par l'étude des actes notariés.

7464. **Poitou, Christian** 3 impasse Hippolyte-Forestier, 45000 Orleans, France. *Ecole normale du Loiret Orléans* / Histoire démographique et administrative de l'Orléanais • La Sologne.

7465. **Pojarskaia, Svetlana** Institut d'histoire universelle, Académie des sciences de Russie, Leninski prospekt 32a, 117334 Moscow, Russia. *Académie des sciences de Russie* / Espagne.

7466. **Pokorny, Jirí** Kyjevská 13, 160 00 Praha 6, Czech Republic. *U. Karlova* / Literature, reading, books • Theatre.

7467. **Pokorny, Pavel R.** Strahovská knihovna, Strahovské nádvorí 132, 118 00 Praha 1, Czech Republic.

7468. **Pokrzywniak, Tomasz** Ul. Ostródzka 22, 60-461 Poznan, Poland.

7469. **Pol, Lotte C. van de** Jan van Scorelstraat 127, 3583 CM Utrecht, Netherlands. / Prostitution • Women's work • Women's migration • Representation of women.

7470. **Polanowska, Jolanta E.** Ul. Zabinskiego 10 m.66, 02-793 Warszawa, Poland. *Institute of Fine Arts (PAN)* / Fine arts • Neoclassicism (political, social and philosophical contexts).

7471. **Pole, J. R.** 20 Divinity Road, Oxford, OX4 1LJ, UK. / Legal history in Britain and North America • Political ideas and institutions.

7472. **Polemis, D. I.** Apatouria, 84500 Andros, Greece. *Kaïreios Library* / Greek history and literature • History of Andros.

7473. **Poliakova, Elena Iurievna** Institut d'histoire universelle, Leninski prospekt 32a, 117334 Moscou, Russia. *Institut d'histoire universelle* / Influence des Lumières en Irlande • Science russe.

7474. **Polic Bobic, Mirjana** Dept of Romance Languages, University of Zagreb, 41000 Zagreb, Croatia. *U. Zagreb* / Spanish America • History of ideas in Spain and America • Ideologies of the independence of America in America and Europe • Image of America in Europe.

7475. **Politis, Alexis** University of Crete, 14 Ag. Ioannou str., 74100 Rethymno, Greece. *U. of Crete.*

7476. **Polke, Irene** Tischbeinstr. 89, 34121 Kassel, Germany. *Friedrichsgymnasium Kassel.*

7477. **Pollak, Ellen** Dept of English, Michigan State University, 201 Morrill Hall, East Lansing, MI 48824-1036, USA. *Michigan State U.* / Gender and writing • Representations of incest • Feminist theory.

7478. **Pollak, James** 150 East 69th St, apt 14N, New York, NY 10021 5704, USA.

7479. **Pollard, Mary Paul** Marsh's Library, St Patrick's Close, Dublin 8, Ireland. *Marsh's Library* / Dublin book trade • Irish and English children's books.

7480. **Pollock, Grace** Dept of English, McMaster University, Chester New Hall 321, 1280 Main St West, Hamilton, ON L8S 4L9, Canada. *McMaster U.* / Scandal in British literature and culture.
pollocge@mcmaster.ca

7481. **Polsa, Virve A.** Sickla Strand 78, 131 34 Nacka, Sweden. / Europe • Theatre • The Royal Palace of Stockholm.

7482. **Polt, John H. R.** 33 Bowling Drive, Oakland, CA 94618, USA. *U. of California (Berkeley)* / Spanish poetry.

7483. **Polverini-Fosi, Irene** Via Antistene 5, 00124 Roma, Italy. *U. di Roma* / Intellectual history • Religious conversion.

7484. **Polverino Petrillo, Maria Celeste** Corso Garibaldi 240, 80141 Napoli, Italy.

7485. **Polycandrioti, Ourania** Centre for Neohellenic Research, 48 Vas. Constantinou Avenue, 11635 Athens, Greece. *Centre for Neohellenic Research* / Discours personnel (autobiographies, mémoires, journaux intimes) • Récits de voyage • Théorie des genres littéraires.
ranpoly@eie.gr

7486. **Pomian, Krysztof** 120 avenue Saint-Exupéry, 92160 Antony, France. *C.N.R.S. (Paris)* / Bayle et le socinianisme • La république des lettres • L'histoire en France • Collectionneurs et collections.

7487. **Pompiliu, Teodor** Str. M. Kogalniceanu 1, 3400 Cluj-Napoca, Romania. *U. Cluj-Napoca* / Enlightenment.

7488. **Poni, Carlo** Viale Q. Filopanti 4, Bologna 40126, Italy. / Italian and French silk industries.

7489. **Ponso, Marzia** Corso Regina Margherita 87, 10124 Torino, Italy.

7490. **Pontet, Josette** 19 avenue du 8 mai 1945, 64100 Bayonne, France. *U. de Bordeaux III* / Histoire urbaine • Histoire démographique et sociale.

7491. **Ponzellini, Elvira** Via A. Bossi 3, 20060 Bussero (MI), Italy.

7492. **Ponzi, Mauro** Via Nicola Corsi 24, 00152 Roma, Italy.

7493. **Poole, Steve** Hill House, Church St, Coleford, Radstock, Somerset BA3 5NA, UK.

7494. **Poór, János** Amfiteátrum ut 3, 1031 Budapest, Hungary. *U. Budapest.*

7495. **Poor, Suzanne Donaldson** 30 Plymouth St, Montclair, NJ 07042, USA. *Seton Hall U.* / Jonathan Swift's satiric treatment of women (boudoir poetry).
✉ poorsue@aol.com

7496. **Poovey, Mary** 37 Washington Square West 6D, New York, NY 10011-9115, USA.

7497. **Pop, Rodica** 20 rue René Descartes, 3400 Cluj-Napoca, Romania. *U. Cluj-Napoca* / French Enlightenment • Sade (théorie du roman moderne).

7498. **Pope, Randolph D.** Dept of Comparative Literature, Washington University, Campus Box 1107, St Louis, MO 63130-4899, USA. *Washington U.* / Spanish literature • European autobiography.

7499. **Popescu, Brindusa** Str. Macazului 11A, apt 6, 6600 Iasi, Romania. *U. Iasi* / Pre-Romanticism and Romanticism.

7500. **Popiel, Jennifer** Dept of Humanistic Studies, University of Wisconsin, HUS, TH 331, 2420 Nicolet Drive, Green Bay, WI 54311, USA. *U. of Wisconsin (Green Bay)* / French Revolution • France • New France • Christian schools • Enlightenment (concept) • Conduct books • *Journal des dames* • L'*Encyclopédie* • Social and cultural history • Childhood and family life.
✉ popielj@uwgb.edu

7501. **Popkin, Jeremy D.** Dept of History, University of Kentucky, 1725 POT, Lexington, KY 40506-0027, USA. *U. of Kentucky* / European press • Autobiography • French and Haitian Revolutions.
✉ popkin@uky.edu

7502. **Popkin, Richard** 153430 Albright St, #204, Pacific Palisades, CA 90272 2520, USA. *U.C.L.A.* / History of philosophy • Jewish history • History of ideas (racism).

7503. **Popov, Cedomir** Filozovski fakultet, Stevana Musica b.b., 21000 Novi Sad, Serbia. *U. Novi Sad* / History.

7504. **Popova, Elena** Institute for Art Studies, Bulgarian Academy of Sciences, 21 Krakra St, Sofia 1504, Bulgaria. *Bulgarian Academy of Sciences.*

7505. **Poppel, N. J. M. van** Anke Servaeshof 33, 5044 MJ Tilburg, Netherlands.

7506. **Porres Marijuan, Maria Rosario** C/ Aranzabal 9, 3° Dcha., 01008 Vitoria, Spain. / Histoire moderne.

7507. **Porret, Michel** Montchoisy 74, 1207 Genève, Switzerland. *U. de Genève* / La justice criminelle et la médecine légale • Beccaria, Montesquieu, Rousseau.
✉ michel.porret@lettres.unige.ch

7508. **Porset, Charles** 88 rue Jeanne d'Arc, 75646 Paris Cedex 13, France. *U. de Paris IV* / Montesquieu • Mme Du Châtelet • Leibniz • Koenig • Voltaire • Franc-maçonnerie.
✉ porset.c@free.fr

7509. **Porter, Charles A.** Dept of French, Yale University, Yale Station, New Haven, CT 06511, USA. *Yale U.* / Restif de La Bretonne • Le roman personnel depuis Rousseau • L'*Encyclopédie* • La critique littéraire en France.

7510. **Porter, David L.** Dept of English and Comparative Literature, University of Michigan, 3187 Angell Hall, 435 South State St, Ann Arbor, MI 48109, USA. *U. of Michigan* / Western responses to various aspects of Chinese culture • Impact of Chinese aesthetic influences in Britain.
✉ dporter@umich.edu

7511. **Porter, Roy S.** Wellcome Institute for the History of Medicine, 183 Euston Road, London, NW1 2BN, UK. *Wellcome Institute for the History of Medicine* / Social and intellectual history of science and medicine (psychiatry, sex, quacks) • Hogarth.

7512. **Porterfield, Todd** Dept of Arts & Art History, Rice University, P.O. Box 1892, Houston, TX 77251-1892, USA. *Rice U.*

7513. **Portnoy, Jeffrey** Georgia Perimeter College, 1000 University Center Lane, Lawrenceville, GA 30043-7409, USA. *Georgia Perimeter C.* / Pope and other editors • Impact of print technology • English booktrade.

7514. **Posner, Donald** Dept of Fine Arts, New York University, 1 East 78th St, New York, NY 10021, USA. *New York U.* / Italy • Painting • Rococo • Fragonard.

7515. **Possin, Hans-Joachim** Seminar für Anglistik und Amerikanistik, Technische Universität Braunschweig, Mühlenpfordtstr. 22/23, 38106 Braunschweig, Germany. *Technische U. Braunschweig* / Littérature de voyage et autobiographie en Europe.

7516. **Post, S. D.** M. Klompéstraat 2, 4207 NZ Gorinchem, Netherlands. / Pietistic poetry.

7517. **Postigliola, Alberto** Via Città di Castello 13, 00191 Roma, Italy. *Istituto Universitario Orientale Napoli* / Nature et artifice (Hobbes-Rousseau) • Montesquieu.
✉ nadiesda@libero.it

7518. **Potkay, Adam S.** Dept of English Literature, College of William and Mary, P.O. Box 8795, Williamsburg, VA 23187-8795, USA. *C. of William and Mary* / The idea of happiness • The passions in literature and philosophy • 'Joy' in literature and philosophy • The Black Atlantic • Religion and literature.
✉ aspotk@wm.edu

7519. **Potnitseva, Tatjana** Gogol St 2, kv. 49, 320044 Dnepropetrovsk, Ukraine. *Dnepropetrovsk State U.* / Pre-Romanticism • Gothic literature • William Godwin • Verbal signs, key words and notions in literature.

7520. **Potofsky, Allan** 26 rue des Annelets, 75019 Paris, France. *U. de Paris VIII* / La Révolution française et le mouvement d'Indépendance aux Etats-Unis, 1770-1800.

7521. **Pott, Sandra** Institut für Germanistik II, Universität Hamburg, Von-Melle-Park 61 IV, 20146 Hamburg, Germany. *U. Hamburg* / Poetics (German and comparative literature) • History of science (medicine) • Huguenots in early modern Europe • Intellectual history of the protestant church.
✉ s_pott@yahoo.de

7522. **Potter, Edith** Dept of German, Scripps College, Claremont, CA 91711, USA. *Scripps C.* / Age of Goethe • Faust studies in European literature • German literature in the Enlightenment.

7523. **Potter, Edward** German Languages, University of North Carolina, 438 Dey Hall, Chapel Hill, NC 27599-0001, USA. *U. of North Carolina.*

7524. **Potter, Tiffany** Dept of English, University of British Columbia, 1873 East Mall, University of British Columbia, Vancouver, BC V6T 1Z1, Canada. *U. of British Columbia* / British libertinism (1660-1760) • North American Indian women in colonial exploration, travel, and captivity narratives.
✉ tpotter@interchange.ubc.ca

7525. **Potthast, Barbara** Neuere deutsche Literatur I, Universität Stuttgart, Keplerstr. 17, 70174 Stuttgart, Germany. *U. Stuttgart* / Anthropology.

7526. **Poulin, Pamela L.** The Johns Hopkins University, Peabody Conservatory of Music, 1 East Mount Vernon Place, Baltimore, MD 21202, USA. *Johns Hopkins U.* / J. S. Bach, Mozart, F. E. Niedt, Anton Stadler.

7527. **Poulkin, Maxim** Prospekt Urizkogo 67, 55, 185030 Karelia, Petrozavodsk, Russia. *Centre scientifique de Carélie* / Histoire monastique • Paroisses des villes et des villages en Russie (Vieux Croyants).

7528. **Poulot, Dominique-Pierre** 30 rue Brochant, 75017 Paris, France. *U. de Tours* / Histoire des musées et des collections • Histoire politique des Lumières.

7529. **Poulouin, Claudine** 23 rue de Maltot, 14000 Caen, France. / Les temps fabuleux (1640-1760).

7530. **Poupeney Hart, Catherine** Dept of Modern Languages and Literatures, Université de Montréal, C.P. 6128, Succursale Centre-Ville, Montreal, PQ H3C 3J7, Canada. *U. de Montréal* / Natural and moral history and collective constructions of identity in colonial Hispanic America (Guatemala, Peru).
✉ catherine.poupeney-hart@umontreal.ca

7531. **Pourade, Jean Paul** Marnat, 43390 Vezezoux, France.

7532. **Poutet, Yves** 134 Cours Gambetta, 33400 Talence, France. *Archives de Talence* / Les Frères des écoles chrétiennes • Charles Démia • Histoire de l'éducation (congrégations enseignantes).

7533. **Powell, Damon** P.O. Box 8051, New York, NY 10150-8051, USA.

7534. **Powell, Margaret** The Lewis Walpole Library, 154 Main St, Farmington, CT 6032, USA. *The Lewis Walpole Library.*

7535. **Powell, Martyn** Dept of History and Welsh History, University of Wales, Penglais, Aberystwyth, SY23 3DY, UK. *U. of Wales (Aberystwyth).*

7536. **Powers, Heather** 178 East Pike Road, Indiana, PA 15701-3015, USA.

7537. **Powers, Mary Ann** 9 Woods Avenue, Worchester, MA 01606-2545, USA.

7538. **Powers, Nancy K.** 3111 Silkgrass Bend, Austin, TX 78748-5038, USA. / The satires of Pope and Swift • British comedy • 17c French literature (Molière).

7539. **Powers, Paula** 815B North Beverly Glen Boulevard, Los Angeles, CA 90077-3150, USA.

7540. **Pozzi, Regina** Via S. Nicolao 85, 55100 Lucca, Italy.

7541. **Pozzi D'Amico, Lelia** Via Pier Lombardo 25, 20135 Milano, Italy. *U. di Milano* / Bordeu • Diderot.

7542. **Pozzo, Giovanni Maria** Via A. Briosco 13, 35123 Padova, Italy. *U. di Padova* / Philosophy of history: Condorcet, Vico, Voltaire.

7543. **Pradeilles, Anne** 132 rue de Chevilly, 94240 L'Hay-les-Roses, France. *U. de Paris V* / Les romancières anglaises et l'éducation des filles (1780-1820).

7544. **Pradier, Pierre-Charles** 118 rue Moulin des Prés, 75013 Paris, France. *E.N.S. (Cachan)* / Risk and probability • Decision theory • Political arithmetics • Social science.
✉ pierre-charles.pradier@univ-paris1.fr

7545. **Prandi, Julie** Illinois Wesleyan University, P.O. Box 2900, Bloomington, IN 61702-2900, USA. *Illinois Wesleyan U.*

7546. **Prassa, Annita** 12 Gamveta St, 38221 Volos, Greece. *General Archives of Magnesia-Volos* / History of Europe and Greece • Theory of history.

7547. **Pratasik, B.** Nieuwpoortstraat 104-III, 1055 RZ Amsterdam, Netherlands. / Theatre.

7548. **Prätorius, Bernd** Weimarische Str. 4, 10715 Berlin, Germany. *U. Osnabrück* / National theatre.

7549. **Pratt, Terrence M.** 9 Silver Birch Avenue, Sheffield, S10 3TA, UK. *U. of Sheffield* / Enlightenment epic.

7550. **Pre, Corinne** 1 rue des Mouchettes, 92190 Meudon, France. *Lycée Rabelais* / L'opéra-comique, 1715-1789 • La chanson et le vaudeville jusqu'à 1789.

7551. **Preda, Ion Aurel** Dept of English, University of Bucharest, Str. Pitar Mos 7-13, 70106 Bucuresti, Romania. *U. Bucuresti.*

7552. **Predaval Magrini, Maria Vittoria** Via Mercalli 11, 20122 Milano, Italy.

7553. **Pregliasco, Anna Maria** Viale XX Settembre 295, 54036 Marina di Carrara (MS), Italy.

7554. **Preioni Travostino, Angela** Via Trieste 7, 28845 Domodossola (VB), Italy. / Val d'Ossola (local history).

7555. **Preisendörfer, Bruno** Pflügerstr. 22, 12047 Berlin, Germany. *Freie U. Berlin* / Public punishment • Celebrations and war.

7556. **Preiss, Pavel** Benesovská 7, 101 00 Praha 10, Czech Republic. *National Gallery (Praha)* / Fine arts • Painting, sculpture • Iconography and iconology.
✉ p.preiss@volny.cz

7557. **Preiss, Roswitha** Kaserngasse 8, 5020 Salzburg/Riedenburg, Austria.

7558. **Preobrajenski, Alexandre** Institut d'histoire russe, Académie des sciences de Russie, oul. Dmitri Oulianov 19, 117036 Moscou, Russia. *Académie des sciences de Russie* / Despotisme éclairé en Russie (Pierre I).

7559. **Prescott, Sarah** Dept of English, Hugh Owen Building, Penglais, Aberystwyth, Ceredigion SY23 3DY, UK. *U. of Wales (Aberystwyth)* / Women's writing, 1688-1740 • Periodicals for women, 1690-1790 • Elizabeth Singer Rowe.

7560. **Press, Erica** 4 Green Close, Old Alresford, Hants SO24 9DJ, UK. *U. of Southampton* / Portraiture during the French Revolution.

7561. **Pressly, William L.** 6135 31st St North West, Washington, DC 20015-1515, USA. *U. of Maryland (College Park).*

7562. **Preston, Thomas** 11722 South Central Lane, Winona, TX 75792 6704, USA. *U. of North Texas* / Biblical criticism in literature • English novel (Smollett).

7563. **Preto, Paolo** Via Galvani 15-B, 36078 Valdagno, Italy. *U. di Padova* / Les mots et les Lumières • La langue des Lumières.
✉ paolo.preto@unipd.it

7564. **Priachnikova, Margarita** Ul. Tvardovskogo 23, 232, 123458 Moscow, Russia. *Musée de la culture musicale M. I. Glinka* / Musique en Russie.

7565. **Price, Frederick W.** 4 Yew Tree Gardens, Harrogate, HG2 9JU, UK. *U. of Leeds* / Physiognomy • Language of physical description • Word and image relations.

7566. **Price, John Vladimir** 8 Cloudesley Square, Islington, London, N1 0HT, UK. *U. of Edinburgh* / David Hume • Publishing.
✉ john@jvprice.com

7567. **Priestley, Sharon** 22 Church Lane, Girton, Cambridge, CB3 OJP, UK. / James Boswell.

7568. **Primer, Irwin** 21 Edgewood Place, Maplewood, NJ 07040-1352, USA. *Rutgers U.* / Mandeville (sources in Shaftesbury, Bayle, La Rochefoucauld and other moralists) • Translation theory.
✉ primer@andromeda.rutgers.edu

7569. **Principato, Aurelio** Università IULM - Milano, via Filippo da Liscate 1, Milano, Italy. *U. IULM (Milano)* / French Revolution • French language and literature (Chateaubriand, Crébillon fils, abbé Prévost.
✉ aurelio.principato@libero.it

7570. **Prins, Tom** Scholar's Choice, 622 Sibley Tower, Rochester, NY 14604, USA. *Scholar's Choice.*

7571. **Prior, Tim** Dept of English, University of Toronto, 7 King's College Circle, Toronto, ON M5S 1A1, Canada. *U. of Toronto* / English novel • Courtesy literature • The grotesque • Smollett • Samuel Johnson.

7572. **Pritchard, Jonathan** 81 Catherine St, Cambridge, CB1 3AP, UK.

7573. **Probst, Ingmar** Dept of Travel Literature and Cultural Anthropology, Graduate College, University of Paderborn, Warburgerstr. 100, 33095 Paderborn, Germany. *U. of Paderborn* / Travel • European expansion (colonialism) • Cultural anthropology • Migration • Fur trade.
✉ iprobst@hotmail.com

7574. **Profit, Françoise** 3 rue des Reculettes, 75013 Paris, France.

7575. **Profos, Claudia** Bühlstr. 26, 3000 Bern 9, Switzerland.

7576. **Proia, Francesco** Via Maiello 26, 66023 Francavilla-al-Mare, Italy.

7577. **Promies, Wolfgang** Alte Darmstädter Str. 40, 64367 Mühltal, Germany. *Technische U. Darmstadt* / Lichtenberg • Wieland • La poésie allemande • La littérature enfantine allemande.

7578. **Pross, Wolfgang** Deutsches Seminar, Universität Bern, Schützenmattstr. 14, 3012 Bern, Switzerland. *U. Bern* / Herder • Natural sciences • Theories of language • Sulzer.

7579. **Proud, Judith K.** Centre for Modern Languages, University of Plymouth, Drake Circus, Plymouth, Devon PL4 8AA, UK. *U. of Plymouth* / Literary periodicals (France, Austrian Netherlands, Liège) • Theatre (Fabre d'Eglantine) • Censorship • Prose fiction (contes).

7580. **Proust, Jacques** 12 rue des Hospices, 34090 Montpellier, France. / L'*Encyclopédie* • Les relations entre l'Europe et le Japon.
✉ purusuto@aol.com

7581. **Pröve, Ralf** Lloyd-G.-Wells-Str. 29, 14163 Berlin, Germany. *U. Potsdam* / Military history • Urban history • Social history.

7582. **Prown, Jules D.** Dept of History of Art, Yale University, Yale Center for British Art, P.O. Box 208280-8280, New Haven, CT 06520, USA. *Yale U.* / American and British art.
✉ jules.pown@yale.edu

7583. **Pruitt, John** Dept of English, Ohio University, 360 Ellis Hall, Athens, OH, USA. *Ohio U.* / British Enlightenment • Drama • English language and literature • Social history.
✉ jp234388@ohio.edu

7584. **Prunier, Clotilde** IONA, 12 rue Cité Mas de Tesse, 34070 Montpellier, France. *U. de Montpellier III* / Presbyterians and Catholics in Scotland (schools in the Highlands anti-Catholic crusade) • The Scottish Catholic Mission and the penal laws.
✉ clotilde.prunier@univ-montp3.fr

7585. **Pruvost, Geneviève** 25 bis rue du Haut Pavé, 91150 Etampes, France. *U. de Paris III* / Le rire.

7586. **Ptaszyk, Marian** Ul. Wojska Polskiego 53 m.67, Torun, Poland.

7587. **Pucci, Suzanne** Dept of French, University of Kentucky, 1015 Patterson, Lexington, KY 40506-0003, USA. *U. of Kentucky* / Cultural studies • Intellectual history and philosophy • Visual arts and literary texts • The family in French texts • Epistolary fiction • 'Exotic' in French literature.

7588. **Puchowski, Kazimierz** Al. Jana Pawla II 21B/4, 80-462 Gdansk, Poland. *U. of Gdansk* / Enlightenment education of the political elite (Poland, Lithuania).
✉ kacper@bg.univ.gda.pl

7589. **Puehringer, Andrea J.** Rittergasse 9, 35305 Gruenberg, Germany. *U. of Marburg* / Central Europe • Painting • Violence.
✉ puehring@mailer.uni-marburg.de

7590. **Pugh, David** Dept of German, Queens University, Kingston, ON K7L 3N6, Canada. *Queens U.* / German literature and aesthetics (Wieland, Klopstock, Schiller, Goethe).

7591. **Pugh, Elise Gunther** Dept of English Language and Literature, University of Virginia, Bryan Hall, Room 312, Charlottesville, VA, USA. *U. of Virginia* / Printing history • Public parks in London and the theatre.
✉ ep4z@virginia.edu

7592. **Pugliese, Abel Orlando** Hermannstr. 11 (b), 14163 Berlin, Germany.

7593. **Pugliese, Guido** 32 Northmount Avenue, Downsview, ON M3H 1N4, Canada. *U.*

of Toronto / A. Conti • Correspondence of P. E. Gherardi.

7594. **Puisais, Eric** La Garnière, 86300 Chauvigny, France. / Dom Deschamps.
✉ ericpuisais@infonie.fr

7595. **Pujol, Stéphane** 3 rue du Canigou, 66690 Sorede, France. *U. de Paris X* / Le dialogue philosophique (Fontenelle-Sade) • Diderot.

7596. **Pulla Oy, Entisöinti** Korkeavuorenkatu 13 A 5, 00130 Helsinki, Finland.

7597. **Pulvirenti, Grazia** Via L. Sturzo 22, 95024 Acireale (CT), Italy.

7598. **Puntscher-Riekmann, Sonja** Schleifmühlgasse 15/14, 1040 Wien, Austria.

7599. **Punzo, Luigi** Via Voltaire 18, 00137 Roma, Italy.

7600. **Pupil, François** 23 rue des Brice, 54000 Nancy, France. *U. de Nancy II* / Le Romantisme français • Art en Lorraine (sculpture, miniature).

7601. **Purdy, Daniel** Pennsylvania State University, 311 Burrowes Boulevard, University Park, PA 16802-6203, USA. *Pennsylvania State U.*

7602. **Purits, Eugenya** Äppelvägen 6, 270 57 Kivik, Sweden.

7603. **Pursell, Matthew** John Carter Brown Library, Brown University, 267 Gano St, Providence, RI 02906-4025, USA. *Brown U.*

7604. **Puschner, Uwe** Friedrich-Meinecke-Institut, Freie Universität Berlin, Koserstr. 20, 14195 Berlin, Germany. *Freie U. Berlin* / Reading societies • Travelling journeymen • Encyclopaedias • Nationalism.

7605. **Pushkareva, Natalia** Vavilova ul. 48, 117333 Moscow, Russia. *Académie des sciences de Russie* / Women writers in Russia • Women's history • Gender research • Private life in Russia.

7606. **Pusz, Wieslaw** Jana Pawla II 16/4, 95-200 Pabianice, Poland.

7607. **Puterflam, Oliver G.** 4 place Nationale, 75013 Paris, France. / Voltaire • Esprit français.
✉ olivier.puterflam@laposte.net

7608. **Putro, Olexiy I.** 43 Saksaghansky Str., apt 8, 252033 Kiev, Ukraine. *Ukrainian Academy of Sciences* / Formation of the Ukrainian state (cossacks).

7609. **Puumalainen, Kaj** Utmarksvägen 72 b 3, 20810 Åbo, Finland.

7610. **Py, Gilbert** 28 rue Dombasle, 75015 Paris, France. *Académie de Paris* / Les idées pédagogiques de Rousseau en France et en Europe.

7611. **Pyrko, Vasily I.** 78 Illycha Avenue, apt 79, 340003 Donetsk, Ukraine. *Donetsk U.* / Southern Ukraine.

7612. **Qi, Meiqin** Institute of Qing History, Renmin University of China, 100872 Beijing, China. *Renmin U. of China* / China: Qing history.

7613. **Qi, Yu** Institute of Qing History, Renmin University of China, 100872 Beijing, China. *Renmin U. of China* / China: Qing history.

7614. **Qian, Rong** Baokan ziliao zhongxin, Renmin University of China, 100872 Beijing, China. *Renmin U. of China* / China: Qing history.

7615. **Qiao, Li** Beijing Daily, Beijing, China. *Beijing Daily* / Politics.

7616. **Qin, Baoqi** Institute of Qing History, Renmin University of China, 100872 Beijing, China. *Renmin U. of China* / China: Qing history.

7617. **Qin, Fuping** Institute of Qing History, Renmin University of China, 100872 Beijing, China. *Renmin U. of China* / China: Qing history.

7618. **Qin, Gele** Institute of Qing History, Renmin University of China, 100872 Beijing, China. *Renmin U. of China* / China: Qing history.

7619. **Qin, Guojing** First Historical Archives of China, Palace Museum, Xihuamen, 100031 Beijing, China. *Palace Museum* / Archives.

7620. **Qiu, Zhihong** Institute of Qing History, Renmin University of China, 100872 Beijing, China. *Renmin U. of China* / China: Qing history.

7621. **Qu, Lindong** Institute of History, Beijing Normal University, 100875 Beijing, China. *Beijing Normal U.* / China: Qing history.

7622. **Quaintance Jr, Richard E.** 387 Middlesex Avenue, Metuchen, NJ 08840-1510, USA. *Rutgers U. (New Brunswick)* / Literature on landscaping • Satire concerning women and landscaping • Conventions of the erotic lyric.

7623. **Quarthal, Franz** Abt. Landesgeschichte, Historisches Institut, Universität Stuttgart, Keplerstr. 17, 70174 Stuttgart, Germany. *U. Stuttgart* / Histoire des institutions des Etats, des ordres, de l'administration.

7624. **Quay, P. P. de** Spoorsingel 51-A, 3033 GH Rotterdam, Netherlands. / History of ideas • Philosophy.

7625. **Queniart, Jean** 9 chemin des Ormes, 35000 Rennes, France. *U. de Rennes II* / Histoire culturelle • Histoire religieuse.

7626. **Quéro, Dominique** 97 rue des Martyrs, 75018 Paris, France. *U. de Paris IV* / Théâtre comique • Théâtres de société • Momus.
✉ dominique.quero@paris4.sorbonne.fr

7627. **Quester, Yong-Mi** Konradstr. 29, 79100 Freiburg, Germany. *U. Freiburg.*

7628. **Quetin, Laurine** 3 rue de Savoie, 74160 Saint-Julien-en-Genevois, France. *U. de Tours* / Musical drama in Italy.
✉ laurine.quetin@wanadoo.fr

7629. **Quiller, Bjørn** Brochmannsgt. 10c, 0470 Oslo, Norway. *U. i Oslo* / Pre-revolutionary French political theory • Augustinian influence on European culture • Political culture in antiquity.

7630. **Quilliet, Bernard** 36 rue du Docteur Soubise, 92260 Fontenay-aux-Roses, France. *U. de Paris VIII* / Le paysage historique • Les désuétudes françaises au 18s.

7631. **Quinsey, Katherine M.** Dept of English, University of Windsor, 401 Sunset, Windsor, ON N9B 3P4, Canada. *U. of Windsor* / English literature (Pope) • Religion in England • Print culture • Women and gender issues.
✉ kateq@uwindsor.ca

7632. **Quintana, Emilio** Monsálvez 2, 2A, Granada 18300, Spain. *U. de Granada* / Hispanic world • Spanish Enlightenment • Spanish literature (poetry) • José Somoza.
✉ lund@mixmail.com

7633. **Quintanilla-Madero, Beatriz** Dept of Psychiatry and Medical Psychology, Universidad Panamericana, Donatello 59, 03920 Mexico City, Mexico. *U. Panamericana (Mexico City)* / Personality disorders • History of psychiatry • History of medicine in Mexico • Madness in Spanish Austrians (Joan the Mad).
✉ bquintan@mx.up.mx

7634. **Quintas, Maria da Conceição Cabrita de Pinto** Herdade do Zambujeiro, 56 e 57 Casa do Lago, 2130-000 Santo Estavão - Benavente, Portugal. / History • Literature • Culture.
✉ sec.setúbal@umoderna.pt

7635. **Quintero, Ruben** California State University, 5151 State University Drive, Los Angeles, CA 90032, USA. *California State U. (Los Angeles)* / Scriblerians • Alexander Pope.
✉ rquinte@calstatela.edu

7636. **Quintili, Paolo** Via Nomentana 1014, 00137 Roma, Italy. *U. di Roma (Tor Vergata)* / Le matérialisme français et la littérature clandestine • L'*Encyclopédie française* (arts mécaniques, sciences, travail).
✉ quintili@lettere.uniroma2.it

7637. **Quondam, Amedeo** Via G.B. de Rossi 31, 00161 Roma, Italy. *U. di Roma* / Les institutions académiques de l'Arcadie au Caffè • Les circuits épistolaires.

7638. **Quoy-Bodin, Jean-Luc** 34 rue Gassendi, 75014 Paris, France. *Institut Catholique* / Sociétés hédonistes et libertines (France, Grande-Bretagne).

7639. **Qureshi, S. L.** Trinity College, Oxford, OX1 3BH, UK. *U. of Oxford* / Novel (Samuel Richardson) • Didacticism, morality and religion.

7640. **Raabe, Paul** Roseggerweg 45, 38304 Wolfenbüttel, Germany. *Franckesche Stiftungen* / Book history • Libraries • Lessing • Knigge • Goethe.

7641. **Raamsdonk-van de Woestijne, A. J. van** M. Peetstraat 17, 1183 LG Amstelveen, Netherlands. / Women and society.
✉ t.vanraamsdonk@planet.nl

7642. **Raaphorst, Madeleine** 621 South West 16th Court, Fort Lauderdale, FL 33315-1605, USA. / Voltaire.

7643. **Raat, A. J. P.** Corneillelaan 22, 3533 CW Utrecht, Netherlands.

7644. **Rabb, Melinda** Dept of English, Brown University, Box 1852, Providence, RI 02912 9127, USA. *Brown U.* / English satire • Fiction • Women writers.

7645. **Rabreau, Daniel** 3 rue Louis-Rolland, 92120 Montrouge, France. *U. de Paris I* / Architecture et urbanisme • Architecture des théâtres • Beaux-arts.

7646. **Racault, Jean-Michel** 17 route des Bougainvilliers, 97417 La Montagne, Ile de la Réunion, France. *U. de la Réunion* / L'utopie romanesque (France, Angleterre) • Robinson-

nades et romans de l'île déserte • Bernardin de Saint-Pierre • Lafitau.
btorit@wanadoo.fr

7647. **Racevskis, Inese** 30 Sheila Court, Yorktown Heights, NY 10598 2212, USA.

7648. **Racevskis, Karlis** Dept of French & Italian, Ohio State University, Columbus, OH 43210-1337, USA. *Ohio State U.*
racevskis.l@osu.edu

7649. **Rack, Henry D.** 15 Gildridge Road, Manchester, M16 8PS, UK. / English religion (Methodism, Evangelicalism).

7650. **Rådberg, Ingemar** Garn 1290, 463 95 Lödöse, Sweden.

7651. **Radcliffe, David** Dept of English, Virginia Tech, 507 Rose Avenue, Blacksburg, VA 24060, USA. *Virginia Tech.*

7652. **Radelet-de Grave, Patricia** Institut de physique théorique, Université de Louvain, Chemin du Cyclotron 2, 1348 Louvain-La-Neuve, Belgium. *U. de Louvain* / Physics • Links between mathematics and physics • Bernoulli.

7653. **Rader, Ralph W.** Dept of English, University of California, Berkeley, CA 94720-0001, USA. *U. of California (Berkeley).*

7654. **Radford, Susan** 8 Broadcroft Road, Petts Wood, Orpington, Kent BR5 1EU, UK. *Open U.* / The Enlightenment.

7655. **Radisich, Paula Rea** 13518 Bailey St, Whittier, CA 90601 4413, USA. *Whittier C.* / Visual arts in France.
pradisich@whittier.edu

7656. **Radkova, Rumiana Georgieva** 30 Petiofi St, 1606 Sofia, Bulgaria. *Institute of History BAS* / Monasteries as centres of cultural life in Bulgaria • Morality in Bulgarian society • Bulgarian intelligentsia.

7657. **Radner, John B.** 3549 Quesada St North West, Washington, DC 20015, USA. *George Mason U.* / The Johnson-Boswell relationship.
jradner@gmu.edu

7658. **Radspinner, Anne** 1425 Vaquero Glen, Escondido, CA 92026-1649, USA.

7659. **Radtke, Stephanie** Sternstr. 29, 46147 Oberhausen, Germany. / Satire and verse satire (Spain).
stephanie.radtke@uni-duisburg.de

7660. **Radulescu, Alexandru** Pta. Dr Russell 5, apt 39, 1900 Timisoara, Romania. *Musée du Banat* / The Banat region of Romania.

7661. **Radulet, Carmen Maria** Rua Vitorino Nemésio, 4 -7ª D, 1750-307 Lisbõa, Portugal. / Portugal and Brasil.

7662. **Radwan, Jérome** 6 rue François Delage, 94230 Cachan, France. / L'autobiographie ouvrière.

7663. **Raffaele, Silvana** Via Etnea 509, 95100 Catania, Italy.

7664. **Raffeau, Michèle** 38 rue Saint-Paul, 1er étage B, 75004 Paris, France. / La noblesse nivernaise (1660-1860).

7665. **Raffler, Marlies** Grabenstr. 45/II/30, 8010 Graz, Austria. *U. Graz* / Reading societies • Historical museology (collecting, national museums under the Habsburg monarchy).

7666. **Raftery, Deidre** Dept of Education, University College Dublin, Belfield, Dublin 4, Ireland. *U. C. Dublin.*

7667. **Ragan, Bryant T.** Dept of History, Fordham University, 441 East Fordham Road, Bronx, NY 10458, USA. *Fordham U.* / Same-sex sexuality in early modern France.
ragan@fordham.edu

7668. **Ragnarsdóttir, Gudfinna** Laugateigi 4, 105 Reykjavík, Iceland.

7669. **Ragnarsson, Gunnar** Eskihlíd 10, 105 Reykjavík, Iceland.

7670. **Rahden, Wolfert von** Eichenbergerstr. 23, 28215 Bremen, Germany. *Technische U. Berlin* / Theory of language and the evolutionary debate in the Enlightenment • Nietzsche.

7671. **Rahe, Paul A.** Faculty of History, University of Tulsa, 600 South College Avenue, Tulsa, OK 74104 3189, USA. *U. of Tulsa.*

7672. **Raimondi, Ilaria** Piazza della Rovere 104, 00165 Roma, Italy.

7673. **Rainbolt, Martha M.** Dept of English, DePauw University, 327 Asbury Hall, Greencastle, IN 46135, USA. *DePauw U.* / Swift's non-satiric works • Austen's novels • Nonsense literature.

7674. **Rainer, Ulrike** Dept of German, Dartmouth College, Hanover, NH 03755 4030, USA. *Dartmouth C.* / Schiller • Aesthetics • English and German women writers.

7675. **Räisänen, Tarja** Yhteiskuntahistorian laitos, Helsingin yliopisto, PL 54, 00014 Helsingin yliopisto, Finland. *Helsingin yliopisto.*

7676. **Rajaniemi, Marja-Liisa** Taiteen ja kulttuuritutkimuksen laitos, Jyväskylän yliopisto, PL 35, 40351 Jyväskylä, Finland. *Jyväskylän yliopisto.*

7677. **Rajtcheva, Eliana** Sofia University, 15 Tsar Osvoboditel Boulevard, Sofia 1000, Bulgaria. *Sofia U.*

7678. **Rak, Michele** Via Poliziano 76, 00184 Roma, Italy. *U. di Siena* / Communication • Fairy tale as literary genre • Iconic languages. ✉ rak@unisi.it

7679. **Raková, Svatava** Historicky ústav AV CR, Prosecká 76, 190 00 Praha 9, Czech Republic. *Czech Academy of Sciences* / Colonial and early national British America • Emerging regional and national political culture. ✉ rakova@hiu.cas.cz

7680. **Ralph, Barnaby** 253 Fairfield Road, Fairfield, QLD 4103, Australia.

7681. **Ram, T. H.** Pieter Pijpersstraat 39, 3812 CH Amersfoort, Netherlands. / *Gentleman's magazine.*

7682. **Ramacciotti, Valeria** Via S. Massimo 44, 10123 Torino, Italy.

7683. **Ramallo Asensio, Germán** Dept of Art History, Universidad de Murcia, Campus de la Merced, 30001 Murcia, Spain. *U. de Murcia* / Baroque architecture and sculpture in Spain.

7684. **Ramazani, Abolfazl** 14 McHugh Court, Heslington, York, YO10 5ET, UK.

7685. **Rambaldi, Enrico** Via Monte Bianco 36, 20149 Milano, Italy. *U. di Milano* / Rousseau et la dialectique.

7686. **Rambu, Nikolaus** Fakultät für Philosophie, Universität Al. I. Cuza, Copou 11, 6600 Jassy, Romania. *U. Al. I. Cuza* / German philosophy.

7687. **Ramel, Stig** Resedavägen 8, 170 74 Solna, Sweden. / Gustaf Mauritz Armfelt.

7688. **Ramirez Gomez, Carmen** Avenida Cruz Roja 58, 41008 Sevilla, Spain. *U. de Sevilla* / L'écriture libertine (Crébillon) • L'image du corps • Esthétique et sensibilités des Lumières.

7689. **Ramond, Catherine** 22 rue Adrien Bayсselance, 33000 Bordeaux, France. *U. Bordeaux III* / Les éléments théâtraux dans le roman en France • L'influence racinienne au 18s • Les genres hybrides. ✉ catherine.ramond@wanadoo.fr

7690. **Ramos, Aida** Dept of Economics, 243 O'Shaughnessey, University of Notre Dame, Notre Dame, 46556, USA. *U. of Notre Dame* / Economic history of the former Yugoslavia • Origins of political economy • Jacobitism and 18c British economic history. ✉ acrs@eudoramail.com

7691. **Ramos, Luís António de Oliveira** Rua António Ramalho 135, 4460-241 Senhora da Hora - Matosinhos, Portugal. / Liberalism. ✉ lramos@letras.up.pt

7692. **Ramos Argoelles, Antonio** Villa Magda, 11200 Los Pinares (Cadiz), Spain. / Les Lumières.

7693. **Ramos Gomez, Maria Teresa** C/ Garcia Morato 13, 2° Dcha., 47007 Valladolid, Spain. *U. de Valladolid* / Langue et littérature françaises • Histoire des mentalités.

7694. **Ramsey, Matthew** Dept of History, 351656 Station B, Vanderbilt University, Nashville, TN 37235-1656, USA. *Vanderbilt U.* / History of medicine (regulation, quackery, popular medicine). ✉ matthew.ramsey@vanderbilt.edu

7695. **Ramsey, Richard N.** Dept of English & Linguistics, University of Indiana, 2101 East Coliseum Boulevard, Fort Wayne, IN 46805 1445, USA. *U. of Indiana (Purdue).*

7696. **Ramseyer, Patrick** 4 bis rue de la Paix, 94300 Vincennes, France.

7697. **Ranc, Emmanuel** 27 avenue de Verdun, 52260 Rolampont, France.

7698. **Rand, Susan** Victoria Farm, Bradley Lane, West Pennard, Glastonbury, BA6 8LW, UK.

7699. **Randig, Christina** Accumer Str. 8, 26389 Wilhelmshaven, Germany.

7700. **Rando, Giuseppe** Via Consolare Pompea 23, Complesso Paradiso - Pal. C, 98168 Messina, Italy. *U. di Messina* / Vittorio Alfieri • Giuseppe Parini • Cesare Beccaria. ✉ giuseppe.rando@unime.it

7701. **Rangström, Lena** Skomakargatan 28, 111 29 Stockholm, Sweden.

7702. **Rangström, Ture** Bastugatan 30, 118 25 Stockholm, Sweden. *Confidencen-Ulriksdal Court Theatre* / The stage machinery of Swedish theatres (stage lighting).

7703. **Rankin, Deana** Dept of English, National University of Ireland, Galway, Ireland. *National U. of Ireland (Galway).*

7704. **Rantanen, Arja** Kirkkopuistikko 22 B 35, 65100 Vaasa, Finland.

7705. **Ranum, Oresta A.** 208 Ridgewood Rd, Baltimore, MD 21210-2539, USA. /

Memoirs of Prion d'Aubais • Moral and social thought • Portraiture.

7706. **Ranzani, Bruna Ombretta** Via delle Belle Donne 8, 56125 Pisa, Italy. *U. di Pisa* / L'idée de nature (catastrophes naturelles) • Histoire interculturelle France-Italie • L'enseignement du français en Italie (manuels, maîtres, méthodes).
✉ brunaranzani@libero.it

7707. **Ranzini, Paola** Via S. Giorgio 2/C, 20014 Nerviano (MI), Italy. *U. de Nice Sophia Antipolis* / Littérature italienne • Esthétique • Théâtre • Echanges.

7708. **Rao, Anna Maria** Dpto di discipline storiche, Università di Napoli, Via Marina 33, 80131 Napoli, Italy. *U. di Napoli* / Le jacobinisme italien et français • La circulation des livres publiés à Naples en Europe • Collectionnisme et collectionneurs à Naples.
✉ annamrao@unina.it

7709. **Rapisarda Tafuri, Giusi** Piazza di Trevi 86, 00187 Roma, Italy. *U. di Roma.*

7710. **Rappaport, Joyce** 11 Chemin Cressy, Hampstead, PQ H3X 1R3, Canada.

7711. **Rappaport, Rhoda** Box 436, Vassar College, Poughkeepsie, NY 12604, USA. *Vassar C.* / Natural history • Geology • Religion.

7712. **Rapport, Mike G.** Dept of History, University of Stirling, Stirling, FK9 4LA, UK. *U. of Stirling* / Revolutionary Europe, 1789-1804 (European intellectual response) • Radical ideas and activities • French military occupation (Belgium, Savoie).
✉ m.g.rapport@stir.ac.uk

7713. **Rarick, Ron** 1714 North Alden Road, Muncie, IN 47304-2538, USA. *Ball State U.* / Domestic architecture • French architecture • Musical instruments (organ).

7714. **Rask, Henry** Parkvägen 11, 02760 Esbo, Finland.

7715. **Rasnick, B. A.** 1821 East Broadmor Drive, Tempe, AZ 85282 2804, USA. / Scriblerians (Gay, Pope).

7716. **Raspi Serra, Giuseppina** Dip. di Analisi, Università di Salerno, Fisciano (SA), Italy. *U. di Salerno* / La découverte de l'antiquité (1700-1770).

7717. **Rastrick, Ólafur** Skipholti 54, 105 Reykjavík, Iceland.

7718. **Rataj, Tomás** Archiv hl. m. Prahy, Archivní 6, 149 00 Praha 4, Czech Republic.

7719. **Ratajczak, Dobrochna Aloona** Ul. Odolanowska 4, 60-162 Poznan, Poland. *Adam Mickiewicz U.* / Drama and theatre (Polish comedy, tragedy).

7720. **Rathje, Jürgen** Friedenstr. 80, D-75173 Pforzheim, und Finkenstieg 50, 22147 Hamburg, Germany. *U. Mainz (Germersheim)* / Vie culturelle et sociale à Hamburg dans la première moitié du 18s • B. H. Brockes • Poesie du Nieder-Sachsen.

7721. **Rathmann, János** Université Szt. István SZIE, Páter K. u. 1. Aula ép. 303., 2103 Gödöllö, Hungary. *U. Szt. István SZIE.*

7722. **Rauschenberg, Roy A.** Dept of History, Ohio University, Athens, OH 45701-2942, USA. *Ohio U.* / John Ellis • Joseph Banks • English natural history.

7723. **Rauser, Amelia** Dept of Art History, Skidmore College, 815 N. Broadway, Saratoga Springs, NY 12866-1698, USA. *Skidmore C.*

7724. **Raux-Carpentier, Sophie** Dépt d'histoire de l'art, Université de Lille III, B.P. 149, 59653 Villeneuve d'Ascq, France. *U. de Lille III* / Painting, drawing, engraving (16-18c).

7725. **Ravara, António Pinto** Rua Santa Ana à Lapa, 105-1º E, 1200-797 Lisbõa, Portugal. / Emigration, immigration • Histoire social et politique.

7726. **Ravel, Jeffrey S.** Dept of History, M.I.T., History Faculty, E51-285, 77 Massachusetts Avenue, Cambridge, MA 02139, USA. *M.I.T.* / French political culture • Theatre history • Atlantic world in the age of revolution.
✉ ravel@mit.edu

7727. **Ravelli, Barbara** 149 Rue Oberkampf, 75011 Paris, France.

7728. **Raven, James** Dept of Modern History, Mansfield College, Oxford, OX1 3TF, UK. *U. of Oxford* / British, European and colonial social and cultural history (communications, literary production).
✉ james.raven@history.oxford.ac.uk

7729. **Raviez, François** 379 rue du 8 Mai 1945, 59287 Guesnain, France. / Les mémorialistes • Les écritures aristocratiques (Saint-Simon).

7730. **Rawling, Marg** 3740 25th St, #505, San Franciso, CA 94110, USA.

7731. **Rawson, Claude** Dept of English, Yale University, Box 208302, New Haven, CT 06520-8302, USA. *Yale U.* / Satire • Cultural reticence and the unspeakable (cannibalism,

extermination) • Classical tradition • Epic and mock-heroic.
✉ claude.rawson@yale.edu

7732. **Ray, J. Karen** Dept of English, Washburn University, 1700 College, Topeka, KS 66621 1030, USA. *Washburn U.* / Restoration and 18c drama (English comedy) • Depictions of women in drama • Dramatic theory.

7733. **Ray, William E.** Dept of French, Reed College, 3203 South East Woodstock Boulevard, Portland, OR 97202, USA. *Reed C.* / The notion of the aesthetic • The visual and its interpretation • Social stratification.
✉ ray@reed.edu

7734. **Raymond, Agnes G.** 80 Rolling Ridge Road, Amherst, MA 01002, USA. *U. of Massachusetts (Amherst)* / Voltaire • Sterne • Concept of liberty in Montesquieu • The *Encyclopédie* (minor contributions).

7735. **Raymond, Mark** P.O. Box 146, 52 South Shore Drive, Owls Head, ME 04854-3014, USA.

7736. **Raynaud, Jean-Michel** Vieux Manoir de la Hungerie, 27330 Champignolles, France.

7737. **Raynor, David R.** Dept of Philosophy, University of Ottawa, Ottawa, ON K1N 6N5, Canada. *U. of Ottawa* / Berkeley • Hume • Scottish Enlightenment (Adam Smith, Adam Ferguson, Francis Hutcheson).

7738. **Raze, Jean-Claude** 4 ter boulevard Léon Feix, 95100 Argenteuil, France. / Voyages • Dictionnaires • Buffon, Diderot, d'Alembert.

7739. **Razoumovskaia, Margarita V.** Vassilievski ostrov, liniia 10, 15, apt 34, 199178 St Petersburg, Russia. *U. of St Petersburg* / Littérature française.

7740. **Razzetti, Fausto** Borgo S. Silvestro 28, 43100 Parma, Italy. *U. di Parma* / English travellers in Parma and Emilia.

7741. **Razzotti, Bernardo** Via Belvedere 42, 60034 Lanciano (CH), Italy. *U. di Pescara.*

7742. **Real, Hermann Josef** Englisches Seminar, Universität Münster, Johannisstr. 12-20, 48143 Münster, Germany. *U. Münster* / Swift • Querelle des Anciens et des Modernes • Science.

7743. **Real Ramos, Elena** Subida de la Ermita 3, 46110 Godella, Spain. / Histoires narratives françaises.

7744. **Reale, Mario** Via F. S. Benucci 47, 00149 Roma, Italy. *U. di Pisa* / Rousseau's political philosophy • Hobbes and Rousseau.

7745. **Reb, Sylvaine** 107 avenue Félix Faure, 75015 Paris, France. / Les réformes religieuses à Salzbourg • Aufklärung catholique (Bavière, Würzburg).

7746. **Reboullet, André** 5 rue Lhomond, 75005 Paris, France. / L'enseignement du français à l'étranger.

7747. **Reck, Hartmut** Zehlendorfer Damm 112, 14532 Kleinmachnow, Germany.

7748. **Recki, Birgit** Philosophisches Seminar, Universität Hamburg, Von-Melle-Park 6, 20146 Hamburg, Germany. *U. Hamburg* / Aesthetics • Ethics • Kant.

7749. **Rector, Martin** Marienburger Weg 14, 30659 Hannover, Germany. *U. Hannover* / Theatre • Lenz • Knigge.

7750. **Reddick, Allen Hilliard** 39 Kirkland St, apt 404, Cambridge, MA 02138-2072, USA. *Harvard U. (Cambridge)* / Johnson's *Dictionary* • Satire (Swift) • Connection between France, Germany and Britain • Travel literature.

7751. **Redekop, Ben** 1700 West 3rd Avenue, Flint, MI 48504-4898, USA.

7752. **Redelius, Gunnar** Altomta, 74333 93 Vattholma, Sweden.

7753. **Reder Gadow, Marión** C/ Eugenio Selles 7, 4° A, 29017 Malaga, Spain. *U. de Málaga* / Histoire moderne • Histoire des mentalités.

7754. **Redford, Bruce** Dept of English, University of Chicago, 1050 East 59th St, Chicago, IL 60637-1512, USA. *U. of Chicago* / The letters of Samuel Johnson • Textual and visual representations of Venice.

7755. **Redjep, Jelka** Cirpanova 49, 21000 Novi Sad, Serbia. *U. Novi Sad* / Littérature médiévale serbe • Les chroniques du comte Djordje Brankovic.

7756. **Reece, Bob** School of Social Sciences, Murdoch University, Murdoch, WA, Australia. *Murdoch U.*

7757. **Reedy, Gerard** S. Pellman Hall, Fordham University, Bronx, NY 10458, USA. *Fordham U.* / Sermons • John Tillotson.

7758. **Reedy, W. Jay** Dept of History, Bryant College, 1150 Douglas Pike, Smithfield, RI 02917, USA. *Bryant C.* / Louis de Bonald.
✉ jreedy@bryant.edu

7759. **Reelfs, Hella** Breisgauer Str. 20 B, 14129 Berlin, Germany. / English gardens in Prussia • Friedrich and David Gilly • Interior decoration, 1790-1800.

7760. **Rees, Joachim** Südwestkorso 71/II, 12161 Berlin, Germany. *Forschungszentrum Europäische Aufklärung (Potsdam)* / Antiquarianism and archaeology • Art history and the amateur • Discourses on art and libertinage.

7761. **Reese, Don** 336 Cardenas Drive North East, Albuquerque, NM 87108-1712, USA.

7762. **Reesman, Linda** University of New York City, 111 Morris Avenue, Rockville Centre, NY 11570-4232, USA. *U. of New York City* / Bluestocking circle • Educating women • Ladies' magazines.
✉ sappholr@aol.com

7763. **Regan, Shaun P.** Dept of English, University College Dublin, Belfield, Dublin 4, Ireland. *U. C. Dublin* / Sterne • Scriblerians • Comic discourses • Polite culture • Theatre history.
✉ shaun.regan@ucd.ie

7764. **Regan, Thomas J.** 34 Cotuit Cove Rd, P.O. Box 1810, Cotuit, MA 02635-1810, USA. *Phillips Academy* / Swift and Pope • Fielding's fiction • Sterne.

7765. **Regge, Jürgen** Rechts- u. Staatswissenschaftl. Fakultät, Universität Greifswald, Domstr. 20, 17487 Greifswald, Germany. *U. Greifswald* / Droit pénal en Prusse (1740-1850).

7766. **Regnault, Alain** 41 rue Jean Bleuzen, 92170 Vanves, France.

7767. **Regnot-Pontgerval, Paul** 43 rue des Imbergères, 92330 Sceaux, France.

7768. **Rego, Paul** Rua Conde de Ficalho 24, 1700 Lisbõa, Portugal. / Journalisme.

7769. **Regourd, Francois** 200 avenue de la République, 92001 Nanterre, France. *U. de Paris X* / Histoire des colonies françaises (sciences) • Histoire des académies • Histoire de la cartographie et autres sciences.
✉ fregourd@aol.com

7770. **Rehnström, Mats** Box 163 94, 103 27 Stockholm, Sweden. / Rare Swedish books • Manuscripts and autographs • Bibliography of bibliographies.
✉ rehnstroem@svaf.se

7771. **Reiber, Matthias** Aquasanastr. 28, 7000 Chur, Switzerland. *Psychosomatische Abteilung des Rehabilitationszentrums Valens.*

7772. **Reichard, Karen** 428 Elmwood Avenue, apt 2W, Evanston, IL 60202-2823, USA.

7773. **Reichardt, Rolf E.** Karl-Zörgiebel-Str. 47, 55128 Mainz, Germany. *U. Mainz* / Sémantique historique en France (1680-1820) • Evénements médiatiques du 18s • Caricatures et la tradition révolutionnaire en Europe.

7774. **Reichek, Bradley Steven** Dept of French and Italian, Northwestern University, 1880 Campus Drive, Kresge 152, Evanston, IL 60202, USA. *Northwestern U.* / French Revolution • Regency of duc d'Orleans.
✉ b-reichek@northwestern.edu

7775. **Reichelt, Dieter** Traberweg 8, 10318 Berlin, Germany. *Interessengemeinschaft 'Zur Geschichte des Berliner Buchwesens'* / August Friedrich Cranz • Book trade in Berlin (popular printed matter).

7776. **Reichler, Claude** Section de français BFSH2, 1015 Lausanne, Switzerland. / Roman libertin • Récits de voyage (suisse, monde sauvage).
✉ claude.reichler@frmod.unil.ch

7777. **Reichwein, Christoph** Scheffelstr. 30A, 50935 Köln, Germany. *U. Köln* / Literary periodicals and almanacs • Social history • Popular Enlightenment: R. Z. Becker • Literary exchanges.

7778. **Reid, Hugh** Lilac Hill, RR1, Aston, ON K0A 1B0, Canada. *Carleton U.* / Joseph Warton • Johnson and his circle • Poetry, 1744-1797.

7779. **Reid, Mari-Lynne** 1601 West Almond Avenue, Orange, CA 92868-2713, USA.

7780. **Reill, Peter Hanns** Dept of History, W. A. Clark Memorial Library, University of California, 405 Hilgard Avenue, Royce Hall 310, Los Angeles, CA 90095, USA. *U.C.L.A.*
✉ reill@humnet.ucla.edu

7781. **Reina, Luigi** Corso Vittorio Emanuele 14, 84100 Salerno, Italy.

7782. **Reinalter, Helmut** Institut für Geschichte, Universität Innsbruck, Innrain 52, 6020 Innsbruck, Austria. *U. Innsbruck* / Les Lumières et la Révolution française • Cercles secrets et francs-maçons.
✉ helmut.reinalter@uibk.ac.at

7783. **Reingrabner, Gustav** Angerried 16, 2424 Zurndorf, Austria.

7784. **Reischerl, Frank** P.O. Box 75, Manchester, CT 6045, USA.

7785. **Reisinger, Erwin** Schmalzhofgasse 28/10, 1060 Wien, Austria.

7786. **Reisinger, Nikolaus** Institut für Geschichte, KFU Graz, Heinrichstr. 26/III, 8010 Graz, Austria. *KFU Graz.*
✉ nikolaus.reisinger@kfunigraz.ac.at

7787. **Reiss, H. S.** 198 Stoke Lane, Westbury-on-Trym, Bristol, BS9 3RU, UK. / Goethe • Aesthetics • German political thought.

7788. **Reissland, Heinz** Türkenstr. 3, 13349 Berlin, Germany. *Technische U. Berlin* / Mathematics (Euler).

7789. **Reitemeier, Frauke** Apoldaer Weg 6, 37085 Göttingen, Germany. *U. Göttingen.*

7790. **Reix, Maurice** AE Porte 1193, Résidence Lorilleux, 92800 Puteaux, France.

7791. **Rejman, Zofia** Ul. Glogera 4 m.9, 02-051 Warszawa, Poland.

7792. **Rempel, Ursula M.** School of Music, University of Manitoba, Winnipeg, MB R3T 2N2, Canada. *U. of Manitoba* / The harp (1770-1820) • Women in music (1770-1820) • Music as social accomplishment (conduct books, Jane Austen).

7793. **Rempel, W. John** Dept of English, 612 Fletcher Argue Building, University of Manitoba, Winnipeg, MB R3T 2N2, Canada. *U. of Manitoba* / Georgian sterling • Georgian wine • History of the book • Restoration drama.

7794. **Renaud, Jean** 30 chemin de la Botte-Molle, 86000 Poitiers, France. / Diderot et la fiction • Les salons • Le parler d'amour.

7795. **Renda, Francesco** Via Onorato 44, 80139 Palermo, Italy. *U. di Palermo* / Social change in southern Italy under enlightened despotism • Expulsion of Jesuits from Italy • Bourbon reforms.

7796. **Rennie, Janet** Flat 120, John Trundle Court, Barbican, London, EC2Y 8NE, UK.

7797. **Renoux, Christian** 66bis rue Lamarck, 75018 Paris, France. *U. d'Orléans* / La canonisation (15s-18s) • La mystique féminine.

7798. **Renwick, John P.** Dept of French, University of Edinburgh, 60 George Square, Edinburgh, EH8 9JU, UK. *U. of Edinburgh* / Voltaire et la tolérance • Marmontel • Chamfort • Library catalogues • The discovery of the Alps • The historiography of the Terror.
✉ john.renwick@ed.ac.uk

7799. **Renz, Ulrike** Am Tempel 15, 33604 Bielefeld, Germany. *U. Bielefeld* / Sociability.

7800. **Reoutov, Vladimir** Ul. Stoikosti 27, 230, 198261 St Petersburg, Russia. *Musée Russe d'État* / Art du portrait (enfants).

7801. **Reparaz y Madinaveitia, Carmen de** Paseo del Pintor Rosales 82, 28008 Madrid, Spain.

7802. **Repetti, Renzo** Dept of European Studies, Università di Genova, Salita San Nicolosio 1, 16124 Genova, Italy. *U. di Genova* / Italy • French Enlightenment • Utopie • Condorcet • Mercier • Mirabeau.
✉ renzo.rep@libero.it

7803. **Restaino, Franco** Via Tortona 16, 00183 Roma, Italy. *U. di Roma II* / Philosophie et esthétique (Ecosse, Angleterre).

7804. **Restifo, Giuseppe** Dept of History and Social Sciences, Università di Messina, Via dei verdi, 98122 Messina, Italy. *U. of Messina* / Epidemics in the Mediterranean area (18c-19c).
✉ grestifo@unime.it

7805. **Retat, Claude** C.N.R.S., 14 avenue Berthelot, 69363 cedex 07 Lyon, France. *C.N.R.S. (Unité de recherche LIRE)* / Charles-François Dupuis et son milieu • Littérature du matérialisme • Interprétation des mythes et des religions.
✉ claude.retat@ish-lyon.cnrs.fr

7806. **Rétat, Pierre** 97 rue Garibaldi, 69006 Lyon, France. / Journaux et gazettes.

7807. **Retzleff, Garry** Dept of English, Bishop's University, Lennoxville, PQ J1M 1Z7, Canada. *Bishop's U.* / English travellers in Turkey.

7808. **Reul, Barbara M.** Dept of Music, University of Regina, 3737 Wascana Parkway, Regina, SK S4S 0A2, Canada. *U. of Regina* / Music performed at small courts in Central Germany (Anhalt-Zerbst) • J. F. Fasch • Telemann.
✉ barbara.reul@uregina.ca

7809. **Reusch, Johann** Box 358436, 1900 Commerce St, Tacoma, WA 98402-3112, USA.

7810. **Reuther, Thomas** Hermann Möllerweg 18, Malente 23714, Germany. / Cultural life in Western Europe • Montesquieu.
✉ treuther@freenet.de

7811. **Revauger, Marie-Cécile** 1 plateau Roy, 97233 Schoelcher (Martinique), France. *U. des Antilles et de la Guyane* / Franc-maçonnerie britannique et américaine • La Révolu-

tion française en Grande-Bretagne • La sécularisation en Europe.
☞ cecile.revauger@wanadoo.fr

7812. **Revelli, Barbara** 149 rue Oberkampf, 75011 Paris, France. / Encyclopaedism • Marc-Antoine Jullien de Paris.
☞ brevel@freesurf.fr

7813. **Reverand II, Cedric D.** Dept of English, Box 3353, University of Wyoming, Laramie, WY 82071, USA. *U. of Wyoming* / Architecture (Palladian) • Music • Painting • Theatre • Dryden • Johnson • Pope.
☞ reverand@uwyo.edu

7814. **Rex, Walter E.** 287 Alvarado Road, Berkeley, CA 94705-1512, USA. *U. of California (Berkeley)* / Diderot • Voltaire • Music and art.

7815. **Rey, François** 54 rue du faubourg Saint-Martin, 75010 Paris, France. / Grimarest.

7816. **Rey Castelao, Ofelia** C/ Rosalia de Castro 34-B, 2°A, 15706 Santiago de Compostela, Spain. *U. de Santiago de Compostela* / Demography • Cultural and social history.

7817. **Reyes, Carmen** 423 Hicks St, apt 4F, Brooklyn, NY 11201-5949, USA.

7818. **Reyfman, Irina** 15 Claremont Avenue, #71, New York, NY 10027-6802, USA. / Russian literature • Cultural history • Semiotics of culture.

7819. **Reynaud, Denis** Charpenay, 69480 Pommiers, France. *U. de Lyon II* / Histoire naturelle • Journaux, gazettes • Narratologie • Jeux.

7820. **Reynisson, Leifur** Lynghaga 12, 107 Reykjavík, Iceland. *U. of Iceland.*

7821. **Reynolds, Johnathan** 84 Jane St, New York, NY 10014-1730, USA.

7822. **Reynolds, Larry L.** Gracefield Hall Library, 2917 Gracefield Road, Silver Spring, MD 20904-1668, USA. *Gracefield Hall Library* / Interactions between the American colonies and England and other countries • Seven Years' War.
☞ lreynolds@iitri.org

7823. **Reynolds, Lorna** 21 Herbert Avenue, Merrion, Dublin 4, Ireland.

7824. **Reynolds, Nicole** University of Georgia, 220 Nantahala Avenue, Athens, GA 30601-1937, USA. *U. of Georgia.*

7825. **Reznícek, Michal** Nad Ohradou 9/2634, 130 00 Praha 3, Czech Republic. *Karlova U.*

7826. **Rialland, Jacques** 9 rue Du Guesclin, 75015 Paris, France. / Clubs de lecture • Franc-maçonnerie.
☞ jacqrial@club-internet.fr

7827. **Rials, Stéphane** Lombardie Place de l'Eglise, Hondainville, 60250 Mouy, France. *U. de Paris II* / Histoire des doctrines morales, juridiques, économiques et politiques • Théodicées • Montesquieu • Rousseau.

7828. **Rias, Ana Paula Lopes de Oliveira Andrade** Rua Dr. João Couto 5 -5º D, 1500-235 Lisbôa, Portugal. / Education.
☞ arias@tch.ucp.pt

7829. **Ribble, Frederick Goodwin** 2014 Hessian Road, Charlottesville, VA 22903, USA. / Britain • Whigs • English thought • Correspondence • Poetry • English literature • Grub Street • Social history • Henry Fielding.
☞ anneribble@aol.com

7830. **Ribeiro, Alvaro F. V.** Dept of English, Georgetown University, Washington, DC 20057-1131, USA. *Georgetown U.* / Charles Burney (correspondence) • Johnson and his circle • Bibliography.

7831. **Ribeiro da Silva, Francisco** Dept of History, Universidade do Porto, Rua D. Manuel II, Rua São João de Brito 509 5º E, Porto, Portugal. *U. do Porto* / L'histoire social et régional.
☞ frsilva@reit.up.pt

7832. **Ricaldone, Luisa** Dept of Philology, Università di Torino, Via S. Ottavio 20, 10124 Torino, Italy. *U. di Torino* / Les femmes de lettres italiennes • Carlo Denina • Vittorio Alfieri.
☞ rical@cisi.unito.it

7833. **Ricci, Giuliana** Via Aldrovandi 5, 20129 Milano, Italy. *Politecnico di Milano* / Le théâtre (mise en scène, architecture) • Architecture à Milan • La formation de l'architecte.

7834. **Ricci, Saverio** Via G. Jannelli 23, 80100 Napoli, Italy. *Istituto Italiano per gli Studi Filosofici* / Pensée politique italienne, et ses relations avec la culture des Lumières • Antonio Genovesi et ses disciples • Gaetano Filangieri • La Renaissance dans la culture du 18s.

7835. **Ricciardi, Cynthia** P.O. Box 228, Taunton, MA 02780-0228, USA.

7836. **Riccioli, Giovanni** Via S. Ambrogio 15, 00186 Roma, Italy.

7837. **Riccobono, Maria Gabriella** Via Monviso 6, 21100 Varese, Italy. / Delfico • Vico.

7838. **Rice, John A.** 2016 Century Hills Drive North East, Rochester, MN 55906-76720, USA. / Opera (Mozart, Salieri) • Early piano.

7839. **Rice, Mindy** Dept of History, University of California, 6265 Bunche Hall, Los Angeles, CA 90095-1473, USA. *U.C.L.A.*

7840. **Rice, Paul F.** School of Music, Memorial University, St John's, NF A1C 5S7, Canada. *Memorial U.* / English cantatas and concert music • Pleasure gardens • Opera.

7841. **Richard, Francis** 78 avenue de Wagram, 75017 Paris, France. *Bibliothèque nationale* / Collection des manuscrits persans au 18s • Connaissance de l'Orient au 18s.

7842. **Richard, Jessica** Dept of English, Princeton University, 22 McCosh Hall, Princeton, NJ 8544, USA. *Princeton U.*

7843. **Richard de Vesvrotte, Sylvie** 32 rue Daisy-Georges Martin, 69540 Irigny, France. *C.N.R.S. (Lyon)* / Le portrait à Lyon • L'édition d'estampes et la gravure à Lyon • Le peintre Donat Nonnotte (1708-1785).

7844. **Richard-Pauchet, Odile** 19 bis rue des Marmuzots, 21000 Dijon, France.

7845. **Richardot, Anne** Etudes françaises F.A.S., C.P. 6128, Succ. Centre-ville, Montréal, PQ H3C 3J7, Canada. *Etudes françaises F.A.S.* / Le rire • Libertinage • Littérature féminine.

7846. **Richards, Cynthia** Dept of English, Wittenberg University, Hollenbeck 107, Springfield, OH 45501-0720, USA. *Wittenberg U.*

7847. **Richards, Jeffrey H.** Dept of English, Old Dominion University, Hampton Boulevard, Norfolk, VA 23529-0001, USA. *Old Dominion U.*

7848. **Richards, Penelope** School of Humanities, University of Gloucester, Dunholme Villa, Park Campus, The Park, Cheltenham, GL50 2QF, UK. *U. of Gloucester* / European noblewomen.

7849. **Richardson, Annie** 42 Western Road, Winchester, SO22 5AH, UK. *Winchester School of Art.*

7850. **Richardson, Dale Edward** Dept of English, University of the South, Sewanee, TN 37383-1000, USA. *U. of the South* / Alexander Pope • Theories of the passions • Architecture.

7851. **Richardson, Gary A.** Dept of English, Mercer University, 1400 Coleman Avenue, Macon, GA 31207, USA. *Mercer U.* / Dramatic and visual representations of the Irish.
∞ richardson_g@mercer.edu

7852. **Richardson, John** Dept of English Language and Literature, National University of Singapore, 7 Arts Link, Kent Ridge, Singapore 117570, Singapore. *National U. of Singapore* / Slavery and literature in the early 18c • Power and representations of war in literary works.
∞ ellrja@nus.edu.sg

7853. **Richardson, Joseph** 99 Lucan Heights, Lucan, Co. Dublin, Ireland. / Natural law, church history, empiricism, scepticism • Republic of letters, rhetoric.

7854. **Richardson, Leslie Ann** Dept of English, Xavier University, 1 Drexel Drive, Box 89C, New Orleans, LA 70125, USA. *Xavier U.* / Britain and British colonies • Cartesianism • Conduct books • Economic and political theory • English literature (Mary Astell, Defoe, Fielding, Richardson).
∞ larichar@xula.edu

7855. **Richetti, John** Dept of English, University of Pennsylvania, Bennett Hall, 3401 Walnut St, Philadelphia, PA 19104, USA. *U. of Pennsylvania* / Novel (Defoe) • Non-fiction prose • Philosophy and rhetoric.
∞ jrichett@english.upenn.edu

7856. **Richman, J. S.** Dept of English, University of Pennsylvania, c/o Graduate English Office, Bennett Hall, Walnut St, Philadelphia, PA 19103, USA. *U. of Pennsylvania.*

7857. **Richman, Kenneth A.** Dept of Philosophy, Kalamazoo College, 1200 Academy St, Kalamazoo, MI 49006, USA. *Kalamazoo C.* / Scottish philosophy (Hume) • Medicine.

7858. **Richter, Barbara** Schustehrusstr. 3, 10585 Berlin, Germany.

7859. **Richter, Daniel** 3619 Locust Walk, 3rd Floor, Philadelphia, PA 19104-6213, USA.

7860. **Richter, Elinor** 135 East 71st St, New York, NY 10021 4258, USA.

7861. **Richter, Simon Jan** Dept of Germanic Studies, University of Pennsylvania, Philadelphia, PA 19104-6305, USA. *U. of Pennsylvania.*

7862. **Richtman, Jack** P.O. Box 1995, Provincetown, MA 02657-0445, USA. / Theatre • Biography • Gay/lesbian studies • Cultural studies.

7863. **Ricken, Ulrich** Heide-Allee 11, 06120 Halle, Germany. *U. Halle-Wittenberg* / Théorie linguistique • Condillac • L.-S. Mercier.

7864. **Rickes, Joachim** Nievenheimerstr. 79, 40221 Düsseldorf, Germany. *U. Düsseldorf* / German literature (Wieland).

7865. **Ricketts, Raymond J.** 2601 Pennsylvania Avenue, apt 402, Philadelphia, PA 19130, USA.

7866. **Rico Gimenez, Juan** Urb. El Palmeral, Portal 17, 8° A, 03008 Alicante, Spain. / Histoire moderne • Les Lumières.

7867. **Ricorda, Ricciarda** Via Nazareth 4, 35128 Padova, Italy. *U. di Venezia* / Italian novel and travel literature (women travellers) • Italian journalism • Theatre in Venice (Goldoni, Gozzi).
ricorda@univr.it

7868. **Ricuperati, Giuseppe** Dept of History, Università di Torino, Via S. Ottavio 20, 10124 Torino, Italy. *U. di Torino* / Historiography • Intellectual history • History of political thought • The concept of Enlightenment • Universal history.
ricupera@cise.unito.it

7869. **Ridderstad, Per S.** Drömstigen 5, 181 62 Lidingö, Sweden. *Lunds U.* / Book history • Libraries.

7870. **Ridehalgh, Anna** Dept of French, University of Southampton, Southampton, SO9 5NH, UK. *U. of Southampton* / Les pèlerinages d'Ermenonville.

7871. **Ridley, Glynis** School of English, The Queen's University of Belfast, Belfast, BT7 1NN, UK. *The Queen's U. Belfast* / The novel: perceptions of nationalism and the exotic.

7872. **Riedel, Wolfgang** Institut für Deutsche Philologie, Universität Würzburg, Am Hubland, 97074 Würzburg, Germany. *U. Würzburg* / Anthropology and literature.

7873. **Rieke-Müller, Annelore** Föhrenkamp 6, 26131 Oldenburg, Germany.

7874. **Rielly, Edward James** Dept of English, St Joseph College, 278 Whites Bridge Road, Standish, ME 04084-5263, USA. *St Joseph C.* / Swift • Pope • The Wartons • Popular culture • Satire • Religion and literature.
erielly@sjcme.edu

7875. **Riely, John** 33 Hammond Pond Parkway, apt 1, Chestnut Hill, MA 2467, USA. *Newton Centre* / Literature, art and social history (Johnson, Boswell, Walpole, Pope) • Caricature and satirical art • Portraiture and biography • The English country house and landscape garden • Connoisseurship, history of taste and collecting • The Grand Tour.

7876. **Rieucau, Jean-Nicolas** 13 rue du Dr Dreyer Dufer, Bouffémont 95570, France. / Calcul des probabilités • Philosophie de la connaissance • Manuscriptologie.
rieucau@univ-paris1.fr

7877. **Rigamonti, Antonella** Via Garigliano 33, 30170 Venezia-Mestre, Italy.

7878. **Rigillo, Arturo** Via Stazio a Posillipo 118, 80122 Napoli, Italy. *U. di Napoli* / Cities and urban planning.

7879. **Rigogne, Thierry J.** Dept of History, Princeton University, 123 Dickinson Hall, Princeton, NJ 08544, USA. *Princeton U.* / Print culture in the French provinces • Cultural geography of France • French cafés • Diffusion of news during the Seven Years' War.
trigogne@princeton.edu

7880. **Rigoli, Aurelio** Viale della Regione Siciliana 2551, 90145 Palermo, Italy. *U. di Palermo* / Museums • Anthropology and ethnology.

7881. **Rigotti, Francesca** Fondazione Feltrinelli, Via Romagnosi 3, 20121 Milano, Italy. *Fondazione Feltrinelli.*

7882. **Riley, Esther P.** 281 Grapevine Trail, Greeneville, TN 37745-0414, USA. *East Tennessee State U.* / Novels by women.

7883. **Rinaldini, Chiara** Via Italo Panatoni 145, 00189 Roma, Italy.

7884. **Ring, Éva** Szentmiklósi út 97, 1213 Budapest, Hungary. *U. de Budapest.*

7885. **Ríos Carratalá, Juan Antonio** C/ Ciudad Real 23, Bi. 3, 9°B, 03005 Alicante, Spain. *U. de Alicante* / Littérature.

7886. **Rioux-Beaulne, Mitia** 6680 de St-Vallier, Montréal, PQ H2S 2P7, Canada. *U. Montréal* / Diderot et l'ironie • Philosophie et littérature • Métaphysique et esthétique.

7887. **Rippel, Rafal Sebastian** Ul. J. Slowackiego 3, Borki, 46-020 Czarnowasy, Poland.
rrippel@wodip.opole.pl

7888. **Rippy, Frances Mayhew** Dept of English, Ball State University, Muncie, IN 47306-0460, USA. *Ball State U.* / Restoration and 18c British poetry (Matthew Prior) and drama • British novel.

7889. **Risco de Pagani, María Mercedes** Rue Juan Luis Nougués 156, 4000 San Miguel de Tucumán, Argentina. *U. de Tucumán* / Hume et Kant.

7890. **Ritchie, Amanda** PMB 383, 4740 East Sunrise Drive, Tucson, AZ 85718-04535, USA.

7891. **Ritchie, Daniel E.** Dept of English, Bethel College – 86, 3900 Bethel Drive, Saint Paul, MN 55112, USA. *Bethel C.* / Pre-Enlightenment and Enlightenment notions of knowledge • Literature and politics • Constitutionalism in Britain and America • Watts, Swift, Smart, Burke, Cowper.
✉ d-ritchie@bethel.edu

7892. **Ritchie, Leslie** Dept of English Language and Literature, Queen's University, John Watson Hall Rm 427, Kingston, ON K7L 3N6, Canada. *Queen's U.* / British women's writing and songs (late 18c) • Music as social control.
✉ ritchiel@qsilver.queensu.ca

7893. **Ritchie, Stefka** 25 Fox Hill, Selly Oak, Birmingham, B29 4AG, UK.

7894. **Ritter, Alexander** Ferdinand-Sauerbruch-Str. 2, D-25524 Itzehoe, Germany. *U. Hamburg* / The novel in Germany • The individual reader and reading societies • The organisation of a literature market.
✉ dr.alexander.ritter@t-online.de

7895. **Ritter, Henning** Red. Geisteswiss. der FAZ, 60267 Frankfurt am Main, Germany. / Rousseau (correspondence) • Montesquieu (German).

7896. **Ritter-Santini, Lea** An der Konradkirche 4, 48155 Münster, Germany. / Iconographie et iconologie littéraire • Histoire des idées • Lessing • Voyages en Italie.

7897. **Ritterson, Michael** Dept of German, Gettysburg College, Gettysburg, PA 17325, USA. *Gettysburg C.* / German literature and culture • History and theory of the novel • Literary and music aesthetics.

7898. **Ritvo, Harriet** Dept of History / E51-285, M.I.T., Cambridge, MA 02139-4307, USA. *M.I.T.* / British cultural history • Natural history • Environmental history.

7899. **Ritzarev, Marina** Dept of Music, Bar-Ilan University, 52900 Ramat-Gan, Israel. *Bar-Ilan U.*

7900. **Ritzmann, Iris** Medizinhistorisches Institut, Universität Zürich, Rämistr. 71, 8006 Zürich, Switzerland. *U. Zürich.*

7901. **Rivara, Annie** 12 traverse des Dominicaines, 13100 Aix-en-Provence, France. *U. de Lyon II* / La réécriture (traductions) • Littérature narrative et philosophie (poétique formelle).
✉ lire@ish.lyon.cnrs.fr

7902. **Rivero, Albert J.** Dept of English, Marquette University, P.O. Box 1881, Milwaukee, WI 53201, USA. *Marquette U.* / English literature (Richardson, fiction).
✉ albert.rivero@marquette.edu

7903. **Rivers, Isabel** St Hugh's College, Oxford, OX2 6LE, UK. *U. of Oxford* / Dissenting literary culture • Historiography • The nonconformist inheritance • Interpretation of the Bible • Reading and education.
✉ isabel.rivers@st-hughs.ox.ac.uk

7904. **Rivière, Marc Serge** Dept of Languages and Cultural Studies, University of Limerick, Plassey, Limerick, Ireland. *U. of Limerick* / Travel literature • Voltaire (historical works, correspondence) • Frederick the Great • Sweden • Utopia • Embassies • Crime and punishment (transportation to Australia).
✉ serge.riviere@ul.ie

7905. **Rizzo, Betty** 40 Earle Place, New Rochelle, NY 10801 2017, USA. *C.U.N.Y.* / British women writers.
✉ bettrizzo@aol.com

7906. **Rizzo, Gino** Via Pitagora 31, 73100 Lecce, Italy. *U. di Lecce* / Littérature des Lumières aux pays méridionnaux.

7907. **Rizzo, Raymond** 40 Earle Place, New Rochelle, NY 10901 2017, USA. / Drama.

7908. **Rizzoni, Nathalie** 51-53 rue faubourg St-Denis, 75010 Paris, France. *U. de Paris IV* / Charles-François Panard • Le théâtre de la foire • Vaudeville.

7909. **Rjeoutzki, Vladislav** Bibliothèque nationale de Russie, Sadovaia 18, 191011 St Petersburg, Russia. *Bibliothèque nationale de Russie* / Les Français à St. Pétersbourg.

7910. **Roach, Joseph R.** Dept of Theatre, Yale University, P.O. Box 208302, New Haven, CT 06520 8302, USA. *Yale U.*

7911. **Robb, Bonnie Arden** 4661 Summit Bridge Rd, Middleton, DE 19709, USA. *U. of Delaware* / French epistolary novel • Félicité de Genlis • Françoise de Graffigny • Pedagogy • Diderot.

7912. **Robel, Gert** Ortlindestr. 2, 81927 München, Germany. *U. München* / Cultural links between Central and Eastern Europe • Russian history.

7913. **Robelin, Roger de** Banérgatan 73, 115 53 Stockholm, Sweden.

7914. **Röben de Alencar Xavier, Wiebke** Martinsburg 29/E 305, 49078 Osnabrück, Germany. *U. Osnabrück* / J. K. Wezel • Salomon Gessner • Transferts culturels franco-allemands.
✉ wxavier@heh.uni-osnabrueck.de

7915. **Roberts, B. B.** Balistraat 43-III, 1094 JC Amsterdam, Netherlands. *Rijksu. Groningen* / Child-rearing practices in Holland.

7916. **Roberts, Graeme** Dept of English, Taylor Building, King's College, University of Aberdeen, Old Aberdeen, AB24 3UB, UK. *U. of Aberdeen* / Novel • Drama • Poetry.

7917. **Roberts, Lissa** Dept of History, San Diego State University, San Diego, CA 92182-8147, USA. *San Diego State U.* / Science and technology (scientific instruments) • Commodification of (scientific) knowledge • Dutch culture.

7918. **Roberts, Peter** 14 Court Royal, Carlton Drive, London, SW15 2BJ, UK. / Francis Rawdon Hastings.

7919. **Roberts, William** Petriana House, Kells Place, Carlisle, CA3 9DT, UK. / Dr John Brown (1715-1766) • Thomas Gray (1716-1771).

7920. **Robertsdóttir, Hrefna** Sólheimum 40, 104 Reykjavik, Iceland. / Economic reform.

7921. **Robertson, James** 826 Hackett St, Beloit, WI 53511-5228, USA.

7922. **Robertson, John C.** Dept of Modern History, St Hugh's College, Oxford, OX2 6LE, UK. *U. of Oxford* / Enlightenment in Scotland and Italy • Ideas of union and of empire • Sociability • Political economy.
✉ john.robertson@history.ox.ac.uk

7923. **Robertson, Leslie D.** Dept of English, University of Alberta, 3-5 Humanities Centre, Edmonton, AB T6G 2E5, Canada. *U. of Alberta* / Representation of military heroes in English literature • Literary juvenilia.
✉ lroberts@ualberta.ca

7924. **Robertson, Ritchie** St John's College, Oxford, OX1 3JP, UK. *U. of Oxford* / K. P. Moritz • Religious toleration.

7925. **Robev, Nikola** National Library, 88 Vasil Levski Blvd, Sofia 1504, Bulgaria. *National Library* / Currencies and circulation of money in the Ottoman Empire • Trade with Europe, 18c-19c.

7926. **Robichez, Guillaume** May House, 11 Tower Close, Marcham, Abingdon, OX13 6PZ, UK. *Lycée français de Londres* / Anti-philosophie • Apologétique • Théorie et pratique de la traduction poétique.
✉ grobichez@lyceefrancais.org.uk

7927. **Robinson, David** Dept of English, University of Arizona, Modern Languages Building, Room 445, Tucson, AZ 85721, USA. *U. of Arizona.*

7928. **Robinson, Francis** 20 Great North Road, Newcastle-upon-Tyne, NE2 4PS, UK. / Education • Biography • Bibliography.

7929. **Robinson, Nicholas** 6 Parc des Mayens, Le Grand Saconnex, 1218 Genève, Switzerland.

7930. **Robinson, Philip Elwyn John** School of European Culture and Languages, University of Kent, Canterbury, CT2 7NF, UK. *U. of Kent* / Bernardin de Saint-Pierre (correspondence) • Late classical French comedy • Rousseau and theatre (Beaumarchais, Marivaux).
✉ p.e.j.robinson@ukc.ac.uk

7931. **Robinson, Roger J.** 60 Madeley Rd, Ealing, London, W5 2LU, UK. *U. of Aberdeen* / James Beattie • Scotland.

7932. **Robinson, Shareen** 57 Cam St, Cambridge Park, NSW 2747, Australia.

7933. **Robisco, Nathalie** Résidence du parc, Bât. A, 1 bis rue Mellet, 95290 L'Isle-Adam, France. / Rousseau et la Révolution.

7934. **Robrieux, Jean-Jacques** 14 rue Jean-Mermoz, 93160 Noisy-le-Grand, France. *U. de Saint-Etienne* / Voltaire • Rhétorique • Jean-Philippe Rameau et l'opinion philosophique en France.

7935. **Robson, Lisa** 270 18th St, Brandon, MB R7A 6A9, Canada. *Brandon U.* / Women's fiction and poetry (late 18c).

7936. **Rocci, Francesca** Via S. Tommaso 10, 10122 Torino, Italy. *U. di Torino* / Urban history (politics) • The state • Prejudice.

7937. **Rocci, Giovanni** Via Satrico 33, 00183 Roma, Italy. *U. di Roma III* / Charles Bonnet • Cesare Orazi (inédit).

7938. **Rochaix, Nicole** 307 avenue Elie Vignal, 69300 Caluire, France. / Le clergé régulier • L'enseignement • Fray Miguel de Santander • Padre Martín Sarmiento.

7939. **Roche, Anthony** Dept of Anglo-Irish Literature and Drama, University College Dublin, Belfield, Dublin 4, Ireland. *U niversity C. Dublin.*

7940. **Roche, Christian A.** 1004 East 10th Avenue, Denver, CO, USA. *U. of Colorado* / Literature and music (Rameau, Rousseau, Diderot) • Formalism (Rameau, Rousseau, Diderot).
✉ christian.roche@colorado.edu

7941. **Roche, Daniel** Collège de France, Place Marcelin Berthelot 11, 75005 Paris, France. *Collège de France* / La culture équestre dans l'Europe moderne.
✉ ihmc@canoe.ens.fr

7942. **Roche, Mark** 137 O'Shaugnnessey Hall, University of Notre Dame, Notre Dame, IN 46556-5639, USA. *U. of Notre Dame* / Philosophy • German literature.

7943. **Roche, Raphaël** Résidence Fontaines de Caudéran E 3, 166 rue Pasteur, 33200 Bordeaux-Cauderan, France. / Voltaire (correspondance).

7944. **Rochet, Jean** 1 rue Suderie, 47000 Agen, France. *Lycée d'Agen* / History of ideas in Germany • German Romanticism (philosophical and scientific aspects).

7945. **Rocko, Agata** Ul. Odkryta 51f m.57, 03-140 Warszawa, Poland. *Higher School of Pedagogics (Olsztyn)* / Diaries of Polish deportees in Siberia • Works of Antonina Niemierzycowa (1702-1760).

7946. **Rodell, Magnus** Institutionen för idé- och lärdomshistoria, Uppsala universitet, Slottet, ingång A0, 752 37 Uppsala, Sweden. *Uppsala U.*

7947. **Rodger, N. A. M.** 40 Grafton Road, Acton, London, W3 6PB, UK. *National Maritime Museum* / Naval history.

7948. **Rodrigues, M. Glória Ferreira** Rua Carlos Seixas 141-4° D, 3000 Coimbra, Portugal.

7949. **Rodrigues, Manuel Augusto** Rua Luis de Camões 55-1°, 3000 Coimbra, Portugal. *U. de Coimbra* / Histoire de l'université.

7950. **Rodriguez, Catherine** P.O. Box 796, Nellysford, VA 22958, USA.

7951. **Rodríguez de la Flor, Fernando** San Pablo 26-28, 5°E, 37001 Salamanca, Spain. *Instituto Fray Luis de León (Salamanca)* / Emblématique et littérature symboliste • Théâtre musical • Relations de fiesta.

7952. **Rodríguez Gómez, Juan Carlos** C/ Silencio 4, 4°A, 18001 Granada, Spain. / Philologie espagnole.

7953. **Rodríguez Otera, Mariano Eloy** Rue Aguero 1549, 1° Piso, app. 4, 1425 Buenos Aires, Argentina. *U. de Buenos Aires* / Le journalisme.

7954. **Rodríguez Rodríguez, Juan** C/ Alegre de Dalt 14, 4°, 08024 Barcelona, Spain. / Littérature espagnole.

7955. **Rodríguez Sánchez, Angel** Las Liebres 6, Urb. Valdelagua, 37191 Salamanca, Spain. / Histoire moderne • Histoire de la famille • Démographie.

7956. **Rodríguez Sánchez de León, María José** Dept of Spanish, Plaza de Anaya s/n, Facultad de Filología, Universidad de Salamanca, 37004 Salamanca, Spain. *U. de Salamanca* / Literary criticism and theory.
✉ szleon@usal.es

7957. **Rodriquez, Rodney** 1121 Verano Place, Irvine, CA 92612, USA.

7958. **Roe, Shirley A.** Dept of History, University of Connecticut, V-103, Storrs, CT 06269-0001, USA. *U. of Connecticut* / Enlightenment science and philosophy • Biology (materialism).
✉ shirley.roe@uconn.edu

7959. **Roegiers, J.** Naamsestraat 145, 3000 Leuven, Belgium.

7960. **Roelevink, J.** Chopinrode 63, 2717 BJ Zoetermeer, Netherlands. / University history • Political and cultural history.

7961. **Roellin, Stefan** Stadtarchiv Sursee, Rathaus, 6210 Sursee, Switzerland. *Stadtarchiv Sursee* / Enlightenment and reform of the Catholic Church in Switzerland.

7962. **Roempke, Gunilla** Matilda Jungstedts v. 25, 122 35 Enskede, Sweden. / Adolf Fredrick's French theatre company • Dance in the era of Gustav III.

7963. **Roero, Silvia** Via Colla 20, 10090 Trana (TO), Italy.

7964. **Roessler, Shirley** 16804-80 Avenue, Edmonton, AB T5R 3N2, Canada. *U. of Alberta* / Women in the French Revolution.

7965. **Roettgen, Steffi** Reinekestr. 36, 81545 München, Germany. *U. München* / Italian-German relationships in Rome (artistic) • Anton Raphael Mengs.
✉ steffi.roettgen@t-online.de

7966. **Rogal, Samuel** 523 Tenth St, LaSalle, IL 61302-1871, USA. *Illinois Valley Community C.* / John and Charles Wesley • Hymnology • Methodism.
✉ rogal@pocketmail.com

7967. **Roger, Philippe** 54 boulevard Raspail, 75006 Paris, France. *Ecole des hautes études en sciences sociales* / Libertinage • Théories et imaginaires linguistiques • Représentations franco-américaines.
✉ roger@ehess.fr

7968. **Roger, Pierre** 93 quai de Valmy, 75010 Paris, France.

7969. **Rogers, Deborah D.** Dept of English, University of Maine, 5752 Neville Hall, Orono, ME, USA. *U. of Maine* / Britain • Medicine (childbirth, maternity) • Women's writing (Ann Radcliffe).

7970. **Rogers, Pat** Dept of English, University of South Florida, 4202 East Fowler Avenue, Tampa, FL 33620-9900, USA. *U. of South Florida* / Johnson • Boswell • Reynolds • Horace Walpole • Bluestockings.

7971. **Rogers, Shef** Dept of English, University of Otago, P.O. Box 56, Dunedin, New Zealand. *U. of Otago* / Enumerative bibliography, publishing history and copyright.
✉ shef.rogers@stonebow.otago.ac.nz

7972. **Rogers, Vanessa** University of Southern California, 1016 South Shenandoah St, apt 5, Los Angeles, CA 90035-2109, USA. *U. of Southern California.*

7973. **Rogerson, Andrew** 31 Byron Way, Kilton, Worksop, Nottinghamshire S81 0DF, UK.

7974. **Roggero, Marina** Via Sommacampagna 11, 10131 Torino, Italy. *U. di Torino* / Histoire de l'éducation • Histoire culturelle.

7975. **Roggerone, Giuseppe Agostino** Via T. Minniti 16, 73100 Lecce, Italy. *U. di Lecce* / J.-J. Rousseau • L'abbé de Saint-Pierre et la théorie de la confédération • Le communisme déontologique de l'abbé de Mably • La satire politico-littéraire de Ch. Palissot.

7976. **Rogiest, P.** Dikkelindestraat 90B, 9032 Wondelgem (Gent), Belgium.

7977. **Rogister, J. M. J.** Dept of Modern History, University of Durham, 43-45 North Bailey, Durham, DH1 3EX, UK. *U. of Durham* / Louis XV and the parlements • Louis XV: a biography • Comte d'Argenson • Antonio Niccolini.

7978. **Rognet, Richard** 69 rue sur la Rive, 88200 Dommartin-les-Remiremont, France. *C.E.S. Jules Ferry* / Buffon.

7979. **Rogström, LENA.** Institutionen för svenska språket, Box 200, 405 30 Göteborg, Sweden. *Institutionen för svenska språket.*

7980. **Roguinski, Vadim** Institut d'histoire universelle, Académie des sciences de Russie, Leninski prospekt 32a, 117334 Moscou, Russia. *Académie des sciences de Russie* / Suède, Norvège et Danemark.

7981. **Rohbeck, Johannes** Jenaer Str. 24, 10717 Berlin, Germany. *Technische U. Dresden* / Co-editor of the Grundriss der Geschichte der Philosophie, Reihe 18. Jahrhundert, Romanische Länder (begr. v. Ueberweg) • Philosophy of history • Turgot.

7982. **Rohbeck-Steinbrugge, Lieselotte** Jenaer Strabe 24, 10717 Berlin, Germany. / Idée de féminité dans la littérature française • Traduction et édition d'œuvres choisies d'A.-R. Turgot • Littérature épistolaire • Théorie du roman.
✉ steinbru@redat.fu-berlin.de

7983. **Röhling, Horst Rudolf** Unterkrone 37, 58455 Witten, Germany. / L'imprimerie dans les pays slaves • Histoire des églises orthodoxes • Littérature et culture dans les pays slaves.

7984. **Rohr, Adolf** Ob. Zegelhau 7, 5400 Baden, Switzerland.

7985. **Rohrer, Denis** Ruchonnet 37, 1003 Lausanne, Switzerland.

7986. **Roig Morras, María del Carmen** C/ Valdenoja, 20, 6° H, 39012 Santander, Spain. / Les Lumières • Diderot • L'enseignement de la langue française en Espagne.

7987. **Roinila, Markku** Dept of Philosophy, University of Helsinki, Siltavuorenpenger 20 A, Pl 9, 00014 Helsingin yliopisto, Finland. *U. of Helsinki* / Cartesianism • Leibniz, Gottfried Wilhelm • Rationalism.
✉ markku.roinila@helsinki.fi

7988. **Roland Michel, Marianne** 30 rue Montrosier, 92200 Neuilly, France. *Galerie Cailleux* / L'art rocaille, peintures et dessins • Lajoue • Watteau • Dessin français • Chardin • Vallayer-Coster.

7989. **Roldán, Concha** Calle San Magin 7 6°2, 28026 Madrid, Spain. *Consejo Superior de Investigaciones Científicas* / Philosophie • Ethique et philosophie politique • Philosophie de l'histoire.

7990. **Rolland, Christine** Allouville-Bellefosse, Hameau du Mesnil, 76190 Yvetot, France. *U. de Rouen* / Van Loo family • Portraiture • Education of artists • Textile commerce.

7991. **Rolland, Patrice** 25 avenue Ferdinand Buisson, 75016 Paris, France. *U. de Paris XII* / Histoire des idées politiques.

7992. **Rolle, Dietrich** Rembrandtstr. 42, 55127 Mainz-Lerchenb, Germany. *U. Mainz* / Dryden • Satire • History and theory of the novel • Lichtenberg.

7993. **Rollins, Mark** Dept of English, Ohio University, 12606 Liar's Corner Rd, Millfield, OH 45761-9606, USA. *Ohio U.*

7994. **Rollyson, Carl** 52 Alexandra Way, Cape May Court House, NJ 8210, USA.

7995. **Romagnani, Gian Paolo** Salita Montegrappa 14, 37126 Verona, Italy. *U. di Verona* / Historiography • Scipione Maffei, Prospero Balbo • Savoyard state • Enlightenment in Verona and Venice.
✉ gianpaolo.romagnani@univr.it

7996. **Roman, Cynthia** 257 Middle Haddam Rd, Portland, CT 06480 1765, USA. *Wadsworth Atheneum* / Prints and illustrated books.

7997. **Roman, Paola** 37 rue Sarretet, 75014 Paris, France. *U. de Franche-Comté* / Réception de la culture italienne en France: périodiques et journaux.

7998. **Roman Fernandez, Mercedes** C/ San Jose de la Montaña, 2, Pta 15., 46008 Valencia, Spain. / Histoire de l'espagnol en Amérique.

7999. **Romano, Ruggiero** 246 boulevard Raspail, 75014 Paris, France. *Ecole des hautes études en sciences sociales* / La coca.

8000. **Romano-Cervone, Anna Teresa** Via Eufrate 3, 00144 Roma, Italy. *U. di Roma.*

8001. **Romanowski, Sylvie** Dept of French and Italian, Northwestern University, 1880 Campus Drive, Evanston, IL 60208, USA. *Northwestern U.* / The use of the topos of the 'naive stranger' in novels by Montesquieu, Graffigny, Voltaire, and Claire de Duras • Representation of women in literature.
✉ s-romanowski@northwestern.edu

8002. **Romeo, Carmelo** Via Cesare Battisti is. 73, Largo Avignone, I-98123 Messina, Italy. *U. di Messina* / La philosophie matérialiste.
✉ cromeo@unime.it

8003. **Römer, Christof** Fasanenstr. 67, 38102 Braunschweig, Germany. *Braunschweigisches Landesmuseum* / Political history of Lower Saxony • Illustrations of political and cultural events.

8004. **Romero Fepper, Alberto** C/ Rosario 6,1°, 11004 Cadiz, Spain.

8005. **Romero Tobar, Leonardo** C/ Luis Vives 4, 9°A, 50006 Zaragoza, Spain. / Littérature espagnole.

8006. **Rompkey, Ronald G.** Dept of English, Memorial University of Newfoundland, Elizabeth Avenue, St John's, NF A1C 5S7, Canada. *Memorial U. of Newfoundland* / Satire • Biography, autobiography, and the memoir • Travel literature.
✉ rrompkey@mun.ca

8007. **Ron, Vojtech** Na humnech 17A, 460 01 Liberec 3, Czech Republic.

8008. **Ronfort, Jean** 92, rue Lafayette, 75009 Paris, France. *Centre de recherches historiques sur les maîtres ébénistes* / Mobilier royal français • Décor intérieur des demeures • Sciences • Cabinets de curiosité • Collectionneurs et collections.

8009. **Ronimus-Poukka, Päivi** Voionmaankatu 73 D 57, 33300 Tampere, Finland.

8010. **Rönnung, Johan** Brittsommargatan 3, 415 14 Göteborg, Sweden.

8011. **Rooden, P. T. van** Boerhaavelaan 23, 2334 EC Leiden, Netherlands.

8012. **Rookmaaker, L. C.** Chapelgate, St Neots Road, Dry Drayton, CB3 8BE, UK. / Biological sciences • Travels • Mammal iconography.

8013. **Rooks, Mary** University of New Mexico, 925 Buena Vista South East, Albuquerque, NM 87106, USA. *U. of New Mexico.*

8014. **Roos, Anna Marie** 265 A.B. Anderson Hall, 10 University Drive, Duluth, MN 55812, USA.

8015. **Roque, Georges** Maison Française, Norham Road, Oxford, OX2 6SE, UK. *C.N.R.S. (Paris)* / Colour theory.

8016. **Rorschach, Kimerly** 5747 S. Dorchester, Chicago, IL 60637 1726, USA.

8017. **Rosa, Fabien** Rue de Gerlingen Apt.77-C, Résidence Pré des Angles, 70000 Vesoul, France. / East India company • Britain and India: economic and cultural relations.

8018. **Rosa, Giulio** Via Casarse, 20, 84100 Salerno, Italy.

8019. **Rosa, Mario** Via S. Martino 36, 56100 Pisa, Italy. / Catholicisme et Lumières en Italie.

8020. **Rosa, Susan** 1518 West Jonquil Ter #1, Chicago, IL 60626-1215, USA. *Northeastern Illinois U.* / Intellectual history • Catholicism • Religious origins of Enlightenment.
✉ s-rosa2@neiu.edu

8021. **Rosbottom, Ronald C.** Dept of French, Amherst College, Box 2255, Rt 9 & 116, Amherst, MA 01002 5000, USA. *Amherst C.* / Narrative form • Art • Historiography • Autobiography.

8022. **Rose, Anne Christina** Humanities Center, Johns Hopkins University, Gilman Hall 113, 3400 North Charles St, Baltimore, MD 21218-2681, USA. *Johns Hopkins U.*

8023. **Rose, Bruce E.** Dept of Language and Literature, Bob Jones University, 1700 Wade Hampton Boulevard, Greenville, SC 29614-0001, USA. *Bob Jones U.*

8024. **Rose, Mark** 1135 Oriole Rd, Santa Barbara, CA 93108-2438, USA.

8025. **Rose, Paulette** 10 East 70th St #8C, New York, NY 10021-4913, USA. / Women novelists • Mme Riccoboni.

8026. **Rosell, Johan** Yttersta Tvärgränd 6, 118 23 Stockholm, Sweden.

8027. **Rosen, Alan** 3710 Clarith Rd, Baltimore, MD 21215-2404, USA.

8028. **Rosenberg, Aubrey** Dept of French, University of Toronto, Toronto, ON M5S 1K7, Canada. *U. of Toronto* / J.-J. Rousseau • Tyssot de Patot • Veiras.

8029. **Rosenberg, Daniel Blake** University of Oregon, Robert D.Clark Honors College, 320 Chapman Hall, 1293 University of Oregon, Eugene, OR 97403-1293, USA. *U. of Oregon* / Enlightenment epistemology and language theory • Time, narrative and history.
✉ dbr@oregon.uoregon.edu

8030. **Rosenberg, Jordana** Dept of Literature, University of California, 9500 Gilman Dr., La Jolla, CA 92093, USA. *U. of California (San Diego).*
✉ jrjmr22@aol.com

8031. **Rosenberg, Martin** Dept of Art, Southwest Missouri State University, 901 South National Avenue, Springfield, MO 65804-0087, USA. *Southwest Missouri State U.*

8032. **Rosenberg, Pierre** 35 rue de Vaugirard, 75006 Paris, France. *Musée du Louvre* / La peinture et le dessin français.
✉ pierre.rosenberg@wanadoo.fr

8033. **Rosenblatt, Helena** Dept of History, Hunter College, C.U.N.Y., 695 Park Ave, New York, NY 10021, USA. *C.U.N.Y.* / Benjamin Constant and French liberalism, republicanism and Christian thought.
✉ hrosenbl@hunter.cuny.edu

8034. **Rosendaal, J. G. M. M.** Surinameweg 15, 6524 SW Nijmegen, Netherlands.

8035. **Rosenfeld, Sophia A.** Dept of History, Randall Hall, University of Virginia, Charlottesville, VA 22903-3284, USA. *U. of Virginia* / French Revolution • Language theory • Dance.

8036. **Rosengarten, R. A.** 1367 East Park Place, Chicago, IL 60637-1767, USA.

8037. **Rosenheim, James** Dept of History, Texas A&M University, College Station, TX 77843 0001, USA. *Texas A&M U.* / Pre-1750 British political culture • Elite social history • Local and regional studies.

8038. **Rosenstrauch, Edith** Dominikanerbastei 4/7, 1010 Wien, Austria. / Austrian Enlightenment • Freemasonry • Secret societies • Jacobinism.

8039. **Rosenthal, Angela H.** Dept of Art History, Dartmouth College, 6033 Carpenter Hall, Hanover, NH 03755, USA. *Dartmouth C.* / Women artists • Representation of race, whiteness • Bristish art, visual culture • Global perspective on European culture.
✉ angela.rosenthal@dartmouth.edu

8040. **Rosenthal, Laura J.** 1302 Leewood Drive, Tallahassee, Fl 32303 4455, USA. *Florida State U.*

8041. **Rosner, Lisa** Richard Stockton College, Historical Studies Program, Box 195, Pomona, NJ 08240, USA. *Richard Stockton C.* / Universities and Academies of science.
✉ rosnerl@stockton.edu

8042. **Rosow, Lois** School of Music, Ohio State University, 1866 College Rd, Columbus, OH 43210 1170, USA. *Ohio State U.* / French opera • Printing of music.
✉ rosow.1@osy.edu

8043. **Ross, Angus** Barn Meadow, North Chailey, Lewes, Sussex BN8 4DT, UK. *U. of Sussex* / Swift and Pope • Ireland and Scotland • The book trade and journalism • Richardson and the novel.

8044. **Ross, Hartmut** Försterstr. 32, 06785 Oranienbaum, Germany. / Reform in Dessau-Wörlitz • History of Anhalt; relations with Switzerland and the Netherlands.

8045. **Ross, Ian Campbell** School of English, Trinity College, Dublin 2, Ireland. *Trinity C.* / British and Irish literature and history • Travel literature • The novel (Sterne and Smollett) • Swift.
✉ icross@tcd.ie

8046. **Ross, Ian S.** West Bay, Gambier Island, RR#3, Gibson, BC VON 1VO, Canada.

8047. **Ross, Mary Ellen** Dept of French, University of Victoria, P.O. Box 3045, Victoria, BC V8W 3P4, Canada. *U. of Victoria* / Comédie (théâtre de la foire) • Le travestissement.

8048. **Ross, Trevor** Dept of English, Dalhousie University, Halifax, NS B3H 4P9, Canada. *Dalhousie U.* / Britain • English thought • British Enlightenment • Anglo-Irish literature • Political economy • Grub Street • Literary criticism.
✉ tross@dalca

8049. **Røssaak, Tor** Sundtsvei 24, 5221 Nesttun, Norway. / British biblical illustration • Globes.
✉ tor.rossaak@kh.uib.no

8050. **Rosset, Francois** Ch. de Follieu 10, 1020 Renens, Switzerland. *U. de Lausanne* / Jean Potocki • Le Groupe de Coppet • Les Lumières suisses.
✉ francois.rosset@efm.unil.ch

8051. **Rossi, Henri** 79 rue du général Leclerc, 93220 Gagny, France. / Souvenirs et mémoires d'émigrés français sous la Révolution • Relations franco-polonaises • Les Lumières en Pologne • Le théâtre sous la Révolution.
✉ opera.rc@wanadoo.fr

8052. **Rossi, Laura** Largo Promessi Sposi 5, 20142 Milano, Italy.

8053. **Rossi, Lauro** Via Alberto Mario 33, 00152 Roma, Italy.

8054. **Rossi, Paolo** Via L. Landucci 10, 50136 Firenze, Italy. *U. di Firenze* / Vico • Geology • Philosophy.

8055. **Rossi, Philip** Dept of Theology, P.O. Box 1881, Marquette University, Milwaukee, WI 53201-1881, USA. *Marquette U.* / Kant.

8056. **Rossi, Pietro** Via Carlo Alberto 59, 10123 Torino, Italy. *U. di Torino* / The concept of civilisation • The concept of history and the growth of historiography • Voltaire and tolerance.

8057. **Rossi Pinelli, Orietta** Via dei Mille 36, 00185 Roma, Italy.

8058. **Rossignol, Marie-Jeanne** 23 Chemin du bras du chapitre, 94000 Créteil, France.

8059. **Rössler, Paul** Universität Wien, Dr. Karl Lueger-Ring 1, A-1010 Wien, Austria. *U. Wien* / Written German language in Austria • Orthographic and morphologic variation in printed texts and letters of the nobility.
✉ paul.roessler@univie.ac.at

8060. **Rosso, Claudio** Corso Racconigi 182, 10141 Torino, Italy.

8061. **Rosso, Corrado** Via di Frino 18, 40136 Bologna, Italy. *U. di Bologna* / Montesquieu • Le problème du bonheur.

8062. **Rossvang, Dag** Frostav. 1, 7043 Trondheim, Norway. *U. i Trondheim* / Psalms • Denarration in the contemporary novel.

8063. **Rosteck, Oliver** Hamburger Str. 15, 28205 Bremen, Germany. *Archiv 'Deutsche Musikpflege' Bremen e.V.*

8064. **Rostirolla, Giancarlo** Circonvallazione Clodia 82, 00195 Roma, Italy. *Istituto di Bibliografia Musicale* / Iconographie musicale et lexicographie à Rome • Institutions musicales.

8065. **Rostislavlev, Dmitri A.** Avangardnaya Str. 14, 1, 53, 125493 Moscou, Russia. *U. pédagogique de Moscou* / L'émigration française et la Russie • Joseph de Maistre et la Russie.

8066. **Roszak, Stanislaw** Ul. Alejnika 4/122, 88-100 Inowroclaw, Poland. *U. Mikolaja Kopernika.*

8067. **Roth-Lochner, Barbara** Bibliothèque publique et universitaire, Les Bastions, 1211 Genève 4, Switzerland. *Bibliothèque publique et universitaire (Genève)* / Histoire intellectuelle et sociale, à travers les archives publiques et privées.
✉ barbara.roth@bpu.ville-ge.ch

8068. **Rothenberg, Molly Anne** Dept of English, Tulane University, 6823 St Charles Avenue, New Orleans, LA 70115, USA. *Tulane U.* / Transnationalisms and nation-building • Psychoanalytic revisions of historicist theorising.

8069. **Rother, Wolfgang** Schwabe & Co. Publishers, Steinentorstr. 13, 4010 Basel, Switzerland. *Schwabe & Co. Publishers* / History of philosophy • Political theory • Political economy • Religion.
✉ w.rother@schwabe.ch

8070. **Röthlin, Niklaus** Geissfluhweg 8, 4600 Olten, Switzerland.
✉ niklaus.roethlin@unibas.ch

8071. **Rothman, Irving N.** English Dept, University of Houston, 8811 South Rice Avenue, Houston, TX 77096-2621, USA. *U. of Houston* / Defoe • Satire • Joseph Dennie and The Portfolio.

8072. **Rothschild, Harriet Dorothy** 30 Rolens Drive, A3, Kingston, RI 2881, USA. / François II Rákóczi.

8073. **Rotolo, V.** Via Cilea 99, 90144 Palermo, Italy.

8074. **Rotondò, Antonio** Via Puccinotti 43, 50129 Firenze, Italy. *U. di Firenze* / Histoire de la tolérance • Johann Jakob Wittstein.
✉ rotondo@unifi.it

8075. **Rotta, Salvatore** Via Goito 26, 16122 Genova, Italy. *U. di Genova* / Science • Les idées morales et politiques.

8076. **Rottermund, Andrzej** The Royal Castle in Warsaw, pl. Zamkowy 4, 00-277 Warszawa, Poland. *Royal Castle (Warsaw)* / Architectural drawings of the National Museum in Warsaw • Neoclassicism in Poland • The royal castle in the age of the Enlightenment.
✉ a.rottermund@zamek-krolewski.art.pl

8077. **Röttger, Kati** Rheinallee 4, 55118 Mainz, Germany. *U. Mainz.*

8078. **Rottier, Jean-François** Le Pressoir, 72120 Saint Calais, France. / Mme de Graffigny's *Lettres d'une péruvienne.*

8079. **Rottier, R. W. M.** Concordialaan 53, 5223 ZM Den Bosch, Netherlands. / La République batave.

8080. **Rouah, Lydie** 17 rue Gabrielle Josserand, 93500 Pantin, France. / Louis-Sébastien Mercier.

8081. **Rouanet, Sergio Paulo** Brazilian Embassy, Nad Kazankou 7, 170 00 Praha 7 Troja, Czech Republic. / The Enlightenment in Romania.

8082. **Roubakha, Evgueni** oul. Amoundsena, 72, 124, 620147 Ekaterinbourg, Russia. *U. d'Ural* / Musique.

8083. **Rouet, Philippe** 10 rue d'Anjou, 28300 Pantin, France.

8084. **Rougemont, Martine de** 8 rue Emile Goeury, 94140 Alfortville, France. *U. de Paris III* / La vie théâtrale en France et en Europe • Le Groupe de Coppet • Portraits d'acteurs.
✉ mderougement@univ-paris3.fr

8085. **Rouguinski, Vadim** Institut d'histoire universelle, Leninski prospekt 32a, 117334 Moscou, Russia. *Institut d'histoire universelle* / Suède, Norvège et Danemark.

8086. **Rouini, Bachir** 95 rue Crillon, 69006 Lyon, France. / The Islamic world.
✉ elbachir@maktoob.

8087. **Roulin, Jean-Marie** Dept of Romance Language 521 Williams, University of Pennsylvania, Philadelphia, PA 19104-6305, USA. *U. of Pennsylvania* / L'épopée et le burlesque en France • Historiographie • Littérature et histoire des idées en Suisse • Le Groupe de Coppet • Chateaubriand.

8088. **Roulston, Christine** Dept of French, University College, University of Ontario, London, ON N6A 3K7, Canada. *U. of Ontario.*
✉ croulsto@uwo.ca

8089. **Rounce, Adam S.** Dept of English, University of Bristol, 3/5 Woodland Road, Bristol, BS8 1TB, UK. *U. of Bristol.*

8090. **Roura i Aulinas, Lluis** Rambla del Celler 17, 3°, 1a, 08190 Sant Cugat del Valles, Spain. / Les Lumières et le libéralisme • Réaction et révolution • L'armée et la société.

8091. **Rousseau, George Sebastian** De Montfort University, Clephan Building Graduate Centre, The Gateway, Leicester, county LE1 9BH, UK. *De Montfort U.* / Intellectual and cultural history • Literature and science • Medecine and culture • Exile and expatriate literature.
✉ gsr@dmu.ac.uk

8092. **Rousseau, Nicolas** 16 rue Louis Favre, 1217 Boudry, Switzerland. / Philosophie française • Condillac • Diderot.

8093. **Rousseau, Paul** B.P. 14, 7201 Walferdange, Luxembourg. / Les Lumières au duché de Luxembourg et la franc-maçonnerie • Bois et forêts au duché de Luxembourg.

8094. **Roussel, Jean** 58 rue Claude-Bernard, 75005 Paris, France. *U. d'Angers* / La pensée politique de Rousseau • L'image • Littérature de voyage.

8095. **Rousset, Jean** 16 rue Etienne Dumont, 1204 Genève, Switzerland. / Le geste comme message dans les textes narratifs.

8096. **Roussinova, Olga** oul. Roubinchteina 3, 21, 191025 St. Pétersbourg, Russia. *U. européenne (St. Pétersbourg)* / La sculpture russe et française • L'aquarelle anglaise • L'iconographie de la ville de Pétersbourg.

8097. **Roux, Pascal** 13 rue de Bougainville, 31400 Toulouse, France. *U. de Toulouse II* / Armée et officiers militaires à Toulouse et en Languedoc.

8098. **Rouyer-Daney, Marie Claire** 4 rue Planterose, 33800 Bordeaux, France. *U. de Bordeaux III* / Theatre: comedy, farce, satire • Women's magazines.
✉ m.rouyer-daney@free.fr

8099. **Rovere, Mario** Via Morigi 8, 20123 Milano, Italy.

8100. **Roveri, Alessandro** Via degli Armari 28, 44100 Ferrara, Italy. *U. di Ferrara* / Histoire de l'Etat de l'Eglise et de ses légations.

8101. **Rovira Gómez, Salvador Juan** C/ Apodaca 7, 4°, 4a., 43004 Tarragona, Spain. / Economie et société.

8102. **Rowan, Peter** Carleton House, 92 Malone Road, Belfast, BT9 5HP, UK.

8103. **Rowe, Joni** Morristown NHP Library, 30 Washington Place, Morristown, NJ 07960 4299, USA. *Morristown NHP Library.*

8104. **Rowland, Herbert** 1003 East State St, Lafayette, IN 47905-1216, USA. *Purdue U.* / The age of Goethe • The long 18c • Danish-American literary relations • German-American literary relations.
✉ hrowland@pardue.edu

8105. **Roworth, Wendy Wassyng** Dept of Art, University of Rhode Island, 105 Upper College Road - suite 1, Kingston, RI 02881, USA. *U. of Rhode Island* / Academies of art and Catholic art during the Enlightenment.
✉ wroworth@uri.edu

8106. **Rox, Torsten** Stendaler str. 44, 40599 Dusseldorf, Germany. *U. Duisburg* / Central Europe • France • Académie des Sciences • Spanish Enlightenment • Travel literature • South America, image of • French literature • Buffon, comte de.
✉ rox@uni-duisburg.de

8107. **Roy, G. Ross** Dept of English, University of South Carolina, Columbia, SC 29208, USA. *U. of South Carolina (Columbia)* / Robert Burns • Scottish literature • Anglo-French literary relations.

8108. **Roy, Jeanne** 92 Dick Avenue, Akron, OH 44302-1016, USA.

8109. **Roy, Pierre** 71 D rue de la Jomayère, 42100 Saint-Etienne, France.

8110. **Roy, Stéphane** 4272 rue De Lanaudière, Montréal, PQ H2J 3N9, Canada. *U. du Québec à Montréal* / French Revolution • England • France • Painting • Engravings.
✉ roystephane1@videotron.ca

8111. **Roy-Marracci, Véronique** 33 bis route de Limours, 78470 St-Rémy-les-Chevreuse, France. / La *Correspondance littéraire* de Grimm et Meister • Presse • Absolutisme éclairé.
✉ louis.maracci@free.fr

8112. **Rozumko, Agata Joanna** Ul. Wotodyjowskiego 6B/28, 15-287 Bialystok, Poland. / English language • Early journals in England.
✉ r_agata@poczta.onet.pl

8113. **Rubakha, Yevgeniy A.** Amundsen Str. 72-124, 620147 Yekaterinburg, Russia. *Conservatoire d'Oural* / Musique.
✉ eugene.rubakha@uscon.ru

8114. **Rubellin, Françoise** 19 rue de Jussieu, 44300 Nantes, France. *U. de Nantes* / Marivaux: œuvres de jeunesse • Challe, Lesage, Fuzelier • Théâtres de la foire.
✉ francoise.rubellin@wanadoo.fr

8115. **Rüber, Marc** Petersbergstr. 3A, 53343 Wachtberg, Germany. / Political thought • Utopia.

8116. **Rubik, Margarete** Hermesstr. 83, 1130 Vienna, Austria.

8117. **Rubin, Mark R.** Center for International Programs, Kent State University, 124 Bowman Hall, P.O. Box 5190, Kent, OH 44242-0001, USA. *Kent State U.* / Restif de La Bretonne • French novel.
✉ mrubin@kent.edu

8118. **Rubinstein, Elena** Tolstogo 69, 39, 458000 Kustanai, Kazakhstan. *Kustanai State U.* / Lumières anglaises • Bolingbroke.

8119. **Rucinska, Anna Maria** Ul. Sloneczna 1/24, 87-134 Górsk, Poland.

8120. **Rückert, Joachim** Alt Seulberg 42a, 61381 Friedrichsdorf, Germany. *U. Frankfurt/-Main* / Law • Science • Philosophy.

8121. **Rudnicka, Jadwiga** Ul. Sowinskiego 8 m.44, 20-040 Lublin, Poland.

8122. **Rudolf, Krzysztof F.** Ul. Nowodworcowa 12B/10, 81-581 Gdynia, Poland.

8123. **Rudolph, Gérard** Jammstr. 4, 77933 Lahr, France.

8124. **Rudolph, Gerhard** Jamm Str. 4, 77933 Lahr, Germany. *U. Kiel* / Histoire de la physiologie • De Jaucourt (article dans l'*Encyclopédie*) • Tradition et mission des idées des Lumières.

8125. **Rudolph, Oliver-Pierre** Dept of Research, Staats- und Universität-Bibliothek, Universität Halle-Wittenberg, Franckeplatz 1, Haus 54, D-06110 Halle, Germany. *U. Halle-Wittenberg* / Central Europe • Cartesianism • Wolff.
✉ rudolph@izea.uni-halle.de

8126. **Rudolph, Valerie** Dept of English, Purdue University, West Lafayette, IN 47907-1968, USA. *Purdue U.* / Dramatic satire • Fielding's plays • Plays.

8127. **Rueda, Ana** Dept of Hispanic Studies, University of Kentucky, 1115 Patterson Office Tower, Lexington, KY 40502-0027, USA. *U. of Kentucky* / Epistolary (novels, manuals, collections of letters) • Conduct books • Travel writing • Genre issues.
✉ rueda@uky.edu

8128. **Ruesch, Elfi** cas. post. 1851, 6648 Minusio, Switzerland.

8129. **Ruff, Julius R.** Dept of History, Marquette University, P.O. Box 1881, Milwaukee, WI 53201-1881, USA. *Marquette U.* / French social history • Criminal justice history.

8130. **Rufi, Enrico** Via Sestio Calvino 176, 174 Roma, Italy. / Bibliographie des écrivains français • Modernisme et modernité • Louis-Sébastien Mercier.
✉ e.rufi@agora.it

8131. **Ruge, Elizabeth** Augustana University College, 4901-46 Avenue, Camrose, AB T4V 2R3, Canada. *Augustana University C.*

8132. **Ruggaber, Michelle T.** Dept of English, Marquette University, Coughlin Hall 335, P.O. Box 1881, Milwaukee, WI 53201-1881, USA. *Marquette U.* / Female characters as artists in the works of British women.
✉ michelle.ruggaber@marquette.edu

8133. **Ruggieri, Franca** Via Voltaire 18, 00137 Roma, Italy. *U. di Roma* / William Godwin and the French Revolution • Mary Wollstonecraft and the French Revolution • English intellectuals and the idea of revolution.

8134. **Ruh, Max** Ungarbühlstieg 6, 8200 Schaffhausen, Switzerland. / Press • Manufacturing • Emigration.

8135. **Ruhling, Michael E.** 182 Simpson Rd, Rochester, NY 14617, USA.

8136. **Ruisinger, Marion** Universität Erlangen-Nuremberg, Glueckstr. 10, 91054 Erlangen, Germany. *U. Erlangen-Nuremberg.*
✉ marion.ruisinger@gesch.med.uni-erlangen.de

8137. **Ruiz, Alain** 51 rue du Président René Coty, 33440 Ambares, France. *U. de Bordeaux III* / Relations politiques, idéologiques et culturelles entre la France et l'Allemagne • Voyages et émigrations (France, Allemagne).

8138. **Ruiz Berrio, Julio** C/ Coslada, 7, 28028 Madrid, Spain. / Education • Universities • Culture.
✉ jrberri@edu.ucm.es

8139. **Ruiz de la Peña Solar, Alvaro** C/ Campomanes, 13, 4° Derecha, 33008 Oviedo, Spain. / Littérature et société.

8140. **Ruiz Lagos, Manuel** C/ Cefiro, 2, 4° Derecha, 41018 Sevilla, Spain. / Philologie espagnole • Idéologie et communication • Techniques d'expression • Narratologie.

8141. **Rumbold, Valerie** Dept of English, University of Birmingham, Edgbaston, Birmingham, B15 2TT, UK. *U. of Birmingham* / Editing • Pope (*Dunciads*) • Women poets • Swift (parodies).
✉ rumboldv@hhs.bham.ac.uk

8142. **Ruml, Treadwell** Dept of English, California State University (San Bernardino), 5500 University Pkwy, San Bernardino, CA 92407, USA. *California State U. (San Bernardino)* / King James Version of the English Bible.
✉ truml@csusb.edu

8143. **Rummell, Kathryn** 1110 Iris St, San Luis Obispo, CA 93401-4153, USA.

8144. **Runge, Laura L.** Dept of English, University of South Florida, 4202 East Fowler Avenue, Tampa, FL 33620, USA. *U. of South Florida* / Gender theory and women writers of England.
✉ runge@chuma.cas.usf.edu

8145. **Runte, Roseann** Old Dominion University, Norfolk, VA 23529, USA. *Old Dominion U.* / Prose narratives, fables and fragments.
✉ r.runte@utoronto.ca

8146. **Runzo, Sandra** 140 Rose Drive, Granville, OH 43023-1085, USA.

8147. **Rupp, J. C. C.** Louis Bouwmeesterlaan 141, 3584 GG Utrecht, Netherlands. / History of the public sphere • Citizenship, tolerance and anatomy theatres.

8148. **Rüppel, Michael** St-Pauli-Str. 49, 28203 Bremen, Germany. / Theatre • G. F. W. Grossmann • A. Knigge.

8149. **Rus-Rufino, Salvador I.** Avenida de la Universidad 13, 5F, 24007 León, Spain. *U. de León* / Natural law and political thought.
✉ dpbsrr@unileon.es

8150. **Ruscio, Alain** Société PRISMA, 18 rue de l'Ouarcq, 75019 Paris, France. / Mentalités coloniales.

8151. **Rush, Jane A. C.** Dept of French, McMaster University, 1280 Main St West, Hamilton, ON L8S 4M2, Canada. *McMaster U.* / France • *Le Neveu de Rameau* • Medicine • Diderot, Denis • Venette, Nicolas.
✉ jrush@mcmaster.ca

8152. **Rusnak, Matthew F.** 1 Taylor Way, Washington Crossing, PA 18977-1047, USA. / Johnson • Genre • Bibliography.

8153. **Russell, Barry** Dept of Modern Languages, Oxford Brookes University, Gipsy Lane, Oxford, OX3 0BP, UK. *Oxford Brookes U.* / French theatre history.
✉ barry.russell@brookes.ac.uk

8154. **Russell, Gillian** Dept of English, Australian National University, Canberra, ACT 0200, Australia. *Australian National U.*

8155. **Russi, Luciano** Via Fontechiaro 9, 66023 Francavilla a Mare, Switzerland. *U. di Teramo* / History, politics.

8156. **Russo, Elena** Dept of Romance Languages, Johns Hopkins University, 3400 N. Charles St, Baltimore, MD 21218, USA. *Johns Hopkins U.* / Marivaux, Prévost, Rousseau: theories of sociability, politics of identity.

8157. **Russo, Kathleen** Art Dept, Florida International University, Hum. Instr Ctr, Rm 106, 777 Glades, Boca Raton, FL 33431 6498, USA. *Florida International U.* / French architecture • Self-portraits by women artists • The art patronage of Mme de Pompadour.

8158. **Russo, Umberto** Viale Nettuno 81, 66023 Francavilla al Mare, Italy. *U. di Chieti* / La culture des Lumières en Abruzzo • La correspondance de Romualdo de Sterlich.

8159. **Rust, Marion** Dept of English, University of Virginia, P.O. Box 400121, Bryan Hall, University of Virginia, Charlottesville, VA 22904-4121, USA. *U. of Virginia* / Early American literature and culture • Theories and practices of gender • Sentimentalist literature.
✉ mr5k@virginia.edu

8160. **Rust, Sandra Maria** Vorgartenstr. 129/1/19, 1020 Wien, Austria.

8161. **Rustin, Jacques** 16 rue Trubner, 67000 Strasbourg, France. *U. de Strasbourg II* / Le roman français: les œuvres réputées mineures • Les premiers romans de Diderot • *Les Egarements du cœur et de l'esprit* (Crébillon) • *Les Amours du chevalier de Faublas* (Louvet de Couvray).

8162. **Rutherford, Susan** 25 Curlew Hill, Morpeth, Northumberland NE61 3SH, UK. / Latitudinarianism.

8163. **Rutkowska, Maria** Ul. Ostroroga 34, 52-421 Wroclaw, Poland. / La culture et la littérature en Pologne.

8164. **Ruttenburg, Nancy** 120 West 15th St, Apt. 5A, New York, NY 10011-6702, USA.

8165. **Rüttimann, Beat** Medizinhistorische Institut, Universität Zürich, Rämistr. 71, 8006 Zürich, Switzerland. *U. Zürich* / Orthopaedics • Medicine • Military surgery.

8166. **Rutto, Giuseppe** Strada dei Tadini 8, 10131 Torino, Italy. *U. di Torino* / Conceptions of patriotism in Italy and Europe • Paolo Frisi: correspondence and correspondents.

8167. **Ruxin, Paul T.** 950 North Michigan Avenue, Chicago, IL 60611 7521, USA.

8168. **Ryall, Anka** Varden 2, 9018 Tromsø, Norway. / Travel writing in English • Mary Wollstonecraft.
✉ anka.ryall@hum.uit.no

8169. **Ryantová, Marie** Knihovna Národního muzea, Václavské nám. 68, 115 79 Praha 1, Czech Republic. *National Museum (Praha)* / Church history • Re-Catholization • Women's studies • Economics.
✉ ryantova@post.cz

8170. **Ryazantseva, Olga** Engelsstr. 43-45 87 fl., 107005 Moscow, Russia. / Genesis of the novel • S. Richardson's novels and their influence on the literary process • Interdependency of genre and style.

8171. **Ryba, Janusz Jan** Silesian University, Plac Sejnnu Slaskiego 1, Katowice, Poland. *Silesian U.* / Jan Potocki • Mœurs et vie littéraire: salons, conversation, épistolographie, mondains.

8172. **Ryberg, Anders** Nyodlingsvägen 23, 161 39 Bromma, Sweden.

8173. **Rychka, Volodymyr M.** Geroiv Stalingrada vul. 37, apt 98, 254210 Kiev, Ukraine. *Ukrainian Academy of Sciences* / Ukrainian philosophy.

8174. **Rychner, Jacques** Clos-Brochet, 19, 2000 Neuchatel, Switzerland. / Les ateliers d'imprimerie • Histoire sociale et conditions de vie des ouvriers imprimeurs.

8175. **Rydén, Bo** Torshavnsgatan 10, 752 63 Uppsala, Sweden. *Translitera media ab.*

8176. **Rykova, Evguenia** oul. Pouchkareva, 32, 61, 432005 Oulianovsk, Russia. *U. pédagogique d'Oulianovsk* / Russian-German relations • Russian-Swiss relations.
✉ ipk@pop.infocom.ru

8177. **Ryman, Björn** Bellmansgatan 98, 754 28 Uppsala, Sweden. / Client-patron relationship for party formation.

8178. **Ryman, Maria** Folkungagatan 32 A, 753 36 Uppsala, Sweden.

8179. **Rynes, Theodore J.** Faculty Residence, University of Santa Clara, Santa Clara, CA 95053-0001, USA. *U. of Santa Clara* / Pope's satires • Pope's letters to Swift • Novels.

8180. **Rzadkowska, Ewa** ul. Bohomolca 26 m.4, 01-613 Warszawa, Poland. / Traductions en polonais des romans français • Rousseau.

8181. **Sá, Victor de** Av. D. João II 24, Apart. 42, 2735 Rio de Mouro, Portugal. / Mentalités.

8182. **Saada, Anne** Herzberger Landstr. 26, 37085 Göttingen, Germany. *Niedersächsische Staats-und Universitätsbibliothek Göttingen* / The reception of Diderot in France and Germany • The reception of French literature in Germany • The library of Göttingen: readers, reading, booktrade, classification.
✉ saada@mail.sub.uni-goettingen.de

8183. **Saar, Doreen** 748 Rugby Rd, Bryn Mawr, PA 19010, USA.

8184. **Saari, Juhana** Aapelinkatu 10 G 62, 02230 Espoo, Finland.

8185. **Saariluoma, Liisa** Ruiskatu 22, 20740 Turku, Finland.

8186. **Saavedra Fernandez, Pegerto** C/ Senra 7-9, Portal B, 4°E, 15702 Santiago de Compostela, Spain. / Economie et société en Espagne.

8187. **Saba, Guido** Via del Teatro Pace 2, 00186 Roma, Italy. *U. di Roma* / Le roman • L'œuvre romanesque de Diderot • Romans et contes de Voltaire.

8188. **Sabean, David Warren** Dept of History, U.C.L.A., 405 Hilgard Avenue, Los Angeles, CA 90095, USA. *U.C.L.A.* / Property, family and kinship • Incest discourse in Europe and America • The history of the self • Narrativity in bureaucratic texts • Court protocols.
✉ dsabean@history.ucla.edu

8189. **Sabetti, Alfredo** Via Petrarca 181, 80122 Napoli, Italy. *U. di Salerno* / Deists and free-thinkers • English moralists • Ethics, religion and politics • Locke • Rousseau • Marx.

8190. **Sablik, Karl** NÖ. Landesakademie, Neue Herreng, 17 A, 3109 St. Pölten, Austria. *NÖ.Landesakademie.*

8191. **Sabor, Peter** Dept of English, McGill University, 853 Sherbrooke St West, Montreal, PQ H3A 2T6, Canada. *McGill U.* / Frances Burney • Sarah Fielding • Samuel Richardson • Walpole, Horace, fourth earl of Orford • Austen, Jane.
✉ peter.sabor@mcgill.ca

8192. **Saborido, Jorge R. E.** Rue Acassuso 1359, 1636 Olivos-Buenos Aires, Argentina. *U. de Buenos Aires.*

8193. **Saby, Pierre** 52 Quai Saint-Vincent, 69001 Lyon, France. *U. de Lyon II* / Musique vocale française • Ecrits sur la musique • Esthétique.
✉ pierre.saby@univ-lyon2.fr

8194. **Saccamano, Neil C.** Dept of English, Cornell University, Goldwin Smith Hall, Ithaca, NY 14850, USA. *Cornell U.* / Print culture in Britain • Function of force or violence in aesthetic and political theory • French and English sentimental fiction.
✉ ncs5@cornell.edu

8195. **Saccenti, Mario** Viale Aldini 134-2, 40136 Bologna, Italy. *U. di Bologna* / La poésie des ruines.

8196. **Sackler, Molly** 25-82 42nd St Apt #2, Astoria, NY 11103, USA. *New York U.* / Restoration • Anti-theatricality • The playwright and critic as public figures.

8197. **Sacks, Charline** Dept of Foreign Languages, Nassau Community College, Garden, NY 11530 3074, USA. *Nassau Community C.* / Rétif de La Bretonne • Women • Travels and utopia.

8198. **Saddler, J. F.** Dept of History, Temple University, 1115 West Berks St, 9th Floor, Philadelphia, PA 19122, USA. *Temple U.* / Anglicanism in the American backcountry.
✉ jsaddler@astro.temple.edu

8199. **Sadilek, Jacob Frederik Jiri** Slunna 27, 160 00 Praha 6, Czech Republic. / Free-

masonry in Central Europe (Bohemia, Moravia, Silesia).
✉ sadilek@ti.cz

8200. **Sadler, J.** 410 5th St, North East, Apt. 25, Washington, DC 20002-5253, USA.

8201. **Sadrin, Paul** 12G rue Isabelle de Portugal, 21000 Dijon, France. *U. de Franche-Comté* / N. A. Boulanger • Le Déluge: science et mythe.

8202. **Sæmundsson, Matthías Vidar** Bárugötu 35, 101 Reykjavík, Iceland.

8203. **Saenz, Pilar G.** Romance Languages, George Washington University, T-513 Academic Center, Washington, DC 20052 0002, USA. *George Washington U.* / Spanish-American literature • Intellectual history.

8204. **Saez, Yasmin A.** Apartado de correos 42141, Monforte de lemos, 28080 Madrid, Spain. *Official School of Languages* / Dramatic energy and structure as applied to history and psychology.
✉ yasminn50@netscape.net

8205. **Safonov, Mikhail Mikhailovich** Vozrozdenia d.15, kv.57, 198188 St Petersburg 198188, Russia. *Bibliothèque nationale de Russie* / The Russian court • Eastern Europe • Decembrists • Masons • Paul I, tsar of Russia • Catherine II, Dashkova E.R., princess, Alexander I.
✉ igor@spiiras.nw.ru

8206. **Sagarra, Eda** Dept of German, Trinity College, University of Dublin, Dublin 2, Ireland. *U. of Dublin* / Friendship in German letters • Autobiographical writings (including correspondence) by women in German-speaking countries.

8207. **Saggini, Francesca** Via Bruno Buozzi 22, 58022 Follonica (gr), Italy. *U. degli Studi della Tuscia* / Theatre and actors • Self-portraiture • Theatrical illustrations • Adaptations: relation of modes of representation (novel-drama-portraiture).
✉ fsaggini@unitus.it

8208. **Sahin-Tóth, Péter** Naphegy u. 7, Budapest, Hungary. *U. de Budapest.*

8209. **Sahlin, Gunnar** Svartbäcksvägen 30 B, 191 50 Sollentuna, Sweden. *Stockholms U.* / Swedish occasional poetry • The development of the Swedish book trade • The political press.

8210. **Sahmland, Irmtraut** Institut für Geschichte der Medizin, Universität Giessen, Iheringstr. 6, 35392 Giessen, Germany. *U. Giessen* / Medicine and science (religion, popularisation, alchemy).
✉ irmtraut.sahmland@histor.med.uni-giessen.de

8211. **Sahut, Marie-Catherine** 24 rue de Varenne, 75007 Paris, France. *Musée du Louvre* / Les Salons de Diderot.

8212. **Saine, Thomas P.** Dept of German, University of California, 400 Murray Krieger Hall, Irvine, CA 92697-3150, USA. *U. of California (Irvine)* / Interplay between Enlightenment in society and enlightening society • Prussian Religious Edict of 1788 • Religious and social experience of German Protestant immigrants in North America.
✉ tpsaine@uci.edu

8213. **Sainsbury, John** Dept of History, Brock University, St Catharines, ON L2S 3A1, Canada. *Brock U.*

8214. **Saint-Amand, Pierre** Dept of French, Box 1961, Brown University, Providence, RI 02912-9127, USA. *Brown U.* / Diderot • Le roman • Philosophie politique.

8215. **Saint-Martin, Armelle** 13 rue du Regard, 75006 Paris, France. *U. de Paris VIII* / Sade • Medicine.

8216. **Saisselin, Rémy G.** Route de Saucerre, 18220 Saint Céols, France. *U. of Rochester* / Collectionneurs • American Enlightenment.

8217. **Saito, Kiyoshi** 149 Nakanosawa, Kitahiroshima, 061-1101 Hokkaido, Japan. *Dohto U.* / Giambattista Vico.

8218. **Saito, Takuya** 202-3-8-6 Yutaka-cho, Shinagawa-ku, 142-0042 Tokyo, Japan. *Keio U.* / Diderot • Histoire naturelle (Buffon) • Les sciences.

8219. **Saito, Yoshimasu** 19-1 Bunkyo-cho, Hirosaki-shi, 036 Aomori, Japan. *Hirosaki U.* / Economie classique en France.

8220. **Saito, Yukari** 1-2-27-305 Komazawa, Setagaya-ku, 154-0012 Tokyo, Japan. / Italie • Ignazio Silone et son temps.

8221. **Saiz Garcia, Maria Dolores** C/ Nicasio Gallego, 7, 5°B, 28010 Madrid, Spain. / La presse.

8222. **Sajous d'Oria, Michèle** Via De Rossi 98, 70122 Bari, Italy. *U. di Bari* / Théâtre.

8223. **Sakaguchi, Masaaki** 394-4 Midori-cho, Hachioji-shi, 193 Tokyo, Japan. / Mozart's operas.

8224. **Sakai, Kozo** 39-329 Kohata-Okurayama, Uji-shi, 611-0002 Kyoto, Japan. *Kyoto U.* / Alexander Pope.

8225. **Sakai, Shizu** 1-16-11-105 Nobidome, Niza-shi, 352 Saitama, Japan. / Health and medicine: Japan.

8226. **Sakakura, Yuji** 5-199-3 Miyamoto-cho, Koshigaya-shi, 343-0806 Saitama, Japan. *Keio U.* / La philosophie de l'éducation chez Rousseau.

8227. **Sakamoto, Kouji** 3-19-6 Terabun, Kamakura-shi, 247 Kanagawa, Japan. *Keio U.*

8228. **Sakamoto, Mitsuru** B-102, 2-31-1 Tokiwadaira, Matsudo-shi, 270-2261 Chiba, Japan. *National Museum of Japanese History* / Western painting in Japan.

8229. **Sakamoto, Takeshi** Faculty of Letters, Kansai University, Suita, Osaka 564, Japan. *Kansai U.* / Laurence Sterne, Oliver Goldsmith.

8230. **Sakamoto, Tatsuya** 564-1, 6-1201 Shinano-cho, Totsuka-ku, Yokohama-shi, 244-0801 Kanagawa, Japan. *Keio U.* / Hume, Smith.

8231. **Sakate, Yoshie** 1-13-1 Hosshogaoka, Nishinomiya-shi 669-1112, Japan.

8232. **Sakhariov, Vladimir** Trekhproudny pereoulok 8-71, 103001 Moscou, Russia. *Académie des sciences de Russie* / Loges maçonniques en Russie.
✉ hlupino@mail.ru

8233. **Sakihara, Akihito** 3-7-35 Higashi-Katsuyama, Aoba-ku, Sendai-shi, Miyagi, Japan. *Japan Broadcasting Corporation* / Mozart.

8234. **Sakuma, Yoshiko** 2007-27-412 Kamikurata-cho, Totsuka-ku, Yokohama-shi, 244-0816 Kanagawa, Japan. *Tokyo Gakugei U.* / The English novel.

8235. **Sala Di Felice, Elena** Via Bonn 8, 09129 Cagliari, Italy. *U. di Cagliari* / Théâtre et idéologie chez Métastase • Réflexions d'esthétique et de morale chez les écrivains • Goldoni • Exotisme et théâtre.
✉ sala@unica.it

8236. **Sala Valldaura, Josep Maria** Prat de la Riba 23, 25006 Lleida, Spain. *U. de Lleida* / Popular and neoclassical theatre and poetry • Spanish and Catalan literature • Reception and sociology of theatre • Semiotics of theatre • Comparative literature (French, Spanish, Catalan).
✉ psala@filcef.udl.es

8237. **Salari, Marinella** Via Bontempi 17, 06100 Perugia, Italy.

8238. **Salaun, Franck** 25 avenue Bouisson Bertrand, 34000 Montpellier, France. / Matérialisme • Statut des hommes des lettres • Civilisation morale et matérielle.

8239. **Salesses, John J.** 63 Rhode Island Avenue, Newport, RI 2840, USA. *Rhode Island C.* / Frederick the Great and military history and literature.

8240. **Salgado, Abílio José** Avenida Brasil 124-3° Esq., 1700 Lisboa, Portugal.

8241. **Salgado, Anastácia E. Mestrinho** Avenida Brasil 124-3° Esq., 1700 Lisboa, Portugal. / Histoire du Portugal.

8242. **Salgado, Maria A.** 2209 Hamlet Chapel Rd, Apt. A, Pittsboro, NC 27312, USA. *U. of North Carolina (Chapel Hill)* / Portrait and self-portrait in literature • Poetry and painting • Women writers.

8243. **Salih, Sara** Wadham College, Oxford, OX1 3PN, UK. *U. of Oxford* / Frances Burney • Constructions of 'the negro' in the abolition era.

8244. **Salimbeni, Fulvio** Piazza Ospedale 7, 34129 Trieset, Italy.

8245. **Salman, Jeroen L.** Bronckhorststraat 57, 2201 KV Noordwijk, Netherlands. *U. Utrecht* / Dutch almanacs • Popular printing, almanacs and children's literature • Publishing and popular literature in the Netherlands.
✉ jeroen.salman@let.uu.nl

8246. **Salmonowicz, Stanislaw** Ul. Konopnickiej 29/4, 87-100 Torun, Poland. *U. Mikolaja Kopernika* / Les Lumières en Pologne et en Allemagne • La réforme pénale • La Révolution française.

8247. **Salomon-Bayet, Claire** 2 rue Narbonne, 75007 Paris, France.
✉ salomon@cnam.fr

8248. **Salonikov, Nikolai** oul. Pavla Levitta 15, 32, 173008 Novgorod, Russia. *U. de Novgorod* / Livres étrangers à Novgorod.

8249. **Salustri, Maria Clotilde** Via Livorno 36, 00162 Roma, Italy.

8250. **Salvat, Christophe** Dareizé, Le Bourg, 69490 Pontcharra, France. *U. de Lyon II* / André Morellet et l'économie politique.

8251. **Salvatierra, Guillermo-Ignacio** Rue Muñecas 1269, 4000 San Miguel de Tucuman, Tucuman, Argentina. *U. de Tucumán* / L'exclusion et la discrimination • La pensée esclava-

giste à travers des textes autentiques de l'époque.
☞ iih@filo.uni.edu.ar

8252. **Salvemini, Biagio** Casella Postale 124, 70056 Molfetta (BA), Italy. *U. di Bari* / Adam Smith's economic ideas in Naples, his influence on economic and social change in southern Italy.

8253. **Salvi Cepl, Elisabeth** Boulevard d'Arcangier 41, 1800 Vevey, Switzerland.

8254. **Salvo, Roberto** Via Houel 29, 90138 Palermo, Italy. *U. di Palermo* / Pensée politique et économique en Sicilie.

8255. **Salvucci, James** Dept of English, Villa Julie College, 1525 Greenspring Valley Rd, Stevenson, MD 21153-0641, USA. *Villa Julie C.* / English literature.

8256. **Salzman, Mary** 250 Curtner Avenue, Apt 21, Palo Alto, CA 94306, USA. *Stanford U.*

8257. **Sama, Catherine M.** Dept of Foreign Languages and Literatures, University of Rhode Island, 60 Upper College Road, Kingston, RI 02881, USA. *U. of Rhode Island* / Network of women shaping culture in 18c Venice (Rosalba Carriera, Luisa Bergalli Gozzi, Elisabetta Caminer Turra).
☞ csama@uri.edu

8258. **Samarin, Alexandre** Avangardnaia oul. 13, 52, 125493 Moscou, Russia. *Bibliothèque Russe d'Etat* / Histoire du livre • Livres et lecteurs en Russie.

8259. **Sambrook, James** 36 Bursledon Road, Hedge End, Southampton, SO30 0BX, UK. *U. of Southampton* / English poetry • Landscape gardening.

8260. **Samet, Elizabeth** Dept of English, United States Military Academy, West Point, NY 10996-1791, USA. *United States Military Academy.*

8261. **Sampietro, Luigi** Via Sacco 2, 40127 Bologna, Italy. / Cultural history of New England.

8262. **Samson, Guillemette** 68 rue Vitruve, 75020 Paris, France. *Association française Isabelle de Charrière* / French Revolution • Correspondence • Charrière, Isabelle de.
☞ samson.g@wanadoo.fr

8263. **Samuels, Marilyn Schauer** 24201 South Woodland Road, Cleveland, OH 44122-3317, USA. *Case Western Reserve U.* / Ageing • Application of post-modern theory to 18c texts • Women writers • Gender studies.

8264. **Samyde, Gérard** Labrousse, Villa l'Acacia Rouge, 97190 Le Gosier (Martinique), France.

8265. **San Vicente Santiago, Felix** Godoli 31, 47100 Forzi, Italy. *U. di Bologna* / Langue espagnole • Diffusion de la littérature espagnole en Italie.

8266. **Sanches, Manuela Ribeiro** R. Prof. Arsenio Cordeiro 5-1° D, 1600 Lisboa, Portugal. *U. de Lisboa* / Georg Forster • Anthropology • Travel literature • French Revolution.

8267. **Sanchez, José** 816 avenue du Maréchal Foch, 40000 Mont-de-Marsan, France. / Théâtre.

8268. **Sanchez, Melissa** 2543 Orange Avenue, Apt. B, Costa Mesa, CA 92627-1385, USA.

8269. **Sanchez Belen, Juan Antonio** C/ Constancia. 35, 5°A, 28002 Madrid, Spain. / Démographie et le régime seigneurial en Espagne.

8270. **Sánchez Espinosa, Gabriel** Dept of Spanish and Portuguese, Queen's University, University Square 9, Belfast, BT7 1NN, UK. *Queen's U.* / Literary and cultural relations between Spain and Europe • Spanish book market.
☞ gsanchez@qub.ac.uk

8271. **Sanchez Marcos, Fernando** Jacinto Benavente19, 4°, 2°, Esc. A, 08017 Barcelona, Spain. / Culture • Historiographie.

8272. **Sanchez Sanchez, Manuela** Plaza Jose Sanchez Alonso 4, 37183 Morille, Spain.

8273. **Sanchez-Blanco, Francisco** Gropiusweg 55, 44801 Bochum, Germany. *Ruhr-U. Bochum* / History of ideas • Spanish literature.

8274. **Sanchez-Llama, Inigo** Dept of Foreign Languages & Literature, Purdue University, 1359 Stanley Coulter Hall, W. Lafayette, IN 47907-1359, USA. *Purdue U.*

8275. **Sánchez-Mejía, Maria Luisa** Universidad Complutense de Madrid, Campus de Somosaguas, 28223 Madrid, Spain. *U. Complutense de Madrid* / History of ideas • French and Spanish liberalism • Romanticism.
☞ sanchezmejia@cps.ucm.es

8276. **Sanciaud-Delhoume, Monique** 12 rue du Moulin, 65360 Vielle-Adour, France. / Les Incas de Jean François Marmontel.
☞ monique.sanciaud@libertysurf.fr

8277. **Sande, A. van de** Berg en Dalseweg 134, 6522 BX Nijmegen, Netherlands. *Katho-*

lieke U. Nijmegen / Secret societies as a political instrument in Western Europe • Anti-clericalism.

8278. **Sander, Sabine** Medizinhistorisches Institut, Universität Mainz, Alte Ziegelei 7, 65812 Bad Soden, Germany. *U. Mainz* / Popularisation of medicine in Germany • Women in early modern medicine.

8279. **Sandiford, Keith A.** Dept of English, Louisiana State University, Baton Rouge, LA 70803 0100, USA. *Louisiana State U.* / Narratives of colonisation and discovery • Textualities of sugar and slaves • Sugar, pastoral and history.

8280. **Sandkaulen, Birgit** Keplerstr. 22, 69120 Heidelberg, Germany. *U. Tübingen* / F. H. Jacobi • Schelling.

8281. **Sandrier, Alain** 27-29 avenue de Flandre, 75019 Paris, France. / Histoire des idées • Hétérodoxie et athéisme • La question de la diffusion et du prosélytisme.

8282. **Sandstede, Jutta** Herderstr. 3, 26180 Rastede, Germany. *U. Oldenburg* / Rhetoric • Source bibliography for rhetoric, homiletics and epistolography.

8283. **Sanfey, Darach** Dept of French, University of Limerick, Mary Immaculate College, South Circular Road, Limerick, Ireland. *U. of Limerick* / Montesquieu • Rousseau • Voltaire • Epistolary literature, correspondences and travel writing • Histoire des idées • Autobiography • French prose fiction to the 20c.
✉ darach.sanfey@mic.ul.ie

8284. **Sangmeister, Dirk** P.O. Box 22135, 1518 Nicosia, Cyprus. / Circulating libraries • Travel literature • Clandestine literature • Bibliography.

8285. **Sankey-Sutcliffe, Margaret** Dept of French Studies, University of Sydney, Sydney, NSW 2006, Australia. *U. of Sydney* / Voyages imaginaires et réels • Histoire des idées.

8286. **Sanko, Helene** 2636 South Green Road, Beachwood, OH 44122-1536, USA.

8287. **Sanna, Manuela** Istituto per la storia del pensiero filosofico e scientifico dell'età moderna, C.N.R., via Porta di Massa 1, 80133 Napoli, Italy. *C.N.R.* / Philosophy • *Medicina mentis* by E. W. von Tschirnhaus • Vico • Notions of fantasy and imagination in modern philosophy.
✉ sanna@unina.it

8288. **Sanna, Piero** Via de Nicola 5, 07100 Sassari, Italy. *U. di Sassari* / Politics of reforms in agriculture and education • Patriotism and constitutionalism • Circulation of Enlightenment ideas in Sardinia and Savoy-Piedmont.
✉ piero.sanna@uniss.it

8289. **Sannia, Laura** University of Cagliari, Via Is Mirrionis 1, 09123 Cagliari, Sardinia, Italy. *U. of Cagliari* / La littérature dramatique • Le théatre français du grand siècle • La culture italienne dans les milieux périphériques.
✉ sannia@unica.it

8290. **Sano, Yasuo** 2-2-18, Minami-cho, 185-0021 Kokubunji Tokyo, Japan.

8291. **Santangelo, Giovanni Saverio** Via Maggiore G. Galliano 21, 90143 Palermo, Italy. *U. di Palermo* / Querelle des anciens et des modernes • Mme Dacier • Utopie littéraire • Querelle Orsi-Bouhours • Houdar de La Motte théoricien • Féminisme et anti-féminisme des Lumières • Traducteurs et adapteurs italiens de Molière.

8292. **Santato, Guido** Dept of Italian, Università di Padova, Via Beato Pellegrino 1, 35137 Padova, Italy. *U. di Padova* / La Révolution française • Le Jacobinisme en Italie • Alfieri • Voltaire • Parini.
✉ guido.sautato@unipd.it

8293. **Santesso, Aaron** Dept of English, University of Nevada, 098, Reno, NV 89557, USA. *U. of Nevada* / Poetry • English literature • Cowper • Dryden • Gray • Pope • Education.

8294. **Santesson, Lillemor** Institutionen för litteraturvetenskap och kommunikation, 291 00 Kristianstad, Sweden. *Institutionen för litteraturvetenskap och kommunikation* / Two Swedish translations of Quirsfeld's Himmlische Garten-Gesellschaft.

8295. **Santolaya Heredero, Laura** General Moscardó 18, 8°A, 28020 Madrid, Spain. / Histoire urbaine.

8296. **Santos, Carlos Morais dos** Rua Damião de Gois 45-5° e, 1495 Cruz Quebrada, Portugal.

8297. **Santos, Jose E.** Dept de Humanidades, Universidad de Puerto Rico, Facultad de Estudios Generales, Rio Piedras, PR 931, USA. *U. de Puerto Rico.*

8298. **Santos, M. Alcina Ribeiro Correia** Avenida Abade de Baçal 13-1°, 5300 Bragança, Portugal.

8299. **Santos, M. Piedade Falcão Trigoso Braga** Avenida EUA 101-3° Esq., 1700 Lisboa, Portugal.

8300. **Santos, Viviana** 20 Main St #1400, Exeter, NH 03833-2438, USA.

8301. **Santos Arrebola, Maria Soledad** C/ Gonzalez Anaya 9, 29009 Malaga, Spain. *U. de Málaga* / Málaga et les Amériques.

8302. **Santos Pinheiro, Nuno Rui da Fonseca** Avenida Estados Unidos da América, 27 - 5º E, 1700-164 Lisboa, Portugal. / Architecture • Art history • Arab-Portuguese art.
✉ socios@spesxviii.pt

8303. **Santucci, Antonio** V. le Carducci 34, 40125 Bologna, Italy. *U. di Bologna* / Thomas Brown and the Scottish school of common sense.

8304. **Sapchenko, Liubov** oul. Chigaeva 15-88, 432018 Oulianovsk, Russia. *U. pédagogique d'Oulianovsk* / The heritage of Karamzin.
✉ ssj-sla@mail.ru

8305. **Sapede, Georges** 13 rue F. Pelloutier, 30009 Nimes, France.

8306. **Sargent, Carole** 622 Beverly Drive, Alexandria, VA 22305-1301, USA.

8307. **Sarjala, Jukka** Betaniankatu 4 as 9, 20810 Turku, Finland. / Music: aesthetics, the doctrine of affects.

8308. **Sárkány, Tamás F** Brahegatan 43, 1 trappa, 114 37 Stockholm, Sweden. *Uppsala U.* / Gustaf III's *Historia metallica.*

8309. **Sarközy, Péter** Molnár u. 22/24, 1056 Budapest, Hungary. / Hungarian literature in Europe • Hungarian-Italian cultural links • The Roman Accademia Arcadia and Italian Arcadian poetry.

8310. **Sas, N. C. F. van** Admiraal van Gentstraat 2, 3572 XK Utrecht, Netherlands. *U. van Amsterdam* / Political culture in the Netherlands in a comparative context, 1770-1850 • International relations.

8311. **Sas, Peter M.** Obolons'kiy prospect 14-102, 252001 Kiev, Ukraine. *Ukrainian Academy of Sciences.*

8312. **Sasaki, Johei** 86-102 Kita-shirakawa-nishi-machi, 606-8267 Kyoto, Japan. *Kyoto U.* / Japanese painting.

8313. **Sasaki, Ken-ichi** 2-33- Goko-Nishi, 270-2218 Matsudo-Shi, Japan. *Tokyo U.* / Aesthetics • Diderot.
✉ ken-sasaki@k3.dion.ne.jp

8314. **Sasaki, Takeshi** 2-16-1-603 Higashiyama, Meguro-ku, 153-0043 Tokyo, Japan. *Tokyo Medical and Dental U.* / British government in Ireland • Scottish Enlightenment • Colonial North America.

8315. **Saskova, Tatiana** 5-1 ul. M. Jalil ap. 139, 115580 Moscow, Russia. *Open Pedagogical U. of Moscow* / The pastoral in Russian literature • Socio-cultural aspects of the pastoral.

8316. **Sasse, Günter** Deutsches Seminar II, Institut für Neuere Deutsche Literatur, Philosophische Fakultät III, Universität Freiburg, Postfach, 79085 Freiburg i.Br., Germany. *U. Freiburg* / Emotion and institutions (love-marriage).

8317. **Sassi-Lehner, Christina** 10 Selleck's Walk, P.O. Box 183, Pound Ridge, NY 10576, USA.

8318. **Sassine, Antoine** Dept of Languages, Mount Royal College, 4825 Richard Rd SW, Calgary, AB T3E 6K6, Canada. *Mount Royal C.* / Rousseau • Voltaire • Bernardin de Saint-Pierre • Marivaux.

8319. **Sato, Junji** 2-20-401, N3 W20, Kita-ku, Sapporo, 064-0823 Hokkaido, Japan. *Hokkaido U.* / Les problèmes de la 'représentation' dans la pensée de J.-J. Rousseau • L'autobiographie et l''écriture' de la modernité.
✉ jjsato@let.hokudai.ac.jp

8320. **Sato, Ken-ichi** 3-12-3-801 Kunimi, Aoba-ku, Sendai-shi, 981-0943 Miyagi, Japan. *Tohoku U.* / J. M. R. Lenz's theatre.

8321. **Sato, Mie** 12-18 Tana-cho, Aoba, Yokohama-shi, 227-0064 Kanagawa, Japan.

8322. **Sato, Natsuo** 1551-124 Miyanogi-machi, Inage-ku, Chiba-shi, 263-0054 Chiba, Japan. *Kanagawa U.* / Benjamin Constant and Mme Staël.

8323. **Sato, Noriko** 1-2-1 Izumi, Suginami-ku, 168-0063 Tokyo, Japan. *Ochanomizu U.* / La médecine • Histoire comparée des infirmières franco-japonaises.

8324. **Sato, Shigeki** 1-1-F-312 Ogura, Saiwai-ku, Kawasaki-shi 212-0054, Japan.

8325. **Sato, Shozo** 5-15-10 Tanagawa-gakuen, Machida-shi, 194-0041 Tokyo, Japan.

8326. **Sato, Tomoyuki** 674 Kibogaoka, Fuchu-machi, Nei-gun, 939-2703 Toyama, Japan. *Toyama U.* / German Romantic.

8327. **Sauder, Gerhard** FR 4.1 - Germanistik, Universität des Saarlandes, Postfach 15 11 50, 66041 Saarbrücken, Germany. *U. des*

Saarlandes / Lumières • Sensibilité • *Sturm und Drang.*

8328. **Sauerberg, Lars Ole** Center for Engelsk, Odense Universitet, Campusvej 55, 5230 Odense M, Denmark. *Odense U.*

8329. **Saul, Nicholas** Dept of German, University of Liverpool, Liverpool, L69 3BX, UK. *U. of Liverpool.*

8330. **Saul, Nicholas Dorian B.** Dept of Germanic Studies, Trinity College, Dublin 2, Ireland. *Trinity C. (Dublin)* / Secularisation: parodistic sermons • Rhetoric (homiletics, etc.) • Narrative theory • History of ideas.

8331. **Saura-Sánchez, Alfonso** Dépt de Langue et Littérature françaises, Universidad de Murcia, Facultad de Letras, Campus de La Merced, E-30071 Murcia, Spain. *U. de Murcia* / Littérature française et sa réception en Espagne • Les genres poétiques et leur évolution • Le drame: sa naissance, son évolution, sa réception en Espagne, son adaptation comme 'comedia'.
✉ asaura@um.es

8332. **Sauter, Michael** Fulfillment MBE 83-205, 2101 North West 82nd Avenue, Miami, FL 33122-1508, USA.

8333. **Sauvage, Emmanuelle** 5605 Gatineau, app. 12, Montréal, PQ H3T 1X6, Canada. *U. de Montréal* / Sade • Littérature et arts visuels • Les genres (histoire et évolution, parallèle entre roman et théâtre).
✉ emmanuelle.sauvage@umontreal.ca

8334. **Saverio, Dibella** Viale Principe Umberto 61/c, 98122 Messina, Italy. *U. di Messina* / Farmers' groups • The Church and the Enlightenment.
✉ incontrimediterranei@tim.it

8335. **Saverkina, Irina** Palais-musée de A. D. Menchikov, Universitetskaia nab., 15, 199034 St. Pétersbourg, Russia. *Palais-musée de A. D. Menchikov* / Culture russe à l'époque de Pierre Ier.

8336. **Savinskaia, Lubov Y.** Dimitrova 10, 19, 143400 Krasnogorsk, Russia. *Musée Pouchkine* / Western European art collections in Russia, 1700-1850.

8337. **Savoia, Francescra** Dept of French & Italian, Univ of Pittsburgh, 1328 Cathedral of Learning, Pittsburgh, PA 15260, USA. *U. of Pittsburgh* / Italian literature • Italian theatre, opera • Interrelations of music and literature.
✉ savoia@pitt.edu

8338. **Sawicki, Diethard** Hainteichstr. 34, 33613 Bielefeld, Germany. / Cultural history • Magic • Spiritualism, ghosts • Historical anthropology.

8339. **Sawilla, Jan Marco** Laufgraben 39, 20146 Hamburg, Germany. *U. Hamburg.*

8340. **Saxer, Simone** Gartenstadtstr. 45, 3097 Liebefeld, Switzerland. / Huguenots in Switzerland.

8341. **Sayre, Laura** 21 Maclean St, Princeton, NJ 08542-3117, USA. / Agricultural history • Literature and landscape.
✉ lbsayre@alumni.princeton.edu

8342. **Sayres, William G.** 94 Old Kents Hill Rd, Readfield, ME 4355, USA.

8343. **Scalvini, Barbara** Villaggio Sereno trav. VI, 14, 25125 Brescia, Italy. *U. di Torino* / Alessandro Verri's *History of Italy* (1764) • Carlo Denina.

8344. **Scandellari, Simonetta** Via P. Palagi 13-3, 40138 Bologna, Italy. *U. di Ferrara* / Pensée politique et juridique en Espagne • Relations entre histoire et droit dans les œuvres politiques et juridiques des réformateurs.

8345. **Scanlan, J. T.** Dept of English, Providence College, Providence, RI 02918, USA. *Providence C.* / Samuel Johnson • Law • Satire.

8346. **Scaraffia, Giuseppe** Via Guerrazzi 3, 00152 Roma, Italy. *U. di Roma.*

8347. **Scarano, Emanuela** Via Magenta 8, 56100 Pisa, Italy.

8348. **Scattola, Merio** Galleria Caracas 3, 36067 S. Giuseppe di Cassola, Italy. *U. di Padova.*

8349. **Schachinger, Mildred** 110-20 71st Avenue, Forest Hills, NY 11375, USA. / Political theory • Kant's aesthetics.

8350. **Schaeffer, Bruno** Louloutre, N.D. de la Sainte-Espérance, 58220 Donzy, France. *Centre d'Etude et de Recherche de l'Europe Chrétienne* / Problèmes de l'acte de foi (histoire du droit) • Histoire des idées politiques • Episcopat français.

8351. **Schaeper, Thomas J.** Dept of History Box 57, St Bonaventure University, St Bonaventure, NY 14778, USA. *St Bonaventure U.* / French economy • France and the American Revolution • French mercantilism.

8352. **Schäfer-Weiss, Dorothea** Kalckreuthweg 85, 22607 Hamburg, Germany. *Akademie der Wissenschaften (Göttingen)* / Goethe • Epistolary studies.

8353. **Schaich, Michael** Deutsches Historisches Institut, 17 Bloomsbury Square, London, WC1A 2NJ, UK. *Deutsches Historisches Institut* / Cultural history of Münich • Catholic Enlightenment • Counter-Enlightenment in central Europe • Enlightenment historiography (M. J. Schmidt).

8354. **Schakel, Peter J.** Dept of English, Hope College, 321 Lubbers Hall, 126 East 10th St, Holland, MI 49422-9000, USA. *Hope C.* / English epigram • Swift's poetry • Verse satire.

8355. **Schaller, Marie-Louise** Zentralbibliothek Luzern, Sempacherstr. 10, 6002 Luzern, Switzerland. *Zentralbibliothek Luzern.*

8356. **Schandeler, Jean-Pierre** Lieu-dit Mas d'Olivier, 27 chemin des Platanes, 34750 Murvil-les-Montpellier, France. *U. de Montpellier III* / Condorcet • Projets politiques • Epistemologie politique, 1750-1800.

8357. **Schattschneider, Laura E.** Humanities Consortium, U.C.L.A., 310 Royce Hall, Los Angeles, CA 90095, USA. *U.C.L.A.* / Foundlings (England, France, Germany) • Transmission of sympathy among English, American, and French circles during the French Revolution.
✉ schattla@humnet.ucla.edu

8358. **Scheblyguina, Irina** Leninski prospekt, 135, 1, 1069, 117513 Moscou, Russia. *U. Lomonossov de Moscou (MGU)* / Noblesse russe à la fin du 18s • Andrei Bolotov.

8359. **Scheele, Adam von** Historiska institutionen, Göteborgs universitet, Göteborg, Sweden. *Göteborgs U.*

8360. **Scheer, Torsten** Finefraustr. 50, 45134 Essen, Germany.

8361. **Scheible, Hartmut** Farmstr. 19, 64546 Mörfelden-Walldorf, Germany. *U. Frankfurt/-Main* / Goldoni • Casanova • Mozart.

8362. **Scheil, Katherine West** Dept of English, St Joseph College, 1678 Asylum Avenue, West Hartford, CT 06117-2700, USA. *St Joseph C.* / Theatre • Shakespeare in the 18c.

8363. **Schelle, Hansjörg** Ziegelstr. 16-18, 79400 Kandern, Germany. *U. of Michigan* / Christoph Martin Wieland (*Dialogues of the Gods and the Dead*).

8364. **Schellenberg, Betty A.** Dept of English, Simon Fraser University, 8888 University Drive, Burnaby, BC V5A 1S6, Canada. *Simon Fraser U.* / Britain • Correspondence • Travel literature • Fiction, print culture • Women writers.
✉ schellen@sfu.ca

8365. **Schembor, Friedrich** Schelleingasse 17/22, 1040 Wien, Austria.

8366. **Schemper-Sparholz, Ingeborg** Bastiengasse 107/2/4, 1180 Wien, Austria.

8367. **Schenbeck, Lawrence** 219 Ivy Glen Circle, Avondale Estates, GA 30002, USA. *Spelman C.*

8368. **Schenkeveld, M. A.** H. Heijermanslaan 23, 2106 ER Heemstede, Netherlands. *U. Utrecht* / Le classicisme français dans les Pays-Bas • Politique • Poésies de circonstance.

8369. **Schepers, Heinrich** Leibniz-Forschungsstelle, Westf. Wilhelms-Universität, Rothenburg 32, 48143 Münster, Germany. *U. Münster* / Histoire de la philosophie prékantienne (école d'A. Rüdiger) • Réception de Leibniz.

8370. **Scherbakova, Maria** prospekt Rimskogo-Korsakova, 16/2, 29, 190068 St. Pétersbourg, Russia. *Institut pédagogique de St. Pétersbourg (Institut Hertzen)* / Théâtre musical.

8371. **Scherf, Guilhem** Dépt des Sculptures, Musée du Louvre, 101 rue de Rivoli, 75058 Paris Cédex 01, France. *Musée du Louvre* / La sculpture en France et en Europe du Nord.
✉ scherf@louvre.fr

8372. **Scherl, Adolf** Safaríkova 20, 120 00 Praha 2, Czech Republic. / Theatre (history in the Czech territory; evolution in neighbouring countries).
✉ slovnik@czech-theatre.cz

8373. **Schernus, Wilhelm** Institut für Germanistik II, Universität Hamburg, Von-Melle-Park 6, 20146 Hamburg, Germany. *U. Hamburg* / German Enlightenment.

8374. **Schertz, Peter** 6720 Franklin Place, apt 501, Hollywood, CA 90028, USA. *U. of Southern California* / Winckelmann.

8375. **Scherwatzky, Steven D.** 17 Washington Avenue, Andover, MA 01810-1723, USA.

8376. **Scheuermann, Mona M.** Dept of English, Oakton Community College, 1600 East Golf Road, Des Plaines 60016, IL, USA. *Oakton Community C.* / Social history in England • Images of women.
✉ monas@oakton.edu

8377. **Scheutz, Martin** Institut für Österreichische Geschichtsforschung, Dr. Karl Lueger Ring 1, 1010 Wien, Austria. *Institut für Österreichische Geschichtsforschung.*

8378. **Schibeci, Lynn** 1008 Salamanca North West, Albuquerque, NM 87101-0001, USA.

8379. **Schiebinger, Londa** Dept of History, Pennsylvania State University, University Park, PA 16802-1506, USA. *Pennsylvania State U.* / Gender studies of science • Women • Cultural studies • Science.

8380. **Schier, Donald S** 750 Weaver Dairy Rd, Apt 1106, Chapel Hill, NC 27514 1438, USA. / Abbé Morellet • Président de Brosses.

8381. **Schierle, Ingrid** Weilerburgstr. 3, 72072 Tübingen, Germany. *U. Tübingen* / Enlightenment in eastern Europe • Political rhetoric in Russia.

8382. **Schiessl, Ulrich** Fachgebiet Restaurierung, Hochschule für Bildende Künste, Güntzstr. 34, 01307 Dresden, Germany. *Hochschule für Bildende Künste.*

8383. **Schiffman, Harold** 2304 Don Andres Avenue, Tallahassee, FL 32304-1313, USA.

8384. **Schiffman, Robyn L.** Dept of Comparative Literature, University of Chicago, 1050 East 59th St, Chicago, IL 60637, USA. *U. of Chicago* / Reception and translation of German Romanticism in the UK.
✉ rlschiff@uchicago.edu

8385. **Schikorsky, Isa** Heinrichstr. 45, 50676 Köln, Germany. *U. Köln* / Science • Universities • Collegium Carolinum in Brunswick.

8386. **Schilling, Lothar** Franz-Schubert-Weg 49, 6118 Bad Vilbel, Germany. *Max-Planck-Institut für Europäische Rechtsgeschichte (Frankfurt/Main).*

8387. **Schimanski, Johan Henrik** Institut for Allmenn Litteratur vit., 9037 Tromsø, Norway. *Inst. for Allmenn Litt. vit.* / Edward Williams • Literary forgery.
✉ johan.schimanski@hum.uit.no

8388. **Schimmelpenninck van der Oije, C. O. A., baron** Kralingse Plaslaan 1, 3062 DA Rotterdam, Netherlands. *Municipal Archives* / History • Bibliography.
✉ c.schimmelpenninck@maritiemmuseum.nl

8389. **Schindler, Otto G.** Institut für Theater-, Film- und Medienwissenschaft, Universität Wien, Hofburg, Batthyanystiege, 1010 Wien, Austria. *U. Wien* / Theatre and its relations to other arts, esp. on Austria, other German-speaking countries and Central Europe.

8390. **Schindling, Anton** Antoniterstr. 12, 65929 Frankfurt-Höchst, Germany. *U. Tübingen* / Universities • Schools • Holy Roman Empire • Enlightened absolutism • Catholic Enlightenment.

8391. **Schiötz, Thomas** Vibes gt. 13A, 0356 Oslo, Norway. *U. i Oslo* / Rousseau • Roman autobiographique • L'espace public des Lumières.

8392. **Schippan, Michael** Gardeschützenweg 16, 12203 Berlin, Germany. *Forschungszentrum Europäische Aufklärung* / Enlightenment in Russia • War and peace in Russian thought • German-Russian relations • V. F. Malinovskij.

8393. **Schlafly, Daniel L.** 107 Aberdeen Place, St Louis, MO 63103, USA. *St Louis U.* / Roman Catholicism in Russia • Travellers: West to Russia, Russia to the West.

8394. **Schlenther, Boyd Stanley** Dept of History, University of Wales, Aberystwyth, SY23 2AX, UK. *U. of Wales (Aberystwyth)* / British colonial America • Religion in England.

8395. **Schlesier, Renate** Warburger Str. 100, 33098 Paderborn, Germany. *U. Paderborn* / Antiquity and classicism in the Enlightenment.

8396. **Schlieben-Lange, Brigitte** Romanisches Seminar, Universität Tübingen, Wilhelmstr. 50, 72074 Tübingen, Germany. *U. Tübingen* / History and politics of language in the French Revolution • Linguistics • Regional languages in France.

8397. **Schlobach, Jochen** Richard-Wagner-Str. 87, D-66125 Saarbrücken, Germany. *U. des Saarlandes* / Philosophes • Relations culturelles entre la France et l'Allemagne • Théorie de l'histoire.
✉ j.schlobach@rz.uni-sb.de

8398. **Schlögl, Rudolf** Geisteswissenschaftliche Sektion, FB Geschichte und Soziologie, Universität Konstanz, Universitätsstr. 10, 78464 Konstanz, Germany. *U. Konstanz* / Enlightenment societies.

8399. **Schlott, Michael** Karl-Tauchnitz-Str. 1, 04107 Leipzig, Germany. *Sächsische Akademie der Wissenschaften zu Leipzig* / Correspondence of Gottsched.
✉ schlott@saw-leipzig.de

8400. **Schluchter, André** Gallusstr. 34, 4600 Olten, Switzerland.

8401. **Schlumbohm, Jürgen** Max-Planck-Institut für Geschichte, Hermann-Föge-Weg 11, 37073 Göttingen, Germany. *Max-Planck-Institut für Geschichte* / Childbirth and obstetrics • Family and kinship • Childhood • Social and economic history: proto-industrialisation • Demographic history.
✉ schlumbohm@mpi-g.gwdg.de

8402. **Schlup, Michel** Rue des Amandiers 16, 2000 Neuchâtel, Switzerland. *Bibliothèque publique et universitaire (Neuchâtel)* / Mécanismes éditoriaux • Diffusion et lecture des journaux • Pratiques de la lecture.
✉ michel.schlup@bpu.unine.ch

8403. **Schlüter, Gisela** Institut für Romanistik, Universität Erlangen-Nürnberg, Bismarckstr. 1, 91054 Erlangen, Germany. *U. Erlangen-Nürnberg* / Enlightenment in France and Italy • History of ideas • Republicanism.

8404. **Schmale, Wolfgang** Dept of History, Universität Wien, Dr. Karl Lueger-Ring 1, A-1010 Wien, Austria. *U. Wien* / Cultural transfers in Europe • Discourses on Europe • Semiotic interpretation of French Revolution.
✉ wolfgang.schmale@univie.ac.at

8405. **Schmid, Pia** Institut für Pädagogik, Universität Halle, Franckeplatz 1, Haus 5, 06110 Halle, Germany. *U. Halle* / German 'Bildungsbürgertum' • Bourgeois images of women • Gender theories • Education.

8406. **Schmidgen, Wolfram Michael** Dept of English, Washington University, Dept of English, Duncker Hall, One Brookings Drive, St Louis, 63130 MO, USA. *Washington U.* / Communal functions of property • Aesthetics • The value of impurity.
✉ wschmidg@artsci.wustl.edu

8407. **Schmidhauser Jónsdóttir, Kristín** Ægisídu 60, 107 Reykjavík, Iceland.

8408. **Schmidl, Erwin A.** Lenaugasse 5/II/15, 1080 Wien, Austria. *Militärwissenschaftliches Büro* / Military and cultural history.

8409. **Schmidt, Andreas** Seminar für Volkskunde, Universität Kiel, Olshausenstr. 40, 24098 Kiel, Germany. *U. Kiel.*

8410. **Schmidt, Doerte** Staatliche Hochschule für Musik und Darstellende Kunst Stuttgart, Urbanstr. 25, D-70182 Stuttgart, Germany. *Staatliche Hochschule für Musik und Darstellende Kunst Stuttgart* / French theatre in Europe • French music theory • Opera in the Enlightenment • Musical literacy.
✉ doerte.schmidt@mh-stuttgart.de

8411. **Schmidt, Frech** Oostelijk Halfrond 24, NL-1183 GA Amstelveen, Netherlands. *Vrije U. Amsterdam* / Architectural history • Classicism, enlightenment and the architectural press.
✉ f.schmidt@let.vu.nl

8412. **Schmidt, James** Boston University, University Professors Program, 745 Commonwealth Avenue, Boston, MA 02215, USA. *Boston U.* / Definitions of "Enlightenment".
✉ jschmidt@bu.edu

8413. **Schmidt, Johannes** Dept of Languages, Clemson University, P.O. Box 340535, 706 Strode Tower, Clemson, SC 29634-0535, USA. *Clemson U.* / Seven Years War • Germany • Theatre • Romanticism • German Enlightenment • German literature • Herder • Kant • Lessing • Schelling.
✉ schmidj@clemson.edu

8414. **Schmidt, Klaus** Herzberger Landstr. 11, 37083 Göttingen, Germany. *Akademie der Wissenschaften (Göttingen)* / German periodicals • Learned and patriotic societies in Europe.

8415. **Schmidt, Michael** Dept of Germanic Studies, University of Tromsø, N 9037 Tromsø, Norway. *U. of Tromsø* / Anti-Semitism • Jewish history.
✉ michael.schmidt@hum.uit.no

8416. **Schmidt, Peter** Johann-Sebastian-Bach-Str. 2, 09599 Freiberg (Sachsen), Germany. *TU Bergakademie Freiberg* / History of geosciences • Cultural heritages of libraries concerned with geosciences, mining and metallurgy.

8417. **Schmidt, Roger** English Dept, Idaho State University, Box 8056, Pocatello, ID 83209 0001, USA. *Idaho State U.*

8418. **Schmidt, Sugurd** Krivoarbatski pereoulok 12, 8, 121002 Moscou, Russia. *Académie des sciences de Russie* / Histoire russe • Sciences historiques auxiliaires.

8419. **Schmidt-Biggemann, Wilhelm** Freie Universität Berlin, Philosophisches Institut, Königin-Luise-Str. 34, 14195 Berlin, Germany. *Freie U. Berlin* / Frühaufklärung • Pufendorf, Reimarus, Leibniz, Herder, Jean Paul • Histoire des sciences.

8420. **Schmidt-Haberkamp, Barbara** Dept of English, Universität Münster, Johannisstr. 12-20, 48143 Münster, Germany. *U. Münster* / Shaftesbury • Lady Montagu • Women writers • Education • Travel • Literature • Religion.
✉ schmidt.haberkamp@t-online.de

8421. **Schmidt-Hannisa, Hans-Walter** 33 The Grove, Broadale, Maryborough Hill, Cork, Ireland. *University C. Cork.*

8422. **Schmidt-Surdez, Maryse** Bibliothèque publique et universitaire, Place Numa Droz 3, 2000 Neuchâtel, Switzerland. *Bibliothèque publique et universitaire.*

8423. **Schmiesing, Ann C.** Dept of Germanic and Slavic Languages and Literature, University of Colorado, 276 UCB, Boulder 80309-0276, CO, USA. *U. of Colorado* / Lessing and the German Enlightenment • Drama and the history of the theatre • Moral philosophy.
ↂ ann.schmiesing@colorado.edu

8424. **Schmitt, Hanno** Lehrstuhl Historische Pädagogik, Universität Potsdam, Postfach 60 15 53, 14415 Potsdam, Germany. *U. Potsdam* / Philanthropy • Schools • Joachim Heinrich Campe.

8425. **Schmitt-Scheubel, Robert** Dessauerstr. 64, 12249 Berlin, Germany. *Technische U. Berlin.*

8426. **Schmitz, Matthias** Wilmans Park 38, 22587 Hamburg, Germany. *Fachhochschule Hamburg* / Philosophy of language (Rousseau, Herder, Humboldt) • Anthropology • German drama (Lessing, Goethe).

8427. **Schmölders, Claudia** Koenigsallee 3, 14193 Berlin, Germany. *Humboldt-U. Berlin.*

8428. **Schmuttermeier, Elisabeth** Johannesgasse 15/30, 1010 Wien, Austria. *Österreichisches Museum für angewandte Kunst.*

8429. **Schmutz, Hans-Konrad** Naturwiss. Sammlungen, Museumstr. 52, 8400 Winterthur, Switzerland. *Naturwiss. Sammlungen.*

8430. **Schnalke, Thomas** Berliner Medizinhistorisches Museum der Charité, Schumannstr. 20-21, 10117 Berlin, Germany. *Berliner Medizinhistorisches Museum der Charité* / Medical correspondence • Christoph Jacob Trew (1695-1769), Nürnberg doctor • Patient-doctor dialogue.

8431. **Schnegg, Brigitte** Altenbergstr. 120, 3013 Bern, Switzerland. / Gender history of Enlightenment.

8432. **Schneider, Christine** Steinackerstr. 31, 79117 Freiburg, Germany.

8433. **Schneider, Helmut J.** Germanistisches Seminar der Universität Bonn, Am Hof 1d, 53113 Bonn, Germany. *U. Bonn* / Nature, landscape, idyll • Lessing, Kleist • Theories of Enlightenment and modernity.

8434. **Schneider, Jean-Paul** 6 rue Mengès, 67000 Strasbourg, France. *U. de Strasbourg II* / La montagne • Problèmes de 'signification' dans les œuvres de fiction.
ↂ jpschneider@noos.fr

8435. **Schneider, Joh. Nikolaus** Heidelbergerfassgasse 18, 55116 Mainz, Germany. *Cusanuswerk Bonn.*

8436. **Schneider, Ulrich Johannes** Research Dept, Herzog August Bibliothek, Lessingplatz 1, 38304 Wolfenbüttel, Germany. *Herzog August Bibliothek* / European intellectual history • Historiography of philosophy • Encyclopedism • J. H. Zedler • G. W. Leibnis • University of Helmstedt.

8437. **Schneider, Ute** Stadecker Weg 18, 55270 Essenheim, Germany. *U. Mainz* / History of the book and media science • History of publishing houses • Cultural history of knowledge • Development of the book trade.
ↂ uschneid@mail.uni-mainz.de

8438. **Schneiders, Werner** Mautweg 7, 49536 Lienen, Germany. *U. Münster* / Philosophy from Leibniz to Kant (Thomasius, Wolff, Reimarus, Lambert) • The German Enlightenment.

8439. **Schneller, Beverly** Dept of English, Millersville University, Millersville, PA 17551-0302, USA. *Millersville U.* / Publishing and bookselling • Poetry of William Collins • Political history • Bibliography.

8440. **Schnetzler, Barbara** Cabinet, Stadtarchiv Zürich, Postfach 4253, 8022 Zürich, Switzerland. *Stadtarchiv Zürich* / Johannes von Müller • Editions of correspondence between North Americans and Europeans (Kinloch, Wallis) • Documentary history of fine and applied arts • European keyboard music.

8441. **Schnorrenberg, Barbara Brandon** 3824 11th Avenue, South, Birmingham, AL 35222, USA. / British women • Education • Catherine Macaulay Graham.

8442. **Schnyder, Peter** Schubertstr. 21, 8037 Zürich, Switzerland. *U. Zürich* / Literature and philosophy • Early German Romantics • German Enlightenment • Reception of British Enlightenment in Germany.

8443. **Schober, Angelika** Tour Helsinki 31 2PA, 50 rue du Disque, 75013 Paris, France. *U. de Limoges* / D'Alembert • Diderot • Nietzsche • Evolutions des idées • Caricatures • Esthétique • Christianisme.

8444. **Schochet, Gordon** Dept of Political Science, Rutgers University, 89 George St, New Brunswick, NJ 08901-1411, USA. *Rutgers U.* / Political philosophy and thought • Conceptions of rights • Religious toleration and liberty • Conceptions of authority • Historiography • Jurisprucence.
ↂ schochet@rci.rutgers.edu

8445. **Schödlbauer, Ulrich** Delpstr. 7, 69469 Weinheim, Germany. *Fern U. Hagen* / Shaftesbury and British deism • Poetics from Klopstock to Hölderlin • History and poetics.

8446. **Schoeps, Julius H.** Moses Mendelssohn Zentrum für europäisch-jüdische Studien, Am Neuen Palais 10, 14469 Potsdam, Germany. *Moses Mendelssohn Zentrum für europäisch-jüdische Studien* / Jewish emancipation and Enlightenment • Moses Mendelssohn.

8447. **Schofield, Mary Anne** 138 Kylyn Rd, Radnor, PA 19087-2836, USA. / British women novelists • Novel • Cooking, dancing in the novel.

8448. **Schofield, Robert E.** 44 Sycamore Rd, Princeton, NJ 08540-5323, USA. / Natural philosophy • Joseph Priestley • Technology.

8449. **Scholar, Richard** New College, Oxford, OX1 3BN, UK. *U. of Oxford* / The 'je-ne-sais-quoi' and the 'I-know-not-what' • Hume • Translation.

8450. **Scholler, Dietrich** Arndtstr. 32, 10965 Berlin, Germany. *U. Bonn.*

8451. **Scholts, B.** Zegenstraat 84, 3082 XZ Rotterdam, Netherlands.

8452. **Scholz, Rüdiger** Deutsches Seminar II, Universität Freiburg, Postfach, 79085 Freiburg, Germany. *U. Freiburg* / Travel writing • Chapbooks • Social history of the proletariat • J. M. R. Lenz • Historiography.

8453. **Schön, Erich** Lehrstuhl für Literaturwissenschaft und Literaturdidaktik, Seminar für Deutsche Sprache und ihre Didaktik, Universität zu Köln, Gronewaldstr. 2, 50931 Köln, Germany. *U. zu Köln* / Reading • Social history of German literature.

8454. **Schönert, Jörg** Literaturwissenschaftliches Seminar, Universität Hamburg, Von-Melle-Park 6, 20146 Hamburg, Germany. *U. Hamburg* / Histoire du roman satirique • Problèmes de la satire • Littérature populaire et triviale.

8455. **Schönfeld, K. M.** Carel Reinierszkade 61, 2593 HL Den Haag, Netherlands. / Montesquieu and 'la bouche de la loi' revisited.

8456. **Schonhorn, Manuel** 4211 Conashaugh Lakes, Milford, PA 18337-9669, USA. / History of ideas • Sterne • Defoe.

8457. **Schoor, R. J. M. van der** Okapistraat 65, 6531 RK Nijmegen, Netherlands. / Translation.

8458. **Schorb, Jodi** 46 Heyman Avenue, San Francisco, CA 94110-5126, USA.

8459. **Schorr, James L.** 423 Dewane Drive, El Cajon, CA 92020-2921, USA. *San Diego State U.* / French journalism • Justus van Effen • Enlightenment • Diderot • Voltaire.
✉ jschorr@mail.sdsu.edu

8460. **Schøsler, Jørn** Syddansk Universitetsbibliothek, Campusves 55, 5230 Odense, Denmark. *Syddansk Universitetsbibliothek* / Philosophie de John Locke • Philosophie des Lumières (matérialisme, apologétique) • Histoire des idées.
✉ joern@bib.sdu.dk

8461. **Schovsbo, Henrik** Solsortvej 28, 4300 Holbæk, Denmark.

8462. **Schrader, Fred E.** 19 allée des Tilleuls, 94310 Orly, France. *U. de Paris VIII* / Social history of the Enlightenment • Historical semantics • Associations and civil society • Freemasonry • Historiography of the Enlightenment.

8463. **Schrader, Wolfgang H.** Wielandsweg 32, 57234 Wilnsdorf, Germany. *U.-Gesamthochschule-Siegen* / English philosophy • K. L. Reinhold • S. Maimon.

8464. **Schrader III, William C.** 416 W. Breckinridge St, Apt. B-2, Louisville, KY 40203, USA. *Tennessee Tech U.* / Prosopographical and institutional studies of the cathedral chapters of Westphalia (Muenster, Paderborn, Osnabrueck, Minden).
✉ schrdrwc@aol.com

8465. **Schraeder, Harald** 27 rue St-Guillaume, 75007 Paris, France. / Langues de spécialité.

8466. **Schram Pighi, Laura** Via del Leoncino 14, 37121 Verona, Italy.

8467. **Schreijnders, Rudy** stichtstraat 21, 1079 RB Amsterdam, Netherlands. / The influence of Defoe's *Robinson Crusoe* on Dutch literature.
✉ renp@xs4all.nl

8468. **Schreiner, Sonja Martina** Institut für Klassische Philologie, Mittel und Neulatein, Universität Wien, Dr. Karl Lueger Ring 1, 1010 Wien, Austria. *U. Wien* / Mock-heroic poetry (F. W. Zacharia) • Habsburg panegyrics • Emblematics.
✉ sonja.schreiner@univie.ac.at

8469. **Schrijver, E. G. L.** Terheidenstraat 15, 2014 CR Haarlem, Netherlands. *Jewish Historical Museum* / Decorated Hebrew manuscripts • Hebrew calligraphy • Baroque and rococo art and folk-art • Manuscript art.

8470. **Schroder, Anne L.** Dept of Art and Art History, Duke University Museum of Art, Duke University, Box 90732, North Buchanan Boulevard & Trinity Avenue, Durham, NC 27708, USA. *Duke U.* / French Revolution • Art (Fragonard) • Mme de Genlis • Marguerite Gérard • Jeanne-Philiberte Ledoux.
✉ schroder@duke.edu

8471. **Schröder, Claudia** Bergaustr. 33, 12437 Berlin, Germany. *Forschungsschwerpunkt Europäische Aufklärung (Potsdam)* / La notion de siècle de Frédéric II dans les littératures française et allemande.

8472. **Schröder, Dorothea** Segelckestr. 67, 27472 Cuxhaven, Germany. *U. Hamburg* / North German baroque opera stage design (Hamburg).

8473. **Schröder, Konrad** Marconistr. 30b, 86179 Augsburg, Germany. *U. Augsburg* / Biographical and bibliographical dictionary of foreign language teaching • Social history and history of ideas in foreign language teaching.

8474. **Schröder, Peter** Sniers Achterhoff 25b, 21224 Ehestorf, Germany.

8475. **Schröder, Rainer** Juristische Fakulät, Humboldt-Universität zu Berlin, Unter den Linden 6, 10099 Berlin, Germany. *Humboldt-U. Berlin* / Law of the workplace • Social history.

8476. **Schroder, Volker** Dept of French and Italian, Princeton University, Dillon Court West, Princeton NJ 08544, NJ, USA. *Princeton U.* / Tragedy • Satire • Women's writing • Polemics and quarrels.
✉ volkers@princeton.edu

8477. **Schröder, Winfried** Sachsenwaldstr. 2, 12157 Berlin, Germany. *Freie U. Berlin* / Atheism • European free thought • Clandestine literature • *Traité des trois imposteurs* • Reception of Spinoza.

8478. **Schroeder, David P.** Dept of Music, Dalhousie University, 6100 University Avenue, Halifax, NS B3H3J5, Canada. *Dalhousie U.* / Vienna • Austrian Enlightenment • Mozart.
✉ dschr@dal.ca

8479. **Schroeder, Elfrieda** Dept of German, University of Waterloo, Waterloo, ON N2L 3G1, Canada. *U. of Waterloo* / Sophie von La Roche.

8480. **Schröer, Carl Friedrich** Buchstr. 4, 53113 Bonn, Germany. / Le bon goût • French academies • Relation of the notion of taste to culture and politics • Schloss Benrath and the architect, Nicolas de Pigage • The Académie Royale in Paris.
✉ schrart@gmx.net

8481. **Schroer, Christoph** Historisches Seminar Abt., University of Munich, Fruehe Neuzeit der LMU, 80539 Munich, Germany. *U. of Munich.*

8482. **Schröter, Marianne** Institut für Bibelwissenschaften, Alttestamentliches Seminar, Theologische Fakultät, Universität Halle-Wittenberg, Franckeplatz 1, Haus 25, 06099 Halle, Germany. *U. Halle-Wittenberg.*

8483. **Schrott, Georg** Im Brahm 39, 45549 Sprockhövel, Germany.

8484. **Schryver, Reginald de** Lokaertlaan 17, 3080 Tervuren, Belgium. *Katholieke U. Leuven* / Age of Louis XIV • Enlightenment historiography • Early Romanticism.

8485. **Schuback, Karin** Drottningholms teatermuseum, Borgvägen 1–5, Box 27050, 102 51 Stockholm, Sweden. *Drottningholms teatermuseum.*

8486. **Schubert, Gerd** Leinestr. 5, 12049 Berlin, Germany. *Johann Gottfried Schnabel Gesellschaft (Stolberg)* / Literature and history of the early 18c (Johann Gottfried Schnabel).

8487. **Schubiger, Benno** Marschalkenstr. 43, 4054 Basel, Switzerland.

8488. **Schubring, Gert** IDM, Universität Bielefeld, Postfach 100131, 33501 Bielefeld, Germany. *U. Bielefeld* / Mathématiques • Etudes comparatives (France/Allemagne).

8489. **Schuchard, Marsha Keith** 1423 Cornell Road North East, Atlanta, GA 30306, USA. / Jacobitism • Freemasonry • Cabalism • Swedenborg • Blake and illuminist artists.

8490. **Schui, Florian** Dept of Art History, St Edmund's College, Mount Pleasant, Cambridge, CB30BN, UK. *St Edmund's C.* / Voltaire on 'industrie'.
✉ fhws2@cam.ac.uk

8491. **Schulte, Christoph** Moses Mendelssohn Zentrum, Universität Potsdam, Am Neuen Markt 8, 14467 Potsdam, Germany. *U. Potsdam* / German Philosophy (Kant) • Jewish Enlightenment (Mendelssohn).

8492. **Schulthess, Daniel** Dept of Philosophy, Université de Neuchâtel, Espace Agassiz, 2000 Neuchâtel, Switzerland. *U. de Neuchâtel* / Scottish Enlightenment (Thomas Reid).
✉ daniel.schulthess@unine.ch

8493. **Schultz, Helga** Platz der Vereinten Nationen 25, 10249 Berlin, Germany. *Europa-U. Viadrina Frankfurt/Oder* / Social history (intellectuals, 1750-1800).

8494. **Schulz, Andrew P.** 9915 North West Bartholomew Drive, Portland, WA 97229-8433, USA. / Francisco Goya • Caricature and satire • Aesthetics.

8495. **Schulz, Eberhard Günter** Friedrich-Ebert-Str. 79, 35039 Marburg, Germany. *U.-Gesamthochschule-Duisburg* / Moral philosophy • Philosophy of mind (Kant and his contemporaries).

8496. **Schulz, Georg-Michael** Wiesenweg 49, 52072 Aachen, Germany. *U. Kassel* / Théâtre (drame).

8497. **Schulze, Reiner** Schopenhauerstr. 10, 48167 Münster, Germany. *U. Münster* / Police and police law • Law of lending • German private law.

8498. **Schürer, Norbert** English Dept, Xavier University, 1 Drexel Drive, Box 89C, New Orleans, LA 70125, USA. *Xavier U.* / Women writers • Literary marketplace • Circulating libraries (Charlotte Lennox).
✉ nschurer@xula.edu

8499. **Schurmans, H. J. A.** Johannalaan 10, bus 2, 1050 Elsene, Belgium. *Belgian Radio and Television* / Cultural discovery of the non-European world (Saint Domingue) • Freemasonry • Marie-Léger Deschamps.

8500. **Schutte, G. J.** Roeltjesweg 10, 1217 TD Hilversum, Netherlands. *Vrije U. Amsterdam* / Colonial history • Enlightenment views of the non-Western world • Dutch history • Church and religion.

8501. **Schütte, Ulrich** Hauptstr. 34, 35288 Wohratal-Halsdorf, Germany. *U. Marburg* / Architecture and architectural theory in Germany • Country life • Military history.

8502. **Schütz, Gudula** Bohlweg 23a, 48147 Münster, Germany.

8503. **Schuurman, A. J.** Leonard Roggeveenstraat 25, 6708 SL Wageningen, Netherlands. *Agricultural U. Wageningen* / Enlightenment ideas, philosophy and daily life • Consumption.

8504. **Schwabe, Karl-Heinz** Lindenauer Markt 14, 04177 Leipzig, Germany. *U. Halle-Wittenberg.*

8505. **Schwaiger, Clemens** Philosophisch-Theologische Hochschule der Salesianer Don Boscos, Don-Bosco-Str. 1, 83671 Benediktbeuern, Germany. *Philosophisch-Theologische Hochschule der Salesianer Don Boscos.*

8506. **Schwalm, Helga** Institut fur Anglistik und Amerikanistik, Universität Hamburg, Von-Melle Park 6, 20146 Hamburg, Germany. *U. Hamburg.*

8507. **Schwandt, Pamela Anne** 811 Greenvale Avenue, Northfield, MN 55057, USA. *St Olaf C.* / Pope's *Iliad.*

8508. **Schwarcz, Iskra** Institut für Ost- und Südosteuropaforschung, AAKH, Spitalgasse 2, Hof 3, 1090 Wien, Austria. *AAKH.*

8509. **Schwartz, Judith Leah** 806 Chilton Lane, Wilmette, IL 60091, USA. *Northwestern U.* / French court and theatre dance (France, England, Austria) • Dance in opera and instrumental music • salon conversation practices in music.
✉ j-schwartz@northwestern.edu

8510. **Schwartz, Leon** 3022 North Santa Rosa, Altadena, CA 91001 1608, USA. *California State U. (Los Angeles)* / French writings on the status of women (Diderot).

8511. **Schwartz, Michael** 722 Amsterdam Avenue, apt 1C, New York, NY 10025-6328, USA.

8512. **Schwartz, Rachel D.** 7827 Balson Avenue, Saint Louis, MO 63130 3625, USA.

8513. **Schwartz, Richard B.** 317 Lowry Hall, U of Missouri-Columbia, Columbia, 65211 MO, USA. *U. of Missouri (Columbia)* / England • Johnson • Intellectual and social history.

8514. **Schwartz Giron, Pedro** Facultad de Ciencias Economicas, Universidad Autonoma de Madrid, Ciudad Universitaria de Canto Blanco, 28049 Madrid, Spain. *U. Autonoma de Madrid* / Histoire des idées économiques.

8515. **Schwarz, Hans-Günther** German Dept, Dalhousie University, Halifax, NS B3H 4P9, Canada. *Dalhousie U.* / History and theory of the arts • Reception of the Orient • Ornament and literature.
✉ gwambold@dal.ca

8516. **Schwarz, Joan I.** 701 West Jefferson, Stoughton, WI 53589 2301, USA. / Women's studies • Gender studies.

8517. **Schwarz, Karl** Benjowskigasse 28/6, 1220 Wien, Austria.

8518. **Schwarzbach, Bertram Eugene** 20 rue de Varize, 75016 Paris, France. / Critique of authority (religious) • Bible criticism and

semitic studies in France • Clandestine manuscripts.
☞ bschwarzbach@wanadoo.fr

8519. **Schwarze, Sabine** Harz 50, 6108 Halle, Germany.

8520. **Schwarzfuchs, Simon** 36 Harav Berlin, 92506 Jerusalem, Israel. *Bar Ilan U.* / Les communautés juives en France • Les Lumières juives (France, Allemagne).
☞ schwars1@mail.biu.ac.il

8521. **Schwarzmeier, Regine** Dept of Literature & Languages, Belmont University, 1900 Belmont Boulevard, Nashville, TN 37212-3757, USA. *Belmont U.* / German women writers • The novel in Germany and England • Theory and aesthetics.

8522. **Schweikert, Uwe** Schönbuchstr. 63, 70565 Stuttgart, Germany. / Littérature épistolaire.

8523. **Schweizer, Erica** Via C. Fracassini 46, 00196 Roma, Italy.

8524. **Schweizer, Florian** Uhigasse 44, 53127 Bonn, Germany.

8525. **Schweizer, Karl W.** Dept of Humanities, New Jersey Institute of Technology, University Heights, Newark, NJ 07102, USA. *New Jersey Institute of Technology* / Diplomacy • Historiography • War and science.

8526. **Schwinge, Gerhard** Schillerstr. 2, 76448 Durmersheim, Germany.

8527. **Schyberg, Birgitta** Vattengränd, 611 31 Nyköping, Sweden.
☞ schyberg.birgitta@telia.com

8528. **Schylberg, Sven** Grytan 238, 834 98 Brunflo, Sweden.

8529. **Scianatico, Giovanna** Corso Cavour 110, Bari 70121, Italy. *U. di Lecce* / Enlightenment and Neo-classical literature • Orphism • Neapolitan masonic literature • Angels in literature.
☞ g.scianatico@lingue.uniba.it

8530. **Sciuti Russi, Vittorio** Via Roccaromana 3, 95100 Catania, Italy.

8531. **Sclavénitis, Triantafyllos** Centre for Neohellenic Research, National Hellenic Research Foundation, 48, Vas. Constantinou Avenue, 11635 Athens, Greece. *National Hellenic Research Foundation.*

8532. **Sclippa, Norbert** 1421 Birthright St, Charleston, SC 29407-3912, USA. *C. of Charleston* / French Enlightenment (Rousseau, Voltaire, Sade).

8533. **Scott, H. M.** Dept of Modern History, University of St Andrews, St Andrews, Fife KY16 9PZ, UK. *U. of St Andrews* / International relations (Eastern Europe) • European nobilities.

8534. **Scott, John** Dept of Political Science, University of California, 1 Shields Avenue, Davis, CA 95616 8500, USA. *U. of California (Davis).*

8535. **Scott, Paul H.** 33 Drumsheugh Gardens, Edinburgh, EH3 7RN, UK. / Union of Scotland and England • The Scottish 18c.

8536. **Scott, Susan Clare** 259 Race Horse Rd, Hanover, PA 17331-7807, USA. *Pennsylvania State U. (University Park)* / Filippo Juvarra, Italian architect • Stage design and opera • Italian baroque architecture • Gardens.

8537. **Scott, William** Flat 3, 57 St John's Villas, London, N19 3EE, UK.

8538. **Scott-Blommé, Sonja** Mossrosbacken 14, 165 72 Hässelby, Sweden.

8539. **Scott-Douglass, Amy** Dept of English and Comparative literature, California State University, Fullerton, CA 92834-6848, USA. *California State U.*

8540. **Scott-Prelorentzos, Alison** Germanic Languages, MCLS, University of Alberta, Edmonton, AB T6G 2E6, Canada. *U. of Alberta* / Comedy (German, English, French) • German-French-English-Greek literary relations.

8541. **Scotti, Aurora** Via Perasso 9, 16148 Genova, Italy.

8542. **Scotti, Douglas V.** Corso Sempione 61, 20149 Milano, Italy.

8543. **Scotti Morgana, Silvia** Piazza Leonardo 3, 20133 Milano, Italy. *U. di Milano* / Italian science books • Italian lexicography (G. Bergantini).

8544. **Scruton, Tom** 44 Fife Park, Strathkiness High Rd, St Andrews, Fife KY19 9UE, UK. / Scriblerians (Pope, Swift).

8545. **Seaman, Gerald Roberts** Dept of Music, University of Auckland, Private Bag, Auckland 1, New Zealand. *U. of Auckland* / Music periodical literature • Russian and slavonic music.

8546. **Sears, Joanne L.** 1647 Posilipo Lane, #A, Montecito, CA 93108-2900, USA.

8547. **Seban, Jean-Loup** 30 Avenue Brugmann, 1040 Brüssel, Belgium. *Faculté Universi-*

taire de Théologie Protestante de Bruxelles / Enlightenment critique of religion (D'Argens, Caraccioli, Tieftrunk, Städlin).

8548. **Sebastián, Javier Fernández** c/ Zalbidene, 3, 48600 Sopelana, Spain. *U. del País Vasco* / French Revolution • Hispanic world • Groupe de Coppet • European thought • French and Spanish Enlightenment • Spanish literature.
✉ jfssfj@teleline.es

8549. **Sebestyen, Éva** Csalogány v. 26, 1015 Budapest, Hungary. *U. Budapest* / Travel in Portugal • Historical anthropology (Portugal and its colonies).

8550. **Sechin, Anna** 59, chemin des capucines, Hull, PQ J9A 1S8, Canada. *U. of Manitoba* / Les romans de Diderot.

8551. **Sedlarz, Claudia** Berlin-Brandenburgische Akademie der Wissenschaften, AG Berliner Klassik, Jägerstr. 22-23, 10117 Berlin, Germany. *Berlin-Brandenburgische Akademie der Wissenschaften.*

8552. **Seeba, Hinrich C.** Dept of German, University of California, Berkeley, CA 94720-0001, USA. *U. of California* / German literature (Lessing, Herder, Schiller, Kleist) • History and literature • Aesthetics from Winckelmann to Schlegel.

8553. **Seeber, Barbara K.** Dept of English, Brock University, St Catharines, ON L2S 3A1, Canada. *Brock U.*

8554. **Seedoch, Johann** Untere Hauptstr. 41, 7035 Steinbrunn, Austria.
✉ johann.seedoch@gmx.at

8555. **Seferian, Catherine** 77 rue Alexandre Boutin, 69100 Villeurbanne, France.

8556. **Segeberg, Harro** Literaturwissenschaftliches Seminar, Universität Hamburg, Von-Melle-Park 6 IV, 20146 Hamburg, Germany. *U. Hamburg* / Politicisation of the Enlightenment • Political writers of the late 18c • Travel literature.

8557. **Segerfalk, Hanna** Regeringsg. 83, 11139 Stockholm, Sweden. / C. M. Bellman.

8558. **Seguin, Jean-Pierre** 11 rue Lacépède, 75005 Paris, France. / Diderot (style, vocabulaire) • La langue française (les grammairiens) • Etudes lexicographiques.

8559. **Seguin, Maria Susana** 2 avenue Jean Monnet, 92160 Antony, France. / Science et religion (déluge, création, polygénisme) • Manuscrits philosophiques clandestins • Littérature chrétienne polémique (jansénisme, figurisme).
✉ seguin@ens.fr

8560. **Seidel, Kevin** University of Virginia, 105B Stewart Circle, Charlottesville, VA 22903-2018, USA. *U. of Virginia.*

8561. **Seidel, Michael** English Dept, Columbia University, 602 Phil. Hall, New York, NY 10027 0597, USA. *Columbia U.* / Restoration and 18c literature (satire, novel).

8562. **Seidel, Robert** Germanistisches Seminar, Universität Heidelberg, Hauptstr. 207-209, 69117 Heidelberg, Germany. *U. Heidelberg* / Regional literature and education (Hessen-Darmstadt) • Literary criticism • Forms of literary communication • Epistolary and rhetoric.

8563. **Seiden, Milton F.** 19-D George Washington Drive, Monroe Township, NJ 08831-4814, USA. / Diderot (tone) • Voltaire (contes).

8564. **Seiderer, Georg** Haimhauser Str. 8, 80802 München, Germany. *U. München* / Enlightenment in Franconia • A. Knigge.

8565. **Seidler, Andrea** Rudolf-Bärenhartgasse 11/1, 1170 Wien, Austria. *U. Wien.*

8566. **Seidler, Grzegorz Leopold** Ul. Raabergo 7 m.17, 20-030 Lublin, Poland. *U. Marii Curie-Sklodowskiej* / J. Herder • J.-M. de Maistre • G. Vico • Social philosophy.

8567. **Seidler, Wolfram** Rudolf-Bärenhartgasse 11/1, 1170 Wien, Austria. *U. Wien* / Education and science in Austria • Austrian press • Austrian literary criticism • Readers and reading in Austria.

8568. **Seifert, Hans-Ulrich** Universitätsbibliothek Trier, Universitätsring, 54286 Trier, Rheinland-Pfalz, Germany. *Universitätsbibliothek Trier* / Literary sources of Sade • d'Argens • *La fuga di Giuseppe Pignata* • Voltaire, *Candide.*
✉ seifert@ub.uni-trier.de

8569. **Seifert, Herbert** Leesdorfer Hauptstr. 73, 2500 Baden, Austria. / Music and musicians in Vienna • Opera.
✉ herbert.seifert@univie.ac.at

8570. **Seifert, Siegfried** Abraham-Lincoln-Str. 10, 99423 Weimar, Germany. *Stiftung Weimarer Klassik* / German bibliology, publishing and bibliography • Goethe.

8571. **Séité, Yannick** 9 rue Saint-Barthélémy, 37100 Tours, France. *U. de Paris VII* /

Rousseau et son œuvre • Histoire du livre • Le roman • Littérature et philosophie.
✉ seite@ccr.jussieu.fr

8572. **Seixo, Maria Alzira** Largo Maria Leonor, n°12-A, 1495 Miraflores, Portugal. *U. de Lisboa* / French literature • Comparative literature • Literary theory.

8573. **Seki, Gentaro** 323-1 Harumachi, Kasuya-machi, Kasuya-gun, 811-2307 Fukuoka, Japan. *Fukuoka U.* / Adam Smith.

8574. **Seki, Takeshi** 1-10-9 Shinwadai, Tarumi-ku, Kobe-shi, 655-0851 Hyogo, Japan. *Kobe Gakuin U.* / Economic thought • Human capital • Education and economics.

8575. **Seki, Tetsuo** 1-30-14 Nishigaoka, Kita-ku, 115 Tokyo, Japan. *Dokkyo U.* / Goethe.

8576. **Sekiguchi, Chika** 3-2-5-701 Nozawa, Setagaya-ku, 154-0003 Tokyo, Japan.

8577. **Sekine, Toshiko** 2-18-3-205 Minami-cho, Kokubunji-shi, 185 Tokyo, Japan. *Toho Gakuen C. of Music* / Rameau.

8578. **Sekitani, Kazuhiko** 543 Kamiotowa Ibaraki-Shi, Osaka 568-0086, Japan. *Kwansei Gakuin U.* / Littérature et gravure érotiques.
✉ sekitani@jaz.so-net.ne.jp

8579. **Selig, Robert** 90 West 14th St, Holland, MI 49423-3303, USA. / Military history (Germans in the French army, in the American Revolution) • Emigration from Germany.

8580. **Sell, Alan P. F.** 15 Hartdames, Shenley Brook End, Milton Keynes, MK5 7HP, UK. *Aberystwyth and Lampeter School of Theology* / Relations between philosophy and theology • Reformed and dissenting thought • Philosophy of religion.

8581. **Seller, Francesca** Via B. Cavallino 61, 80131 Napoli, Italy. *Conservatorio U. Giordano* / Music in Naples.

8582. **Selles, Otto H.** Dept of French, Calvin College, 3201 Burton St South East, Grand Rapids, 49546 MI, USA. *Calvin C.* / Huguenots during the Enlightenment • Voltaire, tolerance and justice • Camisards and Jansenists • French prophets • La Beaumelle (correspondence) • Pierre Bayle.
✉ oselles@calvin.edu

8583. **Selvik, Randi M.** Stubbanvegen 70, 7036 Trondheim, Norway. *Norwegian U. of Science and Technology* / Musical institutions and concert life in Bergen, Norway.
✉ randi.selvik@hf.ntnu.no

8584. **Selwyn, Pamela E.** Brunhild str. 7, 10829 Berlin, Germany. / Central Europe • Germany • German Enlightenment • German literature (C. F. Nicolaï) • Grub Street • Book trade, literary life.
✉ peselwyn@aol.com

8585. **Semenov, Serguei B.** Prospekt Lelina 3, 750, 443110 Samara, Russia. *Institut pédagogique de Samara* / Lumières anglaises.

8586. **Semenova, Anna** Bolotnikovskaia ul., 6-b, 134, 113556 Moscow, Russia. *Académie des sciences de Russie* / Lumières russes • Ekaterina Dachkova • Décembristes.
✉ asemenova@gala.net

8587. **Semerádová, Pavla** Collegium Marianum, Melantrichová 971, 110 00 Praha 1, Czech Republic. *C. Marianum* / Music in monasteries (Premonstratensians).
✉ marianum@tynska.cuni.cz

8588. **Semmens, Richard** Dept of Music History, University of Western Ontario, London, ON N6A 3K7, Canada. *U. of Western Ontario* / Paris Opera House (the 'bal public').

8589. **Semsch, Klaus** Heinrich-Heine Universität Düsseldorf, Universitätsstr. 1, 40225 Dusseldorf, Germany. *Heinrich-Heine U. Düsseldorf* / The French and Italian Enlightenment.
✉ semsch@phil-fak.uni-duesseldorf.de

8590. **Senarclens, Vanessa de** Forststr. 20, 14163 Berlin, Germany.

8591. **Senba, Yutaka** 2-6-506 Kuzuha-Hanazono-cho, Hirakata-shi, 573-1121 Osaka, Japan. *Osaka U.* / Defoe.

8592. **Seneca, Federico** Via Altinate 160, 35121 Padova, Italy. *U. di Padova* / The Venetian nobility.

8593. **Senior, Nancy M.** Dept of French, University of Saskatchewan, Saskatoon, SK S7N 5A5, Canada. *U. of Saskatchewan* / Rousseau • Education • Reading.

8594. **Sennefelt, Karin** Dept of History, Uppsala Universitet, S:t Larsgatan 2, Uppsala 753 10, Sweden. *Uppsala U.* / Politicisation of the lower orders of society in Stockholm (1719-1772) • Participation in political arenas.
✉ karin.sennefelt@hist.uu.se

8595. **Sens, A. P. G.** Finsenstraat 40, 1098 RH Amsterdam, Netherlands. *International Institute of Social History* / The Dutch Republic and Europe (cultural history, press history, slavery, colonial history).
✉ asens@xs4all.nl

8596. **Sepinwall, Alyssa Goldstein** Dept of History, California State University, 333 South Twin Oaks Valley Rd, San Marcos, CA 92096, USA. *California State U. (San Marcos)* / French Revolution • France • Haiti • Enlightenment (concept) • Catholicism • Judaism • Grégoire, Henri • Colonialism • Slavery • Enlightened religion.

8597. **Sergounin, Alexander A** Dept of Political Science, University of Nizhny Novgorod, Ulianov Str. 2, 603005 Nizhny Novgorod, Russia. *U. de Nizhni Novgorod* / Constitutional and political systems (Britain, America) • British influence on American presidency.

8598. **Sermain, Jean-Paul** 61 rue Meslay, 75003 Paris, France. *U. de Paris III* / Histoire et esthétique des genres fictionnels • Histoire des idées, rhétoriques.
✉ jpsermain@hotmail.com

8599. **Serman, Eliabu Zaharovic** Dept of Russian and Slavic Studies, Hebrew University of Jerusalem, Mount Scopus, 91905 Jerusalem, Israel. *Hebrew U. of Jerusalem* / Russian literature, new literary Russian language.

8600. **Serman, Ilja** Faculty of Humanities, Hebrew University of Jerusalem, Mount Scopus 91905, Jerusalem, Israel. *Hebrew U. of Jerusalem* / Littérature russe.

8601. **Serna, Pierre** 51, rue Sacco et Vanzetti, 94800 Villejuif, France. *U. de Reims* / Duels et escrime • Noblesse (noblesse révolutionnnaire, démocrates) • Directoire.

8602. **Serpentini, Antoine** Dépt d'histoire, Université de Corse à Corte, 20212 Focicchia, France. *U. de Corse* / Démographie • Mentalités • Histoire urbaine • Histoire économique et sociale de la Corse.

8603. **Serra, Adelaide Victória Meira** Avenida Rui Luis Gomes 31-8° A, 2700 Amadora, Portugal.

8604. **Sertoli, Giuseppe** Corso Firenze 12 A/12, 16132 Genova, Italy. *U. di Genova* / British fiction • Aesthetics.

8605. **Servettaz, Louis** 261 Chemin des Veuillets, 74370 Pringy, France.

8606. **Seth, Catriona** Dépt de Langue et Littérature françaises, Faculté des Lettres et Sciences Humaines, Université de Rouen, 76821 Mont-Saint-Aigna Cedex, France. *U. de Rouen* / Poésie (Parny) • L'esthétique du fragment • L'imaginaire de l'inoculation • La littérature du tournant des Lumières • La traduction.
✉ catriona.seth@univ-rouen.fr

8607. **Seurre, Gérard** 35, rue d'Alsace, 92110 Clichy, France. *Lycée Turgot (Clichy)* / Les Lumières et le mouvement décembriste en Russie.

8608. **Severens, Kenneth** 420 Mohawk Drive, Greenville, SC 29609, USA. / Anglo-Irish-American architecture.

8609. **Severin, Göran** Svangatan 8 G, 806 46 Gävle, Sweden.
✉ goran.severin@telia.com

8610. **Seydl, Jon L.** J. Paul Getty Museum, 1100 Getty Center Drive, Suite 1000, Los Angeles, CA, USA. *J. Paul Getty Museum* / Painting and sculpture (Rome, Bologna) • Jacques-Louis David • Pastels.
✉ jseydl@getty.edu

8611. **Sfini, Alexandra** Centre for Neohellenic Research, National Hellenic Research Foundation, 48, Vas. Constantinou Av., 11635 Athens, Greece. *National Hellenic Research Foundation* / Histoire des concepts • Transferts culturels • Méditerranée (Balkans, Grèce).
✉ alexsfin@cie.gr

8612. **Sforza, Nora Hebe** Zapiola 3553, 1429 Buenos Aires, Argentina. *U. de Buenos Aires* / Italian theatre (comedy, lyric opera).
✉ norsfo@pccp.com.ar

8613. **Sfyroeras, Vassilis** University of Athens, 3 Promitheos St, 11254 Athens, Greece. *U. of Athens.*
✉ spyrsfyr@otenet.gr

8614. **Sgard, Jean** Chemin de Chanteclair, 38700 Corenc, France. / Le roman (l'abbé Prévost).
✉ jsgard@free.fr

8615. **Sgattoni, Marcello** Via A. Diaz 24, 64100 Teramo, Italy. *Centro Abruzzese di ricerche storiche* / Melchiorre Delfico.

8616. **Shaalan, Hanna** P.O. Box 859, 11421 Riyadh, Saudi Arabia. / John Donne.

8617. **Shafer, Deborah** 333 Main St, #20, Melrose, MA 02176-4670, USA.

8618. **Shaffer, Elinor S.** 9 Cranmer Rd, Cambridge, CB3 9BL, UK. *U. of London* / Enlightenment and Romanticism • Literature and science.

8619. **Shaffer, Jason** 1020 Spa Rd, apt K, Annapolis, MD 21403-1078, USA.

8620. **Shaffer, Thomas** 624 Orange St, New Haven, CT 06511-3842, USA.

8621. **Shaffer-Koros, Carole** 58 Normandy Drive, Westfield, NJ 07090 3432, USA.

8622. **Shalaghinov, Borys B.** Zodchikh St 6A-9, 252194 Kiev, Ukraine. *Draghomanov Pedagogical U.* / German literature (Goethe).

8623. **Shanahan, John H.** Dept of English, De Paul University, 802 West Belden Avenue, McGaw Hall 219, Chicago 60614, IL, USA. *De Paul U.* / England • Theatre.
✉ jshanah1@depaul.edu

8624. **Shank, J. B.** Dept of History, University of Minnesota, 614 SST, 267 19th Avenue, Minneapolis, MN 55455, USA. *U. of Minnesota* / Regency • Glorious Revolution, Anglo-French relations • Atlantic Ocean • Britain • France • Europe • Huguenots • Jesuits • Academie des Sciences • Cartesianism • Newtonianism • Enlightenment (concept) • European thought.
✉ jbshank@umn.edu

8625. **Shankman, Steven** Dept of English, University of Oregon, Eugene, OR 97403-1200, USA. *U. of Oregon.*

8626. **Shapchenko, Julia P.** Tchoukotski proezd 4, apt 130, Moscow 129327, Russia. *State Russian Academy of Arts* / Russian artists & engravers • Students' associations of Academy of Arts • Russian Enlightenment • City-scapes in Russian and West European engravings.
✉ j02@narod.ru

8627. **Shapiro, Rebecca** Dept of English, Westminster College, Fulton, MO 65251, USA. *Westminster C.*

8628. **Sharipova, Liudmila V.** Vernadsky Central Scientific Library, Academy of Sciences of Ukraine, 62 Volodymyrska St, 252017 Kiev, Ukraine. *Ukrainian Academy of Sciences* / East-West relations • West European literature in the Kiev Mohyla Academy.

8629. **Sharkova, Inna** Ul. Orbeli 20, 42, 194223 St Petersburg, Russia. *Bible Society in Russia SPB branch* / Relations between Russia and the Mediterranean countries (politics, commerce, literature).
✉ hg@bsr.spb.ru

8630. **Shaw, Jane** Regent's Park College, Oxford, OX1 2LB, UK. *U. of Oxford* / Religion in Enlightenment England (miracles).

8631. **Shaw, Narelle** School of Eng. & European Lang & Lit, University of Tasmania, Locked Bag 1-340B, Launceston, TAS 7250, Australia. *U. of Tasmania (Launceston)* / Defoe • Ancients-Moderns controversy.

8632. **Shawcross, John T.** Dept of English, University of Kentucky, Lexington, KY 40506, USA. *U. of Kentucky* / Milton • European poetry and literary criticism.

8633. **Shcherbakova, Maria** Rimsky-Korsakov prospekt 16/2, kv.29, 190068 St Petersburg, Russia. *U. de St Pétersbourg* / Russian music and theatre.

8634. **Shea, Louisa** 47 Irving St, Cambridge, MA 2138, USA. *Harvard* / Cynicism and the Enlightenment.

8635. **Sheen, Albert** Dept of English, University of Wisconsin, 600 North Park St, Madison, WI 53706, USA. *U. of Wisconsin (Madison)* / Personal responsibility in the British novel.
✉ aesheen@wisc.edu

8636. **Sheffy, Rakafet** Program for Culture Research, Tel Aviv University, Cailman Building, Box 9, Tel Aviv 69978, Israel. *Tel Aviv U.* / Literacy and the intellectual élite in Germany.

8637. **Shek-Vugrovechi, Teodora** Annenstr. 6, 8020 Graz, Austria.

8638. **Shelest, Yuly V.** Pughachov Str. 12-2, 252050 Kiev, Ukraine.

8639. **Shelford, April** Dept of History, American University, 4400 Massachusetts Avenue, North West Bldg. 9, Washington, DC 20016-8200, USA. *American U.*

8640. **Shen, Xuefeng** Institute of Qing History, Renmin University of China, 100872 Beijing, China. *Renmin U. of China* / China: Qing history.

8641. **Sheps, Arthur** Dept of History, University of Toronto, 1265 Miliary Trail, Scarborough, ON M1C 1A4, Canada. *U. of Toronto* / Religion, politics and society (England, United States).
✉ sheps@utsc.utoronto.ca

8642. **Sher, Richard B.** Dept of History, New Jersey Institute of Technology, University Heights, Newark, NJ 07102-1982, USA. *New Jersey Institute of Technology* / Book trade in the Scottish Enlightenment (Britain, Ireland, America) • James Boswell.
✉ sher@njit.edu

8643. **Sheridan, Geraldine** Dept of L.C.S., University of Limerick, Limerick, Ireland. *U. of Limerick* / N. Lenglet-Dufnesnoy • Iconography of women and work in France • Women in the book trade in France •

Clandestine manuscripts • Translations • Huguenots in Ireland.
✉ geraldine.sheridan@ul.ie

8644. **Sheriff, Mary D.** Dept of Art, University of North Carolina, CB 3405 HAC, South Columbia St, Chapel Hill, NC 27599 3405, USA. *U. of North Carolina (Chapel Hill)* / J.-H. Fragonard • Painting theory • Semiotics.

8645. **Sherman, Alvin F.** Dept of Spanish & Portuguese, Brigham Young University, 4024 JKHB, Provo, UT 84602, USA. *Brigham Young U.*

8646. **Sherman, Carol L.** Dept of Romance Languages, CB 3170, University of North Carolina, Chapel Hill, NC 27599-3170, USA. *U. of North Carolina (Chapel Hill)* / French women writers • Kinship structures in novel and theatre.

8647. **Sherman, Sandra** 17 Gray St, #3, Cambridge, MA 02138-1541, USA. / Literature and economics • Drama.

8648. **Sherman, Stuart J.** 311 West 245th St, Bronx, NY 10471 3901, USA.

8649. **Sherman, William** Dept of English, University of Cambridge, Cambridge, MD 20742, USA. *U. of Cambridge (Maryland)*.

8650. **Sherry, Richard J.** Bethel College, Office of Academic Affairs, 3900 Bethel Drive, St Paul, MN 55112, USA. *Bethel C.* / Nicholas Rowe • The theatre • Christianity and literature.
✉ r-sherry@bethel.edu

8651. **Shesgreen, Sean** Dept of English, Northern Illinois University, De Kalb, IL 60115-2825, USA. *Northern Illinois U.* / Hogarth, *Street cries of London* • The novel.

8652. **Sheu, Ling-Ling** 151 Ying-chuan Road, Tamsui, Taipei Hsien 251, Taiwan. *U. Tam-Kang* / Marivaux (journaux) • Voltaire et la Chine.

8653. **Shevchenko, Natalia V.** 85 Chkalova St, apt 78, 327055 Nikolaev, Ukraine. *Nikolaev Pedagogical Institute* / Socio-political movements in Ukraine • Social ideals of peasants and Cossacks.

8654. **Shevlin, Eleanor F.** 2006 Columbia Road North West, apt 42, Washington, DC 20009, USA. *West Chester U.* / British literature and culture • Textual studies, titles and titling practices • Print culture and publishing history • Legal studies • Literary theory.
✉ eshevlin@wcupa.edu

8655. **Shi, Gexin** Dept of History, Beijing Normal University, 100875 Beijing, China. *Beijing Normal U.* / China: Qing history.

8656. **Shichiji, Yoshinori** Kugenuma-Kaigan 3-16-5, 251-0037 Fujisawa, Japan. *Keio-U. Tokyo* / Philology (Hamann, Herder, Goethe).

8657. **Shidehara, Eichi** 1565 Kishimoto, Mikage-cho, Higashinada-ku, Kobe-shi, 658-0056 Hyogo, Japan. *Doshisha Women's C.* / Aesthetics in music • Performance theory and practice.

8658. **Shields, John C.** 1412 Donegal Drive, Normal, IL 61761 5416, USA.

8659. **Shields, Juliet** Dept of English, University of Pennsylvania, 119 Bennett Hall, 3340 Walnut St., Philadelphia, PA 19104-6203, USA. *U. of Pennsylvania*.

8660. **Shifrin, Susan** 209 Canal St, Phoenixville, PA 19460, USA.

8661. **Shiga, Yoshiko** A-810, 2-10 Gamo-Kotobuki-cho, Koshigaya-shi, 343-0836 Saitama, Japan. *Seitoku U.* / La pensée éthique de J.-J. Rousseau.

8662. **Shigematsu, Chieko** 1-B41, 930 Higata, Kainan-shi, 642-0002, Japan.

8663. **Shiihara, Nobuhiro** 3-40-18-401 Sendagi, Bunkyo-ku, 113-0022 Tokyo, Japan. *Tamagawa U.* / Aesthetics and theory of art • Architecture.

8664. **Shimada, Saishi** 40-6 Nagata-dai, Minami, Yokohama-shi, 232-0076 Kanagawa, Japan.

8665. **Shimada, Takau** 3-13-8 Kanehodo, Aso-ku, Kawasaki-shi, 215-0016 Kanagawa, Japan.

8666. **Shimada, Yoichiro** 4-4-44-406 Torikai, Jonan-ku, Fukuoka-shi, 814-1013 Fukuoka, Japan. *Kyushu U.* / Philosophy of history.

8667. **Shimada, Zentaro** 44-3 Kitazono-cho, Kawaguchi-shi, 333-0862 Saitama, Japan. *Nihon U.* / Montesquieu et la noblesse française.

8668. **Shimamoto, Kan** 23 Teranomae-cho Shishigatani, Sakyo-ku, Kyoto-shi, 606 Kyoto, Japan. *Tezukayama Gakuin U.* / Art criticism in the 18c.

8669. **Shimamura, Totaro** 978-38 Omaki, Saitama-shi, Saitama-Ken 336-0922, Japan. *Utsunomiya U.* / Drama and the stage (dramatic censorship) • Henry Fielding.

8670. **Shimazu, Fumishige** 2-12-6 Mouri-dai, Atsugi-shi, 243-0037 Kanagawa, Japan. *Tokai U.* / Johnson's poetics.

8671. **Shimizu, Kazuko** 12-5-101 Takashi-madai, Kanagawa-ku, Yokohama-shi 221-0833, Japan.

8672. **Shimizu, Yasuko** 2 Nishi-Asakawa-cho, Hachioji-shi, 193-0842 Tokyo, Japan. *Kunitachi C. of Music* / Rousseau • Histoire des idées • Esthétique.

8673. **Shimohama, Akiko** 1104 Marutama-chi-dori, Horikawa-Nishi-iru, Kamigyo-ku, Kyoto-shi, 602-8146 Kyoto, Japan. / Art history.

8674. **Shimokawa, Kiyoshi** 16-25 Kita, Moriyama-ku, Nagoya-shi 463-0074, Japan.

8675. **Shimotani, Kazuyuki** 3-10-12 Takada, Chigasaki-shi 253, Kanagawa, Japan.

8676. **Shinohara, Hiroharu** 2-57-205 Har-amachi, Shinjuku-ku, 162-0053 Tokyo, Japan. *Keio U.* / Charles Fourier • Histoire des idées.

8677. **Shinohara, Hisashi** 13-15 Tsurunoso, Takarazuka-shi, 665-0833 Hyogo, Japan. *Kwansei Gakuin U.* / The Scottish Enlightenment (Adam Smith).

8678. **Shiokawa, Tetsuya** 8-8-22 Seijo, Setagaya-ku, 157-0066 Tokyo, Japan. *Tokyo U.* / Pascal et le jansénisme.

8679. **Shiomi, Akira** 1 Higashiura-cho, Ichijoji, Sakyo-ku, 606-8136 Kyoto, Japan. / Industry: textile machinery.

8680. **Shirai, Atsushi** 4-12-17 Hakusan, Bunkyo-ku, 112-0001 Tokyo, Japan. *Keio U.* / Social thought of William Godwin.

8681. **Shirai, Takako** 4-12-17 Hakusan, Bunkyo-ku, 112-0001 Tokyo, Japan. *Chiba C. of Health Sciences* / Wollstonecraft.

8682. **Shirasu, Takashi** 5-1-34 Kugenuma Matsugaoka, Fujisawa-shi 251-0038, Japan.

8683. **Shiratori, Yoshihiro** 2-9-3-1201 Mejiro-dai, Bunkyo-ku, Tokyo, Japan.

8684. **Shivel, Gail** 5783 South West 40th St, #221, Miami, FL 33155, USA. *U. of Miami* / Britain • Scriblerians • Scottish Enlightenment • English literature (Addison, Johnson, Milton) • Grub Street.
✉ g.shivel@umiami.edu

8685. **Shlapentokh, Dmitry V.** Indiana University, 1700 Mishawaka Avenue, P.O. Box 7111, South Bend, IN 46634, USA. *Indiana U. (South Bend)* / French Revolution (influence on Russia).

8686. **Shoda-Fujizane, Yasuko** 4-7-25-601 Chuo, Aoba-ku, Sendai-shi, 980-0021 Miyagi, Japan. *Shirayuri C.* / Le romantisme • La littérature de la Suisse romande.

8687. **Shoemaker, Robert** Dept of History, University of Sheffield, Sheffield, S10 2TN, UK. *U. of Sheffield.*

8688. **Shore, Paul** Saint Louis University, 3750 Lindell, St Louis, MO 63108-3412, USA. *Saint Louis U.* / Jesuits in Bohemia and Transylvania, 1690-1773.

8689. **Shovlin, John** 453 South Main St, Geneva, NY 14456-3105, USA.

8690. **Showalter, English** 119 Snowden Lane, Princeton, NJ 08540, USA. *Rutgers U.* / France • Salons • Correspondence • Mme de Graffigny.
✉ eshowalter@compuserve.com

8691. **Shteir, Ann B.** York University, 728 Atkinson, 4700 Keele St, Toronto, ON M3J 1P3, Canada. *York U.* / Flora, goddess of flowers (mythology, literature, the arts, natural history).
✉ rshteir@yorku.ca

8692. **Shuffelton, Frank** Dept of English, University of Rochester, Morey Hall, Rochester, NY 14618, USA. *U. of Rochester* / Literature, history, and ideology in the early Republic.
✉ fcsh@troi.cc.rochester.edu

8693. **Shulim, Joseph I.** 69-45 108th St, apt 5H, Forest Hills, NY 11375-3837, USA. *C.U.N.Y. (Brooklyn)* / French Revolution (Robespierre) • Napoleonic era.

8694. **Shutikova, Helen** Dokuchaev Lane, 107078 Moscow, Russia. *U. Lomonossov* / Pugachev's rebellion • Russia • Orenburg • Merchants, manufacturers, Cossacks • Christianity • Mining • Social history • Catherine II, empress of Russia • Peter I, tsar of Russia • Nepljuev, Pugachev, Richkov, Tatischev.
✉ h-joke@mail.ru

8695. **Shuttleton, David** Dept of English, University of Wales, Hugh Owen Building, Penglais, Aberystwyth, Ceredigion SY23 3DY, UK. *U. of Wales (Aberystwyth).*

8696. **Siatra, Eleni** P.O. Box 416, West College COR, IN 47003-0416, USA. *West C. COR* / Restoration and early 18c literature (female dramatists).

8697. **Sibeth, Uwe** Silcherstr. 3, 71083 Herrenberg, Germany. *U. Giessen* / Marriage law and jurisdiction in Hessen-Kassel.

8698. **Sibinska, Maria** Vesterlivegen 6, 9013 Tromsø, Norway. *U. of Gdansk.*
films@univ.gda.pl

8699. **Sibiriova, Galina** Institut d'histoire universelle, Académie des sciences de Russie, Leninski proispekt, 32-a, IVI RAN, 117334 Moscou, Russia. *Académie des sciences de Russie* / Royaume de Naples • Relations russo-napolitaines.

8700. **Sica, Franco** Via C. L'Africano 35, 84100 Salerno, Italy. *U. di Salerno.*

8701. **Sicilia, Francesco** Cult. Ministero dei Beni Cult. E Amb.li, Via di Villa Sacchetti 5, 00197 Roma, Italy. *Cult. Ministero dei Beni Cult. E Amb.li.*

8702. **Sick, Franziska** Fachbereich Romanistik, Universität Kassel, Georg-Forster-str. 3, 34127 Kassel, Germany. *U. Kassel* / Les transferts culturels et littéraires de la France en Allemagne.
fsick@uni-kassel.de

8703. **Sidén, Karin** Nationalmuseum, Box 161 76, 103 24 Stockholm, Sweden. *Nationalmuseum.*

8704. **Sides, Marilyn** Dept of English, Wellesley College, Wellesley, MA 02181, USA. *Wellesley C.* / Taste: Du Bos and Hume • Venice • Writing history.

8705. **Sidirtchenko, Larissa** 12 ligne de V. O., 31, 41, 199178 St Pétersbourg, Russia. *U. de St. Pétersbourg* / Alexander Pope • Littérature anglaise du romantisme.

8706. **Sieber, Dominik** Ekkehardstr. 12, 8006 Zürich, Switzerland.

8707. **Siebers, Winfried** Fritschestr. 75, 10585 Berlin, Germany. *Forschungszentrum Europäische Aufklärung (Potsdam)* / Travel literature • Lichtenberg • Book history.

8708. **Siebert, Donald T.** Dept of English, University of South Carolina, Columbia, SC 29208 0002, USA. *U. of South Carolina* / Johnson • Historiography (Hume, Robertson).

8709. **Siegel, Sandra F.** Dept of English, Cornell University, R. K. Hall, Ithaca, NY 14853, USA. *Cornell U.*

8710. **Siegert, Reinhart** Neumarkter str. 4, 79618 Rheinfelden, Germany. *Albert-Ludwigs-U. Freiburg i.Br.* / Late Enlightenment in Middle Europe (popular culture) • History of reading.
reinhart.siegert@germanistik.uni-freiburg.de

8711. **Siegmund, Andrea** Hessstr. 86, 80798 München, Germany. *TU München.*

8712. **Siegrist, Christoph** Angensteinerstr. 32, 4052 Basel, Switzerland. *U. Basel* / Literature (Haller, Lavater).

8713. **Sieker, Don W.** Liberal Arts Division, Southern New Hampshire College, 2500 N. River Rd, Manchester, NH 03106-1067, USA. *Southern New Hampshire C.* / Theatre (Fielding) • English reading societies.

8714. **Siemek, Andrzej** Ul. Raclawicka 8 m.25, 02-601 Warszawa, Poland. *U. Warszawski* / Diderot romancier • Libertinage dans le roman français (Crébillon fils).

8715. **Siemsen, Martin** Natruper Str. 34F, 49170 Hagen a.T.W., Germany. *U. Osnabrück.*

8716. **Sierman, B.** Geldersekade 121, 1011 EN Amsterdam, Netherlands.

8717. **Siess, Jürgen** 15, rue des Lions Saint-Paul, 75004 Paris, France. *U. de Caen* / Correspondances (Diderot et Julie de Lespinasse) • Diderot • Théâtre • Communication et rhétorique chez Rousseau • Diderot et Chardin.
jsiess@attglobal.net

8718. **Siggeirsson, Einar I.** Stangarholti 30, 105 Reykjavík, Iceland.

8719. **Sigmarsdóttir, Ásta** Laugarnesvegi 106, 105 Reykjavík, Iceland.

8720. **Sigmarsdóttir, Emilía** Landsbókasafn Islands, 107 Reykjavík, Iceland.

8721. **Sigmundsson, Svavar** Keilugrandi 2, 107 Reykjavík, IS Iceland. *Topographical Institute of Iceland* / Iceland • Arne Magnusson.
svavar@ornefni.is

8722. **Signorile, Marc** Lascours, 424 Chemin de Gaudissard, 13360 Roquevaire, France.

8723. **Signorini, Anna Eleanor** Dip. di letterature moderne e scienze dei linguaggi, Università degli Studi di Siena, Corso Italia 177, Arezzo 52100, Italy. *U. di Siena* / Mme de Stael (literary theory) • Literary fiction and social, political and religious institutions.
barucca@libero.it

8724. **Sigrist, René** Chemin de la Paumière 27, 1231 Conches, Switzerland.

8725. **Sigurbjörnsson, Árni** Hjardarhaga 28, 107 Reykjavík, Iceland.

8726. **Sigurdardóttir, Gudhrún B.** Fjölugötu 23, 101 Reykjavík, Iceland.

8727. **Sigurdsson, Árni** Byggdarenda 19, 108 Reykjavík, Iceland.

8728. **Sigurdsson, Gísli** Arni Magnusson Institute, University of Iceland, Sudurgötu, 101 Reykjavík, Iceland. *U. of Iceland* / Folklore • Oral narratives and poetry.

8729. **Sigurdsson, Gudmundur G.** Fellsmúla 13, 108 Reykjavík, Iceland.

8730. **Sigurdsson, Ingi** Braedraborgarstíg 13, 101 Reykjavík, Iceland. *U. of Iceland* / Intellectual and cultural history (Icelandic Enlightenment, historiography).
✉ ingi@hi.is

8731. **Sigurdsson, Njáll** Grenigrund 4, 200 Kópavogi, Iceland.

8732. **Sigurdsson, Oddur** Brekkuseli 14, 109 Reykjavík, Iceland.

8733. **Sigurmundsson, Gudhbjörn** Tjarnarmyri 37, 170 Seltjarnarnes, Iceland.

8734. **Sikiric, Zvjezdana** Jurisiceva 5, 10000 Zagreb, Croatia.

8735. **Silber, C. Anderson** 502 King St East, Toronto, ON M5A 1M1, Canada. *U. of Toronto* / Akenside • Poetics.

8736. **Silber, Gordon R.** 124 Brookedge Drive, Williamsville, NY 14221-4474, USA. *S.U.N.Y. (Buffalo)* / Masonic poetry and songs in French • Franco-American cultural relations, 1783-1800 • Freemasonry (Franklin, Helvétius, Pérau, Procope, Uriot, Voltaire).

8737. **Sill, Geoffrey M.** 401 Chews Landing, Haddonfield, 08033 NJ, USA. *Rutgers U.* / English novel.
✉ sill@camden.rutgers.edu

8738. **Sills, Adam** Dept of English, Hofstra University, 204 Calkins Hall, Hempstead, NY 11549, USA. *Hofstra U.*
✉ engags@hofstra.edu

8739. **Silva, Armando B. Malheiro da** Rua D. Pedro V 68, 4700 Braga, Portugal. *U. do Minho* / Histoire des idées politiques • Archéologie • La famille.

8740. **Silva, Isabel M. Henriques da** Rua Diogo da Azambuja 30, 1400 Lisbôa, Portugal.

8741. **Silva, Maria Beatriz Nizza da** Rua Fialho de Almeida 26-3°, 1000 Lisbôa, Portugal. *U. Portucalense* / Histoire du Brésil (famille, culture, société).

8742. **Silver, Marie-France** Dept of French, Glendon College, 2275 Bayview Ave, Toronto, ON M4N 3M6, Canada. *York U. (Toronto)* / Les épistolières • Le roman féminin, 1780-1810 • Projets utopiques, 1780-1810.

8743. **Silvestrini, Gabriella** Facoltà di Scienze Politiche, Università del Piemonte Orientale, Via Cavour 84, 15100 Alessandria, Italy. *U. del Piemonte Orientale* / The language of modern political thought (rule of law, right of resistance, republicanism, sovereignty).
✉ gabriella.silvestrini@sp.unipmn.it

8744. **Silvestrini, Maria Teresa** Piazza Vittorio Veneto 19, 10124 Torino, Italy.

8745. **Sim, Stuart** Dept of English Studies, University of Sunderland, Priestman Building, Green Terrace, Sunderland, SR1 3PZ, UK. *U. of Sunderland* / The novel (Defoe, Sterne).

8746. **Simkin, Francesca** 5202 South Cornell Avenue, apt 3D, Chicago, IL 60615-4242, USA.

8747. **Simmons, Craig A.** 5466 North East 200th Place, Lake Forest Park, WA 98155-1814, USA.

8748. **Simmons, Patricia C.** 433 King St, #1602, London, ON N6B 3P3, Canada. *U. of Cambridge* / Rhetorical constitution of authority • Narratives of origin • Anonymous and pseudonymous publication.
✉ pcs25@hermes.cam.ac.uk

8749. **Simms, Brendan** Peterhouse, Cambridge, CB2 1RD, UK. *U. of Cambridge* / Prussian political history • Britain and Europe (Hanover).

8750. **Simms, Norman** Dept of English, University of Waikato, Private Bag, 3105 Hamilton, New Zealand. *U. of Waikato* / Origins of the novel • Jews and 'conversos' as writers and subjects.

8751. **Simões, Aurea M. L. M. Ribeiro** Avenida Aug. de Castro 8-3° B, Nova Oeiras, 2780 Oeiras, Portugal.

8752. **Simões, Francisco L.** Rua Filipe Folque 23-r/c D, Laranjeiro, 2800 Almada, Portugal.

8753. **Simões, Manuel Breda** Avenida 5 de Outubro 77-1° Esq., 1000 Lisbõa, Portugal. *U. de Lisboa* / Philosophie et lettres.

8754. **Simon, Christian** Baslerstr. 235, 4123 Allschwil, Switzerland. *U. Basel* / Voltaire and history • Swiss revolution • Science.

8755. **Simon, Julia B.** Dept of French, Pennsylvania State University, 325 South

Burrowes Building, University Park, PA 16802, USA. *Pennsylvania State U.* / Social and political thought of the French Enlightenment • French literature and philosophy • Aesthetics and music theory.
✉ jbs13@psu.edu

8756. **Simon-Mazoyer, Solange** 1 rue des Puits Brulé, 36160 Sainte-Severe-sur-Indre, France. / Les Goncourt • La féminité.

8757. **Simonazzi, Mauro** Dept of Philosophy, Università di Milano, Via Festa del Perdono, 7, 20122 Milano, Italy. *U. di Milano* / La mélancolie dans les îles britanniques • La sorcellerie • Les maladies nerveuses dans le cadre de la tradition médicale anglaise.
✉ mauro.simonazzi@unimi.it

8758. **Simonetti, Pascal** 25, rue Turgot, 75009 Paris, France. / Révolution française (la symbolique anti-monarchique).

8759. **Simonetto, Michele** Via Irti 51, 31020 Lovadina (TV), Italy. / Academies • Law • Intellectuals.

8760. **Simonin, Charlotte Jeanne** 4 rue Gustave Rouanet, Bât. A, 75018 Paris, France. *U. de Nantes* / Françoise de Graffigny (Correspondance) • Théâtre (femmes dramaturges).
✉ chajsim@aol.com

8761. **Simonis, Linda** Classen-Kappelmann-Str. 18, 50931 Köln, Germany. *U. Köln.*
✉ lindasimonis@web.de

8762. **Simonton, Deborah L.** Dept of History, University of Aberdeen, King's College, Aberdeen, AB24 3FX, UK. *U. of Aberdeen* / Women's lives (upbringing, education, work) • Women in corporate towns in Scotland and continental Europe.
✉ d.l.simonton@abdn.ac.uk

8763. **Simonutti, Luisa** Via nove febbraio 24, 50129 Firenze, Italy. *U. di Milano* / English Restoration • French wars of Religion • Britain • France • Italy • Netherlands • Religion (Huguenots, Unitarianism, Latitudinarians, Arminians, Anglicanism, Calvinism, Catholicism).
✉ l.simonutti@cspf.mi.cnr.it

8764. **Simpson, David** Dept of English, University of California, 1 Shields Avenue, Davis, CA 95616, USA. *U. of California (Davis).*

8765. **Simpson, K. G.** Centre for Scottish Cultural Studies, Livingstone Tower, University of Strathclyde, Richmond St, Glasgow, G1 1XH, UK. *U. of Strathclyde* / Fielding, Smollett, Sterne • Scottish literature • Scottish Enlightenment.

8766. **Simpson, Matthew** Dept of Religion and Philosophy, Luther College, 700 College Drive, Decorah, IA 52101, USA. *Luther C.* / Rights and political liberty in philosophy.
✉ simpma01@luther.edu

8767. **Sina, Mario** Via Ausonio 7, 20123 Milano, Italy. *U. Cattolica del S. Cuore Milano* / Jean Le Clerc (correspondence) • Cartesianism and theology • The philosophy of John Locke.

8768. **Singer-Schmid, Isabel** Rigistr. 21, 6006 Luzern, Switzerland.

8769. **Singerman, Alan J.** Dept of French, Davidson College, Box 1719, Davidson, NC 28036, USA. *Davidson C.* / The novel (Prévost).

8770. **Singham, Shanti Marie** Williams College, Williamstown, MA 01267, USA. *Williams C.* / Political culture in the Ancien Régime and the Revolution • Race, gender and religion in France.

8771. **Sinko, Zofia Maria** Ul. Bohomolca 26 m.22, 01-613 Warszawa, Poland. *Polish Academy of Sciences (P.A.N.) (Warszawa)* / Polish, English, French literature.

8772. **Sinopoli, Franca** Via dei Campani 83 B/2, 00185 Roma, Italy. *U. di Roma III* / La littérature en France, Italie et Allemagne • L'art dans l'esthétique des Lumières.
✉ franca.sinopoli@uniroma1.it

8773. **Sioli, Marco** Via W. Tobagi 5, 20037 Daderno Dugnano / Milano, Italy. *U. di Milano* / Histoire américaine • Les Huguenots en Amérique (Jefferson, Franklin).

8774. **Sippach, Antje** Ahornstr. 9, 14482 Potsdam, Germany.

8775. **Siragusa, Danilo** Viale Libertà 213/a, 95129 Catania, Italy. *U. di Catania* / Italy.
✉ lulumassa@yahoo.it

8776. **Siskin, Clifford Haynes** Dept of English Literature, University of Glasgow, Glasgow, G12 8QQ, UK. *U. of Glasgow* / French Revolution • Regency • Britain • England • Scotland • British East India Company • Whigs • English thought • Jacobitism • Newtonianism • Romanticism • Enlightenment (concept) • British Enlightenment.
✉ chsiskin@aol.com

8777. **Sitter, John** Dept of English, Emory University, Callaway Center, Atlanta, GA 30322, USA. *Emory U.* / English poetry and poetics • Satire.
✉ engjs@emory.edu

8778. **Siukonen, Jyrki** Yliopistonkatu 45 G 78, 33500 Tampere, Finland.

8779. **Sivarahah, Ambalavanar** Dept of Political Sciences, University of Peradeniya, Peradeniya, Sri Lanka. *U. of Peradeniya.*

8780. **Sivriev, Sava** University in Shumen, 115 Universitetska Str., Shumen 9712, Bulgaria. *U. in Shumen.*

8781. **Sjöberg, Maria** Wennerbergsg. 6 B, 4 tr, 11258 Stockholm, Sweden. *Stockholms U.* / Iron miners and mining areas.

8782. **Sjöblad, Christina** Starkodders gr. 7, 224 75 Lund, Sweden. *Lunds U.* / Letters, diaries and autobiographical writings.

8783. **Sjösten Wølling, Kerstin** Orrfjärdsgränd 18, 120 51 Årsta, Sweden.

8784. **Sjöström, Ingrid** Plantskolev. 56, 12238 Enskede (Stockholm), Sweden. *Riksantikvarieämbetet* / European architecture (Swedish church architecture, castles, manor houses).
ism@raa.se

8785. **Skeen, Catherine** Dept of English Language and Literature, University of Chicago, 1050 East 59th St, Gates-Blake 324, Chicago, IL 60637, USA. *U. of Chicago* / Projects and economic tracts published in Ireland • The Irish novel • William Dunkin (poetry).
clskeen@midway.uchicago.edu

8786. **Skelton-Foord, Christopher** The British Library, Newspaper Library, Colindale, London, NW9 5HE, UK. *British Library* / Bibliography • Libraries and the book trade • Popular fiction.

8787. **Skinner, Gillian M.** Dun Cow Cottage, Dun Cow Lane, Durham, DH1 3ES, UK. / The novel • Women writers.

8788. **Skrzypek, Marian** Ul. Klaudyny 36 m.85, 01-684 Warszawa, Poland. *Polish Academy of Sciences (P.A.N.) (Warszawa)* / Philosophy (France, Poland) • Natural history of religion.
mskrzypeifis@ifispan.waw.pl

8789. **Skúlason, Páll** Sólvallagötu 41, 101 Reykjavík, Iceland.

8790. **Skúlason, Thorfinnur** Reynimel 80, 107 Reykjavík, Iceland.

8791. **Skúlason, Thorsteinn** Hjardarhaga 26, 107 Reykjavík, Iceland.

8792. **Skuncke, Marie-Christine** Tegnérgatan 27C, 752 26 Uppsala, Sweden. *Uppsala U.* / History of rhetoric • Swedish theatre and opera • Swedish political culture • Swedish media history • Images of China in Sweden.
marie-christine.skuncke@littvet.uu.se

8793. **Slagle, Judith Bailey** Dept of English, East Tennessee State University, Box 70683, Johnson City, 37614 TN, USA. *East Tennessee State U.* / Restoration drama • Women dramatists (Joanna Baillie).
slagle@mail.etsu.edu

8794. **Slavicky, Tomas** Machová 15, 120 00 Praha 2, Czech Republic. *Academy of Sciences of the Czech Republic.*

8795. **Slavin, Morris** 262 Outlook Avenue, Youngstown, OH 44504, USA. *Youngstown State U.* / French Revolution • Comparative revolutions.

8796. **Sleeper, Stephanie** 1039 Bennington St, apt C, Upland, CA 91786-6312, USA.

8797. **Sloan, Kim** Dept of Prints and Drawings, British Museum, Great Russell St, London, WC1B 3DG, UK. *British Museum* / William Beckford • Alexander and John Robert Cozens • Sir William Hamilton • British watercolours and drawing • Art education • Patronage and collecting.

8798. **Slusarska, Magdalena** Ul. Dembego 19 m.18, 02-796 Warszawa, Poland.

8799. **Smagina, Galina Ivanovna** Dept of History, Institute for History of Science and Technology, Russian Academy of Sciences, Universitetskaia naberezhnaia, 5, 199034 Saint-Petersburg, Russia. *Russian Academy of Sciences* / Science and education in Russia.
ihst@ihst.nw.ru

8800. **Smallwood, Angela J.** School of English Studies, University of Nottingham, University Park, Nottingham, NG7 2RD, UK. *U. of Nottingham* / British theatre and drama (women playwrights) • Feminism.

8801. **Smallwood, Philip James** Dept of English, University of Central England, Perry Barr, Birmingham, B42 2SU, UK. *U. of Central England* / Critical history • Idea of criticism • Relations between criticism and literature.
philip.smallwood@uce.ac.uk

8802. **Smentek, Kristel** 453 South Main St, Geneva, NY 14456, USA. *U. of Delaware* / Central Europe • France • Art (art market) • Antiquity • History of collecting; connoisseurship • Pierre-Jean Mariette • Print culture.
ksmentek@aol.com

8803. **Smerda, Milan** Zátisí 4, 613 00 Brno, Czech Republic. / Economic, social and nationality problems • Czech-Polish and Czech-Hungarian relations • Silesia and Cieszyn.

8804. **Smeyers, Joseph** Bruineveld 5, 3010 Louvain, Belgium. / La littérature de langue néerlandaise aux Pays-Bas autrichiens.

8805. **Smilianskaia, Elena Borisovna** Vatutin str. 14-3-5, 121357 Moscow, Russia. *U. russe des sciences humaines (RGGU)* / Russian culture and religious life • Book culture in Russia • Russian magical beliefs, heresies and early sectarian groups.
✉ esmilian@mail.ru

8806. **Smirnov, Alexander** Ul. Rogozhskii val 6, kv.156, 109544 Moscow, Russia. *U. Lomonossov* / Comparative studies • Russian-German literary contacts • Poetic of the Enlightenment.
✉ smirnov@philol.msu.ru

8807. **Smirnova, Elena** Ul. Katchaturian 161/20, 127273 Moscow, Russia.

8808. **Smith, Amy** Dept of English, College of the Pacific, 3601 Pacific Avenue, Stockton, CA 95211, USA. *C. of the Pacific.*

8809. **Smith, Andrew** Dept of English, University of Glamorgan, School of Humanities and Social Sciences, Pontypridd, CF37 1DL, UK. *U. of Glamorgan* / Gothic • Psychoanalysis.

8810. **Smith, Ayana** 192 Edwards St, apt 3, New Haven, CT 06511-3748, USA. *Yale U.*

8811. **Smith, Chloe** English Dept, University of Virginia, 219 Bryan Hall, P.O. Box 400121, Charlottesville, VA 22904-4121, USA. *U. of Virginia* / Costumes • Gender • Domestic space • Portraiture.

8812. **Smith, David Kammerling** Dept of History, Eastern Illinois University, Coleman Hall, Charleston, IL 61920, USA. *Eastern Illinois U.* / French economic policy-making and political structure, 1700-1750s.
✉ dksmith@eiu.edu

8813. **Smith, David Warner** 161 Colin Avenue, Toronto, ON M5P 2C5, Canada. / Françoise de Graffigny (correspondance) • Helvétius.
✉ dwsmith@chass.utoronto.ca

8814. **Smith, Douglas** 407 West Prospect St, 98119 Seattle, WA, USA. / Russia.
✉ dcsmith@drizzle.com

8815. **Smith, Frederik N.** Dept of English, University of North Carolina, Charlotte, NC 28223-1000, USA. *U. of North Carolina (Chapel Hill)* / Swift • Narrative development • Royal Society science.

8816. **Smith, Gil R.** Dept of Art, Eastern Kentucky University, 521 Lancaster Avenue, Richmond, KY 40475 3102, USA. *Eastern Kentucky U.*

8817. **Smith, Hannah** Newnham College, Cambridge, CB3 9DF, UK. *U. of Cambridge* / Early modern monarchal culture • Feminist thought, 17c-18c.

8818. **Smith, Jad** Dept of English, Carnegie Mellon University, Pittsburgh, PA 15213-3890, USA. *Carnegie Mellon U.*

8819. **Smith, Jeremy** Dept of English Language, University of Glasgow, Glasgow, G12 8QQ, UK. *U. of Glasgow.*

8820. **Smith, Johanna M.** Dept of English, University of Texas, P.O. Box 19035, Arlington, TX 76019-0035, USA. *U. of Texas (Arlington)* / British colonies (Australia) • English literature (drama, travel literature) • Emigration • Social history • Salons.
✉ johannasmith@uta.edu

8821. **Smith, Kenneth Edward** 7 Cockley Hill Lane, Kirkheaton, Huddersfield, HD5 0HH, UK. *U. of Bradford* / William Cowper (women and women writers) • Unitarian thought in the French Revolution (Coleridge, Anna Laetitia Barbauld).
✉ k.e.smith@bradford.ac.uk

8822. **Smith, Lyle E.** Dept of English, California State University Dominguez Hls, 1000 East Victoria, Carson, CA 90747-0005, USA. *California State U.*

8823. **Smith, Margerete G.** Dept of French and Spanish, Memorial University of Newfoundland, St John's, NF A1B 3X9, Canada. *Memorial U. of Newfoundland* / Formey and the French Enlightenment • Voltaire and Germany • Rousseau.

8824. **Smith, May** 3 Southwood Mansions, Southwood Lane, London, N6 5SZ, UK. / Philology (Russian, French influence) • Fonvizin.

8825. **Smith, Nicholas** Lady Margaret Hall, Oxford, OX2 6QA, UK. *U. of Oxford* / Pastoral.

8826. **Smith, Orianne** Dept of English, Loyola University, 6525 North Sheridan Road, Crown Center, Chicago, IL 60626, USA. *Loyola U.* / Romanticism • British literature and culture • Women writers •

Popular religion • Theories of the novel • Revolution.
✉ osmith@wpo.it.luc.edu

8827. **Smith, Robert** 39 Scarborough St, Hartford, CT 06105-1106, USA.

8828. **Smith, Ruth E.** 14 Holland St, Cambridge, CB4 3DL, UK. *U. of Cambridge* / Handel (oratorios, librettists, collaborators) • Charles Jennens • English oratorio.
✉ res1000@cam.ac.uk

8829. **Smith, Shannon** 202-69 Permilla St, St Catherines, ON L2S 2G4, Canada.

8830. **Smith, Stephanie** 3 Godwin Close, London, N1 7HY, UK.

8831. **Smith, Theresa Ann** 5245 Genesee Cove, #75, San Diego, CA 92122-2546, USA. *U. of California (San Diego)* / Spain • Gender.

8832. **Smitheram, Maxine Vicki** School of World Art Studies and Music, University of East Anglia, Norwich, NR4 7TJ, UK. *U. of East Anglia.*

8833. **Smitten, Jeffrey** Dept of English, Utah State University, Logan, UT 84322-0001, USA. *Utah State U.* / William Robertson.

8834. **Smolenaars, M.** Julianastraat 16, 2771 DX Boskoop, Netherlands.
✉ m.smolenaars@wolmail.nl

8835. **Smoliarova, Tatiana** 1st Goncharniy pereulok 7-95, 109172 Moscow, Russia. *Institut russe des sciences humaines* / Russian culture, esp. French influence • The solemn ode • Word and image.

8836. **Smolinski, Reiner** Dept of English, Georgia State University, Atlanta, GA 30303 3080, USA. *Georgia State U.*

8837. **Smoliy, Valery A.** Institute of Ukrainian History, Academy of Sciences of Ukraine, 4 Grushevsky Str., 252001 Kiev, Ukraine. *Ukrainian Academy of Sciences* / Ukrainian peasants and Cossacks • Cossack state.

8838. **Smyth, Orla** 4 boulevard Jules Ferry, 75011 Paris, France. *U. du Havre* / Novel, 1670-1770 • French rationalism • English empiricism • Moral philosophy (passions).
✉ orla.smyth@univ-lehavre.fr

8839. **Snead, Jennifer E.** 496 Kings Rd, Yardley, PA 19067-4652, USA.

8840. **Snelders, H. A. M.** Merellaan 17, 3722 AK Bilthoven, Netherlands.

8841. **Snelten, Gomarus** De Schrijnwerker 5, 5283 ML Boxtel, Netherlands. / Illuminati (J. A. Weishaupt).

8842. **Snickare, Mårten** Ymsenvägen 13, 120 38 Årsta, Sweden.

8843. **Snoek, Joannes A. M.** Ruprecht-Kars-Universität Heidelberg, Institut für Religionswissenschaft, Akademiestr. 4-8, 69117 Heidelberg, Germany. *Ruprecht-Kars-U. Heidelberg* / Masonic rituals in freemasonry and related societies • Comparing religions and ritual theories.
✉ jan.snoek@urz.uni-heidelberg.de

8844. **Snorradóttir, Edda** Midvangi 41, 220 Hafnarfjördur, Iceland. *National and U. Library.*

8845. **Snow, Malinda** Dept of English, Georgia State University, Atlanta, GA 30303-2904, USA. *Georgia State U.*

8846. **Snyder, Elizabeth** 431 Hialeah Drive, Cherry Hill, NJ 08002-2037, USA.

8847. **Snyder, Emery** Dept of German, 230 East Pyne Building, Princeton University, Princeton, NJ 08544, USA. *Princeton U.* / Novel • Dialogue • Historiography.

8848. **Snyder, Henry L.** 220 Trinity Avenue, Kensington, CA 94708 1139, USA. *U. of California (Riverside)* / The Marlborough-Godolphin ministry • The first Duke of Marlborough (War of the Spanish Succession) • Arthur Maynwaring and the press.

8849. **Snyder, Kimberly** 442 North Geneva St, apt 1A, Ithaca, NY 14850-4141, USA.

8850. **Soares, Maria Nome Maia** Rua Silva Paulet, 354 cobertura, 60120-020 Fortaleza, Brazil. / Art history.

8851. **Sochorová, Ludmila** Ústav etnologie FF UK, Celetná 20, 116 42 Praha 1, Czech Republic. *U. Karlova* / Folk theatre.

8852. **Socias Batet, Immaculada** Universidad de Barcelona, c\ Baldiri Reixac s/n, 08028 Barcelona, Spain. *U. Barcelona* / Engraving and painting.

8853. **Söderberg, Johan** Torsgränd 23, 11321 Stockholm, Sweden. *Stockholms U.* / Theory of civilisation • History.

8854. **Söderhamn, Ingrid** Institutionen för konstvetenskap, Lunds Universitet, Box 117, 221 00 Lund, Sweden. *Lunds U.* / Gustav III (iconography).

8855. **Söderlind, Solfrid** Botvidsgatan 19, 753 27 Uppsala, Sweden. *Uppsala U.* / Artists, antiquarians and political and social life (Central Europe and Scandinavia) • Sculpture (the original and the copies).
✉ solfrid.soderlind@konstvet.uu.se

8856. **Söderlund, Petra** Österängsvägen 13 A, 182 46 Enebyberg, Sweden.

8857. **Söderström Olow, Elisabeth** Hersbyvägen 19, 181 42 Lidingö, Sweden.

8858. **Sofer-Frankel, Michal** 19 Viviaome Close, Twickenham, TWI 2JX, UK.

8859. **Sofia, Francesca** Via di Novella 9, 00199 Roma, Italy.

8860. **Soheim, El Sayed Ibrahim** P.O. Box 57, Zamalek, 11211 Cairo, Egypt. *Minia U.* / Spanish literature (Latin American).
✉ esoheim@yahoo.com

8861. **Søholm, Kirsten Molly** Germansk Institut, Aarhus Universitet, 8000 Århus C, Denmark. *Aarhus U.*

8862. **Sokalski, Alex** Dept of Languages and Linguistics, University of Saskatchewan, 9 Campus Drive, Saskatoon, SK S7N 5A5, Canada. *U. of Saskatchewan* / Léoner Delisle • Chevalier de Boufflers • Mme De Sabran • Translations of French works.
✉ sokalski@duke.usask.ca

8863. **Sokolov, Boris** Ul. Biruzova 40, 83, 123060 Moscow, Russia. *U. russe des sciences humaines (RGGU)* / Parcs et jardins.

8864. **Sokolov, Viktor** 5/1 Lomonosov St, apt 51, 252040 Kiev, Ukraine. *Kiev Institute of Culture and Arts* / Ukrainian works on natural sciences • Science and technical publishing • Typography • Libraries • Educational institutions.

8865. **Sol, Antoinette M.** Dept of Modern Foreign Languages and Literature, University of Texas, Box 19557, Arlington, TX 76019-0557, USA. *U. of Texas at Arlington* / France • West Indies • French literature • Women writers.
✉ amsol@uta.edu

8866. **Solana Mir, Ma Teresa** Carrera Zaragoza, 4, 2°., 50500 Tarazona, Spain. *U. de Barcelona* / Classical tradition • French literature • L'*Encyclopédie* • Diderot • Archaeology and travel • Neoclassical art.

8867. **Solberg, Olav** Dept of Humanities, Høgskolen i Telemak, 3800 BØ Norway. *Høgskolen i Telemak* / Historical-topographical literature • Folk tales • Novels.
✉ olav.solberg@it.no

8868. **Solbrig, Ingeborg Hildegard** 1126 Pine St, Iowa City, IA 52240-5711, USA. *U. of Iowa* / Paradigm-shifts in Science and the Humanities.

8869. **Soldini, Fabio** Via Lambertenghi 6, 6900 Lugano, Switzerland. / L'épistolaire de Gasparo Gozzi (1713-1786); inventaire des manuscrits • L'épistolaire de Carlo Gozzi (1720-1806).

8870. **Solheim, Helene** 4 Stone St, Oxford, OX4 1NH, UK. / Lewis Theobald • Augustan poetry • Drama history • 18c English literature.

8871. **Solomarskaya, Elena** 5/1 Bouchma Str., apt 158, 252152 Kiev, Ukraine. / Occitan literature • Comparative French and Ukrainian literature.

8872. **Solomon, Diana** Dept of English, University of California, South Hall, Santa Barbara, CA 93106, USA. *U. of California (Santa Barbara).*

8873. **Solomon, Harry M.** Dept of English, Auburn University, Auburn, AL 36849, USA. *Auburn U.* / Robert Dodsley.

8874. **Soloviova, Natalia** Oul. Tchaianova 10, korp. 1, 27, 125047 Moscou, Russia. *U. Lomonossov de Moscou (MGU)* / Roman anglais avant Richardson • Le roman gothique.

8875. **Sommer, Andreas Urs** Dept of Philosophy, Universität Greifswald, Baderstr. 6-7, 17489 Greifswald, Germany. *U. Greifswald* / The transformation of philosophical and theological thinking about history • Scepticism, esp. concepts of sceptical ethics.
✉ asommer@mail.uni-greifswald.de

8876. **Sommer, Carol** W. A. Clark Memorial Library, 2520 Cimarron St, Los Angeles, CA 90018-2098, USA. *W. A. Clark Memorial Library.*

8877. **Sommer-Mathis, Andrea** Krottenbachstr. 3A/7/11, 1190 Wien, Austria.

8878. **Somov, Vladimir A.** Oul. Turku 9-3-11, 192071 St Pétersbourg, Russia. *Conservatoire de St Pétersbourg* / Le 'Rossica' français • La diffusion du livre français en Russie • Les *Mémoires* de la princesse Dachkov.

8879. **Somova, Svetlana Jakovlevna** Tavriceskaja oul. 2, apt 3, 193015 St Pétersbourg, Russia. *Association des scientifiques* / Russian-Italian cultural links • Italian books in Russia.

8880. **Sonenscher, Michael** King's College, Cambridge, CB2 1ST, UK. *King's C.* / Political thought in France: Montesquieu, Rousseau, Sieyès • • The origins of 'science sociale' • Political economy and physiocracy.
✉ ms138@hermes.cam.ac.uk

8881. **Song, Jae So** 325-6 Susaek-dong, Eunpyung-gu, Seoul, South Korea. *Songkyunk-*

wan U. / Korean literature written in classical Chinese.

8882. **Song, Jie** Dept of History, Capital Normal University, 100037 Beijing, China. *Capital Normal U.* / China: Qing history.

8883. **Song, Jun** Institute of History, Chinese Academy of Social Sciences, 5 Jian Nei Da Jie, 100732 Beijing, China. *Chinese Academy of Social Sciences* / China: Qing history.

8884. **Song, Ki-Jeong** Dept of French, Ewha University, Sodaemun-ku, Daihyun-dong 11-1, 120-750 Seoul, South Korea. *Ewha Women's U.* / Littérature française.

8885. **Sonne, Nina Thobo** Innherredsveien 69A, 7043 Trondheim, Norway. *U. i Trondheim* / Les romans épistolaires de Diderot, Laclos et Rousseau.

8886. **Sonnet, Martine** 2 allée Pierre Louvrier, 92140 Clamart, France. *C.N.R.S.* / Education et cultures féminines à Paris.
✉ martine.sonnet@wanadoo.fr

8887. **Soós, István** Tátra u. 41, 1136 Budapest, Hungary. *Hungarian Academy of Sciences.*

8888. **Sorensen, Anne Scott** Center for Kvinde og Kønsstudier, Odense Universitet, Campusvej 55, 5230 Odense M, Denmark. *Odense U.*

8889. **Sørensen, Bengt Algot** Frederiksberg Alle 100, 1820 Frb. C, Denmark. / Theories of sign, symbol and allegory • The arabesque in European romanticism and symbolism • • Literary systems of family values.

8890. **Sørensen, Bent** 43 rue du Faubourg Saint-Antoine, 75011 Paris, France. / Jacques-François Saly • Sculpture, peinture et dessin en France et en Italie • Gian-Battista Piranesi.
✉ bentsorensen@wanadoo.fr

8891. **Sorensen, Janet** 1014 Greenwood Avenue, Bloomington, IN 47401-5207, USA.

8892. **Sørensen, Peer E.** Institut for Nordisk Sprog og Litteratur, Aarhus Universitet, Trøjborgkomplekset, Niels Juelsgade 84, 8200 Århus N, Denmark. *Aarhus U.*
✉ norpeer@hum.au.dk

8893. **Sørensen, Søren** Ellekrogen 28, 2950 Vedbæk, Denmark.

8894. **Soria Sesé, Lourdes** Apartado de Correos 24, 20280 Fuenterrabia, Spain. *U. del País Vasco* / Histoire du droit • Histoire sociale • Histoire de la pensée politique.
✉ dfgrosel@sc.edu.es

8895. **Sorina, Galina** 7-9 Begovaia oul., apt 139, 125284 Moscou, Russia. *U. pédagogique de Moscou* / Logic and methodology • Logic and the theory of argument • Critical thinking • Kant, Wolff.

8896. **Söring, Jörgen** Chaussée de la Boine 20, 2000 Neuchâtel, Switzerland. / Poetics and aesthetics.

8897. **Sorkin, David** Center for Jewish Studies, University of Wisconsin, Dept of History, 3211 Humanities, 455 North Park St, Madison, WI 53706-1558, USA. *U. of Wisconsin (Madison)* / Moses Mendelssohn • Religious uses of Enlightenment thought.

8898. **Sörlin, Sverker** SISTER, Drottning Kristinas väg 33D, 114 28 Stockholm, Sweden. *SISTER* / Travelling as a way of acquiring knowledge • History of earth and environmental sciences.
✉ sverker.sorlin@sister.nu

8899. **Sorrenson, Richard J.** Indiana University, Goodbody 130, Bloomington, IN 47405, USA. *Indiana U. (Bloomington)* / Science.

8900. **Sosnovtzeva, Irina** Drezdenskaia oul. 20, 29, 194017 St. Pétersbourg, Russia. *Musée Russe d'État* / Icônes russes.

8901. **Sosulski, Michael J.** 824 North Proctor St, Tacoma, WA 98406, USA.

8902. **Sötemann, A. L.** P. Saenredamstraat 5, 3583 TA Utrecht, Netherlands.

8903. **Sotiropoulos, Carol Strauss** Dept of Languages, Northern Michigan University, Marquette, MI 49855, USA. *Northern Michigan U.*

8904. **Soto Caba, Victoria** C/ Donoso Cortes 80, 1°7, 28015 Madrid, Spain. / Architecture éphémère • Jardins et littérature en Espagne.

8905. **Souchet, Françoise** 19 avenue Mozart, 75016 Paris, France. / Journaux littéraires et événements en 1789 • La presse littéraire en 1789 • Gazettes.

8906. **Soud, Stephen** 2879 Evercharm Place, Jacksonville, FL 32257-5865, USA.

8907. **Soulatges, Magali** 24 rue Pradier, 30000 Nîmes, France. *U. d'Avignon.*
✉ magali.soulatges@univ-avignon.fr

8908. **Sousa, Maria Leonor Machado de** Rua de São Joaquim 6-3° D, 1200 Lisboa, Portugal.

8909. **Souviron, Marie** 1 route du Mas de Bonnel, 34660 Cournonsec, France. / Histoire des mentalités • Diderot: philosophie, irréligion.

8910. **Sozzi, Lionello** Via Avigliana 30, 10138 Torino, Italy. / Bougainville et le goût du primitif • La notion d'illusion • Le temps: le 'présent', l''instant'.

8911. **Sozzi, Marina** via Artisti 34, 10124 Torino, Italy. *Ariodante Fabretti Foundation* / Materialism: Diderot, La Mettrie, Helvétius • Concept of death and funeral rituals.
✉ fabretti@arpnet.it

8912. **Spaas, Godelieve** 59 Walton St, Oxford, OX2 6AE, UK. *Kingston U.* / Rousseau • Social Anthropology.

8913. **Spacks, Patricia Meyer** Dept of English, University of Virginia, 219 Bryan Hall, Charlottesville, VA 22903, USA. *U. of Virginia* / Self-love.

8914. **Spada, Stefania** Via Banchi Vecchi 41, 00186 Roma, Italy. *U. della Calabria* / Comedy, esp. comedies by C.-F. Panard.

8915. **Spaethling, Robert H.** 101 Washington Avenue, Cambridge, MA 02140 2716, USA. *U. of Massachusetts (Boston)* / Literature and music • Goethe and music • Mozart.

8916. **Spaggiari, William** Via M. M. Boiardo 1, 42017 Novellara (RE), Italy. *U. di Parma* / Parini, Baretti, Metastasio.

8917. **Spalding, Almut** 1203 Mound Avenue, Jacksonville, IL 62650-2250, USA. *Illinois C.* / Women and other marginalised groups in the German and European Enlightenment • Hamburg circle around Elise Reimarus • Women writers, female education, writings for children.
✉ aspaldi@ic.edu

8918. **Spalding, Paul S.** Dept of Religion, Illinois College, 1101 West College Avenue, Jacksonville, IL 62650, USA. *Illinois C.* / Religion, politics and society in Atlantic culture, esp. Germany and America • Censorship and toleration • Printing and publishing • Johann Lorenz Schmidt and the Wertheim Bible of 1735.
✉ spalding@ic.edu

8919. **Spallanzani, Maria Franca** Via F. Ferrari 3, 42100 Reggio Emilia (RE), Italy. / Descartes dans l'*Encyclopédie* • Traductions italiennes de Descartes.

8920. **Spang, Rebecca** Dept of History, University College London, Gower St, London, WC1E 6BT, UK. *University C. London.*

8921. **Spangler, May** Dept of French and Italian, Emory University, Atlanta, GA 30322, USA. *Emory U.* / Diderot.

8922. **Spanu, Petruta** Str. Vasile Lupu 106A, Bl.P4, apt 9, 6600 Iasi 4, Romania. *U. Iasi* / Roman • Littérature française • Lesage, Diderot.

8923. **Sparn, Walter** Finkenweg 2, 91080 Uttenreuth, Germany. *Theologie der U. Erlangen-Nürnberg* / Theology and philosophy • History of the soul • J. F. Buddens • Herder • J. A. Eberhard.

8924. **Spathis, Dimitris** University of Athens, 9-11 Pyrronos str., 11636 Athens, Greece. *U. of Athens.*

8925. **Spear, Frederick A.** P.O. Box 0297, Barrington, NH 03825-0297, USA. / Bibliography: Diderot, Voltaire.

8926. **Specht, René** Stadtbibliothek Schaffhausen, Münsterplatz 1, Postfach 91, 8202 Schaffhausen, Switzerland. *Stadtbibliothek Schaffhausen.*

8927. **Speck, William A.** University of Northumbria, University Campus, Paternoster Row, Carlisle, CA3 8TB, UK. *U. of Northumbria.*

8928. **Spector, Robert** 1761 East 26th St, Brooklyn, NY 11229 2405, USA. / Tobias Smollett • Samuel Johnson • Periodicals.

8929. **Spedicati, Adele** Via Trento 48, 73010 Surbo (LE), Italy. / P. M. Doria's manuscripts.

8930. **Spellberg, Denise** Dept of History, University of Texas, Austin, TX 78712-1163, USA. *U. of Texas.*

8931. **Spencer, Jane** School of English, University of Exeter, The Queen's Drive, Exeter, EX4 4QH, UK. *U. of Exeter* / The novel • Theatre history • Aphra Behn.

8932. **Spencer, Judith** Dept of French, Augustana University College, 10816-58 Avenue, Edmonton, AB T6H 1C2, Canada. *Augustana University C.* / Scriptural hermeneutics in Diderot, Laclos, Vauvenargues • Baudelaire and Romantic irony.

8933. **Spencer, Mark** 157-177 Southdale Road West, London, ON N6J 2J1, Canada. *U. of Toronto* / Colonial America • Enlightenment • David Hume.
✉ spencer@uwo.ca

8934. **Spencer, Samia I.** Dept of Foreign Languages and Literatures, Auburn University, 6030 Haley Center, Auburn, AL 36849,

USA. *Auburn U.* / French women • Novels by French women • French and European history.
✉ spencsi@auburn.edu

8935. **Spens, Eva** Litteraturvetenskapliga institutionen, Stockholms universitet, 106 91 Stockholm, Sweden. *Stockholms U.* / C. C. Gjörwell as letter-writer, educator and historian.

8936. **Spica, Jacques** 397 chemin des Evéquaux, 38330 Biviers, France. *U. de Grenoble III* / L'imaginaire dans les contes de Voltaire.

8937. **Spicer, Richard** 99 Bow St, Portsmouth, NH 03801-3846, USA.

8938. **Spieckermann, Marie-Luise** Englisches Seminar, Universität Münster, Johannisstr. 12-20, 48143 Münster, Germany. *U. Münster* / Reception of English authors in Germany.

8939. **Spies, Hans-Bernd** Stadt- und Stiftsarchiv Aschaffenburg, Wermbachstr. 15, 63739 Aschaffenburg, Germany. *Stadt- und Stiftsarchiv Aschaffenburg* / Cities and residences • Casanova • History of contraception and sexuality.

8940. **Spinelli, Donald C.** College of Liberal Arts, Wayne State University, 2226 F/AB, Detroit, MI 48202, USA. *Wayne State U.* / Beaumarchais and the American Revolution • Beaumarchais's correspondence.
✉ d.spinelli@wayne.edu

8941. **Spini, Giorgio** Via delle Palazzine 2, 50014 Fiesole, Italy. *U. di Firenze* / Currents of thought and utopian communities in England, France and America.

8942. **Spinks, Jennifer** Dept of Art, University of Tasmania, P.O. Box 252-57, Hobart, TAS 7000, Australia. *U. of Tasmania* / French art • Decorative art at Versailles, c.1700.

8943. **Spiridon, Monica Michaela** 4 Tancu Ion St, 73231 Bucuresti 39, Romania. *U. Bucuresti* / Romanian culture • European intellectual discourse • Theory of science • Cultural identities.

8944. **Spisak, Jeff** Dept of French, University of California, 1418 Butler Avenue, apt 11, Los Angeles, CA 90025-2439, USA. *U. of California (Los Angeles).*

8945. **Spitz, Jean Fabien** 10 rue des Francs Bourgeois, 75004 Paris, France.

8946. **Spjeldnaes, Nils** Institute of Geology, B.P. 1047, Blindern, 0316 Oslo, Norway. *U. i Oslo* / Natural sciences • Palaeontology; stratigraphy • Palaeo-ecology; palaeoclimatology.

8947. **Spohn, Thomas** Brandenburger Str. 12, 44139 Dortmund, Germany. *Westfälisches Amt für Denkmalpflege* / Rural and urban building • Town planning • Innovation in building technology.

8948. **Spokiene, Diana** University of Alberta, Dept of MLCS, 200 Arts, Edmonton, AB T6G 2E6, Canada. *U. of Alberta* / Friederike Helene Unger (1741?-1813) • Berliner Salons • Berlin as Metropolis around 1800.

8949. **Spoto, Cettina** Via Fattori 5, 95100 Catania, Italy. / Sicilian parliament.

8950. **Springborg, Patricia** Dept of Government, University of Sydney, Sydney, NSW 2006, Australia. *U. of Sydney.*

8951. **Springer, Elisabeth** Neudorferstr. 4, 2361 Laxenburg, Austria.

8952. **Spry, C. M.** Elerkin, Frunt St, Durham, DH7 9QS, UK. *U. of Leeds* / French novel, 1750-1775.

8953. **Spurlock, Janis L.** 81 Fairacres Road, Oxford, OX4 1TQ, UK. *U. of Oxford* / Pre-Revolutionary public opinion in France • Political economy in France: fiscal reform and the politics of opposition.

8954. **Squibbs, Richard** 11 Merilind Avenue, apt 4B, Highland Park, NJ 08904-3541, USA.

8955. **Srigley, Michael** Eriksg. 11 B, 2 tr, 75218 Uppsala, Sweden. *Uppsala U.* / Pope's Essay on Man and garden symbolism.

8956. **St Amour, Thomas E.** 4412 Nicklaus Court, Ninot, CO 80503, USA.

8957. **St Clair, William** Trinity College, Cambridge, CB2 1TQ, UK. *U. of Cambridge.*

8958. **Stabile, Giorgio** Viale C. T. Odelscalchi 12A, 00147 Roma, Italy. *U. di Roma* / Hobbes • Theory of perception • Five senses.

8959. **Stach, Reinhard** Am alten Kirchhof 4A, 46459 Rees, Germany. *U. Duisburg* / Les philanthropistes • Robinsonnades • Livres pour la jeunesse et théorie pédagogique.

8960. **Stack, Roberta M.** 3901 Locust Walk, Box 406, Philadelphia, PA 19104-6135, USA. *U. of Pennsylvania* / Restoration and 18c drama.

8961. **Stackelberg, Jürgen** Zum Leimacker 42, 78337 Öhningen/Schienen, Germany. *U. Göttingen.*

8962. **Stacy, Chris** San Marco 1662, Venezia, Italy.

8963. **Stadelmann, Christian** Hainfelderstr. 47, 3040 Neulengbach, Austria.

8964. **Stadler, Ulrich** Predigerplatz 26, 8025 Zürich, Switzerland. *U. Zürich* / Anthropology • Physiognomy • Philosophy and German literature.

8965. **Staffel, Peter** RFD 1, Box 97A, Wheeling, WV 26003 1452, USA.

8966. **Stafford, Barbara M.** Dept of Art History, University of Chicago, Cochrane Woods Art Center, Chicago, IL 60637, USA. *U. of Chicago* / Art and art theory • Illustration • Technology • Neuronal aesthetics • Consciousness debates.

8967. **Stafford, William** Dept of Music & Humanities, University of Huddersfield, Queensgate, Huddersfield, HD1 3DH, UK. *U. of Huddersfield* / Feminist thought with special reference to Britain • Critics of society at the end of the 18c.

8968. **Stagl, Justin** Dept of Cultural Sociology, Universität Salzburg, Rudolfs kai 42, 5020 Salzburg, Austria. *U. Salzburg* / Social and cultural sciences.

8969. **Staley, Karen** University of Rochester, CPU Box 1427, Rochester, NY 14627, USA. *U. of Rochester.*

8970. **Stalker, Laura** Huntington Library, 1151 Oxford Road, San Marino, CA 91108-1218, USA. *Huntington Library* / Bibliography.

8971. **Stall, Kathleen G.** 4206 South Shore Drive, Mason, OH 45040, USA.

8972. **Staller, Tamás** Gödöllõ University, Dept of History of Philosophy and Culture, Pater K. u. 1, 2103 Gödöllõ, Hungary. *Gödöllõ U.* / Hungarian history.

8973. **Stålmarck, Torkel** Svedjevägen 21, 18147 Lidingö, Sweden. *Stockholms U.* / Jacob Wallenberg.

8974. **Stalnaker, Joanna Ruth** Dept of French, 515 Philosophy Hall MC 4902, Columbia University, 1150 Amsterdam Avenue, New York, NY 10025, USA. *Columbia U.* / Epistemology and poetics of description in Enlightenment France • Theory and practice of 'le drame' as a theatrical genre in France.
✉ jrs2052@columbia.edu

8975. **Stamati, Vasiliki** 21 Romanou Mélodou-Apokafkon, 11471 Athens, Greece. / La philosophie et l'histoire de l'éducation.

8976. **Stammen, Theo** Fritz-Wunderlich-Platz 2, 81243 München, Germany. *U. Augsburg* / Political thought • German political thought at the time of the French Revolution • The law in Germany.

8977. **Stancati, Claudia** Via adige 40, 87100 Cosenza, Italy. *U. della Calabria* / Theories of perception and theories of language • Language and law.
✉ clastanca@tiscalinet.it

8978. **Stanculescu, Ileana** Timisoara 17, Bloc 1, Sc.C., apt 37, Bucuresti, Romania. *Institut d'histoire et de théorie littéraire* / Mentalités reflected in religious representation in Romania • Relations between text and image.
✉ ist@pcnet

8979. **Stangler, Gottfried** Staudgasse 42/4, 1180 Wien, Austria. *Niederösterreichisches Landes-Museum* / History and culture of Lower Austria.

8980. **Stanislavsky, Viacheslav** 4/509 Grushevskoho, 250001 Kiev, Ukraine. / Ivan Mazepa.

8981. **Stanlis, Peter J.** 1904 Boscobel Court, Rockford, IL 61107-1250, USA.

8982. **Stanojevic, Predrag B.** Dept of Literary Studies, University of Beograd, Studentski trg 3/I, Beograd, Serbia. *U. Beograd* / Cultural studies in the of the Balkan Peninsula and the Mediterranean • Literature.
✉ apres@eunet.yu

8983. **Stargard, William B.** Dept of History & Culture, Pine Manor College, 207 Haldan Hall, Chestnut Hill, MA 2167, USA. *Pine Manor C.*

8984. **Stark, Werner** Am Bornrain 6, 35091 Coelbe, Germany. *Akademie der Wissenschaften (Göttingen)* / Kant's lectures • University system, esp. philosophy faculties.

8985. **Starobinski, Jean** 12 rue de Candolle, 1205 Genève, Switzerland. *U. de Genève* / Rousseau • Diderot.

8986. **Starr, G. Gabrielle** Dept of English, New York University, 19 University Place, New York, NY 10003, USA. *New York U.* / Britain • English thought • Romanticism • Enlightenment (concept) • Poetry • Le roman.
✉ ggs3@nyu.edu

8987. **Stasiewicz, Krystyna** Ul. Niedzialkowskiego 19 m.4, 10-347 Olsztyn, Poland. *Higher School of Pedagogics (Olsztyn)* / Polish literature: editions and history • E. Druzbacka's life and works • Ignacy Krasicki.

8988. **Stasiewicz-Jasiukowa, Irena** Ul. Kaliska 17 m.6, 02-316 Warszawa, Poland.

8989. **Stassinopoulou, Maria A.** Dept of Byzantine and Modern Greek Studies, University of Vienna, Postgasse 7/1/3, 1010 Vienna, Austria. *U. of Vienna* / Cultural aspects of the Greek diaspora communities • Reception of German and Austrian Enlightenment in Modern Greek culture • Modern Greek history and identity building.
✉ maria.stassinopoulou@univie.ac.at

8990. **Staszewski, Jacek** Ul. Moniuszki 40 m.32, 87-100 Torun, Poland.

8991. **Stathi, Pénélope** Research Centre for Medieval and Modern Hellenism, Academy of Athens, 14 Anagnostopoulou str., 10673 Athens, Greece. *Academy of Athens.*

8992. **Statt, Daniel Arthur** 738 North 193rd St, Shoreline, WA 98133-3911, USA. *Auburn U.* / British and European social and urban history.

8993. **Staum, Martin S.** Dept of History, University of Calgary, 2500 University Drive North West, Calgary, AB T2N 1N4, Canada. *U. of Calgary* / Social sciences • Idéologues • Phrenology • Anthropology.
✉ mstaum@ucalgary.ca

8994. **Stavel, G. van** Van Slingelandtlanen 58, 2445 EL Woerden, Netherlands.

8995. **Staves, Susan** Dept of English, Brandeis University, MS 023, Waltham, MA 02454-9110, USA. *Brandeis U.* / Restoration and 18c English literature • English legal history • Elizabeth Griffith.

8996. **Stead, Margaret** 3 Southlands Avenue, Moortown, Leeds, LS17 5NU, UK. / Graphics and political satire • Newspapers and other serial publications • Images of America in Britain.

8997. **Steadman-Jones, Richard** Dept of English Language and Linguistics, University of Sheffield, 5 Shearwood Road, Sheffield, S10 2TN, UK. *U. of Sheffield.*

8998. **Stedman, Jane W.** 1411 East 54th Place, Chicago, IL 60615-5404, USA. *Roosevelt U.* / Literary fairy tales • Dr Johnson's fiction.

8999. **Stedmond, John** 8 Barclay Rd, Kingston, ON K7M 2S4, Canada. *Queen's U. (Kingston)* / Prose fiction • Stylistics.

9000. **Steele, Ian. K.** Dept of History, Social Science Centre, University of Western Ontario, London, ON N6A 5C2, Canada. *U. of Western Ontario* / English Atlantic empire.

9001. **Steen, Jane E.** 13 Cedar Lawn Avenue, Barnet, EN5 2LW, UK. *U. of Cambridge* / Samuel Johnson • Divinity.

9002. **Steensma, Robert C.** Dept of English, University of Utah, 255 South Central Campus Drive, Salt Lake City, UT 84112-1107, USA. *U. of Utah* / Jonathan Swift • John Arbuthnot • Sir William Temple.

9003. **Steer, Alfred G.** 335 Beechwood Drive, Athens, GA 30606-4009, USA. *U. of Georgia* / Goethe.

9004. **Stefanová, Dana** Institut für Geschichte, Universität Wien, Dr. Karl Lueger-Ring 1, 1010 Wien, Austria. *U. Wien.*

9005. **Stefanovic, Mirjana** Bulevar cara Lazara 85/55, 21000 Novi Sad, Serbia. *U. Novi Sad* / Literary theory and history • Poetics • Serbian literature in European context.

9006. **Stefanski, Valentina Maria** Bebbelsdorf 13, 58454 Witten, Germany. / Poland after 1750 • Hugo Kollataj • Stanislaw Staszic • Migration.

9007. **Stefanson, Don** 17711 13th Avenue South, Birmingham, AL 35205, USA.

9008. **Stehr, Christina** Bizetstr. 81, 13088 Berlin, Germany. *Humboldt-U.* / Anthropology • Secret societies.

9009. **Steiger, Heinhard** Oberhof 16, 35440 Linden, Germany. *U. Giessen.*

9010. **Stein, Joshua** Roger Williams University, 1 Old Ferry Road, Bristol, RI 02809-2921, USA. *Roger Williams U.*

9011. **Steiner, Uwe** Dept of German & Slavic Studies, Rice University, P.O. Box 1892, Houston, TX 19104-1892, USA. *Rice U.*

9012. **Steingrímsson, Sigurgeir** Brekkustíg 3, 101 Reykjavík, Iceland.

9013. **Steinkamp, Volker** Gerhard-Mercator Universität Duisburg, Geibelstr. 41, 47048 Duisburg, Germany. *Gerhard-Mercator-U. Duisburg* / Europe in the Enlightenment • Philosophy of history • Moralists.
✉ volkersteinkamp@uni-duisburg.de

9014. **Steinke, Hubert** Melchtalstr. 8, 3014 Bern, Switzerland. / Scientific theories • Scientific community • Medicine.
✉ hubert.steinke@mhi.unibe.ch

9015. **Steinmann, Holger** Herwarthstr. 75, 45138 Essen, Germany. *Europa-U. Frankfurt/Oder.*

9016. **Steinmetz, H.** Haagweg 37, 2321 AC Leiden, Netherlands. / Lessing, réception et

interprétation de *Minna von Barnhelm* • Le drame en Allemagne • Frédéric II et la littérature allemande.
✉ h.steinmetz@freeles.nl

9017. **Steinsieck, Wolf** Institut für Romanische Philologie der RWTH Aachen, Kármánstr. 17/19, 52062 Aachen, Germany. *Institut für Romanische Philologie der RWTH Aachen* / Théâtre et Révolution française.

9018. **Steinthórsson, Sigurdur** Kaplaskjólsvegi 53, 107 Reykjavík, Iceland.

9019. **Steintrager, James A.** Dept of English and Comparative Literature, University of California, 366 Humanities Instructional Building, Irvine, CA 92697-2650, USA. *U. of California (Irvine)* / Moral monstrosity in Enlightenment thought • Pleasure as a social construct in French libertine and pornographic fiction • Sociological approaches to literary production.
✉ jsteintr@uci.edu

9020. **Stella, Giuliana** Via Ticino 14, 00198 Roma, Italy. *U. di Roma* / Le concept de nature chez Diderot, Rousseau et Kant.

9021. **Stella, Pietro** Piazza Alteneo Salesiano 1, 00139 Roma, Italy. *U. di Roma III* / Jansénisme • Mentalité et démographie en Italie • Institutions ecclésiastiques.

9022. **Stemmler, Joan Koster** RR#1, Box 676, Roseland, VA 2296709209, USA. / British art.

9023. **Stenberg, Göran** Blekingegatan 46, 11662 Stockholm, Sweden. *Stockholms U.* / Occasional literature • Funeral speeches • Hymns • Stylistics.

9024. **Stenger, Gerhardt** Dépt de français, Université de Nantes, Chemin de la Censive du Tertre, 44312 Nantes Cedex 03, France. *U. de Nantes* / Histoire des idées • Diderot et Voltaire.
✉ gerhardt.stenger@humana.univ-nantes.fr

9025. **Stennik, Youri** prospekt Gagarina 22, korp. 2, 28, St Pétersbourg, Russia. *Académie des sciences de Russie* / Genres littéraires en Russie.

9026. **Stenzel, Jürgen** Parkstr. 2e, 22605 Hamburg, Germany. *Technische U. Braunschweig* / Beginnings of literary dilettantism • Canitz, *Poesie der Nieder-Sachsen* • J. C. Günther • Hagedorn • Schiller.

9027. **Stepánek, Pavel** Breitcetlova 11, 198 00 Praha 9, Czech Republic. *U. of Palackeho* / Spanish, Portuguese, and Latin-American art • Jesuit decorative art.
✉ estepanek@volny.cz

9028. **Stepankov, Valery S.** 31 Zhukov Str., apt 24, 281900 Kamianets-Podilsk, Ukraine. *Kamianets-Podilsk U.* / Ukrainian cossacks.

9029. **Stephan-Kopitzsch, Ursula** Rathenaustr. 51, 22297 Hamburg, Germany. / Tolerance and Enlightenment • Christian Friederich Daniel Schubart.

9030. **Stephanson, Raymond A.** Dept of English, University of Saskatchewan, 9 Campus Drive, Saskatoon, SK S7N 5A5, Canada. *U. of Saskatchewan* / Male creativity, male body, Enlightenment genitalia • literary traffic.
✉ stephanr@duke.usask.ca

9031. **Stephens, Margaret** 523 Godfrey Lane, Auburn, AL 36830-6017, USA.

9032. **Stephenson, Roger H.** Dept of German, University of Glasgow, Glasgow, G12 8QL, UK. *U. of Glasgow* / Aufklärung, Goethe, Schiller, Romantik • Modern German thought (1750-present) • Classicism.

9033. **Stern, Carola** Dubrowstr. 41, 14129 Berlin, Germany. / Rahel-Varnhagen • Dorothea Mendelssohn.

9034. **Stern, Martin** 43 rue Sainte Catherine, Lille 59800, France. *U. de Lille III* / La musique et les beaux-arts.
✉ stern.martin@wanadoo.fr

9035. **Stern, Marvin** Dept of Humanities, Lawrence Tech University, 21000 West Ten Mile Road, Southfield, MI 48075, USA. *Lawrence Tech U.* / American War of Independance • Military history • Britain • Rome • Romantic • Enlightenment (concept) • British Enlightenment • European thought • English literature.
✉ mn@post.harvard.edu

9036. **Stern, Monique S.** 12 Furber Lane, Newton Center, MA 02159, USA. *U. of Massachusetts (Boston)* / Autobiography and novel in France • Mme de Genlis.

9037. **Stern, Philip** 1513 Hamilton Avenue, apt 1, Trenton, NJ 08629-1421, USA.

9038. **Steur, A. G. van der** Nieuwe Gracht 17, 2011 NB Haarlem, Netherlands. / Joh. Le Francq van Berkhey • Dutch portraits • P. Boddaert the younger • Physionotrace portraits • Haarlem.

9039. **Stevens, Anne Helen** Critical Inquiry, University of Chicago, 202 Wieboldt Hall, 1050 E. 59th St, Chicago, IL 60647, USA. *U.*

of Chicago / America • England • Ireland • Scotland • Society of Antiquaries • British Enlightenment • Roman • English literature • Defoe • Maria Edgeworth • Benjamin Franklin • Swift.
⚭ astevens@uchicago.edu

9040. **Stevens, Jane R.** Dept of Music 0326, University of California - San Diego, La Jolla, CA 92093, USA. *U. of California (San Diego)* / Keyboard concertos (German) • History of musical thought • Aesthetics.

9041. **Stevens, Laura M.** Dept of English Language and Literature, University of Tulsa, 600 South College Avenue, Tulsa, OK 74104-3189, USA. *U. of Tulsa* / Transatlantic British literature, focusing on emotion, religion, and colonialism (sentimental depictions of American Indians in missionary writings).
⚭ laura-stevens@utulsa.edu

9042. **Stevens, Sylvia** 33 Christopher Close, Norwich, NR1 2PQ, UK.

9043. **Stevenson, Brenda** History Dept, U.C.L.A., 6265 Bunche Hall, Box 951473, Los Angeles, CA 90095 1473, USA. *U.C.L.A.*

9044. **Stevenson, John Allen** Dept of English, University of Colorado, 226 UCB, Boulder, CO 80309-0226, USA. *U. of Colorado* / British novel (as it relates to historical and legal issues) • Henry Fielding.
⚭ john.stevenson@colorado.edu

9045. **Stevenson, Julie** 212 West Illinois St, Urbana, IL 61801 3211, USA. / Rousseau, penseur et critique • Le paysan dans la littérature française (Marivaux, Rousseau, Restif) • Morale de Voltaire.

9046. **Stevenson, Kay Gilliland** Dept of Literature, University of Essex, Wivenhoe Park, Colchester, CO4 3SQ, UK. *U. of Essex.*

9047. **Steward, James Christen** Dept of Art History, University of Michigan, University of Michigan Museum of Art, 525 South State St, Ann Arbor, MI 48109, USA. *U. of Michigan* / The visual arts and social history, including collecting practices in the Russian imperial family.
⚭ jsteward@umich.edu

9048. **Stewart, Joan Hinde** University of South Carolina, Office of the Dean, College of Liberal Arts, 251 Gambrell, Columbia, SC 29208, USA. *U. of South Carolina (Columbia)* / Women writers (Mme Du Deffand, Mme Riccoboni, Mme de Graffigny, Mme de Charrière, Mme de Villeneuve, Mme Le Prince de Beaumont, Mme de Lambert) • Women and ageing.
⚭ jhs@sc.edu

9049. **Stewart, Keith** 415 Bond Place, Cincinnati, OH 45206 1872, USA. *U. of Cincinnati* / Homiletic literature • Samuel Johnson.
⚭ stewarjk@email.uk.edu

9050. **Stewart, Larry** Dept of History, University of Saskatchewan, 5 Campus Drive, Saskatoon, SK S7N 5A5, Canada. *U. of Saskatchewan* / Intersection of chemistry, medicine and social reform in the first industrial revolution.
⚭ stewartl@sask.usask.ca

9051. **Stewart, M. A.** 17 Magdala Crescent, Edinburgh, EH12 5BD, UK. *U. of Lancaster* / Scottish Enlightenment • Philosophy of English and Irish dissent.

9052. **Stewart, Mary M.** Dept of English, Gettysburg College, 706 West Middle St, Gettysburg, PA 17325 2420, USA. *Gettysburg C.* / Boswell • William Collins • Periodicals (newspapers and journals).

9053. **Stewart, Philip** Dept of Romance Studies, Duke University, Box 90257, Durham 27708, NC, USA. *Duke U.* / Le roman • La littérature et l'art • L'histoire intellectuelle.
⚭ pstewart@duke.edu

9054. **Stewart, Wendy** Dept of English, McMaster University, CNH 321, Hamilton, ON L8S 4L9, Canada. *McMaster U.* / British women's poetry • Swift • Mary Barber • Patronage and subscription.

9055. **Stich, Alexandr** Charles University, Nám J. Palacha 2, 118 36 Praha, Czech Republic. *Charles U.* / Language and literary culture in Bohemia, Moravia and Middle Europe • Language relationships between Czech, Latin and German stylistics and rhetorics • Homiletics, historical writing.

9056. **Stickelberger, Hans** Zwingliverein Zürich, Kirchgasse 15, 8001 Zürich, Switzerland. *Zwingliverein* / Johann Caspar Lavater (1741-1801).

9057. **Stickfort, Bernd** Meininger Str. 20, 28205 Bremen, Germany. *U. Bremen.*

9058. **Stigel, Jørgen** Institut for Kommunikation, Aalborg Universitet, Langagervej 8, 9220 Aalborg Øst, Denmark. *Aalborg U.*

9059. **Still, Judith Mary** Dept of French, University of Nottingham, University Park, Nottingham, UK. *U. of Nottingham* / Justice in relations between non-equals in French- and English-language texts (Rousseau, Diderot, Genlis, Sarah Scott and Voltaire).
⚭ judith.still@nottingham.ac.uk

9060. **Stillman, Damie** 200 Cross Keys Road, #68, Baltimore, MD 21210, USA. *U. of Delaware* / The architecture of Neo-classicism.
✉ stillman@udel.edu

9061. **Stimilli, Davide** Calle del Sol 415, San Juan, PR 00901, USA. *U. of Puerto Rico.*

9062. **Stingelin, Martin** Bottmingerstr. 9, 4102 Binningen, Switzerland. *U. Basel* / Lichtenberg • Anthropology (psychopathology and criminality).

9063. **Stock, Robert D.** English Dept, University of Nebraska, 304 Andrews Hall, Lincoln, NE 68588 0002, USA. *U. of Nebraska* / Literature • Literature and numinous experience • History of ideas.

9064. **Stockinger, Hermann E.** Steingasse 22, 4020 Linz, Austria. *U. Wien.*

9065. **Stöckmann, Ernst** Institut für Germanistik, Universität Halle-Wittenberg, Herweghstr. 96, 06099 Halle (Saale), Germany. *U. Halle-Wittenberg.*

9066. **Stockwell Jr, J. E.** 1036 San Marco Road, Starkville, MS 39759 9701, USA. / Johnson and his circle • Thomas Sprat.

9067. **Stoeffler, F. Ernest** 602 North Broad St, apt B103, Lansdale, PA 19446, USA. *Temple U.* / Pietism • The Enlightenment.

9068. **Stoichita, Victor** Séminaire d'histoire de l'art, Université de Fribourg, 1700 Fribourg, Switzerland. *U. de Fribourg* / Peinture.
✉ victor.stoichita@unifr.ch

9069. **Stoilova, Tamara** Institute for history, Bulgarian Academy of Sciences, 52 Shipchenski prohod str., bl. 17, Sofia 1113, Bulgaria. *Bulgarian Academy of Sciences* / Europe and the Ottoman Empire.

9070. **Stoimenova, Biserka** Dept of Western European Literature, Shumen University, 9700 Shumen, Bulgaria. *Shumen U.* / French libertine culture.

9071. **Stokely, Dykeman** 438 East 89th St, apt 3D, New York, NY 10128 6713, USA.

9072. **Stolbova, Elena** oul. Frounze 15, 150, 196135 St Pétersbourg, Russia. *Musée Russe d'État* / Portraits russes • Portraits de la famille Vorontsov • Paysage urbanistique.

9073. **Stoler, John A.** Dean's Office, COFAH, University of Texas, San Antonio, TX 78249-0600, USA. *U. of Texas (San Antonio)* / Ann Radcliffe's novels • Modern criticism of the novel • Influences on Dickens.

9074. **Stollberg-Rilinger, Barbara** Historisches Seminar, Universität Münster, Domplatz 20-22, 48143 Münster, Germany. *U. Münster* / Enlightenment political theory • Natural law theory • Political culture of the Holy Roman Empire • Early modern rituals and ceremonies.
✉ stollb@uni-muenster.de

9075. **Stolleis, Michael** Max-Planck-Institut für europäische Rechtsgeschichte, Hausener Weg 120, 60489 Frankfurt/M., Germany. *Max-Planck-Institut für europäische Rechtsgeschichte* / Philosophie populaire après 1750 • Droit naturel • Jus publicum • Histoire du droit.

9076. **Stolley, Karen** Spanish Dept, Emory University, Callaway Center, Atlanta, GA 30322 0001, USA. *Emory U.*

9077. **Stoltz, Kenneth** Innherredsveien 143b, 7044 Trondheim, Norway. / Conceptions of liberty in the writings of Montesquieu depending.
✉ kennetst@stud.ntnu.no

9078. **Stone, Harold** 437 North Sheridan Road, P.O. Box 500, Waukegan, IL 60079, USA. / Vico and Giannone • Early modern views of antiquity • Maurists and Bollandists • Montesquieu.

9079. **Stone, Joanne** 74 Swinburne Rd, Roehampton, London, SW15 5EH, UK. *Roehampton Institute* / Lord Castlerreagh (1769-1822) and his family.
✉ joanne.stone@btinternet.com

9080. **Stone, Paul R.** 30 Gibbon St, Sydenham, Christchurch, New Zealand. / British travellers in Italy.

9081. **Stone Pettipas, John Andrew** Notariat 7, 3°, 1a, 08001 Barcelona, Spain.

9082. **Storme, Julie A.** Dept of Modern Languages, St Mary's College, Notre Dame, IN 46556-5007, USA. *St Mary's C.* / Rousseau and the role of writer • Novel • Heroine.

9083. **Storrs, Christopher David** Dept of History, University of Dundee, Nethergate, Dundee, City of Dundee DD1 4HN, UK. *U. of Dundee* / War, state formation and the nobility • The resilience of Spain as a major power • Medical services in European armies, esp. in Spain • National identity in the early modern state (Spain).
✉ c.d.storrs@dundee.ac.uk

9084. **Stört, Diana** Matthissonstr. 8, 39108 Magdeburg, Germany. *U. Magdeburg.*

9085. **Stosch, Manfred von** Curieweg 6, 40591 Düsseldorf, Germany. *U.-Gesamthochschule-Duisburg* / Johann Martin Miller • Johann Heinrich Voss • Göttinger Hain.

9086. **Stott, Anne** 24 Clarence Place, Gravesend, Kent DA12 1LD, UK. *U.C.* / Hannah More (evangelicalism, cultural reformation and loyalism, biography).

9087. **Stouten, Johanna** Goetlijfstraat 36, 2596 RJ Den Haag, Netherlands. / Dutch autobiographies, 1750-1850.

9088. **Stovel, Bruce** Dept of English, University of Alberta, Edmonton, AB T6G 2E5, Canada. *U. of Alberta* / Novel • Comedy • Essays on Fielding and Richardson.

9089. **Stovicková, Helena** Aloisina Visina 411, 460 05 Liberec 5, Czech Republic. / Theatre and folklore in Central Europe.
✉ helena.stovickova@seznau.cz

9090. **Strachan, John** Dept of Arts, Design & Communication, University of Sunderland, Langholm Tower, Ryhope Road, Sunderland, SR2 7EE, UK. *U. of Sunderland* / Gothic writing.

9091. **Strack, Friedrich** Ziegelhäuser Landstr. 29, 69120 Heidelberg, Germany. *U. Heidelberg* / Goethe era • Aesthetics • Moral philosophy.

9092. **Stræde, Svend** Irisvej 6, 6760 Ribe, Denmark.

9093. **Straessle, Thomas** Hertensteinstr. 17a, 5408 Ennetbaden, Switzerland.

9094. **Strand, Knut Erik** Hans Nielsen Hauges gate 6, 7042 Trondheim, Norway. *U. i Trondheim* / The philosophical forerunners of the French Revolution • Analysis of the French Revolution • The cultural context of the French Revolution.

9095. **Strang, Jan** Jatasalmentie 1, 00830 Helsinki, Finland.

9096. **Strategier, P. E. M.** Bloemendaalseweg 164, 2051 GK Overveen, Netherlands.

9097. **Sträter, Udo** Institut für Historische Theologie, Theologische Fakultät, Universität Halle-Wittenberg, Franckeplatz 1, Haus 37, 06110 Halle, Germany. *U. Halle-Wittenberg* / Pietism.

9098. **Stratiy, Yaroslava M.** Zakrevsky Str. 23A-30, 252217 Kiev, Ukraine. *Ukrainian Academy of Sciences* / Ukrainian philosophy.

9099. **Stratmann, Gerd** Heyenbergstr. 8, 44799 Bochum, Germany. *Ruhr-U. Bochum* / Historiographie de la fin du 18s • Bases intellectuelles et sociales de la littérature sentimentale en Angleterre.

9100. **Straub, Kristina** Dept of English, Carnegie Mellon University, Pittsburgh, PA 15213-3890, USA. *Carnegie Mellon U.* / Women's fiction • Female literary history • Fanny Burney.

9101. **Straube, Gvido** Latvian University, Dept of History, Brivibas Boulevard 32, 1098 Riga, Latvia. *Latvian U.* / Social history of the church • Latvia (freemasonry, Enlightenment).

9102. **Straudo, Arnoux** 37A boulevard de la Madeleine, 06000 Nice, France. / L'image de Pascal • Les grandes tendances de l'apologétique au siècle des Lumières.

9103. **Straulman, Ann T.** 2525 Main St, apt 416, Kansas City, MO 64108-2629, USA. / Dryden • Women playwrights and novelists.

9104. **Strauss, Albrecht B.** 396 Lake Shore Lane, Chapel Hill, NC 27514 1728, USA. *U. of North Carolina (Chapel Hill)* / Smollett's novels • Johnson (as a poet) • Prose style in fiction.

9105. **Strazzullo, Franco** Via Vergini 51, 80137 Napoli, Italy. *Accademia Pontaniana (Napoli)* / Correspondence between Martorelli and Vargas Machuca • Correspondence between Domenico Diodati and Francesco Cancellieri • Gallery of painters in the monastery of S. Martino, Naples.

9106. **Strelkova, Guzel Vladimirovna** Dept of Indian Philology, Institute of Asian and African Studies, Moscow State University, Mokhovaya 11, 103009 Moscow, Russia. *Moscow State U.* / Indian literature • "Indian Renaissance" • Northern India, Bengalia, Maharashtra.
✉ str@iaas.msu.ru

9107. **Streng, C. F. M.** Vrolikstraat 34-d, 1091 VG Amsterdam, Netherlands.

9108. **Streng, J. C.** Woesterweg 5, 8162 RW Epe, Netherlands.

9109. **Stribolt, Barbro** Drottningholms teatermuseum, Borgvägen 1–5, Box 27050, 102 51 Stockholm, Sweden. *Drottningholms teatermuseum.*

9110. **Striedter, Anna K.** 4 Blake Court, Irvine, CA 92612, USA. *U. of California (Irvine)* / Women writers • The epistolary novel (French and English) • Charrière • Riccoboni • Leprince de Beaumont.

9111. **Strien-Chardonneau, Madeleine van** Witte de Withlaan 10, 2341 SR oegstgeest, Netherlands. *Rijksu. Leiden* / *Voyage de Hollande* de Diderot • Voyageurs français en Hollande (17s-18s) • Isabelle de Charrière: étude de ses idées en matière d'éducation • Mme de Genlis: réception de son œuvre aux Pays-Bas.
✉ m.m.g.van.strien@let.leidenuniv.nl

9112. **Strobach-Brillinger, Susanne** Rintheimer Str. 33, 76131 Karlsruhe, Germany. / Children's literature.

9113. **Strods, Heinrichs** Konsulu str. 15a-1, 1007 Riga, Latvia. *Latvian U.* / Science and Enlightenment in Latvia • Agrarian and religious history in the Baltic.

9114. **Stroev, Alexandre** 7 rue Leneveux, 75014 Paris, France. *U. de Bretagne Occidentale* / Les figures symboliques des Lumières • Les aventuriers • Les amazones • Casanova • F. M. Grimm • Les correspondances.
✉ alexandre.stroev@libertysurf.fr

9115. **Stroeve, Barbara** Johannisstr. 3, 26121 Oldenburg, Germany. *U. Oldenburg, Historisches Seminar.*

9116. **Strohbach-Hanko, Viktoria** Lautererstr. 16, 81545 München, Germany. / La presse périodique en Bavière • Censure de la presse • Absolutisme éclairé en Bavière.

9117. **Strohmaier-Wiederanders, Gerlinde** Wisbyer Str. 8, 10439 Berlin, Germany. *Humboldt-U.* / Church and religion.

9118. **Strohschneider-Kohrs, Ingrid** Pippinstr. 28, 82131 Gauting, Germany. *U. München* / Lessing: Nathan der Weise; drames • Mendelssohn et Voltaire • Théorie et histoire du monodrame • Herder • Klopstock.

9119. **Strong, Hilda** 1915 Ninth Avenue, Lewiston, ID 83501 3159, USA.

9120. **Strong, Kathryn** Dept of English Literature, University of Southern California, Taper Hall, Los Angeles, CA, USA. *U. of Southern California* / English literature.
✉ kstrong@usc.edu

9121. **Stroud, Scott** 3316 Arch St, Philadelphia, PA 19104-2708, USA.

9122. **Strubhar, Andrew** P.O. Box 1893, El Centro, CA 92244-1893, USA.

9123. **Strugnell, Anthony** Burgate House, North Newbald, York, YO43 4SG, UK. *U. of Hull* / Raynal's *Histoire des deux Indes* • Diderot's political and philosophical thought • French historiography.
✉ a.r.strugnell@hull.ac.uk

9124. **Strukevych, Olexiy K.** 22 Tsyolkovsky Str., apt 1, 286010 Vynnytsia, Ukraine. *Vynnytsia Pedagogical Institute* / Political history of Ukraine.

9125. **Strum, Arthur** Stanford University, Building 260/206, Stanford, CA 94305-2030, USA. *Stanford U.*

9126. **Strumia, Elisa** Viale Cavalieri d'Italia 31, 10064 Pinerolo (TO), Italy. *Liceo Porporato* / Droits des femmes • Education • Instruction publique.
✉ saxivi@libero.it

9127. **Struna, Nancy** University of Maryland, 1102 Holzapfel Hall, College Park, MD 20742-5620, USA. *U. of Maryland.*

9128. **Stuart, Judith Anderson** Dept of English, York University, Graduate English, 215 Stong College, 4700 Keele St, Toronto, ON M3J 1P3, Canada. *York U.* / Women's writing: representations of women's community and gynoculture in the prose of Margaret Cavendish, duchess of Newcastle, Mary Astell, Eliza Haywood and Charlotte Ramsay Lennox.
✉ jstuart@yorku.ca

9129. **Stuart, Shea** 2201 Vaughn Lakes Boulevard, apt 2436, Montgomery, AL 36117-4156, USA.

9130. **Stuber, Martin** Sonneggring 18, 3008 Bern, Switzerland. *U. Bern* / Switzerland • Economic and patriotic societies • Correspondence • Haller • Environment.
✉ martin.stuber@mhi.unibe.ch

9131. **Stuchtey, Benedikt** Deutsches Historisches Institut London, 17 Bloomsbury Square, London, WCIA 2NJ, UK. *Deutsches Historisches Institut London* / Historiography • Colonialism.

9132. **Stukes, Pierrette** 13105 Greenberry Lane, Clarksville, MD 21029-1161, USA.

9133. **Stumpf, Thomas A.** 104 Bennington Drive, Chapel Hill, NC 27516 4048, USA.

9134. **Sturkenboom, Dorothée** Verschuurstraat 9, 5042 RH Tilburg, Netherlands. *Vrije U. Amsterdam* / Netherlands • Western Europe • Women's Society for Natural Sciences, Middelburg, The Netherlands • Dutch Enlightenment • Conduct books • Travel literature • *The Spectator* • *The Tatler* • Image of Netherlands.
✉ d.sturkenboom@planet.nl

9135. **Sturtz, Linda L.** Beloit College, 700 College St, Beloit 53511, WI, USA. *Beloit C.* / Jamaica.
✉ sturtzl@beloit.edu

9136. **Sturzer, Felicia B.** University of Tennessee, 615 McCallie Avenue, Brock Hall 208, Chattanooga, TN 37403-2598, USA. *U. of Tennessee (Chattanooga)* / France • Enlightenment (concept) • French Enlightenment • Correspondence • French literature • Salons • Lespinasse • Pierre Carlet de Chamblain de Marivaux • Marie-Jeanne Laboras de Mézières Riccoboni • Sociability.
✉ f_sturzer@msn.com

9137. **Stüssi-Lauterburg, Barbara** Scheuerrain 1, Postfach, 5210 Windisch, Switzerland.

9138. **Stuurman, Siep** Faculty of History and Art Studies, Erasmus University, P.O. Box 1738, 3000 DR Rotterdam, Netherlands. *Erasmus U. Rotterdam* / Early Enlightenment • Early modern feminism • History of the concept of equality.
✉ stuurman@fhk.eur.nl

9139. **Suarez, Michael F.** Campion Hall, Oxford, OX1 1QS, UK. *Fordham U.* / History of the book in Britain • Mock-biblical satire • The Bible in Britain • Satirical prints • Religious poetry in Britain.
✉ michael.suarez@campion.ox.ac.uk

9140. **Subirana Rebull, Rosa María** C/ Galileu, 186-H, 08028 Barcelona, Spain. / Gravures catalanes.

9141. **Subotic, Ljiljana** Filozofski fakultet, Stevana Musica 24, 21000 Novi Sad, Serbia. *U. Novi Sad* / Types of literary Serbian: morphology and syntax.

9142. **Sudaka, Paul** Rés. d'Hennemont 5 A 2 G, 78100 St-Germain-en-Laye, France.

9143. **Sudo, Yoshiaki** 1-910, 946-1 Futoocho, Kohoku-ku, Yokohama-shi, 222-0031 Kanagawa, Japan. *Keio U.* / Scottish Enlightenment.

9144. **Suematsu, Hisashi** 1-33-22-1001 Momochi, Sawara-ku, Fukuoka-shi, 814-0006 Fukuoka, Japan. *Kyushu U.* / Littérature des moralistes françaises • Théâtre classique français • Rhétorique.

9145. **Suenaga, Koh** 1-4-36-607 Yokogawacho, Nishi-ku, 733-0011 Hiroshima, Japan. *Hiroshima Jogakuin U.* / Art and architecture.

9146. **Sugino, Kaoru** 3-2 Wagiro, Higashiku, Fukuoka-shi, 811-0202 Fukuoka, Japan. *Kyushu Sangyo U.* / Montesquieu • Voltaire • Rousseau.

9147. **Sugiyama, Chuhei** K-203, 2-11-3 Kami-Ochiai, Shinjuku-ku, 161-0034 Tokyo, Japan. *Tokyo Keizai U.* / Economics • The Meiji Enlightenment.

9148. **Sugiyama, Haruko** 2-45-5 Hamanuma, Suginami-ku, 167-0031 Tokyo, Japan. *Tokyo National U. of Fine Arts and Music* / Le roman sensible • Histoire des idées • Relations franco-russes.

9149. **Sugiyama, Naoko** 43-904 Katahori, Kanie-cho Honmachi, Kaifu-gun, Aichi-ken 497-0034, Japan.

9150. **Sugiyama, Yoshihiro** 3-3-1 Shinkawa 1-jo, Kita-ku, Sapporo-shi, 001 Hokkaido, Japan. *Sapporo Gakuin U.* / Etudes sur l'épistémologie des sciences humaines.

9151. **Sulewska, Renata** Ul. Krepowieckiego 11 m.102, 01-456 Warszawa, Poland.

9152. **Sullivan, Constance A.** Dept of Spanish, University of Minneapolis, 9 Pleasant St South East, Minneapolis, MN 55455 0194, USA. *U. of Minneapolis* / Spanish literature • Women writers • Gender.
✉ sulli002@umn.edu

9153. **Sullivan, Heather I.** Dept of Modern Foreign Languages and Literature, Trinity University, 715 Stadium Drive, San Antonio, TX 78212, USA. *Trinity U.* / Science and literature (the earth sciences, geology) • Goethe and the Romantics and questions of deep time, modern consciousness, minerals, in relation to the contemporary notion of ecology.
✉ hsulliva@trinity.edu

9154. **Sullivan, Karen** Queens College, C.U.N.Y., 6530 Kissena Boulevard, Flushing, NY 11367-1575, USA. *C.U.N.Y.* / Rousseau • Literature and the arts • French literature.
✉ karen_sullivan@gc.edu

9155. **Sullivan, Robert E.** Dept of History, University of Notre Dame, Notre Dame, IN 46556-0368, USA. *U. of Notre Dame.*

9156. **Sumi, Yoichi** Kichijoji, Musashino-shi, 4-24-24 Minami-cho, Tokyo 180, Japan. *U. of Keio* / Genèse et métamorphose de l'*Encyclopédie*: du *Prospectus* de 1745 à l'édition de Livourne • Analyse synchronique des années historiques: 1762, 1778 • Histoire naturelle: planches et texte.

9157. **Sumimoto, Noriko** 1-58-11 Kitakarasuyama, Setagaya-ku, 157-0061 Tokyo, Japan. *Meisei U.* / 18c editions of Shakespeare • Shakespeare and Japan.

9158. **Sumita, Tadayoshi** 2-18-8 Higashi-Tokorozawa, Tokorozawa-shi, 359-0021 Saitama, Japan. *Asia U.* / Hume's political philosophy • Political history of Scotland.

9159. **Summavielle, Elísio Santos** Avenida João XXI 8-7° D, 1000 Lisboa, Portugal. / Urbanisme.

9160. **Sun, Bin** Institute of Qing History, Renmin University of China, 100872 Beijing, China. *Renmin U. of China* / China: Qing history.

9161. **Sun, Zhe** Institute of Qing History, Renmin University of China, 100872 Beijing, China. *Renmin U. of China* / China: Qing history.

9162. **Sundell, Kirsten Ewart** Dept of English, University of Notre Dame, 356 O'Shaughnessy Hall, Notre Dame, IN 46556, USA. *U. of Notre Dame* / English Restoration • South Sea Bubble • Britain • British colonies • Ireland • Church of England • Scriblerians • Whigs • Jacobitism • British Enlightenment • Scottish Enlightenment • Irish literature.
✉ ksundell@csos.jhu.edu

9163. **Sundelson, Charlotte B.** 1012 Greenhills Drive, Ann Arbor, MI 48105 2722, USA. / Essay in France and Germany.

9164. **Sundin, Anders** Dept of History, Uppsala Universitet, St Larsgatan 2, SE-753 10 Uppsala, Sweden. *Uppsala U.* / Political culture in regime transitions (the Swedish regime transition in 1809-1810).
✉ anders.sundin@hist.uu.se

9165. **Sundler Malmnäs, Eva** Sveav. 79, 11350 Stockholm, Sweden. *Stockholms U.* / Swedish painting (scenography).
✉ eva.sundler-malmnas@arthistory.su.se

9166. **Superti Furga, Isabella** Via Fatebenefratelli 12, 20121 Milano, Italy. *U. di Milano* / Pacifisme, internationalisme • Projets de paix et d'union européenne.

9167. **Suppa, Silvio** Via dei Gladioli 8/7, 70016 Noicattaro (BA), Italy.

9168. **Supphellen, Steinar** Dept of History, N.T.N.U., 7491 Trondheim, Norway. *N.T.N.U.* / Politics and administration • Social history • History of the Church • History of culture.

9169. **Suratteau-Iberraken, Aurélie** 16 rue Nansouty, 75014 Paris, France. *U. de Paris I* / Diderot • La médecine.

9170. **Susato, Ryu** 3-3-18 Momi, Suginami, 167-0034 Tokyo, Japan.

9171. **Sussler, Joan Hall** 44 Mountain Road, Farmington, CT 06032 2341, USA. *Lewis Walpole Library* / History • English literature • Art history.

9172. **Sussman, Charlotte** 2170 Dogwood Circle, Louisville, CO 80027-1168, USA.

9173. **Sutcliffe, Adam** Dept of History, University of Illinois, 309 Gregory Hall, 810 South Wright St., Urbana, IL 61501-3697, USA. *U. of Illinois.*

9174. **Suteau, Patricia** 5 rue Charles Caillé, 44300 Nantes, France. / Le voyage • L'image du sauvage.

9175. **Sutherland-Meier, Madeline** Dept of Spanish & Portuguese, University of Texas, Austin, TX 78712-0192, USA. *U. of Texas* / Periodicals • Spanish ballads.
✉ madelinesm@mail.utexas.edu

9176. **Sutton Jr, John L.** 5514 South Blackstone Avenue, apt 220, Chicago, IL 60637, USA. *U. of Chicago* / Theories of modernity and the Enlightenment • English and French novel.

9177. **Suzuki, Kôji** 2-5-9 Kami-Takaido, Suginami-ku, 168-0074 Tokyo, Japan. *Chuo U.* / Le théâtre comique en France.

9178. **Suzuki, Kunio** 2-5-8-203 Kitahara, Asaka-shi, 351-0036 Saitama, Japan. *Kyoritsu U.* / Théâtre italien.

9179. **Suzuki, Kunitake** 56-26 Kawada-cho, Mito-shi, 311-41 Ibaragi, Japan. *Ibaragi U.* / Goethe and the East.

9180. **Suzuki, Masashi** Faculty of Integrated Human Studies, Sakyo-Ku, Kyoto-Shi 606-01, Japan. / William Blake and English Romanticism.

9181. **Suzuki, Mika** 280 Kitamatsuno, Fujikawa-Cho, Shizuoka 421-33, Japan. / Sarah Fielding • Georgiana, countess of Spencer.

9182. **Suzuki, Mineko** Kitayama Sky Heights 315, 23-1 Dotenjo-cho, Takagamine, Kita-ku, 603-8465 Kyoto, Japan. *Kyoto Sangyo U.* / Diderot • Identité féminine • Femmes de lettres.

9183. **Suzuki, Mitsuko** 162-1-305 Shichido Higashi-machi, Sakai-shi, 590-0913 Osaka, Japan. *Osaka Women's C.* / The English novel • J.-J. Rousseau.

9184. **Suzuki, Ryo** 2-9-13 Hikari, Saga-shi, 840-0033 Saga, Japan. *Saga U.* / Classical economics • British radicalism.

9185. **Suzuki, Taira** 3-1509-1B Ikeba, Tenpaku-ku, Nagoya-shi 468-0055, Japan.

9186. **Suzuki, Zenzo** Park Mansion 304-1-40, 2-Chome, Komegafukuro, Sendai 980, Japan. / Augustan poetry • Genealogy of Menippean satire.

9187. **Svane, Marie-Louise** Institut for Litteraturvidenskab, Københavns Universitet, Njalsgade 80A, 2300 København S, Denmark. *Københavns U.*

9188. **Svatos, Martin** Ústav pro klasická studia AV CR, Na Florenci 3, 110 00 Praha 1, Czech Republic. *Czech Academy of Sciences.*

9189. **Svensson, Kaj** Knäppe Pl 382, 26700 Bjuv, Sweden. *Lunds U.* / Hans Bergeström (1735-84), priest, poet and utopianist.

9190. **Svenstrup, Svend Aage** Institut for Kommunikation, Aalborg Universitet, Langagervej 8, 9220 Aalborg Øst, Denmark. *Aalborg U.* / Aesthetics • Travel literature • The Gothic.

9191. **Sverrisdóttir, Áslaug** Bakkavör 28, 170 Seltjarnarnes, Iceland.

9192. **Sverrisdóttir, Erna** Hjardarhaga 36, 107 Reykjavík, Iceland. *National and U. Library.*

9193. **Svilpis, Janis Ernest** Dept of English, University of Calgary, Calgary, AB T2N 1N4, Canada. *U. of Calgary* / English literary orientalism • Samuel Johnson • Restoration drama.

9194. **Swahn, Sigbrit** Luthagsesplanaden 8 A, 752 25 Uppsala, Sweden. *Uppsala U.* / Critique littéraire • L'idylle au 18s et l'anti-idylle chez Balzac dans son œuvre inachevée *Les Paysans.*

9195. **Swain, Virginia E.** Dept of French and Italian, Dartmouth College, 6087 Dartmouth Hall, Hanover, NH 03755, USA. *Dartmouth C.* / French Enlightenment in relation to the baroque (or rococo) • Use of allegory in literature and the visual and dramatic arts.
✉ virginia.swain@dartmouth.edu

9196. **Swaminathan, Srividhya** English Dept, Stanford University, 10 Serra Hall, Stanford, CA 94305-2087, USA. *Stanford U.*

9197. **Swan, Beth** Glenfor, Llanon, Trevine, Haverfordwest, Pembrokeshire SA62 5AE, UK. *U. of Wales (Swansea)* / English literature and law.

9198. **Swan, Sara** 70 Merville Road, Stillorgan, Co. Dublin, Ireland.

9199. **Swanson, Alan** 2135 North Taylor St, Unit, Arlington, VA 22207, USA.

9200. **Sweeney, J. Morgan** History Dept, Michigan State University, 301 Morrill Hall, East Lansing, MI 48824 1020, USA. *Michigan State U.* / Scottish Enlightenment • Historiography • William Robertson.

9201. **Sweet, Roey** 20 Brookhouse Avenue, Leicester, LE2 0JE, UK.

9202. **Sweet, Rosemary H.** Dept of Economic and Social History, University of Leicester, University Road, Leicester, LE1 7RH, UK. *U. of Leicester* / Urban government, politics and society • Culture (antiquarianism).

9203. **Sweetman, John** 51 Welbeck Avenue, Highfield, Southampton, SO17 1ST, UK. *U. of Southampton* / Islamic influence in British and French art • The bridge in art.

9204. **Swenson, James B.** Dept of French, Rutgers University, Ruth Adams Building, 131 George St, New Brunswick, NJ 10011, USA. *Rutgers U.* / French Revolution • France • French literature • Political economy • Robespierre • Rousseau • Turgot.
✉ jswenson@rci.rutgers.edu

9205. **Swenson, Rivka** Dept of English, University of Virginia, 219 Bryan Hall, P.O. Box 400121, Charlottesville, VA 22904-4121, USA. *U. of Virginia* / South Sea Bubble • English Restoration • Seven Years War • London • Wales@Scotland • Scriblerians • Whigs • Scottish immigrants • British East India Company • Architecture • Theatre • *The Spectator.*
✉ rs8cw@virginia.edu

9206. **Swift, Astrid** Reichertsberg 20, 54294 Trier, Germany. *U. Trier* / Women's literature in Britain • Relation of conduct books to novels (Frances Burney) • Strategies subverting conventional image of women in women's literature.

9207. **Swords, Robert** 203 Fairfield St, Elmhurst, IL 60126 3233, USA. *Elmhurst C.* / Genres and critical theory • Satire: theories and practice • Criticism of prose fiction.

9208. **Sy, Michel** Président Anciens Condorcet, 17 rue Coysevox, BP 259, 75866 Paris Cedex 18, France.

9209. **Sydorenko, Olena F.** 49b Scherbakova Str., apt 82, 252111 Kiev, Ukraine. *Ukrainian Academy of Sciences* / Trade in the economy and culture of Ukraine.

9210. **Sydow, Marie-Christine von** Geijersgatan 3 A, 411 34 Göteborg, Sweden.

9211. **Sygrave, Ian** 52 Burgoyne Road, Haringey, London, N4 1AE, UK. *Tiffin School* / Demise of the ancien régime in France • The reign of Louis XVI.

9212. **Sylvers, Malcolm** Via Beazzano 12, 31100 Treviso, Italy. *U. di Venezia* / Jefferson • Political philosophy.

9213. **Symon, Michelle** 6 Ossemsley Manor, Ossemsley, Christchurch, Dorset BH23 7EE, UK. / Fiction • Women's writing.

9214. **Syrehn, Gunnar** Institut for Nordisk Filogi, Njalsgade 80, 2300 København K, Denmark. *Institut for Nordisk Filogi.*

9215. **Sysoev, Sergei** Ul. Dubnitskaya 69, bl. 3, kv. 48, 127591 Moscow, Russia. *U. Lomonossov* / Pushkin.

9216. **Szabadváry, Ferenc** Tartsay V. u. 19, 1126 Budapest, Hungary. *U. Polytechnique* / Science and technology, esp. chemistry.

9217. **Szabo, Franz** Canadian Center for Austrian and European Studies, University of Alberta, Edmonton, AB T6G 2E5, Canada. *U. of Alberta* / The Habsburg monarchy in the era of enlightened absolutism.

9218. **Szabolcsi, Hedvig** Németvölgyi út 75/a, 1124 Budapest, Hungary. *Hungarian Academy of Sciences (M.T.A.)* / Decorative arts (furniture and interior) 18-19c.

9219. **Szakály, Orsolya** Fátra Tér 5, 1112 Budapest, Hungary. *Hungarian Academy of Sciences (M.T.A.)* / Foreign models, travel and economic innovation in Hungary.

9220. **Szántay, Antal** Vásárhelyi Pál u. 8., 1114 Budapest, Hungary. / Austrian Netherlands • Habsburg Empire • Hungary • Lombardy • Josephinism • Economic theory • Social history • Joseph II • Cameralism, administrative reforms.
✉ sza8530@helka.iif.hu

9221. **Szász, Géza** Gyöngyvirág u. 11/a, 6723 Szeged, Hungary. *U. de Szeged.*

9222. **Szathmári, István** Mester u. 11, 1095 Budapest, Hungary. *U. de Budapest* / Les Lumières • Linguistique hongroise.

9223. **Szczekalla, Michael** Schlossstr. 21, 45468 Mülheim/Ruhr, Germany. / David Hume • Philosophy of religion • Historiography.
✉ szczekalla-michael@t-online.de

9224. **Szczepaniec, Józef** Ul. Skwierzynska 19 m.43, 53-521 Wroclaw, Poland.

9225. **Szczesny, Stanislaw** Ul. Wiosenna 18, 05-840 Brwinow, Poland.
✉ stszczesny@poczta.onet.pl

9226. **Szécsényi, Endre** ELTE BTK Esztétika Tsz., Múzeum krt. 6-8., 1088 Budapest, Hungary. *ELTE BTK Esztétika Tsz.*

9227. **Szegedy-Maszák, Mihály** Volgy ut 25, 1021 Budapest II, Hungary. *Hungarian Academy of Sciences (M.T.A.)* / Austro-Hungarian Enlightenment • Sterne, Smart, Blake, Rousseau, Herder, Hölderlin.

9228. **Szelestei, Lázló N.** Hajós u. 19, 1069 Budapest, Hungary. *U. Catholique.*

9229. **Szilágyi, Márton** Tompa u. 17/b., 1094 Budapest, Hungary. *U. de Budapest.*

9230. **Szilagyi, Stephen** Dept of English, University of Alabama, College of Liberal Arts, Huntsville, AL 35899, USA. *U. of Alabama in Huntsville* / England • Poetry • Alexander Pope • Aphra Behn.
✉ szilags@email.uah.edu

9231. **Szklarska, Ewa** Ul. Wyspianskiego 11, 30-035 Kraków, Poland. *Polish Academy of Sciences (P.A.N.) (Kraków)* / Biography • Parliament.

9232. **Szlanic, Barbara** Columbia University, 636 Newark Avenue, #3, Jersey City, NJ 7306, USA. *Columbia U.*

9233. **Szmurlo, Karyna** Dept of Modern Language, Clemson University, Clemson, SC 29634, USA. *Clemson U.*

9234. **Szögi, Lázló** Fazekas u. 8, 1027 Budapest, Hungary. *U. de Budapest.*

9235. **Tabaki, Anna** Centre for Neohellenic Research, National Hellenic Research Foundation, 48 Vas. Constantinou Avenue, 11635 Athens, Greece. *National Hellenic Research Foundation* / Histoire compareé des idées • Le théâtre des Lumières dans le Sud-Est europeén et la réception des genres occidentaux • Traductions (histoire et théorie) • Fonction de la traduction manuscrite.
✉ atabaki@theatre.uoa.gr

9236. **Tabarroni, Giorgio** Via Galletti 6, 40134 Bologna, Italy. *U. di Bologna* / Electricisme • 'Società dei Quaranta' • Boscovich • Luigi Galvani.

9237. **Taccolini, M.** Via Guerzoni 3, 25100 Brescia, Italy.

9238. **Tada, Sakae** 1-32-22 Nishi-Koigakubo, Kokubunji-shi, 185-0013 Tokyo, Japan. *Waseda U.* / L'*Emile* de Rousseau.

9239. **Tadié, Alexis** UFR Etudes Anglophones, Université de Paris VII, 70 rue Charles V, 75004 Paris, France. *U. Paris VII* / Language • Novel • Aesthetics.

9240. **Taga, Shigeru** 71 Daidouguchi-machi, Nishigamo, Kitaku, Kyoto-shi 603-8813, Japan. *Wakayama U.* / La rhétorique et la philologie.

9241. **Tagai, Imre** Széher út 13/A, 1021 Budapest, Hungary. *Kodolányi János C.* / Leibniz' dialectics in the light of Kant's critique, as a model of change in ideas.

9242. **Tagawa, Mitsuteru** 1-20-7 Higashi-honji-gahara, Owari-Asahi, 488-0033, Japan. *Aichi U.* / Sade et Restif.

9243. **Tague, Ingrid** Dept of History, University of Denver, 2000 East Asbury, Denver, CO 80208, USA. *U. of Denver.*

9244. **Tahara, Takahide** 554 Waseda-Tsurumaki-cho, Shinjuku-ku, 162 Tokyo, Japan. *Aoyama Gakuin U.* / Diderot.

9245. **Taieb, Paulette L.** 8 villa des Sablons, Neuilly-sur-Seine 92200, France. *U. de Paris I* / L'œuvre métrologique de la Révolution française • Métaphysique.
✉ taieb@univ-paris1.fr

9246. **Taillard, Christian** 47 rue Sainte-Luce, 33000 Bordeaux, France. *U. de Bordeaux III* / Le milieu des architectes et des sculpteurs français • Les relations Paris-provinces-pays étrangers.
✉ histoire.art@montaigne.u-bordeaux.fr

9247. **Taillefer, Michel** 1 rue Ernest-Mérimée, 31000 Toulouse, France. *U. de Toulouse II* / Vie sociale, culturelle et politique des villes du Midi de la France (mouvement académique, franc-maçonnerie, presse).
✉ michel.taillefer@univ-tlse2.fr

9248. **Tait, L. Gordon** 702 College Avenue, Wooster, OH 44691-2916, USA. *C. of Wooster* / John Witherspoon • Scottish-American Enlightenment.

9249. **Taivalkoski-Shilov, Kristiina** Dept of French, Helsinki University, P.O. Box 24, 00014 Helsinki, Finland. *Helsinki U.* / England • France • English language • French language • English literature • European literature • French literature • Reported discourse, translation • Riccoboni, Marie-Jeanne Laboras de Mézières.
✉ kristiina.taivalkoski@helsinki.fi

9250. **Takagi, Yoko** 3-71-16 Hatagaya, Shibuya-ku, Tokyo 151-0072, Japan.

9251. **Takagiwa, Sumio** 1555-4 Fujioka, Fujioka-cho, Shimo-Toga-gun, 349-1104 Tochigi, Japan. *Utsunomiya U.* / Tobias Smollett.

9252. **Takahara, Akihiro** Seijo University, Faculty of Arts and Literature, 6-1-20 Seijo, Setagaya-ku, 157-8511 Tokyo, Japan. *Seijo U.* / Pensée de J.-J. Rousseau • Descartes.

9253. **Takahashi, Akio** 1-12-17 Sho-an, Suginami-ku, 167-0054 Tokyo, Japan.

9254. **Takahashi, Hiromi** 16-7 Kitayama-minami, Moriyama-ku, Nagoya-shi, 463-0043 Aichi, Japan. *Kinjo Gakuin U.* / Japanese literature and painting • Tanomura Chikuden.

9255. **Takahashi, Katsumi** 10-41-223 Ozu-cho, Kochi-shi, 780-0915 Kochi, Japan. *Kochi U.* / 'Pain et vin' de Hölderlin • Histoire des idées • La Grèce mythique et l'Inde védique.

9256. **Takahashi, Shinji** 2-31-26 Sakai, Nagasaki-shi 851-0122, Japan. *Nagasaki Institute of Applied Science* / The Enlightenment.

9257. **Takahashi, Teruaki** Toshima-ku, Nishi-Ikebukuro 3-6-5, Tokyo 171-0021, Japan. *Rikkyo-U. Tokyo* / Bourgeois consciousness in Germany • Pantheism and 'Geist' • Japan in Germany.

9258. **Takahashi, Yoshito** 3-2-25 Kusuba-Misaki, Hirakata-shi, 573-1112 Osaka, Japan. *Kyoto U.* / Goethe and natural science • Witches and demonology • Comparative mythology.

9259. **Takahashi, Yuichi** 727-1-306, Matsuzaka-shi, 515-0033 Mie-ken, Japan.

9260. **Takano, Noriko** 3-14-6 Umegaoka, Setagaya-ku, 154-0022 Tokyo, Japan. *Kunitachi C. of Music* / Music: performance practice.

9261. **Takase, Hirofumi** 1-19-28 Jinryo, Otsu-shi, 520-2132 Shiga, Japan. *Kwansei Gakuin U.* / L'esthétique française.

9262. **Takata, Koji** 3-12-4 Shoyodai, Nara-shi, 631 Nara, Japan. *Nara Prefectural U. of Commerce* / Scottish socio-economic thought • The problem of slavery.

9263. **Takaya, Osamu** Dept of English, Kyoto University, Sogo-Ningen-Gakubu, Sakyo-Ku, Kyoto 606 850, Japan. *Kyoto U.*

9264. **Takayama, Osamu** 10 Nishiumenoki-cho, Shimogamo, Sakyo-ku, Kyoto-shi, 606-0825 Kyoto, Japan. *Doshisha Women's C.* / Jonathan Swift • British gothicism.

9265. **Takeda, Masaaki** Pembroke College, Cambridge, CB2 1RF, UK. *Pembroke C.* / English novel.

9266. **Takeuchi, Fumiko** 3-7-23-305 Ogikubo, Suginami-ku, 167 Tokyo, Japan. / Mozart.

9267. **Takeuchi, Hajime** 2-10-29, Izumi-ku, Yokohama-shi, 245-0004 Kanagawa, Japan.

9268. **Talin, Christian** Résidence Sainte-Anne, Bâtiment E11, 5 rue du Crin blanc, 30900 Nîmes, France. / Récits et relations de voyages (Asie, Moyen-Orient, Europe).

9269. **Tamada, Atsuko** 3-34-5 (203) Kitasenzoku, Ota-ku, 145-0062 Tokyo, Japan. *Keio U.* / Réception de Racine.

9270. **Tamada, Yoshiko** 410-9-503 Teranouchi-dori Shinmachi-higashi-iru Furuki-cho, Kamigyo-ku, Kyoto-shi 602-0026, Japan.

9271. **Tamai, Michikazu** 2-23-4-302 Hakusan, Bunkyo-ku, 112-0001 Tokyo, Japan. *Nihon U.* / Mme de Charrière • Prince de Ligne • Les Lumières aux Pays-bas catholiques.

9272. **Tamai, Tosuke** 3-28-5 Sengoku, Bunkyo-ku, 112-0011 Tokyo, Japan. *Tsukuba U.* / English literature • Oliver Goldsmith.

9273. **Tamain, Guy** Les Millepertuis A1, Avenue du Berry, 91940 Les Ulis, France. *U. de Reims* / Franc-maçonnerie: France, Espagne, Angleterre.

9274. **Tamarkin, Elisa** 1411 De La Vina St, Santa Barbara, CA 93101-3026, USA.

9275. **Tamássy, Györgi** Rakoczi ut. 30, 1161 Budapest, Hungary. *U. Budapest* / Logic • Education of philosophy.

9276. **Tamemoto, Yukiharu** 3-13-15 Midori-cho, Yamagata-shi, 990-0041 Yamagata, Japan. *Yamagata U.* / La pensée de l'*Emile* • La philosophie de l'éducation • Education civique.

9277. **Tamm, Ditlev** Det Retsvidenskabelige Institut A, Studiegården, Studiestræde 6, 1455 København K, Denmark. *Studiegården.*

9278. **Tamsen, Johan** Riddargatan 51 ö g, 114 57 Stockholm, Sweden.

9279. **Tamsen, Laila** Tegnérgatan 28 B, 752 27 Uppsala, Sweden.

9280. **Tamura, Hideo** 1-4-4 Kichijoji-Kitamachi, Musashino-shi, 180-0001 Tokyo, Japan. *Soka U.* / Utopian thought.

9281. **Tanabe, Reiko** 80-1-203 Okazaki Nishi-Tennocho, Sakyo-ku, Kyoto-shi 606-8341, Japan.

9282. **Tanaka, Hideo** Graduate School of Economics, Kyoto Daigaku, Yoshida Honmachi, Sakyo-ku, 606-8501 Kyoto, Japan. *Kyoto U.* / Scottish Enlightenment • Civic humanism • Political economy.

9283. **Tanaka, Hitoshi** Takenaka Ikueikai Gakuseiryo, 2-9-12 Nakamura Kita, Nerima-ku 176-0023, Japan.

9284. **Tanaka, Kenji** 1-11-13 Jonai, Saga, 840-0041 Saga, Japan.

9285. **Tanaka, Maria** 2-16-4-204 Kasuga, Tsukuba-shi 305-0821, Japan.

9286. **Tanaka, Mitsuo** 252-803 Asukai-cho, Horikawa-Higashi-iru Imadegawa-dori, Kamigyo-ku, Kyoto-shi, 602 Kyoto, Japan. *Doshisha U.* / English satire.

9287. **Tanaka, Shoji** 1-21-46 Hiyoshi, Kohoku-ku, Yokohama-shi, 223-0061 Kanagawa, Japan. *Yokohama City U.* / Adam Smith.

9288. **Tanaka, Shuichi** 5-663-4 (II-404), Chigase-cho, Ome, 198-0043 Tokyo, Japan. *Showa U.* / German literature (Hölderlin).

9289. **Tanaka, Toshihiro** School of Economics, Kansei Gakuin University, 1-1-155 Uegahara, Nishinomiya-shi, 662 Hyogo, Japan. *Kwansei Gakuin U.* / David Hume and the Scottish Enlightenment.

9290. **Tandefelt, Henrika** Dept of History, Helsinki University, PB 59, 00014 Helsinki, Finland. *Helsinki U.* / Scandinavia • Finland • Sweden • Gustav III, king of Sweden.

9291. **Tane, Benoît** 10 rue Bonnier D Alco, 34000 Montpellier, France.

9292. **Tang, Xiaohui** Zhongguo kangri zhanzheng jinianguan, Beijing, China. / China: Qing history.

9293. **Tang, Xuping** Institute of Qing History, Renmin University of China, 100872 Beijing, China. *Renmin U. of China* / China: Qing history.

9294. **Tanguy, Jean** 6 la Vallée Verte, 29850 Gouesnou, France. *U. de Bretagne Occidentale* / Industrie toilière en Bretagne (16s-18s) • Vie des paroisses rurales en Bretagne (16s-18s).

9295. **Tanigawa, Takako** Institut of Philosophy, University of Tsukuba, 305 Ibaraki, Japan. *U. of Tsukuba* / Descartes, Leibniz • Le baroque • Pensée japonaise • Psychanalyse et philosophie.

9296. **Tannenbaum, A. G.** P.O. Box 234, Catharpin, VA 20143-0234, USA. / Pierre Bayle • Religious toleration • Huguenot political theory.

9297. **Tantillo, Astrida Orle** Dept of German, University of Illinois, MC 189, 601 South Morgan St, Chicago, IL 60607 4227, USA. *U. of Illinois at Chicago* / German philosophy and literature.
✉ tantilla@uic.edu

9298. **Tanuma, Mitsuaki** 4-5-36 Tomioka-Higashi, Kanazawa-ku, Yokohama-shi, 236-0051 Kanagawa, Japan. *Keio U.* / Diderot (la pensée de l'éducation).

9299. **Tao, Jibo** Institute of Qing History, Renmin University of China, 100872 Beijing, China. *Renmin U. of China* / China: Qing history.

9300. **Tarantino, Carmen** Viale dei Garofani 51/T, 70038 Terlizzi (BA), Italy.

9301. **Tarantino, Giovanni** Via di Mezzo 14, 50121 Florence, Italy. *U. di Firenze* / The role of Anthony Collins as a contributor to the *Independent Whig* and the reception of his work in the European Enlightenment • English deist and Cambridge student Martin Clifford (1624-1677).
✉ g_tarantino@hotmail.com

9302. **Tarassova, Irina** 18 linija 9, 26, 199034 St Petersburg, Russia. *U. de St Pétersbourg* / Russian sculpture • Artistic relations between Russia and Europe • Image of Europe in Russian literature and thought.

9303. **Tarczylo, Theodore** 136 rue de Flandres, 75019 Paris, France. / Morale sexuelle • L'imaginaire.

9304. **Tardif, Audrée-Isabelle** Dept of History, Emmanuel College, Cambridge, CB2 3AP, UK. *U. of Cambridge* / Entertainment and participation in diversions in England and France • Social dance as accomplishment and leisure activity • Commercial institutions of leisure • Cultural exchanges between France and England.
✉ ait21@cam.ac.uk

9305. **Tarin, René** Lycée Masséna, 2 Avenue Félix Faure, 06000 Nice, France. *Lycée Masséna* / La politique d'education par le théâtre en France sous la Révolution • La réception de la philosophie des Lumières sous la Révolution (e.g. Diderot).
✉ rene_tarin@hotmail.com

9306. **Tasheva, Rossitza Stefanova** 41 Boulevard Tsar Boris III, 'Hippodrome', bl. 9/3, 1612 Sofia, Bulgaria. *Sofia U.* / The French Revolution • Jacobinism • Parliamentary institutions (The National Convention) • Public opinion in France during the Terror.

9307. **Tassin, Etienne** 25 rue Beaurepaire, 75010 Paris, France.

9308. **Tateishi, Hirotaka** 1-5-2-506 Kosugaya, Sakae Ku, Yokohama-shi, Japan. *Tokyo U. of Foreign Studies* / Enlightened reform in Spain • Jewish and Converso questions.

9309. **Tatin-Gourier, Jean-Jacques** 2 square Henri Barbusse, 18400 St-Florent/Cher, France. *U. de Tours* / Lecture et interprétation du *Contrat social* de 1762 à la fin de la Constituante • La littérature de colportage • Le pamphlet.

9310. **Tatti, Mariasilvia** Via della Scala 63, 00153 Roma, Italy.

9311. **Tatu, Chantal** 16C rue de Vesoul, 25000 Besancon, France. *U. de Franche-Comté* / Roman noir, gothique • Histoire des mentalités.

9312. **Tausig, Hans E.** 112-01 Queens Boulevard, apt 11C, Forest Hills, NY 11375-5566, USA. / Samuel Richardson • Samuel Johnson and his circle.

9313. **Tautz, Birgit** Dept of German, Lawrence University, 119 Drew St, Appleton, WI 54912-0599, USA. *Lawrence U.*

9314. **Tavoni, Maria Gioia** Dip. di Italianistica, Alma Mater Studiorum Università di Bologna, Via Zamboni, 32, 40126 Bologna, Italy. *U. di Bologna* / Bibliography • History of the book and printing.
✉ mgtavoni@alma.unibo.it

9315. **Taylor, Barbara** 6 Middleton Grove, London, N7 9LU, UK.

9316. **Taylor, Maria** College Hall, Malet St, London, WC1E 7HZ, UK. *College Hall.*

9317. **Taylor, S. S. B.** 11 Irvine Crescent, St Andrews, Fife KY16 8LG, UK. *U. of St Andrews* / Iconography of portraits of Voltaire • Relations between Voltaire and Rousseau.

9318. **Taylor, Stephen J. C.** Dept of History, Reading University, School of History, Whiteknights, Reading, RG6 2AA, UK. *Reading U.* / The church and the whigs (1714-60) • *The Entring Book of Roger Morrice* • Caroline of Ansbach • Clerics in the Church of England.
✉ s.j.c.taylor@reading.ac.uk

9319. **Taylor-FitzSimon, Elisabeth Anne** 3 Grosvenor Park, Leinster Road, Rathmines, Dublin 6, Ireland.

9320. **Taylor-Leduc, Susan** 50 rue des Moines, 75017 Paris, France.

9321. **Tchekunova, Alexandra** Oul. Bakouleva 8, 85, 117513 Moscou, Russia. *U. russe des sciences humaines* / La Russie.

9322. **Tchertkova, Galina S.** Institut d'histoire universelle, Leninski prospekt 32A, 117334 Moscou, Russia. *Institut d'histoire universelle* / Révolution française • Babeuf.

9323. **Tchigareva, Evgenia** B. Gnezdnikovski per. 10, 704, 103009 Moscou, Russia. *Conservatoire de Moscou* / Opéras de Mozart.

9324. **Tchoudinov, Alexandre** Venevskaya 21-76, 117042 Moscou, Russia. *Académie des sciences de Russie* / Histoire et historiographie de la Révolution française • Les Français en Russie.
✉ tchoudin@postman.ru

9325. **Teeuwen, Ruud N. W. M.** Dept of Foreign Language & Literature, National Sun Yat-Sen University, Kaohsiung 80424, Taiwan. *National Sun Yat-Sen U.* / A. A. Cooper, third earl of Shaftesbury • Philosophical dialogues • Diderot • Moral philosophy.

9326. **Tega, Walter** Via Orsoni 2, 40123 Bologna, Italy. *U. di Bologna.*

9327. **Tegen, Martin** Tulegatan 55, 113 53 Stockholm, Sweden. *Uppsala U.* / Olof Åhlström • Musical composition.

9328. **Teissonniere, Alain** 103 rue Olivier de Serres, 75015 Paris, France.

9329. **Tejes, Judit** Dembinszhy St 33, apt I/3, 1071 Budapest, Hungary. *U. Budapest* / Hungarian history.

9330. **Téllez Alarcia, Diego** Dpto de Ciencias Sociales, Universidad de La Rioja, Edificio Vives, c) Luis de Ulloa s/n, Logroño 26004, Spain. *U. de La Rioja* / Pombaline period • Seven Years War • Central Europe • Eastern Europe • Hispanic world • Latin America • North America • Jesuits • Jacobitism • Spanish Enlightenment • Spanish literature • Jansenism • Emigration • Immigration.
✉ diego.tellez@dchs.unirioja.es

9331. **Tellgren, Anna** Birger Jarlsgatan 111 D, 113 56 Stockholm, Sweden.

9332. **Temple, Kathryn D.** Dept of English, Georgetown University, New North 311, Washington 22207, USA. *Georgetown U.* / Women's literature and culture • Cultural legal studies • Legal history • History of intellectual property • Feminist authorship and "crimes of writing" • The gothic • Legal literature for women.
✉ templek@georgetown.edu

9333. **Tenenbaum, Katja** Via Lunigiana 6, 00161 Roma, Italy. *U. di Roma* / Moses Mendelssohn: interaction between Jewish tradition and philosophical discourse • J.-J. Rousseau: legislator and civil religion • Immanuel Kant: political philosophy.
✉ katrin.tenenbaum@uniroml.it

9334. **Tengarrinha, José** Rua Almada Negreiros 12, São João do Estoril, 2765 Estoril, Portugal. / Mentalités • La presse.

9335. **Tengelin, Lovisa** Atlasmuren 4, 113 21 Stockholm, Sweden.
✉ lovisa@kulturmaklaren-munthe.se

9336. **Tenger, Zeynep** 306 Berry College, Mount Berry, GA 30161, USA. *Berry C.* / History of criticism.
✉ ztenger@berry.edu

9337. **Tennant, Bob** 25 Vicarage Rd, Leyton, London, E10 5EF, UK.

9338. **Tennenhouse, Leonard** Dept of Comparative Literature, Brown University, Box E, 20 Manning Walk, Providence, RI 02912-9026, USA. *Brown U.*

9339. **Teodorescu, Mariana** Dept of French, Str. E. Quinet 5-7, Bucuresti, Romania. *U. Bucuresti* / Théâtre (comédie), en part. Marivaux • Voltaire.

9340. **Teodoro Soares, José** Avenida da Universidade 850 Betania, 62040-370 Sobral, CE, Brazil. / Brasil: administration, politics, social culture, philosophy, education.

9341. **Teper, Laurence** 108 avenue Félix Faure, 75015 Paris, France.

9342. **Tepperberg, Helga-Maria K.** Bd C. Brancusi nr. 188/127, str. Horea, nr. 31, Cluj-Napoca 3400, Romania. *U. Cluj-Napoca* / 18c Italian literature.
✉ tepperb@lett.ubbcluj.ro

9343. **ter Horst, Eleanor E.** Dept of Modern Languages, Clarion University, 49 South Second Avenue, Clarion, PA 16214-1934, USA. *Clarion U.*

9344. **Ter-Nedden, Gisbert** Wiedstr. 4, 53177 Bonn-Bad Godesberg, Germany. *Fern U. - Gesamthochschule in Hagen* / Lessing • Development of written culture • Political drama.

9345. **Terada, Mitsuo** 2-12-22 Kizaki, Saitama-shi 338-0802, Japan.

9346. **Terada, Motoichi** Tempaku-ku Yagotoyama 421-A-304, 468-0077 Nagoya, Japan. *Nagoya City U.* / French thought with regards to intercultural relations, esp. with China • Humanism and modern science in the French Enlightenment • Lumières, espace public et savoir entrecroisé.
✉ terada@hum.nagoya-cu.ac.jp

9347. **Terence, Marshall** 20 rue du Transvaal, 75020 Paris, France.

9348. **Terentjeva, Natalia A.** Institute of History, Ukrainian Academy of Sciences, Grushevskiy Str. 4, 252001 Kiev, Ukraine. *Ukrainian Academy of Sciences* / History of European culture • Russian-Ukrainian-Greek relations.

9349. **Térey-Smith, Mary** Dept of Music, Western Washington University, Bellingham, WA 98226-9107, USA. *Western Washington U.* / Baroque opera in France (Rameau), Germany (Mattheson, Kusser) • Performance practice • Portuguese national opera • German oratorios • Orchestration.

9350. **Termolle, Michel A-G.** Rue d'Erbisoeul 17, 7050 Erbisoeul, Jurbise, Belgium. *HEPHO* / Rousseau et l'éducation.
✉ michel.termolle@skynet.be

9351. **Terni, Massimo** Via Cadolini 7, 00152 Roma, Italy. / Droit naturel et droit positif dans la philosophie politique de la Révolution française • Historiographie de la Révolution française.

9352. **Terrades, Yves** 22 rue du Bourgneuf, 28000 Chartres, France. / Raynal • L'idée d'évolution: anthropologie, anticolonialisme, esclavage, historiographie, origine, utopie.
✉ terrades.yves@wanadoo.fr

9353. **Terrall, Mary** Dept of History, U.C.L.A., P.O. Box 951473, 405 Hilgard Avenue, Los Angeles, CA 90095-1473, USA. *U.C.L.A.* / Counter-Enlightenment • European thought • Medicine • Salons • Georges-Louis Leclerc, comte de Buffon • Diderot • Enlightenment (Britain, France, Germany).
✉ terrall@history.ucla.edu

9354. **Terrasse, Jean** 45 chemin de la Bure, Lorraine, PQ J6Z 3J4, Canada.

9355. **Terrell, Colleen** 2100 Walnut St, apt 15M, Philadelphia, PA 19103 4884, USA.

9356. **Terry, Richard G.** 24 Grantham Drive, Gateshead, Tyne & Wear, NE9 6MG, UK. *U. of Sunderland* / Augustan poetry • Canon formation • Literary historiography.

9357. **Terzo, Stefania** Corso Umberto I Parco Hotel, 90046 Monreale (PA), Italy.

9358. **Terzoli, Maria Antonietta** Arnold Böcklinstr. 40, 4051 Basel, Switzerland. / Littérature italienne • Roman épistolaire • Lyrique • Foscolo • Parini.
✉ antonietta.terzoli@unibas.ch

9359. **Tesser, Carmen Chaves** Dept of Romance Languages, University of Georgia, Athens, GA 30609-2217, USA. *U. of Georgia* / Literature and culture of Spain, Caribbean, Brazil, Portugal.

9360. **Tessmann, Rita** 5020 San Pedro Court North East, Albuquerque, NM 87109-2515, USA. / Boswell • Johnson • Scottish Enlightenment.

9361. **Testoni Binetti, Saffo** Via dei Cappuccini 4, 24121 Bergamo, Italy. / French Enlightenment • Enlightenment historiography.

9362. **Testud, Pierre** 13 rue Vincent Scotto, 17000 La Rochelle, France. / L'œuvre romanesque et théâtrale de Restif de La Bretonne • Rapports entre littérature et révolution.
✉ pmb.testud@wanadoo.fr

9363. **Tétart-Vittu, Françoise** 155 rue du Faubourg Saint Denis, 75010 Paris, France. *Cabinet des Arts Graphiques* / Le costume et la mode (presse, illustration et commerce de modes de 1600 à 1870).

9364. **Tétényi, Mária** Tátra u. 5C, 1136 Budapest, Hungary. *U. Budapest* / Interactions between intellectual trends and literature, 1750-1800.

9365. **Teter, Magda** Dept of History, Wesleyan University, 208 PAC, Middletown 06457, CT, USA. *Wesleyan U.* / Early modern Polish-Lithuanian religious conflicts: Jewish-Christian relations, social and religious boundaries, crime.
✉ mteter@wesleyan.edu

9366. **Teute, Fredrika J.** Omohundro Institute of Early American History and Culture, P.O. Box 8781, Williamsburg, VA 23187-8781, USA. *Omohundro Institute of Early American History and Culture* / American War of Independence • America • American literature • Salons • Margaret Bayard Smith • American frontiers • Early national U.S. political culture.
✉ fjteut@wm.edu

9367. **Teysseire, Daniel** 4 allée Valéry-Larbaud, 92260 Fontenay-aux-Roses, France. *U. de Caen* / Histoire des idées et des pratiques culturelles, et particulièrement médicales et

pharmaceutiques, de l'*Encyclopédie* aux Idéologues.
⌨ dteysseire@libertysurf.fr

9368. **Teysseyre, Michèle** Clairsud Editions, 12 rue Saint-Denis, 31400 Toulouse, France. *Clairsud Editions*.

9369. **Thaddeus, Janice Farrar** 58 Garfield St, Cambridge, MA 02138-1802, USA. *Harvard U. (Cambridge)* / Women • Publishing • Autobiography.

9370. **Thain, James** Dept of English, University of Strathclyde, Richmond St, Glasgow, G1 1XH, UK. *U. of Strathclyde*.

9371. **Thame, David** 12 St Albans Avenue, Heaton Moor, Stockport, SK4 4LR, UK. *U. of Manchester* / Interface of novels: science and religion.

9372. **Thébaud-Sorger, Marie** Dept of History of Science, Université de Nantes, Faculté des Sciences et des Techniques, 2 rue de la Houssinière - BP 92208, 44322 Nantes, France. *U. de Nantes* / La réception des premières expériences aérostatiques (montgolfières et ballons), principalement en France • L'histoire des sciences.
⌨ thebaud.sorger@free.fr

9373. **Theeuwen, P. J. H. M.** Wedesteinbroek 10-47, 6546 RA Nijmegen, Netherlands.

9374. **Theland, Tord** Storviksvägen 21, 834 33 Brunflo, Sweden.

9375. **Themelly, Pietro** Via Proba Petronia 22, 00100 Roma, Italy.

9376. **Theobald, Catherine** University of Colorado, Campus Box 238, Boulder, CO 80309-0238, USA. *U. of Colorado*.

9377. **Théodoridès, Jean** 16 square Port Royal, 75013 Paris, France. / History of medicine (parasitology, tropical medicine).

9378. **Théré, Christine** 7 rue Michel Peter, 75013 Paris, France. *INED* / Physiocratie, population.
⌨ ch_there@ined.fr

9379. **Theret, Charlotte** 39 boulevard Carnot, 13100 Aix-en-Provence, France.

9380. **Thérien, Claude** Dépt de Philosophie, Université d'Ottawa, Ottawa, ON K1N 6N5, Canada. *U. d'Ottawa* / Philosophie • Herder et Diderot.

9381. **Therrien, Madeleine** 86 rue de la Fédération, 75015 Paris, France. *U. of Maryland (College Park)* / Roman • Littérature suisse.

9382. **Theunissen, B.** Karawanken 80, 3524 DB Utrecht, Netherlands. *U. Utrecht* / Biological sciences • Palaeontology.

9383. **Theus Baldassarre, Ruth** Via S. Spaventa 13, 187 Roma, Italy.

9384. **Thewes, Guy** C/o Musée d'Histoire de la Ville de Luxembourg, 14 rue du St-Esprit, 2090 Luxembourg, Luxembourg. *Musée d'Histoire de la Ville de Luxembourg* / Institutions des Pays-Bas autrichiens • Histoire des routes • La forteresse de Luxembourg.

9385. **Thibault, Nicole** 18 bis rue Georges Tournier, 92500 Rueil-Malmaison, France. / L'esthétique de l'anecdote.

9386. **Thibault, Robert** 108 rue Jean-Pierre Timbaud, 75011 Paris, France.

9387. **Thickstun, Margaret Olofson** Dept of English, Hamilton College, 198 College Hill Road, Clinton, NY 13323-1292, USA. *Hamilton C.* / Milton • Women's use of scripture • English and American dissenters.

9388. **Thiel, Udo V.** Dept of Philosophy, Australian National University, Building 014, Canberra, ACT 0200, Australia. *Australian National U.* / Epistemology and metaphysics (self-consciousness and personal identity) • Aesthetics.
⌨ udo.thiel@anu.edu.au

9389. **Thielking, Sigrid** Kastanienallee 13, 51399 Burscheid, Germany. *U. Essen* / Cosmopolitanism • Universalism • Beginnings of German-Jewish dialogue.

9390. **Thijs, Alphonse** Prinsstraat 13, 2000 Antwerpen, Belgium. *U. Antwerpen* / Social and economic history of Austrian Netherlands (Antwerp) • Popular culture • Devotional prints.

9391. **Thijs, L.** Brugsesteenweg 175, 8740 Pittem, Belgium.

9392. **Thijssen, W. Th. M.** Groesbeekseweg 332, 6523 PL Nijmegen, Netherlands. *Katholieke U. Nijmegen* / Mechanicism in the life sciences.

9393. **Thiou, Eric** Les Alouettes, 69210 Sain-Bel, France. / Les élites françaises d'Ancien régime (la noblesse).
⌨ ethiou@club-internet.fr

9394. **Thoma, Heinz** August-Bebel-Str. 13b, 06108 Halle, Germany. *Martin-Luther-U. Halle-Wittenberg*.

9395. **Thomas, Chantal** 40-42 rue Cavendish, 75019 Paris, France. *C.N.R.S. (Lyon)* /

Casanova • Sade • La littérature pamphlétaire • La mode.

9396. **Thomas, Diana M.** 130 Beachcomer Drive, Pismo Beach, CA 93449, USA. / Printing and publishing • Spain • Bibliography.

9397. **Thomas, Downing A.** Dept of French and Italian, University of Iowa, 555 Phillips Hall, Iowa City, IA 52242, USA. *U. of Iowa* / Aesthetics/aesthetic judgement • Opera • Musical culture.
✉ downing-thomas@uiowa.edu

9398. **Thomas, Jack** 151 route de Grenade, 31700 Blagnac, France. *U. de Toulouse II* / Echanges • Justice, gens de justice • Causes célèbres.

9399. **Thomás, Manuel Fernandes** Rua Dr José Azeredo Perdigão 8-2°, 3800 Aveiro, Portugal.

9400. **Thomas, Michael** 11 Sheringham Road, Worcester, WR5 3RA, UK.

9401. **Thomas, Ruth P.** 813 North 24th St, Philadelphia, PA 19130, USA. *Temple U.* / Comparisons between French female and male writers' views of domestic life, sexuality and desire, courtship and marriage, maternity, family, ageing and death.
✉ rpthomas@temple.edu

9402. **Thomke, Hellmut** Gümligenweg 55, 3112 Allmendingen, Switzerland. *U. Bern* / German literature (German-language literature in Switzerland).

9403. **Thompson, Allen** Cambridge College of Arts and Technology, Cambridge, UK. *Cambridge C. of Arts and Technology.*

9404. **Thompson, Andrew** Queens College, Cambridge, CB3 9ET, UK. *Queens C.*

9405. **Thompson, Helen F.** Dept of English, Northwestern University, 1897 Sheridan Road, Evanston, IL 60208-2240, USA. *Northwestern U.*

9406. **Thompson, James** Dept of English, University of North Carolina, CB 3520, Chapel Hill, NC 27599 0001, USA. *U. of North Carolina* / The novel • Language theory • Monetary theory.

9407. **Thompson, Lynda** Leeders Farm, School Lane, Spooner Row, Wymondham, Norfolk NR18 9JP, UK.

9408. **Thompson, Mary** 19 Homefarm Road, Dublin 9, Ireland.

9409. **Thompson, Peggy** Dept of English, Agnes Scott College, Decatur, GA 320030 3797, USA. *Agnes Scott C.* / English drama, religion and literature.

9410. **Thomson, Ann** 2 rue Roubo, 75011 Paris, France. *U. de Paris VIII* / Free thought and materialism (in Britain and France) • Images of the Other (Africa and the Islamic world) • Physical anthropology.
✉ ann.thomson@wanadoo.fr

9411. **Thomson, Heidi** School of English, Film and Theatre, Victoria University of Wellington, Box 600, Wellington, New Zealand. *Victoria U. of Wellington* / British literature, 1740-1820.

9412. **Thórdardóttir, Gudrún** Hávallagötu 39, 101 Reykjavík, Iceland.

9413. **Thórdarson, Fridjón** Ægisbraut 7, 370 Búdardalur, Iceland.

9414. **Thórdarson, Sveinn** Tjarnarbraut19, 220 Hafnarfjördur, Iceland.

9415. **Thorgrímsdóttir, Sigrún Huld** Álfatúni 27, 200 Kópavogi, Iceland.

9416. **Thórhallsson, Birgir** Hofteigi 21, 105 Reykjavík, Iceland.

9417. **Thormählen, Wiebke** 131 Judd Falls Road, Ithaca, NY 14850, USA.

9418. **Thormódsson, Eiríkur** Reykjahlíd 10, 105 Reykjavík, Iceland.

9419. **Thorn, Jennifer** Dept of English, Duke University, Box 90015, Durham, NC 27706 8001, USA. *Duke U.*

9420. **Thornley, Primrose** 1 Shrewsbury Park, Ballsbridge, Dublin 4, Ireland. *U.C. Dublin* / The novel • The comedy of manners • Goldsmith • Sheridan.

9421. **Thornton, Ann-Marie** Dept of History, Bilkent University, Bilkent, 06533 Ankara, Turkey. *Bilkent U.* / J.-J. Rousseau: *Julie*; illustrations • L'*Encyclopédie*: architecture, gardens and landscapes.

9422. **Thorp, Jennifer** Ridgewood Grange, Chilton Road, Upton, Didcot, OX11 9JL, UK. *U. of Oxford* / Court and theatre dance.

9423. **Thorsen, Per** A. N. Hansens Alle 24 B, 2900 Hellerup, Denmark.

9424. **Thorson, Connie C.** 1331 Park Avenue South West, apt 412, Albuquerque, NM 87102 2851, USA. *Allegheny C.* / Travel • Drama • Novel.

9425. **Thorson, James L.** Dept of English, University of New Mexico, Albuquerque, NM 87131 0001, USA. *U. of New Mexico* / Restoration drama • Novel • Satire • Jonathan Swift.

9426. **Thorssell-Hedenby, Gunilla** Sofielundsvägen 6, 13400 Gustavsberg, Sweden. *Danshögskolan Stockholm* / The dancer Charles Louis Didelot.

9427. **Thorsteinsdóttir, Bergthora** Skipholti 47, 105 Reykjavík, Iceland.

9428. **Thorsteinsdóttir, María Anna** Stígahlíd 2, 105 Reykjavík, Iceland. / The novel • Oral tradition • Connections between the first Icelandic novel and the English and French novel, both in structure and ideology.
✉ mathorst@ismennt.is

9429. **Thorsteinsson, Kristjana M.** Haukanesi 28, 220 Gardabæ, Iceland.

9430. **Thürer, Daniel** Institut für Völker- und Ausländer-Verfassungsrecht, Hirschengraben 40, 8001 Zürich, Switzerland. *Institut für Völker- und Ausländer-Verfassungsrecht.*

9431. **Thurston, Benjamin** Hornbeams, Arrow Lane, Hartley Wintney, Hampshire RG27 8LR, UK. *U. of Oxford* / Joseph de Maistre • Language theories.

9432. **Thuswaldner, Gregor A.** Dept of Germanic Languages, University of North Carolina, CB # 3160, 417 Dey Hall, Chapel Hill, 27599-3160 NC, USA. *U. of North Carolina at Chapel Hill* / Central Europe • Austrian Enlightenment • Political economy • Christoph Martin Wieland • Bildungsroman, theolology and literature.
✉ thuswald2@cs.com

9433. **Tian, Ying** Institute of Qing History, Renmin University of China, 100872 Beijing, China. *Renmin U. of China* / China: Qing history.

9434. **Tiderman, Lars-Olof** Frejavägen 36, 182 64 Djursholm, Sweden.

9435. **Tierney, James Edward** Dept of English, University of Missouri-St Louis, 8001 Natural Bridge Rd., St Louis, MO 63121, USA. *U. of Missouri (St Louis)* / English literature: novel, drama, poetry • Newspapers and periodicals.
✉ jetier@umsl.edu

9436. **Tietz, Manfred** Romanisches Seminar, Universität Bochum, Fasanenstr. 32, 55270 Zornheim, Germany. *U. Bochum* / Secularisation of Spanish culture • French authors in the Spanish Enlightenment • Raynal • Spanish Jesuit exiles.

9437. **Tietze, Samuel Edward** 2525 Queensland Lane, Plymouth, MN, USA. *Wayzata High School (Sophomore)* / The philosophes (Voltaire) • Rousseau's theories of the state of nature • The Freemasons/Illuminati • Asia (Japan).
✉ disastrmastr@yahoo.com

9438. **Tikoff, Valentina K.** 4719 North Leavitt St, #2, Chicago, IL 60605-1531, USA.

9439. **Tilinca, Mihaela** Str. Socrate 5, 1900 Timisoara, Romania. *U. Timisoara.*

9440. **Tilkin, Françoise** 83 Mont Saint-Martin, 4000 Liège, Belgium. *U. de Liège* / Narratologie, édition de textes • Voltaire, B. Constant.

9441. **Till, Dietmar** Institut für Germanistik, Universität Regensburg, 93040 Regensburg, Germany. *U. Regensburg* / Rhetoric and aesthetics • German literature • Leibniz and 18c philosophy.

9442. **Tillet, Edouard** 75 rue Abbé de l'Epée, 13005 Marseille, France.
✉ edouard.tillet@free.fr

9443. **Tilling, Richard** 16 Honeylight View, Swindon, Wilts, SH 25 4XS, UK.

9444. **Tilton-Levine, Lisa** Dept of English, Seton Hall University, 400 South Orange Avenue, South Orange, NJ 7901, USA. *Seton Hall U.*

9445. **Timofiejew, Artur Ireneusz** Dept of Polish, Uniwersytet Marii Curie-Sklodowskiej, Plac Sklodowskiej 4, 20-301 Lublin, Poland. *U. Marii Curie-Sklodowskiej* / Literature of the Polish Enlightenment at the end of the 18c and its European context.

9446. **Timpanaro Morelli, Maria Augusta** Via Ginori 38, 50123 Firenze, Italy. / La société toscane sous les derniers Médicis et la maison de Lorraine • L'Inquisition en Toscane durant la même période.

9447. **Tinker, John** 327 Highland Avenue, San Francisco, CA 94110 5812, USA.

9448. **Tinoco Rubiales, Santiago** Avenida Cruz del Campo 35 B, 3°D, 41005 Sevilla, Spain. / Economie.

9449. **Tippett, Brian F.** 6 Derwent Gardens, Alresford, Hants SO24 9NQ, UK. *King Alfred's C.* / Swift, Pope and the Scriblerians.

9450. **Tiran, André** 18 rue de la Madeleine, 69007 Lyon, France. *U. de Lyon II* / Les origines du libéralisme en France (J.-B. Say) • Pensée monétaire • Traduction d'auteurs du 18s (Galiani, Locke) • Edition des *Œuvres complètes* de J.-B. Say.

9451. **Tiryakian, Josefina C.** 16 Pascal Way, Durham, NC 27705, USA. / Franciscan missionaries in Spain and the formulation of a missionary strategy for the colonisation of the Peruvian Amazonian basin • The Bourbon reformist project to modernise Spain and its empire.
✉ jctiryak@acpub.duke.edu

9452. **Tissot, Georges** Faculté des Arts, Université d'Ottawa, Ottawa, ON K1N 6N5, Canada. *U. d'Ottawa* / Lafitau, *Mœurs des sauvages*, éd. critique • Indien imaginaire • Science des religions.

9453. **Titley, Alan** Roinn na Gaeilge, St Patrick's College, Drumcondra, Dublin 9, Ireland. *St Patrick's C.*

9454. **Tiusanen, Jukka** Vironkatu 4 C 19, 00170 Helsinki, Finland. *U. of Vaasa* / Literature, esp. English • Allegory • Nationhood • Drama.

9455. **Tivelind, Lena** Skarbyholm, 695 91 Laxå, Sweden.
✉ canterina@telia.com

9456. **Tobé, Erik** Flogstavägen 5 D, 752 73 Uppsala, Sweden. / Anders Celsius's journal for the French expedition to Tornedalen in Northern Sweden, 1736-1737 • Anders Hellant (1717-1789) and the Swedish Academy of Sciences.

9457. **Tobe, Matsumi** 1-27-2 Sendagaya, Shibuya-ku, 151-0051 Tokyo, Japan. / J.-J. Rousseau • Littérature française.

9458. **Tobin, Beth Fowkes** Dept of English, Arizona State University, P.O. Box 870302, Tempe, AZ 85287-0302, USA. *Arizona State U.* / The tropics in British art, literature, travel narratives, and natural history • Botany and the history of science • Georgic poetry • Country house and garden history.
✉ beth.tobin@asu.edu

9459. **Tobin, Robert Deam** Dept of Foreign Languages, Whitman College, 345 Boyer, Walla Walla, WA 99362, USA. *Whitman C.* / Gay and lesbian studies • History of sexuality and its interactions with texts from German literature • History of medicine and literature.
✉ tobin@whitman.edu

9460. **Toborg, Alfred** P.O. Box 272, Lyndonville, VT 05851-0272, USA. *Lyndon State C.* / Frederick II • Anglo-Prussian relations • Diplomacy during the American Revolution • Prussia.

9461. **Tocci, Ivan Giovanni** Via del Boschetto 10, 40050 Loiano (BO), Italy.

9462. **Todd, Dennis** Dept of English, Georgetown University, Washington, DC 20057 0001, USA. *Georgetown U.* / Pope and Swift • Science.

9463. **Todd, Janet** Dept of English Literature, University of Glasgow, West Quadrangle, Glasgow, G12 8QQ, UK. *U. of Glasgow* / Restoration women writers (Aphra Behn) • Sentimentalism in English literature • Radical writers of the 1790s • Early fiction.

9464. **Todesco, Fabio** Via Mascarella 77/5°, 40126 Bologna, Italy. / Scepticism, 1680-1750 (in Germany) • J. H. Lambert (1728-1777) • Teaching the 18c.

9465. **Todi, Simonetta** Via A. Manzoni 8, 13048 Santha' (Vercelli), Italy.

9466. **Todorova, Olga** Institute for history, Bulgarian Academy of Sciences, 52 Shipchenski prohod str., bl. 17, Sofia 1113, Bulgaria. *Bulgarian Academy of Sciences* / History of the Orthodox Church, 17-18c.

9467. **Toellner, Richard** Institut für Theorie und Geschichte der Medizin, Universität Münster, Waldeyerstr. 27, 48149 Münster, Germany. *U. Münster* / Science • Medicine • Aufklärung, pietism and medicine • Halle, Leiden, Göttingen • Albrecht von Haller.

9468. **Togasaki, Hiroyasu** 6-5-6 Tamadaira, Hino-shi, 191-0062 Tokyo, Japan. *Jissen Women's U.* / La musique française et italienne • L'éducation des enfants • Le naturel.

9469. **Toivo, Raisa Maria** Dept of history, University of Tampere, Kalevantie 4, University of Tampere 33014, Finland. *U. of Tampere* / Social history, gender history • Reproduction of social hierarchies • Witchcraft and superstition in social context • Infrastrusture and traffic.
✉ raisa.toivo@uta.fi

9470. **Tokiwa, Kenji** 4-364-28 Kurokami, Kumamoto-shi, 860 Kumamoto, Japan. *Kumamoto U.* / German Enlightenment.

9471. **Tolias, George** Centre for Neohellenic Research, National Hellenic Research Foundation, 48 Vas. Constantinou Avenue, 11635 Athens, Greece. *National Hellenic Research Foundation.*

9472. **Tolivar Alas, Ana Cristina** Avenida de Galicia 43, 4°F, 33006 Oviedo, Spain. / Translations • Theatre • Opera • Music.
✉ ruiztolivar@telecable.es

9473. **Tolkemitt-Alpers, Brigitte** Leharstr. 60, 22145 Hamburg, Germany. *U. Hamburg* / History of the German press • The public of the Enlightenment • Circles of patriots • Salons and reading societies in Hamburg • Gender history.

9474. **Tolomeo, Rita** Via Ettore Ciccotti 20, 00179 Roma, Italy.

9475. **Toma, Radu** Dept of French, University of Bucharest, Str. E. Quinet nr. 5-7, Bucuresti, Romania. *U. Bucuresti* / Le roman • Les problèmes de la modernité.

9476. **Tomala, Bernard M.** Nordstr. 30, 42105 Wuppertal, Germany. / Literature • Theatre • Travel.
✉ info@bernard-vanbrook.de

9477. **Tomarken, Edward** 326 West Vine St, Oxford, OH 45056-1131, USA. *Miami U.* / Johnson • Literary theory and criticism • 18c editions of Shakespeare.

9478. **Tomaselli, Sylvana** 9 Millington Road, Newnham, Cambridge, CB3 9HW, UK. *U. of Cambridge* / Political theory: France and Scotland • Women and culture • Mind-body dualism.

9479. **Tomaszewski, Marek** Dépt des langues romanes et slaves, Université de Lille III, Pont de bois, 59653 Villeneuve d'Ascq, France. *U. de Lille III* / Etudes franco-polonaises • Histoire des mentalités, dans son rapport avec la littérature, en part. avec le genre romanesque • Les représentations de pays réels et imaginaires.
✉ tomaszewski@univ-lille3.fr

9480. **Tomita, Kazuo** 307-3 Ochikawa, Hino-shi, 191-0034 Tokyo, Japan. *Waseda U.* / La nature chez Diderot • La nature et le beau.

9481. **Tomko, Linda J.** Dept of Dance, University of California, 900 University Avenue, Riverside, CA, USA. *U. of California (Riverside)* / The cultural meaning of theatrical and court dancing in France and England • Gender roles.
✉ linda.tomko@ucr.edu

9482. **Toms, Yvonne** Tiptree Villa, 99 Chapel Rd, Tiptree, C05 OHP, UK. / English literature • Enlightenment.

9483. **Tomsen, Margot** Hanover College, P.O. Box 108, Hanover, IN 47243-0108, USA. *Hanover C.*

9484. **Tonello, María Eugenia** Rue Las Heras 67, 4to Piso A, 4000 San Miguel de Tucumán, Argentina. *U. de Tucumán* / Cosmopolitisme et idée de patrie.

9485. **Tonihara, Setsuko** 6-5-26-301 Aoto, Katsushika, 125-0062 Tokyo, Japan.

9486. **Tønnesson, Kare** Bjerkelundsveien 90, 1340 Bekkestua, Norway. *U. i Oslo* / Révolution française • Epoque du Directoire.

9487. **Tono, Mihoko** 3-4 Amagatsuji-Minamimachi, Nara-shi, 630-8022 Nara, Japan. *Waseda U.* / Diderot • Rousseau.

9488. **Tooley, Brenda** Colorado College, 14 East Cache La Poudre St, Colorado Springs, CO 80903-3294, USA. *Colorado C.*

9489. **Topazio, Virgil W.** 3 Knoll Pines Court, The Woodlands, Houston, TX 74381, USA. / French philosophers • Voltaire • Rousseau • D'Holbach.

9490. **Tor, Røssaak** Sundtsvei 24, 5221 Nesttun, Norway. / British biblical illustration • Globes.
✉ tor.rossaak@kh.uib.no

9491. **Torche, Marie-Thérèse** Service des Biens culturels, 4 chemin des Archives, 1700 Fribourg, Switzerland. *Service des Biens culturels.*

9492. **Torfadóttir, Jóna G.** Skúlagötu 19, 310 Borgarnes, Iceland.

9493. **Torfason, Einar** Eskihlíd 8A, 105 Reykjavík, Iceland.

9494. **Torfason, Jón** Grenimel 31, 107 Reykjavík, Iceland.

9495. **Toriitsuka, Tadashi** 5-5-18 Nukui-Minami-machi, Koganei-shi, 184 Tokyo, Japan. *Nihon U.* / Henry Fielding.

9496. **Torlo, Antonio** Via Carducci 57, 20090 Vimodrone (MI), Italy. / Diderot et la guerre.

9497. **Tornare, Alain-Jacques** Le Grenier, 1633 Marsens, Switzerland. *U. de Fribourg* / Les relations franco-helvétiques • Service militaire étranger • Révolutions françaises et helvétiques.
✉ tornare@hotmail.com

9498. **Torreman, C. W.** Klooster 15, 7741 NB Coevorden, Netherlands.

9499. **Torremocha Hernandez, Margarita** C/ Veinte de Febrero 6, 10°B, 47001 Valladolid, Spain. *U. de Valladolid* / Education • Elites intellectuels • Mentalités.

9500. **Torrente Sanchez-Guisande, Juan Pablo** C/ Bermudez de Castro 12, 4°B, 33011 Oviedo, Spain.

9501. **Torres, Maria E.** 3101 Avenue L, Brooklyn 11210, NY, USA. *Brooklyn C.* / Diderot's life, aims, personality and social circle • Catherine II of Russia, Poniatowski, Potemkim, d'Alembert and Julie de L'Espinasse, Mme d'Epinay, Grimm and the handling, society and interactions of the salons.
✉ elena@pipeline.com

9502. **Torres Sanchez, Rafael** Dept of Economic and Social History, Universidad de Navarra, Campus universitario, 31080 Pamplona 31080, Navarra, Spain. *U. de Navarra* / Merchant capitalism • Commerce and finance in Spain • American War of Independence.
✉ rtorres@unav.es

9503. **Torrigiani, Ivo** Via Empolese 202, 51030 San Baronto (PT), Italy. *U. di Firenze* / G. V. Gravina: science et poésie • Condillac et Batteux: sciences humaines et esthétique.

9504. **Torrini, Maurizio** Via S. Reparata 29, 50129 Firenze, Italy. *U. di Napoli.*

9505. **Tortarolo, Edoardo** Via Balbo 39, 10100 Torino, Italy. / The German Enlightenment • Censorship and public opinion.

9506. **Tortosa Linde, Maria Dolores** C/ Labella Dávalos 9, 18012 Granada, Spain. *U. de Granada* / Poésie.

9507. **Toscano, Maria João** Rua Marechal Saldanha 1, 1200 Lisbõa, Portugal.

9508. **Toschi, Luca** Via F. Sacchetti 2, 50133 Firenze, Italy. *U. di Firenze* / Alfieri • Goldoni.

9509. **Tosti, Mario** Università di Perugia, Piatte Erminici 1, Perugia, Italy. *U. di Perugia* / Catholicisme et politique (Révolution, contre-révolution) • Le catholicisme en Italie.
✉ tostima@unipg.it

9510. **Totaro, Pina** P.zza Domenico Gnoli 6, 00162 Roma, Italy.

9511. **Tóth, Ferenc** Köszegi u. 6 IV/11, 9700 Szombathely, Hungary. / National identity • Hungarian-French connections.
✉ frantoth@fsd.bdtf.hu

9512. **Tóth, István György** Institute of History, Hungarian Academy of Sciences, Uri 53, P.O.B. 9, 1250 Budapest I, Hungary. *Hungarian Academy of Sciences* / Literacy • Books • Culture • Social, religious and cultural history.
✉ tothist@ceu.hu

9513. **Tóth, Tamás** Dereglye u.4.II.4, 1036 Budapest, Hungary. *Gödöllő U.* / Philosophies françaises et allemandes • Les Universités allemande et française • Philosophie économique et politique des physiocrates • Histoire des idées sociales.
✉ ttm@phil-inst.hu

9514. **Tottie, Thomas** Uppsala universitetsbibliotek, Box 510, 751 20 Uppsala, Sweden. *Uppsala universitetsbibliotek.*
✉ thomas.tottie@ub.uu.se

9515. **Touchefeu, Yves** 12 rue Antoine Bourdelle, 44700 Orvault, France. / French Revolution • Painting • Theatre • Augustanism • Hellenism • Rousseauism • Salons • Montaigne • Montesquieu • Pufendorf • Rousseau • Rollin.
✉ yves.touchefeu@wanadoo.fr

9516. **Touitou, Béatrice** 17 avenue du Général de Gaulle, 94500 Champigny-sur-Marne, France. *U. d'Orléans* / Baculard d'Arnaud • Théâtre et roman.

9517. **Tournebize, Cassilde** Place du Village, 31240 Rouffiac Tolosan, France. *U. de Toulouse II* / Richard Graves (1715-1804), témoin de son temps.

9518. **Towers, Robert** 2 The Crescent, Monkstown, Co. Dublin, Dublin, Ireland. / Bibliography • Cartography • Architecture.
✉ rtowers@indigo.ie

9519. **Toyama, Tomoko** 4-16-23 Nakahara Mitaka-shi, 181-0005 Tokyo, Japan. / English Restoration • French Revolution • Republic • Seven Years War • Austria • Germany • Greece • Italy • Switzerland • Architecture • Music • Painting • Weimar classicism • German literature • Emigration • Immigration.

9520. **Toyoda, Emiko** 128 Runeshimogamo Higashi, Takanodehara-cho, 1-3 Sakyo-ku, 606 Kyoto, Japan.

9521. **Traister, Bryce** Dept of English, University of California, 322 Wheeler Hall, Berkeley, CA 94720-1030, USA. *U. of California (Berkeley).*

9522. **Trampus, Antonio** Via dei Salici 16 (Villa Opicina), 34016 Trieste, Italy. / Italian and German Enlightenment • The diary of Count Karl von Zinzendorf • Jesuit culture in Austria.

9523. **Travaglini, Carlo M.** Via dei Serpenti 126, 00186 Roma, Italy. *U. di Roma* / Economic history.

9524. **Travalini, Joseph** 199 Massachusetts Avenue, apt 812, Boston, MA 02115-3036, USA. / Treatment of women in Restoration drama • Stylistic devices in Augustan poetry • Comparative study of personae in the *Spectator*, *Tatler*, and *Rambler*.

9525. **Tråvén, Marianne** Klevbergsvägen 109, 17960 Stenhamra, Sweden. / Musicology: opera, bel canto and voice teaching techniques.
✉ mariannet@home.se

9526. **Traver, John** Dept of English, University of Notre Dame, 17 Fisher Hall, apt 2C, Notre Dame, IN 46556-5610, USA. *U. of Notre Dame.*

9527. **Traxler Brown, Barbara** Dept of Library and Information Studies, University College Dublin, Belfield, Dublin 4, Ireland. *University C. Dublin* / History of scientific exchange, esp. geology, chemistry, medicine • Bibliographic database resources for pre-1800 imprints.

9528. **Treadwell, Michael** Dept of English Literature, Trent University, Peterborough, ON K9J 7B8, Canada. *Trent U.* / English book trade (London printing) • Swift.

9529. **Treger, Bronislaw Roman** Ul. W. Tokarza 5 m.17, 03-379 Warszawa, Poland. *Higher School of Special Pedagogics* / Philosophy of history in Poland and Europe.
✉ brontre@aps.edu.pl

9530. **Trehane, Emma** 1 Haggates Cottage, Witchampton, Dorset BH21 5BS, UK.

9531. **Trénard, Gabrielle** Domaine de Levesquaz, Magnieu, 01300 Belley, France. / Voltaire: *Essai sur les mœurs* (diverses éditions et variantes relevées).

9532. **Trepp, Anne-Charlott** Dr Max-Planck-Institut für Geschichte, Hermann-Föge-Weg 11, 37073 Göttingen, Germany. *Dr. Max-Planck-Institut für Geschichte* / Women and gender in urban bourgeoisie.

9533. **Tressider, George A.** 2 Scott Close, Station Road, Uppingham, Rutland LE15 9TD, UK. *U. of Wales (Aberystwyth)* / English coronation verse • Pope • Dryden • Fielding • Women writers • Women in fiction • Politics and ceremony in literature.

9534. **Tretvik, Aud Mikkelsen** Jonsvannsvn 22, 7016 Trondheim, Norway. *N.T.N.U.* / Local communities and central power • Laws and norms in theory and practice • Resource management.

9535. **Triadó Tur, Joan Ramón** C/ Galileu 186-H, 08028 Barcelona, Spain. / Art baroque.

9536. **Triaire, Dominique** Dépt de Langue et Littérature françaises, Université de Montpellier III, Route de Mende, 34199 Montpellier Cedex 5, France. *U. de Montpellier III* / Les œuvres de Jean Potocki et les mémoires de Stanislas Auguste, roi de Pologne • La présence française en Europe orientale • Le théâtre de société (parades, proverbes etc.).
✉ dominique.triaire@univ-montp3.fr

9537. **Trinchero, Cristina** via Santa Chiara, 50, 10122 Torino, Italy. / French language and literature (the Revolutionary and Napoleonic age) • Relations between French and Italian literature and cultural exchanges between French and Italian authors.
✉ trinch@ipsnet.it

9538. **Trinkle, Dennis** 8145 Snug Harbour Drive, Indianapolis, IN 46227-0808, USA. *De Pauw U.* / Noël-Antoine Pluche.

9539. **Tripier, Yves** 75 route du Dellec, La Trinité, 29280 Plouzane, France. *U. de Bretagne Occidentale* / Noblesse et bourgeoisie en Bretagne • L'administration à la fin du 18s en Bretagne • Les agents nationaux en Bretagne sous la Révolution • Etudes sur Restif de La Bretonne, ses idées politiques et religieuses • Mainmorte tardive en Franche-Comté.

9540. **Tripp, Matthias** Preussenallee 39, 14052 Berlin, Germany.

9541. **Trisolini, Giovanna** Viale 20 Settembre 30, 34125 Trieste, Italy. *U. di Trieste* / Le théâtre de Beaumarchais • Le théâtre de la Révolution française, 1789-1799.

9542. **Trivero, Paola** Via Baltimora 21, 10100 Torino, Italy.

9543. **Troehler, Daniel** Obere Hardegg 18, 4600 Olten, Switzerland.

9544. **Troide, Lars Eleon** Dept of English, McGill University, 853 Sherbrooke St West, Montréal, PQ H3A 2T6, Canada. *McGill U.* / Early journals and letters (1768-1786) of Frances Burney.
✉ lars.troide@mcgill.ca

9545. **Troisi, Emanuele** Contrada San Giovanni, 78/A, 82010 Apollosa (BN), Italy.

9546. **Troitzsch, Ulrich** Zu den Förstertannen 15b, 21224 Rosengarten, Germany. *U. Hamburg* / Economic history • History of technology in Germany.

9547. **Trolander, Paul** 306 Berry College, Mount Berry, GA 30149-0001, USA. / History of criticism.
ⓔ ptrolander@berry.edu

9548. **Troost, Linda Veronika** Dept of English, Washington & Jefferson College, Washington, PA 15301, USA. *Washington & Jefferson C.*

9549. **Trott, David** Dept of French, University of Toronto, 3359 Mississauga Road North, Mississauga, ON L5L 1C6, Canada. *U. of Toronto* / France • Western Europe • Comédie-Italienne • Théâtre de la foire, Théâtres de société • Theatre • Salons • Fuzelier, Louis.
ⓔ trott@chass.utoronto.ca

9550. **Trouille, Mary Seidman** Dept of Foreign Languages and Literatures, Illinois State University, Campus Box 4300, Normal, IL 61790, USA. *Illinois State U.* / Response of French women writers to Rousseau's views on women and to his autobiographical works • Spousal abuse in French society and literature • Gender and genre studies.

9551. **Trousson, Raymond** Clos des Charmes 16, 1150 Bruxelles, Belgium. *U. libre de Bruxelles* / J.-J. Rousseau • L'Utopie • La réception des philosophes.
ⓔ rtrousso@ulb.ac.be

9552. **Troxler, Carole Watterson** 2748 Amick Road, 27244 Elon, NC, USA. *Elon U.* / Southern backcountry in colonial and revolutionary North America • Migration of loyalist exiles to greater Nova Scotia during and after American Revolution • Isle of Man and Manx migration.
ⓔ carole.troxler@elon.edu

9553. **Truant, Cynthia Maria** Dept of History, University of California (San Diego), 9500 Gilman Drive, Mail Code 0104, La Jolla, CA 92093, USA. *U. of California (San Diego)* / Socio-economic and cultural history of Europe (France), including colonialism • French journeymen's associations • Women in the Parisian guilds • Working women and the law.
ⓔ ctruant@ucsd.edu

9554. **Trumbach, Randolph** Baruch College, C.U.N.Y., 17 Lexington Avenue, New York, NY 10010 5526, USA. *C.U.N.Y.* / Sex in London • Aristocratic women and religion • Language and society.

9555. **Trumpi, F. N.** Mariaplaats 5, 2713 EB Zoetermeer, Netherlands.

9556. **Trunz, Erich** Struckbrock 18, 24161 Altenholz, Germany. *U. Kiel* / Goethe.

9557. **Tsapina, Olga** 986 La Canada Verdugo Road, Pasadena, CA 91103, USA. *The Huntington Library* / Catharinean Russia • Ireland • Religious Enlightenment.
ⓔ otsapina@huntington.org

9558. **Tsien, Jennifer** 45 Orient Avenue, Brooklyn, NY 11211-2502, USA. *Columbia U.* / *La Pucelle* de Voltaire • Poésie héroïcomique.

9559. **Tsigris, Chryssoula** 2 rue Nicosthènous, 11635 Pagrati Athenes, Greece.

9560. **Tsirpanlis, Zac** University of Thessaloniki, 21 Mitropoleos str., 54624 Thessaloniki, Greece. *U. of Thessaloniki.*

9561. **Tsuchida, Eizaburo** 3-8-2 Nishi-Kamakura, Kamakura-shi, 248-0035 Kanagawa, Japan. *National U. of Fine Arts and Music* / La conception de la forme musicale • L'histoire de la symphonie.

9562. **Tsujibe, Daisuke** 4-10-5-202 Yayoicho, Nakano-ku, 164-0013 Tokyo, Japan. *Tokyo U.* / Idées religieuses de Montesquieu.

9563. **Tsukano, Chiaki** 8-12-1 Ikuta, Tama-ku, Kawasaki-shi, 214-0038 Kanagawa, Japan. *Japan Women's U.* / British drama • British culture • Comparative drama.

9564. **Tsukuba, Hisaharu** 2-3-B3-602 Midori-cho, Musashino-shi, 180-0012 Tokyo, Japan. *Waseda U.* / Agricultural science.

9565. **Tsushima, Jean** Malmaison, Church St, Great Bedwyn, Wiltshire SN8 3PE, UK. / Huguenots in England and Europe • Lunardi and early ballooning • Riots in London: volunteer soldiers in and around London • The silk industry.

9566. **Tucci, Pasquale** Ist. di Fisica Generale Applicata, Università degli Studi di Milano, Via Brera 28, 20121 Milano, Italy. *U. degli Studi di Milano* / Astronomy and physics.
ⓔ pasquale.tucci@unimi.it

9567. **Tucker, Bernard** Rose Cottage, Old Alresford, Hants SO24 9DH, UK. / Swift and his circle, particularly Irish women poets.

9568. **Tucoo-Chala, Suzanne** 21 boulevard Jean Sarrailh, Les Jardins d'Arcadie, appt 303, 64000 Pau, France. *U. de Pau* / Le *Moniteur universel*, 1789-1795 • Le protestantisme en Béarn (16s-20s).

9569. **Tudor, Josephine M.** 53 New Row, Oakenshaw, nr Crook, County Durham DL15 OTE, UK. *U. of Durham* / University life in Rostock • German Enlightenment • Faust theme • German literature • European literature • Reception of music • Commonplace books • Concepts of friendship.

9570. **Tufano, Lucio** Via Misciò 4, 80049 S. Vesuviana (NA), Italy. / Italian music (opera and Naples) • Metastasio • Calzabigi.

9571. **Tuft, Karsten** Skejbyvej 29, 8240 Risskov, Denmark.

9572. **Tumbleson, Raymond D.** Dept of English, Kutztown University, Kutztown, PA 19530-9725, USA. *Kutztown U.*

9573. **Tumins, Valerie A.** 1101 South Arlington Ridge Road, apt 304, Arlington, VA 22202-1951, USA. / Monarchs as writers: Catherine II, Gustav II, Frederick II • Secularisation of Russian literature.

9574. **Tuñon Escalada, Juan José** Casa Rectoral, 33457 Naveces-Castrillon, Spain. / Eglises des Asturies.

9575. **Tunstall, Kate E.** Worcester College, Walton St, Oxford, OX1 2HB, UK. *U. of Oxford* / French Revolution • Painting • L'*Encyclopédie* • Chardin • Diderot • Robertson.
✉ kate.tunstall@worc.ox.ac.uk

9576. **Tunturi, Janne** Dept of History, Turku University, Yleinen historia, Turun yliopisto, Turku 20014, Finland. *Turku U.* / Richard Hurd • Thomas Warton.
✉ janne.tunturi@utu.fi

9577. **Turaev, Serguei V.** B. Gnezdnikovski per. 10, 704, 103009 Moscou, Russia. *Institut Gorki* / Littérature allemande • Goethe.

9578. **Turchetti, Mario** 13 rue de la Madeleine, 1204 Genève, Switzerland. *U. de Genève* / Tyrannie • Liberté de conscience (époque moderne) • Droits de l'homme • Despotisme • Terrorisme.
✉ mario.turchetti@unifr.ch

9579. **Turchi, Roberta** Via Marconi 47, 50131 Firenze, Italy. *U. di Bologna* / Goldoni • Drama.

9580. **Turckheim-Pey, Sylvie** 12 rue de Courcelles, 75008 Paris, France. *Bibliothèque nationale* / Numismatique.

9581. **Turco, Luigi** Dip. di Filosofia, Università di Bologna, Via Zamboni 38, 40100 Bologna, Italy. *U. Bologna* / British philosophy, 1640-1790 • Hume and Scottish commonsense philosophy.

9582. **Turiel, Alfredo** Via Lorenteggio 49/A, 20146 Milano, Italy.

9583. **Turk, P. F. Th. M.** Parijsstraat 107, 2711 CP Zoetermeer, Netherlands.

9584. **Turkewicz, Georges** 5 rue des Oseraies, 93100 Montreuil, France. / Voltaire et l'histoire des pays de la mer Noire de son temps.

9585. **Turková, Helga** Melnická 4, 150 00 Praha 5, Czech Republic. *National Museum (Praha)* / Libraries (collections in castles) • Early prints and books.
✉ helga.turkova@nm.cz

9586. **Turley, Hans** Dept of English, University of Connecticut, 242 Lewiston Avenue, Willimantic, CT 6226, USA. *U. of Connecticut* / History of the novel • Defoe • Gay and lesbian studies • Pirates.

9587. **Turnbull, Gordon** Yale Boswell Editions, P.O. Box 208240, New Haven, CT 06520-8240, USA. *Yale Boswell Editions.*

9588. **Turnbull, Paul** Dept of History, School of Humanities, James Cook University, Townsville, QLD 4811, Australia. *James Cook U.* / Journals and images documenting Cook's momentous first Pacific voyage (1768–1771).
✉ paul.turnbull@jcu.edu.au

9589. **Turner, Gavin** 18 Cavendish Lodge, Bath, Somerset BA1 2UD, UK.

9590. **Turner, James Grantham** Dept of English, University of California, Berkeley, CA 94720, USA. *U. of California (Berkeley)* / Libertinism and libertinage in England and France • Landscape art and architecture • Reception of Milton.

9591. **Turner, John** Rel. Studies & Programs, Colonial Williamsburg Foundation, Box 1776, Williamsburg, VA 23187, USA. *Colonial Williamsburg Foundation.*

9592. **Turner, Katherine S. H.** St Peter's College, Oxford, OX1 2DL, UK. *U. of Oxford* / Travel literature, fiction and mid-late 18c poetry.

9593. **Turner, Kelly** 206 Equestrian Avenue, Santa Barbara, CA 93101-2014, USA.

9594. **Turner, Lynette** School of Humanities, Oxford Brookes University, Gipsy Lane, Oxford, OX3 0BP, UK. *Oxford Brookes U.*

9595. **Turner, Richard C.** Dept of English, I.U.P.U.I., 425 University Boulevard, Indianapolis, IN 46202 5148, USA. *Indiana U.-Purdue U.*

9596. **Turnovsky, Geoffrey G.** University of Pennsylvania, Penn Humanities Forum, 3619 Locust Walk, Philadelphia, PA 19103, USA. *U. of Pennsylvania* / Authorship in France, with special emphasis on different kinds of authorial

spaces (such as courts, salons, academies, and the "market," etc).
⚭ turnovsg@sas.upenn.edu

9597. **Turpin, John** National College of Art and Design, 100 Thomas St, Dublin 8, Ireland. *National C. of Art and Design* / Academies and art education.

9598. **Turtle, Ann** May House, Bell Lane, Poulton, Cirencester, Gloucs GL7 5JF, UK. / Architecture • Garden design.

9599. **Turton, Deborah** Linacre College, Oxford, OX1 3JA, UK. *U. of Oxford* / Gothic • Romantic women writers.

9600. **Tüskés, Gábor** Téglavetö köz 6, 1105 Budapest, Hungary. *Hungarian Academy of Sciences* / Genres of religious literature • Comparativism • Criticism • Text edition.

9601. **Twomey, Brendan** 7 Chesterfield Park, Castleknock, Dublin 15, Ireland.

9602. **Ty, Eleanor Rose** Dept of English, Wilfrid Laurier University, 75 University Avenue West, Waterloo, ON N2L 3C5, Canada. *Wilfrid Laurier U.* / British women novelists of the 1790s: Mary Wollstonecraft, Mary Hays, Elizabeth Inchbald, Charlotte Smith, Helen Maria Williams, Jane West, Amelia Opie, and Mary Robinson • French Revolution.
⚭ ety@wlu.ca

9603. **Tydén-Jordan, Astrid** Kungliga Husgerådskammaren, Kungliga Slottet, 111 30 Stockholm, Sweden. *Kungliga Husgerådskammaren.*

9604. **Tyrsenko, Andrei** Klementievskaia oul. 29, 13, 141300 Serguiev possad, Russia. *U. Lomonossov de Moscou (MGU)* / Histoire du libéralisme en France.

9605. **Tzapina, Olga** oul. académika Anokhina 46, korp. 1, 79, 117602 Moscou, Russia. *MGU* / Histoire des idées • Cléricalisme et Lumières en Russie • Piotr Alexeev.

9606. **Tzivara, Panayota** 7 Monis Seltsou str., 11143 Athens, Greece.

9607. **Ubeda de Los Cobos, Andres** C/ Doctor Esquerdo 96, 28007 Madrid, Spain. / Peinture.

9608. **Uchida, Masaru** 1698-18 Ejima-cho, Suzuka-shi, 510-0237 Mie-ken, Japan. *Gifu U.* / Laurence Sterne.

9609. **Uchida, Shun-ichi** 3-12-1-416 Chuo-Hon-cho, Adachi-ku, 121 Tokyo, Japan. *Hosei U.* / G. Chr. Lichtenberg.

9610. **Uchida, Yoichiro** 2-6-1-108 Tosaka Izue, higashi-ku, Hiroshima-shi 732-0016, Japan.

9611. **Udono, Hiroyoshi** 15-22 Moto-hashimoto-cho, Sagamihara-shi, 229-1102, Japan. *Meiji Gakuin U.* / La piétisme et les Lumières.

9612. **Ueda, Yuji** 9-5-11 Kitami, Setagaya-ku, 157-0067 Tokyo, Japan. *Aoyama Gakuin U.* / Restif de La Bretonne • Sade • Utopies des Lumières.

9613. **Uehara, Yukio** 4-32-9-307 Arai, Nakano-ku, 165-0026 Tokyo, Japan. *Konan U.* / La pensée juridique de Montesquieu.

9614. **Uemura, Tadao** 1469-142 Kamigarako, Higashi-matsuyama-shi, 355-0077 Saitama, Japan. *Tokyo U. of Foreign Studies* / Giambattista Vico • Historical theory.

9615. **Uerlings, Herbert** Universität Trier, FB II, Germanistik, 54286 Trier, Germany. *U. Trier* / Literature and interculturalism • Early Romanticism • Friedrich von Hardenberg (Novalis).

9616. **Ugniewski, Piotr** Dept of History, Uniwersytet Warszawski, Krakowskie Przedmiescie 26/28, 00-927/1 Warszawa, Poland. *U. Warszawski* / French Revolution • France • *Gazette de France* • Stanislaw II Poniatowski, king of Poland • Press and politics.
⚭ pug@venus.ci.uw.edu.pl

9617. **Uhlír, Dusan** Foerstrova 11, 616 00 Brno 16, Czech Republic. *Silesian U.* / Political and cultural history.

9618. **Uí Fhathaigh, Lesa** National University of Ireland, University Road, Galway, Ireland. *National U. of Ireland (Galway)* / Traditional Gaelic culture and learning • The Irish antiquarian Joseph Cooper Walker and his *Historical Memoirs of the Irish Bards* (1786) • Antiquarians in Ireland and England in the second half of the 18c.
⚭ lesafahy@yahoo.com

9619. **Ulbricht, Otto** Volbehrstr. 38, 24119 Kronshagen, Germany. *U. Kiel* / Agrarian reform • Social history: criminality, women • Enlightenment social policy.

9620. **Ullrich, Hartmut** Kirchplatz 8, 34393 Grebenstein, Germany. *U.-Gesamthochschule Kassel* / History of constitutions • Italy and the French Revolution.

9621. **Ulrich, Conrad** Voltastr. 43, 8044 Zürich, Switzerland.

9622. **Ulriksen, Solveig Schult** Dept of Classics, Modern Languages and Literature, Universitet i Oslo, P.B 1007, Blindern, 0315

Oslo, Norway. *U. i Oslo* / Diderot: roman et théâtre • Voltaire: théâtre • Louis-Sebastian Mercier.
✉ s.s.ulriksen@kri.uio.no

9623. **Umbach, Maiken** Dept of History, University of Manchester, Oxford Road, Manchester, M13 9PL, UK. *U. of Manchester* / England as a cultural and political role model for Germany.

9624. **Undank, Jack** 410 Clarksville Road, Princeton Junction, NJ 08550-1504, USA. / Rousseau • Marivaux • Diderot.

9625. **Underhill, Timothy** 5 Charles St, Cambridge, Cambridgeshire CB1 3LZ, UK. *U. of Cambridge* / The life, writing and milieu of John Byrom (1692-1763) • Handwriting, shorthand, manuscripts and editing.
✉ tunderhill@btinternet.com

9626. **Unfer Lukoschik, Rita** Ulmenallee 62 A, 14050 Berlin, Germany. *U.-Gesamthochschule Kassel* / Relationships between Italian and German Enlightenment • Italian and German press • Italian and German journalism • Theory of translation • European salons.

9627. **UngerGotter, Thorsten** Seminar für Deutsche Philologie, Universität Göttingen, Käte-Hamburger-Weg 3, 37073 Göttingen, Germany. *U. Göttingen* / Gothaer Hoftheater • Theatre • Translation • Gottsched • Lessing • J. M. Lenz.
✉ tunger@gwdg.de

9628. **Urbanitsch, Peter** Schellhammergasse 7-9/I/16, 1160 Wien, Austria.

9629. **Urda, Kathleen** 2554 Hoffman St, Bronx, NY 10458-5110, USA.

9630. **Urdiales, Jose Millán** Yela Utrilla 2, 33007 Oviedo, Spain. *U. de Oviedo* / Administration ecclésiastique.

9631. **Urfus, Valentin** Lounská 8, 160 00 Praha 6, Czech Republic. / Legal history • Roman law.
✉ valentin.urfus@staluack.cz

9632. **Urgnani, Elena** Via Washington 76, 20146 Milano, Italy. / 1799 Neapolitan Revolution • Women's literature.

9633. **Urpilainen, Erkki** Sauvojantie 1 F, 90560 Oulu, Finland.

9634. **Urzainqui Miqueleiz, Inmaculada** C/ Carlos Bousoño 6-1°C, 33001 Oviedo, Spain. *U. de Oviedo* / Presse espagnole • Critique littéraire • Littérature.

9635. **Usandivaras, Muriel** Dépt de français, Université Laurentienne, Sudbury, ON P3E 2C6, Canada. *Laurentian U. (Sudbury)* / Pamphlets obscènes et politiques, 1770-1800 • Les auteurs dramatiques des 'Secondes Lumières', 1770-1820.

9636. **Usandizaga Sainz, Aranzazu** Ronda General Mitre 92-94, 4°, 2°, 8021 Barcelona, Spain. / La Grande Bretagne et les Etats-Unis (littérature destinée aux femmes).

9637. **Usoz, Javier** Doctor Horno 28, 5005 Zaragoza, Spain. *U. de Zaragoza* / Economic thought and economic institutions • Spread of economic ideas • Intitutionalisation of the political economy.
✉ jusoz@posta.unizar.es

9638. **Uthaug, Eva** Kolstadflata 47B, 7098 Trondheim, Norway.

9639. **Utz-Schneider, Elisabeth** Kistlerweg 3, 3006 Bern, Switzerland. *U. Bern* / Links between Switzerland and Britain.

9640. **Utz-Schneider, Hans** Kistlerweg 3, 3006 Bern, Switzerland. *U. Bern* / Links between Switzerland and Britain.

9641. **Uvarov, Mikhail S.** Serebristij Boulevard 24-2-459, 197227 St Petersburg, Russia. *St Petersburg State U.* / French Revolution • Russian Revolution and Christianity • Russia • Geopolitics • Philosophy • History • Music • Painting • Aristotelianism • Cartesianism.
✉ msuvarov@mail.ru

9642. **Vaccari, Ezio** Via Marsala 18, 37128 Verona, Italy. / The geosciences in Italy: Giovanni Arduino; links between Italian and European geologists • Geology and mining • Scientific and mining academies.

9643. **Vahlkamp, Charles G.** Dept of French, Centre College, Danville, KY 40422, USA. *Centre C.* / Biography of Morellet • Voltaire in the 1770s.

9644. **Vahlne, Bo** Kungliga Husgerådskammaren, Kungliga Slottet, 111 30 Stockholm, Sweden. *Kungliga Husgerådskammaren.*

9645. **Vainio-Korhonen, Kirsi** Tilanhoitajankaari 22 A 7, 00710 Helsinki, Finland.

9646. **Vajda, György Mihály** Jávor u. 3, 1145 Budapest, Hungary. *U. Szeged* / Le classicisme allemand et corollaires européens • Esthétique de la poésie entre les Lumières et le romantisme • Le néoclassicisme comme courant artistique et littéraire • Les courants littéraires européens • Rayonnement culturel de Vienne de 1740.

9647. **Valdes Ozores, Micaela** Alfonso Rodriguez Santamaria 3, 28002 Madrid,

Spain. / Antonio Valdés, ministre de la marine.

9648. **Valdimarsdóttir, Thórunn** Bárugötu 5, 101 Reykjavík, Iceland.

9649. **Valensise, Marina** Via Seneca 10, 00136 Roma, Italy. / La monarchie française à l'époque absolutiste.

9650. **Valentová, Katerina** Prvomájová 12, Praha 153 00, Czech Republic. *Czech Academy of Sciences* / Central Europe • Jesuits • Latin language.
✉ katerina.bobkova@centrum.cz

9651. **Valenza, Robin** Dept of English, Stanford University, Margaret Jacks Hall, Building 460, Stanford, CA 94305-2087, USA. *Stanford U.* / Division of intellectual labour • Use of the novel, the lecture, and the essay as vehicles for translating the productions of the learned world into the language of common life.
✉ rvalenza@stanford.edu

9652. **Valenze, Deborah** 1 Shady Hill Square, Cambridge, MA 2138, USA.

9653. **Valeri, Mark** Union Theological Seminary, 3401 Brook Road, Richmond, VA 23227-4597, USA. *Union Theological Seminary* / Religion and the economy/economic culture in England and America • Calvinism and the Enlightenment.

9654. **Valeri, Stefania** Via Repubblica 19, 63049 Roccafluvione (AP), Italy.

9655. **Valet, Sylvie** 43 rue des Plaideurs, 60350 Saint-Jean aux Bois, France.

9656. **Valgeirsdóttir, Sigrídur Th.** Skafahlíd 18, 105 Reykjavík, Iceland.

9657. **Válka, Josef** Borac - Podolí 28A, 592 61 Doubravník, Czech Republic.

9658. **Valle, Ellen** Dept of English, University of Turku, 20014 Turku, Finland. *U. of Turku.*

9659. **Valle, Enid M.** Dept of Romance Languages and Literature, Kalamazoo College, 1200 Academy St, Kalamazoo, MI 49006, USA. *Kalamazoo C.*
✉ valle@kzoo.edu

9660. **Vallejo Gonzalez, Ma Irene** C/ General Ruiz 2, 47004 Valladolid, Spain. / Poésie et théâtre.

9661. **Vallone, Aldo** Via Folco Portinari 37, 00151 Roma, Italy. *U. di Napoli* / Illuministes et réformateurs salentins • Histoire de la critique dantesque.

9662. **Vámos, Éva** Attila u. 13, 1013 Budapest, Hungary. / Mining and industrial health • Universities (scientific education).

9663. **Van Allen-Russell, Ann** 110 Auckland Road, Upper Norwood, London, SE19 2B4, UK.

9664. **van Boer, Bertil H.** 815 16th St, Bellingham, WA 98225, USA. *Western Washington U.* / Music of the Gustavian period of Sweden • Scandinavia.
✉ bertil.vanboer@wwu.edu

9665. **van Crugten-André, Valérie** Rue des épicéas 48, 1170 Bruxelles, Belgium. *U. libre de Bruxelles* / La réception de Voltaire en France.
✉ vandre@ulb.ac.be

9666. **Van den Bossche, Geert M. M. M. H.** Dept of Political Science - Fund for Scientific Research Flanders, University of Gent, Universiteitstraat 8, 9000 Gent, Belgium. *U. of Gent* / Political thought • Revolution • State and nation building processes.
✉ geert.vandenbossche@rug.ac.be

9667. **Van der Cruysse, Dirk** Bredabaan 23, 2930 Brasschaat, Belgium. *U. Antwerpen* / Saint-Simon • Mme Palatine • Jean Chardin • Travel literature.

9668. **van der Heijden, C. J. M.** Papenhulst 26, 5211 LC 's-Hertogenbosch, Netherlands. / Jewish sources on Enlightenment.
✉ liawilma@zonnet.nl

9669. **Van der Laan, James M.** Dept of Foreign Languages, Box 4300, 4300 Illinois State University, Normal, IL 61790-4300, USA. *Illinois State U.* / Goethe.

9670. **Van der Meer, J. K. H.** Marktplein 118, 7811 BA Emmen, Netherlands.

9671. **van der Veen, Hans** Gemeenelandsweg 17c, 1777 NN Hippolytushoef, Netherlands. / A. L. Barbaz • Swimming.
✉ hvanderveen@wish.net

9672. **van der Wall, Ernestine G. E.** Universiteit Leiden, M. de Vrieshof 1, P.O.B. 9515, 2300 RA Leiden, Netherlands. *U. Leiden* / The Dutch Counter-Enlightenment in its European context, esp. the reception of international enlightened literature • Religious conservatism and the Enlightenment.
✉ e.g.e.van.der.wall@let.leidenuniv.nl

9673. **van der Woude, Joanne** Dept of English, University of Virginia, 219 Bryan Hall, Charlottesville, VA 22904, USA. *U. of Virginia* / Trans-Atlantic (mainly Anglo-American) immigration patterns • Perceptions of

nationality and state • Verbal and visual aesthetics (mourning and commemoration).
⁂ jv7j@virginia.edu

9674. **van Dijk, Suzan** Dr. Oolderslaan 7, 3451 EE Vleuten, Netherlands. *Huizinga Instituut (Amsterdam)* / La communication littéraire entre les femmes auteurs et leurs publics, en tenant compte des divers intermédiaires qui ont joué un rôle (eg. critiques littéraires, traducteurs, historiens littéraires).
⁂ suzanvandijk@freeler.nl

9675. **Van Eecloo, Jacques** Librairie Ancienne Clagahe, 38 rue Auguste Comte, 69002 Lyon, France. *Librairie Ancienne Clagahe* / Bibliophilie • Bibliographie • Franc-maçonnerie.
⁂ libraireclagahe@wanadoo.fr

9676. **van Gestel, Paul** Wolvendijk 125, 5641 AP Eindhoven, Netherlands. / Cultural history • Enlightenment and Romanticism • Dutch reactions to Richard Price, Joseph Priestley and Thomas Paine.
⁂ peagestel@hotmail.com

9677. **Van Hove, Susanne** Mersch 17A, 48291 Telgte, Germany. *U. Bielefeld* / Les femmes dramaturges.

9678. **Van Kley, Dale** Dept of History, Ohio State University, 242 Dulles, 230 West 17th Avenue, Columbus, OH 43210-1362, USA. *Ohio State U.* / Old-regime France and the French Revolution • Political, intellectual and religious history.

9679. **van Leusen, Hendrik J.** Singel 205, 3311 KR Dordrecht, Netherlands. *Elsevier Science* / Economics of the book trade • Dutch book trade • International science publishing.
⁂ hjvanleusen@chello.nl

9680. **Van Reyk, Will** 5 Bardwell Road, Oxford, OX2 6SU, UK.

9681. **Van Runset, Ute** Richardstr. 68, 40231 Düsseldorf, Germany. / Voltaire, *Histoire du docteur Akakia* • Académies • Marie Thérèse d'Autriche dans les œuvres de Voltaire et de Frédéric II.

9682. **Van Seim, Jutta I.** 7119 Fenton, Dallas, TX 75231-8137, USA. *Southern Methodist U.* / Classicism of Goethe • Aesthetics • Methodology.

9683. **Van Tuyl, Jocelyn** Division of Humanities, New College of the University of South Florida, 5700 North Tamiami Trail, Sarasota, FL 34243, USA. *New C. of the U. of South Florida* / French Revolution • England • France • French literature • Charrière, Isabelle de.
⁂ vantuyl@ncf.edu

9684. **van Vliet, Rietje** Zoeterwoudsesingel 69, 2313 EL Leiden, Netherlands. / Elie Luzac • European book history • Dutch-German relations.

9685. **Vander Meulen, David L.** Dept of English Language and Literature, University of Virginia, 219 Bryan Hall, P.O. Box 400121, Charlottesville, VA 22904-4121, USA. *U. of Virginia* / Scriblerians • Johnson, Samuel • Pope, Alexander • Bibliography.
⁂ dlv8g@virginia.edu

9686. **Vander Motten, J. P.** Dept of English Literature, State University of Ghent, Rozier 44, 9000 Ghent, Belgium. *State U. of Ghent* / Restoration drama • English novel.

9687. **Vanderford, Audrey** University of Oregon, P.O. Box 41913, Eugene, OR 97404-0529, USA. *U. of Oregon.*

9688. **Vanderheyden, Jennifer** 7 Jackstraw Path, Westborough, MA 01581-3105, USA.

9689. **Vanja, Christina Ursula** Archives, Landeswohlfahrtsverband Hessen, Staendeplatz 6-10, 34117 Kassel, Germany. *Landeswohlfahrtsverband Hessen* / Hospitals: patients, administrators, psychiatry, lying-in hospitals, midwives, illness • Gender history • Archives.

9690. **Vanoflen, Laurence** 3 Rue Fays, Saint-Mandé, 94160, 94160 Saint-Mandé, France. / La formation de l'individu dans l'œuvre d'Isabelle de Charrière (correspondance, fiction) • La transmission de l'expérience (journaux et fictions) • Germaine de Staël (œuvres de jeunesse) • Bonstetten (récit de voyage).
⁂ laurence.vanoflen@wanadoo.fr

9691. **Vanpée, Janie** Dept of French Studies, Smith College, Neilson Library B/13, Smith College, Northampton, MA 01063, USA. *Smith C.* / Epistolary novel • FStereotype of the foreigner • Olympe de Googes • Rousseau.
⁂ juanpee@smith.edu

9692. **Vanysacker, D.** Bergestraat 30, 3220 Holsbeek, Belgium.

9693. **Vardi, Liana** Dept of History, S.U.N.Y., 546 Park Hall, University at Buffalo, Buffalo, NY 14260, USA. *S.U.N.Y.* / The claim of the physiocrats in the 1760s to be establishing economics as a science.
⁂ vardi@acsu.buffalo.edu

9694. **Varela Tortajada, Javier** C/ Rios Rosas 38, 6° Izda, 28003 Madrid, Spain. / Emmanuel-Joseph Sieyès (1748-1836) • Origines du libéralisme.

9695. **Varey, Simon** California Science Center Foundation, 700 State Drive, Los Angeles, CA 90037, USA. *California Science Center Foundation.*

9696. **Vargas, Yves** 42 boulevard du Midi, 93340 Le Raincy, France. *C.N.R.S. (Paris)* / J.-J. Rousseau • La puissance du peuple.

9697. **Vargas-Gomez, Rafael** Pago Largo, 3400 Corrientes, Argentina. / Les problèmes historiques concernant la légitimité politique (Hobbes, Locke, Rousseau).
✉ inf@dch.unme.edu.ar

9698. **Vargo, Lisa** Dept of English, University of Saskatchewan, 9 Campus Drive, Saskatoon, SK S7N 5A5, Canada. *U. of Saskatchewan* / Britain • English literature • Barbauld, Anna Letitia.
✉ vargo@sask.usask.ca

9699. **Varhus, Sara B.** College of Arts and Sciences, State University of New York, 601 Culkin Hall, Oswego, NY 13126, USA. *State U. of New York at Oswego* / Anglicanism • Historiography • Samuel Johnson • Gilbert Burnet.
✉ varhus@oswego.edu

9700. **Varloot, Jean** 9 rue du Chevaleret, 75013 Paris, France. *C.N.R.S. (Paris)* / Diderot, *Œuvres complètes.*

9701. **Varney, Andrew J.** Dept of English, University of Wales, Singleton Park, Swansea, SA2 8PP, UK. *U. of Wales (Swansea)* / Novels and other narratives: Pope, Addison, Defoe, Fielding, Smollett.

9702. **Varry, Dominique** 74 bis rue Pierre Delore, 69008 Lyon, France. *E.N.S.S.I.B.* / History of the French printed book (in Lyons) • French library history • Attitudes of the French Catholic clergy towards the Enlightenment and the French Revolution.
✉ varry@enssib.fr

9703. **Vasilchyk, Volodymyr** 50 Zabolotnoho Str., apt 8, 252187 Kiev, Ukraine. / German colonies in Ukraine.

9704. **Vasilescu, Mircea** Boulevard Carol I 131, 73231 Bucuresti, Romania. *U. Bucuresti* / Théorie de la lecture • Sociologie du public • La Roumanie.

9705. **Vasiliou, Jane T.** 2 Sutton Place South, apt 19F, New York, NY 10022, USA. *C.U.N.Y.* / Money in French literature • Voltaire.
✉ vasiliou@aol.com

9706. **Vatcheva, Anguelina Ivanova** Sophia University, 15 Tzar Osvoboditel Boulevard, 1504 Sofia, Bulgaria. *Sophia U.* / Mémoires des femmes russes écrits en français et en russe • Autobiographies littéraires • Le discours romanesque • Les topoi du roman européen et du roman russe.
✉ avacheva@slav.uni-sofia.bg

9707. **Vatsouro, Vadim** Maison Pouchkine, Makarov Naberejnaia 4, 199034 St Pétersbourg, Russia. *Académie des sciences de Russie* / Littérature russe.

9708. **Vatteroni, Chiara** Via T. Campanella 5, 00195 Roma, Italy.

9709. **Vaudiaux, Pierre-Emmanuel** 37A boulevard de l'Université, 21000 Dijon, France.

9710. **Vayakakos, D.** 56 Themistokleous str., 17343 Athens, Greece.

9711. **Vayssette, Jean-Christophe Pierre-Emilien** 36 ter rue de Vaugirard, 75015 Paris, France. / Charles Palissot de Montenoy.
✉ jeanchristophevayssette@wanadoo.fr

9712. **Vaz, Luís Gonçalves** Rua do Forno do Tijolo 27 -3º E, 4170-133 Lisbõa, Portugal. / Libre pensée • Laicité • Pédagogie.

9713. **Vazquez Jimenez, Lydia** Dpto de Filologia Francesa, Facultad de Filologia, Universidad del Pals Vasco, C/ Marques de Urquijo S/N, 01006 Vitoria-Gasteiz, Spain. *U. del Pals Vasco* / Dialogisme culturel France-Espagne • Libertinage • Voyages • Grotesques.

9714. **Vazsonyi, Nicholas** German Program, University of South Carolina, Columbia, SC 29208-0002, USA. *U. of South Carolina* / German national identity formation • Goethe, esp. *Faust* and *Wilhelm Meister* • Music; opera.

9715. **Vazzoler, Franco** Sal. S. Gerolamo 11/1 sc. Destra, 16100 Genova, Italy.

9716. **Vdovina, Ludmila N.** Novoyasenevsky prospekt 40, 3, 533, 129515 Moscou, Russia. *U. Lomonossov* / Culture russe • Législation • Les terres monastiques et paysannes.

9717. **Veen, T. J.** Heemsteedse Dreef 156, 2102 KR Heemstede, Netherlands. / Jurisprudence • Legal science • Political theory.

9718. **Veenendaal, A. J.** Noordweg 60, 2641 AN Pijnacker, Netherlands. / Correspondence

of Anthonie Heinsius, Grand Pensionary of Holland, 1702-1720.
☞ guus.veenendaal@inghist.nl

9719. **Vegesack, Thomas von** Tantogatan 41, 9 trappor, 118 42 Stockholm, Sweden.

9720. **Veillon-de Molo, Jacqueline** Viale Rosselli 16, 51016 Montecatini Terme, Italy.

9721. **Veits-Falk, Sabine** Archiv der Stadt Salzburg, Fürbergstr. 47, 5020 Salzburg, Austria. *Archiv der Stadt Salzburg.*

9722. **Velasco-Moreno, Eva** C/ Gabriel Lobo 9, 28.002 Madrid, Spain. *U. Complutense* / Institutions of sociability and the formation of the public sphere in France, Spain and England • Censorship.
☞ evelasco@cps.ucm.es

9723. **Velasquez, Eduardo** Dept of Politics, Washington & Lee University, Lexington, VA 24450-0303, USA. *Washington & Lee U.*

9724. **Velculescu, Catalina** Pascani 1, boulevard 7, apt 54, 77496 Bucuresti, Romania. / Mentalités reflected in texts and visual representations.

9725. **Velema, W. R. E.** Gouden Leeuw 437, 1103 KK Amsterdam Z.O., Netherlands. / Dutch political thought and culture • Republicanism • Conceptual history.

9726. **Velichkova-Borin, Julieta** Sofia University, 15 Tsar Osvoboditel Boulevard, Sofia 1000, Bulgaria. *Sofia U.* / La philanthropie moderne • Les projets d'éducation en tant que vecteurs sociaux.
☞ julietbor@admin.uni-sofia.bg

9727. **Velkova-Kozuharova, Sania** Institute for Balkan Studies, Bulgarian Academy of Sciences, 45 Moskovska str., Sofia 1000, Bulgaria. *Bulgarian Academy of Sciences* / Modern Greek history • Modern Greek literature and culture • Greeks and Others in the Balkan context.
☞ sv@bnc.bg

9728. **Velladics, Márta** Vásárhelyi Pál u. 8, 1114 Budapest, Hungary. / Habsburg Empire • Hungary • Ecclesiastical orders • Catholicism • Joseph II, emperor of Austria • Baroque church art, art markets.
☞ velladics@web.de

9729. **Veltman-van den Bos, A. J.** Javastraat 23, 6524 LT Nijmegen, Netherlands.

9730. **Veneau, Marie-Christine** 57 rue de Mesly, 94000 Creteil, France.

9731. **Venturelli, Aldo** Via Asiago 6, 60124 Ancona, Italy.

9732. **Venturino, Diego** 20 rue de Turbigo, Paris 75002, France. *U. de Metz* / Islam • *Siècle de Louis XIV* • Boulainvilliers • Montesquieu • Voltaire • Histoire de l'historiographie, pensée politique et histoire.
☞ diego.venturino@club-internet.fr

9733. **Venturo, David F.** Dept of English, The College of New Jersey, 1900 Pennington Road, Ewing, NJ 08618-1102, USA. *C. of New Jersey* / Johnson's poetry • Swift • Burke • History writing, 1660-1832.

9734. **Venuti, Roberto** via G. Avezzana 51, 00195 Roma, Italy. *U. di Siena* / Les écrits sur l'art de Goethe • Littérature de l'Aufklärung.

9735. **Vepsä, Iisa Maria** Dept of Law, Helsinki University, The Institute of Intl. Economic Law, P.O. Box 4 (Fabianinkatu 24 A), 00014 Helsinki, Finland. *Helsinki U.* / Appellate court of Vasa founded by King Gustav III of Sweden in 1776 • Enlightenment thoughts on law and the judicial system.
☞ iisa.vepsa@helsinki.fi

9736. **Vera de Flachs, María Cristina** Rue Barcelona 1986, Barrio Maipú 2da Sección, 5014 Córdoba, Argentina. *U. de Córdoba* / Les Lumières et la pensée éclairée • Universités • Córdoba, Argentine.

9737. **Verba, Cynthia** 142 Summit Avenue, Brookline, MA 02146-2358, USA. *Harvard U. (Cambridge)* / French opera • Music in the *Encyclopédie* • French music theory and music aesthetics.

9738. **Verbeek, Th.** Nicolaas Beetsstraat 144, 3511 HG Utrecht, Netherlands. / Cartésianisme • La Mettrie • Manuscrits clandestins.

9739. **Verbeek-Kremer, I. E.** Oosteinde 23, 2271 EA Voorburg, Netherlands. / Garden history • The novel.

9740. **Vercruysse, Jeroom** Olmenlaan 5, B 1750 St Martens Lennik, Belgium. *Vrije U. Brussel* / History of ideas and their communication by correspondence, books, newspapers, esp. in France, Britain, Austria, the Netherlands and Holland • Imperial Austria.

9741. **Verdier, Bernard** La rivoire, 01300 Parves, France. / Links between some economic concepts (eg. 'generation' versus 'production') and the philosophy of nature.
☞ bern.verdier@wanadoo.fr

9742. **Verdier, Gabrielle** Dept of French and Italian, University of Wisconsin, Box 413, Milwaukee, WI 53201-0413, USA. *U. of Wisconsin (Milwaukee).*

9743. **Verdurmen, John Peter** P.O. Box 89017, 11682 Riyadh, Saudi Arabia. *King Saud U.* / Restoration and 18c drama • Dramatic structure.

9744. **Verèb, Pascale** 11A rue du 19 mars 1962, 21200 Beaune, France. / Pensée scientifique et obscurantisme • La 'science' de Voltaire.

9745. **Verga, Marcello** Via Montebello 19/A, 50123 Firenze, Italy. *U. di Firenze* / Reception of Italian Reformation • Habsburg Italy.

9746. **Vergé-Franceschi, Michel** 3 rue Henri Cloppet, 78110 Le Vesinet, France. *U. de Savoie* / La marine • Le Corse • Chronique maritime de la France d'Ancien Régime.

9747. **Verhoeff, P. J.** Maliebaan 131, 3581 CK Utrecht, Netherlands.

9748. **Verhoeven, W. M** P.O. Box 716, 9700 AS Groningen, Netherlands.

9749. **Verjus, Anne** CERAT, IEP de Grenoble, Université de Grenoble II, BP 48, 38040 Grenoble, France. *U. de Grenoble II* / La situation politique des femmes, la notion de famille et le concept de 'citoyen' sous la Révolution française.
✉ anne.verjus@wanadoo.fr

9750. **Verley, Etienne** 570 rue de Bugarel, Rés. Erasme Entrée G, 34070 Montpellier, France.

9751. **Vermée, Guy** Chemin de la Cabanette, Le Nizon, 30126 Saint Laurent des Arbres, France. / L'image du Noir dans la philosophie des Lumières • J. Locke aux sources des théories pédagogiques des Lumières.
✉ guyverm@free.fr

9752. **Vermelho do Corral, António** Bairro da CAR rua H 39 -3, 2685-425 Camarate, Portugal. / Social sciences.
✉ uinternacional@mail.telepac.pt

9753. **Vermeule, Blakey** Dept of English, Northwestern University, 215 University Hall, Evanston, IL 60208, USA. *Northwestern U.*

9754. **Vermeulen, Han F.** Houtmarkt 28, Leiden 2312 PZ, Netherlands. *U. Leiden* / Anthropology • Enlightenment and Romanticism • Origins of German ethnology.
✉ vermeulen@fsw.leidenuniv.nl

9755. **Vermij, R. H.** Roserije 67c, 6228 DH Maastricht, Netherlands.
✉ cervin@village.uunet.be

9756. **Vermillion, Mary** 1017 Wylde Green Road, Iowa City, IA 52246-4830, USA.

9757. **Vernes, Paule-Monique** 10 clos de Tartanne, 13790 Rousset, France. *U. d'Aix-Marseille I* / Rousseau et 'l'orgeuilleux despotisme de la philosophie moderne'.

9758. **Veronesi, Alberto** Via Fulvia 21, 41037 Mirandola (MO), Italy.

9759. **Verra, Valerio** Via Flaminia Vecchia 701, 00191 Roma, Italy. *U. di Roma* / Philosophie allemande: Herder et Jacobi.

9760. **Verri, Antonio** Via Vittorio Veneto 3, 73100 Lecce, Italy. *U. di Lecce* / Vico and Warburton • Vico and Monboddo • Adam Smith, Kames, Ferguson.

9761. **Verschaffel, Tom R. G.** Dept of History, Katholieke Universiteit Leuven, Blijde Inkomststraat 21/05, 3000 Leuven, Belgium. *Katholieke U. Leuven* / Intellectual and cultural history of the Austrian Netherlands.
✉ tom.verschaffel@arts.kuleuven.ac.be

9762. **Versemann, Jens** An der Verbindungsbahn 5, 20146 Hamburg, Germany. *Redaktion MAX.*

9763. **Versini, Laurent** 10 rue de Chantilly, 75009 Paris, France. *U. de Paris IV* / Diderot • Montesquieu • Marivaux • Le roman • Laclos.

9764. **Vert, Jean-François** Palageat, 15100 Saint-Flour, France. *U. de Clermont-Ferrand II* / French illustrations.

9765. **Vertyl, Iryna V.** 8b Staronarodnytska Str., apt 42, Kiev, Ukraine. / Works on natural sciences.

9766. **Verucci, Guido** Via Carlo Giuseppe Bertero 37, 00156 Roma, Italy. *U. di Roma II* / Apologétique et théologie catholique dans la seconde moitié du siècle • La société française de l'ancien régime à la Révolution.

9767. **Vervisch, Claude** 85 route de Chambord, 41350 Huisseau/Cosson, France.

9768. **Vessberg, Viveka** Litteraturvetenskapliga institutionen, Stockholms universitet, 106 91 Stockholm, Sweden. *Stockholms U.* / Swedish publication of *Gulliver's travels.*

9769. **Vestrheim, Alf Håvard** Gøteborggata 8A, 0566 Oslo, Norway. *U. i Oslo* / Diderot • Philosophie.

9770. **Veysman, Nicolas** 62 rue Saint-Lambert, Paris 75015, France. / History and evolution of concept of public opinion.
✉ veysman@yahoo.fr

9771. **Viala, Alain** Wadham College, Oxford, OX1 3PN, UK. *U. of Oxford* / Littérature • Sociologie littéraire • Théories littéraires • Galanterie • Theâtre • Littérature et histoire.
✉ thierry.viart@wanadoo.fr

9772. **Viart, Thierry** Résidence "Les Tonnelles", 6 rue des Tonnelles, 34080 Montpellier, Montpellier, France. / Le théâtre de Marivaux et le roman de Laclos, *Les Liaisons dangereuses*.
✉ thierry.viart@wanadoo.fr

9773. **Viator, Timothy** Dept of English, Rowan College of NJ, Glassboro, NJ 08028-1702, USA. *Rowan C. of New Jersey* / Drama and theatre history • Comedy • Satire.

9774. **Viau, Robert** 134 Helen Circle, Milledgeville, GA 31061-3717, USA. / Hogarth • The age of Johnson • Novel • Satire.

9775. **Vidal, Fernando** 22 boulevard du Pont d'Arve, 1205 Genève, Switzerland. / Human sciences • Encyclopaedias • Science and theology.

9776. **Vidal, Mary** Dept of Visual Arts, University of California (San Diego), 9500 Gilman Drive, LaJolla, CA 92093 5004, USA. *U. of California (San Diego)* / French painting (Watteau, David) • Genre painting and genre theory.
✉ mvidal@ucsd.edu

9777. **Vidan, Gabrijela** Trnsko 24, 10020 Zagreb, Croatia. *U. Zagreb* / Relations between France and Croatia • French books and Croatian culture • Stjepan Zanovie.

9778. **Viele, Anna** Dept of English, University of California, Santa Barbara, CA 93106, USA. *U. of California (Santa Barbara)*.

9779. **Vielmetti, Nikolaus** Rotenturmstr. 19, 1010 Wien, Austria. / Jewish history.

9780. **Vienken, Heinz J.** Oberer Panoramaweg 10, 76593 Gernsbach, Germany. / Swift's library and reading.

9781. **Vienne, Jean-Michel** 17 rue du Sénat, 44300 Nantes, France. / Philosophie de la connaissance et de la religion • Locke et l'empirisme britannique.

9782. **Vietta, Silvio** Institut für deutsche Sprache und Literatur, Universität Hildesheim, Marienburger Platz 22, 31141 Hildesheim, Germany. *U. Hildesheim* / Romanticism • Enlightenment.

9783. **Vietto, Angela** 16 West Harrison Avenue, apt 1, Charleston, IL 61920-1873, USA.

9784. **Vigh, Annamária** Pagony u. 2, 1124 Budapest, Hungary.

9785. **Vighi, Daniel** St Cozia 35, 1900 Timisoara, Romania. *U. Timisoara* / Romanian literature.

9786. **Viglieno, Laurence** 24 rue Lamartine, 6000 Nice, France. *U. de Nice Sophia Antipolis* / L'image du corps • Le roman (Diderot, Rousseau).

9787. **Viguerie, Jean de** 82230 Verlhac, France. *U. de Lille III* / Histoire religieuse • Histoire des idées • L'éducation.

9788. **Viguier, Anne** Ch. de la Fontaine Baptisée, 31590 Verfeil, France. *U. de Toulouse II* / Vocabulaire politique (France, Europe) • Le lexique • Histoire des idées • Le domaine philosophique, scientifique et politique.

9789. **Vijver, D. Van de** Ijzerstraat 93, 9120 Melsele, Belgium.

9790. **Vila, Anne C.** 249 Warren St, Needham, MA 02492-2945, USA. *U. of Wisconsin (Madison)*.

9791. **Vilas-Boas de Alvim, M. Helena** Rua de Belém 128, 4300 Porto, Portugal.

9792. **Vilhjálmsson, Thorsteinn** Vídimel 27, 107 Reykjavík, Iceland.

9793. **Villani, Anna Luigia** Via dell'Alpinismo 6, 00194 Roma, Italy. *U. di Firenze* / Fénelon • La culture italienne dans les *Mémoires de Trévoux*.
✉ annaluigia.villani@cce.unifi.it

9794. **Villani, Pasquale** Via Cilea 183, 80127 Napoli, Italy. *U. di Napoli* / Royaume de Naples.

9795. **Villar Garcia, Maria Begoña** C/ Caceres 41,19°, 29018 Malaga, Spain.

9796. **Villari, Lucio** Via della Mendola 212, 00135 Roma, Italy.

9797. **Villari, Rosario** Via Mecenaet 77, 00184 Roma, Italy. *U. di Roma* / Lumières et tradition historique à Naples.

9798. **Villas-Boas, M. Teresa** Viv. Brisa da Serra, Avenida Inf. D. Henrique, 2765 São Pedro do Estoril, Portugal.

9799. **Villaverde, Maria José** Viriato 55, Madrid 28010, Spain. *U. Complutense* / Rousseau.

9800. **Villena, Elvira** Dept of Hispanic Studies, Queen's University, Belfast, BT7 1NN, UK. *Queen's U. (Belfast)* / Spanish prints • Medals.

9801. **Villiers, Patrick** 38 bis rue Stanislas Julien, 45000 Orléans, France. *U. du Littoral* / Histoire maritime et coloniale • Corsaires • La Loire • Constructions navales.

9802. **Villin, Jean-Claude** 116 avenue Henri-Barbusse, 93150 Le Blanc-Mesnil, France.

9803. **Viñao Frago, Antonio** Facultad de Educacion, Universidad de Murcia Apartado, Correos 4.021, 30080 Murcia, Spain. *U. de Murcia Apartado* / Culture et éducation.

9804. **Vinatier, Jean** 193 rue de l'Université, 75007 Paris, France.
✉ vinatier@noos.fr

9805. **Vincente, C.** 850 Harrow Road, Kensal Green, London, NW10 5JU, UK. / Enlightened despots • Social consciousness of state institutions.

9806. **Vind, Annette** Birdingvej 9, 6760 Ribe, Denmark.

9807. **Vind, Jens** Bordingsvej 9, 6760 Ribe, Denmark.

9808. **Viñes Rueda, Hortensia** Avenida Baja Navarra 10, 31003 Pamplona, Spain. / Philologie (linguistique, littérature, histoire) • Analyse de textes.

9809. **Viola, Corrado** Via G. Pozzo 15, 13900 Biella, Italy. / L. A. Muratori (correspondence) • Tuscan erudition.

9810. **Viola, Gianni Eugenio** Via Tito Omboni 65, 00147 Roma, Italy. *Istituto della Enciclopedia italiana* / Littérature de voyage • Voyageurs anglais et français en Italie • Voyageurs italiens en Orient.

9811. **Viola, Paolo** Via Villafranca 62, 90141 Palermo, Italy. *U. di Palermo* / French Revolution (Jacobinism, reception in Italy).

9812. **Violette, Patrick** 39 cours de Vincennes, 75020 Paris, France. / C.-J. Natoire • Peinture française • Relations artistiques entre la France et l'Italie.

9813. **Virenque, Antoine** 17 rue Mesnil, 75116 Paris, France.

9814. **Virlogeux, Georges** 25 boulevard Victor Hugo, 13680 Lançon-de-Provence, France.

9815. **Virlon, Jean** 50 rue Croix Bosset, 92310 Sevres, France.

9816. **Virolle, Roland** 3 rue des Cèdres, 76130 Mont-Saint-Aignan, France. *U. de Rouen* / Le roman noir en France, 1700-1797.

9817. **Vis, G. J.** Gortersweg 7, 1871 CC Schoorl, Netherlands. *U. van Amsterdam* / Johannes Kinker (correspondence) • Universities and library education.

9818. **Visconti, Agnese** Via Podgora 3, 20122 Milano, Italy. *Museo civico di storia naturale (Milano)* / Science (Italy).

9819. **Visedo Orden, Isabel** C/ Cedros 112, 28029 Madrid, Spain. / Poétique et poésie.

9820. **Viselli, Sante A.** Dept of French, University of Winnipeg, 515 Portage Avenue, Winnipeg, MB R3B 2E9, Canada. *U. of Winnipeg* / Montesquieu et les récits de voyage en Amérique du nord • Montesquieu, Sénac de Meilhan et Mirabeau • Alfieri et les philosophes français • Les topoi dans le roman du 18s.
✉ sante.viselli@uwinnipeg.ca

9821. **Vismara, Paola** Università di Milano, Via Festa del Perdono 7, 20122 Milano, Italy. *U. di Milano* / Ethique et économie (la Vix pervenit de Benoît XIV) • Eglise et modernité (le clergé).
✉ paola.vismara@unimi.it

9822. **Visosky-Antrack, Iris** Ungererstr. 226, 80805 München, Germany.

9823. **Visser, R. P. W.** Driebergsestraatweg 20, 3941 ZX Doorn, Netherlands.

9824. **Vissière, Isabelle Anne** 58 boulevard Seignelay, 13012 Marseille, France. *U. d'Aix-Marseille I* / Isabelle de Charrière • Correspondance d'écrivains • Récits de voyages.
✉ ivissiere@voila.fr

9825. **Vissière, Jean-Louis** 58 boulevard Seignelay, 13012 Marseille, France. *U. de Provence* / Récits de voyages • Procès • Théâtre de la foire.

9826. **Vitale, Maurizio** Residenza il Giunco 112, 20080 Basiglio (MI), Italy. *U. di Milano* / Langue italienne.

9827. **Vitiello, Raffaele** Via G. B. Bodoni 6, 00153 Roma, Italy. *U. di Roma* / Pascal • Rousseau • Voltaire.
✉ raffaele.vitiello@uniroma1.it

9828. **Vitkus, Daniel** Dept of English, Flordia State University, Tallahassee, FL 32306-1580, USA. *Flordia State U.*

9829. **Vitti, Mario** Università degli studi della Tursia, Via San Camillo de Lellis 1, 1100 Viterbo, Italy. *U. degli studi della Tursia.*

9830. **Vittu, Jean-Pierre** 155 rue du Faubourg Saint-Denis, 75010 Paris, France. / La presse (les 'journaux savants') • Relations entre la France et la Barbarie • La police du livre à Paris.

9831. **Vitucci, Angela** Via Rossana 3, Cuneo, Italy.

9832. **Vivan, Italia** Via Renato Serra 14, 20148 Milano, Italy. *U. di Milano* / Early America • Colonial and postcolonial studies: history, literature and anthropology.

9833. **Viviès, Jean** Dépt d'Anglais, Université de Provence, 29 avenue Robert Schuman, 13621 Aix-en-Provence, France. *U. de Provence* / La littérature anglaise (romans, récits de voyage, biographies, théâtre).
✉ vivies@up.univ-aix.fr

9834. **Vlachakis, G.** Centre for Neohellenic Research, National Hellenic Research Foundation, 48 Vas. Constantinou Avenue, 11635 Athens, Greece. *National Hellenic Research Foundation.*

9835. **Vlnas, Vít** Národní galerie (National Gallery), Hradcanské nám. 15, 110 00 Praha 1, Czech Republic. *National Gallery (Praha)* / Early modern history • History of civilisation • Baroque art and culture • Archive sources • Social history of art.
✉ vlnas@ngprague.cz

9836. **Vocelka, Karl** Institut für Geschichte, Universität Wien, Dr Karl Luegerring 1, 1080 Wien, Austria. *U. Wien* / Popular piety • Habsburg monarchy • Hair in cultural history • Festivities.
✉ karl.vocelka@univie.ac.at

9837. **Vogel, Christina** Viktoriastr. 66, 8050 Zürich, Switzerland. *U. Zürich* / Littérature française • Théorie de la littérature (sémiotique, critique génétique, études comparatives) • Esthétique et théorie de l'art.
✉ chvogel@rom.unizh.ch

9838. **Vogel, Matthias** Scheideggstr. 78, 8038 Zürich, Switzerland.

9839. **Vogler, Bernard** 49 boulevard Clémenceau, 67000 Strasbourg, France. *U. de Strasbourg II* / La littérature d'édification en milieu luthérien • Alsace.

9840. **Vogt, Adolf Max** Malergasse 3, 8001 Zürich, Switzerland. / Architecture and cultural history (France, Germany).

9841. **Vogtherr, Christoph Martin** Stiftung Preussische Schlösser und Gärten Berlin-Brandenburg, Postfach 601462, 14414 Potsdam, Germany. *Stiftung Preussische Schlösser und Gärten Berlin-Brandenburg* / The art collections of Frederick II of Prussia • History and concepts of collecting • French painting.
✉ cm.vogtherr@spsg.de

9842. **Vöhler, Martin** Helmstedter Str. 10, 10717 Berlin, Germany. *Freie U. Berlin.*

9843. **Voigt, Milton** 1376 Princeton Avenue, Salt Lake City, UT 84105-1921, USA. *U. of Utah* / Interpretations of Swift • History of ideas • Utopias and dystopias.

9844. **Voiret, Martine** 10 Walnut St, Acton, MA 01720-4170, USA. *Clark U.*
✉ vivies@up.univ-aix.fr

9845. **Vojtesková, Jana** Belehradská 32, 120 00 Praha 2, Czech Republic.

9846. **Volek, Tomislav** Jílovská 65, 142 00 Praha 4, Czech Republic. *Czech Academy of Sciences* / Italian opera in the Czech lands • Czech musical emigration • Mozart.

9847. **Volgina, Elena** Nikitinskaia 75, 83, 443030 Samara, Russia. *Institut pédagogique de Samara* / Goethe et la Révolution française • Littérature allemande.

9848. **Völgyesi, Orsolya** Tompa u. 17/B, 1094 Budapest, Hungary.

9849. **Volkmann, Laurenz** Institut für Englische Philologie, Am Hubland, 97074 Würzburg, Germany. *U. Würzburg* / Economics (Mandeville, Smith) • Literature.

9850. **Voll, John O.** Dept of History, Georgetown University, 37th & O Sts, NW, Washington, DC 20057, USA. *Georgetown U.* / Global interactions, esp. movements of Islamic revivalism.
✉ vollj@georgetown.edu

9851. **Volle, Jean-Luc** 8 avenue du Colonel Broche, 30210 Remoulins, France. *U. d'Avignon* / Le personnage libertin.

9852. **Vollhardt, Friedrich** Zimmerstr. 45, 22085 Hamburg, Germany. *U. Giessen* / Natural rights theories • Ethics • Lessing.
✉ friedrich.p.vollhardt@germanistik.uni-giessen.de

9853. **Volmer, Annett** Nogatstr. 56, 12051 Berlin, Germany. *Freie U. Berlin* / Presse périodique • Littérature épistolaire.

9854. **Volmer, Stephanie** 80-A Cedar Lane, Highland Park, NJ 08904-2016, USA.

9855. **Volodarski, Vsevolod** Institut d'histoire universelle, Académie des sciences de Russie, Leninski prospekt 32-a, IVI RAN, 117454 Moscou, Russia. *Académie des sciences de*

Russie / Relations russo-allemandes • Culture allemande.

9856. **Volpato, Mario** Via G. Garibaldi 19, 31033 Castelfranco V. (TV), Italy. *Liceo Scientifico Statale di S. Donato Milanese* / Hume, *History of England.*

9857. **Volpilhac-Auger, Catherine** 27 rue de la Piala, L'Etang, 63530 Chanat, France. *E.N.S. Lettres & Sciences Humaines (Lyon)* / *Œuvres complètes* de Montesquieu • *Essai sur les mœurs* de Voltaire • L'histoire comme genre littéraire • Edition critique (histoire, théorie, pratique).
✉ c.volpilhac-auger@wanadoo.fr

9858. **Volz, Gunter** 22 rue des Indulgences, 44980 Sainte-Luce sur Loire, France. *U. de Nantes* / La presse périodique • La religion • La tolérance.
✉ gunter.volz@humana.univ-nantes.fr

9859. **Volz-Tobler, Bettina** Petersgraben 45, 4051 Basel, Switzerland. / Psychology • Aesthetics • Moralism.

9860. **Von Arburg, Hans-Georg** Birchstr. 38, 8057 Zürich, Switzerland. *U. Zürich* / Aesthetics • Literature and the arts.

9861. **von der Thuesen, Joachim** Dept of Literary Studies, Universiteit Utrecht, Muntstraat 4, 3583VC Utrecht, Netherlands. *U. Utrecht.*

9862. **Von Ehrenstein, Christoph** Dept of History, Universität München, Abt. Frühe Neuzeit, Geschwister-Scholl-Platz 1, 80539 München, Germany. *U. München* / Jacobitism (religious and intellectual networks) • Circulation of ideas within socio-cultural milieus.
✉ christophvonehrenstein@yahoo.de

9863. **Von Proschwitz, Gunnar** Fjällbackag. 5, 416 74 Göteborg, Sweden. *Göteborgs U.* / American War of Independance • French Revolution • England • France • Sweden • *Courrier de l'Europe* • Grub Street • Beaumarchais • Catherine II, empress of Russia.
✉ mavisvp@swipnet.se

9864. **Von Sneidern, Maja-Lisa** 4771 North Woodside Drive, Tucson, AZ 85705-1289, USA.

9865. **Von Treskow, Isabella** Institut für Romanistik, Universität Potsdam, Karl-Liebknecht-Str. 24-25, 14476 Potsdam, Germany. *U. Potsdam* / Relations franco-allemandes • L'histoire du savoir et des sciences • Denis Diderot (romans, *Encyclopédie*, philosophie).
✉ treskow@rz.uni-potsdam.de

9866. **Von Wille, Dagmar** Piazza O. Tommasini 20, 00162 Roma, Italy. *U. di Roma* / German philosophy of the early Enlightenment (Christian Wolff, Wolffianism in Italy) • Joh. Jakob Zimmermann (1695-1756) • Cartesian philosophy at Naples • Niccla Civillo (1671-1735).
✉ von.wille@libero.it

9867. **Vondung, Klaus** Am Kornberg 34a, 57076 Siegen, Germany. *U. Siegen* / The hermetic tradition • Herder.

9868. **Voorhees, Lori Lindgren** 6 Creekwood Court, Chico, CA 95926-1735, USA.

9869. **Vooys, M. J. A.** Haddingestraat 24, 9711 KD Groningen, Netherlands.

9870. **Vörös, Imre** Sólyom u. 5, 1126 Budapest, Hungary. *U. de Budapest* / L'idée de nature en Europe • Poésie descriptive • Physico-théologie et philosophie naturelle.

9871. **Voss, Anthony E.** 44 Wirringulla Road, Elvina Bay, Sydney, NSW 2105, Australia. / European ideas abroad • Scottish Enlightenment • Johnson.
✉ hoopoe@smartchat.net.au

9872. **Voss, Jürgen** 8 rue du Parc Royal, 75003 Paris, France. *Deutsches Historisches Institut* / Relations franco-allemandes • Le livre francais sur le marché allemand • L'Allemagne et l'*Encyclopédie.*
✉ jvoss@dhi-paris.fr

9873. **Vossen, Johannes** Universität Bielefeld, West-Str. 48, 33824 Werther, Germany. *U. Bielefeld* / Popular Enlightenment in Germany (late 18c).

9874. **Vossestein, C. M.** Westhaven 16, 2801 PH Gouda, Netherlands.

9875. **Vosskamp, Wilhelm** Institut für deutsche Sprache und Literatur, Universität zu Köln, Albertus-Magnus-Platz, 50923 Köln, Germany. *U. zu Köln* / Théorie du roman • Histoire du roman allemand • Histoire littéraire et sociale de l'Aufklärung • Utopie (réception en Allemagne).

9876. **Vovelle, Michel** 3 avenue Villemus, 13100 Aix-en-Provence, France. *U. de Paris I* / Histoire sociale et des mentalités • Révolution française.

9877. **Vries, A. de** P. de Hoochlaan 7, 2343 CP Oegstgeest, Netherlands. *Vrije U. Amsterdam* / Children's literature.

9878. **Vries, L. de** Hanckemaborg 17, 9722 WD Groningen, Netherlands. *Rijksuniv. Groningen* / Johan van Gool • Gerard de Lairesse.

9879. **Vries, M. de** Overtoom 436-3, 1054 JV Amsterdam, Netherlands. / Dutch literary societies.

9880. **Vries, N. P. J. M.** Laarpark 4, 5467 HL Veghel, Netherlands.

9881. **Vries, O. de** Keatlingwier 13, 9295 LB Westergeest, Netherlands. *Rijksuniv. Groningen* / Bureaucracy and public servants in the Dutch Republic.

9882. **Vuillemin, Nathalie** Terreaux 6, 1003 Lausanne, Switzerland.

9883. **Vukobrat, Slobodan** Kornelija Stankovica 16, 11000 Beograd, Serbia. *U. Beograd* / English literature (biography, autobiography, memoirs, epistolography) • Anglo-Serbian literary relations • English political and cultural history (Johnson, Walpole, Gibbon).

9884. **Vulpillières, Catherine de** 14 rue des Anémones, 77400 Lagny-sur-Marne, France. / Le roman pornographique français.
✉ lampsaque@chello.fr

9885. **Vuyk, Simon** Van Ouwenallerlaan 33, 7157 AZ Rekken, Netherlands. *Leiden U.* / Ideas and principles of Enlightenment among Dutch Arminians (remonstrants).
✉ simonvuyk@compuserve.com

9886. **Wachenheim, Pierre** 119 boulevard du Montparnasse, 75006 Paris, France.

9887. **Wachs, Morris** Box 1739 - Station B, Vanderbilt University, Nashville, TN 37235, USA. *Vanderbilt U.* / Diderot (fiction, poetry) • D'Alembert and the philosophes • The novel.

9888. **Wacjman, Claude** 59 avenue Simon-Bolivar, 75019 Paris, France. / Psychopathologie de l'enfant.
✉ claude.wacjman@wanadoo.fr

9889. **Wacker, Gabriele** Cremlinger Str. 14b, 38162 Cremlingen OT Hordorf, Germany.

9890. **Waddicor, Mark H.** University of Exeter, The Queen's Drive, Exeter, EX4 4QH, UK. *U. of Exeter* / Voltaire (*Œuvres complètes*) • Montesquieu.

9891. **Waeber, Jacqueline** School of Music, House No 5, Trinity College, Dublin 2, Ireland. *Trinity C. Dublin.*

9892. **Waegemans, Emmanuel** Ballaerstraat 106, 2018 Antwerpen, Belgium. *Katholieke U. Leuven* / Belgian-Russian relations • Russian culture.

9893. **Wagener, Guy H.** Dept of Foreign Languages, University of Nevada, Reno, NV 89557, USA. *U. of Nevada* / Science and its relation to literature (Diderot).

9894. **Waggaman, Beatrice** 1512 County Line Road, Bryn Mawr, PA 19010-1048, USA.

9895. **Wagner, Corinna** FLat 8, Block B1, Wentworth College, Wentworth Way, York, YO10 5NG, UK.

9896. **Wagner, Eugène-Henri** 4 rue Mozart, 57000 Metz, France. / Astronomie.

9897. **Wagner, Jacques Henri** Dept of French, Université Blaise-Pascal (Clermont 2) / CERHAC, 29 boulevard Gergovia, 63035 Clermont-Ferrand Cedex 1, France. *U. de Clermont II* / L'histoire des idées et les formes littéraires à l'âge classique • Les échanges culturels entre la France et l'Angleterre • Rapports entre la Nouvelle France et la France.
✉ jacques.wagner@lettres.univ-bpclermont.fr

9898. **Wagner, Jörg** Gotthardstr. 38, 8002 Zürich, Switzerland.

9899. **Wagner, Peter** Universität Koblenz-Landau, IM Fort 7, 76829 Landau, Germany. *U. Koblenz-Landau* / Relations between text and image.

9900. **Wagner, Peter** Margrethevej 5A, 2900 Hellerup, Denmark. *Botanisk Museum og Centralbibliotek* / Science (botanical sciences).

9901. **Wagner, Tamara** Churchill College, Cambridge, CB3 0DS, UK. *U. of Cambridge.*

9902. **Wagstaff, Peter J.** Dept of Modern Languages, University of Bath, Bath, BA2 7AY, UK. *U. of Bath* / Restif de la Bretonne • Utopianism.

9903. **Wahl, Elisabeth** 1 rue des Châtre Sacs, Sèvres 92310, France. / Journalisme d'Ancien Régime (*nouvelles à la main*) • Correspondances • La correspondance littéraire.
✉ babwahl@wanadoo.fr

9904. **Wahnbaeck, Till** Holywell Manor, Manor Road, Oxford, OX1 3VH, UK.

9905. **Wahrig-Schmidt, Bettina** Abteilung für Geschichte der Naturwiss. m.Schwerpunkt Pharmaziegesch, Technische Universität Braunschweig, Pockelsstr.14, 38023 Braunschweig., Germany. *Technische U. Braunschweig.*

9906. **Wajsbard, Annette** 8 Domaine de Bel-Abord, 91380 Chilly-Mazarin, France. *U. de Paris IV* / Françoise de Graffigny • Correspondance entre Latran et Devaux • Latran (gazetier au 18s).

9907. **Wakefield, Andre** 41 Porter St, Watertown, MA 02472-4145, USA.

9908. **Wakonigg, Juan D.** C/ Guzman El Bueno 133, Planta 1, 1, 28003 Madrid, Spain.

9909. **Walcot, Clare** 60 Sunnybank Road, Sutton Coldfield, B73 5DD, UK. / British art • Graphic satire • Medicine.

9910. **Waldinger, Renee** 50 East 89th St, 10128 New York, NY 10016, USA. *C.U.N.Y.* / Enlightenment and the French Revolution • Voltaire.
✉ reneewaldinger@msn.com

9911. **Waldkirch, Bernard von** Dufourstr. 150, 8008 Zürich, Switzerland. *U. Zürich* / Esthétique et critique de la peinture du paysage • Salomon Gessner.

9912. **Waldron, Mary M.** Crowbush Cottage, Chatham Green, Little Waltham, Chelmsford, CM3 3LF, UK. / Women writers (Hannah More, Ann Yearsley, Jane Austen).

9913. **Walecki, Waclaw J.** Dept of Philology, Institute for Polish Studies, Jagiellonian University, Gatebia 24, 31-007 Kraków, Poland. *Jagiellonian U.* / Literature • Culture • History.
✉ collegium@columbinum.serwery.pl

9914. **Walk, Lori** Dept of English, Raritan Valley Community College, P.O. Box 3300, Somerville, NJ 8876, USA. *Raritan Valley Community C.*

9915. **Walker, Corlette Rossiter** Dept of Art, University of California, Santa Barbara, CA 93106, USA. *U. of California (Santa Barbara)* / Benjamin West • Grand Tour • British-American artistic relationships.

9916. **Walker, Gina Luria** Dept of Social Sciences, The New School, J/K 506, 66 West 12th St, New York, NY 10011, USA. *The New School.*

9917. **Walker, Janet L.** Dept of Modern Languages, Chatham College, Woodland Road, Pittsburgh, PA 15232-2826, USA. *Chatham C.* / Diderot • Ethics • Mathematics.

9918. **Walker, John** Dept of German, Birkbeck College, 43 Gordon Square, London, WC1H 0PD, UK. *U. of London* / Theology and philosophy of late 18c Germany • Dramatic and aesthetic theory • Lessing, Schiller, Kleist and Goethe • The Enlightenment in cross-cultural perspective.

9919. **Walker, John M.** Box 214, Montreat, NC 28757-0214, USA. / Johnson's religion • The pulpit.

9920. **Walker, K.** Dept of English, University College London, Gower St, London, WC1E 6BT, UK. *U.C. London.*

9921. **Walker, Lesley H.** Dept of Foreign Languages, Indiana University, 1700 Mishawaka Avenue, P.O. Box 7111, South Bend, IN 46634, USA. *Indiana U. (South Bend)* / French literature • Women's studies • Art history.
✉ lwalker@iusb.edu

9922. **Walker, William** Dept of English, University of Canterbury, Private bag 4800, Christchurch, New Zealand. *U. of Canterbury* / Locke • Milton.

9923. **Walker, William G.** School of English, University of New South Wales, Sydney, NSW 2052, Australia. *U. of New South Wales.*

9924. **Walker-Weibel, Corinne** 6 rue Constantin, 1206 Geneve, Switzerland. *U. de Genève* / Le luxe à Genève.

9925. **Walkling, Andrew R.** Honors College, University of Oregon, Eugene, OR 97401, USA. *U. of Oregon* / Restoration England (history, literature, music) • Court culture and absolutism • Court masque • Opera.

9926. **Wall, Cynthia S.** Dept of English, University of Virginia, 219 Bryan Hall, Charlottesville, VA 22904-4121, USA. *U. of Virginia* / Restoration and early 18c drama, prose, poetry • Novel.

9927. **Wallace, Martin W.** 12 Kathleen Avenue, Helenis Bay, Bangor, Co. Down BT19 1LF, UK. / British Government (Anglo-Irish and Anglo-French connections).

9928. **Wallace, Miriam L.** Dept of British and American Literature, New College of Florida, COH-104 Humanities, 5700 North Tamiami Trail, Sarasota, FL 34243, USA. *New C. of Florida* / French Revolution • Britain • West Indies • Romanticism • Le roman • Travel literature • English thought and literature (Robert Bage, William Godwin, Mary Hays, Elizabeth Inchbald).
✉ mwallace@ncf.edu

9929. **Wallace, Tara Ghoshal** Dept of English, George Washington University, 801 22nd St North West, Washington, DC 20052-0002, USA. *George Washington U.* / English fiction.

9930. **Wallace, Valerie** Aidensholme, 12 Kathleen Avenue, Helen's Bay, Bangor, Co. Down BT19 1LF, UK. / Earls of Abercorn (7th-9th) and their immediate families.

9931. **Waller, Richard E. A.** Dept of French, University of Liverpool, P.O. Box 147, Liver-

pool, L69 3BX, UK. *U. of Liverpool* / Antoine Galland's *Journal parisien, 1708-1714* • Voltaire • The *Académie royale des Inscriptions et Belles-Lettres* under Claude Gros de Boze.
✉ reawall@liv.ac.uk

9932. **Wallfisch, Lory** 7 Jay Court, Avon, CT 06001-3311, USA. / Music (George Enescu, Dinu Lipatti) • Dance-inspired music • Baroque instrumental suites (Bach 'French suites').

9933. **Wallnig, Thomas** Favoritenstr. 97-8, 1100 Wien, Austria.

9934. **Walmsley, Peter** Dept of English, McMaster University, Chester New Hall 321, 1280 Main St West, Hamilton, ON L8S 4L9, Canada. *McMaster U.* / Rhetoric of philosophy and science in Britain (1660-1750) • Representations of death (Anne Radcliffe, Joseph Addison).
✉ walmsley@mcmaster.ca

9935. **Walravens, Else** 215 Bus 7, 1050 Brussel, Belgium. *Vrije U. Brussel Armand Huysmanslaan* / Hermann Samuel Reimarus • Johann Christian Edelmann • Kant.

9936. **Walser-Wilhelm, Doris** Guggenbühlstr. 27, 8953 Dietikon, Switzerland. *Bonstetten-Archiv* / Karl Victor von Bonstetten (correspondence).
✉ bonstettiana@bluewin.ch

9937. **Walser-Wilhelm, Peter** Guggenbühlstr. 27, 8953 Dietikon, Switzerland. *Bonstetten-Archiv.*
✉ bonstettiana@bluewin.ch

9938. **Walsh, Jonathan D.** Dept of French, Wheaton College, Box 941, 02766 Norton, MA, USA. *Wheaton C.* / Symbolic economies in Enlightenment fiction • Cinematic adaptions of 18c fiction.
✉ jwalsh@wheatonma.edu

9939. **Walsh, Linda** 11 The Croft, Hoylandswaine, Sheffield, S36 7LA, UK. *Open U.* / French sculpture during the Revolution • Facial expression in art.

9940. **Walsh, Marcus** Dept of English Language and Literature, University of Birmingham, Edgbaston, Birmingham, B15 2TT, UK. *U. of Birmingham* / Editing of vernacular English literary texts • Literary scholarship • Book history • Swift, *Tale of a Tub* • Poetical works of Christopher Smart.
✉ m.walsh@bham.ac.uk

9941. **Walt, James** Dept of English, University of York, York, YO10 5DD, UK. *U. of York.*

9942. **Walter, Axel E.** FB Sprach- und Literaturwissenschaft, Literatur der Frühen Neuzeit, Universität Osnabrück, Neuer Graben 19-21, 49069 Osnabrück, Germany. *U. Osnabrück.*

9943. **Walter, Eric** 36 rue Millevoye, 80000 Amiens, France. *U. de Picardie* / Gens de lettres, auteur, écrivain • Autoportrait révolutionnaire (Babeuf, Brissot, Marat, Mercier) • Réception des Lumières sous la IIIe République.

9944. **Walter-Ashby, Kerry L.** Dept of English, University of Missouri, 107 Tate Hall, Columbia, MO, USA. *U. of Missouri (Columbia)* / England • Women writers • Satire.

9945. **Walters, Robert L.** 7 Picton St, # 405, London, ON N6B 3N7, Canada. *U. of Western Ontario* / Voltaire and science.
✉ rwalters@uwo.ca

9946. **Walther, Gerrit** Historisches Seminar, Universität Frankfurt am Main, Frankenstr. 2, 63739 Aschaffenburg, Germany. *U. Frankfurt am Main.*

9947. **Walton, Craig** Institute for Ethics & Policy, University of Nevada, P.O. Box 455049, Las Vegas, NV 89154-5049, USA. *U. of Nevada* / Bacon, Hobbes, Malebranche, Hume, Alexander Forbes, Bayle • Moral philosophy.

9948. **Walzel, Karin** Viktor Adler Platz 1/22, 1100 Wien, Austria. / Private libraries • Inventories, last wills and probates.
✉ kwalzel@hotmail.com

9949. **Wandless, William** Emory University, 1057 Latham Road, Decatur, GA 30033-4212, USA. *Emory U.*

9950. **Wang, Ching-Ying** 4F, 10 Lane 283, Hoping East Road Sec. 2, 10 6 Taipei RO2, Taiwan.

9951. **Wang, Daocheng** Institute of Qing History, Renmin University of China, 100872 Beijing, China. *Renmin U. of China* / China: Qing history.

9952. **Wang, Feng** Institute of Qing History, Renmin University of China, 100872 Beijing, China. *Renmin U. of China* / China: Qing history.

9953. **Wang, Haiwei** Institute of Qing History, Renmin University of China, 100872 Beijing, China. *Renmin U. of China* / China: Qing history.

9954. **Wang, Jiang** Institute of Qing History, Renmin University of China, 100872 Beijing,

China. *Renmin U. of China* / China: Qing history.

9955. **Wang, Jianguo** Beijing shi anquanju, Beijing, China. *Beijing shi anquanju* / China: Qing history.

9956. **Wang, Jinxiang** Dept of History, Shanxi Teachers University, Linfen, 041004 Shanxi, China. *Shanxi Teachers U.* / Modern China • Prohibition against drugs • Famine.

9957. **Wang, Jitian** College of International Relations, Renmin University of China, 100872 Beijing, China. *Renmin U. of China* / China: Qing history.

9958. **Wang, Kaixi** Dept of History, Beijing Normal University, 100875 Beijing, China. *Beijing Normal U.* / China: Qing history.

9959. **Wang, Keqiang** Institute of Qing History, Renmin University of China, 100872 Beijing, China. *Renmin U. of China* / China: Qing history.

9960. **Wang, Ling** Institute of Qing History, Renmin University of China, 100872 Beijing, China. *Renmin U. of China* / China: Qing history.

9961. **Wang, Lixin** Renmin University of China Press, 100872 Beijing, China. *Renmin U. of China Press* / China: Qing history.

9962. **Wang, Qin** Institute of Qing History, Renmin University of China, 100872 Beijing, China. *Renmin U. of China* / China: Qing history.

9963. **Wang, Qisheng** Institute of Modern History, Chinese Academy of Social Sciences, 1 Dongchang hutong, Wangfujing Dajie, 100006 Beijing, China. *Chinese Academy of Social Sciences* / China: Qing history.

9964. **Wang, Sizhi** Institute of Qing History, Renmin University of China, 100872 Beijing, China. *Renmin U. of China* / China: Qing history.

9965. **Wang, Wenyu** Institute of Qing History, Renmin University of China, 100872 Beijing, China. *Renmin U. of China* / China: Qing history.

9966. **Wang, Yi-Ting** 1436 Bellevue Drive, Wooster, OH 44691 3017, USA.

9967. **Wang, Yinghua** Institute of Qing History, Renmin University of China, 100872 Beijing, China. *Renmin U. of China* / China: Qing history.

9968. **Wang, Yu-Wen** 33 Poplar Road, Wellesley, MA 2482, USA.

9969. **Wang, Zhengyao** Institute of Qing History, Renmin University of China, 100872 Beijing, China. *Renmin U. of China* / China: Qing history.

9970. **Wang, Zhirun** Institute of Qing History, Renmin University of China, 100872 Beijing, China. *Renmin U. of China* / China: Qing history.

9971. **Wangermann, Ernst** Rennbahnstr. 16, 5020 Salzburg, Austria. *U. Salzburg* / The Austrian Enlightenment and radical Enlightenment • The popular political and religious literature of the Austrian Enlightenment • The impact of the French Revolution on the Habsburg Empire.

9972. **Wanko, Cheryl** Dept of English, West Chester University, 551 Mail Hall, West Chester, PA 19383 0001, USA. *West Chester U.*

9973. **Wappenschmidt, Friederike** Rosenweg 50, 53913 Swisttal, Germany. / European interior architecture • Porcelain • Cultural history • Chinese and Japanese art: lacquer, chinoiserie, painting.

9974. **Waquet, Francoise** 36 rue de la Glaciere, 75013 Paris, France. *C.N.R.S. (Paris)* / République des Lettres • Milieux intellectuels italiens.

9975. **Waquet, Jean-Claude** 22 rue de Champ de l'Alouette, 75013 Paris, France. *U. de Paris XII* / Histoire politique.

9976. **Ward, Adrienne** Dept of Spanish and Portuguese, University of Virginia, 115 Wilson Hall, P.O. Box 400777, Charlottesville, VA 22904, USA. *U. of Virginia* / Risorgimento • Orient • China • France • Italy • Venice • Comédie-Française • Comédie-Italienne • Jesuits • Theatre • Italian Enlightenment • Travel literature • Image of the Orient.
✉ aw7h@virginia.edu

9977. **Ward, Andrew** Dept of Philosophy, University of York, Heslington, York, YO10 5DD, UK. *U. of York* / Hume • Hutcheson • Kant • Reid.
✉ raw4@york.ac.uk

9978. **Ward, Patricia A.** Dept of French & Italian, Vanderbilt University, Box 6312B, Nashville, TN 37235, USA. *Vanderbilt U.* / Aesthetics • Moral and ethical thought • French Revolution • Pre-Romanticism.

9979. **Ward, Sean** 2001 North Adams St, #904, Arlington, VA 22201, USA.

9980. **Ward, W. R.** 21 Grenehurst Way, Petersfield, Hants GU31 4AZ, UK. *U. of*

Durham / Protestantism and Catholicism • Jansenism in Central Europe.

9981. **Ware, John** 2701 Farthing St, Durham, NC 27704-4205, USA. / British literature • Rhetoric • British empiricism.

9982. **Wareing, Mimi** Källängsvägen 38, 181 44 Lidingö, Sweden.

9983. **Warman, Caroline** 36 Bodney Road, London, E8 1AY, UK. *U. of Nottingham* / Sade and materialism • *L'Encyclopédie* • Clandestine and libertine philosophy.
✉ c.warman@nottingham.ac.uk

9984. **Warner, Amy** Lower House, Dodsley Grove, Midhurst, West Sussex GU29 9BE, UK.

9985. **Warner, Pamela** Cove, 311 South 25th St, Philadelphia, PA 19103, USA.

9986. **Warner, William B.** Dept of English, University of California, Santa Barbara, CA 93106, USA. *U. of California (Santa Barbara)*.

9987. **Warren, Leland E.** Dept of English, Kansas State University, Manhattan, KS 66506 0102, USA. *Kansas State U.* / Origins of the novel in England • Printing and speech • Conversation books.

9988. **Wasberg, Gunnar Christie** Det Norske Akademi, Drammensveien 42, 0242 Oslo, Norway. *Det Norske Akademi* / Philosophy of history • Industry • Press.

9989. **Wasersztrum, Serge** 24 rue de Fleurus, 75006 Paris, France. / Economie • Médecine.

9990. **Watanabe, Chieko** 3-2750-1007 Motohachioji-cho, Hachioji-shi, 193-0826 Tokyo, Japan. *Kunitachi C. of Music* / Mozart.

9991. **Watanabe, Hideo** Faculty of Economics, Kagawa University, 1-1 Saiwai-cho, Takamatsu-shi, 760 Kagawa-ken, Japan. *Kagawa U.*

9992. **Watanabe, Keiichiro** 2796-2 Sashioogi, Omiya-shi, 331-0047 Saitama, Japan. *Toho Gakuen C. of Music* / Music in London, 1700-1750.

9993. **Watanabe, Naoki** 2-1-20-603, Sakura, Utsunomiya, 320-0043 Tochigi, Japan. *Utsunomiya U.* / Aufklärung • Enlightenment philosophy • Europe.

9994. **Watanabe, Shigemi** 5-17-23 Kasukabe-Higashi, Kasukabe-shi, 344-0062 Saitama, Japan. *Dokkyo U.* / C. F. Nicolaï and the Aufklärung • Schiller.

9995. **Watanabe, Tetsuo** 2-10-43 Imamiya, Minoo-shi, 562-0033 Osaka, Japan. *Aichi Medical U.* / German theatre • Comparative culture.

9996. **Waterlot, Ghislain** 2 route du Stade, 26 300 Chatuzange le Goubet, France. *IUFM Grenoble* / La question théologico-politique et la tolérance • La relation des autorités politiques avec les Eglises et des autorités ecclésiastiques avec les pouvoirs civils.
✉ waterlotcg@free.fr

9997. **Waterman, Kees-Jan** IDC Publishers, Hogewoerd 151, 2301 EE Leiden, Netherlands. / English language • Radical Enlightenment • French Revolution.

9998. **Watkin, Amy** North Dakota State University, 1321 15th St South, Fargo, ND 58103, USA. *North Dakota State U.*

9999. **Watley, Chris** Dept of History, University of Dundee, Dundee, DD1 4HN, UK. *U. of Dundee.*

10000. **Watson, Nicola** 79 Woodstock Road, Oxford, OX2 6HL, UK.

10001. **Watson, Seosamh** Roinn na Nua-Ghaeilge, Áras John Henry Newman, An Coláiste Ollscoile, Baile Atha Cliath 4, Ireland. *An Coláiste Ollscoile.*

10002. **Watson, William** History Dept, Colorado Christian University, 180 South Garrison St, Lakewood, CO 80226-1053, USA. *Colorado Christian U.*

10003. **Watts, Teresa Sophia** P.O. Box 5034, Potsdam, NY 13676, USA. *S.U.N.Y.* / Lord Charlemont and his vase collection • Garden and landscape history • Johann Heinrich Müntz • Walpole • Lord Burlington, Charles de Wailly, Simon du Ry, Chiswick House, and Löwenburg.
✉ wattsts@potsdam.edu

10004. **Watzlawick, Helmut** 22 Esplanade, 1214 Vernier/Genève, Switzerland. / Casanova • Travellers • Count Charles Zinzendorf (diaries) • Mirabeau (bibliography).
✉ wtzwick@vtx.ch

10005. **Webb, Shawncy** 11692 South 300 West, P.O. Box 56, Montpelier, IN 47359-0056, USA. *Ball State U.* / Marivaux • French novel • Commercial translation and banking.

10006. **Weber, Caroline** 24 5th Avenute, apt 801, New York, NY 10011 8818, USA.

10007. **Weber, Claude** 21 rue Jean-Gaspard de Cicignon, 1335 Luxemburg, Luxembourg. *Bibliothèque nationale (Luxembourg)* / Metaphysics, esp. German philosophy • Political

philosophy, esp. rhetoric of political legitimity • Idleness.
✉ textor@pt.lu

10008. **Weber, Édith** 10-16 rue Thibaud, 75014 Paris, France. *U. de Paris IV* / La musique (1450-1750) • Théâtre • Humanisme musical et théâtral • Hymnologie.

10009. **Weber, Ernst** Tengstr. 38, 80796 München, Germany. *U. Regensburg* / J. G. Müller • Histoire et théorie du roman • Revues • Histoire de la librairie.

10010. **Weber, Harold** Dept of English, University of Alabama, Box 870244, Tuscaloosa, AL 35487, USA. *U. of Alabama* / Restoration and 18c literature.

10011. **Webster, James** Dept of Music, Cornell University, Lincoln Hall, Ithaca, NY 14853, USA. *Cornell U.* / Central Europe (Austria, Germany, Italy, Vienna • Music (C. P. E. Bach, Beethoven, Haydn, Mozart) • Enlightenment (concept) • Austrian Enlightenment • Opera seria, opera buffa.
✉ jcw4@cornell.edu

10012. **Webster, Jeremy W.** Dept of English, Ohio University, Athens, OH 45780, USA. *Ohio U.*

10013. **Weckel, Ulrike** Zentrum für Interdisziplinäre Frauen- und Geschlechterforschung, FB 1, Sekr. TEL 20-1, Technische Universität Berlin, 10587 Berlin, Germany. *Technische U. Berlin* / Women's magazines • Sociability.

10014. **Weeks, Kay Dukes** Abraham Baldwin College, Abac 20, 2802 Moore Highway, Tifton, GA 31794-2605, USA. *Abraham Baldwin C.* / Henry Fielding • Enclosure.

10015. **Wegelin, Peter** Hörli, 9053 Teuffen, Switzerland. / Ulrich Bräker • History of Switzerland.

10016. **Wegener, Sarah** 10689 Maple Hill Circle, Sandy, UT 84092-4748, USA. *Utah State U.*

10017. **Wegner, Reinhard** Werderstr. 37, 69120 Heidelberg, Germany. *U. Jena* / Classical and Romantic architecture in England and Germany • Cultural relations between Britain and Germany • Jakob Philipp Hackert • Town planning.

10018. **Wehling, Arno** Rua Soares Cabral 59, apt 603 Laranjeiras, 22 240-070 Rio de Janeiro, Brazil. / Theory of history and historiography • State and administration in late colonial Brazil • Luso-Brazilian legal history.
✉ wehling@gbl.com.br

10019. **Wehrhahn, Matthias** Lilienstr. 21, 30167 Hannover, Germany. *Wehrhahn Verlag* / Chr. F. v. Blanckenburg • J. J. Engel • Popular philosophy.

10020. **Wehrli, Beatrice** Scheideggstr. 76, 8038 Zürich, Switzerland.
✉ beatrice.wehrli@rhone.ch

10021. **Wei, Shumin** Institute of Qing History, Renmin University of China, 100872 Beijing, China. *Renmin U. of China* / China: Qing history.

10022. **Wei, Ying** Institute of Qing History, Renmin University of China, 100872 Beijing, China. *Renmin U. of China* / China: Qing history.

10023. **Wei, Zhaogai** Guangming ribao lilunbu, 100050 Beijing, China. / China: Qing history.

10024. **Weidle, Roland** Institut fur Anglistik und Amerikanistik, Von Melle Park 6, 22303 Hamburg, Germany. *Institut fur Anglistik und Amerikanistik.*

10025. **Weigelt, Horst** Hennebergerstr. 7, 96049 Bamberg, Germany. *U. Bamberg* / Enlightenment • Johann Kaspar Lavater (1741-1801).

10026. **Weight, Gregory** 457 Chestnut St, Collegeville, PA 19426-2631, USA.

10027. **Weigl, Engelhard** Centre for European Studies, University of Adelaide, Adelaide, SA 5005, Australia. *U. of Adelaide.*

10028. **Weikert, Monica** Historiska institutionen, Göteborgs universitet, Box 200, 405 30 Göteborg, Sweden. *Göteborgs U.*

10029. **Weil, Françoise** 22 rue du Dr Pingat, Dijon, France. *UMR LIRE* / Correspondence • *Mémoires secrets pour servir à l'histoire de la République des Lettres* • Book history • Censorship.
✉ francoise.weil@wanadoo.fr

10030. **Weil, Michèle** Université Paul Valéry, B.P. 5043, Route de Mende, 34032 Montpellier Cedex, France. *U. de Montpellier III* / Robert Challe • Le roman dialogique • Réalisation d'un logiciel et d'un Thesaurus informatisé de la topique romanesque avant 1789.

10031. **Weiler, Klaus** Wilhelmitenstr. 9, 41515 Grevenbroich, Germany. / Herder's linguistic philosophy.

10032. **Weinberger, Karl** Messeplatz 1/17/3, 1070 Wien, Austria.

10033. **Weinbrot, Howard D.** Dept of English, University of Wisconsin, 600 North Park St, Madison, WI 53706-1475, USA. *U. of Wisconsin* / Johnson and his circle • Pope and Swift • Satire • Anglo-French relations • Intellectual, literary and political history.
✉ weinbrot@wisc.edu

10034. **Weiner, Dora B.** School of Medicine, University of California, 12-138 Center for Health Sciences, Los Angeles, CA 90024, USA. *U.C.L.A.* / Social history of medicine in France • French Revolution • Psychiatry.

10035. **Weinglass, David H.** 4928 Troostwood Road, Kansas City, MO 64110-2377, USA. *U. of Missouri (Kansas City)* / Fuseli and his circle • Roscoe and his circle • Book illustration.

10036. **Weinreb, Ruth Plaut** 119 Russell Avenue, Watertown, MA 02172 3453, USA. *S.U.N.Y. (Stony Brook)* / Mme Louise d'Epinay • Language.
✉ rpweinreb@aol.com

10037. **Weinshenker, Anne Betty** Dept of Art and Design, Montclair State University, Valley Road and Normal Avenue, Upper Montclair, NJ 07043, USA. *Montclair State U.* / Sculpture in France during the Ancien Régime • Patronage of art.
✉ weinshenkera@mail.montclair.edu

10038. **Weis, Markus** Postfach 10 02 03, 80076 München, Germany. *Bayerisches Landesamt für Denkmalpflege* / Art • Architecture (construction) • Reception of the Middle Ages.

10039. **Weisberg-Roberts, Alicia K.** Courtauld Institute of Art, Somerset House, Strand, London, WC2 0RN, UK. *U. of London* / British and French fine and decorative arts (on paper and textiles) • Antoine Watteau • Botanical textiles in the visual culture of natural history in Philadelphia and London.
✉ alicia.weisberg-roberts@courtauld.ac.uk

10040. **Weisheit-Possél, Sabine** Rankestr. 3, 10789 Berlin, Germany. / The Dessau-Wörlitz cultural circle • The Schloss Wörlitz library.

10041. **Weiss, Alfred Stefan** Dept of History, Universität Salzburg, Rudolfskai 42, 5026 Salzburg, Austria. *U. Salzburg* / Daily life in the early modern period • History of criminology • Biographical research.
✉ alfred.weiss@sbg.ac.at

10042. **Weiss, Christoph** Seminar für deutsche Philologie, Universität Mannheim, 68131 Mannheim, Germany. *U. Mannheim* / *Sturm und Drang*, J. M. R. Lenz • Late Enlightenment literature • German literature and the French Revolution.

10043. **Weiss, Gillian Lee** Dept of History, Case Western Reserve University, 10900 Euclid Avenue, Cleveland, OH 44106, USA. *Case Western Reserve U.* / Enslavement and liberation of French subjects in North Africa.
✉ glw@po.cwru.edu

10044. **Weiss, Michelle** 8179 Laurel View Drive, Los Angeles, CA 90069-1615, USA.

10045. **Weitensfelder, Hubert** Auhofstr. 51/1/24, 1130 Wien, Austria.

10046. **Weitzel, Jürgen** Institut für deutsche und bayerische Rechtsgeschichte, Universität Würzburg, Domerschulstr. 16, 97070 Würzburg, Germany. *U. Würzburg* / History of law, constitution, legislation.

10047. **Weitzman, A. J.** 4 Bellis Court, Cambridge, MA 02140, USA. *Northeastern U.* / Scriblerian group • Post-colonial theory • Orientalism • Lady Mary Wortley Montagu.
✉ weitzman@neu.edu

10048. **Welch, Dennis** Dept of English, Virginia Tech, Williams Hall, Blacksburg, VA 24061 0112, USA. *Virginia Tech* / Literature and ideas • Poetry and painting.
✉ dwelch@vc.edu

10049. **Welcher, J.** 90a Dosoris Lane, Glen Cove, NY 11542, USA. / Literature and art, esp. *Gulliver's Travels*.

10050. **Welin, Catarina** Åsbysket 14 B 10, 02110 Esbo, Finland.

10051. **Welke, Martin** Deutsches Zeitungsmuseum, Schlossplatz 13, 88709 Meersburg, Germany. *Deutsches Zeitungsmuseum (Meersburg)* / Les entreprises de presse allemandes, 1700-1848 • Histoire de la presse politique en Allemagne jusqu'en 1848.

10052. **Welker, Karl H. L.** Schweizer Str. 59, 60594 Frankfurt am Main, Germany. *U. Frankfurt am Main* / Justus Möser • Administration • Law and constitution • Reichskammergericht.

10053. **Wellbery, David** Dept of Germanics, University of Chicago, Chicago, IL 60637, USA. *U. of Chicago*.

10054. **Welle, John** 18820 Cherokee Lane, South Bend, IN 46637-4507, USA.

10055. **Wellenreuther, Hermann** Seminar für Mittlere und Neuere Geschichte, Geschichte der Universität, Platz der Göttinger Sieben 5, 37073 Göttingen, Germany. *U. Göttingen* / English and North American history • German urban history.

10056. **Wellens, O.** Patatestraat 33, 1861 Wolvertem, Belgium.

10057. **Weller, Philip** Dept of Music, University of Nottingham, University Park, Nottingham, NG7 2RD, UK. *U. of Nottingham* / Histoire et esthétique de l'opéra français et italien • Le théâtre: France, Italie • Diderot • Rameau • Histoire des idées • Peinture et sculpture: France, Italie.

10058. **Wellington, Jan** Dept of English, Utah Valley State College, 800 West University Parkway, MC 153, Orem, UT 84058, USA. *Utah Valley State C.* / French Revolution • Romanticism • Poetry • Travel literature • English literature • *Monthly review.*
✉ wellinja@uvsc.edu

10059. **Wellington, Marie A.** 904 Marye St, Fredericksburg, VA 22401 5629, USA. *Mary Washington C.* / French prose fiction • French theatre • English theatre.
✉ mwelling@mwc.edu

10060. **Wellman, Kathleen** Dept of History, Southern Methodist University, 3225 University, Dallas, TX 75275-0176, USA. *Southern Methodist U.* / French Enlightenment • Science, medicine, and women's history • Intellectual history.
✉ kwellman@mail.smu.edu

10061. **Wellmann, Janina** Max Planck Institute for the History of Science, Wilhelmstr. 44, 10117 Berlin, Germany. *Max Planck Institute for the History of Science.*

10062. **Wells, Byron R.** Dept of Romance Languages, Wake Forest University, P.O. Box 7566, Winston-Salem, NC 27109, USA. *Wake Forest U.* / Rousseau studies • The French novel • Enlightenment philosophy • Sade • Libertine literature • Travel literature.
✉ wells@wfu.edu

10063. **Welsh, Alexander** 80 Bethmour Road, Bethany, CT 06524-3336, USA.

10064. **Weltman-Aron, Brigitte** Dept of Foreign Languages, University of Memphis, Campus Box 626430, Memphis, TN 38152-6430, USA. *U. of Memphis.*

10065. **Wendehorst, Stephan** Simon-Dubnow-Institut für jüdische Geschichte und Kultur, Goldschmidtstr. 28, 04103 Leipzig, Germany. *Simon-Dubnow-Institut für jüdische Geschichte und Kultur.*

10066. **Wendell, Charles Warner** 205 West Ninth St, Plainfield, NJ 07060, USA. *Kean C. of New Jersey* / Landscape in literature and art.

10067. **Wendorf, Richard** Boston Athenaeum, 10 1/2 Beacon St, Boston, MA, USA. *Boston Athenaeum* / Print history in England: the abandonment of the capitalisation of proper nouns 1740-1760, the loss of italics and small caps.
✉ wendorf@bostonathenaeum.org

10068. **Weng, Fei** Institute of Qing History, Renmin University of China, 100872 Beijing, China. *Renmin U. of China* / China: Qing history.

10069. **Weng, Jianhong** Institute of Qing History, Renmin University of China, 100872 Beijing, China. *Renmin U. of China* / China: Qing history.

10070. **Wenneker, Erich** Kirchtor 3a, 31061 Alfeld/Leine, Germany. / Church history, esp. Switzerland.

10071. **Wennerstrom, Courtney** University of Colorado at Boulder, Campus Box 226, Boulder, CO 80309, USA. *U. of Colorado at Boulder.*

10072. **Went-Daoust, Yvette Y. Y. M.** Terweeweg 142, 2341CX, Oegstgeest, Netherlands. *Rijksuniv. Leiden* / Romans d'Isabelle de Charrière dans leur contexte socio-culturel • Modalités de l'engagement de l'auteur • Evolution de l'œuvre sur les plans idéologique et technique.
✉ y.went-daoust@umail.leidenuniv.nl

10073. **Werner, Paul T.** 218 East Fifth St, #2E, New York 10003, NY, USA. / Art and agency in the French Revolution.
✉ paul.werner@nyu.edu

10074. **Werner, Stephen** Dept of French, University of California, 405 Hilgard Avenue, Los Angeles, CA 90024, USA. *U.C.L.A.* / Diderot: l'*Encyclopédie.*

10075. **Wess, Robert** Dept of English, Oregon State University, Moreland Hall 238, Corvallis, OR 97331-5302, USA. *Oregon State U.* / Critical theory • Restoration comedy • English novel.

10076. **Wessels, L. H. M.** Javastraat 36, 6524 MC Nijmegen, Netherlands. / Historiography • Enlightenment, Romanticism and 'fin de siècle' • Nationalism • History of ideas.

10077. **Wessely, Maria E.** Joannellig. 2/7/19, 1150 Wien, Austria.

10078. **West, Hugh** Dept of History, University of Richmond, 28 Westhampton Way,

Richmond, VA 23173, USA. *U. of Richmond* / Georg Forster as prism on the late 18th-century European cultural and intellectual landscape.
✉ hwest@richmond.edu

10079. **West, Shearer L.** Dept of Fine Art, Barber Institute of Fine Arts, University of Birmingham, Edgbaston, B15 2TS, UK. *U. of Birmingham* / British portraiture • Italian art • British art theory • Art and theatre.

10080. **West, Susie** Darwin College, Cambridge, CB3 9EU, UK. *U. of Cambridge.*

10081. **West, Thomas M.** Dept of English, U.T.P.A., 1201 West University Drive, Edinburg, TX 78539-2999, USA. *U. of Texas Pan American.*

10082. **Westerhoff, Armin** Dépt de langage et littérature allemandes, Université de Genève, Chemin Thury 10, 1206 Genève, Switzerland. *U. de Genève.*

10083. **Weston, Helen** Dept of History of Art, University College London, Gower St, London, WC1E 6BT, UK. *University C.* / Art • Cultural history • French Revolution • France.

10084. **Westphal, Wolfgang** Am Krahnap 58, 40229 Düsseldorf, Germany. / Karoline von Günderrode.

10085. **Wetzels, Walter D.** 4807 Placid Place, 78731 Austin, TX, USA. *U. of Texas (Austin)* / German literature • Relationships between literature and science • Popularisation of science through literature.
✉ wwetzels@mail.utexas.edu

10086. **Weyler, Karen A.** Dept of English, University of North Carolina, Greensboro, NC 27402-6170, USA. *U. of North Carolina (Greensboro).*

10087. **Whale, John** University of Leeds, Leeds, UK. *U. of Leeds.*

10088. **Whaley, Joachim** Gonville and Caius College, Cambridge, CB2 1TA, UK. *U. of Cambridge* / Holy Roman Empire (institutions, political and legal theory) • Social and cultural developments in German-speaking Europe.
✉ j.whaley@cai.cam.ac.uk

10089. **Whatley, Christopher Allan** Dept of History, University of Dundee, Dundee, DD1 4HN, UK. *U. of Dundee* / Economy and society of Scotland • Popular culture • Relations with England and Europe.

10090. **Whatley, Janet** Dept of Romance Languages, University of Vermont, Burlington, VT 05401-3445, USA. *U. of Vermont* / Isabelle de Charrière.

10091. **Whatmore, Richard** Dept of Social Sciences, University of Sussex, Falmer, Brighton, BN1 9QN, UK. *U. of Sussex* / Jean-Baptiste Say • Etienne Clavière • French Revolution • Political economy in France and Britain, 18-19c.

10092. **Wheatley, Christopher** Dept of English, Catholic University of America, Washington, DC 20064, USA. *Catholic U. of America* / Restoration drama • Philosophy • Anglo-Irish literature.

10093. **Wheeler, Roxann** Dept of English, Ohio State University, 164 West 17th Avenue, Columbus, OH 43210-1370, USA. *Ohio State U.*

10094. **Wheelock, Gretchen A.** Eastman School of Music, 26 Gibbs St, Rochester, NY 14604-2505, USA. *Eastman School of Music.*

10095. **Whelan, Kevin** Newman House, 86 St Stephen's Green, Dublin 2, Ireland. *U. of Notre Dame* / The United Irishmen • Radical politics in the 1790s • Irish Catholicism • Landscape evolution.

10096. **Whelan, Ruth** Dept of French, National University of Ireland, Maynooth, Co. Kildare, Ireland. *National U. of Ireland (Maynooth)* / Pre-Enlightenment intellectual and religious history • Intellectual history of the Huguenots, esp. Pierre Bayle, Jacques Abbadie and the Huguenot pastors in Ireland • Huquenot diaspora.

10097. **White, Betty Evans** 1128 State St, Alton, IL 62002-6030, USA. *Washington U.* / Novels of Fielding • Fiction.

10098. **White, Cyndi** 1740 North West North River Drive, apt 618, Miami, FL 33125-2359, USA.

10099. **White, Elizabeth** Holbourne Museum of Art, Great Pulteney St, Bath, BA2 4DB, UK. *Holbourne Museum of Art.*

10100. **White, Eryn M.** Dept of Welsh History, University of Wales, Aberystwyth, SY23 3DY, UK. *U. of Wales (Aberystwyth)* / Religion and education in Wales.

10101. **White, J. Edmund** 110 North Newstead, #202, St. Louis, MO 63108, USA.

10102. **White, Jonathan** 113 Shelford Road, Cambridge, CB2 2NB, UK.

10103. **Whitehead, Lance** 35 Saxon Crescent, Horsham, West Sussex RH12 2HX, UK.

10104. **Whiting, B. G.** Spring Lodge, Heslington Lane, Heslington, York, YO10 5DX, UK. / Early 18c patronage • Architectural activities of Richard Boyle, third earl of Burlington • Villa ideology.

10105. **Whiting, Patricia** Dept of English, University of Ottawa, P.O. Box 450, Stn A, Ottawa, ON K1N 6N5, Canada. *U. of Ottawa.*

10106. **Whitlock, A. K.** Parsifal College, Open University, 527 Finchley Road, London, NW3 7BG, UK. *Open U.* / Anglo-Spanish literary and cultural relations.

10107. **Whitlock, Jonathan Spafford** 501 North Prospect St, Rockford, IL 61107-4316, USA.

10108. **Whitty, Ernest** 626 Burton Road, Littleover, Derby DE23 6DH, UK.

10109. **Whyman, Susan E.** 153 Buttonwood Drive, Fairhaven, NJ 01904-3630, USA. / Cultural history • Letters and letter-writing.
✉ swhyman@monmouth.com

10110. **Wichrowska, Elzbieta** Al. Solidarnosci 83/89 m.77, Warszawa, Poland.

10111. **Wickes, Leslie** 2125 Rue St Marc, apt 711, Montreal, PQ H3H 3P1, Canada.

10112. **Wickman, Matthew** 61 North 300 East, Spanish Fort, UT 4660, USA.

10113. **Widmark, Gun** Grönstensvägen 34, 752 41 Uppsala, Sweden.

10114. **Widmayer, Jan** Dept of English, Boise State University, 1910 University Drive, Boise, ID 83725, USA. *Boise State U.* / Landscape theory, including literature, gardening, and painting • Drama, esp. women dramatists, performance details • Material culture.
✉ jwidmayer@boisestate.edu

10115. **Widmer, Edward** 103 North Queen St, Chestertown, MD 21620, USA.

10116. **Wiebe, Russel** P.O. Box 211, Rutherford, NJ 07070-0211, USA.

10117. **Wiebenson, Dora** 250 Mercer St, apt B-1601, New York, NY 10012 1145, USA. / French architecture • Architectural theory • Picturesque garden • Central Europe.

10118. **Wieckenberg, Ernst-Peter** Emin-Pascha-Str. 10, 81929 München, Germany. / Lessing • Moritz.
✉ epwieckeberg@aol.com

10119. **Wieczorrek, Michael** Max-Planck-Institut für Europäische Rechtsgeschichte, Postfach 93 02 27, 60457 Frankfurt am Main, Germany. *Max-Planck-Institut für Europäische Rechtsgeschichte* / Legal language, practice, history.

10120. **Wiedemann, Heinz** Sauerbruchstr. 42, 45470 Mülheim an der Ruhr, Germany.

10121. **Wiel, J. R. van der** Jachthoornlaan 24, 3721 BR Bilthoven, Netherlands.

10122. **Wielema, M. R.** Gerdesiaweg 263, 3061 RS Rotterdam, Netherlands. / Spinozism • Atheism • Heterodoxy and free thought in the Netherlands, 1650-1800.

10123. **Wienecke, Dietrich** Am Markt 7, 37671 Höxter, Germany.

10124. **Wierlacher, Alois** Fachgebiet Interkulturelle Germanistik, 95440 Bayreuth, Germany. *U. Bayreuth* / Literary and cultural history.

10125. **Wiger, Ellen Nessheim** Ridderkleiva 91, 1386 Asker, Norway. *U. of Oslo* / Denmark • Norway • Theatre • Enlightenment (concept) • French Enlightenment • Drama • Norwegian literature • Johan Nordahl Brun • Scholarly editing.
✉ ellen.nessheim@ibsen.uio.no

10126. **Wijnbladh, Cecilia** Ledarskapsinstitut, Försvarshögskolan, Box 27805, 115 93 Stockholm, Sweden. *Försvarshögskolan* / Sweden: Carl Michael Behman's plays, esp. ethical and sociological approaches.
✉ cecilia.wijnbladh@fhs.mil.se

10127. **Wijngaards, Guus N. M.** Koningsholster 64, 6573 VV Beek Ubbergen, Netherlands. / Jean Le Clerc and the *Bibliothèque choisie.*

10128. **Wikborg, Eleanor** Engelska institutionen, Stockholms universitet, 106 91 Stockholm, Sweden. *Stockholms U.* / Women's fiction • The 'author of my being': the lover as father-figure in English women's fiction.

10129. **Wiklund, Henry** Georgsgatan 14 B 15, 00120 Helsingfors, Finland.

10130. **Wikman, Kajsa** Åbo Akademi, Etnologiska institutionen, Biskopsgatan 11, 20500 Åbo, Finland. *Etnologiska institutionen.*

10131. **Wilberger, Carolyn H.** 4570 South West Philomath Boulevard, Corvallis, OR 97333-1049, USA. / France and Russia • French American colonies • Voltaire and Russia • Role of women in France, Russia, U.S.

10132. **Wilcox, Kirstin R.** 82 Western Way, Princeton, NJ 08540, USA. / British and American literature • Print culture • Gender.

10133. **Wilcox, Lance** Dept of English, Elmhurst College, Box 66, 190 Prospect, Elmhurst, IL 60126-3296, USA. *Elmhurst C.* / Private correspondence and religious experience of Samuel Johnson • Elizabeth Inchbald.
✉ lancew@elmhurst.edu

10134. **Wild, Min** School of English, University of Exeter, Queens Building, Queens Drive, Exeter, EX4 4QH, UK. *U. of Exeter* / Britain • Perodicals • Smart • Satire.
✉ g.l.wild@exeter.ac.uk

10135. **Wild, Reiner** Hausackerweg 20, 69118 Heidelberg, Germany. *U. Mannheim* / Literature and culture • Goethe • Literature and the civilising process.
✉ reiner.wild@phil.uni-mannheim.de

10136. **Wild, Wayne** 112 Alexander Avenue, Belmont, MA 02478-3165, USA.

10137. **Wilde, Francesca** 47 Ouse Lea, Shipton Road, York, YO30 6SA, UK. *U. of York* / Mrs Delany (autobiography and correspondence, 1700-1788).

10138. **Wildermuth, Mark E.** University of Texas of Permian Basin, 4901 East University Boulevard, Odessa, TX 79762-8122, USA. *U. of Texas of Permian Basin.*

10139. **Wilhelm, Ira** Türkenstr. 53, 80799 München, Germany.

10140. **Wilke, Jürgen** Curt Goetz-Str. 5, 55127 Mainz, Germany. *U. Mainz* / Journaux littéraires • Poésie politique du *Sturm und Drang* à l'époque romantique • Presse politique.

10141. **Wilkins, Kathleen S.** Montclair State University, Normal Avenue, Upper Montclair, NJ 07043, USA. *Montclair State U.* / Workers in France • Concepts of virtue and morality.
✉ wilkinsk@mail.montclair.edu

10142. **Wilkins, Kay S.** 180 Walnut St, A57, Montclair, NJ 7042, USA. *Montclair State U.* / Educational theories • Jesuit philosophy • English and French women authors.
✉ wilkinsk@mail.montclair.edu

10143. **Wilkinson, Emily** Dept of English, Stanford University, Stanford, CA 94305, USA. *Stanford U.*

10144. **Wilkinson, Lynn R.** Dept of Germanic Studies, University of Texas, Austin, TX 78712-1026, USA. *U. of Texas (Austin)* / Cultural history • Drama • Novel.

10145. **Willén, Marcus** Tegelgatan 6, 2 trappor, 703 41 Örebro, Sweden.

10146. **Willette, Thomas C.** Dept of History of Art, University of Michigan, Tappan Hall 110, 519 South State St, Ann Arbor 48109-1357, MI, USA. *U. of Michigan* / Cultural and political uses of art historiography, esp. for national identity • Clandestine publishing in Italy • Self-portraiture and autobiography.
✉ willette@umich.edu

10147. **Williams, Abigail** 6 Bedford St, Oxford, OX4 1SU, UK.

10148. **Williams, Andrew P.** 804 Penmon Drive, Fuquay Varina, NC 27526 1781, USA.

10149. **Williams, Anne** Dept of English, University of Georgia, Athens, GA 30609-2217, USA. *U. of Georgia* / Gothic novel • English lyric • Feminists.

10150. **Williams, Charles G. S.** 415 Glen Echo Cicle, Columbus, OH 43202-2419, USA. *Ohio State U. (Columbus).*

10151. **Williams, Daniel E.** P.O. Box 86, University, MS 38677 0086, USA. / Early American print culture • Theories of narrative • Autobiography.

10152. **Williams, David** University of Sheffield, Western Bank, Sheffield, South Yorkshire S10 3QR, UK. *U. of Sheffield* / Voltaire's aesthetics and literary criticism • Condorcet • Enlightenment political thought • Abolitionist literature • The slave trade • Negritude.
✉ d.williams@sheffield.ac.uk

10153. **Williams, Elizabeth** Dept of History, Oklahoma State University, Stillwater, OK 74078-0002, USA. *Oklahoma State U.* / Medicine • Cultural history of the Enlightenment.

10154. **Williams, George H.** Dept of English, University of Missouri, 5100 Rockhill Road, Kansas City, MO 64110, USA. *U. of Missouri (Kansas City)* / Whigs • Wesley.
✉ williamsgh@umkc.edu

10155. **Williams, Jerome** Dept of Foreign Languages, West Chester University, 700 South High St, West Chester, PA 19383, USA. *West Chester U.*

10156. **Williams, Kate** Somerville College, Oxford, OX2 6HD, UK. *U. of Oxford* / Richardson and amatory fiction.

10157. **Williams, Melvin G.** Dept of English, American International College, Springfield, MA 01109, USA. *American International C.* / Cowper • Early Methodism in the United States.

10158. **Williams, N. J. A.** Dept of Modern Irish, University College Dublin, Belfield, Dublin 4, Ireland. *University C. Dublin.*

10159. **Williams, Richard G.** 70 Farquhar Road, Upper Norwood, London, SE19 1LT, UK. / English Catholic and social history to 1750 • Pope and his circle • Walpole • Social and economic history of rural England • English fine arts and architecture.
✉ richardgw2@aol.com

10160. **Williams, Robert** 20018 High Bluff Road, Helotes, TX 78023-2909, USA.

10161. **Williams, William P.** Dept of English, Northern Illinois University, De Kalb, IL 60115, USA. *Northern Illinois U.* / Shakespeare and the editing of Shakespeare.

10162. **Williamson, Karina** School of Literatures, Languages and Cultures, University of Edinburgh, David Hume Tower, George Square, Edinburgh, EH8 9JX, UK. *U. of Edinburgh* / 17-18c English and Scottish poetry • Verse epistles and poems about slavery and abolition • Aesopic fables (1660-1790) by Smart and others • Impact of Newtonianism on poetry.
✉ karina.williamson@ed.ac.uk

10163. **Williamson, Keyes** Old Salem Inc., P.O. Box F, Winston-Salem, NC 27108-0346, USA. *Old Salem Inc.*

10164. **Willingham, Eileen** Dept of Spanish & Portuguese, University of Iowa, 111 Phillips Hall, Iowa City, IA 52242-1409, USA. *U. of Iowa.*

10165. **Willman, Robert I.** Dept of History, Mississippi State University, Mississippi State, MS 39762-9999, USA. *Mississippi State U.* / English constitutional and legal history.

10166. **Wilner, Arlene** Dept of English, Rider University, 2083 Lawrenceville Road, Lawrenceville, NJ 06848 3001, USA. *Rider U.*

10167. **Wilputte, Earla A.** Dept of English, St Francis Xavier University, P.O. Box 5000, Antigonish, NS B2G 2W5, Canada. *St Francis Xavier U.* / Britain • English literature • Cavendish • Fielding • Haywood • Novels, women writers.
✉ ewilputt@stfx.ca

10168. **Wilson, Brett D.** 2201 Kater St, Philadelphia, PA 19146, USA. *U. of Pennsylvania* / British drama and the uses of sensibility to bolster partisan politics and political ideology.
✉ bdwilson@dept.english.upenn.edu

10169. **Wilson, Carol Shiner** Muhlenberg College, 3841 Trexler Boulevard, Allentown, PA 18104, USA. *Muhlenberg C.* / Women writers, inc. Anna Barbauld and Jane Barker • Conduct manuals • Anglo-French literary connections, 1680-1750 • Jacobites in France, 1688-1750.

10170. **Wilson, Daniel** Dept of German, University of California, Berkeley, CA 94720 0001, USA. *U. of California.*

10171. **Wilson, Donald S.** 20 Springwell Road, North End, Durham, DH1 4LR, UK. / French practice and theory of education • Moral philosophy.

10172. **Wilson, James** Lady Margaret Hall, Oxford, OX2 6QA, UK. *U. of Oxford.*

10173. **Wilson, Jennifer** 133 Blues Drive, Boone, NC 28607, USA.

10174. **Wilson, Lisa M.** 119 Kansas St #4, Winona, MN 55987, USA. *Winona State U.*
✉ lwilson17@aol.com

10175. **Wilson, Penelope B.** New Hall, Huntingdon Road, Cambridge, CB3 0DF, UK. *U. of Cambridge* / Literature and the classical tradition • Classical commentary in Britain • Translation • Augustanism • Feminism • Defoe.
✉ pbw1000@cam.ac.uk

10176. **Wilson, Philip K.** Dept of Humanities, Pennsylvania State University, College of Medicine, H134, 500 University Drive, Hershey, PA 17033, USA. *Pennsylvania State U.* / Roles of nature (including heredity) and nurture (including environment) as expressed in the writings of natural philosophers, medics, educators, religious authorities.
✉ pwilson@psu.edu

10177. **Wilson, R. G.** Centre of East Anglian Studies, University of East Anglia, Norwich, NR4 7TJ, UK. *U. of East Anglia* / The economic history of the country house • Building in England, 1660-1880.

10178. **Wilson, W. Daniel** Dept of German, University of California, Berkeley, CA 94720-3243, USA. *U. of California* / Politics and literature • Patronage, censorship • Social history of literature • Illuminati and other secret societies • French Revolution and German literature • Enlightened absolutism • Gender studies.

10179. **Wilton-Ely, John** The Towers, 1 St John St, Beverley, HU17 8HT, UK. *U. of Hull* / G. B. Piranesi and British and continental neoclassical art, architecture and design, esp. Robert Adam • William Beckford • The Grand Tour.

10180. **Winans, Robert B.** 2673 Oswald Drive, Hampstead, MD 21074-1032, USA. /

The book in 18c America, esp. booksellers' catalogues, reading tastes.

10181. **Wind, Barry** Dept of Art History, University of Wisconsin, Downer Avenue, Milwaukee 53211, WI, USA. *U. of Wisconsin (Milwaukee)* / Social, political, and economic aspects of English satirical prints.
☞ bwind@uwm.edu

10182. **Windler, Christian** Dept of History, Universität Freiburg, Werthmannplatz, 79085 Freiburg, Germany. *U. Freiburg* / French Revolution • France • Spain • Switzerland • Enlightenment (French, Spanish, Swiss) • Diplomacy • Economic societies • Local government • Image of the Orient • Barbary • Islam.
☞ christian.windler@geschichte.uni-frei burg.de

10183. **Wine, Humphrey** National Gallery, Trafalgar Square, London, WC2N 5DN, UK. *National Gallery (London)* / Académie de peinture • Painting • Salons • Marquise de Pompadour • Watteau.
☞ humphrey.wine@ng-london.org.uk

10184. **Winemiller, John T.** 1031 Luttrell St, Knoxville, TN 37917-6626, USA. *S.U.N.Y. (Stony Brook)* / Handel • Opera • Intellectual property • Connections between music and other arts.

10185. **Winge, Mette** Frederiksgade 9, 1265 København K, Denmark.

10186. **Winiarski, Jerzy** Ul. Slowackiego 114/118, 97-300 Piotrków Trybunalski, Poland.

10187. **Winiger, Benoit** 74 rue de Montchoisy, 1207 Genève, Switzerland. / Law.

10188. **Winkelhorst, Andreas** Kantstr. 20, 45721 Haltern, Germany. *U.-Gesamthochschule Wuppertal* / John Howard and prison reform; reception in Germany.

10189. **Winkler, Gisela** Kellerstr. 3, 58456 Witten, Germany. *Gymnasium Goethe-Schule (Bochum)*.

10190. **Winkler, Markus** Avenue de Bel-Air 74, 1225 Chênes-Bourg, Switzerland. *U. de Genève* / German, French and comparative literature, 18-20c.

10191. **Winn, James** Dept of English, Boston University, 236 Bay State Road, Boston, MA 2215, USA. *Boston U.*

10192. **Winnifrith, Thomas** 50 Sheep St, Shipton on Stour, Warwick, CV36 4AE, UK.

10193. **Winston, Michael** 924 Parsons St, Norman, OK 73069-4521, USA. / French Enlightenment literature and philosophy • Medicine and literature.

10194. **Winter, A. J. A. de** Cornelis Schuytstraat 2, 1071 JH Amsterdam, Netherlands. *Wereldagenda* / Chronology.

10195. **Winter, Michael** Goldschlagstr. 29/19, 1150 Wien, Austria.

10196. **Winter, Susanne** Centro tedesco di studi veneziani, Palazzo Barbarigo della Terrazza, San Polo 2765 A, 30125 Venezia, Italy. *Centro tedesco di studi veneziani* / Italy • Republic ofVenice • Theatre • Italian Enlightenment • Commedia dell'Arte • Carlo Goldoni • Carlo Gozzi.
☞ swinter@dszv.it

10197. **Winton, Calhoun** Dept of English, University of Maryland, Susquehanna Hall, College Park, MD 20742, USA. *U. of Maryland (College Park)* / London theatre • Book history • Transatlantic book trade.
☞ cw41@umail.umd.edu

10198. **Winton, Patrik** Dept of History, Uppsala Universitet, St Larsgatan 2, 75310 Uppsala, Sweden. *Uppsala U.* / The political élite in Sweden during the Age of Liberty (1719-1772) • Comparisons between the political élites in Sweden and Great Britain.
☞ patrik.winton@hist.uu.se

10199. **Wirz, Charles** 26 rue Voltaire, 1201 Genève, Switzerland. / Voltaire • Rousseau • Diderot.

10200. **Wisbert, Rainer** Philosophische Fakultät, Pädagogisches Seminar, Universität Köln, Vogelsanger Weg 109, 50858 Köln, Germany. *U. Köln.*

10201. **Wiseman, Dennis M.** Wofford College, Box 01, 429 North Church St, Spartanburg, SC 29303-0001, USA. *Wofford C.*

10202. **Wisner, David A.** American College of Thessaloniki, Anatolia College, P.O. Box 21021, Pylea, 55510 Thessaloniki, Greece. *American C. of Thessaloniki* / Cultural institutions • Origins of French Revolution • French neo-classicism.

10203. **Wissing, Pieter van** Uniceflaan 34, 6525 JM Nijmegen, Netherlands. / Petrus de Wacker van Zon (1758-1818) • Satire in Dutch periodicals, esp. *Janus* (1787) and novels.
☞ pieter.van.wissing@wxs.nl

10204. **Wistinghausen, Henning von** Lützowufer 1, 10785 Berlin, Germany. / Estonia • Freemasonry in Reval and Tallinn.

10205. **Wit, H. A. M. de** Leo Voogdweg 5, 2597 MP Den Haag, Netherlands. / Public finance and taxation • Institutional history • History of ideas concerning public finance.

10206. **Witt, Tobias** Danziger Str. 14c, 24306 Plön, Germany.

10207. **Witte, Bettina** In den Gärtlesäckern 48, 70771 Leinf.-Echterdingen, Germany. *U. Tübingen.*

10208. **Witte, Georg** Institut für Slavistik, Humboldt-Universität, Unter den Linden 6, 10099 Berlin, Germany. *Humboldt-U. Berlin.*

10209. **Witthaus, Jan-Henrik** Memelstr. 24, 45470 Mülheim/Ruhr, Germany. *U. Duisburg.*

10210. **Wittmann, Reinhard** Oberachau 1, 83730 Fischbachau, Germany. *Bayerischer Rundfunk (München)* / Marché du livre et vie littéraire • Littérature bavaroise.

10211. **Wittmuetz, Volkmar** Bergische Universität Wuppertal, FB 2 - Geschichte, Postfach 100127, 42097 Wuppertal, Germany. *U.-Gesamthochschule Wuppertal* / Schools and education • Protestant churches • Duchy of Berg.

10212. **Wlodarczyk, Michel** Folkuniversitetet, Box 363, 901 08 Umeå, Sweden. *Folkuniversitetet* / Diderot • Catherine II • Les salons des Lumières.

10213. **Woelfel, James** University of Kansas, Bailey Hall, 1445 Jayhawk Boulevard, Lawrence, KS 66045-7594, USA. *U. of Kansas.*

10214. **Woesler, Winfried** August-Schlüter-Str. 39, 48249 Dülmen, Germany. *U. Osnabrück* / German literature (Möser, Lessing, Goethe).

10215. **Wojcicki, Jacek** Ul. Mickiewicza 70 m.69, 01-650 Warszawa, Poland. *U. Warszawski* / La réception polonaise et les traductions de la littérature latine.
✉ jacekwoj@ibl.waw.pl

10216. **Wojciechowska-Bianco, B.** Via Maroncelli 17, 74016 Massafra (TA), Italy. / Gilbert (monographie, édition critique) • Mercier (la transformation de la comédie de Goldoni Molière en drame bourgeois).

10217. **Wokler, Robert** 51 Hartington Grove, Cambridge, CB1 4UA, UK. / Rousseau, Diderot, Monboddo • Anthropology and political thought • The human sciences • The Enlightenment project and its critics.

10218. **Wolf, Amy** Dept of English, Canisius College, 379 Linwood Avenue, Buffalo, NY 14209-1607, USA. *Canisius C.*

10219. **Wolf, Eugene K.** Dept of Music, University of Pennsylvania, 201 South 34th St, Philadelphia, PA 19104-6313, USA. *U. of Pennsylvania* / Symphony, 1685-1775 • Music at Mannheim, 1720-1778 • Instrumental music of the Classical period.

10220. **Wolf, Richard B.** Dept of English, Mississippi State University, P.O. Box E, Mississippi State, MS 39762, USA. *Mississippi State U.* / British comedies, 1660-1710 (in print and on the London stage).
✉ rbw2@ra.msstate.edu

10221. **Wolfe, Charles T.** Dept of Philosophy, Boston University, 745 Commonwealth Avenue, Boston, MA 02215, USA. *Boston U.* / Philosophical materialism and the ontology of the life sciences.
✉ ctwolfe@bu.edu

10222. **Wolfe, Karin E.** Via Sebastiano Conco 12, 197 Rome, Italy.

10223. **Wolfe, Michelle** Alcuin College, University of York, Block J1, Flat 2, Heslington, York, YO10 5NB, UK. *U. of York.*

10224. **Wolfe, Stephen** Dept of English, Linfield College, 900 Sout East Baker St, McMinnville, OR 97128-6894, USA. *Linfield C.*

10225. **Wölfel, Kurt** Arndtstr. 23, 53113 Bonn, Germany. *U. Bonn.*

10226. **Wolfes, Matthias** Herderstr. 2, 10625 Berlin, Germany. *U. Kiel* / Modern protestant theology • History of Enlightenment.
✉ mwolfes@email.uni-kiel.de

10227. **Wolff, Charlotta** Svinhufvudsvagen 8 C 29, 00570 Helsinki, Finland. *Helsinki U.* / L'influence de la France en Suède • La question de la sensibilité de la noblesse suédoise aux Lumières francaises.
✉ charlotta.wolff@helsinki.fi

10228. **Wolff, Larry** Dept of History, Boston College, 140 Commonwealth Avenue, Chestnut Hill, MA 02467, USA. *Boston C.* / Relations between Eastern and Western Europe • The 'invention' of Eastern Europe, and the 'discovery' of the Slavs • History of childhood.
✉ wolff@bc.edu

10229. **Wolff, Margaretha** Björknäsgatan 34 C, 10600 Ekenäs, Finland.

10230. **Wolff-Craandyk, M. I.** 'Stoephout', Stoeplaan 11 / 66, 2243 CW Wassenaar, Netherlands.

10231. **Wolff-Metternich, Beatrix Freifrau** Nachtigall 2, 37671 Höxter, Germany. *Museum der Porzellanmanufaktur Fürstenburg* / Porcelain • Classicism.

10232. **Wolfgang, Aurora** Dept of Foreign Languages and Literatures, California State University, 5500 University Parkway, San Bernardino, CA 92407-2393, USA. *California State U. (San Bernardino)* / Novel • Women writers • Sociability.

10233. **Wölfle-Fischer, Susanne** Marktplatz 2, 15831 Mahlow, Germany. / French Revolution.

10234. **Wolgast, Karin** Maribovej 86, 2500 Valby, Denmark. *U. Kopenhagen.*

10235. **Wolikow, Claudine** 26 rue Damrémont, 75018 Paris, France. *U. de Paris X* / Communauté villageoise • Démocratie mandataire • Démocratie représentative.

10236. **Woloch, Isser** Dept of History, Columbia University, New York, NY 10027 0597, USA. *Columbia U.* / French institutions, 1789-1820s • The French Revolution • Ancien régime.

10237. **Wolodkiewicz, Witold** Ul. Zdrojowa 27, 02-927 Warszawa, Poland. *U. Warszawski* / Droit: les encyclopédistes et la jurisprudence • Juristes français.

10238. **Woloszynski, Ryszard Waclaw** Ul. M. Kopernika 8/18 m.19, 00-367 Warszawa, Poland. *Gornoslgska Wyrsza Szkota Pedagogiczna* / Teachers as a social group in Poland • Foreign opinions about Poland.

10239. **Wolper, Roy S.** 315 Sinkler Road, Wyncote, PA 19095 1115, USA. *Temple U.* / Scriblerians • English attitude to Jews • Volatire's *contes*.
✉ rwolper2@comcmst.net

10240. **Wolska, Barbara** Ul. 11 listopada 33 m.19, 91-371 Lódz, Poland.

10241. **Womersley, David** Jesus College, Oxford, OX1 3DW, UK. *U. of Oxford* / Gibbon • Historiography • The 1790s.

10242. **Wood, Dennis** Dept of French, University of Birmingham, Birmingham, B15 2TT, UK. *U. of Birmingham* / Isabelle de Charrière • Benjamin Constant • Germaine de Staël.

10243. **Wood, Gordon S.** Dept of History, Brown University, 142 Angell St, Providence, RI 2912, USA. *Brown U.*

10244. **Wood, Lisa** Dept of Humanities, Vanier College, York University, 4700 Keele St, Toronto, ON M6G 3S5, Canada. *York U.* / Gender • Nationalism (British) • Books of household management.
✉ mwood@yorku.ca

10245. **Wood, Paul B.** Dept of History, University of Victoria, P.O. Box 3045, Victoria, BC V8W 3P4, Canada. *U. of Victoria* / Thomas Reid • Scottish universities and the Enlightenment • Natural and moral philosophy in the European Enlightenment.
✉ pbwood@uvic.ca

10246. **Wood, Stephen Charles** 24 Stanley St, Southsea, Hampshire PO5 2DS, UK. / Military history • Military clubs and societies and the exercise of patronage • Military freemasonry • Military and naval artefacts.
✉ scwbloomsbury@aol.com

10247. **Woodbridge, John** Trinity Divinity School, Deerfield, IL 60015 1283, USA. *Trinity Divinity School* / Richard Simon (1638-1712) and biblical criticism • Biblical criticism in Germany • French Protestantism and the philosophes • The book trade.

10248. **Woodfine, Philip L.** Dept of History, University of Huddersfield, Queensgate, Huddersfield, HD1 3DH, UK. *U. of Huddersfield* / Political and diplomatic history of the first half of the 18c • History of medicine • Robert Walpole.
✉ p.l.woodfine@hud.ac.uk

10249. **Woodman, Thomas** Dept of English, University of Reading, P.O. Box 218, Whiteknights, Reading, RG6 6AA, UK. *U. of Reading* / Thomas Parnell • Pope • Johnson.

10250. **Woodmansee, Martha** Dept of English, Guilford Hall, Case Western Reserve University, 11112 Bellflower Road, Cleveland, OH 44106-3965, USA. *Case Western Reserve U.* / Intellectual history • Comparative literature • Aesthetics: history of criticism.

10251. **Woods, Patricia** Arts & Sciences Administration, University of Cincinnati, P.O. Box 210037, Cincinnati, OH 45221-0037, USA. *U. of Cincinnati.*

10252. **Woodward, Carolyn Jane** Dept of English and Humanities, University of New Mexico, Albuquerque, NM 87131, USA. *U. of New Mexico* / Sarah Fielding • British women novelists, 1740-1770 • Feminist literary criticism.

10253. **Woodward, Servanne** Dept of French, University of Western Ontario, University College room 138, London, ON N6A 3K7, Canada. *U. of Western Ontario* / Intersection of cultural values and the process of literary or artistic creation • Personal poetics in the time-place context.
✉ swoodwar@uwo.ca

10254. **Woolf, D. R.** Dept of History, Dalhousie University, Halifax, NS B3H 3J5, Canada. *Dalhousie U.* / Sense of history, historiography • Intellectual history • History of the book and readers.

10255. **Woolley, James** Dept of English, Lafayette College, Easton, PA 18042, USA. *Lafayette C.* / Swift's poems.
✉ woolleyj@lafayette.edu

10256. **Wootton, David** Dept of History, Queen Mary College, Mile End Road, London, E1 4NS, UK. *U. of London.*

10257. **Wootz, Kristina** St Olofsgatan 64 A, 3 trappor, 753 30 Uppsala, Sweden.

10258. **Worden, Nigel A.** Dept of Historical Studies, University of Cape Town, Private Bag, 7701 Rondebosch, South Africa. *U. of Cape Town* / Socio-cultural history of Cape Town • Slavery in Dutch East India Company territories, esp. Cape of Good Hope.
✉ nword@beattie.uct.ac.za

10259. **Wörgötter, Zora** Dept of Old Paintings and Sculptures, Moravska Gallery, Husova 18, Moravské nám 1a, 662 26 Breno, Czech Republic. *Moravska Gallery* / Baroque painting and culture • Epitaphs.
✉ zora.n@volny.cz

10260. **Worsøe-Schmidt, Lisbeth** Jeppes Allé 9, 2400 København N, Denmark.

10261. **Worvill, Romira** Dept of Languages and Literatures, Acadia University, P.O. Box 1551, Wolfville, NS B0P 1X0, Canada. *Acadia U.* / Theatre • Dramatic language • Art theory.
✉ rworvill@acadian.ca

10262. **Woude, C. C. van der** Obrechtlaan 28, 6711 EL Ede, Netherlands.

10263. **Wrba, Johannes** Provinzarchiv S.J., Dr Ignaz Seipel Platz 1, 1010 Wien, Austria. *Provinzarchiv S. J.*

10264. **Wrede, Sophie** Fabriksgatan 4 B, 00140 Helsingfors, Finland.

10265. **Wright, Angela** Dept of French, University of Aberdeen, King's College, Old Aberdeen, AB24 3UB, UK. *U. of Aberdeen* / Gothic novel • Melodrama • Sade.

10266. **Wright, Beth S.** Dept of Art and Art History, University of Texas, 700 West Second St, Arlington, TX 76019-0089, USA. *U. of Texas (Arlington)* / Historical painting and illustration • Use of text and image in education.
✉ bwright@exchange.uta.edu

10267. **Wright, John P.** Dept of Philosophy, Central Michigan University, Anspach Hall, Mount Pleasant, MI 48859, USA. *Central Michigan U.* / Medicine and philosophy.

10268. **Wright, Julia M.** Dept of English and Film Studies, Wilfrid Laurier University, Waterloo, ON N2L 3C5, Canada. *Wilfrid Laurier U.* / Nationalism in British and Irish literature (1750-1850).

10269. **Wright, Susan** Dept of English, Northern Arizona University, University Box 6032, Flagstaff, AZ 86011-6032, USA. *Northern Arizona U.* / History of the English language • Grammars • Early 18c English literature.

10270. **Wright III, Amos Jasper** Department of Anesthesiology Library, University of Alabama, 619 19th St South, JT965, Birmingham, AL 35249-6810, USA. *U. of Alabama (Birmingham)* / Use of and experimentation with gases.
✉ ajwright@uab.edu

10271. **Wright-Vance, Ellen** 751 Vine St, Montevallo, AL 35115-3703, USA.

10272. **Wrigley, Richard B.** Dept of Art History, Oxford Brookes University, Gipsy Lane, Headington, Oxford, OX3 0BP, UK. *Oxford Brookes U.* / French art criticism, representations of Rome, travel • Visual culture during the French Revolution • Dress.
✉ rwrigley@brookes.ac.uk

10273. **Wu, Boya** Institute of History, Chinese Academy of Social Sciences, 5 Jian Nei Da Jie, 100732 Beijing, China. *Chinese Academy of Social Sciences* / Sino-Western cultural relations.

10274. **Wu, Jianyong** Institute of History, Chinese Academy of Social Sciences, Beijing, China. *Chinese Academy of Social Sciences* / Trade.

10275. **Wu, Jieyuan** Institute of Qing History, Renmin University of China, 100872 Beijing, China. *Renmin U. of China* / China: Qing history.

10276. **Wu, Lan** Institute of Qing History, Renmin University of China, 100872 Beijing, China. *Renmin U. of China* / China: Qing history.

10277. **Wu, Min** Institute for the History of Natural Sciences, Chinese Academy of

Sciences, 100010 Beijing, China. *Chinese Academy of Sciences* / History of Christianity • Sino-European cultural relations, 17-18c.

10278. **Wu, Siwu** Institute of Qing History, Renmin University of China, 100872 Beijing, China. *Renmin U. of China* / China: Qing history.

10279. **Wu, Yunbilige** Inner Mongolia College (Menggu xueyuan), University of Inner Mongolia, Inner Mongolia, China. *U. of Inner Mongolia* / China: Qing history.

10280. **Wu, Yunhao** Institute of Qing History, Renmin University of China, 100872 Beijing, China. *Renmin U. of China* / China: Qing history.

10281. **Wulf, Harald** Bardowieker Weg 72, 23568 Lübeck, Germany. *Hanse-Schule für Wirtschaft und Verwaltung* / Commercial training manuals • Lexicology.

10282. **Wulf, Naomi** 10 rue André Antoine, 75010 Paris, France.

10283. **Wunderlich, Heinke** Hompeschstr. 4A, 40239 Düsseldorf, Germany. *U.-Gesamthochschule Wuppertal* / Bibliothèques privées • Récits de voyages.

10284. **Wunderlich, Ulrike** Marienstr. 25, 40212 Düsseldorf, Germany. *Fernuniversität Hagen* / Death in 18c literature and art.

10285. **Würfel, Sabine** Asternweg 10, 47906 Kempen, Germany. *U. Mainz.*

10286. **Wurst, Karin** Dept of German, Michigan State University, East Lansing, MI 48824 1020, USA. *Michigan State U.* / G. E. Lessing • J. M. R. Lenz • Women authors • Drama • E. Bürger • E. Thon • S. Albrecht • M. Ehrmann.

10287. **Wuthenow, Ralph-Rainer** Institut für Deutsche Sprache und Literatur II, Universität Frankfurt am Main, Gräfstr. 76, 60486 Frankfurt am Main, Germany. *U. Frankfurt am Main* / Littérature allemande et Révolution française • Récits de voyage • Ecrits autobiographiques • Le Romantisme allemand et européen.

10288. **Wutzler, Wolfgang Erich** Westfälische Wilhelms-Universität Münster, Johannisstr. 12-20, 48143 Münster, Germany. *Westfälische Wilhelms-U. Münster* / The ancients and the moderns • Humphry Repton and landscape gardening • Historical self-consciousness and aesthetic theory.
✉ wutzler@uni-muenster.de

10289. **Wyett, Jodi** Dept of English, Xavier University, 3800 Victory Parkway, Unit 1, Cincinnati, OH 45207 1092, USA. *Xavier U.*

10290. **Wykes, David** Dr Williams' s Library, 14 Gordon Square, London, WCIH 0AR, UK. *Dr Williams' s Library.*

10291. **Wyngaard, Amy S.** Dept of Languages and Literature, Syracuse University, 340 H. B. Crouse Hall, Syracuse, NY 13244, USA. *Syracuse U.* / Representations of the peasant in French literature, theatre, painting • Sexuality and pornography in Rétif de la Bretonne • Cultural history • Interdisciplinary studies.
✉ aswyngaa@syr.edu

10292. **Wyss, André** 12 chemin des Peupliers, 1131 Tolochenaz, Switzerland. *U. de Lausanne* / Histoire de la langue • Stylistique historique.

10293. **Xarepe, Manuel** Rua dos Cordoeiros 53 - 1°, 1400-071 Lisbõa, Portugal. / Antropologia • Cristianismo e poesia popular • Os ciganos.

10294. **Xavier, Paulo** Avenue Lageado 140-201, Cax. Postal 1026, 90460-110 Porto Alegre, Brazil. / Genealogy in the Rio Grande do Sul captaincy, Brazil • Social history • Art history.

10295. **Xia, Mingfang** Institute of Qing History, Renmin University of China, 100872 Beijing, China. *Renmin U. of China* / China: Qing history.

10296. **Xia, Yan** Institute of Qing History, Renmin University of China, 100872 Beijing, China. *Renmin U. of China* / China: Qing history.

10297. **Xidurigu,** Inner Mongolia College (Menggu xueyuan), University of Inner Mongolia, Inner Mongolia, China. *U. of Inner Mongolia* / China: Qing history.

10298. **Xie, Hongwei** Institute of Qing History, Renmin University of China, 100872 Beijing, China. *Renmin U. of China* / China: Qing history.

10299. **Xing, Long** Dept of History, Shanxi University, Shanxi, China. *Shanxi U.* / China: Qing history.

10300. **Xu, Ce** Liaohai chubanshe, Shenyang, Liaoning, China. *Liaohai chubanshe* / China: Qing history.

10301. **Xu, Che** Liaoning Ancient Book Publishing House, Liaolin, China. *Liaoning Ancient Book Publishing House* / Chinese literature.

10302. **Xu, Hao** Renmin University of China, 100872 Beijing, China. *Renmin U. of China* / China: Qing history.

10303. **Xu, Jing** Institute of Qing History, Renmin University of China, 100872 Beijing, China. *Renmin U. of China* / China: Qing history.

10304. **Xu, Kai** Dept of History, Beijing University, 100871 Beijing, China. *Beijing U.* / China: Qing history.

10305. **Xu, Minglong** Institute of World History, Chinese Academy of Social Sciences, Xueyuan Nanlu, San Jian Donglou, apt 901, 100088 Beijing, China. *Chinese Academy of Social Sciences* / France • Echanges culturels Europe-Chine • Missionaires catholiques en Chine.

10306. **Xu, Siyan** Lishi yanjiu bianjibu, 100720 Beijing, China. / China: Qing history.

10307. **Xu, Zhaoren** Renmin University of China, 100872 Beijing, China. *Renmin U. of China* / China: Qing history.

10308. **Yadav, Alok** Dept of English, George Mason University, 4400 University Drive, Fairfax, VA 22030, USA. *George Mason U.* / Cultural nationalism in Britain • Imperialism and culture (Britain and India) • Sociology of literary culture in Britain.
ayadav@gmu.edu

10309. **Yahaba, Takashi** 4-6-4-503 Minami-ikebukuro, Toshima-ku, 171-0022 Tokyo, Japan. / Hölderlin.

10310. **Yahata, Kiyofumi** 2-31-42 Nishi, Kunitachi-shi, 186-0005 Tokyo, Japan. *Ferris U.* / Adam Smith and English moral philosophy.

10311. **Yakame, Tokuya** 36-5 Tsuki-gaoka, Senri-Yama, Suita-shi, 565-0847 Osaka, Japan. *Kansai U.* / *Sturm und Drang* • Tragedy.

10312. **Yamada, Hidehiko** 3-3-10 Tokugawa-yama-cho, Chikusa-ku, Nagoya-shi, 464-0031 Aichi, Japan. *Nagoya U. of Economics* / Aesthetics in the German Enlightenment.

10313. **Yamada, Teizo** 8-22, 2-chome, 4-jo, Aino-sato, Kita-ku, Sapporo-shi, 002-8074 Hokkaido, Japan. *Nagasaki U.* / La théorie de la métaphore.

10314. **Yamaguchi, Takamichi** 5-17 Kayamachi, Mishima-shi, 411-0845 Shizuoka, Japan. / English political history and thought.

10315. **Yamaguchi, Toshiharu** Kochi-Joshi-dai-Kyoin-Shukusha 17-2, Higashi Ishidate-cho, Kochi-shi, 780-8039 Kochi, Japan. *Kochi Women's U.* / La philosophie de Diderot.

10316. **Yamaji, Asahiko** 6-1-7-1106 Ojima, Koto-ku, 136-0072 Tokyo, Japan. *Dokkyo U.* / La poétique de l'époque de Goethe.

10317. **Yamamoto, Hironobu** 40 Midori-gahara-danchi, Sanyo-cho, Asa-gun, 757-0000 Yamaguchi, Japan. *Ube C. of Engineering* / Thomas Gray.

10318. **Yamamoto, Hiroshi** 5-12-7 Sekimae, Musashino-shi, 180-0014 Tokyo, Japan. *Showa U.* / Music • Opera.

10319. **Yamamoto, Junji** 3-6-15-106 Imasato, 617-0814 Kyoto, Japan.

10320. **Yamamoto, Michio** 4-16-1-401-801 Kojidai, Nishi-ku, Kobe-shi 651-2273, Japan.

10321. **Yamashina, Takayasu** 5-9-1-103 Konakadai, Inage-ku, Chiba-shi, 263-0043 Chiba, Japan. *Chiba U.* / German language and literature • Linguistics.

10322. **Yamashita, Hajime** 1-24-11 Hanegi, Setagaya-ku, 156-0042 Tokyo, Japan. *Kansai U.* / German-Jewish ideas.

10323. **Yamashita, Takayuki** 1-2-5 Seiwadai, Kokura-Minami-ku, Kitakyushu-shi, 830-0973 Fukuoka, Japan. *Kurume U.* / Rousseau.

10324. **Yamauchi, Atsushi** 1-8-2-406 Kamishakujii, Nerima-ku, 177-0044 Tokyo, Japan. *Nihon U.* / Le folklore à l'époque romantique.

10325. **Yamazaki, Koichi** Centre for Historical and Social Science Literature, Hitotsubashi University, 2-1 Naka, Kunitachi 186-8602, Tokyo, Japan. *Hitotsubashi U.* / Les Lumières et la Révolution • La France.
kyamaz@xb3.so-net.ne.jp

10326. **Yamazaki, Masami** 2-19-7 Yamato-cho, Nakano-ku, 165-0034 Tokyo, Japan. *Toyo U.* / Diderot • Voltaire.

10327. **Yamazaki, Rei** 1-24-21 Miyawaki-cho, Takamatsu-shi, 760-0005 Kagawa-ken, Japan.

10328. **Yamazaki-Jamin, Harumi** 79 boulevard Vincent Auriol, Paris, 75013 France. / Rousseau et Paris.
harumiyj@free.fr

10329. **Yan, Aihong** Institute of Qing History, Renmin University of China, 100872 Beijing, China. *Renmin U. of China* / China: Qing history.

10330. **Yanagi, Haruo** 6-3-2 Nagasumi, Minami-ku, Fukuoka-shi, 811-1362 Fukuoka, Japan. *Kita Kyushu Junior C.* / La Constituante • Philosophie.

10331. **Yanagidani, Iwao** 301 Yamato-Highdence,Shimotsuruma 2776-1, Yamato-shi, Kanagawa-ken, Japan. / Salons littéraires en France.
✉ iyana@air.linkclub.or.jp

10332. **Yanagihara, Tomoko** 342-3 Koyama-cho-Kita 6, Tottori-shi, 680-0941 Tottori, Japan. *Tottori U.* / La Révolution française.

10333. **Yang, Dongliang** Institute of Qing History, Renmin University of China, 100872 Beijing, China. *Renmin U. of China* / China: Qing history.

10334. **Yang, Jianli** Institute of Qing History, Renmin University of China, 100872 Beijing, China. *Renmin U. of China* / China: Qing history.

10335. **Yang, Kuisong** Dept of History, Beijing University, 1000871 Beijing, China. *Beijing U.* / China: Qing history.

10336. **Yang, Nianqun** Institute of Qing History, Renmin University of China, 100872 Beijing, China. *Renmin U. of China* / China: Qing history.

10337. **Yang, Yanping** Institute of Qing History, Renmin University of China, 100872 Beijing, China. *Renmin U. of China* / China: Qing history.

10338. **Yang, Zhen** Institute of History, Chinese Academy of Social Sciences, 5 Jian Nei Da Jie, 100732 Beijing, China. *Chinese Academy of Social Sciences* / China: social history.

10339. **Yankova, Vénéta** 44 Seliolou Str., 9700 Shumen, Bulgaria. *Shumen U.* / Cultural history • Balkan ethnology and folklore.

10340. **Yano, Yoko** 1-1-J-311 Kokura, Saiwai-ku, Kawasaki-shi, 211-0954 Kanagawa, Japan. *Tokyo U.* / L'art français.

10341. **Yanover, Dena** 281 Spring Gate Boulevard, Thornhill, ON L4J 3G3, Canada. *Lawrence Park Collegiate* / Voltaire, esp. his political theory.

10342. **Yantis, Debra** 460 Navaro Way, #118, San José, CA 95134, USA. *San José State U.* / Nostalgia: expressions, manifestations, uses and implications • French philosophes, esp. Rousseau and Diderot • Otherness and the exotic.

10343. **Yardeni, Myriam** Dept of History, University of Haifa, Mount Carmel, 31905 Haifa, Israel. *U. of Haifa* / Le refuge huguenot • Paul Rabaut • Historiographie.

10344. **Yassour, Avraham** Dept of Political Sciences, University of Haifa, Mount Carmel, 31905 Haifa, Israel. *U. of Haifa* / Spinoza and his followers • Rousseau and social justice.

10345. **Yasukawa, Ryuji** Tokyo Keizai Daigaku, 1-7-34 Minami-cho, Kokubunji-shi, 185-0021 Tokyo, Japan. *Tokyo U. of Economics* / British economic thought and India • Utilitarianism.

10346. **Yasutake, Masataka** Faculty of Law, Kansai University, 3-3-35 Yamatecho, Suita-shi 564-8680, Japan. *Kansai U.*

10347. **Ye, Baichuan** Institute of Qing History, Renmin University of China, 100872 Beijing, China. *Renmin U. of China* / China: Qing history.

10348. **Yeager, Myron D.** Chapman University, One University Drive, Orange, CA 92866, USA. *Chapman U.* / Johnson.
✉ yeager@chapman.edu

10349. **Yennah, Robert** Dept of Modern Languages, Balme Library, University of Ghana, P. O. Box LG 207, Legon, Accra, Ghana. *U. of Ghana* / Significance of French literature to human development in Africa • Influence of the Bible on French writers.
✉ ryennah@libr.ug.edu.gh

10350. **Yesaulov, Nicolai** 13 Vasilsina St, Building 13, apt 81, 600037 Vladimir, Russia.

10351. **Yi, Tae-jin** 20-105 Kaenari APT, Yoksam-2-Dong, Kangnam-Ku, Seoul, South Korea. *Seoul National U.* / Korea • Political theory.

10352. **Yim, Denise C.** 380 Edgecliff Road, Woollahra, NSW 2025, Australia. / French and English correspondence (Genlis, Chinnery, Viotti) • Music • Works of Mme de Genlis.
✉ dc_yim@bigpond.com

10353. **Yim, Ju-Tak** Dept of Korean, Seoul National University, 56-1 Shinlim-dong, Kwanak-gu, 151-742 Seoul, South Korea. *Seoul National U.* / Korea: classical literature • 'Sijo' (ode).

10354. **Yin, Shuguo** Institute of Qing History, Renmin University of China, 100872 Beijing, China. *Renmin U. of China* / China: Qing history.

10355. **Yin, Tongyun** China History Museum, Beijing, China. *China History Museum* / China: Qing history.

10356. **Yoder, Wendy Carter** 11310 Bodley Drive, Louisville, KY 402233, USA.

10357. **Yolton, John W.** 39 Wakefield Lane, Piscataway, NJ 08854-5816, USA. *Rutgers U. (New Brunswick)* / Epistemology and metaphysics • Philosophy.

10358. **Yom, Syng Sup** 103-106 Kumkang Mansion, 4-1 Daekok-Dong, Dalseo-Ku, 704-310 Taegu, South Korea. *Keimyung U.* / German classicism • Goethe, Schiller, Hölderlin • Enlightenment • Comparative studies.

10359. **Yonan, Michael E.** Dept of Fine and Performing Arts, Saint Louis University, 221 North Grand Boulevard, St Louis, MO 63103, USA. *Saint Louis U.* / Artistic culture in Vienna • Chinoiserie, turquierie, and other non-European influences in art • Transnationalism in European art • Rococo architecture.
✉ yonanme@slu.edu

10360. **Yoneyama, Takao** 24-12 Omiya-Gentaku-Kitamachi, Kita-ku, Kyoto-shi, 603-8555 Kyoto, Japan. *Kyoto Sangyo U.* / Insurance • Wind instrument manufacture.

10361. **Yoneyama, Yoshiaki** 3-1-5-603 Saidera, Suita-shi, 565-0836 Osaka, Japan. *Osaka U. of Foreign Studies* / Bibliography of L. A. Muratori.

10362. **Yoon, Hye-Joon** 6 Lovell Road, Cambridge, CB4 2QP, UK.

10363. **Yoshida, Kotaro** Johannes-R.-Becher-Str. 9/735, 04279 Leipzig, Germany. *U. Leipzig.*

10364. **Yoshida, Naoki** Otaru University of Commerce, 3-5-21 Midori, Otaru 047-8501, Japan. *Otaru U. of Commerce.*

10365. **Yoshida, Taisuke** 2-325-101 Kohan, Higashiyamato-shi, 207-0002 Tokyo, Japan. *Kunitachi C. of Music* / Metastasio and libretti.

10366. **Yoshioka, Tomoya** 8-19-19 Todoroki, Setagaya-ku, 158-0082 Tokyo, Japan. *Rikkyo U.* / La pensée politique.

10367. **Yosifova, Pavlina Stefanova** 30 Elin Pelin Str., 1421 Sofia, Bulgaria. *Sofia U.* / Russia and Russian nationalism.

10368. **Youn, Kee-Han** 72-4 Tanbang-dong, Seo-ku, 302-223 Taejon, South Korea. *Chungnam National U.* / British and American novel • Laurence Sterne, Henry James.

10369. **Young, Brian** School of English and American Studies, University of Sussex, Falmer, Brighton, BN1 9QN, UK. *U. of Sussex* / Philosophical and religious thought in Britain • Historiography • Political thought • 19c perceptions of the 18c.

10370. **Young, Paul** Dept of French, Georgetown Universwity, 416 ICC, Washington, DC 20057, USA. *Georgetown U.*

10371. **Yourovskaia, Elga** Yakornaia ul. 6, 112, 195027 St Petersburg, Russia. *U. of St Petersburg* / Education de femme en Russie • Ekaterina Dachkova.

10372. **Yousef, Nancy** 286 Pacific St, #4, Brooklyn, NY 11021, USA.

10373. **Ysmal, Pierre** 91 avenue du Général Leclerc, 75014 Paris, France. / La pensée maçonnique.

10374. **Yu, Gang** Institute of Qing History, Renmin University of China, 100872 Beijing, China. *Renmin U. of China* / China: Qing history.

10375. **Yu, Hualin** Institute of Qing History, Renmin University of China, 100872 Beijing, China. *Renmin U. of China* / China: Qing history.

10376. **Yu, Jang Keun** Dept of History, Kyungnam University, 449 Wolyung-dong, Masan City, 630-260 Masan, South Korea. *Kyungnam U.* / Chinese social history.

10377. **Yu, Qingxiang** Institute of History, Chinese Academy of Social Sciences, Jilin, China. *Chinese Academy of Social Sciences* / China: Qing history.

10378. **Yuasa, Fumi** 1-14-2 Kyonan-cho, Musashino-shi, 180-0023 Tokyo, Japan. *Rikkyo U.* / L'œuvre romanesque de Rousseau • Crébillon fils.

10379. **Yue, Jiahui** Institute of Qing History, Renmin University of China, 100872 Beijing, China. *Renmin U. of China* / China: Qing history.

10380. **Yuge, Naoko** 50-153 Teshiro-cho, Soka, 340-0021 Saitama, Japan. *Japanese Society for the Promotion of Science* / Anthropology and the Enlightenment • Women and gender studies • Berlin salons.

10381. **Zababourova, Nina** Pushkiskaya 181/1, apt 9, Rostov-on-Don 344022, Russia. *State U. of Rostov-on-Don* / Problems of psychologism in French literature • Influence of philosophy on literature • The French psychological novel • The Enlightenment and Romanticism.
✉ u1939r@rost.ru

10382. **Zabieglik, Stefan** Dept of Philosophy, Technical University of Gdansk, Narutowicza 11/12, 80-221 Gdansk, Poland. *Technical U. of*

Gdansk / Scottish Enlightenment and its reception in Poland.
✉ stefan.zabieglik@zie.pg.gda.pl

10383. **Zaborov, Piotr R.** Maison Pouchkine, 4 quai Makarov, St Petersburg, Russia. *Maison Pouchkine* / Réception des lettres françaises en Russie et leur influence sur la littérature russe • Image de la Russie en France • Inédits français et russes.
✉ zaborov@pz7588.spb.edu

10384. **Zaccaria, Laura P.** 501 Forest Avenue, #1102, Palo Alto, CA 94301, USA.

10385. **Zacek, Joseph Frederick** Dept of History, S.U.N.Y., Albany, NY 12222, USA. *S.U.N.Y. (Albany)* / Eastern Europe, esp. the Enlightenment and rise of scientific societies • Roots of 19c 'national revivals' in eastern Europe in the Enlightenment.

10386. **Zachmacz, Zdzislaw Maciej** Ul. Boleslawa Chrobrego 126 m.32, 55-200 Olawa, Poland. / Polish culture and belles-lettres.

10387. **Zachs, William J.** 147 South Granados Avenue, Solana Beach, CA 92075, USA. / Publishing history.

10388. **Zaimova, Raia Jordanova** Kv. Belite brezi bl. 4, apt 10, Sofia 1680, Bulgaria. *Bulgarian Academy of Sciences* / Cultural history and relations between Balkan countries and Western countries • French language in East-European countries after the French Revolution.
✉ rzaimova@bas.bg

10389. **Zaina, Lucrezia A.** 8 Edith Terrace, London, SW10 0TQ, UK. / Metastasio • Italy as seen by English, French and Italian travellers • Italian travel literature.

10390. **Zajewski, Wladyslaw** Ul. Startowa 13d m.2, 80-461 Gdansk, Poland. *Polish Academy of Sciences (P.A.N.) (Gdánsk)* / L'impact de la Révolution française et du Premier Empire sur le mouvement nationale en Pologne • Les traditions de la Révolution française de 1789 et la Révolution de juillet pendant la Révolution de novembre 1830 en Pologne.

10391. **Zakrzewski, Andrzej Jan** Ul. Okólna 105 m.25, 42-214 Czestochowa, Poland. *Higher School of Pedagogics (Czetochowa)* / La culture • Stanislas Leszczynski.
✉ azakrzewski@lobos.com.pl

10392. **Zambelli, Paola** Via Vecchia Fiesolana 52, 50016 S. Domenico Fiesole (FI), Italy. *U. di Firenze* / Vico, Giannone and Genovesi • Raimondo di Sangro, duca di Sansevero • Niccolò Fraggianni.

10393. **Zamfirescu, Dan Mircea** Str. Delinesti 4, 77494 Bucuresti, Romania. / Le renouveau religieux du Monastère de Meamt (Moldavie).

10394. **Zammito, John H.** Dept of History, Rice University, 6100 South Main St, MS42, Houston, TX 77005 1827, USA. *Rice U.* / Kant, Herder • German Idealism/Romanticism.

10395. **Zanardi, Tara M.** McIntire Department of Art, University of Virginia, Fayerweather Hall, P.O. Box 400130, Charlottesville 22904-4130, VA, USA. *U. of Virginia* / Spanish identity and nationalism (in Spain, Spanish colonies).
✉ tarazanardi@yahoo.com

10396. **Zande, Johan van der** 3857 Howe St, Oakland, CA 94611, USA. *U. of California* / German philosophy between Wolff and Kant • Johann Georg Sulzer • Christian Garve • Historiography.

10397. **Zanelli Quarantini, Franca** Via San Felice 35, 40122 Bologna, Italy.

10398. **Zanin, Serguei** prospekt Lenina 2-a, 76, 443002 Samara, Russia. *U. de Samara* / Rousseau et la pensée politique des Lumières.

10399. **Zaninelli, Sergio** Dpto di storia economica e sociale Mario Romani, Università Cattolica del S. Cuore Milano, Via Largo Gemelli 1, 20123 Milano, Italy. *U. Cattolica del S. Cuore Milano* / Lombardie • Economie.
✉ sergio.zaninelli@unicatt.it

10400. **Zanobio, Bruno** Via del Caravaggio 5, 20144 Milano, Italy. *U. di Pavia.*

10401. **Zantop, Susanne** Dept of German Studies, Dartmouth College, Hanover, NH 03755-3511, USA. *Dartmouth C.* / Women writers • Colonialism.

10402. **Zaragozi, Anne-Marie** 240 chemin du Mas de Blanc, 34400 Lunel, France. *U. de Montpellier III* / Chamfort.

10403. **Zaslaw, Neal** Dept of Music, Lincoln Hall, Cornell University, Ithaca, NY 14853-4101, USA. *Cornell U.* / Music in Western Europe • Musical performance practices • The rise of the orchestra as a social and musical institution.

10404. **Zatorska, Izabella** Ul. Dolna 26/28 m.24, 00-774 Warszawa, Poland.
✉ zatorska@mail.uw.edu.pl

10405. **Zaunstöck, Holger** Universität Halle-Wittenberg, Kröllwitzer Str. 44, 06099 Halle, Germany. *U. Halle-Wittenberg* / Enlightenment societies: freemasons, secret societies, reading clubs, patriotic and scientific societies • Social history • Prosopography.

10406. **Zawisza, Elizabeth** Dept of French Studies, Queen's University, Kingston, ON K7L 3N6, Canada. *Queen's U. (Kingston)* / La vision romanesque de la Révolution • La théorie du roman des Lumières • Diderot.

10407. **Zbikowska-Migon, Anna** Ul. Damrota 28 m.6, 50-306 Wroclaw, Poland. *U. Wroclaw* / Book history, esp. scientific • The book in Silesia • Book science.
✉ amigon@liber.ibi.uni.wroc.pl

10408. **Zbikowski, Piotr** Ul. Zbyszewskiego 6 m.5, 35-125 Rzeszów, Poland.

10409. **Zbinden, Jürg** Riedmattstr. 5, 8055 Zürich, Switzerland. / Philosophy of history • Publishing history.

10410. **Zebrowski, Martha K.** 310 Riverside Drive, apt 1003, New York 10025, NY, USA. / America • American War of Independence • Britain • English thought • British Enlightenment • Priestley • Hellenism.
✉ mkz1@columbia.edu

10411. **Zedelmaier, Helmut** Herzog August Bibliothek, Postfach 13 64, 38299 Wolfenbüttel, Germany. *Herzog August Bibliothek* / Histography • History of reading • History of universities • History of knowledge.
✉ zedelmaier@hab.de

10412. **Zedinger, Renate** Wilhelminenstr. 182/5, A-1160 Wien, Austria. / Les Pays-Bas autrichiens, l'étatisation, la bureaucratie et les hauts fonctionnaires • L'émigration à partir de 1794 et l'accueil dans les pays habsbourgeois • Francois III de Lorraine, futur empereur Francois Ier.
✉ renate.zedinger@aon.at

10413. **Zehe, Horst** Lotzestr. 49, 37083 Göttingen, Germany. / Lichtenberg • Physics • Natural sciences.

10414. **Zeifas, Nathalia M.** Kirovogradskaya Str. 16, 1, 49, 113587 Moscow, Russia. / Handel, Mozart, Mattheson, Sammartini • Musical style.

10415. **Zeiler, David** P.O. Box 419, W. Groton, MA 1472, USA.

10416. **Zeiler, F. D.** Hofstraat 18, 8261 BZ Kampen, Netherlands.

10417. **Zeiss, Laurel E.** Dept of Music, Baylor University, School of Music, P.O. Box 97408, Waco, TX 76798, USA. *Baylor U.* / Central and Eastern Europe • Britain • Habsburg Empire • Music (opera, string quartets, Haydn, Mozart).
✉ laurel_zeiss@baylor.edu

10418. **Zeitz, Lisa M.** Dept of English, University College, University of Western Ontario, Richmond St, London, ON N6A 3K7, Canada. *U. of Western Ontario* / Landscape poetry • Landscape gardens and national identity.
✉ lzeitz@uwo.ca

10419. **Zelle, Carsten** Schinkelstr. 13, 44801 Bochum, Germany. *U. Bochum* / Enlightenment • Aesthetics of the sublime • Anthropology • J. A. Ebert • J. G. Krüger.

10420. **Zelov, Dmitri** Ul. Leskova 23, 222, 127543 Moscow, Russia. *U. Lomonossov de Moscou (MGU)* / Culture festive en Russie (fin 17s–première moitié 18s).

10421. **Zeng, Jianli** Zhongyang xuanchuanbu, Beijing, China.

10422. **Zenker, Kay** Körtlingstr. 11, 45711 Datteln, Germany. *U. Münster.*

10423. **Zenker, Markus** Humbelweg 7, 8824 Schönenberg, Switzerland. / Deutsche Klassik • Johann Georg Zimmermann.

10424. **Zerlang, Martin** Institut for Litteraturvidenskab, KUA, Njalsgade 80, 2300 København S, Denmark. *Københavns U.*

10425. **Zernack, Klaus** Hugo Vogel Str. 19, 14109 Berlin, Germany.

10426. **Zeruneith, Keld** Institut for Nordisk Sprog og Litteratur, Københavns Universitet, Njalsgade 80, 2300 København S, Denmark. *Københavns U.*

10427. **Zeuch, Ulrike** Akademie der Wissenschaften zu Göttingen, Herzog-August-Bibliothek, Schlossplatz 4, 38299 Wolfenbuettel, Germany. *Herzog-August-Bibliothek* / Aesthetics • Concept of beauty • Empirical psychology • Literary theory (mimesis) • Continuity and discontinuity of ancient philosophical thought in literature and aesthetics.
✉ zeuch@hab.de

10428. **Zeugin, Caroline** Stettenstr. 11, 8954 Geroldswil, Switzerland.

10429. **Zhang, Hao** Guangzhou ribaoshe, Guangzhou, Guangdong, China. *Guangzhou ribaoshe* / China: Qing history.

10430. **Zhang, Jie** Dept of History, Liaoning University, Shenyang, Liaoning, China. *Liaoning U.* / China: Qing history.

10431. **Zhang, Kaifeng** Guojia ziran kexue jijin guanli weiyuanhui, Beijing, China.

10432. **Zhang, Min** College of International Relations, Renmin University of China, 100872 Beijing, China. *Renmin U. of China* / China: Qing history.

10433. **Zhang, Ping** Zhongguo maoyi cujinhui, Beijing, China. / China: Qing history.

10434. **Zhang, Shiming** Institute of Qing History, Renmin University of China, 100872 Beijing, China. *Renmin U. of China* / China: Qing history.

10435. **Zhang, Wensheng** Dept of History, University of Inner Mongolia, Inner Mongolia, China. *U. of Inner Mongolia* / China: Qing history.

10436. **Zhang, Wentao** Guojia youzhengju, Youpiao yinzhiju, Beijing, China. *Youpiao yinzhiju.*

10437. **Zhang, Wenyong** Institute of Qing History, Renmin University of China, 100872 Beijing, China. *Renmin U. of China* / China: Qing history.

10438. **Zhang, Xiaohong** Institute of Qing History, Renmin University of China, 100872 Beijing, China. *Renmin U. of China* / China: Qing history.

10439. **Zhang, Xiaoye** Guangming ribao, Beijing, China. / China: Qing history.

10440. **Zhang, Yan** Institute of Qing History, Renmin University of China, 100872 Beijing, China. *Renmin U. of China* / China: Qing history.

10441. **Zhang, Yongjiang** Institute of Qing History, Renmin University of China, 100872 Beijing, China. *Renmin U. of China* / China: Qing history.

10442. **Zhang, Yuxin** Chinese Research Centre for Tibetan Studies Press (Zhongguo zhangxue yanjiu zhongxin chubasnshe), Beijing, China. *Chinese Research Centre for Tibetan Studies Press (Zhongguo zhangxue yanjiu zhongxin chubasnshe)* / China: Qing history.

10443. **Zhang, Zhilian** Dept of History, Beijing University, 100871 Beijing, China. *Beijing U.* / France • Enlightenment and Revolution • Historiography • Sino-French relations.

10444. **Zhao, Chenling** Institute of Qing History, Renmin University of China, 100872 Beijing, China. *Renmin U. of China* / China: Qing history.

10445. **Zhao, Cuili** Institute of Qing History, Renmin University of China, 100872 Beijing, China. *Renmin U. of China* / China: Qing history.

10446. **Zhao, Li** Institute of Qing History, Renmin University of China, 100872 Beijing, China. *Renmin U. of China* / China: Qing history.

10447. **Zhao, Shiyu** Dept of History, Beijing Normal University, 100875 Beijing, China. *Beijing Normal U.* / China: Qing history.

10448. **Zhao, Xiaohua** Beijing chubanshe, gujibu, 100011 Beijing, China. *Beijing chubanshe* / China: Qing history.

10449. **Zhao, Xijie** Institute of Qing History, Renmin University of China, 100872 Beijing, China. *Renmin U. of China* / China: Qing history.

10450. **Zhao, Ying** University of Inner Mongolia Press, Inner Mongolia, China. *U. of Inner Mongolia Press* / China: Qing history.

10451. **Zhao, Yingxia** Institute of Qing History, Renmin University of China, 100872 Beijing, China. *Renmin U. of China* / China: Qing history.

10452. **Zhao, Yuntian** Institute of Modern History, Chinese Academy of Social Sciences, 1 Dongchang hutong, Wangfujing Dajie, 100006 Beijing, China. *Chinese Academy of Social Sciences* / Chinese borderlands.

10453. **Zhao, Zhen** Institute of Qing History, Renmin University of China, 100872 Beijing, China. *Renmin U. of China* / China: Qing history.

10454. **Zhao, Zhi** Institute of Qing History, Renmin University of China, 100872 Beijing, China. *Renmin U. of China* / China: Qing history.

10455. **Zhao, Zhiheng** Dept of History, University of Inner Mongolia, Inner Mongolia, China. *U. of Inner Mongolia* / China: Qing history.

10456. **Zheng, Yan** Institute of Qing History, Renmin University of China, 100872 Beijing, China. *Renmin U. of China* / China: Qing history.

10457. **Zheng, Yonghua** Beijing Academy of Social Sciences, Beijing, China. *Beijing Academy of Social Sciences* / China: Qing history.

10458. **Zhou, Caizheng** Institute of Qing History, Renmin University of China, 100872 Beijing, China. *Renmin U. of China* / China: Qing history.

10459. **Zhou, Shanren** Institute of Qing History, Renmin University of China, 100872 Beijing, China. *Renmin U. of China* / China: Qing history.

10460. **Zhou, Xingwang** Dept of History, Capital Normal University, 100037 Beijing, China. *Capital Normal U.* / China: Qing history.

10461. **Zhou, Yuan** Chinese Research Centre for Tibetan Studies (Zhongguo zhangxue yanjiu zhongxin), Beijing, China. *Chinese Research Centre for Tibetan Studies (Zhongguo zhangxue yanjiu zhongxin)* / China: Qing history.

10462. **Zhu, Hu** Dept of History, Beijing Normal University, 100875 Beijing, China. *Beijing Normal U.* / China: Qing history.

10463. **Zhu, Jiejun** Zhongguo dabaike chubanshe, Beijing, China. *Zhongguo dabaike chubanshe* / China: Qing history.

10464. **Zhu, Xiuchun** Institute of Qing History, Renmin University of China, 100872 Beijing, China. *Renmin U. of China* / China: Qing history.

10465. **Zhu, Ying** 251 10th St, apt 136, Atlanta, GA 30318, USA.

10466. **Zhu, Yong** Institute of Qing History, Renmin University of China, 100872 Beijing, China. *Renmin U. of China* / China: Qing history.

10467. **Ziechmann, Jürgen** Fachbereich 12, Universität Bremen, Bibliotheksstr. 1, 28359 Bremen, Germany. *U. Bremen* / Frederick II.

10468. **Ziegenmeyer, Deborah** 4218 Banker St, apt 2, North Branch, MI 48461- 8954, USA.

10469. **Zielinska, Ewa** Ul. Mlynarska 23 m.17, Piaseczno, Poland.

10470. **Zielinska, Teresa** Al. Prymasa Tysiaclecia 85 m.1, 01-242 Warszawa, Poland. *Central Archives of Historical Records* / Social and economic history of Poland • Property relations of the nobility.

10471. **Zielinska, Zofia** Dept of History, Uniwersytet Warszawski, Krakowskie Przedwiescie 26/28, 00-927 Warszawa, Poland. *U. Warszawski* / Political history of Poland, esp. relations with Russia.
✉ zofia.zielinska@mail.uw.edu.pl

10472. **Zielinski, Marek G.** Ul. Wodna 3, 86-200 Chelmno, Poland.

10473. **Zienkowska, Krystyna** Ul. Szczuczynska 11 m.12, 03-943 Warszawa, Poland. / Social mobility and political change in Poland • Political ideas of Stanislas Poniatowski, Jean Potocki • The Enlightenment in the eyes of Polish politicians and writers.

10474. **Ziessow, Karl-Heinz** Bremer Str. 31, 27798 Hude, Germany. *Museumsdorf Cloppenburg* / Reading in German rural society • Parishes and other communal institutions in North Germany • Agrarian history of northwest Lower Saxony.

10475. **Zietarska, Jadwiga** Ul. Grottgera 11, 05-410 Józefów, Poland.

10476. **Zigarovich, Jolene** Claremont Graduate University, 624 East Jefferson Avenue, Orange, CA 92866, USA. *Claremont Graduate U.*

10477. **Zimbardo, Rose** 4514 17th St, apt 1, San Francisco, CA 94114 1809, USA. *S.U.N.Y. (Stony Brook)* / English drama, 1660-1732 • Satire • Restoration and 18c studies.

10478. **Zimmerman, Everett** Dept of English, University of California, Santa Barbara, CA 93106, USA. *U. of California* / Fiction and historiography in England and Scotland.

10479. **Zimmermann, Christian von** Dept of Germanics, Universität Bern, Unitobler, Länggassstr. 49, 3012 Bern, Switzerland. *U. Bern* / Austria • Baltic states • Germany • Spain • Switzerland • Spanish Enlightenment • Travel literature • German literature; rhetoric • Johann Wilhelm Ludwig Gleim • Wilhelm von Humboldt • Christian A. Fischer • Rhetoric (theory and practice).
✉ vonzimmermann@germ.unibe.ch

10480. **Zimmermann, Clemens** Brückenkopfstr. 2, 69120 Heidelberg, Germany. *U. Heidelberg* / Absolutist reform, 1750-1830 • Rural society • Peasant economy • Crime and society.

10481. **Zimmermann, Harro** Eutiner Str. 39, 28844 Weyhe bei Bremen, Germany. *U. Bremen* / Klopstock • Aufklärung • Cultural and literary history in the media.

10482. **Zimmermann, Uwe** Moltkestr. 29, 72072 Tübingen, Germany. *U. Tübingen* / Philanthropism and Enlightenment in German education • Childraising • Middle-class virtues in the German Enlightenment and early liberalism.

10483. **Zincenco, Vasile** Boulevard Ion Mihalache 42-52, sc. B, apt 78, 78215 Bucuresti, Romania. *U. Bucuresti* / French poetry • Montesquieu and the Prince de Ligne.

10484. **Zinchenko, Arsen L.** 37 Pryricna Str., apt 175, 254213 Kiev, Ukraine. *U. of Kiev* / Ukraine: national movement, peasantry, church • Area studies of Podillia • Right bank of Ukraine, Belorussia and Lithuania.

10485. **Zingale, Anna** Via Anneo Lucano 5, 00136 Roma, Italy. *U. G. d'Annunzio di Chieti.*

10486. **Zinsser, Judith P.** Miami University, Upham Hall, Room 254, Oxford, OH 45056 1618, USA. *Miami U.* / Emilie Du Châtelet • Gender and intellectual authority.
✉ zinssejp@muohio.edu

10487. **Zinzi, Emilia** Bia Bambin Gesù 31, 88100 Catanzaro, Italy. *U. di Reggio Calabria* / Calabria and South Italy • Earthquakes.

10488. **Zionkowski, Linda Joan** Dept of English, Ohio University, Ellis Hall, Athens 45701, OH, USA. *Ohio U.* / Britain • English thought • Conduct books • Poetry • English literature • Economic theory • Political economy • Frances Burney • George Crabbe • Johnson • Hannah Moore • Hester Lynch Thrale.
✉ zionkows@ohiou.edu

10489. **Zirker, Herbert** Alte Poststr. 29, 54344 Kenn, Mosel, Germany. *U. Trier* / Restoration and Augustan English literature • Swift • The novel • History of ideas • Historiography • Autobiography • Early Canadian history.

10490. **Ziskin, Rochelle** Dept of Art, University of Missouri, 5100 Rockhill Road, Kansas City, MO 64110-2499, USA. *U. of Missouri (Kansas City).*

10491. **Ziswiler, Vinzenz** Zoologisches Museum, Winterthurerstr. 190, 8057 Zürich, Switzerland. *Zoologisches Museum, Zürich.*
✉ zis@zoolmus.unizh.ch

10492. **Zlatopolskaia, Alla Augustovna** Tazaeva 20-28, Kolpino 5, 196655 St Pétersbourg, Russia. *Bibliothèque de l'Académie des sciences de Russie* / Rousseau et la pensée russe.
✉ zlato@az9991.spb.edu

10493. **Zollinger, Manfred** Pfeilgasse 2/16, 1080 Wien, Austria.

10494. **Zóltowska-Weintraub, Maria Evelina** 383 Broadway, Cambridge, MA 02139-1602, USA. / Jean Potocki: biographie, édition de ses œuvres, édition de sa correspondence.
✉ mweintr@fas.harvard.edu

10495. **Zomchick, John P.** Dept of English, University of Tennessee, Knoxville, TN 37996-0430, USA. *U. of Tennessee (Knoxville)* / England • West Indies • English literature • Political economy • Social history • Henry Fielding • Tobias Smollett • Aphra Behn • Olaudah Equiano.
✉ zomchick@utk.edu

10496. **Zook, Melinda** Dept of History, Purdue University, 1358 University Hall, West Lafayette, IN 47907-1358, USA. *Purdue U.*

10497. **Zoras, Gerasimos** Polytechniou 5A, 10433 Athens, Greece. *U. of Athens* / Comparative literature • Influences between Greek and Italian literature.

10498. **Zorawska-Witkowska, Alina** Ul. Krótka 10a, 05-550 Mysiadlo, Poland.

10499. **Zorzi, Marino** Castello 6119, 30122 Venezia, Italy.

10500. **Zorzoli, Maria Carla** Via R. Sarfatti 5, 20136 Milano, Italy. *U. di Pavia* / Universities • Family • Succession.

10501. **Zotta, Silvio** C.so A. De Gasperi trav. 296/5, 70125 Bari, Italy. *U. di Bari.*

10502. **Zub, Alexandru** History Institute, University of Iasi, 6600 Iasi, Romania. *U. Iasi* / La culture • Histoire de l'historiographie • Histoire des idées et des mentalités.

10503. **Zuber, Uwe** Kaiserswerther Str. 33b, 47809 Krefeld, Germany. *U. Giessen.*

10504. **Zucco, Rodolfo** Schützehgrabeh 38, 4051 Basel, Switzerland.

10505. **Zuckerman, Arnold** 7188 East Ardmore Lane, Tucson, AZ 85715 3449, USA. *Northeast Missouri State U.* / Disease and ventilation of ships in the British navy • English medicine • Disease theory.

10506. **Zuckerman, Michael** Dept of History, University of Pennsylvania, Philadelphia, PA 19104-6376, USA. *U. of Pennsylvania.*

10507. **Zuidervaart, H. J.** Bellinkstraat 29, 4331 GV Middelburg, Netherlands. / Astronomy and physics in the Netherlands • Scientific societies • The role of the amateur in science.

10508. **Zuijdweg, P. N. Th.** Lisztlaan 6, 4384 KM Vlissingen, Netherlands. / The Dutch Revolt, 1787-1795 • Dutch politics.

10509. **Zuk, Rhoda J.** Dept of English, Mount St Vincent University, Halifax, NS B3M 2J6, Canada. *Mount St Vincent U.* / Women's writing • Feminist theory.

10510. **Zumbrink, Volker** Lemgoer Str. 9, 33604 Bielefeld, Germany. *U. Münster* / Goethe

• Reception of Shakespeare • Improvements of civil rights of Jews.

10511. **Zunderd, C. van** Vijverdonk 9, 4661 AK Halsteren, Netherlands. / R. M. van Goens • Belle van Zuylen.

10512. **Zunshine, Lisa** Dept of English, University of Kentucky, 1215 Patterson Office Tower, Lexington, KY 40506-0027, USA. *U. of Kentucky* / Britain • British Enlightenment • Samuel Richardson.
✉ zunshin@uky.edu

10513. **Zurawski, Simone** Dept of Art, DePaul University, 1150 West Fullerton, Chicago, IL 60614-2204, USA. *DePaul U.* / Architecture and art collections of the Clos St Lazare in Paris from the time of St Vincent de Paul to the French Revolution.

10514. **Zurbuchen, Simone** Inselstr. 8a, 10179 Berlin, Germany. *Forschungszentrum Europäische Aufklärung (Potsdam)* / Political philosophy • Philosophy of religion.
✉ zurbuch@rz.uni-potsdam.de

10515. **Zwaneveld, Agnes M.** Institute of Translation Studies, Reguliersgracht 105, Universiteit van Amsterdam, 1017 LP Amsterdam, Netherlands. *U. van Amsterdam* / Reception of *Tristram Shandy* in the Netherlands • Dutch periodicals, 1750-1800 • Publishers in the Netherlands, 1750-1800.

10516. **Zweifel, Stefan** Wohllebgasse 9, 8001 Zürich, Switzerland.

10517. **Zwierlein, Anne-Julia** Centre for British Studies, Universität Bamberg, Kapuzinerstr. 25, 96045 Bamberg, Germany. *U. Bamberg* / Colonialism • Reception of Milton • Medecine, physiology, biology and literature.
✉ anne.zwierlein@split.uni-bamberg.de

10518. **Zwitzer, H. L.** Van Alkemadelaan 350, 2597 AS Den Haag, Netherlands.

10519. **Zykova, Ekaterina** prospekt Vernadskogo 99, 1, 276, 117526 Moscou, Russia. *Académie des sciences de Russie* / Littérature anglaise • Richardson.

10520. **Zylberberg, Michel** 131 rue de la Santé, 75013 Paris, France.